内蒙古自治区统计局·编

Compiled by Inner Mongolia Autonomous Regional Bureau of Statistics

内蒙古2014统计年鉴

INNER MONGOLIA STATISTICAL YEARBOOK

（总第27期　NO. 27）

中国统计出版社
China Statistics Press

图书在版编目（CIP）数据

内蒙古统计年鉴. 2014 : 汉英对照 / 内蒙古自治区统计局编. -- 北京 : 中国统计出版社, 2014.11
ISBN 978-7-5037-7340-2
Ⅰ. ①内… Ⅱ. ①内… Ⅲ. ①统计资料—内蒙古—2014—年鉴—汉、英 Ⅳ. ①C832.26-54
中国版本图书馆CIP数据核字(2014)第246830号

内蒙古统计年鉴-2014

作　　者/ 内蒙古自治区统计局
责任编辑/ 佘竞雄 王立群
责任校对/ 张利珍 李　亮
装帧设计/ 赵贵新 李占玲
出版发行/ 中国统计出版社
地　　址/ 北京市丰台区西三环南路甲6号 邮政编码/100073
电　　话/ 邮购（010）63376909 书店（010）68783171
网　　址/ http://csp.stats.gov.cn
印　　刷/ 内蒙古宏业包装印务有限公司
经　　销/ 新华书店
开　　本/ 890mm × 1240mm 1/16
字　　数/ 1800千字
印　　张/ 59
版　　别/ 2014年10月第1版
版　　次/ 2014年10月第1次印刷
定　　价/ 400.00元

本书附同版本CD-ROM一张，光盘内容以书面文字为准。
如有印装差错，由本社发行部调换。

《内蒙古统计年鉴》编辑委员会

Editorial Board and Staff

编辑说明

一、《内蒙古统计年鉴》是一部按年度连续出版的大型统计资料书。本《年鉴》通过大量的统计数据，全面反映了2013年内蒙古经济社会和科技发展变化情况，是国内外各界人士了解内蒙古、认识内蒙古的重要统计资料工具书。

二、年鉴全书分为两部分。第一部分为特载，载入了自治区党政部门重要文件和2013年国民经济和社会发展统计公报。第二部分为统计资料，分为24个细目。即:1.行政区划和自然资源;2.综合;3.国民经济核算;4.人口;5.就业人员和职工工资;6.固定资产投资;7.能源生产和消费;8.财政;9.物价指数;10.人民生活;11.城市概况;12.农业;13.工业;14.建筑业;15.运输和邮电;16.国内贸易;17.对外经济贸易;18.旅游;19.金融和保险;20.教育、科技和文化;21.体育、卫生、社会福利、环境保护和其他;22.盟市资料;23.旗县区资料;24.附录。为了便于读者查阅，每个细目编排了主要统计指标解释。

三、本年鉴的统计数据大部分来自政府统计部门和业务部门年度统计报表，一部分来自抽样调查。

四、与《内蒙古统计年鉴-2013》相比较，本年鉴做了如下调整:

1. 根据全国第二次经济普查资料，本年鉴对2005年以后的部分指标的历史数据重新进行了调整和修订，读者在使用历史数据时，如数据有出入，请以本年鉴为准。有关全国第三次经济普查数据待明年年鉴一并调整。

2.由于行业统计方法制度的改革，人民生活部分的版面和数据也做了相应的改动与调整。

五、资料中所使用的数量单位均采用国际统一标准计量单位。

六、本年鉴部分数据合计数或相对数由于单位取舍不同而产生的计算误差均未作机械调整。

七、本年鉴各表式中，有关对全表的注解均在该表上方，对表中部分指标的注解则在该表下方。

八、本年鉴表中的符号使用说明:空格表示该项统计指标数据不足本表最小单位数、不详或无该项数据;“#”表示其中的主要项。

PREFACE

Ⅰ.Inner Mongolia Statistical Yearbook is a regular large scale statistical reference book published yearly. With a vast amount of statistical data, the yearbook reflects various aspects of Inner Mongolia's economic society, science and technology development. It is really an important and efficient statistical reference book for people of various circles in and outside China to know and understand Inner Mongolia.

Ⅱ. The yearbook has two parts: Special articles and Statistics. The first part consists of important documents of the Party and the government and Statistical Bulletin of the National Economic and Social Development in Inner Mongolia for 2013. The second part consists of all the 24 chapters as follow: 1.Division of Administrative Areas and Natural Resources; 2.General Survey; 3.National Accounts; 4. Population; 5.Employment and Wages; 6.Investment in Fixed Assets; 7.Production and Consumption of Energy; 8. Government Finance; 9. Prices Indices; 10. People's Livelihood; 11. General Survey of Cities; 12. Agriculture; 13. Industry;14. Construction; 15. Transport, Postal and Tele–communications Services;16. Domestic Trade; 17. Foreign Trade and Economic Cooperation; 18. Tourism;19. Banking and Insurance; 20. Education, Science and Culture; 21. Sports, Public Health, Social Welfare, Environmental Protection and Other; 22. Information of Leagues and Cities; 23.Information of Banners and Counties (Districts and Cities); 24. Appendix. In order to make it convenient for readers to consult, we edit exploratory notes on main statistical indicators of every chapter.

Ⅲ. Most of the data in this yearbook sources are from annual statistical reports of government agencies, another part sources from sample survey.

Ⅳ.Comparing with the content of Inner Mongolia Statistical Yearbook–2013, we changed the content as follow:

1. Some of the published data since 2005 are changed in this yearbook according to the second national economic census, therefore, data in this yearbook are reliable whenever you find different data in other publications. The data of the third national economic census will be Published in next year's yearbook.

2. According to the reform of statistical method in other industries, some data and tables of People's Livelihood are adjusted.

Ⅴ. The units of measurement used in this yearbook are internationally standard measurement units.

Ⅵ. Statistical discrepancies due to rounding are not adjusted in this yearbook

Ⅶ. The notes concerning the whole table are placed at the upper part of table, while the notes concerning individual indicators are placed at the lower part.

Ⅷ. Notations used in this yearbook: blank space indicates that the figure is not large enough to be measured with the smallest unit in the table, or data are unknown or are not available; "#" indicates a major breakdown of the total.

内蒙古自治区统计局让数据"活"起来

内蒙古自治区统计局党组书记、局长 胡敏谦

走进内蒙古统计局，在走廊中你就会看到各种新鲜的标语及口号，体会到自治区统计局改革创新的"统计之魂"，一系列的新理念、新目标、新要求让人耳目一新。确立思想要有新观念、工作要有新思路、服务要有新举措、发展要有新局面的"四新理念"；实施"统计工作信息化、统计办公流程高效化、统计基层基础建设标准化、统计管理科学化"的"四化"建设目标；提出加强学习型、服务型、和谐型、文明型机关建设的"四个建设"任务；提出"依法统计、科学统计、准确统计、及时统计"的业务工作要求；提出并确立"和谐统计、快乐统计、幸福统计、创新统计"的以人为本理念；提出"心情好、心劲足、心事成、心境高"的统计环境奋斗目标。目前，这些目标、要求与任务已经成为内蒙古统计人实现自我价值的自觉行动，并凝聚成为一种忠诚于统计事业、奉献统计事业的内蒙古统计人之魂。

作为自治区政府重要的宏观经济职能部门，统计局承担着对国民经济运行状况进行统计监测、国民经济核算和综合分析研究以及面向社会公众服务等重要任务。在市场竞争环境下，社会经济统计数据作为社会经济发展的脉搏，作为政府部门及社会经济研究人员的研究基础，发挥着越来越重要的作用。

在助推"8337"发展思路实施过程中，自治区统计局运用所掌握的数据和情况，对自治区国民经济和社会发展中出现的重大课题、前沿领域、苗头性问题、趋势性走向等重点监控，加强分析研究，为自治区党政领导及时了解情况、正确决策作出了重要贡献。他们将全区的经济形势放在全国经济的大环境中通盘考量，撰写了大量有动态情况、有分析、有建议的统计分析文章，并开创性地制定了《非公有制经济统计制度》，准确、及时、全面地为各级各地推动非公有制经济发展提供了可靠的依据。

为了让数据"实"起来、"活"起来，自治区统计局以"三个提高"（提高统计能力，提高统计数据质量，提高统计公信力）为己任，加强组织学习，今年创新性地开展了统计分析写作培训班和经济形势分析大讲堂等内容，积极探索对统计人员特别是新加入统计队伍的年青人帮助其尽快进入"角色"的新方法。

一方面，努力打造内蒙古统计电子资料馆，进一步拓宽和延伸统计产品为党政领导和社会公众服务的渠道；另一方面，制定《关于加强服务型统计建设的意见》，大力推进面向统计用户、面向统计基层、面向调查对象的现代化服务型统计建设。

此外，为进一步提高服务质量，在服务意识上，变被动为主动，在服务时效上，变滞后为超前，在服务形式上，由提供数据服务为主向提供信息咨询服务为主转变。内蒙古自治区统计局多年被评为自治区级文明单位。统计局综合处在区直机关"转作风、做表率"活动中被新闻媒体誉为"优质服务窗口"。

胡敏谦局长陪同自治区党委书记王君同志到鄂尔多斯市考察

政府主席巴特尔来统计局座谈

内蒙古自治区统计局党的群众路线教育实践活动动员大会

专家评审会大合影

乒乓球赛

胡敏谦局长在鄂尔多斯考察调研

持续推进绿色和谐油田建设

高贵民

华北油田公司副总经理、二连分公司经理　高贵民

中国石油华北油田公司二连分公司位于内蒙古自治区锡林浩特市，地处美丽的锡林郭勒大草原腹地，主要担负二连油田原油产、储、运、销任务。

二连油田大规模勘探开发建设始于上世纪 80 年代。30 年来，二连油田创造了一系列辉煌业绩，曾实现百万吨油田建设三年任务两年完成，连续 8 年稳产 100 万吨以上，原油产量最高达 125 万吨。截止 2013 年底，累计生产原油 2000 多万吨，上缴各种税费超过 60 亿元，为中国石油工业的发展和锡林郭勒盟经济的腾飞作出了重大贡献。

长期以来，石油勘探开发与生态环境保护堪称一个矛盾体。我们面对挑战，转变观念，创新机制，积极探索石油开发与生态环境保护以及地方经济可持续发展路子，以建设“绿色和谐油田”为目标，坚持“环保优先、安全第一、质量至上、以人为本”的理念，按照“直线责任、属地管理”的要求层层落实，加强环境保护，积极推进生态文明建设，全面实施油田矿区绿化美化，“绿色和谐油田”特征逐步凸现，有力地促进了石油开发向环保型、节约型、清洁型、文明型迈进。

夯实基础，推进安全绿色发展

一、管理制度持续完善，责任体系强化落实

安全环保管理网络日趋完善。分公司设立了 HSE 安全管理委员会，各基层单位建立健全了 HSE 执行委员会，各班站、岗位设专（兼）职安全员，形成了五级安全管理网络。

安全环保责任制层层落实。逐级签订安全环保责任书、承诺书，明确直线责任和属地管理内容。逐级明确岗位操作者、班站长、部门负责人、分管领导、主要领导在安全环保管理工作中的职责，使安全环保工作横向到边、纵向到底、指标到岗、责任到人。

坚持领导干部要害部位监督联系检查制度。分公司安委会成员分别同基层各单位建立了安全环保承包联系点，定期在联系点开展安全理念宣贯和隐患排查工作，并督促、落实安全环保责任，帮助联系单位整改安全隐患，提高安全生产意识。

二、推进安全环保文化建设，提升全员防范意识

注重文化培植，开展安全环保主题活动。倡导树立“我为祖国献石油，我爱北疆绿草地”环保意识，以“6.5”世界环境日、“11.9”消防宣传日为契机，举办知识竞赛、演讲赛等各类活动，开展安全反思，全员安全环保意识不断增强。

注重素质提高，开展能力培训。结合生产实际需要，开展输油管线投产运行、特种设备操作、危货运输等专项培训，实现了操作人员 100% 参加培训、100% 持证上岗，全面提高操作人员素质；深入贯彻学习《草原环境保护法》，组织各级管理人员对新司法解释中草原污染的界定、刑事处罚的条款以及分公司目前草原环保状况进行了分享学习。

注重预防为先，开展安全排查。按照“全覆盖、零容忍、严执法、重实效”的要求，严格开展安全生产大检查，预防各类安全环保事故隐患。

三、加强安全管控，消除隐患风险

建立完善了一套行之有效的安全环保日常巡查制度体系。变以往定时间、定单位、定地点的专项安全环保检查，为不定期、不定时、不打招呼的安全环保日常巡查，把安全环保检查融于日常管理当中；对暂时不能整改的，制定切实可行的控制措施，严格落实管理责任，结合隐患治理项目逐项削减，从而形成了制度标准、巡查落实、通报整改、阶段考核“四位一体”的闭环管理。

定期开展安全环保考核。按照分公司安全环保有关规定，对油气生产及车辆管理单位进行季度安全环保考核，后勤服务单位进行半年考核，年终进行年度全面考核，有效的增强了各级干部履行安全环保职责的动力。

强化直线责任和属地管理制度的落实。强化分公司项目

责任部门“直线责任”意识，加大对责任部门安全环保责任连带考核的约束力度；加大对生产单位“属地管理”的考核。明确直线责任人和属地管理责任人以及整改负责人，进一步增强了各级管理者的责任意识。

四、加强监管力度，扎实推进环保工作

加大环保治理力度。严格废气达标排放和固体废弃物规范处置，坚决杜绝超标排放和二次污染。实现工业废水有效利用，充分利用伴生气等清洁能源，确保环保达标受控运行，努力实现清洁发展、和谐发展。多年来，油田累计投入环保治理资金近 2 亿元，在积极实施新钻油井泥浆固化处理，封堵井场草原道路，恢复草原植被的同时，不断提高工艺设备的环保科技含量，积极开展绿化美化油区环境建设，改善油田及周边的小环境、小气候。

加大环保检查力度。切实加强环保管理，落实管理制度，特别是做好钻井、试油、压裂、油水作业、抢险补漏、改扩建项目等野外施工作业现场管理，确保污油、污水不落地，垃圾不乱放，草原道路不乱压。不定期组织环保专项检查，督促治理污染现场，确保油田项目建设的合规运行。

二连油田先后被国家环保局授予“全国环境保护先进企业”，被自治区授予“环境保护先进单位”、“环境友好企业”等荣誉称号。

以人为本，推进和谐稳定发展

一、强化服务改善民生，和谐建设扎实推进

一是着力改善生产生活环境。持续实施“一线环境工程”，加强矿区基础设施建设，实施锡林、阿尔善家属区改造、宿办楼、公寓楼维修，搞好站区、矿区绿化、美化工作，员工生产生活条件不断优化。

二是进一步优化关心关爱员工的长效机制。积极开展帮扶救助和“送温暖”工作，加强困难群体动态化管理，认真落实“三清四访五祝贺”制度，对婚丧嫁娶、突发困难的员工家庭给予及时帮扶。

三是持续推进民主管理。拓宽民主管理渠道，在阿尔善、锡林、西部三个片区建立员工恳谈会制度，广泛听取员工意见和建议、呼声和诉求。积极动员和组织广大员工围绕生产经营工作的重点、难点建言献策。

二、互利双赢，积极支持地方经济发展

二连油田的开发生产建设得到了自治区党委、政府的高度关注，尤其是得到了锡林郭勒盟盟委、行署的大力支持和帮助，在油田钻井、建站、修路及铺设管线、电力线等各类施工中，积极帮助油田协调办理土地使用和疏通工牧关系等，为油田生产建设创造了良好的社会环境。

油田在发展生产的同时积极支援地方经济建设。据不完全统计，油田开发至今，无偿支援锡盟经济建设资金累计达 3 亿多元，分别用于支援一电厂、二电厂建设，支持锡－张、锡－东、赛－二等 5 条市县级公路建设以及锡盟重大工程项目建设。油田投资修建的锡－阿、阿－宝公路，在满足油田生产需要的同时，也为周边牧民群众出行提供了便利条件。

分公司先后荣获“自治区文明单位标兵”、“自治区诚信企业”、“全区思想政治工作先进单位”等荣誉称号，并于 2005 年、2009 年和 2012 年连续三次获得“全国文明单位”殊荣。

三、积极践行社会责任，工牧、军工共建一家亲

多年来，油田始终把促进工牧和谐、加强军工共建、维护边疆社会稳定作为一项重要工作来抓。

先后与太仆寺旗、正白旗、镶黄旗等贫困旗县结成扶贫对子，先后投资近 300 余万元帮助当地发展经济、建设基础设施等。分公司还积极支持锡盟“围封转移”、“两转双赢”战略实施，向阿尔善镇政府无偿提供 3000 多平米办公楼和相应设施，为阿尔善苏木搬迁和建镇创造了优越条件，并且免费提供水、电、暖服务，帮助其建起了图书阅览室等文化场所。

针对牧民群众日益增长的文化教育需求，我们也做了许多力所能及的工作。为阿尔善苏木嘎查建起了牧民文化活动中心和电子信息馆，捐款、捐物、捐赠书籍等，帮助改善牧民文化生活条件。分公司工会经常性地组织员工乌兰牧骑文艺演出队、义务巡诊医疗队，开展“送文艺下牧区”、“送医药到牧户”等志愿服务。多年来坚持开展“油城助学”活动，帮助贫困少数民族学生继续完成学业。

在历年来锡盟地区遭受特大雪灾时，二连分公司在搞好抗灾自救的同时，积极帮助支援地方政府开展抗雪救灾工作。为锡盟受灾群众捐款捐物的同时，还为阿尔善镇、额吉淖尔镇、萨麦苏木、宝力根苏木等受灾乡镇捐赠抗灾机具和救灾柴油，积极出动车辆支援地方和边防部队抗击雪灾解救受困群众，清除受阻道路。

与边防驻军积极开展“军工共建”活动。分公司积极投入资金支援部队建设，为边防部队修建了哨卡、道路等，极大改善了前线官兵的执勤、生活环境。定期开展送文化、送温暖慰问活动的同时，还邀请战士到分公司与员工共同开展联谊活动，分公司将边防七连定为油田的爱国主义教育基地，经常组织员工参观学习，接受教育，使军工之间增进了解，促进了团结，结下了深厚的鱼水之情。

通过多年来的工作，二连分公司成功营造了“油地、工牧和谐相处，军工团结互助”的良好社会环境，先后荣获了内蒙古自治区“民族团结进步先进单位”和“双拥模范单位”等称号。

绿色和谐发展是石油企业不变的主题，我们将坚持从对草原生态环境负责、对社会和谐稳定负责、对企业健康发展负责的角度出发，持续推进二连油田绿色和谐建设，为石油工业和锡盟经济发展作出新的更大的贡献。

中国石油华北油田公司二连分公司
——建设“绿色和谐油田”

二连分公司党委书记孙学信为基层员工送学习书籍

捡拾草原白色垃圾

低温严寒下的石油人

油田员工走访慰问牧户

工牧一家亲

华北油田公司副总经理、二连分公司经理高贵民到阿乌宝输油管道投产现场检查指导工作

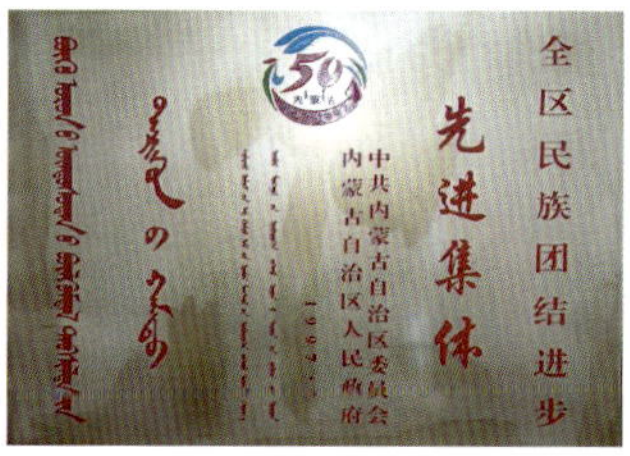

草原文化节开幕式

中国重要的钢铁工业基地
世界最大的稀土工业基地

内蒙古自治区工业龙头企业——包钢集团

——包钢集团（以下简称包钢）于1954年建厂，是中国重要的钢铁工业基地、世界最大的稀土工业基地和内蒙古自治区工业龙头企业，拥有“包钢股份”、“包钢稀土”两个上市公司。2013年，实现销售收入507亿元、利润7379万元，上交税金51.77亿元。截至2013年底，资产总额达1471亿元。

——包钢所属白云鄂博矿是世界罕见的多金属共生矿，现已发现175种矿物、71种元素，稀土储量居世界第一位，铌储量居世界第二位。

——钢铁产业。已形成1000万吨以上铁、钢、材配套能力，是世界最大的钢轨生产基地、品种规格齐全的无缝钢管生产基地之一、西北地区最大的板材生产基地。白云鄂博矿铁与稀土共生的资源特色造就了包钢独有的“稀土钢”产品特色，钢中含稀土，更坚、更强、更韧，广受用户欢迎。

——稀土产业。包钢是世界最大的稀土原材料供应商，在采、选、分离、冶炼和部分功能材料领域处于国际领先地位。拥有中国最大的稀土科研机构和稀土冶金及功能材料国家工程研究中心，曾为我国“长征”系列运载火箭、“神舟”号系列飞船、“中国探月工程”和“载人航天”等诸多国家重点工程，提供重要磁性材料。

——矿业产业。除拥有白云鄂博矿等自有矿山外，还拥有经营外部矿产资源的矿业公司，推动新型煤化工和有色金属等新兴产业发展，并与澳大利亚、蒙古等国的企业开展了广泛的资源合作。

——非钢产业。全力打造循环经济、装备制造、工程建设、物流商贸、绿色食品加工及服务、信息化等产业。拥有企业财务公司、信托公司，发展金融产业，促进产融结合。

——包钢所在的内蒙古自治区为中国华北、西北的连接枢纽和西部大开发的门户，毗邻的蒙古国、俄罗斯资源丰富；同时包钢的白云鄂博资源得天独厚，且紧依黄河，靠近山西、内蒙古煤炭富集区，稀土、煤、铁、水、电等优势明显。包钢在中国13个重点省市设有销售分公司，在美国、蒙古设有办事处。

——面向未来，包钢将落实“三步走”和全面深化改革战略部署，以改革开放作为发展的根本之策，大力发展混合所有制经济，深化内部体制、机制改革，“十二五”左右，将依托钢铁产业结构调整，力争打造销售收入千亿元企业；建党百年，全面建成小康社会之际，将依托战略性新兴产业发展，力争建成国内一流、世界500强企业；建国百年之际，将努力打造百年老店。

包钢西创工业园

2007年12月8日，棒材厂新高线工程竣工投产

2007年12月8日，棒材厂新高线工程竣工投产

正在生产的直径 159 毫米无缝钢管生产线

钕铁硼生产线

宽厚板生产线

白云铁矿矿坑

轨梁厂百米钢轨生产线

神华准格尔能源有限责任公司

准能公司办公楼

公司董事长、党委书记 张维世

准能职工生活区

准能黑岱沟露天煤矿北排土场边坡复垦后现状图

小沙湾取水

准能矸电厂区

大准铁路施工会战中繁忙的运煤车列

采掘现场

准能黑岱沟露天矿电铲作业现场

准能选煤厂洗煤水闭路循环系统 - 沉淀池

守望相助 团结奋斗 在打造祖国北疆亮丽风景线中充分发挥工人阶级主力军作用

内蒙古自治区人大常委会副主任、总工会主席 呼尔查

自治区人大常委会副主任、总工会主席呼尔查出席会议并作重要讲话

工人阶级是我国的领导阶级，是我国先进生产力和生产关系的代表，是我们党最坚实最可靠的阶级基础。坚持和发展中国特色社会主义，必须全心全意依靠工人阶级、巩固工人阶级的领导地位，充分发挥工人阶级的主力军作用。习近平总书记考察内蒙古时发表的重要讲话，从全局和战略的高度，深刻阐述了事关我区改革发展稳定的一系列重大理论和实践问题。这是全面深化改革、加快建设现代化内蒙古的根本指南，也为内蒙古工会工作发展指明了前进方向。我们要按照自治区党委九届十一次全委（扩大）会议的要求，把学习贯彻习总书记重要讲话精神转化为做好内蒙古工会工作的强大动力和生动实践，始终坚持中国特色社会主义工会发展道路，大力弘扬工人阶级伟大品格和劳模精神，进一步激发职工群众的劳动热情、创造活力，强化“守”的责任，树立“望”的意识，弘扬“相助”传统，团结带领各族职工为打造祖国北疆亮丽风景线而不懈奋斗。

一、把握一个主题、打造两大品牌，团结动员各族职工为落实“8337”发展思路建功立业

为实现中华民族伟大复兴的中国梦而奋斗是我国工人运动的时代主题。新形势下，我国工人运动只有高举中国特色社会主义伟大旗帜，牢牢把握为实现中国梦而奋斗这一时代主题，才能引领历史潮流、坚持正确方向，生机勃勃地向前迈进。“8337”发展思路是内蒙古实现中国梦的现实路径。各级工会要认真落实自治区总工会《关于组织动员各族职工为落实“8337”发展思路建功立业的决议》，找准工会围绕中心、服务大局的结合点和着力点，以自治区重点工业建设项目、大中型企业、县域经济、非公有制经济为重点，大力开展劳动竞赛，组织职工积极参加技术比武和技术创新实践活动，着力打造“职工技术大比武”和“职工创新工作室”两大品牌，不断提高职工技术素质和创新能力，充分激发工人阶级历史主动精神，大力发挥工人阶级主力军作用，为实现中国梦、落实“8337”发展思路、打造北疆亮丽风景线贡献智慧和力量。

一是着力打造“职工技术大比武”工作品牌。职工技术比武是提升职工技能素质的重要举措。我们要进一步完善技术比武机制，结合自治区“五大基地”及新兴产业的发展要求，继续全面开展“百万职工技术大比武”活动，在职工中掀起学习新技术、掌握新技能的热潮，使学技术、比技能成为职工岗位成才的自觉追求，打造社会影响大、深受职工欢迎的工作品牌。推动政府和企业进一步完善职工成长成才机制，建立健全技术工人培养、评价、使用、激励机制，为职工岗位成才创造有利条件，推动建设一支有智慧、有技术、能发明、会创新的技术工人大军。扎实开展“首席员工”、“金牌工人”等选树培育活动，集聚优秀人才，推动技术革新，成就伟大事业。

二是着力打造“职工创新工作室”工作品牌。职工技术创新活动是推动科技进步和促进创新发展的重要载体。我们要在完善规范原有创新工作室的基础上，今年，继续选树培育 50 家自治区级职工创新工作室，充分发挥创新工作室在促进企业技术进步、提高职工技能素质、加强团队学习创新能力的引领作用。积极引导广大职工参与班组创新、职工创新成果征集等技术创新实践，深入开展小发明、小改造、小革新、小设计、小建议活动，促进职工参与原始创新、集成创新、引进消化吸收再创新和协同创新能力的不断提高，力争取得更多、更高水平的技术创新成果。研究探索创新工作室创建、运转、应用、激励机制，努力把职工创新工作室打造成破解技术难题、推动人才成长、承接创新成果转化、促进企业发展的工会工作新载体、新品牌。

二、围绕一条主线、坚持两个引领，汇聚共建祖国北疆亮丽风景线的强大正能量

社会主义核心价值观是社会主义意识形态的本质体现，是社会主义中国的精神旗帜，是引领社会思潮的强大思想武器。工人阶级是中国精神的楷模，要大力弘扬工人阶级伟大品格，自觉践行社会主义核心价值观，不断为中国精神注入新的内涵，用先进思想、劳模行动影响和带动全社会。各级工会要以工人阶级伟大品格和劳模精神为引领，加强中华优秀传统文化教育，引导职工群众自觉践行社会主义核心价值观，将其内化为职工的精神追求，外化为职工的自觉行动，为落实自治区“8337”发展思路、共建祖国北疆亮丽风景线汇聚强大的精神力量。

一是坚持充分发挥工人阶级伟大品格的引领作用。信念坚定、立场鲜明，艰苦奋斗、勇于奉献，胸怀大志、纪律严明，开拓创新、自强不息的工人阶级伟大品格是社会主义核心价值体系的重要内容。我们要深入开展“中国梦•劳动美”教育实践等活动，引导广大职工牢固树立劳动最光荣、劳动最崇高、劳动最伟大、劳动最美丽的观念，使通过辛勤劳动、诚实劳动、创造性劳动来推动经济社会发展、创造美好幸福生活，真正成为职工群众的共同心声和普遍追求。通过宣传、教育、引导和培育工人阶级伟大品格，用正确的思想、进步的观念、先进的文化武装职工群众的头脑，筑牢职工群众在劳动中发展自我、实现自身价值的理想信念。尊重职工主体地位，保障职工切身利益，促进职工群众身心健康全面发展，依靠职工群众大力弘扬工人阶级伟大品格，引导广大职工正确对待各种利益关系调整，依法理性表达诉求，争做全面深

自治区总工会主席呼尔查陪同自治区党委书记王君看望慰问全国劳动模范邢晓红

化改革的促进者、践行者。

二是坚持充分发挥劳模精神的引领作用。爱岗敬业、争创一流，艰苦奋斗、勇于创新，淡泊名利、甘于奉献的伟大劳模精神是全面建成小康社会加快推进现代化建设的强大动力。我们要坚持用劳模的先进事迹感召职工群众，用劳模的优秀品质引领社会风尚，激发广大职工的劳动热情和创造力，在全社会形成热爱劳动、尊重劳动、崇尚劳动的良好氛围。通过不断完善“劳模创新工作室”等示范引领平台，增强劳模精神对职工群众的吸引力和感召力。充分发挥劳模的骨干带头作用，大力支持和帮助劳模提升自身素质，为劳模发挥聪明才智和建功立业创造更好的环境和条件。认真贯彻“尊重劳动、尊重知识、尊重人才、尊重创造”的方针，进一步完善培养、选树、服务、表彰机制，积极落实劳模待遇，帮助劳模解决生产生活中的实际问题。

三、突出一个宗旨、完善两项机制，坚持以劳动关系和谐促进社会和谐

全心全意为职工服务是工会的根本宗旨，维护职工合法权益是工会的基本职责。全面建成小康社会，夺取中国特色社会主义新胜利，实现中华民族伟大复兴的中国梦，对工会更好服务职工群众、切实维护职工权益，提出了新的任务和更高的要求。各级工会必须努力顺应时代要求，适应社会变化，深化“面对面、心贴心、实打实服务职工在基层”活动，不断完善维权服务工作机制，切实解决联系服务职工群众“最后一公里”问题，努力为职工实现体面劳动、舒心工作、全面发展创造条件，建好“职工之家”，当好“娘家人”。

一是不断完善维权工作机制。工会维权的重点是职工群众最关心最直接最现实的利益问题。要不断健全工会与政府联席会议和劳动关系三方协商机制，发挥工会界人大代表、政协委员的宏观参与作用，从源头上维护好劳动就业、收入分配、社会保障、劳动安全卫生等核心权益，切实解决职工群众的实际困难和问题。要以和谐劳动关系单位创建活动为载体，进一步完善职代会、厂务公开等民主管理制度，落实好职工知情权、参与权、表达权和监督权，切实保障职工群众的民主政治权利。进一步完善集体合同和劳动合同两项制度，推进企业依法普遍开展工资集体协商，建立完善企业、行业、区域多元协商格局，不断健全企业职工工资协商共决和正常增长机制。严格落实《劳动合同法》，促进企业严格用工管理，履行合同义务，推动实现同工同酬、同工同权。积极推动《劳务派遣暂行规定》的实施，协助有关部门监督整改滥用劳务派遣工问题，切实保障劳务派遣工的合法权益。主动参与社会保障制度改革，加强群众性监督，促进农牧民工、困难企业职工公平享有社会保障权利。深化“安康杯”竞赛，加强职业病防治，努力维护职工的劳动安全和生命健康权利。深入排查影响职工队伍稳定的突出问题，切实维护职工合法权益，以劳动关系的和谐促进社会和谐。

二是不断完善服务工作机制。竭诚服务职工是满足职工群众新期待的紧迫任务。我们要进一步巩固和发展党的群众路线教育实践活动成果，着眼于更好地满足职工群众多样化需求，不断扩大服务对象、拓展服务领域、创新服务手段，进一步完善服务职工工作机制。继续做好对一线职工、困难职工、农牧民工等服务的同时，加强对青年职工、知识分子的服务。在为职工提供物质服务生活服务的同时，提供更多高水平的精神和发展服务。主动承接政府转移的公共服务职能和向社会购买的服务项目，推进工会困难职工帮扶工作融入社会治理和公共服务体系。深入开展“职业技能培训促就业行动”、“阳光就业”等活动，促进更多职工及困难职工家庭大学毕业生实现稳定就业、高质量就业。实施职工帮扶服务中心标准化建设三年规划，推进工会帮扶服务网络建设。按照精准帮扶、高效救助的要求，加强困难职工数据库动态规范管理，在资金分配上、救助重点上逐步向重点人群重点地区倾斜，逐步实现帮扶工作与困难职工的无缝对接，把过去“撒胡椒面”式帮扶变为“精准帮扶”，切实提高帮扶工作的精准度，让职工群众特别是困难职工更多共享改革发展成果。

我们一定要牢记习总书记“守望相助”的亲切嘱托和打造“亮丽风景线”的殷切期望，锐意进取、奋发有为，团结带领各族职工深入落实“8337”发展思路，积极投身打造祖国北疆亮丽风景线的伟大实践，不断开创我区工会工作新局面，以优异的成绩迎接自治区工会第十次代表大会的胜利召开！

自治区总工会组织开展的全区职工“劳动托起中国梦”主题演讲比赛上与获奖选手合影留念

自治区总工会主席呼尔查出席 2013 全区 300MW,600MW 火电机组集控值班员技能比赛开幕式并讲话

牢记公安机关职责使命 服务经济社会发展大局 为自治区“8337”发展思路实施提供有力保障

自治区政府副主席、公安厅厅长　马　明

“8337”发展思路是自治区党委、政府在认真学习贯彻党的十八大精神、全面总结我区发展经验和发展定位、深入分析我区当前经济社会发展形势的基础上，作出的重大战略部署，对推动全区经济社会发展具有重大指导意义。公安机关作为维护社会稳定的“主力军”和加强社会管理的重要力量，是“8337”发展思路的参与者、服务者和保障者。全区各级公安机关一定要牢记职责使命，以“平安内蒙古”建设为依托，不断强化工作措施，努力为“8337”发展思路实施创造稳定的政治环境、良好的治安环境、优质的服务环境和公平的法制环境。

坚决维护社会大局稳定

坚决保卫政治安全、政权安全。紧密结合反分裂、反渗透、反颠覆斗争的新形势和新任务，严密防范、严厉打击境内外敌对势力、敌对分子造谣煽动、制造热点、攻击党和政府、抹黑民族区域自治制度等捣乱破坏活动。加强公安特警队建设，全面分析预测“8337”发展思路推进过程中可能发生的群体性事件等各类突发事件，制定完善工作预案，组织开展经常性的演练，确保一旦发生突发性事件，能够及时有效处置，严防境内外敌对势力和敌对分子借机滋事。

严厉打击各类违法犯罪活动。充分发挥“情报导侦”效能，落实好“五位一体”速决战”等打击犯罪新机制，围绕“8337”发展思路的贯彻实施，严厉打击破坏社会主义市场经济秩序违法犯罪，严厉打击社会影响较大的杀人、绑架、黑恶势力、暴力恐怖等严重刑事犯罪，严厉打击人民群众反映突出的“两抢一盗”等侵财犯罪，更快地破大案、更多地破小案，全力维护人民群众生命财产安全，对违法犯罪分子形成强有力的震慑。

健全完善社会治安防控体系。不断深化“六张网”建设，加强环京、环疆、边境公安检查站建设，打造主城区360秒出警圈和110全覆盖处警网，落实好常态化动态备勤、武装巡逻机制，最大限度地发挥立体化社会治安防控体系效能。继续深化环京、环疆、东北、西北警务合作机制，加快推进与蒙古、俄罗斯的国际警务合作，切实形成工作合力。

深入排查化解社会矛盾纠纷。积极参与新建清洁能源输出企业、现代煤化工企业、绿色农畜产品加工企业、有色金属生产加工和现代装备制造企业以及旅游企业等新产业、新项目建设中的社会稳定风险评估工作，为党委、政府建言献策，预防、减少因决策不当引发的矛盾纠纷。结合党的群众路线教育实践活动，组织民警深入基层，围绕征地拆迁、环境污染、工资待遇、债务纠纷等问题开展矛盾隐患排查，积极配合有关部门化解矛盾，避免各类问题升级发酵，引发大的事端。

加强创新公安行政管理服务

狠抓消防安全管理服务。立足自治区“8337”发展定位和产业结构调整升级，对大型能源化工企业、产业基地、旅游场所等重点区域的消防安全监管实施靠前服务。在建设工程消防审核、验收和备案抽查等业务上，为重点发展产业和企业开设“绿色通道”，在火灾高危企业推行“户籍化”、“精细化”管理。围绕自治区产业结构调整、壮大县域经济、发展非公有制经济“三个着力点”，扎实做好消防安全监管工作，将更多消防力量和消防设施向第三产业、中小城镇、中小企业投放，实现消防工作服务点、工作站城乡全面推进。

狠抓道路交通安全管理服务。立足优化投资环境的基本要求，坚持交管监管工作靠前服务。将“平安畅通县市”创建活动拓展到乡镇和社区，力争全面达到“平安畅通县市”创建标准。推进重点公路桥梁、隧道等交通安全设施建设，持续开展交通安全隐患排查治理，提高通行效率，保障农畜产品运输和应急救困“绿色通道”畅通。加强客运、旅游、危险品运输等重点车辆监管，逐步实现交通安全服务站、县级车管所均可办理交通管理业务，着力提升交管工作服务经济社会发展的能力。

狠抓出入境边检管理服务。完善外国人出入境管理服务措施，推进开通对俄蒙边境旅游异地办证服务。积极配合“人才兴区”战略，优先受理、审核、报批纳入我区“千人计划”的海外人才申请办理的各类事项。立足“两个屏障”及向北开放的桥头堡和充满活力的沿边经济带建设，积极跟进自治区“十二五”口岸扩能改造、国际航线开通长远规划，支持对蒙能源口岸建设，推动跨境能源、农产品等运输便捷通关，着力打造具有内蒙古特色的边检服务品牌，助推边疆经济社会发展。

狠抓“窗口”单位管理服务。在全区公安行政窗口服务单位，全面推行“一窗式受理”、“一站式审批”、“一条龙服务”等警务模式，推广预约服务、流动服务、延时服务等创新警务，推动“网上公安局”、“网上办事大厅”建设，努力做到服务工作无死角、零懈怠，最大限度为群众提供优质高效的服务。

扎实推进执法规范化建设

下大力气解决执法突出问题。深入剖析执法突出问题产生的深层次原因，教育广大民警牢固树立“立警为公、执法为民”的理念，强化证据意识、程序意识、权限意识和自觉接受监督意识，做到有法必依、执法必严、违法必究。紧密结合执法质量考评工作，健全完善案件法律审核把关机制，严格日常、动态和实时考评，积极推行网上考评，全面落实考评结果运用的硬性规定。建立个案核查和执法巡查制度，落实执法过错责任追究制度，以严格追责倒逼规范执法，确保民警严格按照法定权限和程序行使权力、履行职责。

制定完善执法配套制度。要根据公安部出台的一系列执法制度和规范，从基层民警日常执法活动最容易发生问题的环节入手，抓紧制定完善相关配套制度，细化执法标准，严密执法程序，规范执法环节，以制度来促进规范执法，约束不良执法行为。对涉及群众切身利益、社会关注度高的执法制度，在出台前履行公众参与、专家论证、风险评估、合法性审查、集体讨论程序，完善执法细则，细化操作规范。

进一步增强执法主体能力。完善执法资格等级考试工作机制，将民警通过执法资格等级考试情况纳入执法质量考评范围。落实考试结果应用机制，未取得基本级执法资格的民警不得办理案件，担任盟市、旗县级公安机关内设执法勤务类机构、公安派出所主要负责人的民警以及法制员必须取得中级以上执法资格。推进法制部门“队建制”机构改革，加强业务经费和装备保障，加快建设一支实战型、学习型、专家型公安法制队伍。

不断强化执法监督。充分发挥法制员的监督作用，确保法制员对全部案件的事实、证据、定性、办案程序及现场处置、讯问过程的录音录像资料等进行全面审核把关。全面推行执法信息网上录入、执法流程网上管理、执法活动网上监督、执法质量网上考核新模式，实现对执法活动的实时、动态、全程监督。落实群众监督措施，在确保国家秘密和敏感执法信息不外泄的前提下，最大限度地实现执法公开，真正把执法活动置于阳光之下，让公平正义以群众看得见的方式实现。

不断夯实公安队伍建设管理

牢牢把握政治建警这一首要任务。强化理论武装，增强公安民警对中国特色社会主义的政治认同、理论认同和感情认同，进一步坚定对中国特色社会主义的道路自信、理论自信和制度自信；强化党性修养，有针对性地开展形势政策教育，进一步提高公安民警的政治敏感性和政治鉴别力，增强贯彻落实党的路线、方针、政策和各项决策部署的自觉性、主动性。

牢牢把握素质强警这一重要保障。坚持把对公安民警的教育训练作为一项重要的基础性工作来抓，结合“提效增力”大练兵活动，深入开展各类业务培训和实战练兵活动，重点加强依法使用武器警械方面的培训，着力提高公安民警队伍的整体素质和实战本领。

牢牢把握从严治警这一重点环节。坚持从严管干部、从严带队伍、从严抓作风，严格落实中央八项规定，健全完善违法违纪预警机制和队伍不稳定因素定期排查化解机制，增强教育的说服力、制度的约束力和监督的威慑力，严肃查处民警违法违纪案件，着力整治纪律松懈、作风涣散、警容不整等不良风气，以优良的警风推动工作，促进和谐警民关系形成。

牢牢把握从优待警这一根本要求。全面落实好民警超时补贴、年休假、定期体检等福利待遇，不断完善因公牺牲伤残贫困民警家庭帮扶救济、功模民警定期疗养、领导干部公开选拔任用等制度，真正做到与民警感情上共鸣、思想上认同、行动上合拍，激发广大民警投身平安内蒙古建设工程的内在动力。

为“8337”发展思路提供司法保障和法律服务

内蒙古自治区高级人民法院党组书记、院长 胡毅峰

内蒙古自治区高级人民法院党组书记、院长　胡毅峰

去年3月19日，自治区党委书记王君在全区传达贯彻全国“两会”精神干部大会上，就推动我区经济社会又好又快发展，提出了“8337”发展思路。这一发展思路符合内蒙古发展实际，符合中央对内蒙古的要求期盼，也符合全区各族人民群众的愿望。全力落实好“8337”发展思路，事关改革发展稳定的大局，事关贯彻落实党的十八大精神、事关我区实现全面建成小康社会目标。人民法院作为中国特色社会主义事业的建设者和捍卫者，自觉服务保障“8337”发展思路是我们义不容辞的重大政治责任。各级法院必须充分认识落实“8337”发展思路的重要现实意义，切实把思想统一到自治区党委的决策部署上来，把法院工作放到全区经济社会发展全局中来定位、放到“8337”发展思路中来谋划，增强服务和保障“8337”发展思路的责任感和使命感，努力提高贯彻落实和服务保障“8337”发展思路的坚定性和自觉性。

一、充分认识落实“8337”发展思路的重要意义

“8337”发展思路是自治区党委按照党中央、国务院对内蒙古发展的新要求，着眼自治区的长远发展，统筹考虑内蒙古的区情提出来的，抓住了内蒙古推动科学发展的突破口和着力点，具有很强的针对性和指导性，是当前和今后一个时期指导我区发展的目标遵循。

首先，“8337”发展思路是深入贯彻落实党的十八大精神、加快实现全面建成小康社会的重大部署。“8337”发展思路，体现出加快形成新的经济发展方式的重要性和紧迫性，着力增强创新驱动发展新动力，着力构建现代产业新体系，着力培育开放型经济发展新优势，是党的十八大确定的重大发展战略在内蒙古的具体贯彻落实和细化深化，必将有利于增强自治区长期发展、加快发展的后劲，加快实现科学发展、富民强区、全面建成小康社会的目标。

第二，“8337”发展思路是符合中央对内蒙古的要求期盼和全区各族人民愿望的正确抉择。“8337”发展思路关于建设“五个基地、两个屏障、一个桥头堡和经济带”的目标，是对国务院关于我区发展战略定位的拓展、丰富、细化和具体化，有利于形成我国合理产业布局和完善全方位对外开放格局，完全顺应了中央对内蒙古的要求期盼。同时把实现好、维护好、发展好各族人民的根本利益作为加快发展的出发点和落脚点，真正做到了发展为了各族人民、发展依靠各族人民、发展成果由各族人民共享，符合全区各族人民的愿望。

第三，“8337”发展思路是准确把握内蒙古发展规律和发展阶段的科学决策。“8337”发展思路明确提出“传统产业新型化、新兴产业规模化、支柱产业多元化”的科学决策，充分考虑了内蒙古的发展条件和基础，全面反映了我区在全国发展大局中重要的战略地位、独特的区位特点、丰富的资源优势、较好的发展基础和巨大的发展潜力，对解决内蒙古发展中存在的突出问题和薄弱环节有很强的针对性、指导性和重要的现实意义。

二、立足审判职能，进一步明确服务保障“8337”发展思路的工作重点

为切实贯彻落实好“8337”发展思路，自治区高院在组织全区法院召开与经济管理部门和企业界座谈会、深入企业开展调查研究的基础上，起草了《全区法院服务和保障自治区党委“8337”发展思路的指导意见》。全区法院要认真学习贯彻指导意见，进一步突出工作重点，完善服务方式，强化保障措施，切实提高司法服务保障的针对性和有效性，全力为我区全面建成小康社会提供有力司法保障和法律服务。

第一，要深化能动司法，切实提高服务保障的针对性和有效性。服务和保障“8337”发展思路，关键是坚持能动司法，积极作为，主动服务，增强服务保障的实效性。要努力找准结合点和着力点，紧紧围绕建成“五个基地、两个屏障、一个桥头堡和经济带”目标和“三个着力”和“三个更加注重”工作要求，主动协调有关部门、走访相关企业，深入调查研究各项基地建设、企业运行、资源开发利用等过程中出现的深层次矛盾和问题，积极主动地帮助企业解决实际法律问题。要强化工作协调和沟通，积极与地方党委、政府经济管理部门建立长效联系机制，定期听取经济管理部门的意见和建议，并要形成长效机制，每年都要认真听取各方面意见和建议，逐项对照落实，切实解决实际问题，绝不能搞形式走过场。

第二，要妥善化解矛盾纠纷，切实审理好重点领域的重点案件。审判执行工作是人民法院的“第一要务”，服务保障工作必须紧紧围绕审判执行工作来开展。要认真梳理好相关案件，把“8337”发展思路中有关“八个方面定位”作为重点领域，对受理的相关案件，建立专门台账，逐件登记，逐案呈报相关庭长、主管副院长、院长，各级院、庭领导要把这些案件真正抓在手上，主动过问、亲自指导，确保每一起案件都得到依法、及时、公正、妥善处理，绝不能因为案

件处理不力阻碍“8337”思路的有效落实，绝不能因为案件处理不当影响经济社会发展大局。要高度重视并审理好重点案件，认真贯彻高院《关于强化对社会关注案件审判指导的意见》，对重大疑难案件，特别是与改革发展稳定紧密相关的案件，要及时通报上级法院及地方党委政府，并组织精干力量，妥善处理。要加强社会矛盾纠纷的分析研判，认真查找影响本地区经济社会发展的突出问题，加强领导，制定方案，以解决实际问题的有力行动为落实“8337”发展思路提供有力司法保障和服务。

第三，要认真把握相关政策，切实实现审判工作法律效果和社会效果的高度统一。在服务和保障工作中，必须把依法办事与执行相关政策有机结合起来。要认真贯彻落实自治区相关扶持和鼓励政策，既要严格执行法律，也要切实贯彻落实自治区关于鼓励非公有制经济、扶持中小企业发展等政策措施，以及自治区党委、政府关于推进“8337”发展思路的各项政策要求，切实促进产业结构调整升级和县域经济、非公经济发展壮大。要认真落实重点优先的司法措施，对与“8337”发展思路相关的案件建立“绿色通道”，坚持立案、审判、执行“三优先”和“四快”，即快立、快审、快结、快执。同时，要继续坚持“宽严相济”刑事政策和“调解优先、调判结合”原则，特别是对于征地拆迁案件，要积极主动配合各级党委政府做好《国有土地上房屋征收和补偿条例》的贯彻落实，严格掌握“先补偿、后搬迁”和合理补偿的原则，依法支持符合规划的征地拆迁，加大对失地农民和被搬迁人合法权益的保护力度，与有关部门形成强大合力，依法按程序化解矛盾，确保实现法律效果、社会效果的有机统一。

第四，要强化和保障民生，切实维护好人民群众的根本利益。要进一步强化民生保障，维护好人民群众的合法权益。要强化司法为民措施，及时妥善处理好教育、就业、住房、医疗、劳动争议、社会保障等民生领域矛盾纠纷，切实解决好群众最关心、最直接的利益问题。要把建立健全“领导干部大接访”和“千名法官下基层”的长效机制作为重点，切实完善领导干部接访制度和巡回审判制度，健全法律服务点、巡回审判点，切实方便群众诉讼，减轻当事人“诉累”。要解决好群众反映强烈的突出问题，按照中央要求切实把信访工作纳入法治化轨道，继续深入贯彻落实好最高法院“四项制度”和“五个必须”，全面落实各级法院领导的责任制，进一步落实好信访案件终结制度、涉诉信访通报制度，坚持领导干部亲自接访、法官带案下访、巡回接访等方法，确保依法公正及时有效地处理好每一件信访案件。要高度重视解决好执行难问题，进一步开展好反规避执行活动，完善执行工作机制，以执行联动为重点，建立由党委领导，政府支持、法院主办、各界配合齐抓共管的“大执行工作格局”，切实解决“执行难”问题。

第五，要加强司法建议工作，为推动社会管理创新作出应有贡献。推进社会管理创新是个系统工程，人民法院既是参与者，也是主力军。要依托审判工作，积极开展决策调研，充分利用统计数据，加强对经济发展重点领域存在的矛盾和问题的调研和分析，对我区近年来反映突出的矿业权纠纷、土地草牧场纠纷、民间借贷等案件制定指导意见，牢牢把握司法保障和服务的前瞻性和主动权。要推动依法科学决策，在对全局有重大影响的规范性文件或决策出台前，积极向有关部门建言献策，对审判工作中发现的影响经济社会发展的苗头性和倾向性问题，及时向党委政府报告，对个性问题和管理漏洞，及时向有关部门提出司法建议。要健全完善司法建议工作机制，建立跟踪反馈制度，确保司法建议转化为推进工作的重要举措。

第六，要坚持维护司法公正，全力提高人民法院的司法公信力。“司法公信力不断提高”是党的十八大确定的全面建成小康社会的重要目标之一。服务保障“8337”发展思路，必须把维护司法公正、提高司法公信力作为根本，切实实现习近平总书记提出的“努力让人民群众在每一个司法案件中都感受到公平正义”。要把提高法院队伍素质作为基础性工程，深入开展“务实、清廉、为民”主题教育活动、严肃工作纪律整顿工作作风专项活动和“警示再教育”活动，坚决杜绝慵懒散奢、冷横硬推、吃拿卡要等不良作风；要进一步强化能力建设，不断提高干警司法能力和综合素质。要创新审判管理，坚持以目标管理绩效考核为重点，把审判组织的初始把关和庭长院长的监督指导高度结合起来，把审级独立和上级法院的监督指导高度结合起来，把目标管理绩效考核与差错案件责任追究高度结合起来，形成确保公正司法的工作格局。

三、强化保障措施，确保司法服务保障“8337”发展思路取得实效

全区法院服务和保障“8337”发展思路，要创新工作理念，不断强化大局意识、服务意识、责任意识，强化保障措施，确保在真抓实干中取得实效。一要强化服务理念。要切实更新司法理念，强化服务意识，特别是法院的领导班子，每作一项工作决策、每处理一起案件都要从有利于落实“8337”发展思路出发，从有利于改革发展稳定大局出发，从有利于保障和改善民生出发，坚决摒弃就案办案、机械执法的观念。二要强化组织领导。要建立健全服务保障“8337”发展思路的领导机构和工作机制，“一把手”是第一责任人，确保各项工作任务和措施落到实处。上级法院要强化对下监督指导，全面掌握下级法院开展工作的情况，对好的经验及时推广，对存在的问题及时纠正，确保监督指导的实效性。三要强化工作措施。要进一步制定方案，细化工作措施，落实工作责任。要把服务和保障“8337”发展思路的工作措施和成效纳入对中院和基层法院的目标管理绩效考核当中，加大考核力度，严格落实奖优罚劣政策，推动服务保障工作取得新成效。四要强化沟通协调。要注意加强与有关地区、部门的沟通协调，积极协调解决涉及落实“8337”发展思路的重大个案和重大事项，就遇到的涉及改革发展稳定的重大案件和敏感性问题，及时向党委、人大汇报，争取政府及有关部门的大力支持，做到依法公正、积极稳妥加以处理，为人民法院的服务和保障工作奠定坚实基础。

落实好“8337”发展思路，对于加快我区科学发展、富民强区具有十分重要的意义。各级法院领导干部和广大干警一定要牢记“空谈误国，实干兴邦”的道理，以“等不起、慢不得”的紧迫感，以“踏石留印、抓铁有痕”的作风，切实抓好“8337”发展思路的司法服务和保障工作，确保取得实实在在的成效，努力为自治区实现科学发展、富民强区、全面建成小康社会目标作出更大贡献！

内蒙古法院概况

内蒙古自治区高级人民法院党组书记、院长胡毅峰在通辽市中级人民法院调研指导工作

院长胡毅峰到呼和浩特市赛罕区法院交通法庭看望一线干警

全区共有 120 个法院，包括自治区高级人民法院、12 个盟市中级人民法院、1 个铁路运输中级法院和 106 个基层法院（含 4 个铁路基层法院），下辖人民法庭 351 个。全区法院现有政法专项编制 10461 个，实有在编人数 9970 人，其中蒙古族 2891 人，占 29%；具有审判职称的人员 5600 人，占 56%。全区法院法官本科学历达到 100%，研究生以上学历达到 10%。自治区高院内设刑事审判、民事审判、行政审判、立案、信访、国家赔偿、审判管理、审判监督、执行等业务部门 14 个，行政综合部门 9 个，直属事业单位 2 个（机关事务中心和法官学院）。现有政法专项编制 357 个，实有在编人员 329 人，其中法官 196 人，占 60%。高院现有副厅级以上干部 16 人，其中班子成员 9 人。全区各级法院年均受理案件 26 万件左右，自治区高院年均受理案件 4000 件左右。

2011 年以来，全区法院在各级党委的领导、人大的监督、政府的支持和上级法院的指导下，紧紧围绕服务“十二五”发展这条主线，紧密结合法院工作实际，重点强化能动司法、为民司法、公正司法、廉洁司法，各项工作呈现出全面推进、重点突破的良好态势。全区法院审判质量评估指标从 2011 年在全国法院排名第 18 位上升到第 11 位，2012 年进入前 10 位，首次跨入全国法院上游水平。特别是开展清理进京重复访的化解率在全国法院排名第一，诉讼案件“清积”的结案数量和结案率在全国法院均排名第一。自治区党委李佳副书记来高院调研时用“班子强、队伍硬、工作实、贡献大”12 个字对我们的工作给予高度评价，最高法院沈德泳常务副院长等多位领导也都给予了充分肯定。在 2013 年召开的自治区十二届人大一次会议上，高院工作报告获得 94.22%的赞成率，同比提升 10 个百分点，创历史新高。

听取自治区经济管理部门及重点企业对法院服务自治区发展大局的意见和建议

邀请自治区人大代表、政协委员旁听庭审

邀请自治区人大代表、政协委员旁听庭审

听取社会各界对法院工作的意见和建议

当事人送来锦旗，对法院公正司法、切实维护群众合法权益表示感谢

缅怀革命先烈的丰功伟绩

法官走上街头，走进社区，为广大群众提供法律咨询和司法服务

书记员岗位大练兵

服务大局 保障民生 不断提高检察工作的能力和水平

内蒙古自治区人民检察院检察长 马永胜

马永胜检察长在自治区十二届人大二次会议上作检察院工作报告

内蒙古检察机关坚持把学习贯彻党的十八大精神作为首要政治任务，紧密联系贯彻落实自治区“8337”发展思路的实际，教育检察干警以发展大局为重、以人民利益为念，严格依法办案，做到执法想到稳定、办案考虑发展、监督促进和谐，保证经济社会发展在和谐稳定的社会环境中顺利推进，保证让人民群众在办理的每一起案件中都能感受到公平正义的阳光。今年3月份，自治区检察院制定出台了《关于深入学习贯彻党的十八精神 充分发挥检察职能服务大局保障民生的意见》。全区检察机关要全面履行宪法和法律赋予的职责，认真贯彻服务大局、保障民生这个新形势下做好检察工作的基本要求，正确、规范执法，为实现党的十八大和自治区党委、政府提出的目标任务营造和谐稳定的社会环境、诚信有序的市场环境、廉洁高效的政务环境、公平正义的法治环境。

第一，要找准检察工作服务经济社会科学发展的切入点，全力保障改革和发展。重大项目建设、发展壮大县域经济、发展非公有制经济是落实自治区党委、政府工作思路和部署的三个重要方面。检察工作要把这三个方面作为检察工作服务自治区经济社会发展的切入点，切实发挥好服务保障的职能作用：在保障政府重大项目投资安全方面，要做到“三个确保”，即跟踪做好法律服务工作，确保重大建设项目整体推进。发挥检察预防功能，确保工程优质、干部优秀。坚持效果优先，确保企业发展与检察职能发挥实现双赢；在促进县域经济发展壮大方面，要抓住促进旗县发展特色产业、服务和保障城镇化发展和基础设施建设、保护生态环境“三个着力点”，充分发挥打击、保护、监督、教育、预防等检察职能作用；在主动服务非公有制经济发展方面，检察工作要坚持同等对待、同等保护、同等服务“三个同等原则”。要加强对经济领域新情况新问题的研究，依法平等保护各种所有制经济合法权益，促进深化经济体制改革。要进一步增强检察工作服务经济社会发展的实效，一是在执法理念上要做到“四个转变”，即从被动服务向主动服务转变、单纯服务向全面优化法治环境转变、简单机械执法向综合执法转变、注重法律效果向注重法律效果、政治效果与社会效果相统一转变，树立理性、平和、文明、规范执法的良好形象。二是在工作摆布上要坚持“四个并重”，即坚持打击与保护并重、查办与预防并重、坚持惩治犯罪与化解矛盾并重、强化法律监督与强化自身监督并重，提高检察工作服务的能力和水平。三是在工作的外部环境上，要加强“四个联系”，即加强与企业的联系，加强与相关经济管理部门、行政执法机关、行业协会的联系，加强与公安、法院等部门的沟通联系，加强向党委、人大的报告以及与政府的协调，形成推动经济社会发展强大合力。

第二，要正确把握改革、发展与稳定的关系，善用“底线思维”，全力推进平安内蒙古建设。要始终把维护社会和谐稳定放在首位，积极投入自治区实施的“平安北疆工程”建设，推进平安内蒙古建设不断深化。要高度警惕和坚决打击敌对势力的分裂、渗透、颠覆活动，以及各种邪教组织的犯罪活动，确保祖国北疆安全。要积极投入自治区组织的打黑除恶、打击“两抢一盗”、打击经济领域犯罪、整治治安乱点“四个专项行动”，依法严厉打击各种影响社会和谐稳定的犯罪，切实增强人民群众的安全感。要充分发挥检察机关在加强和创新社会管理中的法治保障作用，积极参与社会矛盾化解攻坚战，加大矛盾纠纷排查化解力度。要进一步畅通信访接待渠道，加强文明接待室动态管理，推进综合性受理接待中心、查询服务窗口建设，完善12309举报电话、网上信访、来信、来访“四位一体”机制，做好检察长接待、视频远程接访、派出检察室就地接访等工作。推进涉检信访工作改革，建立健全依法处理涉检信访问题的工作机制，加大依法受理、依法纠错、依法赔偿、依法救助力度。

第三，要认真落实依法治国的重大部署，全力推进法治内蒙古建设。检察机关作为国家的法律监督机关，承担着维护宪法和法律统一、正确实施的职责，在推进法治建设中责任重大，必须坚持有法必依、执法必严、违法必究。要认真贯彻落实即将出台的《法治内蒙古建设纲要》，着力提高法律监督水平。检察机关要带头做到严格执法，不仅要严格执行实体法，还要严格执行程序法，用看得见的方式让人民群众感受到公平正义。要强化法律监督，加大对执法不严、选择性执法、徇私枉法，以及涉及重大法律政策适用等问题的监督力度，加大对刑事、民事、行政三大诉讼活动的法律监督力度，确保严格执法、公正司法。同时，检察机关要自觉维护司法权威和司法公信力，支持、配合其他机关共同坚持严格执法，切实用法治思维和法治方式深化改革、推进发展、化解矛盾、维护稳定。

第四，要践行为民宗旨，全力为改善民生服务。要不断满足人民群众对司法工作的新需求、新期待，依法严厉打击侵害群众人身财产权利、危害公共安全和食品安全的犯罪，查办和预防发生在群众身边、损害群众切身利益的腐败犯罪。要认真总结过去行之有效的经验，组织力量，严肃查办和积极预防贪污、挪用强农惠农资金的职务犯罪，促进党和政府惠民政策的落实。要拓展人民群众有序参与司法途径，健全专群结合工作机制，完善和落实实名举报答复、举报人保护、举报奖励等制度。健全人民群众参与检察决策机制，完善人民监督员、特约检察员、专家咨询制度，健全人民群众评判检察工作机制，邀请人大代表、政协委员参加专项检查等活动，认真开展执法办案回访工作。加强各级院门户网站、检察微博建设，增强信息发布、在线交流、咨询问答等功能，加强与群众的互动交流，保障人民知情权、参与权、表达权、监督权。完善检察人员直接联系群众、直接服务群众工作机制，推动检察官进社区、进企业、进农村、进学校经常化、制度化，像我区检察机关培养出的全国重大先进典型张章宝同志那样走出去、深入下去，切实为老百姓办一批实事、好事，化解一批社会矛盾。要不断完善和落实便民利民措施，简化办事程序，规范言行举止，为群众提供便捷高效热情服务。

第五，要加强检察队伍专业化、职业化建设，全力提升检察队伍素质能力。加强思想政治建设，加强社会主义核心价值体系、社会主义法治理念教育和检察职业道德教育，深入开展以为民务实清廉为主要内容的群众路线教育实践活动。要以执法办案为重点，用3年时间切实加强检察工作的规范化建设，以规范促公正。以全面推广全国统一的业务应用软件为契机，深入推进全区三级检察机关的检察信息化建设，提高检察工作的现代化水平。要以提高检察工作亲和力和公信力为核心，抓党建带队建、强素质树形象，强化检察队伍建设，强化检察教育培训，广泛开展岗位练兵活动，全面提高检察人员职业素养，着力提升检察队伍在新形势下的群众工作能力、维护社会公平正义的能力、新媒体时代舆论引导能力、科技信息化应用能力和拒腐防变能力，努力打造一支忠诚可靠、执法为民、务实进取、公正廉洁的高素质检察队伍。坚持从严治检，建立健全自身反腐倡廉教育长效机制，加强检察纪律作风建设，不断强化监督制约，确保检察权公正廉洁行使。

自治区检察院召开服务大局保障民生“十二条意见”新闻发布会

内蒙古自治区检察院

自治区检察机关概况

自治区检察院马永胜检察长陪同最高人民检察院检察长曹建明（中）到包头检察院院视察工作

自治区党委书记王君（左）到内蒙古自治区检察院视察工作并发表重要讲话

1950年3月，绥远省人民检察署成立。1953年8月，内蒙古自治区人民检察署成立。1953年11月，绥远省人民检察署和内蒙古自治区人民检察署实行合署办公。1954年3月，两署合并改称内蒙古自治区人民检察署。1954年12月，改称内蒙古自治区人民检察院。1968年，自治区各级检察院陆续被实行军事管制。1978年3月，内蒙古自治区人民检察院恢复重建，同年12月1日，内蒙古自治区人民检察院正式行文办公。

内蒙古自治区检察院机关现有人员270人，内设机构23个，分别是：办公室（人民监督员办公室）、政治部、侦查监督处、公诉处、反贪污贿赂局、反渎职侵权局、监所检察处、控告申诉检察处、民事行政检察处、职务犯罪预防处、检察技术处、法律政策研究室、计划财务装备局、翻译处、监察室、机关党委、法警总队、出庭公诉一处、出庭公诉二处、案件管理办公室、信息建设管理处、侦查信息情报处、检务督查处。机关事务服务中心和检察官进修学院两个事业单位。

内蒙古自治区人民检察院下辖15个盟市和地区检察（分）院，（包括12个盟市分院，1个铁路运输分院，2个自治区院派出监所检察院），107个旗县级检察院（包括101个旗县区院，5个铁路运输基层院，1个地级市院派出院），5个旗县院派出院（扎赉诺尔矿区检察院、大雁矿区检察院、宝日希勒矿区检察院、大杨树地区检察院、甘河地区检察院）。全区现有检察人员7534人，其中少数民族2585人，大学本科学历5521人，研究生438人，党员5404名，女性2539人。

内蒙古自治区人民检察院作为法律监督机关，主要任务是领导全区各级人民检察院，依照宪法和法律的规定，履行法律监督职能，保证国家法律的统一正确实施。对自治区人大及其常委会负责并报告工作，接受自治区人大及其常委会的监督，接受最高人民检察院的领导；领导全区各级人民检察院工作，部署全区检察工作任务，对重大刑事案件依法批准逮捕，提起公诉；领导全区各级人民检察院开展对刑事犯罪案件的审查批准逮捕、决定逮捕、提起公诉工作；依法对贪污贿赂犯罪，国家工作人员渎职犯罪，国家机关工作人员利用职权实施的非法拘禁、刑讯逼供、报复陷害、非法搜查等侵犯公民人身权利、民主权利的犯罪进行侦查，对国家机关工作人员利用职权实施的其他重大犯罪案件进行审查，决定是否由人民检察院立案侦查；依法开展职务犯罪预防工作研究并提出防范对策；领导全区各级人民检察院依法对刑事、民事诉讼和行政诉讼活动实施法律监督的工作，对本级人民法院和下级人民法院已经发生法律效力、确有错误的判决和裁定，依法向自治区高级人民提出抗诉或提请最高人民检察院向最高人民法院提出抗诉；对全区各级人民检察院作出的决定进行审查，纠正错误决定；受理公民控告、申诉、检举和对贪污贿赂犯罪的举报，办理刑事赔偿事项。

召开预防职务犯罪工作联席座谈会

开展全区检察机关岗位练兵活动，推进队伍建设

自治区检察院检察长马永胜陪同自治区党委副书记兼政法委书记李佳（右）到呼和浩特市检察机关视察工作

自治区检察院开展检务公开活动开门纳谏

自治区检察院扎实开展党的群众路线教育实践活动，走访农家，倾听群众意见建议

开展检察工作科学发展抽样评估工作，业务骨干认真评查案卷资料

检察干警深入田间地头了解民意

着眼于贯彻落实自治区“8337”发展思路扎实推进平安内蒙古建设工程

自治区司法厅党委书记、厅长 徐呼和

司法厅厅长 徐呼和

贯彻落实自治区“8337”发展思路，平安是前提，也是保障。从司法行政工作来看，司法行政机关承担的职能与平安内蒙古建设密切相关。监狱（戒毒）、安置帮教、社区矫正工作担负着罪犯、强戒人员的教育改造、对特殊人群的教育管理帮扶职责，直接关系到减少重新违法犯罪．关系到社会稳定和公共安全。人民调解在化解矛盾纠纷中具有独特优势，是维护社会稳定的第一道防线。律师、公证、法律援助等法律服务工作，对于维护群众利益、促进社会公平正义具有重要作用。法制宣传教育是提高全民法律素质的重要途径，对于提高社会管理法治化水平、推进平安内蒙古建设具有基础性作用。为此，我们必须以推进平安内蒙古建设为契机，采取过硬措施，切实解决实际困难，大力推进制度、能力建设，推动司法行政工作实现新发展，更好地担负起推进平安内蒙古建设的职责使命。

一、着眼于全覆盖，切实抓好法律服务和法律援助工作

司法行政工作特别是律师、公证、法律援助工作等，与民生息息相关，在促进解决基本民生问题、改善社会平安大环境方面具有重要作用。一要服务经济决策。贯彻落实国务院《服务业发展‘‘十二五”规划》和自治区党委‘‘8337”发展思路，努力争取将基本公共法律服务纳入自治区政府公共服务体系，推动法律服务与经济社会发展紧密对接、深度融合。积极组织指导全区律师担任各级政府法律顾问，完善政府法律顾问机制，着力为党委政府在转变发展方式、调整经济结构、加强对外贸易、扩大对外开放中发挥法律参谋作用。二要帮扶企业项目。引导律师服务从业人员通过担任法律顾问、开设法律服务“绿色通道”等方式，为各类市场主体提供专业法律意见和法律咨询，助推经济发展提质。三要优化发展环境。进一步优化律师资源配置，解决个别旗县（市区）没有律师法律服务或法律服务资源不足的问题，努力满足当地法律服务需求。加强对法律服务市场的监管，坚决治理法律服务行业不正之风，整顿、规范服务收费行为。依法参与打击经济违法犯罪活动和经济环境整治，促进市场主体公平竞争。四要抓好民生领域法律服务。积极构建以法律援助为主体的公益法律服务体系、推进法律援助与帮困救济、司法救助、维稳维权等对接联动。帮助群众解决就业、就学、就医、养老、住房等民生方面的法律服务问题。五要加强律师、公证的指导。积极出台《刑事诉讼法》适用指引，指导律师、公证员依法正确履行职责，保障律师、公证员执业权利。做好筹建全区律师、公证员继续教育基地工作，加大律师、公证员培训力度，提高培训质量。组织开展全区文明律师事务所、文明公证处和十佳律师、十佳公证员评选活动。

二、着眼于项目化建设，切实抓好社会矛盾排查化解工作

社会矛盾排查化解是平安内蒙古建设的重要内容，是实现社会安全稳定的第一道防线。一是继续深入开展社会矛盾纠纷排查化解专项行动。对重大疑难矛盾的当事人，实行多对一、一对一，集中力量攻坚克难，针对当事人‘‘诉求过度、心理失衡、行为过激”的特点，人民调解员要运用心理疏导和人文关怀等方法，矫正心理失衡、使当事人回归理性，有序表达诉求。二是加强专业性、行业性调解队伍建设。采取聘请医学、法学、调解、心理等专家授课，组织人民调解员到信访局、卫生院、医院、司法所以及外地医调委进行跟班培训，努力提高人民调解员综合素质，建章立制、推动医疗纠纷人民调解工作规范有序运行、建立每日晨会、个案研讨、定期培训、交流学习等多项工作制度，进一步完善调解员接待、受理、调查、调解、回访等工作流程。此外还配备心理咨询师，为复杂疑难纠纷提供有力的专业支撑。三是推进大调解机制建设。加强旗县（市区）矛盾纠纷协调指挥中心和苏木乡镇（街道）矛盾纠纷调解中心建设，着力完善人民调解、行政调解与司法调解联动的工作体系。四是以案说法、以案学法、以案普法，发挥巡回法庭的作用，选择一些贴近社区居民、具有良好教育意义的典型案件，组织人民调解员旁听庭审过程，加深对法律的具体规定及应用、如何找到矛盾的焦点等的感受和理解，并定期邀请法官开展法律法规培训，提高人民调解员的能力和水平。五是科学做好项目的评估，为确保项目的实际效果，司法所定期进行回访跟踪，了解矛盾化解后的履行情况、各方当事人的满意度，以此作为项目不断改进完善的依据。

三、着眼于服务管理，切实抓好社区矫正和安置帮教工作

刑释解教人员、社区服刑人员等特殊人群，是影响社会稳定的重要因素，加强对这部分特殊人群的管理，是司法行政机关平安建设的重要工作。一是依据考核奖惩情况，探索建立分类管理模式，对社区矫正对象实行分级管理，在报到、思想汇报、社区服务、集中教育、请假等方面给予不同处遇，提高社区服刑人员改造的积极性。协调法院、公安等部门抓好社区服刑人员的交付接收工作，严防脱漏管现象发生。二是注重发挥社区矫正小组作用，深入开展走访排查，严格执行日常监管制度，强化突发事件预警机制建设。完善风险评估，实施分级管理，对严管和准假外出人员加强管控，最大限度地预防和减少重新违法犯罪。三是继续推进社区矫正规范化建设活动，研究制定社区矫正各个环节的业务流程和操作规范，修订完善各类文书表格，加强社区服刑人员档案管理，确保社区矫正工作依法规范开展。四是做好社区矫正信息化建设工作，以司法部信息化建设规范为依据，学习其它省市先进经验，建立社区服刑人员、刑释解教人员信息库，健全电子档案，对基层工作开展、监管帮扶工作落实情况实行动态督查，全面实行社区服刑人员手机定位监控管理，做到“动知轨迹、行知去向” 。五是加强社区矫正人员衔接监督和管理工作，认真做好社区矫正人员适用前调查评估和法律文书等相关材料的接收移交，为每一名社区矫正人员建立矫正小组，发挥专群结合优势，不断提高矫正质量。六是联系社会教育培训机构和相关企业，会同人保部门，加大对刑释解教人员劳动技能培训的力度，依托社区服刑人员管理中心、安置帮教基地等平台，积极提供就业指导服务和就业岗位信息，引导他们通过灵活多样的形式就业。

四、着眼于机制创新，切实抓好普法依法治理工作

法制宣传教育是全面推进依法治区的基础工作，对于平安内蒙古建设具有重要作用。一是认真学习习近平总书记关于全面推进依法治国、建设法治国家的重要批示精神和中央政治局第四次集体学习会议精神，着力扩大法制宣传的覆盖面和渗透力。二是深入推进“法律六进”工作。各级司法行政机关聘请律师、公证员、司法鉴定人、人民调解员、司法助理员等骨干力量以及部分专家学者组成“司法大讲堂”宣讲团，围绕党委政府关注的、群众生产生活遇到的、社会发展需要的热点难点问题，有重点地到一些社区、村居开展法制宣传和法律服务。积极开展领导干部和公务员“学法用法、依法行政”主题宣传教育活动，提高领导干部特别是基层干部运用法治思维和法治方式化解矛盾、维护稳定、解决问题的能力。三是提升法治文化创建水平。进一步加强法治文化阵地建设，组织开展好“12•4”全国法制宣传日系列宣传活动，做好年度全区“十大法治事件暨十大法治人物”推荐评选工作。结合全国普法办下发的《关于深化法治城市、法治县（市、区）创建活动的意见》要求，推动法治旗县（市、区）创建规范化和常态化。进一步深化行业和基层依法治理，大力推进民主法治示范嘎查村（社区）、依法行政示范单位、诚信守法企业等创建活动，切实提高全社会法治化管理水平，促进社会安定有序。

五、着眼于精细化管理，切实抓好监狱劳教（戒毒）工作

司法行政机关承担的监狱劳教（戒毒）等职能，是维护社会稳定的重要工作，与社会公共安全密切相关。一是扎实推进“平安、法治监所”建设。要坚持把监所安全稳定作为重中之重，紧紧抓住‘‘六无”监区、“平安法治大队”创建工作，进一步完善监所安全稳定长效机制，严格落实安全稳定各项制度规定，强化内部规范化、精细化管理，切实加强对罪犯和劳教（戒毒）人员的有效管控，运用底线思维的方法，加强狱内业务建设和应急预案的演练，加强安全警戒设施建设，确保监所持续安全稳定。要深入推进国务院和自治区部署开展的安全生产大检查工作，组织开展经常性安全生产排查，整治生产安全隐患，确保不发生重大安全生产事故。二是认真抓好“教育质量年”活动。加大教育改造工作的经费和设施投入，全面推行出监（所）教育、心理矫治和职业技能培训工作，创新教育改造方式方法，推进“传统文化”进监所，探索开展循证矫正和个案矫治工作，建立健全教育改造质量评估体系，推进帮教工作社会化，不断提高教育改造质量。

法援在牧点

开展党的群众路线教育实践活动动员部署会议

内蒙古自治区 2013 年残疾人事业统计公报

2013 年，内蒙古残疾人工作在自治区党委、政府的领导和中国残联的指导下，以自治区“8337”发展思路为指导，以加快残疾人社会保障和服务体系建设为主线，以全面实施残疾人工作五个专项工程为重点，残疾人工作呈现出创新发展、加快发展的良好局面，残疾人和残疾人家庭生活状况得到进一步改善。

一、残疾人康复工作

全区在 22 个市辖区和 81 个旗县（市）开展了社区康复工作，累计已建社区康复站 2063 个，配备 1.1 万名社区康复协调员。有 22 个县的 25 个医疗卫生机构陆续开展残疾儿童筛查工作，年度新诊断 0-6 岁残疾儿童 271 人。

全区视力残疾康复机构共 17 个，完成白内障复明手术 1.1 万例；为 5346 名贫困白内障患者免费施行复明手术；为 2445 名低视力患者配用助视器，培训低视力儿童家长 1053 名，对 2519 名盲人进行定向行走训练。

全区现有省级听力语言康复机构 1 个，基层听力语言康复机构 23 个。年度新收训聋儿 418 名，在训聋儿 584 名，培训聋儿家长 803 名；开展各级各类听力语言康复专业技术人员培训，共培训专业人员 62 人。全区肢体残疾康复训练服务机构 27 个；培训各级各类肢体残疾康复人员 132 人次；全区共对 6260 名肢体残疾人实施康复训练；资助 442 名脑瘫儿童进行机构康复训练，资助 113 名贫困肢体残疾儿童实施矫治手术。

全区智力残疾康复训练服务机构 23 个，培训各级各类智力残疾康复人员 185 人次；资助 457 名智力残疾儿童进行机构康复训练，同时培训儿童家长。

大力推广“社会化、综合性、开放式”精神病防治康复工作。在 84 个旗县（市、区）开展精神病防治康复工作，对 7.1 万名重性精神病患者进行综合防治康复，监护率达到 81.7%，显好率达到 63.3%，社会参与率达到 53.8%，肇事率 0.2%；解除关锁 108 人；对 3160 名贫困精神病患者进行医疗救助。为 449 名孤独症儿童进行了康复训练。

加强残疾人辅助器具服务体系建设，努力提高辅助器具供应服务水平，为残疾人供应各类辅助器具 17065 件，其中装配假肢 856 例、矫形器 78 例、其他辅助器具 16131 件，为残疾人免费发放辅具器具 4747 件。

二、残疾人教育工作

为家庭经济困难的残疾儿童享受普惠性学前教育提供资助 204 人次。开办特殊教育普通高中班（部）6 个，在校生 96 人。残疾人中等职业学校（班）8 个，在校生 213 人，毕业生 187 人，其中 157 人获得职业资格证书。有 445 名残疾人被普通高等院校录取。未入学适龄残疾儿童少年 1576 人，其中视力残疾儿童 56 人，听力残疾儿童 62 人，言语残疾儿童 83 人，智力残疾儿童 516 人，肢体残疾儿童 482 人，精神残疾儿童 67 人，多重残疾儿童 310 人。

三、残疾人就业工作

城镇新增就业残疾人 6802 人，其中，集中就业 1517 人，按比例安排就业 1196 人，公益性岗位就业 488 人，个体就业及其它形式灵活就业 3384 人，辅助性就业 217 人。城镇就业人数 11.7 万；27.8 万农村残疾人在业，其中 22.6 万残疾人从事农业生产劳动。全区建立残疾人职业培训基地 66 个，其中残联兴办 20 个，依托社会机构兴办 46 个，1.2 万人次城镇残疾人接受了职业培训。

2013 年度培训盲人保健按摩人员 332 名、盲人医疗按摩人员 155 名；保健按摩机构达到 262 个，医疗按摩机构达到 42 个。

四、残疾人社会保障工作

全区城镇残疾职工参加社会保险人数达到6.4万，城镇残疾居民参加基本医疗保险达到 13.5 万人，城镇 9.3 万和农村 20.9 万残疾人纳入最低生活保障范围；城镇集中供养残疾人和农村五保供养残疾人分别达到 2474 人和 13168 人；20.6 万名和 19.8 万名残疾人分别享受到稳定的生活补贴和护理补贴。13.2 万名城乡贫困残疾人得到了其他救助救济。

残疾人托养服务机构达到 110 个，共为 2770 名残疾人提供了托养服务。其中寄宿制托养服务机构 68 个；日间照料机构 8 个；综合性托养服务机构 34 个。接受居家托养服务的残疾人达到 1.8 万名。

五、残疾人扶贫工作

扶持残疾人 4.1 万人，其中 3.9 万残疾人实现脱贫；接受实用技术培训的残疾人达到 1.8 万人次。康复扶贫贴息贷款扶持贫困残疾人 17841 名，2852 个单位和 5962 个人对贫困残疾人开展结对帮扶。残疾人扶贫基地达到 98 个，安置 2213 名残疾人就业，扶持带动 3154 户残疾人家庭。完成 7473 户农村贫困残疾人危房改造任务，各地投入危房资金 8,064 万元，9152 名残疾人受益。

六、残疾人宣传、文化、体育工作

在主要新闻媒体刊播稿件数 10 件，报刊专版 23 个，电视手语新闻栏目 1 个；地市级主要新闻媒体刊播稿件数 1784 件，报刊专版 17 个，残疾人专题广播节目 19 个，电视手语新闻栏目 8 个，建立地市级新促会 3 个。各级公共图书馆设立盲文及盲人有声读物阅览室已达到 20 个。举办残疾人文化周活动 27 场次，成立残疾人艺术团队 8 个。举办残疾人文化艺术类展

自治区召开第六次残疾人代表大会

中国残联副主席、党组成员吕世明一行在内蒙古自治区调研基层残疾人组织建设工作

自治区副主席白向群与各盟市签定责任状

自治区智力残疾人及亲友协会组织开展集体活动

览30场次。各地开展残疾人体育健身活动22次，参加人数3202人。建成残疾人体育示范点20个，培养残疾人体育健身指导员46人。建成残疾人体育训练基地2个，聘任教练员5人。

七、残疾人维权工作

各级残联维权组织建设得到加强，残疾人事业法律法规体系进一步完善，残疾人维权工作全面开展。县级以上人大进行《残疾人保障法》执法检查和专题调研14次；政协进行视察和专题调研11次。开展普法宣传教育活动211次，1.9万人参加宣传活动；举办法律培训班61个，0.26万人参训。建立残疾人法律救助工作协调机构41个，建立残疾人法律救助工作站31个，办理案件61件。建立残疾人法律援助中心（工作站）102个，办理案件359件。各级残联协助人大代表、政协委员提出议案、建议、提案72件，办理议案、建议、提案36件。

无障碍建设法规、标准进一步完善。62个旗县（市、区）开展无障碍建设；开展无障碍建设检查84次，无障碍培训136人次；为6873个贫困残疾人家庭实施了无障碍改造；为2.5万残疾人发放了残疾人机动轮椅车燃油补贴。

各级残联共处理残疾人群众来信1308余件，接待残疾人群众来访4220人次。

八、残疾人组织建设工作

各级残联实有工作人员3015人。11个盟市残联在领导班子中配备了残疾人干部；56个县级残联机关配备了残疾人干部；已建乡镇（街道）残联1102个，已建率达到99.3%，选聘残疾人专职委员1156名；已建社区（村）残协1.3万个，已建率达到93.9%，选聘残疾人专职委员1.2万名。省级以下各类残疾人专门协会557个，市级专门协会已建比例为93.5%，市辖区专门协会已建比例85.7%；县（含县级市）级专门协会已建比例为99.2%。

九、残疾人事业信息化建设工作

自治区残疾人健身指导员培训班现场

全国残疾人扶贫基地建设现场会在我区召开

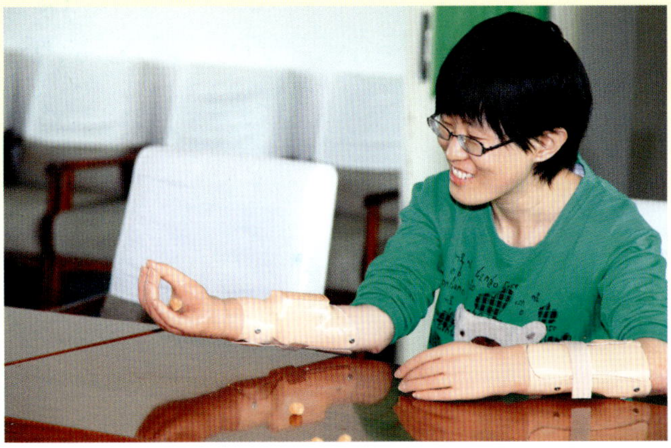

我区残疾人参加第八届全国残疾人艺术汇演

全区残联系统举办知识竞赛

全区残疾人事业统计队伍建设进一步加强，各级残联共有 122 名专、兼职统计人员，自治区残联举办培训班 1 期，参加培训的人员达到 180 人次；盟市举办培训班 12 期，参加培训的人员达到 271 人次。

各级残联全面推进网站建设，除自治区级残联开通了门户网站外，有 8 个盟市残联网站和 31 个县级残联网站也已开通。2013 年各级残联开设网站技术培训班 10 期，培训各级残联信息员达 267 人次。各级残联共有 147 名专业技术人员从事信息化工作。

2014 年，自治区残联将按照自治区党委、政府和中国残联的总体部署，认真落实党的十八大、十八届三中全会、习近平总书记系列讲话和中国残联第六次代表大会精神，认真贯彻自治区“8337”发展思路，全面实施残疾人工作专项工程，不断完善残疾人社会保障和服务体系，促进残疾人事业在新的起点上加快发展，为残疾人“同步全面小康”目标的实现做出应有贡献。

我区残疾人参加第八届全国残疾人艺术汇演

中国银行内蒙古分行国际结算部党支部为残疾儿童献爱心

中国银联
China Unionpay

乘风飞扬 银行卡产业继续保持高速发展态势

内蒙古银行卡产业2013年发展纪实

中国银联内蒙古分公司总经理 戈岚

“支持银联卡助农助牧服务，对农村牧区布放ATM、POS机具实施财政补贴，完善ATM到乡镇苏木、助农服务点到嘎查村、银行卡到人的汇划网络和快捷支付渠道”，这是内蒙古自治区党委2013年1号文件中对银行卡助农服务的专项部署，也是社会各界对银行卡产业重视支持的一个缩影。在产业各方共同打造的大好发展环境下，自治区银行卡产业继续保持高速发展态势，有力地促进了自治区经济社会健康发展。

至2013年末，我区银行卡累计发卡量达到8698万张，较年初增长28%；全区银行卡特约商户、POS机具、ATM机具数量分别达到19.5万户、25.2万台、9884台，分别较年初增长76.3%、76.4%、36.4%。2013年，全年银联卡跨行交易笔数11828万笔，交易金额4083亿元，同比分别增长29.1%、51.0%。我国银行卡自主品牌银联卡在我区的推广工作取得长足进展，银联卡累计发行7168万张，占我区银行卡发卡总量的82.4%，进一步强化了国家自主品牌，有力维护了国家经济金融信息安全。

经济发展助推器 落实“8337”发展思路有效载体和有力抓手

银行卡产业在促进产业结构调整、壮大县域经济、发展非公有制经济等方面，均具有独特意义，与“8337”提出的“推动经济持续健康发展、提高经济增长的质量和效益”等要求联系紧密。

“银行卡渗透率（即银行卡持卡消费总额占社会消费商品零售总额的比率）每提高10个百分点可以拉动GDP增长0.5-0.8个百分点”，“我国的现金支付成本是银行卡的2.6倍，即每100元的交易，使用银行卡可比现金节约社会成本1.09元”……权威机构多项相关研究表明，银行卡产业在拉动内需、节约社会成本等方面具有极其重要的作用。2013年，我区银行卡渗透率初步测算达到45.1%，较2012年提高约3.9个百分点，拉动全区GDP增长约55亿元。通过银联网络仅POS跨行消费一项累计交易金额即达到3547亿元，比现金支付节约成本约38亿元。

支持财税体系建设、推广公务卡均是银行卡产业促进社会管理创新的具体举措。银行卡的普及支付使得纳税人的收入和支出信息都有记录可查，有效防止偷税漏税行为，2013年确保全额纳税690亿元。我区财税库银联网工作全面推开，自治区地税局在12个盟市已经全部实现能够用卡缴税，布放POS机具1442台，2013年缴税59.5万笔，入库税款85.7亿元。公务卡的推广使用，对于推进“阳光财政”工程，提高财政资金的周转速度和使用透明度均有重要作用。全区公务卡累计发行44.9万张，全年累计实现跨行交易金额71.4亿元，并逐步在全区推广。

要把内蒙古建成体现草原文化、独具北疆特色的旅游观光、休闲度假基地，就要有配套的服务设施、良好的城市形象、较高的文明程度。而银行卡受理环境直接关系到社会公众的支付体验，良好的用卡环境既是商业服务业整体水平的一个缩影，也是社会文明程度的体现。2013年，“刷卡无障碍”系列活动向呼伦贝尔、巴彦淖尔、通辽、包头、乌兰察布等盟市重点推进，二连浩特“刷卡无障碍边贸城市”创建、部分旗县刷卡无障碍创建等活动均取得了良好效果，有力促进了重点城市、重点商业街区服务水平的提升。持续开展针对收银员的业务培训，2013年来共对3200个商户、5700人次收银员开展集中培训；培训覆盖范围涵盖全区所有盟市，延伸到旗县，并就金融IC卡受理等新业务进行重点培训。

银行卡消费信心指数客观反映经济运行状况，为政府决策提供参考。该指数是以银行卡消费交易信息为基础，通过分析银行卡支出结构变化（主要是非生活必需品在消费总支出中的占比变化情况）来反映消费者对宏观经济的信心水平。数据显示，2013年我区银行卡消费信心指数整体维持在较高运行态势，平均值达到86.54，表明自治区党委、政府扩内需、促就业、保增长的各项宏观政策成效显著，宏观经济环境的良好态势使得消费者收入预期较高，消费信心较强。

立体化助农助牧 打通农村牧区支付“最后一公里”

“真是没有想到，在我们农牧民的炕头就能实现银行卡取款”，通辽市科左中旗花土古拉镇北乌日格吐嘎查马高娃服务点，前来取款的村民由衷感慨。该服务点日取现最高达6万元。

旗县、苏木乡镇支付环境不断改善，但嘎查村金融服务依然空白，农牧民办理基本金融业务仍需到十几里甚至几十里外的乡镇去办理。在人民银行呼和浩特中心支行指导下，中国银联联合涉农银行及收单机构，大力推广集小额取现、消费、汇款、余额查询和话费等公缴服务于一体的“银行卡助农服务”，有效弥补了农村牧区金融网点不足，支付体验足不出村，并重点就贫困县进行推进，居住在农村牧区的留守老人、留守儿童、低保户等日常到金融网点办理业务的弱势群体，能够就近支取涉农补贴、养老补贴、低保补贴等小额资金，享受到普惠金融服务。至 2013 年末，全区服务点数量已达到 8236 个，全年交易笔数 45.4 万笔，交易金额 2.1 亿元。

政府搭台“万村千乡”，物资流、资金流、信息流、银行卡增值服务各方呈现优势。中国银联内蒙古分公司以“万村千乡市场工程”为切入点，在全国率先将政府的商品流通体系优势、涉农银行的网点服务优势、通讯运营商的信息网络优势和中国银联的支付平台优势有效整合，形成了一个集物资流、资金流、信息流和银行卡增值服务于一体的综合性助农服务平台。不仅具有物流、信息管理功能，还能实现银行卡消费、小额取现、转账、信用卡还款、银行卡便民缴费等多项基本金融功能。后续，将与社保等行业应用相结合，实现社保查询和缴费等多项功能，成为乡村具有基本金融服务的银行卡助农服务点“升级版”。

至此，银行卡服务“三农三牧”的整体能力和水平得到实质性提升。农民工银行卡特色服务能够在农信社、邮储银行的全区 1700 多个县以下网点进行柜面跨行取款，2013 年实现交易 23.8 万笔、3.9 亿元。“惠农一卡通”业务实现了各类财政补贴资金直补到人、直补到户，全年全区财政补贴资金“一卡通”发放 266 亿元，覆盖 3908 万人次城乡居民。各具特色、优势互补的福农卡系列产品推广迅速，全区累计发行福农卡 124.5 万张，全年累计跨行交易金额超过 25.7 亿元。

让支付触手可及 便民支付满足多样化支付需求

在任何时间、任何地点，以任何方式实现任何支付，这是每个有支付需求的人的理想状态。不断丰富的银行卡支付渠道更好地满足社会公众多样化的日常支付需求，“足不出户，实现支付”的理想正在成为现实。

目前，我区社会公众不仅可以刷卡购物消费，而且可以通过互联网、手机或自助终端等多渠道使用银行卡交纳医疗、保险、交通、教育费用，以及电力、燃气、自来水、有线电视等公共事业费用。

通过银联网络为社会公众提供更方便、更丰富的服务。推动银联商务布放便民支付服务终端，主要布放在支付需求较多的银行营业网点、便利店、大型超市、社区物业、机关学校等区域，可以实现信用卡还款、通讯费缴交等。至 2013 年末，共布放终端 2.9 万台，全年交易 194 万笔，53 亿元，终端数、交易笔数、交易金额均居全国前三位。

创新服务 支持地方特色经济和信息化建设

如何实现销售网点遍布全国的大型企业异地货款及时到账？中国银联内蒙古分公司开展资金归集业务让问题迎刃而解。目前，为伊利、蒙牛在全国各地的销售网点开展资金归集，实现其异地货款及时进账、提高资金流转速度，已经成为其企业销售资金回笼的主渠道。至 2013 年末，伊利、蒙牛项目共累计布放终端 8400 台，全年累计交易金额 343 亿元，其中为伊利提供的资金归集金额占其销售额的 60% 以上。

把内蒙古建成我国向北开放的重要桥头堡和充满活力的沿边经济带，资金流动是必要且十分重要的一环。积极拓展银行卡在边贸结算中的使用，推动我区中蒙边贸经济的进一步发展。目前，蒙古国境内所有 POS 机、ATM 机均能够受理银联卡。蒙方累计发行银联卡 9.8 万张，2013 年，蒙古国发行的银联卡在全球累计交易笔数 23.9 万笔，交易金额 2 亿元；中国及境外发行的银联卡在蒙古国累计交易笔数 10.7 万笔，交易金额约 8734 万元。

银行卡产业能够提高信息技术产业在国民经济中的比重，全面提升国民经济信息化水平。特别是互联网支付、电话支付、移动支付等新型支付方式的兴起，极大地促进了电子商务发展。中国银联内蒙古分公司大力推动银行卡互联网业务，协助主管部门建设内蒙古商网和名品馆，引导内蒙古自治区企业电子化转型，同时探索发展农村牧区和跨境电子商务业务。我区一大批具有内蒙古经济特色企业开展网络业务。2013 年，通过银联网络实现互联网交易 30.9 亿元，同比增长 160%。

手机支付为社会公众带来随时随地、随身随心的支付便利。内蒙古地区拓展新运营模式和服务对象，其中通过银联与农村信用社机构联合开展的银联手机支付助农业务呈现“井喷”，重点建设粮食、畜牧业、经济作物三大系列商圈，借助银行卡助农服务点、银联手机支付打通了农村牧区资金流动的最后节点，实现了粮食、农副产品、畜产品“零现金”收购，为农村资金流动构建起“空中通道”，让农牧民享受移动金融发展的“红利”。全区银联手机支付用户数、交易规模迅速增长，分别达到 8.7 万户、5.1 亿元，同比增长均超过 10 倍。部分机构单月平均单卡交易金额突破 6 万元。

发挥银联系统优势 提升地区金融竞争力

我区已经形成了完整的服务社会经济发展、横跨全区、支持城乡、助力“三农”、联通全国、延伸国际、优质安全高效的银行卡产业网络体系。中国银联内蒙古分公司建成的跨行转接平台、数据分析平台、风险控制平台、差错处理平台、商户注册平台等几大平台，为政府、发卡行、收单方、商户及持卡人提供了全方位、多角度的服务。跨行转接平台已经连接境内所有银行机构、境外 140 多个国家和地区。

随着金融改革的不断深入，地方性银行在促进我区经济社会发展中的作用越来越重要。对此，中国银联充分发挥技术平台和网络优势，从发卡、转接以及岗位设计、制度建设、人员培训、材料整理等各方面给予了全力的支持，在支持我区 5 家地方性银行全部发行银行卡的基础上，不断丰富其银行卡产品，地方性银行银行卡业务发展迅猛，促进了其核心竞争力的提升。至 2013 年末，全区地方性银行发卡 2082 万张，约占全区 23.9%，与分公司成立时 2007 年的 2.6% 相比，提高了 21.3 个百分点。

加强风险管理 保障产业健康发展

成立银行卡安全委员会和中国银联风险管理委员会内蒙古地区委员会。中国银联内蒙古分公司联合人民银行、公安机关、商业银行及各收单机构共同成立自治区银行卡安全委员会，且在全国首例将辖内非金融支付机构纳入到委员单位中，促进我区银行卡安全使用进入到统一组织统一管理的新阶段。2013 年 12 月，中国银联风险管理委员会内蒙古地区委员会成立，以警银“联防联控”以核心，促进成员机构“知风险、防风险、控风险”，将为银行卡风险管控工作提供更加有力的支持。

银联大厦办公楼

落实"8337"发展思路 发展壮大金融业 助力自治区经济社会发展

自治区金融工作办公室党组书记、主任 李雅

内蒙古自治区人民政府金融工作办公室党委书记、主任 李雅

2013 年以来，自治区党委、政府深入贯彻党的十八大精神，在统筹考虑内蒙古资源禀赋、发展基础、比较优势的基础上，提出"8337"的发展思路，确定了"五个基地"、"两个屏障"、"一个桥头堡"的发展目标。这一发展思路是内蒙古今后一个时期科学发展、富民强区的重要指导，自治区"8337"发展思路对金融业提出了新的更高的要求。金融作为现代经济的核心，不仅要在推进经济结构调整和转型升级中发挥重要作用，在改善社会民生领域发挥重要作用，而且自身要加快发展壮大，尽快成长为支柱产业。

一、自治区金融业发展的基础和面临的机遇

经过最近五年的发展，我区金融业呈现出金融服务体系逐步健全，银行业金融机构实力不断增强，资本市场融资取得突破性进展，保险业持续快速增长，地方金融机构不断发展壮大的崭新面貌，金融业对经济的贡献度不断提升。2013 年末，全区金融业增加值 563 亿元，同比增长 10.3%，比全区地区生产总值增速快 1.3 个百分点，比第三产业增加值增速快 3.2 个百分点，是 2008 年的 2.6 倍，占全区生产总值及第三产业增加值的比重分别达到 3.3% 和 9.2%，分别比 2008 年提高 0.8 个百分点和 3.5 个百分点。截至 2013 年末，银行业金融机构人民币存款余额和贷款余额分别是 2008 年的 2.4 倍和 2.9 倍。2013 年社会融资总规模达到 2729.6 亿元；全区金融业实现税收 150 亿元，金融业从业人员达到 20 万人。

我们认为，自治区金融业发展面临着良好的机遇，在政策环境方面，党的"十八大"、十八届三中全会、国务院 21 号文件、自治区"8337"发展思路都对深化金融改革发展做出了安排部署，特别是十八届三中全会提出了"允许具备条件的民间资本依法发起设立中小型银行等金融机构、推进股票发行注册制改革、发展并规范债券市场、发展普惠金融、界定中央和地方金融监管职责和风险处置责任"等创新性的金融改革思路，是我国金融改革开放的重要突破，对于我区推动金融业加快改革发展具有重要作用。这些金融政策的出台，为我区金融业提供了良好的政策机遇。习近平总书记考察我区时深刻阐述了内蒙古在全国发展中的战略定位，对自治区发展提出了明确要求。站在新的起点上，自治区将围绕"四个着力"的重点要求，加快经济结构调整和转型升级的步伐，这为金融业发展提供了历史性机遇。

在市场环境方面，资金短缺仍将是我区今后一个时期发展的主要瓶颈制约。全国性的产业结构转型升级使我区面临着延长资源产业链的良好机遇。贯彻落实好自治区"8337"发展思路，必须进一步强化金融在资源配置中的枢纽作用。自治区金融业在未来仍然将有较大的发展空间，按照既要发挥金融先导作用，又要考虑金融不能过于超越经济发展阶段的原则，处理好金融产业和实体经济的关系。

二、自治区金融业发展的指导思想、基本原则和发展目标

根据自治区"8337"发展思路，我们提出自治区金融业发展的指导思想：以邓小平理论、三个代表重要思想、科学发展观为指导，深入贯彻落实党的十八大、十八届二中全会、三中全会以及习近平总书记一系列重要讲话精神，紧紧围绕自治区"8337"发展思路，坚持做大金融产业总量、优化金融组织结构、提高金融资产质量、增强金融创新能力，全面提升金融业对实体经济的服务水平，进一步做大做强地方金

中国银行间交易商协会、自治区金融工作办公室、人民银行呼和浩特中心支行三方签署了《借助银行间市场助推内蒙古经济发展合作备忘录》

融龙头企业，形成种类齐全、结构合理、服务高效、安全稳健的金融服务体系，使金融业尽快成长为支柱产业，开创金融改革发展的新局面，更好发挥金融在我区经济结构调整和转型升级的推动作用。

按照这一指导思想，自治区金融业发展要坚持的四个原则，即适度超前发展的原则、服务实体经济的原则、坚持产业资本和金融资本相结合的原则、坚持金融发展和风险防控并重的原则。根据自治区实际，2014 年到 2020 年，内蒙古金融产业的发展目标是：全区金融业增加值年均增长 10% 以上，到 2020 年末，金融业增加值占全区地区生产总值和第三产业的增加值的比重达到 5%和 12%左右，成为地区经济中的支柱产业。

三、当前自治区金融业发展主要任务和措施

自治区金融办将继续认真贯彻落实党的十八届三中全会精神和自治区“8337”发展思路，要牢牢把握自治区金融业发展的机遇，着力优化信贷结构，提高直接融资比重，不断拓宽保险服务领域，加快产业资本和金融资本的融合，加快金融业对外开放，加强金融风险防范，营造金融业发展的良好环境，不断发展壮大金融业，助力自治区经济社会发展。

（一）优化信贷结构。银行信贷在未来一段时间仍将在我区融资方式中占据主导地位，因此，我们要继续扩大信贷总量、优化信贷结构。从完善银行组织体系、创新融资产品、盘活存量资产、大力发展信托业务和资产管理业务等入手扩大信贷规模，以支持“五大基地”、城镇化、民生领域为重点优化信贷结构。

（二）努力提高直接融资比重。直接融资是我区融资结构中的短板，必须下大力气发展。我们要利用好十八届三中全会提出的健全多层次资本市场的政策机遇，积极推动企业通过首发上市和再融资、借助全国中小企业股份转让系统和自治区股权交易中心、引入创业投资和股权投资基金等进行股权融资。积极发展各类债权融资，通过发行公司债、企业债、短期融资券、中期票据、中小企业集合票据、中小企业私募债等途径扩大债券融资规模。充分利用期货市场的功能，支持和引导企业进入期货市场，运用期货工具扩大市场占有率，提高价格话语权，有效规避市场风险。

（三）不断拓宽保险服务领域。保险业是我区金融业中市场主体最多、盟市覆盖面最广、吸纳就业最多的行业。在一些重大灾害事故中，保险业充分发挥经济补偿功能，为帮助受灾企业和群众恢复正常的生产生活秩序发挥了重要作用。要健全保险市场体系，建立完善农牧业巨灾保险制度，扩宽农牧业保险范围，加大商业保险参与社会保障体系建设力度，积极开展出口保险业务。引导保险资金投资我区基础设施和优势产业。

（四）加快产业资本和金融资本的融合。近年来我区已经形成了一批优势龙头企业，资金实力雄厚，正在进入金融领域。包钢集团组建财务公司，入股华宸信托，鄂尔多斯集团、伊利集团也先后组建了财务公司；一批龙头企业组建小额贷款公司、参股地方商业银行、农村信用社和村镇银行，并依托自身的上下游产业链开展业务，为中小企业融资提供服务。地方性商业银行的增资扩股，农村信用社的股份制改造，村镇银行和小额贷款公司的迅速发展，私募股权基金、创业投资基金等各类基金的兴起，为产业资本进入金融领域创造了新的机遇。我们要引导产业资本参与发起设立中小型银行等金融机构，参与地方金融机构的增资扩股，发起设立小额贷款公司和融资性担保公司，参与组建中小企业融资担保机构，参与设立内蒙古地方资产管理公司和金融租赁公司，推动产业资本和金融资本的融合，尽快做大做强地方金融龙头企业。

（五）发展壮大县域经济，构建金融服务多元化发展新格局。县域经济是统筹城乡发展、解决“三农三牧”问题的必然选择，是促进区域协调发展、全面建成小康社会的重要抓手，是实现富民强区目标的强大推动力。金融要在服务县域经济中发挥重要作用，通过建立和完善县域金融服务体系、增强县域金融机构服务能力、引导资金回流县域、加大县域金融服务创新等改善县域金融服务，全面助推县域经济发展。

（六）进一步做好非公有制企业金融服务，促进经济健康发展。通过健全金融服务非公有制企业服务体系、创新非公有制企业金融产品与服务方式、大力推动非公有制企业多渠道融资、降低非公有制企业融资综合成本、开展灵活多样的银企合作，加强对非公有制经济的金融服务。

（七）加快金融业对外开放。大力实施沿边金融开放战略，努力构建向北开放的金融业重要桥头堡。要加强与俄蒙金融机构的交往和合作，积极参与东北亚和中亚等国际金融区域合作。金融业要支持满洲里重点开发开放试验区建设、支持探索中俄、中蒙跨境旅游合作区的建设。支持满洲里、二连浩特等重点口岸跨境人民币服务建设和卢布流通试点。

（八）加强金融人才队伍建设。人才队伍建设是确保金融改革发展各项目标实现的关键。金融人力资源是最宝贵的生产要素。为此，要积极培养人才、引进高端人才，创造引进人才、留住人才的良好环境。要实施金融人才工程，加强人才培训，完善人才管理机制。

（九）加强金融风险防范，维护金融稳定和安全。要进一步建立和完善金融风险监管联动机制、完善防范化解金融风险的信息共享机制、加强民间融资监测和风险处置、防范化解资本市场风险，确保内蒙古金融秩序和金融市场的稳定，建立内蒙古金融稳定长效机制，促进内蒙古金融平安健康发展。

（十）营造金融业发展的良好环境。要完善金融业发展激励机制，增加金融业发展专项资金规模，搞好财政专项资金和各类金融资金的联动。加强社会信用体系建设，加快金融基础设施建设，依法打击逃废金融债权的行为和各种非法金融活动。

自治区金融办召开 2014 年党建暨党风廉政建设工作会

内蒙古自治区人民政府金融工作办公室

内蒙古自治区人民政府金融工作办公室简介

内蒙古自治区人民政府金融工作办公室，是自治区人民政府直属机构，成立于 2003 年 8 月。主要职责是：贯彻执行国家有关金融的法律法规、规章和政策，研究、拟订和组织实施地方性金融工作规章和支持金融机构、融资机构发展的办法和措施；组织实施全区金融发展规划和年度工作计划，推动全区金融业发展；研究分析全区金融形势，提出相关政策建议；配合国家金融管理部门对我区金融机构及金融业中介机构进行监督管理，查处和打击非法金融机构和非法金融业务活动，整顿与规范金融秩序；会同有关部门建立和完善金融突发事件应急预案、应急处置机制和金融稳定协调机制，防范、化解和处置金融风险，维护地区金融稳定；承担与驻区金融管理部门和金融机构的沟通协调工作，积极推动金融企业在自治区设立分支机构和网点，促进金融机构合理布局和金融资源优化配置；指导地方性金融机构的改革和发展，对地方性金融机构的设立、增资扩股、股权转让、注销关闭提出意见，推动完善法人治理结构和经营管理机制；负责组织和协调企业上市前期改制工作，对拟上市企业公开发行股票提出意见；承担对全区小额贷款公司、融资性担保机构的监督管理责任。

云光中副主席来自治区金融办考察工作

自治区金融办系统召开党的群众路线教育实践活动工作会议

自治区金融办组织学习党的十八届三中全会精神的专题培训班

全区金融工作暨资本市场改革发展工作会议

中国银联内蒙古分公司

银联大厦办公楼

内蒙古地区银行卡安全合作委员会会议

内蒙古非金融支付机构联系会议

内蒙古分公司开展拓展训练

呼和浩特市玉泉区讨卜齐小学全体学生度过了一个快乐的“嘉年华”

银联 62 儿童消费节 分公司帮助 62 个孩子圆梦

继续实施稳健的货币政策 切实加强金融管理和服务 全力支持内蒙古经济健康发展和社会全面进步

中国人民银行呼和浩特中心支行行长国家外汇管理局内蒙古自治区分局局长 余文建

人民银行呼和浩特中心支行党委书记、行长 余文建

中央经济工作会议强调，要继续把握好稳中求进的工作总基调，以提高经济增长质量和效益为中心，进一步深化改革开放，强化创新驱动，加强和改善宏观调控，积极扩大内需，加大经济结构战略性调整力度，着力保障和改善民生，增强经济发展的内生活力和动力，保持物价总水平基本稳定，实现经济持续健康发展和社会和谐稳定。

我区经济在经过连续多年持续高速增长之后，开始步入调整经济结构、转变发展方式、提升发展质量的关键阶段。“一煤独大”正在转向多元发展；“投资驱动”正在转向兼顾消费、注重内需的可持续内生性增长；“突出数量”正在转向以提高质量、提升效益为中心的科学发展。

人民银行呼和浩特中心支行将结合我区实际，认真贯彻落实党的十八大、中央经济工作会议和中国人民银行工作会议精神，继续实施稳健的货币政策，切实加强金融管理和服务，全力支持内蒙古经济健康发展和社会全面进步。

一、调整优化信贷结构，支持发展方式转变

中央经济工作会议指出，要继续实施稳健的货币政策，注意把握好度，增强操作的灵活性。稳健贵在一个度字，要防止政策起伏过大，保持连续性、稳定性。度贵在把握操作上的灵活性，突出前瞻性和针对性，重点保障关键领域和薄弱环节。2012 年我行联合有关部门先后出台了金融支持内蒙古保增长以及金融支持牧区经济发展、旅游业加快发展、人口较少民族地区经济发展等 9 个指导意见和推进“四大工程”的实施方案，这 13 个指导性文件旨在发挥信贷政策的导向作用，有效引导金融机构坚持有保有压、有扶有控，加大对经济发展重点领域和薄弱环节的支持力度。

截至 2012 年末，全区金融机构各项人民币贷款余额 11284.2 亿元，同比增长 16%，高于全国同期 1 个百分点。其中涉农贷款余额为 3967.1 亿元，同比增长 26.8%，高于同期全部贷款增速 10.8 个百分点；中小微企业贷款余额为 4545.9 亿元，同比增长 25.6%，高于同期全部贷款增速 9.6 个百分点；保障性安居工程贷款余额总计 123.6 亿元，同比增长 49.3%，高于同期全部贷款增速 33.3 个百分点，为经济结构调整做出了积极贡献。

2013 年全区金融机构要继续落实上述指导意见，根据自治区产业发展规划，围绕战略性新兴产业、先进制造业、现代服务业、文化产业加大支持力度，围绕自治区重点项目、在建续建项目、竣工投产项目给予特别的支持，围绕“三农三牧”、中小微企业、就业创业、保障性安居工程等薄弱环节给予特别的关注。同时，严格控制对高耗能、高排放行业和产能过剩行业的贷款，努力促进经济发展质量和效益的提升。

二、扩大社会融资规模，满足实体经济需求

要保持合理的投资规模，就必须在加大信贷投入的同时，积极拓宽融资渠道，扩大直接融资规模。2012 年，我行认真贯彻落实“双推双增”融资工程，大力宣传推介债务融资工具，加大对重点企业的培训力度。我区全年共发行短期融资券 118 亿元，中期票据 120 亿元，中小企业集合票据 1.1 亿元，企业债 143 亿元，公司债 67.1 亿元，非公开定向债务融资工具 30 亿元，地方政府债 85 亿元，债务融资总额 566.7 亿元，比去年同期多增 245.7 亿元。

2013 年，要更加重视充分利用货币市场、资本市场和债券市场融资，积极推动区域集优票据在我区注册发行。发挥桥梁作用，积极协调银行间市场交易商协会与自治区建立战略合作关系。加强对相关企业的培训、辅导，鼓励金融机构为符合发债条件的企业担保，提供信用增进服务。争取债务融资在社会融资规模中的占比得到较大提升，改善全区融资结构，降低企业融资成本。

三、深化改革创新，服务经济社会

深化改革创新是提高金融服务水平的重要手段。2012年，我行重点推进县域金融产品创新，加强政策引导和业务指导，召开全区金融机构"一县一品"信贷政策产品化现场推进会，着重推广"低成本、广覆盖、可复制、易推广"的金融创新产品。截至2012年末，全区县域金融机构共创新信贷产品77个，金融服务方式创新10项，各类金融创新产品贷款余额达到28.85亿元。

2013年，要继续深化改革创新。一是稳步推进利率市场化改革。鼓励引导金融机构增强自主定价能力，激发市场主体活力，提高银行竞争程度，降低企业融资成本。二是深化外汇管理改革，落实好货物贸易外汇改革措施，将监管重心逐步转移至总量核查、动态监测和分类管理。完善直接投资便利化措施，鼓励企业开展贸易融资业务，增强大宗货物贸易、大型成套设备进口等的贸易融资能力。扩大财政外债转贷款规模，积极利用外国政府贷款、国际金融组织贷款和银团贷款等，加速自治区公共事业和基础设施建设。三是进一步扩大人民币跨境使用。简化结算手续和审批流程。支持和鼓励商业银行为企业"走出去"提供"一揽子"的跨境人民币金融服务方案。继续探讨人民币对毗邻国家货币的区域挂牌工作，推动商业银行提供高质量的跨境人民币金融服务。四是开展消费金融创新，促进消费拉动型经济的形成。针对全面建成小康社会的收入倍增计划，鼓励各金融机构紧追消费需求，深挖客户价值，不仅要做好理财、基金、保险等资产业务，还要做好医疗、社保、教育等社会服务。五是坚持科技创新，进一步推进金融基础设施建设。加快信息化银行和电子渠道建设，促进支付、投资、融资、消费各价值链的有机融合，开发更多智能便捷、贴近客户的移动服务。扎实推进支付结算系统建设，推动非现金支付工具应用，加快农村牧区金融机具的布放，推广适合农村牧区实际需求的结算工具，拓展财税库银横向联网系统应用，推进社保基金、非税收入电子缴库业务。继续推进企业和个人信息数据建设，不断完善中小企业信用档案和农户信用档案建设和管理，更好地发挥征信系统对信贷业务的支持作用，营造良好的社会信用环境。

四、加强政策协调，助力民生保障

货币信贷政策的有效实施离不开财政、产业、税收等各项政策的配合。2012年以来，我行一方面有效发挥再贷款、再贴现等政策工具的作用，加强对金融机构的政策引导，另一方面加强与自治区有关部门和各盟市政府的协调配合，组织金融机构分区域、分行业举办了6次大型银企对接会、项目融资对接会及金融服务峰会，积极为实体经济、金融机构搭建信息交流和项目对接平台，共推动签署合作项目506项，签约总金额1223亿元。

2013年，我行将继续加大和各部门的沟通合作，争取自治区尽早出台《中小企业贷款风险补偿基金管理办法》，通过风险补偿机制配合中小企业信贷政策导向效果评估工作，有效激励各银行业金融机构加大对中小企业的支持力度；联合农牧业厅举办金融支持农牧业产业化对接会，形成信息交流共享的常态化机制，有效促进涉农贷款的合理增长；协调人社厅、教育部门、妇联、团委等分别就利用小额担保贷款、助学贷款、妇女创业贷款、青年创业贷款支持各领域创业就业达成更广泛的共识，实现更好的效果。联合住建厅召开有关保障性安居工程方面的座谈会、联席会，积极引导金融机构加大支持力度，鼓励通过省级融资平台、债券市场进行融资。协调扶贫办、民委等部门继续就利用支农再贷款配套财政贴息展开合作，就利用民贸民品贷款贴息加强交流，以实实在在的行动支持扶贫工作。

五、加强金融管理和调控，维护经济健康和稳定

执行货币政策、维护金融稳定是人民银行的法定职责。2012年，我行以地方法人金融机构为重点，加强信贷调控和风险监测，较好地实现了调控目标，金融体系安全平稳运行。经过多次向总行积极争取，2012年我区地方法人金融机构全年新增贷款达到458.6亿元，比上年多增87亿元，贷款余额、新增额占全区的比重分别较上年提高1.4和6.6个百分点。

2013年，我行将进一步完善逆周期的宏观审慎政策框架，在加强信贷调控的同时，加强金融风险监测和排查，牢牢守住不发生系统性、区域性金融风险底线。一是建立、完善逆周期缓冲资本和前瞻性拨备制度，更好地发挥杠杆率作用。继续把货币信贷和流动性管理等总量调节与强化宏观审慎管理相结合，引导并激励金融机构稳健经营，主动调整信贷结构和节奏，提升金融机构风险防范能力。二是完善系统性金融风险监测评估框架，建立具有前瞻性的风险预警体系。构建层次清晰的系统性风险处置机制，建立和完善宏观审慎政策与微观审慎监管协调配合、互相补充的体制机制。三是继续加强"两管理、两综合"，即对银行业、证券业、保险业金融机构进行开业管理、日常营业管理和综合执法检查、综合评价，依法查处违法、违规经营行为，维护良好的金融秩序。四是健全金融监管机构之间以及与宏观调控部门之间在重大政策与法规问题上的协调机制。加强与各金融监管部门的协调配合，完善金融稳定信息共享机制，实现信息共享的规范化和常态化。强化对综合经营和新产品、新业务的监管协调，探索对金融产品的功能监管，严格把握高关联、高复杂程度创新产品的市场准入，防范跨行业、跨市场风险。加强与金融办等政府有关部门的协调配合，明确监管责任，避免监管缺位和错位，完善分类应急处置预案。

中国人民银行呼和浩特中心支行简介

国务院参事室调研组在人民银行呼和浩特中心支行调研指导工作

人民银行呼和浩特中心支行余文建行长与盟市领导交谈金融工作

中国人民银行呼和浩特中心支行是中国人民银行的派出机构，于 1999 年 1 月 1 日成立。基本职责是：贯彻执行国家有关法律、法规、方针、政策及总、分行的有关政策规定；负责在全区内贯彻执行中央银行资金、存款准备金、再贴现、利率等有关货币信贷政策，监督管理金融市场；防范和化解内蒙古自治区系统性金融风险，维护地区金融稳定；分析研究内蒙古自治区宏观经济金融形势，为总行制定和修改货币政策提供政策建议和依据；负责管理内蒙古自治区的金融统计工作及信贷征信业务，推动社会信用体系的建立；管理内蒙古自治区货币发行、现金管理和反假人民币业务；管理内蒙古自治区人民银行系统的会计财务、安全保卫工作；负责全区反洗钱工作的组织协调；管理内蒙古自治区国库业务、科技和支付结算业务；管理内蒙古自治区外汇、外债和国际收支业务。

人民银行呼和浩特中心支行举办“青春草原论坛活动

人民银行呼和浩特中心支行召开全区人民银行工作会议暨外汇管理工作会议

人民银行呼和浩特中心支行组织跨境人民币业务知识竞赛

人民银行呼和浩特中心支行组织宣传金融知识

人民银行呼和浩特中心支行开展党的群众路线教育实践活动

自治区政府云光中副主席视察人民银行呼和浩特中心支行工作

以改革创新推动服务“三农三牧”和实体经济能力的提升

中国农业银行内蒙古自治区分行党委书记、行长 梁毅

开展农行百县千镇零售产品宣讲 - 走进村镇

农户感谢农行惠农赠送锦旗

党的十八届三中全会对全面深化改革作出了重要战略部署，开启了改革开放的新征程。当前，宏观经济依然面临增长速度换挡期、结构调整阵痛期和前期刺激政策消化期“三期叠加”，内蒙古经济面临煤炭产业泡沫、房地产行业泡沫和民间借贷发酵“三重影响”。作为农业银行一级分行，必须以三中全会精神为指引，按照农业银行党委和自治区党委、政府的要求，自觉融入地方经济发展的大局，把改革创新贯穿于经营管理的各个层面、各个环节，不断加快业务经营转型步伐，积极探索合作模式、融资方式和服务机制创新，持续提升服务自治区“三农三牧”和实体经济的的能力。

创新合作模式，积极推进金融扶贫富民工程。支持贫困地区加快发展、贫困群众脱贫致富，使发展成果更多更公平地惠及人民群众，是践行党的群众路线的重要体现，更是推进改革创新的题中之义。作为自治区“金融扶贫富民工程”首家合作银行，内蒙古分行将政策性扶贫与商业化运作有机结合，以政府承诺 5 年累计投入的 23.75 亿元专项风险补偿资金为保障，以创新研发的“金穗富民贷”和“金穗强农贷”两项对私、对公产品为载体，重点支持当地有生产经营能力的农牧户，家庭农牧场、专业大户等新型农村牧区生产经营主体，扶贫龙头企业和农牧民专业合作组织，推进“造血式”扶贫。同时，依托政府风险补偿机制，总结推广“农牧民专业合作社 + 农牧户 + 风险补偿金”等 6 种贷款模式，并创新提出“阶段担保 + 仓单质押的‘粮捷贷’”，探索开展动物资产（活畜）抵押和土地、草场、林权抵押，有效拓宽金融扶贫覆盖面，提升农业银行在内蒙古农村牧区的金融

内蒙古分行开展劳模事迹巡回宣讲

让客户满意

农行内蒙古分行与与内蒙古交通厅、国家开发银行共同签署公路建设银团贷款协议

农行深入牧民家中办理惠农卡

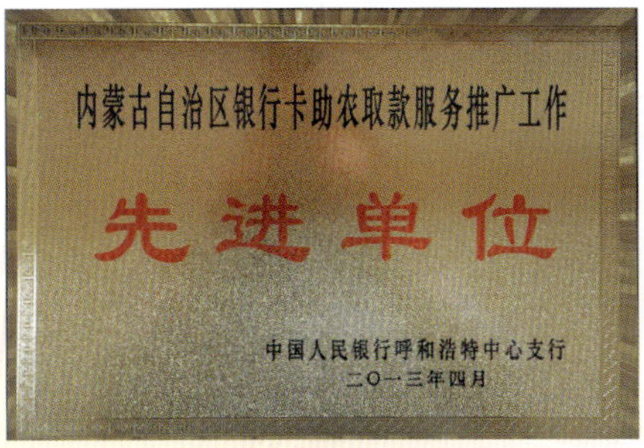

服务功能。

创新融资方式，全力支持自治区实体经济发展。实体经济是金融服务的根基。作为一家大型商业银行，农行内蒙古分行必须紧密结合内蒙古实体经济发展趋势和产行业发展格局，树立“大金融”的经营理念，不断加快融资方式创新步伐，有效运用租赁、信托、保险、产业投资基金等各类金融服务手段和工具，提供涵盖信贷与非贷融资一揽子服务，重点支持好自治区煤炭企业兼并重组、“双百亿工程”重点民营企业发展以及公路、煤、电、化等重点项目的建设。同时，根据行业、产业或市场经营特点，积极推进产品和服务创新，重点做好“一个产业、一个行业、一个市场、一个园区”小微企业金融服务。积极关注自治区教育、卫生事业发展，做好民生领域的全方位金融服务。

创新服务机制，全面提升客户金融服务水平。要始终秉承“客户至上、始终如一”的服务理念，通过创新服务机制，有效整合渠道资源，大力推进营业网点转型，积极建设以客户为中心，充分体现客户分流、服务分层、产品分销原则，电子渠道与物理网点有机结合，能够满足客户全方位、多时段、跨地域金融服务需求的一体化服务体系。以改造升级传统业务模式为重点，探索利用移动互联网、大数据等新的技术手段，加强业务创新和系统建设，着力抓好掌上银行、移动支付、网络支付、网络理财和融资等应用推广工作，引进特色手机银行业务平台，加强 IC 卡行业应用研发，加大本地化代收付项目开发力度，不断提升金融服务科技水平。

农行内蒙古扎赉特旗支行惠农服务赢得农民“致敬”

微笑服务

普及金融知识万里行活动

关于对我区部分盟市农信社信贷支农支牧情况的调研报告

内蒙古自治区农信社联合社 杨阿麟

近期，为贯彻落实中央1号文件、自治区经济工作和农村牧区工作会议精神，以及王君书记、巴特尔主席、李佳副书记和王玉明副主席对全区农信社信贷支农支牧工作的指示要求，自治区联社专题工作组深入巴彦淖尔市、乌兰察布市、锡林郭勒盟、赤峰市、通辽市5个盟市的12个旗县开展了实地调研和工作指导。现将调研情况报告如下：

一、当前农信社支农支牧工作推进情况

截至3月25日，全区农信社各项贷款1683亿元，比年初增加181亿元；其中农牧业贷款1081亿元，比年初增加134亿元，占全部新增贷款的74%，农牧业贷款同比增长196亿元，增长22%，高于全部贷款平均增速4.5个百分点。

（一）坚持以自治区重点推进的农牧业产业为支持重点。截至3月25日，玉米、马铃薯、肉羊、奶牛（肉牛）、设施蔬菜产业贷款分别达到145亿元、32亿元、60亿元、64亿元、49亿元，分别比年初增加10亿元、7亿元、8.5亿元、9亿元、5亿元；农户小额贷款223亿元，比年初增加85亿元；农牧民专业合作社贷款21亿元，比年初增加5亿元；生态家庭牧场、联户牧场贷款12亿元，比年初增加4.5亿元；农牧业产业化龙头企业贷款26亿元，比年初增加5.4亿元。

（二）全力满足春耕备耕生产资金需求。做到需求早调查、工作早计划、资金早筹措、信贷早供应，充分发挥农户小额信用贷款和农户联保贷款“一次核定、随用随贷、余额控制、周转使用”的特点，有效满足农牧民生产资金需要。如阿鲁科尔沁旗农信社实行贷款“三优先”、“四放宽”，即优先发放牧区贷款、牧业贷款、草原生态保护和建设贷款，放宽授信额度、贷款方式、贷款期限和利率优惠幅度。截至目前，全区农信社累计发放春耕备耕贷款272亿元，同比多放16亿元。

（三）积极探索现代农牧业服务方式。围绕解决农牧民贷款“抵押难”问题，开办了土地承包经营权抵押贷款、喷灌圈抵押贷款、草牧场承包经营权抵押贷款、林权抵押贷款等业务；围绕解决农牧业集约化发展“大额贷款难”问题，推出了“专业合作组织+农牧户+地方政府担保基金+信用社贷款”、“信用互助协会（专业合作社）+农户+土地流转+保险公司+信用社贷款”、“第三方监管机构+养殖户+保险公司+信用社贷款”、“龙头企业+专业合作组织+农户”、“公司+农户”、“基地+农户”等多种服务方式。

（四）农信社成为县域农牧业发展的主要金融力量。全区90%以上的农牧业贷款是由农信社发放的。截至3月25日，全区农信社累计发放各项贷款605亿元，同比多放43亿元，其中累计发放农牧业贷款389亿元，同比多放30亿元，占全部贷款累放额的64.3%。调研的12家旗县农信社贷款平均份额占当地县域银行业的45%以上，最高占比87%。一些主要农牧业特色产业和专业合作组织均是在农信社支持下发展起来的。如五原县的葵花、特色瓜果产业，察右中旗的马铃薯、红萝卜产业，阿鲁科尔沁旗的牧草种植，杭锦后旗信用互助协会、太仆寺旗专业合作社的发展等。农信社工作也得到了地方党委政府的支持。如近两年巴林右旗政府设立专项风险担保基金及给予贴息支持等，当地农信社围绕政府重点项目累计发放贷款2.3亿元，初步实现了农牧民增收、农信社资金安全、地方产业发展的三方共赢。

二、了解和发现的问题

一是农信社支农支牧能力有待进一步提升。对农牧业快速发展变化的新形势认识不足，资金来源渠道不畅，与农牧业生产对接不够，服务方式和手段亟待改进。尤其是受有关在农信社开户、存款的限制性歧视政策影响，很多政府基金、财政经费等存入不做“三农三牧”业务和很少在县域发放贷款的银行，农牧业发展资金十分紧张，资金“取之于地、用之于地”的农信社信贷功能被削弱。如到2012年末，全区农信社各项存款2314亿元，其中居民储蓄1706亿元、占比74%，单位存款只有529亿元、占比23%，低于全区银行业平均单位存款23个百分点。

二是社会各方面支农支牧合力有待进一步增强。各级政府农牧业主管部门、财政、扶贫和供销合作社等部门与农信社的合作有待进一步加强，农牧业产业政策、财政政策与信贷政策还需有机结合。尤其是由于农牧民缺乏有效抵质押资产，农牧业信贷担保公司基本空白，政策性农业保险业务范围窄、赔付标准低等原因，农信社独自承担着农牧户和涉农中小企业经营活动的各种风险损失，涉农信贷风险分担保障机制亟待建立。

三是农村社会化服务体系有待进一步健全。如由于缺乏专业评估机构，林权抵押贷款中林权的真实价值难以确定；工商登记部门指定评估机构收费过高，使农用生产设备抵押贷款借款人难以承受；地方政府尚未建立农村土地和草牧场承包经营权流转服务机构，尚未完成有关确权、登记和颁证工作，宅基地、农房等财产的评估、登记、交易等配套中介服务不健全，农牧民可抵押物面临抵押难、处置难、变现难等问题，成为制约农信社信贷投入，特别是满足新型农牧业主体较大额度资金需求的主要障碍。

四是新型农牧业经营主体发展水平有待进一步提高。新型农牧业经营主体普遍规模较小、科技水平不高、固定资产不多，生产经营场地基本是集体所有或租赁方式取得，一些生产经营者发展较为盲目。以专业合作社为例，据自治区农牧业部门统计，工商登记注册的已达 2.2 万家，但组织严密、制度健全、运作规范、有一定服务和带动能力的不足五分之一，绝大部分管理松散、制度缺失、发育水平不高，服务内容基本停留在信息传递、技术咨询等初级层面上，直接影响了农信社的信贷支持。

五是当前信贷规划管理政策有待进一步优化。一方面，信贷规划管理方式与农牧业生产周期不匹配。受信贷规模限制和不合理操作影响，当前农信社“一次授信、随用随贷、余额控制、周转使用”的信贷服务模式难以推行，很多旗县农牧民拿不到资金，已签订的贷款合同和借据变成了给农牧民打的“白条”，严重影响了春耕备耕生产，锡林郭勒盟、赤峰市部分旗县出现农牧民拥堵信用社大门现象，极大损害了农信社社会形象。由于难以科学确定贷款期限，导致贷款投放与农牧业生产、加工、储运、销售周期不相匹配，制约了农牧业的可持续发展。另一方面，农牧业生产资金需求与信贷规划额度相比缺口很大。从自治区联社收集统计的市场调查结果看，今年农村牧区资金需求新增 520 亿元左右，但目前人民银行初步核定全区农信社新增贷款 290 亿元，仅靠农信社很难满足“三农三牧”的贷款需求。

三、工作建议

（一）完善相关抵押担保的配套服务。建议自治区政府和相关部门，出台支持政策，建立服务机构，在部分农牧业旗县试点开展土地和草牧场承包经营权的确权、登记和颁证工作，实现承包地块、面积、合同和证书“四到户”。建议林业管理部门明确森林资源资产抵押条件和范围，设立专业评估机构和林权抵押登记机构。建议加快土地和草牧场承包经营权、林权、宅基地、农房等农牧业生产要素和农村基础设施产权交易市场建设，加快确权、评估、登记和交易等配套体系建设，如国土、农业等部门应明确基础投入及经营土地上的资产权属，核发权力证明，使农业生产管理用房及其他附属设施（如温室大棚等）具有抵押效力。同时确权、评估、登记和交易中不收费或只收成本费，降低涉农主体融资成本，调动金融机构加大涉农信贷投入积极性。

（二）设立全区性农牧业担保基金。建议农牧业厅向财政厅申请预算安排的一定额度的农牧业担保基金，按照相关规定成立专门农牧业担保公司，或委托自治区财政控股的某一全区性担保公司（如鼎新、元盛担保公司），对担保基金实行专户管理，单独核算，专项用于新型农牧业经营主体或某一重点产业贷款担保服务。在财政出资设立农牧业担保基金基础上，鼓励支持盟市、旗县财政按照一定比例匹配担保基金。同时，本着自愿原则，鼓励种养殖大户、农牧民专业合作社和产业化龙头企业缴纳一定额度的担保基金，不断扩大担保基金基数，放大农信社信贷投入。

（三）设立农牧民专业合作社贷款专项贴息资金。建议财政厅安排一定额度的贴息资金，可按照一年期贷款基准利率（目前为 6%），向专业合作社及其成员贷款提供贴息支持。比如安排 6000 万元左右贴息资金，农信社的贴息贷款额度可达到 10 亿元左右，可有效降低融资成本，促进这一新型经营主体加快发展。

（四）成立自治区政策性农牧业保险公司。建议成立自治区财政注资的政策性农牧业保险公司，围绕自治区重点推进的设施农业和畜牧业生产项目，开办相应保险品种，建立有效的农牧业风险分担机制，弥补农信社发放农牧业贷款过程中遭受的部分损失，引导和促进金融机构进一步加大现代农牧业信贷投入。

（五）进一步优化信贷规划管理方式。针对我区农牧业生产实际，农信社绝大部分贷款在一、二季度发放。从 2007-2012 年贷款投放统计情况看，全区农信社一、二季度新增贷款占全年新增贷款最高额的 65%，其中一季度占到 40%。建议人民银行充分考虑农牧业生产周期特点，按照科学合理的分配方式，对全年贷款投放进行一次性亮底，按季度控制，同时追加信贷（鼓肚子）规划，满足农牧业生产季节性资金需求，使农信社更好的统筹全年贷款发放，更好的提高支农服务水平。

（六）充分调动金融机构服务“三农三牧”和县域经济的积极性。建议自治区各级政府或有关部门，可根据金融机构对“三农三牧”和县域经济的实际信贷投放，匹配相应政府管控或财政性资金资源（存贷挂钩），并对城市“反哺”农村牧区的资金流入给予政策鼓励，调动所有金融机构服务“三农三牧”和县域经济的积极性，避免农村牧区资金“外流”或“非农化”，为农村牧区的小康建设提供有力金融支持。

结合本次调研，自治区联社将加强督促指导，出台关于全区农信社做好支农支牧信贷服务工作指导意见，召开全区视频会议动员部署，并在全区选择一些条件较好、积极性较高的农牧业重点旗县，探索开展农村金融产品和服务方式创新示范旗县创建工作，努力解决农牧业集约化发展中农牧企业、新型合作组织抵押难、贷款难等问题，推动全区农信社切实做好新形势下支农支牧工作。

内蒙古自治区农村信用社联合社

内蒙古农村信用社创建于1951年，是农村金融的主力军，党和政府联系农牧民的金融纽带。截至2013年末，全区共有93家旗县级法人机构，其中农村商业银行14家，农村合作银行4家，统一法人社75家，机构网点2310个，从业人员29595人。资产、存款、贷款总量分别为3391亿元、2640亿元和1815亿元，金牛卡总量达到1931万张，ATM机总量达到2281台，均居全区银行业首位。2011-2013年累计上缴税金78亿元。全区农村信用社用占全区银行业17%的资金，发放了全区90%的农牧民贷款、30%以上的小微企业贷款、40%以上的创业就业贷款。内蒙古农村信用社成为自治区资产规模最大、人员网点最多、服务范围最广的地方金融机构。

自治区联社获得主要荣誉：2007年，内蒙古日报社、内蒙古自治区品牌协会授予“内蒙古人民满意的金牌形象使者”。2008年，内蒙古先锋企业和先锋人物评选组委会授予“改革开放30年内蒙古先锋企业”；内蒙古自治区人民政府授予“金融业务创新奖”。2010年，内蒙古自治区人民政府授予“2009年度全区促进就业先进单位”、“金融突出贡献奖”和“金融服务创新奖”。2011年，中国银监会、中国银行业协会授予“农村信用社成立60周年最佳组织奖”，富民一卡通产品被评为“最佳金融营销产品创新奖”。2012年5月，中国银联授予“内蒙古农村牧区受理市场合作共建项目一等奖”、“2011年度银联卡合作创先优秀奖”。

金谷农商银行
JINGU RURAL COMMERCIAL BANK

金融产品不断创新
96688

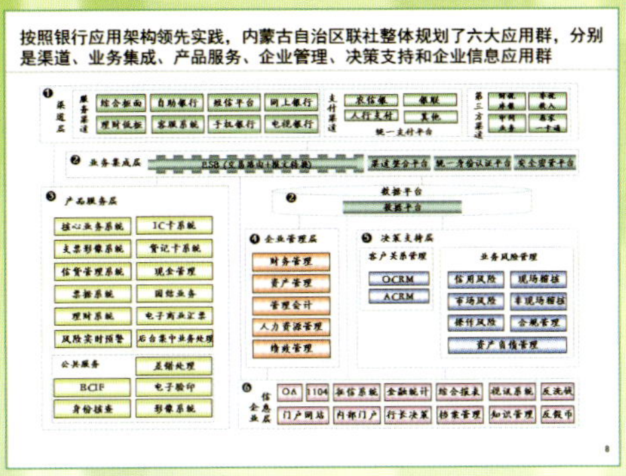
按照银行应用架构领先实践，内蒙古自治区联社整体规划了六大应用群，分别是渠道、业务集成、产品服务、企业管理、决策支持和企业信息应用群

China unicom中国联通
业务代办点
缴费售卡宽带
银行卡助农取款服务
二牛副食经销部

内蒙古农村信用社
UnionPay 银联

点击金牛掌上行 智能升级更随心
开通金牛信使 账户安全升级
登录金牛网上行 功能升级更省心
金牛线上行 服务升级更贴心
查询 inquire
搭乘金牛新干线 财智升级更全面
96688

内蒙古农村信用社
老百姓自己的银行
PEOPLES BANK
和谐金融，美好生活
网点遍布城乡 服务触手可及

中国工商银行内蒙古自治区分行简介

中国工商银行内蒙古自治区分行成立于 1985 年，经过 28 个春秋的耕耘发展，现有分支机构 446 家，从业人员 1.27 万人，总资产超过 2000 亿元。工商银行内蒙古分行成立以来，在各级地方党委、政府的亲切关怀和鼎立帮助下，在社会各界和广大客户的信任和支持下，通过几代工行人的艰苦创业和奋发图强，伴随着自治区经济社会发展腾飞，自身实力不断发展壮大，目前已成为自治区资金实力最为雄厚、业务品种最为齐全、技术手段最为先进、服务功能最为强大的多功能、综合性大型商业银行。工商银行内蒙古分行积极践行企业社会责任，为内蒙古地区社会经济发展做出了积极贡献，先后荣获自治区级“文明单位”、“金融优质服务奖”、“金融工作突出贡献奖”、“诚信企业”、“扶贫工作先进单位”、“公益之星单位”等荣誉称号。

2013 年 8 月 28 日，总行罗熹副行长一行到赤峰王府支行慰问基层员工

2013 年 5 月 26 日，王学勇副行长参加内蒙古银监局第二届小微企业金融服务宣传月活动接受内蒙古日报等媒体记者采访

2013 年 4 月 7 日，内蒙古分行营业部开展“普及金融知识万里行”宣传活动，分行苏新立副行长参加

2013 年“金融知识进万家”银行业金融知识宣传月

中国建设银行内蒙古自治区分行

【概况】

中国建设银行股份有限公司内蒙古分行成立于2004年9月21日，其前身为成立于1954年10月1日的中国人民建设银行内蒙古分行。现下设二级分支行14个，营业机构320个。截至2013年末，资产总额2287亿元，贷款余额1707亿元，是自治区贷款最多的银行，全口径存款余额2205亿元，地区四行排名第一。分行先后荣获内蒙古自治区社会贡献杰出单位、金融行业服务内蒙古实体经济二十佳等多项荣誉称号。

【业务发展】

存款业务 截至2013年末，全口径存款余额2205亿元，当年新增183亿元。全口径存款地区四行占比29.45%，新增占比38.62%，均排名第一。对公存款余额和个人存款余额均突破千亿元大关。

贷款业务 截至2013年末，各项贷款余额1707亿元，当年新增168.4亿元。贷款余额（不含信用卡贷款）地区四行占比28.56%，排名第一，新增（不含信用卡贷款）四行占比26.64%，排名第二。对公贷款余额地区四行占比29%，连续六年排名第一。个人类贷款新增地区四行占比38%，排名第一。

中间业务 2013年，实现中间业务净收入19.11亿元，中间业务净收入地区四行占比36.88%，排名第一。

利润 2013年，实现拨备前利润54.35亿元，拨备前利润地区四行占比28.7%，排名第一。

资产质量 截至2013年末，不良贷款余额、不良贷款率继续保持同业领先、系统排名靠前位次。

战略性业务 2013年，发行各类投行产品430亿元，债务融资工具承销额地区四行占比70%，排名第一；住房资金归集新增77亿元，住房公积金业务四行占比69%，排名第一；实现信用卡业务收入6亿元，累计发卡量、消费交易额等12项指标四行排名第一；电子银行客户新增203万户，电子银行科目收入增长38%，手机银行客户总量、短信金融服务客户总量同业排名第一；“民本通达”重点账户新增165户，金融社保卡新增100万张，教育行业、医疗卫生领域贷款余额地区四行排名第一；对公一户通、单位结算卡等均超额完成全年计划；企业年金托管资产新增2.94亿元；国际结算量等超额完成年度计划；理财收入等主要产品收入地区四行排名第一；小微企业贷款增速36%，全面完成了“两个不低于”目标。

【深入开展党的群众路线教育实践活动】认真贯彻落实总行党委的工作部署，坚持统筹兼顾，扎实推进各环节各步骤工作，活动取得了实实在在的成效。加强整改落实，共制定整改方案264个，整改措施378条，制定相关制度90个；各级领导干部切实转变作风，深入开展调查研究，认真解决实际问题，决策和领导能力明显提升。通过教育实践活动，全行贯彻党的群众路线的长效机制和刚性约束初步形成，正能量进一步聚集，经营管理的基础进一步夯实，发展后劲进一步增强。

【风险管理】持续强化风险内控管理，确保安全稳健发展。一是强化全面风险管理。提高信用风险精细化管理水平；推进信贷结构调整；全面深化操作风险管理，全年未发生任何重大操作风险。二是强化合规管理。扎实推进内控体系建设；加强反洗钱日常管理；认真落实内外部监管审计发现问题的整改工作。三是强化案件防控。严格落实案件防控工作责任制，深入推进案件专项治理工作，强化员工职业操守教育，全力做好信访维稳工作，全年未发生案件和重大责任事故。四是强化安全管理。以开展平安创建“基础建设年”为主线，以防控三类案件及安全责任事故为重点，有效预防了外部侵害案件的发生。

【客户拓展】持续加强客户拓展，进一步夯实发展基础。个人金融业务以发展有效客户为重点，深化客户价值挖掘，促进个人潜力客户向有效客户提升转化；持续开展名单客户营销，深化客户关系，拓展私人银行客户，充分发挥网点主渠道作用，加快发展分期业务，拓展信用卡客户；积极开展电子银行主题营销活动，推进善融商务、悦生活等重点产品，拓展电子银行客户；加大优质楼盘营销储备、加快发展二手房市场业务，拓展个贷客户；持续推广工商验资通系统，加强小额无贷户管理，拓展单位人民币结算账户；加强内外合作，夯实项目储备，拓展对公客户。

【改革创新】持续加大改革创新力度，进一步增强发展动力。一是积极推进授信和风险管理体制改革。二是积极推进营业网点综合化建设。存量单功能对私网点转型、存量单一对公柜台转型、综合性网点组建综合营销团队均超过50%的计划目标。三是持续加强产品创新。2013年，完成产品创新14项。四是强化科技创新。完成了自治区本级及部分旗县财政集中支付、多家盟市银医项目开发等工作。五是新一代核心系统建设一期机构员工用户管理、员工渠道等项目推广上线并释放功能。

【履行社会责任】一是持续推进社会责任项目。通过成长计划、成才计划、贫困英模母亲资助计划发放捐助资金200多万元，资助贫困高中生800名、困大学生244名、英模母亲31名。自主开展了社会公益项目，内蒙分行本部开展了一对一爱心助学，54名管理岗位员工为兴安盟54名贫困学生中小学生捐资7.94万元，并在以后年度长期坚持。二是扶贫工作取得明显社会效益。根据自治区机关工委关于定点帮扶工作要求，我行制定了帮扶工作计划，并深入组织实施。区分行投入25万元资金，为扶贫点新建一栋200平方米嘎查活动室及医务室，进一步改善了嘎查基础设施条件。投入15万元，新打机井18眼，新建水浇地1500亩，为20个贫困家庭购买种籽、化肥、柴油，帮助贫困户适时抢墒播种，帮助他们顺利完成了春播。三是编制完成了2003年至2012年十个年度的企业责任报告。

贯彻落实自治区“8337”发展思路的宏伟蓝图

2013年3月19日，自治区党委书记王君在全区传达贯彻全国两会精神干部大会上，代表自治区党委、政府，就深入学习贯彻党的十八大精神和全国两会精神，扎实做好我区各项工作，提出了“8337”的发展思路。“8337”的发展思路立足于内蒙古欠发达的基本区情，抓住了内蒙古推动科学发展的突破口和着力点，具有很强的针对性和指导性，是内蒙古当前和今后一个时期发展的目标和方向。

在认真学习自治区“8337”发展思路后，我们认为，2014年，与自治区经济形势相同，在激烈的保险市场竞争中，我公司发展速度相对缓慢，创新能力不强，业务结构也有待于进一步优化。因此，我公司以自治区“8337”发展思路为指导，结合集团和总公司全年工作会议的贯彻，提出了“二次腾飞”的发展规划，并确定了2014年全年工作目标，即以“诚信、创新、奉献、进取”为主线，加快业务发展，推进改革落地，完善基础管理，建设专业团队，打造内蒙古分公司成为业界发展领先、服务优良、效益突出、形象典范的标杆公司。

为实现上述目标，围绕自治区经济转型的发展战略重点，为政府各项工作推进提供风险保障。我公司根据自身实际，也提出了“8337”工程。即开拓八项业务新领域，推进三项班子工程，打造三类样板机构。落实七项重点工作。

（一）切实转变观念，构筑坚实的思想基础

思想是行为的先导，我们要着重在三个方面统一思想。一是创新发展是内蒙古分公司的战略选择。守住存量市场，需要我们适应变化的形势，满足变化的需求。开拓增量市场，要求我们有创新的意识和眼光，还要求我们有创新的办法相匹配。不论从我们走过的实际历程，还是对未来的展望，都要求我们必须解放思想，保持思想的先进性。二是创新发展是领导带头的群众实践。公司沿着什么方向发展，员工以什么样的精神状态参与经营，关键在领导。要带头学习，掌握先进的思想，汇聚员工的智慧，形成优秀的经营能力。要带头支持。要经常深入市场，深入员工队伍，做好示范。要带头实践。构建新机制，同广大员工一道，同甘共苦。三是创新发展是自我否定的经营智慧。要放弃局部利益，做到从大局出发。要在全局里讲局部，要看局部如何支撑大局。要战略布局，具有前瞻性。创新是在发展中所选择的态度和方法，要兼顾当前和长远，不能急功近利，不能因一时的困难，而措手不及，无所作为。要从不足着眼。从困难和问题着手，从领导做起。创新推动发展，发展又倒逼创新。这样的过程一定是领导的亲力亲为，高屋建瓴，只有这样才能解放生产力。

（二）加快创新发展，构筑牢固的业务基础

2014年，我们要以创新的智慧和勇气推进各项工作，不断优化业务结构，开拓创新服务领域。一是增强车险的主导地位。通过广泛使用车险自动定价系统，每月评估系统使用效果，滚动发展优质客户。通过严控高风险业务，提升整体业务质量。二是积极推进农险业务。推进政策性农险工作。2013年9月，分公司经中国保监会审批，获得政策性农业保险办理资格。为积极推进农险业务进程，中国大地保险内蒙古分公司成立农业保险工作小组，设立农险部，积极贮备人才，完善三、四级机构，建立农业保险内控制度，加强服务能力建设，争取为全区农业的发展保驾护航。研究开发特色农险品种，参与商业性农险。包括蔬菜价格指数保险、奶牛养殖保险、林木火灾保险、农房保险等，全方位挖掘保险需求，支持地域特色农牧业品种纳入保险保障范畴，不断拓宽和深化农险服务领域，将保险惠农渗透到每一个角落。三是挖掘财产险的潜力。开拓新产品。食品安全责任险、安全生产责任险、公共营业场所火灾责任险、医疗责任险、环境污染责任险等产品符合市场需求，使国家、企业与人民得到及时赔偿，保证经济与社会安定，是“民安”的保障。做好重大项目保障服务。围绕“五大基地”建设和产业结构调整升级，重点跟踪一批具有全局性、基础性和战略性影响的重大项目，做好保险保障服务。同时，在工程保险、科技保险、企财险等领域加大保险服务力度，拓展保障功能，努力为我区提升传统资源型产业、发展高新技术产业和战略型新兴产业等提供安全生产等保障服务。开展城乡企业小额贷款保证保险。着力缓解小型微型企业及城乡创业者融资难问题。三是寻求意健险的突破点。重点跟进团体类大项目，恢复性发展建意险、借意险，多元化拓展学平险，持续推动卡式业务，开拓农村小额保险市场。2014年6月，我公司下辖包头中心支公司与包头市医疗保险局签订了包头市城镇居民大病补充医疗保险协议。下一步工作中，我们将总结经验，推进在更大范围和更高层次上经办新农合等各类医疗服务。四是着力推进样板工程。包括三级机构和四级机构两个层面，打造一批业绩优良、特点突出、示范效果好的样板机构。

（三）有效防控风险，构筑管理的经营基础

签订责任状，将经营预算目标、依法合规责任和党风廉政建设责任一并落实。一是理顺层级，实行资源配置的闭环管理。深入落实全预算管理理念，严格履行预算管理委员会职责，建立运作机制，使预算管理贯穿公司经营的全过程。完善流程控制。出台标准化操作指引，规范各类费用审批及调整流程，通过加强事前审核控制，确保投产效益的有效实现。强化执行监督。围绕预算管理系统，建立多维度的“预实”监控分析体系。落实过程化管理要求，及时查找问题。二是完善制度，加强执行力。以党委会、总经理办公会、司务会等会议制度建设为重点，全面推行制度体系的建设，确保决策的科学性和准确性，避免一言堂、一支笔、一句话。同时，对前期印发的制度进行梳理修订，更加有利于经营管理的实施。将分公司执行的总公司制度和自行制定的制度及时上传到制度库，方便员工查看学习。三是落实审计整改。要高度重视内部审计中发现的问题。对发现问题的整改，统由办公室负责组织推进和考核落实。针对前期问题梳理的结果，将整改责任层层分解落实。中支公司要由总经理负责，合规责任人具体落实。根据整改要求，对经营管理策略和党建工作进行调整，建立“周例会，月通报”制度、“三会一课”学习制度等，并对一些制度进行重新修订和完善。

（四）加强理赔管理，构筑优秀的品牌基础

监管部门、行业协会和总公司每年都将会对理赔服务能力和管理水平进行测评和跟踪。特别是分公司已经纳入自治区政府政风行风评比单位。使理赔服务工作面临更加严峻的考验。一是加强关键环节风险管理能力。实行案件分类管理，狠抓人伤、大案的跟踪管理。加大赔案检查追责力度，提升理赔制度执行力和案件质量。完善打假降赔工作的组织协调机制，提高反欺诈成效。继续推行降赔奖励制度，调动理赔人员降赔积极性。二是提高理赔服务能力。保持公司全国系统内 3A、地区主体前三甲水平，进一步提升服务品牌。严格践行各项服务承诺，落实服务标准化动作。关注客户体验，提高客户满意度。将在各营业大厅提供免费 WIFI，为查勘车辆配备 GPS 定位系统，补充制作查勘装备等，进一步提升客户接触点的服务水平。加强投诉管理，注重保障消费者合法权益。三是加强未决管理。未决管理水平直接关乎分公司的精算赔付率水平。加强未决案件管控是赔付成本控制的重要环节。2014 年将完善估损充足度监控、考核体系，强化对三四级机构立案估损工作的指导、跟踪，并将估损指标纳入 KPI 和查勘定损岗位考核指标中。

（五）注重能力建设，构筑厚重的人才基础

经营好一个企业，一定要有一支专业、高效、务实的人才队伍作支撑。一是着力加强领导班子建设。将四级机构的领导班子纳入班子建设体系，对规模较大的支公司建立党组织，实行分公司和中支公司双重管理。加强学习，统一思想，提升管理能力。增强执行力。做到上下思想统一，步调一致。杜绝上有政策下有对策问题的发生，沟通解决问题。二是着力打造销售团队。我们是销售型企业，销售团队是公司创新发展的中坚力量，是公司经营成果的前提。我们坚持以专业化销售团队为主体，营销团队为储备的销售队伍建设总体架构，奉行“得销售者得天下”的企业理念。落实激励措施、培养尊重文化、标准化团队建设，打造一只专业化的销售团队。三是着力提升员工能力。加强全面交流学习。安排总公司、分公司、中心支公司之间相互交流等方式，营造相互学习、共同成长的工作氛围。加强管理能力培训。通过外聘老师、内部授课等多种方式做好培训，帮助员工尽快成长。建设职业生涯规划，促进员工加强自我学习。同时建立新员工成长计划，为特殊人才的成长搭建平台。

（六）培育优秀文化，构筑特色的核心优势

文化是软实力，是核心竞争优势。更是公司的标志。我们的建设目标是：创新发展赢市场，严格管理增效益，诚信服务树品牌，员工幸福享和谐。一是全面提高员工文化素养。培养员工以行业服务理念为指导，明晰职业规范，熟练应用岗位技能，熟练掌握相关法律知识，逐步提高自我管理能力。二是积极开展党建工作。遵循党的群众路线教育实践活动的要求，开展各项学习实践活动。充分发挥工会共青团的作用。因地制宜，开展形式多样的文体活动，丰富员工的文化生活。通过开展民主生活会进行批评与自我批评，找出不足，促进提高。三是营造积极向上的和谐环境。切实做好建司 10 周年筹备工作，开展相关的文体娱乐活动，增强员工对公司活动的参与度，激发员工工作热情，营造良好的企业文化氛围。四是注重加强品牌建设。明确品牌宣传的目的就是全面服务于公司整体业务的发展。从此战略性目标出发科学规划、合理设计公司形象和品牌宣传工作，满足不同宣传渠道的需求，形成可持续的品牌管理和发展模式，不断提美誉度。通过进一步加强品牌建设相关制度和计划的制定与完善，为品牌战略的实施提供有效保障。通过统一宣传形式和内容，标准化的宣传方式，在消费者心中树立我公司的良好企业品牌形象。

贯彻落实“8337”发展思路有一个不断深入的过程，今后的工作中，我们将继续加大贯彻落实“8337”发展思路的力度，牢牢把握保险服务社会民生这一主题，积极探索，创新方式，针对内蒙古经济社会发展特点，加快开发适合本地实际的保险产品，切实提高保险满足民生需求和服务经济社会发展的能力。一张蓝图画到底，更好地用“8337”发展思路谋划和推进保险事业发展。

中国大地保险内蒙古分公司简介

公司总经理 涂小鹿

一、国字品牌，实力雄厚

中国大地财产保险股份有限公司内蒙古分公司，成立于2005年3月9日。

隶属于中国再保险集团的中国大地财产保险股份有限公司，是经国务院同意，中国保监会批准成立的，最后一个冠名“中国”两字的全国性国有财产保险公司，是中国再保险集团公司旗下唯一的直保财险公司。成立于2003年10月20日，总部设在上海。注册资本金64.3亿元人民币。2013年荣获“2013中国企业社会责任杰出企业奖”和“年度最具社会责任奖”两项殊荣。

中国再保险（集团）股份有限公司由国家财政部和中央汇金投资责任有限公司发起设立，是与中国人保集团，中国人寿集团同宗同源的国家再保险集团公司。成立于1949年10月20日，注册资本金为人民币364.08亿元，是中国唯一的再保险集团公司，在再保险行业排名亚洲第一、全球第五。拟于2015年整体上市。中再保险集团的雄厚实力，为中国大地保险的重大项目承保，提供了坚实的再保险支持。

二、开拓创新，快速发展

业务发展迅速。2005年到2011年，仅用7年的时间就突破了11亿元大关。2012年、2013年在内蒙古经济低迷、市场竞争主体不断增加的情况下，始终保持10亿元以上的保费规模。年平均增长率达成53.85%。

司务会成员

经营状况良好。连续9年实现考核利润。2007年至2011年连续五年，荣获中国大地保险总公司“先进分公司金奖”单位，2013年获“先进分公司银奖”单位。

市场地位稳固。剔除农险后，全区财险市场中，我公司5年市场排名第3位，2年市场排名第2位，2013年，市场排名第4位，2家中支公司当地市场排名第2位，5家中支公司市场排名第3位，3家支公司市场排名第1位。

三、网络齐全，覆盖城乡

内蒙古分公司机构设置数量仅次于人保财险公司，在全区12个盟市设立了中心支公司，盟市覆盖率达100%，在各旗县区设立102个支公司和营销服务部，旗县区覆盖率达84%，2014年拟增设6家机构，届时覆盖率达到90%，并通过代理渠道将服务网络延伸到全辖101个旗县，基本形成了覆盖全区的战略布局。

四、承担社会责任，提供风险保障

业务经营范围涵盖非寿险业务的各个领域，包括企业财产保险类、机动车辆保险类、工程险类、责任险类、信用保险类、保证保险类、家庭财产保险类、货物运输保险类、船舶险类、农业保险类以及短期健康保险和意外伤害保险类等。

2013年4月，经中国保监会批准，获得大病医疗补充保险的经营资格，2014年5月，成功独家中标包头市城镇居民大病医疗补充保险项目。2013年9月，经中国保监会批准，获得政策性农险保险的经营资格。参与包括中广核、华电集团、内蒙古国电能源、内蒙古电力、庆华集团、鄂尔多斯羊绒集团、鄂尔多斯伊泰集团、北京地铁16号线等一大批具有社会影响力项目的承保服务工作。

2005年至2013年，累计为全区广大城乡客户提供了17088亿元的风险保障。受理各类理赔案件64.8万件，支付赔款25.04亿元。累计缴纳税金4亿元。代扣车船税4.55亿元。在内蒙古自治区经济发展和人民生活中，较好地发挥了经济补偿和保险保障功能。

五、特色服务，赢得信誉

内蒙古分公司坚持“服务永无止境”的服务理念，不断提高客户服务水平和品牌影响力。

服务手段现代化。在全国统一客户服务专线95590平台基础上，拓展了车险电话销售，成为第二家具备车险电话销售专营产品经营资格的财险公司，为客户提供更加便捷、实惠的服务。实现车险全国通赔，率先推出“赔案网上查询”特色服务，开发运用技术领先的RAS快速定损系统，极大提高了服务速度。

理赔队伍专业化。形成了车险、非车险、意健险专业化团队。现有理赔人员294人，查勘员183人，专业财产险核赔岗 3 人，医师 2 人，全区 12 家中支公司均配备了专业的人伤调查岗，诉讼岗 7 人，律师 2 人。

社会监督经常化。定期举办客户体验日，由聘请的社会监督员公开评价理赔服务。积极参加自治区政府开展的行风评议活动，与各界代表面对面接受咨询。每年“3.15 消费者权益保护日”，积极响应行协号召，在各中支公司、营业网点开展宣传和咨询活动。

服务特色人性化。推广了全国免费道路救援、车险理赔零单证及上门收单证、事故定责指导、人伤关怀、限时赔付、赔款全国集中支付、风险提示与排查等特色增值服务，为客户提供全天候服务保障。在行协组织的现场测评中，2013 年总分排名第二位。在系统争先创优服务达标活动中，连续两年始终保持 3A 等级。

六、诚信经营，续写殊荣

2005 年被评为“首府百姓最满意保险品牌”

2006 年，被内蒙古自治区政府授予全区金融系统“金融创新奖”和“首府百姓最满意的财产保险品牌前三甲”

2007 年，获得“首府百姓最满意的财产保险品牌前三甲”和“内蒙古百姓口碑最佳单位”

2008 年，荣获了“内蒙古百姓口碑诚信金奖单位”、“内蒙古自治区诚信企业”

2009 年，荣获中国金融工委“全国金融五一劳动奖状”、中国保监会系统“文明单位”、保监会系统“五四红旗团组织”称号、首府百姓最满意的财产保险品牌前三甲”和“内蒙古百姓口碑（一钻）金奖单位”

2010 年，被评为“2010 年度内蒙古自治区诚信企业”和“内蒙古百姓口碑（二钻）金奖单位”

2011 年，被内蒙古自治区保险行业协会评为“诚信教育先进单位”、“文明优质服务窗口”和“内蒙古百姓口碑（三钻）金奖单位”

2012 年，获得“内蒙古百姓口碑（四钻）金奖单位”

2013 年，获得“内蒙古百姓口碑（五钻）金奖单位”，是内蒙古自治区唯一一家获得此项殊荣的保险公司

2013 年，被内蒙古保监局评为“保险公司分类监管 A 类”公司

2013 年，被内蒙古保险行业协会评为“内蒙古自治区 2013 年度车险理赔服务现场模拟测评质量先进单位”，“内蒙古自治区 2013 年度车险理赔服务质量综合服务水平先进单位”

作为中国大地保险在内蒙古地区的分支机构，内蒙古分公司秉承“立足大地，携手创业，共享未来”的企业精神。坚持“诚信为先，稳健经营，价值为上，服务社会”的经营理念，时刻不忘肩负的社会责任，用社会给予的关怀积极回馈社会。以先进的理念、科学的管理、一流的技术和优质的服务塑造良好的品牌形象，努力打造内蒙古保险行业杰出保险品牌。

理赔公司形象

宣传

公众宣传日

落实“8337”发展思路，全面深化改革 推动民政事业科学发展

内蒙古自治区民政厅厅长　兰恩华

民政厅厅长　兰恩华

党的十八届三中全会提出：“通过加快社会事业改革，实现发展成果更多更公平惠及全体人民。”民政部门作为保障和改善民生、加强和创新社会治理的政府职能部门，承担着困难群众生活救助、特殊群体生活保障、服务国防军队建设、加强和创新社会治理、提供基本公共服务等多项社会工作任务。2013 年，面对经济下行压力加大和财政收入减缓的客观实际，在自治区党委政府的正确领导下，各级民政部门扎实履职，改革创新，确保各项基本民生指标和保障水平稳步提升，全年困难群众和特殊群体生活保障资金累计支出达 106 亿元，有效地保障了广大困难群众和特殊群体的基本生活，为自治区经济社会发展做出了积极贡献。

2014 年是深入贯彻党的十八届三中全会精神，全面深化改革的开局之年，是全面完成“十二五”规划的关键一年，是贯彻落实自治区“8337”发展思路，实现创新发展的重要一年，是深入开展党的群众路线教育实践活动，运用成果、服务群众的实践之年。新的一年，中央领导集体坚持“稳中求进、改革创新、民生优先”原则，把保障改善民生作为执政之本，各级党委政府在改善民生方面的思想和行动更加自觉，进一步加大惠民政策的出台，不断加大民生保障的投入，民政工作面临着良好的发展机遇。

全区民政工作的总体思路是：深入贯彻落实党的十八届三中全会精神和自治区“8337”发展思路，按照习近平总书记在我区调研视察时的要求，以全面深化民政改革为主线，抓住发展养老服务业、保障改善民生、创新社会治理等重点，做到改革创新目标不动摇，常规工作发展不懈怠，全力推进内蒙古民政向现代大民政转型发展，充分发挥民政工作在自治区社会建设中的骨干作用，重点做好七个方面的工作。

一、加快养老服务体系建设，推进养老服务业发展

继续开展“养老服务推进年”和“敬老爱老助老重点工程”建设。在城市，重点推进社区日间照料中心和“12349”养老服务信息化平台等养老服务设施建设，完善依托社区开展居家养老服务的政策，通过政府购买服务等形式，支持社区引入社会组织和家政、物业等社会力量，兴办老年人生活照料、老年供餐、医疗护理、精神慰藉、紧急救援等服务项目，拓展社区养老服务领域和内容，力争城市社区综合养老服务覆盖率达 50% 以上。在农村牧区，结合开展农牧区社区建设试点工作和建制村嘎查的撤并整合，建立农村牧区养老服务中心（站），加大农村敬老院的整合力度，加快农村互助幸福院的建设步伐，新建农村互助幸福院 300 个以上。鼓励各地探索创新农村牧区养老服务模式，逐步健全以互助幸福院为支撑的农村养老服务网络，农牧区综合养老服务覆盖率以 10% 的速度递增。

二、推进社会组织管理体制改革，激发社会组织活力

改革社会组织登记管理体制，对行业协会商会类、科技类、公益慈善类、城乡社区服务类社会组织实行直接登记，对政治类、法律类、宗教类社会组织继续实行双重管理体制。下放基金会和异地商会登记审批权限，实现基金会由县级以上民政部门登记管理。积极稳妥推进社会组织从机构、职能、资产、人员等方面与行政机关脱钩，逐步规范公务员在社会组织兼职任职。开展政府向社会组织购买服务试点工作，贯彻《国务院办公厅关于政府向社会力量购买服务的指导意见》，研究制定购买服务的措施和办法，加大政府购买社会组织服务试点工作的力度，凡是适合社会组织承担的为老服

务、社区服务、救助帮扶等社会工作，都要通过竞争性选择方式，交由社会组织承担，进一步促进社会组织发展壮大。

三、加强和改进城乡低保工作，健全完善社会救助体系

加强统筹协调，认真落实国务院《社会救助暂行办法》，建立健全政府领导、民政部门牵头、有关部门配合、社会力量参与的社会救助工作协调机制。进一步规范低保管理工作，积极推动全区各地建立居民家庭经济状况核对机制，组织开展低保工作年度绩效评价，逐步建立由政府、救助对象及第三方组成的综合评估机制。规范低保标准制定和调整机制，适度提高城乡低保标准，对城乡困难群众中的未成年人、老年人、重度残疾人和重病患者实施分类救助，提高救助水平，全面实施重特大疾病医疗救助，进一步提高报销比例和救助水平，做好医疗救助与基本医疗保险、大病保险、慈善医疗救助的有效衔接，力争所有旗县（市、区）全面开展医疗救助“一站式”即时结算服务并提高信息化水平。健全完善临时救助制度，深化临时救助的措施办法，着力解决救助制度“碎片化”现象，推动社会救助由生存型救助向发展型救助转变。积极推进防灾减灾救灾体系建设，进一步完善救灾预案、应急响应、灾害评估等机制，及时做好受灾群众应急救助、过渡性生活救助、冬春救助工作。

四、增强社区自治服务功能，创新基层社会治理体制机制

大力推进社区治理体制机制创新，指导各地根据实际情况开展不同类型的社区治理体制机制创新实践。以创建全国和谐社区建设示范单位为抓手，加大社区办公和居民活动场所等社区公共服务综合平台建设，城市社区综合服务设施覆盖率同比增长10%，综合信息平台覆盖率达到70%。进一步拓展社区服务的内容、领域、方法、途径，引导社会组织、企业等社会主体进入社区开展养老、助残、便民等服务，全面提升社区建设水平。继续推进农村牧区社区建设试点工作，制定不同类型建设标准，逐步扩大覆盖面，全区农村牧区社区建设试点达到300个以上。探索实施政社分开、推进政社互动，建立社区公共服务准入制度和指导性目录，厘清基层政府及其派出机关与社区自治组织的职能边界，增强社区组织自治属性。鼓励各地开展社区服务模式创新，探索构建“四社联动”的社区服务体系。

五、落实退役士兵安置改革政策，保障优抚安置对象基本权益

稳妥推进退役士兵安置改革。贯彻《退役士兵安置条例》和国发42号、内政办发119号文件精神，完善改革配套政策，确保退役士兵安置工作平稳过渡、落实到位。大力加强退役士兵教育培训，认真做好“入伍与入学相结合”工作，努力形成“自治区作示范、盟市为主体、旗县为补充”的教育培训体系。推进“普惠”加“优待”的优抚保障制度建设，积极探索实行光荣院和社会办养老机构双向开放，不断提高优抚对象服务保障水平。深入开展新一轮双拥模范城（旗县）创建活动，探索双拥示范社区建设，推动双拥共建社会化、经常化、制度化。

六、深入推动殡葬改革，规范专项社会事务管理

贯彻落实中办、国办《关于党员干部带头推动殡葬改革的意见》，建立健全殡葬改革组织保障机制，形成政府主导、民政牵头、有关部门齐抓共管的工作格局。大力推行火葬，改革土葬，进一步落实惠民殡葬政策，加大对生态节地葬的奖补力度，逐步实现殡葬基本服务均等化。重点加强殡仪馆、公益性和生态节地型公墓等殡葬基础设施建设。依法加强丧事活动管理，树立文明节俭、生态环保、移风易俗的殡葬新风尚。加强婚姻、收养、流浪救助工作的标准化、规范化、信息化建设，整体提升专项社会事务管理服务水平。按照国家新型城镇化规划和政区设置标准，稳妥推进具备行政区划调整条件的旗县有序改市。加强对行政区划调整的指导，科学有序地做好行政区划调整审核报批、跟踪评估工作，组织开展第二次全国地名普查，加强平安边界建设，不断提升界线管理水平。

七、落实“人才强区”工程目标，壮大社会工作人才队伍

按照“总体设计、试点推进、分类指导”的方法，以社区为平台、社会组织为载体、社工人才为支撑，推进社会治理体制和社会服务体系改革创新。发挥区内外高校作用，积极落实社会工作人才培养项目，加快形成社会工作人才教育培训网络，逐步培养造就一支数量充足、结构合理、素质优良的社工人才队伍，到“十二五”末，全区社工人才队伍达到2万人，实现专业社会工作者占社工人员总量7.5%的目标。鼓励支持各地在街道、苏木乡镇和城乡社区开发社会工作岗位，大力推进社区、社工组织和专业社工“三社”联动机制，积极探索社会工作和政府购买社会工作服务的新思路、新办法，促进社工组织、社会工作者、社工专业服务进社区。贯彻《志愿服务记录办法》，在盟市所在地街道、社区开展志愿服务记录试点创建活动，建立健全志愿服务记录制度。推广应用“全国志愿者队伍建设信息系统”，加快志愿服务制度化、规范化发展步伐。鼓励民营企业等社会力量投身慈善公益事业，鼓励各地不断创新慈善超市建设和管理工作。

内蒙古自治区民政厅

2014 年全区民政工作电视电话会议

自治区政府巴特尔主席在呼伦贝尔市看望福利院孤残儿童

民政部李立国部长考察呼和浩特市社区建设

兰恩华厅长向互助养老幸福院老人了解生活情况

自治区党委书记王君在四子王旗检查指导救灾工作

中国福利彩票
CHINA WELFARE LOTTERY

内蒙古自治区福利彩票发行管理中心

内蒙古自治区福利彩票发行管理中心坐落于呼和浩特市新城区哲里木路二号，是内蒙古自治区民政厅下属的自收自支型事业单位，主要承担中国福利彩票在自治区境内的发行销售和管理工作。

自治区福彩事业始于 1988 年，内蒙古自治区福利彩票发行管理中心前身是成立于 1989 年的内蒙古社会福利有奖募捐委员会（简称内蒙古募委会）。目前，中心设有综合部、财务部、审计室、市场一部、市场二部、技术部、宣传部、服务部 8 个部室，全区共有 3600 多个福利彩票销售站点和 26 个中福在线销售厅，相关从业人员近万名。

自治区政府副主席白向群（中）在民政厅厅长兰恩华（右）的陪同下，到自治区福彩中心检查指导工作

自治区福彩中心连年开展捐资助学活动、利用福彩公益金 400 余万元捐助近 1700 名贫困大学生圆梦大学，图为民政厅冯呼和副厅长为受助学生发放救助金

自治区福彩中心连年利用福彩公益金开展春节送温暖活动，全区近万户特困家庭得到了价值 460 万元的慰问物资

由我区各盟市人大代表、政协委员组成的参观团参加“走近双色球”活动，见证福利彩票“公平、公开、公正、公信”

贯彻落实自治区“8337”发展思路 不断谱写福彩事业发展新篇章

自治区福彩中心主任 杨文勇

内蒙古自治区福利彩票发行管理中心隶属于内蒙古自治区民政厅，是自收自支的事业单位，负责中国福利彩票在自治区境内的发行销售和管理工作。

2013 年，自治区福彩中心坚决贯彻党的十八大精神，落实自治区“8337”发展思路，坚持科学发展观和改革创新精神，秉承“扶老、助残、救孤、济困”的发行宗旨，坚持“公开、公平、公正、公信”的发行原则，履行“安全运行、健康发展”的工作方针，践行“取之于民、用之于民、取信于民”的社会承诺，弘扬福彩文化，强化保障能力建设，推进科学管理，福彩事业呈现出安全、健康、快速发展的良好局面，为自治区社会福利事业发展做出了突出贡献。

一、销售再创历史佳绩

2013 年，是全区福利彩票“十二五”发展规划承上启下的重要一年。自治区福彩中心着力在“牵一发而动全身”的重点领域求突破，在“落一子而满盘活”的关键环节求突破，以蹄疾而步稳的节奏推进事业全面发展，积极应对市场变化，认真分析形势，及时掌握营销主动权，多种福利彩票游戏各现异彩：“大奖大，小奖多”的“双色球”，犹如一艘航空母舰引航彩市，掀起了自治区彩市迅速发展的高潮；“固定奖、天天开”的小盘游戏“3D”，绽放全国，更在自治区不断掀起玩彩热潮；快开游戏“时时彩”、“快 3”引领彩市新风尚；“中福在线”迸发光彩；“刮刮乐”火爆热销……无处不彰显福利彩票新的生机与希望。全年福利彩票销量达到 39.57 亿元，再创历史新高，增幅 40.76%，列全国第三位；市场份额为 64.4%，列全国第五位；人均购票 158.92 元，列全国第十位；筹集公益金 12.22 亿元，筹集率列全国第八位；综合考评位列全国第十五位。截止 2013 年底，福利彩票在全区累计发行销售近 190 亿元，为国家筹集公益金近 60 亿元。

全区福利彩票发行销售工作不仅受到了上级机关的充分认可，也得到了社会各界的广泛赞誉。自治区福彩中心连续多年被民政厅授予先进集体、先进基层党组织等荣誉称号；先后被自治区地税局评为“诚信纳税企业”；被内蒙古日报社、自治区品牌协会评为“内蒙古百姓口碑最佳单位”；被自治区消费者协会评为“质量•服务双满意单位”；被民政部评为“全国民政系统先进集体”。

二、公益情暖北疆大地

全区福利彩票发行销售 26 年筹集的公益金，有力地支持了国家特别是自治区社会福利事业和公益事业的发展。全区 12 个盟市及满洲里市、二连浩特市的大部分福利设施从无到有、从旧到新、从小到大，实现了逐步发展。

按照《彩票公益金管理办法》，所筹公益金按政府性基金管理办法纳入预算，实行“收支两条线”管理，专款专用，实现了公益金筹集与使用职能的分离。按照国家和自治区的安排，福彩公益金主要用于为老年人、残疾人、孤儿和特殊困难人群服务的社会福利设施建设，以及受助对象直接受益的项目：“明天计划”托起了残疾儿童明天的梦想，“霞光计划”创建了农村牧区孤寡老人颐养天年的幸福家园；“星光计划”丰富了社区老年人的晚年精神生活，“圆梦助学”实现了贫困大学生的理想追求……26 年来，直接受益人数达到数百万人，为促进社会福利事业和公益事业发展发挥着积极的作用，受到了各级党委、政府和社会各界的关注及肯定。福利彩票公益金已经成为社会救助和社会福利项目建设资金的主要来源，加快了全区民政事业的蓬勃发展，发挥着巨大的经济和社会效益。

三、规范管理促进发展

福彩事业蓬勃发展之际，福彩人也清醒地知道，承平日久，既有为山九仞、功亏一篑的隐忧，也有暮气日长、锐气渐消的挑战。为了保障事业持续健康发展，自治区福彩中心积极与国际先进管理理念接轨，寻求管理模式转型，引入

ISO9001质量管理体系，并顺利通过认证，标志着自治区福利彩票的管理模式由过去的传统经验型迈向现代科学型，由粗放型转变为现在的规范化管理，并通过建章立制，逐步向精细化管理模式迈进，即确保人人有章可循，事事有制度约束。特别是在《彩票管理条例》及其实施细则颁布实施后，自治区福彩中心认真学习贯彻，销售管理工作得以进一步规范，逐步实现了专业化、法制化。同时，自治区福彩中心高度重视技术安全和创新，通过运用现代信息技术实施了热线销售、实时缴款负载均衡等系统改进，实现了销售方式的现代化，切实保障了彩票销售的绝对安全，做到了“安全运行，健康发展”。加快市场转型和结构调整，加大新兴市场开发力度，开展形式多样的市场营销活动，谋求新的增长点，在多项措施并举的情况下，有效地提升了销量。

四、致力弘扬福彩文化

福彩文化是促进福彩事业发展的软实力和精神动力。多年来，自治区福彩中心始终致力于弘扬福彩文化，向社会传播福彩正能量，全区福彩系统已逐步形成了覆盖电视、网络视频、广播、报刊、网络等多渠道的“一体化宣传为主体，多元化并存”的福彩文化宣传体系。一是与内蒙古卫视合作创办了面向社会公众宣扬福彩公益的“福彩•草原情”栏目。仅2013年，在已播出的52期节目中，累计投入福彩公益金350余万元，资助孤寡老人、重病患者、贫困大学生等各类弱势对象3700余人，开展2次大型公益活动。作为内蒙古卫视唯一一档公益慈善类栏目，播出至今，得到了社会各界的好评，增强了福彩公益金使用的透明度，进一步树立了福利彩票的公益品牌形象，凸显了福利彩票上为政府分忧、下为百姓解愁的社会作用，被内蒙古卫视列为重点推广栏目。二是在重点整合传统宣传资源的基础上，利用现代传播手段创新宣传形式，建立了以计算机网络和数字视频终端为载体，以福彩信息和文化为内容，直接覆盖到销售站及购彩群体的“网络视频”宣传平台。网络视频这一新型媒体的搭建，进一步加大了对福彩的宣传报道力度，推动了福彩文化传播，为销售站、彩民提供了获取福彩资讯、掌握购彩技能的良好平台，形成了良好的社会舆论氛围，提升了福利彩票的品牌形象。三是加强了对内蒙古福彩网的管理，年内实现了改版升级，点击率不断攀升，成为传播福彩文化的又一个重要平台。四是在办好本级简报信息的同时，2013年，在《中国社会报》、《公益时报》、《内蒙古日报》、《内蒙古民政》、《北方新报》等区内外平面媒体上发表文章190余篇，在内蒙古人民广播电台播出700余条福彩信息，福彩公益文化得到广泛推广。

五、强化自身建设

近年来，自治区福彩中心在保持事业蓬勃发展的同时，始终坚持将加强队伍建设作为长效工作来抓。以提高领导水平和能力为核心，进一步加强中心班子建设，稳步推进党风廉政建设，提高了全体党员的廉政意识和自律意识，切实做到了“清清白白售彩、干干净净行善”，班子凝聚力、向心力不断增强，形成了一支有朝气、有活力的福彩管理团队；同时，以事业需求为导向，完善内部职能机构配置，实现了基础业务和前瞻性业务的清晰职能对应；启用了一大批年轻、有知识、有能力的人才进入管理层，并通过岗位培训，进一步提高了队伍的业务素质，使管理人员和从业人员尽快适应了工作要求。通过多年的培养锻炼，全区福彩系统已拥有了一支勇于创新、廉洁守规、求真务实、团结和谐的高素质队伍，为福彩事业的发展提供了保障。

发行福利彩票、筹集社会公益金，是国家为发展社会福利事业实行的一项特殊政策，也是党中央、国务院赋予民政部门的一项重要职责。作为一项朝阳产业，展望未来，朝峰顶望，前景壮阔，风光无限；往脚下看，每一步前行，都需劈波斩浪、越障排险，唯有发扬驰而不息的龙马精神，才可能有达致千里的玉汝于成。全区福彩系统干部职工将进一步增强责任感和使命感，坚持科学发展观，落实自治区“8337”发展思路，深入贯彻彩票行业相关政策，以功成不必在我的境界干事创业，为推动福彩事业的健康、稳定、持续发展，为构建和谐内蒙古作出新贡献！

荣誉奖牌

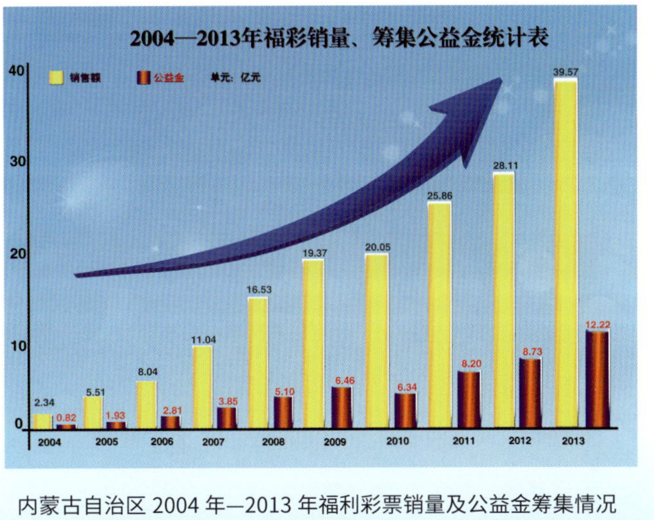

内蒙古自治区2004年—2013年福利彩票销量及公益金筹集情况

贯彻“8337”发展思路
着力做好就业创业工作 助推县域经济发展

自治区党委组织部副部长 人力资源和社会保障厅厅长、党组书记 萨仁

为贯彻落实“8337”发展思路，切实保障和改善民生，自治区决定实施创业就业工程，明确了鼓励创业、促进就业的发展目标和具体工作措施。县域经济是承载自治区发展定位的重要平台，扩大就业规模、推动全民创业离不开县域经济的发展，发展县域经济需要广大劳动者的就业参与和创业支撑。全区各级人力资源和社会保障部门认真落实自治区党委、政府的部署，紧紧围绕“8337”发展思路，强化措施，开拓进取，大力推进就业创业工作，对发展县域经济、保障全区经济社会科学发展提供了有力支撑。

近年来，在自治区党委、政府的高度重视和支持下，我们坚持把就业创业工作放在更加突出的位置，实施更加积极的就业政策。在劳动力总量不断增加、就业压力很大的情况下，保持了就业局势的总体稳定，全区城镇新增就业年均实现 25 万人以上，失业率控制在 4% 以内。以高校毕业生为重点的青年就业、城镇困难人员的就业问题得到较好解决，农牧区富余劳动力年均转移 250 万人以上。职业培训不断加强，劳动者就业创业能力逐步提高，创业带动就业成效明显。就业服务进一步强化，公共服务水平逐步提升。人力资源市场的基础作用得到较好发挥，组织开展了一系列专项就业服务活动。

同时，我们也清醒地认识到，就业创业工作中还面临着一些突出问题。就业总量压力依然较大，结构性矛盾突出，就业难和招工难现象并存；劳动者就业创业能力有待进一步提升；基层公共服务能力还有待加强。面对当前经济发展下行压力加大，转变经济发展方式中就业工作出现新挑战，今年就业任务更加繁重和艰巨。

为做好就业创业工作，推动县域经济发展，服务全区发展大局，人力资源和社会保障部门将采取以下几个方面的措施，全力开创就业创业工作新局面。

首先，围绕发展县域经济，着力促进充分就业。就业创业工作关乎百姓福祉、关乎经济发展。当前，国际经济形势的不确定、不稳定性与国内经济发展的不平衡、不协调、不可持续性交织在一起，给总体就业形势带来了严峻挑战，我区就业形势同样也面临着多重压力，保持就业局势稳定的任务非常艰巨。各级人社部门要紧紧围绕发展县域经济，千方百计做好就业服务工作。一是围绕重大项目建设做好就业工作。各地在谋划发展现代农牧业、县域工业、现代服务业过程中，也要同步考虑促进当地劳动者就业，广开就业门路，拓宽就业空间。在安排引进重大建设项目时，把吸纳就业作为项目论证的重要内容，人力资源和社会保障部门主动介入，及时了解项目用工需求和岗位要求，在项目开工建设、生产运营等环节中，及时为用工招聘、用工培训和岗位培训等做好服务工作，发挥重大项目拉动就业的作用，把经济发展的增长点，转变为就业的增长点。二是扶持中小企业发展。中小企业点多面广、灵活性强，是吸纳就业的重要领域。各级人力资源和社会保障部门将认真落实职业介绍补贴、技能培训补贴、技能鉴定补贴、社会保险补贴等扶持中小企业的优惠政策，完善空岗报告制度，及时掌握中小企业用工需求，积极跟进用工服务、技能培训等服务，大力扶持中小企业发展，激发中小企业发展后劲和市场竞争力，增强县域经济活力。三是促进以高校毕业生为重点的青年就业。高校毕业生是事业发展的宝贵资源，是推动经济和产业升级的生力军。在促进高校毕业生就业过程中，我们将深入推进高校毕业生服务基层项目，结合发展县域特色优势产业，大力扶持知识密集、技术密集型企业发展，努力增加高校毕业生的就业岗位。探索通过政府购买服务的方式，开发城乡基层特别是城市社区和农村公共管理及社会服务工作岗位，积极鼓励和引导高校毕业生面向县域基层就业，为县域经济发展提供人才支持。力争年底前，帮助每一名有就业意愿的离校未就业毕业生都能实现就业或参加到就业的准备之中。四是推进农村

调研基层服务平台

牧区富余劳动力转移就业。围绕绿色农畜产品生产加工输出基地建设，加强农牧民实用技能培训，实现农牧民工就近就地转移就业。围绕推进城镇化建设，积极开辟劳务市场，提高劳务输出组织化程度，打造劳务输出品牌，通过转移就业促进农牧业人口向城镇集中。五是加强就业困难人员就业援助。着力营造公平公正的就业环境，及时了解就业困难人员和零就业家庭的情况，依托基层就业服务平台，有针对性地开展就业援助，大力开发公益性岗位，妥善安置就业困难人员。

其次，围绕发展非公经济，着力扶持全民创业。鼓励全民创业，是发展非公经济的源动力，也是助推县域经济发展的内在要求。近年来，各级人力资源和社会保障部门不断加大创业扶持力度，研究出台了一系列鼓励创业的政策措施，促进了非公经济发展特别是中小微企业发展，有效发挥了创业带动就业的倍增效应。但是，目前全民创业的内在动力还远不能适应县域经济发展的需要。下一步，我们将围绕扶持全民创业，重点做好三项工作：一是加大扶持政策的落实力度。切实落实国家及自治区出台的税费减免、小额担保贴息、创业培训补贴等各项扶持创业、鼓励中小微企业发展的政策措施，最大限度地调动和激发全民创业活力，培育县域经济发展的内在动力。二是加强创业园区、创业孵化基地建设。结合县域产业布局和主体功能定位，依托现有产业园区、专业市场或通过政府投资新建等形式，加强创业园区和创业孵化基地建设，扶持和孵化一批科技含量高、具有产业拉动力的中小微创业型企业。自治区将采取以奖代补的形式给予扶持，通过三年时间打造100个标准化创业园和创业孵化基地。三是营造良好的创业环境。各级人社部门将进一步加大创业服务力度，为创业者提供创业培训、项目开发、开业指导、融资服务、跟踪扶持等“一条龙”服务。重点围绕发展县域特色产业，加大创业项目库建设，尽快实现与国家创业项目库的链接，及时为创业者提供创业项目信息。进一步加强舆论引导，注重选树典型，发挥榜样示范作用，使更多的求职者变为创业者，变为岗位的创造者。

第三，围绕调整产业结构，着力加强职业技能培训。调整县域产业结构，对加强职业技能培训、提高劳动者素质提出了迫切要求。我们将从当前职业培训工作中存在的主要问题入手，推进培训资源共享，实行职业技能培训与产业发展有效对接，进一步规范职业技能鉴定工作，创新工作方法，加大工作力度，着力强化职业能力培训工作。一要发挥教育资源优势，提高职业技能培训质量。提高职业院校、技工院校在定点培训中的所占比例，选择一批社会信誉好、办学条件好、培训能力强、专业设置合理、促进就业效果显著的院校来承担相应的培训任务，整体提升我区职业技能培训层次，为广大城乡劳动者提供更多、更好、更优质的职业培训服务。二要打造培训品牌，增强培训的针对性。在全区组织开展特色培训品牌创建活动，围绕自治区“五大基地”建设和发展县域经济，大力培养实用技能人才。紧密结合县域特色产业和企业的岗位需求，积极引导各类培训机构组织开展特色职业技能培训，着力打造区域培训品牌，使就业技能培训向专业化、特色化发展。三要畅通培训信息渠道，努力完善职业培训工作机制。加强与用工单位、培训机构、培训对象的沟通，把招生与招工结合起来，把职业介绍与技能培训结合起来，把职业培训与技能鉴定结合起来，大力推广定向培训、订单培训、定岗培训，及时跟进职业技能鉴定工作，做到培训一人、鉴定一人、就业一人。四要整合现有实训资源，积极推进职业技能实训基地建设。自治区将通过“以奖代补”的办法，鼓励各地重点依托职业院校、技工院校，对现有实训基地进行升级改造，扶持建设50个具有区域特色和品牌效应的标准化实训基地，做到功能互补和资源共享。

第四，围绕发展县域公共事业，努力提高基层公共服务能力。为劳动者提供优质高效的就业服务，是政府促进就业的重要职责。当前，我区在公共服务能力建设方面还存在诸多问题，基层服务平台建设相对滞后，公共就业信息化建设亟待加强。下一步，我们将围绕强化公共服务，推进县域社会事业发展，重点做好四方面的工作。一是加强公共服务平台建设。自治区将尽快研究出台加强基层人力资源社会保障公共服务平台建设的实施意见，逐步健全服务机构，落实人员配备，保证工作经费，加强场所建设，改善服务条件，为广大群众提供高效便捷的服务。二是加强公共就业服务信息化建设。我们将加大工作力度，尽快将公共就业服务信息网络延伸到苏木乡镇、街道和嘎查村、社区，建立自治区、盟市、旗县、乡镇街道、社区嘎查村的五级公共就业信息服务网络建设。深入推进就业服务实名制管理工作，依托基层公共就业服务平台，对人力资源情况进行调查统计，全面实现信息采集、录入的全覆盖，建立起翔实的各类人员就业状况信息库。三是加强公共就业服务工作。我们将在全区开展标准化基层公共就业服务平台创建活动，统一服务标准，优化服务流程，为劳动者、用工单位提供高效、便捷的就业服务。全面准确地对劳动供求状况进行动态统计、分析研究，并提出应对措施。四是着力构建和谐劳动关系。随着经济形式的多样化发展，劳动关系调整的范围和难度不断增加，特别是随着经济增速的放缓，影响劳动关系稳定的因素进一步增加。我们将努力构建和谐劳动关系，为县域经济发展创造良好环境。进一步加强三方机制建设，加快推进劳动合同制度全覆盖，强化劳动关系协调工作基层组织建设。扩大创建和谐劳动关系单位和工业园区的范围，特别是非公有制企业和中小企业的覆盖面。加强劳动保障监察工作，规范企业用工和裁员行为，深入开展专项整治行动，严厉打击侵害劳动者权益的违法行为。加强争议调解仲裁工作，积极推动企业和乡镇街道等基层调解组织建设，加快推进仲裁机构仲裁院实体化，完善争议仲裁组织程序和工作规则，不断提高办案效能和质量。

发展县域经济，促进充分就业，任务繁重、责任重大，人力资源和社会保障部门将认真履行就业工作牵头部门的职责，在自治区党委、政府的领导下，强化协调配合，采取有效措施，共同为发展县域经济、促进社会充分就业、提高就业质量作出积极贡献。

我区开展大学生创业典型宣讲活动

落实自治区“8337”发展思路
打造文化与旅游深度融合亮丽风景

周纯杰

文化厅厅长 周纯杰

2013年，自治区党委政府立足我区的长远发展，提出了“8337”发展思路，其中把“建成体现草原文化、独具北疆特色的旅游观光、休闲度假基地”作为自治区五大基地之一，把文化与旅游结合在了一起，指明了发展路径。自治区党委九届十次全委会暨全区经济工作会议上提出要“解决好自文化与旅游衔接不紧、融合不够的问题。”非常有针对性。2014年2月份，自治区党委宣传部和文化厅举办了文化与旅游融合发展主题活动，推出3000多件文化产品，成功对接34个项目，协议金额566.67亿元。参加的企业和单位都认为，这次活动及时解渴，为文化、旅游单位搭建了牵线搭桥、拉手对接的平台。一些专家学者和社会各界对这次活动给予了高度评价，认为我区的这次活动是对文化与旅游融合发展的一次有益尝试，在全国是首开先河的。

文化旅游业是文化产业的重要组成部分。近年来，国家和自治区十分重视文化产业，特别是2008年以来，面对国际金融危机的冲击，中央更加明确了文化产业在转变发展方式、调整经济结构、实现可持续发展的独特优势，要求大力发展文化产业，推动文化产业成为国民经济支柱性产业。先后出台了一系列政策措施。2011年，国务院出台了《关于促进内蒙古经济社会又好又快发展的若干意见》，明确要求我区要建设成为草原文化旅游大区。今年1月28日，习近平总书记考察我区工作时多次提出，内蒙古草原文化深厚，歌舞有特色、有底蕴，民族风情浓郁。要“把内蒙古北部边疆这道风景线打造得更加亮丽”。文化战线紧扣自治区“8337”发展思路，进一步领会习总书记的重要讲话，增强文化自觉、文化自信，用好“草原文化”这张金字招牌，在文化与旅游深度融合中努力体现文化作为。

一是加大力度建设文化景观，推动旅游载体的丰富多样。内蒙古给外界的影响是蓝天白云、草原沙漠，来我区旅游的客人，也更多地看一些自然风光。有文化内涵的景观不多，文化资源没有充分挖掘出来，文化阵地没有发挥出社会影响。我区有不可移动文物古迹2.1万处，覆盖全境。目前，已经列入国家文物大遗址范围的有辽上京、居延遗址、盛乐古城遗址、大窑遗址、元上都遗址、秦直道6处，都是草原文化考古成果最突出的文物大遗址。特别是元上都遗址被列入“世界遗产名录”。红山文化遗址、辽上京遗址、阴山岩刻遗址，被国家文物局列入中国申报世界文化遗产预备名单。依托这些遗址可以建设考古遗址公园、遗址博物馆。目前，辽上京、萨拉乌苏遗址进入了第二批国家考古遗址公园立项名单。

2013年，以政府名义印发了文化厅编制的《自治区文化产业中长期发展规划》，规划了4条内蒙古文化溯源旅游线路，即蒙元文化寻根之旅、匈奴文化探究之旅、神秘鲜卑溯源之旅和草原丝绸之路。这些线路涵盖了我区绝大部分优秀旅游城市、文物大遗址、著名旅游景区，囊括了自然和人文景观的精华。要打造成为与“茶马古道”、“丝绸之路”相媲美的、为全国乃至全世界有影响力和吸引力的文化旅游线路。

这些年，自治区和各盟市都建设一大批文化基础设施，包括图书馆、博物馆、剧院等标志性的文化设施，这些都是不可或缺的旅游资源。自治区要继续完善特色博物馆体系，已开始建设蒙古族源博物馆，筹划非物质文化遗产展示馆，支持社会各界兴办主题突出、特色鲜明、具有传承价值的行业性、专题性博物馆。策划精品展览，加强与旅游机构的合作，聚集人气，特别是非物质文化遗产方面，在展示中传承，在展示中交流，可以成为重要的文化体验场所、成为旅游线上的兴奋点。要依托文化生态保护区、文化艺术之乡建设原生态休闲度假区，发挥对旅游的聚集和辐射作用。

二是大力创作民族演艺剧节目，推动旅游提高文化品质。“歌海舞乡”是我区最鲜明的文化形象，也是出好作品的根基沃土。草原歌声以“对话苍天，抒情极至”而著称于世、闻名遐迩。蒙古族长调、呼麦、马头琴、民族曲艺等脍炙人口的经典作品广为传唱，安代、鄂尔多斯舞、筷子舞、盅碗舞、鲁日格勒等民族舞蹈，都给人们留下了美好而深刻的印象。我们已经组织各级艺术院团策划创作一些反映我区文化底蕴和风土人情的演出项目，打造驻场演艺标识和名片，把民族文化艺术的精髓融注于作品创作之中，把草原文化、民族历史以及百姓创造美好生活的故事演活，让游客白天看景，晚上看戏。要在自治区首府推动建设几个小剧场，推动每个盟市中心城市建设 1 到 2 家特色剧场，每个旗县建 1 座综合性小剧场，一些人口集中的乡镇建设一些小舞台，开展驻点、驻场演出。引导和支持文艺团体与旅游景区加强对接合作，开发创意新颖的主题演艺产品，推动全区重点旅游景区驻点演出常态化，提升旅游景区的文化内涵。

在发展驻场演出的同时，还要打造一批品牌节庆，实现天天有演出，经常有活动。近年来，从自治区到各盟市、各旗县推出了系列特色明显、参与性强、市场化程度较高的节庆活动。进一步要继续提高文化旅游节庆市场化运作水平，做大做强一批有影响力的文化旅游节庆品牌，特别是草原文化节、昭君文化节、红山文化节、河套文化节、呼伦贝尔冰雪节等。各地可以充分利用绚丽多彩的民族民间文化资源，打造民族服饰艺术节、赛马节、胡杨节、那达慕等地域文化节庆品牌，让旅游者在尽情观赏草原风光的同时，充分领略浓郁的民族文化风情和地方特色。

三是大力开发旅游纪念品、工艺美术品，提高旅游产品的附加值。我区是文物大区，也是非物质文化遗产富集区。列入“人类非物质文化遗产代表作名录”有 2 项，国家级的有 63 项，自治区、盟市和旗县级的有 2700 多项。种类全、数量多、分布广、级别高。很多项目通过科学利用、适度开发，不仅能转化为经济价值，也是最有效的保护方式。结合发展文化旅游，开展生产性保护，加强非遗生产性保护基地建设，对有市场潜质的代表性项目，探索多种模式，调动各方面的积极性，共同开发民族服装、饰品、刀具、皮画、乐器、雕刻、剪纸、文物复仿制品等产品。发挥我区馆藏文物数量多的优势，利用特色文物特别是草原青铜、蒙元文物发展复仿业，推动产业化、规模化、品牌化。把更具特色的民族文化元素，融入设计、制作、展示、营销等各个环节，提高创意创造水平，提供适销对路、满足游客偏好的旅游纪念品和工艺美术品，扩大产业规模，提高档次标准，提高产品附加值。

四是大力培育市场主体，夯实文化旅游业的发展基础。近年来，随着文化产业发展的政策环境不断优化，我区一些文化企业快速发展，如鄂尔多斯天骄艺术团、赤峰力王公司、通辽民族服装厂、阿拉善民族工艺地毯公司等已初具规模，在抢占文化旅游市场中，赢得了很好的市场效益和口碑。下一步，要深入贯彻落实自治区政府《关于进一步促进文化产业发展的若干政策意见》，协调相关部门在市场准入、资金支持、税收减免、土地使用、投融资、建设重点、人才等方面细化内容，简化程序，将免税政策、土地优惠政策、市场准入政策等各项政策一一落实到位，进一步放宽民营企业的文化市场准入，加快扶持和培育一大批具有“专精特新”优势的中小型民营文化企业，丰富文化旅游市场门类，提高核心竞争力，使之成为文化旅游业发展的重要力量。

五是大力引导文化消费，增强文化旅游业的内生动力。要重点兴建适合普通群众的文化消费场所，鼓励在商业演出中开辟一定低价位的演出形式，鼓励文艺院团在完成政府要求的下乡演出场次外，通过集资、募捐等方式进行文艺下乡等活动。引导民间资本以冠名、赞助、捐助等方式参与兴建文化活动、消费场所。同时要充分发挥社会团体的社会组织、协调职能，通过举办民族工艺艺术博览会、民族工艺创意大赛、国际民族工艺采博城等活动，培育高端文化消费市场。

推广政府购买、免费提供文化服务的方式，刺激群众文化消费欲望，培养公众文化消费意识。积极推行文化惠民和文化低保工程，探索对群众看电影、看戏、看有线电视、购买图书等基本文化消费进行适当补贴让利的方式方法。积极发展连锁经营、网点直销、一站式服务、电子商务等新模式，进一步把经营渠道延伸到城乡基层，不断活跃群众文化生活。

文化是魂，旅游是体。文化与旅游相辅相成、相得益彰，两者深度融合凝聚而成的颗颗珍珠，一定会把我区编织成为祖国北疆的亮丽风景线。

（作者系自治区党委宣传部副部长 文化厅党组书记 厅长）

内蒙古自治区文化厅

2013年底竣工的内蒙古演艺中心是目前全国起点高、布局最为合理、功能最为齐全的综合性演艺设施，堪称全国的典范。

自治区主席巴特尔参加“草原情·宝岛行”活动

“百团千场”下基层慰问演出

大型民族歌舞剧《马可·波罗传奇》在内蒙古呼和浩特首演

在群众路线教育实践活动中，开展“放歌大草原·唱响中国梦”自治区艺术家走基层转作风文化惠民演出活动

内蒙古境内 7500 多公里的长城占全国的三分之一，在全国 16 个有长城的省区市中位居第一

内蒙古艺术代表团赴哈萨克斯坦和俄罗斯开展 2013 年“欢乐春节”演出活动

在包头举办“激情广场·舞动金秋”——内蒙古自治区广场舞大赛

启动实施“数字文化走进蒙古包”工程

在群众路线教育实践活动中，开展“放歌大草原 - 唱响中国梦”自治区艺术家走基层转作风文化惠民演出活动

非物质文化遗产技艺出国展示

内蒙古质量技术监督局

张铁网局长、马达副局长在蒙牛集团调研

陪同国家质检总局支树平局长到伊利集团调研

张铁网局长带队检查羊绒制品质量状况

张铁网局长陪同白向群副主席观摩罕台食品生产园区全部应用食品安全电子追溯系统。图为讲解人员正在为各位领导演示电子追溯系统和便民消费卡应用方法

陪同白向群副主席在鄂尔多斯市检查

张铁网局长参加全国质检系统 12365 局长接线日活动

局领导张铁网、张立忠、娜日莎、高英杰表演诗朗诵《七月辉煌》

执法车授车仪式上，张铁网局长向盟市质监局局长授予车钥匙

张铁网局长陪同总局梅克保副局长视察内蒙古质检院

张铁网局长陪同国家质检总局副局长梅克保在标准化院调研

国家质检总局副局长陈钢一行到鄂尔多斯市质监局检查指导工作

常军政副主席为获得 2012 年主席质量奖获奖企业颁奖

在全区“互学互促”活动中，自治区质监局张铁网局长在呼伦贝尔市特检所观摩

张铁网局长陪同国家质检总局刘平均副局长在内蒙古标准化院考察

内蒙古质监局合唱《质监之歌》——迎接党的十八大文艺汇演

依法行政 稳定盐业市场
转型发展 提升竞争实力

——2013年内蒙古盐业发展纪实

内蒙古自治区盐务管理局（盐业公司）局长、董事长、党委书记　张良

蒙盐产品在蒙古国市场展出

内蒙古自治区盐务管理局（盐业公司）负责全区畜牧用盐、工业盐及2400万人口的食盐市场的管理和盐政执法工作，承担着食盐加碘、消除碘缺乏危害的社会责任。是自治区经费自理的事业法人单位和自治区直属国有独资企业，“一套机构、两块牌子”。现有职工2600人。有直属生产企业3家，在10个盟市设盐务局（盐业公司），在75个旗、县、市区设支公司（配送中心）。

2013年，盐务局（盐业公司）围绕自治区党委“8337”发展思路，找准职能定位，在深入贯彻落实国家和自治区盐业政策法规，确保盐业市场秩序健康、稳定的同时，深化改革，实现了盐业经济“转型发展”的良好开局。

一、强化专营，优化管理，践行为民宗旨

持续消除碘缺乏病关系国计民生，既是公共卫生问题，也是一项政治任务。我区所处的缺碘环境难以改变。盐务局（盐业公司）长期致力于食盐加碘消除碘缺乏病主导措施在全区的全面落实，消除碘缺乏病工作自始至终得到了自治区党委、政府的高度重视，在各级部门的大力支持下，形成了“政府领导、部门协作、群众参与”的消除碘缺乏病工作机制。全区儿童的甲状腺肿大率从20%多下降到了5%，智商平均提高了12个百分点，实现了自治区消除碘缺乏病阶段性目标。今年内蒙古盐行业继续认真落实贯彻“食盐加碘，防治碘缺乏病”的工作精神，以保障食盐市场安全为己任，以确保合格碘盐供应为目标，以案件查处为抓手，不断强化市场监管，防治碘缺乏病成果得到巩固和加强，为保障人民的身体健康作出重要的贡献。

（一）广泛宣传，提高公众健康观念。在继续开展好“3.15”、“5.15”集中宣传活动的基础上，延伸宣传渠道，采取制作车体广告、走进社区宣传等形式，以“科学补碘、持续消除碘缺乏病危害”、“科学用盐、促进健康”为主题，深入宣传盐业法规政策和碘盐科普知识，提高公众食用合格碘盐的意识，引导公众树立“吃好盐增进健康”的科学消费理念。为盐业市场的有序管理，打下坚持的基础。

（二）多措并举，保障食盐稳定供应。一是强化食盐计划管理，科学调运。2013年，全区制盐企业原盐产量254.89万吨，加碘盐产量22.24万吨，食盐调拨20.42万吨，完成国家食盐分配计划17.01万吨。销售各类盐品113.79万吨。运销企业销售各类盐品31.39万吨。食盐计划完成率100%。二是完善食盐营销网络，推进营销模式改革。取消了三、四级批发（取消食盐转（代）批户），把盐品配送、售后服务和市场稽查相结合。由坐等批发变为主动配送，以客户为中心，完善访销制，强化零售网点动态管理，提升服务水平，增强了终端掌控能力。形成了以直达配送为主、直营店、加盟店为补充辐射全区的盐品营销网络，保证了各类盐产品的有效供应。三是加强食盐储备管理，对资金筹措、基础设施建设、储存与轮换、日常监管与调动等作了全面细致的规划。每年代自治区政府储备2万吨食盐，作为应急保障，全面保障食盐稳定供给。四是把握市场脉搏，丰富群众的盐罐子。顺应食盐消费向着绿色、健康、多品种、不同档次的多元发展趋势，增加绿色碘盐、低钠盐、无碘盐的市场供应，加大竹盐、菇盐、海晶盐等高品质盐推广力度，从数量型经营向质量型转变，满足了社会不同层次的消费需求。五是每年投入资金100余万元补贴偏远农牧区运费，保证全区食盐“城乡一价”。为全区全面实现消除碘缺乏病危害目标奠定了基础。目前，全区食盐市场供应充足，品种丰富，秩序稳定。碘盐覆盖率、合格碘盐食用率99%以上，均高于全国平均水平。

（三）加强监管，筑牢食盐安全防线。内蒙古自治区有440多个盐湖和263个咸水湖，绝大部分属国家明令禁止开采的小盐湖，其盐产品有害杂质多，且不含碘，如果私自贩运，不利碘缺乏危害的防治工作。再加上我区和8个省、区毗邻，边界线长，个别不法商贩受利益的驱使用工业盐、工业废渣盐、非食用盐和假冒伪劣盐以“蚂蚁搬家”的形式贩往偏远农村、城乡结合部、食品加工作坊、工地食堂、流动餐饮加工点和群众灶台，以不合格盐品冲击我区食盐市场。特别是外省区的无碘工业精盐，外表与加碘食盐无异。在无监管、不受调控的状态下进入我区市场，若没有自治区、盟（市）、旗县三级的质量检测体系和盐政稽查体系，对食盐从生产、

来自中国内蒙古自治区的盐产品受到乌兰巴托消费者的青睐

运输到批发直至零售市场进行全程监管，食盐安全和市场稳定将难以保证。为此，盐务局（盐业公司）年均投入盐政稽查费用4000多万元，全系统近800人从事盐政稽查工作。全力维护食盐市场的正常秩序。

2013年，我们强化源头治理，查防打并举，专项检查与重点查处相结合，加强与相关部门、地区及省际间的协调与衔接，形成执法合力。全区出动盐政执法人员3.57万人次，检查销售网点7.84万个，用盐单位2.4万个。查获涉盐违法案件293起，查获违法盐产品1262吨，没收违法盐产品1124吨。按照预防为主、源头治理、全程监督的要求，认真落实质量管理责任制，严把食盐调运、入库、存储、销售等环节的质量关。全年没有发生质量安全事故，保证了合格碘盐供应。在国家组织的盐产品质量抽检中，对全区运销企业、生产企业各类盐产品抽检143个批次，质量合格率达到100%。

全区各级盐务局（盐业公司）在维护食盐市场秩序，促进社会稳定，保障全区2400万人吃上“放心盐”，保障生命健康安全方面做出了重要贡献。

二、改革改变，创业创新，夯实发展基础

2013年，盐务局（盐业公司）自加压力、深化改革，着力壮大盐业经济，转型发展开局良好。

（一）统筹推进，经济效益平稳增长

全年销售盐品30.53万吨；实现营业收入5.4亿元；实现利润3788万元；上缴税金6765万元，同比增加1072万元；年末资产总额6.14亿元，同比增加1.37亿元，实现了国有资产保值增值目标。

（二）解放思想，经营定位得到明晰

立足实际，确立了“围绕盐业求发展，跳出盐业谋发展，深化改革促发展，强化党建保发展”的发展思路。以改革促发展，实现由粗放管理向精细管理、传统管理向现代管理跃升。改进营销模式，由销售思维向营销思维转变，由传统粗线条以“官商批发”为主的销售向以市场化为方向的网络化营销转变。坚持引进来与走出去相结合，与中盐国本、贵州盐业、榆林盐业、西凤集团、交通银行等公司建立了长期战略合作关系。

（三）做强主业，发展质量得到提升

发展项目进展有序，规模实力稳定增长。一是2013年投资1.7亿元的额吉淖尔盐场综合改扩建项目的原盐扩能、7.5万吨烘干线项目已完工。20万吨真空精制盐项目，主体厂房已封顶，2014年8月份内蒙古自己的纯天然、无污染的高品质“母亲湖”牌系列多品种大青盐可面世。二是远通伟业饲料公司畜牧用盐3.5万吨技改扩能项目正式投产，实现了国内饲料舔块产能最大、自动化程度最高。

努力培育新的经济增长点。锡盟盐业公司与蒙古国贸易商签定了年出口矿物质饲料舔块2500吨的出口贸易合同，第一批60吨已销往蒙古国乌兰巴托，盐产品出口贸易首次迈步。

（四）经营多元，发展空间得到拓展

确定了非盐经营的战略支撑地位，按市场化原则探索和拓展非盐经营领域。一是大力发展商贸流通业务。采取“集中采购、各地分销”和“因企制宜，自主选择”等方式，利用现有的销售网络、渠道，经销系列日常用品、洗涤用品，增加盈利空间。2013年，非盐营业收入2195万元，同比增加793万元。积累了经验，锻炼了队伍，为下一步做好盐与非盐产品下乡和农特产品进城的双向流通，实现渠道增值最大化奠定基础。二是对全系统可供开发、置换的土地、房产进行全面的调查摸底，确定开发的总体思路及模式。搞仓储物流、超市商铺，开辟新的盈利点。赤峰市盐业公司6000平米商铺已经顺利完成公开招租，宁城县盐业配送中心房地产开发置换已完成前期工作，今年8月将交钥匙。乌兰察布市盐业公司整合厂房、土地资源1182.8平米，培育了优良资产。

（五）深化改革，经营机制逐步活化

一是推进经济结构改革。对10个分公司实行自主经营、自负盈亏、自我发展、自我完善、独立法人实体和模拟法人管理，人财物、产供销等权利下放，为运销企业提供更大的发展空间，激发主观能动性。

二是推进“三项制度”改革。实施了历年来涉及机构变动最大、参与人员最广、受关注度最高的干部人事、劳动用工、工资分配“三项制度”改革。打破原来按照事业单位划分部门的组织模式，按照现代企业扁平化管理模式，整合、优化业务板块。区公司职能部门由13个调整为12个。运销企业机关职能部门由原来的6个以上统一整合为4个。生产企业职能部门及下设机构减少了16个。各单位相继进行了环节干部和普通员工的岗位公开竞聘，一岗多责，分流机关人员111人，有29人由正科级调整为副科级，全系统科级干部减少25人。实行全员劳动合同制，初步实现了干部能上能下，员工能进能出。完善、优化分配机制，以岗定薪，岗变薪变，不同岗位采用不同的薪酬组成方式，并将工资收入与工作任务、工作业绩挂钩，收入能高能低。优化了公司人力资源配置，形成了正确的用人导向，为想做事、能做事、做成事的员工提供了机会和舞台。

（六）强化内控，长效机制初步建立

加强建设项目管理。实行项目法人责任制，加强监管，合法合规操作，确保建设项目的工期、质量、安全、成本费用始终处于受控状态。加强资产管理。对公司总部及10个运销企业进行了清产核资，优化资产质量，使企业资产更加真实。对大宗物资的采购、闲置报废资产的处理进场交易。通过第三方机构自治区产权交易中心对全系统微机等办公设备、部分单位配送车辆、华晶公司原材料等大宗物资进行集中采购，实行集中询价招标，避免了高价采购、违规采购、人情采购等现象。加强制度建设。整章建制，出台了《企业负责人经营业绩考核办法》、《基本建设项目管理办法》、《物资集中采购管理办法》、《内蒙古自治区盐业公司（盐务管理局）员工守则》、《督查督办办法》等规章制度。从生产经营的各个领域作出了严格而细致的规定，改变了过去管理工作中存在的随意性和人为因素，使得各项管理有章可循、有据可依，逐步实现用制度管权、按制度办事、靠制度管人。

（七）加强党建，作风建设深入推进

以党的群众路线教育实践活动为载体，狠抓作风建设，着力解决“四风”和“庸懒散、等靠要”的问题。各级领导班子按照要求率先垂范，以实际行动改变工作作风，取得了一定的效果。2013年，全系统业务招待费同比减少35%；会议费、差旅费同比减少70%和17%。另外，大量压缩文件简报，一般性文件、信息均在公司局域网站发布，提高办文办事的效率，会议少了、文件短了、讲话精炼了。全系统普遍存在的“庸懒散、等靠要”的工作作风有了一定的改观，执行能力有所提高，工作节奏有所加快，工作绩效有所提升，党员干部的政治意识、表率意识、责任意识和大局意识明显增强。

今后一个时期，盐务局（盐业公司）将认真贯彻落实党的十八届三中全会精神、自治区“8337”发展思路、把握国资委对国有企业的基本要求，努力在加强专营管理、保障市场供应、确保人民群众餐桌食盐安全上取得新进展和成效，抓改革、促管理，强主业、拓非盐，挖潜力、提效益，全面加快转型发展步伐，坚定不移将企业做强做优做大。在全力服务全面建设小康社会的征程中实现更大担当、更大作为。到2015年末，实现资产翻番达到10个亿，营业收入翻番达到10个亿的“双十”目标。

乌兰巴托市中国内蒙古盐品销售点

贯彻落实“8337”发展思路 不断推进如意工业园区建设发展提质增效

杨云峰

如意工业园区创建于 1992 年，是自治区设立最早的开发区，是国家级呼和浩特经济技术开发区的重要组成部分，现已形成由如意总部基地和如意工业新区组成的“一园两区”地理架构，致力于打造“竖起来”的开发区与“平面”开发区的典型示范区域。

去年以来，如意工业园区立足自身产业基础和区位条件，以“8337”发展思路统领如意工业园区工作全局，以开展党的群众路线教育实践活动为载体，自觉将“8337”发展思路贯穿各项工作始终，呈现出如意总部基地三大中心快速形成、如意工业新区工业项目纷纷落地、区容区貌焕然一新、党建及社会事业全面推进、干部队伍作风切实转变的喜人局面，快速发展的态势正在形成。2013 年，园区规模以上工业企业实现总产值 120.1 亿元；完成固定资产投资 109.6 亿元，同比增长 15%；完成财政收入 12.35 亿元，同比增长 6.8%；引进国内资金 36 亿元，引进外资 7580 万美元。

一、紧扣“8337”发展思路，发展方向进一步明晰

“8337”发展思路是紧密结合内蒙古自治区实际，全面贯彻党的十八大精神的具体化思路，是如意工业园区践行市委“解放思想、开拓创新、二次创业、再创辉煌”要求的总统领。自治区“8337”发展思路提出后，如意工业园区立足“八个建成”、“三个着力”、“三个更加注重”、“七项重点工作”，对照首府“两个一流、三个建设、两个率先”工作部署，发挥集体智慧，进行深领会、深思考、深透视、深把握，有针对性地提出如意工业园区发展思路和措施，概括起来讲，可归纳为“12349”。

“12349”发展思路和措施即：“1”是始终坚持围绕引进培育优质项目为目标的招商引资这“一条主线”；“2”是强势推进如意总部基地和如意工业新区两区建设；“3”是牢牢把握贯彻落实党的十八届三中全会精神、习近平总书记系列重要讲话精神及视察内蒙古自治区重要讲话精神、深入开展党的群众路线教育实践活动的历史机遇，牢牢把握自治区及全市现场观摩会的历史机遇，牢牢把握为自治区成立 70 年大庆献礼，呼和浩特市东部新区扩建改造及机场搬迁的历史机遇这“三大历史机遇”；“4”是着力抓好项目前期与服务建设、环境建设、制度建设和干部队伍建设这四项事关全局的“基础性建设”；“9”即九项重点工作：一是全力以赴提高如意工业园区经济增长的质量和效益，二是全力以赴抓好如意总部基地招商引资工作，三是全力以赴抓好如意总部基地战略策划、重点区块及慢行系统规划设计，四是全力以赴抓好如意总部基地核心区块拆迁整理工作以及重点地块开工建设工作，五是全力以赴推进如意工业新区战略性新型产业聚集建设，六是全力以赴推进如意工业新区医药食品产业园、物流园建设进程，七是全力以赴加强以创建全国文明城市为契机的如意总部基地城市管理工作，八是全力以赴做好园区集约节约用地工作，九是全力以赴做好以建设“平安如意”为核心的园区人才、社保、安全生产、综治、信访、维稳、农民工工资支付等专项工作。

二、紧扣主题教育实践活动，发展要求进一步明确

党的群众路线教育实践活动是贯彻落实自治区“8337”发展思路的重要保障。作为第二批开展党的群众路线教育实践活动单位，如意工业园区于 2014 年 2 月到 9 月开展党的群众路线教育实践活动。如意工业园区严格按照《如意工业园区深入开展党的群众路线教育实践活动实施方案》部署，以“照镜子、正衣冠、洗洗澡、治治病”总要求，以反对“四风”为重点，认真完成学习教育、听取意见，查摆问题、开展批评，整改落实、建章立制三个环节任务，切实做到“严、

细、实、精、特、高、先”。特别是结合教育实践活动，提出了具有鲜明如意特色的“13456”思想、组织、政治建设工作要求：坚持以“我是谁、我在做什么、我要怎么做”13字为行为准则；以争做组织和群众依赖的人、同事和朋友尊重的人、家庭和亲属引以为荣的人、回顾往事无愧于心的人“四种”人为做人标准；以培养选拔一批想干事、会干事、好共事、干成事、不出事的“五事”干部为干部做事原则，特别是建设一支“爱如意、善学思、下辛苦、人品好”，“接地气、担责任、强执行、作风硬”，“懂规矩、重规律、业务精、服务好”的干部队伍；以创建学习型、服务型、创新型、活力型、实干型、廉洁型“六型”组织为组织建设目标。

三、紧扣产业结构调整优化，发展能力进一步提升

产业结构调整是“8337”发展思路的重要内容。立足“一园两区”两大经济建设平台，如意工业园区不断加快“一园两区”结构调整、转型升级步伐。如意总部基地以规划建设腾飞路两侧首府门户区块为重点，打造首府乃至自治区城市建设新亮点。倡导绿色出行，对如意总部基地规划区交通组织及慢行系统进行规划设计。加强总部经济策划，认真搞好项目论证、包装和推介，切实增强项目对投资商的吸引力。深化与深圳市益田集团的战略合作，尽快签订双方投资建设战略框架协议。大力引进银行、保险、证券、基金、结算中心、期货公司等金融机构，加快总部基地金融集聚区建设。如意工业新区以加快推进战略性新型产业聚集建设为突破口，重点推进勤达科技、坤瑞玻璃、天一环境、京蒙碳纳米材料富勒烯、方维风能科技、芯灵微电子绿色能源数据中心等项目建设进度。加快推进以金宇集团人用疫苗、宝灵集团兽用疫苗、万泽药业集团双奇医药产业基地为代表的医药产业项目，以三主粮、海裕蜂、稻之香、巴音孟克、调味品园、塞宝燕麦、粮科院为代表的食品产业项目，以凯迪物流、海陆通物流为代表的现代物流业项目为重点内容的如意工业新区医药食品产业园、物流园建设进程。

四、紧扣环境要素保障，发展质量进一步优化

始终把优化发展环境作为增强经济发展后劲的重要载体，充分发挥环境建设对经济发展的支撑作用。在基础设施建设方面，如意总部基地本着“精品、精华、精致、精细”的“四精”原则，重点推进二纬路东段、远六纬路、二纬路西出口、领海西路等道路及配套雨污水管道工程，逐步满足总部基地所需基础配套服务要求，力争实现标准、品位、功能三个提升。如意工业新区以污水处理厂工程续建为主，确保污水处理厂2014年内竣工验收投入使用。尽快完成沙尔沁人工湿地公园整体规划设计和人工湖的土地征用和建设工程，加快阳光大道以南主干道的建设，全面完善电力基础设施建设。在优化服务方面，进一步“握紧”如意总部基地和如意工业新区两个建设工作领导小组“拳头”，双拳出击，全面落实“一园两区”领导项目责任制，规范完善服务体系，提升服务质量。在城市管理方面，以创建全国文明城市为契机，以数字化城市管理指挥中心为龙头，以“创一流、保第一”为目标，全力加强园区城市管理水平。开展社区居民信息数据库建设，成立社区网格化工作小组，筹建河东、河西两个居民社区服务站。

五、紧扣民生改善，发展活力进一步进发

始终把关注民生、保障民生、改善民生放在突出位置，，以“真金白银”造福企业和群众。充分发挥园区人才交流中心作用，大力引进各类高、精、尖人才，为园区建设提高强大智力支持和人才保障。进一步拓宽就业渠道，采取人才专场招聘会、校园招聘、网络招聘等多种方式，为企业解决用工问题。进一步建立完善社会保障公共管理服务体系，不断扩大社会保障覆盖面。切实加强安全生产，重点抓好2014年园区内生产经营企业特别是规模以上工业企业的标准化建设达标及班组建设工作。抓好工作场所的职业健康危害因素整治工作、安全生产事故隐患的排查、治理、整改工作及建筑工地、消防隐患、特种设备和压力容器的综合监管工作。重点监管建筑施工作业及危险化学品的生产、储备、运输、销售、使用，人员密集场所的消防安全工作，进一步推进企业法人安全生产承诺制工作。加强社会管理综合治理工作，对故意寻衅滋事，破坏、阻挠项目建设等不法行为坚决予以打击并严厉惩处，使企业、建设工地周边治安秩序进一步好转，项目建设环境进一步优化。要做到沉住气、耐下心为群众解答疑虑，给群众吃定心丸，从根源化解信访问题。要抓早抓好，提前稳控摸排。信访干部要加强对群众思想动向的了解，将群访事件消除在萌芽中。以“平安创建”为载体，以维护社会稳定为重点，深入开展严打整治和矛盾纠纷排查活动，确保园区社会稳定。不断加大农民工工资支付工作，力争实现“零拖欠”。

（作者系呼和浩特经济技术开发区管委会副主任，如意工业园区党委书记、管委会主任）

解放思想 开拓创新 二次创业 再创辉煌

——前进中的如意工业园区

自治区党委书记王君在如意工业园区调研

自治区党委常委、市委书记那顺孟和在如意总部基地调研

市委副书记、市长秦义在如意工业园区调研

如意工业园区慰问土左旗沙尔沁乡大西坪村困难户

上级领导在如意工业园区调研

签约仪式

园区领导班子一行赴企业调研

如意工业园区召开党的群众路线教育实践活动学习会

市委、开发区党工委党的群众路线教育实践活动督导组赴如意工业新区调研

大召寺夜景

魅力首府——呼和浩特

近年来，呼和浩特市紧紧抓住国家西部大开发、内蒙古大发展的重要历史机遇，围绕贯彻落实党的十八大精神和内蒙古“8337”发展战略，积极转变经济发展方式，扎实推进富民强市进程，着力打造国内一流的首府城市、一流的首府经济，建设惠及人民的活力首府、美丽首府、和谐首府，向着在内蒙古自治区内率先实现全面建成小康社会以及城乡一体化的目标快步迈进。

（一）加快转变经济发展方式，经济发展稳中有进。

2013 年，全市地区生产总值完成 2705.4 亿元，同比增长 10.0%。地方财政总收入完成 360.1 亿元，同比增长 13.8%; 地方财政总支出 292.9 亿元，增长 6.0%，其中用于民生支出达到 167 亿元，占地方财政总支出的 57.0%。固定资产投资完成 1504.8 亿元，同比增长 15.6%。社会消费品零售总额完成 1142.4 亿元，同比增长 11.8%。城镇居民人均可支配收入完成 35629 元，同比增长 9.1%；农民人均纯收入完成 12736 元，同比增长 12.1%。对外贸易进出口总额实现 16.2 亿美元。现代农牧业生产稳步推进。全年新开工建设蔬菜保护地 3.4 万亩，新开工建设大型奶牛牧场 15 个，新增入园奶牛 3.65 万头，规模化养殖水平明显提升。积极发展城郊型休闲观光农业，回民区东乌素图村、新城区水磨村等一批示范作用较强的观光新村初具规模。工业经济实现了逆势增长。全市规模以上工业增加值同比增长 18.1%；工业企业实现税收 150.5 亿元。光伏材料产业呈现强劲发展势头，乳业、电力、电子信息、生物医药等优势产业均实现稳定增长。现代服务业发展呈现强劲势头。云计算产业初具规模，中国电信信息园和中国联通西北基地一期工程部分项目投入使用，百度、阿里巴巴等企业作为首批用户正式入驻，中国移动数据中心正式开工。制定实施物流业发展规划，开工建设了一批专业化物流基础设施项目。成功举办首届云计算博览会等一批大型展会，全市会展经济呈现数量增加、规模扩大、档次提升、带动力增强的良好势头。金融业自身发展和服务地方经济发展的能力不断提升，全市新增金融机构 12 家，金融机构存贷款余额同比分别增长 16.6% 和 15.3%。旅游业发展成果显著，全年接待旅游人数、实现旅游收入同比分别增长 18.0% 和 23.0%。

（二）城市建设管理水平明显提升，基础保障能力显著增强。

启动《大呼和浩特城市远景发展战略规划》编制，城乡发展、产业发展空间布局更加合理。完成城市东部新区概念性规划编制和沙尔沁工业新区总体规划编制。中心城区实施小黑河两岸部分地段、火车站周边、如意总部基地等城市重点区块景观设计、交通组织规划。城市基础服务保障能力再

玉泉区大召区块改造

上新台阶。全年组织实施市政道路桥梁工程 100 多项，改造小街巷 50 余条。加大雨水排放、污水处理和热源厂建设力度，生活污水集中处理率、集中供热普及率进一步提高。大力发展公共交通，新增新能源公交车 400 多台，在城市核心区开通了 2 条全免费公交线路，投放城市公共自行车 5000 多辆。城市管理水平显著提升。以构建强力高效的“大城管”格局为目标，从体制机制上对加强城市综合执法改革、完善城市管理进行了有效探索。加强城市环卫基础设施建设，道路机扫、洗扫覆盖率超过 65.0%。开工建设便民市场 100 个，将城郊接合部、出入城口、新建道路等区域纳入城市管理范围。基本完成数字化城管平台建设。实施城市电网建设项目 26 项，完成农村电网升级改造工程。重点生态工程扎实推进。全年完成人工造林 17.7 万亩，封山育林 17.3 万亩。扎实推进北部大青山前坡生态保护治理工程，累计实现绿化面积 6.2 万亩，区域内 23 个城中村综合改造工程进展顺利，建设了新城区万亩城市草原，新建乌素图公园、哈拉沁生态保护区、植物园等 4 个大型公园。

首府住宅大改观

（三）社会事业民生保障工作深入民心，人民收入稳步提高。

全年开发公益性岗位 1100 个，城镇新增就业超过 4 万人，城镇登记失业率控制在 3.8% 以内。城乡低收入群众收入水平进一步提高。市四区、五个旗县城市低保标准分别提高到每人每月 550 元和 500 元，农村低保标准提高到每人每年 3500 元，农村五保集中供养和分散供养标准分别提高到每人每年 7500 元和 4800 元，新农合人均筹资标准提高到 364 元。制定出台原国有集体企业大龄下岗失业人员社会保险缴费救助意见，6700 余人的保费缴纳困难问题得到妥善解决。为全市环卫工人提高工资 10%，并全部办理了人额意外伤害保险。启动 39 个新农村示范村和 28 个整村推进扶贫开发项目，全年减少贫困人口 19 万人。认真落实自治区惠农政策，为中低收入农户每户发放燃煤补贴 600 元。各项社会事业全面进步。坚持教育优先发展，全年启动新建、改扩建 56 所幼儿园，实施内蒙古大学附属中学和呼和浩特职业学院新校区、第十七中学扩建等一批重点项目。医疗卫生事业加快发展，市第一医院老年病房楼即将投入使用，中蒙医院、妇幼保健院项目主体完工，启用 9 个新建社区卫生服务中心。市儿童福利院、流浪未成年人救助保护中心投入使用，启动市级示范老年公寓、残疾人综合服务中心建设，累计建成 50 个老年人日间照料中心、8 个农村互助养老幸福院。文化广电事业进一步发展。62 个乡镇综合文化站全部建成，全面完成“村村通”广播电视工程。启动实施市游泳馆、体育学校等一批重点项目，群众性体育活动蓬勃开展。全面启动全国文明城市创建活动，城市文明水平显著提升。

蒙元特色景观街

新华大街立交桥夜色景观

今后一个时期，国内外的经济形势依然复杂多变，我市也正处于转型发展的战略机遇期，处于深化改革的重要窗口期，处于新型工业化、信息化、城镇化、农业现代化的加速发展期。我们要牢牢把握住稳中求进这一总基调，把改革创新贯穿于经济社会发展各个领域各个环节，立足于稳，着眼于进，更加注重转型发展，更加注重结构调整和产业升级，更加注重经济增长的质量和效益，更加注重生态环保和民生改善，努力推动经济平稳持续健康发展、社会和谐稳定。

呼和浩特市中山路夜景

乌兰恰特大剧院

调整优化产业结构
推动赤峰经济转型升级

赤峰市市长 包满达

自治区党委顺应全区人民过上更加美好生活的新期待，着眼于在西部地区率先建成小康社会的新目标，站在推进科学发展、富民强区的新高度，明确提出了“8337”发展战略。这是在全国发展大格局中谋划内蒙古发展定位的大战略，是立足区情、面向未来调整发展方向和重点的新思路，旨在打造内蒙古经济社会发展的升级版，必将成为当前和今后一个时期指导全区工作的重要遵循。

“8337”发展战略中“五大基地”的提出，对赤峰市产业结构调整优化、转型升级具有全方位的指导意义。对赤峰市来讲，贯彻落实“8337”战略，关键是要在加快发展中调整优化结构，在转变方式中谋求新的发展，推动传统产业新型化、新兴产业规模化、支柱产业多元化，努力实现经济增长质量、速度和效益的同步提升。

调优做强工业重点产业，在壮大主体、新型多元上下功夫。依托重点项目、重点企业和工业园区建设，大力实施“双千双百亿”工程，在巩固提升1个千亿级产业、3个百亿级企业和3个百亿级园区的基础上，继续做大工业总量，力争到2017年，打造有色冶金、化工2个千亿级产业，赤峰经济开发区1个千亿级园区，培育10个百亿级园区、10户百亿级企业，构建全市工业的主体支撑。有色冶金产业，加速扩能改造，力促延伸升级。推动中色集团、云南铜业、铜陵有色、山东黄金等大企业在我市整合资源、新上项目，生产下游产品和终端产品，实现探采选冶加一体化建设，实施中色锌业五期14万吨锌冶炼项目，使其年冶炼规模达到35万吨，跻身世界同行业前三名；推动富邦10万吨电解铜、金峰20万吨粗铜冶炼及10万吨电解铜、山东黄金10万吨电解铅等一批项目加快建设。2015年有色金属日采选能力、年冶炼能力和深加工能力分别达到20万吨、150万吨和80万吨，建成国家重要的有色金属生产加工基地。能源产业，重点发展清洁能源，优化电源点布局，园区电厂、自备电厂、热电联产同步推进。推动国电、大唐、中电投、京能等企业加大投资力度，加快实施中电投2×30万千瓦热电联产、大唐国际克什克腾2×66万千瓦、京煤宁城4×60万千瓦、京能煤矸石电厂二期2×30万千瓦、罕山40万千瓦、华能书声30万千瓦等一批火电、风电和太阳能发电项目，今后3年新增风电200万千瓦，建成抽水蓄能发电120万千瓦。2015年全市电力装机达到1200万千瓦以上，其中风电500万千瓦，建成国家重要的能源基地和蒙东千万千瓦级风电基地的重要支点。化工产业，做足赤锡两地水煤组合、区域合作大文章，积极谋划“赤锡经济带”一体化发展，推动煤化工产业迅速做大。推动大唐煤制气一期13.3亿立方米今年投产并实现向北京供气，明年全部建成，成为北京的第二气源地；推进大唐国际二期40亿立方米煤制天然气、国电化肥二期80万吨尿素、宁城100万吨化肥、中海油100亿立方米煤制天然气、敖汉14万吨页岩油等一批新的煤化工项目，依托丰富的玉米、硫酸、萤石资源，培育发展氟化工和生物化工产业，2015年化工产业销售收入达到500亿元，建成国家重要的新型化工基地。战略性新兴产业，遵循产业发展规律，选准主攻方向，明确发展重点，在最有基础、最有条件的领域率先取得突破。设立战略性新兴产业发展基金，加大税收、土地、技术、人才等方面的支持力度，推动新能源、新材料、电子信息、生物医药、节能环保、文化创意等产业加快发展，十二五”期间年均增速达到25%以上，占地区生产总值的比重高于全区平均水平。承接产业转移，充分发挥区位、资源、生产成本和人力资源等优势，主动承东启西、贯通南北，近承环渤海，远联珠三角，打造国家级承接产业转移示范区。抓住全国老工业基地调整改造、自治区加大扶贫力度、调整资源配置方式、明确招商区域和重点等机遇，进一步做好园区、土地、劳动力等各项基础性工作，吸引京津、辽沈及沿海发达地区产业、资金、技术向我市转移，2015年机械制造、纺织服装、制药产业三个产业销售收入突破400亿元。

调优做大农牧业重点产业，在规模化、产业化推进上下功夫。现代农业，以集约节水、提质增效为主攻方向，因地制宜，重点突破，确保先进技术应用可持续、覆盖广。在立地条件较差的坡耕地上发展玉米膜下滴灌，在农牧交错地区发展人工种植紫花苜蓿，在南部种植条件较好地区发展蔬菜、花卉、食用菌等设施农业，带动农牧民增收致富，2015年全市玉米膜下滴灌面积达到500万亩、优质紫花苜蓿200万亩、设施农业100万亩、高效节水经济林100万亩，优质高效农作物种植比重达到75%，粮食产量突破150亿斤，实现年节水20亿立方米，新增产值300亿元，建成中国北方高效节水灌溉示范区和苜蓿优势产区。现代畜牧业，以龙头带基地，以加工促生产，提升产业化经营水平。扶持南京雨润、香港亚盛等种猪繁育、生猪养殖企业加快发展，到2015年生猪养殖能力达到500万口，加快广东温氏200万口、中粮200万口、挑战集团50万口生猪养殖加工项目建设，尽快实现1000万口养殖目标，成为全国重要的生猪养殖基地。推进肉牛、肉羊标准化、规模化养殖及深加工，2015年肉牛、肉羊出栏达到120万头和1000万只，销售收入亿元以上的农畜产品生产加工企业达到100户，肉类产量达到85万吨，建成国家重要的农畜产品生产加工基地。标准化建设，依托专业合作社组织农牧民，以利益为纽带规范发展。按照统购生产资料、统一技术标准、统一产品质量、统一销售“四统一”模式，大力发展农村牧区专业合作社，向互助联合、精细管理、市场营销要效益，到“十二五”末全市参加合作社的农牧户达到30万户，直接和间接带动农牧户100万户，使150万农牧民从中受益。市场营销，瞄准周边城市群，构建大网络，开发大市场。推进面向京津、辽沈市场的畜禽、蔬菜、杂粮杂豆基地建设，在北京新发地等4个批发市场建立内蒙古草原有机食品北京批发基地和赤峰销售专区，在克什克腾旗建立北京市政府活羊储备基地。品牌建设，坚持与时俱进，老品牌扩大影响，新品牌不断推出。对市内现有的4个中国驰名商标、32个自治区著名商标、88种获得有机、绿色认证的农畜产品，加强原产地保护，保障农畜产品安全，进入高端市场。加强绿色、有机、无公害认证和品牌培育，增创一批新的驰名、著名商标和绿色有机地标产品。

调优做活服务业重点产业，在引联改造、提档升级上下功夫。传统服务业主攻改造升级。引进王府井百货、星美国际影院、沃尔玛等国内外知名的连锁超市、百货集团、餐饮名店、影视院线企业，加快建设万达城市广场、维多利购物中心、海宁皮革家纺城、香河家具城等一批城市商业综合体项目和高档酒店、宾馆、休闲娱乐设施，带动商贸服务业提档升级。现代物流业主攻扩能拓面。依托红山物流园区，启动建设总规划面积50.5平方公里的赤峰商贸物流城，加快推进国际陆港、金融物流港、B型保税物流中心、雨润农副产品交易配送中心等现代物流项目，建设一批大型物流园区和配送中心，打造蒙东冀北辽西区域物流枢纽城市。加快发展云计算产业，推进云计算孵化园区和数据中心建设，引进一批IT企业和项目，把赤峰建成蒙东地区云计算产业基地。文化旅游业主攻深度融合。深化与曲江集团、美林集团、三特集团、大唐首邑集团、天威紫晨集团、海域天翔投资公司等大企业的合作，加快阿斯哈图石林、达里诺尔湖、乌兰布统草原、喀喇沁亲王府等品牌景区的基础设施建设，做精北京-承德-赤峰、北京-锡盟-赤峰、大连-沈阳-赤峰3条精品旅游线路和草原风光、沙漠探险、地质奇观、森林观光、温泉度假、民族风情等主打产品；实施巴林石文化创意产业园、玉龙文化产业园，上京契丹辽文化产业园、喀喇沁草原文化城、克什克腾文化旅游示范区、中国印城，以及赤峰南部百公里文化旅游产业带等一批大的文化旅游项目，提升旅游的文化品位。2015年旅游人数达到1000万人次，成为国内外重要的旅游目的地。现代金融业主攻外引内增。建设金融商务区，推动招商银行、华夏银行、民生银行等金融机构在我市设立分支机构，培育地方性农商行，构建担保公司、小贷公司、村镇银行等多层次的金融服务体系，2015年信贷投放规模突破1000亿元。推动塞飞亚、凌志马铃薯2家企业尽快上市，培育一批新的中小企业上市公司。做大做强城投公司、景地投资公司等融资平台，建立国有资产运营公司，加强与中信产业基金、国信证券等公司的合作，充分发挥私募产业基金、企业债券、中小企业私募债、中期票据、短期融资券、非公开定向融资工具的作用，为经济发展提供资金保障。

调优做精县域经济特色产业，在产城融合、城乡一体上下功夫。加快发展县域经济，依托优势资源打造特色产业。坚持有所为、有所不为，因地制宜，突出特色，宜工则工、宜商则商、宜农则农、宜牧则牧，推动县域间有色冶金、能源、农畜产品加工、新型化工、机械制造、纺织、建材、医药、旅游、物流等特色产业竞相发展、优势互补。科学规划城镇规模，统筹推进城镇建设。在加快发展百万人口区域性中心城市的基础上，按照“以人为本、宜居宜业、产城融合、城乡一体”的思路，按照城市标准加快县域中心建设，因地制宜抓好一批特色小城镇，通过发展园区经济、现代服务业等，带动农牧民向城镇集中集聚。2015年中心城区面积达到100平方公里、人口110万以上，旗县政府所在地镇人口均达到10万人左右，全市城镇化率达到50%。加快城镇基础建设向农村牧区延伸，城市基本公共服务向农村牧区拓展，使更多的嘎查村实现通路、通水、通电、通网络、通广播电视，让农牧民享受到同市民一样的优质资源和公共服务。加快交通、电力、能源通道、水利、生态等基础设施建设，推动城乡一体化发展。年内确保赤承高速公路通车，开工建设经锡高速公路、大板至林西一级公路，新建通村油路1000公路，到2017年高等级公路里程突破1600公里，国省干线二级以上公路达到80%以上，嘎查村全部通油路。加快赤锦、巴新、林白、赤绥、白浩铁路建设，继续推动赤峰至京沈快速客运铁路连接线前期工作，“十二五”期间新增铁路运能1.6亿吨。实施克旗至赤峰城区及贯通各旗县区的输气管道建设，建设朝阳至赤峰城区输气管道工程。建成贯穿全市的500千伏电网主网架和覆盖城乡的220千伏双环输变电网络，推动赤峰至长三角地区±800千伏特高压直流输电线路建设。加强西拉沐沦河、老哈河等河流治理，开工建设东台子、琥珀沟、白音泡子水库，进一步改善水利基础设施条件。实施京津风沙源治理、三北防护林、1500万亩樟子松基地等重点生态工程，大力发展林药、林菜、林果、林禽等生态产业，加大沙地沙漠和水土流失治理力度，严格实行封育禁牧、休牧轮牧等生态保护措施，“十二五”期间完成林业生态建设面积1720万亩，森林覆盖率达到36.8%，建成京津、辽沈地区重要的生态安全屏障。

赤峰市基本情况简介

煤制天然气厂区

赤峰市位于内蒙古东南部、蒙冀辽三省区交汇处，总面积9万多平方公里，辖3区、7旗、2县，常住总人口430万，约占内蒙古人口的五分之一，是内蒙古人口最多的地区。

赤峰历史悠久，文化灿烂。境内有8000年的人类文明史，是中华文明的发祥地之一。发现并命名了上饶文化、小河西文化、兴隆洼文化、赵宝沟文化、富河文化等9种考古学文化类型，是全国以地名命名文化最多的地级市。6000多年前的红山文化、4000多年前的草原青铜文化、1000多年前的契丹辽文化、800多年前的蒙元文化以及100多年前的清末民初移民文化一脉相承、薪火相传，不同地域、不同民族的文化相互融合、交相辉映。兴隆洼聚落遗址被史学界誉为“华夏第一村”，红山文化标志性器物“C”型碧玉龙被史学界定为“中华第一龙”。在敖汉旗新发现的距今5300年的红山文化时期陶塑人像，是目前国内发现的史前同一时期规模最完整、形象最逼真、表情最丰富的人像，是中华文明探源工程进行10年来最重要的考古发现之一。辽上京和辽中京分别坐落在我市巴林左旗和宁城县境内。喀喇沁亲王府是国内现存规模最大的清代蒙古族王爷府。巴林右旗被评为中国好来宝之乡、中国格斯尔文化之乡。敖汉旗旱作农业系统被联合国粮农组织评为全球重要农业文化遗产暨“世界旱作农业发源地”。

赤峰区位优越，交通便捷。距北京、沈阳等中心城市均在400多公里，距锦州、秦皇岛等港口不足300公里，是内蒙古距出海口岸最近的地区。境内实现了县县通铁路和高等级公路、乡乡通油路、村村通公路。现有高等级公路1150多公里，居自治区前列。赤峰至大板、赤峰至通辽、赤峰至辽宁朝阳3条高速公路建成通车，全面融入了东北高速公路网；赤峰至承德高速公路建成通车后，将全面进入华北高速公路网。现有运营铁路4条、在建铁路5条。已开通赤峰至北京、呼和浩特、沈阳、大连等8条航线，初步形成了立体便捷的交通网络。

赤峰物产丰饶，资源富集。现有耕地2100多万亩，草原8600多万亩，林地4300多万亩。谷子、荞麦、绿豆等杂粮杂豆和有机大米远销日本、韩国等国家和北京、香港等地区，北沙参、桔梗药材产量分别占全国的三分之二和五分之一，被誉为中国北沙参和桔梗之乡。昭乌达肉羊品种填补了国内草原型肉羊育种工作空白。赤峰位于我国重要的金属成矿带，已发现矿产70余种、矿产地1200多处，其中大型矿床25个，金、银等贵金属和铅、锌、铜、锡、钼等有色金属种类多、储量大，潜在价值5万亿元以上，2010年被中国有色金属工业协会命名为中国有色金属之乡。非金属资源品种多、品位高，巴林石蜚声海内外，萤石、石灰石、高岭土、膨润土等开发潜力巨大。有效风力资源达5000万千瓦以上。

赤峰风光秀美，景观独特。境内有克什克腾世界地质公园、赛罕乌拉世界生物圈保护区两处世界级景观，有白音敖包、黑里河等国家级自然保护区7处，黄岗梁、马鞍山等国家森林公园6处，阿斯哈图石林、达理诺尔湖、喀喇沁亲王府4A级旅游景区3处，克旗、敖汉、宁城温泉度假村3处。有世界独有的花岗岩石林和世界罕见的大型冰臼群，有距北京最近最美的乌兰布统草原，自然风光、文物古迹、民俗风情等旅游资源一应俱全、独具特色，素有“内蒙古缩影”和“内蒙古名片”之称，是中国优秀旅游城市。赤峰的生态建设在全国乃至世界享有盛誉，是全国防沙治沙十大标兵单位，敖汉旗被联合国授予“全球环境500佳”。

赤峰充满活力，蓬勃发展。连续18年保持了国家卫生城市荣誉，连续7次获得全国双拥模范城称号，连续4次被评为全国社会治安综合治理先进地市，2010、2012两次被评为全国十大百姓幸福感最强的城市。2013年，全市生产总值完成1686亿元，地方财政总收入149.2亿元，城乡居民收入分别达到20802元和8022元。预计到“十二五”期末，实现“四个翻番”、打造“四个基地”、建成“三个城市”，即地区生产总值达到2250亿元，地方财政总收入达到240亿元，城乡居民收入分别达到28220元和10020元，均比“十一五”期末翻一番以上；打造国家重要的有金属生产加工基地、能源基地、新型化工基地、绿色农畜产品生产加工基地；建成国家历史文化名城、全国文明城市和百万人口区域性中心城市。

红山物流园区

高速公路

风力发电

奥运火炬传递

牛肉干生产

纺织生产

现代草业

四通八达的交通

风机下线

生态建设

深入贯彻落实“8337”发展思路 全面推进阿拉善改革发展各项工作

阿拉善盟盟委副书记、盟长 冯玉臻

盟委副书记、盟长冯玉臻同志在乌兰布和生态沙产业示范区调研

“8337”发展思路是中国梦在内蒙古的具体实践，是维护改革发展稳定大局，推进全面建成小康社会进程的基本遵循。深入贯彻落实好“8337”发展思路，就是要它细化在行动中、实化到发展中、具体到项目中。我们要立足阿拉善的实际，坚持以科学发展、富民强盟、和谐幸福为统领，着力在项目投资、结构调整、夯实基础、城乡统筹、改革创新、平安和谐六个方面下功夫，不断开创阿拉善经济社会发展新局面。

坚持扩大投资与项目建设相统一，促进经济平稳增长。坚定不移地把扩大投资作为我盟当前经济工作的主抓手，把项目建设作为主战场，不断增强经济持续增长动力。一是全力以赴抓好重点项目建设。今年实施 87 个重点建设项目，计划总投资 2128.7 亿元，年度计划投资 341.3 亿元，较上年度计划投资增加 79 亿元，增长 30%。其中列入自治区级亿元以上重点项目 20 个，总投资 881.8 亿元，年度计划投资 176.8 亿元。二是扎实做好项目前期和基础工作。着力推进 47 个关乎全盟长远发展的重大前期项目，确保项目早日落地建设。继续坚持重点项目调度制度，加大对重点项目建设的考核和督查力度，确保固定资产投资快速增长。进一步强化金融服务，继续开展多种形式的政银企对接活动，积极争取金融机构扩大融资规模，多渠道解决项目建设融资难的问题。三是坚持不懈地加强招商引资工作。坚持诚信、服务、制度并举的招商理念，建立项目筛选、储备、签约、调度、督查、评价等各个环节的服务、管理机制和流程。继续围绕珠三角、长三角、环渤海等重点区域和工业、沙产业、旅游、物流、重大基础设施项目等重点领域，进一步加快与发达地区的优势互补、产业对接，推动招商引资工作实现新突破。

坚持产业升级与优化结构相一致，提高发展质量效益。围绕自治区“五大基地”建设，依托园区建设项目，在做大总量中调结构，在加快发展中转方式，推进传统产业新型化、新兴产业规模化、支柱产业多元化。一是切实稳定和发展工业主导地位。大力推进现代煤化工、盐硝化工、氟化工、清洁能源、装备制造及新材料、冶金、石材、风积沙造纸、陶瓷等重点产业集群化发展，突出发展战略性新型产业，推动工业经济总量和效益同步提升。以项目为带动加快工业结构调整，抓好庆华碳纤维和己内酰胺、海融化工 1,4- 丁二醇、中蒙和兆通置地氟化工、金石镁业镁合金扩建和贺兰玉等 29 个投资亿元以上重点工业项目建设。二是加快推进农牧业现代化。把沙产业作为自治区绿色农畜产品生产加工输出基地的特色品牌强力推进，努力将沙产业打造成阳光产业、绿色产业和黄金产业。以乌兰布和生态沙产业示范区建设为示范带动，加快特色沙生植物种植基地建设，年内新增梭梭—肉苁蓉基地面积 50 万亩。积极探索发展家庭农牧场，年内培育发展家庭农牧场 60 个，其中盟级示范 6 个，力争到 2020 年培育 1000 个，其中盟级示范 100 个。大力发展节水农业，加快农区畜牧业发展，提升特色农牧业规模、质量和效益。三是推动旅游业提档升级。进一步修编《阿拉善盟旅游业发展总体规划》，加快编制农村牧区旅游、自驾游、旅游营销策划等专项规划，提升各类规划设计的总体水平。进一步加大景区开发建设力度，按 5A 级标准规划建设广宗寺（南寺）、胡杨林景区、巴丹吉林沙漠景区，积极申报福因寺、胡杨林为国家 4A 级景区。着力打造品牌旅游活动，围绕汽车拉力赛、沙漠徒步体验、摄影比赛等重大品牌赛事和活动，努力打造一批世界级、国家级旅游活动项目。四是大力发展物流业和口岸贸易。全面实施物流业总体规划，加快各物流园区详细规划编制。加大太西物流园区、腾格里物流园区、策克口岸西物流园区等物流园区建设力度。进一步完善策克口岸基础设施建设，巩固提升互市贸易区规模和规范化经营水平，早日建成国家级边境经济合作区。大力推进乌力吉口岸基础设施建设，尽快实现通关过货。

坚持夯实基础与改善生态相配套，持续改善发展条件。把水利、交通等基础设施建设放在优先位置，继续加大生态环境保护和建设力度，不断增强发展保障能力。水利方面，加快推进以巴彦浩特为核心的供水、污水处理、中水回用等基础性工作，进一步完善水资源管理体制机制，切实提高水资源利用水平。开工建设阿右旗黑河引水工程和腾格里经济技术开发区供水工程，统筹推进开发区、敖伦布拉格、策克口岸、乌力吉口岸等地区供水工作，全力做好跨盟市水权转换、与毗邻地区“水煤合作”工作。交通方面，围绕自治区提出的“到 2017 年所有出区通道、盟市所在地与各旗县全部实现高速或一级连接”的目标，切实加大项目争取和建设力度。力争张家房至查哈尔滩高速、哈图呼都格至苏海图一级、策克至天鹅湖一级公路年内建成通车，开工建设临哈铁路额济纳至哈密段、京新高速阿拉善段、雅布赖至山丹一级等项目。积极谋划阿左旗通勤机场升格支线机场，加快推进地面 8 个临时起降点建设和航校基地及航空俱乐部项目前期工作。生态方面，深入落实草原生态补奖政策，改革草原监督管理模式，制定和完善后续产业扶持政策，探索建立草原恢复后合理利用机制。加强森林生态效益补偿制度的落实和公益林保护管理工作，完成天然林保护、三北五期等林业重点工程建设任务 60 万亩以上，完成重点区域绿化任务 5 万亩以上。加强重点流域水污染防治、重金属污染防治工作，推进土壤污染治理，提高环境质量。

坚持城镇化与城乡统筹相协调，拓展发展新空间。积极、稳妥、扎实推进新型城镇化进程，促进城镇化和新农村新牧区建设协调推进。一是加强城乡规划工作。加快推进巴彦浩特城市设计和达来呼布、阿拉善经济开发区、腾格里经济技术开发区、乌兰布和生态沙产业示范区生态新区等城镇规划的编制、修编工作。加强沿路沿线苏木镇规划整治建设，改善环境质量，提升地区形象。二是加大小城镇建设力度。按照“小而精、精而美、功能齐全、品味上乘”的定位，加快旗区所在中心镇建设，实施好园林绿化、街景升级、环境整治、城市棚户区改造等重点基础设施建设工程。推进除旗区所在地以外 13 个小城镇建设，有序分批对小城镇进行试点建设，完善综合功能，提升宜居水平。三是推进农牧业转移人口市民化。充分尊重农牧民意愿，研究制定全面放开盟内建制镇落户限制，逐步把符合条件的农牧业转移人口转为城镇居民的政策措施。稳步推进城镇基本公共服务全覆盖，把进城落户的农牧民完全纳入城镇住房、医疗、养老和社会保障体系，实现城乡居民享受平等待遇。大力培育发展家政服务、餐饮、旅店、设施农业等各具特色的城镇产业体系，增强城镇吸纳就业能力，真正使转移进城农牧民落得住、有生计、过得好。

坚持改革开放与创新驱动相促进，不断增强发展活力。把激活内力与借助外力结合起来，以开放倒逼改革、以改革促进开放。一是加大简政放权力度。深入推进行政审批制度改革，进一步减少投资审批、生产经营活动审批、资质资格许可和行政事业性收费，最大限度把权力还给市场、交给社会。今年将盟本级保留的 246 项行政审批事项减少到 40 项以内；盟直行政事业性收费由 78 项减少到 47 项以内，其余的取消或暂停征收。二是不断加快技术创新步伐。全力推进以阿拉善精细化工高新技术孵化园、庆华煤化工新材料技术研究院为重点的科技创新平台建设，充分发挥院士专家工作站的作用，建立和大专院校、科研院所合作新机制，加强新型煤化工、装备制造、新能源新材料等重点产业领域关键共性技术攻关，努力在更多领域、更高层次实现技术突破。深化科技体制改革，细化奖惩措施，推进以企业为主体、社会力量广泛参与的多元化投入体系建设。三是全面加强区域合作。积极融入新丝绸之路经济带，加强与国内沿线地区和西亚国家的经济、文化交流合作，参与中蒙自由贸易区、中阿联盟自由贸易区建设和欧亚地区经济合作，推进与蒙古国南戈壁省达兰扎德嘎德市结对友好城市工作，扩大与欧洲、美国等发达国家和地区在葡萄酒开发、飞行基地等方面的合作与交流。加强与周边地区的经济协作，加快与宁夏、甘肃毗邻地市战略合作框架协议内容的落实，促进工业、旅游、物流、教育、医疗、金融等领域深度融合式发展。

坚持改善民生与社会治理相结合，着力构建和谐社会。更加注重发展成果的普惠性和公平性，不断增进老百姓福祉。一是着力促进就业创业。健全促进就业创业体制机制，统筹做好高校毕业生、转移农牧民、城镇就业困难人员和退役军人就业。年内城镇新增就业 3000 人以上。加大就业创业园暨孵化基地建设力度，不断壮大就业创业发展基金，扶持更多有创业意愿和创业能力的群体自主创业。二是不断强化社会保障。继续巩固扩大基本医疗保险覆盖面，提高新农合和城镇居民医保政府补助标准。做好企业退休人员基本养老金调整工作，深化医疗保险付费方式改革，健全全民医保体系。整合民政、教育等社会救助资源，建立城乡统一、公平普惠的社会救助制度。三是优先发展教育事业。加大对校长和教师的培训力度，增强师资质量。加快教育信息化建设，利用三年时间实现远程网络教学目标。四是推动医疗卫生事业发展。加快 120 医疗急救体系建设，利用两年时间完成全盟三级急救转诊能力建设项目，不断提高应对突发公共卫生事件的能力。推进医疗卫生信息化，建立完善远程诊疗网络。加快苏木镇卫生院标准化建设，不断改善基层医疗卫生条件。五是促进文化繁荣发展。健全完善文化市场准入和退出机制，推动公共文化服务社会化发展。继续办好阿拉善文化节，鼓励群众自办文化活动。六是提高社会治理水平。全面实现城镇社区三年规划目标任务，完成 37 个社区民生综合信息系统建设。深入推进平安阿拉善建设，让阿拉善成为民族团结、社会和谐、人民安居乐业的福地。

“苍天圣地”——阿拉善

盟委书记云喜顺同志走访慰问巴彦霍德受灾户

盟委副书记、盟长冯玉臻同志与泰兴泰丰化工有限公司员工亲切交谈

盟委副书记、盟长冯玉臻同志实地查看达来呼布镇市政建设情况

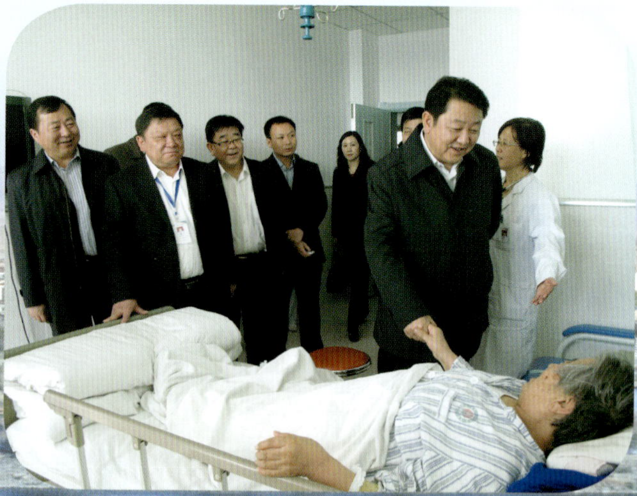

盟委副书记、盟长冯玉臻同志在盟中心医院与患者亲切交谈

万峰集结

额济纳胡杨林

坚持科学发展 加快转型升级

把鄂尔多斯建设成为祖国北疆亮丽风景线上璀璨的明珠

鄂尔多斯市位于内蒙古自治区西南部，辖七旗一区，还有一个康巴什新区。总面积 8.7 万平方公里，总人口 201 万，其中蒙古族 19.4 万。鄂尔多斯历史悠久，是蒙古族传统文化、风俗和礼仪保存最为完整的地区之一。鄂尔多斯资源富集，境内拥有各类矿藏 50 多种，其中煤炭探明储量 1930 亿吨，天然气探明储量 2.65 万亿立方米，分别占到全国的 1/6 和 1/3 左右，是国家重要的能源重化工基地。

近年来，在党中央和自治区的正确领导下，鄂尔多斯市着力转变经济发展方式，加快推进富民强市进程，经济社会各个领域发生了巨大变化。2013 年全市完成地区生产总值 3956 亿元，增长 9.6%，位列全国地级城市第 34 位。公共预算收入 440 亿元，增长 17.2%，位列全国地级城市第 21 位。固定资产投资 2996 亿元，增长 16.6%，位列全国地级城市第 26 位。城镇居民人均可支配收入 36123 元，增长 9%，位列全国地级城市第 21 位。农牧民人均纯收入 12800 元，增长 12.1%，位列全国地级城市第 48 位。鄂尔多斯先后荣获全国技术创新示范城市、全国绿化模范城市、国家卫生城市、全国文明城市等荣誉称号，被中央列为改革开放 30 年十八个典型地区和全国学习实践科学发展观五个典型城市之一。

鄂尔多斯作为一个资源型城市，当前正处于爬坡过坎攻坚期、产业结构优化期、改革创新关键期。这一阶段性特征，决定了鄂尔多斯转型发展的必要性，推动鄂尔多斯转型发展是因应形势变化的必然选择，也是可持续发展的时代要求。未来几年，我们将牢牢抓住政策调整和市场变化机遇，加大力度调结构、转方式，进一步提高整体经济素质和发展水平，引领和带动全市经济社会持续健康协调发展。

一、突出洁净发展、绿色发展、规模发展，建设国家清洁能源输出主力基地。资源型产业是鄂尔多斯工业发展的基本优势，推动转型发展不是不要资源型产业，而是要通过资源转化增值巩固和放大这一优势。我们将坚持以煤为基、多元发展，建设国家清洁能源输出主力基地，力争到 2017 年，煤炭就地转化率提高到 40% 以上，切实转变“挖煤卖煤”的发展方式。推进煤炭产业洁净化发展，重点建设大型、特大型安全高效矿井，加强煤炭洗选配一体化建设，建立质量标准体系，打造“鄂尔多斯煤”国优品牌，到 2017 年采掘机械化程度、回采率、洗选率分别提高到 95% 以上、80% 以上和 95%。推进电力产业绿色化发展，依托蒙西 - 天津南、上海庙 - 山东和蒙西—武汉、蒙西—长沙特高压输电通道，加快建设一批大型坑口电站和低热值煤电厂，积极推进电力通道建设，在已形成 1500 万千瓦电力装机的基础上，力争到 2017 年突破 3000 万千瓦。推进天然气行业规模化发展，加强常规天然气采气能力建设，加快北控、中海油、河北建投、新蒙、华星等煤制气项目和神华煤直接液化第二、三条生产线以及伊泰煤间接液化等重大项目建设步伐，同步推进天然气和煤制气输送管道建设，到 2017 年达到 300 亿立方米常规天然气、近 300 亿立方米煤制气产能，建成国家天然气输出主力基地。

二、着力延伸产业链条，全力推动建设现代煤化工生产示范基地。推进资源型产业转型发展，促进煤化工产业规模化、集群化、高端化发展，核心是延长链条、转化增值，推动产业层次由低端向高端提升，产品由初级化、低端化向高级化、终端化演进，让有限的资源发挥最大的效益。推进煤化工产业现代化发展。下一步，要推动化工产业向精细化、高端化方向发展，打造全国重要的现代煤化工生产示范基地。创造条件进一步扩大煤制油生产能力，构建从基础化学品开始向下衍生扩展的产品链，促进产业高端化、产品终端化，在已形成 732 万吨煤化工产能基础上，到 2017 年突破 2000 万吨，其中精深加工产品占到 50% 左右。推进煤电铝一体化发展。依托高铝粉煤灰资源，努力构建煤—电—粉煤灰—氧化铝—铝及铝后加工循环发展模式。重点是推进氧化铝的精深加工，延伸产业链条，力争到 2017 年形成 1000 万吨粉

煤灰提取氧化铝、500 万吨铝产品深加工规模，打造高端铝产品生产基地。

三、突出市场导向，创新发展路径，促进非资源性产业集中集聚集约发展。把非煤产业作为煤炭产业的接续替代产业，努力构建新型多元稳固的现代产业体系，提升产业发展层次和水平。力争通过几年的努力，形成几个产值超千亿元的非煤产业集群，到 2017 年非煤产业占工业增加值的比重由现在的 30% 提高到 50% 以上。突出抓好汽车及零配件生产。在全国市场分工布局中找机遇，支持企业做大做强，提升企业竞争力，加快培育整机及零部件产业集群，在已经形成 37 万辆汽车、30 万台发动机、15 万台变速器生产能力的基础上，集中打造百万辆汽车及配套零部件生产规模，进一步扩大市场份额。重点做好自身主导产业配套。在保障奇瑞、华泰、精功恒信等企业稳定生产的基础上，重点推进产业配套，大力发展煤机、化机和电力装备等制造项目，积极培育“再制造”产业，建设西部装备制造基地。制定产业引导政策，围绕大项目、大企业，加快引进培育一批“专、精、特、新”配套加工项目和提供更多就业岗位的中小型生产企业，着力打造产业配套、产品对接、优势互补的产业集群。到 2017 年达到 50 万辆、汽车零部件本地配套率达到 60%。加快推进高新技术产业发展。以互联网为基础，加快推进富士康精密仪器、罗克佳华物联网等项目和云计算产业园建设步伐，加强信息基础设施建设，加大对电子信息、高新技术等产业项目的招引力度，积极引进新能源汽车、机器人制造项目，加快能源硅谷大数据产业和重点项目建设，打造销售收入过千亿元的战略性新兴产业。力争到 2017 年，战略性新兴产业占工业总产值的比重达到 40% 以上。同时，大力发展陶瓷、PVC 等产业，改造提升绒纺、建材、农畜产品加工等传统特色产业，形成产业多元发展的格局。到 2017 年，陶瓷生产线达到 100 条，农畜产品加工产值达到 300 亿元以上，生产羊绒服装制品 1000 万件以上。

四、突出配套发展、融合发展，强化现代服务业在转型发展中的支撑作用。加快发展生产性服务业，均衡发展生活性服务业，促进三产内部各产业融合发展，使现代服务业成为转型发展的重要支撑。力争到 2017 年，服务业增加值突破 2000 亿元。打造鄂尔多斯旅游品牌，建设我国休闲度假旅游目的地。对内建立旅游联盟，打破区域、部门分割，打通“吃、住、行、游、购、娱”需求链条所有环节，实现各地区、部门、各环节的密切协作，为游客提供“一卡通”式服务；对外与全国各大旅游城市和景区结盟，开拓游客来源地市场，促进互联互通，实现互利共赢。力争到 2017 年，全市接待游客突破 1000 万人次，旅游收入达到 250 亿元以上。大力发展现代物流业，建设西部地区物流集散地。坚持分工协作、错位发展，东胜重点发展商贸物流，康巴什、阿镇依托空港园区发展现代物流。统筹发展生产性物流、商贸物流和电商物流，构建现代化的综合物流体系。力争到 2017 年，全市物流业增加值达到 1200 亿元以上。面向国内外市场，建设健康产业示范区。充分挖掘我市空气清新、气候宜人、景观优美等优势，发挥好避暑休闲之都、城市 4A 级旅游区品牌叠加效应，加快发展面向全国乃至国际市场的特色专科医疗护理、疗养度假、健身休闲等健康产业，吸引国内外宾客前来休闲、度假、康复、养老。

五、以保障和改善民生为根本宗旨，让转型发展成果更好转化为人民群众的福祉。把人民群众对美好生活的向往作为奋斗目标，多谋民生之利，多解民生之忧，解决好人民群众最关心、最直接、最现实的利益问题，让老百姓从物质到精神上都把日子过得更加红火。大力实施创业就业增收工程。把解决“零就业”家庭就业问题放在首要位置，确保每个家庭至少一人稳定就业。出台更有针对性的政策，大力培育和发展非公有制经济，扶持发展中小微企业。鼓励自主创业，建立一批针对大学生、个体工商户、农牧民的创业孵化基地、创业园、创业示范街，推进“十万大学生创业圆梦”行动。全力做好扶贫开发工作。建立市、旗、乡三级扶贫工作队驻村帮扶贫困嘎查村，实行精准扶贫，突出抓好产业发展、基础设施、民生改善三个重点，确保 2017 年前全市 9.7 万贫困人口全部实现稳定脱贫。加快推进农村牧区“十个全覆盖”工程。三年内圆满完成 712 个嘎查村“十个全覆盖”任务。在实施“十个全覆盖”地区，同步实施现代农牧业、扶贫攻坚、乡风文明、文化旅游、乡村公路建设工程，与“十个全覆盖”六位一体统筹推进。着力提高社会事业服务质量。优化教育资源配置，努力促进教育公平，大力引进、培育优秀教师，全面加强各级各类师资队伍建设，用高质量师资保障高质量教育。深化医疗卫生改革，完善市、旗、乡、村四级医疗卫生服务体系和运行机制，大力推进公立医院去行政化，为群众提供更为优质、更为便利的医疗卫生服务。努力满足人民群众日益增长的精神文化需求。加快文化体制改革，建立有利于出精品、出人才、出效益的文化发展体制机制。弘扬民族优秀传统文化，加强对文化遗产、民间艺术的保护开发，创作生产更多优秀文化产品。广泛开展群众性精神文明创建活动，巩固提升全国文明城市成果，不断提高城乡文明程度。

北疆亮丽风景线上璀璨的明珠

——鄂尔多斯

鄂托克前旗大沙头旅游区

鄂尔多斯草原上的火凤凰－建设中的甲醇项目

《东胜区小广场》

综采工作面项目

鄂尔多斯精恒汽车制造有限公司生产线

《霞光普康城》

白云鄂博矿区

奇石节千石聚福世界纪录认证

区委副书记、政府区长张轩深入棚户区进行走访调研

区委书记武二斌赴困难群众家中慰问

正在建设中的包钢氧化矿选矿搬迁及综合利用项目

建设中的中利腾辉白云区 1GW 一期 100MW 光伏发电项目

白云鄂博南出口道路

白云鄂博大街夜景

白云铁矿矿山开采

以改革创新为精神 焕发白云鄂博新活力

区委书记 武二斌

区长　张轩

白云鄂博，蒙古语意为“富饶的神山”。1958年依矿建区，是“草原英雄小姐妹”事迹的发生地。区域面积328.64平方公里，现有4个社区，有蒙、汉、回等11个民族2.6万人。矿区南距包头市区149公里，东距呼和浩特市区212公里，北距满都拉口岸120公里，区内有包白铁路、包白公路、呼白公路、白满公路、白满铁路，对外交通网络较为发达。

白云鄂博矿区矿产资源富集，区域内的白云鄂博矿是一座世界罕见的铁、稀土、铌等多种金属共生矿床，现已发现71种元素，175种矿物。已探明稀土储量约1亿吨，占世界总储量的38%，被誉为“世界稀土之乡”；铌储量660万吨，居全国之首，世界第二；铁矿石储量约14亿吨，平均品位34%，是包钢的主要原料基地，除此之外还含有钾、氟、钛、磷等矿物质。

近年来，白云矿区紧紧围绕“服务包钢、发展地方，携手达茂、合力打造”的工作方针，大力实施“科学发展、全面转型、富民强区”发展战略，抓住包头市实施北部开放开发战略和建设经济强市有利契机，依托得天独厚的矿产资源优势，打造国家、自治区矿产资源综合利用示范基地；依托地区丰富的风能、太阳能资源优势，打造自治区、包头市清洁能源生产基地；发挥毗邻蒙古国的区位优势，打造自治区、包头市重要的对蒙贸易物流基地；发挥白彦花煤田的开发优势，与达茂旗共同打造自治区、包头市煤炭物流加工基地；发挥矿山、稀土、奇石、草原、边境以及“草原英雄小姐妹”事迹等特有文化元素的优势，打造自治区、包头市旅游观光休闲度假基地；发挥功能完善的城区基础设施优势，打造包头市北部城镇化进程的推进基地，进一步推动白云鄂博矿区经济社会平稳较快发展。2013年，地区生产总值完成34.8亿元，同比增长11.5%；地方财政总收入完成54917万元，同比增长11.8%；固定资产投资完成38.98亿元，同比增长18.1%；社会消费品零售总额完成6.12亿元，同比增长11%。

坚定信心、奋力前行，综合经济实力稳步增长。不断加大招商引资力度，通过参加自治区、市级组织的长三角经贸洽谈会、广东科技活动周、青洽会等大型招商活动，全年引进项目11个，落地项目6个，协议资金达149.6亿元。大力助推企业发展，争取上级专项扶持资金317万元，发放企业电价补贴、贷款贴息等资金123.7万元。积极争取将我区列入了全市县域经济规划覆盖范围，制定了我区加快县域经济发展实施意见，邀请相关领导、知名专家召开县域经济发展研讨会，主动与市有关部门沟通对接，为下一步加快县域经济发展奠定了良好的基础。认真落实鼓励和支持非公有制经济发展的政策措施，全区非公有制经济预计实现增加值16.3亿元，占地区生产总值比重达45%。

综合施策、推动转型，产业发展水平有效提升。进一步强化县级领导包联重大项目制度，全年组织实施重点项目28个，开复工率达100%，已竣工14个，总投资40.4亿元，有力地促进了经济结构优化升级，增强了地区可持续发展能力。投资31.5亿元的包钢氧化矿选矿搬迁及白云鄂博矿资源综合利用项目进展顺利，选铁生产线即将进行试生产。投资8000万元的沃尔特现有设备工艺改造、投资2000万元的水玻璃药剂生产项目均进入试生产阶段。林峰科技年产8000吨选矿浮选药剂项目完成设备安装。力志耐磨公司年产1万吨高耐磨钢球技术革新项目已进入实施阶段。北京大洋科技投资4000万元、年产8000套母乳分析仪项目已完成主体工程。总投资达100亿元的中利腾晖1GW光伏发电项目一期工程（10万千瓦）开工建设；上海晶澳5万千瓦光伏发电、神华国能1万千瓦光伏发电、粤电蒙华10万千瓦风电、南京科技5万千瓦风电项目均顺利推进。蓝色港湾商业综合体已进入后期招商阶段，2013年初入驻的永盛成超市运行良好，广汽传祺4S店、比亚迪4S店、业之峰装饰等一批商贸企业即将入驻，必将更大程度地提升我区的消费环境和水平。奇石一条街已开始市场化运作，新建的农贸综合市场完成主体工程，道衡商贸购物广场即将竣工。总投资5500万元的汽车客运站主体框架已完工，2014年10月将正式投入使用。

科学规划、建管并举，城市人居环境明显改善。大力开展了“城市建设管理年”活动，加快推进精品城区建设进程。全年累计投资3.1亿元实施了5大类16项城市建设项目，进一步完善了城市功能，提升了城市品位，城市空间布局更加合理。大力构建“四横四纵”道路体系，通阳道、百灵道、地质道、稀土大街、道衡路北段改扩建工程顺利完成，改扩建道路面积7.05万平方米。建成了垃圾处理场和3座垃圾转运站，新购置了环卫机具和设施，新增垃圾箱、果皮箱65个，对城区污水管网、供水管网、供热二次管网实施进一步改造。开展了路灯更新、人行便道铺装、居民楼粉刷、小街巷治理以及城区绿化、广场改造等新亮美工程，粉刷建筑物12.4万平方米，种植各类树木、绿植24.4万株，完成沿街16家单位的楼体亮化工程。与包钢共同投资对老旧小区进行硬化美化，新增改造面积达20万平方米。不断加大市容市貌整治力度，店外经营、乱摆乱放等行为得到有效遏制；严厉打击私搭乱建行为，拆除违章建筑5000余平方米。大力开展了自治区卫生旗县创建工作，出动车辆、机具1000余车次、动员3000余人次，干部群众齐心协力营造了干净整洁的卫生环境，我区顺利获得“自治区卫生旗县区”殊荣。加大环境和生态保护力度，争取自治区资金1075万元实施了地质环境恢复治理项目，投资84万元购置了环境监测设备，节能减排成效明显，空气质量二级以上良好天数达343天以上。认真落实国家稀土战略资源保护政策，拆迁了三角河区域内的冶选企业，对白云鄂博铁矿采矿区实施封闭管理。按照市政府统一要求，追加投入300万元完成网围栏合闭工程。加强与包钢、白云铁矿以及周边旗县区的协调监管，强化联合执法，基本杜绝了私挖乱采矿产资源的行为，稀土资源保护能力进一步提高。

加大投入、改善民生，人民生活水平持续提高。及时成立了投融资工作领导小组，积极对接金融机构争取信贷支持，同时盘活存量资产，扩充增量资产，提高资金流动性和增值性，为民生改善和重点事业持续发展提供资金保障。认真落实富民惠民政策，民生支出达到2.07亿元，占公共财政预算支出比重达40.64%。全区城镇居民人均可支配收入预计达到39800元，同比增长10%左右。为民兴办的12件好事实事全部落实，使发展成果更多地惠及人民群众。大力实施创业就业工程，投入公益性岗位、社保、社区民生志愿者各项补贴共计161万元，城镇新增就业200人，登记失业率控制在3%以内。不断提高社会保障水平，为1435名“五七工”发放养老金1925万元，人均月增长146元；为627名企退人员发放养老金1427万元，人均月增长187元；将低保标准提高到550元，人均补差水平达341元，发放低保金344.4万元，惠及446户、784人；发放取暖补贴58万元，为困难群众发放临时物价补贴、各类救助50余万元；发放高龄津贴31万元，普惠271名老人；提高了社区干部报酬，每人每月增加310元，社区干部正职达到2226元、副职达到2106元，在包头市位居第四，外五旗县区第一。提高了环卫一线临时工待遇，人均月工资增加200元，达到每人每月1400元。加大保障性住房建设力度，城市棚户区改造工程、包钢白云铁矿工矿棚户区（一期）改造工程主体已完工，预计2014年6月底交付使用，低收入家庭、企业职工的居住条件将得到进一步改善。由财政补贴实施了“健康水”工程，实现了居民饮用健康水全覆盖。

统筹兼顾、互相促进，社会各项事业全面进步。坚持教育优先发展战略，总投资近1亿元、总面积达2.65万平方米的中小学校教学楼已陆续投入使用；投资400万元新建包十八中学塑胶操场；投资180万元购置了教育教学设备；投资68万元完成教育城域网建设。关心教师身心健康，免费为全区教师进行了健康体检；着力改善教师队伍素质结构，教育教学质量逐年提升，高考本科率达到78%、中考重点录取率达到24.8%，再创历史新高。不断增强医疗卫生服务能力，在全市率先开展“家庭医生式服务”全覆盖工作。扎实推进人口计生工作，新建了白云矿区人口和计划生育服务站；投入70万元建设了白云宝贝人口文化基地；免费开展孕前优生健康检查，计生服务网络覆盖率达100%，低生育水平持续稳定。积极打造地区特色文化，成功举办了“中国·白云鄂博国际奇石文化节”，共有来自美国、韩国、蒙古等国家以及国内22个省市近150家石商参加，交易额达1000余万元，极大地提升了我区的知名度和影响力。组织开展了丰富多彩的文体活动，通过举办摩旅节、帐篷节等旅游活动，带动了文化旅游事业的发展，全年旅游人数近5万余人次，旅游收入达600多万元。加大人才培养引进力度，面向社会公开招考、选拔39名工作人员，为我区的经济社会发展提供智力支持和人才保证。

2014年，我区将按照自治区“8337”发展思路和市委十一届六次全委（扩大）会议的总体定位和战略部署，确定做好“三篇文章”、打造“六大基地”、构筑“两个屏障”和“一个战略支点”的重点工作，加快建设边境口岸城市进程，为包头市、自治区新一轮大发展做出新的更大的贡献。

学生田径运动会

国际交流中心

内蒙古师范大学概况

内蒙古师范大学创建于 1952 年，是新中国成立后党和国家在边疆少数民族地区最早建立的高等学校之一，自治区重点大学，是具有鲜明教师教育和民族教育特色的综合性师范大学，被誉为“民族教育的摇篮”。

学校占地面积 3800 余亩（约 253 公顷），校舍建筑面积 100 余万平方米，固定资产总值 19.7 亿余元，其中教学仪器设备总值 4.5 亿余元。馆藏图书 250 余万册，电子图书 80 余万种，配备磁盘存储 100TB。学校下设 22 个职能处室，36 个二级学院，1 个独立学院，3 个教研部。现有教职工 2400 余人，其中专任教师 1400 余人，具有硕士、博士学位的教师占专任教师总数的 71%，具有副高级以上职称的教师占专任教师总数的 45%；有博士生、硕士生导师 746 人，有自治区级教学名师 14 人，自治区教坛新秀 9 人，国家和自治区有突出贡献中青年专家 22 人，入选国家“百千万人才工程”、自治区“新世纪 321 人才工程” 98 人（次），享受国务院特殊津贴专家 23 人。

学校在校全日制本专科生 30000 余人，各类研究生 4200 余人，各类成人教育学生 7100 余人，各类留学生 300 余人，形成了多层次的人才培养体系。学校开设 77 个本科专业，涵盖 10 大学科门类。有国家级精品课程 1 门，国家级教学团队 2 个，教育部特色专业建设点 6 个；有自治区级品牌专业 32 个，自治区精品课程 67 门，自治区级教学团队 11 个；有中央与地方高校共建基础实验室和特色实验室 12 个，自治区级实验教学示范中心 9 个，自治区重点学科和重点培育学科 18 个，校级重点学科 37 个。

学校拥有博士学位授予权一级学科 2 个、二级学科 4 个，博士后科研流动站 1 个，硕士学位授予权一级学科 24 个、二级学科 131 个，硕士专业学位 10 种。学校还是具有硕士研究生免试推荐入学资格的高校。学校有科研机构 91 个，自治区级重点实验室 6 个，自治区高校重点实验室 2 个，自治区高等学校重点实验室培育基地 1 个，自治区高等学校人文社会科学重点研究基地 4 个，自治区哲学社会科学研究基地 1 个，自治区工程技术研究中心 1 个，自治区工程实验室 1 个，自治区工程研究中心 1 个，自治区院士专家工作站 1 个。“十一五”以来，学校共承担国家级课题 200 余项，省部级课题 500 余项，厅局级课题 340 余项，纵向课题 1391 项，横向课题 180 项，科研经费总额达到 21515 万元。出版学术专著 600 余部，发表学术论文 6800 余篇，被三大检索收录的论文 360 余篇。获省部级以上奖励 320 余项，申请专利 30 余项，获准授权 18 项。

半个多世纪以来，在自治区党委、政府的领导和关怀下，学校经过几代人的艰苦创业、实践探索，现已成为自治区培养基础教育、民族教育师资和蒙汉兼通少数民族复合型人才的重要基地，是自治区中学教师培养中心、中小学教师继续教育中心、基础教育与民族教育改革发展研究中心，积累了丰富的办学经验、形成了优良的办学传统。特别是进入新世纪以来，学校坚持以邓小平理论、“三个代表”重要思想、科学发展观为指导，认真执行党的教育方针和民族政策，

坚持全面建设和又好又快的发展方针，全面加强党的建设；以学科建设为龙头，教学科研并重，突出内涵发展；以本科和研究生教育为主体，以人才培养为根本，以提高教育教学质量为核心，以体制创新为保障和动力，努力促进质量、效益、规模、结构的协调发展；以办人民满意的教育为根本要求，求真务实、艰苦奋斗、开拓创新，不断提高服务地区经济社会发展的能力。

在多年的办学实践中，学校形成了“求真务实，育人至上，学术创新，服务社会”的办学理念，强化了“双学位教师教育和蒙汉兼通人才培养”的办学特色。半个多世纪的发展历程中，学校秉承“献身、求实、团结、奋进”的校训，已培养输送各类毕业生 19 万余人。学校坚持开放办学，加强对外交流，与蒙古国、俄罗斯、日本、韩国、马来西亚、美国、英国、德国、法国、荷兰、加拿大、澳大利亚等国家及国内一些知名院校和科研机构建立了良好的合作关系；2009 年被批准为汉语国际教育硕士研究生培养单位。先后聘请包括五位两院院士在内的三百余位国内外著名专家学者任学校学术顾问、客座教授和兼职教授。

目前，全校上下正在以党的十八大精神为指导，按照“抓机遇、谋发展、强特色、上水平、建名校”的发展思路，坚持“全面发展、突出重点、重点突破、带动全面”的发展策略，艰苦奋斗，开拓创新，为实现“把学校建设成特色鲜明的教学研究型综合性师范大学”的宏伟目标而努力奋斗！

内蒙古电子信息职业技术学院

内蒙古电子信息职业技术学院是一所国办全日制高等院校，全国35所“国家示范性软件职业技术学院”之一，是自治区示范性高等职业院校，全国职业教育先进单位，全国职业技术院校职业指导工作先进单位，中国教育创新示范单位，全国高等职业院校就业工作“星级示范校”，国家教育部、信息产业部批准的承担“计算机应用与软件技术专业技能型紧缺人才培养工程”的院校，内蒙古信息化技术技能人才培训基地，内蒙古信息化建设和信息产业发展先进集体，连续八年被评为全区高校学生工作、就业指导、资助管理、维护高校稳定综合治理等四项工作“先进达标学校”；2005年—2012年连续九年被首府百姓评为最满意的教育品牌单位（唯一一所高等专科院校）。

2008年9月学院首家正式入驻内蒙古高职教育园区。学院占地面积1066亩，建筑面积31.8万m²。教学实训中心建筑面积46876 m²，建有各类实验实训室109个，校内实训基地16个（国家财政支持的重点、示范建设实训基地2个），其中电子实习实训中心拥52个实验实训室、4个实习车间和7个校内实训基地，计算中心拥有42个实验实训室和6个校内实训基地，商务实训中心拥有11个实验实训室和4个校内实训基地，公共实习实训基地5个；学院引进人网公司建立校中厂。新建图书馆面积23800 m²，藏书量纸质图书77.29万册，电子图书4915.2GB；学院体育设施先进，建有建筑面积8145 m²文体馆， 40000 m²塑胶田径场地（足球场地）2个，篮球场地20个，排球场地8个，网球场地2个，投掷场地1个；学生教室全部为专业多媒体教室，拥有覆盖全院的校园网，实现了教学及管理的信息化；学院以实践教学为主，各专业均有校内、校外实习实训基地，实践课时占到了50%以上。

学院设有软件工程系（国家示范性软件职业技术学院）、电子工程系、财经管理系、计算机科学系、信息管理系、数字媒体与艺术系等6个系，开设51个专业；学院有专职教师493人，其中硕士研究生以上学历教师132人，教授副教授以上教师166人占33.67%，“双师型”教师占86%，教学全部采用多媒体技术。学院设有多种国家级职业技能鉴定所，承担50多种职业技能培训与鉴定。

2003年11月，内蒙古电子信息职业技术学院获国家教育部批准，成为首批全国35所“国家示范性软件职业技术学院”之一。软件工程系（国家示范性软件职业技术学院）学生人手一台笔记本电脑，在专业教室上课，最后一学年在软件公司实习，与联想、SUN、Microsoft、CISCO、Oracle等著名跨国IT企业建有稳定的教学实训和就业合作关系，实习实训的学生同时进入企业人才库，就业层次高，近几年毕业生的年薪就可达到和超过20万元。

校园广场

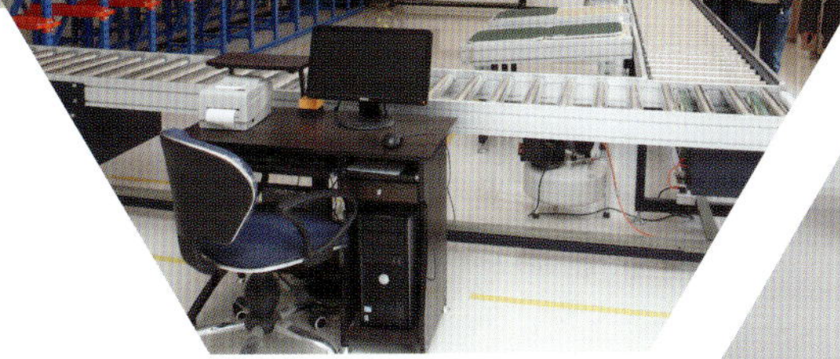

物流实训室

PLC 实验室

现代智能测控

液压与气动实训室

网络实训室

内蒙古科技大学

校党委书记、校长　李保卫

校党委副书记、常务副校长　安胜利

自治区副主席白向群等上级领导到我校检查指导工作

中法高科技学术交流周活动

体育馆

文馨书院

外研社教师获奖

外研社获奖

校长李保卫教授与毕业生进行座谈

参加第十三届全国大学生田径锦标赛

与包钢建立校企合作基地

深入落实自治区党委“8337”发展思路
进一步推进赤峰学院转型发展

赤峰学院党委书记 高金祥
党委副书记 院长 李春林

赤峰学院党委书记 高金祥

赤峰学院党委副书记、院长 李春林

“8337”发展思路是自治区党委基于我国大力提升自主创新能力、建设创新国家和自治区率先全面建成小康社会的战略背景下，是对自治区发展定位和发展路径的深刻认识和科学把握，也是对内蒙古当前和今后一个时期发展的目标方向和重要遵循。“8337”发展思路立足全区实际，抓住了自治区整体发展、协调发展、创新发展的重点和突破口，为我区保持经济持续健康发展、实现科技兴区、科技强区在理论和实践层面指明了方向。赤峰学院作为自治区的一所“省市共管、以市为主”的多科性普通本科高等学校，承担着深入落实自治区党委“8337”发展思路和自治区教育厅教育发展规划的使命与责任。学校在上级部门的正确领导和关怀支持下，紧紧围绕自治区党委“8337”发展思路和自治区教育厅的工作要求，深入落实赤峰市委市政府的改革发展战略和经济社会发展的重大决策，审时度势，适时调整办学定位和发展战略，确立了“融入赤峰、服务地方、突出特色”的办学定位和“开门、开放、开明”的办学理念，明确了建设区域性综合大学的奋斗目标，最大限度地凝聚起支持和推动学校转型发展的磅礴力量，学校在人才培养、科学研究、服务社会、文化传承创新方面取得了长足的进步和发展。

一、以理论学习为先导，切实增强了学校落实“8337”发展思路的思想与行动自觉

“8337”发展思路包括“八个发展定位”、“三个着力”、“三个更加注重”和“七项重点工作”，内容涵盖产业升级、结构调整、生态建设、环境保护、民生改善、社会管理、改革开放、科技创新、城乡发展、安全稳定以及党的建设等各个方面，从总体上明确了内蒙古在全国的战略定位和内蒙古发展的战略目标，把内蒙古发展的主攻方向、发展路径和重点工作同国家产业政策、自治区发展实际科学紧密地结合在一起，为自治区所属高等学校深化人才培养模式改革与快速发展，进一步增强高等学校服务自治区经济社会发展的能力指明了方向。学校领导班子高度重视“8337”发展思路的科学内涵的领会和科学把握，把学习和深刻领会自治区“8337”发展思路同学校开展党的群众路线教育实践活动和“双转双提”活动紧密结合起来，组织全校师生员工深入学习和深刻领会。学校邀请内蒙古党校安静赜教授为副处级以上干部、机关各部门科级干部就高等学校如何落实“8337”发展思路作了《自治区“8337”发展思路解读》的专题报告，进一步加深了学校干部队伍对自治区“8337”发展思路丰富内涵的理解和掌握。同时，学校主要领导围绕落实自治区“8337”发展思路，结合学校党的群众路线教育实践活动和“双转双提”活动的开展，向广大师生作了题为《扎实开展教育实践活动、办好人民满意的大学》的专题报告。在2013年召开的第二次党代会上，再一次明确了学校的战略定位和发展理念，确立了把赤峰学院建设成为区域性综合大学的奋斗目标。广大师生的思想进一步解放，观念进一步更新，转型发展的共识得到进一步凝聚，进一步增强了学校在“省市共管、以市为主”的“共”字上下工夫的决心，进一步增强了“赤峰学院是赤峰人民的大学”和“办好赤峰人民满意的大学”的责任与使命担当，进一步增强了贯彻落实“8337”发展思路和推进学校转型发展的自觉性和坚定性。

二、以结构调整为重点，学科专业建设实现了学校人才培养与地方经济社会发展需要的高度耦合

学校立足于落实“8337”发展思路的关键点和学校“12345”转型发展战略，确立了“融入赤峰、服务地方、突出特色”的办学定位和“开门、开放、开明”的办学理念，本着“精文、强教、提医、拓用、增农”的学科专业建设发展思路和“以本科为主、向上发展、向下延伸、向外联合”的发展战略，立足于学校的学科特色和区域经济社会发展需要，构建了“研、本、专”并举、“一、二、三本”共进的办学格局。几年来，学校依托自身传统优势，结合区域经济社会发展需求，大力加强学科专业建设，调整优化学科专业结构，培育办学特色。学校明确提出了“精文、强教、提医、拓用、增农”的学科建设思路，加强了优势特色学科建设，史学、文学、医学、艺术、管理、教师教育等优势特色学科得到培育和加强，品牌专业不断出现。同时，紧密围绕区域经济社会发展和“8337”发展思路，以社会需求和就业为导向，大力加强应用性学科和农学学科建设，积极拓展新的专业，煤化工、土木工程、化学工程与工艺、资源勘查工程、应用生物科学、人文地理与城乡规划等一大批应用性专业不断设立，应用性专业已达到专业总数的百分之五十以上。

目前，学校已开设46个本科专业，60个高职高专专业，专业设置涵盖了文学、史学、法学、教育学、理学、工学、农学、医学、管理学、艺术类十大学科门类，其中，历史学专业已成为国家级特色专业建设点，专门史学科成为自治区级重点培育学科，已有9个自治区级品牌专业，14门自治区精品课程。自治区唯一的“文物与博物馆”专业硕士点也落户赤峰学院，并于2013年正式招生。学校的专业设置、人才培养和开放大学体系建设高度耦合了地方经济社会发展需要，成为了内蒙古中东部地区重要的人才培养高地，有效增强了学校以人才培养服务区域经济社会发展的能力。

三、以问题导向为抓手，着力增强了学校科技服务地方经济社会发展的能力

学校按照自治区党委“8337”发展思路和自治区“三个联动”“六个结合”的工作要求，充分发挥学科建设的龙头地位和作用，在加强基础研究的同时，学校以基地为依托、以问题为抓手，以实验室建设为支撑，以科技创新团队建设为保障，紧紧围绕地方经济社会发展需要开展学科专业建设和科学研究，着力推动“需求牵引、携手创新、合作共赢”的产学研用合作机制建设，建立起了以创新和质量为核心的科研激励制度与评价体系。学校对服务区域经济社会发展建设、发展潜力大、特色鲜明、具有相对比较优势的学科进行了重点扶持，学科建设成绩和水平不断显现，科技服务社会的能力显著增强。学校重点建设了“蒙古族文学跨文化比较研究创新团队”、“草业研究创新团队”、“锡赤经济带研究创新团队”、“高压相功能材料研究创新团队”等十个校级科技创新团队；“红山文化创新人才团队”获批自治区产业创新创业人才团队。学校科研立项课题数量和质量持续增长，在纵向上仅2013年各级各类项目获准立项118项，与内蒙古科学技术研究有限责任公司研究院合作成立的东部分院围绕赤峰市经济社会发展问题的课题我校教师有3项获准立项；在横向上进一步深化校地合作，与市科技局合作，促成了学校与企事业单位、农村、牧区的有效对接和科技成果转化；学校已经与赤峰市红山区、克什克腾旗、巴林左旗、翁牛特旗、敖汉旗、阿鲁科尔沁旗等旗县开展合作，以科研优势参与地方文化建设和经济社会建设，在出版地方文化丛书、策划文化产业和旅游研究策划、医疗、节水灌溉、草业研究、计算机软件开发服务、动物养殖、植物调查等领域开展了不同程度的研发服务工作，取得了重要成果。目前，与红山区合作开展的四个重大研究课题也正在设计和推进当中，在阿旗建立的赤峰学院草业研究博士工作站的研究工作不断深入，与敖汉旗合作打造的契丹辽文化旅游基地也已全面启动。一个紧紧围绕赤峰地区经济社会发展需要、产学研用紧密结合的科研局面已经初步形成。

四、以人才支撑为保障，全力打造了增强学校服务地方经济社会发展能力的科技文化创新基地

学校高度重视人才在科技文化创新中的支撑和先导作用，加大了对高层次人才引进和培养力度，有效改善了师资队伍结构。学校依托自治区“草原英才”工程和赤峰市“玉龙人才”工程项目，深入实施“百名博士”工程、名师名家工程和教坛新秀培养工程，认真开展产业创新人才团队和“草原之光”硕士创业行动，学校科技文化创新基地的人才支撑和先导作用充分显现。目前，学校聘任教授128人（二级教授5名），博士67人，在读博士42人，柔性引进了国内知名专家学者46人为学校特聘教授或客座教授。现有自治区级教学团队1个，自治区产业创新创业人才团队1个，国务院特殊津贴专家5人，自治区“草原英才”3人，自治区教学名师5人，自治区教坛新秀2人，32名教师被聘为硕士研究生导师，10名教师在自治区青年教师课堂教学技能大赛中获奖。朝着把学院建设成为内蒙古中东部地区重要的人才高地和科技文化创新基地的战略目标，赤峰学院人正在奋勇向前！

内蒙古百姓口碑金奖单位

内蒙古“社会贡献杰出单位”

表彰优秀教师

赤峰学院简介

赤峰学院是2003年经国家教育部批准，由具有50多年办学历史、在社会上享有良好声誉的赤峰民族师范高等专科学校与赤峰教育学院、内蒙古广播电视大学赤峰分校、赤峰卫生学校、内蒙古幼儿师范学校合并组建的一所多科性本科普通高等学校。2008年赤峰艺术旅游学校并入赤峰学院。学校位于闻名遐迩的“红山文化”发祥地——内蒙古赤峰市。

学校占地面积780亩，规划占地面积1800亩，建筑面积21.1万平方米，固定资产总值4.4亿元。拥有各类专业实验室、专业实训室、计算机中心、数字化校园网、体育馆、多功能厅等现代化教学、科研设施。学校图书馆馆藏图书95.2万册，电子图书6190GB，综合性全文数据库7个，是中国高等教育文献保障系统(CALIS)成员馆和中国高校人文社会科学文献中心（CASHL）成员馆。

学校教育教学管理体系完善，内设党务、行政、教辅、后勤等机构26个，设有蒙古文史学院、文学院、外国语学院、音乐学院、美术学院、政法学院、历史文化学院、经济与管理学院、教育科学学院、体育学院、数学与统计学院、资源与环境科学学院、物理与电子信息工程学院、计算机与信息工程学院、化学化工学院、生命科学学院、建筑与机械工程学院、初等教育学院、医学院、马克思主义学院、成人教育学院、远程教育学院、继续教育与教师培训学院、大学外语教学部共24个教学学院、部。专业设置涵盖文学、史学、法学、教育学、理学、工学、农学、医学、管理学、艺术学十个学科门类，开设46个本科专业和60个高职高专专业，拥有“文物与博物馆”专业硕士学位点，部分专业采用蒙汉两种语言授课。现有全日制在校生12269人，其中本专科学生11114人，成人教育学生15669人。学校设有附属医院、第二附属医院、附属中学三个附属单位。

学校师资力量雄厚，现有专任教师985人，其中教授136人，副教授347人，硕士研究生导师32人，具有博士、硕士学位教师493人，硕士以上学位教师占专任教师总数一半。享受国务院政府特殊津贴教师5人，自治区有突出贡献中青年专家3人，自治区“321”人才工程第一、二层次人选2人，“111”人才工程人选1人，自治区“草原英才”工程人选3人，中国工艺美术大师1人，自治区教学名师5人，自治区级教坛新秀2人。

学校坚持区域性大学的办学理念和定位，大力培育具有区域和民族特色的学科和专业，形成了结构合理、特色鲜明

赤峰学院举办红山文化国际学术研讨会

赤峰学院与北京华育网科技发展有限公司签署联合办学协议

赤峰学院草业研究博士工作站成立

赤峰学院大学生创业团队在自治区第一届大学生创业大赛决赛中荣获二等奖

的学科和专业体系，其中专门史是自治区重点培育学科，历史学专业为国家级特色专业建设点，计算机科学与技术、数学教育、生物科学、蒙古语言文学、物理学、护理等9个专业是自治区级品牌专业，蒙古语修辞学、口腔修复学、电磁学等14门课程为自治区级精品课程，拥有自治区级教学团队1个。

学校突出培养应用型、复合型、创新型人才，着力构建“尚品德、厚基础、重应用”的人才培养模式，注重对学生健全人格、创新精神和实践能力的培养，努力促进学生全面发展和个性化发展，人才培养质量不断提高，学生研究生考取率、就业率稳步攀升，就业工作多次受到自治区教育厅的表彰。

学校科研氛围浓厚。近几年来，学校教师主持完成科研项目513项，其中承担国家自然科学和社会科学基金项目25项，省部级项目233项。有264项科技成果获国家级、自治区级和市级奖励。公开发表学术论文6178余篇，其中刊登在国家级核心期刊747篇，被国际三大检索系统收录179篇，出版学术专著80部，教材、译著、工具书等488部。学校现有“红山文化研究院”、“契丹辽文化研究院”、“蒙古学研究中心”、“旅游与文化产业发展研究所”、“环境与发展研究所”等研究机构20个，拥有“红山文化暨契丹辽文化研究基地”、“内蒙古体育社会科学研究基地”、“教育创新科研实验教育基地”三个自治区级社科研究基地。我校被评定为自治区和赤峰市两级社会科学普及基地。红山文化和契丹辽文化研究在全国拥有较高知名度和学术影力。

学校大力加强国际交流与合作，与美国、英国、加拿大、韩国、蒙古国等国家的有关院校建立了良好的合作关系。现有美国、巴基斯坦、纳米比亚、蒙古国等国家的留学生在我校深造。

“十二五”期间，学校将以邓小平理论和“三个代表”重要思想为指导，全面贯彻落实科学发展观和国家教育方针，秉承“厚德博学、务实创新、开放包容、勤勉奋进”的大学精神，以育人为根本，以提高教育教学质量为主题，坚持开门开放开明办学，主动融入赤峰，服务地方，突出特色，转型发展，着力建设内蒙古中东部地区重要的人才高地和科技文化创新基地，朝着把学校建设成为区域性综合型大学的奋斗目标迅跑！

赤峰学院代表队在第十二届上海国际大学生广告节大赛中荣获二等奖

赤峰学院与英国科特布里奇学院合作培养口腔医学人才

科尔沁区经济社会发展巡礼

科尔沁区在通辽市委、市政府的正确领导下，深入贯彻落实习近平总书记视察内蒙古重要讲话精神和自治区“8337”发展思路，坚持以主城区城市建设、产业发展及民生改善等系列行动计划为抓手，积极应对经济下行压力，全力以赴稳增长、调结构、促改革、惠民生，经济运行在合理区间，保持了总体平稳、质量提升的良好发展态势。

主导产业支撑有力
自主创新产业迅猛发展

科尔沁区按照全市“三大产业集群”发展布局的安排部署，不断丰富工业经济内涵，玉米生物科技、农畜产品加工、铝后精深加工三大支柱产业加快步伐、率先转型；新型装备制造、硅砂及新材料、医药三大主导产业迅速兴起、后劲十足；高新技术产业园区实现破题，蓄势待发。

玉米生物科技产业，从最初单一的淀粉加工，发展到生产味精、复合肥、胚芽油、糠醛、糠醇和10多个氨基酸品种，产品涵盖了食品、饲料、医药、高端生物技术四大领域，现已发展成为世界最大的氨基酸生产基地。预计到年底，梅花生物出口额可达3亿美元，实现增加值20亿元，已经成为通辽市出口规模最大的企业。梅花生物5000吨海藻多糖及2000吨缬氨酸生产项目进展顺利。目前，海藻多糖中试产品已下线，达到了工厂化生产条件，生产车间建设及设备安装工程已开工；缬氨酸小试已完成，预计年底前建成投产。

绿色农畜产品加工产业，依托丰富的农畜产品资源，以“农户＋基地＋企业”的产供销模式，打响了科尔沁绿色有机品牌。金锣清真系列产品通过“宁夏清真产品国际自由贸易区”认证，打入中东等国际市场。谷道粮原“科尔沁沙地杂粮”进入全国各地连锁商超140家，月销售杂粮万袋以上。蒙古王实业酱香、清香、芝麻香型酒类一应俱全，三期项目于6月份开工建设，现已经建成两个36间的发酵车间，进行20T锅炉房改造工作。预计年底前建成投产，届时可将蒙古王白酒年综合生产能力提高到4万吨。特别值得一提的是科尔沁绿色食品加工园区，由科尔沁区、经济技术开发区共同建设。项目总投资7.2亿元，总规划建设用地面积381亩，总建筑面积24.53万平方米。该项目于2014年4月15日开工，截至目前，这些建筑的主体工程已经完成，预计2014年10月份竣工。项目全部建成后可安排经营商户720家。一奇沙枝食品水果果酱、果脯项目累计完成投资1.7亿元，已建成果蔬分拣、深加工车间及化验室、职工宿舍等设施近7000平方米。

铝及铝后产品加工产业，牢牢占据国家电缆行业“以铝代铜”的材料革新前沿，以欣意、胶建两大稀土高铁铝合金新型线缆项目为载体，各类铝合金线缆年生产能力将达到8万千米以上。霍煤亚星铝业研发生产的铝合金模板是经历木模板、钢模板、塑料模板之后的第四代建筑模板，具有重量轻、刚度高，拆装方便、可回收等优势，投放市场后迅速成为行业新宠儿。欣意稀土高铁铝合金电缆项目，已完成9万平方米的连铸连轧车间、裸线车间、塑缆车间等6个生产车间钢结构主体及办公楼主体建设，预计年底前将投入生产。达产达效后，年可实现销售收入50亿元，利税6.7亿元，安置就业2500余人。胶建铝合金电缆项目由上海电缆研究所提供技术，目前已开始进行小批量试生产。

新型装备制造、硅砂及新材料、医药三大主导产业之前受到金融危机、国家产业政策调整的影响，发展后劲不够充足。经过近两年不懈努力，三大主导产业又迸发了新的活力。机械装备制造产业取得实质性进展，通辽市神鹰通用航空有限公司轻型飞机生产线装配项目，总投资2亿元，选址在科尔沁区工业园南区，占地面积150亩，建设专业用于农林农药喷洒及旅游观光型的超轻型飞机项目。项目一期达产后，生产能力可达350架，预计年销售收入3.11亿元。其中三座飞机年生产能力300架，年产值可达1.71亿元人民币。五座飞机年生产能力可达50架，年产值可达1.4亿元人民币。项目一期竣工运营后，可以提供就业岗位一千余个。项目二期计划追加建设两条生产线和零配件加工车间，达到年500架的生产能力。目前，正在进行厂房改造，预计年底投入生产。温德克（通辽）飞机制造有限公司整机制造项目，拟计划投资12亿元，建设“鹰”型机的整机组装、机身部件制造及配套零部件制造，通用飞机厂区建设、配套运输物流区、生活区等，预计两年时间全部建成。目前，项目已经开始动工建设，预计年底建成投产，达产达效后，年可实现利税4亿元，可提供技术型中高端就业岗位近千个。国创金科工程机械项目年产混合动力装载机、矿用电动运输车、改装各型混合动力挖掘机等1.2万台，预计年底前建成投产。大连海达微晶板材项目总投资6亿元，占地面积480亩，建设年产180万平方米压延微晶板，15万吨胶泥、晶核新材料生产线及微晶研发中心等。达产达效后，年可实现销售收入4.68亿元，利税2亿元。

按照通辽市打造中部自主创新产业集群的安排部署，立足通辽市的资源优势，为承接沿海发达地区的产业转移，科尔沁区委托北京泛华规划设计院完成了高新技术产业园区的区域规划和产业发展规划。园区总投资20亿元，规划占地面积10.26平方公里，全部建成后可吸引项目投资超100亿元，工业总产值超300亿元，成为科尔沁区工业经济发展的又一增长极。目前已经落户园区的伯恩露笑蓝宝石生产项目，专门为苹果、三星等国际品牌生产电子产品屏幕，填补了通辽市精密制造行业的空白。一期建设200台套80公斤级蓝宝石长晶炉，新建厂房5栋，目前厂房已全部建成，将于10月份正式投产，并形成200台套80公斤级蓝宝石长晶炉生产能力。目前，前期手续已经基本办理完毕，已经开工建设。

商贸物流活力迸发
主城区发展质量日益提升

为增强主城区发展活力，提升服务业配套能力，使本地商贸物流业融于现代经济社会的竞争大环境，科尔沁区依托现有基础，外引内联，大力发展新型商贸物流业。以四大物流园区建设为重点，打造了综合物流、铁路物流、煤炭物流协调发展的产业格局。

科尔沁区商贸物流业捷报频传：蒙东煤炭交易中心项目已经开工，办公用房等基础设施已经建成，正在铺设专用铁路；金港国际物流园区甩挂运输二期工程4栋仓储库已经建设完成；蒙王医药物流园一期园区基础设施及医药仓储库已经开工，主体工程预计10月份完成。万达广场、北京华联、长春欧亚、红星美凯龙等大型城市综合体项目的建设，加快推动了传统商圈提档升级、新兴商圈的迅速崛起。万达广场项目已投入资金27亿元，购物中心已主体封顶，回迁与销售住宅已完成至24层，现已完成利税2.55亿元，全部工程预计年底前全部封顶。总投资100亿元的五洲国际商业开发项目，占地面积1000亩，一期汽贸城项目总投资为15亿元，占地430亩，建设面积约为10万平方米，现已投资0.6亿元，正在进行地上部分建设。万华上都商业综合体项目5.3万平方米商业部分已经开始内部装修，预计10月份试运营。长春欧亚购物中心已完成总工程量的90%，预计年底前整体竣工并投入试运行。红星美凯龙商业综合体住宅部分已建设至地上，商业部分征地工作正在积极进行。

科尔沁区以扩大内需为基点，积极开拓的城乡消费市场，正努力向服务全市、辐射周边城乡及盟市的商品集散中心的目标迈进。建国农产品批发市场是继白音太来市场之后，主城区第二个大型专业农产品批发市场，目前主体工程已经封顶。同时，科尔沁区还依托人文旅游资源，全力配合实施通辽市“一轴（三区）两翼”旅游发展规划，修建了莫力庙沙湖旅游区周边的接待设施、娱乐设施和文化遗迹，进一步挖掘了“莫力庙”品牌的文化内涵，推动了旅游资源品牌化建设。莫力庙国际自行车赛道主体工程即将完工，同时，周边接待设施也正在紧张施工中。

为进一步改善主城区发展环境，提升城市建设品味，科尔沁区以“三城同创”为契机，积极承接事权下划，全力推进城乡建设、房屋征收和城市管理各项工作，一大批重点项目、重点工程得到扎实推进。城乡建设方面，在去年打造30个幸福社区的基础上，今年计划再建设幸福社区50个，首批22个已全部开工建设，其余28个拟建项目正在开展前期选址等工作。续建村民之家21个，已全部交付使用；续建村民广场20个，已完成7个，预计10月份全部交付使用；新建村民之家10个，预计年底前完成建设任务。完成了城东新型城镇示范区36平方公里的概念性控规，成立了城东新型城镇化示范区管委会。片区将按照新型城镇化思路，通过加快产业导入、引导农民整合村集体资源等方式，推动产城一体化新型模式，进一步拉大城市框架。力争通过五年努力，最终将该区域建成集商贸、物流、旅游、现代服务业、居住为一体的具有浓郁蒙古民族特色的新型城镇化示范区。房屋征收方面，今年科尔沁区的房屋征收任务为11777户、200万平方米，占全市棚户区改造任务的39%。截至目前，已完成房屋征收9214户、237万平方米，分别完成全年任务的78%和118%，新开工回迁安置房4000余套，基本建成2500余套。同时，在市委、市政府的大力支持下，科尔沁区委、政府抽调精干力量，分别由区级领导带队，成立攻坚工作组，扎实开展了建国片区、霍林河大街东出口、明仁公园、红光大街等市级重点项目、重点工程的房屋征收工作。其中，霍林河大街东出口改造工程涉及房屋征收268户、征收面积1100亩，仅用1个月的时间就完成了市委、市政府下达的紧急任务；明仁公园改造项目涉及房屋征收207户，已完成162户，剩余45户，完成任务数的78%；红光大街改造工程涉及房屋征收35户，目前已完成28户，剩余7户，完成总任务数的80%；建国片区土地一级开发项目涉及房屋征收3500户，已完成约2900户，剩余约600户，完成任务的83%；完成企业投资历史遗留项目6937户，确保了富景华庭等一批最长达8年的历史遗留片区开工建设。城市管理方面，今年4月份城市管理工作事权下划以来，为积极承接事权下划，科尔沁区委、政府组建了区城市管理行政执法局，与原区房屋征收管理局一个机构、两块牌子，全面负责科尔沁区范围内的房屋征收和城市管理相关工作。半年来，多次组织城管、公安开展联合执法行动，重点强化了对主城区露天烧烤、占道经营、违章建筑、环境卫生、“小广告”等影响城市形象、城市环境问题的综合治理，先后清理露天烧烤、占道经营600余处，处理小广告投诉案件2800余起，受理违章建筑线索1168起，城市管理秩序得到明显改善，城乡环境面貌得到进一步提升，为通辽市创建国家级卫生城市打下了坚实基础。

扩大开放成效显著
县域经济发展基础不断夯实

为增强扩大对外开放的动力，构建多元发展格局，科尔沁区进一步解放思想、放开手脚、主动作为，充分利用国际、国内两个市场、两种资源，丰富开放内涵，逐步打造内陆沿边开放新高地。今年，科尔沁区外派了10个专业招商组，针对东北、京津冀、长三角等经济发达地区，全力拓宽招商渠道，提高了项目引进数量和质量。截至目前，新签约项目24个，实现签约额235.22亿元，上报招商引资项目到位资金52.6亿元，新签约项目履约率达到76%。宗申大型高端农业机械生产、金锣大豆蛋白、河北大成制药、莫力庙温泉度假、华联集团商贸综合体等50个重点项目正在跟踪洽谈，有望近期签约。充分发挥金融杠杆撬动作用，为民营企业融资27.7亿元、新引进3家金融机构，有效缓解了贷款难问题。政府融资方面，通过保障性安居工程红星棚户区改造项目，向华宸资产管理公司融资5亿元。

科尔沁区在全面落实通辽市“8511521113”工程的基础上，以节水增粮工程引领农业基础设施建设、以产业化发展引领农业内部结构调整、以规模化经营引领农业生产方式和农牧业转型升级、以标准化生产引领农畜产品品牌创建，高起点、全覆盖、大力度推进现代农业发展和新农村建设，县域经济发展基础得到了进一步夯实。共完成总播面积220万亩，新建节水高产粮食功能区40万亩，建成区面积达到160万亩。以钱家店、丰田和莫力庙3个膜下滴灌区为重点，打造9个土地流转示范村。金锣50万口生猪基地存栏规模进一步提高，华盟30万口生猪养殖基地建设进度已过半，牧业年度家畜存栏达213万头只。开工建设节水管灌18万亩、膜下滴灌22万亩；完善和盘活设施农业小区46个，重点打造了钱家店镇孔家村等四个“菜篮子工程”样板小区；扎实开展百万亩森林城市建设，国道303线和好通高速绿化工程全面完成，完成新农村绿化20个；启动建设城郊采摘园5个，莫力庙区域10个新增采摘园正在进行规划设计。农村“十个全覆盖”工程已落实资金1.8亿元，基础设施建设工作已陆续启动。深入开展“三到村三到户”和扶贫基金会小额信贷扶贫项目，积极筹划金融扶贫富民工程。发放惠农惠牧补贴资金2.3亿元。

科尔沁区将继续坚定不移地贯彻执行通辽市委、市政府年初以来的系列重大决策部署和行动计划，不断巩固第二批党的群众路线教育实践活动成果，进一步统一思想，凝聚力量，以“钉钉子”的精神，锁定目标、敢于担当、迎难而上，确保圆满完成全年各项任务目标，为全市加快“开放转型、创业富民”进程、推进县域经济持续发展作出科尔沁区应有的贡献。

开放转型 创业富民 经济持续发展的

——科尔沁区

科尔沁区简介

科尔沁区是通辽市政治、经济、文化和交通中心。全区总面积 2821 平方公里，辖 10 个镇苏木、5 个国有农牧场和 11 个街道办事处，常住总人口 81.4 万。

多年来，科尔沁区坚持以招商引资为强力引擎不动摇，全力实施“五大战略”，扎实推进“五化进程”，经济社会迈入了又好又快发展的崭新阶段，工业经济成功跻身内蒙古自治区 101 个旗县市区前四强，先后获得 “七星级文明城区”、“全国商品粮生产大县”、“全国十佳卫生城”、“内蒙古自治区首家文明市”、“中国优秀旅游城市” “中国少儿版画艺术之乡”等荣誉和称号。

2014 年，科尔沁区以加快经济转型升级为着力点，突出抓好主城区城市建设、产业发展和民生改善三件大事，全面开创我区转型发展、科学发展、率先发展新局面。全年预计实现地区生产总值 594 亿元，同比增长 10%；三次产业比调整为 9:60:31；财政收入 42.8 亿元，增长 20%；社会消费品零售总额 177 亿元，增长 16%；全社会固定资产投资 606 亿元，增长 18%；城镇居民人均可支配收入 26,040 元，增长 13%；农牧民人均纯收入 14,720 元，增长 14%。

科尔沁区各族干部群众将以科学发展观为指导，以团结务实、奋发有为的精神状态，抢抓机遇、矢志跨越，不断加强经济、政治、文化和社会建设，齐心协力铸就经济发展强势，共同谱写和谐发展新跨越的壮丽篇章！

玉米生物科技产业园

蒙古王酒业

燕京啤酒上产车间

玉米机收

伯恩露笑蓝宝石加工项目

玉米生物科技产业园

落实“8337”发展思路 积极培育“五个基地” 不断巩固提升区域中心城市地位

中共扎兰屯市市委书记 任宇江
扎兰屯市政府市长 栾天猛

自治区“8337”发展思路明确了内蒙古的发展定位、工作重点、基本要求和主要任务，为今后一个时期全区经济社会发展指明了目标方向、提供了重要遵循。扎兰屯作为自治区东部重要区域中心城市、呼伦贝尔市副中心城市和岭东地区中心城市，贯彻落实好“8337”发展思路，巩固提升区域中心城市地位，承担起辐射带动区域发展的历史责任，是扎兰屯市必须肩负起的重要使命。

明确发展定位

扎兰屯市位于大兴安岭东麓，与松嫩平原接壤，毗邻黑龙江省和兴安盟。全市总面积1.69万平方公里。户籍人口近43万，是呼伦贝尔市总人口最多、农业人口最多的旗市。全市共有22个民族，拥有鄂伦春、鄂温克、达斡尔3个民族乡、14个民族村和1个蒙古族聚居区。1983年10月经国务院批准撤布特哈旗建扎兰屯市。撤旗建市30年来，扎兰屯市历届领导班子始终坚持发展这个硬道理，在发展中应对挑战、经受考验，在发展中破解难题、壮大实力，在呼伦贝尔地区乃至全区经济发展中做出了独特的贡献。

近年来，扎兰屯市认真研究市情，结合发展实际，坚持“科学发展、富民强市”一个主题、突出“构建绿色农畜林产品生产加工体系和以旅游商贸为核心的特色服务体系”两条主线、实施“以中心城区建设带动城镇化、以城镇化带动工业化、以工业化带动农牧业现代化”三个带动战略，统筹推进各项建设，经济社会实现又好又快发展，为全面贯彻落实“8337”发展思路打下了坚实的基础。在准确把握“8337”发展思路内涵的基础上，经过客观分析，我们认为扎兰屯系全区为数不多的同时具备自治区提出的“五大基地”发展条件的旗市。因此，我们进一步完善和明确了全市的发展定位即：坚持“一个主题”，突出“两条主线”，实施“三个带动战略”，着力培育清洁能源、现代煤化工、有色金属、绿色农畜林产品和特色观光休闲度假旅游“五个基地”，保持强化呼伦贝尔市县域经济发展主力军和排头兵的地位，巩固提升呼伦贝尔市副中心城市、自治区东部重要区域中心城市的地位。

培育“五个基地”

着力培育清洁能源生产基地。扎兰屯市地域广阔，风力、太阳能、生物质能等可再生能源资源非常丰富，全市各风电场基本达到3-4级风场，70M高度风速在6.7M/S左右，资源条件可规划建设400万千瓦的风电规模；全年日照充足，平均日照时数为2773.3小时，太阳年总辐射量在4758.1-5337.7MJ/㎡之间；全市玉米、大豆等农作物秸秆年产量50万吨左右。依托风力、光热等资源丰富并且是全国可再生能源建设示范县的优势，我市将大力发展风电产业，加快推进太阳能综合利用步伐，积极筹划生物质发电项目，着力推进煤制气项目，不断加强能源基础设施建设，积极培育以风能、太阳能和生物质能等可再生能源的为主的复合型清洁能源生产基地。目前，正在与大唐公司、中电投东北电力有限公司对接风能建设项目，与华能呼伦贝尔能源公司实施太阳能光伏发电项目，已经与阳光凯迪新能源集团签订综合性生物质能源项目构架协议，与格菱动力设备（中国）有限公司签订煤制天然气项目协议。华能2×35万千瓦热电联产项目预可研已通过评审并上报国家发改委，同时将4×60万千瓦电源点项目作为战略储备项目开展前期工作，努力打造面向东北经济区的清洁能源输出基地。

着力培育现代煤化工生产基地。随着呼伦贝尔市重大产业布局的调整优化，扎兰屯市发展煤化工产业要素组合优势日益突出。我市处于滨州铁路干线，高等级公路网络逐步完善，呼伦贝尔岭西煤炭运输通道经济、顺畅、便捷；工业基础较好，门类齐全，基础设施日趋完善，园区配套产业发展布局初步形成；环境承载能力大，水资源丰富，市域水资源总量约25亿立方米，扬旗山水库蓄水能力达到1亿立方米，能为煤化工产业发展提供充沛的水资源。基于工业经济的现实基础和煤水组合的独特优势，我市把发展煤化工产业作为拉动工业经济发展“三驾马车”之一，以宏裕科技和阜丰公司为龙头构建煤化工产业集群发展格局。目前，总投资28.57亿元的宏裕科技30万吨合成氨52万吨尿素生产线项目加快推进，力争年内试车投产；总投资 37.35 亿元的宏裕科技 50 万吨合成氨 80 万吨尿素生产线项目今年完成投资 10 亿元左右。下步将陆续上马自治区已经批准的宏裕科技和阜丰公司另外 4 条煤制尿素生产线，初步形成尿素及合成氨其他下游产品产业链。到 2017 年，力争煤制化肥年产能达到 500 万吨，成为呼伦贝尔乃至东北地区重要的煤化工生产加工基地。

着力培育有色金属生产加工基地。近年来，扎兰屯市逐步加大矿产资源勘探力度，先后在卧牛河镇和绰尔河上游发现系列多金属矿，这些金属矿成矿条件好，铅、锌、铜、钼等有色金属储量丰富，具有较高的开采价值，填补了市域缺少重大矿产资源的不足，为工业经济发展集聚了后发优势。我市将有色金属采选加工作为重点培育的工业三大新兴支柱产业之一，围绕探矿增储、综合利用、延伸链条，推进铅锌铜钼等矿产资源探采选冶加一体化发展，实现资源就地加工转化。目前，总投资 14.2 亿元的国森矿业采选 60 万吨铅锌多金属矿石、总投资 2.3 亿元的华威矿业年采选 60 万吨铜钼矿石等重点项目顺利推进。力争五年内，全市采选矿石能力达 300 万吨，年产值达到 11 亿元，培育成为以铅锌铜钼为主的有色金属生产加工基地。

着力培育绿色农畜林产品生产加工基地。我市生态环境优良，农牧业基础好，域内有内蒙古农牧学校、林业学校和呼伦贝尔市农业科学研究所、蚕业科学研究所等涉农中专学校及科研单位，农业科技力量雄厚，劳动力资源丰富，绿色产业发展条件优越。近年来，我市大力构建绿色农畜林产品生产加工体系，绿色产业基地规模适度、技术成熟，有机、绿色、无公害“三品”认证已经达到 60 个，国家地理标志保护农产品 6 个，成为国家绿色农业示范区、全国绿色食品原料标准化生产基地、国家农业产业化示范基地，全区绿色食品标志使用最多的旗县级地区。下一步，我市将发挥生产条件好、基础好与农技力量强的组合优势，以工业化思维谋划农牧业发展，继续深入推进新农业、新农村、新农民“三新”示范工程，全面提升“三农”工作水平。未来五年，粮食年总产量稳定在 25 亿斤左右，牲畜年存栏稳定在 400 万头只以上，畜牧业占一产比重达到 60% 以上，“三品一标”认证达到 100 个。同时，积极构建绿色农畜林产品加工业集群，重点培育以阜丰集团、同联集团等为龙头的农产品加工企业集群，力争五年内玉米年加工能力达到 400 万吨，成为呼伦贝尔市玉米加工产业集聚区；全力争取蒙羊集团肉羊加工项目落地，加快推进伊利、金丝猴等企业扩能改造，积极培育畜产品加工企业集群和以玖龙兴安、同德木业、源野饮品、傲林山珍等企业为龙头的林产品加工企业集群，努力形成积聚效应和完整的产业链，全力推进农牧业产业化进程，进一步提升绿色农畜林产品的市场竞争力。

着力培育特色观光休闲度假旅游基地。我市生态系统保持完整，旅游资源禀赋好，域内有火山天池、森林湿地、冰雪温泉、民俗风情等独特资源。目前已经基本形成了以柴河为主的森林火山天池景区，以市区吊桥公园、秀水景区等为主的自然风光景区，以金龙山滑雪场为主的冬季滑雪度假景区，以“三少民族”及蒙古族、朝鲜族聚集地为主的民族民俗游景区，以中东铁路博物馆、乌兰夫同志纪念馆等俄式建筑群为主的历史文化景区，是自治区目前唯一的国家级风景名胜区、中国根艺之乡，也是中国优秀旅游城市、全国休闲农业与乡村旅游示范县，金龙山滑雪节、雅鲁河漂流节被评为中国体育旅游精品项目。下一步，我市将发挥自然景观与多元民族文化的良好优势，大力开发度假休闲、观光体验、民俗风情游三大系列产品，加快推进昂勒滑雪小镇、柴河月亮小镇及成吉思汗驿站、鄂伦春猎民部落等核心景区建设，不断提升春季杜鹃节、夏季漂流节、秋季采摘节、冬季滑雪节等四季节庆活动影响力。稳步推进“中东铁路文化风情街”、“民间艺术文化风情街”等文化产业集聚区建设，积极发展根艺、剪纸等民间艺术文化产业和博物馆等文博事业，促进文化与旅游的深度融合，全面推动旅游产品升级、旅游市场升温，努力把旅游业培育成重要支柱产业。到 2017 年，全市旅游接待人数和旅游总收入分别突破 300 万人次和 30 亿元，年均增长 10% 和 20%。

强化措施保障

牢固支撑点。目前，扎兰屯市正处于工业化的初期阶段，特定阶段决定了调整经济结构、转变发展方式必须要依靠增量。因此，必须坚持将项目建设作为调整经济结构、转变发展方式的重要载体，用好用活政策，全力推进项目建设，保持适度的投资规模，促进结构调整、发展方式转变，推动经济总量增长和效益提升。

强化保障线。生态资源是扎兰屯市的最大优势资源，也是扎兰屯市实现可持续发展的保障线和生命线。因此，必须把生态保护和建设作为最大的基础来抓，坚持“点上开发、面上保护”的原则，强化生态环境保护和建设，积极推进节能减排，鼓励支持科技创新，大力发展循环经济，在发展中构筑生态安全屏障。

开发动力源。扩大招商引资、推进区域合作，是扎兰屯市必须作出的现实选择。因此，必须积极推动重点领域、关键环节的改革创新，强化主动服务意识，全面优化发展环境，不断释放发展活力。落实优惠政策，优化要素配置，打造洼地效应，积极承接发展地区产业梯度转移，主动加强区域合作，不断扩大招商引资规模，为县域经济发展注入动力。

坚持“科学发展、富民强市”巩固提升自治区东部重要区域中心城市——扎兰屯市

河西新区规划鸟瞰图

阜丰公司全貌

宏裕科技 30 万吨合成氨 52 万吨尿素项目鸟瞰图

柴河月亮小镇

月亮天池

金龙山滑雪场全景

金龙山滑雪节

绿色农产品－成吉思汗林场黑木耳基地

现代农牧业奶牛养殖场

绿色农产品－玉米膜下滴灌

壮大县域经济，形成发展合力
“8337”发展思路引领托克托县转型跨越发展

托克托县县委副书记、政府县长 张国平

托克托县县委书记 杜延峰

托克托县县委副书记、政府县长 张国平

县域经济作为国民经济的基本单元和国家经济社会发展的重要组成部分，在全面建设小康社会，实现中国梦的历史进程中，具有举足轻重的战略地位。近年来，在上级党委、政府的正确领导下，托克托县紧紧抓住西部大开发和大唐托电建设带来的历史机遇，按照自治区“8337”发展思路的战略部署和总体要求，托克托县立足县情，准确定位，提出了打造全区一流工业园区、全市一流卫星城镇、全市一流文化旅游基地，建设生态、宜居、幸福、美丽托克托，实现早日跻身全国县域经济基本竞争力百强行列的工作思路，加快推进新型工业化、城镇化、农业现代化和服务业产业化进程，更加注重改善民生，切实维护社会和谐稳定，实现了由国家级贫困县向全区一流经济旗县的跨越。在 2013 年全国中小城市科学发展评价中，托克托县位列全国最具投资潜力中小城市百强县 48 位和全国中小城市综合实力百强县 59 位，被自治区确定为全区第一批循环经济示范县。

一、做大做强工业经济，不断增强县域经济综合实力

紧紧抓住自治区加快建设清洁能源输出基地、现代煤化工生产示范基地、有色金属生产加工和现代装备制造等新型产业基地的新机遇，发展壮大支柱产业，延伸产业链条，培育产业集群，在做大规模、搞好改造、推动创新上下功夫，努力打造全区一流工业园区，争创国家级循环经济示范园区。一是全面加快推进交通路网、饮水、环保、电力、通讯等基础设施建设，分步实施园中村搬迁改造工程，着力抓好园区园容园貌、企业厂容厂貌整治工作，进一步提高托克托工业园区承载能力。二是不断扩大电力产业规模，大力发展新能源等战略性新兴产业，适当扩大光电、引进风电和垃圾发电等新能源项目，力争到 2017 年，使全县电力总装机容量达到 800 万千瓦，产值达到 150 亿元，建成国家重要的电力能源基地。大力培育发展现代煤化工产业，加大招商引资力度，通过引进庆华集团煤基清洁能源等重大煤化工项目，加快构建新型煤基清洁能源、煤制天然气产业链，推进煤炭深加工，提高煤炭转化率，切实做好资源转化这篇大文章，力争到 2017 年，化工产业产值达到 200 亿元，建成国家级重要的绿色能源和新型煤化工基地。加快铝生态工业园建设步伐，大力发展有色金属延伸加工，做精做细铝及铝深加工产业，使产业的集群效应尽快显现，力争到 2017 年，全县电解铝产能达到 100 万吨，冶金产业产值达到 450 亿元，建成全区重要的冶炼加工基地。加快生物制药企业产品结构调整，不断提升产品档次，提高产品附加值，促进生物制药企业优质健康发展。三是加快电力、冶金、生物制药等行业的技术改造和兼并重组。加强科技创新服务平台建设，加快电力、冶金等重点产业领域关键共性技术攻关，组织实施一批科技重大专项，抓好高耗能产业的改造升级，推动高耗能行业向绿色循环低碳方向发展。大力发展循环经济，支持高铝粉煤灰、硅钙渣等固体废弃物的综合利用。

二、做精做优第一产业，加快推进农业现代化进程

紧紧抓住内蒙古加快建设“绿色农畜产品生产加工输出基地”的新机遇，坚持以工业化的理念谋划农业，把发展龙头企业、专业合作社、示范基地和科技支撑体系作为“四轮驱动”，建基地，育龙头，创品牌，全力推进农牧业产业化，促进农业增效、农民增收和农村发展。一是在稳粮稳畜前提下调整种养结构，巩固农牧业基础地位。按照“一镇一业、一村一品”的产业布局，不断培育壮大粮、菜、草、药、肉、乳“六大产业”和“三红两绿一紫色”优势特色产业，把大规模做成大产业、小规模做成大品牌、粗放型做成精细化；大力推进农牧业产业化进程，加快云中现代农业科技示范园区建设，抓好菜篮子工程，围绕集中连片种植、公司化运作的基本思路适度扩大人工种草面积，加快奶牛养殖小区牧场化改造进度，加强奶牛、肉羊规模化养殖基地建设；力争到 2017 年，粮食产量稳定在 30 万吨，设施蔬菜突破 2 万亩，牧草种植面积突破 10 万亩，枸杞、黄芪等中药材种植面积突破 5 万亩，牲畜存栏达到 62 万头（只），规模化奶牛养殖场突破 100 个。二是在尊重农民意愿和保障农民利益的前提下，合理流转农村土地，鼓励发展多种形式的规模经营，支持工商资本到农村发展适合企业化经营的现代种养业。大力培育新型农牧业经营主体，推动农业经营主体由自然人向法人转变，让农民成为体面的职业，让农业成为有奔头的产业，让农村成为安居乐业的美丽家园。三是加强防汛工程建设，加快推进村级管网建设和农村饮水工程，做好京津风沙源治理三期工程和城壕高速公路、呼杀高速公路托县至和林连接线等重点区域绿化工作，扎实推进小型农田水利重点县、农业综合开发等农田水利基础设施建设项目，不断夯实农业发展基础。

三、坚持科学规划，扩容提质，全面推进城镇化建设进程

紧紧抓住国家和自治区全力推动呼包鄂经济圈和沿黄沿线产业发展的机遇，按照“小而美、小而特、小而强”的城镇建设要求，突出地域特色，彰显文化内涵，完善城市功能，改善居住环境，全面提升城市品位，增强城市承载力、集聚力和吸引力，打造融历史文化与现代文明为一体的首府一流卫星城镇。一是因地制宜，加快双河镇主城区和旧城区道路、通信、供电、供水、排水等基础设施配套，完善公共服务设施配套，促进城镇网络化、智能化、个性化发展，进一步提升城镇综合承载能力，同时不断优化生产、生活、生态空间布局，提高城镇建设用地集约化程度。二是切实提高城市规划建设管理水平。继续完善城市总规、控规以及各类专业规划，体现规划的先导性、严肃性。加快双河镇主城区开发建设步伐，全面推进城中村改造和整村搬迁工作，加大房地产开发力度，拉大城市框架。同步推进双河镇主城区、旧城区各类建筑的亮化改造，加快实施出城口整治改造和重点道路的街景整治工作，既要高度重视融入现代元素，更要保护和弘扬传统优秀文化，延续历史文脉，同时还要融入让群众生活更舒适的理念。创新城市管理模式，注重城市精细化、数字化管理，不断提升城市现代化管理水平。三是按照中央农村工作会议精神，打破拆倒重建的单一模式，因地制宜、实事求是，在尊重农民意愿、方便农民生产生活、保持乡村功能特色的前提下，大力推进新农村示范村建设，做好土地规模化、农业产业化、公共服务均等化三篇文章，促进城乡协调发展。

四、坚持资源保护与开发并重，推动文化与旅游事业繁荣发展

紧紧抓住内蒙古加快建设“体现草原文化、独具北疆特色的旅游观光、休闲度假基地”的新机遇，充分利用历史文化和地域资源优势，把发展生态旅游作为优化经济结构的重要方向，把托克托县旅游开发置于自治区、呼市旅游发展大格局，积极引进大批投资者，加快旅游景区和基础配套设施建设，大力推进黄河湿地保护进程，进一步提升农家乐旅游发展，全力打造京津冀休闲度假旅游基地。一是与城镇建设相衔接，依据黄河湿地文化旅游总体规划，以做历史、做文化、做未来的理念，全力推进黄河湿地建设。始终把保护放在首位，并创造性地协调好各种利益关系，及时纠正初期开发中的短视行为，构筑全新的旅游发展框架，建设以托克托县黄河湿地为领衔品牌，以游览观光、历史和民族文化体验、生态休闲度假、康体养生、会展商务为主题的京津冀休闲度假旅游基地。二是与新农村建设相结合，进一步发展农家乐旅游。紧紧围绕呼和浩特市旅游业发展目标，依托沿黄自然风光，以我县现有的46户“农家乐”民俗旅游接待户为中心，以8户“呼和浩特市农家乐旅游示范户”为核心，进一步发展以“塞上古郡，黄河人家”为主题的农家乐民俗旅游。坚持以“农”为根，以“乐”为魂，以“富”为本，创新发展思路，与新农村建设有机结合，实现两者互促共进、互动发展，重点突出和彰显三大特色，力争把托县的民俗旅游建成全市乃至全区旅游的特色品牌。

五、推进社会各项事业协调发展，不断增进人民群众福祉

按照自治区“8337”发展思路中更加注重民生改善和社会管理的要求，坚持富民与强县并重，富民为先的理念，将更多的财力投向民生和社会领域，真正把改善民生落实到真金白银上。一是优先发展教育事业，统筹推进城乡教育事业发展，大力发展各级各类教育，提高全县教育教学水平，为县域经济发展提供更多的高素质劳动者。二是提高医疗卫生服务水平，深化医疗卫生体制改革，加强县医院和乡村卫生院所建设，让群众享受更好的医疗服务。三是努力扩大就业，实施更加积极的就业政策，千方百计稳定和扩大就业，多渠道开发就业岗位，引导大企业更多吸纳我县劳动力就业，加强职业培训和就业服务，重点做好高校毕业生、农民工、城镇就业困难人员和退役军人就业工作。四是进一步完善城乡低保、社保、医保和社会救助体系，稳步提高保障和救助标准。五是利用三年时间，实现农村牧区危房改造、安全饮水、村街巷硬化、村村通电、村村通广播电视通讯、校舍建设及安全改造、村标准化卫生室、村文化活动室、便民连锁超市、农村牧区常住人口养老医疗低保等社会保障“十个全覆盖”。六是坚持以增加贫困农牧民收入为核心，继续实施定点扶贫和领导干部包镇、村（居）工作，认真总结成功经验，力争2017年内蒙古自治区成立70周年时实现基本消除绝对贫困现象的目标。七是加强和创新社会管理，有效化解各类矛盾和问题，促进全县经济社会协调发展、健康发展、可持续发展，到“十二五”末，基本完成全县社区达标建设的任务。

当前，第二批党的群众路线教育实践活动已在旗县深入开展，新一轮大学习、大讨论将有效解决思想上影响发展、制约跨越的突出问题，有利于我们进一步统一思想，提升境界，开阔思路，营造浓厚的发展氛围，形成强大的发展合力。勤劳、朴实、勇敢、智慧的托克托人民将高扬“诚信、厚德、创新、和谐”的托克托精神，凝心聚力、科学谋划、奋发有为、开拓创新，为构建生态、宜居、幸福、美丽托克托，全面建成小康社会而努力奋斗！

托克托铝生态工业园初具规模

国内最大的火力发电厂——大唐托电

托克托工业园区全貌

生态、宜居、幸福、美丽——托克托县

〔概况〕 托克托县隶属内蒙古自治区首府呼和浩特市，位于自治区中部、阴山南麓、黄河上中游分界处北岸的土默川平原上，处在呼和浩特、包头、鄂尔多斯“金三角开发区”腹地，全县总面积 1416.8 平方公里，辖 5 个镇、1 个黄河湿地管委会、13 个居民委员会、120 个村委会，黄河流经县域 37.5 公里。居住着蒙古族、汉族、回族、满族等 25 个民族，总人口 20 万人。

2013 年，全县地区生产总值完成 236.6 亿元，同比增长 11.7%，三次产业结构比为 9.4:72.7:17.9。财政收入完成 23.2 亿元。固定资产投资完成 68 亿元，增长 19%。规模以上工业增加值完成 102.2 亿元，增长 13.8%。社会消费品零售总额完成 23.6 亿元，增长 14.8%。城镇居民人均可支配收入达到 28716 元，增长 9.3%。农民人均纯收入达到 13576 元，增长 12.2%。在 2013 年全国中小城市科学发展评价中，托克托县位列全国最具投资潜力中小城市百强县 48 位和全国中小城市综合实力百强县 59 位，被自治区确定为全区第一批循环经济示范县。

党委副书记、政府县长张国平深入工业园区调研

县委书记杜延峰视察托克托文化广场建设

绿树成荫的云中路

建成了融合江南园林风格的云中文化广场

建成了体现欧式风格的玫瑰公园

托克托县双河镇主城区全貌

大力推进了双河镇养大圐圙村、新营子镇豆腐窑村、古城镇一间房村、五申镇五申村 4 个新农村示范村建设

城中村改造与新农村建设同步实施

托克托县黄河文化旅游接鼓谱大赛

托克托铝生态工业园初具规模

光银铝业铝水深加工项目年产 12 万吨铝棒生产线实现稳定运行

大唐再生资源一、二期粉煤灰提取氧化铝项目全面达产，16.2 万吨铝硅合金技改项目投入试生产

深入贯彻落实自治区“8337”发展思路 推动县域经济社会跨越式发展

中共兴和县县委书记　王幂生
兴和县人民政府县长　刘　政

中共兴和县县委书记　王幂生

中共兴和县县委副书记、政府县长　刘政

自治区“8337”发展思路，抓住了全区推动科学发展的突破口和着力点，为全区经济社会发展绘制了宏伟蓝图，是引领全区走向更加繁荣富裕、和谐美好新阶段的科学规划，也是我区当前和今后一个时期发展的目标方向和重要遵循。

过去的2013年，兴和县认真贯彻落实自治区“8337”发展思路，解放思想，负重前进，真抓实干，经济社会各项工作全面推进，取得了新的成绩。经济运行平稳向好。2013年全县地区生产总值完成59.1亿元，同比增长7.2%；规模以上工业增加值完成24.6亿元，同比增长11.23%；财政收入实现4.53亿元，同比增长6.8%；固定资产投资完成56.1亿元，同比增长5.23%；城镇居民人均可支配收入达到18255元，同比增长10.5%；农民人均纯收入达到4892元，同比增长13.5%；社会商品零售总额完成23亿元，同比增长12.4%。发展质效明显提升。农业生产喜获丰收，畜禽规模化养殖快速推进，现代农牧业发展态势良好。瑞盛石墨以及风电、冶金等重点工业项目建设成效明显。乌兰察布综合物流产业园区基础建设完成投资30亿元，国家级煤炭质量检验中心乌兰察布分中心、物流服务业标准化试验示范项目、煤炭物流示范基地创建工作全面启动，内蒙古西北煤炭交易中心建成运行，在煤炭市场持续低迷的情况下，发送煤炭430多万吨、实现税收1.7亿元。金融服务业和旅游业也取得了长足的发展。驻县金融机构达9家，服务体系更加完善。察尔湖、苏木山旅游景区游客人数和旅游收入实现倍增。城乡发展基础更加坚实。城镇建设投入力度不断加大，城镇化率和城区供热普及率达到44%和68%。民生得到切实改善。全年财政用于民生的支出达12亿元，增长25%，城乡危旧房改造、互助幸福院建设、扶贫攻坚、社会保障等民生工作取得重大突破。

2014年，面对新的发展形势和要求，兴和县将始终坚持以“8337”发展思路为统领，坚持稳中求进的工作总基调，围绕重点项目和重点工作，狠抓各项工作的落实，扎实推动全县经济社会跨越发展。

一、突出结构调整，方式转变，努力提高经济发展的质量和效益

抓住乌兰察布市纳入京津冀一体化发展的战略机遇和京津冀地区开展空气清洁行动的机遇，实施全方位开放、全领域招商，积极承接产业、项目和要素，推动经济新发展。全年地区生产总值力争达到70.2亿元，同比增长10%；财政收入达到5亿元，同比增长10%；规模以上工业增加值完成27.7亿元，同比增长10%；固定资产投资完成62亿元，同比增长10%。

（一）扎实推进农牧业现代化、产业化，全面提升农村经济发展水平。新型种植业上，着力破解土地家庭承包与规模化经营的矛盾，打通土地经营权流转这个“瓶颈”，立足“北薯、中菜、南杂粮”的区域化种植格局，围绕发展以马铃薯、冷凉蔬菜为主的设施农业和以花卉、苗木、草莓、药材为主的高效农业，引进、培育和建设一批现代化农场和农业合作经济组织，着力打造面向京津地区重要的绿色有机农产品生产输出基地。年内要建设万亩马铃薯种植示范区2处，建设1200亩的高标准冷凉蔬菜示范区1处。现代养殖业上，按照“北牛羊、南猪鸡”的养殖布局，坚持引进和培育龙头企业，全面推广“公司+农户”养殖模式，建设一批养殖园（场）。深化与京津地区农产品市场的合作，发展集约化、规模化、标准化养殖，构建产加销协调配套的发展格局，提高农畜产品知名度和竞争力。力争全年奶牛存栏要稳定在2.6万头，生猪出栏达到33万头，肉鸡出栏达到260万羽，肉羊出栏达到95万只。

（二）围绕工业项目达产达效，加速推进工业经济扩规升级。按照围绕主导产业布局相关产业、围绕骨干企业配套协作企业的集群化发展模式，着力构建传统产业新型化、新兴产业规模化、支柱产业多元化的工业经济发展格局。一是突出发展能源产业。加快推进50兆瓦光伏发电、兴洁天然气公司天然气液化储备、2×350MW热电联产、白脑包煤矿综合开发等项目建设，力争年内达产达效。二是大力发展新兴产业。深入推进瑞盛新能源石墨深加工高新产业二期项目，推进石墨关键应用技术研发和科技成果产业化，全力打造自治区重要的石墨化工领先区。开工新建泰汇家居产业基地，促成北辰正方集团住宅产业化基地项目落地。三是全面改造提升传统产业。积极开展技术改造，优化技术装备，彻底淘汰落后生产工艺和产能，推动碳素产业、冶金业步入良性发展的快车道。四是加强兴旺角工业园区建设。兴旺角工业园区是自治区沿黄沿线22个重点园区之一。今年要进一步完善园区基础设施，提高园区管理服务水平，为企业创造良好的入园条件。五是强化产业承接。要以京津冀地区为重点，坚持无间隙跟踪、零时差对接，积极承接各类转移产业项目。

（三）立足优势，提升现代服务业发展水平。继续加大自治区重点物流园区乌兰察布综合物流产业园区建设，努力将园区打造成蒙西煤炭集聚加工基地，东南沿海地区动力煤配送基地，环渤海地区煤炭储备基地，打造成西北华北地区重要的煤炭加工销售内陆港和全国最大的“煤炭超市”，打造成全国最具影响力，具有煤炭定价权和定标权的“煤炭交易中心”，构建公铁联运、进出有序、运力强大、清洁环保的大物流格局，进一步凸显园区建设的经济社会效益，提升其对县域发展贡献度。继续完善基础设施配套建设，力争年内完成基础设施建设投资25亿元。铁路建设方面，确保中心站、疏解线、重发线、博源货场9月底竣工运行，力争共建货场、伊泰货场年内建成运行；公路建设方面，确保西环出口路、东外环路等工程完工通车；实施好煤炭交易大厦、商务综合体及企业写字楼、金融服务楼建设，做好通道绿化、亮化及供水、供电、环保等配套工程。围绕企业落地、项目建设、跟踪服务等环节，进一步提升管理水平，培育一流服务环境，提高园区招商项目的“对接率”和“成功率”。年内力争引进年经销煤炭100万吨以上的企业10家、经销煤炭20万吨以上的企业50家，发送煤炭达到2000万吨、实现税金2.5亿元。探索创新与准兴重载、呼兴运煤专线的“路园”合作模式，在做大入园煤炭运量的同时，着力将煤炭物流业向煤炭洗选加工两端延伸。

与此同时，大力发展文化旅游业。充分挖掘草原文化、山水文化、饮食文化、历史文化，修编完善全县旅游发展规划，全面推进察尔湖、苏木山、涝利海等现有重点景区和旅游资源开发建设，完善各项基础设施，全面打造旅游重点县。通过发展文化旅游产业提名气、聚人气、促消费。

二、加快新型城镇化建设，着力提升城镇功能和品位

始终坚持按照“以人为本、优化布局、生态文明、文化传承、城乡统筹”的原则，积极稳妥地推进规划、建设、管理各项工作，进一步提高城镇化发展质量和水平。

一是以提升内涵为重点，完善城镇基础服务功能。突出城市微观空间治理和精细化建设，进一步完善市政基础设施和公共服务体系。继续实施好城区路网功能完善以及给水、排污、供热、供气和亮化、净化、美化等基础建设。积极争取棚户区改造、廉租房、公租房及农危改等项目和资金，超前规划，适时开工，加强监管，保证质量，公开公平分配，让更多的群众得益受惠。

二是以管理为抓手，提升城镇品位。重点开展市容市貌综合整治，规范住宅小区物业管理，完善城市管理规章制度和市民文明公约，多形式开展城市管理宣传教育活动，提高市民关注、支持、参与城市建设与管理的积极性和主动性，提升市民的文明素质。加快实施城市网格化管理，提升城市管理标准化、精细化水平，积极创建卫生城市、文明城市、园林城市。

三、全面加强基础设施建设，提高发展保障能力

按照生活空间宜居适度、生态空间山清水秀的总体要求，大力实施生态景观工程和基础设施建设工程，建设美丽兴和、宜居兴和。一是继续实施京津风沙源治理工程和巩固退耕还林项目，巩固完善城区主要节点和重点地段的景观绿化工程，完成综合物流园区和京藏高速公路空档绿化。年内力争使全县林草盖度要达到51%，城区绿化率要达到30%。二是加强水利工程建设，推进安全饮水、重点河流治理、小型水库除险加固以及农田水利配套建设，增强节水保灌面积，提高水资源利用效率和战略保障能力，年内确保一些重点工程和输配水管网建设投入运营。三是加大道路交通建设力度，实施好7条81公里通村公路建设和大同天到苏木山景区公路改建工程。积极与上级交通部门协调，争取实施商都—兴和—山西镇门堡一级出省公路等工程，切实改善城区环境和交通出行条件。推进电力扩容和电网改造升级，配合做好陕京四线输气管道建设，推进天然气进城入园。

四、抓好民生与社会事业，让广大群众共享发展成果

坚持多管齐下、多办实事，按照自治区“六大工程”的要求，推动民生工作持续取得新进展，力争城乡居民收入分别增长10%和11%。一是大力实施“扶贫攻坚”工程。深入实施扶贫“三三制”战略，加快实施66个重点贫困村整村推进扶贫工程，完成扶贫移民797户。启动金融扶贫富民工程，充分利用自治区投入的1000万元扶贫担保资金，做好“扶、转、保”三篇文章，提高扶贫工作的针对性和实效性。借助自治区领导联系贫困旗县这一契机，积极争取上级在项目资金、信息资源等方面的支持，年内力争使1.3万贫困人口实现稳定脱贫。二是大力实施“十个全覆盖”工程。利用3年时间，在全县实现农村危房改造、安全饮水、村街巷硬化、村村通电、村村通广播电视通讯、校舍建设及安全改造、村标准化卫生室、村文化活动室、便民连锁超市、农村常住人口养老医疗低保等社会保障“十个全覆盖”，着力改善农民生产生活条件，促进城乡基本公共服务均等化。今年重点实施好72个村的“十个全覆盖”工程。三是加强社会保障。继续推进各类社会保障提标扩面，尤其要进一步提高医保和新农合筹资标准和报销比例，提高大病医疗救助标准，试行对大病患者住院费用个人部分给予二次报销，减轻患者家庭负担。四是大力实施“创业就业”工程。继续落实就业援助优惠政策，大力开发各类公益岗位，做好大学生、复转军人等重点群体的就业工作，鼓励以创业带动就业。五是实施好百姓安居工程，以棚户区改造、廉租房和公租房、农危改等项目为重点，超前规划，加强监管，保证质量，公开公平分配，让更多的群众得益受惠。六是加快发展教育事业。加强学校基础建设，加大对学前教育、职业教育的扶持力度，促进各类教育均衡发展。七是加快发展科技事业，依托自治区科技厅在我县设立的科技创新信息化服务平台和生产力促进中心，构建技术推广和服务体系，为全县产业发展提供科技支撑。八是推进文化事业大发展，组织实施好广播电视“户户通”工程，年内完成5000套设备的安装任务。持续推动乌兰牧骑的发展，多出精品力作，繁荣文艺市场。加强文化市场管理，深入开展校园周边环境治理和“扫黄打非”工作。九是深化医药卫生体制改革，加强医疗卫生服务体系、重大疾病防控体系建设，做好卫生应急、疾病防控工作。引进和培养全科医生，缓解乡村医疗人才匮乏现状，努力提高医疗卫生服务水平。

五、全面深化改革，不断提高改革开放水平

一是深化重点领域改革。认真贯彻落实中央、自治区和乌兰察布市改革各项决策部署，全面推进深化改革各项工作，在政府机构改革、农村基本经营制度改革、财税制度改革、事业单位改革、农村综合改革等方面，有重点、有步骤、有秩序的抓好落实和推进工作，增强经济社会发展的内在活力，激发各级各界干事创业的热情。二是突出抓好招商引资工作。抓住国家新一轮产业转移的机遇，坚持一二三产业全面招商，努力引进一批龙头型、基地型、集群型项目，提高主导产业配套和竞争能力。充分依托物流园区和工业园区，引导产业和项目向园区集聚，做大园区产业规模。创新招商方式，既要围绕龙头企业，大力推进以商招商，又要盯住产业集聚区和转移区，实行定向招商，还要针对重点项目和重点地区，开兴和县新城区景观大道一景业的家乡精英，开展亲情招商。要实行“四个一”招商引资责任制，即每个项目明确一名领导、一套班子、一个方案、一包到底。要将招商引资作为乡镇和部门实绩考核的一项重要内容，规定时序节点，严格奖惩兑现。

面对改革、发展、稳定的艰巨任务和光荣使命，兴和县将在“8337”发展思路的指引下，动员全县上下，进一步统一思想，坚定信心，结合实际，创新谋划，深入破题，敢于担当，把全县各族干部群众的智慧和力量凝聚到“8337”发展思路上来，汇聚成推动发展的强大合力，在新的更高发展起点上，谱写出经济社会又好又快发展的新篇章。

兴和县新城区景观大道一景

繁荣富裕、和谐美好——兴和县

政府县长刘政陪同市长陶淑菊现场观摩城镇化建设

县领导陪同自治区副主席白向群视察教育园区

乌兰察布市综合物流产业园区

兴和县二台子互助幸福院院民自娱自乐的秧歌队

敬老院

兴和县石墨园区高纯石墨现代化生产线

规模化养殖

丰收在望的马铃薯

兴和县新城区景观大道一景

昂首阔步展宏图 登高望远谱新篇

扎鲁特旗人民政府旗长 张国平

中共扎鲁特旗旗委书记 曹文敏

扎鲁特旗人民政府旗长 张国平

自治区党委提出“8337”发展思路和绘就宏伟蓝图以来，我们面对新形势新任务，依托优势资源和区位条件，结合旗情，立即响应，在扎鲁特旗发展县域经济的过程中，把“8337”发展思路具体化为建设“三个示范区，三个基地”、实现“两个率先”的发展目标。“三个示范区，三个基地”即着力建设煤电铝一体化循环经济示范区、高技术煤化工产业示范区、生态草原畜牧业发展示范区，有色金属及非金属生产加工基地、特色农畜产品生产加工基地、最具活力的草原文化旅游休闲基地；“两个率先”即北部牧区率先基本实现现代化、率先全面建成小康社会。

2013 年，我们积极应对复杂局面的挑战，有效化解经济下行的风险，实现了促转型、稳增长、惠民生的良好开局，开创了经济健康发展、社会和谐稳定的喜人局面。地区生产总值完成 185.9 亿元，增长 14.5%；固定资产投资完成 178 亿元，增长 22.3%；社会消费品零售总额完成 25.3 亿元，增长 11.4%；财政收入完成 16.5 亿元、增长 14.6%，在自治区 102 个旗县市区中排名由 2012 年的第 40 位前移至第 38 位，其中公共财政预算收入完成 10.8 亿元、增长 48.3%，在自治区 102 个旗县市区中排名由 2012 年的第 37 位前移至第 32 位；城镇居民人均可支配收入完成 18612 元、增长 11.8%，农牧民人均纯收入完成 10490 元、增长 14%。

（一）“三个示范区、三个基地”建设初见端倪，发展重点更加突出。煤电铝一体化循环经济示范区初步形成。投资 2.6 亿元，完善扎哈淖尔工业园区要素配套和项目承载功能，着力优化煤电铝一体化产业布局。全旗煤炭产能超过 2000 万吨，风电并网 65 万千瓦、在建火电 70 万千瓦，电解铝形成产能 35 万吨、铝后加工产能达到 40 万吨。高技术煤化工产业示范区建设成效明显。投资 7.1 亿元，加快建设煤化工园区基础设施，构筑产业发展平台，入驻总投资 390 亿元的生产乙二醇、天然气等高端煤化工企业 6 户，煤化工产品产能建设规模达到 300 万吨。生态草原畜牧业发展示范区建设步伐加快。筹资 2.06 亿元，妥善安置阿日昆都楞地区生态移民 383 户 1073 人。着力推动草原畜牧业转型升级，天然草原产草量提升 17%；新建肉牛肉羊养殖专业示范村 30 个、规模养殖场（小区）30 处，种植以紫花苜蓿为主的多年生优质牧草 10.3 万亩、青贮 68.7 万亩；家畜存栏达到 449.5 万头（只、口）、出栏 236.5 万头（只、口）。有色金属和非金属生产加工基地建设有序推进。与内蒙古地勘十院达成了矿产资源勘探合作协议，上海鸿元与中核集团合作的“801”稀有金属矿开发项目开始启动；有色金属年采选能力达到 100 万吨，生产类石墨 100 万吨；中材泰玻 20 万吨叶腊石微粉项目即将形成新增产能。特色农畜产品生产加工基地建设规模持续壮大。投入 1.15 亿元完善了鲁北工业园区基础功能建设，海底捞、大牧场等项目的入驻，促进了产业层次的提升，基本形成了肉食品、绒毛和粮食加工三条产业链，生产加工羊绒制品 75 万条、冷鲜肉 2.5 万吨、农产品 15 万吨。最具活力的草原文化旅游休闲基地建设开始起步。大力实施 304 国道沿线建筑物改造和美化绿化工程，南宝古遗址公园、誉泉山生态旅游区、山地草原等生态文化旅游景点景区建设进度加快，罕山林场晋升为国家级自然保护区，以 304 国道为轴线的精品生态文化旅游线路已具雏形。

（二）结构调整扎实推进，发展质量稳步提高。坚持稳增长和促转型相结合，集中优势资源和生产要素，推动产业结构调整、延伸升级、转型发展。煤电铝及铝后加工、农畜产品加工、新能源及装备制造、有色金属及非金属等优势特色产业逐步壮大，煤化工产业发展破题起步。全部工业增加值完成 108.8 亿元，增长 13.1%，其中规模以上工业增加值完成 94 亿元、增长 17%，销售收入达 270 亿元、增长 20.7%。培育壮大龙头企业和专业合作组织，农牧业产业化进程加快，农牧业产值增长 27.2%。大力发展民营经济，制定实施促进民营经济发展政策措施，强化要素保障，新增民营市场主体 2660 户。文化旅游、商贸物流、城乡建设等全面提速，三次产业结构进一步优化，联动发展能力明显增强

（三）着力化解瓶颈问题，可持续发展能力明显提升。全旗上下合力攻坚，抓招商、上项目、建平台、跑融资，全力以赴推进项目建设，创造性地突破了制约发展的主要瓶颈。

建立重大项目专项推进机制，实行四大班子领导包联重点项目责任制，33个重大项目完成投资131亿元；项目前期工作取得重大突破，康乃尔30万吨乙二醇等重大项目获得了备案批复。在煤电铝一体化项目上，成功引进投资20亿元的云南红亚、投资6亿元的上海超今等铝后加工项目5个，投资10亿元的天津津和铝后加工项目实现了当年引进、当年建设、当年投产的新突破。在煤化工项目上，投资137亿元的康乃尔乙二醇项目正在建设，投资22亿元的龙源绿镁合成氨、尿素、天然气项目完成场平。在新能源项目上，投资100亿元的河北英利光伏发电一期工程已获得核准、正在征地，投资1.75亿元的蒙东协合与深能集团风电供热试点项目已供暖近50万平方米。新引进项目签约额突破600亿元，到位资金140亿元。项目建设要素制约逐步缓解。全力以赴破解工业园区供地、用水、融资等难题，征地1700公顷；毛都水库已获核准并启动初设、征地工作，鲁北城区中水回用及太本庙水源地供水工程已完成可研并通过审查；成功引进中国银行扎鲁特旗支行及小贷公司各1家，运用平台协助重点项目和中小企业融资6.2亿元。交通、电力等基础设施建设持续加快，公路建设完成投资1.1亿元，新增硬化路257公里；新建变电站2座，改造输电线路495公里；高技术煤化工园区28公里铁路专用线正在开展征地工作。

在"十二五"期末及"十三五"时期，我们将继续发扬自我加压、聚力攻坚、真抓实干、进位争先的开拓精神，以勇于担当、坚韧不拔、持之以恒、咬定青山不放松的顽强意志，顺应新趋势，适应新常态，更加深入地贯彻自治区"8337"发展思路，全力推进"三个示范区、三个基地"建设，力争到2017年实现"两个率先"的奋斗目标。

一、着力建设"三个示范区、三个基地"，奠定扎鲁特稳步发展的基石。在建设煤电铝一体化循环经济示范区上，依托丰富的低值褐煤、风能、太阳能资源，以煤发电，融合风电、光电构建微网低价电源，以电冶铝及铝后加工、以铝带电、以电促煤，推动煤电铝循环发展，拉长产业链。到2017年，原煤产量达到3500万吨，褐煤提质2000万吨；火电装机300万千瓦，风电装机200万千瓦，光伏200兆瓦；生产电解铝200万吨，碳素100万吨，铝后精深加工200万吨，实现销售收入1000亿元、工业增加值400亿元、财政收入40亿元上。在建设高新技术煤化工产业示范区上，依托高新技术，以乙二醇、防冻液、烯烃、芳烃等化工产品为主，更加突出资源节约高效利用，更加突出绿色循环低碳发展，着力构建新型煤化工全产业链。到2017年，转化褐煤2000万吨，年产煤化工产品500万吨，实现销售收入500亿元、工业增加值200亿元、财政收入20亿元。在建设生态草原畜牧业发展示范区上，坚持生态优先的理念，把退耕退牧、还林还草、生态草业建设与草原文化旅游、牧区率先基本实现现代化有机结合起来，促进终端加工和服务流通加快发展，推进草原畜牧业转型升级。到2017年，年均退耕还草30万亩，草原产草量比2012年增加1/4，人工种草和秸秆转化等饲草总量增加1/3，全旗肉牛、肉羊饲养量分别达到60万头和500万只，畜产品加工转化率达70%以上。在建设有色金属及非金属生产加工基地上，着力打造探采选冶加一条龙产业链，重点发展铅、锌、铜、银及稀有金属和石墨、叶腊石等延伸加工，逐步向高端产品拓展。到2017年，力争实现销售收入100亿元、工业增加值50亿元、财政收入5亿元。在建设特色农畜产品生产加工输出基地上，重点推进多功能特色食品、有机农产品和肉食品精深加工、绒毛制品等项目建设，打造绿豆、山杏仁、西洋参等精深加工特色食品和扎鲁特牛羊肉食品全国知名品牌。到2017年，精深加工农产品20万吨、冷鲜肉5万吨、即食食品3万吨、绒毛制品200万件，实现销售收入120亿元、利税4.6亿元。在建设最具活力的草原文化旅游休闲基地上，突出展现原生态与现代化深入交融的民族文化和草原风情，发展集观光、休闲、度假、疗养、参与、体验等于一体的旅游业。到2017年，接待游客达到100万人次，旅游业综合收入达到12亿元。通过完成上述目标，我旗一定能够率先基本实现牧区现代化，率先全面建成小康社会，奠定扎鲁特稳步发展的基石。

二、做好"两篇文章"，承载建设通辽市水源涵养地和北部"两个安全屏障"的重任。重点做好保护生态和保持稳定两篇文章，打造美丽富饶扎鲁特，为通辽市水源涵养地和北部安全屏障建设作出新贡献。突出抓好罕山自然保护区生物多样性、水源涵养和环境保护生态功能区建设，尽快完善国家级自然保护区各项工作。重点推进草原生态保护、800万亩生态草业示范区、东北黑土区水土流失治理、荷叶花湿地水禽自然保护区等工程。到2017年，人工造林保存350万亩，沙地治理200万亩，水土流失治理175万亩，森林覆盖率达到40%，草原植被覆盖度达到45%以上，生态保护和水源涵养能力全面提升，把扎鲁特旗建成通辽市北部重要水源涵养地和生态安全屏障。深入开展民族团结进步创建活动和平安扎鲁特工程，扎实开展整治社会治安、化解社会矛盾、消除公共安全隐患等各项工作，逐步建立健全流动人口服务管理、特殊人群服务管理机制，重点开展打击经济领域犯罪等专项行动，全力提高城乡社会管理数字化水平，营造和谐稳定的发展环境。

三、实施"三大工程"，筑牢全面建成小康社会的保障。按照北部牧区率先基本实现现代化和实现全面建成小康社会的目标，我们将大力实施品牌带动、全民创业、人才引进和科技创新"三大工程"。实施品牌带动工程。坚持"扶优、扶强、扶新"原则，依托矿产资源优势，创建工业品牌；依托农畜产品优势，创建农牧业品牌；依托交通区位优势，创建商贸流通品牌；依托人文资源优势，创建旅游品牌。以招商引资为龙头，加速推进本地企业与引进企业的双赢合作，形成技术、管理优势互补与市场、网络的共享及发展空间的拓展。积极推动引进品牌的延伸和扩张，突出二次开发利用，实现名牌产品的系列化、多元化，推动扎鲁特旗品牌经济的新发展。实施全民创业工程。重点发展民营经济，鼓励新上一批符合产业政策和发展趋势的好项目，培育壮大一批支撑经济发展转型升级的骨干企业，形成群众竞相创业、干部带头创业、企业持续创业的生动局面，为全旗经济社会发展增添新活力。实施人才引进和科技创新工程。紧紧抓住培养、吸引、用好人才三个环节，统筹推进各类人才队伍建设，不断壮大人才队伍，优化人才结构，为科技创新、经济发展和社会进步提供人才要素的新支撑。

扎鲁特旗——突出展现原生态与现代化深入交融的民族文化和草原风情

天堂草原扎鲁特

“草畜一体”规模养殖

满院金黄丰收年

合作社里牛儿欢

收割万亩紫花苜蓿

新牧区建设美如画

设施农业育苗室

自治区党委常委、通辽市委书记杜梓在南宝力皋图嘎查作重要讲话。

旗领导检查生态建设

在扎哈淖尔超今汽车铝配件公司，旗委书记曹文敏向市检查组介绍旗经济和社会发展情况。

旗领导检查农业建设

中央人民广播电台台长王求在扎鲁特旗道老杜苏木荷叶花嘎查民族幼儿园与旗领导进行交流。

全区观摩检查组在巴雅尔吐胡硕图布信嘎查听取“十个全覆盖”工程建设情况介绍。

天津津和铝棒

希日姆羊绒纺织车间

加快建设六大基地
努力打造县域经济升级版

内蒙古准格尔旗党委、政府

近年来，内蒙古准格尔旗充分利用资源、区位等优势，全面贯彻落实科学发展观，扎实推进富民强旗进程，经济快速发展、社会全面进步、人民生活显著提高。但是随着煤炭黄金十年的结束，准格尔旗经济由高速增长转向平稳发展，这就要求我们务必更加注重产业转型升级，更加注重经济结构调整，才能进入提质增效的“第二季”。新一届中央政府提出“打造中国经济升级版”的重大决策和内蒙古自治区党委提出的“8337”发展思路，为我们指明了转型发展的方向。当前及今后一个时期，我们将举全旗之力建设现代化煤炭生产基地、现代煤化工生产示范基地、煤电铝一体化循环经济产业基地、陶瓷生产基地、沿黄现代农牧业示范基地、特色文化旅游基地“六大基地”，加快形成资源型地区独具特色的产业集群，努力打造县域经济升级版。

一、建设现代化煤炭生产基地。

准格尔旗探明煤炭储量 544 亿吨，远景储量在 1000 亿吨以上。2013 年煤炭产量 2.58 亿吨，在国家能源供应格局中占有重要的地位。今后将大力发展煤炭洗选和煤炭物流，推进煤炭企业兼并重组，着力打造西部重要的清洁能源输出基地。力争五年以后，全旗煤炭产量稳定在 3 亿吨左右，采掘机械化程度达到 90% 以上，矿井回采率达到 80% 以上；实现煤炭绿色生产、清洁利用，原煤洗选率达到 95% 以上，煤矸石处理利用率 100%；建成煤炭物流配送中心 10 个，存储、运输、配送煤炭能力超 1.5 亿吨，建成现代煤炭物流基地；煤炭企业整合在 20 户以内，培育 4 户 5000 万吨级、6 户 1000 万吨级、10 户 500 万吨级的大型煤炭生产企业。

二、建设现代煤化工生产示范基地。

准格尔旗黄河年均过境水量 248 亿立方米，煤炭、水资源组合优势明显，适宜发展现代煤化工。现已建成煤化工产能 296 万吨，在建产能超 500 万吨。今后将举全旗之力打造大路煤化工生产示范基地，重点发展煤制油、煤制天然气、煤制烯烃、煤制乙二醇、煤制化肥五大类化工产品，同步发展新材料新能源等下游产品，促进煤化工产业向长链条、深加工、高附加值方向拓展，着力打造千万吨级的现代煤化工生产示范基地。力争五年以后，煤化工总产能超 1000 万吨，其中煤制油 200 万吨、煤制天然气 140 亿立方米、烯烃 200 万吨、乙二醇 100 万吨、煤制化肥 500 万吨、其他产品超 200 万吨。

三、建设煤电铝一体化循环经济产业基地。

准格尔旗东部准格尔煤田探明储量 267 亿吨，煤炭中氧化铝含量达 10—13%，燃烧后产生的粉煤灰中氧化铝含量高达 40—51%，潜在氧化铝含量约 30 亿吨。大力发展“高铝煤炭—火电—粉煤灰提取氧化铝—铝加工”一体化循环经济产业，对于促进煤炭资源综合利用，保障国家铝资源供应具有极其重要的意义。现已形成神华“一步酸溶法”、大唐“预脱硅—碱石灰烧结法”、开元“低温烧结法”、中铝“高温碱浸法”4 条粉煤灰提取氧化铝的技术路线，正在加快推进神华、中铝、杭州锦江集团、开元、大唐、鄂尔多斯集团等 6 个氧化铝项目前期工作。今后将继续优化粉煤灰提取氧化铝技术，加快构筑煤电铝一体化产业链条，全面推进煤电铝循环经济园区建设。力争五年以后，园区电力总装机突破 1000 万千瓦，氧化铝产能超 400 万吨，下游产品超 200 万吨。

四、建设陶瓷生产基地。

准格尔旗探明高岭土储量 60 亿吨，发展陶瓷产业具备资源和能源的双重优势。现已建成陶瓷产能超 1000 万件，在建陶瓷产能超 2 亿件，陶瓷园区初具规模。今后将依托丰富的高岭土资源优势，加快承接沿海陶瓷产业转移，重点发展日用陶瓷、陶瓷酒瓶、礼品瓷和建筑陶瓷，力争五年以后，陶瓷产能超 3 亿件，其中日用瓷 1.5 亿件、陶瓷酒瓶 1 亿件、礼品瓷 0.5 亿件。

五、建设沿黄现代农牧业示范基地。

准格尔旗北部十二连城乡一带紧靠黄河，毗邻呼包鄂三大主要消费城市，耕地近 20 万亩，灌溉方便，土地平整，有利于集中发展现代农牧业。现已建成土地规模经营示范基地 10 万亩，设施农业 1.8 万亩，规模化养殖园区 9 个。今后将集中力量打造沿黄现代农牧业基地，大力发展小杂粮、瓜果、蔬菜、花卉等特色种植业和生猪、肉羊、肉牛、水产等规模化养殖业以及绿色农畜产品加工产业，形成以十二连城乡五家尧村为核心的特色种植园区、规模化养殖园区、水产养殖园区。力争五年以后，沿黄土地规模化经营示范基地达到 15 万亩，设施农业达到 4 万亩，规模化养殖园区达到 13 个，培育国家级农业产业化龙头企业 1 家、自治区级 8 家。

六、建设特色文化旅游基地。

准格尔旗历史文化厚重，自然风光独特，蒙汉文化在这里水乳交融，孕育出了独具特色漫瀚调艺术和民俗文化，既有黄河大峡谷和千年油松王这样富有魅力的自然景观，也有别具风光的砒砂岩和黑圪崂湾沙漠，还有极具历史人文价值的准格尔召庙和阿贵庙，在发展特色文化旅游产业上大有可为。现有旅游景区 8 个，2013 年接待游客 69 万人次，实现旅游收入 12.3 亿元。今后将采取政府主导、市场化运作的方式，加快推动文化与旅游融合发展，集中精力打造黄河峡谷旅游经济区，打响集自然、历史、宗教、民俗于一体的文化旅游品牌。力争五年以后，将黄河峡谷建成 5A 级景区，油松王、准格尔召庙、砒砂岩建成 4A 级景区，接待游客数达到 150 万人次，实现旅游收入 30 亿元。

“建设六大基地，打造县域经济升级版”关键在于真抓真干、实干巧干。我们将以更加昂扬的精神状态、更加务实的工作作风、更加有力的工作举措，坚定信心，砥砺奋进，为打造准格尔县域经济升级版而努力奋斗。

农业开发项目区

准格尔电厂一景

城区夜景

美丽动人、蓬勃发展——乌审旗

一、概况

乌审旗位于内蒙古自治区最南端，鄂尔多斯市西南部，地处毛乌素沙漠腹地，东南与国家新兴能源重化工基地陕西省榆林市接壤，是自治区南下北进的重要通道，享有自治区“南大门”的称誉。全旗总面积 11645 平方公里，下辖 6 个苏木镇 59 个嘎查村；常住人口 13.33 万人，按户籍人口划分，年末全旗总人口为 109706 人，比上年同期增加 909 人，其中少数民族 32236 人。非农业人口 25773 人，占全旗总人口的比重为 23.5%；农业人口 83933 人，占全旗总人口的比重为 76.5%。

乌审旗拥有得天独厚的资源优势，多种资源共生且利于配套开发。已勘探发现苏里格、乌审、长庆、大牛地四个超千亿立方米的大气田，天然气探明储量 1.2 万亿立方米，远景储量 3.6 万亿立方米，位居全国县级地区之首，被誉为“中国天然气之乡”，煤层气探明储量 1.38 万亿立方米。煤炭资源储量丰富、品质优良，预测储量 1000 亿吨以上。陶土、泥炭、石英砂、白垩土、“乌审土”等矿产资源储量也十分可观，极具开发价值。

乌审旗具有丰富的农畜林沙产品资源和光热水土自然资源。全旗天然草场 1060 万亩，林地 559 万亩，水浇地 65 万亩。作为工业“命脉”的水资源储量丰富，黄河一级支流无定河穿境而过，过境长度 80 公里。境内巴图湾水库是自治区西部最大的水库，总库容 1 亿立方米，现正在开发为生态旅游区。地下水埋藏浅、易开采，年可开采量达 3.7 亿立方米。

荣膺“全国文明旗”、“国家卫生县城”称号，成功创建“自治区园林县城”，荣膺“中国绿色名县”“中国全面小康生态文明示范县”“中国最佳文化生态旅游目的地”“全国休闲农业与乡村旅游示范县”等称号。

二、综合

2013 年，全旗地区生产总值完成 378 亿元，同比增长 13%；固定资产投资完成 360.1 亿元，同比增长 19.9%；公共财政预算收入完成 18.54 亿元，同比增长 48.8%；社会消费品零售总额完成 30 亿元，同比增长 24.5%；城镇居民人均可支配收入和农牧民人均纯收入分别达 34005 元和 12824 元，同比增长 11.9% 和 12%。

从三次产业来看，第一产业增加值 12.46 亿元，增长 3.3%；第二产业增加值 301.36 亿元，增长 14.8%；第三产业增加值 64.18 亿元，增长 7.9%。三次产业增加值比例调整为 3.3：79.7:17。

三、财政

全旗地方财政总收入累计完成 400290 万元，同比增长 33.4%。其中，公共财政预算收入 185359 万元，同比增长 48.8%；上划中央税收收入 130009 万元，同比增长 34.5%；上划自治区税收收入 47705 万元，同比增长 3.7%；上划市级税收收入 37127 万元，同比增长 13.2%。分征收部门看，国税部门完成 159252 万元，增长 38.3%；地税部门完成 200887 万元，增长 23.6%；财政部门完成 40151 万元，增长 79.0%。

全年地方财政支出 285224 万元，同比增长 23.2%。其中，社会保障和就业支出 30849 万元，同比下降 5.0%；医疗卫生支出 16419 万元，同比增长 4.1%；教育支出 37068 万元，同比下降 5.6%。

四、农牧业

全年现价农林牧渔及服务业总产值 21.54 亿元，同比增长 9.4%。2013 年全旗农作物总播种面积达 43289 公顷。其中，粮食作物播种面积 22755 公顷，全年粮食总产量 144286 吨，增长 0.2%。其中，小麦产量 277 吨，玉米产量 127342 吨；全年油料产量 1502 吨，蔬菜产量 26156 吨。

牧业年度全旗牲畜存栏 1984498 头（只），与上年同期相比增加 294444 头（只），增长 17.4%。其中，生猪存栏 603365 头（只），与上年同期相比增加 258021 头（只），增长 74.7%。全年肉类总产量 75567 吨，牛奶产量 18249 吨，山羊绒产量 48 吨，禽蛋产量 247 吨。

五、工业和建筑业

全年实现工业增加值 273.74 亿元，同比增长 15.4%，工业企业效益水平明显提升。全旗规模以上工业企业 12 家，总产值达到 552.63 亿元，同比增长 15.2%。销售产值 564.41 亿元，同比增长 16.6%。工业产品产销率达 102.1%。规模以上工业实现主营业务收入 567.74 亿元，同比增长 19.0%；实现利税 154.91 亿元，同比增长 97.0%；实现利润 82.35 亿元，同比增长 13.0%。

全旗具有资质等级的建筑施工企业 5 家，全年实现建筑业增加值 27.62 亿元，比上年增长 9.6%。建筑业企业房屋建筑施工面积 18.72 万平方米，竣工面积 9.25 万平方米。共实现利润 6807 万元，同比下降 1.5%；上缴税金 1845 万元，增长 35.4%。

六、固定资产投资

全年全旗共有在建投资项目 198 个，完成全社会固定资产投资 360.11 亿元，同比增长 19.9%。

从三次产业来看，第一产业投资达 56640 万元，同比下降 27.9%；第二产业投资达 3117149 万元，同比增长 58.9%；第三产业投资达 427278 万元，同比下降 26.7%。从主要行业投资看，农林牧渔业投资 19060 万元，同比下降 71.5%；采矿业投资 1461108 万元，同比增长 55.9%；电力、燃气及水的生产和供应业投资 52781 万元，同比增长 623.7%；交通运输、仓储及邮政业投资 221827 万元，同比下降 52.0%；水利、环境和公共设施管理业投资 62197 万元，同比下降 1.5%。

乌审召庙一角

美丽动人的萨拉乌苏国家湿地公园

七、国内贸易

社会消费平稳增长。全旗实现社会消费品零售总额301703万元，同比增长24.5%。按销售区域分，城镇实现消费品零售额252859万元，同比增长29.5%；乡村实现消费品零售额48844万元，同比增长6.7%。

八、交通、邮电和旅游业

全年各种运输方式完成货运量1727.4万吨，比上年增长3.9%；完成货物周转量207288万吨公里，比上年增长3.9%；公路客运量248.7万人，比上年增长8.0%；公路旅客周转量29844万人公里，比上年增长17.9%。全旗公路总里程2553公里。全旗公路网密度为21.9公里/百平方公里。

全年实现邮电通信业务收入15624万元，比上年增长0.8%。其中，电信业务收入15279万元，增长1.2%；邮政业务收入345万元，下降12.9%。年末本地网固定电话用户11800户。全年订销报纸10万份，杂志5万份，收寄包裹25万件。

全旗A级旅游景区5个。其中，AAAA级旅游景区2个，AAA级旅游景区3个，旅行社3家。全年共接待游客45.4万人次，增长4.5%。实现旅游收入11.2亿元，增长27.0%。

九、金融和保险业

全旗共有银行法人机构2家，银行营业网点33个，从业人员429人。年末全旗金融机构各项人民币存款余额590108万元，比上年增加10445万元，增长1.8%。其中，企业存款余额237251万元，比上年末减少59959万元，下降20.2%；个人储蓄存款余额342496万元，比上年末增加64678万元，增长23.3%。年末全旗金融机构各项人民币贷款余额910916万元，比上年末增加118116万元，增长14.9%。其中，短期贷款余额285645万元，比上年末增加54147万元，增长23.4%；中长期贷款余额625271万元，比上年末增加63969万元，增长11.4%；个人消费贷款余额120450万元，比上年末减少106391万元，下降46.9%。

全旗共有保险法人机构10家，从业人员200人。全年保险收入9214万元，同比增长4.5%。其中，财产保险收入7073万元，人寿保险收入2141万元。全年赔付总额为4396万元，同比增长15.0%。其中，财产保险赔付4204万元，人寿保险赔付192万元。

十、教育和文化卫生事业

2013年全旗教育事业蓬勃发展，教育布局更趋合理，教学质量稳步提升。全旗现有各类学校、幼儿园23所，其中，完全中学1所，高级中学1所，职业中学1所，九年一贯制学校2所，初级中学1所，小学6所，幼儿园11所。在校中小学生11906人，在园幼儿2876人。小学适龄儿童入学率达100%。教职工1943人，其中专任教师1285人。民办特殊学校1所，在校学生20人；民办幼儿园20所（其中注册6所），共有幼儿2965人。

2013年全旗拥有艺术表演团体27个，其中专业文艺团队2个（乌兰牧旗、马头琴乐团），文化馆（包括群众艺术馆）1个，公共图书馆1个。广播电视事业保持较高发展水平，2013年底，全旗拥有电视转播台7座，有线数字电视用户33747户，广播电视覆盖率达98.0%。

2013年末全旗共有公立医疗卫生单位14个，5个旗级医疗卫生单位（旗人民医院、蒙医医院、妇幼保健所、疾病预防控制中心、卫生监督所），8个苏木镇卫生院（6个中心卫生院，2个普通卫生院），1个社区卫生服务中心；有65个嘎查村卫生室；有私立医院4个（广济、博仁、康元、永康中西医院）、诊所29个。公立医疗机构现有公职人员490人，其中卫生专业技术人员440人，占89.8%；有执业资格（执业医师、执业助理医师、注册护士）328人，占技术人员的66.9%；嘎查村卫生室共有从业人员85人；全旗公立医疗机构病床总数为358张。

十一、城市建设和环境保护

继续加大城市建设投资力度，实施了一批城区道路、供水排水管网、集中供热等基础设施工程。年内全旗新增道路面积35.3万平方米，供热面积66万平方米。全旗污水处理率达85%，燃气普及率达95%，生活垃圾无害化处理率达97%，城区绿化覆盖率达到45.4%，人均公园绿地面积达39平方米。

生态建设取得明显成效。全年共完成造林面积50万亩，森林面积569.2万亩，森林覆盖率为32.4%。全年共争取国家、自治区京津风沙源治理二期工程、造林补贴、荒沙还林、天保封育、巩固退耕还林成果后续产业、防沙治沙、植被恢复等林业重点项目17.99万亩。全旗完成林业生态建设任务50万亩，其中重点区域绿化12.2万亩，补植补造14.14万亩，封育10万亩，其它社会造林13.66万亩。

十二、就业

全旗新增就业2800人，比上年增加248人。失业人员再就业278人，就业困难人员实现再就业237人。年末全旗城镇实有登记失业人员935人，比上年增加88人。城镇登记失业率为2.51%，比上年下降0.07个百分点。

十三、人民生活和社会保障

抽样调查资料显示，城镇居民人均可支配收入达到34005元，增长11.9%。其中，工薪收入17718元，下降27.5%；经营性净收入11814元，增长35.2%。城镇居民人均消费支出18281元，下降4.9%。每百户城镇居民拥有家用汽车56辆；拥有移动电话246部；拥有家用电脑71台。

全年农牧民人均纯收入为12824元，增长12.0%。其中，工资性收入2173元，增长10.8%；家庭经营收入8672元，增长10.9%。全年农牧民人均生活消费支出11731元，增长9.5%。农牧民每百户拥有彩电108台；拥有电冰箱105台；拥有洗衣机112台；拥有家用汽车20辆；摩托车66辆。

职工工资有较大增长。在岗职工年平均工资达到63173元，与上年相比人均纯增1176元，增长1.9%。其中，企业在岗职工年均工资75292元，事业单位职工年均工资67025元，国家机关公务员年均工资60315元。

2013年，全旗基本养老保险参保职工数达11240人。其中，参加基本养老保险的离退休人员为3479人，增长9.0%，养老金社会化发放率100%。基本医疗保险参保人数17527人，增长2.9%，其中参加基本医疗保险的离退休人员为4416人。2013年全旗参加失业保险人数为8121人，领取失业保险金人数54人，失业金实际发放金额27.59万元。城镇居民得到政府民政部门最低生活保障人数为27681人，五年累计发放金额8096万元；农牧民得到政府民政部门最低生活保障人数为6480人，五年累计发放金额10672万元。

蓬勃发展的乌审召生态化工园区

四百马头琴手齐奏表演

借优势 抓特色 促发展 努力实现县域经济发展新跨越

自治区党委九届五次全委会议暨全区经济工作会议作出了大力发展县域经济的战略决策，这是深入贯彻落实党的十八大精神的具体实践，也对全区县域经济发展提出了更高的要求，指明了方向。加快县域经济发展，必须结合旗情实际，找准比较优势，明确发展定位，做大特色产业。乌拉特前旗是巴彦淖尔市东大门，也是呼包鄂经济圈的重要成员，四面来煤，中间有水，土地肥沃，旅游资源丰富，完全有可能在新一轮县域经济发展中走在前头。今后一个时期，我旗将紧紧抓住国家支持内蒙古发展和自治区“8337”发展战略，牢牢把握发展主动，围绕优势扩总量，突出特色调结构，在做强产业、做美城镇、做优环境上下功夫，在推进新型工业化、城镇化、产业化和生态化进程中出实招，在增加收入、改善民生和完善保障上见实效，努力建设更加繁荣富足、文明和谐、生态美丽的新前旗。

一、以园区带动、项目攻坚为重点，培育优势产业，加快新型工业化进程

产业是县域经济发展的支柱，工业是引领县域经济发展的“火车头”。乌拉特前旗将立足自身资源禀赋和产业基础，在园区配套和项目建设中，更加注重区域协作和差异化发展，更加注重本地资源的纵深挖掘和产业链条延伸，努力构建关联互补、上下游衔接，集群发展、特色鲜明的县域工业发展新格局。一是把园区作为区域协作、资源汇聚的平台和工业发展的主战场。强配套、抓服务、提功能，努力创造高效率的项目审批环境、低成本的投资经营环境、无干扰的生活居住环境。集中力量打造乌拉特前旗工业园区，加快完善给排水、污水处理、供电、道路、绿化等基础设施，尽快打通直通包钢、连接黄河大桥等能源通道，全面提升项目审批和投资服务水平，在更大范围、更高层次上组合生产资源，使园区成为投资“洼地”和项目建设“高地”，力争到“十二五末，走进自治区“双百亿”示范园行列，打造向北开放和承接融入呼包鄂经济圈的桥头堡。二是培育壮大优势产业。钢铁冶金、煤化工和氯碱化工是全旗成长性好、链条比较完整的优势主导产业。要主动把握产业政策调整和产能置换契机，充分发挥包钢、大中、华拓等龙头企业带动作用，进一步强化资源整合，完善产业配套，延伸产业链条，努力打造优势产业集群。围绕构建黑色金属产业链条，着力在关键环节和节点项目上寻求突破。全力推进华拓600万吨铁精粉、240万吨氧化球团、蒙航70万吨超强度钢材、金达利30万吨钢结构等项目，打造新型钢铁生产基地，力争到2017年钢铁产业年产值突破200亿元。围绕包钢210万吨煤焦化项目，加快实施20万吨甲醇、10万吨煤焦油项目，争取启动20万吨甲醇制清洁汽油、10万吨聚丙烯等深加工项目，做好下游产业延伸，提高产品附加值，力争在精细煤化工产业方面破题上路。围绕众兴集团一揽子项目和跨区域资源整合能力，推动产业深加工和资源再利用，尽快实施28万吨磷酸二铵、60万吨冶金石灰二期、15万吨活性白土、20万吨液体二氧化碳、6万吨超细石灰粉、20万吨复合电石炉料、10万吨钛白粉等项目，逐步形成循环产业链条。同时，要积极帮助乌化、新湖、金亚镁业寻找合作伙伴，推进200万吨焦化、50万吨PVC和6万吨金属镁项目建设。三是加快发展新型产业。加快推进天昱园、神然、恒力三个液化天然气项目投产达效，抓好三峡2万千瓦、中国风电10万千瓦光伏发电和龙源20万千瓦风电项目，争取实施中国节能、华电、国电、亚王等风光电项目，扶持清洁能源产业发展壮大。支持泰信祥、中金实施金矿石采选冶一休化项目，培育新的经济增长点。四是优化提升传统产业。造纸、建材、农畜产品加工等传统产业正处于生存发展和转型升级的关键时期。造纸业要积极协调金星公司尽快启动迁建项目，新上10万吨高端纸生产线，使传统造纸业重新焕发生机。水泥建材业要进一步支持中联和佘太水泥整合资源，淘汰落后产能，开发高标号和特种产品。继续推进金迈特400万平方米石英板材生产线建设，提升产品档次和市场竞争力。支持乌电热电联产和乌化节能技改，推动两家企业提质增效、良性发展。农畜产品加工业仍然是我旗的一块“产业短板”，要依托桥南农畜产品加工园区和城北中小企业创业园区，进一步加快入驻项目建设进度，启动闲置项目退出机制，争取实施山东诸城5万吨瓜籽及花生制品、内蒙古赢晟公司10万只肉羊深加工等项目，推动粮油、乳肉、枸杞等农畜产品加工业，向高端化、精细化方向发展，打造名副其实的富民产业。

二、以统筹城乡、强基惠农为重点，打响特色品牌，加快现代农牧业发展

更加突出农牧业基础地位，以打造呼包鄂城市群绿色食品生产加工基地为目标，加强基础设施建设，培育壮大特色产业。一是实施好农田水利工程。通过财政补贴、整合项目资金等方式，继续实施节排水改造工程。井灌区新增滴灌配套20万亩，黄灌区实施排干清淤218公里、建筑物更新改造396座，力争到2015年井灌区实现滴灌配套全覆盖，黄灌区完成排水整轮改造。坚持“大破大立和连片开发”的原则，以农业开发和土地整治项目为主，加大涉农项目整合捆绑力度，建设一批集中连片、设施配套、优质高产的基本农田。将农牧场纳入农田水利建设整体规划，项目实施重点向沿黄、沿乌梁素海等基础设施薄弱地区倾斜。全力做好10.5万亩中低产田改造、13万亩高标准农田建设工程，扎实推进千亿斤粮食增产、小型农田重点县等项目，大幅增加高产稳产田比重。把山洪防治作为防汛工作的重中之重，投资4000万元，实施莫楞河、乌不浪沟等山洪治理工程，提高山洪防治能力。组织实施好先锋、小佘太、苏独仑等安全饮水提升改造工程，切实保障人畜饮水安全。二是提升农牧业产业化水平。坚持把设施农牧业和规模化养殖作为推动现代农牧业发展的主攻方向，采取“企业+农户+基地”的模式，加快设施农业发展，推进规模化养殖小区建设。加强玉米、葵花、番茄、甜瓜、小杂粮等优质农产品基地建设，提高机械化作业水平，积极引进推广农作物新品种和先进适用技术，力争主要农作物良种使用率达到100%，新技术普及率达到90%。大力推进组织化，通过外引、内联等多种方式，积极扶持农畜产品加工和流通企业做大做强。立足于绿色、有机和特色，大力实施品牌战略，积极打造巴音花肉羊、先锋枸杞、后山小杂粮等特色品牌，培育打造更多拿得出、叫得响的好品牌，提高我旗农畜产品的知名度、美誉度和市场占有率。三是推进新农村新牧区建设。依托城乡建设用地增减挂钩等项目，采取城市吸纳、集镇发展、中心村集聚等模式，积极推进新村建设，全面实施城乡环境综合整治，力争用3年时间完成所有集镇村庄的硬化、绿化和美化，积极打造“美丽乡村”，努力形成健康文明的乡村新风。

三、以扩容提质、完善功能为重点，建设特色宜居园林城镇，统筹城乡协调发展

城镇建设是发展县域经济的重要突破口。要围绕建设山水园林宜居宜业城市和旅游名城的目标，努力做美新区、做优棚户区、做靓滨海区、做精工业园区生产生活区，逐步构筑“一城四区”的城乡发展新格局。新区建设以生态宜居为主，重点抓好水系、园林建设，加快行政办公、居住小区及市政设施入驻配套；棚户区以改造提升为主，尽量降低建筑密度，配套完善各类公共设施；滨海区以休闲观光为主，加强与乌梁素海生态旅游产业园区在城市交通、市政设施、水系通道、产业发展等方面的对接；工业园区生产生活区以服务保障为主，完善基础设施和公共服务功能。一是完善功能。进一步完善城区路网框架，加强新旧城区交通道路连接，逐步构建外环内联的城市道路交通体系。按照先地下后地上的原则，做好给排水、供热、供气、供电、环卫等市政工程的延伸、配套和衔接，提高市政公共设施配套水平，增强城市承载集聚辐射力。加快文博中心等项目建设进度，进一步增加居民休闲健身活动场所，完成交通、林业、乌拉山镇等15个项目的搬迁入驻。稳妥推进房地产市场开发，继续加大棚户区改造攻坚力度，突出抓好回迁房建设，让群众居住条件有一个大的改善。二是打造精品。按照提档次、上水平、成景观的要求，继续做大做美水系、绿化、文化三篇文章。水系景观，按照“环城水系”的总体规划要求，抓好引黄入城和海景进城（东河）两大水系。海景进城水系，注重与卧羊台生态公园、乌梁素海生态旅游产业园区的统筹衔接，逐年配套建设滨河公路、水系通道、景观雕塑等设施，建成河畅、船行、水清、岸绿、景美的生态长廊、景观长廊和文化长廊。引黄入城水系，通过土地收储和城市经营，打造新区西线和北线水系，推动周边地区开发建设，进一步体现山水园林城市特色。园林绿化，大力推进公园绿化、街路绿化、环城绿化。加快城市森林公园建设，启动实施卧羊台森林公园和城郊农业综合生态示范园。加大城区游园绿地的配建比例，做大绿量、做精绿点、做美绿带，城区绿化覆盖率达到35%以上。文化塑城，要把塑造城市文化特色，作为提升城市品位的一项主要工作。深入研究挖掘乌拉特历史文化，把民族和历史文化元素融入到城市规划布局、风貌设计、建筑景观等各个方面，让人们切实感受到城市浓郁的民族文化特色。三是整容换装。重点抓好以容貌新、亮点多、环境美为主要内容的街景美化、夜景亮化和小城镇建设工程。夜景亮化，按照“统一规划、分期推进”的要求，先期组织实施“三横三纵”（振兴大街、乌拉特大街、东风大街和红旗路、红卫路、民族路）街路亮化和“两大水系”景观亮化工程，完成城区出入口等重要节点灯光亮化，逐步形成一街一景、各具特色的城市亮化景观。小城镇建设，抓住自治区实施新一轮小城镇建设改革的机遇，通过争取项目和以奖代补等方式，加大苏木镇所在地小城镇建设力度，重点推进白彦花镇等中心集镇基础设施和市容综合整治工程，建设一批产业突出、环境优美、功能完善的新型集镇。

四、以发展现代物流、特色旅游为重点，打造新的经济增长极，全面振兴第三产业

文化旅游业。抓住自治区建设“独具北疆特色观光休闲度假基地”的重大机遇，充分挖掘我旗得天独厚的旅游资源，加大旅游项目招商引资力度，真正把旅游资源优势转变为经济发展优势。积极融入和参与乌梁素海生态旅游产业园区建设，高标准打造乌拉山森林公园、阿力奔草原等旅游景区。加快发展公田农庄、海神庄园等农（牧）家乐特色旅游项目，提升接待能力和服务水平。大力发展民族特色旅游，推进双宇公司蒙古马文化、金沙湾公司乌拉山东部旅游等项目。加大佘太翠等旅游产品开发力度，延伸旅游产业链条，增强旅游吸引力。商贸物流业。进一步完善物流业发展规划，积极扶持萌业、巴运等大型物流园区发展壮大，依法整合规范各类批发市场。继续实施“万村千乡”市场工程和“新网工程”，扩大连锁经营和配送服务范围，完善城乡商贸网络。以包百、星河等大型商场为核心，打造各具特色的商业区，实现互促互补、错位发展。金融业。加快地方金融机构繁荣发展，支持股份制商业银行、村镇银行等金融市场主体发展，探索实施“助保贷”等融资模式，缓解中小企业资金难题。强化融资平台建设与管理，切实防范和化解金融风险。综合服务业。大力拓展商品批零、交通运输、文化餐饮等传统服务业，加强行业监督管理，提升服务水平和档次。加快发展社区服务、网店快递和社会养老等新型服务业，努力满足群众消费需求。

五、以扩大就业、增加群众收入为重点，着力保障和改善民生，建设幸福和谐乌拉特前旗

改善民生是发展县域经济的出发点和落脚点。要进一步加大民生工作力度，凡上级制定出台的民生政策，都要不折不扣的兑现落实；凡与广大群众切身利益密切相关的事情，都要倾心尽力办好。制定实施城乡居民收入倍增计划，保障居民收入增长与经济发展同步。把促进就业作为富民增收的根本，实施更加积极的就业政策，完善劳动就业和创业平台建设，新增城镇就业2000万人，转移农牧区富余劳动力3.5万人（次）。加大保障性住房建设力度，保障范围逐步覆盖全部城乡困难群众。集中力量打好新一轮扶贫攻坚战，整合捆绑更多的项目和资金向贫困地区倾斜，确保贫困村生产生活面貌得到明显改善，实现“两不愁、三保障”的目标。继续完善新农合和最低生活保障制度，提高城乡居民社会养老保险参保率，做好养老、失业、医疗、工伤、生育保险扩面征缴工作，保证各类民政对象补助资金按时足额发放，并不断提高保障标准。认真落实农民工工资保障金制度，切实保障劳动者合法权益，构建和谐劳动关系。继续加大教育投入，扎实推进学校标准化建设，推动教育资源均衡配置，实现各级各类教育协调发展。加快完善基层公共文化基础设施，推进农牧民健身、嘎查村文化阵地、草原书屋等文化惠民工程。深化医疗卫生体制改革，加强基层医疗卫生体系建设，规划迁建中蒙医院，完成3所苏木镇卫生院、10所嘎查村卫生室和10所基层卫生院周转宿舍建设。进一步创新社会管理，做好社会慈善事业，关心关注环卫工人、困难企业职工等弱势群体，维护妇女儿童、老年人、残疾人等合法权益，让发展成果更多更公平惠及人民群众。

建设幸福和谐——乌拉特前旗

乌拉特前旗旗委书记 王学君

乌拉特前旗政府旗长 巴图

包钢210万吨焦化外景

林海公园水景

佘太翠玉

合力重工生产生间

连接鄂尔多斯的奎素黄河大桥

乌拉特前旗城区夜景

乌梁素海生态旅游景区

集宁区 2013 年
国民经济和社会发展基本概况

2013 年，全区各族人民在区委、区政府的带领下，以科学发展为统领，紧紧围绕自治区"8337"发展思路和集宁区构筑"四大基地"、打造"两个中心"、实现"两个提高"的发展目标，各项事业全面推进，发展成效显著提高，保持了经济稳中有进的发展局面。

一、综合

全年地区生产总值（GDP）完成 154.34 亿元，按不变价计算，比上年增长 8.5%，总量占全市比重 18.5%，总量在全市排第一。其中：第一产业完成增加值 4.64 亿元，同比增长 3.4%，总量占全市一产比重 3.5%；；第二产业完成增加值 75.77 亿元，同比增长 10.9%，占全市第二产业比重的 17.3%；其中：全部工业增加值完成 63.3 亿元，同比增长 11.9%，建筑业完成增加值 12.47 亿元，同比增长 5.5%。第三产业增加值 73.93 亿元，同比增长 6.3%，总量占全市三产比重 28.1%。从产业结构看，三次产业结构由上年的 2.9:53.9:43.2 调整为本年的 3.0:49.1:47.9。一产比重提高了 0.1 个百分点，二产比重下降了 4.8 个百分点，三产比重上升了 4.7 个百分点，三次产业结构调整更趋于合理，第二产业理性回归，第三产业异军突起。从贡献率看，第一、二、三产业对 GDP 的贡献率分别为 1.1%、63.7%、35.2%，其中：第一产业较上年下降 0.1 个百分点，第二产业较上年提高了 2.4 个百分点，第三产业较上年下降 2.3 个百分点。从三次产业拉动 GDP 增长看，一、二、三产业分别拉动 0.1 个百分点、5.4 个百分点、3.0 个百分点。从拉动作用看，第二产业拉动 GDP 增长起到了火车头作用。常住人口人均地区生产总值达到了 39821 元，较去年增加 1523 元，同比增长 4.0%。

全年财政收入完成 24.59 亿元（不含社保基金收入），同比增加 3.61 亿元，增长 17.2%。其中：公共财政预算收入完成 13.54 亿元，较去年同期增加 2.69 亿元，增长 24.9%；从主要收入项目情况看，税收收入完成 23.27 亿元，同比增加 3.56 亿元，增长 18.1%；非税收入完成 1.32 亿元，同比增收 442 万元，增长 3.5%。从收入征管部门完成情况看，国税部门累计完成 9.06 亿元，较去年同期增加 0.56 亿元，增长 6.6%，地税部门累计完成 14.61 亿元，较去年同期增加 3 亿元，增长 25.9%，非税部门累计完成 0.92 亿元，较去年同期增加 405 万元，增长 4.6%。全年上划中央和自治区收入完成 9.75 亿元，较去年同期增加 7760 万元，同比增长 8.7%。

全区财政总支出 27.83 亿元，同比减少 5.45 亿元，下降 16.4%。其中：教育支出 3.83 亿元，同比增长 23.9%；医疗卫生支出 1.11 亿元，同比下降 19.6%；城乡社区事务支出 4.45 亿元；同比下降 42%；农林水事务支出 1.13 亿元，同比下降 71%；交通运输支出 0.38 亿元，同比增长 2.9%；住房保障支出 4.43 亿元，同比下降 35%；社会保障和就业支出 6.88 亿元，同比增长 58.6%；一般公共服务支出 1.5 亿元，同比下降 16.8%。各项重点支出得到了有力保障，特别是教育、社会保障和就业支出均实现了较快增长。

二、农业

全年农作物种植面积为 5882 公顷，同比下降 10.3%，其中：粮食播种面积为 3694 公顷，同比下降 12.7%。全年粮食总产量 1.21 万吨，同比下降 11.2%。其中：谷物产量 4327 吨，同比下降 31.6%；玉米产量 2402 吨，同比下降 43%；薯类产量 7434 吨，同比增长 11.6%；油料产量 1052 吨，同比下降 45.2%；甜菜产量 7500 吨，同比增加 6121 吨；蔬菜产量 79280 吨，同比下降 3.9%。

牧业年度（六月末）牲畜存栏头数 8.53 万头只，同比下降 8.7%。牲畜总增 9.78 万头只，同比增长 4.7%。牲畜总增率达到 105%。牧业年度良种及改良种畜总头数达到 8.51 万头只，良种及改良种畜比率达到 99.7%，同比增长 2.9 个百分点。

全年牲畜出栏（日历年度）6.66 万头只，同比下降 33.1%，年末牲畜存栏 4.44 万头只，同比下降 14.5%。全年肉类总产量达到 7975 吨，同比下降 3.9%；牛奶产量为 2.8 万吨，与去年持平；禽蛋产量 570 吨，同比下降 24%。

全年农牧业机构总动力达到 21 万千瓦，同比增长 10.5%。化肥施用（折纯量）2401 吨，下降 17.2%；地膜使用量为 1944 吨，同比增长 2.1%。

三、工业能源

全年工业完成增加值 63.3 亿元，增长 11.9%。规模以上工业企业达到 46 家，完成工业产值 119.65 亿元，增长 11.3%，完成工业增加值 46.7 亿元，增长 14.8%。全年发电量完成 18.76 亿千瓦小时，同比上升 10%。

全年地区能源消费总量为 126.57 万吨标准煤，通比增长 4.6%。单位 GDP 能耗为 0.88 吨标准煤 / 万元，同比下降 3.6%。单位工业增加值能耗降低率为 -12.2%。累计完成"十二五"任务总进度的 65.9%

四、固定资产投资和建筑业

全年固定资产投资完成 181.68 亿元，增长 2.6%，其中：第二产业完成投资 39.49 亿元，增长 65%；第三产业完成投资 140.9 亿元，下降 16.9%。从分行业看，制造业完成投资 8.22 亿元，下降 37.7%；电力、燃气及水的生产和供应业完成投资 31.27 亿元，增长 245%；交通运输仓储及邮政业完成投资 7.73 亿元，下降 473%；水利、环境和公共设施管理业完成投资 50.01 亿元，下降 40.9%；公共管理和社会组织完成投资 15.0 亿元，增长 423%。

全年资质等级以上建筑企业单位数 24 个，建筑业从业人数 6166 人，同比下降 43.1%，建筑业总产值达到 28.78 亿元，同比增长 1.8%。施工企业房屋建筑施工面积 389 万平方米，增长 30.1%；施工企业竣工房屋面积 64 万平方米，下降 29.7%。

五、国内贸易

全年社会消费品零售额完成 64.29 亿元，增长 12.9%。消费品市场活跃，商品丰富多彩。分商品类别看，消费品零售额有增有减。其中：服装、鞋帽针纺织品类、化妆品类零售额、金银珠宝类零售额、汽车类、石油及制品类零售额不断增长。随着城乡人民生活水平提高，消费质量和档次不断上升，消费品市场活跃，汽车已进入居民家庭，零售额不断上升。由于国际市场动荡影响，我区对外经济较去年下降很大，全年进出口总额 2300 万美元，下降 56.7%。其中：出口总额 1300 万美元，同比下降 15.9%；进口总额 1000 万美元，下降 73.4%。

六、金融、保险业

全区金融机构各项存款为 187.88 亿元，同比下降 17%。其中：单位存款 55.43 亿元，同比下降 19.7%；城乡居民储蓄存款 128.66 亿元，下降 15.8%。金融机构各项贷款为 154.86 亿元，增长 4.2%。其中：短期贷款为 43.59 亿元，增长 11.6%；中长期贷款为 109.62 亿元，增长 1.02%。

全区人寿、财险机构年保费收入为 6.6 亿元，下降 7%。其中：财产保险保费收入为 2.86 亿元，下降 30.8%；人寿保险机构保费收入为 3.75 亿元，增长 19.3%。

七、教育卫生

全区拥有普通中学 21 所，在校生学生 3.16 万人，教职工人数 2968 人，（其中专任教师 2088 人）。其中包括：普通高中 11 所，在校学生 1.8 万人，专任教师 995 人。拥有普通初中 10 所，在校学生 1.36 万人，专任教师 1093 人；拥有小学 28 所，在校学生 2.24 万人，专任教师 1413 人。幼儿园 15 所，在校人数 2749 万人，教职工人数 523 人，其中：专任教师 342 人。特殊教育学校 1 所，在校学生 154 人，专任教师 50 人。

年末拥有医疗卫生机构 334 个；其中：综合性医院 5 所，专科医院 9 所，卫生院 6 所，社区卫生机构 47 所，村卫生室及个体诊所 267 个。拥有各类卫生技术人员 2422 人，其中：职业（助理）医师 1775 人，拥有床位数 2799 张。

八、人民生活

年末全区常住人口 38.76 万人；其中：城镇人口 35.14 万人，乡村人口 3.62 万人，城镇化率为 90.7%。人口出生率为 7.83‰，死亡率为 2.11‰，自然增长率 4.72‰。年末全区户籍人口 31.43 万人；其中：蒙古族人口 1.47 万人，汉族人口 29.25 万人，其他少数民族人口 0.71 万人。

全年城镇居民人均可支配收入 22311 元，比上年增加了 1851 元，增长 9.1%；从收入构成看，工资性收入为 16330 元，增长 9.5%；经营性收入 2835 元，增长 18.4%；转移性收入 3920 元，增长 3.3%；财产性收入 162 元，增长 9.1%；自有住房折算净租金 936 元。城镇居民人均消费支出 12805 元，增长 1.4%。城镇居民家庭恩格尔系数（居民家庭食品支出占家庭消费支出的比重）为 34.3%。全年农民人均纯收入为 11480 元，比上年增加了 1276 元，增长 12.5%。从收入构成看，劳动报酬收入 4328 元；家庭经营性收入 3384 元，转移性收入 3530 元；财产性收入为 238 元。农民人均生活消费支出为 7560 元，增长 15.4%。农民家庭恩格尔系数为 38%。全年城镇单位在岗职工平均工资为 39978 元，比上年增加了 1871 元，增长 4.9%。

年末参加城镇基本养老保险人数 7.14 万人（城镇职工 25192 人，城乡居民 40273 人，个体 5893 人），同比下降 1.3%，养老金社会化发放率达到 100%。参加基本医疗保险人数 17.64 万人，增长 5.9%，其中：居民参加基本医疗保险人数 14.81 万人，增长 5.5%；职工参加基本医疗保险人数 2.83 万人，增长 7.6%。居民参加农村新型合作医疗人数 7.92 万人，增长 19.9%。全区拥有各类福利院床位 260 张，福利院收养人数 133 人。城镇居民最低生活保障人数 27019 人，农村居民最低生活保障人数 5799 人。

全年城镇单位在岗职工约 6.02 万人，同比下降 2.3%。城镇新增就业人数 5840 人，其中：城镇失业人员再就业人员 2291 人。全年城镇登记失业人员 7263 人，年末城镇登记失业率控制在 4.0% 以内。

传奇色彩　独具特色
诱人魅力　原生态旅游胜景

——鄂温克族自治旗

呼伦贝尔市委常委、鄂温克旗旗委书记　高润喜

鄂温克旗旗委副书记、旗长　色音图

鄂温克族自治旗概况

鄂温克族自治旗位于内蒙古自治区东部，大兴安岭西麓，呼伦贝尔大草原东南部，成立于1958年，是全国三个少数民族自治旗之一。鄂温克，汉意为“住在大山林中的人们”，因鄂温克人的祖先住在贝加尔湖周围连绵的山峦和茂密的原始森林中而得名，总面积1.9万平方公里，辖10个苏木乡镇，共44个嘎查，14.4万多人口。主要特点是：

一、历史厚重。鄂温克族的发展史独具特色，可以概括为“两个最长”，即狩猎生产时间最长和氏族生活历史最长。13世纪末叶至17世纪下半叶由于牧业和农业的逐渐兴起，狩猎逐渐降温，大兴安岭山区中狩猎的鄂温克人在20世纪

鄂温克旗敖包相会景区

鄂温克旗伊敏煤电公司

80 年代改革开放中，经过调整产业结构才放下猎枪转入了农牧业生产。

二、风光无限。森林、草原、河流、湖泊、文物、古迹、民俗景观构成了鄂温克族自治旗独特的原生态旅游景胜。独具特色的鄂温克民族博物馆、珍禽的天堂辉河湿地、浩瀚林海的樟子松故乡红花尔基森林公园、可与举世闻名的法国维希矿泉相媲美的维纳河矿泉、景色迷人的巴彦呼硕和五泉山旅游景区，极具民族特色的“瑟宾节”为绚丽多姿的鄂温克增添了传奇色彩和诱人魅力。

三、资源富集。鄂温克族自治旗地上、地下资源十分富集，地上有草原、森林、湖泊、湿地。地下矿产资源更加丰富，截至 2012 年底，已发现的矿产有 5 类，包括：煤炭、黑色金属、铁、多金属、贵金属，矿床以上规模的矿产地 12 处、矿点和矿化工点 17 处。主要为能源矿产石油、煤炭、黑色金属矿产铁和锰，有色金属矿产钼和铜，稀有稀散金属矿产铍和锗，非金属矿产石灰岩、萤石、建筑砂石和砖瓦粘土以及矿泉水等。

四、经济发展。鄂温克族自治旗以自治区“8337”发展思路和呼伦贝尔市“美丽发展、科学崛起、共享繁荣”新型发展战略为指导，紧密围绕“创建经济强旗”和“全国民族团结进步示范旗”的总体战略要求，狠抓投资、项目和结构调整，经济保持了平稳增长。2013 年，全旗地区生产总值完成 101.9 亿元，同比增长 12.1%；固定资产投资完成 62.8 亿元；地方财政总收入完成 24.5 亿元；城镇居民人均可支配收入完成 21240 元，增长 11.2%；农牧民人均纯收入完成 14865 元，增长 16.5%。

五、社会和谐。鄂温克族自治旗是以鄂温克族为主体的民族聚集区，境内还有蒙古族、汉族、达斡尔族等 25 个民族，总人口 14.4 万人，其中：少数民族人口约 5.9 万人，占全旗总人口的 41%；鄂温克族约 1.13 万人，占全旗总人口的 7.9%。

多年来，各民族和睦相处，形成了荣辱与共、团结奋进的民族关系。在各族人民的共同努力下，鄂温克族自治旗的教育、文化、医疗卫生等社会事业都取得了长足发展。

鄂温克旗红花尔基水库

市委副书记、市长 包崇明

二连浩特市概况

二连浩特市位于内蒙古自治区正北部，与蒙古国扎门乌德市隔界相望，相距仅4.5公里。边境线长72.3公里，辖区面积4015平方公里，城区面积27平方公里。下辖1个苏木（5个嘎查）、8个社区。全市总人口约10万人，有蒙、汉、回、满等9个民族。二连是我国对蒙古国开放的最大陆路口岸，是国家和自治区向北开放的桥头堡，是最捷近的欧亚大陆桥，从北京经二连浩特到莫斯科比经滨洲线近1140公里。二连是全国双拥模范城、全国科普示范市、全国生态文明先进市、中国十佳绿色城市、自治区文明城市、自治区卫生城市。

“二连浩特”是蒙语的汉语译音，意为色彩斑斓的城市。二连自古就是“茶叶之路”、“草原丝绸之路”上最重要的交通节点。早在元朝就设有玉龙栈。清嘉庆年间设置“伊林”驿站。1918年旅蒙商开通张家口经二连至库伦（今蒙古国乌兰巴托）的运输线，称这里为“滂北”站。1956年1月，北京—乌兰巴托—莫斯科国际联运列车正式开通，二连浩特建立，成为欧亚大陆桥最重要的交通枢纽。1966年1月，国务院批准设立二连浩特市。1985年1月升格为准地级市。1985年6月，国务院批准二连为甲类开放城市。1986年3月，自治区政府批准二连为计划单列市。1992年7月，国务院批准二连市为全国13个沿边开放城市之一。1994年8月9日，胡锦涛同志视察二连，作出了“在边字上做文章，在开放上下功夫，在内联上求发展”的重要指示，为二连口岸的开放发展指明了方向。

二连是我国最早载入国际古生物史册的恐龙化石产地，是世界闻名的“恐龙之乡”，恐龙化石埋藏丰富，其中“二连巨盗龙”的出土被美国《时代》周刊评为2007年世界十大发现之一，2009年二连恐龙化石埋藏地被评为国家级地质公园。

国 门

恐龙市门欢迎你

铁路口岸站场

川流不息的公路口岸进出口车辆

发展成效显著 保持经济稳定

——集宁

白泉山公园

卧龙山公园

马铃薯种薯繁育

霸王河景观

佳辉硅化工

白泉山景观

霸王河景观二

霸王河景观

目　　录
CONTENTS

第一部分　特　载
PART ONE SPECIAL ARTICLES

第二部分　统计资料
PART TWO STATISTICS

二、综合
General Survey

三、国民经济核算
National Accounts

四、人口

Population

五、从业人员和职工工资

Employment and Wages

六、固定资产投资

Investment in Fixed Assets

七、能源生产和消费

Production and Consumption of Energy

八、财政

Government Finance

九、物价指数
Price Indices

十、人民生活
People's Livelihood

十一、城市概况

General Survey of Cities

十三、工业
Industry

十四、建筑业
Construction

十五、运输和邮电
Transportation, Postal and Telecommunications Services

十六、国内贸易

Domestic Trade

十七、对外经济贸易
Foreign Trade and Economic Cooperation

十八、旅游
Tourism

十九、金融和保险
Banking and Insurance

二十、教育、科技和文化
Education , Science and Culture

二十一、体育、卫生、社会福利、环境保护和其它
Sports, Public Health, Social Welfare, Environmental Protection and Others

二十二、盟市资料

Statistics of Leagues and Cities

二十三、旗县区资料

Statistics of Banners, Counties and Districts

二十四、附录
Appendix

2014 NEIMENGGU

第一部分

特 载

PART ONE SPECIAL ARTICLES

在全区经济工作会议上的讲话

Report by Comrade Wang Jun on the Conference of Autonomous Regional Economical Work

内蒙古自治区党委书记　王　君

（2013年12月26日）

自治区党委九届十次全委会暨全区经济工作会议的主要任务是，深入学习贯彻党的十八大、十八届二中、三中全会、中央经济工作会议和习近平总书记系列重要讲话精神，报告自治区党委常委会一年来的工作，安排部署明年全区经济社会发展工作。

首先，我代表自治区党委常委会报告工作。

今年以来，在党中央的正确领导下，自治区党委常委会坚持以邓小平理论、"三个代表"重要思想、科学发展观为指导，牢牢把握科学发展主题和加快转变经济发展方式主线，坚持稳中求进工作总基调，团结带领全区各族人民，求真务实、开拓进取，统筹推进社会主义经济建设、政治建设、文化建设、社会建设、生态文明建设，深入开展党的群众路线教育实践活动，全面推进党的建设新的伟大工程，各项工作都取得了新进展新成效。

（一）深入学习贯彻党的十八大和习近平总书记系列重要讲话精神。坚持把学习贯彻党的十八大和习近平总书记系列重要讲话精神作为首要政治任务，持续推进学习培训，深入开展宣传宣讲，不断把学习贯彻工作引向深入。切实加强组织领导，对习近平总书记的每篇重要讲话都在第一时间组织传达学习，并及时汇编成册，印发省级党员领导干部学习；下发《关于深入学习习近平总书记一系列重要讲话精神的意见》，对全区学习贯彻工作提出明确要求；召开自治区党委九届七次、九次全委会等重要会议，对深入学习贯彻作出部署。突出抓好领导干部学习，自治区党委常委会利用双休日先后组织6次集中学习研讨，举办盟市厅局主要领导干部研讨班和县处级以上领导干部培训班，对1800多名县处级以上领导干部进行集中轮训，以党校、行政学院为主阵地全面开展党员干部培训。广泛进行宣传宣讲，利用基层大讲堂开展大众化宣讲，组织媒体推出一系列学习宣传专题专栏，开展中国梦宣传教育和"尽责圆梦"活动，推动学习由党政领导机关向基层延伸，由领导干部向党员群众延伸，实现了学习教育全覆盖。通过深入持久地学习宣传，进一步深化了对党中央治国理政思想的理解和把握，增强了对中国特色社会主义的道路自信、理论自信、制度自信，更加坚定自觉地在思想上政治上行动上同以习近平同志为总书记的党中央保持高度一致。

（二）提出并全面实施"8337"发展思路。以党的十八大和习近平总书记系列重要讲话精神为指导，根据形势任务发展变化，紧密结合内蒙古实际，在保持工作思路和举措连续性的基础上，提出"8337"发展思路，进一步完善和明确了内蒙古的发展定位、工作重点、目标任务。围绕推动"8337"发展思路的贯彻落实，通过多种形式广泛宣传和深入解读，组织省级党政领导干部开展专题调研，逐项研究提出具体目标、任务和举措，有效凝聚了全区上下的思想共识和工作合力；组织编制清洁能源基地、现代煤化工基地等11个专项规划，创新完善重点行业发展政策，启动实施一批重大工程和重点项目，逐步完善贯彻落实的规划、政策和项目支撑体系；大力推进重大项目建设和县域经济、非公有制经济发展"三个专项"，深入实施大学习、大调研、大接访、大落实"四大行动"和扶贫攻坚、创业就业、平安创建、百姓安居、人才强区、干部素质提升"六大工程"，扎实开展省级领导干部联系贫困旗县、造林绿化、正风肃纪"三项重点工作"，引领和带动各领域工作实现新的突破；加强重点工作定期督查，开展科学发展巡回观摩，推动形成了比学赶超、竞相发展的良好局面。

（三）下大气力推动经济持续健康发展。坚持以提高经济发展的质量和效益为中心，着力克服经济下行压力、促进经济转型升级，经济发展呈现稳中有进、稳中向好的良好态势。预计全年地区生产总值增长9%，规模以上工业增加值增长12%，全社会固定资产投资增长18%，公共财政预算收入增长10.5%，主要经济指标处于合理区间。一是全力稳定企业生产经营。落实扶持中小微企业发展、金融支持实体经济等政策，实施电价补贴、电力多边交易、减少涉企收费项目等措施，累计降低各类企业用电成本29.4亿元，减免煤炭企业税费12亿元，帮助261户规模以上停产半停产企业恢复生产，有力保障了企业健康平稳运行。二是突出抓好重大项目建设。围绕重点领域和薄弱环节组织实施一批大项目好项目，累计新开工建设亿元以上重大项目1077个，30条出区通道全部打通，高速公路通车里程突破4000公里、一级公路通车里程达到5600公里，有效拉动了经济增长、增强了发展后劲。三是着力调整产业结构。加强农牧业综合生产能力建设，粮食产量达到554.6亿斤，创历史新高，牧业年度牲畜存栏连续9年稳定在1亿头（只）以上，乳肉绒毛产量继续全国领先。围绕产业转型升级推动"五大基地"建设，一批煤炭加工转化和综合利用项目开工建设，现代装备制造、云计算等新兴产业快速成长，旅游、物流、金融等现代服务业发展提速。四是发展壮大县域经济。成立领导机构专项推进，召开会议专题部署，出台具体指导意见和系列扶持政策，80个旗县（市）规模以上工业增加值、固定资产投资、财政收入增速高于全区平均水平，县域经济发展步伐加快。五是努力提高对外开放水平。召开非公有制经济招商引资大会、国有企业合作座谈会，举办内蒙古·广东科技活动周、蒙港澳经贸合作活动周，引进国内（区外）资金4312.4亿元，增长24.6%；新批准外商投资企业

29 家，实际利用外资 25.9 亿美元，增长 35%。

（四）积极推进社会主义民主法制建设。坚持党的领导、人民当家作主、依法治国的有机统一，大力发展更加广泛、更加充分、更加健全的人民民主。支持人大及其常委会依法履行职责。自治区人大常委会加强立法统筹和重点领域立法，编制了五年立法规划，制定和批准了自治区城乡规划条例、大青山国家级自然保护区条例等 8 件地方性法规和单行条例。围绕贯彻落实"8337"发展思路，强化监督职能，通过听取审议工作报告、开展执法检查、专题调研和集体视察进行监督，保障和促进了重点工作落实。支持政协围绕团结和民主两大主题开展工作。自治区政协把界别活动纳入整体工作安排，修订了各专委会工作简则，着力推进政协工作制度化规范化建设；围绕推动科技创新、加强生态保护、发展民营经济等重点内容协商议政，有力推动了相关工作的开展。重视做好统战工作。加强同各民主党派和工商联的联系沟通，开展"民营企业家与中国梦"理想信念教育活动，着力促进民族团结和宗教领域和谐稳定。加快推进依法治理进程。认真组织实施"六五"普法规划，广泛开展法制宣传教育，全社会法律意识和法治观念进一步增强。支持国防和军队建设。大力推动军民融合式发展，国防动员和后备力量建设取得新进展。

（五）扎实做好宣传思想文化工作。召开全区宣传思想工作会议，对新形势下宣传思想文化工作进行专题研究部署，意识形态工作和文化改革发展得到加强。一是深入推进社会主义核心价值体系建设。大力倡导富强民主文明和谐、自由平等公正法治、爱国敬业诚信友善的社会主义核心价值观，广泛开展"德润草原·文明之行"主题实践活动和"道德模范"、"最美基层干部"等评选表彰活动，汇聚了全社会尚德向善、见贤思齐的正能量。二是牢牢把握正确舆论导向。建立意识形态领域分析研判预警机制、通报反馈机制、责任落实和追究机制，加强对重大思想理论问题的宣传阐释和社会热点难点问题的舆论引导，开展规范互联网信息传播秩序专项行动，大力营造积极健康向上的主流思想舆论。三是健全完善公共文化服务体系。深入实施公共文化设施建设、文化遗产传承保护等 8 项重点文化惠民工程，成功举办第十届草原文化节，深入开展"放歌草原·书写百姓"活动，推出了《黑骏马》、《明安图》等一批文化精品。四是加快文化体制改革和文化产业发展。扎实推进盟市旗县"三局合一"、国有文艺院团整合、文化市场综合执法改革、公益性文化事业单位试点改革，认真落实扶持文化产业发展的 50 条优惠政策，文化产业发展动力活力增强。五是积极推动文化走出去。成功举办首届索伦嘎中蒙青年交流、美国·内蒙古文化周、台湾·内蒙古文化周、第四届中蒙新闻论坛等活动，组织内蒙古歌舞剧院等演艺团体赴境外演出，内蒙古的知名度和影响力进一步提升。

（六）着力保障和改善民生。组织实施重点民生工程，加大民生投入和建设力度，促进人民生活持续改善。预计全年城镇居民人均可支配收入 25400 元，增长 10%；农牧民人均纯收入 8500 元，增长 12%。一是努力推动创业就业。新增城镇就业 27 万人，安置就业困难人员 6.6 万人，落实高校毕业生就业 13.7 万人，农村牧区劳动力转移就业 257 万人次，通过创业带动就业 14.7 万人，城镇登记失业率控制在 3.6%的较低水平。二是全力推进扶贫攻坚。建立自治区、盟市、旗县三级领导干部联系贫困点制度，研究实施规划、项目、干部"三到村三到户"工作，编制完成 23 个行业部门和 38 个贫困旗县扶贫开发规划，累计投入扶贫资金 100 亿元、实施扶贫开发项目 961 个，预计全年 40.8 万贫困人口稳定脱贫。三是稳步提高社会保障水平。城镇职工基本养老、城乡居民养老和城镇基本医疗、失业、工伤、生育保险人数继续增加，企业退休人员养老金、城乡最低生活保障等主要社会保障标准均提高 10%以上，受灾群众、贫困大学生和特殊困难群众得到及时有效帮扶救助，压减"三公"经费 18 亿元为 295 万低收入农牧户每户发放 1 吨取暖煤。四是继续加大保障性住房建设力度。全面启动包头北梁等棚户区集中改造工程，加快农村牧区危房改造步伐，新开工建设各类保障性住房 17.8 万套、基本建成 21.4 万套；开工改造农村牧区危房 12.75 万套、竣工 11.4 万套。五是全面发展各项社会事业。加强义务教育、高中阶段免费教育经费和重点教育工程建设项目资金保障，开展城乡居民大病保险试点，推进城乡医疗和公共卫生服务体系建设，实施农村牧区"六个全覆盖"工程，城乡基本公共服务均等化水平持续提高。六是切实维护社会和谐稳定。实行矛盾排查情报信息日报告、周研判、旬调度制度，组织 4 万名干部进驻嘎查村、企业、学校排查化解矛盾，全区信访总量同比下降 26.4%。严厉打击各类违法犯罪活动，加强重点领域安全保卫工作，刑事犯罪高发势头有效遏制。强化安全生产和食品药品安全监管，各类安全事故起数和死亡人数分别下降 10.9%和 23.5%，未发生重特大生产安全事故。

（七）进一步加强生态环境保护建设。牢固树立保护生态环境就是保护生产力、改善生态环境就是发展生产力的理念，大力推进绿色发展、循环发展、低碳发展。一是实施重大生态保护建设工程。落实草原生态保护补助奖励机制，严格实行禁牧和草畜平衡制度，全区草原平均植被盖度达到 44.1%，较上年提高 1 个百分点。加强重点林业生态工程建设，全年完成林业建设面积 1205 万亩，其中六大重点区域植树造林 196 万亩。二是强化环境污染治理。严格落实工程减排、结构减排和管理减排措施，全区化学需氧量下降 2.21%、氨氮排放量下降 2.48%、二氧化硫排放量下降 0.86%。认真落实京津冀及周边地区大气污染防治行动计划，推进重点流域水污染防治、重金属污染防治和重点区域环境综合治理，整治环境污染突出问题取得新成效。三是推动资源能源节约利用。严格落实水资源管理制度，严格执行新一轮土地利用总体规划，严格整顿规范矿产资源开发秩序，资源综合开发利用水平进一步提高。大力发展循环经济，加快淘汰落后产能，预计全年单位生产总值能耗下降 4.5%。

（八）积极推进重要领域和关键环节改革。按照党的十八大和十八届二中、三中全会的部署要求，认真抓好各项改革任务的落实。一是加快转变政府职能，研究制定自治区政府职能转变和机构改革方案及配套文件，全面清理地方性法规、政府规章和规范性文件，进一步深化行政审批制度改革，取消下放 103 项行政审批事项，清理规范 116 项行政事业性收费项目。二是大力发展非公有制经济，召开全区非公有制经济表彰大会，制定出台 70 条扶持政策，进一步放宽市场准入，强化财税、金融支持和要素保障，充分释放非公有制经济发展活力。1—11 月，非公有制经济固定资产投资增长

28.2%，高于全区固定资产投资10.2个百分点。三是统筹推进相关领域改革，筹备组建地质矿业集团、能源建设投资集团和交通投资公司，研究制定电力市场建设方案，启动实施邮电通信及铁路运输业营改增试点，稳步推进城乡统筹发展综合改革，积极推进教育、科技、文化、医药卫生等领域改革。党的十八届三中全会闭幕后，迅速兴起学习贯彻热潮，及时组织自治区党委常委开展专题调研，研究制定贯彻落实意见，召开九届九次全委会进行部署，全区深化改革工作积极稳妥推进。

（九）扎实开展党的群众路线教育实践活动。按照中央统一部署，在中央督导组指导下，精心组织开展第一批教育实践活动，着力把"规定动作"做到位、把"自选动作"做精彩，纠正"四风"、改进作风取得重要成果。一是先行正风肃纪。认真贯彻落实中央八项规定精神，制定出台自治区28条配套规定，着力解决群众反映强烈的突出问题；开展为期3个月的"严肃工作纪律、整顿工作作风"专项活动，集中治理"慵懒散、奢私贪、蛮横硬"等方面的问题，为开展教育实践活动打下了良好基础。二是坚持领导带头。自治区党委主要领导认真履行第一责任人职责，常委班子成员切实履行双重责任，带头学习研讨、带头开展调研、带头征求意见、带头查摆问题、带头抓好整改，带动了第一批教育实践活动扎实开局、有序推进。三是认真查摆问题。自治区党委常委会坚持开门搞活动，采取多种方式广泛征求各方面意见建议，共征集到意见建议31万多条。第一批活动单位通过开展"六必访"和"面对面、心贴心、实打实"联系服务群众工作，广泛听取群众意见建议，为开展批评、整改落实提供了可靠依据。四是以整风精神开好专题民主生活会。会前自治区党委常委先后进行了5轮谈心交心，6次聚焦"四风"问题，认真落实中央督导组意见，反复修改完善常委班子和个人对照检查材料。会上积极开展批评和自我批评，深挖存在问题根源，达到了红红脸、出出汗、排排毒的效果。会后及时将专题民主生活会情况在规定范围内进行了通报。在自治区党委常委会的示范带动下，自治区各大班子和第一批活动单位都召开了一次较高质量的专题民主生活会。五是突出抓好整改落实和建章立制。坚持边学边查边改、立说立行立改，在先行抓好十项整改工作和十项制度建设的基础上，自治区党委常委会针对查摆出的"四风"问题，研究制定了整改落实的"两方案一计划"，明确16个方面63个整改项目，开展9个方面32项专项整治，推进32项制度建设，确保教育实践活动善始善终、善作善成、取得实效。

（十）深入推进党的建设新的伟大工程。坚持党要管党、从严治党，以领导班子和干部队伍建设为重点，全面加强党的建设各项工作。一是选优配强各级领导班子。圆满完成自治区、盟市、旗县三级人大、政府、政协换届，调整充实一批盟市、厅局、直属企业和高校领导干部，健全完善盟市厅局领导班子考核评价体系，各级领导班子结构进一步优化、整体功能进一步增强。二是强化干部队伍培训锻炼。深入实施干部素质提升工程，举办22期领导干部"双休日讲座"，选派287名县处级以上领导干部到国家部委和发达地区挂职，组织10.6万名党员干部深入基层联点包村，推动干部在学习实践中开阔眼界、增长才干。三是加强基层服务型党组织建设。总结推广党员干部联系服务群众"456"工作法和嘎查村民主管理"532"做法等典型经验，深入开展"五个一"千村帮联行动，加大基层党建基础保障投入，统筹推进各领域基层党建工作，基层党组织推动发展、服务群众、凝聚人心、促进和谐的能力不断提高。四是深入实施人才强区工程。制定出台进一步加强党管人才的意见，扎实推进"三大平台"建设和"十大百人计划"，统筹抓好各类人才队伍建设，人才工作取得了新成效。五是高度重视反腐倡廉建设。严格落实党风廉政建设责任制，加强惩治和预防腐败体系建设，自治区党委常委会带头作出6项廉政承诺。加强和改进巡视工作，对3个盟市20个旗县进行了集中巡视，发现和解决了一批问题。加大查办案件力度，全区各级纪检监察机关立案1584件、结案1414件，给予党政纪处分1544人，其中地厅级6人、县处级49人，有效发挥了查案治腐的震慑力。

以上报告的是今年以来自治区党委常委会的主要工作。这些工作的开展和各项成绩的取得，是以习近平同志为总书记的党中央正确领导的结果，是全区上下共同努力的结果。希望大家对常委会的工作多提意见和建议，共同把今后的工作做得更好。

现在，我就做好明年经济工作讲几点意见。

2014年是深入贯彻落实党的十八届三中全会精神、全面深化改革的第一年，也是深入贯彻落实"8337"发展思路、实现"十二五"奋斗目标的关键一年。我们一定要按照中央的部署和要求，紧密结合自治区实际，把握大势、围绕中心、突出重点，扎实做好改革发展稳定各项工作，努力实现全面深化改革良好开局，全力推动经济社会持续健康发展。

一、关于当前经济形势和明年经济工作的总体要求

中央经济工作会议综合研判经济形势，指出当前我国经济稳中有进、稳中向好，但也稳中有忧、稳中有险，明年世界经济仍将延续缓慢复苏态势，但也存在不稳定不确定因素；强调我国发展面临的国际环境和国内条件都在发生深刻而复杂变化，经济发展环境依然复杂严峻，挑战和机遇并存。具体到内蒙古，我们面临的主要挑战：一方面是经济下行压力依然较大，受市场需求减弱、主要工业品价格下降、能源外送通道不畅等因素影响，煤炭、冶金、电力等传统产业利润空间可能继续收窄，已有产能难以充分释放；受企业投资能力下降、政府债务负担加重、投资项目储备单一等因素影响，投资的动力源、增长点、接续力不足；受经济增速放缓、企业效益下滑、刚性支出增加等因素影响，保持财政收入稳定增长压力较大，平衡财政收支矛盾难度不小。另一方面是结构性矛盾比较突出，长期累积的结构性矛盾、体制性弊端未能很好解决，特别是产业结构单一化重型化特征明显，自主创新能力不强，新的产业增长点不多，抵御市场风险能力较弱，节能减排压力较大，转变经济发展方式任务艰巨。我们面临的主要机遇：一是国家继续实施积极的财政政策和稳健的货币政策，重点加强对保障性安居工程、重大基础设施、节能环保等领域的财政投入，重点加强对"三农三牧"、小微企业、结构调整的金融支持，这为我们加强薄弱环节建设带来了新的重大机遇。二是国家高度重视污染防治、食品安全等工作，高度重视大型煤化工基地、绿色农畜产品基地建设，相关省市对我区的清洁能源、绿色产品需求持续增长，这为我们加快发展特色优势产业带来了新的重大机遇。三是国家深入实施区域发展总体战略，着力推进由东向西梯度发展支撑带规划建设，大力支持老少边穷地区加快发展，积极引导沿海地区产业更多向中西部地区有序转移，这为我们创造地区发展优势带来了新的重大机遇。更为重要的是，全面深化改革已经发令起跑，将进一步激发发展的动力和活力；“8337”发展思路正在全面深入落实，将进一步强化发展的引领和支撑。我们一定要辩证看待、正确把握当前经济形势，既要把困难估计得充分些、把措施考虑得周密些，防止由于估计不足和准备不够而陷入被动，又要善于在攻坚克难中发现和培育有利因素、捕捉和把握发展机遇，坚定信心，增强定力，创造性地做好经济社会发展工作。

明年全区经济工作的总体要求是：全面贯彻落实党的十八大、十八届二中、三中全会、中央经济工作会议和习近平总书记系列重要讲话精神，全面贯彻落实自治区“8337”发展思路，坚持稳中求进工作总基调，把改革创新贯穿于经济社会发展各个领域各个环节，以扩大有效需求为重点稳定经济增长，以建设“五大基地”为重点调整产业结构，以实施重大民生工程为重点保障改善民生，以推进新型城镇化为重点统筹城乡协调发展，以加快经济体制改革为重点全面深化改革开放，凝心聚力、求真务实、攻坚克难，着力激发市场活力，切实提高经济发展质量和效益，不断提高人民生活质量和水平，促进经济持续健康发展、社会和谐稳定。经济社会发展的主要预期目标是：地区生产总值增长 9%左右，规模以上工业增加值增长 12%；固定资产投资增长 15%，社会消费品零售总额增长 12%，公共财政预算收入增长 7%。城镇居民人均可支配收入增长 9%，农牧民人均纯收入增长 10%。单位生产总值能耗和二氧化碳排放量分别下降 2.2%。居民消费价格涨幅控制在 3.5%左右。

贯彻上述总体要求，实现年度目标任务，在工作指导上要把握和处理好三个关系。一是“稳”和“改”的关系。把坚持稳中求进、改革创新作为最核心的要求，把握好这两者之间的度，切实做到“稳”有定力、“改”有秩序。要稳扎稳打，步步为营，巩固稳中向好的发展态势，促进经济社会大局稳定，为全面深化改革创造条件。要坚持问题导向，勇于突破创新，积极推动全面深化改革，以改革促进发展、促进转方式调结构、促进民生改善。二是“快”和“好”的关系。我区经济正处于增长速度换挡期、结构调整阵痛期、前期刺激政策消化期叠加阶段，面临着做大经济总量、提高发展水平的双重任务，不保持一个合理的增长速度就很难缩小与发达地区的差距，不加快转方式调结构就很难实现经济持续健康发展。因此，我们既要扭住经济建设不动摇，抓住机遇保持地区生产总值合理增长，更要扭住提高发展质量效益不松劲，抓住机遇推动经济结构加快调整，在提高质量效益的前提下，能快的就不要慢，快不了的也不要勉强。三是“近”和“远”的关系。明年新一轮改革要全面开局，“十二五” 规划要评估调整，“十三五”规划要启动编制。在推动改革发展过程中，我们一定要立足当前、着眼长远，研究一举多得的举措，谋划奠基蓄力的大事，既要解决当前棘手的问题，更要化解长期积累的矛盾，既要巩固稳中向好的发展态势，更要增强持续健康发展的长远后劲，推动内蒙古经济发展行得更稳、走得更远。

二、关于明年经济工作的主要任务

明年经济社会发展任务十分繁重，各级要按照中央精神和自治区党委的总体要求，重点抓好以下五个方面的工作。

（一）以扩大有效需求为重点稳定经济增长。中央经济工作会议强调，实现明年经济增长目标，要努力释放有效需求，充分发挥消费的基础作用、投资的关键作用、出口的支撑作用，把拉动增长的消费、投资、外需这“三驾马车”掌控好。我们一定要牢牢把握扩大内需这一战略基点，突出抓好投资，着力稳定消费，积极拓展外需，使经济稳定增长建立在内需持续扩大的基础上。

现阶段拉动我区经济增长，首要的是保持足够的投资强度，要抓住机遇、创造条件，努力扩大有效投入，充分发挥投资的关键作用。要围绕突破瓶颈制约抓投资，集中推进交通运输体系、能源外送通道、水利枢纽工程和信息网络建设，组织实施一批具有全局性、基础性、战略性影响的重大项目，特别要加快推进电力外送通道建设，不断增强发展保障能力，进一步放大内蒙古的资源优势和区位优势。要围绕调整产业结构抓投资，大力推进“五大基地”重点规划项目建设，加快实施一批传统产业延伸升级、增量提质的项目，积极承接一批符合结构调整方向的项目，谋划新上一批新兴产业发展项目，促进产业规模扩大和素质提升。要围绕加强民生建设抓投资，切实抓好国家和自治区在农业牧业、社会事业、扶贫开发、住房保障、生态环保等方面确定的一系列重大工程，有效增加“三农三牧”、基本公共服务、城乡基础设施、生态环境保护建设等领域投资，加快提升我区社会发展和民生建设水平。扩大投资重要的是解决好资金问题。一方面，要准确把握国家宏观调控政策取向，积极争取中央预算内资金支持，积极争取金融机构扩大融资规模；另一方面，要充分挖掘民间投资潜力，加快改革投融资体制，大力改善投融资环境，积极释放发展态势向好、发展政策利好的信号，使各类市场主体有渠道筹资、有信心投资，形成政府投资、企业投资、市场融资、招商引资的聚合效应。

保持我区经济持续增长，必须重视发挥消费的基础作用，创造条件扩大消费需求。要增强居民消费能力，认真落实国家调整收入分配格局各项改革措施，配套实施相关工资政策、财税政策和各项惠民富民政策，努力增加城乡居民特别是低收入群体的收入，使更多群众有条件、有能力进行消费。要丰富完善消费政策，实施鼓励居民消费的财税政策、信贷政策和信用消费政策，落实带薪休假制度，在促进住房、汽车、家电等热点消费的同时，积极培育信息网络、文化旅游、养老健康、家政服务等消费热点，不断拓展新的消费空间。要营造良好消费环境，加快城乡消费流通体系建设，进一步整顿和规范市场秩序，全面加强产品质量安全监管，依法严厉打击制售假冒伪劣产品、价格欺诈等不法行为，通过改善消费环境、提高供给质量来激活消费需求。

同时，要采取措施扩大外需。发挥开放口岸优势，大力支持对境外产业的投资，积极扩大优势产品的出口；利用国际大宗商品价格可能回落的时机，增加国内需要的能源和原材料等进口，扩大转方式调结构所需设备和技术等进口，促进对外贸易稳定增长。

（二）以建设“五大基地”为重点调整产业结构。我区产业建设已进入全面调整、整体提升的重要阶段，做大规模、提高素质的任务都很繁重。加强产业建设、调整产业结构，既要重视工业发展，也要重视农牧业和服务业发展；既要推动三次产业协调发展，也要推动各产业内部结构调整。自治区“8337”发展思路提出建设“五大基地”的产业发展定位，符合国家产业结构调整方向，符合国内市场需求导向，完全符合我区产业建设实际。各级一定要以建设“五大基地”为抓手，找准着力点，选准突破口，下大气力推进结构调整，加快构建传统产业新型化、新兴产业规模化、支柱产业多元化的产业发展新格局。

农牧业方面，要紧紧围绕建设绿色农畜产品生产加工输出基地，打好生态牌、走好特色路。要在稳粮稳畜前提下调整种养结构，大力发展高产优质高效种植业，大力发展特色畜牧业特别是农区畜牧业，大力发展农畜产品加工业，加强优势农畜产品产业带和生产基地建设，推动农畜产品生产向区域化、规模化、标准化方向发展，增强农牧业综合生产能力，确保农畜产品质量安全，进一步巩固农牧业基础地位。要通过培育壮大龙头企业提高农牧业产业化水平，全面落实扶持龙头企业发展政策措施，加快培育和引进一批生产加工型、流通贸易型、配套服务型龙头企业，引导龙头企业紧扣市场需求搞好种养基地建设、搞好产品研发、搞好精深加工、搞好品牌创建、搞好市场营销，进一步提高我区农畜产品的知名度和竞争力。要在深化改革中增强农牧业发展活力，大力培育新型农牧业经营主体，鼓励发展多种形式的规模经营，鼓励农村牧区发展合作经济，鼓励工商资本到农村牧区发展适合企业化经营的现代种养业，充分释放和激发做好“三农三牧”工作的动力和活力。

工业方面，要紧紧围绕建设清洁能源输出基地、现代煤化工生产示范基地、有色金属生产加工和现代装备制造等新型产业基地，在做大规模、搞好改造、推动创新上下功夫。做大规模，就是要紧紧抓住国家治理大气污染的现实机遇，加快能源通道建设步伐，扩大电力、煤制气、天然气等清洁能源生产规模，在服务国家发展大局的同时进一步做大做强我区能源产业；就是要依托煤炭资源优势和现有产业基础，大力培育发展煤基产业，组织实施一批大型煤化工项目，加快发展煤电铝、煤机械、煤物流、煤环保、煤安全、煤信息等与煤炭紧密相关的产业，提高煤炭转化率、推进煤炭深加工，切实做好资源转化这篇大文章；就是要立足我区有色金属、装备制造、稀土产业等方面的基础和优势，大力发展有色金属延伸加工，大力发展现代装备制造业，大力发展新能源、稀土新材料、生物医药、电子信息、节能环保等战略性新兴产业，加快做大产业规模，培育更多的支柱产业。搞好改造，就是要加快煤炭、冶金、电力等行业的技术改造和兼并重组，坚持用高新技术和先进适用技术改造传统行业，采取新设备新技术新工艺开发优质高效新产品，带动产业和产品加速升级，进一步提升产业发展层次、提高产业竞争能力。特别要抓好高耗能行业的改造升级，以发展清洁能源、推广清洁技术为重点，实施一批重大技改项目，淘汰一批落后过剩产能，加强节能减排重点工程建设，推动高耗能行业向绿色循环低碳方向发展。推动创新，就是要抓住科技创新这个推动产业转型升级的关键，强化市场导向作用和企业主体地位，紧扣制约产业发展的科技难题，组织实施一批科技重大专项，加强新型煤化工、装备制造、新能源新材料等重点产业领域关键共性技术攻关，努力在更多领域实现技术突破，推动科技与经济紧密结合，信息化和工业化深度融合。

服务业方面，要坚持生产性服务业与生活性服务业并重、现代服务业与传统服务业并举，推动发展提速、比重提高、水平提升。服务业是我区经济发展的一块“短板”，同时也蕴含着巨大的发展潜力。要抓住自治区工业化和城镇化加快推进的有利时机，全面落实国家和自治区推进服务业改革发展的政策措施，既要改造提升商贸、餐饮等传统服务业，也要加快发展物流、金融等现代服务业，既要重视抓好运输、研发等生产性服务业，也要大力发展文化、旅游等生活性服务业，尽快在服务业领域培育打造若干个支柱产业，带动和促进自治区产业结构优化升级。这里，我重点强调一下旅游产业发展。自治区提出把内蒙古建设成为体现草原文化、独具北疆特色的旅游观光、休闲度假基地，这是我区服务业发展的重要战略举措，要搞好统筹谋划和深度研究，推动旅游基地建设尽快形成气候、取得突破。要大力推进旅游产品多样化和特色化，依托丰富的旅游资源，全面开发营销草原旅游、森林旅游、冰雪旅游、沙漠旅游、红色旅游、乡村旅游等产品，有效解决资源多产品少、看点多卖点少的问题，以多元丰富、优质独特的旅游产品吸引更多游客。要大力推进旅游与文化融合发展，依托深厚的文化积淀，深度开发一批具有鲜明历史特色、民族特色、地域特色的文化旅游产品，加快建设一批文化旅游产业基地、文化旅游名城名镇名村，有效解决旅游与文化衔接不紧、融合不深的问题，以文化内涵提升旅游业发展水平。要大力推进跨国跨区旅游合作，依托边境城市和陆路口岸，积极争取国家政策支持，加强与俄罗斯和蒙古国的旅游合作，开发更多的特色产品，大力发展跨境旅游，使之成为我区最具吸引力的旅游品牌。同时，要加强与兄弟省区市的合作，联手打造跨区旅游项目，进一步扩大旅游市场、增加旅游收入。

（三）以实施重大民生工程为重点保障改善民生。要认真贯彻中央“守住底线、突出重点、完善制度、引导舆论”的要求，统筹做好教育、就业、住房、社会保障、医药卫生等各方面的民生工作，促进人民生活持续改善。

一是打好扶贫开发攻坚战。继续坚持各级领导干部联系贫困点制度，贯彻开发式扶贫方针，以集中连片特殊困难地区和“三少”民族自治旗为主战场，以培育特色优势产业、加强基础设施建设、推动公共事业发展、加快农村牧区危房改造、推进生态保护建设、强化基层基础为重点，认真落实规划、项目、干部“三到村三到户”帮扶举措，充分发挥扶贫对象的主体作用，加快改善贫困地区生产生活条件，不断增强自我发展能力。尤其要抓好教育扶贫工作，改善办学条件、落实资助政策、加强技能培训、搞好劳务输出，增强贫困地区下一代脱贫致富能力，不要让贫困地区年轻人输在起跑线上。

二是抓好创业就业工作。要把扩大就业摆在突出位置，大力实施创业就业工程，建立经济发展和扩大就业联动机制，健全政府促进就业责任制度，规范招人用人制度，完善公共就业创业服务体系，创新劳动关系协调机制，进一步推动创业、扩大就业。要多渠道开发就业岗位，通过产业升级创造就业岗位，通过政府购买增加公益性岗位，引导和促进各类企业扩大就业容量，有针对性地组织跨地区劳务输出，统筹做好高校毕业生、农村牧区转移劳动力、城镇困难家庭人员和退役军人就业工作。要加大创业扶持力度，落实好相关改革措施，进一步降低创业门槛，优化创业环境，扶持更多有创业意愿和创业能力的人自主创业，发挥创业带动就业的倍增效应。

三是加强保障性住房建设。保障房是重要的民生工程、民心工程，一定要建成建好、管好用好。要大力实施百姓安居工程，加快各类棚户区和农村牧区危房改造，加快公共租赁住房和廉租住房建设，多渠道筹措资金，优先保障建设用地，抓好工程质量和配套建设，保质保量地完成好年度建设任务。要加强保障房分配管理，建立健全准入、使用、退出机制，实现公共资源公平善用，真正使需要帮助的住房困难群众受益。要认真落实国家房地产调控政策，支持自住改善性需求，促进房地产市场健康发展。

四是加大大气污染防治力度。大气污染问题既是环境问题，也是重大民生问题。要全面落实国家《大气污染防治行动计划》，加强同京津冀等周边省市的区域联防联控，确保完成国家下达的目标任务。要推进重点行业、重点区域的治理工作，严格控制燃煤污染，坚决控制工业污染，有效控制扬尘污染，合理控制机动车污染，最大限度地减少污染对人们生产生活的影响。要坚持标本兼治、更加重视源头治理，加强生态环境保护，强化节能减排约束，推进生态文明制度创新，努力从根本上保障和推动环境质量改善。

做好改善民生工作，同样需要坚持底线思维。各级政府要切实履行好保基本、兜底线的责任，不做过多过高的承诺，多做雪中送炭的工作，根据经济发展和财力状况逐步提高人民生活水平。

(四)以推进新型城镇化为重点统筹城乡协调发展。前不久召开的中央城镇化工作会议，明确提出了推进新型城镇化的目标原则、重点任务和工作着力点，为我们推进新型城镇化指明了方向。各地各部门要深入学习贯彻会议精神，按照以人为本、优化布局、生态文明、文化传承的原则和要求，积极稳妥扎实推进城镇化，促进城乡统筹协调发展。

一是要有序推进农牧业转移人口市民化。解决好人的问题是推进新型城镇化的关键。全区现有400多万在城镇生活6个月以上的农民工，他们在城镇常住，但处于“半市民化”状态，解决这部分人的落户问题是现阶段我区推进城镇化的主要任务。要深化户籍制度改革，结合国家调整后的城市规模标准，按照“全面放开建制镇和小城市落户条件，有序放开中等城市落户限制，合理确定大城市落户条件，严格控制特大城市人口规模”的要求，尽快出台具体可操作的改革措施，加强宣传和引导，给群众稳定的预期和希望。要坚持自愿、分类、有序推进，充分尊重农牧民意愿，科学制定转移人口市民化具体办法，按照成熟一批、落户一批的原则，优先解决存量、优先解决本地人口，优先解决好进城时间长、就业能力强、可以适应城镇产业转型升级和市场竞争环境的人口，逐步解决转移农牧业人口的落户问题。要营造良好的就业和生活环境，根据城镇资源禀赋，培育发展各具特色的城镇产业体系，强化城镇产业支撑，增强城镇吸纳就业能力，真正使转移进城的农牧民落得住、有生计、过得好。

二是要调整优化城镇化的布局和形态。我区地域辽阔、东西狭长，人口和生产力布局相对分散，推进新型城镇化一定要走多中心带动、多节点支撑的路子。要积极推进呼包鄂城市群建设，以基础设施网络化建设为引导，科学调整区域内的城镇布局、规模和结构，强化城镇之间的经济和市场联系，努力将这一区域打造成我国中西部地区具有一定影响力的城市群。高度重视呼和浩特市的建设和发展，充分发挥首府城市的龙头带动作用。要做大做强区域中心城市，以盟市所在地中心城区为重点，科学设置开发强度，合理划定开发边界，全面加强基础设施和公共服务体系建设，因地制宜抓好主导产业发展，培育打造辐射带动区域发展的增长极。要不断提高县域城镇化水平，以县城扩容提质为重点，统筹抓好城关镇和重点镇建设，打造一批规模适度、功能完善、环境优美、宜居宜业的特色城镇，促进更多农牧业转移人口就近实现市民化。

三是要着力提高城镇规划建设管理水平。城镇建设是百年大计，一定要高起点规划、高标准建设、高水平管理。规划要体现先导性、严肃性。要有超前眼光和开放胸怀，科学编制城镇建设总体规划和各类控制性详规，使之能够体现时代特征、地区特色和一流水平，更好引领城镇建设发展。编制城镇规划要多听群众意见、尊重专家意见，形成后要通过立法形式确定下来，使之具有法律权威性。建设要突出以人为本、集约利用。要牢固树立让群众生活更舒适的建设理念，尊重自然、顺应自然，保护文化、传承文化，提高建筑质量和水平，不断改善人居环境。要调整优化城镇空间结构，提高城镇土地利用效率，不能盲目“摊大饼”。要建立多元可持续的资金保障机制，解决好过度举债、过度依赖土地财政问题。管理要创新模式、提高科学化水平。要搞好城镇微观空间治理，系统完善城镇基础设施，解决好生活不便、交通拥堵、环境污染等群众反映强烈的问题，促进城市网络化、智能化、个性化发展。要抓紧培养一批专家型的城市管理干部，使他们能用科学态度、先进理念、专业知识去建设和管理城市。

城镇化是城乡协调发展的过程。我们既要努力让进城的农牧民过上好日子，也要不断改善留在农村牧区和流动于城乡之间农牧民的生活，高度重视抓好新农村新牧区建设，促进基础设施向农村牧区延伸、公共服务向农村牧区覆盖、城市文明向农村牧区辐射，促进城乡协调发展、一体化发展。

自治区计划于明年三四月份召开全区城镇化工作会议，全面安排部署推进新型城镇化工作，有关方面要认真做好调查研究、规划编制、文件起草等准备工作。

(五)以加快经济体制改革为重点全面深化改革开放。明年是改革年，要深入学习贯彻党的十八届三中全会精神，按照自治区党委九届九次全委会议的部署要求，紧紧围绕使市场在资源配置中起决定性作用深化经济体制改革，引领和带动其他各领域改革全面深入推进。

全面深化改革是一项重大系统工程，一定要区分情况、分类推进。一是对方向明、见效快的改革要加快推进，比如在坚持和完善基本经济制度方面，允许更多国有经济和其他所有制经济发展成为混合所有制经济，支持非公有制经济健康发展；在转变政府职能方面，推进地方政府机构改革和职能整合,减少行政审批事项;在财税金融方面,改进预算管理制度,继续推进营改增,允许由民间资本发起设立中小银行等金融机构;在市场体系建设方面,推进电力市场多边、双边交易;在社会事业方面,公立医院改革,考试招生制度改革,实施一方是独生子女的夫妇可生育两个孩子的政策,等等。这些改革,中央已有明确要求,要抓紧研究制定操作方案,加快组织实施,尽快见到成效。二是对需要探索推进、摸索经验的改革要先行试点,比如推进一般性竞争领域国有企业股权多元化,建立已配置资源但未兑现转化项目退出机制,完善农村牧区土地产权制度,建立健全科研资源共享机制,完善鼓励清洁能源生产、使用的价格机制,扩权强县改革、省直管县财政改革,深化科技体制改革,深化财税体制、金融体制改革,完善社保体制,等等。这些改革,涉及深层次制度因素和复杂利益关系,要坚持试点推进,条件成熟后逐步推开。三是对涉及面广、需要中央决策的改革要搞好对接衔接,比如完善产权保护制度,推进资源类产品价格改革,建立城乡统一的建设用地市场,深化司法体制改革,推动纪律检查工作双重领导体制改革,等等。这些改革,中央将研究提出具体改革方案,要主动与国家有关部委沟通对接,提前做好基础工作,待中央统一部署后组织实施。

开放也是改革。内蒙古地处"三北"、外接俄蒙,更有优势通过扩大开放促进改革发展。要紧紧围绕建设我国向北开放的重要桥头堡和充满活力的沿边开发开放经济带,抓住国家扩大沿边开放的战略机遇,争取国家尽快批准《内蒙古建设国家向北开放桥头堡和沿边经济带规划》,批准满洲里、二连浩特国家重点开发开放试验区总体规划和实施方案,积极推进呼伦贝尔中俄蒙合作先导区规划建设。要主动参与国家高标准自由贸易区网络建设,探索设立边境自由贸易区、跨境经济合作区和旅游合作区,力争在规划编制和项目建设上有突破性进展。要坚持"引进来"和"走出去"相结合,加强对企业境外投资的宏观指导和服务,转变外贸发展方式,调整进出口商品结构,提高开拓国际市场能力。要以能源特别是清洁能源供需合作为重点,加强与周边省区的经济协作,推进与沿海和内陆地区的横向联合,深化与港澳台的经贸合作,推动我区经济深度融入全国发展大局。

做好全面深化改革工作,一定要吃透精神,深入学习领会党的十八届三中全会精神,深入学习领会自治区党委九届九次全委会议精神,系统、精准地把握各项改革举措,防止以偏概全、大而化之。一定要稳扎稳打,每项重大改革措施出台都要全面分析预判实施效应和社会反应,准备有针对性的工作预案,发现苗头性、倾向性问题要及时采取有效措施加以解决,确保各项改革正确推进、准确推进、有序推进、协调推进。一定要加强统筹,把握改革的系统性和整体性,在深化经济体制改革的同时,深化政治、文化、社会、生态文明体制改革和党的建设制度改革,使各方面改革相互促进、良性互动。一定要务求实效,改革任务确定后,要积极稳妥扎实推进,通过不断深化改革,让老百姓得到实实在在的好处,让全社会感受到市场环境、创业条件、干部作风在一天天好转,以实际行动和成效取信于民。

三、关于加强党对经济工作的领导

习近平总书记指出:"发展是党执政兴国的第一要务,作为执政党,我们必须切实加强党对经济工作的领导,扎扎实实做好经济工作"。强调"党是总揽全局、协调各方的,经济工作是中心工作,党的领导当然要在中心工作中得到充分体现,抓住了中心工作这个牛鼻子,其他工作就可以更好展开。"这些重要论述和要求,深刻阐述了加强党对经济工作领导的重大意义,我们一定要深刻学习领会、认真贯彻执行。

第一,要切实履行领导职责,牢牢把握经济工作主动权。各级党委在领导和推动本地经济社会发展中,要坚持做到以下几点:一是要服从服务大局,坚定自觉地贯彻执行中央方针政策和自治区党委决策部署,开展工作必须以贯彻中央精神和落实自治区党委要求为前提,确保思想一致、行动一致,确保政令畅通、令行禁止,决不能在贯彻落实上打折扣、做选择、搞变通。二是要把握工作方向,把推动经济工作的着力点放在提高发展的质量和效益上来,突破口放在增强发展的动力和活力上来,出发点和落脚点放在提高人民生活的质量和水平上来,统筹兼顾、突出重点,全力推动经济社会持续健康发展。三是要凝聚各方合力,充分发挥总揽全局、协调各方作用,统一思想、凝聚共识,发扬民主、集思广益,加强引导、营造氛围,最大限度地调动和激发各方面做好经济工作的积极性、主动性、创造性。四是要选好用好干部,从选拔、任用、考核、培训等多方面入手,在各级领导班子中配备懂经济特别是具备领导科学发展能力的干部,健全完善有利于科学发展的目标体系、考核办法、奖惩机制,推动各级领导干部加强学习、提高素质、增强本领,成为领导经济工作的行家里手。

第二,要自觉坚持问题导向,深入研究经济社会发展重大问题。明年我区经济社会发展任务很重,需要研究解决的实践课题很多,各地各部门要结合"十二五"规划中期评估调整和"十三五"规划编制启动工作,加强对重大问题的研究,增强工作的前瞻性、预见性和实效性。一是要深入研究全面深化改革方面的问题,认真学习领会中央决定精神,紧密对接国家即将出台的一系列重大改革配套方案,研究谋划好我区相关领域改革的路线图和时间表,同时要确定重点课题,开展专题调研,细化完善具体实施方案,确保新一轮改革顺利起步、扎实推进。二是要深入研究经济运行方面的问题,坚持月调度、季分析制度,密切跟踪经济形势变化,研究制定有力有效的政策措施,及时解决经济运行中出现的新情况新问题,特别要研究制定防控地方债务、调控房地产市场、防范地方性金融风险的应急预案,确保经济运行不发生大的波折。三是要深入研究民生工作方面的问题,结合开展党的群众路线教育实践活动,进一步加强社情民意调查,深入了解掌握群众所忧所急所盼,认真研究在财政收入增速放缓和民生刚性支出增加的情况下,如何把保障和改善民生的事情办实办好,量力而行、尽力而为,努力让人民群众共享改革发展成果。四是要深入研究维护稳定方面的问题,组织政法、信访、安全生产等各部门各单位,系统研究影响社会和谐稳定的突出问题,凡事从坏处着想,早做预案、早做准备,最大限度增加和谐因素,确保社会大局稳定。

第三,要大力发扬钉钉子精神,以优良作风抓好工作落实。明年的发展思路、工作目标和重点任务都已明确,关键要转变作风、狠抓落实。各级领导干部一定要勇于担当、有所作为,职责范围内的工作必须积极主动去抓,落到自己身上的任务必须尽心竭力完成，遇到矛盾和问题要敢于面对、积极解决，决不能拈轻怕重、回避矛盾、推诿扯皮。一定要锲而不舍、久久为功，看准了的事情、定下来的工作，要坚定不移地向前推进、坚持不懈地抓好落实，积小胜为大胜、积跬步致千里。一定要盯住大事、亲力亲为，重点工作亲自研究部署、亲自督促检查，重大事项盯紧盯牢、一抓到底，重要关头靠前指挥、现场办公，确保中央和自治区的各项部署要求都能落到实处、取得实效。一定要心存敬畏、严于律己，带头遵守党的纪律特别是政治纪律，带头整改"四风"方面的突出问题，带头执行中央八项规定精神和自治区 28 条配套规定，带头密切党同人民群众的血肉联系，始终对党忠诚老实、对人民忠诚老实，以实际行动和良好形象为干部群众作出表率。

最后，强调一下自治区成立 70 周年大庆工作。庆祝自治区成立 70 周年，是全区各族人民政治生活中的一件大事，也是推动内蒙古改革发展再上新台阶的重要契机。我们要加强组织领导，及早谋划部署，在基础设施、产业发展、民生保障、城乡建设、生态保护、改革开放等领域实施一批重大工程和项目，进一步提高综合实力和发展水平，进一步增强经济活力和发展后劲，进一步改善城乡面貌和人民生活。通过迎接和庆祝自治区成立 70 周年，让各族群众得到实实在在的利益，让海内外看到内蒙古欣欣向荣的景象，充分体现社会主义制度、民族区域自治制度的巨大优越性，汇聚形成热爱内蒙古、建设内蒙古的强大正能量。

同志们，明年是内蒙古改革发展进程中极为重要的一年，我们肩负的使命光荣而艰巨。全区上下一定要紧密团结在以习近平同志为总书记的党中央周围，高举中国特色社会主义伟大旗帜，坚持以邓小平理论、"三个代表"重要思想、科学发展观为指导，团结奋斗、艰苦奋斗、不懈奋斗，扎扎实实做好经济社会发展各项工作，不断把内蒙古改革开放和现代化建设推向前进！

政府工作报告

Report on the Work of the Government

——在内蒙古自治区第十二届人民代表大会第二次会议上

内蒙古自治区主席　巴特尔

现在，我代表内蒙古自治区人民政府向大会报告工作，请予审议，并请自治区政协委员和列席会议的同志们提出意见。

一、过去一年工作的回顾

2013年是本届政府的开局之年，也是经受严峻考验并取得新成效的一年。在党中央、国务院和自治区党委的正确领导下，自治区政府紧紧依靠全区各族人民，全面贯彻落实党的十八大精神和自治区"8337"发展思路，坚持稳中求进工作总基调，统筹推进稳增长、调结构、促改革、惠民生等各项工作，努力克服经济下行压力，在推进科学发展、富民强区的道路上迈出了新步伐。

(一)经济发展呈现稳中向好态势。去年，我区经济发展出现了近年来少有的困难局面。面对错综复杂的国内外形势和市场需求不足、企业效益下滑、财政增收放缓等严峻挑战，进一步强化政策调控和投资支撑，全力稳定经济增长，主要经济指标增速处于合理区间。全区生产总值完成1.68万亿元，增长9%;公共财政预算收入1719.5亿元，增长10.7%;全社会固定资产投资完成1.55万亿元，增长18.4%。不断强化农牧业基础地位。稳步提高农牧业综合生产能力，粮食产量再创历史新高，总产达到554.6亿斤，增产48.9亿斤，增长9.7%，增量和增幅均居全国第一;牲畜存栏连续9年保持在1亿头只以上，羊肉、乳、绒毛产量继续全国领先。全力稳定企业生产经营。发挥我区电力优势和电价杠杆作用，出台电力综合扶持政策，增加工业用电量170亿千瓦时，261户规模以上停产半停产企业恢复生产，增加税收95亿元。落实金融支持实体经济、完善资源配置、推动资源资本化运作、减少涉企收费项目等政策措施，促进工业经济增速回升、企业利润降幅收窄、煤电油运先行指标稳步向好，规模以上工业增加值增长12%。大力发展服务业。出台促进服务业发展的指导意见和配套政策措施，旅游、物流、金融、电子商务等现代服务业发展加快，全区旅游业总收入增长18%，金融机构新增贷款超过新增存款47.6亿元，社会消费品零售总额增长11.8%。

(二)经济结构调整取得新进展。坚持稳增长与促转型相结合，制定实施产业结构调整指导意见和11个重点专项规划，推动经济结构转型升级和发展方式转变。全面推进五大基地建设。一批煤炭加工转化和综合利用项目建成或开工建设，新增电力装机500万千瓦，外送电量1400亿千瓦时，新开工煤制气120亿立方米。销售收入500万元以上农畜产品加工企业实现销售收入3455.6亿元，增长14.5%。现代装备制造、云计算等新兴产业快速成长，建成云计算服务器16.5万台。大力发展非公有制经济。出台促进非公有制经济发展70条政策措施，强化要素保障，中小企业增加值增长13%，个体工商户突破100万户。积极促进城乡统筹发展。制定指导意见和扶持政策，大力发展县域经济，80个旗县(市)财政收入、固定资产投资、规模以上工业增加值增速高于全区平均水平。新增城镇人口28.7万人，全区城镇化率达到58.7%。稳步提升科技创新能力。组建了一批新型科技研发机构，实施了一系列科技重大专项，推进呼和浩特高新技术产业园等创新基地提档升级，自主创新和科研成果转化应用能力明显提升。全社会研发经费投入126.8亿元，专利授权量增长24.1%，高新技术企业达到180家，自治区重点实验室、工程技术研究中心分别达到79家和86家。

(三)可持续发展能力明显增强。加大投资和项目建设力度。建立重大项目专项推进机制，列入全区重大项目实施计划的623个项目完成投资4647.2亿元。项目前期工作取得重大突破，中天合创360万吨甲醇等13个重点项目获得国家核准，200亿立方米煤制气、伊泰200万吨煤制油等14个重点项目拿到路条，投资总规模2700亿元。加大资源勘查力度，新增煤炭资源探明储量450亿吨。加快交通、水利、电力等基础设施建设。公路建设完成投资656亿元，30条出区高等级公路全部打通，高速公路总里程达到4080公里，一级公路达到5578公里，新增通沥青水泥路嘎查村1021个。铁路建设完成投资270亿元，新建铁路700公里，铁路运营总里程达到1.1万公里，居全国首位。机场建设完成投资16亿元，增长60%，阿拉善通勤机场通航，内蒙古航空公司投入运营，全区机场总数达到18个。水利建设完成投资130亿元，海勃湾水利枢纽等重点水利工程进展顺利。完善电力基础设施建设，加快农网改造升级，农村牧区基本实现了户户通电。加强生态环境保护和资源节约利用。实施重点生态项目，完成林业建设面积1205万亩，其中六大重点区域植树造林196万亩。落实草原生态补助奖励机制，严格实行阶段性禁牧和草畜平衡制度，草原建设总规模5307.3万亩，草原平均植被盖度44.1%，提高1个百分点，完成水土保持综合治理面积650万亩。认真落实京津冀及周边地区大气污染防治行动计划，推进重点流域水污染、重金属污染防治和重点区域环境综合治理，大力发展循环经济，加快淘汰落后产能，单位生产总值能耗和二氧化碳排放量分别下降4.5%和5%，超额完成国家下达的任务。严格土地、水及矿产资源管理，资源综合开发利用水平进一步提高。

(四)改革开放不断深化。加快行政审批制度改革，大力简政放权，取消下放行政审批事项103项，清理规范各类收费项目116项。加快国有资本重组与调整，组建自治区地质矿业、能源建设、交通投资三大集团，研究出台电力市场建设方案，启动邮电通信及铁路运输业营改增试点，加大资源税改革力度。深化城乡统筹发展综合改革,开展“扩权强县”和农村牧区综合改革试点,社会事业领域改革稳步推进。进一步扩大对内对外开放,成功举办蒙粤科技合作活动周、蒙港澳经贸合作周和东北四省区行政首长联席会议,引进国内(区外)资金到位4400亿元,增长25%。加快推进向北开放战略,制定促进外经贸和口岸发展的政策措施,对外贸易实现恢复性增长,完成进出口总额120亿美元,增长6.5%;实际利用外资44亿美元,增长12%。

(五)保障改善民生力度加大。在财政收支矛盾突出的情况下,通过压缩“三公经费”和一般性支出等措施,全力保障民生投入。全区财政民生支出2340亿元,占公共财政预算支出63.6%。城镇居民人均可支配收入25497元,增长10.1%;农牧民人均纯收入8596元,增长12.9%,均高于经济增速。全面实施创业就业工程。加强就业培训和公共就业服务,促进高校毕业生等重点群体就业,新增城镇就业27.1万人,高校毕业生就业或落实就业去向14万人,农村牧区劳动力转移就业259.3万人次,创业带动就业15万人,城镇登记失业率控制在3.66%的较低水平。稳步提高社会保障水平。企业退休人员养老金、城乡最低生活保障等社会保障标准均提高10%以上,城乡低保、农村牧区“五保”、城镇“三无”人员和孤儿补助标准位居全国前列,贫困大学生、受灾群众和特殊困难群众得到有效救助。从压缩下来的“三公经费”中安排18亿元,为295万低收入农牧户每户发放1吨取暖煤。实施民生水利工程,解决了农村牧区100万人的安全饮水问题。大力推进扶贫攻坚工程。落实省级领导干部联系贫困旗县工作,编制完成23个行业、38个贫困旗县扶贫开发规划,扶贫投入超过100亿元,实施扶贫开发项目961个,40.8万贫困人口稳定脱贫,贫困发生率由17.8%下降到14.9%,贫困人口人均纯收入增长16%以上。扎实推进百姓安居工程。加快保障性住房建设和农村牧区危房改造步伐,全面启动包头北梁等棚户区集中改造项目,开工建设各类保障性住房17.8万套,开工率101.6%;完成农村牧区危房改造12.75万户,超出国家下达任务3.65万户。全面发展各项社会事业。学前教育三年行动计划基本完成,中等职业教育改革与发展顺利推进,义务教育、高中阶段免费教育经费和重点教育工程建设项目资金全部落实,各级各类教育协调发展。加强城乡医疗和公共卫生服务体系建设,公立医院改革、城乡居民大病保险试点等工作进展顺利。深入推进社会主义核心价值体系建设,完善公共文化服务体系,实施重点文化惠民工程,成功举办第十届草原文化节,加快文化体制改革和文化产业发展,群众精神文化生活日益丰富。推动智慧城市和社区建设,专项扶持蒙古语言文字信息化建设,实现了手机的蒙文短信发送和蒙文信息使用。实施农村牧区“六个全覆盖”工程,城乡基本公共服务均等化水平持续提高。新闻出版、广播影视、哲学社会科学事业繁荣发展,人口和计划生育工作稳步推进,群众性体育活动蓬勃开展,民族宗教工作得到加强,气象、人防、地震和妇女儿童、老龄等工作扎实推进。切实维护社会和谐稳定。深入开展“大接访”行动,解决了一批重点信访问题,全区信访总量下降25.5%。扎实推进“平安内蒙古创建工程”,严厉打击各类违法犯罪活动,社会保持和谐稳定。强化安全生产和食品药品安全监管,安全事故起数和死亡人数实现“双下降”。积极支持国防和军队现代化建设,国防动员和后备力量建设取得新进展。

(六)政府自身建设得到加强。认真开展第一批党的群众路线教育实践活动,严格落实中央八项规定和自治区28项配套规定,坚持标本兼治、立行立改,抓好整改落实和建章立制,着力解决“四风”方面的突出问题,进一步密切了党群干群关系,行政机关和干部作风明显好转,行政效能不断提高。大力改进学风文风会风,深入开展正风肃纪专项行动,全面清理超标办公用房和公务用车,严禁建设政府性楼堂馆所,严格控制一般性支出,全区行政事业单位“三公经费”下降34%,自治区政府会议和发文数量分别减少14%和17%。认真执行自治区人大及其常委会决定,自觉接受政协民主监督,广泛听取各民主党派、工商联和无党派人士意见,及时办理人大代表议案、建议和政协委员提案。加强政府法制工作,强化民生领域行政立法,行政执法水平进一步提高。积极推进政务公开,加强行政监察、经济责任审计和社会监督。

各位代表,过去一年的成绩来之不易。这是党中央、国务院和自治区党委正确领导的结果,是全区各族干部群众顽强拼搏、艰苦奋斗的结果,也是社会各界大力支持和帮助的结果。在此,我代表自治区人民政府,向辛勤工作的全区各族干部群众,向人大代表、政协委员,各民主党派和人民团体,向所有关心支持内蒙古建设与发展的同志们、朋友们,表示衷心的感谢!

在看到成绩的同时,我们也清醒地认识到经济社会发展中存在的问题和面临的困难。一是经济下行压力加大。受市场需求不足、主要工业品价格下降等因素影响,经济增速放缓,一些优势产业利润空间收窄,财政增收难度增大。二是经济结构不够合理。初级产品比重偏大,资源综合利用水平有待进一步提高,服务业和中小企业发展滞后,自主创新能力不强,发展方式还比较粗放,非公有制经济和县域经济发展不足,城乡、区域发展不平衡。三是基础设施瓶颈制约依然严重。能源通道建设相对滞后,货物外运、电力输出能力不足,水利基础设施薄弱,水资源保障能力不强。四是民生改善和社会建设还需进一步加强。城乡居民增收难度加大,部分群众生活还比较困难,教育、医疗、社会保障、食品药品安全等方面还存在不少群众反映突出的问题。五是生态文明建设任务艰巨。部分地区生态环境仍在恶化,沙化沙害、水土流失现象依然严重,水、大气、重金属污染防治任重道远。六是政府职能转变不到位。政府与市场、社会的关系还没理顺,公共服务、市场监管等职能发挥还不到位,“四风”问题仍不同程度存在。对此,我们要认真加以解决。

二、今年的主要工作任务

2014年是深入贯彻落实党的十八届三中全会精神、全面深化改革的开局之年,也是推动自治区“8337”发展思路贯彻落实、实现“十二五”奋斗目标的关键一年。今年经济社会发展环境依然复杂严峻,稳中有忧、稳中有险,机遇与挑战并存。我们既要充分估计可能遇到的困难,做到未雨绸缪、防患于未然;又要坚定信心,科学应对,扎实做好各项工作。

今年政府工作的总体要求是:高举中国特色社会主义伟

大旗帜,以邓小平理论、"三个代表"重要思想、科学发展观为指导,全面贯彻落实党的十八大、十八届二中、三中全会、中央经济工作会议和习近平总书记系列重要讲话精神,全面贯彻落实自治区"8337"发展思路和自治区党委九届九次全委会议、九届十次全委会议暨全区经济工作会议精神,坚持稳中求进工作总基调,把改革创新贯穿于经济社会发展各个领域各个环节,以扩大有效投资为重点稳定经济增长,以建设"五大基地"为重点调整产业结构,以实施重大民生工程为重点保障改善民生,以推进新型城镇化为重点统筹城乡协调发展,以加快经济体制改革为重点全面深化改革开放,切实提高经济发展质量和效益,不断提高人民生活质量和水平,加强基础设施和生态文明建设,健全和完善基本公共服务体系,全面发展各项社会事业,加快推动政府职能转变,促进经济持续健康发展、社会和谐稳定。主要预期目标是:地区生产总值增长9%左右,公共财政预算收入增长7%,全社会固定资产投资增长15%,规模以上工业增加值增长12%,城镇居民人均可支配收入增长9%,农牧民人均纯收入增长10%,社会消费品零售总额增长12%;城镇登记失业率控制在4%以内,居民消费价格总水平涨幅控制在3.5%左右,单位生产总值能耗和二氧化碳排放量均下降2.2%。

实现经济社会发展目标任务,需要把握好三个方面:一是坚持稳中求进。当前和今后一个时期,虽然我区经济社会发展长期向好的基本面没有改变,但外部环境和支撑条件发生了明显变化,正处于经济增速换挡期和结构调整阵痛期。这一时期既要保持经济平稳较快增长,为扩大就业、增加财力、改善民生、稳定社会预期提供保障;又要把经济增速控制在合理区间,为转方式、调结构留出空间。因此,必须坚持稳中求进、稳中有为、稳中提质,推动经济持续健康发展、社会和谐稳定。二是坚持改革创新。中央作出了改革创新的重大战略部署,将推动以提质增效升级为中心的新一轮发展。如果说新世纪的头十年内蒙古抓住了我国经济进入快速增长期的重大机遇,通过发挥资源优势实现了经济腾飞。那么,现在就要把握好新一轮改革创新的机遇,紧紧围绕使市场在资源配置中起决定性作用全面深化改革,以改革促发展、促转方式调结构、促民生改善,通过改革创新充分释放经济社会发展的内生动力和活力,实现更高质量、更有效益、更可持续的发展。三是坚持民生优先。按照中央"守住底线、突出重点、完善制度、引导舆论"的要求,结合自治区实际,统筹做好就业、教育、住房、保障、收入分配、公共安全等各项民生工作,加快推进基本公共服务体系建设,编织好保基本、兜底线、促公平、可持续的"安全网",尽心竭力地为群众办实事、解难事,让全区各族群众充分享受到改革发展成果。

今年重点抓好以下十个方面的工作。

(一)努力扩大有效需求,促进经济稳定增长

突出抓好投资。进一步落实《国务院关于促进内蒙古经济社会又好又快发展的若干意见》,围绕突破瓶颈制约、调整产业结构和加强民生建设抓投资,加强交通运输体系、能源外送通道、水利枢纽工程和信息网络建设,大力推进"五大基地"重点规划项目,有效增加农牧业、基本公共服务、生态建设等领域投资。坚持多元投资、市场运作、政策配套的基本思路,进一步拓宽融资渠道。准确把握国家政策导向,积极争取中央预算内资金,支持和引导金融机构扩大融资规模。创新投融资体制机制,大力改善投融资环境,增强市场主体投资信心,充分挖掘民间投资潜力。发挥政府投资的杠杆作用,推进资源、资产、资本一体化运作,探索建立发展基金、发行债券、股权出让等融资方式,推进战略创新产业基金运作。

加快重点项目建设。组织实施一批具有全局性、基础性、战略性影响的重大项目,抓好面向华北、东北、华中、华东的清洁能源输出通道及配套电源项目建设,争取电力、油气外送通道项目尽快获批。加快高速公路网和国省干线公路建设,推进旗县通一级公路和嘎查村通沥青水泥路建设,新开工京新高速临河至蒙甘界、荣乌高速棋盘井至乌海、丹锡高速经棚至锡林浩特高速公路和乌兰浩特至阿尔山一级公路改造等项目,公路建设规模1.4万公里,其中高速公路1990公里,新增通沥青水泥路嘎查村700个。加快呼张客专、呼准鄂快速铁路等项目建设,新开工蒙西至华中、额济纳至哈密、白城至阿尔山扩能改造和滨洲铁路电气化改造等项目,推进通辽、赤峰至京沈客专连接线前期工作,新开工铁路里程1800公里、新增运营里程1100公里。加快呼和浩特机场迁建工作,建成霍林郭勒、乌兰察布机场,完成包头、乌兰浩特、赤峰机场改扩建工程,推进国家级通勤通用航空试点工作,争取建成一批通用机场。推动文得根、"引绰济辽"、黄河防洪二期等重点水利工程建设,抓好乌梁素海和呼伦湖水环境治理,提高水利基础设施保障能力。

着力扩大消费和外需。充分发挥消费的基础作用,落实鼓励消费的财税、信贷和信用消费政策,培育信息、文化旅游、养老健康、家政服务等消费热点,发展新型消费业态,不断拓展消费空间。加快现代流通体系建设,培育流通主体,壮大流通产业,深入实施"万村千乡市场"工程,建设和改造农家店。大力整顿和规范市场秩序,认真落实稳控物价的政策措施,全面加强产品质量安全监管,严厉打击商业欺诈、制假售假行为,营造良好消费环境。积极拓展外需,优化进出口结构,扩大优势产品出口,增加能源、原材料以及先进技术和设备进口。加快"走出去"步伐,鼓励境外投资,提高大企业国际竞争力,引导中小企业、民营企业以多种形式开展对外投资合作,重点抓好境外资源开发、农牧业合作等项目。

(二)推动结构转型升级,促进发展方式转变

加快产业转型升级步伐。围绕"五大基地"建设,以增量带动结构调整,以创新促进产业升级,着力提高经济发展质量和效益。抓住国家治理大气污染、化解产能过剩的机遇,突出抓好能源、化工基地重大项目开工建设,规模化、链条化、集群化承接产业转移,力争新开工煤制油450万吨、煤制烯烃220万吨、煤制气200亿立方米、电力装机600万千瓦,培育新的经济增长点。加快传统优势特色产业改造升级,推动产业整合重组,稳定煤炭产量,加快提升煤焦化、氯碱化工、氟化工等产业层次,提高精细化学品比重,构建产业发展新优势。推进煤电冶、探采选冶加一体化发展,有色金属产业延伸加工率达到30%以上,加快发展陶瓷、光伏玻璃等精深加工建材产品。大力发展非资源型产业和战略性新兴产业,推进云计算数据中心建设,积极发展云计算应用服务和硬件设

备制造，抓好奇瑞汽车、北方奔驰重型卡车等装备制造业重点项目。加快发展新能源、稀土新材料、生物制药、电子信息、节能环保等产业，做大总量和规模，打造新的支柱产业。

大力发展现代服务业。坚持生产性与生活性服务业并重、传统与现代服务业并举，推动服务业发展提速、比重提高、水平提升。集中建设一批重大项目，构建30—50个特色鲜明、规模较大、辐射带动力强的服务业集聚区。制定电子商务发展规划和政策，深入实施"宽带内蒙古"工程，大力发展电子商务。建设一批集交易、展示、仓储、加工、配送为一体的综合物流园区，推进商贸流通体系建设。以呼和浩特等中心城市和满洲里、二连浩特等口岸城市为重点，积极发展"陆港经济"。鼓励各类资本参与地方金融机构增资扩股，发起设立民营银行，加快组建村镇银行、资金互助社等新型金融机构，优化信贷结构，加快发展多层次资本市场，提高直接融资比重。提升旅游业发展水平，培育壮大旅游企业，完善旅游产品体系，增强旅游文化内涵。突出旅游观光、休闲度假游，加快发展边境旅游，探索建立跨境旅游合作区，加强国内旅游区域协作。

提升非公有制经济发展水平。认真落实鼓励民间投资和支持非公有制经济发展的政策措施，实行统一的市场准入制度，确保各类市场主体依法平等进入国家负面清单之外的领域。支持民间资本进入基础产业、基础设施、社会事业、市政公用事业、战略性新兴产业等领域，引导中小企业、民营企业搞好配套协作。通过制定非公有制企业进入特许经营领域具体办法、设立小微企业贷款风险补偿金、建立健全信用担保体系等措施，破解非公有制经济"准入难、融资难、融资贵"等问题，充分释放非公有制经济发展活力。

加强科技创新能力建设。大力实施科教兴区战略，抓住创新驱动发展这个关键，加强新型煤化工、装备制造、新能源新材料等重点产业领域关键共性技术攻关，努力在更多领域实现理论与技术突破。不断强化企业在技术创新中的主体地位，加快建设以企业为主体、市场为导向、产学研用紧密结合的技术创新体系。深化科技体制改革，健全技术创新市场导向机制，建设以企业为主体、社会力量广泛参与的多元化科技投入体系。深入实施"人才强区"工程，加快人才培养和引进体制机制改革，制定实施以知识产权保护和运用为主的激励创新政策，形成各类创新要素充分集聚、人才活力竞相进发的生动局面。

(三)加强"三农三牧"工作，提高农牧业发展质量效益

加快发展现代农牧业。毫不放松地抓好粮食生产，确保农作物总播面积和粮食作物播种面积分别稳定在1亿亩和8000万亩以上。加大农牧业科技推广力度，提高农牧业机械化水平，推进玉米、小麦、马铃薯、苜蓿等制种、育种基地和南繁育种基地建设，全面实施百亿斤粮食增产、"四个千万亩"高效节水灌溉工程，新增节水灌溉面积450万亩以上，稳步提高粮食单产和抵御自然灾害能力。优化种植结构和品种结构，促进高产优质高效安全种植业发展。抓好新一轮"菜篮子"工程建设，新增设施蔬菜面积20万亩。扎实推进"粮安工程"，加强仓储设施建设，保障粮食顺利收购。加快转变畜牧业发展方式，大力发展以乳业、肉牛、肉羊产业为重点的生态畜牧业，深入实施"双百千万高产创建提质增效"工程，全面推进牲畜良种化，加快发展牧区生态家庭牧场和农区标准化规模养殖场，提升现代畜牧业发展水平。

积极推进农牧业产业化经营。扶持发展专业大户、家庭农牧场、农牧民合作社、产业化龙头企业等多种经营主体，重点围绕乳、肉、绒、粮豆、马铃薯等优势特色产业，通过联合重组加快培育一批生产加工型、流通贸易型、配套服务型龙头企业，以规模化、标准化生产推进农牧业产业化示范基地建设。加强农畜产品营销渠道建设，完善利益联结机制，促进农牧民增收。通过几年努力，打造5个全国知名肉羊品牌，建设5家存栏100万只以上的大型肉羊生产联合体，培育5家销售收入10亿元以上的领军企业。

加快构建新型农牧业经营体系。按照明确所有权、稳定承包权、放活经营权的要求，坚持和完善农村牧区基本经营制度。坚持农村牧区土地、草牧场集体所有，依法保护农牧民对承包土地占有、使用、收益、流转及承包经营权抵押、担保权利，完善集体林地家庭承包经营制度，开展土地确权登记颁证试点，基本完成农村牧区集体土地所有权确权登记发证工作，推进宅基地及集体建设用地使用权登记发证工作。坚持家庭经营的基础地位，推进家庭经营、集体经营、合作经营和企业经营共同发展的农牧业经营方式创新。健全土地草牧场流转服务网络，鼓励土地草牧场承包经营权向新型经营主体流转，发展多种形式的规模化、集约化经营，建立健全覆盖全程、综合配套、便捷高效的农牧业社会化服务体系。

全力抓好农畜产品质量安全。严把生产环境安全关，推进专业化、标准化、无公害农畜产品和绿色食品生产示范基地建设，严格控制农畜产品产地环境污染，加强对农牧业环境、投入品等质量安全检查，提升执法能力和水平。加快农畜产品质量安全检验检测和追溯体系建设，强化生产源头治理和产销全程监管，建立严格的安全生产规范，确保人民群众"舌尖上的安全"。加强生态原产地产品保护和无公害农畜产品、绿色食品、有机农畜产品、农畜产品地理标志评定，提升我区农畜产品品牌知名度和竞争力。

切实加强新农村新牧区建设。大力推进城乡一体化发展，促进基础设施向农村牧区延伸、公共服务向农村牧区覆盖、城市文明向农村牧区辐射。坚持把公共服务建设的重点放到农村牧区，用3年时间在全区实现农村牧区危房改造、安全饮水、嘎查村街巷硬化、村村通电、村村通广播电视和通讯、校舍建设及安全改造、嘎查村标准化卫生室、嘎查村文化活动室、便民连锁超市、农村牧区常住人口养老医疗低保等社会保障"十个全覆盖"，促进城乡基本公共服务均等化。统筹推进农村牧区公路、水利、电网等基础设施建设，抓好农村牧区沼气和安全饮水工程，建设农村沼气1.5万户，解决80万人的安全饮水问题。大力建设美丽宜居乡村，深入推进新农村新牧区建设示范工程，全面开展农村牧区人居环境综合整治，使农村牧区面貌发生根本性变化。

(四)以经济体制改革为重点深化改革开放，增强发展活力和动力

积极推进经济体制改革。理顺国有资产管理体制，以管资本为主加强国有资产监管，优化调整国有资本布局和结构。深化国有企业改革，完善现代企业制度，鼓励民间资本参

与国有企业改革，积极发展混合所有制经济，推进国有、集体和民间资本交叉持股、相互融合。深化电力市场改革，争取国家在我区进行电力体制改革试点，积极探索网运分开新模式，完善电力价格形成机制，推动竞价上网。完善蒙西地区电力市场多边交易机制，启动蒙东地区大用户直供电，降低企业用电成本。构建跨区域电力市场体系，促进电力市场在更大范围融合。深化财税体制改革，推进部门预算改革，建立全口径政府预算体系。合理划分政府间事权和支出责任，进一步规范转移支付制度。按照国家要求，进一步分类推进营业税改征增值税等税制改革。制定政府性债务管理制度，规范政府举债权限和规模，逐步化解存量债务，严格控制新增债务。推进资源性产品价格改革，落实国家煤炭等资源税从价计征改革，完善居民水、电、气等阶梯价格制度，推进跨行政区域取水指标交易，提高主要污染物排污费标准。

提升开放型经济发展水平。抓住国家扩大内陆沿边开放的战略机遇，加快建设向北开放的重要桥头堡和充满活力的沿边经济带，提升开放发展水平。大力发展口岸经济，加快推进满洲里国家重点开发开放试验区和呼伦贝尔中俄蒙合作先导区规划建设，积极争取国家批准实施二连浩特国家重点开发开放试验区方案，探索设立边境自由贸易区、跨境经济合作区，尽快启动满洲里、二连浩特申报申建自由贸易区(园)工作。完善与俄蒙在加工贸易、资源开发、文化教育等领域的合作机制，简化过境签证手续。进一步加强与周边省区市的经济协作，推进与沿海和内陆地区的横向联合，深化与港澳台地区的经贸合作，创新京蒙区域合作机制，主动融入“环渤海经济圈”，推动我区经济深度融入全国发展大局。

(五)着力保障和改善民生，提高人民群众生活水平

扎实推进创业就业工程。实施更加积极的就业政策，确保新增城镇就业25万人以上。大力发展劳动密集型产业、服务业和非公有制经济、中小微企业，进一步增加政府购买公益性岗位数量，加强公共实训基地和大学生创业园建设，探索校企合作开展技能培训、职业介绍、就业服务、劳务输出一体化运行模式，促进高校毕业生特别是贫困家庭和蒙古语授课毕业生就业，统筹做好农牧民工、城镇就业困难人员和退役军人就业。积极鼓励和支持自主创业，落实相关政策措施，降低创业门槛，开辟创业服务绿色通道，发挥创业带动就业的倍增效应，形成政府激励创业、社会支持创业、劳动者勇于创业新机制。

深化收入分配制度改革。健全工资决定和正常增长机制，完善工资支付保障、最低工资和企业工资集体协商制度，深化机关事业单位工资和津贴补贴制度改革，完善再分配调节机制，促进公共资源出让收益合理共享。依法保障农牧民对土地、宅基地和集体资产的权利，增加农牧民财产性收入。落实和完善各项惠农惠牧政策，继续实施粮食最低收购价和农畜产品临时收储制度，增加农牧民政策性收入。

不断完善社会保障体系。扎实推进百姓安居工程，发展探索共有产权住房，加快推进包头北梁等棚户区改造项目，新开工城镇保障性住房24万套，农村牧区危房改造确保完成13万户以上。扩大基本医疗保险覆盖面，城镇基本医疗保险参保率、新农合参合率稳定在95%以上，逐步提高新农合和城镇居民医保政府补助标准。按照国家统一部署，做好企业退休人员基本养老保险调整工作，认真落实企业职工基本养老保险、城镇基本医疗保险关系转移接续办法，实现全区无障碍接续。完善社会救助制度，稳步提高城乡低保、农村牧区“五保”和城乡医疗救助水平，提高孤儿、“三无”人员和“三民”供养标准。

大力推进扶贫攻坚工程。创新扶贫开发工作机制，加大扶贫投入力度，深入实施连片开发、整村推进、扶贫移民工程，扎实做好对口支援、定点扶贫和领导干部联系贫困旗县工作，实行精准扶贫，全面启动规划、项目、干部“三到村三到户”工作，力争贫困人口减少40万、贫困人口人均增收15%以上、贫困地区基本公共服务标准增幅高于全区平均水平，切实解决好少数民族贫困人口的脱贫致富问题。

加快发展社会事业。深化教育领域综合改革，加大教育投入，加快实施全区第二期学前教育三年行动计划、义务教育学校标准化、中等职业教育基础能力和高校科技创新能力建设工程。推进义务教育均衡发展，统筹城乡义务教育资源，解决好进城务工人员随迁子女的上学难问题。加快建设适应我区经济转型和社会需要的现代职业教育体系，促进高校与企业产学研合作，积极推进考试招生制度改革。创新高校人才培养机制，支持高校办出特色、争创一流。抓好教育扶贫工作，对农村牧区困难家庭、城市低保家庭考入大学本科、大专院校和高等职业学院的学生进行困难补助，决不让贫困家庭的学生输在起跑线上。优先重点发展民族教育，大力推进民族教育发展水平提升工程，组织实施民族教育人才培养模式改革，加快蒙古语言文字信息化、网络化建设。加强教师队伍和教育信息化建设，推动教育资源向农村牧区和贫困地区倾斜。进一步推动医药卫生事业发展，加快自治区本级10个重点卫生项目建设，确保内蒙古医院门诊楼等3个项目建成并投入使用，医科大学第二附属医院等7个项目开工建设。深化旗县级医院等基层医疗卫生机构综合改革，加强基层医疗卫生服务网络和医疗队伍建设，强化结核病等重大疾病防控。加快蒙中医药事业发展，建立健全布局合理、功能完善的蒙中医医疗、教学和科研服务体系。鼓励民间资本参与教育、文化、医疗等社会事业发展。坚持计划生育基本国策，继续稳定低生育水平，实施一方是独生子女的夫妇可生育两个孩子的政策，开展出生缺陷一级预防工程，提高出生人口素质。广泛开展全民健身活动，促进群众体育和竞技体育协调发展，办好全区第十三届运动会。积极应对人口老龄化，加快发展老龄事业和老年服务产业，建立健全社会养老服务体系，鼓励和支持民间资本参与养老事业发展，建设一批功能完善、配套设施齐全的综合养老服务中心和示范基地。推动妇女儿童事业健康发展。

(六)加强生态环境保护，推动生态文明建设

强化生态文明制度建设。建立生态文明建设目标评价考核体系，划定生态红线，强化源头保护、损害赔偿和责任追究，完善环境治理和生态修复制度。健全自然资源资产产权和用途管制制度，划定生产生活、生态空间开发管制界限。加强国家自然资源资产管理，完善自然资源监管体制。探索建立生态上游地区向下游地区提供公共生态产品补偿机制，落

实重点生态功能区转移支付政策，健全森林生态效益补偿制度。继续开展主体功能区建设试点示范，探索编制自然资源资产负债表，加大对自然资源资产、生态环境保护等方面的考核权重。

狠抓生态保护和建设。继续实施京津风沙源治理、天然林保护二期等重点生态建设工程，积极争取新一轮退耕还林任务，加大重点区域绿化力度，完成林业生态建设面积1000万亩、水土流失治理面积650万亩。加强自然保护区、生态功能区和湿地、野生动植物保护，大力发展林、沙、草产业。加快推进林下经济示范基地建设，积极争取扩大国家森林抚育和造林补贴试点。组织实施退牧还草、高产优质苜蓿示范基地建设，草原建设总规模保持在4000万亩以上。完善草原补助奖励政策，继续实施阶段性禁牧和草畜平衡制度，加强草原执法监督检查。

做好节能减排工作。建立和完善节能减排市场化机制，强化节能减排目标责任制和问责制，实行能源消费总量和能耗强度"双控"考核。强化安全、环保、能耗、土地等约束，严禁高耗能、高排放行业低水平重复建设，加快淘汰落后产能，确保提前一年完成"十二五"淘汰落后产能目标。积极推进排污权有偿使用和交易试点，加快培育低碳经济体系，推动碳汇交易。完善节能减排政策措施和综合服务体系，加强十大重点节能工程建设，大力发展节能省地型绿色建筑，在政府投资建设领域强制执行绿色建筑标准。

加强资源节约和环境保护。大力发展循环经济，建设一批循环经济示范企业和示范园区，推进粉煤灰、煤矸石、冶金化工废渣等工业废物利用。实行最严格的水资源管理制度，加强地下水节约保护，严禁使用地下水发展高耗水产业。加强矿山地质环境、地质灾害及煤田火区、沉陷区治理，强化沙漠沙地、水土流失及环境综合治理。坚持谁受益、谁补偿的原则，完善重点生态功能区生态补偿机制，建立资源开发利用与农牧民利益衔接机制，推进和谐矿区、绿色矿区建设。落实大气污染防治行动计划及配套政策，加快实施清洁能源替代，全面治理各种污染，确保完成国家下达的任务。加强重点流域、行业水污染防治和重金属污染综合治理，确保流域、区域环境安全。

(七)走新型城镇化道路，促进城乡协调发展

发挥城乡规划的引导和调控作用。坚持走以人为本、四化同步、科学布局、绿色发展、文化传承的新型城镇化道路，科学编制城镇总体规划和控制性详规，积极引导和推动大中小城市和小城镇协调发展、产业和城镇融合发展、城镇化和新农村新牧区建设协调推进。研究制定户籍、土地、住房、基本公共服务等配套政策，加快开展试点示范，推动农牧业转移人口市民化，平等享有基本公共服务，并实现由户籍人口向常住人口全覆盖。

优化城镇布局和形态。坚持多中心带动、多节点支撑，构建以大带小、大中小城市和小城镇协调发展的城镇化新格局。落实国家呼包鄂榆城市群规划，推进呼包鄂城市群建设，促进功能互补、产业互济，实现并联式、组团式发展，打造引领全区发展的重要增长极。提升呼和浩特城市建设管理水平，充分发挥首府的示范带动作用。以盟市所在地中心城区为重点，科学设置开发强度，合理划定开发边界，推动国土空间均衡开发，做强区域性中心城市，带动区域发展。以县城扩容提质为重点，抓好城关镇和重点镇建设，形成规模适度、功能完善、布局合理、宜业宜居的特色城镇体系。

提升城市建设管理水平。提高土地利用率，严控增量、盘活存量，优化城镇空间结构，搞好城市微观空间治理，加强市政基础设施网络建设，改善人居环境和质量。建立透明规范的城市建设投融资机制，鼓励民间资本参与城市公用设施投资运营，切实解决城镇建设过度举债问题。加快智慧城市和社区建设，增强城镇发展内涵和综合服务功能。

发展壮大县域经济。认真落实县域经济发展规划，因地制宜发展特色经济，培育主导产业，强化基础设施建设和生态环境保护，充分发挥县域经济在统筹城乡发展中的基础作用。抓好"扩权强县"改革试点工作，完善县级财力保障机制，选择不同类型旗县进行事权下放和"自治区直管县"财政改革，实行"财政体制核定到旗县、转移支付测算并下达到旗县、国库资金调度到旗县、财政预决算直通到旗县、地方政府性债务管理到旗县"的财政管理方式。

促进区域协调发展。以自治区主体功能区规划统领城镇、产业等各级各类规划，统筹谋划人口分布、经济布局、国土利用和城镇化发展，科学配置水资源，合理确定节能减排指标。提升沿黄沿线经济带发展水平，着力抓好蒙西22个重点工业园区建设，引导生产要素合理配置和产业互补联动，促进集中集聚集约发展。加快东部盟市发展，落实重点产业发展规划，加强13个重点工业园区建设，推进主导产业与生态保护、新农村新牧区建设协同发展，培育自主发展能力。继续做好对发展基础薄弱地区的帮扶工作，加大对革命老区、边境地区和人口较少民族地区的扶持力度。

(八)加快民族文化强区建设，推动文化大发展大繁荣践行社会主义核心价值观。

深化中国特色社会主义和中国梦宣传教育，广泛开展社会主义核心价值观教育实践活动，使"三个倡导"深入人心，凝聚各族群众团结奋进的强大精神力量。加强社会公德、职业道德、家庭美德和个人品德教育，突出抓好未成年人思想道德建设和大学生思想政治教育，推进社会诚信体系建设，扎实开展群众性精神文明创建活动，提高公民道德素质和社会文明水平。进一步整合新闻媒体资源，推动传统媒体和新媒体融合发展，做好网络管理和舆论引导工作，弘扬主旋律，传播正能量。

完善公共文化服务体系。加强公共文化服务设施网络建设和管理，推进基层公共文化设施共建共享，实施重点文化惠民工程和文化项目，继续做好图书馆、博物馆、文化馆向社会免费开放工作。探索建立公共文化服务政府采购目录制度，完善公共文化服务评估考核体系，加快贫困地区公共文化事业发展，促进基本公共文化服务标准化、均等化。实施重大文物保护工程，加大非物质文化遗产保护力度，大力传承弘扬民族文化和草原文化。加强文化产品创作，打造一批富有地区和民族特色的精品力作。做好新闻出版和广播影视工作，繁荣发展哲学社会科学。

加快文化产业发展。全面实施自治区文化产业中长期发

展规划，认真落实文化产业扶持政策，推动文化产业园和文化重点工程建设。深入挖掘特色文化资源，促进文化与旅游、金融、科技深度融合，大力发展民族演艺、影视、动漫等产业，拓展和延伸产业链，推动文化产业优化升级。建立健全现代文化市场体系，完善文化市场准入和退出机制，促进各类市场主体公平竞争、优胜劣汰，推动形成多层次文化产品和要素市场。鼓励民间资本与文化资源相结合，培育壮大文化龙头企业，扶持中小微文化企业发展。

激发文化发展创新活力。深入推进文化宏观管理体制改革，加快推动政府部门由办文化向管文化转变，建立和完善国有文化资产监督管理体制，实行管人管事管资产管导向相统一，进一步理顺文化主管部门与所属文化企事业单位的关系。逐步理顺自治区文化市场综合执法管理体制，加快推动自治区新闻出版等五大文化企业集团建立现代企业制度，完善法人治理结构。加快文化“走出去”步伐，进一步加强文化交流合作，广泛宣传和大力推介内蒙古民族文化，不断提升文化影响力和软实力。

(九)创新社会治理体制，促进社会和谐稳定

进一步加强民族团结。坚持和完善民族区域自治制度，全面贯彻落实党的民族宗教政策，深入开展民族团结进步宣传和创建活动，维护少数民族的合法权益，扶持人口较少民族发展，巩固和发展平等团结互助和谐的社会主义民族关系，促进各族人民共同团结奋斗、共同繁荣发展。依法管理宗教事务，积极引导宗教与社会主义社会相适应，发挥宗教界人士和信教群众在促进经济发展、社会和谐中的积极作用。

增强社会组织活力。努力推进政府治理和社会自我调节、居民自治良性互动。按照“政社分开、管办分开”的原则，引导各类协会、学会、研究会与党政机关、事业单位彻底分开。建立政府购买社会服务制度，促进社会组织自我完善和发展。建立政府指导、社会参与、独立运作的工作机制，全面推行社会组织等级评估，适合由社会组织提供的公共服务和解决的事项，交由社会组织承担。加强社会工作专业人才培养，扩展社会工作岗位设置领域。

健全公共安全体系。认真开展“大接访”行动，健全领导干部接访、下访和包案办理制度，完善联合接访工作机制，抓好信访问题源头治理，建立涉法涉诉信访依法终结制度，使群众问题能反映、矛盾能化解、权益有保障。强化质量安全监管，围绕食品药品、重点产品、重点行业和重点区域开展质量安全专项整治行动。加强安全生产监管，全面落实安全生产责任，构建安全生产长效机制。完善劳动标准体系和劳动关系协调机制，构建和谐劳动关系。加快应急管理基础建设，完善防灾减灾和应急救援体系，提高灾害防御和救助能力。推进法治内蒙古建设，深化普法依法治理工作。深入实施“平安内蒙古创建工程”，完善立体化社会治安防控体系，严厉打击各类违法犯罪活动，保障社会公共安全。抵御和防范境内外各种敌对势力的渗透、破坏、颠覆，依法打击境内外民族分裂势力活动。加强国防教育，支持驻区军队和武警部队建设，推动军民深度融合发展，抓好国防动员和国防后备力量建设，筑牢祖国北疆安全屏障。

(十)加快转变政府职能，提高政府公信力和执行力

巩固和扩大党的群众路线教育实践活动成果，将整改落实和建章立制作为重大任务，与政府其他工作同步推进、同步落实，确保以作风建设的新成效取信于民、推动发展。处理好政府与市场的关系，加快转变政府职能。深化行政审批制度改革，实质性推进简政放权，大幅度取消和下放行政审批事项，简化行政审批程序，凡是市场机制能够有效调节的经济活动，一律取消审批。凡列入自治区“8337”发展思路重点规划的项目，除必须经国家审批的，一律实行备案制。盟市、旗县也要做好取消下放和承接工作。对保留的行政审批事项要编制目录并向社会公开，优化审批流程，提高审批的质量和效率，进一步改善发展环境。全面履行政府公共服务、市场监管、社会管理、环境保护等职责，最大限度减少政府对微观事务的管理，切实加强发展战略、规划、政策、标准的制定和实施，强化事中事后监管。深化政府机构改革，加快事业单位分类改革。提高依法行政水平，自觉接受人大及其常委会、人民政协和社会各界的监督，广泛听取民主党派、工商联和无党派人士的意见。深化行政执法体制改革，全面规范行政执法行为。完善规范性文件审查机制，严格执行行政规章和规范性文件备案审查制度。健全社会普法教育机制，增强全民法治观念。加大政务公开力度，今年一半以上盟市、旗县的“三公经费”向社会公开。完善自治区、盟市、旗县三级政务服务平台，建立全区统一的网上办事大厅，全面推行集中办理和网上审批。提高基层政务服务水平，为群众提供方便快捷的服务。健全重大行政决策规则，涉及群众切身利益的重大决策必须征求群众意见，提高行政决策的科学化、民主化水平。认真做好第三次经济普查工作，进一步摸清家底。深入开展“大落实”行动，加强对重大决策、专项规划、重点项目的督查和调度，确保各项工作落到实处。严格遵守《党政机关厉行节约反对浪费条例》，进一步压缩“三公经费”和一般性支出，不新建政府性楼堂馆所、不增加财政供养人员，全面清理超标准办公用房和超标超编公务用车。深入开展廉政建设和反腐败斗争，强化对行政权力的制约监督，加大对违规行为的行政问责力度，加快公共资源交易平台建设，加强对重点领域、重点项目、重点资金的审计监督，推进腐败易发多发领域改革，把权力关进制度的笼子里。

2017 年我们将迎来自治区成立 70 周年大庆。按照民生优先、务实节俭、量力而行的原则，将在基础设施、产业发展、城乡建设、生态保护、民生保障、改革开放和促进区域协调发展等领域，提前谋划和实施一批重大工程和项目，向自治区成立 70 周年献礼，让各族群众从中得到实惠，充分感受到社会主义制度和民族区域自治制度的巨大优越性。

各位代表，党的十八届三中全会提出了全面深化改革的目标任务，鼓舞人心、催人奋进，开启了改革开放和现代化建设的新征程。让我们更加紧密地团结在以习近平同志为总书记的党中央周围，坚定信心，振奋精神，求真务实，迎难而上，扎实做好改革发展稳定各项工作，为全面建成小康社会、奋力开创我区科学发展、富民强区新局面而努力奋斗!

关于内蒙古自治区2013年国民经济和社会发展计划执行情况与2014年国民经济和社会发展计划草案的报告

Report on the National Economic and Social Development for 2013 and the Draft Plan for 2014 in Inner Mongolia

——在内蒙古自治区第十二届人民代表大会第二次会议上

内蒙古自治区发展和改革委员会

受自治区人民政府委托，向大会提出2013年国民经济和社会发展计划执行情况与2014年国民经济和社会发展计划草案，请予审议，并请自治区政协委员和列席会议的同志们提出意见。

一、2013年国民经济和社会发展计划执行情况

过去的一年，在自治区党委的正确领导下，全区各地深入贯彻党的十八大精神，全面落实自治区“8337”发展思路和工作部署，着力克服经济下行压力，积极推进经济转型升级，经济发展实现稳中有进、稳中向好，各项社会事业全面进步。

（一）经济运行总体平稳。全年实现生产总值1.68万亿元，增长9%。农牧业基础地位得到加强。粮食生产获得丰收，全年粮食产量554.6亿斤，增产48.9亿斤。畜牧业稳定发展，牧业年度牲畜存栏11819.8万头（只），增长4.9%。工业生产企稳回升。全年全区规模以上工业增加值增长12%。煤炭、装备、有色、建材、农畜产品加工业增速不同程度回落，电力、钢铁工业有所回升，化学工业继续较快增长。服务业平稳发展。旅游、物流、金融、电子商务等现代服务业发展加快，全年旅游业总收入增长18%，金融机构新增贷款超过新增存款47.6亿元。交通运输、住宿餐饮等传统服务业增速不同程度回落，全年公路货运量14.3亿吨，增长14.4%，比上年降低6.4个百分点。

（二）各项需求持续增长。固定资产投资稳定增长。全年全社会固定资产投资完成1.55万亿元，增长18.4%。重点项目进展顺利，列入全区重大项目实施计划的623个项目完成投资4647.2亿元。消费需求增长有所回落。全年社会消费品零售总额增长11.8%，同比回落2.8个百分点。煤炭类、石油类商品零售额出现较大幅度下降。对外贸易逐步恢复。全年外贸进出口总额120亿美元，增长6.5%。其中，出口41亿美元，增长3.1%；进口79亿美元，增长8.4%。

（三）发展活力不断增强。各项改革不断深化。行政审批制度改革加快推进，取消下放103项行政审批事项，清理规范和降低各类收费116项。电力市场改革积极推进，电力多边交易大用户企业达到114户，累计对521户符合产业政策的企业实施用电补贴政策。财政金融改革稳步推进，启动实施邮电通信及铁路运输业营改增试点。非公有制经济实现较快增长。制定出台《内蒙古自治区鼓励和支持非公有制经济发展若干规定》，从准入条件等七个方面提出70条支持政策，促进非公有制经济较快发展。中小企业增加值增长13%，个体工商户突破100万户。区域合作进一步加强。成功举办蒙粤科技合作活动周、蒙港澳经贸合作活动周和东北四省区行政首长联席会议，京蒙对口帮扶扎实推进，全年引进国内（区外）资金到位4400亿元，增长25%。

（四）人民生活进一步改善。就业形势总体较好。全年城镇新增就业27.1万人，农牧民转移就业259.3万人。城镇登记失业率控制在3.66%的较低水平。居民收入和社会保障水平稳步提高。预计全年城镇居民人均可支配收入25400元，增长10%左右；农牧民人均纯收入8600元，增长13%左右。企业退休人员养老金、城乡最低生活保障等主要社会保障标准均提高10%以上。各项民生工程扎实推进。累计投入扶贫资金超过100亿元，实施扶贫开发项目961个，全年减贫40.8万人。全面推进包头北梁等棚户区改造，加快农村牧区危房改造步伐，全年新开工各类城镇保障性住房17.8万套、基本建成21.4万套，开工改造农村牧区危房12.75万户、竣工11.4万户。物价涨幅基本稳定。全年居民消费价格累计上涨3.2%，处于年初确定的3.5%调控目标内。

（五）生态环境建设得到加强。节能减排任务较好完成。加快实施十大节能工程，加大淘汰落后产能力度，严格落实工程减排、结构减排和管理减排措施，预计全年单位生产总值能耗下降4.5%，化学需氧量下降2.21%，氨氮排放量下降2.48%，二氧化硫排放量下降0.86%。大气污染防治全面加强。制定出台《自治区关于贯彻落实大气污染防治行动计划的意见》，加入京津冀及周边地区节能低碳环保产业联盟。重点生态工程建设稳步推进。完成林业建设面积1205万亩，实施草原奖补面积10.12亿亩。

（六）社会事业全面进步。教育基础设施条件明显改善。加快落实“学前教育三年行动计划”，学前三年毛入园率达到

74.7%，超额完成“十二五”规划目标。积极推进国家中西部农村初中校舍改造二期、基础教育学校标准化、中小学校舍安全等重点工程建设，中小学办学条件极大改善。高中教育资源均衡发展，建设自治区示范性普通高中60所、盟市级示范性和优质普通高中80所。医药卫生体制改革进一步深化。启动城乡居民大病保险试点工作，基本建立全民医疗保障体系。全区参加三项基本医保人数2247万人，其中新农合参合人数1261万人，参合率97.2%；职工医保和城镇居民医保参保人数986万人，参保率98.2%。公共文化服务水平不断提升。文化资源共享工程、数字图书馆工程稳步推进，为72个街道、288个社区、261个苏木乡镇、3710个嘎查村配置了相关设备。开展“春雨工程”文化志愿者边疆行等活动，组织“百团千场”下基层惠民演出5000余场，丰富了人民群众精神文化生活。

过去一年，受国内外大环境影响，我区经济发展面临的形势十分严峻。上半年经济增长明显低于年初预期，特别是财政收入增速较大幅度回落，企业利润较大幅度下降，给完成全年目标形成很大压力。为此，自治区政府提出对全年经济社会主要预期目标进行调整的建议，并经自治区十二届人大常委会五次会议审议通过。调整的主要预期目标为：生产总值增速由12%调整为9%，社会消费品零售总额增速由16%调整为11%，财政收入增速由14%调整为7%，城镇居民人均可支配收入增速由12%调整为9%，农牧民人均纯收入增速由12%调整为11%。从目前情况看，可以全面完成调整后的各项预期目标，但经济社会发展中也存在一些困难和问题，主要是：结构性矛盾还没有根本改变，部分行业产能过剩问题比较严重，经济下行压力较大；经济效益持续下滑，政府性债务存在一定风险，财政收支矛盾突出；资金供应总体趋紧，项目储备结构单一，投资增长后劲不足。对于这些问题，我们将采取有效措施，逐步加以解决。

二、2014年国民经济和社会发展的主要任务

按照自治区党委九届十次全委会议暨全区经济工作会议的总体部署，2014年国民经济和社会发展主要预期目标是：地区生产总值增长9%左右，全社会固定资产投资增长15%，社会消费品零售总额增长12%，公共财政预算收入增长7%，城镇居民人均可支配收入增长9%，农牧民人均纯收入增长10%，城镇新增就业25万人以上，单位生产总值能耗和二氧化碳排放量均下降2.2%，居民消费价格涨幅控制在3.5%左右。实现上述目标，要认真贯彻中央经济工作会议精神，坚持稳中求进的工作总基调，全面落实自治区“8337”发展思路，把改革创新贯穿于经济社会发展各个领域各个环节，以扩大有效需求为重点稳定经济增长，以建设“五大基地”为重点调整产业结构，以实施重大民生工程为重点保障改善民生，以推进新型城镇化为重点统筹城乡协调发展，以加快经济体制改革为重点全面深化改革开放，凝心聚力、求真务实、攻坚克难，着力激发市场活力，切实提高经济发展质量和效益，不断提高人民生活质量和水平，促进经济持续健康发展、社会和谐稳定。

（一）加快推进重点领域改革。认真贯彻《中共中央关于全面深化改革若干重大问题的决定》，加快落实自治区党委九届九次全委会议部署，着力推进重点领域和关键环节改革，不断为经济发展注入新的活力和动力。

深化行政审批制度改革。充分发挥市场在资源配置中的决定性作用，减少政府对资源的直接配置，凡是市场机制能有效调节的经济活动，一律取消审批；直接面向基层和群众、由盟市旗县管理更为方便有效的事项，一律下放盟市旗县管理。对列入自治区“8337”发展思路重点规划的项目，除必须经国家审批的，一律改为备案制。大力推进简政放权，编制行政审批事项目录，修订《自治区政府核准的投资项目目录》，对保留事项要规范管理、提高效率。完善自治区、盟市、旗县三级政务服务平台，逐步建立全区统一的网上办事大厅，推行集中办理和网上审批。规范行政事业性收费行为，取消一批收费项目，降低一批收费标准。

加快推进政府机构改革。认真落实中央《关于地方政府职能转变和机构改革的意见》，按照精简统一效能的原则，按时完成自治区本级和盟市政府机构改革和职能整合任务。整合卫生和计划生育、食品药品、新闻出版和广电、煤炭工业等部门机构和职责，调整自治区级以下工商、质监行政管理体制。开展机构和人员编制核查，实行机构编制实名制管理。完善考核评价制度，建立与主体功能区划相适应的考评体系。

积极推进企业改革。保证各种所有制经济依法平等使用生产要素，公开、公平、公正参与市场竞争。坚持公有制主体地位，发挥国有经济主导作用，促进国有资本更多投向关系国民经济命脉的重要行业和关键领域。完善国有资本经营预算制度，逐步提高国有资本收益上缴公共财政比例。大力发展混合所有制经济，鼓励地方国有企业与央企、外企和民营企业联合重组。针对制约非公有制经济发展的因素，在政策扶持、市场准入、国民待遇、降低税赋等方面进一步加大支持力度，逐步实施负面清单管理。推进工商注册制度便利化，削减资质认定项目，清理调整前置审批事项。

稳步推进资源性产品价格改革。加快电力市场建设，简化销售电价分类，推进输配电价、大用户直购电改革，争取国家批准实施霍林河、鄂尔多斯等电力自营区示范工程建设。建立用水成本评价体系和约束机制，形成供水、污水处理、再生水之间的合理比价关系。推进跨行政区域取水指标交易。落实国家天然气价格调整方案，推进实施居民用气阶梯价格政策。研究制定煤炭资源税改革征管办法，坚持煤炭资源按转化项目、按市场价格配置的原则，逐步建立已配置资源但未兑现转化项目的退出机制。

继续推进财税金融体制改革。实施全面规范、公开透明的预算制度，建立由公共财政、国有资本经营、政府性基金和社会保障组成的完整政府预算体系，提高一般性转移支付规模和比例。研究营改增财政配套政策，做好铁路运输、邮电通讯等行业营改增试点的前期准备。完善政府性债务管理体系，加快清理和规范融资平台，严格政府举债程序，合理控制举债规模，制定政府性债务管理条例。探索建立民间资本发

起的自担风险的民营银行以及金融租赁银行、消费金融公司等。组建内蒙古股权交易中心,搭建中小企业多样化融资平台。建立健全社会征信体系,加快推进自治区社会信用信息平台建设。

(二)努力扩大固定资产投资规模。突出抓好新开工项目建设,继续加大项目前期工作力度,力争新开工项目总规模达到2万亿元以上,完成固定资产投资1.8万亿元左右。

加强重点项目建设。生态方面,继续实施退牧还草、京津风沙源治理二期等生态建设工程,争取重新启动实施退耕还林工程。水利方面,力争开工建设毛都水库、尼尔基水利枢纽下游灌区、扎罗木得水库等重点项目。工业方面,突出抓好清洁能源基地建设和现代煤化工领域的重点项目,力争新开工煤制油450万吨、煤制烯烃220万吨、煤制气200亿立方米、电力装机600万千瓦。城市建设方面,重点推进供热、供水、供气等基础设施建设,新增供水能力94万吨/日,新增供热面积1.3亿平方米。铁路方面,新开工蒙西至华中、额济纳至哈密、新街至海勒斯壕、白音华至锦州复线、乌兰浩特至白城等项目,新开工里程1800公里。公路方面,新开工荣乌高速棋盘井至乌海、丹锡高速经棚至锡林浩特、京新高速临河至青山至白疙瘩等高速公路项目,新开工里程1300公里;继续加强农村公路建设,新增通沥青水泥路嘎查村700个。机场方面,建设完成霍林郭勒、乌兰察布运输机场和新巴尔虎右旗通用机场等项目,推进国家级通勤通用航空试点工作。

加强项目前期工作。做好上报国家项目的跟踪盯办工作,争取国家批复庆华煤基清洁能源多联产、神华呼伦贝尔褐煤综合利用多联产升级示范、中天合创二期140万吨甲醇制烯烃等煤化工项目,呼和浩特至鄂尔多斯城际铁路、通辽和赤峰至京沈客专连接线、芒罕屯至阿尔山扩能改造等铁路项目,长深高速联络线通辽至鲁北、丹锡高速大板至经棚、二广高速联络线扎兰屯至阿荣旗等公路项目,呼和浩特机场迁建、二连浩特机场改扩建等机场项目,编制呼和浩特市、包头市等城市轨道交通建设规划,力争国家核准和出具路条项目规模达到5000亿元以上。增加重点领域项目储备,改善项目储备结构,围绕自治区"8337"发展思路,扩大战略性新兴产业、民生和社会事业等领域项目储备,新增项目储备规模力争达到3万亿元以上。

(三)大力推进结构调整和发展方式转变。围绕"五大基地"建设,以技术创新为动力,稳定能源工业,改造提升传统产业,大力发展战略性新兴产业和现代服务业,保持工业经济稳定增长,促进服务业回升提速,实现以增量带动存量调整的目标。

提高自主创新能力。继续加强工程研究中心、工程实验室和企业技术中心建设,围绕中蒙药、生物育种、煤炭清洁高效利用、稀土新材料、有色金属深加工、先进装备制造等特色优势领域实施一批创新平台建设项目,增强重点领域自主创新能力。

改造提升传统资源型产业。突出抓好钢铁深加工、铝后加工、甲醇延伸加工,力争新增稀土钢550万吨、特种钢300万吨,铝后加工100万吨,新增甲醇制芳烃生产能力10万吨。积极推进煤炭与电力、有色与矿山企业的整合重组。

大力发展战略性新兴产业。云计算方面,继续推动云计算数据中心建设,编制云应用推广实施方案,制定云服务产品指导目录,推动建成一批专项云计算应用服务平台。新材料方面,培育壮大稀土新材料产业,加快稀土功能材料等重点领域科技成果产业化,推动包钢2000吨高性能磁体、包头金杰稀土抛光液等产业化项目建设。先进装备制造业方面,重点抓好奇瑞汽车、北方奔驰重型卡车、玉柴发动机等项目,新增汽车产能5万辆、发动机10万台、重型卡车5万辆。生物产业方面,研究制定生物医药产业发展专项规划,着力培育发展蒙中药特色产业链,推动建设一批蒙中药研发平台和产业化示范项目。节能环保产业方面,贯彻落实《国务院关于加快发展节能环保产业的意见》,编制煤电灰铝一体化循环产业示范基地规划,推动粉煤灰提取氧化铝技术产业化,加快大唐、神华等煤电灰铝一体化示范项目建设。

推动服务业加快发展。认真落实自治区关于加快服务业发展若干政策措施,建设一批面向生产、生活的公共服务平台,开展自治区级服务业集聚区认定工作。贯彻落实《全国物流园区发展规划》,研究提出我区三级物流园区城市,加强物流基础设施建设,推动物流产业加快发展。推进组建村镇银行、资金互助社等新型金融机构,优化信贷结构,加快发展多层次资本市场,提高直接融资比重。推动落实旅游基地和文化产业规划,发展壮大旅游、文化产业。培育发展信息、养老、健康等服务消费。研究制定我区深化收入分配制度改革具体政策,促进居民收入与经济增长同步,增强居民消费能力。加强商贸流通、宽带网络等消费基础设施建设,鼓励发展电子商务、网络购物等新型消费业态。制定信用消费促进政策,扩大信用消费规模。

(四)切实加强"三农三牧"工作。增加"三农三牧"投入,提高农牧业综合生产能力,提升农畜产品加工业规模化、集约化和现代化水平,夯实农牧业和农村牧区持续稳定发展的基础。

提高农业综合生产能力。继续组织实施百亿斤粮食增产工程,农作物总播和粮食播种面积基本稳定在1亿亩和8000万亩以上。全面实施"四个千万亩"高效节水灌溉工程,新增节水灌溉面积450万亩以上。切实抓好新一轮"菜篮子"工程建设,新增设施蔬菜面积20万亩。

加快发展畜牧业。发展建设型畜牧业,加快建设人工草场,积极引导畜牧业向农区转移,在草原生态得到全面保护的基础上,牲畜头数稳定在1.1亿头只以上。突出抓好农畜产品基地建设,大力推进标准化规模化养殖,建设奶牛标准化规模养殖场260处左右,生猪标准化规模养殖场130处左右。

积极推进农牧业产业化。加强牛羊肉、羊绒、马铃薯等重点产业的品牌建设,做大做强龙头企业。鼓励品牌企业自建专用原料生产基地,扩大生产规模,提升精深加工增值水平,提高市场占有率。完善利益联结机制,积极引导龙头企业与农牧民签订订单协议，发展订单农牧业。大力培育新型生产经营主体，鼓励农牧民采取转包、转让、出租、互换、入股等形式流转土地和草牧场承包经营权。加快农村土地确权登记颁证工作，启动牧区草原承包经营权确权登记颁证试点。

（五）全力推进节能减排和大气污染防治。加大节能减排工作力度，力争全年单位 GDP 能耗下降 2.2%，二氧化碳排放量下降 2.2%，全面完成国家下达的主要污染物减排目标。

加快化解产能过剩和淘汰落后产能。认真落实国务院《关于化解产能严重过剩矛盾的指导意见》，对已批未建、在建和已建成投产的违规项目进行全面清理，分类制定处置整顿方案。除跨省区产能置换转移的项目外，不再审批钢铁、水泥等产能严重过剩行业新增产能项目。严格控制高耗能、高污染产业发展，除等量或减量产能置换外，不再审批炼焦、电石、铁合金等新增产能项目。确保"十二五"淘汰落后产能目标提前一年完成，全年淘汰铁合金产能 8.92 万吨、电石产能 43 万吨。

加强重点污染源治理。加快制定城市主城区污染企业"退城入园计划"，推动呼和浩特市、包头市主城区内钢铁、石化等重污染企业搬迁改造。严格控制燃煤污染，通过供热和清洁能源替代，加快淘汰供暖和工业燃煤小锅炉。坚决治理机动车尾气污染，2014 年底全面供应国四车用柴油，逐步淘汰 2005 年前注册运营的黄标车。

实施节能减排重点工程。加强十大重点节能工程建设，大力发展节能省地型建筑，既有建筑节能改造面积达到 1500 万平方米。推进流域综合治理，完善城镇污水垃圾处理设施，加快电力行业脱硫脱硝改造，完成脱硫改造 150 万千瓦，脱硝改造 1000 万千瓦。做好园区循环化改造和循环经济试点示范创建工作，重点实施循环经济"十百千"工程。推动低碳城市、低碳产业园区、低碳社区等试点示范工作。

深入推进重点区域造林绿化工作。重点抓好公路、村屯、厂矿园区、城镇周边、黄河两岸、大青山等重点区域绿化，提高京藏高速公路及省际大通道两侧、国省道 15 个出口绿化标准和县乡公路绿化率。

（六）积极推进城乡统筹协调发展。积极稳妥推进城镇化，促进城乡要素平等交换和公共资源均衡配置，加快形成以工促农、以城带乡、工农互惠、城乡一体的新型工农城乡关系，争取城镇化率提高 1 个百分点以上。

充分发挥城乡规划的引导和调控作用。按照中央城镇化工作会议精神和《全国促进城镇化健康发展规划纲要》的总体要求，加快修订完善自治区城镇体系规划，出台自治区推进新型城镇化实施意见，组织实施呼包鄂城市群、乌海及周边地区城镇等城市群建设规划。要把城镇化规划修订与主体功能区规划相结合，引导资源要素按照主体功能区优化配置，构建科学合理的城市化格局、农牧业发展格局和生态安全格局。落实《全国资源型城市可持续发展规划》，推进资源型城市转型发展。

进一步强化产业支撑。支持旗县城关镇和国家、自治区确定的重点镇发展配套型、服务型、劳动密集型产业，推动建设 30–50 个特色鲜明、规模较大、辐射带动力强的服务业集聚区，打造特色小城镇，增强小城镇产业集聚和人口集聚能力。

加大政策支持力度。做好放开小城镇和小城市落户限制政策研究，推动乌海、鄂尔多斯、呼伦贝尔、锡林郭勒等地尽快出台取消落户限制政策，有序推进转移农牧民市民化。稳步推进"扩权强县"试点，研究制定扩大县级经济社会管理权限目录及相关配套措施。

（七）着力保障和改善民生。按照全面建成小康社会的要求，以稳定和扩大就业、提高城乡居民生活水平和质量为目标，继续推进创业就业、百姓安居、扶贫攻坚等民生工程建设，全面发展各项社会事业，促进基本公共服务均等化，推进和谐社会建设。

切实抓好创业就业工作。把做好就业工作摆到突出位置，重点解决高校毕业生就业和化解产能过剩中出现的下岗再就业问题。全面落实自治区"创业就业工程"及促进就业三年行动计划，重点支持就业技能公共实训基地建设，加强创业园区和创业孵化基地建设。开发 1 万个基层公益性岗位，重点用于安排贫困家庭高校毕业生和蒙古语授课高校毕业生就业。继续实施家庭服务业特别培训计划，组织开展千户百强家庭服务企业创建活动。进一步强化公共就业服务，实施就业服务实名制管理和企业空岗报告制度。全年新增城镇就业 25 万人以上。

继续推进重点民生工程建设。落实《关于推进百姓安居工程实施意见》，加大安居工程建设力度，加快推进包头北梁等棚户区改造项目，新开工城镇保障性住房 24 万套，农村牧区危房改造 13 万户以上。改善农村牧区生产生活条件，重点抓好农村沼气和安全饮水工程，全年建设农村沼气 1.5 万户，解决 80 万人饮水安全问题。在 2013 年实现无电地区全部通电基础上，改造升级低标准风光互补用电户 5 万户。深入实施扶贫开发工程，组织实施集中连片特困地区扶贫攻坚规划和七大贫困片区规划，强化领导干部联系贫困点制度，加大扶贫攻坚资金整合力度，切实提高扶贫资金效益，全年减贫 40 万人。启动实施农村牧区贫困家庭和城镇低保家庭学生高考入学资助工程。

大力发展各项社会事业。教育方面，继续实施中西部农村初中校舍改造、农村学前教育推进工程、义务教育学校标准化、中等职业教育基础能力建设工程和中西部高等教育振兴计划。卫生方面，深入推进医药卫生体制改革，进一步提高新农合和城镇居民医保政府补助标准和实际报销比例，有序推进旗县级公立医院综合改革试点，全面推行城乡居民大病保险制度。加快自治区本级 10 个重点卫生项目建设，确保内蒙古医院门诊楼等 3 个项目建成并投入使用，医科大学第二附属医院等 7 个项目开工建设。继续稳定低生育水平，实施"单独二孩"政策。文化方面，贯彻落实《自治区关于进一步推进公共文化服务体系惠民工程的实施意见》，积极推进嘎查村文化室、农村小舞台、文化共享工程资源建设等文化惠民建设项目。积极支持赤峰市"红山遗址"、"辽上京遗址"、巴彦淖尔市"阴山岩刻"申报世界文化遗产工作。

保持物价总水平基本稳定。落实粮食临时收储价格政策和生猪价格调控预案实施细则,完善粮食、植物油、肉类、冬季蔬菜等生活必需品储备制度。积极发展农超对接,加快推进平价菜店建设,全面有效落实"绿色通道"政策。强化价格监管,加强对铁路、电信和银行等部门收费的监督检查,开展对各类中介组织、行业协会收费清理。适时启动低收入居民生活临时补贴标准与物价上涨挂钩联动机制。

(八)全面提高对外开放水平。坚持对内对外开放相促进、"引进来"和"走出去"相结合,构建全方位开放格局,把我区建设成为我国向北开放的重要桥头堡和充满活力的沿边经济带。

加强区域合作。进一步加强与周边省区和"长三角"、"珠三角"等发达地区经济合作,积极主动融入环渤海地区发展,跟踪落实与国内各省区市签署的合作协议和重点合作项目,争取引进国内(区外)资金到位4600亿元。继续推进京蒙合作,推动签署专项合作协议。加强能源区域合作,抓好与京津冀、鲁苏浙等地的清洁能源供需对接,加快组织签订外送协议。对已列入国家规划的锡盟至江苏、锡盟至山东、蒙西至天津、上海庙至山东四条外送电通道,以及陕京四线天然气管道、鄂尔多斯至天津煤制天然气管道等油气管道,要积极争取国家尽快启动建设。

推进对外开放。认真落实《国务院关于加快沿边地区开发开放的若干意见》,积极争取国家尽快批准实施《内蒙古建设国家向北开放桥头堡和沿边经济带规划》、《二连浩特重点开发开放试验区实施方案》和《呼伦贝尔中俄蒙合作先导区建设实施方案》,组织实施《满洲里重点开发开放试验区建设总体规划》和《黑龙江和内蒙古东北部地区沿边开发开放规划》,争取将我区纳入国家丝绸之路经济带规划。支持满洲里口岸"大通关"试点,增设策克、珠恩嘎达布其两个中蒙口岸联合监管试点。建立与俄蒙双边银行结算协议机制,搭建人民币跨境及境外支付清算系统,提升中俄、中蒙双边本币清算层次。完善与俄蒙在加工贸易、资源开发、文化教育、医疗卫生等领域的合作机制,支持开展边境旅游异地办证业务,简化过境签证手续。

2017年我们将迎来自治区成立70周年大庆,要以改善农村牧区生产生活条件为重点,在民生、基础设施、社会事业等领域启动实施一批大庆项目,推进实现农村牧区十项公共服务"全覆盖",以自治区成立70周年的辉煌成就彰显我国社会主义制度和民族区域自治制度的优越性。

关于2013年预算执行情况和2014年预算草案的报告

Report on the Implementation of Budgets
for 2013 and Draft Budgets for 2014 in Inner Mongolia

——在内蒙古自治区第十二届人民代表大会第二次会议上

内蒙古自治区财政厅

受自治区人民政府委托，现将2013年预算执行情况和2014年预算草案的报告提请本次人民代表大会审议，并请自治区政协委员和列席会议的同志们提出意见。

一、2013年全区预算执行情况

2013年，面对复杂严峻的国内外经济形势，在自治区党委的正确领导下，各地区、各部门牢牢把握稳中求进的工作总基调，全面落实"8337"发展思路，严格执行自治区十二届人大一次会议的有关决定和决议，充分发挥财政宏观调控作用，着力稳增长、调结构、促改革、惠民生，在经济下行压力较大的情况下，努力完成2013年确定的任务和目标，自治区经济发展呈现稳中有进、稳中向好的良好态势。

(一)公共财政预算执行情况。

2013年9月，经自治区十二届人大常委会第五次会议审议批准，将年初全区地方财政总收入预算调整为2670亿元。根据2013年12月31日汇总的国库数据，2013年全区公共财政预算收入1719.5亿元，完成调整后年度预算的100.3%，比上年增加166.8亿元，增长10.7%。加上上划中央税收，2013年全区地方财政总收入2658.4亿元，完成调整后年度预算的99.6%，比上年增加161.1亿元，增长6.5%，出现了短收，主要原因是：我区煤炭等资源类产品量价齐跌，造成重点行业、重点地区上划中央税收减收较多。2013年，虽然因为经济下行，全区地方财政总收入未能完成调整预算目标，但体现了实事求是的原则，避免了预征、空转等虚增财政收入现象发生，有利于争取中央转移支付和财政收入长期可持续发展。

2013年，中央财政对我区各类补助收入1778.6亿元，比上年增加29.9亿元，增长1.7%。其中，返还性收入和一般性转移支付1068.6亿元，比上年增加89.2亿元；各类专项转移支付710亿元，比上年减少59.3亿元。

2013年，经自治区人大常委会批准，由中央财政代我区发行政府债券111亿元，自治区全部转贷盟市、旗县，重点用于保障性安居工程、普通公路等公益性项目建设。

2013年，自治区财政下达盟市补助收入1634.4亿元，比上年增加111.9亿元，增长7.3%。其中，返还性收入和一般性转移支付834.6亿元，比上年增加47.4亿元；各类专项转移支付799.8亿元，比上年增加64.5亿元。

汇总全区公共财政预算收入、中央补助收入、政府债券收入、上年财政结转结余、调入资金以及上解中央支出等，2013年全区公共财政总财力为4091.9亿元，首次突破4000亿元大关，其中：公共财政预算收入1719.5亿元，中央财政各类补助收入1778.6亿元，发行政府债券收入111亿元，上年财政结转结余、调入资金及上解支出等482.8亿元。

2013年9月，经自治区十二届人大常委会第五次会议审议批准，将年初全区公共财政支出预算调整为3700亿元。根据2013年12月31日汇总的国库数据，2013年全区公共财政支出3682.1亿元，比上年增加256.2亿元，增长7.5%，转入预算稳定调节基金74亿元后，全区公共财政支出完成调整后年度预算的91.8%。

2013年9月，经自治区十二届人大常委会第五次会议审议批准，将自治区本级公共财政预算收入调整为295亿元。根据2013年12月31日汇总的国库数据，2013年自治区本级公共财政预算收入完成292亿元，完成年度调整预算的99%，比上年减少20.1亿元，下降6.4%。自治区本级公共财政预算收入，加上中央各类补助列自治区本级收入、上年公共财政结转结余以及调入资金、盟市上解收入等，自治区本级公共财政总财力725.7亿元。自治区本级公共财政预算支出576.4亿元，比上年减少32.9亿元，下降5.4%，转入自治区本级预算稳定调节基金71亿元后(其中：包括按自治区政府规定收回的自治区各部门2013年及以前年度结余结转51亿元)，完成调整预算的89.2%。2013年，自治区本级公共财政结转结余资金78.3亿元，其中：有专项用途的结转资金77.8亿元，净结余0.5亿元。

与2013年年中调整预算相比，自治区本级公共财政预算收入短收3亿元，短收部分主要是列收列支的矿产资源专项收入，收支缺口主要通过调减相关科目的支出预算解决。

(二)政府性基金预算执行情况。

2013年，自治区本级政府性基金收入完成138.6亿元，完成年度预算的86.6%，比上年减少14.3亿元，下降9.3%。与年初预算相比，自治区本级政府性基金短收21.4亿元，主要是煤炭产量下降，以及自治区适当降低了煤炭价格调节基金征收标准，造成2013年煤炭价格调节基金短收较多。2013年，自治区本级政府性基金支出完成89.4亿元，比上年增加5.3

亿元,增长 6.3%。

(三)国有资本经营预算执行情况。

2013 年,自治区本级国有资本经营预算收入 5.5 亿元,完成年度预算的 171.9%,超预算较多主要是部分参股企业利润分配 2013 年年初才能确定,无法列入预算。加上 2012 年结转收入 2.1 亿元,2013 年可使用的收入总量为 7.6 亿元。2013 年,自治区本级国有资本经营预算支出 5.6 亿元,比上年减少 2.4 亿元,下降 30%,扶持了企业科技创新、节能减排、战略性新兴产业、技术改造等项目。

上述各类收支数据,待财政部批复决算后,还会有一些变化,届时向自治区人大常委会报告。

2013 年,在各级政府预算执行困难较多、收支平衡压力较大的情况下,各地区、各部门继续深化改革,强化管理,全面落实自治区党委的决策部署,全区经济社会得到较好发展。

(一)落实财政宏观调控政策,促进了自治区经济平稳增长。面对复杂严峻的区内外经济形势,各地区、各部门贯彻落实"8337"发展思路,认真实施积极财政政策,充分发挥财政资金引导作用,促进了自治区经济平稳增长。一是推进"五大基地"建设。投入资金 74.2 亿元,支持风能、太阳能、生物质能等新能源产业发展与应用;促进新材料、装备制造业、电子信息等战略性新型产业快速成长;加快国家和自治区紧缺矿种勘查;支持蔬菜、马铃薯、肉羊等农牧业优势特色产业精深加工;推动具有我区特色的红色旅游、草原和乡村旅游等旅游业发展。二是支持县域经济和非公有制经济发展。增强县域经济发展财力保障,对 80 个旗县(市)增加各类财力性转移支付 15.2 亿元,其中,新增安排 2.1 亿元,对上划自治区税收环比增长的旗县给予奖励。落实自治区促进县域经济发展和省级干部帮扶重点旗县的决策部署,下达县级基本财力保障转移支付 45.9 亿元,比上年增加 10.1 亿元,增长 29%,保障旗县政府提供基本公共服务和落实民生政策财力需要。2013 年,80 个旗县(市)规模以上工业增加值、固定资产投资、财政收入增速均高于全区平均水平。促进非公有制经济发展,筹集资金 5.4 亿元,围绕"五大基地"建设,支持 19 个"双百亿"园区基础设施建设;实施中小企业成长工程,支持科技研发、信息服务等生产性服务业领域项目近 400 个。投入资金 12 亿元,支持沿黄沿线经济带 9 个重点产业园区基础设施建设。2013 年,全区中小企业增加值增长 13%,个体工商户突破 100 万户。三是推进城乡、区域统筹协调发展。下达特殊财力补助资金 23.9 亿元,努力缩小乌兰察布市、兴安盟、巴彦淖尔市、三少民族自治旗等困难地区财力差距。安排补助资金 6.8 亿元,支持外经贸和口岸经济发展,以及满洲里国家开发开放试验区建设。下达补助资金 4 亿元,完善社区、嘎查村级组织经费保障机制,将嘎查村办公经费和其他必要支出分别提高了 1 万元和 0.3 万元;新增社区和嘎查村党组织活动经费、嘎查村转化升级奖励资金。四是加强节能减排和环境保护。2013 年,全区节能环保支出 131.8 亿元。加快重点节能工程建设,奖励企业节能技术改造项目 85 个,淘汰落后产能项目 37 个,完成既有居住建筑节能改造 1061 万平方米。实施重点地区重点流域污染防治、矿山地质环境治理及农村环境综合整治。加强生态治理,落实草原生态保护奖补面积 10.2 亿亩,建设林业面积 1205 万亩,其中重点区域植树造林 196 万亩。五是继续扩大政府投资规模。争取中央预算内基建投资 136.4 亿元,自治区本级安排 13 亿元,争取中央代理发行政府债券 111 亿元,加大对保障性安居工程、教育医疗、普通公路等领域的投入力度。加快构建综合交通运输体系,支持公路建设及机场和铁路建设运营。2013 年全区交通运输支出 295.6 亿元。加大城镇基础设施投入,支持城镇化示范县建设。2013 年,全区城乡社区事务支出 479.1 亿元,增长 31.9%。六是扶持实体经济发展。落实结构性减税政策,对全区交通运输业和部分现代服务业实行营业税改征增值税试点,清理规范 116 项行政事业性收费项目,全年减轻企业和社会负担 30 亿元。下达电价补贴资金 8.3 亿元,对金属冶炼、煤化工等行业实施生产用电临时扶持政策,增加工业企业税收 95 亿元。加快实施重大科技专项,支持新型科研机构建设和企业科技创新。2013 年,全区科技支出 31.6 亿元,增长 14.5%;全区高新技术企业 158 家,专利授权量增长 32.4%。

(二)加大"三农三牧"投入,各项强农惠农富农政策有效落实。落实中央 2013 年 1 号文件精神,加快推进农牧业科技创新,认真落实各项强农惠农富农政策,推动农牧业稳定发展和农牧民较快增收。2013 年,全区农林水、粮油物资管理等涉农涉牧支出 539.4 亿元;农牧民人均纯收入增长 13%,高于经济增长速度。一是推进农田水利建设。继续实施"节水增粮行动",累计投入资金 19 亿元,完成高效节水灌溉面积 190 万亩。加强农村牧区饮水安全、大型灌区节水改造和病险水库除险加固等其他重点水利工程建设。2013 年,全区水利建设支出 81.4 亿元。二是加快现代农牧业发展。落实粮食直补、农资综合补贴、农牧业良种补贴等各类惠农惠牧补贴 82.6 亿元,农牧业良种覆盖率明显提高,农产品产地初加工、粮棉油高产创建等农业实用技术推广得到加强。稳步推进农业综合开发,投入资金 25.8 亿元,加快中低产田改造和高标准基本农田建设,开展现代农业园区、龙头企业带动、"一县一特"产业发展试点,加快农牧业产业化发展。下达资金 20.3 亿元,完善产粮油大县奖励政策,加强粮油流通基础设施建设,促进我区粮油生产发展,确保国家粮食安全。完善财政支农政策机制,对农村金融机构支持"三农"实行补贴、奖励政策。三是认真落实财政综合扶贫和防灾救灾政策。2013 年,全区各类扶贫投入超过 100 亿元。实施连片特困地区扶贫攻坚工程,通过整村推进、产业化扶贫、移民搬迁、少数民族扶贫等项目,全区 40.8 万贫困人口实现脱贫。完善农牧业防灾救灾机制,及时拨付资金 14 亿元,用于重大动物疫病防控、抗御雪灾、防凌防汛抗旱、受灾群众生活补助等,有效缓解了受灾农牧民的生产生活困难。扩大农牧业保险保费补贴品种和范围,将森林纳入保险范围。四是深化农村牧区综合改革。落实财政奖补资金 28.1 亿元,实施嘎查村级公益事业建设一事一议财政奖补项目 6330 个,受益农牧户 217 万户。启动了国有农牧场办社会职能和综合改革。

（三）支持社会事业发展，保障和改善民生取得新进展。按照自治区为群众办实事和加快实施民生工程的工作部署，完善民生投入保障机制，促使改革发展成果惠及各族群众。2013年，全区民生投入2340亿元，占公共财政预算支出的63.6%。一是支持教育事业优先、均衡和多元发展。以奖补方式鼓励社会力量举办学前教育，支持农村牧区幼儿园建设。提高义务教育经费保障水平，改善农村牧区义务教育薄弱学校办学条件。继续落实好高中阶段"两免"政策和寄宿生生活费补助政策。支持职业教育基础能力建设。提高高校生均拨款标准，完善研究生教育投入机制。落实覆盖各教育阶段的国家资助政策。妥善解决国有企业职教幼教退休教师待遇问题。2013年，全区财政教育支出457.9亿元。二是继续提高社会保障水平。落实职业技能培训、就业创业服务体系建设等财政补贴政策，全区城镇新增就业27万人。企业退休人员养老金、城乡低保补助等社会保障标准均提高10%以上。完善对困难群众扶助政策，启动临时价格补贴政策，发放补贴资金2.2亿元，惠及全区235.7万名低收入居民；从压缩的"三公"经费中安排资金18亿元，为295万多低收入农牧户每户发放600元用于冬季取暖。2013年，全区社会保障和就业支出488.2亿元，比上年增长12.1%。三是深化医药卫生体制改革。基本公共卫生服务补助标准从人均25元提高到30元。新农合和城镇居民医保财政补助标准由每人每年240元提高到280元。实施基本药物制度和基层医疗卫生体制综合改革。加大对食品安全监管力度。完善城乡医疗救助制度。2013年，全区医疗卫生支出195.5亿元，比上年增长9.9%。四是推动文化事业和文化产业发展。继续支持广播电视节目无线覆盖等重点文化惠民工程。全面推进公益性文化设施免费开放。积极支持自治区直属文艺院团、国有文化企业改革。扶持文化旅游、动漫生产等文化产业项目50多个。支持全民健身运动、竞技体育发展。2013年，全区文化体育与传媒支出85.5亿元。五是扎实推进百姓安居工程。落实各项税费优惠政策，继续加大保障性住房建设力度，全面启动包头北梁等棚户区集中改造工程，全年开工建设各类保障性住房17.8万套，开工改造农村牧区危房12.75万套。2013年，全区住房保障支出168.9亿元，增长2.5%，其中，自治区争取中央财政北梁棚户区改造财力补助10亿元，累计补助包头市北梁棚户区财政性资金31.1亿元。

（四）深化财税制度改革，财政管理水平进一步提高。推进财税体制改革，加快构建有利于转变经济发展方式的财税体制、运行机制和管理制度。一是狠抓增收节支工作。积极有效应对2013年经济财政严峻形势，支持各级财税部门加强重点税源管控和非税收入管理，及时清理到期税收优惠政策，迅速扭转了财政收入负增长局面。同时，积极落实中央改进工作作风、密切联系群众的8项规定和自治区28项具体规定，深入开展财政节支工作，大幅压缩"三公"经费，节约资金用于社会保障等民生项目。二是完善预算管理制度。强化项目库建设和项目预算滚动管理，细化专项资金预算，进一步提高年初预算编制的完整性。优化财政专项资金支出结构，编制2014年预算时，自治区本级公共财政预算清理整合规范专项资金103项，涉及资金46.8亿元，提前通知盟市固定性财力补助和专项资金986亿元。三是盘活财政存量资金。清理收回自治区各部门2013年及以前年度结余结转资金51亿元，统筹使用政府性基金历年结余10亿元，清理收回财政对外借款130亿元，用好财政沉淀资金加大民生工程投入力度。四是改革和完善机关事业单位津补贴政策。实施第三阶段规范公务员津贴补贴，基层机关公务员收入水平稳步提高。推进事业单位绩效工资改革，缩小事业单位之间及事业单位职工与公务员的收入差距。提高事业单位离退休人员补贴水平。下达住房补贴资金1.5亿元，为6048名离退休人员解决了住房困难。五是继续深化支出领域改革。部门预算改革覆盖到县级。公务卡结算范围进一步扩大；财税库银横向联网范围已覆盖全区各盟市及所有旗县。采取有力措施，狠抓支出执行，全区和自治区本级公共财政预算支出进度分别比上年提高0.8个百分点和6.7个百分点。试编权责发生制政府综合财务报告。继续扩大政府采购规模，推动电子化采购，2013年全区政府采购规模达到413.8亿元，资金节约率10%。六是建立健全财政监督机制。开展了中央和自治区重点民生项目检查，以及企业会计信息质量和会计师事务所执业质量检查。加快推进预决算公开，向社会主动公开了经人大审议批准的自治区本级公共财政、政府性基金及"三公"经费预决算，并督促自治区本级67个部门公开了财政预决算和"三公"经费预决算，在全区3个盟市21个旗县（区）开展了财政预决算和"三公"经费公开试点。

2013年全区财政运行总体平稳，但也面临和存在着一些困难和问题，如：财政收入中低速增长与支出刚性增长矛盾突出，预算管理制度的完整性、规范性和透明度不够，困难盟市和旗县财力薄弱，各级政府性债务风险逐渐显现，财政管理还存在一些薄弱环节和需要继续改进的方面等。我们必须高度重视这些问题，继续采取有效措施，努力加以解决。

二、2014年预算草案

在当前区内外经济下行压力较大的情况下，2014年财政收支矛盾十分突出。收入方面，财政收入中低速增长将常态化，推进税制改革，落实扶持县域经济、非公有制经济、中小微企业发展财税优惠政策，继续清理行政性收费和政府性基金等，都将减少一部分收入。支出方面，支持全面深化改革、不断提高民生保障水平、促进经济社会发展都需要不断增加投入，财政支出压力较大。根据面临的经济财政形势，2014年全区财政预算安排的总体要求是：认真贯彻落实党的十八届三中全会、中央经济工作会议和自治区九届十次全委扩大会议暨全区经济工作会议精神，围绕自治区"8337"发展思路，继续实施好积极财政政策，支持自治区经济结构调整和发展方式转变；深化财税体制改革，统筹推动相关领域改革，充分发挥财税改革在整体改革中的基础性和支撑性作用；优化财政支出结构，盘活财政存量，用好财政增量，集中财力保增长、调结构、惠民生、促改革，推进城乡经济社会一体化发展；继续严格控制"三公"经费等一般性支出，加强政府性债务管理，促进自治区经济社会持续健康发展。

经自治区政府批准，从2014年开始，全区各级财政收入统一采用公共财政预算收入口径。根据自治区宏观经济发展预期以及目前掌握的政策性调整因素，建议2014年全区公共财政预算收入安排1840亿元，比2013年实际完成数增加120亿元，增长7%。根据财力测算，2014年全区公共财政支出预算将达到3940亿元，比2013年实际支出数增长7%。

根据《预算法》的规定，各级财政预算由同级人民政府编制，报同级人民代表大会审查批准。下面，重点报告自治区本级公共财政预算、政府性基金预算、国有资本经营预算和社会保险基金预算的安排情况。

（一）公共财政预算安排情况。

按照自治区现行财政体制划定的收入范围，以及目前中央已经明确的对我区补助数额，2014年自治区本级公共财政预算总财力安排1651.7亿元，其中，自治区本级公共财政预算收入304亿元，比2013年实际完成数增长4%；中央补助收入1336.9亿元，比上年年初预算数增长3.9%；盟市上解收入8399万元；调入资金10亿元。

根据收支平衡的原则，2014年自治区本级公共财政预算总支出安排1651.7亿元，其中，按照体制和政策规定，需要返还和补助盟市1108.9亿元，本级实际可用财力542.8亿元，比2013年预算数增加40.1亿元，增长8%。

2014年自治区本级公共财政支出预算按经济分类和功能分类分别编制，从不同角度反映政府的支出活动。按经济分类划分，自治区本级公共财政预算支出安排情况是：基本支出安排149.8亿元，占27.6%；各类专项支出安排393亿元，占72.4%。在基本支出中，行政事业单位工资福利支出68.5亿元，商品和服务支出即公用经费44.8亿元，对个人和家庭的补助支出36.5亿元。

按功能分类划分，自治区本级公共财政预算支出主要安排情况是：

——安排一般公共服务支出52.2亿元，比上年年初预算增加4455万元，增长0.9%。其中专项资金安排14.3亿元，主要用于：加大人才开发、培训和引进投入，鼓励高校毕业生到嘎查村、非公有制企业和中小企业就业；加快蒙古语言文字信息化建设；支持民族、宗教工作。

——安排公共安全和国防支出38.1亿元，比上年年初预算增加2.1亿元，增长5.9%。其中专项资金安排20.6亿元，主要用于：推进政法经费保障体制改革，落实公检法司基层单位办案业务费、执法装备购置费，支持开展反恐、应急维稳等各种专项行动；按照国家政策安排军队、武警经费等。

——安排教育支出67.1亿元，同口径比上年年初预算增加4.8亿元，增长7.7%，高于经常性财政收入的增长，符合《教育法》规定的法定增长要求。其中专项资金安排40亿元，主要用于：完善义务教育经费保障机制，改善农村牧区义务教育薄弱学校办学条件；全面落实普通高中、中等职业教育免学费、免教科书费政策，并对双语授课寄宿生给予生活费补助；继续提高高校生均定额水平，平均达到1万元/生·年；完善家庭经济困难学生奖助学金资助政策；支持民族教育、民办教育、特殊教育发展；落实厂办大集体职教幼教改革经费。

——安排科学技术支出12.1亿元，比上年年初预算增加2.9亿元，增长31.5%，高于经常性财政收入的增长，符合《科技进步法》规定的法定增长要求。其中专项资金安排10.6亿元，主要用于：支持科技企业技术改造和自主创新，加快自治区优势特色产业发展；保障自治区重大科技专项顺利实施，大力支持基础研究、前沿技术研究；支持自治区科技馆建设。

——安排文化体育与传媒支出19.5亿元，比上年年初预算增加1.4亿元，增长7.4%。其中专项资金安排10.9亿元，主要用于：加大文化产业发展投入力度，推进国有文化企业体制改革；继续实施公益性文化设施免费开放；加强文化资源保护和民族文化大区建设；推进农村牧区文化设施建设。落实备战全国十三届运动会、奥运会及其他重大体育赛事经费。支持农村牧区广播电视无线覆盖及蒙语卫视节目制作。

——安排社会保障和就业支出、住房保障支出70.1亿元，比上年年初预算增加11亿元，增长18.6%。其中专项资金安排39.2亿元，主要用于：巩固农村牧区和城镇居民社会养老保险制度全覆盖成果；稳步提高城乡居民最低生活保障水平；落实企业退休人员养老金调标政策；增加对高龄老人、农村牧区五保供养、“三民”、城镇“三无”人员等困难群众的生活补助以及临时社会救助；支持自治区级示范性养老公寓建设。增加公益性岗位补助，支持高校毕业生、农民工、退役军人等人员就业创业。

——安排医疗卫生与计划生育支出24.2亿元，比上年年初预算增加1.7亿元，增长7.7%。其中专项资金安排16.9亿元，主要用于：继续提高新农合和城镇居民基本医疗保险财政补助标准，由每年人均280元增加到320元；继续深化国家基本药物制度、基本公共卫生服务均等化等医药卫生体制改革；落实国家重大公共卫生项目配套；增加对优抚对象、大学生、城乡困难群众医疗救助。落实计划生育家庭奖励扶助政策，提高独生子女伤残、死亡家庭的特别扶助金标准。

——安排节能环保、国土海洋气象、资源勘探信息支出44.7亿元，同口径比上年年初预算增加2.7亿元，增长6.4%。其中专项资金安排40.7亿元，主要用于：加快实施企业技术改造、淘汰落后产能、建筑节能以及城镇污水处理等重点节能减排工程。加大矿产资源勘查、矿山地质环境治理以及大气、土壤、水源环境治理等方面的投入。加快清洁能源、现代煤化工、现代装备制造业等新兴产业发展；支持中小企业及非公有制经济发展；支持重点工业园区基础设施建设。

——安排农林水事务支出79.6亿元，比上年年初预算增加12.1亿元，增长17.9%，高于经常性财政收入的增长，符合《农业法》规定的法定增长要求。其中专项资金安排76.5亿元，主要用于：支持设施农业、蔬菜基地等绿色农畜产品生产加工输出基地建设；深入推进农业综合开发；加快实施“节水增粮”、牧区节水灌溉、饮水安全等水利建设工程；继续实施牧民综合生产资料补贴等惠牧政策；加快推进连片贫困地区开发、移民搬迁等扶贫攻坚工程;增加种植业、养殖业及森林保险保费补贴;开展美丽乡村建设;全面落实国家草原生态保护补助奖励政策;实施脆弱地区生态移民以及重点区域绿化工程。

——安排交通运输、城乡社区、商业服务业等事务支出95亿元,比上年年初预算增加6.2亿元,增长7%。其中专项资金安排86.3亿元,主要用于:增加重点公路、农村牧区公路以及民航机场建设等交通基础设施投入; 支持城市基础设施、小城镇及口岸基础设施建设;支持满洲里国家重点开发实验区建设。加快物流、旅游、地方金融等现代服务业发展。

——安排其他支出40.2亿元, 比上年年初预算减少5008万元,下降1.2%。增幅下降主要是取消了部分政策到期项目和上年度一次性安排项目,增减支因素相抵,增幅总体有所下降。其中专项资金安排37亿元,主要用于预算内基本建设投资、政府预备费、粮油物资储备、街道社区嘎查村党组织建设以及京蒙对接项目配套等。

(二)政府性基金预算安排情况。

根据现行政府性基金政策规定,2014年自治区本级政府性基金收入安排124亿元, 比2013年预算数减少36亿元,下降22.5%。基金收入来源主要是新增建设用地有偿使用费、水利建设基金、地方教育附加费、煤炭价格调节基金等。政府性基金减少的主要原因是: 自治区政府为促进煤炭企业发展,下调了煤炭价格调节基金征收标准,相应减少煤炭价格调节基金收入。按照"以收定支、专款专用"的原则,2014年政府性基金支出安排124亿元, 重点用于保障性安居工程、矿区环境治理、水利基础设施建设、土地整理、学前教育、农村牧区义务教育标准化学校建设等支出。

(三)国有资本经营预算安排情况。

根据现行国有资本经营预算政策规定,2014年自治区本级国有资本经营收入安排4亿元, 比2013年预算数增长25%。收入来源主要是国有独资企业、参股企业应缴利润。加上上年结转收入1.5亿元, 自治区本级国有资本经营收入总量为5.5亿元。按照"以收定支、统筹兼顾、突出重点"的原则,2014年自治区本级国有资本经营预算支出安排5.5亿元,主要用于节能环保、农林水、交通运输、改制企业职工安置、公益性岗位补助等。

(四)社会保险基金预算安排情况。

根据现行社会保险基金预算编制范围和要求,2014年自治区本级社会保险基金收入安排135亿元。收入来源主要是各项保险费、财政补贴等收入。2014年社会保险基金支出安排103.9亿元,主要用于企业职工基本养老金、失业保障、城镇职工基本医疗保险、工伤保险和生育保险支出。2014年自治区本级社会保险基金收支结余31亿元, 年末滚存结余290.2亿元。

三、坚持依法理财,全面深化财税改革,确保完成2014年预算任务

(一)支持经济结构调整和经济发展方式转变。

落实中央积极财政政策,用改革的精神、思路、办法来改善财政宏观调控,集中财力支持和保障"8337"发展思路确定的各项任务,推动经济持续健康发展。一是加快推进农牧业现代化。加快我区绿色农畜产品生产加工基地建设,大力发展绿色有机产品种植,推进牲畜良种化步伐,确保农畜产品质量和食品安全。提高农业综合生产能力,加快发展高效节水灌溉农业、循环农业,加强农田水利基础设施建设,支持农牧民合作组织和农牧业社会化服务体系建设,切实转变农牧业发展方式。二是积极扩大区内有效需求。优化投资结构。调整预算内基建投资结构, 压减用于一般竞争性领域经营项目,增加棚户区改造、城市基础设施等领域支出。落实促进民间投资的财税政策,引导民间资本投资基础设施、基础产业、社会服务等方面。扩大消费需求。落实惠民富民政策,增强城乡居民消费能力。完善促进信息网络、文化旅游、养老健康等服务消费发展的财税政策,拓展新的消费空间。支持城乡消费流通体系建设,加强产品质量安全监管,改善消费环境。继续加大边境地区转移支付、边贸发展和口岸建设等项资金投入力度,支持企业实施"走出去"战略,促进对外贸易稳定增长。三是支持产业结构调整。整合财政专项资金,支持"五大基地"建设。清理对产能过剩行业的财税优惠政策,支持压缩过剩产能,坚决淘汰落后产能。加快实施科技重大专项,加强知识产权保护,落实促进企业创新的税收政策,改进科研项目和资金管理,实施创新驱动战略。四是提升非公有制经济发展水平。落实好结构性减税政策,扩大小微企业减半征收企业所得税政策适用范围,减免、取消部分涉企收费项目,支持企业增强市场竞争力。发挥信用担保基金、贷款贴息等政策工具的作用,改善中小企业融资难的困境。

(二)积极促进区域协调发展。

深入实施国家区域发展总体战略和主体功能区战略规划,促进我区区域经济社会协调发展。一是发展壮大县域经济。按照自治区县域经济发展规划,落实好"扩权强县"改革试点工作,推进"自治区直管县"财政改革。建立县级基本财力长效保障机制。提高对旗县特别是贫困旗县一般性转移支付规模和比例。清理和归并专项转移支付,将用于旗县的内容相近、使用分散的专项资金整合下达,切实提高资金规模效益。二是扎扎实实打好扶贫攻坚战。认真实施集中连片特困地区和贫困片区扶贫规划,围绕加强基础设施建设、培育优势特色产业、发展社会公共事业、保护生态环境等重点任务, 加大扶贫攻坚资金整合力度, 确保完成全年减贫40万人、贫困人口人均增收15%以上的目标。三是支持高质量推进我区城镇化进程。逐步建立多元可持续的资金保障机制,完善地方政府债券制度,发挥好政策性金融机构作用,拓宽城镇化建设融资渠道。研究建立财政转移支付同农牧业转移人口市民化挂钩机制。积极运用公私合作模式(PPP),引导和鼓励民间资本参与城市公用设施投资运营。积极争取中央预算内基本建设投资,支持城市道路、信息、供水、供气和污水处理等基础设施建设, 提高城镇承载产业和服务生活的能力。

(三)完善民生投入保障政策和机制。

按照守住底线、突出重点、完善制度、引导舆论的要求，把加大投入与完善制度有机结合，切实做好保障民生各项工作，不断增强民生政策的公平性和可持续性。一是统筹推进教育、社会保障和就业、医疗卫生等民生工作。完善针对不同教育类型的财政支持政策，着力推进义务教育均衡发展，加快发展现代职业教育，建立和完善以绩效为导向的高校预算拨款制度。加强社会保障和就业工作，推进新农合和城镇居民养老保险合并实施，研究城乡居民养老保险制度和企业职工基本养老保险制度的衔接办法。全面建立临时救助制度，完善社会救助和保障标准与物价上涨挂钩的联动机制。继续实施积极就业政策，重点支持高校毕业生就业创业和农村牧区劳动力转移就业。深化医药卫生体制改革，建立政府、单位、个人合理分担的可持续筹资机制，加大新农合和城镇居民医保资金中用于购买大病保险的比例，支持加强食品药品安全监管。二是完善住房保障政策。落实土地、财税等优惠政策，积极争取中央补助，加大廉租住房、公共租赁住房等保障性住房建设和供给，做好包头北梁等棚户区改造，完善住房公积金计提、缴存、提取和使用管理。三是加强环境治理和生态保护。支持落实国家《大气污染防治行动计划》，推进重点行业、重点区域大气污染治理，加强区域联防联控，在加大投入的同时，强化企业减排治污的主体责任，建立健全防治大气污染的激励约束机制，提升居民生活质量和幸福指数。四是完善收入分配制度。全面落实现行国家和自治区工资、津补贴改革政策，推进事业单位绩效工资改革和机关事业单位津补贴改革。建立健全企业职工工资正常增长机制。拓宽农牧民增收渠道，不折不扣落实好各项惠农惠牧补贴政策，加强农民工职业技能培训，增加农牧民生产经营性收入和工资性收入。

（四）深化财税体制改革。

按照党的十八届三中全会精神和自治区九届九次全委会部署，区分情况、分类推进各项财税改革。一是改进预算编制方法。审核预算的重点由平衡状态向支出预算和政策拓展。收入预算从约束性转向预期性。规范和取消重点支出同财政收支增幅或生产总值挂钩的事项，减少个别支出政策对预算编制的干扰和限制，维护预算政策的统一性和公平性。研究编制中期财政规划，建立跨年度预算平衡机制，建立权责发生制的政府综合财务报告制度。二是建立定位清晰、分工明确的政府预算体系。明确政府性基金预算、国有资本经营预算、社会保险基金预算的支出范围和重点，并加强其与公共财政预算的统筹力度。三是清理整合规范专项转移支付。清理取消政策到期的专项资金项目；将内容相近、目标相似的各类专项整合下达使用；研究将一些长期固定的涉及人员、运转专项资金下划盟市管理的相关办法；进一步明晰财政部门和主管部门的预算管理职责，合理控制代编预算规模；严格控制新增专项转移支付项目，对数额、补助范围和对象相对固定并可按因素法分配的专项转移支付并入一般性转移支付。四是建立事权和支出责任相适应的制度。在中央进一步明确与地方事权划分的基础上，配合相关部门，合理界定自治区与盟市、旗县的事权划分。同时，以完善一般性转移支付制度为重点，继续完善自治区以下财政体制，并适时选择部分旗县进行“自治区直管县”财政改革试点。五是研究我区地方税体系建设。结合贯彻《民族区域自治法》，积极争取中央支持，完善我区地方税体系。落实交通运输业、部分现代服务业、铁路运输和邮政服务业营业税改增值税试点政策。提前做好煤炭资源税改革预案，同时清理相关收费基金。全面清理规范财税优惠政策。六是大力推进政府购买服务工作。结合事业单位分类改革，开展政府购买服务工作。统筹既有财政预算资金，对事务性管理服务，原则上都要引入竞争机制，通过合同、委托等方式向社会购买，推动政府职能转变，加快服务业发展。

（五）加强预算执行管理。

加快财政相关制度建设，深入推进依法理财，建立健全厉行节约反对浪费的长效机制。一是继续抓好增收节支工作。支持各级财税部门依法依规加强收入管理，努力完成全年收入预算目标。严禁采取虚收、空转、预征等方式违规增加财政收入。严格控制预算追加，除救灾等应急支出外，减少支出预算追加事项。继续压缩“三公”经费、会议费等一般性支出，做到政府性的楼堂馆所一律不得新建，财政供养人员只减不增，公费接待、公费出国、公费购车只减不增。二是建立结余结转资金定期清理机制。每年年初，对上年自治区本级财政预算安排形成的结转项目、中央专项转移支付未作具体规定且连续结转两年以上的项目进行清理，并收回自治区本级财政总预算统筹安排。同时，按照财政部要求，各地区、各部门 2014 年底，财政结余结转资金要在上年的基础上压缩 15%以上，2015 年底各地区公共财政预算结余结转占公共财政预算支出的比重均不得超过 8%。三是继续加快预算执行进度。进一步提高预算编制的完整性，将中央提前下达的转移支付，连同自治区本级预算安排的数额相对固定的专项资金，提前下达盟市、旗县，编入同级财政年初预算，从源头上加快预算执行进度。加强国库资金管理，规范暂付款、暂存款的管理，全面清理对外借款，严格控制无预算暂付款发生，严禁新增对外借款。四是进一步加强财政监督。坚持依法行政依法理财，自觉接受人大、审计监督。建立健全保障中央和自治区重大决策特别是民生政策有效落实的监督检查机制。深入推进财政和部门预决算公开，财政预决算要逐步公开到支出功能分类的项级科目；除涉密部门外，所有政府部门要在人大及常委会批复预决算后及时向社会公开。加大“三公”经费公开力度，自治区本级部门所有财政拨款安排的“三公”经费都要公开，2014 年选定的 50%的试点盟市和旗县要及时公开“三公”经费预决算。实行财政管理绩效综合评价，并将评价结果作为相关转移支付分配的重要参考依据。

（六）加强政府性债务管理。

把控制和化解政府性债务风险作为经济工作的重要任务，将短期应对措施和长期制度建设结合起来，加强源头防范，明确责任落实，努力维护经济安全和稳定增长。一是妥善处理存量债务。解决好债务偿还和在建项目后续融资问题，允许合理的债务延期或展期，防止因资金链断裂引发财政风险。各地应积极制定偿债计划，协调举债部门、相关企业、银行等金融机构，分期、分批偿还债务。二是明确政府举债权限和用途。建立以政府债券为主的政府举债融资机制，并按照一般性债务和专项债务实行分类管理和限额控制。实行新增债务归口管理、额度控制、财政部门审核、自治区政府集中审批制度。明确责任落实，政府性债务严格遵循“谁举借、谁偿还”的原则，上级政府对下级政府债务不承担兜底责任。政府性债务资金必须用于资本性支出或置换存量债务，不得用于经常性开支。三是加强政府性债务源头管理。抓紧出台《内蒙古自治区政府性债务管理条例》，严格政府举债程序，将政府性债务管理纳入法制化的轨道。逐步将政府性债务分类纳入全口径预算管理，建立债务风险预警和化解机制，并接受人大、审计对政府性债务的监督。严格控制各级政府继续通过融资平台公司举债，积极扩大公私合作模式（PPP）融资。

各位代表，2014 年是深入贯彻落实党的十八届三中全会精神、全面深化改革的第一年，也是深入贯彻落实“8337”发展思路、实现“十二五”奋斗目标的关键一年，我们要按照自治区党委的部署和要求，紧密联系财政工作实际，把党的十八届三中全会精神贯彻到财政发展改革各方面，认真落实本次会议对财政工作提出的各项要求，努力完成 2014 年各项财政工作任务，全力推动自治区经济社会持续健康发展。

内蒙古自治区
2013年国民经济和社会发展统计公报

Statistical Bulletin of the National Economic and Social Development in Inner Mongolia for 2013

内蒙古自治区统计局

（2014年2月28日）

2013年，内蒙古认真贯彻落实党的十八大、十八届二中、三中全会精神，全力实施自治区“8337”发展思路，经济保持了平稳运行态势，总体实现了稳中有进。农牧业获得丰收，第二产业和第三产业稳步发展，物价相对稳定，城乡人民生活进一步改善，社会事业取得较大进步，全面建成小康社会进程加快推进。

一、综　　合

2013年，全区常住人口为2497.61万人，比上年增加7.71万人。其中，城镇人口为1466.35万人，乡村人口为1031.26万人。全年出生人口为22.39万人，出生率为8.98‰；死亡人口为14.01万人，死亡率为5.62‰；自然增长率为3.36‰。城镇化率达到58.7%，比上年提高1个百分点。

初步核算，全区实现生产总值16832.38亿元，按可比价格计算，增长9%。其中，第一产业增加值1599.41亿元，增长5.2%；第二产业增加值9084.19亿元，增长10.7%；第三产业增加值6148.78亿元，增长7.1%。第一产业对GDP的贡献率为4.7%，第二产业对GDP的贡献率为67.6%，第三产业对GDP的贡献率为27.7%。人均生产总值达到67498元，增长8.7%，按年均汇率计算折合为10900美元。全区生产总值中一、二、三次产业比例为9.5:54.0:36.5。

图1　2013年各季度地区生产总值及增速

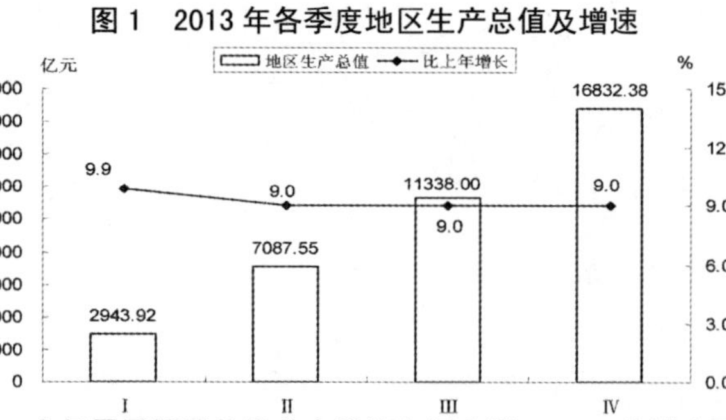

全年居民消费价格总水平比上年上涨3.2%。分城乡看，城市上涨3.4%，农村牧区上涨2.8%。分类别看，食品和衣着类价格涨幅，超过了消费价格总水平上涨幅度。其中食品类价格上涨6.3%，衣着类价格上涨3.7%。从生产者角度看，工业生产者购进价格指数和工业生产者出厂价格指数分别比上年下降0.7%和3%。固定资产投资价格下降0.4%，农产品生产价格上涨3.3%。

图2　2013年居民消费价格各月度涨跌幅度图

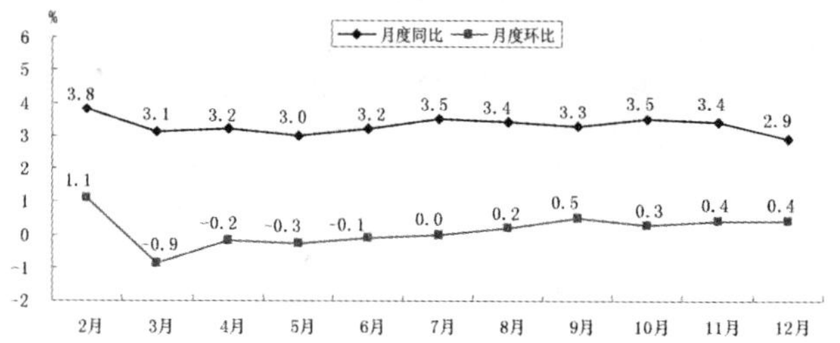

表1　2013年全区居民消费价格指数表

类　别	2013年
居民消费价格总指数(上年=100)	103.2
城市	103.4
农村牧区	102.8
食品	106.3
#粮食	105.7
肉禽及其制品	109.6
蛋	105.1
水产品	104.6
菜	108.8
干鲜瓜果	106.9
烟酒及用品	101.5
衣着	103.7
家庭设备用品及服务	100.8
医疗保健及个人用品	101.4
交通和通讯	99.5
娱乐教育文化用品及服务	101.9
居住	102.3

2013年末全区就业人员1363.8万人，比上年末增加58.9万人，增长4.5%。其中，城镇就业人员621万人，比上年末增加62.4万人，增长11.2%。城镇私营个体就业人员341.5万人，比上年末增加52.7万人，增长18.3%。年末城镇登记失业率为3.66%。全年实现失业人员再就业人数为8.6万人。

全年完成地方财政总收入2658.42亿元，其中公共财政预算收入1719.54亿元，分别增长6.5%和10.7%。全年公共财政预算支出3682.15亿元，增长7.5%。财政收入在增收困难较大的情况下，县域财政收入有一些新变化。全区101个旗县

(市区)中,地方财政总收入突破百亿元的旗县达到4个,比2012年增加1个;地方财政总收入和公共财政预算收入突破5亿元的旗县分别比2012年增加7个和1个。2013年,民生和重点社会事业支出得到较好保障。其中,社会保障和就业支出488.2亿元,增长12.1%;医疗卫生支出195.53亿元,增长9.9%;教育支出457.94亿元,增长4.1%。

二、农　　业

全年农作物总播种面积721.12万公顷,增长0.8%。其中,粮食作物播种面积561.73万公顷,增长0.5%。粮食总产量达2773万吨,增长9.7%;油料产量158.14万吨,增长9%;甜菜产量181.36万吨,增长8%;蔬菜产量1421.07万吨,下降3.7%;水果(含果用瓜)产量294.77万吨,增长4%。

牧业年度全区牲畜存栏头数达11819.76万头(只),增长4.9%。牧业年度良种及改良种牲畜总头数10718.69万头(只)。初步统计,全年肉类总产量244.96万吨,下降0.3%。其中,猪肉产量达到73.4万吨,下降0.8%;牛肉产量达到51.8万吨,增长1.2%;羊肉产量达到88.8万吨,增长0.2%。牛奶产量767.3万吨,下降15.7%;禽蛋产量55.09万吨,增长1.2%;水产品产量14.13万吨,增长7.4%;山羊绒产量7901吨,增长3.4%。

表2　2013年主要农畜产品产量和牲畜存栏数

	总量	速度(%)
粮食(万吨)	2773.00	9.7
小麦(万吨)	180.40	-4.3
玉米(万吨)	2069.71	16.0
稻谷(万吨)	55.99	-23.6
大豆(万吨)	119.70	-1.9
薯类(万吨)	201.10	8.9
油料(万吨)	158.14	9.0
甜菜(万吨)	181.36	8.0
水果(含果用瓜)(万吨)	294.77	4.0
蔬菜(万吨)	1421.07	-3.7
牛奶(万吨)	767.30	-15.7
绵羊毛(万吨)	11.05	6.1
山羊绒(吨)	7901.00	3.4
水产品(万吨)	14.13	7.4
肉类总产量(万吨)	244.96	-0.3
猪肉	73.40	-0.8
牛肉	51.80	1.2
羊肉	88.80	0.2
牧业年度牲畜存栏(万头、只)	11819.76	4.9
大牲畜(万头)	1266.54	2.2
羊(万只)	9024.72	4.9
猪(万口)	1528.50	7.7

初步统计,全年完成营造林面积80.3万公顷。其中,人工造林34.8万公顷,飞播造林7.9万公顷,封山育林37.6万公顷。完成退耕还林和荒山荒地造林面积4.03万公顷,完成天然林资源保护工程造林面积8.83万公顷,完成京津风沙源治理工程造林面积46.9万公顷,完成"三北"防护林五期工程造林面积8.56万公顷,完成幼林抚育(作业)面积49.91万公顷。年末全区森林面积2366.4万公顷,森林覆盖率达20%。全年实现林业产业产值208.4亿元。

年末全区农牧业机械总动力3430.57万千瓦,增长4.6%;全年农村牧区用电量59.56亿千瓦时,增长8%;化肥施用量(按折纯)205.5万吨,增长8.7%;机耕地面积625万公顷。

三、工业和建筑业

全年全部工业增加值7944.4亿元,增长11.3%。其中,规模以上工业企业增加值增长12%。在规模以上工业企业中,国有及国有控股企业增加值增长10.6%,集体企业增加值增长10.3%,股份合作企业增加值增长3.5%,股份制企业增加值增长12.1%,外商及港澳台投资企业增加值增长10.7%,其它经济类型企业增加值增长19.1%。在规模以上工业企业中,轻工业增加值增长11.3%;重工业增加值增长12.2%。

从工业产品产量看,全区原煤产量达10.3亿吨,增长0.7%;发电量达到3475.85亿千瓦小时,增长9.5%,其中,风力发电量366.65亿千瓦小时,增长27.5%;钢材产量为1797.74万吨,增长8.2%;载货汽车为14574辆,下降32.5%。全年规模以上工业品出口交货值达223.71亿元,下降4.7%。

今年我区工业发展呈现出以下亮点:1、民营经济和中小企业实现稳步发展。私营企业增加值增长15.3%,非公有工业增加值增长12.8%,均高于全区规模以上工业增速。中小型企业增加值占全部规模以上工业的64.7%。2、工业结构调整成效明显。我区六大优势特色产业增加值占规模以上工业的90%以上。高新技术产业增加值增长23.5%,农畜产品加工业增加值增长12.9%,装备制造业增长9.5%。作为我区特色的稀土产业得到了较快发展,稀土行业增加值增长19%。3、东部和西部盟市工业发展基本同步。西部盟市规上工业增加值增速达12.2%,东部盟市规上工业增加值增速达11.9%。

表3　2013年工业主要产品产量

	总量	同比增长(%)
原煤(亿吨)	10.30	0.7
天然原油(万吨)	192.68	-1.4
发电量(亿千瓦小时)	3475.85	9.5
粗钢(万吨)	1978.56	14.1
钢材(万吨)	1797.74	8.2
电解铝(万吨)	208.85	2.4
平板玻璃(万重量箱)	521.63	-5.0
化肥(万吨)	112.40	-8.6
精甲醇(万吨)	563.24	9.7
水泥(万吨)	6395.72	8.6
乳制品(万吨)	300.92	-7.7
液体乳(万吨)	272.97	-0.2
载货汽车(辆)	14574	-32.5
彩色电视机(万部)	373.76	-3.7
十种有色金属(万吨)	286.98	6.9

2013年,全区规模以上工业企业主营业务收入19550.83亿元,增长9.5%;实现利润1682.55亿元,下降3.6%,其中,国有及国有控股企业实现利润482.59亿元,下降16.3%;规模以上工

业亏损企业亏损额 195.33 亿元，增长 13%。全年规模以上工业企业产品销售率 97.3%，产成品库存 586.99 亿元，增长 3.7%。

全年建筑业增加值 1139.79 亿元，增长 6.6%。全区具有建筑业资质等级的建筑施工企业 952 个；施工企业房屋建筑施工面积 8906.02 万平方米，下降 15.6%；竣工房屋面积 3624.72 万平方米，下降 0.9%；房屋建筑竣工率 40.7%。全年具有建筑业资质等级的建筑企业实现利润 110.66 亿元，实现税金 55.99 亿元。

四、固定资产投资

全年全社会固定资产投资总额 15520.72 亿元，增长 18.4%。其中，50 万元以上项目完成固定资产投资 15375.73 亿元，增长 18.4%。从投资主体看，国有经济单位投资 6149.11 亿元，增长 19.7%；集体单位投资 160.47 亿元，下降 34.2%；个体投资 224.92 亿元，增长 23%；其他经济类型单位投资 8986.22 亿元，增长 19.1%。从城乡看，城镇固定资产投资 15026.25 亿元，增长 18.1%，其中，城镇房地产开发投资 1479.01 亿元，增长 14.5%；农村牧区固定资产投资 494.47 亿元，增长 29.2%，其中，非农户投资 349.48 亿元，增长 36%。从三次产业投资看，第一产业投资 963.08 亿元，增长 33.1%；第二产业投资 7930.14 亿元，增长 21.5%，其中，工业投资 7823.65 亿元，增长 22.1%；第三产业投资 5389.62 亿元，增长 14.9%。按项目隶属关系分，地方项目完成投资 14653.03 亿元，增长 19.6%；中央项目完成投资 867.69 亿元，增长 1.8%。

图 3 2013 年 50 万元以上项目固定资产投资

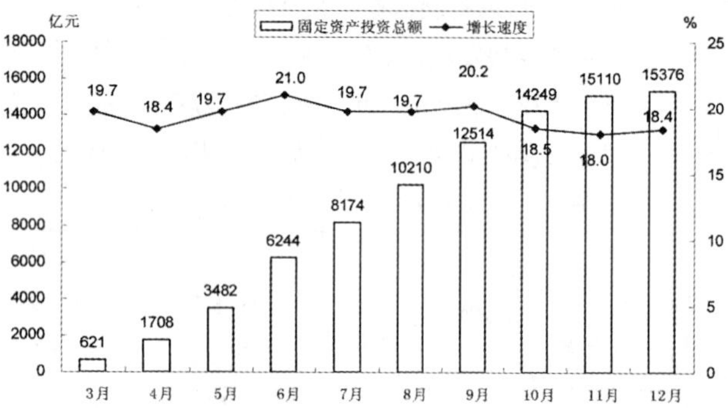

表 4 分行业 50 万元以上固定资产投资及增速

单位：亿元

	2013 年	增长(%)
农林牧渔业	895.93	40.5
采矿业	1701.91	34.7
制造业	4742.31	18.3
电力、燃气及水的生产和供应业	1386.56	21.7
建筑业	107.93	-6.8
批发和零售业	522.91	29.4
交通运输、仓储及邮政业	1347.06	6.8
信息传输、软件和信息技术服务业	125.98	36.7
金融业	41.72	37.9
教育	131.11	-12.8
卫生和社会工作	94.40	8.3
文化、体育和娱乐业	149.72	6.4
公共管理和社会组织	370.31	25.3

全年新开工项目 16223 个，增长 15.7%；在建项目投资总规模 36532.17 亿元，增长 14.7%。城镇住宅施工面积 13312.84 万平方米，下降 2.1%；城镇住宅竣工面积 2763.56 万平方米，下降 1.1%。商品房竣工面积 2638.24 万平方米，增长 7.7%；商品房销售面积 2737.7 万平方米，增长 8.5%。

五、国内贸易

全年社会消费品零售总额 5075.2 亿元，增长 11.8%。从经营单位所在地看，城镇实现社会消费品零售额 4461.3 亿元，占社会消费品零售总额的 87.9%，增长 12%；乡村实现社会消费品零售额 613.9 亿元，增长 10.5%。从限额以上批发零售贸易企业情况看，限额以上粮食、食品、饮料、烟酒类完成零售额 170.7 亿元，增长 15.6%；汽车类完成零售额 411.6 亿元，增长 1.5%；通信器材类完成零售额 10.2 亿元，增长 0.8%。

表 5 社会消费品零售总额表

	2013 年	增长(%)
社会消费品零售总额(亿元)	5075.2	11.8
城 镇	4461.3	12.0
其中：城 区	3415.7	10.2
乡 村	613.9	10.5

六、对外经济

全年海关进出口总额 119.93 亿美元，比上年增长 6.5%。其中，出口总额 40.95 亿美元，增长 3.1%；进口总额 78.98 亿美元，增长 8.4%。从主要贸易方式看，一般贸易进出口额达 66.62 亿美元，占进出口总额的 55.6%；加工贸易进出口额达 2.78 亿美元，占进出口总额的 2.3%。

表 6 海关进出口分项表

	单位	2013 年	增速(%)
海关进出口总额	亿美元	119.93	6.5
出口总额	亿美元	40.95	3.1
一般贸易	亿美元	29.15	9.5
边境小额贸易	亿美元	3.96	10.5
加工贸易	亿美元	1.40	-43.9
进口总额	亿美元	78.98	8.4
一般贸易	亿美元	37.46	46.3
边境小额贸易	亿美元	36.34	-16.9
加工贸易	亿美元	1.38	-36.5

全年实际使用外商直接投资额 46.45 亿美元，增长 18%。年内全区在工商部门注册的外商投资企业 2925 家，比上年减少 189 家。新批准外商投资企业数 34 家，比上年减少 5 家。

七、交通、邮电和旅游业

全年各种运输方式完成货运量 204334 万吨，增长 10.8%。其中，铁路 61023 万吨，增长 3.3%；公路 143305 万吨，增长 14.4%；民航 5.5 万吨，增长 17.5%。全年各种运输方式完成货物周转量6347亿吨公里，增长8.7%。其中，铁路2553亿吨公里，增长0.4%；公路3794亿吨公里，增长15%。全年各种运输方式完成客运量29478万人，增长4.5%。其中，铁路4836万人，增长12.9%；公路23941万人，增长2.7%；民航701万人，增长15.9%。全年各种运输方式完成旅客周转量468亿人公里，增长7.6%。其中，铁路197亿人公里，增长15.2%；公路271亿人公里，增长2.7%。

全年邮电业务总量（2010年不变价）288.15亿元，增长5.4%。其中，电信业务总量270.63亿元，增长4.7%；邮政业务总量17.52亿元，增长18.1%。年末本地网固定电话用户377.22万户，增长2.4%。年末移动电话用户2690.62万户，增长5.5%。年末本地电话局用交换机容量808.58万门。全区电话普及率(包括固定和移动电话)达到123.21部/百人。年末全区互联网络用户1832.23万户，增长0.3%。

全年实现旅游总收入1403.46亿元，增长24.4%。接待入境旅游人数161.61万人次，增长1.5%；旅游外汇收入9.62亿美元，增长24.7%。国内旅游人数6612.76万人次，增长12.3%；国内旅游收入1343.73亿元，增长24.3%。

八、金融

年末全区金融机构人民币存款余额15205.69亿元，全年新增存款1588.04亿元，增长11.7%。其中，单位存款余额6830.96亿元，比上年末增加661.53亿元，增长10.2%；个人存款余额7661.19亿元，比上年末增加999.62亿元，增长15.1%。年末全区金融机构人民币贷款余额12944.17亿元，全年新增贷款1635.59亿元，增长14.7%。其中，短期贷款余额5242.18亿元，比上年末增加855.26亿元，增长20.1%；中长期贷款余额7467.34亿元，比上年末增加692.21亿元，增长10.3%；个人消费贷款余额1562.48亿元，比上年末增加207.66亿元，增长17.2%。

2013年，全区保险机构2025家，保险从业人员9.14万人。全年保险业实现保费收入274.69亿元，增长10.9%。全年保险业累计赔付支出100.56亿元，增长17.8%。农业保险稳步推进，全年全区农业保险实现保费收入27.84亿元，累计赔付支出15.12亿元，228.8万户次农牧户受益，充分发挥了支农惠农作用。

九、人民生活和社会保障

全年城镇居民人均可支配收入25497元，比上年增加2347元，增长10.1%。从收入构成看，工资性收入为18378元，增长10.1%；财产性和转移性收入4988元，增长10.7%。城镇居民人均消费性支出19249元，增长8.7%。全年农牧民人均纯收入8596元，比上年增加985元，增长12.9%。从收入构成看，工资性收入1695元，增长11.2%；家庭经营性收入5348元，增长14.1%；转移性和财产性收入1182元，增长10%。农牧民人均生活消费支出7268元，增长13.9%。根据实施的城乡一体化住户调查，2013年全区居民人均可支配收入18693元，比上年增长10.7%。城镇居民家庭恩格尔系数为31.7%，农村牧区居民家庭恩格尔系数为35.6%。

年末全区参加城镇职工基本养老保险人数496.48万人，增长5.1%；参加城乡居民社会养老保险人数780.3万人，增长3.2%。参加失业保险职工人数233.41万人，领取失业保险金人数为4.96万人。全年参加基本养老保险的离退休人员168.7万人，增长13.3%。全年参加基本医疗保险人数986.21万人，增长1.9%；全年有464.5万职工和134.47万离退休人员参加了基本医疗保险，分别增长2.1%和1.8%。

十、教育、科学技术和文化

年末全区共有普通高等学校49所，比上年增加1所；全年招收学生11.93万人，比上年增长7.6%；年末在校学生39.92万人，比上年末增长2%，其中，少数民族在校学生10.73万人，在少数民族在校学生中有蒙古族9.32万人，分别增长1.4%和2.1%；全年毕业学生10.83万人，增长3%。年末全区有研究生培养单位10个，比上年增加1个；全年招收研究生5886人，增长3.3%；年末在校研究生16897人，比上年末增长4.1%，其中，少数民族在校研究生5032人，在少数民族在校研究生中有蒙古族研究生4481人，分别增长1.3%和0.8%。年末有普通高中277所，全年招收学生16.42万人，下降4.4%；年末在校学生49.42万人，比上年末下降1.2%，其中，少数民族学生13.32万人，少数民族学生中有蒙古族学生11.79万人；全年毕业学生16.16万人。年末有小学2308所，全年招收学生23.07万人，比上年下降1.2%；年末在校学生131.06万人，比上年末下降4%；年末毕业学生23.28万人，比上年下降4.2%。全区幼儿园在园人数51.55万人，增长4.7%。全区初中阶段毛入学率97.7%，全年小学适龄儿童入学率99.9%。

全年共取得重大科技成果328项，其中，基础理论成果58项，应用技术成果269项，软科学成果1项。全年专利申请6338项，授权专利3836项，分别增长33.9%和24.1%。年内共签订各类技术合同数2807个。合同成交金额158.93亿元，其中区内成交技术金额39.11亿元，向区外输出技术成交金额0.59亿元，吸纳技术成果金额119.23亿元。

年末全区有艺术事业机构140个，从业人员6430人；艺术表演团体107个，其中乌兰牧骑74个。现拥有文化馆103座，公共图书馆114座，博物馆67座，档案馆146座，已开放各类档案238万卷。年末全区广播综合人口覆盖率98.3%，电视综合人口覆盖率97.6%。年末全区有线电视用户317.95万户。全年生产故事影片5部，蒙语译制片85部。自治区和盟市两级全年出版报纸27033万份，其中蒙文版1344万份；出版各类期刊2939万册，其中蒙文版438万册；出版图书5849万册，其中蒙文版1177万册。

年内全区体育健儿在国内外重大竞赛中获奖牌115枚。其中，国外获奖牌3枚，国内获奖牌112枚。

十一、卫生和社会服务

年末全区共有卫生机构23264个，其中，医院566个，农村牧区卫生院1332个，疾病预防控制机构119个，妇幼卫生机构116个，专科疾病防治院(所)53个。年末全区医疗卫生单位拥有病床12.02万张，增长8.5%，其中，医院拥有病床9.17万张，乡镇卫生院拥有病床1.79万张，妇幼卫生机构拥有病床

0.33万张。年末全区拥有卫生技术人员14.81万人,比上年末增长5.9%,其中,医院拥有8.91万人,乡镇卫生院拥有1.76万人,疾病预防控制机构拥有0.47万人,妇幼卫生机构拥有0.52万人,执业医师、助理医师6.21万人,注册护士5.24万人。农村牧区拥有村卫生室1.4万个,拥有乡村医生和卫生员1.96万人。

年末全区城镇建立各种社区服务设施1577个,其中,社区服务中心926个。全区各类社会福利院床位7.27万张,各类福利院收养人数5.53万人。全年共有203.7万人得到国家最低生活保障救济。全年筹集社会福利资金12.22亿元,销售社会福利彩票39.57亿元,分别增长39.9%和40.8%。接受社会捐赠2820.25万元,其中自治区本级直接接受社会捐赠698.84万元,各盟市直接接受社会捐赠1401.41万元,间接接受社会捐赠720万元。

十二、环境和节能减排

全区确定的自然保护区185个。其中,国家级自然保护区27个,自治区级自然保护区60个。自然保护区面积1366.44万公顷,其中国家级自然保护区面积414.82万公顷,增长1.3%。全区监测的城市空气质量达到二级标准的13个,达到三级标准的3个。优于城市居住区声环境质量标准的城市比例为100%。

2013年,我区单位GDP能耗下降4.57%,超额完成年度节能目标任务。

注:1、本公报为初步统计数。

2、本公报中部分数据合计数或相对数由于单位取舍不同而产生的计算误差,均未做机械调整。

3、原煤产量为剔除了不可比因素后的实际数。

2014 NEIMENGGU

第二部分

统计资料

PART TWO STATISTICS

2014 NEIMENGGU

一、行政区划和自然资源

Divisions of Administraive Areas and Natural Resources

资料整理：蔡雨成
Arranged By Cai Yucheng

1-1 自 然 资 源
Natural Resources

项 目	Item	2013
土地资源	**Land Resources**	
土地总面积(万平方公里)	Total Land Area(10 000 sq.km)	118.3
林业用地面积(万公顷)	Area of Afforestated Land(10 000 hectares)	4398.89
森林资源	**Forests Resources**	
森林面积(万公顷)	Forest Area(10 000 hectares)	2487.9
森林覆盖率(%)	Forest-Coverage Rate(%)	21.03
活立木总蓄积量(亿立方米)	Stock Volume of the Forest(100 million cu.m)	14.84
草原资源	**Prairie Resources**	
草原总面积(万公顷)	Prairie Area(10 000 hectares)	8800.0
# 可利用面积(万公顷)	Utilizable Area(10 000 hectares)	6800.0
水利资源	**Water Resources**	
水资源总量(亿立方米)	Total Water Resources Volume(100 million cu.m)	959.81
地表水资源量	Surface Water Volume	813.52
地下水资源量	Ground Water Volume	249.33
矿产资源	**Mineral Resources**	
煤保有储量(亿吨)	Coal Ensured Reserves(100 million tons)	3856.80
铁矿石保有储量(亿吨)	Iron Ore Ensured Reserves(100 million tons)	51.07
磷矿石保有储量(亿吨)	Phosphate Ore Ensured Reserves(100 million tons)	2.70
铜保有储量(万吨)	Copper Ensured Reserves(10 000 tons)	738.50
铅保有储量(万吨)	Lead Ensured Reserves(10 000 tons)	1368.88
锌保有储量(万吨)	Zinc Ensured Reserves(10 000 tons)	2700.41
盐保有储量(万吨)	Salt Ensured Reserves(10 000 tons)	15473.86

注：地表水资源量与地下水资源量之和不等于水资源总量，有重复计算部分。

a)Total Water Resources Volume is not equal to Surface Water Volume plus Ground Water Volume,there is Duplicated Measurement between Surface Water and Ground Water.

1–2 全区行政区划

地区	Region	旗县级个数(个) Number of Areas at County Level (unit)	旗县(市、区)及名称
全区合计	**Total**	**102**	**旗52个、县17个、盟(市)辖县级市11个、区22个。**
呼和浩特市	Hohhot City	9	新城区、回民区、玉泉区、赛罕区、土默特左旗、托克托县、和林格尔县、清水河县、武川县。
包 头 市	Baotou City	9	东河区、昆都仑区、青山区、石拐区、白云矿区、九原区、土默特右旗、固阳县、达尔罕茂明安联合旗。
呼伦贝尔市	Hulunbeier City	14	海拉尔区、扎赉诺尔区、满洲里市、扎兰屯市、牙克石市、额尔古纳市、根河市、阿荣旗、莫力达瓦达斡尔族自治旗、鄂伦春自治旗、鄂温克族自治旗、新巴尔虎右旗、新巴尔虎左旗、陈巴尔虎旗。
兴 安 盟	Xingan League	6	乌兰浩特市、阿尔山市、科尔沁右翼前旗、科尔沁右翼中旗、扎赉特旗、突泉县。
通 辽 市	Tongliao City	8	科尔沁区、霍林郭勒市、科尔沁左翼中旗、科尔沁左翼后旗、开鲁县、库伦旗、奈曼旗、扎鲁特旗。
赤 峰 市	Chifeng City	12	红山区、元宝山区、松山区、阿鲁科尔沁旗、巴林左旗、巴林右旗、林西县、克什克腾旗、翁牛特旗、喀喇沁旗、宁城县、敖汉旗。
锡林郭勒盟	Xilinguole League	12	二连浩特市、锡林浩特市、阿巴嘎旗、苏尼特左旗、苏尼特右旗、东乌珠穆沁旗、西乌珠穆沁旗、太仆寺旗、镶黄旗、正镶白旗、正蓝旗、多伦县。
乌兰察布市	Wulanchabu City	11	集宁区、丰镇市、卓资县、化德县、商都县、兴和县、凉城县、察哈尔右翼前旗、察哈尔右翼中旗、察哈尔右翼后旗、四子王旗。
鄂尔多斯市	Erdos City	8	东胜区、达拉特旗、准格尔旗、鄂托克前旗、鄂托克旗、杭锦旗、乌审旗、伊金霍洛旗。
巴彦淖尔市	Bayannaoer City	7	临河区、五原县、磴口县、乌拉特前旗、乌拉特中旗、乌拉特后旗、杭锦后旗。
乌 海 市	Wuhai City	3	海勃湾区、海南区、乌达区。
阿 拉 善 盟	Alashan League	3	阿拉善左旗、阿拉善右旗、额济纳旗。

Divisions of Administrative Areas in Inner Mongolia

Name of Areas at County(Banner, City and District)

52 Banners, 17 Counties.11 Cities at County Level, 22 Districts under Jurisdiction of Cities.

Xincheng District, Huimin District, Yuquan District, Saihan District, Tumotezuo Banner, Tuoketuo County, Helingeer County, Qingshuihe County, Wuchuan County.

Donghe District, Kundulun District, Qingshan District, Shiguai District, Baiyun Mineral District, Jiuyuan District, Tumoteyou Banner, Guyang County, Daerhanmaomingan Union Banner.

Hailaer District, Zhalainuoer District,Manzhouli City, Zhalantun City, Yakeshi City, Eerguna City, Genhe City, Arong Banner, Molidawadawoer Nationality Autonomous Banner, Elunchun Nationality Autonomous Banner, Ewenke Nationality Autonomous Banner, Xinbaerhuyou Banner, Xinbaerhuzuo Banner, Chenbaerhu Banner.

Wulanhaote City, Aershan City, Keerqinyouyiqian Banner, Keerqinyouyizhong Banner, Zhalaite Banner, Tuquan County.

Keerqin District, Huolinguole City, Keerqinzuoyizhong Banner, Keerqinzuoyihou Banner, Kailu County, Kulun Banner, Naiman Banner, Zhalute Banner.

Hongshan District, Yuanbaoshan District, Songshan District, Alukeerqin Banner, Balinzuo Banner, Balinyou Banner, Linxi County, Keshiketeng Banner, Wengniute Banner, Kalaqin Banner, Ningcheng County, Aohan Banner.

Erlianhaote City, Xilinhaote City, Abaga Banner, Sunitezuo Banner, Suniteyou Banner, Dongwuzhumuqin Banner, Xiwuzhumuqin Banner, Taipusi Banner, Xianghuang Banner, Zhengxiangbai Banner, Zhenglan Banner, Duolun County.

Jining District, Fengzhen City, Zhuozi County, Huade County, Shangdu County, Xinghe County, Liangcheng County, Chahaeryouyiqian Banner, Chahaeryouyizhong Banner, Chahaeryouyihou Banner, Siziwang Banner.

Dongsheng District, Dalate Banner, Zhungeer Banner, Etuokeqian Banner, Etuoke Banner, Hangjin Banner, Wushen Banner, Yijinhuoluo Banner.

Linhe District, Wuyuan County, Dengkou County, Wulateqian Banner, Wulatezhong Banner, Wulatehou Banner, Hangjinhou Banner.

Haibowan District, Hainan District, Wuda District.

Alashanzuo Banner, Alashanyou Banner, Ejina Banner.

1-3 边境、牧区、山老区旗县市

地区	Region	旗县级个数(个) Number of Areas at County Level (unit)	旗县(市、区)及名称
边境旗市	**Banners & Cities of Frontier**	**19**	
包头市	Baotou City	1	达尔罕茂明安联合旗。
呼伦贝尔市	Hulunbeier City	5	陈巴尔虎旗、满洲里市、新巴尔虎右旗、新巴尔虎左旗、额尔古纳市。
兴安盟	Xingan League	2	科尔沁右翼前旗、阿尔山市。
锡林郭勒盟	Xilinguole League	5	东乌珠穆沁旗、阿巴嘎旗、苏尼特左旗、二连浩特市、苏尼特右旗。
乌兰察布市	Wulanchabu City	1	四子王旗。
巴彦淖尔市	Bayannaoer City	2	乌拉特中旗、乌拉特后旗。
阿拉善盟	Alashan League	3	阿拉善左旗、阿拉善右旗、额济纳旗。
牧区旗市	**Banners & Cities of Pastoral Area**	**33**	
包头市	Baotou City	1	达尔罕茂明安联合旗。
呼伦贝尔市	Hulunbeier City	4	鄂温克族自治旗、新巴尔虎右旗、新巴尔虎左旗、陈巴尔虎旗。
兴安盟	Xingan League	1	科尔沁右翼中旗。
通辽市	Tongliao City	3	科尔沁左翼中旗、科尔沁左翼后旗、扎鲁特旗。
赤峰市	Chifeng City	5	阿鲁科尔沁旗、巴林左旗、巴林右旗、克什克腾旗、翁牛特旗。
锡林郭勒盟	Xilinguole League	9	锡林浩特市、阿巴嘎旗、苏尼特左旗、苏尼特右旗、东乌珠穆沁旗、西乌珠穆沁旗、镶黄旗、正镶白旗、正蓝旗。
乌兰察布市	Wulanchabu City	1	四子王旗。
鄂尔多斯市	Erdos City	4	鄂托克前旗、鄂托克旗、杭锦旗、乌审旗。
巴彦淖尔市	Bayannaoer City	2	乌拉特中旗、乌拉特后旗。
阿拉善盟	Alashan League	3	阿拉善左旗、阿拉善右旗、额济纳旗。
半牧区旗市	**Banners & Cities of Semi-Pastoral Area**	**21**	
呼伦贝尔市	Hulunbeier City	3	扎兰屯市、阿荣旗、莫力达瓦达斡尔族自治旗。
兴安盟	Xingan League	3	科尔沁右翼前旗、扎赉特旗、突泉县。
通辽市	Tongliao City	4	科尔沁区、开鲁县、库伦旗、奈曼旗。
赤峰市	Chifeng City	2	林西县、敖汉旗。
锡林郭勒盟	Xilinguole League	1	太仆寺旗。
乌兰察布市	Wulanchabu City	2	察哈尔右翼中旗、察哈尔右翼后旗。
鄂尔多斯市	Erdos City	4	东胜区、达拉特旗、准格尔旗、伊金霍洛旗。
巴彦淖尔市	Bayannaoer City	2	磴口县、乌拉特前旗。
山老区旗县	**Counties & Banners of Mountain & Old Liberated Area**	**47**	
呼和浩特市	Hohhot City	6	土默特左旗、新城区、赛罕区、武川县、和林格尔县、清水河县。
包头市	Baotou City	3	土默特右旗、固阳县、达尔罕茂明安联合旗。
呼伦贝尔市	Hulunbeier City	4	扎兰屯市、阿荣旗、满洲里市、莫力达瓦达斡尔族自治旗。
兴安盟	Xingan League	6	乌兰浩特市、阿尔山市、科尔沁右翼前旗、科尔沁右翼中旗、扎赉特旗、突泉县。
通辽市	Tongliao City	4	科尔沁左翼中旗、科尔沁左翼后旗、开鲁县、库伦旗。
赤峰市	Chifeng City	5	喀喇沁旗、宁城县、松山区、克什克腾旗、敖汉旗。
锡林郭勒盟	Xilinguole League	3	正蓝旗、多伦县、太仆寺旗。
乌兰察布市	Wulanchabu City	9	集宁区、卓资县、兴和县、丰镇市、凉城县、察哈尔右翼前旗、察哈尔右翼中旗、察哈尔右翼后旗、四子王旗。
鄂尔多斯市	Erdos City	6	达拉特旗、准格尔旗、鄂托克前旗、鄂托克旗、杭锦旗、乌审旗。
巴彦淖尔市	Bayannaoer City	1	乌拉特前旗。

Banners, Counties and Cities of Frontier, Pure Pastoral Area, Mountain Area and Old Liberated Area

Name of Areas at County(Banner, City & District)
Daerhanmaomingan Union Banner.
Chenbaerhu Banner, Manzhouli City, Xinbaerhuyou Banner, Xinbaerhuzuo Banner, Eerguna City.
Keerqinyouyiqian Banner, Aershan City.
Dongwuzhumuqin Banner, Abaga Banner, Sunitezuo Banner, Erlianhaote City, Suniteyou Banner.
Siziwang Banner.
Wulatezhong Banner, Wulatehou Banner.
Alashanzuo Banner, Alashanyou Banner, Ejina Banner.
Daerhanmaomingan Union Banner.
Ewenke Nationality Autonomous Banner, Xinbaerhuyou Banner, Xinbaerhuzuo Banner, Chenbaerhu Banner.
Keerqinyouyizhong Banner.
Keerqinzuoyizhong Banner, Keerqinzuoyihou Banner, Zhalute Banner.
Alukeerqin Banner Balinzuo, Banner, Balinyou Banner, Keshiketeng Banner, Wengniute Banner.
Xilinhaote City, Abaga Banner, Sunitezuo Banner, Suniteyou Banner, Dongwuzhumuqin Banner, Xiwuzhumuqin Banner, Xianghuang Banner, Zhengxiangbai Banner, Zhenglan Banner.
Siziwang Banner.
Etuokeqian Banner, Etuoke Banner, Hangjin Banner, Wushen Banner.
Wulatezhong Banne, Wulatehou Banner.
Alashanzuo Banner, Alashanyou Banner, Ejina Banner.
Zhalantun City, Arong Banner, Molidawadawoer Nationality Autonomous Banner.
Keerqinyouyiqian Banner, Zhalaite Banner, Tuquan County.
Keerqin District, Kailu County, Kulun Banner, Naiman Banner.
Linxi County, Aohan Banner.
Taipusi Banner.
Chahaeryouyizhong Banner, Chahaeryouyihou Banner.
Dongsheng City, Dalate Banner, Zhungeer Banner, Yijinhuoluo Banner.
Dengkou County, Wulateqian Banner.
Tumotezuo Banner, Xincheng District,Saihan District, Wuchuan County, Helingeer County, Qingshuihe County.
Tumoteyou Banner, Guyang County, Daerhanmaomingan Union Banner.
Zhalantun City, Arong Banner,Manzhouli City, Molidawadawoer Nationality Autonomous Banner.
Wulanhaote City,Aershan City,Keerqinyouyiqian Banner,Keerqinyouyizhong Banner,Zhalaite Banner, Tuquan County.
Keerqinzuoyizhong Banner,Keerqinzuoyihou Banner,Kailu County,Kulun Banner.
Kalaqin Banner, Ningcheng County,Songshan District,Keshiketeng Banner,Aohan Banner.
Zhenglan Banner,Duolun County,Taipusi Banner.
Jining District,Zhuozi County,Xinghe County,Fengzhen City,Liangcheng County,Chahaeryouyiqian Banner,Chahaeryouyizhong Banner,Chahaeryouyihou,Siziwang Banner.
Dalate Banner, Zhungeer Banner, Etuokeqian Banner, Etuoke Banner, Hangjin Banner, Wushen Banner.
Wulateqian Banner.

1-4 主要城市气温(2013 年)

Monthly Average Temperature of Major Cities(2013)

单位：摄氏度 (℃)

城市	City	1月 Jan.	2月 Feb.	3月 Mar.	4月 Apr.	5月 May	6月 June	7月 July	8月 Aug.	9月 Sept.	10月 Oct.	11月 Nov.	12月 Dec.	年平均 Annual Average
呼和浩特	Hohhot	-10.9	-6.0	2.3	8.0	18.0	20.6	21.5	20.6	15.1	7.8	-1.5	-8.1	7.3
包　头	Baotou	-10.9	-5.3	3.6	9.5	18.6	21.9	23.1	22.2	16.2	8.3	-1.0	-8.3	8.2
海拉尔	Hailaer	-29.0	-25.5	-15.4	-1.8	13.3	16.7	19.9	17.1	10.3	1.0	-8.7	-19.2	-1.8
乌兰浩特	Wulanhaote	-17.8	-13.6	-4.7	5.0	18.3	21.0	24.1	22.1	15.3	6.9	-1.0	-8.9	5.6
通　辽	Tongliao	-15.6	-10.8	-2.0	5.7	19.0	22.2	25.1	24.1	17.2	8.6	0.2	-8.5	7.1
赤　峰	Chifeng	-12.3	-9.0	-0.7	4.5	18.8	20.8	23.7	23.4	15.9	8.7	0.5	-7.1	7.3
锡林浩特	Xilinhaote	-19.7	-16.9	-4.6	2.0	16.2	18.7	21.5	20.2	13.5	4.7	-4.7	-14.5	3.0
集　宁	Jining	-11.9	-8.6	0.5	5.2	15.8	18.2	20.2	19.3	13.6	5.7	-3.2	-9.5	5.4
东　胜	Dongsheng	-7.4	-4.2	4.4	8.5	17.1	20.0	21.5	20.5	15.0	8.7	-0.4	-6.0	8.1
临　河	Linhe	-8.9	-5.1	4.6	10.3	19.4	22.3	24.1	23.1	16.6	8.6	-0.1	-6.6	9.0
乌　海	Wuhai	-7.8	-3.7	6.8	12.2	20.7	24.3	26.2	25.1	18.1	9.9	0.4	-6.1	10.5
巴彦浩特	Bayanhaote	-6.0	-2.1	6.9	11.0	18.2	21.6	23.0	23.1	17.0	10.6	0.6	-5.7	9.9

1-5 主要城市平均相对湿度(2013 年)

Monthly Average Relative Humidity of Major Cities(2013)

单位：% (%)

城市	City	1月 Jan.	2月 Feb.	3月 Mar.	4月 Apr.	5月 May	6月 June	7月 July	8月 Aug.	9月 Sept.	10月 Oct.	11月 Nov.	12月 Dec.	年平均 Annual Average
呼和浩特	Hohhot	59	40	35	33	32	51	69	67	59	50	52	51	50
包　头	Baotou	67	45	43	38	41	54	69	68	63	55	57	59	55
海拉尔	Hailaer	71	72	71	67	55	69	72	79	63	66	77	78	70
乌兰浩特	Wulanhaote	60	48	43	38	43	60	66	68	57	56	50	59	54
通　辽	Tongliao	66	55	47	47	44	57	68	66	56	57	47	58	56
赤　峰	Chifeng	61	50	44	50	35	61	66	58	56	51	40	43	51
锡林浩特	Xilinhaote	69	67	56	48	32	55	59	55	47	54	58	67	56
集　宁	Jining	58	45	38	34	32	54	64	59	53	48	48	49	49
东　胜	Dongsheng	46	32	27	29	34	48	59	58	53	41	43	43	43
临　河	Linhe	54	36	35	29	32	48	56	53	53	48	51	55	46
乌　海	Wuhai	48	31	27	24	27	40	45	44	48	46	45	53	40
巴彦浩特	Bayanhaote	36	27	21	19	29	43	48	43	41	35	40	43	35

1-6 主要城市降水量(2013 年)
Monthly Precipitation of Major Cities(2013)

单位：毫米 (millimeters)

城市	City	1月 Jan.	2月 Feb.	3月 Mar.	4月 Apr.	5月 May	6月 June	7月 July	8月 Aug.	9月 Sept.	10月 Oct.	11月 Nov.	12月 Dec.	全年 Annual Total
呼和浩特	Hohhot	5.2		3.6	1.9	7.8	96.0	192.6	144.0	97.3	9.0	7.2		564.6
包　头	Baotou	1.6		0.1	1.5	16.2	46.2	51.3	52.2	58.1	5.1	5.9		238.2
海拉尔	Hailaer	4.0	4.2	6.3	30.5	58.6	71.9	263.9	101.6	51.9	13.3	6.3	6.6	619.1
乌兰浩特	Wulanhaote	4.3	10.7	8.2	36.3	45.0	95.0	172.1	88.9	56.8	30.7	1.9	4.3	554.2
通　辽	Tongliao	1.0	6.8	10.5	29.6	24.0	29.4	146.5	86.3	16.0	12.5	1.2	3.1	366.9
赤　峰	Chifeng	1.8	0.3	10.9	45.0	4.9	139.0	74.3	63.9	27.2	27.5	0.1	0.1	395.0
锡林浩特	Xilinhaote	2.8	2.6	5.6	16.1	8.6	64.3	87.3	66.8	7.1	5.3	3.4	3.5	273.4
集　宁	Jining	2.9		9.2		8.5	100.2	128.4	56.3	29.8	7.9	1.4	0.2	344.8
东　胜	Dongsheng	1.2		0.3	1.0	18.2	136.5	126.3	107.9	39.3	2.3	6.2	0.2	439.4
临　河	Linhe					15.7	33.0	23.1	3.8	27.2		1.5		104.3
乌　海	Wuhai				0.3	12.4	13.4	24.7	19.4	10.2	1.0	0.3		81.7
巴彦浩特	Bayanhaote		0.2		1.8	23.2	63.9	78.9	52.5	8.5	7.2	0.2		236.4

1-7 主要城市日照时数(2013 年)
Monthly Sunshine Hours of Major Cities(2013)

单位：小时 (hours)

城市	City	1月 Jan.	2月 Feb.	3月 Mar.	4月 Apr.	5月 May	6月 June	7月 July	8月 Aug.	9月 Sept.	10月 Oct.	11月 Nov.	12月 Dec.	全年 Annual Total
呼和浩特	Hohhot	174.2	202.4	253.8	257.1	265.7	209.9	230.9	224.7	215.3	238.0	171.3	186.5	2629.8
包　头	Baotou	199.9	224.2	272.5	296.2	274.3	215.3	220.8	247.8	222.6	249.4	221.0	232.6	2876.6
海拉尔	Hailaer	169.4	214.3	283.4	266.0	243.7	250.8	266.4	216.9	240.6	199.5	158.1	157.5	2666.6
乌兰浩特	Wulanhaote	187.8	218.6	285.9	263.0	267.7	202.4	186.9	209.7	242.4	173.3	166.6	172.5	2576.8
通　辽	Tongliao	185.7	222.9	256.3	233.8	275.0	206.8	257.2	229.7	245.1	203.7	172.3	193.8	2682.3
赤　峰	Chifeng	197.5	232.4	256.4	259.2	328.7	245.9	320.5	290.4	277.6	261.8	224.9	221.2	3116.5
锡林浩特	Xilinhaote	204.3	233.5	281.5	261.4	321.2	252.9	285.2	268.8	271.4	208.1	169.9	174.3	2932.5
集　宁	Jining	203.6	219.0	263.8	254.0	279.5	230.3	270.1	258.4	249.2	245.2	214.2	207.1	2894.4
东　胜	Dongsheng	231.8	219.2	284.5	311.9	295.7	267.9	271.2	273.1	231.9	265.4	231.6	226.8	3111.0
临　河	Linhe	246.4	253.2	288.1	334.4	326.8	279.6	294.3	293.4	283.8	280.1	247.4	248.6	3376.1
乌　海	Wuhai	238.6	235.4	257.7	327.9	326.6	254.5	274.1	287.8	269.0	263.2	233.6	245.3	3213.7
巴彦浩特	Bayanhaote	236.3	210.9	256.9	308.4	296.7	224.8	233.6	253.7	227.2	252.8	210.2	238.1	2949.6

主要统计指标解释

行政区划 指国家对行政区域的划分。根据宪法规定，我国的行政区域划分如下：(1)全国分为省、自治区、直辖市；(2)省、自治区分为自治州(盟)、县(旗)、自治县(旗)、市；(3)自治州分为县、自治县、市；(4)旗、县、自治县(旗)分为乡、民族乡、镇；(5)直辖市和较大的市分为区、县(旗)；(6)国家在必要时设立的特别行政区。

国土 指一个主权国家管辖下的领土、领海和领空。

气候 指地球与大气之间长期能量交换与质量交换所形成的一种自然环境状态，它是多种因素综合作用的结果。气候既是人类生活和生产的环境要素之一，又是供给人类生活和生产的重要资源。气温、降水、湿度等气象要素的多年平均值是用来描述一个地区气候状况的主要参数，而各种气象要素某年、某月的平均值(或总量)则可以反映出该时期天气气候状况的重要特征。

自然资源 指人类可以直接从自然界获得，并用于生产和生活的物质资源。自然资源一般可以分成可再生资源和非再生资源两大类。可再生资源指在较短时间内可以再生、可以循环利用的资源，包括土地资源、水资源、气候资源、生物资源和海洋资源等。非再生资源指在使用后不能再生的资源，包括矿产资源和地热能源。

土地资源 土地指陆地的表层部分，它主要由岩石、岩石的风化物和土壤构成。土地资源按利用类型可以分为农用地、建筑用地和未利用地。农用地包括耕地、园地、林地、牧草地和水面。建筑用地包括居民点及工矿用地、交通用地和水利设施用地。未利用地指农用地和建筑用地以外的土地，包括滩涂、荒漠、戈壁、冰川和石山等。

林业用地面积 指生长乔木、竹类、灌木、沿海红树林等林木的土地面积，包括有林地、灌木林、疏林地、未成林造林地、迹地、苗圃等。

草地面积 指牧区和农区用于放牧牲畜或割草，植被盖度在5%以上的草原、草坡、草山等面积。包括天然的和人工种植或改良的草地面积。

森林资源 指森林、林木、林地以及依托森林、林木、林地生存的野生动物、植物和微生物。林木指树木和竹子。森林指以乔木为主体的植物群落，是集生的乔木及与共同作用的植物、动物、微生物和土壤、气候等的总体。

活立木总蓄积量 指一定范围内土地上全部树木蓄积的总量，包括森林蓄积、疏林蓄积、散生木蓄积和四旁树蓄积。

森林面积 指由乔木树种构成，郁闭度0.2以上(含0.2)的林地或冠幅宽度10米以上的林带的面积，即有林地面积。森林面积包括天然起源和人工起源的针叶林面积、阔叶林面积、针阔混交林面积和竹林面积，不包括灌木林地面积和疏林地面积。

森林蓄积量 指一定森林面积上存在着的林木树干部分的总材积。它是反映一个国家或地区森林资源总规模和水平的基本指标之一，也是反映森林资源的丰富程度、衡量森林生态环境优劣的重要依据。

森林覆盖率 指一个国家或地区森林面积占土地面积的百分比。在计算森林覆盖率时，森林面积包括郁闭度0.2以上的乔木林地面积和竹林地面积，国家特别规定的灌木林地面积、农田林网以及四旁(村旁、路旁、水旁、宅旁)林木的覆盖面积。森林覆盖率是反映森林资源的丰富程度和生态平衡状况的重要指标。计算公式为：

森林覆盖率(%)= 森林面积 / 土地总面积 × 100%

水资源 水在自然界中以固体、液体和气态三种聚集状态存在，分布于海洋、陆地(包括土壤)以及大气之中，通过水循环形成水资源。水资源包括经人类控制并直接可供灌溉、发电、给水、航运、养殖等用途的地表水和地下水，以及江河、湖泊、井、泉、潮汐、港湾和养殖水域等。水资源是发展国民经济不可缺少的重要自然资源。

地表水和地下水 陆地上的水因空间分布不同，可以分为地表水和地下水。地表水指分别存在于河流、湖泊、沼泽、冰川和冰盖等水体中水分的总称，又称陆地水。地下水指储存在地面以下饱和岩土孔隙、裂隙及溶洞中的水。

内陆水域总面积 指江、河、湖泊、池塘、塘堰、水库等各种流水或蓄水的水面占地面积。

径流 指大气降水扣除损耗外，从地表和地下向流域出口断面汇集的水流。径流可分为地表径流、地下径流和壤中流。地表径流指沿地表向河流、湖泊、沼泽、海洋等汇集的水流；地下径流指沿潜水层或隔水层间的含水层，向河流、湖泊、沼泽、海洋等汇集的地下水水流。

径流量 指在一定时段内通过河流某一过水断面的水量，用以反映一个国家或地区水资源的丰欠程度。计算公式为：

径流量 = 降水量 − 蒸发量

矿产资源 矿产指由地质作用形成，富集于地壳中或出露于地表达到工农业利用要求的有用矿物。矿产是一种重要的自然资源，是社会发展的重要物质基础。从某种意义上讲，一个国家对矿产资源开发利用的广度和深度，可以作为这个国家经济发展水平的标志。

矿产保有储量 指探明的矿产储量(包括工业储量和远景储量)，扣除已开采部分和地下损失量后的年末实有储量，是反映国家矿产资源现状的重要指标。

气温 指空气的温度，我国一般以摄氏度(0C)为单位表示。气象观测的温度表是放在离地面约1.5米处通风良好的百叶箱里测量的。因此，通常说的气温指的是离地面1.5米处百叶箱中的温度。其统计计算方法为：

月平均气温是将全月各日的平均气温相加，除以该月的天数而得。

年平均气温是将12个月的月平均气温累加后除以12而得。

相对湿度 指空气中实际水气压与当时气温下的饱合水气压之比。其统计方法与气温相同。

降水量 指从天气降落到地面的液态或固态(经融化后)水,未经蒸发、渗透、流失而在地面上积聚的深度。其统计计算方法为:

月降水量是将全月各日的降水量累加而得。

年降水量是将 12 个月的月降水量累加而得。

日照时数 指太阳实际照射地面的时间。其统计方法与降水量相同。

Explanatory Notes on Main Statistical Indicators

Administrative Division refers to the division of administrative areas by the state. The Constitution of the People's Republic of China stipulates that the administrative areas in China are divided as:1) The whole country is divided into provinces, autonomous regions and municipalities directly under the central government; 2) Provinces and autonomous regions are divided into autonomous prefectures (leagues) , counties (banners) , autonomous counties and cities; 3) Autonomous Prefectures are divided into counties , autonomous counties and cities; 4) Counties and autonomous counties are divided into townships, nationality townships and towns; 5) Municipalities and large cities are divided into districts and counties, 6) The state establish special administrative regions when necessary.

Territory refers to territorial land, sea and air space under the administration of a sovereign state.

Climate refers to the natural environmental status formed by the long-time exchange of energy and mass between the earth and the air, and is the results of interaction of many factors. Climate is both one of the environment factors and the important resources for the living and production activities of the human being. The average values across several years of meteorological factors such as temperature, rainfall and humidity are used as important parameters to describe the climate of a region, while the average values (or total values) of a given year or month of meteorological factors reflect the key characteristics of climate for that period of time.

Natural Resources refer to material resources that could be obtained from the nature by human being and used for production and living. Natural resources in general can be classified as renewable resources and non-renewable resources. Renewable resources refer to resources that could be renewed and recycled during a relatively short period of time, including land resource, water resource, climate resource, biology resource and marine resource. Non-renewable resources include resources that could not be renewed, such as minerals and geothermal resource.

Land Resource Land refers to the surface of the earth, consisting of mainly rocks and its weathering and earth. Land resource can be classified, by its utilization, as land for agriculture, land for construction and unused land. Land for agriculture includes cultivated land, plantation land, forestland, grassland and waters. Land for construction includes land for residential purpose, for manufacturing and mining, for transportation and for water conservancy projects. Unused land refers to land other than land for agriculture and construction, including beaches, deserts, Gobi, glaciers and Rock Mountains.

Area of Afforestated Land refer to land for trees, bamboo, bushes and mangrove, including forest-cover land, bush-covered land, sparse forest land, land Planned for afforestation and nurseries of young trees.

Area of Grassland refers to areas of grassland, grass-slopes and grass-covered hills with a vegetation-covering rate of over 5% that are used for animal husbandry or harvesting of grass. It includes natural, cultivated and improved grassland areas.

Forest Resource refers to forests, trees, forest land and wild animals, plants and microorganism that live on forest and trees. Trees include trees and bamboo. Forest refers to the population of clusters of trees and other plants, animals and microorganism as well as the earth and climate that have interactions with the trees.

Total Standing Stock Volume refers to the total stock volume of trees growing in land, including trees in forest, tress in sparse forest, scattered trees and trees planted by the side of farm houses and along the roads, rivers and fields.

Forest Area refers to the area of forest land where trees and bamboo grow with canopy density above 0. 2, including land of natural woods and planted woods, but excluding bush land and thin forest land. It reflects the total areas of afforestation.

Stock Volume of Forest refers to total stock volume of wood growing in forest area, which shows the total size and level of forest resources of a country or a region. It is also an important indicator illustrating the richness of forest resource and the status of forest ecological environment.

Forest Coverage Rate refers to the ratio of area of afforested land to total land area. This indicator shows the forest resources and afforestation progress of a country or a region. According to regulations of the government, in addition to afforested land, the area of bush forest, the area of forest land inside farm land and the area of trees planted by the side of farm houses and along the roads, rivers and fields should also be included in the area of afforested land in the calculation of the forest coverage-rate. The formula for calculating forest coverage rate is as follows:

Forestry coverage rate (%)=

Area of afforested Land/ Area of Total Land × 100%

Water Resource Water exists in the nature in solid, liquid and gaseous states, is distributed in the ocean, land (including earth) /and air, and constitutes the water resource through the circulation of water. Water resource includes the surface water and underground water that is controlled by the human being for irrigation, power-generation, water supply, navigation and cultivation. It also includes rivers, lakes, wells, springs, tides, gulf and water area for cultivation. Water resource as an important natural resource is indispensable for the development of the national economy.

Surface Water and Underground Water Water on earth can be divided into surface water and underground water according to its distribution. Surface water refers to moisture exists in rivers, lakes, swamps, glaciers, icecaps and so on. It is also called land water. The underground water refers to water deposited underground in the cranny and the hole of saturated rock soil and in the water-eroded cave.

Inland Water Area refers to water area of rivers, lakes, ponds, reservoir, etc.

Runoff refers to the water gathered at the way out of the cross section of drainage area either from the surface or underground after deducting the wastage of the precipitation. Runoff can be divided into surface runoff, underground runoff and within soil runoff. Surface runoff refers to water flow to the rivers, lakes, swamps, and seas on the surface of the earth. Underground runoff refers to water flow to rivers, lakes, swamps, and seas through the water-bearing stratum of confined layer or unconfined layer.

Volume of Runoff refers to the total volume of water running through a certain cross section of a river during a certain period of time, reflecting the water resource condition in a country or a region. The formula for calculating volume or runoff is as follows:

Runoff = Precipitation Evaporation

Mineral Resources refer to useful minerals that can be used for industrial or agricultural purposes enriched in

lithosphere or on earth due to the geological process.

Ensured Mineral Reserves refer to the actual min-

eral reserves, which equal to the proven mineral reserves (including industrial reserves and prospective reserves) minus extracted parts and underground losses. This indicator shows the current condition of the mineral resources of a country.

Temperature refers to the air temperature. China uses centigrade (0C) as the unit. The thermometry used for weather observation is put in a breezy shutter, which is 1. 5 meters high from the ground. Therefore, the commonly used temperature refers to the temperature in the breezy shutter 1. 5 meters away from the ground. The calculation method is as follows:

Monthly average temperature is the summation of average daily temperature of one month divided by the actual days of that particular month.

Annual average temperature is the summation of monthly average of a year divided by 12 months.

Relative Humidity refers to the ratio of actual water vapor pressure to the saturation water vapor pressure under the current temperature. The calculation method is the same as that of temperature.

Volume of Precipitation refers to the deepness of liquid state or solid state (thawed) water falling from the sky to the ground that has not been evaporated, infiltrated or run off. The calculation method is as follows:

Monthly precipitation is the summation of daily precipitation of a month.

Annual precipitation is the summation of 12 months , precipitation of a year.

Sunshine Hours refer to the actual hours of sun irradiating the earth. The calculation method is the same as that of the precipitation.

2014 NEIMENGGU

二、综合

General Survey

资料整理：张利珍

Arranged By Zhang Lizhen

2-1 平均每天主要社会经济活动
Major Indicators on Average Daily Social and Economic Activities

指　标	Item	1990	1995	2000	2005	2010	2013
全区每天创造的财富	**Autonomous Regional Daily Production**						
生产总值(万元)	Gross Domestic Product(10 000 yuan)	8748	23481	42168	106987	319781	461161
第一产业	Primary Industry	3084	7128	9611	16152	30008	43819
第二产业	Secondary Industry	2806	8460	15961	48581	174457	248882
工 业	Industry	2388	6983	13265	40490	153929	217655
建筑业	Construction	418	1477	2695	8091	20528	31227
第三产业	Tertiary Industry	2858	7893	16596	42254	115316	168460
#运输邮电业	Transportation, Postal & Telecommunications Services	567	1900	4807	11659	27254	35719
商业饮食业	Commerce	683	2275	5353	12551	36876	55230
财政收入(万元)	Government Revenue(10 000 yuan)	904	2092	4263	14695	47620	47150
财政支出(万元)	Government Expenditures(10 000 yuan)	1668	2799	7152	20126	62288	101000
粮食(吨)	Grain(ton)	26657	28915	34025	45540	59129	75973
油料(吨)	Oil-bearing Grops(ton)	1901	1923	3189	3348	3510	4333
肉类(吨)	Meat(ton)	1469	2243	3929	6299	6540	6710
牛奶(吨)	Cow Milk(ton)	1012	1331	2186	18934	24799	21022
水产品(吨)	Aquatic Products(ton)	83	130	198	226	312	387
布(万米)	Cloth(10 000 m)	29.55	23.42	9.01	22.84	26.88	0.01
乳制品(吨)	Dairy products(ton)	60	83	182	8425	9462	8244
原煤(万吨)	Coal(10 000 tons)	13.05	19.33	19.86	70.16	216.20	282.27
发电量(万千瓦小时)	Electricity(10 000 kwh)	4645	7631	12033	28948	68052	96459
钢(吨)	Steel(ton)	7480	9736	11605	22068	33776	54207
成品钢材(吨)	Steel Products(ton)	4807	7062	10381	20487	36751	49253
水泥(吨)	Cement(ton)	6246	9569	17260	44719	149433	178026
每天消费量	**Daily Consumption**						
最终消费(万元)	Final Consumption Expenditure(10 000 yuan)	5937	14778	23936	49393	125702	188756
居民消费(万元)	Resident Consumption(10 000 yuan)	4652	11314	17427	32632	73790	117295

注：2013年以前，财政收入为地方财政总收入；2013年起，财政收入为公共财政预算收入。下表同。

a)Before 2013,Government Revenue is Local Govemment Revenue; Form 2013,Government Revenue is General Budgetary Financial Revenue.The same as in the following tables.

2-1 续表 continued

指 标	Item	1990	1995	2000	2005	2010	2013
农民	Peasants	2368	4984	6517	8522	14428	23456
非农业居民	Non-agricultural Residents	2284	6330	10910	24110	59362	93839
政府消费(万元)	Government Consumption Expenditure (10 000 yuan)	1285	3464	6508	16761	51913	71461
能源消费量(万吨标准煤)	Energy Consumption (10 000 tons of SCE)	6.64	8.95	10.79	29.49	51.73	62.08
社会消费品零售总额(万元)	Total Retail Sales of Consumer Goods(10 000 yuan)	3577	8083	13260	37208	92712	140115
每天其他经济活动	**Other Daily Economic Activities**						
资本形成总额(万元)	Gross Capital Formation(10 000 yuan)	3416	10219	17591	77947	247134	430908
固定资本形成	Fixed Capital Formation	1939	7484	12039	73568	244896	418825
存货增加	Changes in Stock	1477	2735	5552	4379	2239	12082
城镇新建住宅面积(万平方米)	Residential Buildings Completed in Urban Areas(10 000 sq.m)	0.96	1.65	2.78	3.40	7.07	8.16
农牧民个人新建住宅面积 (万平方米)	Private Residential Building Complated in Rural Areas(10 000 sq.m)	1.36	2.65	2.36	1.40	0.99	2.15
货运量(万吨)	Freight Traffic(10 000 tons)	73.09	89.68	122.27	200.22	362.21	432.69
客运量(万人)	Passenger Traffic(10 000 persons)	28.70	50.06	64.52	87.98	66.69	59.51
进出口总额(万美元)	Total Imports and Exports(USD 10 000)	132.68	307.70	557.80	1414.22	2388.75	3285.61
邮电业务总量(万元)	Volume of Postal and Telecoms Services(10 000 yuan)	58.07	264.50	1541.00	5471.78	5527.90	8526.79
个人储蓄存款新增额(万元)	Outstanding Amount of savings deposits of individuals(10 000 yuan)	822	2496	2140	10129	19292	23505
图书出版(万册)	Books Published(10 000 copy)	21.78	17.97	20.34	24.35	16.63	16.02
杂志出版(万册)	Magazines Issued(10 000 copy)	3.46	2.84	4.34	3.79	3.94	20.61
报纸出版(万份)	Newspapers Issued(10 000 copy)	44.36	44.62	49.23	169.37	74.11	158.53
邮寄函件(万件)	Letters Delivered(10 000 piece)	22.14	45.83	26.51	8.61	9.28	5.11
每天人口变动与婚姻	**Daily Population Changes & Marriages**						
出生(人)	Births(person)	1117	1073	645	659	628	613
死亡(人)	Deaths(person)	293	417	359	357	374	384
结婚(对)	Marriages(couple)	435	475	416	423	555	607
离婚(对)	Divorces(couple)	60	75	89	107	157	239

2-2 社会经济主要指标人均水平

Major per Capita Indicators on Society and Economy

指标	Item	1990	1995	2000	2005	2010	2013
生产总值(元)	**Gross Domestic Product(yuan)**	**1478**	**3772**	**6502**	**16285**	**47347**	**67499**
财政收入(元)	**Government Revenue(yuan)**	**154**	**336**	**657**	**1397**	**7051**	**6901**
农牧业生产	**Agriculture Production**						
耕地面积(公顷)	Cultivated Land(hectare)	0.23	0.24	0.31	0.31	0.29	0.37
粮食产量(千克)	Output of Grain(kg)	454.15	464.40	524.60	693.19	875.47	1111.99
油料产量(千克)	Output of Oil-bearing Crops(kg)	32.38	30.90	49.20	50.96	51.96	63.40
甜菜产量(千克)	Output of Beet Roots(kg)	110.36	116.00	59.69	57.68	65.31	72.74
年末大牲畜(头)	Large Animals at the Year-end(head)	0.33	0.31	0.26	0.33	0.36	0.33
年 末 羊(只)	Sheep and Goats at the Year-end(head)	1.41	1.46	1.50	2.26	2.14	2.10
年末生猪(口)	Hogs at the Year-end(head)	0.24	0.34	0.31	0.29	0.28	0.27
肉类产量(千克)	Output of Meat(kg)	25.02	36.03	60.58	95.88	96.83	98.21
# 牛肉产量(千克)	Output of Beef(kg)	3.99	4.10	9.23	14.01	20.17	20.77
羊肉产量(千克)	Output of Mutton(kg)	5.96	7.42	13.44	30.21	36.20	35.61
猪肉产量(千克)	Output of Pork(kg)	13.43	20.97	32.37	36.71	29.15	29.41
牛奶产量(千克)	Output of Cow Milk(kg)	17.25	21.37	33.70	288.20	367.17	307.69
羊 毛(千克)	Wool(kg)	2.87	2.64	2.89	4.27	4.87	4.84
主要工业产品产量	**Output of Major Industrial Products**						
原 煤(吨)	Coal(ton)	2.22	3.10	3.06	10.68	32.01	41.32
原 盐(吨)	Salt(ton)	0.04	0.03	0.05	0.09	0.11	0.10
发 电 量(千瓦小时)	Electricity(kwh)	791	1225	1855	4406	10684	14118
糖(千克)	Sugar(kg)	7.64	7.51	5.09	6.15	4.88	16.98
乳 制 品(千克)	Dairy Products(kg)	1.03	1.33	2.81	128.25	140.09	120.67
呢 绒(米)	Woolen Fabric(m)	0.49	0.65	0.18	0.26	0.51	0.49
水 泥(吨)	Cement(ton)	0.11	0.15	0.27	0.68	2.21	2.61
钢(吨)	Steel(ton)	0.13	0.16	0.18	0.34	0.50	0.79
生 铁(吨)	Pig Iron(ton)	0.13	0.15	0.19	0.38	0.55	0.55
社会消费品零售额(元)	**Total Retail Sales of Consumer Goods(yuan)**	**610**	**1379**	**2571**	**5664**	**13727**	**20508**
人民生活	**People's Livelihood**						
职工平均工资(元)	Average Wage of Staff & Workers(yuan)	1846	4134	6974	15985	35507	51388
# 国 有(元)	State-owned Units(yuan)	1971	4407	7261	16598	37602	54592
集 体(元)	Urban Collective-owned Units(yuan)	1441	3001	4826	10804	29822	52107
城镇居民可支配收入(元)	Annual Disposable Income of Urban Residents(yuan)	1155	2846	5129	9137	17698	25497
城镇居民消费支出(元)	Living Expenditure of Urban(yuan)	982	2482	3928	6929	13995	19294
农牧民家庭纯收入(元)	Net Income of Rural Residents(yuan)	647	1300	2038	2989	5530	8596
农牧民家庭生活消费支出(元)	Living Expenditure of Residents(yuan)	539	1261	1615	2446	4461	7268
个人储蓄存款余额(元)	The balance of savings deposits of individuals	515	1804	3875	8231	18877	29896

注:个人储蓄存款余额 2010 年以前为城乡居民储蓄存款余额。

a)Before 2010, the balance of savings deposits of individuals is called resident saving deposit in urban & rural.

2-3 国民经济和社会发展总量与速度

指标	Item	总量指标				
		1978	1995	2000	2005	2010
人口与就业	**Population and Employment**					
人口(万人)	**Population(10 000 persons)**					
年末总人口	Population at the Year-end	1823.4	2284.4	2372.4	2403.1	2472.2
市镇人口	Urban	397.5	873.1	1001.1	1134.3	1372.9
乡村人口	Rural	1425.9	1411.3	1371.3	1268.8	1099.3
男性人口	Male	957.8	1187.6	1227.2	1237.9	1283.9
女性人口	Female	865.6	1096.8	1145.2	1165.2	1188.3
就业(万人)	**Employment(10 000 persons)**					
从业人数	Employment	652.8	1029.4	1061.6	1041.1	1184.7
#职工人数	Staff and Workers	227.6	383.7	263.9	239.6	244.9
城镇登记失业人数	Unemployed in Urban Areas		14.0	12.7	17.8	20.8
宏观经济	**Macroeconomic Indicator**					
国民经济核算(亿元)	**National Accounting (100 million yuan)**					
生产总值	Gross Domestic Product	58.04	857.06	1539.12	3905.03	11672.00
第一产业	Primary Industry	18.96	260.18	350.80	589.56	1095.28
第二产业	Secondary Industry	26.37	308.78	582.57	1773.21	6367.69
第三产业	Tertiary Industry	12.71	288.10	605.74	1542.26	4209.02
固定资产投资(亿元)	**Investment in Fixed Assets (100 million yuan)**					
全社会固定资产投资总额	Investment in Fixed Assets		273.06	430.42	2687.84	8971.63
#国有单位	State-owned Units		210.00	275.06	1644.71	4191.07
集体单位	Collective-owned Units		11.14	27.15	41.14	108.74
个体经济	Individuals		44.09	51.64	84.26	105.44
财政(亿元)	**Public Finance(100 million yuan)**					
地方财政总收入	Government Revenue	6.90	43.70	110.68	335.09	1738.14
地方财政总支出	Government Expenditures	18.69	102.18	261.06	734.61	2273.50
物价总指数(上年=100)	**Price Indices(preceding year=100)**					
商品零售价格总指数	General Retail Price Index	101.0	116.8	98.8	101.5	103.0
居民消费价格总指数	General Consumer Price Index		117.5	101.3	102.4	103.2
农产品生产者价格总指数	Price Indices of Farm Products by Category of Commodities	101.6	124.7	99.7	103.2	111.4
能源生产与消费(万吨标准煤)	**Production and Consumption of Energy(10 000 tons of SCE)**					
能源生产总量	Total Energy production	1070.63	4642.02	4701.23	19082.33	49740.18
能源消费总量	Total Energy Consumption		3268.44	3937.54	10788.37	18882.66

Principal Aggregate Indicators on National Economic and Social Development and Their Related Indices and Growth Rates

Aggregate Data	速度指标(%) Indices and Growth Rates(%)								
2013	指数(2013年比以下各年) Index(2012 as Percentage of the following years)					平均增长速度 Average Annual Growth Rate			
	1978	1995	2000	2005	2010	1979-2013	1996-2000	2001-2005	2006-2010
2497.6	137.0	109.3	105.3	103.9	101.0	0.9	0.8	0.3	0.6
1466.4	368.9	167.9	146.5	129.3	106.8	3.8	2.8	2.5	3.9
1031.3	72.3	73.1	75.2	81.3	93.8	-0.9	-0.6	-1.5	-2.8
1294.4	135.1	109.0	105.5	104.6	100.8	0.9	0.7	0.2	0.7
1203.2	139.0	109.7	105.1	103.3	101.3	0.9	0.9	0.3	0.4
1408.2	215.7	136.8	132.6	135.3	118.9	2.2	0.6	-0.4	2.6
294.4	129.3	76.7	111.6	122.9	120.2	0.7	-7.2	-1.9	0.4
23.8		170.0	187.4	133.7	114.4		-1.9	6.9	3.2
16832.38	5812.0	1163.3	688.5	312.5	138.9	12.3	11.1	17.1	17.6
1599.41	856.5	275.6	202.2	147.2	117.6	6.3	6.4	6.6	4.6
9084.19	8246.9	1891.3	1105.7	409.1	146.8	13.4	11.3	22.0	22.8
6148.78	11420.3	1111.1	585.3	266.6	132.5	14.5	13.7	17.0	15.0
15520.72		5684.0	3605.9	577.4	173.0		9.5	44.2	27.3
6149.11		2928.1	2235.6	373.9	146.7		5.5	43.0	20.6
160.67		1442.3	591.8	390.5	147.8		19.5	8.7	21.5
224.92		510.1	435.6	266.9	213.3		3.2	10.3	4.6
							20.4	24.8	39.0
3686.52	19724.5	3607.9	1412.1	501.8	162.2	16.3	20.6	23.0	25.4
102.6	462.3	131.5	128.3	124.3	110.3	4.5	0.5	0.6	2.4
103.2		162.3	143.8	129.7	112.4		2.5	2.1	2.9
103.2		192.4	231.3	179.0	121.9		-3.6	5.3	8.0
62261.61	5815.4	1341.3	1324.4	326.3	125.2	12.3	0.3	32.3	21.1
22657.49		693.2	575.4	210.0	120.0		3.8	22.3	11.8

2-3 续表 1

指 标	Item	总量指标				
		1978	1995	2000	2005	2010
产 业	**Industry**					
农林牧渔业	**Farming, Forestry, Animal Husbandry & Fishery**					
耕地面积(万公顷)	Cultivated Areas(10 000 hectares)	532.60	549.10	731.70	735.50	714.90
从业人员(万人)	Persons Engaged in (10 000 persons)	393.80	503.00	524.30	529.18	540.53
总产值(亿元)	Gross Output(100 million yuan)	28.35	373.59	543.16	980.21	1843.57
主要农畜产品产量	Output of Major Farm & Livestock					
粮食(万吨)	Grain(10 000 tons)	499.00	1055.40	1241.90	1662.20	2158.20
油料(万吨)	Oil Bearing Crops(10 000 tons)	12.50	70.20	116.40	122.20	128.10
甜菜(万吨)	Beet Roots(10 000 tons)	43.10	263.50	141.30	138.30	161.00
造林面积(万公顷)	Forested Areas(10 000 hectares)	29.79	40.25	58.90	38.38	65.52
肉类(万吨)	Meat(10 000 tons)		81.89	143.40	229.91	238.71
牛奶(万吨)	Cow milk(10 000 tons)		48.57	79.80	691.08	905.15
羊毛(万吨)	Wool(10 000 tons)		5.99	6.85	10.25	12.00
羊绒(吨)	Cashmere(ton)		3114	3815	6646	8104
水产品(万吨)	Aquatic Products(10 000 tons)	1.50	4.76	7.21	8.26	11.38
六月末牲畜总数(万头只)	Livestock(10 000 heads)	4162.30	6065.70	7300.47	10615.30	10798.50
大牲畜(万头)	Large Animals(10 000 heads)	697.50	783.80	803.31	934.20	1140.10
羊(万只)	Sheep and Goats(10 000 heads)	2860.50	4302.50	5406.23	8713.00	8408.00
生猪(万口)	Hogs(10 000 heads)	604.30	979.40	1090.92	968.10	1250.50
工业生产	**Industrial Production**					
工业总产值(亿元)	Gross Output(100 million yuan)	52.96	626.52	1202.85	3861.58	16020.00
轻工业(亿元)	Light Industry(100 million yuan)	22.05	215.92	464.26	1171.70	4645.80
重工业(亿元)	Heavy Industry(100 million yuan)	30.91	410.61	738.59	2689.88	11374.00
工业增加值(亿元)	Value Added(100 million yuan)	21.84	254.88	484.19	1477.88	5618.40
主要工业产品产量	Output of Industrial Products					
原煤(万吨)	Raw Coal(10 000 tons)	2194	7055	7247	25608	78913
原油(万吨)	Crude Oil(10 000 tons)			90.50	146.92	182.91
原盐(万吨)	Raw Salt(10 000 tons)	65.18	76.13	126.68	215.84	278.42
发电量(亿千瓦小时)	Electricity(100 million kwh)	37.38	278.54	439.21	1056.59	2483.90
糖(包括土糖)(万吨)	Sugar(10 000 tons)	4.23	17.07	12.04	14.75	12.04
乳制品(万吨)	Dairy Products(10 000 tons)	0.31	3.03	6.65	307.53	345.36
呢绒(万米)	Woolen Fabric(10 000 m)	336.80	1477.00	421.20	611.76	1257.94
服装(万件)	Garments(10 000 units)		4868.00	1794.70	1980.72	3676.37
机制纸及纸板(万吨)	Machine Made Paper(10 000 tons)	4.25	19.15	12.19	25.74	28.84
水泥(万吨)	Cement(10 000 tons)	91.91	349.27	630.00	1632.25	5454.30
钢(万吨)	Steel(10 000 tons)	99.00	355.36	423.59	805.49	1232.84
生铁(万吨)	Pig Iron(10 000 tons)	107.00	345.78	440.83	922.69	1358.97
成品钢材(万吨)	Steel Products(10 000 tons)	36.23	257.77	378.91	747.77	1341.41
电视机(万台)	Television Sets(10 000 sets)	0.10	32.68	51.80	239.09	204.37
建筑业	**Construction**					
建筑业从业人数(万人)	Employed Persons(10 000 persons)		30.98	35.30	26.35	44.34
建筑企业总产值(亿元)	Gross output Value(100 million yuan)		85.52	138.80	381.30	1125.58
施工房屋面积(万平方米)	Building Floor Space(10 000 sq.m)		1010.92	1816.94	2958.88	7577.89
竣工房屋面积(万平方米)	Completed Floor Space(10 000 sq.m)		511.86	1130.00	1623.38	3805.24
交通运输	**Transportation**					
货运量(万吨)	Freight Traffic(10 000 tons)	8213	32732	44629	73082	132205
铁路	Railways	3861	8347	9648	22060	47040
公路	Highways	4352	24384	34979	51020	85162
空运	Civil Aviation		1.13	2.00	2.00	3.11
客运量(万人)	Passenger Traffic(10 000 persons)	3422	18273	23549	32114	24343
铁路	Railways	1753	2909	3378	3259	4136
公路	Highways	1669	15248	20061	28604	19830
空运	Civil Aviation		116	110	251	377

注:2013 年起,铁路客(货)运量包含地方铁路数据,下同。

a)Since 2013,Railway Passenger(Frieight) traffic include Local railway data,Same as follow.

continued

Aggregate Data	速度指标(%) Indices and Growth Rates(%)								
2013	指数(2013年比以下各年) Index(2012 as Percentage of the following years)					平均增长速度 Average Annual Growth Rate			
	1978	1995	2000	2005	2010	1979-2013	1996-2000	2001-2005	2006-2010
912.20	171.3	166.1	124.7	124.0	127.6	1.5	5.9	0.1	-0.6
550.22	139.7	109.4	104.9	104.0	101.8	1.0	0.8	0.2	0.4
2699.50	859.7	304.6	214.1	147.4	116.9	6.3	7.3	7.7	4.7
2773.00	555.7	262.7	223.3	166.8	128.5	5.0	3.3	6.0	5.4
158.14	1265.1	225.3	135.9	129.4	123.5	7.5	10.6	1.0	0.9
181.36	420.8	68.8	128.4	131.1	112.6	4.2	-11.7	-0.4	3.1
80.52	270.3	200.0	136.7	209.8	122.9	2.9	7.9	-8.2	11.3
244.90		299.1	170.8	106.5	102.6		11.8	9.9	0.8
767.30		1579.8	961.5	111.0	84.8		10.4	54.0	5.5
12.07		201.5	176.2	117.7	100.6		2.7	8.4	3.2
7901		253.7	207.1	118.9	97.5		4.1	11.7	4.0
14.13	942.1	296.9	196.0	171.1	124.2	6.6	8.7	2.8	6.6
11819.76	284.0	194.9	161.9	111.3	109.5	3.0	3.8	7.8	0.3
1266.54	181.6	161.6	157.7	135.6	111.1	1.7	0.5	3.1	4.1
9024.72	315.5	209.8	166.9	103.6	107.3	3.3	4.7	10.0	-0.7
1528.50	252.9	156.1	140.1	157.9	122.2	2.7	2.3	-2.4	5.3
24137.53	11035.9	2143.9	1222.7	455.6	153.0	14.4	11.9	21.8	24.4
6951.61	10259.9	1956.8	956.4	361.4	143.2	14.1	15.4	21.5	20.3
17185.92	10228.1	2014.9	1308.6	488.3	155.3	14.1	9.0	21.8	25.7
7944.40	8666.1	2085.8	1153.0	436.1	148.1	13.6	12.6	21.5	24.1
103030	4696.0	1460.4	1421.7	402.3	130.6	11.6	0.5	28.7	25.2
192.68			212.9	131.1	105.3			10.2	4.5
243.02	372.8	319.2	191.8	112.6	87.3	3.8	10.7	11.2	5.2
3520.77	9418.9	1264.0	801.6	333.2	141.7	13.9	9.5	19.2	18.6
42.35	1001.2	248.1	351.7	287.1	351.7	6.8	-6.7	4.1	-4.0
300.92	97071.0	9931.4	4525.1	97.9	87.1	21.7	17.0	115.3	2.3
1228.30	364.7	83.2	291.6	200.8	97.6	3.8	-22.2	7.8	15.5
3148.40		64.7	175.4	159.0	85.6		-18.1	2.0	13.2
11.91	280.2	62.2	97.7	46.3	41.3	3.0	-8.6	16.1	2.3
6497.96	7069.9	1860.4	1031.4	398.1	119.1	12.9	12.5	21.0	27.3
1978.56	1998.5	556.8	467.1	245.6	160.5	8.9	3.6	13.7	8.9
1367.23	1277.8	395.4	310.1	148.2	100.6	7.6	5.0	15.9	8.1
1797.74	4962.0	697.4	474.5	240.4	134.0	11.8	8.0	14.6	12.4
373.76	373757.4	1143.7	721.5	156.3	182.9	26.5	9.7	35.8	-3.1
39.58		127.8	112.1	150.2	89.3		2.6	-5.7	11.0
1571.16		1837.2	1132.0	412.1	139.6		10.2	22.4	24.2
8839.62		874.4	486.5	298.7	116.7		12.4	10.2	20.7
3630.63		709.3	321.3	223.6	95.4		17.2	7.5	18.6
173913							6.4	10.6	12.6
76849							2.9	18.0	16.4
97058	2230.2	398.0	277.5	190.2	114.0	9.3	7.5	7.8	10.8
5.49		485.8	274.5	274.5	176.5		12.1		9.2
21751							5.2	6.4	-5.4
4866							3.0	-0.7	4.9
16184	969.7	106.1	80.7	56.6	81.6	6.7	5.6	7.4	-7.1
701		604.3	637.3	279.3	185.9		-1.1	17.9	8.5

2-3 续表 2

指 标	Item	总量指标				
		1978	1995	2000	2005	2010
邮电通信业	**Postal & Telecoms Services**					
邮电业务总量(亿元)	Total Revenue(100 million yuan)	0.42	9.66	56.25	199.72	200.69
函 件(万件)	Letters Delivered(10 000 pieces)	6658	16728	9677	3143	3389
报刊期发数(万份)	Newspapers and Magazines Distributed(10 000 copies)	253	486	395	194	242
局用交换机容量(万门)	Capacity of office Telephone Exchange(10 000 lines)	5.08	105.92	254.30	430.45	711.47
电话机(万部)	Telephone sets(10 000 units)	9.96	85.49	322.20	1254.30	2448.09
国内贸易	**Domestic Trade**					
社会消费品零售总额(亿元)	Total Retail Sales of Consumer Goods(100 million yuan)	36.83	313.31	608.55	1358.1	3384.00
对外经济贸易	**Foreign Trade**					
进出口总额(亿美元)	Exp. & Imp.(USD100 million)	0.16	11.23	20.36	51.62	87.19
进口额	Imports	0.05	5.15	10.14	30.97	53.84
出口额	Exports	0.11	6.08	10.22	20.65	33.35
实际利用外资额(万美元)	Amount of Foreign Capital Actually Utilized(USD 10 000)		10838	54819	140007	355876
国际旅游	**International Tourism**					
来华旅游人数(万人)	Tourists(10 000 persons)		30.09	39.19	100.16	142.80
旅游外汇收入 (万美元)	Earnings (USD 10 000)		9052	12645	35207	60190
金融保险	**Finance and Insurance**					
金融机构各项存款(亿元)	Deposits of Banking (100 million yuan)	16.47	566.34	1270.13	3298.15	10278.69
金融机构各项贷款(亿元)	Loans of Banking (100 million yuan)	40.33	819.87	1340.74	2588.57	7919.47
中资保险公司保险金额(亿元)	Amount Insured (100 million yuan)		1426	1624	10504	37989
中资保险公司保费收入(亿元)	Insurance Premium (100 million yuan)		9.11	24.63	60.87	198.84
中资保险公司赔款及给付(亿元)	Chaim and Paymen (100 million yuan)		4.87	7.92	10.76	59.45
教育、科技、文化	**Education, Sci., Tech & Culture**					
教育	**Education**					
专任教师数(人)	Full-teachers(person)					
普通高等学校	Higher Education	2949	7070	8856	16189	23332
中等学校	Secondary Schools	81208	98437	101036	107704	110137
小学	Primary Schools	121364	153461	129242	118988	113546
在校学生数(人)	Students Enrollment(person)					
普通高等学校	Higher Education	12567	37248	71967	229354	371388
中等学校	Secondary Schools	1624573	1304852	1621258	1798804	1648686
小学	Primary Schools	2917772	2343129	2015076	1596381	1430751
教育经费支出 (亿元)	Expenditures(100 million yuan)		31.70	55.28	116.22	357.09
科技	**Science and Technology**					
研究与发展经费支出(万元)	Expenditures on R&D (10 000 yuan)		2023	24606	113208	637205
技术市场成交额(万元)	Transaction in Technical Markets(10 000 yuan)		25000	60287	310620	868893
文化	**Culture**					
出版数量	Publications					
图书(万册·张)	Books(10 000 copies)	3200	6560	7423.34	8888.15	6069.00
杂志(万册)	Magazines(10 000 copies)		1036.00	1585.46	1384.00	1437.00
报纸(万份)	Newspapers(10 000 copies)		16286.00	17967.23	61819.00	27050.00
电视节目制作时间(小时)	Time for TV Programs(hours)		9843.00	12916.00	71091.00	64697.00

continued

Aggregate Data	速度指标(%) Indices and Growth Rates(%)								
2013	指数(2013比以下各年) Index(2012 as Percentage of the following years)					平均增长速度 Average Annual Growth Rate			
	1978	1995	2000	2005	2010	1979-2013	1996-2000	2001-2005	2006-2010
311.23	74101.8	3221.8	553.3	155.8	155.1	20.8	42.2	28.8	0.1
1865	28.0	11.1	19.3	59.3	55.0	-3.6	-10.4	-20.1	1.5
248	98.0	51.0	62.8	127.8	102.5	-0.1	-4.1	-13.3	4.5
808.58	15917.0	763.4	318.0	187.8	113.6	15.6	19.1	11.1	10.6
3067.84	30801.6	3588.5	952.2	244.6	125.3	17.8	30.4	31.2	14.3
5114.20	13886.0	1632.3	840.4	376.6	151.1	15.1	14.2	17.2	20.0
119.92	74952.9	1067.9	589.0	232.3	137.5	20.8	12.6	20.5	11.1
79.00	157998.0	1534.0	779.1	255.1	146.7	23.4	14.5	25.0	11.7
40.93	37205.2	673.1	400.4	198.2	122.7	18.4	10.9	15.1	10.1
484258		4468.1	883.4	345.9	136.1		38.3	20.6	20.5
161.61		537.1	412.1	161.4	113.2		5.4	20.6	7.4
96229		1063.1	761.0	273.3	159.9		6.9	22.7	11.3
15205.69	92323.6	2684.9	1197.2	461.0	147.9	21.5	17.5	21.0	25.5
12944.17	32095.6	1578.8	965.4	500.1	163.4	17.9	10.3	14.1	25.1
73075		5124.5	4499.7	695.7	192.4		2.6	45.3	29.3
274.69		3015.3	1115.3	451.3	138.1		22.0	19.8	26.7
100.56		2064.9	1269.7	934.6	169.2		10.2	6.3	40.8
24554	832.6	347.3	277.3	151.7	105.2	6.2	4.6	12.8	7.6
119679	147.4	121.6	118.5	111.1	108.7	1.1	0.5	1.3	0.4
100752	83.0	65.7	78.0	84.7	88.7	-0.5	-3.4	-1.6	-0.9
399201	3176.6	1071.7	554.7	174.1	107.5	10.4	14.1	26.1	10.1
1428121	87.9	109.4	88.1	79.4	86.6	-0.4	4.4	2.1	-1.7
1310595	44.9	55.9	65.0	82.1	91.6	-2.3	-3.0	-4.6	-2.2
612.05		1930.8	1107.2	526.6	171.4		11.8	16.0	25.2
1171877		57927.7	4762.6	1035.2	183.9		64.8	35.7	41.3
1589334		6357.3	2636.3	511.7	182.9		19.2	38.8	22.8
5849.00	182.8	89.2	78.8	65.8	96.4	1.7	2.5	3.7	-7.3
7523.90		726.2	474.6	543.6	523.6		8.9	-2.7	0.8
57864.30		355.3	322.1	93.6	213.9		2.0	28.0	-15.2
70071.00		711.9	542.5	98.6	108.3		5.6	40.6	-1.9

2-3 续表 3

指标	Item	总量指标				
		1978	1995	2000	2005	2010
家庭、生活、环境	**Family, Livelihood & Environment**					
家庭	**Family**					
城镇居民平均每户家庭人口(人)	Average Household Size in Urban Areas(person)		3.34	3.08	3.00	2.82
农村居民平均每户家庭人口(人)	Average Household Size in Rural Areas(person)	5.78	4.50	4.10	3.78	3.47
婚姻	**Marriages and Divorces**					
结婚数(万对)	Number of Marriages(10 000 couples)		17.35	15.20	15.45	20.26
离婚数(万对)	Number of Divorces(10 000 couples)		2.75	3.25	3.92	5.72
居住	**Housing**					
城市居民人均居住面积(平方米)	Per Capita Net Floor Space of Urban Residents(sq.m)	3.50	12.06	15.54	26.09	29.84
农村居民人均居住面积(平方米)	Per Capita Net Floor Space of Rural Residents(sq.m)		15.29	17.00	19.70	22.10
生活	**People's Livelihood**					
城镇居民人均可支配收入(元)	Per Capita Annual Income of Urban Households(yuan)	301	2846	5129	9137	17698
农村牧区居民人均纯收入(元)	Per Capita Net Income of Rural Residents(yuan)	131	1300	2038	2989	5530
农民人均纯收入(元)	Farmers(yuan)	126	1208	1869	2813	5222
牧民人均纯收入(元)	Herdsmen(yuan)	188	1871	3355	4341	7851
个人储蓄存款余额(亿元)	The balance of savings deposits of individuals	2.53	410.82	875.74	1973.60	4618.11
工资和福利	**Wages and Welfare**					
工资总额(亿元)	Total Wages(100 million yuan)	14.98	156.12	185.96	387.73	879.80
职工平均工资(元)	Average Wage of Staff & Workers(yuan)	712	4134	6974	15985	35507
卫生	**Health Care**					
医院、卫生院(个)	Number of Hospitals(unit)	1723	2003	1988	1834	1807
医生(人)	Number of Doctors(person)	26724	49345	52299	50308	54161
医院、卫生院床位数(张)	Number of Hospital Beds(unit)	24079	61933	63156	64002	87882
市政建设	**City Construction**					
自来水供应量(亿吨)	Tap Water Supply(100 million tons)	0.88	6.32	6.18	6.11	6.28
下水道长度(公里)	Length of Sewer Pipelines(km)		2156	2693	4505	8514
城市煤气和天然气供气量(万立方米)	Volume of Coal & Natural Gas Supply in Urban Areas(10 000 cu.m)		5694	7485	16330	72560
公共汽车总数(辆)	Total Number of Public Buses(unit)	425	2078	2128	3594	5771
铺装道路长度(公里)	Length of Paved Roads(km)	677	2229	2771	3867	6447
绿地面积(公顷)	Areas of Green Land(hectare)	2143	13394	16541	24632	38143
环境、灾害	**Environment and Disaster**					
污染治理项目本年完成投资额(亿元)	Investment of Pollution Treatment in the Year(100 million yuan)			5.59	2.57	11.18
火灾发生数(起)	Number of Fire Disasters(times)			2096	5422	8741
火灾损失(万元)	Fire Loss(10 000 yuan)			1365	1687	5195
交通事故发生数(起)	Number of Traffic Accidents(times)			9521	8452	4780
交通事故损失(万元)	Loss of Traffic Accidents(10 000 yuan)			2539	2785	2346

注:1.个人储蓄存款余额为2011年修改指标,2010以前为城乡居民储蓄存款余额。

2.污染治理项目本年完成投资额,2011年前取自环保厅,2012年起数据取自环保厅和城建厅。

continued

Aggregate Data	速度指标(%) Indices and Growth Rates(%)								
2013	指数(2013年比以下各年) Index(2012 as Percentage of the following years)					平均增长速度 Average Annual Growth Rate			
	1978	1995	2000	2005	2010	1979-2013	1996-2000	2001-2005	2006-2010
2.81		84.1	91.2	93.7	99.6		-1.6	-0.5	-1.2
3.02	52.2	67.1	73.7	79.9	87.0	-1.8	-1.8	-1.6	-1.7
22.16		127.7	145.8	143.4	109.4		-2.6	0.3	5.6
8.73		317.3	268.5	222.6	152.5		3.4	3.8	7.9
29.60	845.7	245.4	190.5	113.5	99.2	6.3	5.2	10.9	2.7
26.01		170.1	153.0	132.0	117.7		2.1	3.0	2.3
25497	1369.7	561.1	355.0	216.6	127.8	7.8	9.6	10.4	11.1
8596	1165.0	425.2	285.0	221.4	139.6	7.3	8.3	5.2	9.7
8032	989.0	411.7	290.2	220.0	138.1	6.8	7.2	5.7	9.8
12668	1174.3	402.0	258.5	224.6	144.9	7.3	9.2	2.9	9.2
7455.17									
1563.34	10436.2	1001.4	840.7	403.2	177.7	14.2	3.6	15.8	17.8
51388	7217.4	1243.1	736.9	321.5	144.7	13.0	11.0	18.0	17.3
1898	110.2	94.8	95.5	103.5	105.0	0.3	-0.2	-1.6	-0.3
62055	232.2	125.8	118.7	123.4	114.6	2.4	1.2	-0.8	1.5
109474	454.6	176.8	173.3	171.0	124.6	4.4	0.4	0.3	6.5
7.16	813.4	113.3	115.8	117.1	114.0	6.2	-0.4	-0.2	0.6
11208		519.9	416.2	248.8	131.6		4.5	10.8	13.6
108232		1900.8	1446.0	662.8	149.2		5.6	16.9	34.8
6676	1570.8	321.3	313.7	185.8	115.7	8.2	0.5	11.1	9.9
8223	1214.6	368.9	296.7	212.6	127.5	7.4	4.4	6.9	10.8
49333	2302.1	17.2	298.2	200.3	129.3	9.4	4.3	8.3	9.1
506.83								-14.4	34.2
11825			564.2	218.1	135.3			20.9	10.0
12905			945.4	765.0	248.4			4.3	25.2
3634			38.2	43.0	76.0			-2.4	-10.8
1607			63.3	57.7	68.5			1.9	-3.4

a)Before 2010, the balance of savings deposits of individuals is called resident saving deposit in urban & rural.
b)Investment of Pollution Treatment are from Environmental Protection Bureau before 2011,From 2012,data ere from Environmental Protection Bureau and Ministry of Housing and Urban-Rural Development.

2-4 国民经济和社会发展结构

Structural Indicators on National Economic and Social Development

单位：%　　　　(%)

指标	Item	1990	1995	2000	2005	2010	2013
人口城乡结构	**Urban and Rural Structure of Population**						
城镇	Urban	36.1	38.2	42.2	47.2	55.5	58.7
乡村	Rural	63.9	61.8	57.8	52.8	44.5	41.3
人口性别结构	**Sexual Structure of Population**						
男	Male	52.1	52.0	51.7	51.5	51.9	51.8
女	Female	47.9	48.0	48.3	48.5	48.1	48.2
就业产业结构	**Industrial Structure of Employment**						
第一产业	Primary Industry	55.8	52.1	52.2	53.8	48.2	41.2
第二产业	Secondary Industry	21.8	21.9	17.1	15.6	17.4	18.8
第三产业	Tertiary Industry	22.4	26.0	30.7	30.5	34.4	40.0
生产总值三次产业结构	**Industrial Structure of GDP**						
第一产业	Primary Industry	35.3	30.4	22.8	15.1	9.4	9.5
第二产业	Secondary Industry	32.1	36.0	37.9	45.4	54.5	54.0
第三产业	Tertiary Industry	32.6	33.6	39.3	39.5	36.1	36.5
国民总支出中总投资和总消费结构	**Investment and Consumption as Percentage of National Expenditures**						
总投资	Investment	39.0	43.5	41.7	72.9	77.3	93.4
总消费	Consumption	67.9	62.9	56.8	46.2	39.3	40.9
工农业总产值中农、轻、重结构	**Structure of Gross Output Value of Agriculture, Light Industry and Heavy Industry**						
农业	Agriculture	37.3	38.2	31.1	20.2	10.3	10.1
轻工业	Light Industry	25.8	21.6	27.0	24.2	26.0	25.9
重工业	Heavy Industry	36.9	45.3	43.0	55.6	63.7	64.0
农、林、牧、渔业产值结构	**Structure of Gross Output Value of Agriculture**						
农业	Farming	65.7	62.0	56.8	48.3	48.8	49.2
林业	Forestry	4.0	3.2	4.3	4.1	4.2	3.6
牧业	Animal Husbandry	29.6	34.0	37.8	45.4	44.6	44.8
渔业	Fishery	0.7	0.8	1.1	0.7	0.9	1.1
工业总产值中轻、重工业结构	**Structure of Gross Output Value of Industry**						
轻工业	Light Industry	41.2	34.5	38.6	30.3	29.0	28.8
重工业	Heavy Industry	58.8	65.5	61.4	69.7	71.0	71.2
固定资产投资额三次产业投资结构	**Type of Industry as Percentage of Total Investment in Fixed Assets Capital Construction**						
第一产业	Primary Industry	7.6	8.6	11.1	5.2	5.4	6.8
第二产业	Secondary Industry	57.3	64.8	34.3	58.9	55.2	55.7
第三产业	Tertiary Industry	35.1	26.6	54.6	35.9	39.4	37.6
教育经费占财政支出的比例	**Educational Expenses as Percentage in Financial Expenditures**	**14.1**	**16.2**	**11.6**	**10.7**	**14.2**	**12.4**

2-4 续表 continued

单位：%　　(%)

指标	Item	1990	1995	2000	2005	2010	2013
建筑业总产值结构	**Structure of Gross Output Value of Construction Enterprises**						
土木工程建筑业	Civil Engineering Construction	96.9	90.0	90.1	94.7	94.6	
线路管道设备安装业	Line and Equipment Installation	3.1	9.5	9.3	4.5	4.5	
建筑物装修装饰业	Building Decoration		0.5	0.6	0.8	0.9	
货运量结构(按运输方式分)	**Structure of Freight Traffic by Means of Transportation**						
铁路	Railways	26.0	27.5	21.6	30.2	35.6	44.2
公路	Highways	74.0	72.5	78.4	69.8	64.4	55.8
航空	Civil Aviation						
管道	Pipelines						
社会消费品零售总额构成	**Composition of Retail Sales of Consumer Goods**						
市	Cities	55.0	58.0	60.0	66.9		
县	Counties	25.9	24.0	24.0	20.7		
县以下	Below Counties	19.1	18.0	16.0	12.4		
学校在校学生结构	**Structure of Student Enrollment**						
大学生	College and University Students	0.9	1.0	4.8	6.3	10.7	12.7
中学生	Secondary School Students	34.2	35.4	40.9	49.6	47.8	45.5
小学生	Primary School Students	64.9	63.6	54.3	44.1	41.5	41.8
科技经费内部支出结构	**Structure of Internal Expenditures on Scientific and Technological Activities**						
#劳务费	Service Fees			44.6	19.7		
研究与发展经费支出	Expenditures of Research and Development			35.6	34.0		
城镇居民消费结构	**Consumption Structure of Urban Residents**						
食品类	Food	48.3	48.4	34.5	31.4	30.1	28.3
衣着类	Clothing	16.5	16.3	14.3	15.1	15.7	12.7
用品及其他	Articles for Daily Use and Others	35.2	29.0	42.6	43.1	44.3	41.0
居住	Residence		6.3	8.6	10.4	9.9	18.0
农牧民消费结构	**Consumption Structure of Rural Residence**						
食品类	Food		59.7	44.8	43.1	37.5	31.2
衣着类	Clothing		7.3	6.9	6.1	7.1	7.4
用品及其他	Articles for Daily Use and Others		19.7	32.9	37.1	38.5	44.2
居住	Residence		13.3	15.4	13.7	16.9	17.2
卫生技术人员结构	**Medical Technical Personnel**						
医生	Doctors	42.8	48.3	51.9	41.5	44.0	41.9
护师、护士	Nurses	22.9	24.1	25.6	22.3	30.6	35.3

注：2013年起，城镇居民(农牧民)消费结构数据为城乡住户一体化调查数据。

a)From 2013, Date on Consumption Structure of Urban(Rural) Residents is the household survey data integration of urban and rural.

2-5 国民经济和社会发展比例和效益
Indicators on Proportions and Efficiency in National Economic and Social Development

指标	Item	1990	1995	2000	2005	2010	2013
人口与就业	**Population and Employment**						
人口	Population						
出生率(‰)	Birth Rate(‰)	21.2	17.2	12.1	10.1	9.3	9.0
死亡率(‰)	Death Rate(‰)	7.2	6.7	5.9	5.5	5.5	5.6
自然增长率(‰)	Natural Growth Rate(‰)	14.0	10.5	6.1	4.6	3.8	3.4
就业	Employment						
城镇就业者负担人数(人)	Dependency Rural Laborer(person)	1.89	1.86	1.92	1.91	1.94	1.87
三次产业从业者比例(以第一产业为100)	Employment Ratio by type of Industry (Employment in Primary industry=100)						
第一产业	Primary Industry	100	100	100	100	100	100
第二产业	Secondary Industry	39.1	41.9	33.0	29.0	36.1	45.6
第三产业	Tertiary Industry	40.3	50.0	58.8	56.7	71.4	96.9
城镇登记失业率(%)	Unemployment Rate in Urban Areas(%)	3.49	3.17	3.34	4.26	3.90	3.66
宏观经济	**Macro Economy**						
国民经济核算	National Accounting						
三次产业增加值比例(以第一产业为100)	Ratio of Value-added by Type of Industry (Value added in Primary industry=100)						
第一产业	Primary Industry	100	100	100	100	100	100
第二产业	Secondary Industry	91.0	118.7	166.1	300.8	581.4	568.0
第三产业	Tertiary Industry	92.7	110.7	172.7	260.0	384.3	384.4
人均生产总值(元)	Per Capita GDP(yuan)	1478	3772	6502	16285	47347	67498
固定资产投资	Investment in Fixed Assets						
全社会固定资产投资占生产总值比例(%)	Proportion of Investment in Fixed Assets to GDP(%)	22.2	31.9	28.0	68.8	76.9	92.2
全社会房屋建筑面积竣工率(%)	Rate of Total Floor Space of Buildings Completed in Construction(%)	77.8	80.7	75.5	53.5	50.2	41.1
财政	Finance						
地方财政总收入占生产总值比例(%)	Proportion of Local Government Revenue to GDP(%)	10.3	5.1	7.2	8.6	14.9	
地方财政总支出占生产总值比例(%)	Proportion of Local Government Expenditures to GDP(%)	19.1	11.9	17.0	18.8	19.5	21.9
能源生产与消费	Production and Consumption of Energy						
能源生产弹性系数	Elasticity Ratio of Energy Production	0.66	1.61	0.27	0.94	1.59	-0.31
能源消费弹性系数	Elasticity Ratio of Energy Consumption	1.09	1.61	0.77	1.13	0.64	0.45
每万元生产总值消耗的能源(吨标准煤)	Energy Consumption Per 10 000 yuan GDP(ton of SCE)	7.59	6.27	2.31	2.48	1.92	1.27

2–5 续表 1 continued

指 标	Item	1990	1995	2000	2005	2010	2013
产 业	**Industrial**						
农牧业	Agriculture						
人均耕地面积(公顷)	Per Capita Cultivated Land(hectare)	0.23	0.24	0.31	0.31	0.30	0.37
农业从业者人均耕地面积(公顷)	Cultivated Land per Agricultural Laborer(hectare)	1.06	1.10	1.39	1.65	1.59	2.00
每公顷耕地农业机械总动力(千瓦)	Total Power of Agricultural Machinery per Hectare of Cultivated Land(kw)	1.53	1.64	1.85	2.61	4.24	3.76
每公顷耕地用电量(千瓦小时)	Electric Power Consumption per Hectare of Cultivated Land(10 000 kwh)	229	305	291	398	297	176
每公顷耕地化肥用量(千克)	Chemical Fertilizer Consumption per Hectare of Cultivated Land(kg)	70	98	102	159	248	222
每公顷耕地生产的农业产值(元)	Agricultural Output Value per Hectare of Cultivated Land(yuan)	2077	4210	4214	6443	12595	14559
农业从业者人均农产品产量(千克)	Output of Farm products per Agricultural Laborer(kg)						
粮 食	Grain	2070	2105	2366	3719	4813	6065
油 料	Oil-bearing Crops	148	140	222	273	286	346
甜 菜	Beet Roots	503	525	269	309	359	397
肉 类	Meat	114	163	273	514	532	536
每公顷播种面积农产品产量(千克)	Output of Farm Crops per Hectare of Sown Area(kg)						
粮 食	Grain	2511	2547	2800	3800	3925	4937
油 料	Oil-bearing Crops	1340	1260	1324	1759	1848	1947
甜 菜	Beet Roots	24884	18821	23998	36328	43707	39588
建筑业	Construction						
技术装备率(元/人)	Machinery per Laborer(yuan/person)	2434	3053	5844	11822	11379	13482
产值利税率(%)	Ratio of Per-tax Profits to Gross Output Value(%)	6.2	3.6	4.2	8.3	11.6	10.8
全员劳动生产率(元/人)(按总产值计算)	Overall Labor Productivity(yuan/person) (in terms of gross output value per employee)	1369	28440	39319	81750	151321	291848
交通运输业	Transportation						
铁路网密度(公里/万平方公里)	Railway Density(km/10 000 sq.km)	47	49	61	65	66	88
公路网密度(公里/万平方公里)	Highway Density(km/10 000 sq.km)	366	378	569	1052	1336	1416
铁路货运密度(吨/公里)	Railway Freight Traffic Density(ton/km)	12338	14391	14705	29186	60300	73814
公路货运密度(吨/公里)	Highway Freight Traffic Density(ton/km)	4597	5443	5194	6456	5390	5794
邮电通信业	Postal & Telecommunications Services						
固定电话普及率(部/百人)	Access to Telephones(set/100 persons)	0.8	2.9	8.7	22.7	16.8	15.1
移动电话普及率(部/百人)	Access to Mobile Phones(set/100 persons)		0.1	4.9	29.9	82.5	107.9
国内贸易	Domestic Trade						
人均社会消费品零售额(元)	Per Capita Retail Sales of Consumer Goods(yuan)	610	1298	2045	5635	13833	20508
对外经济贸易	Foreign Trade						
进出口总额占生产总值比例(%)	Proportion of Total Imports & Exports to GDP(%)	7.9	10.9	11.0	10.7	4.9	4.3

2–5 续表 2 continued

指标	Item	1990	1995	2000	2005	2010	2013
金融保险	Finance and Insurance						
金融机构存款占生产总值比例(%)	Bank Deposits as Percentage of GDP(%)	53.2	66.1	82.5	84.5	88.1	90.3
金融机构贷款占生产总值比例(%)	Bank Loans as Percentage of GDP(%)	85.5	95.7	87.1	66.3	67.9	76.9
教育、科技、文化	**Education, Science, Tech & Culture**						
教育	Education						
学龄儿童入学率(%)	Rate of School-age Children Enrollment(%)	97.9	98.9	99.5	99.4	100.0	99.9
小学升学率(%)	Rate of Graduates of primary Schools Entering Junior Secondary Schools(%)	81.8	90.0	96.1	100.0	100.2	97.7
初中升学率(%)	Rate of Graduates of Junior Secondary Schools Entering Senior Secondary Schools(%)	42.1	48.6	60.2	73.0	91.5	94.3
学校教师负担系数(%)	Student-teacher Ratio(in percentage)(%)						
高等学校	Colleges and Universities	4.8	5.3	8.1	14.2	15.9	16.3
中等学校	Secondary Schools	12.7	13.2	16.1	16.7	15.0	11.9
小学学校	Primary Schools	15.2	15.3	15.6	13.4	12.6	13.0
科技	Science and Technology						
研究与开发经费支出占生产总值比例(%)	R&D Expenditures as Percentage of GDP(%)		0.09	0.16	0.29	0.55	0.70
文化	Culture						
每百万人有艺术表演团体(个)	Number of Troupes per Million Persons(unit)	5.8	5.2	4.9	4.6	4.4	4.3
每百万人有公共图书馆(个)	Number of Public Libraries per million Persons(unit)	4.9	4.7	4.6	4.6	4.6	4.7
每百万人有博物馆(个)	Number of Museums per million Persons (unit)	0.5	0.7	1.1	1.4	2.2	2.9
家庭、生活、环境	**Family, People's Livelihood & Environment**						
家庭	Family						
负担少儿系数(%)	Dependency Ratio of Children(%)	42.1	38.2	29.0	22.4	18.0	17.4
负担老年系数(%)	Dependency Ratio of the Aged(%)	5.9	6.8	7.3	8.8	9.7	10.7
卫生	Health Care						
每万人医院、卫生院数(个)	Number of Hospitals & Public health clinic per 10 000 Persons(unit)	0.9	0.9	0.9	0.8	0.7	0.8
每万人医生数(个)	Number of Doctors per 10 000 Persons(unit)	19	22	22	21	22	25
每万人医院、卫生院床位数(张)	Number of beds of Hospital & Public health clinic per 10 000 Persons(unit)	26.6	27.3	28.2	29.1	40.4	43.9
市政建设	City Construction						
城市自来水普及率(%)	Percentage of Households with Access to Tap Water(%)	73.4	80.7	89.1	83.9	88.0	96.2
城市用气普及率(%)	Percentage of Households with Access to Tap Gas(%)	16.8	40.5	58.6	68.2	79.3	87.9
每万人绿地面积(公顷)	Public Green Areas per 10 000 Persons(hectare)	3.3	5.9	7.0	7.8	12.4	16.9

主要统计指标解释

可比价格 指计算各种总量指标所采用的扣除了价格变动因素的价格,可进行不同时期总量指标的对比。按可比价格计算总量指标有两种方法:一种是直接用产品产量乘某一年的不变价格计算;另一种是用价格指数进行缩减。

不变价格 指以同类产品某年的平均价格作为固定价格,用于计算各年的产品价值。按不变价格计算的产品价值消除了价格变动因素,不同时期对比可以反映生产的发展速度,新中国成立后,随着工农业产品价格水平的变化,国家统计局先后五次制定了全国统一的工业产品不变价格和农业产品不变价格。从1952年到1957年使用1952年工(农)业产品不变价格。从1957年到1970年使用1957年不变价格,从1971年到1980年使用1970年不变价格,从1981年到1990年使用1980年不变价格,从1991年开始使用1990年不变价格。

平均增长速度 我国计算平均增长速度有两种方法:一种是习惯上经常使用的"水平法",又称几何平均法,是以间隔期最后一年的水平同基期水平对比来计算平均每年增长(或下降)速度;另一种是"累计法",又称代数平均法或方程法,是以间隔期内各年水平的总和同基期水平对比来计算平均每年增长(或下降)速度。在一般正常情况下,两种方法计算的平均每年增长速度比较接近,但在经济发展不平衡、出现大起大落时,两种方法计算的结果差别较大。

本《年鉴》内所列的平均增长速度,除固定资产投资用"累计法"计算外,其余均用"水平法"计算。从某年到某年平均增长速度的年份,均不包括基期年在内。如建国四十三年的平均增长速度是以1949年为基期计算的,则写为1950–1992年平均增长速度,其余类推。

企业(单位)登记注册类型 是以在工商行政管理机关登记注册的各类企业为划分对象,以工商行政管理部门对企业登记注册的类型为依据,将企业登记注册类型分为内资企业、港澳台商投资企业和外商投资企业三大类。内资企业包括国有企业、集体企业、股份合作企业、联营企业、有限责任公司、股份有限公司、私营公司和其他企业;港澳台商投资企业和外商投资企业分别包括合资经营企业、合作经营企业、独资经营企业和股份有限公司。对不在工商行政管理部门进行登记注册的行政机关、事业单位和社会团体,主要按其经费来源和管理方式进行划分。

国有企业 指企业全部资产归国家所有,并按《中华人民共和国企业法人登记管理条例》规定登记注册的非公司制的经济组织。不包括有限责任公司中的国有独资公司。

集体企业 指企业资产归集体所有,并按《中华人民共和国企业法人登记管理条例》规定登记注册的经济组织。

股份合作企业 指以合作制为基础,由企业职工共同出资入股,吸收一定比例的社会资产投资组建,实行自主经营,自负盈亏,共同劳动,民主管理,按劳分配与按股分红相结合的一种集体经济组织。

联营企业 指两个及两个以上相同或不同所有制性质的企业法人或事业单位法人,按自愿、平等、互利的原则,共同投资组成的经济组织。联营企业包括国有联营企业、集体联营企业、国有与集体联营企业和其他联营企业。

有限责任公司 指根据《中华人民共和国公司登记管理条例》规定登记注册,由两个以上、五十个以下的股东共同出资,每个股东以其所认缴的出资额对公司承担有限责任,公司以其全部资产对其债务承担责任的经济组织。有限责任公司包括国有独资公司以及其他有限责任公司。

股份有限公司 指根据《中华人民共和国公司登记管理条例》规定登记注册,其全部注册资本由等额股份构成并通过发行股票筹集资本,股东以其认购的股份对公司承担有限责任,公司以其全部资产对其债务承担责任的经济组织。

私营企业 指由自然人投资设立或由自然人控股,以雇佣劳动为基础的营利性经济组织。包括按照《公司法》、《合伙企业法》、《私营企业暂行条例》规定登记注册的私营有限责任公司、私营股份有限公司、私营合伙企业和私营独资企业。

其他内资企业 指上述企业之外的其他内资经济组织。

与港澳台商合资经营企业 指港澳台地区投资者与内地企业依照《中华人民共和国中外合资经营企业法》及有关法律的规定,按合同规定的比例投资设立、分享利润和分担风险的企业。

与港澳台商合作经营企业 指港澳台地区投资者与内地企业依照《中华人民共和国中外合作经营企业法》及有关法律的规定,依照合作合同的约定进行投资或提供条件设立、分配利润和分担风险的企业。

港澳台商独资经营企业 指依照《中华人民共和国外资企业法》及有关法律的规定,在内地由港澳台地区投资者全额投资设立的企业。

港澳台商投资股份有限公司 指根据国家有关规定,经外经贸部依法批准设立,其中港、澳、台商的股本占公司注册资本的比例达25%以上的股份有限公司。凡其中港、澳、台商的股本占公司注册资本的比例小于25%的,属于内资企业中的股份有限公司。

中外合资经营企业 指外国企业或外国人与中国内地企业依照《中华人民共和国中外合资经营企业法》及有关法律的规定,按合同规定的比例投资设立、分享利润和分担风险的企业。

中外合作经营企业 指外国企业或外国人与中国内地企业依照《中华人民共和国中外合作经营企业法》及有关法律的规定,依照合作合同的约定进行投资或提供条件设立、分配利润和分担风险的企业。

外资企业 指依照《中华人民共和国外资企业法》及有关法律的规定,在中国内地由外国投资者全额投资设立的企业。

外商投资股份有限公司 指根据国家有关规定,经外经贸部依法批准设立，其中外资的股本占公司注册资本的比例达25%以上的股份有限公司。凡其中外资股本占公司注册资本的比例小于25%的，属于内资企业中的股份有限公司。

行政机关、事业单位和社会团体 参照企业登记注册类型，主要按其经费来源和管理方式划分。具体规定如下：

(1)行政机关：包括国家机关和政党机关，原则上均列为"国有"。但有特殊规定的，如供销社等，则列为"集体"。

(2)事业单位：包括经国家机构编制部门和有关业务主管部门批准成立的各类事业单位，不包括实行企业化管理的事业单位。事业单位的划分办法如下：

①由国家财政预算拨款或列入财政预算外资金管理以及经费主要来源于国有主管部门或国有上级单位的事业单位，列为"国有"。

②经费主要来源于集体单位的事业单位，列为"集体"。

③公民个人（或个人合伙）开办的事业单位，列为"私营"。

④上述以外的其他事业单位，如果其经费来源不明确，按管理方式进行归类。

(3)社会团体：包括经民政部门批准成立以及未纳入社会团体管理条例范围的工会、妇联等各类社会团体。社会团体的划分办法如下：

①未纳入民政部社会团体管理条例范围的工会、妇联、共青团、青联、工商联、科协、侨联等社会团体，国家拨款设立的基金会或基金管理组织以及经费主要来源于国有业务主管部门或国有上级单位的社会团体，列入"国有"。

②经费主要来源于集体单位的社会团体，列为"集体"。

③公民个人(或个人合伙)开办的社会团体，划为"私营"。

④上述以外的其他社会团体，如果其经费来源不明确，改按管理方式进行归类。

Explanatory Notes on Main Statistical Indicators

Comparable Prices refer to prices that are used to remove the factors of price change in calculating economic aggregates, so as to facilitate comparison of aggregates over time. Two methods are used for calculating economic aggregates at comparable prices: 1. Multiplying the output of products by their constant prices of certain year; 2. Deflation of data at current prices by relevant price index.

Constant Price refers to the average price of a given product in certain year, which is used for comparison of output value over time. As the output value at constant prices removes the factor of price changes, it reflects the trend of production development over time. Since 1949, with the changes in general price level, the State Statistical Bureau has issued nationally unified constant prices five times; the 1952 constant prices for 1952–1957; the 1957 constant prices for 1957–1971; the 1970 constant prices for 1971–1980; the 1980 constant prices for 1981–1990; and the 1990 constant prices have been used since 1991.

Average Annual Growth Rate Two methods for calculating average annual growth rate are applied in China, one is often called "level approach" or the method of calculating geometric average, which is derived by comparing the level of the last year of the interval with that of the beginning year; the other is called accumulative approach or algebraic average or equation method, which is derived by the summation of the actual figure of each year in the interval divided by the figure in the base year.

Usually the results calculated by the two methods are fairly close, but they differed sharply when uneven economic development occurred with striking fluctuations in growth.

The average annual growth rates listed in this statistical yearbook are calculated by "level approach" except for the growth rate of investment in fixed assets. The base years are not listed when the years are listed for average annual growth rates. For instance, the average annual growth rate of 43 years since 1949 is listed as average annual growth rate of 1950–1992 without listing the base year 1949. And the analogy of this is also the same for the rest of the years.

Registration Status of Enterprises Enterprises are classified into 3 categories, namely domestic– funded enterprises, enterprises with investment from Hong Kong, Macao and Taiwan, and enterprises with foreign investment, in the light of the registration status of an enterprise in industrial and commercial administration agencies. Domestic funded enterprises include state owned enterprises, collective owned enterprises, cooperative enterprises, joint ownership enterprises, limited liability corporations, share holding corporations Ltd. , private enterprises and other enterprises. Included in the enterprises with investment from Hong Kong, Macao and Taiwan and enterprises with foreign investment are joint venture enterprises, cooperative enterprises, sole investment enterprises and share holding corporations Ltd. For government agencies, institutions and social organizations which are not requested to be registered in industrial and commercial administration agencies, they are classified mainly by their sources of funds and way of management.

State-owned Enterprises refer to non– corporation economic units where the entire assets are owned by the state and which have registered in accordance with the Regulation of the People's Republic of China on the Management of Registration of Corporate Enterprises. Excluded from this category are sole state funded corporations in the limited liability corporations.

Collective-owned Enterprises refer to economic units where the assets are owned collectively and which have registered in accordance with the Regulation of the People's Republic of China on the Management of Registration of Corporate Enterprises.

Cooperative Enterprises refer to a form of collective economic units (enterprises) where capitals come mainly from employees as their shares, with certain proportion of capital from the outside, where production is organized on the basis of independent operation, independent accounting for profits and losses, joint work, democratic management, and a distribution system that integrates remuneration according to work with dividend according to capital share.

Joint Ownership Enterprises refer to economic units established by two or more corporate enterprises or corporate institutions of the same or different ownership, through joint investment on the basis of equality, voluntary participation and mutual benefits. They include state joint ownership enterprises, collective joint ownership enterprises, joint state-collective enterprises, other joint ownership enterprises.

Limited Liability Corporations refer to economic units established with investment from 2–50 investors and registered in accordance with the Regulation of the people's

Republic of China on the Management of Registration of Corporations, each investor bearing limited liability to the corporation depending on its share of investment, and the corporation bearing liability to its debt to the maximum of its total assets. Limited liability corporations include exclusive state–funded limited liability corporations and other limited liability corporations.

Share–holding Corporations Ltd refer to economic units registered in accordance with the Regulation of the People's Republic of China on the Management of Registration of Corporations, with total registered capitals divided into equal shares and raised through issuing stocks. Each investor bears limited liability to the corporation depending on the holding of shares, and the corporation bears liability to its debt to the maximum of its total assets.

Private Enterprises refer to profit–making economic units invested and established by natural persons, or controlled by natural persons using employed labour. Included in this category are private limited liability corporations, private share–holding corporations Ltd. , private partnership enterprises and private funded enterprises registered in accordance with the Corporation Law, Partnership Enterprises Law and Interim Regulations on private Enterprises.

Other Domestic–funded Enterprises refer to domestic–funded economic units other than those mentioned above.

Joint–venture Enterprises with Funds from Hong Kong, Macao and Taiwan refer to enterprises jointly established by investors from Hong Kong, Macao and Taiwan with enterprises in the mainland of China in accordance with the Law of the People's Republic of China on Sino–foreign Joint Venture Enterprises and other relevant laws, where the share of investment, profits and risks is stipulated in the contract.

Cooperative Enterprises with Funds from Hong Kong, Macao and Taiwan established by investors from Hong Kong, Macao and Taiwan with enterprises in the mainland of China in accordance with the Law of the People's Republic of China on Sino–foreign Cooperative Enterprises and other relevant laws, where the investment or provision of facilities, and the share of profits and risks is stipulated in the cooperative contract.

Enterprises with Sole (exclusive) Investment from Hong Kong, Macao and Taiwan refer to enterprises established in the mainland of China with exclusive investment from investors from Hong Kong, Macao and Taiwan in accordance with the Law of the People's Republic of China on Foreign–Funded Enterprises and other relevant laws.

Share–holding Corporations Ltd. with Investment from Hong Kong, Macao and Taiwan refer to share–holding corporations Ltd. established with the approval from the Ministry of Foreign Trade and Economic Relations in line with relevant state regulations, where the share of investment from Hong Kong, Macao or Taiwan businessmen exceeds 25% of the total registered capital of the corporation. In case the share of investment from Hong Kong, Macao or Taiwan is less than 25% of the total registered capital, the enterprise is to be classified as domestic funded share holding corporation Ltd.

Joint–venture Enterprises with Foreign Investment refer to enterprises jointly established by foreign enterprises of foreigners with enterprises in the mainland of China in accordance with the Law of the People's Republic of China on Sino–foreign Joint Venture Enterprises and other relevant laws, where the share of investment, profits and risks is stipulated in the contract.

Cooperation Enterprises with Foreign Investment refer to enterprises jointly established by foreign enterprises or foreigners with enterprises in the mainland of China in accordance with the Law of the People's Republic of China on Sino–foreign Cooperative Enterprises and other relevant laws, where the investment or provision of facilities, and the share of profits and risks is stipulated in the cooperative contract.

Enterprises with Sole (exclusive) Foreign Investment refer to enterprises established in the mainland of China with exclusive investment from foreign investors in accordance with the Law of the People's Republic of China on Foreign–Funded Enterprises and other relevant laws.

Share–holding Corporations Ltd. with Foreign Investment refer to share–holding corporations Ltd. established with the approval from the Ministry of Foreign Trade and Economic Relations in line with relevant state regulations, where the share of investment from foreign investors exceeds 25% of the total registered capital of the corporation. In case the share of foreign investment is less than 25% of the total registered capital, the enterprise is to be classified as domestic funded share holding corporation Ltd.

Government Agencies, Institutions and Social Organizations are classified into following categories by source of funds and way of management taking reference of the registration status of enterprises:

(1) Government agencies include state and party agencies, classified in principles as " state–owned ". There are exceptions, such as supply and marketing cooperatives which are classified as "collective".

(2) Institutions: include institutions of various types

established with the approval by organization and staffing departments of the government, but exclude institutions where enterprise management system is introduced. Institutions are further classified as follows:

(a) Institutions whose main budget is listed in the Government budget appropriations or extra-budget funds, or allocated from the budget of their competent government agencies. Such institutions are classified as "state-owned".

(b) Institutions whose budget mainly comes from collective units. Such institutions are classified as "collective".

(c) Institutions Established by Individual(group of Citizen) are classified as " Private ".

(d) Institutions other than those mentioned above whose source of budget is not clear. Such institutions are classified by way of management.

(3) Social organizations: include social organizations established with the approval from the Ministry of Civil Affairs, and organizations that are not covered by social organization management regulations such as trade unions, women's federations etc. Social organizations are further classified as follows:

(a) Social organizations that are not covered by social organization management regulations of the Ministry of Civil Affairs such as trade unions, women's federations, communist youth leagues, youth associations, industrial and commerce associations, scientists associations, overseas Chinese associations, etc. , foundations and fund management organizations established with funds from the state, and social organizations whose funds mainly come from the budget of their competent government agencies. Such institutions are classified as "state-owned".

(b) Social organizations whose budget mainly comes from collective units. Such institutions are classified as "collective".

(c) Social organizations established by individual or a group of citizens, which are classified as "private".

(d) Social organizations other than those mentioned above whose source of budget is not clear. Such organizations are classified by way of management.

2014 NEIMENGGU

三、国民经济核算

National Accounts

资料整理：张文军　高　坤
Arranged By Zhang Wenjun , Gao Kun

3-1 生产总值
Gross Domestic Product

本表按当年价格计算。

Data in value terms in this table are calculated at current prices.

单位：亿元 (100 million yuan)

年份 Year	生产总值 Gross Domestic Product	第一产业 Primary Industry	第二产业 Secondary Industry	工业 Industry	建筑业 Construction	第三产业 Tertiary Industry	# 交通运输仓储邮电通讯业 Transportation, Post and Telecommunications	# 批发和零售贸易餐饮业 Wholesale, Retail & Catering Trade	人均生产总值(元) Per Capita GDP (yuan)
1952	12.16	8.64	1.37	0.99	0.38	2.15	0.41	0.59	173
1953	15.57	10.44	2.25	1.57	0.68	2.88	0.56	1.02	211
1954	19.46	12.37	3.65	2.57	1.08	3.44	0.77	1.20	249
1955	17.49	10.25	3.53	2.73	0.80	3.71	0.78	1.18	213
1956	24.60	14.11	5.43	3.95	1.48	5.06	1.05	1.57	283
1957	21.27	11.29	5.05	3.80	1.25	4.93	0.65	1.78	232
1958	28.10	12.55	9.65	7.04	2.61	5.90	1.54	2.17	292
1959	35.76	14.75	13.41	9.90	3.51	7.60	2.59	2.65	349
1960	36.56	11.80	17.11	13.17	3.94	7.65	2.17	2.81	325
1961	25.25	11.40	7.25	6.06	1.19	6.60	1.44	2.18	215
1962	25.12	12.75	6.56	5.80	0.76	5.81	1.29	1.61	215
1963	29.02	12.71	9.90	8.24	1.66	6.41	1.49	2.04	243
1964	32.55	14.04	11.43	9.37	2.06	7.08	1.67	2.30	262
1965	35.41	15.21	12.08	9.65	2.43	8.12	2.26	2.57	275
1966	38.32	17.12	13.01	10.33	2.68	8.19	2.00	2.71	289
1967	31.80	13.87	10.43	8.46	1.97	7.50	1.58	2.16	233
1968	32.96	14.87	10.54	8.49	2.05	7.55	1.57	2.11	235
1969	32.90	14.78	10.52	8.40	2.12	7.60	1.56	2.07	227
1970	39.17	17.69	12.94	9.87	3.07	8.54	2.03	2.69	263
1971	41.61	16.82	15.99	12.50	3.49	8.80	2.18	2.56	271
1972	39.36	14.56	15.54	12.12	3.42	9.26	2.13	2.66	247
1973	44.07	16.22	18.14	14.29	3.85	9.71	2.38	2.58	269
1974	43.26	15.97	17.30	13.35	3.95	9.99	2.24	2.74	256
1975	48.55	18.15	20.02	15.52	4.50	10.38	2.49	2.66	280
1976	48.09	18.51	18.77	15.11	3.66	10.81	2.49	2.69	272
1977	51.65	18.91	21.60	16.48	5.12	11.14	2.56	2.73	287
1978	58.04	18.96	26.37	21.84	4.53	12.71	2.76	2.87	317
1979	64.14	21.03	28.37	23.52	4.85	14.74	2.85	3.25	343
1980	68.40	18.03	32.26	27.30	4.96	18.11	4.12	4.01	361

3-1 续表 continued

本表按当年价格计算。
Data in value terms in this table are calculated at current prices.

单位：亿元 (100 million yuan)

年份 Year	生产总值 Gross Domestic Product	第一产业 Primary Industry	第二产业 Secondary Industry	工业 Industry	建筑业 Construction	第三产业 Tertiary Industry	#交通运输仓储邮电通讯业 Transportation, Post and Telecommunications	#批发和零售贸易餐饮业 Wholesale, Retail & Catering Trade	人均生产总值(元) Per Capita GDP (yuan)
1981	77.91	27.14	32.04	27.92	4.12	18.73	3.71	4.00	407
1982	93.22	33.32	37.21	32.35	4.86	22.69	5.12	5.20	480
1983	105.88	35.90	41.98	35.90	6.08	28.00	6.58	6.32	535
1984	128.20	42.98	47.74	39.04	8.70	37.48	8.28	10.34	640
1985	163.83	53.54	56.95	45.90	11.05	53.34	10.85	19.65	809
1986	181.58	54.64	61.55	49.74	11.81	65.39	12.59	24.11	888
1987	212.27	62.21	70.42	58.26	12.16	79.64	12.77	32.91	1025
1988	270.81	90.20	85.72	70.28	15.44	94.89	14.30	38.88	1291
1989	292.69	89.08	98.96	83.66	15.30	104.65	18.63	35.58	1377
1990	319.31	112.57	102.43	87.18	15.25	104.31	20.69	24.92	1478
1991	359.66	117.19	124.03	102.74	21.29	118.44	26.84	27.76	1642
1992	421.68	126.86	152.56	120.85	31.71	142.26	32.65	35.04	1906
1993	537.81	149.96	203.46	162.53	40.93	184.39	44.21	47.44	2423
1994	695.06	208.53	254.52	205.98	48.53	232.01	53.93	63.14	3094
1995	857.06	260.18	308.78	254.88	53.90	288.10	69.36	83.03	3772
1996	1023.09	312.82	364.77	304.81	59.96	345.50	89.13	103.70	4457
1997	1153.51	322.52	422.39	355.10	67.29	408.60	114.08	126.82	4980
1998	1262.54	341.62	458.86	382.44	76.42	462.06	126.06	144.96	5406
1999	1379.31	342.91	510.47	425.13	85.34	525.93	145.98	168.59	5861
2000	1539.12	350.80	582.57	484.19	98.38	605.74	175.46	195.39	6502
2001	1713.81	358.89	655.68	541.02	114.66	699.24	204.42	226.46	7210
2002	1940.94	374.69	754.78	614.89	139.89	811.47	244.28	266.54	8146
2003	2388.38	420.10	967.49	773.50	193.99	1000.79	296.80	312.12	10015
2004	3041.07	522.80	1248.27	1015.37	232.90	1270.00	360.39	382.66	12728
2005	3905.03	589.56	1773.21	1477.88	295.33	1542.26	425.57	458.10	16285
2006	4944.25	634.94	2374.96	2025.72	349.24	1934.35	507.69	585.17	20523
2007	6423.18	762.10	3193.67	2781.78	411.89	2467.41	628.50	762.22	26521
2008	8496.20	907.95	4376.19	3879.42	496.77	3212.06	793.00	1007.76	34869
2009	9740.25	929.60	5114.00	4503.33	610.67	3696.65	879.28	1177.61	39735
2010	11672.00	1095.28	6367.69	5618.40	749.29	4209.02	994.76	1345.96	47347
2011	14359.88	1306.30	8037.69	7101.60	936.09	5015.89	1174.19	1552.35	57974
2012	15880.58	1448.58	8801.50	7735.78	1065.71	5630.50	1185.30	1849.41	63886
2013	16832.38	1599.41	9084.19	7944.40	1139.79	6148.78	1303.73	2015.89	67498

注：从2004年开始第一产业为农业、林业、牧业、渔业及农林牧渔服务业。

a)The Primary Industry has included Farming,Forestry, Animal Husbandry, Fishery and Their Services Since 2004.

3-2 生产总值构成

Composition of Gross Domestic Product

本表按当年价格计算。

Data in value terms in this table are calculated at current prices.

单位：%　　(%)

年 份 Year	生产总值 Gross Domestic Product	第一产业 Primary Industry	第二产业 Secondary Industry	工 业 Industry	建筑业 Construction	第三产业 Tertiary Industry	#交通运输仓储邮电通讯业 Transportation, Post and Telecommunications	#批发和零售贸易餐饮业 Wholesale, Retail & Catering Trade
1952	100	71.1	11.3	8.1	3.1	17.6	3.4	4.9
1953	100	67.1	14.5	10.1	4.4	18.4	3.6	6.6
1954	100	63.6	18.8	13.2	5.5	17.6	4.0	6.2
1955	100	58.6	20.2	15.6	4.6	21.2	4.5	6.7
1956	100	57.4	22.1	16.1	6.0	20.5	4.3	6.4
1957	100	53.1	23.7	17.9	5.9	23.2	3.1	8.4
1958	100	44.7	34.3	25.1	9.3	21.0	5.5	7.7
1959	100	41.2	37.5	27.7	9.8	21.3	7.2	7.4
1960	100	32.3	46.8	36.0	10.8	20.9	5.9	7.7
1961	100	45.1	28.7	24.0	4.7	26.2	5.7	8.6
1962	100	50.8	26.1	23.1	3.0	23.1	5.1	6.4
1963	100	43.8	34.1	28.4	5.7	22.1	5.1	7.0
1964	100	43.1	35.1	28.8	6.3	21.8	5.1	7.1
1965	100	43.0	34.1	27.3	6.9	22.9	6.4	7.3
1966	100	44.7	34.0	27.0	7.0	21.3	5.2	7.1
1967	100	43.6	32.8	26.6	6.2	23.6	5.0	6.8
1968	100	45.1	32.0	25.8	6.2	22.9	4.8	6.4
1969	100	44.9	32.0	25.5	6.4	23.1	4.7	6.3
1970	100	45.2	33.0	25.2	7.8	21.8	5.2	6.9
1971	100	40.4	38.4	30.0	8.4	21.2	5.2	6.2
1972	100	37.0	39.5	30.8	8.7	23.5	5.4	6.8
1973	100	36.8	41.2	32.4	8.7	22.0	5.4	5.9
1974	100	36.9	40.0	30.9	9.1	23.1	5.2	6.3
1975	100	37.4	41.2	32.0	9.3	21.4	5.1	5.5
1976	100	38.5	39.0	31.4	7.6	22.5	5.2	5.6
1977	100	36.6	41.8	31.9	9.9	21.6	5.0	5.3
1978	100	32.7	45.4	37.6	7.8	21.9	4.8	4.9
1979	100	32.8	44.2	36.7	7.6	23.0	4.4	5.1
1980	100	26.4	47.2	39.9	7.3	26.4	6.0	5.9

3-2 续表 continued

本表按当年价格计算。
Data in value terms in this table are calculated at current prices.

单位：% (%)

年 份 Year	生产总值 Gross Domestic Product	第一产业 Primary Industry	第二产业 Secondary Industry	工 业 Industry	建筑业 Construction	第三产业 Tertiary Industry	# 交通运输仓储邮电通讯业 Transportation, Post and Telecommunications	# 批发和零售贸易餐饮业 Wholesale, Retail & Catering Trade
1981	100	34.8	41.1	35.8	5.3	24.1	4.8	5.1
1982	100	35.8	39.9	34.7	5.2	24.3	5.5	5.6
1983	100	33.9	39.6	33.9	5.7	26.5	6.2	6.0
1984	100	33.5	37.2	30.5	6.8	29.3	6.5	8.1
1985	100	32.7	34.8	28.0	6.7	32.5	6.6	12.0
1986	100	30.1	33.9	27.4	6.5	36.0	6.9	13.3
1987	100	29.3	33.2	27.4	5.7	37.5	6.0	15.5
1988	100	33.3	31.7	26.0	5.7	35.0	5.3	14.4
1989	100	30.4	33.8	28.6	5.2	35.8	6.4	12.2
1990	100	35.3	32.1	27.3	4.8	32.6	6.5	7.8
1991	100	32.6	34.5	28.6	5.9	32.9	7.5	7.7
1992	100	30.1	36.2	28.7	7.5	33.7	7.7	8.3
1993	100	27.9	37.8	30.2	7.6	34.3	8.2	8.8
1994	100	30.0	36.6	29.6	7.0	33.4	7.8	9.1
1995	100	30.4	36.0	29.7	6.3	33.6	8.1	9.7
1996	100	30.6	35.7	29.8	5.9	33.7	8.7	10.1
1997	100	28.0	36.6	30.8	5.8	35.4	9.9	11.0
1998	100	27.1	36.3	30.3	6.0	36.6	10.0	11.5
1999	100	24.9	37.0	30.8	6.2	38.1	10.6	12.2
2000	100	22.8	37.9	31.5	6.4	39.3	11.4	12.7
2001	100	20.9	38.3	31.6	6.7	40.8	11.9	13.2
2002	100	19.3	38.9	31.7	7.2	41.8	12.6	13.7
2003	100	17.6	40.5	32.4	8.1	41.9	12.4	13.1
2004	100	17.2	41.0	33.4	7.6	41.8	11.9	12.6
2005	100	15.1	45.4	37.8	7.6	39.5	10.9	11.7
2006	100	12.8	48.1	41.0	7.1	39.1	10.3	11.8
2007	100	11.9	49.7	43.3	6.4	38.4	9.8	11.9
2008	100	10.7	51.5	45.7	5.8	37.8	9.3	11.9
2009	100	9.5	52.5	46.2	6.3	38.0	9.0	12.1
2010	100	9.4	54.5	48.1	6.4	36.1	8.5	11.5
2011	100	9.1	56.0	49.5	6.5	34.9	8.2	10.8
2012	100	9.1	55.4	48.7	6.7	35.5	7.5	11.6
2013	100	9.5	54.0	47.2	6.8	36.5	7.7	12.0

3–3 生产总值指数

Indices of Gross Domestic Product

本表按可比价格计算。

The indices in this table are calculated at constant prices.

(上年=100) (Preceding year=100)

年 份 Year	生产总值 Gross Domestic Product	第一产业 Primary Industry	第二产业 Secondary Industry	工 业 Industry	建筑业 Construction	第三产业 Tertiary Industry	#交通运输仓储邮电通讯业 Transportation, Post and Telecommunications	#批发和零售贸易餐饮业 Wholesale, Retail & Catering Trade	人均生产总值 Per Capita GDP
1953	116.3	107.5	159.9	153.7	176.3	127.4	140.6	174.3	110.6
1954	119.4	111.3	160.4	162.3	156.1	117.6	137.8	117.1	112.8
1955	90.7	83.7	97.5	107.0	74.8	107.4	101.6	98.0	86.0
1956	138.7	136.6	152.3	143.2	183.3	131.4	133.3	133.8	131.0
1957	110.9	117.5	98.3	101.7	89.1	106.2	61.9	113.1	105.3
1958	125.3	105.3	184.0	178.6	200.5	127.1	238.5	121.9	119.4
1959	122.9	112.6	139.2	140.7	135.0	125.2	166.9	122.0	115.3
1960	95.8	77.9	126.6	132.1	111.2	86.5	84.1	106.0	87.3
1961	65.3	80.7	39.3	42.6	28.0	95.5	66.1	77.6	62.3
1962	94.7	105.2	84.3	89.1	59.9	86.5	90.4	73.7	95.5
1963	119.7	108.9	148.6	140.0	214.3	115.0	114.4	126.7	117.0
1964	113.2	111.8	117.1	115.5	125.5	111.3	112.6	112.9	108.9
1965	109.8	105.9	113.6	110.8	126.8	112.6	135.1	111.8	105.8
1966	110.0	112.4	114.4	113.7	117.4	99.7	88.4	105.6	106.8
1967	83.3	81.1	81.2	83.0	74.5	91.2	79.4	79.8	81.1
1968	99.9	98.9	102.6	102.0	105.4	98.3	99.2	97.8	96.9
1969	100.8	99.5	103.4	102.5	107.4	99.8	99.2	97.7	97.7
1970	123.3	119.7	140.2	134.0	164.8	105.6	129.6	130.0	120.0
1971	102.1	95.0	106.5	109.1	98.2	108.7	108.0	95.3	99.0
1972	107.8	117.0	97.2	97.0	97.9	110.4	93.1	99.4	104.1
1973	111.7	110.8	116.8	117.9	112.8	105.0	111.7	96.9	108.3
1974	96.2	94.3	95.4	93.5	102.6	101.8	94.0	106.1	93.3
1975	111.3	111.7	115.6	116.2	113.9	103.1	111.1	97.3	108.6
1976	99.4	101.8	94.7	98.4	82.1	103.2	100.0	100.9	97.4
1977	107.0	102.2	114.5	108.5	139.2	103.7	103.2	101.5	105.2
1978	108.0	98.8	117.2	127.3	84.6	108.9	107.7	105.2	106.3
1979	109.8	107.7	108.6	108.4	110.0	116.0	103.3	113.1	107.4
1980	101.7	76.0	113.3	116.6	97.6	122.9	144.5	123.5	100.2

3-3 续表 continued

本表按可比价格计算。
The indices in this table are calculated at comparabl prices.

上年=100 (Preceding year=100)

年 份 Year	生产总值 Gross Domestic Product	第一产业 Primary Industry	第二产业 Secondary Industry	工 业 Industry	建筑业 Cons-truction	第三产业 Tertiary Industry	# 交通运输仓储邮电通信业 Transpor-tation, Post and Teleco-mmunica-tions	# 批发和零售贸易餐饮业 Whole-sale, Retail & Catering Trade	人均生产总值 Per Capita GDP
1981	110.6	141.8	96.3	98.2	85.7	103.4	90.0	99.9	109.4
1982	118.6	118.2	117.4	117.3	117.9	121.1	138.1	129.9	116.9
1983	109.8	105.0	109.9	108.5	118.8	116.7	117.4	116.1	107.8
1984	116.1	114.0	110.2	107.3	127.7	128.1	119.3	156.8	116.2
1985	117.2	114.1	108.2	105.5	121.7	133.0	129.3	175.1	114.6
1986	105.9	91.7	105.4	106.4	101.2	120.4	115.6	120.0	104.8
1987	109.0	106.8	107.0	109.3	96.5	112.5	96.2	125.6	107.7
1988	109.8	117.3	111.1	108.1	126.6	103.2	111.9	99.5	108.4
1989	102.7	95.1	104.9	107.2	94.9	106.8	121.6	102.6	101.4
1990	107.5	124.4	99.4	99.2	100.5	103.1	101.1	93.4	105.8
1991	107.5	104.0	110.8	108.2	126.0	107.9	121.4	102.5	106.0
1992	111.0	104.0	115.4	110.7	138.8	113.8	118.4	117.1	109.9
1993	111.7	105.0	113.9	112.3	120.5	115.7	119.2	120.9	111.3
1994	111.2	103.2	113.1	114.8	106.9	116.1	121.6	118.6	109.8
1995	110.1	103.9	111.0	112.7	104.2	114.1	118.8	116.4	108.9
1996	114.4	121.4	111.4	115.2	95.5	112.3	114.3	114.3	113.2
1997	110.8	102.0	114.0	114.9	109.4	114.3	119.0	117.8	109.8
1998	110.7	106.2	109.6	110.0	107.2	114.7	116.8	115.9	109.7
1999	108.8	101.0	110.0	110.7	105.9	112.7	113.5	116.3	108.0
2000	110.8	102.6	111.7	112.2	108.9	114.5	117.4	117.0	110.1
2001	110.7	102.0	110.9	110.2	114.1	115.5	116.1	115.9	110.2
2002	113.2	104.4	115.7	113.9	124.3	115.3	120.2	117.3	112.9
2003	117.9	105.9	127.7	121.8	153.3	114.5	120.3	116.2	117.8
2004	120.5	111.7	122.8	124.9	115.6	122.0	122.1	119.3	120.3
2005	123.8	109.1	134.9	138.5	121.3	118.1	117.5	117.9	123.4
2006	119.1	103.2	127.1	129.8	113.6	115.9	114.1	117.3	118.5
2007	119.2	103.9	126.0	128.3	112.7	116.0	116.2	114.2	118.6
2008	117.8	107.5	121.6	123.6	109.0	115.8	117.7	115.4	117.1
2009	116.9	102.3	121.1	120.5	125.2	115.0	109.9	116.5	116.2
2010	115.0	106.1	118.2	118.8	114.3	112.4	112.9	111.9	114.4
2011	114.3	105.9	117.1	117.3	115.6	112.4	114.8	109.0	113.8
2012	111.5	105.6	113.3	113.5	111.6	110.0	111.2	113.3	111.1
2013	109.0	105.2	110.7	111.3	106.6	107.1	106.3	108.7	108.7

3-4 生产总值指数
Indices of Gross Domestic Product

本表按可比价格计算。
The indices in this table are calculated at comparable prices

1952年=100　　(1952=100)

年 份 Year	生产总值 Gross Domestic Product	第一产业 Primary Industry	第二产业 Secondary Industry	工 业 Industry	建筑业 Construction	第三产业 Tertiary Industry	#交通运输仓储邮电通信业 Transportation, Post and Telecommunications	#批发和零售贸易餐饮业 Wholesale, Retail & Catering Trade	人均生产总值 Per Capita GDP
1952	100	100	100	100	100	100	100	100	100
1953	116.3	107.5	159.9	153.7	176.3	127.4	140.6	174.3	110.6
1954	138.9	119.6	256.6	249.5	275.2	149.8	193.8	204.1	124.8
1955	125.9	100.1	250.1	266.9	206.0	160.9	196.9	200.0	107.4
1956	174.6	136.8	380.9	382.1	377.5	211.3	262.5	267.6	140.7
1957	193.6	160.8	374.2	388.7	336.3	224.5	162.5	302.7	148.2
1958	242.6	169.3	688.6	694.0	674.2	285.4	387.5	368.9	176.9
1959	298.1	190.6	958.4	976.7	910.2	357.3	646.9	450.0	204.1
1960	285.6	148.5	1213.1	1289.8	1011.9	309.1	543.8	477.0	178.1
1961	186.4	119.9	476.5	549.9	283.7	295.1	359.4	370.3	111.0
1962	176.5	126.1	401.8	490.1	169.9	255.4	325.0	273.0	106.0
1963	211.3	137.3	597.2	685.9	364.1	293.8	371.9	345.9	124.0
1964	239.3	153.5	699.5	791.9	457.0	327.0	418.8	390.5	135.1
1965	262.7	162.5	795.0	877.1	579.3	368.3	565.6	456.8	143.0
1966	288.9	182.6	909.8	997.2	680.4	367.2	500.0	460.8	152.7
1967	240.8	148.1	739.2	827.7	506.7	334.9	396.9	367.6	123.8
1968	240.6	146.5	758.6	844.1	534.2	329.1	393.8	359.5	120.1
1969	242.6	145.7	784.6	864.9	573.6	328.3	390.6	351.4	117.3
1970	299.1	174.4	1100.0	1159.0	945.1	346.6	506.3	456.8	140.7
1971	305.3	165.7	1171.8	1264.8	927.7	376.6	546.9	435.1	139.2
1972	329.1	193.9	1138.9	1226.7	908.3	415.8	509.4	432.4	144.9
1973	367.5	214.8	1329.8	1446.2	1024.3	436.5	568.8	418.9	157.0
1974	353.7	202.6	1268.7	1351.8	1050.6	444.4	534.4	444.6	146.5
1975	393.8	226.3	1467.3	1570.2	1197.1	458.4	593.8	432.4	159.1
1976	391.2	230.4	1389.9	1544.8	983.0	473.1	593.8	436.5	155.0
1977	418.7	235.4	1591.6	1676.8	1367.9	490.7	612.5	443.2	163.1
1978	452.2	232.5	1865.3	2134.7	1157.6	534.2	659.4	466.2	173.4
1979	496.3	250.5	2026.3	2241.9	1459.9	619.5	680.9	527.1	186.3
1980	504.6	190.5	2295.8	2682.5	1280.1	761.5	983.9	651.1	186.7

3-4 续表 continued

本表按可比价格计算。
The indices in this table are calculated at comparable prices.

1952年=100 (1952=100)

年 份 Year	生产总值 Gross Domestic Product	第一产业 Primary Imdustry	第二产业 Secondary Industry	工 业 Industry	建筑业 Cons-truction	第三产业 Tertiary Industry	# 交通运输仓储邮电通信业 Transpor-tation, Post and Telecom-munica-tions	# 批发和零售贸易餐饮业 Whole-sale, Retail & Catering Trade	人均生产总值 Per Capita GDP
1981	558.1	270.1	2210.8	2566.6	1276.3	787.4	886.0	650.4	204.2
1982	661.8	319.3	2595.1	3006.4	1514.7	953.9	1223.3	844.7	238.8
1983	726.9	335.4	2850.8	3166.6	2021.3	1113.2	1435.9	980.9	257.5
1984	844.4	382.4	3135.9	3613.9	1900.0	1425.5	1712.8	1538.0	299.1
1985	989.8	436.3	3399.5	3811.0	2318.8	1896.5	2215.0	2692.8	342.7
1986	1048.0	400.2	3582.7	4053.5	2345.9	2282.8	2561.1	3232.3	359.1
1987	1142.1	427.6	3832.2	4429.5	2263.1	2568.3	2463.2	4060.2	386.6
1988	1254.0	501.6	4259.3	4789.9	2865.3	2651.2	2755.3	4038.8	419.2
1989	1288.3	476.7	4470.0	5136.7	2718.9	2831.2	3351.4	4142.3	425.0
1990	1385.2	593.2	4444.5	5095.8	2733.6	2919.0	3386.7	3867.8	449.5
1991	1488.7	616.9	4926.5	5513.1	3445.2	3149.9	4111.9	3965.6	476.5
1992	1652.6	641.8	5687.2	6102.3	4780.7	3584.0	4869.8	4642.3	523.7
1993	1845.3	673.9	6480.5	6855.9	5747.0	4145.0	5804.3	5611.2	582.9
1994	2051.2	695.5	7329.5	7870.2	6143.6	4810.9	7058.0	6652.8	640.1
1995	2259.3	722.6	8133.5	8869.4	6400.8	5490.7	8387.3	7742.0	697.0
1996	2584.3	877.2	9064.7	10218.5	6110.4	6165.5	9589.8	8847.1	789.3
1997	2862.1	894.8	10333.8	11740.1	6686.7	7046.3	11414.7	10423.6	866.4
1998	3167.0	950.2	11322.7	12915.0	7169.1	8080.3	13335.9	12078.4	950.8
1999	3446.7	959.7	12452.7	14299.5	7591.5	9105.7	15130.4	14045.7	1026.8
2000	3817.3	984.7	13912.2	16045.4	8266.6	10422.5	17764.3	16427.2	1130.6
2001	4225.8	1003.9	15423.1	17681.2	9435.2	12033.7	20628.9	19032.6	1246.4
2002	4782.1	1048.1	17842.6	20135.5	11725.3	13879.9	24793.4	22329.2	1407.1
2003	5638.0	1109.9	22784.9	24520.4	17977.0	15886.5	29823.7	25944.0	1657.4
2004	6793.8	1239.8	27878.8	30625.9	20781.0	19381.5	36414.7	30963.5	1993.6
2005	8411.3	1352.7	37602.8	42417.1	25216.9	22881.4	42787.3	36506.0	2459.3
2006	10014.6	1396.1	47801.1	55065.6	28651.4	26509.5	48826.0	42837.7	2914.5
2007	11941.2	1450.3	60205.5	70628.6	32298.1	30750.5	56746.9	48918.0	3456.7
2008	14069.4	1558.9	73224.6	87266.9	35205.0	35598.2	66786.8	56459.8	4048.3
2009	16447.1	1594.7	88658.4	105174.1	44071.5	40946.4	73398.7	65775.7	4704.0
2010	18918.3	1692.7	104795.4	124895.3	50373.7	46044.1	82887.0	73598.6	5380.3
2011	21632.2	1792.6	122668.3	146443.8	58216.4	51773.5	95119.0	80193.7	6122.8
2012	24111.8	1893.0	138960.0	166213.9	64978.2	56963.1	105795.7	90890.9	6800.4
2013	26281.9	1991.4	153828.7	184996.1	69266.8	61007.5	112460.8	98798.4	7392.0

3-5 第三产业增加值

Value-added of the Tertiary Industry

本表按当年价格计算。

Data in value terms in this table are calculated at current prices.

单位：亿元 (100 million yuan)

行 业	Sector	2012	2013
总 计	**Total**	**5630.50**	**6148.78**
交通运输、仓储和邮政业	Transportation and Postal Services	1185.30	1303.73
信息传输、计算机服务和软件业	Information Transmission,Computer Services & Software	157.16	163.17
批发和零售业	Wholesale and Retail Trade	1415.47	1547.04
住宿和餐饮业	Hotel and Restaurants	433.94	468.85
金融业	Banking	502.01	563.00
房地产业	Real Estate	385.22	414.59
租赁和商务服务业	Leasing and Business Services	201.72	234.66
科学研究、技术服务和地质勘查业	Scientific Research, Technical Services & Geological Prospecting	85.61	92.07
水利、环境和公共设施管理业	Water Conservancy, Environment and Public Facilities Administraion	47.39	50.97
居民服务和其他服务业	Services to Households and Other Services	249.59	290.35
教育	Education	261.40	281.15
卫生、社会保障和社会福利业	Health Care, Social Security and Social Welfare	139.04	149.54
文化、体育和娱乐业	Culture, Sports and Entertainment	56.89	66.18
公共管理和社会组织	Public Administration and Social Organizations	509.77	523.48
国际组织	International Organizations		

3-6 第三产业增加值构成

Composition of Value-added of the Tertiary Industry

本表按当年价格计算。
Data in value terms in this table are calculated at current prices.
单位：%　　(%)

行 业	Sector	2012	2013
总 计	**Total**	**100.0**	**100.0**
交通运输、仓储和邮政业	Transportation and Postal Services	21.1	21.2
信息传输、计算机服务和软件业	Information Transmission,Computer Services & Software	2.8	2.7
批发和零售业	Wholesale and Retail Trade	25.1	25.2
住宿和餐饮业	Hotel and Restaurants	7.7	7.6
金融业	Banking	8.9	9.2
房地产业	Real Estate	6.8	6.7
租赁和商务服务业	Leasing and Business Services	3.6	3.8
科学研究、技术服务和地质勘查业	Scientific Research, Technical Services & Geological Prospecting	1.5	1.5
水利、环境和公共设施管理业	Water Conservancy, Environment and Public Facilities Administraion	0.8	0.8
居民服务和其他服务业	Services to Households and Other Services	4.4	4.7
教育	Education	4.6	4.6
卫生、社会保障和社会福利业	Health Care, Social Security and Social Welfare	2.5	2.4
文化、体育和娱乐业	Culture, Sports and Entertainment	1.1	1.1
公共管理和社会组织	Public Administration and Social Organizations	9.1	8.5
国际组织	International Organizations		

3-7 第三产业增加值指数

Indices of Value-added of the Tertiary Industry

本表按可比价格计算。

The indices in this table are calculated at comparable prices

上年=100 (Preceding year=100)

行业	Sector	2012	2013
总计	**Total**	**110.0**	**107.1**
交通运输、仓储和邮政业	Transportation and Postal Services	111.2	106.3
信息传输、计算机服务和软件业	Information Transmission,Computer Services & Software	106.4	103.8
批发和零售业	Wholesale and Retail Trade	115.1	109.1
住宿和餐饮业	Hotel and Restaurants	107.6	107.6
金融业	Banking	113.4	110.3
房地产业	Real Estate	98.6	105.1
租赁和商务服务业	Leasing and Business Services	108.7	105.4
科学研究、技术服务和地质勘查业	Scientific Research, Technical Services & Geological Prospecting	112.5	107.4
水利、环境和公共设施管理业	Water Conservancy, Environment and Public Facilities Administraion	100.8	106.6
居民服务和其他服务业	Services to Households and Other Services	116.2	111.9
教育	Education	100.9	108.4
卫生、社会保障和社会福利业	Health Care, Social Security and Social Welfare	107.0	107.5
文化、体育和娱乐业	Culture, Sports and Entertainment	122.1	111.1
公共管理和社会组织	Public Administration and Social Organizations	105.2	99.5
国际组织	International Organizations		

3-8 支出法生产总值和结构

本表按当年价格计算。
Data in value terms in this table are calculated at current prices.

年份 Year	支出法生产总值(亿元) Gross Domestic Product by Expenditure Approach (100 million yuan)	# 最终消费 Final Consumption Expenditure	# 资本形成总额 Gross Capital Formation	资本形成率(投资率)(%) Capital Formation Rate (%)	最终消费率(消费率)(%) Final Consumption Rate (%)	最终消费 绝对数(亿元) Absolute Figure (100 million yuan)			
						居民消费 Housed-hold Consumption Expenditure	农村居民 Rural House	城镇居民 Urban House	政府消费 Government Consumption Expenditure
1979	64.14	50.84	23.18	36.1	79.3	44.68	20.96	23.72	6.16
1980	68.40	62.10	18.88	27.6	90.8	55.83	28.22	27.61	6.27
1981	77.91	76.51	18.80	24.1	98.2	67.08	34.52	32.56	9.43
1982	93.22	88.01	26.10	28.0	94.4	79.07	43.66	35.41	8.94
1983	105.88	94.01	35.58	33.6	88.8	83.79	46.17	37.62	10.22
1984	128.20	106.57	45.81	35.7	83.1	89.38	48.80	40.58	17.19
1985	163.83	127.04	61.60	37.6	77.5	105.12	57.88	47.24	21.92
1986	181.58	144.84	60.22	33.2	79.8	118.22	59.54	58.68	26.62
1987	212.27	166.12	67.84	32.0	78.3	135.28	68.71	66.57	30.84
1988	270.81	184.46	110.15	40.7	68.1	149.57	77.59	71.98	34.89
1989	292.69	199.14	115.48	39.5	68.0	160.50	81.50	79.00	38.64
1990	319.31	216.70	124.68	39.0	67.9	169.79	86.44	83.35	46.91
1991	359.66	245.90	137.00	38.1	68.4	188.61	93.35	95.26	57.29
1992	421.68	271.08	196.10	46.5	64.3	208.10	101.92	106.18	62.98
1993	537.81	328.42	288.52	53.6	61.1	253.40	108.73	144.67	75.02
1994	695.06	420.89	331.11	47.6	60.6	327.89	135.91	191.98	93.00
1995	857.06	539.41	372.98	43.5	62.9	412.97	181.91	231.06	126.44
1996	1023.09	609.65	446.26	43.6	59.6	468.29	201.49	266.80	141.36
1997	1153.51	685.71	474.80	41.2	59.4	517.07	220.25	296.82	168.64
1998	1262.54	721.60	542.31	43.0	57.2	539.13	226.71	312.42	182.47
1999	1379.31	800.77	577.78	41.9	58.1	592.94	224.28	368.66	207.83
2000	1539.12	873.65	642.07	41.7	56.8	636.10	237.88	398.22	237.55
2001	1713.81	974.99	679.54	39.7	56.9	681.62	230.09	451.53	293.37
2002	1940.94	1137.21	862.20	44.4	58.6	796.02	240.12	555.90	341.19
2003	2388.38	1259.57	1339.07	56.1	52.7	850.14	257.93	592.21	409.43
2004	3041.07	1495.19	1945.29	64.0	49.2	965.77	271.44	694.33	529.42
2005	3905.03	1802.84	2845.06	72.9	46.2	1191.07	311.04	880.03	611.77
2006	4944.25	2129.59	3466.11	70.1	43.1	1384.29	353.30	1030.99	745.30
2007	6423.18	2630.87	4494.40	70.0	41.0	1693.31	402.73	1290.58	937.56
2008	8496.20	3278.65	5721.74	67.3	38.6	2035.49	439.14	1596.35	1243.16
2009	9740.25	3941.11	7495.42	77.0	40.5	2318.84	473.49	1845.35	1622.27
2010	11672.00	4588.14	9020.40	77.3	39.3	2693.33	526.62	2166.71	1894.81
2011	14359.88	5526.64	11014.63	76.7	38.5	3285.50	646.78	2638.72	2241.14
2012	15880.58	6244.16	13442.07	84.6	39.4	3777.27	748.49	3028.78	2466.89
2013	16832.38	6889.61	15728.14	93.4	40.9	4281.27	856.13	3425.14	2608.34

Gross Domestic Product and Structure by Expenditure Approach

Final Consumption Expenditure				资本形成总额 Gross Capital Formation			
比重 Proportion				绝对数(亿元) Absolute Figure (100 million yuan)		比重 (资本形成总额=100) Proportion (Gross Capital Formation=100)	
最终消费=100 Final Consumption Expenditure=100		居民消费=100 Household Consumption=100					
居民消费 Household Consumption Expenditure	政府消费 Government Consumption Expenditure	农村居民 Rural Households	城镇居民 Urban Households	固定资本形成总额 Gross Fixed Capital Formation	存货增加 Changes in Inventories	固定资本形成总额 Gross Fixed Capital Formation	存货增加 Changes in Inventories
87.9	12.1	46.9	53.1	17.65	5.53	76.1	23.9
89.9	10.1	50.5	49.5	15.78	3.10	83.6	16.4
87.7	12.3	51.5	48.5	15.53	3.27	82.6	17.4
89.8	10.2	55.2	44.8	20.94	5.16	80.2	19.8
89.1	10.9	55.1	44.9	29.66	5.92	83.4	16.6
83.9	16.1	54.6	45.4	40.85	4.96	89.2	10.8
82.7	17.3	55.1	44.9	50.94	10.66	82.7	17.3
81.6	18.4	50.4	49.6	47.57	12.65	79.0	21.0
81.4	18.6	50.8	49.2	53.32	14.52	78.6	21.4
81.1	18.9	51.9	48.1	72.05	38.10	65.4	34.6
80.6	19.4	50.8	49.2	70.68	44.80	61.2	38.8
78.4	21.6	50.9	49.1	70.77	53.91	56.8	43.2
76.7	23.3	49.5	50.5	100.66	36.34	73.5	26.5
76.8	23.2	49.0	51.0	149.24	46.86	76.1	23.9
77.2	22.8	42.9	57.1	219.39	69.13	76.0	24.0
77.9	22.1	41.4	58.6	250.23	80.88	75.6	24.4
76.6	23.4	44.0	56.0	273.16	99.82	73.2	26.8
76.8	23.2	43.0	57.0	276.04	170.22	61.9	38.1
75.4	24.6	42.6	57.4	318.97	155.83	67.2	32.8
74.7	25.3	42.1	57.9	353.40	188.90	65.2	34.8
74.0	26.0	37.8	62.2	389.97	187.80	67.5	32.5
72.8	27.2	37.4	62.6	439.42	202.65	68.4	31.6
69.9	30.1	33.8	66.2	510.02	169.52	75.1	24.9
70.0	30.0	30.2	69.8	729.37	132.83	84.6	15.4
67.5	32.5	30.3	69.7	1228.26	110.81	91.7	8.3
64.6	35.4	28.1	71.9	1817.73	127.56	93.4	6.6
66.1	33.9	26.1	73.9	2685.22	159.84	94.4	5.6
65.0	35.0	25.5	74.5	3353.88	112.23	96.8	3.2
64.4	35.6	23.8	76.2	4356.39	138.01	96.9	3.1
62.1	37.9	21.6	78.4	5522.72	199.02	96.5	3.5
58.8	41.2	20.4	79.6	7425.16	70.26	99.1	0.9
58.7	41.3	19.6	80.4	8938.69	81.71	99.1	0.9
59.4	40.6	19.7	80.3	10837.14	177.49	98.4	1.6
60.5	39.5	19.8	80.2	12954.33	487.74	96.4	3.6
62.1	37.9	20.0	80.0	15287.13	441.01	97.2	2.8

3-9 工农业总产出及指数

Gross Output of Industry and Agriculture & Related Indices

年份 Year	工农业总产出(亿元, 当年价) Gross Output of Industry and Agriculture (100 million yuan, at Current prices)			指数(以1952年为100, 可比价) Indices of Output of Industry & Agriculture (1952=100, at comparable Prices)		
	总计 Total	农业总产出 Gross Output of Agriculture	工业总产出 Gorss Output of Industry	工农业总产出 Gross Output of Industry & Agricluture	农业总产出 Gross Output of Agriculture	工业总产出 Gross Output of Industry
1952	13.70	12.10	1.60	100.0	100.0	100.0
1953	16.90	14.35	2.55	109.2	106.0	152.0
1954	20.54	19.77	3.77	123.9	116.2	224.7
1955	20.01	15.60	4.41	120.2	109.2	264.0
1956	25.57	19.52	6.05	151.3	135.7	356.7
1957	17.50	11.20	6.30	134.0	114.1	394.7
1958	27.63	15.60	12.03	191.4	150.9	722.7
1959	36.92	18.14	18.78	236.0	168.0	1127.3
1960	45.14	16.57	28.57	259.7	149.4	1704.7
1961	32.97	17.04	15.93	181.8	128.5	880.0
1962	31.31	17.05	14.26	164.4	120.9	734.7
1963	38.69	17.43	21.26	202.0	134.9	1080.7
1964	43.87	20.82	23.05	235.6	163.1	1186.7
1965	46.20	19.40	26.80	243.0	148.4	1482.7
1966	50.49	20.93	29.56	272.0	160.1	1738.7
1967	41.74	21.46	20.28	238.4	164.2	1210.0
1968	43.27	22.08	21.19	235.9	156.0	1284.0
1969	42.27	19.95	22.32	230.3	140.9	1401.3
1970	51.80	24.00	27.80	298.9	169.8	1990.7
1971	54.76	23.67	31.09	318.9	167.2	2306.7
1972	52.74	21.17	31.57	302.0	146.3	2342.7
1973	60.39	27.72	32.67	348.8	190.5	2424.0
1974	59.35	29.57	29.78	337.4	194.6	2210.0
1975	67.70	30.80	36.90	379.3	199.4	2737.3
1976	68.90	31.29	37.61	387.5	202.0	2819.3
1977	72.51	28.43	44.08	403.5	183.5	3286.7
1978	81.30	28.40	53.00	440.9	183.9	3810.0
1979	88.98	31.58	57.40	465.8	194.3	4024.0
1980	90.10	30.70	59.40	447.9	168.5	4110.0

3-9 续表 continued

年份 Year	工农业总产出(亿元, 当年价) Gross Output of Industry and Agriculture (100 million yuan, at Current Prices)			指数(以1952年为100, 可比价) Indices of Output of Industry Agriculture (1952=100, at Comparable Prices)		
	总计 Total	农业总产出 Gross Output of Agriculture	工业总产出 Gorss Output of Industry	工农业总产出 Gross Output of Industry & Agriculture	农业总产出 Gross Output of Agriculture	工业总产出 Gross Output of Industry
1981	101.20	39.40	61.80	479.6	201.8	4120.7
1982	120.90	47.20	73.70	553.2	233.6	4741.3
1983	134.00	52.40	81.50	601.1	250.5	5196.7
1984	151.30	61.30	90.00	659.0	280.7	5617.3
1985	186.10	73.20	112.90	752.1	309.6	6552.7
1986	203.70	77.30	126.50	781.4	293.3	7178.7
1987	238.60	87.70	150.80	856.0	305.3	8072.7
1988	316.20	122.40	193.90	975.9	348.6	9197.3
1989	371.50	128.30	243.10	1056.5	347.0	10356.0
1990	420.30	156.90	263.30	1147.0	412.0	10780.7
1991	468.50	164.10	304.40	1222.3	428.4	11648.9
1992	544.00	180.30	363.70	1336.5	453.2	12965.2
1993	691.16	220.80	470.36	1487.9	484.9	14756.1
1994	831.42	309.32	522.10	1642.0	500.7	16821.9
1995	1013.72	387.20	626.52	1797.9	521.2	18840.5
1996	1210.88	465.32	745.56	2070.8	644.8	21007.2
1997	1361.73	489.43	872.30	2297.6	660.9	24158.3
1998	1476.46	534.38	942.08	2504.3	704.8	26574.1
1999	1587.44	532.31	1055.13	2707.1	712.4	29497.3
2000	1746.01	543.16	1202.85	2961.2	729.9	33036.9
2001	1903.09	555.90	1347.19	3205.9	744.3	36704.0
2002	2122.77	586.97	1535.80	3545.0	780.7	41842.6
2003	2591.05	655.94	1935.11	4246.6	826.1	52297.6
2004	3656.51	851.30	2805.21	5704.0	942.3	73380.7
2005	4841.79	980.21	3861.58	7200.8	1048.1	95923.2
2006	6259.62	1058.50	5201.12	8878.5	1084.6	123097.0
2007	8513.32	1276.45	7236.87	11148.7	1132.1	159913.3
2008	11869.72	1525.74	10343.98	13531.6	1220.8	197652.8
2009	14278.10	1570.58	12707.52	15991.3	1249.7	238322.4
2010	17863.57	1843.57	16020.00	18783.4	1326.9	283180.1
2011	22677.45	2204.50	20472.95	22095.5	1402.5	335708.1
2012	24382.63	2449.34	21933.29	23216.9	1482.5	352602.2
2013	26837.03	2699.50	24137.53	24888.5	1555.1	378694.8

3-10 居民消费水平

Household Consumption

本表绝对数按当年价格计算，指数按可比价格计算。

Absolute figures in this table are calculated at current prices, while indices are calculated at comparable prices.

年份 Year	绝对数(元/人) Value(yuan/person)			指数(上年=100) Index(Preceding year=100)			指数(1952=100) Index(1952=100)		
	全部居民 All Households	农村居民 Agricultural Households	城镇居民 Non-agricultural Households	全部居民 All Households	农村居民 Agricultural Households	城镇居民 Non-agricultural Households	全部居民 All Households	农村居民 Agricultural Households	城镇居民 Non-agricultural Households
1952	99	88	171				100.0	100.0	100.0
1953	103	93	165	105.0	105.0	96.4	105.0	105.1	96.4
1954	106	93	173	102.8	100.1	105.0	108.0	105.2	101.3
1955	101	85	179	95.3	91.5	103.5	102.9	96.3	104.8
1956	118	98	205	116.3	114.9	114.5	119.7	110.6	120.0
1957	120	99	209	102.1	101.5	101.9	122.3	112.2	122.3
1958	125	99	228	104.0	99.9	109.2	127.1	112.1	133.5
1959	131	99	232	104.5	99.9	101.3	132.8	112.1	135.3
1960	126	93	205	96.5	93.8	88.6	128.2	105.2	119.9
1961	125	96	191	98.6	103.0	92.9	126.4	108.4	111.3
1962	121	98	187	97.5	102.8	97.9	123.3	111.4	109.0
1963	119	96	183	97.7	97.7	98.0	120.5	108.9	106.8
1964	118	96	190	99.2	99.7	103.9	119.5	108.6	111.0
1965	119	95	190	101.2	99.2	100.3	121.0	107.7	111.3
1966	131	102	212	109.7	107.6	111.1	132.7	115.9	123.6
1967	139	108	225	106.3	105.8	106.2	141.1	122.5	131.2
1968	132	100	221	94.9	92.3	98.2	134.0	113.1	128.9
1969	129	88	236	97.5	88.6	107.2	130.6	100.1	138.2
1970	139	99	241	108.0	111.7	101.9	141.0	111.8	140.8
1971	146	98	273	105.0	99.1	113.1	148.1	110.8	159.3
1972	156	97	303	106.8	99.3	111.2	158.2	110.0	177.2
1973	169	113	305	108.5	116.9	100.5	171.6	128.6	178.0
1974	170	115	310	100.3	101.1	101.6	172.2	130.1	181.0
1975	179	122	321	105.6	106.3	103.6	181.8	138.2	187.5
1976	190	128	343	106.1	105.2	107.0	192.8	145.3	200.7
1977	200	135	355	105.1	105.5	103.5	202.7	153.3	207.6
1978	207	138	370	103.4	101.8	104.2	209.7	156.1	216.4
1979	239	161	420	115.8	116.8	113.4	242.8	182.3	245.4
1980	295	213	484	123.2	132.5	115.3	299.1	241.5	282.8

3-10 续表 continued

本表绝对数按当年价格计算，指数按可比价格计算。

Absolute figures in this table are calculated at current prices, while indices are calculated at comparable prices.

年份 Year	绝对数(元/人) Value(yuan/person)			指数(上年=100) Index(Preceding year=100)			指数(1952=100) Index(1952=100)		
	全部居民 All House-holde	农村居民 Agricul-tural House-holds	城镇居民 Non agricul-tural House-holds	全部居民 All House-holde	农村居民 Agricul-tural House-holds	城镇居民 Non-agricul-tural House-holds	全部居民 All House-holds	农村居民 Agricul-tural House-holds	城镇居民 Non-agricul-tural House-holds
1981	350	257	567	115.5	116.2	115.0	345.4	280.7	325.2
1982	407	318	619	115.7	124.1	107.9	399.5	348.2	350.9
1983	423	334	632	104.1	106.3	100.4	416.0	370.3	352.4
1984	446	349	671	100.0	99.0	101.1	416.2	366.7	356.3
1985	519	412	762	105.2	105.5	104.3	438.0	386.8	371.6
1986	578	418	942	107.9	100.5	117.2	472.6	388.9	435.5
1987	653	480	1039	105.2	107.9	101.6	497.3	419.4	442.5
1988	713	541	1086	94.1	97.7	89.4	468.1	409.7	395.4
1989	755	565	1157	92.6	89.8	95.0	433.5	368.1	375.6
1990	786	592	1189	99.3	97.0	101.3	430.5	357.0	380.4
1991	861	633	1330	107.0	107.9	105.7	460.7	385.1	402.2
1992	941	686	1461	103.1	104.2	101.6	474.9	401.4	408.7
1993	1142	779	1755	103.1	100.1	105.2	487.6	402.4	429.8
1994	1460	967	2284	103.2	100.7	104.7	503.4	405.2	450.0
1995	1817	1289	2683	105.3	111.1	100.4	529.9	450.2	451.8
1996	2040	1424	3031	104.2	102.5	104.9	552.2	461.4	474.0
1997	2232	1551	3311	105.7	105.3	105.5	583.8	485.9	500.0
1998	2309	1603	3391	103.9	103.8	103.0	606.8	504.3	515.0
1999	2520	1601	3871	110.0	100.2	115.2	667.3	505.3	593.3
2000	2687	1720	4045	105.3	106.2	103.1	702.7	536.7	611.7
2001	2868	1694	4431	106.2	98.0	108.9	746.2	525.9	666.2
2002	3341	1793	5327	113.9	100.6	118.9	849.8	529.1	792.0
2003	3565	1945	5593	104.7	105.1	103.6	889.8	556.0	820.2
2004	4042	2077	6415	110.7	103.7	111.9	985.4	576.5	917.8
2005	4967	2426	7887	110.2	114.6	106.9	1085.9	660.7	981.1
2006	5746	2816	8930	113.4	113.7	111.0	1231.4	751.2	1089.0
2007	7062	3286	10930	118.1	110.9	118.0	1454.3	833.1	1285.0
2008	8354	3673	12863	109.1	112.5	105.8	1586.6	937.2	1359.6
2009	9460	4072	14323	115.0	105.3	115.3	1824.6	986.9	1567.6
2010	10925	4692	16136	111.1	114.9	107.4	2027.2	1134.0	1683.6
2011	13264	5945	18996	114.3	117.6	111.2	2317.1	1333.5	1872.1
2012	15196	7032	21308	111.6	113.9	109.6	2585.8	1518.9	2051.8
2013	17168	8218	23590	109.9	113.7	107.7	2841.8	1727.0	2209.8

主要统计指标解释

地区收入总值 指一个地区所有常住单位在一定时期内收入初次分配的最终结果。一地区常住单位从事生产活动所创造的增加值在初次分配中主要分配给该地区的常住单位，但也有一部分以生产税及进口税(扣除生产和进口补贴)、劳动者报酬和财产收入等形式分配给非常住单位；同时，地区外生产所创造的增加值也有一部分以生产税及进口税(扣除生产和进口补贴)、劳动者报酬和财产收入等形式分配给该地区的常住单位，从而产生了地区收入总值的概念。它等于地区生产总值加上来自地区外的净要素收入。与地区生产总值不同，地区收入总值是个收入概念，而地区生产总值是个生产概念。

地区生产总值 是按市场价格计算的地区生产总值的简称。它是一个地区所有常住单位在一定时期内生产活动的最终成果。地区生产总值有三种表现形式，即价值形态、收入形态和产品形态。从价值形态看，它是所有常住单位在一定时期内所生产的全部货物和服务价值超过同期投入的全部非固定资产货物和服务价值的差额，即所有常住单位的增加值之和；从收入形态看，它是所有常住单位在一定时期内所创造并分配给常住单位和非常住单位的初次分配收入之和；从产品形态看，它是最终使用的货物和服务减去进口货物和服务。在实际核算中，地区生产总值的三种表现形态表现为三种计算方法，即生产法、收入法和支出法。三种方法分别从不同的方面反映地区生产总值及其构成。

支出法地区生产总值 指一个地区所有常住单位在一定时期内用于最终消费、资本形成总额，以及货物和服务的净出口总额，它反映本期生产的地区生产总值的使用构成。

最终消费 指常住单位在一定时期内对于货物和服务的全部最终消费支出，也就是常住单位为满足物质、文化和精神生活的需要，从本国经济领土和国外购买的货物和服务的支出；不包括非常住单位在本国经济领土内的消费支出。最终消费分为居民消费和政府消费。

居民消费 指常住住户对货物和服务的全部最终消费支出。居民消费按市场价格计算，即按居民支付的购买者价格计算。购买者价格是购买者取得货物所支付的价格，包括购买者支付的运输和商业费用。居民消费除了直接以货币形式购买货物和服务的消费之外，还包括以其他方式获得的货物和服务的消费支出，即所谓的虚拟消费支出。居民虚拟消费支出包括以下几种类型：单位以实物报酬及实物转移的形式提供给劳动者的货物和服务；住户生产并由本住户消费了的货物和服务，其中的服务仅指住户的自有住房服务；金融机构提供的金融媒介服务；保险公司提供的保险服务。

政府消费 指政府部门为全社会提供公共服务的消费支出和免费或以较低价格向住户提供的货物和服务的净支出。前者等于政府服务的产出价值减去政府单位所获得的经营收入的价值，政府服务的产出价值等于它的经常性业务支出加上固定资产折旧；后者等于政府部门免费或以较低价格向住户提供的货物和服务的市场价值减去向住户收取的价值。

资本形成总额 指常住单位在一定时期内获得的减去处置的固定资产加存货的变动，包括固定资本形成总额和存货增加。

固定资本形成总额 指常住单位购置、转入和自产自用的固定资产，扣除固定资产的销售和转出后的价值，分有形固定资产形成总额和无形固定资产形成总额。有形固定资产形成总额包括一定时期内完成的建筑工程、安装工程和设备工器具购置(减处置)价值，以及土地改良、新增役、种、奶、毛、娱乐用牲畜和新增经济林木价值。无形固定资产形成总额包括矿藏的勘探、计算机软件、娱乐和文学艺术品原件等获得减处置。

存货增加 指常住单位存货实物量变动的市场价值，即期末价值减期初价值的差额。存货增加可以是正值，也可以是负值；正值表示存货上升，负值表示存货下降。它包括生产单位购进的原材料、燃料和储备物资等存货，以及生产单位生产的产成品、在制品等存货等。

货物和服务净出口 指货物和服务出口减货物和服务进口的差额。出口包括常住单位向非常住单位出售或无偿转让的各种货物和服务的价值；进口包括常住单位从非常住单位购买或无偿得到的各种货物和服务的价值。由于服务活动的提供与使用同时发生，因此服务的进出口业务并不发生出入境现象，一般把常住单位从国外得到的服务作为进口，非常住单位从本国得到的服务作为出口。货物的出口和进口都按离岸价格计算。

劳动者报酬 指劳动者因从事生产活动所获得的全部报酬。包括劳动者获得的各种形式的工资、奖金和津贴，既包括货币形式的，也包括实物形式的；还包括劳动者所享受的公费医疗和医药卫生费、上下班交通补贴和单位支付的社会保险费等。对于个体经济来说，其所有者所获得的劳动报酬和经营利润不易区分，这两部分统一作为劳动者报酬处理。

生产税净额 指生产税减生产补贴后的余额。生产税指政府对生产单位生产、销售和从事经营活动以及因从事生产活动使用某些生产要素(如固定资产、土地、劳动力)所征收的各种税、附加费和规费。生产补贴与生产税相反，指政府对生产单位的单方面收入转移，因此视为负生产税，包括政策亏损补贴、粮食系统价格补贴、外贸企业出口退税收入等。

固定资产折旧 指一定时期内为弥补固定资产损耗按照核定的固定资产折旧率提取的固定资产折旧，或按国民经济核算统一规定的折旧率虚拟计算的固定资产折旧。它反映了固定资产在当期生产中的转移价值。各类企业和企业化管理的事业单位的固定资产折旧是指实际计提并计入成本费中的折旧费；不计提折旧的政府机关、非企业化管理的事业单位和居民住房的固定资产折旧是按照统一规定的折旧率和固定资产原值计算的虚拟折旧。原则上,固定资产折旧应按固定资产的重置价格计算,但是目前我国尚不具备对全社会固定资产进行重估价的基础,所以暂时只能采用上述办法。

营业盈余 指常住单位创造的增加值扣除劳动者报酬、生产税净额和固定资产折旧后的余额。它相当于企业的营业利润加上生产补贴，但要扣除从利润中开支的工资和福利等。

直接消耗系数 指某一个部门生产单位总产出需要直接消耗各部门产品和服务的数量,也称为投入系数。它反映该部门与其他部门之间直接的技术经济联系和直接依赖关系。

完全消耗系数 指增加某一个部门单位总产出需要完全消耗各部门产品和服务的数量。完全消耗系数等于直接消耗系数和全部间接消耗系数之和，它是全面揭示国民经济各部门之间技术经济的全部联系和相互依赖关系的主要指标。

Explanatory Notes on Main Statistical Indicators

Gross National Product (GNP) refers to the final result of the primary distribution of the income created by all the resident units of a region during a certain period of time. The value added created by the resident units of a region engaged in production activities is mainly distributed to the resident units of that region while a part of it is distributed to the non resident units in the form of production tax and import duties (minus subsidies to production and import), remuneration for the laborers and property income. At the meantime, a part of the value added created abroad is distributed to the resident units of the region in the form of production tax and import duties (minus subsidies to production and import), remuneration for the laborers and property income. Thus the concept of gross national product is formed, which equals to gross domestic product plus net factor income from abroad. Unlike gross domestic product, which is a concept of production, gross national product is a concept of income.

Gross Domestic Product (GDP) refers to the final products of all resident units in a region during a certain period of time. Gross domestic product is expressed in three different forms, i.e. value, income, and products respectively. The form of value refers to the total value of all products and services produced by all resident units during a certain period of time minus total value of intimidate input of materials and services of the nature of non fixed assets or the summation of the value added of all resident units; the form of income includes all the income created by all resident units and distributed primarily to all resident and non resident units; the form of products refers to the value of all final goods and services for final use by all resident units plus the value of net exports of goods and services during a given period of time. In the practice of national accounting, gross domestic product is calculated with three approaches, i. e. production approach, income approach, and expenditure approach, which reflect gross domestic product and its composition from different aspects.

GDP Calculated with Expenditure Approach refers to total expenditure on final consumption, total capital formation and net export of goods and services by resident units of a region in a certain period of time. It reflects the composition of GDP by its use.

Final Consumption refers to the total expenditure of resident units on final consumption of goods and services in a certain period, namely the expenditure of the resident units for purchases of goods and services from domestic economic territory and abroad to meet the requirements of material, cultural and spiritual life. It excludes the expenditure of non-resident units on consumption in the economic territory of the country. The final consumption is classified into household consumption and government consumption.

Households Consumption refers to the total expenditure of resident households on the final consumption of goods and services. The households consumption is calculated at market prices, namely the purchaser's prices which the households pay; the purchasers' prices of goods are the prices the households pay when they obtain the goods, including the transport and commercial expenses paid by the households. In addition to the consumption of goods and services bought by the households directly with money, the expenditure on goods and services obtained by the households in other ways, i. e. the so called imputed expenditure on consumption, is also included in the households consumption. The imputation expenditure of the households on consumption includes the following types: (a) the goods and services provided to the households by the units in the form of payment in kind and transfer in kind; (b) the goods and services produced and consumed by the households themselves, in which the services refer only to the services provided by the residential buildings owned by the households; (c) the services of financial intermediary provided by the financial institutions; (d) the insurance services provided by the insurance companies.

Government Consumption refers to the expenditure on the consumption of the public services provided by the government to the whole society and the net expenditure on the goods and services provided by the government to the households at free charge or lower prices. The former equals to the output value of the government services minus the value of operating income obtained by the government departments. (The output value of the government services equals to its current operating expenditure plus depreciation of fixed assets) . The latter equals to the market value of the goods and services provided by the government free of charge or at low prices to the households minus the value received by the government from the households.

Total Capital Formation refers to the fixed assets acquired minus those disposed and the change in inventory, including the total fixed assets formation and the increase in inventory.

Total Fixed Capital Formation refers to the value of fixed assets purchased, transferred in by the resident units and those produced and used by themselves deducting the value of fixed assets sold and transferred out. It can be classified into total tangible assets formation and total intangible assets formation. The total tangible assets formation include the value of the construction projects, installation projects completed and the equipment, apparatus and instruments purchased as well as the value of land improved, the value of draught animals, breeding stock, milk, wool and recreational animals and the newly increased economic forest in a certain period. The total intangible assets formation includes the prospecting of minerals, the acquisition of computer software, the originals of recreational works and works of literature and arts minus the disposal of them.

Increase in Inventory refers to the market value of the change in inventory, i. e. the difference of value between the beginning and the end of the period. The increase in inventory can be positive or negative. A positive value indicates the increase in inventory while a negative value indicates the decrease in stock. The inventory includes the raw materials, fuels and reserve materials purchased by the production units as well as the inventory of finished products, semi finished products, work in progress, etc.

Net Export of Goods and Services refers to the difference of the exports of goods and services minus the imports of goods and services. The imports include the value of various goods and services sold or gratuitously transferred by the resident units to the non-resident units. The imports include the value of various goods and services purchased or gratuitously acquired by the resident units from the non-resident units. Because the provision of services and the use of them happen simultaneously, the import and export of services do not appear to have the phenomena of crossing the border of the country. The acquisition of services by the resident units from abroad is usually treated as import while the acquisition of services by non-resident units in this country is usually treated as export. The export and import of goods are calculated at FOB.

Laborers' Remuneration refers to the whole payment of various forms earned by the laborers from the productive activities they are engaged in. It includes wages, bonuses and allowances the laborers earned in monetary form and in kind. It also includes the free medical services provided to the laborers and the medicine expenses, traffic subsidies and social insurance fee paid by the laborers , working units for them. As the individual economy is concerned, since the laborers , remuneration is not easily distinguished from the operating profit, both are treated as laborers remuneration.

Net Taxes on Production refers to the residual of the taxes on production minus the subsidies on production. The taxes on production refers to the various taxes, extra charges and fees levied on the production units on their production, sale and business activities as well as on some factors of production, such as fixed assets, land and labor force, used in the production activities they are engaged in. In contrast to the taxes on production, the subsidies on production refer to the unilateral transfer of part of the government's revenue to the production units and is therefore regarded as negative taxes on production. They include subsidies on the loss due to implementation of government policies, price subsidies to the grain institutions, foreign trade corporations receipts from drawback, etc.

Depreciation of Fixed Assets refers to the depreciation of fixed assets of a given period, drawn in accordance with the stipulated depreciation rate for the purpose of compensating the wear loss or the fixed assets or the depreciation of fixed assets calculated in a fictitious way in accordance with the stipulated unified depreciation rate in the national economic accounting system. It reflects the value of transfer of the fixed assets in the production of the current period. The depreciation of fixed assets in various enterprises and institutions managed as enterprises refers to the depreciation expenses actually drawn and calculated as part of the coast. In government agencies and institutions not managed as enterprises, which do not draw the depreciation expenses, as well as for the houses of residents, the depreciation of fixed assets is the imputed depreciation, which is calculated in accordance with the stipulated unified depreciation rate. In principle, the depreciation of fixed assets should be calculated on the basis of the re purchased value of the fixed assets. However, there is no actual condition to re-evaluate all the fixed assets in China. Therefore, the above-mentioned methods are temporarily adopted at present.

Operating Surplus refers to the balance of the value added created by the resident units deducting the labourers' remuneration, net taxes on production and the depreciation of fixed assets. It is equivalent to the business profit of the enterprises plus subsidies on production, but the wages and welfare expenses paid from the profits should be deducted.

Direct Input Coefficient refers to the volume of products and services of all sectors consumed directly by a certain sector's productive units, which are needed for their total output. It is also named as technical coefficient. It represents the direct technical economical ties and direct interdependence between the sector and other sectors.

Total Input Coefficient refers to the volume of products and services of all sectors needed for a certain sectors productive units to increase their total output. Total input coefficient is equal to the sum of direct input coefficient and total indirect input coefficient. It is a major indicator to disclose the technical economical ties and interdependence between sectors of the national economy.

2014 NEIMENGGU

四、人口

Population

资料整理：张建华　杜文杰

Arranged By Zhang Jianhua，Du Wenjie

4-1 历次全国人口普查内蒙古人口基本情况

Basic Statistics on All Region Population Census in 1953, 1964, 1982, 1990,2000 and 2010

单位：万人　　(10 000 persons)

指 标	Item	1953	1964	1982	1990	2000	2010
总人口	**Total Population**	**610.02**	**1233.41**	**1927.43**	**2145.65**	**2375.54**	**2470.63**
男	Male	343.19	669.28	1005.29	1115.57	1228.90	1283.13
女	Female	266.83	564.13	922.14	1030.08	1146.64	1187.50
总户数(万户)	**Total Number of Households (10 000 households)**	**138.70**	**261.39**	**420.00**	**529.34**	**708.16**	**847.05**
家庭户	Family Households			418.75	527.31	695.48	817.61
集体户	Non-family Households			1.25	2.03	12.68	29.44
各年龄组人口	**Population by Age**						
0-5岁	Age 0-5			237.01	246.92	151.13	134.60
6-14岁	Age 6-14			447.58	363.45	354.43	213.66
15-64岁	Age 15-64			1173.22	1449.29	1742.85	1935.56
65岁及以上	Age 65 and Over			69.62	85.99	127.13	186.81
民族人口	**Nationality Population**						
汉族	Han Nationality	512.00	1072.94	1627.76	1729.00	1882.39	1965.07
蒙古族	Mongolian Nationality	88.82	138.45	248.94	337.97	402.92	422.61
其他少数民族	other Minority Nationalities	7.24	22.00	50.73	78.67	90.23	82.95
15岁及以上人口	**Population Aged 15 and Over**			**1242.84**	**1535.28**	**1869.98**	**2122.37**
6岁及以上人口按受教育程度分组	**Population Aged 6 and Over by Educational Level**			**1690.42**	**1898.73**	**2224.41**	**2236.03**
大学本科	University				10.83	24.47	91.99
大学专科	Three Years College			11.00	20.90	65.88	160.20
中专	Specialized Secondary School				42.97	89.66	
高中	Senior Secondary School			143.68	173.07	237.22	373.69
初中	Junior Secondary School			371.99	546.55	826.65	968.93
小学	Primary School			631.58	716.68	739.60	627.99
不识字或识字很少	Illiterate and Semi-Illiterate			422.29	332.82	240.93	113.23
市镇乡村人口	**Population of Cities, Towns & Countyside**						
市镇人口	City & Town		305.10	556.14	779.69	1013.88	1372.02
乡村人口	County		928.31	1371.29	1365.96	1361.66	1098.61

注:1953、1964、1982 和 1990 年数据为年中数(7 月 1 日零时), 2000、2010 年数据为 2000、2010 年 11 月 1 日零时快速汇总数。
a)Data on 1953,1964,1982 and 1990 is year-middle data(at zero hour of Jul.1). The figures from the pre liminary tabulationa,2000、2010 is Data at at zero hour of Nov.1

4-2 年末总人口数及构成

Population and Its Composition at Year-end

单位：万人 (10 000 persons)

年 份 Year	年末总人口 Total Population (year-end)	按性别分 By sex		按农业、非农业分 By Agricultural & Non-agricultural Population		按城乡分 By Residence	
		男 Male	女 Female	农业人口 Agricultural	非农业人口 Non-agricaltural	市镇人口 Urban	乡村人口 Rural
1949	608.1	334.0	274.1			75.2	532.9
1952	715.9	394.3	321.6			91.9	624.0
1957	936.0	519.3	416.7			175.4	760.6
1965	1296.4	700.1	596.3			268.3	1028.1
1970	1491.0	799.0	692.0			320.8	1170.2
1975	1737.9	918.6	819.3	1306.3	431.6	379.3	1358.6
1978	1823.4	957.8	865.6	1360.8	462.6	397.5	1425.9
1980	1876.5	981.2	895.3	1380.8	495.7	433.1	1443.4
1981	1902.9	994.9	908.0	1390.6	512.3	445.2	1457.7
1982	1941.6	996.0	945.6	1414.6	527.0	565.2	1376.4
1983	1969.8	1009.8	960.0	1431.9	537.9	573.8	1396.0
1984	1993.1	1022.7	970.4	1444.9	548.2	847.1	1146.0
1985	2015.9	1043.6	972.3	1441.2	574.7	874.1	1141.8
1986	2040.7	1058.0	982.7	1451.7	589.0	932.2	1108.5
1987	2066.4	1062.3	1004.1	1456.7	609.7	1004.5	1061.9
1988	2093.9	1083.2	1010.7	1461.9	632.0	1033.8	1060.1
1989	2122.2	1102.4	1019.8	1470.8	651.5	1055.8	1066.5
1990	2162.6	1127.6	1035.0	1496.8	665.7	781.1	1381.4
1991	2183.9	1132.8	1051.0	1506.9	677.0	807.4	1376.4
1992	2206.6	1142.1	1064.5	1519.5	687.1	817.1	1389.5
1993	2232.4	1149.8	1082.6	1525.2	707.2	831.8	1400.6
1994	2260.5	1161.5	1099.0	1534.6	725.9	849.3	1411.2
1995	2284.4	1187.6	1096.8	1541.3	743.1	873.1	1411.3
1996	2306.6	1198.0	1108.6	1546.8	759.8	887.2	1419.4
1997	2325.7	1207.5	1118.2	1549.6	776.1	905.6	1420.1
1998	2344.9	1216.7	1128.2	1552.1	792.8	936.7	1408.2
1999	2361.9	1224.6	1137.3	1553.7	808.2	967.8	1394.1
2000	2372.4	1227.2	1145.2	1535.4	837.0	1001.1	1371.3
2001	2381.4	1230.6	1150.8	1528.4	853.0	1036.8	1344.6
2002	2384.1	1231.1	1153.0	1518.0	866.1	1050.3	1333.8
2003	2385.8	1231.4	1154.3	1504.5	881.3	1067.4	1318.4
2004	2392.7	1234.2	1158.5	1477.8	915.0	1097.3	1295.4
2005	2403.1	1237.9	1165.2	1446.2	956.9	1134.3	1268.8
2006	2415.1	1243.0	1172.1	1449.3	965.8	1174.7	1240.4
2007	2428.8	1250.0	1178.8	1448.5	980.3	1218.0	1210.8
2008	2444.3	1255.9	1188.4	1455.1	989.2	1264.1	1180.2
2009	2458.2	1263.5	1194.7	1458.9	999.3	1312.7	1145.5
2010	2472.2	1283.9	1188.3	1462.0	1010.2	1372.9	1099.3
2011	2481.7	1288.0	1193.7	1469.2	1012.5	1405.2	1076.5
2012	2489.9	1291.6	1198.3	1464.6	1025.3	1437.6	1052.3
2013	2497.6	1294.4	1203.2	1466.9	1030.7	1466.3	1031.3

注：1985年之前为户籍统计数，2011年及以后年份为人口变动抽样调查推算数据，其余年份为根据历次人口普查数据调整的数据。

a)Before 1985,data were Enumeration of Census Register,In 2011, data have been estimated on the basis of the annual National Sample Surveys on Population Changes ,and in other years,Data were adjusted on the basis of all previous National Population Census.

4-3 人口出生率、死亡率、自然增长率

Birth Rate, Death Rate and Natural Growth Rate

年 份 Year	出生率 Birth Rate(‰)	死亡率 Death Rate(‰)	自然增长率 Natural Growth Rate(‰)	人口机械增长率 Migratory Growth Rate(‰)
1956	29.5	7.9	21.6	40.0
1957	37.2	10.5	26.7	16.3
1958	28.4	7.9	20.5	31.7
1959	30.8	11.0	19.8	54.8
1960	29.4	9.4	20.0	94.1
1961	22.1	8.8	13.3	-37.1
1962	38.2	9.0	29.2	-21.7
1963	41.3	8.5	32.8	3.7
1964	41.9	11.8	30.1	0.9
1965	40.0	9.3	30.7	2.8
1966	36.1	8.1	28.0	-2.8
1967	34.9	7.7	27.2	3.5
1968	34.9	7.3	27.6	1.2
1969	32.5	6.8	25.7	8.4
1970	32.3	6.2	26.1	-5.1
1971	29.7	5.6	24.1	18.0
1972	30.7	6.6	24.1	6.3
1973	28.3	5.7	22.6	7.1
1974	25.9	6.1	19.8	12.4
1975	23.3	6.1	17.2	1.8
1976	20.1	5.5	14.6	3.3
1977	18.1	5.4	12.7	3.5
1978	18.5	5.2	13.3	0.6
1979	18.1	4.9	13.2	-0.3
1980	16.5	4.9	11.5	
1981	17.3	4.9	12.4	1.3
1982	21.2	5.7	15.5	-0.8
1983	20.0	5.5	14.5	
1984	18.9	5.5	13.4	-1.7
1985	17.2	5.7	11.5	0.1
1986	19.1	5.9	13.2	-1.0
1987	19.7	6.1	13.6	-1.1
1988	19.0	5.7	13.3	-0.1
1989	19.3	5.8	13.5	-0.7
1990	21.2	7.2	14.0	-1.1
1991	16.8	7.0	9.8	-1.2
1992	17.1	6.7	10.3	-1.3
1993	18.5	6.8	11.7	-0.5
1994	19.0	6.5	12.5	-0.3
1995	17.2	6.7	10.5	-0.1
1996	16.1	6.4	9.7	0.1
1997	15.2	7.0	8.3	0.1
1998	14.4	6.2	8.2	
1999	13.3	6.1	7.2	-0.2
2000	12.1	5.9	6.1	-0.6
2001	10.8	5.8	5.0	-1.2
2002	9.6	5.9	3.7	-2.6
2003	9.2	6.2	3.1	-2.4
2004	9.5	6.0	3.6	-0.6
2005	10.1	5.5	4.6	-0.3
2006	9.9	5.9	4.0	1.0
2007	10.2	5.7	4.5	1.2
2008	9.8	5.5	4.3	2.1
2009	9.6	5.6	4.0	1.7
2010	9.3	5.5	3.8	1.9
2011	8.9	5.4	3.5	0.3
2012	9.2	5.5	3.7	-0.4
2013	9.0	5.6	3.4	-0.3

4-4 年末总人口及人口变动
Population and Its Changes at Year-end

项 目	Item	2012	2013	2013年比2012年增长(%) Growth Rate
一、总人口(万人)	**Total Population (10 000 persons)**	**2489.85**	**2497.61**	**0.31**
按性别分	**By sex**			
男(万人)	Male(10 000 persons)	1291.61	1294.38	0.21
女(万人)	Female(10 000 persons)	1198.24	1203.23	0.42
按城乡分	**By Residence**			
市镇人口(万人)	Urban(10 000 persons)	1437.64	1466.35	2.00
乡村人口(万人)	Rural(10 000 persons)	1052.21	1031.26	-1.99
按农业非农业分	**By Agriculture and Non-agriculture**			
农业人口(万人)	Agriculture(10 000 persons)	1464.53	1466.88	0.16
非农业人口(万人)	Non-agriculture (10 000 persons)	1025.32	1030.73	0.53
二、人口自然变动	**Population Natural Changes**			
出生人口(万人)	Briths(10 000 persons)	22.79	22.39	-1.76
男	Male	11.94	11.59	-2.93
女	Female	10.85	10.80	-0.46
死亡人口(万人)	Deaths(10 000 persons)	13.72	14.01	2.11
出生率(‰)	Birth Rate(‰)	9.17	8.98	
死亡率(‰)	Death Rate(‰)	5.52	5.62	
自然增长率(‰)	Natural Growth Rate(‰)	3.65	3.36	

注:本表数据根据人口变动调查数据推算。

a)Data in the table have been estimated on the basis of the annual Autonomoous Regional Sample Surveys on population Changes.

4-5 民族人口及构成

Population Nationality and Its Composition

单位：人 (person)

项目	Item	2012	2013	构成(%) Composition 2012	构成(%) Composition 2013
汉族	Han	19176581	19184277	77.96	77.79
蒙古族	Mongolian	4502035	4549213	18.30	18.45
回族	Hui	217914	219203	0.89	0.89
满族	Man	534158	539661	2.17	2.19
朝鲜族	Korean	23784	24172	0.10	0.10
达斡尔族	Daur	83653	84342	0.34	0.34
鄂温克族	Ewenki	31248	31505	0.13	0.13
鄂伦春族	Oroqen	4664	4739	0.02	0.02
壮族	Zhuang	2045	2135	0.01	0.01
藏族	Tibetan	1643	1373	0.01	0.01
锡伯族	Xibe	3541	3855	0.01	0.02
苗族	Miao	1862	1950	0.01	0.01
土家族	Tujia	1844	1891	0.01	0.01
彝族	Yi	1430	1543	0.01	0.01
维吾尔族	Uygur	200	206		
其他少数民族	Other Minority Nationalities	12418	12317	0.05	0.05
外国人加入中国籍	Foreigners Naturalized China	6	7		

注:本表数据为公安户籍统计数。

a) Date in the Table is Registered Statistics

4-6 年末民族人口数

Population by Nationality at Year-end

年 份 Year	在人口总数中 Total Populational Including							
	汉 族(万人) Han(10000 persons)	蒙古族(万人) Mongolian (10000 persons)	回 族(万人) Hui(10000 persons)	满 族(万人) Man(10000 persons)	朝鲜族 (人) Korean (person)	达斡尔族 (人) Daur (person)	鄂温克族 (人) Ewenki (person)	鄂伦春族 (人) Oroqen (person)
1949	515.4	83.5	4.5	1.8	5718	16484	5118	911
1950	565.9	84.7	4.6	1.8	5921	16932	5269	916
1951	589.6	87.1	4.7	1.9	6242	18060	5546	919
1952	614.4	91.2	5.0	2.0	6590	19129	5611	929
1953	649.3	98.5	5.2	2.1	6841	19480	5667	953
1954	687.6	102.7	5.4	2.2	7120	21304	5976	989
1955	725.6	105.5	5.8	2.3	7589	21883	6313	1067
1956	775.7	108.6	6.2	2.0	10213	22253	5665	1009
1957	811.2	111.6	6.7	2.1	11247	24278	6178	949
1958	857.1	114.1	7.5	2.5	12674	27656	6723	1025
1959	930.7	115.5	8.0	3.0	13209	29884	6593	1124
1960	1049.8	121.4	9.4	3.2	14056	30420	6935	1135
1961	1021.0	123.5	10.5	2.8	12457	30918	7508	1143
1962	1023.5	129.7	10.0	3.2	11934	31201	8558	1129
1963	1061.1	134.6	10.3	3.8	11827	32509	8469	1145
1964	1091.4	140.3	11.2	5.0	11328	34819	9038	1205
1965	1129.4	144.5	11.3	5.3	11412	35980	9191	1272
1966	1158.3	148.3	11.4	5.5	11513	36620	9591	1318
1971	1358.2	169.7	13.2	6.8	13884	40440	11038	1364
1972	1401.7	172.9	13.4	6.9	13426	42966	11195	1409
1973	1444.5	178.5	13.8	7.1	13864	44971	11268	1454
1974	1493.4	182.6	14.2	7.4	14400	46420	11639	1499
1975	1521.7	186.6	14.3	7.6	14862	48333	12426	1544
1976	1549.0	189.5	14.6	7.8	15750	48967	13554	1592
1977	1573.9	193.1	14.7	7.9	15420	52733	12753	1524
1978	1592.9	198.6	15.0	8.0	15403	55372	12657	1579
1979	1617.0	202.1	14.6	8.7	20881	53954	15592	1600
1980	1632.7	209.0	15.3	10.3	16193	56399	14722	1699
1981	1651.5	215.3	15.8	11.0	16062	56801	15245	1754
1982	1637.9	253.2	17.0	23.7	17337	56883	17525	2186
1983	1657.5	260.3	17.0	24.9	17800	59500	18000	2200
1984	1671.0	268.1	17.6	26.0	18400	60500	18300	2300
1985	1686.2	274.7	17.1	27.1	18600	61500	18900	2300
1986	1696.8	285.5	17.7	29.4	19485	64129	19840	2483
1987	1706.9	297.2	18.3	32.3	19743	65167	20412	2561
1988	1721.8	307.3	18.5	34.4	20152	66462	20499	2686
1989	1729.9	315.7	18.8	35.7	21147	69579	20853	2793
1990	1749.1	328.5	18.7	40.0	22380	70959	22494	2976
1991	1758.7	333.1	19.0	40.9	22047	71598	23138	3171
1992	1766.1	338.3	19.5	41.4	22161	72432	23321	3262
1993	1779.4	343.4	19.7	42.1	21963	73574	23928	3242
1994	1791.6	349.6	19.7	42.8	22735	73354	24427	3302
1995	1803.4	356.5	19.9	43.7	22741	72680	24545	3447
1996	1820.0	364.2	20.0	44.8	22772	73689	25059	3436
1997	1836.8	371.8	20.4	45.5	22759	74992	25632	3599
1998	1851.0	378.6	20.4	46.2	23068	73797	25578	3568
1999	1865.5	382.8	21.0	46.0	23825	73818	26001	3813
2000	1832.5	386.0	20.9	47.0	23278	76374	26546	3704
2001	1843.7	391.8	20.8	48.1	23841	77145	26870	3846
2002	1855.0	396.0	21.1	47.8	24009	79202	27423	3968
2003	1860.6	404.0	21.1	48.7	23863	79195	27915	3998
2004	1866.5	408.0	21.3	48.7	24117	79960	28285	4229
2005	1853.8	412.7	21.0	49.1	23503	79248	27931	4791
2006	1880.9	414.4	21.1	49.9	23800	82342	28774	4816
2007	1898.0	427.7	21.3	50.6	24117	83610	29085	5000
2008	1913.3	433.5	21.4	51.4	24353	84478	29589	5032
2009	1921.4	441.6	21.5	51.9	24318	83127	30163	4561
2010	1921.5	441.1	21.6	52.4	24184	83007	30863	4594
2011	1927.4	447.2	21.8	52.8	24017	83284	31296	4623
2012	1917.7	450.2	21.8	53.4	23784	83653	31248	4664
2013	1918.4	454.9	21.9	54.0	24172	84342	31505	4739

注:本表数据为公安户籍统计数。

a) Date in the Table is Registered Statistics

主要统计指标解释

人口数 指一定时点、一定地区范围内的有生命的个人的总和。

年度统计的年末人口数指每年12月31日24时的人口数。

市镇总人口和乡村总人口

其定义有两种口径：

第一种口径(按行政建制)

市人口：市管辖区域内的全部人口(含市辖镇，不含市辖县)；

镇人口：县辖镇的全部人口(不含市辖镇)；

县人口：县辖乡人口。

第二种口径(按常住人口划分)

市人口：设区的市的区人口和不设区的市所辖的街道人口；

镇人口：不设区的市所辖镇的居民委员会人口和县辖镇的居民委员会人口；

县人口：除上述两种人口以外的全部人口。

1952–1980年数据为第一种口径的数据，1982年以后的数据为第二种口径的数据。

出生率(又称粗出生率) 指在一定时期内(通常为一年)平均每千人所出生的人数的比率，一般用千分率表示。计算公式为：

出生率 = 年出生人数 / 年平均人数 × 1000‰

式中：出生人数指活产婴儿，即胎儿脱离母体时(不管怀孕月数)，有过呼吸或其他生命现象。年平均人数指年初、年底人口数的平均数，也可用年中人口数代替。

死亡率(又称粗死亡率) 指在一定时期内(通常为一年)一定地区的死亡人数与同期平均人数(或期中人数)之比，一般用千分率表示。计算公式为：

死亡率 = 年死亡人数 / 年平均人数 × 1000‰

人口自然增长率 指在一定时期内(通常为一年)人口自然增加数(出生人数减死亡人数)与该时期内平均人数(或期中人数)之比，一般用千分率表示。计算公式为：

人口自然增长率 =(本年出生人数 – 本年死亡人数)/ 年平均人数 × 1000‰

人口自然增长率 = 人口出生率 — 人口死亡率

Explanatory Notes on Main Statistical Indicators

Total Population refers to the total number of people alive at a certain point of time within a given area.

The annual statistics on total population is taken at midnight, the 3lst of December.

Urban Population and Rural Population There are two definitions. The first definition (according to the administrative organizational system):

City population: Total population under the jurisdiction of city (including population of the town under the jurisdiction of city. excluding the population of counties under the jurisdiction of city).

Town population: Total population of town under the jurisdiction of county (excluding the population of town under the jurisdiction of city).

County population: Total population of country under the jurisdiction of county).

The second definition (classified by the permanent population):

City population: Total population of districts under the jurisdiction of city with district establishment and the population of street under the jurisdiction of city without district establishment.

Town population: Total resident committees population of towns under the jurisdiction of city without district establishment and the resident committee's population of towns under the jurisdiction of county.

County population: Total population except city population and town population.

Data from 1952 to 1980 is the figures according to the first definition. Data since 1982 are the figure according to the second definition.

Birth Rate of (Crude Birth Rate) refers to the ratio of the number of births to the average population during a certain period of time (usually a year) which is often expressed in‰. The following formula is used:

Birth Rate = Number of Births /Average Number of Population × 1000‰

Number of births refers to live births i. e. the births when babies had showed any vital phenomena regardless of the length of pregnancy.

Annual Average Number of Population is the average of the number of population at the beginning of the year and that at the end of the year. Sometimes it is substituted for with the mid year population.

Death Rate (or Crude Death Rate) refers to the ratio of the number of deaths to the average population (or mid year population) during a certain period of time (usually a year) which is often expressed in‰. The following formula is used:

Death Rate =Number of Deaths /Annual Average Number of Population × 1000‰

Natural Growth Rate of Population refers to the ratio of natural increase in population (number of births minus number of deaths) in a certain period of time (usually a year) to the average population (or mid year population) of the same period which is often expressed in‰. The following formulas are applied:

Natural Growth of Population = (Number of Births–Number of Deaths) / Average Number of Population × 1000‰

Natural Growth Rate of Population=Birth Rate–Death Rate

2014 NEIMENGGU

五、从业人员和职工工资

Employment and Wages

资料整理：白　菲　赵亚楠
Arranged By Bai Fei， Zhao Yanan

5-1 就业基本情况

Employment

项 目	Item	1995	2000	2005	2010	2013
就业人员总计(万人)	**Total Number of Employed Persons(10 000 persons)**	**1029.4**	**1061.6**	**1041.1**	**1184.7**	**1408.2**
第一产业	Primary Industry	536.8	553.7	560.5	571.0	580.9
第二产业	Secondary Industry	225.0	182.4	162.7	206.2	264.6
第三产业	Tertiary Industry	267.6	325.5	317.9	407.5	562.7
就业人员构成(总计=100)	**Composition of Employed Persons(total=100)**					
第一产业	Primary Industry	52.1	52.2	53.8	48.2	41.2
第二产业	Secondary Industry	21.9	17.1	15.6	17.4	18.8
第三产业	Tertiary Industry	26.0	30.7	30.5	34.4	40.0
按城乡分就业人员(万人)	**Number of Employed Persons by Urban and Rural Areas(10 000 persons)**	**1029.4**	**1061.6**	**1041.1**	**1184.7**	**1408.2**
城镇就业人员	**Urban Employed Persons**	**440.0**	**430.1**	**350.3**	**465.2**	**665.4**
#国有单位	State-owned Units	302.3	201.1	162.0	169.4	170.8
城镇集体单位	Urban Collective-owned Units	70.8	25.6	12.4	8.9	7.3
股份合作单位	Share Holding Units	5.9	2.9	1.8	2.1	2.0
联营单位	Joint-owned Units	0.3	0.6	0.3	0.2	0.1
有限责任公司	Limited Liability Corporations		26.0	47.0	45.5	91.4
股份有限公司	Share-holding Corporations Ltd.		8.2	14.3	17.8	22.8
私营企业	Private Enterprises	7.6	28.6	47.1	103.1	144.8
港澳台商投资单位	Units Funded by Entrepreneurs from Hong Kong, Macao & Taiwan	2.0	1.7	1.6	1.6	2.2
外商投资单位	Foreign Funded Units	2.2	2.2	2.5	2.8	5.4
个体	Self-employed Individuals	36.7	88.2	60.2	113.0	216.7
乡村从业人员	**Rural Employed Persons**	**589.4**	**631.5**	**690.8**	**719.5**	**742.8**
#私营企业	Private Enterprises	2.5	12.8	21.1	18.4	50.9
个体	Self-employed Individuals	26.6	71.5	22.1	24.4	55.0
职工人数(万人)	**Number of Staff and Workers(10 000 persons)**	**383.7**	**263.9**	**239.6**	**244.9**	**294.4**
国有单位	State-owned Units	302.3	197.3	159.7	166.7	167.3
城镇集体单位	Urban Collective-owned Units	70.8	25.4	12.2	8.6	6.9
其他单位	Units of Other Types of Ownership	10.6	41.2	67.7	69.6	120.2
城镇单位女性就业人员(万人)	**Number of Female Employment in Urban Units(10 000 persons)**	**149.9**	**102.9**	**91.8**	**91.6**	**106.7**
城镇登记失业人数(万人)	**Number of Registered Unemployed Persons in Urban Areas (10 000 persons)**	**13.97**	**12.65**	**17.75**	**20.81**	**23.80**
城镇登记失业率(%)	**Registered Unemployment Rate in Urban Areas(%)**	**3.17**	**3.34**	**4.26**	**3.90**	**3.66**

注:1.1998 年及以后城镇单位就业人员、职工人数统计口径有调整,详见本篇末指标解释。

2.2003 年以后全社会就业人员中不包括社会自由从业人员。

a)Statistical coverage of staff and workers employed in urban units was adjusted after 1998.Please refer to the explanatory notes at the end of this chapter.

b)Social total number of employed persons doesn't include social self-employed persons after 2003.

5-2 按三次产业划分的年末就业人员
Number of Employed Persons at Year-end by Type of Industry

年份 Year	就业人员(万人) Total (10 000 persons)	第一产业 Primary Industry	第二产业 Secondary Industry	第三产业 Tertiary Industry	构成(合计=100) Composition in Percentage(total=100) 第一产业 Primary Industry	第二产业 Secondary Industry	第三产业 Tertiary Industry
1957	400.6	347.4	21.1	32.1	86.72	5.27	8.01
1965	476.8	379.7	45.3	51.8	79.64	9.50	10.86
1970	524.4	405.2	63.6	55.6	77.27	12.13	10.60
1975	607.5	441.6	95.5	70.4	72.69	15.72	11.59
1978	652.8	438.0	120.5	94.3	67.10	18.45	14.45
1980	698.4	460.7	129.7	108.0	65.97	18.57	15.46
1981	731.2	478.8	136.4	116.0	65.48	18.66	15.86
1982	762.4	501.5	140.1	120.8	65.78	18.38	15.84
1983	798.8	515.8	146.7	136.3	64.57	18.37	17.06
1984	827.8	524.5	154.5	148.8	63.36	18.66	17.98
1985	856.6	517.8	174.8	164.0	60.45	20.40	19.15
1986	875.4	521.7	184.6	169.1	59.60	21.08	19.32
1987	891.0	490.3	188.0	212.7	55.03	21.10	23.87
1988	909.7	490.0	200.1	219.6	53.86	22.00	24.14
1989	910.3	491.3	199.1	219.9	53.97	21.87	24.16
1990	924.6	515.5	201.4	207.7	55.76	21.78	22.46
1991	962.9	537.9	208.8	216.2	55.86	21.68	22.45
1992	976.0	531.4	217.1	227.5	54.45	22.24	23.31
1993	1008.2	535.4	220.4	252.4	53.10	21.86	25.04
1994	1033.4	536.5	225.1	271.8	51.92	21.78	26.30
1995	1029.4	536.8	225.0	267.6	52.15	21.85	26.00
1996	1039.0	546.8	223.4	268.8	52.63	21.50	25.87
1997	1050.3	544.6	213.2	292.5	51.85	20.30	27.85
1998	1050.3	542.6	207.1	300.6	51.66	19.72	28.62
1999	1056.7	555.4	185.5	315.8	52.56	17.55	29.89
2000	1061.6	553.7	182.4	325.5	52.20	17.10	30.70
2001	1067.0	550.5	179.3	337.2	51.60	16.80	31.60
2002	1086.1	552.3	173.7	360.1	50.90	16.00	33.10
2003	1005.2	548.7	152.5	303.9	54.59	15.17	30.24
2004	1026.1	559.3	153.0	313.8	54.51	14.91	30.58
2005	1041.1	560.5	162.7	317.9	53.83	15.64	30.53
2006	1051.2	565.3	168.0	317.8	53.78	15.98	30.23
2007	1081.5	569.3	183.6	328.6	52.64	16.98	30.38
2008	1103.3	556.7	186.2	360.4	50.45	16.88	32.67
2009	1142.5	558.0	193.3	391.2	48.84	16.92	34.24
2010	1184.7	571.0	206.2	407.5	48.20	17.41	34.39
2011	1249.3	573.0	221.5	454.8	45.87	17.73	36.40
2012	1304.9	583.4	236.1	485.4	44.70	18.10	37.20
2013	1408.2	580.9	264.6	562.7	41.25	18.79	39.96

注：1. 2003 年以后就业人员中不包括社会自由就业人员。
2. 2004 年三次产业就业人员和构成按相关数据进行了调整。

a)Social total number of employed persons doesn't include social self-employed persons after 2003.

b)The number of employed persons in tertiary industry and its composition in 2004 is adjusted by relation data.

5-3 分行业城镇单位年末女性就业人员(2013 年)

Number of Female Employed in Urban Units at Year-end by Sector(2013)

单位：人 (person)

项目	Item	合计 Total	国有单位 State-owned Units	城镇集体单位 Urban Collective-owned Units	其他单位 Units of Other Types of Ownership
总 计	**Total**	**1067367**	**674566**	**32825**	**359976**
按企、事业和机关分组	**Grouped by Enterprises, Institutions and Agencies**				
企业	Enterprises	561686	179109	25349	357228
事业	Institutions	386978	378563	7456	959
机关	Agencies & Organizations	115827	115827		
按国民经济行业分组	**Grouped by Sector**				
农、林、牧、渔业	Farming, Forestry, Animal Husbandry and Fishery	79460	76645	44	2771
采矿业	Mining	35871	6496	430	28945
制造业	Manufacturing	146015	7178	5189	133648
电力、燃气及水的生产和供应业	Production & Supply of Electric Power, Gas and Water	36920	16317	268	20335
建筑业	Construction	32714	2275	1568	28871
批发和零售业	Wholesale and Retail Trade	53500	11427	959	41114
交通运输、仓储和邮政业	Transportation, Storage and Postal Services	47833	36735	813	10285
住宿和餐饮业	Quarters and Catering	25090	4794	724	19572
信息传输、软件和信息技术服务业	Information Transmission,Software and IT Services	29845	11753	24	18068
金融业	Banking	58842	24280	13451	21111
房地产业	Real Estate	19655	2641	36	16978
租赁和商务服务业	Leasing and Commercial Services	14191	7513	823	5855
科学研究和技术服务业	Scientific and Technical Services	19952	16241	162	3549
水利、环境和公共设施管理业	Water Conservancy, Environment and Public Facilities Administration	35396	31425	1438	2533
居民服务、修理和其他服务业	Resident Services, Repairs and Other Services	3879	1691	1208	980
教育	Education	196400	193624	106	2670
卫生和社会工作	Health and Social Work	83859	76137	5582	2140
文化、体育和娱乐业	Culture, Sports & Recreational Services	16459	15908		551
公共管理、社会保障和社会组织	Public Administration， Social Security and Social Organizations	131486	131486		
国际组织	International Organizations				

5-4 按登记注册类型和城乡划分的年末就业人员

单位：万人

年份 Year	总 计 Total	城 镇						
		合 计 Sub-total	# 国有单位 State-owned Units	# 集体单位 Collective-owned Units	# 股份合作单位 Share Holding Units	# 联营单位 Joint-owned Units	# 有限责任公司 Limited Liability Corporations	# 股份有限公司 Share-holding Corporations Ltd.
1957	400.6	56.3	46.1	9.4				
1965	476.8	101.2	86.5	13.4				
1970	524.4	124.8	110.9	13.9				
1975	607.5	176.9	143.8	32.9				
1978	652.8	227.8	183.2	44.4				
1980	698.4	225.4	200.6	53.7				
1985	856.6	335.6	241.4	79.0				
1987	891.0	359.7	260.2	82.5		0.1		
1988	909.7	373.3	268.3	84.7		0.2		
1989	910.3	375.4	271.0	86.0		0.3		
1990	924.6	386.6	282.3	87.0		0.4		
1991	962.9	404.2	293.2	89.3		0.6		
1992	976.0	415.7	302.1	89.6		1.0		
1993	1008.2	434.2	301.1	87.4	1.2	0.3		
1994	1033.4	453.8	301.7	76.1	5.0	0.4		
1995	1029.4	440.0	302.3	70.8	5.9	0.3		
1996	1039.0	434.7	302.1	66.8	5.9	0.3		
1997	1050.3	444.9	291.9	59.4	7.1	0.2		
1998	1050.3	443.4	252.4	45.7	2.9	0.8	18.1	6.9
1999	1056.7	435.7	232.4	37.8	2.9	0.9	23.4	8.0
2000	1061.6	430.1	201.1	25.6	2.9	0.6	26.0	8.2
2001	1067.0	434.5	188.9	20.5	2.2	0.5	29.3	9.3
2002	1086.1	435.6	177.8	17.7	1.9	0.4	34.4	11.1
2003	1005.2	352.9	169.2	15.8	2.0	0.3	40.2	12.0
2004	1026.1	350.3	166.6	13.5	1.7	0.3	43.3	13.0
2005	1041.1	350.3	162.0	12.4	1.8	0.3	47.0	14.3
2006	1051.2	365.0	160.5	11.5	1.5	0.3	49.3	14.3
2007	1081.5	383.5	162.0	11.1	1.9	0.3	48.1	17.7
2008	1103.3	414.9	163.5	10.1	1.4	0.3	45.5	18.3
2009	1142.5	439.5	166.7	9.2	1.9	0.2	44.5	17.9
2010	1184.7	465.2	169.4	8.9	2.1	0.2	45.5	17.8
2011	1249.3	517.1	173.1	8.5	1.5	0.2	53.7	19.6
2012	1304.9	562.6	176.3	8.5	2.4	0.2	56.6	20.1
2013	1408.2	665.4	170.8	7.3	2.0	0.1	91.4	22.8

Number of Employed Persons at Year-end by Status of Registration and Residence in Urban and Rural Areas

(10 000 persons)

Urban Area				乡 村Rural Area		
# 私营企业 Private Enterprises	# 港澳台商投资单位 Economic Units Funded by Entrepreneurs from Hong Kong, Macao and Taiwan	# 外商投资单位 Foreign Funded Economic Units	# 个 体 Self-employed individuals	合 计 Sub-total	# 私营企业 Private Enterprises	# 个体 Self-employed Individuals
			0.8	344.3		
			1.3	375.6		
				399.6		
			0.2	430.6		
			0.2	425.0		
			1.1	443.0		
			15.2	521.0		
			16.9	531.3		
			20.1	536.4		
			18.1	534.9		
			16.9	538.0		
			21.1	558.7		
			23.0	560.3		
3.8	1.0	1.1	28.7	574.0		
5.5	1.4	1.7	38.1	579.6		
7.6	2.0	2.2	36.7	589.4	2.5	26.6
10.8	1.9	2.7	40.7	604.3	3.2	32.9
14.0	2.1	2.8	57.9	605.4	3.7	37.1
23.0	2.3	1.7	73.2	606.9	5.9	48.8
25.1	2.0	2.1	88.0	621.0	13.6	59.7
28.6	1.7	2.2	88.2	631.5	12.8	71.5
30.4	1.7	1.8	96.2	632.5	15.2	73.7
29.0	1.8	2.0	87.9	650.5	22.8	77.6
35.7	1.7	2.5	72.8	652.3	15.6	35.6
44.2	1.1	2.7	56.1	675.8	17.0	21.8
47.1	1.6	2.5	60.2	690.8	21.1	22.1
53.3	1.3	2.7	69.0	686.2	20.3	18.8
61.8	1.5	2.7	75.2	698.0	21.1	18.4
80.4	1.4	2.8	89.6	688.4	18.0	20.1
89.2	1.5	2.9	104.5	703.0	16.2	24.4
103.1	1.6	2.8	113.0	719.5	18.4	24.4
117.4	1.7	3.1	137.3	732.2	18.2	28.6
133.5	2.4	3.1	158.3	742.3	20.1	49.4
144.8	2.2	5.4	216.7	742.8	50.9	55.0

5-5 分行业年末职工(2013年)

Number of Staff and Workers at Year-end by Sector(2013)

单位：人 (person)

项目	Item	合计 Total	国有单位 State-owned Units	城镇集体单位 Urban Collective-owned Unit	其他单位 Units of Other Types of Ownership
总计	**National Total**	**2944201**	**1673441**	**68842**	**1201918**
按企、事业和机关分组	**Grouped by Enterprises, Institutions and Agencies**				
企业	Enterprises	1821758	570206	54144	1197408
事业	Institutions	764087	747548	14651	1888
机关	Agencies & Organizations	354173	354173		
按国民经济行业分组	**Grouped by Sector**				
农、林、牧、渔业	**Farming, Forestry, Animal Husbandry and Fishery**	**239715**	**232995**	**486**	**6234**
农业	Farming	98841	97164	278	1399
林业	Forestry	82279	82185		94
畜牧业	Animal Husbandry	26073	21397	26	4650
渔业	Fishery	3888	3834		54
农、林、牧、渔服务业	Agricultural Services	28634	28415	182	37
采矿业	**Mining**	**206865**	**37682**	**1377**	**167806**
制造业	**Manufacturing**	**464418**	**26771**	**11471**	**426176**
电力、燃气及水的生产和供应业	**Production and Supply of Electric Power, Gas and Water**	**130009**	**58944**	**781**	**70284**
建筑业	**Construction**	**230327**	**14344**	**4016**	**211967**
房屋建筑业	Housing Construction	161163	4668	2320	154175
土木工程建筑业	Civil Engineering Construction	57542	9634	1295	46613
建筑安装业	Installation of Buildings	8000	35	338	7627
建筑装饰和其他建筑业	Decoration of Buildings and Other Construction	3622	7	63	3552
批发和零售业	**Wholesale & Retail Trade**	**108041**	**28753**	**2442**	**76846**
批发业	Wholesale Trade	39234	15890	1047	22297
零售业	Retail Trade	68807	12863	1395	54549
交通运输、仓储和邮政业	**Transportation, Storage and Postal Services**	**211177**	**157881**	**1969**	**51327**
铁路运输业	Railway Transport	105817	98199	101	7517
道路运输业	Roadway Transport	71473	32772	662	38039
水上运输业	Water transport	31	31		
航空运输业	Air Transport	4073	1883		2190
管道运输业	Pipeline Transport				
装卸搬运和运输代理业	Handling and transportation	1560	210	532	818
仓储业	Storage	5667	4367	674	626
邮政业	Postal Services	22556	20419		2137
住宿和餐饮业	**Quarters and Catering**	**44056**	**8904**	**1267**	**33885**
住宿业	Quarters	25073	7295	921	16857
餐饮业	Catering	18983	1609	346	17028
信息传输、软件和信息技术服务业	**Information Transmission, Software and IT Services**	**57746**	**23050**	**26**	**34670**
电信、广播电视和卫星传输服务	Telecommunications, Radio and Television ,Satellite Transmission Services	55631	22377		33254
互联网和相关服务	Internet and Related Services	1062	430		632
软件和信息技术服务业	Software and IT Services	1053	243	26	784

5-5 续表 continued

单位：人 (person)

项目	Item	合计 Total	国有单位 State-owned Units	城镇集体单位 Urban Collective-owned Unit	其他单位 Units of Other Types of Ownership
金融业	**Finance**	**101707**	**44015**	**25967**	**31725**
货币金融服务业	Monetary and Financial Services	85658	36778	25967	22913
资本市场服务业	Capital Market Services	859	390		469
保险业	Insurance	14844	6571		8273
其他金融活动	Others	346	276		70
房地产业	**Real Estate**	**46563**	**6497**	**59**	**40007**
房地产开发经营	Development & Management	25457	1197	10	24250
租赁和商务服务业	**Leasing and Commercial Services**	**43272**	**20997**	**2080**	**20195**
租赁业	Leasing Services	245	18		227
商务服务业	Commercial Services	43027	20979	2080	19968
科学研究、技术服务业	**Scientific and Technical Services**	**59066**	**45041**	**769**	**13256**
研究与试验发展	Research and Development	6160	5800		360
专业技术服务业	Special Technical Services	44272	32932	763	10577
科技推广和应用服务业	Science and Technology Popularization and Application Services	8634	6309	6	2319
水利、环境和公共设施管理业	**Water Conservancy, Environment and Public Facilities Administration**	**78156**	**68950**	**2769**	**6437**
水利管理业	Water Conservancy	16466	15568	108	790
生态保护和环境治理业	Ecological Protection and Environmental Management	2658	2300		358
公共设施管理业	Public Facilities Administration	59032	51082	2661	5289
居民服务、修理和其他服务业	**Resident Services, Repairs and Other Services**	**9371**	**4194**	**2553**	**2624**
居民服务业	Resident Services	4997	3361	780	856
机动车、电子产品和日用产品修理业	Motor Vehicles, Electronics and Household Goods Repair Services	657	35	97	525
其他服务业	Other Services	3717	798	1676	1243
教育	**Education**	**349863**	**345525**	**221**	**4117**
卫生和社会工作	**Health and Social Work**	**136869**	**122996**	**10589**	**3284**
卫生	Health	132750	119030	10500	3220
社会工作	Social Work	4119	3966	89	64
文化、体育和娱乐业	**Culture, Sports and Recreational Services**	**34491**	**33413**		**1078**
新闻出版业	Press	7228	7044		184
广播、电视、电影和影视录音制作业	Radio, Television, Film and Video Recording Industry	10881	10725		156
文化艺术业	Culture and Arts	14313	14143		170
体育	Sports	1232	1167		65
娱乐业	Recreational Services	837	334		503
公共管理、社会保障和社会组织	**Public Administration，Social Security and Social Organizations**	**392489**	**392489**		
中国共产党机关	Chinese Communist Party Agencies	18506	18506		
国家机构	Government Agencies	355301	355301		
人民政协、民主党派	People's Politics Consultative Conference and Democratic Parties	4478	4478		
社会保障	Social Security	5115	5115		
群众社团、社会团体和其他成员组织	Mass society, Social Organizations and Other Organizations	9089	9089		

5-6 私营企业年末就业人员(2013 年)

Number of Employed Persons in Private Enterprises at Year-end(2013)

单位：户、人 (household)(person)

项 目	Item	合计 Total			#城镇 Urban Areas		
		户数 Number of Enter-prises	就业人员 Number of Empl-oyed Persons	#投资者 Empl-oyers	户数 Number of Enter-prises	就业人员 Number of Empl-oyed Persons	#投资者 Empl-oyers
总 计	**Total**	**165718**	**1957579**	**360986**	**141467**	**1448393**	**307153**
农、林、牧、渔业	Farming, Forestry, Animal Husbandry and Fishery	9212	71502	19496	6341	39668	13534
采矿业	Mining	3836	213378	11368	2189	138874	5258
制造业	Manufacturing	17358	394010	44525	13712	277177	34249
电力、燃气及水的生产和供应业	Production & Supply of Electric Power, Gas and Water	1193	50216	3122	918	15103	2210
建筑业	Construction	8270	99894	21085	7741	82501	20067
批发和零售业	Wholesale and Retail Trade	63414	581634	124625	56294	492134	108610
交通运输、仓储和邮政业	Transportation, Storage and Postal Services	10240	72106	21487	7371	52420	17094
住宿和餐饮业	Quarters and Catering	4237	72141	8203	2992	29413	5198
信息传输、软件和信息技术服务业	Information Transmission, Software and IT Services	4932	35785	8643	4420	28035	8106
金融业	Banking	2114	31172	6789	1715	14973	6294
房地产业	Real Estate	8016	67148	18573	7465	56640	17674
租赁和商务服务业	Leasing and Commercial Services	18314	147281	39823	16850	122697	37865
科学研究和技术服务业	Scientific and Technical Services	3801	35714	9268	3558	27996	8553
水利、环境和公共设施管理业	Water Conservancy, Environment and Public Facilities Administration	1012	8761	2678	919	7056	2267
居民服务、修理和其他服务业	Resident Services, Repairs and Other Services	6946	50149	12753	6515	40355	12131
教育	Education	466	4840	966	484	4653	1030
卫生和社会工作	Health and Social Work	189	2421	361	162	2311	346
文化、体育和娱乐业	Culture, Sports & Recreational Services	1381	9676	2520	1309	8208	2432
其他行业	Others	787	9751	4701	512	8179	4235

注：本资料由工商部门提供。

a)The Statistics are provided by the Department of Industry and Commerce.

5-7 个体年末就业人员(2013年)

Number of Self-employed Individuals at Year-end(2013)

单位:户、人　　　　(household)(person)

项 目	Item	合 计 Total		# 城 镇 Urban Areas	
		户 数 Number of Households	就业人员 Number of Employed Individuals	户 数 Number of Households	就业人员 Number of Employed Individuals
总 计	**Total**	**1098955**	**2716694**	**862053**	**2167167**
农、林、牧、渔业	Farming, Forestry, Animal Husbandry and Fishery	13599	36759	6855	21898
采矿业	Mining	1431	5567	648	2992
制造业	Manufacturing	40941	109035	30578	76893
电力、燃气及水的生产和供应业	Production & Supply of Electric Power, Gas and Water	66	2709	43	2650
建筑业	Construction	1709	8704	1486	5506
批发和零售业	Wholesale and Retail Trade	625538	1454626	500893	1206543
交通运输、仓储和邮政业	Transportation, Storage and Postal Services	81655	247162	60163	127917
住宿和餐饮业	Quarters and Catering	139887	393901	106114	307350
信息传输、软件和信息技术服务业	Information Transmission, Software and IT Services	13464	24365	9816	21205
金融业	Banking	920	1119	902	1087
房地产业	Real Estate	2005	4908	1962	4775
租赁和商务服务业	Leasing and Commercial Services	7674	14696	6041	11435
科学研究和技术服务业	Scientific and Technical Services	4155	8098	3576	7227
水利、环境和公共设施管理业	Water Conservancy, Environment and Public Facilities Administration	174	465	132	341
居民服务、修理和其他服务业	Resident Services, Repairs and Other Services	146071	360026	116270	332338
教育	Education	1590	5192	1121	3386
卫生和社会工作	Health and Social Work	4617	10321	3893	8706
文化、体育和娱乐业	Culture, Sports & Recreational Services	6655	15412	5628	13646
其他行业	Others	6804	13629	5932	11272

注:本资料由工商部门提供。

a)The Statistics are provided by the Department of Industry and Commerce.

5-8 城镇就业及失业人数

Employment and Unemployment in Urban Areas

年 份 Year	当年需要安置人数(人) Number of Need Settled down(person)	登记失业人员当年就业人数(人) Registered unemployed persons in employment this year (persons)	年末城镇失业人数(人) Unemployment at year-end(person) 合计 Total	# 女性 Female	失业女性占城镇失业人数(%) Percentage of Female Unemployed Persons to Total Unemployed Persons In Urban Areas	登记失业率(%) Registered Unemploy -ment Rate in Urban Areas
1980	429100	202696	367280			12.62
1981	464100	344573	283181			9.39
1982	488300	202958	285369			9.11
1983	464100	179283	267539			8.18
1984	427500	198995	177568			5.34
1985	335600	178336	138773			3.97
1986	347000	207440	127726			3.51
1987	307800	161514	129753			3.48
1988	268100	140598	123579			3.69
1989	266700	116515	143681			3.78
1990	282800	124582	151916			3.49
1991	292500	140710	146319			2.68
1992	275300	154848	114894			3.49
1993	226400	107653	113405			2.62
1994	215400	88637	123660			2.86
1995	232084	87033	139713			3.17
1996	263436	86341	144107	79201	54.96	3.47
1997	258299	105927	145253	85024	58.54	3.40
1998	265256	115162	131138	70463	53.73	3.13
1999	222695	96002	123858	61124	49.35	3.10
2000	239620	106020	126478	66932	52.92	3.34
2001	274460	116527	144687	74641	51.59	3.65
2002	345500	174300	162700	83703	51.45	4.10
2003	406755	215118	175889	93556	53.19	4.50
2004	430454	245309	185118	96233	51.98	4.59
2005	451039	261359	177483	81080	45.68	4.26
2006	527624	320781	179786	88842	49.42	4.13
2007	511642	319431	184573	98785	53.52	4.00
2008	513101	314011	199167	97800	49.10	4.10
2009	492987	290897	201428	103173	51.22	4.05
2010	513615	303436	208110	85596	41.13	3.90
2011	484723	266418	218289	96117	44.03	3.80
2012	525613	294336	231277	106106	45.88	3.73
2013	479820	241773	238047	103627	43.53	3.66

注:1.本表资料由人力资源和社会保障厅提供。

2.2011 年及以前,登记失业人员当年就业人数为当年就业人数。

a)The Statistics are provided by the Bureau of human resources and social security

b)Before 2011, registered unemployed persons in employment is employed persons in that very year.

5-9 职工工资总额和指数

Total Wages of Staff and Workers and Related Index

年份 Year	工资总额(万元) Total Wages(10 000 yuan)				指数(上年=100) Index(preceding year=100)			
	总计 Total	国有单位 State-owned Units	城镇集体单位 Urban Collective-owned Units	其他单位 Units of Other Types of Ownership	总计 Total	国有单位 State-owned Units	城镇集体单位 Urban Collective-owned Units	其他单位 Units of other Types of Ownership
1957	39634	34054	5580					
1965	70670	63788	6882					
1970	77531	71047	6484					
1975	111072	99489	11583					
1978	149779	128019	21760		112.7	115.5	98.6	
1980	198255	164897	33358		110.0	109.0	115.0	
1981	210486	175079	35407		104.2	104.2	104.2	
1982	230005	189964	40041		107.4	106.7	111.2	
1983	247989	203182	44807		106.5	105.7	110.6	
1984	292787	234455	58332		112.5	110.0	124.1	
1985	339534	271875	67619	40	106.5	106.5	106.4	
1986	405310	324839	80423	48	113.1	113.3	112.7	113.8
1987	436260	350557	85628	75	99.2	99.5	98.1	143.2
1988	531584	429383	102028	173	104.1	104.7	101.8	196.5
1989	589385	475264	113791	330	96.2	96.0	96.7	165.4
1990	662156	540255	121270	631	110.4	111.7	104.7	187.9
1991	755609	615184	139230	1194	107.7	107.4	108.3	178.6
1992	897992	735751	160172	2069	109.3	110.0	105.8	159.3
1993	1090634	894747	185691	10196	104.3	104.5	99.6	423.4
1994	1410664	1178947	201545	30172	104.1	106.0	87.3	238.1
1995	1561199	1312079	208706	40414	94.5	95.0	88.4	114.4
1996	1758549	1483936	227478	47136	104.6	105.1	101.3	108.4
1997	1853641	1586052	210134	57455	100.8	102.2	88.3	116.5
1998	1747030	1375390	161525	210115	96.2	88.5	77.9	376.2
1999	1779688	1379154	141567	258967	101.6	100.0	87.3	122.9
2000	1859617	1442792	125315	291510	103.2	103.3	87.4	111.1
2001	2105277	1633364	121820	350093	118.3	118.4	86.1	135.2
2002	2374765	1791830	112018	490918	112.8	109.7	92.0	140.2
2003	2723285	1988162	115527	619597	114.7	111.0	103.1	126.2
2004	3230903	2339836	122021	769046	118.6	117.7	105.6	124.1
2005	3877342	2656826	136088	1084428	120.0	113.5	111.5	141.0
2006	4469480	3078254	141470	1249756	115.3	115.9	104.0	115.3
2007	5365887	3660690	159016	1546181	120.1	118.9	112.4	123.7
2008	6384902	4402592	190267	1792043	119.0	120.3	119.7	115.9
2009	7535111	5338087	227203	1969821	118.0	121.3	119.4	109.9
2010	8798003	6252755	261116	2284132	116.8	117.1	114.9	116.0
2011	11085738	7577309	322083	3186346	126.0	121.2	123.3	139.5
2012	12805461	8652112	373904	3779445	115.5	114.2	116.1	118.6
2013	15633371	9118184	359931	6155256	122.1	105.4	96.3	162.9

注:1998年及以后职工工资总额为在岗职工的工资总额。

a)Data on total wages since1998 refer to wages of fully employed staff and workers.

5-10 职工平均工资及指数

Average Wages of Staff and Workers and Related Index

年份 Year	职工平均工资(元) Average Wages(yuan)				指数(上年=100) Index(preceding year=100)			
	总计 Total	国有单位 State-owned Units	城镇集体单位 Urban Collective-owned Units	其他单位 Units of Other Types of Ownership	总计 Total	国有单位 State-owned Units	城镇集体单位 Urban Collective-owned Units	其他单位 Units of Other Types of Ownership
1965	728	751	544					
1970	648	671	475					
1975	667	707	495					
1978	712	749	563		100.0	105.1	102.1	
1980	796	839	635		104.8	105.4	103.4	
1981	807	851	642		99.5	99.5	99.2	
1982	826	869	669		100.6	100.4	102.5	
1983	862	903	714		103.1	102.7	105.5	
1984	986	1047	801		109.0	110.5	106.9	
1985	1095	1169	872	1023	102.0	102.5	100.0	
1986	1239	1325	982	1034	107.3	107.4	106.7	95.8
1987	1301	1410	1053	1000	96.8	98.1	98.8	89.1
1988	1548	1641	1251	1105	101.7	99.5	101.5	94.4
1989	1685	1779	1381	1451	94.4	94.0	95.7	113.9
1990	1846	1971	1441	1858	107.6	108.8	102.5	125.8
1991	2012	2148	1573	1984	102.8	102.8	103.0	100.7
1992	2339	2493	1823	2292	106.9	106.8	106.6	106.3
1993	2796	2998	2107	2940	102.7	103.2	99.3	110.2
1994	3675	3942	2667	3299	105.7	105.8	101.9	90.3
1995	4134	4407	3001	3906	96.1	95.5	96.1	101.1
1996	4716	4996	3508	4283	106.0	105.4	108.6	102.0
1997	5124	5462	3551	4687	103.9	104.5	96.8	104.6
1998	5792	5979	4184	6367	102.9	101.5	99.5	119.3
1999	6347	6580	4548	6526	109.3	109.7	108.4	102.2
2000	6974	7261	4826	6947	108.5	108.9	104.8	105.1
2001	8250	8737	5525	7579	117.6	119.6	113.8	108.4
2002	9683	10287	6431	8777	116.4	116.8	115.4	114.9
2003	11279	11929	7620	10391	114.8	114.2	116.7	116.6
2004	13324	14209	9010	11965	115.2	116.2	115.4	112.3
2005	15985	16598	10804	15514	120.0	116.8	119.9	129.7
2006	18469	19386	12469	17391	115.5	116.8	115.4	112.1
2007	21884	22822	14338	20980	118.5	117.7	115.0	120.6
2008	26114	27316	18809	24476	119.3	119.7	131.2	116.7
2009	30699	32326	24344	27750	117.6	118.3	129.4	113.4
2010	35507	37602	29822	31402	115.7	116.3	122.5	113.2
2011	41481	44143	37963	36578	116.8	117.4	127.3	116.5
2012	47053	49680	46309	42032	113.4	112.5	122.0	114.9
2013	51388	54592	52107	47243	109.2	109.9	112.5	112.4

5-11 分行业全部在岗职工平均工资

Average Wage of All Staff and Workers Being on Duty by Sector

单位：元 (yuan)

项 目	Item	2012	2013	2013年比2012年增长(%) Growth Rate
总 计	**Total**	**47053**	**51388**	**9.2**
按企、事业和机关分组	**Grouped by Enterprises, Institutions & Agencies**			
企业	Enterprises	44424	48933	10.1
事业	Institutions	50023	54910	9.8
机关	Agencies & Organizations	52973	57360	8.3
按国民经济行业分组	**Grouped by Sector**			
农、林、牧、渔业	Farming, Forestry, Animal Husbandry and Fishery	26604	29930	12.5
采矿业	Mining	59874	70301	17.4
制造业	Manufacturing	41708	45572	9.3
电力、燃气及水的生产和供应业	Production & Supply of Electric Power, Gas and Water	59287	65109	9.8
建筑业	Construction	32715	37548	14.8
批发和零售业	Wholesale and Retail Trade	37631	40630	8.0
交通运输、仓储和邮政业	Transportation, Storage and Postal Services	53723	57649	7.3
住宿和餐饮业	Quarters and Catering	30676	32012	4.4
信息传输、软件和信息技术服务业	Information Transmission, Software and IT Services	45755	54815	19.8
金融业	Banking	67378	73120	8.5
房地产业	Real Estate	39709	40326	1.6
租赁和商务服务业	Leasing and Commercial Services	41833	44582	6.6
科学研究和技术服务业	Scientific and Technical Services	48281	57704	19.5
水利、环境和公共设施管理业	Water Conservancy, Environment and Public Facilities Administration	37329	39662	6.2
居民服务、修理和其他服务业	Resident Services, Repairs and Other Services	33434	36953	10.5
教育	Education	56498	62179	10.1
卫生和社会工作	Health and Social Work	51644	56677	9.7
文化、体育和娱乐业	Culture, Sports & Recreational Services	50163	52602	4.9
公共管理、社会保障和社会组织	Public Administration，Social Security and Social Organizations	52104	56662	8.7
国际组织	International Organizations			

5-12 分行业职工平均工资(2013年)

Average Wage of Staff and Workers by Sector(2013)

单位：元 (yuan)

项目	Item	合计 Total	国有单位 State-owned Units	城镇集体单位 Urban Collective-owned Units	其他单位 Units of Other Types of Ownership
总计	**Total**	**51388**	**54592**	**52107**	**47243**
按企、事业和机关分组	**Grouped by Enterprises, Institutions & Agencies**				
企业	Enterprises	48933	52134	55165	47274
事业	Institutions	54910	55223	40781	40371
机关	Agencies & Organizations	57360	57360		
按国民经济行业分组	**Grouped by Sector**				
农、林、牧、渔业	Farming, Forestry, Animal Husbandry and Fishery	29930	29830	27372	33927
采矿业	Mining	70301	80705	36422	68290
制造业	Manufacturing	45572	58433	28851	45219
电力、燃气及水的生产和供应业	Production & Supply of Electric Power, Gas and Water	65109	63865	32335	66531
建筑业	Construction	37548	56085	28576	36827
批发和零售业	Wholesale and Retail Trade	40630	50626	30862	37124
交通运输、仓储和邮政业	Transportation, Storage and Postal Services	57649	62313	30228	44596
住宿和餐饮业	Quarters and Catering	32012	37664	24622	30826
信息传输、软件和信息技术服务业	Information Transmission, Software and IT Services	54815	51149	21615	57333
金融业	Banking	73120	70008	83162	69152
房地产业	Real Estate	40326	51339	14864	38610
租赁和商务服务业	Leasing and Commercial Services	44582	47034	33642	43030
科学研究和技术服务业	Scientific and Technical Services	57704	56186	25709	64766
水利、环境和公共设施管理业	Water Conservancy, Environment and Public Facilities Administration	39662	39917	13822	47358
居民服务、修理和其他服务业	Resident Services, Repairs and Other Services	36953	41064	26082	40654
教育	Education	62179	62507	53208	34962
卫生和社会工作	Health and Social Work	56677	57669	49189	44054
文化、体育和娱乐业	Culture, Sports & Recreational Services	52602	53177	29667	36995
公共管理、社会保障和社会组织	Public Administration，Social Security and Social Organizations	56662	56662		
国际组织	International Organizations				

5-13 国有单位年末就业人员和劳动报酬(2013年)

Employed Persons at Year-end & Earnings in State-owned Units(2013)

项目	Item	就业人员(人) Number of Employed (person)	#女性 Female	在就业人员中 In Employed Persons #在岗职工(人) Fully Employed Staff & Workers (person)	#其他从业人员(人) Other Employed Persons
总计	**Total**	**1708361**	**674566**	**1673441**	**34920**
按企、事业和机关分组	**Grouped by Enterprises, Institutions & Agencies**				
企业	Enterprises	586647	179109	570206	16441
事业	Institutions	758604	378563	747548	11056
机关	Agencies & Organizations	361596	115827	354173	7423
按国民经济行业分组	**Grouped by Sector**				
农、林、牧、渔业	Farming, Forestry, Animal Husbandry and Fishery	237801	76645	232995	4806
采矿业	Mining	37825	6496	37682	143
制造业	Manufacturing	27956	7178	26771	1185
电力、燃气及水的生产和供应业	Production & Supply of Electric Power, Gas and Water	61486	16317	58944	2542
建筑业	Construction	15034	2275	14344	690
批发和零售业	Wholesale and Retail Trade	30093	11427	28753	1340
交通运输、仓储和邮政业	Transportation, Storage and Postal Services	160008	36735	157881	2127
住宿和餐饮业	Quarters and Catering	9427	4794	8904	523
信息传输、软件和信息技术服务业	Information Transmission, Software and IT Services	23734	11753	23050	684
金融业	Banking	46345	24280	44015	2330
房地产业	Real Estate	6545	2641	6497	48
租赁和商务服务业	Leasing and Commercial Services	21483	7513	20997	486
科学研究和技术服务业	Scientific and Technical Services	45992	16241	45041	951
水利、环境和公共设施管理业	Water Conservancy, Environment and Public Facilities Administration	71910	31425	68950	2960
居民服务、修理和其他服务业	Resident Services, Repairs and Other Services	4279	1691	4194	85
教育	Education	347059	193624	345525	1534
卫生和社会工作	Health and Social Work	125097	76137	122996	2101
文化、体育和娱乐业	Culture, Sports & Recreational Services	33629	15908	33413	216
公共管理、社会保障和社会组织	Public Administration， Social Security and Social Organizations	402658	131486	392489	10169
国际组织	International Organizations				

5-13 续表 continued

单位：万元 (10 000 yuan)

行 业	Sector	单位从业人员劳动报酬 Total Remuneration	在岗职工工资总额 Wages of Fully Employed Staff & Workers	其他从业人员劳动报酬 Remuneration for Other Employed Persons
总 计	**Total**	**9198733**	**9118184**	**80549**
按企、事业和机关分组	**Grouped by Enterprises, Institutions & Agencies**			
企业	Enterprises	3001816	2956566	45250
事业	Institutions	4156516	4136109	20407
机关	Agencies & Organizations	2037609	2022718	14891
按国民经济行业分组	**Grouped by Sector**			
农、林、牧、渔业	Farming, Forestry, Animal Husbandry and Fishery	713301	700797	12504
采矿业	Mining	301180	300844	337
制造业	Manufacturing	161754	157899	3855
电力、燃气及水的生产和供应业	Production & Supply of Electric Power, Gas and Water	382028	373768	8259
建筑业	Construction	81101	78340	2762
批发和零售业	Wholesale and Retail Trade	150858	147459	3398
交通运输、仓储和邮政业	Transportation, Storage and Postal Services	960313	953822	6491
住宿和餐饮业	Quarters and Catering	34639	33148	1491
信息传输、软件和信息技术服务业	Information Transmission, Software and IT Services	120808	120419	390
金融业	Banking	314194	308796	5397
房地产业	Real Estate	33361	33268	93
租赁和商务服务业	Leasing and Commercial Services	102616	101532	1084
科学研究和技术服务业	Scientific and Technical Services	254020	251504	2516
水利、环境和公共设施管理业	Water Conservancy, Environment and Public Facilities Administration	288601	283810	4791
居民服务、修理和其他服务业	Resident Services, Repairs and Other Services	17474	17140	334
教育	Education	2163603	2159701	3902
卫生和社会工作	Health and Social Work	709280	704254	5026
文化、体育和娱乐业	Culture, Sports & Recreational Services	177225	176724	501
公共管理、社会保障和社会组织	Public Administration ， Social Security and Social Organizations	2232377	2214959	17418
国际组织	International Organizations			

5-14 城镇集体单位年末就业人员和劳动报酬(2013年)

Employed Persons at Year-end & Earnings in Urban Collective-owned Units(2013)

项 目	Item	就业人员(人) Number of Employed (person)	#女性 Female	在就业人员中 In Employed Persons: #在岗职工(人) Fully Employed Staff & Workers (person)	在就业人员中 In Employed Persons: #其他从业人员(人) Other Employed Persons
总 计	**Total**	**72806**	**32825**	**68842**	**3964**
按企、事业和机关分组	**Grouped by Enterprises, Institutions & Agencies**				
企业	Enterprises	57709	25349	54144	3565
事业	Institutions	15050	7456	14651	399
机关	Agencies & Organizations				
按国民经济行业分组	**Grouped by Sector**				
农、林、牧、渔业	Farming, Forestry, Animal Husbandry and Fishery	517	44	486	31
采矿业	Mining	1459	430	1377	82
制造业	Manufacturing	12209	5189	11471	738
电力、燃气及水的生产和供应业	Production & Supply of Electric Power, Gas and Water	781	268	781	
建筑业	Construction	4939	1568	4016	923
批发和零售业	Wholesale and Retail Trade	2579	959	2442	137
交通运输、仓储和邮政业	Transportation, Storage and Postal Services	2636	813	1969	667
住宿和餐饮业	Quarters and Catering	1306	724	1267	39
信息传输、软件和信息技术服务业	Information Transmission, Software and IT Services	26	24	26	
金融业	Banking	26393	13451	25967	426
房地产业	Real Estate	59	36	59	
租赁和商务服务业	Leasing and Commercial Services	2081	823	2080	1
科学研究和技术服务业	Scientific and Technical Services	909	162	769	140
水利、环境和公共设施管理业	Water Conservancy, Environment and Public Facilities Administration	2851	1438	2769	82
居民服务、修理和其他服务业	Resident Services, Repairs and Other Services	3074	1208	2553	521
教育	Education	221	106	221	
卫生和社会工作	Health and Social Work	10766	5582	10589	177
文化、体育和娱乐业	Culture, Sports & Recreational Services				
公共管理、社会保障和社会组织	Public Administration，Social Security and Social Organizations				
国际组织	International Organizations				

单位：万元

5-14 续表 continued

(10 000 yuan)

行 业	Sector	单位从业人员劳动报酬 Total Remuneration	在岗职工工资总额 Wages of Fully Employed Staff & Workers	其他从业人员劳动报酬 Remuneration for Other Employed Persons
总 计	**Total**	**370868**	**359931**	**10937**
按企、事业和机关分组	**Grouped by Enterprises, Institutions & Agencies**			
企业	Enterprises	310371	299997	10374
事业	Institutions	60292	59728	564
机关	Agencies & Organizations			
按国民经济行业分组	**Grouped by Sector**			
农、林、牧、渔业	Farming, Forestry, Animal Husbandry and Fishery	1340	1330	10
采矿业	Mining	5555	5068	488
制造业	Manufacturing	36082	33667	2415
电力、燃气及水的生产和供应业	Production & Supply of Electric Power, Gas and Water	2512	2512	
建筑业	Construction	14411	11530	2881
批发和零售业	Wholesale and Retail Trade	7943	7632	311
交通运输、仓储和邮政业	Transportation, Storage and Postal Services	8328	6109	2219
住宿和餐饮业	Quarters and Catering	3201	3109	92
信息传输、软件和信息技术服务业	Information Transmission, Software and IT Services	56	56	
金融业	Banking	217898	216330	1568
房地产业	Real Estate	88	88	
租赁和商务服务业	Leasing and Commercial Services	6861	6860	1
科学研究和技术服务业	Scientific and Technical Services	2010	1982	28
水利、环境和公共设施管理业	Water Conservancy, Environment and Public Facilities Administration	3917	3782	135
居民服务、修理和其他服务业	Resident Services, Repairs and Other Services	6810	6421	389
教育	Education	1176	1176	
卫生和社会工作	Health and Social Work	52644	52243	400
文化、体育和娱乐业	Culture, Sports & Recreational Services	36	36	
公共管理、社会保障和社会组织	Public Administration，Social Security and Social Organizations			
国际组织	International Organizations			

5-15 其他单位年末就业人员和劳动报酬(2013年)

Employed Persons at Year-end and Earnings in other Types of Ownership(2013)

项目	Item	就业人员(人) Number of Employed (person)	#女性 Female	在就业人员中 In Employed Persons #在岗职工(人) Fully Employed Staff & Workers (person)	#其他从业人员(人) Other Employed Persons
总计	**Total**	**1257222**	**359976**	**1201918**	**55304**
按企、事业和机关分组	**Grouped by Enterprises, Institutions & Agencies**				
企业	Enterprises	1252663	357228	1197408	55255
事业	Institutions	1896	959	1888	8
机关	Agencies & Organizations				
按国民经济行业分组	**Grouped by Sector**				
农、林、牧、渔业	Farming, Forestry, Animal Husbandry and Fishery	7258	2771	6234	1024
采矿业	Mining	176114	28945	167806	8308
制造业	Manufacturing	433947	133648	426176	7771
电力、燃气及水的生产和供应业	Production & Supply of Electric Power, Gas and Water	71288	20335	70284	1004
建筑业	Construction	234965	28871	211967	22998
批发和零售业	Wholesale and Retail Trade	78249	41105	76819	1430
交通运输、仓储和邮政业	Transportation, Storage and Postal Services	53336	10285	51327	2009
住宿和餐饮业	Quarters and Catering	34610	19581	33912	698
信息传输、软件和信息技术服务业	Information Transmission, Software and IT Services	34714	18068	34670	44
金融业	Banking	38199	21111	31725	6474
房地产业	Real Estate	41774	16978	40007	1767
租赁和商务服务业	Leasing and Commercial Services	20283	5855	20195	88
科学研究和技术服务业	Scientific and Technical Services	14051	3549	13256	795
水利、环境和公共设施管理业	Water Conservancy, Environment and Public Facilities Administration	7080	2533	6437	643
居民服务、修理和其他服务业	Resident Services, Repairs and Other Services	2631	980	2624	7
教育	Education	4146	2670	4117	29
卫生和社会工作	Health and Social Work	3393	2140	3284	109
文化、体育和娱乐业	Culture, Sports & Recreational Services	1184	551	1078	106
公共管理、社会保障和社会组织	Public Administration, Social Security and Social Organizations				
国际组织	International Organizations				

5-15 续表 continued

单位：万元 (10 000 yuan)

行业	Sector	单位从业人员劳动报酬 Total Remuneration	在岗职工工资总额 Wages of Fully Employed Staff & Workers	其他从业人员劳动报酬 Remuneration for Other Employed Persons
总计	**Total**	**6421170**	**6155256**	**265913**
按企、事业和机关分组	**Grouped by Enterprises, Institutions & Agencies**			
企业	Enterprises	6403928	6138097	265831
事业	Institutions	7610	7590	20
机关	Agencies & Organizations			
按国民经济行业分组	**Grouped by Sector**			
农、林、牧、渔业	Farming, Forestry, Animal Husbandry and Fishery	23900	21150	2750
采矿业	Mining	1194759	1157202	37557
制造业	Manufacturing	1975595	1948609	26986
电力、燃气及水的生产和供应业	Production & Supply of Electric Power, Gas and Water	461896	459871	2025
建筑业	Construction	1290313	1137632	152681
批发和零售业	Wholesale and Retail Trade	286277	282186	4091
交通运输、仓储和邮政业	Transportation, Storage and Postal Services	230229	224968	5261
住宿和餐饮业	Quarters and Catering	107665	105907	1758
信息传输、软件和信息技术服务业	Information Transmission, Software and IT Services	198823	198550	272
金融业	Banking	237010	215961	21049
房地产业	Real Estate	163525	157141	6384
租赁和商务服务业	Leasing and Commercial Services	85081	84928	153
科学研究和技术服务业	Scientific and Technical Services	87142	84960	2183
水利、环境和公共设施管理业	Water Conservancy, Environment and Public Facilities Administration	34686	32360	2326
居民服务、修理和其他服务业	Resident Services, Repairs and Other Services	10580	10546	34
教育	Education	14388	14314	74
卫生和社会工作	Health and Social Work	14720	14507	213
文化、体育和娱乐业	Culture, Sports & Recreational Services	4581	4465	116
公共管理、社会保障和社会组织	Public Administration，Social Security and Social Organizations			
国际组织	International Organizations			

主要统计指标解释

经济活动人口 指在16岁以上,有劳动能力,参加或要求参加社会经济活动的人口;包括从业人员和失业人员。

从业人员 指从事一定社会劳动并取得劳动报酬或经营收入的人员,包括全部职工、再就业的离退休人员、私营业主、个体户主、私营和个体从业人员、乡镇企业从业人员、农村从业人员、其他从业人员(包括民办教师、宗教职业者、现役军人等)。这一指标反映了一定时期内全部劳动力资源的实际利用情况,是研究我国基本国情国力的重要指标。

各单位的从业人员 指在各级国家机关、政党机关、社会团体及企业、事业单位中工作,取得工资或其他形式的劳动报酬的全部人员。包括在岗职工、再就业的离退休人员、民办教师以及在各单位中工作的外方人员和港澳台方人员、兼职人员、借用的外单位人员和第二职业者。不包括离开本单位仍保留劳动关系的职工。各单位的从业人员反映了各单位实际参加生产或工作的全部劳动力。

城镇私营和个体从业人员 城镇私营从业人员指在工商管理部门注册登记,其经营地址设在县城关镇(含城关镇)以上的私营企业从业人员;包括私营企业投资者和雇工。城镇个体从业人员指在工商管理部门注册登记,并持有城镇户口或在城镇长期居住,经批准从事个体工商经营的从业人员;包括个体经营者和在个体工商户劳动的家庭帮工和雇工。

城镇登记失业人员 指有非农业户口,在一定的劳动年龄内,有劳动能力,无业而要求就业,并在当地就业服务机构进行求职登记的人员。

城镇登记失业率 指城镇登记失业人数同城镇从业人数与城镇登记失业人数之和的比。计算公式为:

城镇登记失业率=城镇登记失业人数/(城镇从业人数+城镇登记失业人数)×100%

职工 指在国有经济、城镇集体经济、联营经济、股份制经济、外商和港、澳、台投资经济、其他经济单位及其附属机构工作,并由其支付工资的各类人员,不包括返聘的离退休人员、民办教师、在国有经济单位工作的外方人员和港、澳、台人员(1998年以后的数据均为在岗职工数据,其他相关指标如职工工资总额,职工平均工资等指标也从1998年按此口径进行了相应调整)。

国有单位职工 指在国有经济单位及其附属机构工作,并由其支付工资的各类人员。

城镇集体单位职工 指在城镇集体经济单位及其管理部门工作,并由其支付工资的各类人员。

其他单位职工 指在联营经济、股份制经济、外商投资经济、港、澳、台投资经济单位工作,并由其支付工资的各类人员。

在岗职工 指在本单位工作并由单位支付工资的人员,以及有工作岗位,但由于学习、病伤产假等原因暂未工作,仍由单位支付工资的人员。

职工工资总额 指各单位在一定时期内直接支付给本单位全部职工的劳动报酬总额。工资总额的计算原则应以直接支付给职工的全部劳动报酬为根据。各单位支付给职工的劳动报酬以及其他根据有关规定支付的工资,不论是计入成本的还是不计入成本的,不论是按国家规定列入计征奖金税项目的,还是未列入计征奖金税项目的,不论是以货币形式支付的还是以实物形式支付的,均包括在工资总额内。

奖金 指支付给职工的超额劳动报酬和增收节支的劳动报酬。

津贴和补贴 指为了补偿职工特殊或额外的劳动消耗和因其他特殊原因支付给职工的津贴,以及为了保证职工工资水平不受物价影响支付给职工的物价补贴。

职工平均工资 指企业、事业、机关单位的职工在一定时期内平均每人所得的货币工资额。它表明一定时期职工工资收入的高低程度,是反映职工工资水平的主要指标。计算公式为:

职工平均工资=报告期实际支付的全部职工工资总额/报告期全部职工平均人数

职工平均工资指数 指报告期职工平均工资与基期职工平均工资的比率,是反映不同时期职工货币工资水平变动情况的相对数。计算公式为:

职工平均工资指数=报告期职工平均工资/基期职工平均工资

职工平均实际工资指数 职工平均实际工资指扣除物价变动因素后的职工平均工资。职工平均实际工资指数是反映实际工资变动情况的相对数,表明职工实际工资水平提高或降低的程度。计算公式为:

职工平均实际工资指数=报告期职工平均工资指数/报告期城镇居民消费价格指数×100%

Explanatory Notes on Main Statistical Indicators

Economically Active Population refers to the population aged 16 and over who are capable to work, are participating in or willing to participate in economic activities, including employed persons and unemployed persons.

Employees refers to the persons who are engaged in social labor and receive remuneration payment or earn business income, including: total staff and workers, re-employed retirees, employers of private enterprises, self-employed workers, employers in private and individual economy, employees in township, employed persons in the rural areas, and other employed persons (including teachers in the schools run by the local people, people engaged in religious profession and the servicemen, etc.) . This indicator reflects the actual utilization of total labor force during a certain period of time and is often used for the research on China's economic affairs and national power.

Persons Employed in Various Units refer to all the persons working in government agencies of various levels, political and party organizations, social organizations, enterprises and institutions, and receiving wages or other forms of payment. They include fully employed staff and workers, re-employed retirees, teachers in schools run by the local people, foreigners and Chinese compatriots from Hong Kong, Macao and Taiwan working in various units, part time employees, employees of other units working temporarily at current posts, and employees holding the second job, but exclude staff and workers who have left their working units while keeping their labor contract (employment relation) unchanged. This indicator reflects the total number of laborers actually engaged in production or other operations in various units.

Persons -Employed in Private Enterprises and Self Employed Individuals in Urban Areas Persons employed in private enterprises refer to the persons employed in the private enterprises which have been registered at the departments of industrial and commercial administration and are situated at a county town (i. e. a town where the county government is located) for business operation or at urban areas with the level higher than a county town. The self employed individuals in urban areas refer to persons who hold the certificates of residence in urban areas or have resided in the urban areas for a long time and have been registered at the departments of industrial and commercial administration and approved to be engaged in individual industrial or commercial business, including self-employed persons as well as helpers and hired laborers who work in the individual households engaged in industrial or commercial business.

Registered Urban Unemployed Persons The registered unemployed persons in urban areas refer to the persons who are registered as permanent residents in the urban areas engaged in non agricultural activities, aged within the range of working age, capable to labor, unemployed but desirous to be employed and have been registered at the local employment service agencies to apply for a job.

Registered Urban Unemployment Rate Registered unemployment rate in urban areas refers to the ratio of the number of the registered unemployed persons to the sum of the number of employed persons and the registered unemployed persons. The formula is as follows:

Registered urban unemployment rate = number of registered urban unemployed persons / (urban employed person number + registered urban unemployed person number) × 100%

Staff and Workers refer to the persons who work in (and receive payment there from) enterprises and institutions of state ownership, collective ownership, joint ownership, share holding, foreign ownership, and ownership by entrepreneurs from Hong Kong, Macao, and Taiwan, and other types of ownership and their affiliated units, excluding the retired persons invited to work in the units again, teachers in the schools run by the local people and foreigners and persons coming from Hong Kong, Macao, and Taiwan and working in the state owned economic units. (The figures since 1998 refer to those of fully employed staff and workers. Other relative figures since 1998, such as total wages of staff and workers, average wage of staff and workers, etc. , were adjusted according to the standard) .

Staff and Workers in State owned-Economic Units refer to the persons who work in the state owned economic units or their attached units and are listed in their payrolls.

Staff and Workers of Collective Owned Units in Urban Areas refer to the persons who work in collective owned units in urban areas and their administration departments and receive payment there from.

Staff and Workers in Units of Other types of Ownership refer to those who work in (and receive payment there from) enterprises and institutions of joint ownership, share holding, foreign ownership, and ownership by entrepreneurs from Hong Kong, Macao, and Taiwan.

Fully Employed Staff and Workers refer to persons who work in, and receive wages from their working units, as well as persons who have their work posts, but are temporarily absent from work for reasons of study or on sick, injury or maternal leave and still receive wages from their working units.

Total Wages of Staff and Workers refer to the total remuneration payment to staff and workers in various units during a certain period of time. The calculation of total wages is based on the total remuneration payment to the staff and workers. Therefore, all the wages and salaries and other payments to staff and workers are included in the total wages regardless of their sources, category, and forms (in kind or cash).

Bonus refers to remuneration payment to workers for extra work and for increasing earnings and practicing economy.

Subsidies and Allowances refer to subsidies paid to staff and workers for compensating special or extra labor and allowances paid to staff and workers to offset the impact of inflation on real wages.

Average Wage of Staff and Workers refers to the average wage in money terms per person during a certain period of time for staff and workers in enterprises, institutions, and government agencies, which reflects the

general level of wage income during a certain period of time and is calculated as follows:

Average Wage of Staff and Workers = Total Wages of Staff and Workers in Reference Period / Average Number of Staff and Workers in Reference Period

Index of Average Wage of Staff and Worker refers to the ratio of average wage of staff and workers at the report time to that at the reference time. It reflects the relative changing degree of average wage in money terms at the several of time, which is calculated as following:

Index of Average Wage of Staff and Worker = average wage of staff and workers at the report time / average wage of staff and workers at the reference time

Index of Average Real Wage of Staff and Worker refers to the average wage which has removed the factor of price change. Index of average real wage of staff and worker reflects the relative changing degree of average real wage, and indicates the degree of the rising or declining degree of real wage of staff and worker, which is calculated as following:

Index of Average Real Wage of Staff and Worker = Index of Average Wage of Staff and Worker at the Report Time / Urban Consumer Prices Index at the Report Time × 100%

2014 NEIMENGGU

六、固定资产投资

Investment in Fixed Assets

资料整理：李 宇　范莉蕾
Arranged By　Liyu,　Fan Lilei

6-1 全社会固定资产投资

Total Investment in Fixed Assets

指标	Item	2012	2013	2013年比2012年增长% Increase Rate in 2013 over 2012(%)
投资总额(亿元)	**Total Investment(100 million yuan)**	**13112.01**	**15520.72**	**18.4**
按登记注册类型分	Grouped by Status of Registration			
国有	State-owned Units	4459.76	5337.50	19.7
集体	Collective-owned Units	243.95	160.67	-34.1
股份合作	Cooperative Units	39.12	52.39	33.9
联营	Joint-ownership Economic Units	12.97	11.40	-12.1
# 国有联营	State Joint-ownership Economic Units	3.50	8.81	151.7
集体联营	Collective Joint-ownership Enterprises	0.94	1.14	21.3
国有与集体联营	Joint State-collective	3.15	0.85	-73.0
有限责任公司	Limited Liability Corporations	5156.12	6033.47	17.0
# 国有独资	Exclusive State-funded	188.62	201.36	6.8
股份有限公司	Share-holding Corporations	722.43	795.03	10.0
私营	Private Enterprises	1885.21	2426.26	28.7
其他	Others	262.50	374.30	42.6
港澳台商投资	Economic Units Funded by Entrepreneurs from Hong Kong.Macao and Taiwan	91.54	52.54	-42.6
外商投资	Foreign Funded Economic Units	55.58	52.23	-6.0
个人投资	Individuals	182.83	224.92	23.0
# 农村个人（农户）	Rural Individuals	125.97	144.99	15.1
按城乡分组	Grouped by Urban and Rural Area			
城镇	Urban	12729.14	14935.13	17.3
#房地产开发	Real Estate Development	1291.44	1479.01	14.5
农村	Rural	382.87	585.58	52.9
#非农户	Non-AgriculturalHouseholds	256.89	440.59	71.5
按资金来源分	Grouped by Source of Funds			
国家预算内资金	State Budgetary Appropriation	618.51	689.11	11.4
国内贷款	Domestic Loans	1488.11	1557.35	4.7
利用外资	Foreign Investment	22.50	9.11	-59.5
自筹资金	Fund Raising	10603.92	12421.46	17.1
其他资金	Others	650.99	738.52	13.4
按构成分	Grouped by Use of Funds			
建筑安装工程	Construction and Installation	9152.00	10637.27	16.2
设备工器具购置	Purchase of Equipment and Instruments	3027.06	3912.08	29.2
其他费用	Others	932.95	971.37	4.1
房屋建筑面积(万平方米)	**Floor Space of Buildings(10 000 sq.m)**			
施工面积	Floor Space under Construction	26691.08	28217.67	5.7
竣工面积	Floor Space Completed	6509.99	6903.24	6.0
# 住宅	Residential Buildings	2884.03	3827.49	32.7

注：按资金来源分组为财务拨款数，各项相加不等于投资总额。以下各表同。

a)Total investment grouped by sources of finance refers to financial appropriation, and the broken down figures do not add up to the total. The same as in the following tables.

6-2 全社会固定资产投资(按登记注册类型和产业分)

单位：亿元

年 份 Year	投资总额 Total Investment	# 住宅 Residential Buildings	按登记注册类型分 By status of Registration 国有及国有控股 State-owned or Controlling Share Hold Units	集体 Collective-owned Units	#城镇集体 Urban
1985	52.42	11.17	39.10	2.51	1.38
1986	47.57	7.76	37.00	2.52	1.54
1987	53.32	9.65	39.06	3.07	1.86
1988	72.05	12.61	49.23	4.44	2.43
1989	70.68	12.71	52.92	3.98	2.06
1990	70.77	13.71	56.77	3.06	1.32
1991	100.66	19.64	81.63	4.72	1.98
1992	149.24	15.38	123.61	6.52	3.29
1993	217.40	41.26	178.41	7.93	3.72
1994	250.99	46.65	200.74	8.29	2.41
1995	273.06	51.93	210.00	11.14	2.42
1996	275.54	59.47	208.10	11.96	2.87
1997	317.50	59.63	223.35	12.37	2.83
1998	350.16	77.27	225.69	14.69	2.60
1999	383.37	87.06	241.76	24.51	2.63
2000	430.42	87.38	275.06	27.15	3.61
2001	496.43	96.04	269.69	28.00	4.01
2002	715.09	98.35	370.96	27.94	7.54
2003	1209.44	114.27	630.70	33.04	11.16
2004	1808.91	154.19	1191.80	35.69	13.48
2005	2687.84	206.01	1644.71	41.14	14.84
2006	3406.35	374.17	1724.00	61.69	28.73
2007	4404.75	523.85	2222.19	88.61	45.46
2008	5604.67	743.67	2786.99	64.32	59.08
2009	7535.15	743.78	3699.67	71.12	62.32
2010	8971.63	960.00	4191.07	108.74	87.51
2011	10899.79	1349.80	4439.01	126.49	120.52
2012	13112.01	1172.10	5137.25	243.95	222.71
2013	15520.72	1311.67	6149.11	160.67	133.13

Total Investment in Fixed Assets by Status of Registration and Industry

(100 millon yuan)

个体 Individuals	#农村个人投资(农户) Indivdual Investment in Rural Areas	其他类型投资 Others	按隶属关系分 By Administrative Relationship 中央项目 Central Government Projects	地方项目 Local Projects
10.81	8.74		23.44	28.98
8.05	6.00		17.48	30.09
11.19	8.86		17.96	35.36
18.38	14.91		24.63	47.42
13.78	10.84		29.31	41.37
10.94	8.13		29.81	40.96
14.31	11.03		42.16	58.50
19.11	13.27		62.50	86.74
19.68	12.66	11.38	78.02	139.38
30.46	23.23	11.50	92.55	158.44
44.09	36.53	7.83	98.50	174.56
44.18	36.66	11.30	96.53	179.01
45.90	39.01	35.88	142.34	175.16
53.03	40.94	56.75	109.49	240.67
55.06	43.01	62.04	90.28	293.09
51.64	45.88	76.57	60.41	370.01
86.25	48.74	112.49	60.31	436.12
100.57	52.16	215.62	103.75	611.34
138.86	55.68	406.84	129.78	1079.66
79.67	58.24	501.75	150.82	1658.09
84.26	62.05	917.73	255.66	2432.18
76.11	65.57	1544.55	412.73	2993.62
88.38	74.73	2005.58	507.23	3897.52
100.70	80.41	2652.66	808.69	4795.98
100.61	84.15	3663.75	829.24	6705.91
105.44	91.22	4566.38	932.53	8039.10
144.39	112.19	6189.90	817.20	10082.58
182.83	125.97	7547.98	852.48	12256.63
224.92	144.99	8986.01	867.69	14653.03

6-2 续表 continued

单位：亿元 (100 million yuan)

年 份 Year	按三次产业分 Grouped by Type of Industry			房屋建筑面积 Floor Space of Buildings		
	第一产业 Primary Industry	第二产业 Secondary Industry	第三产业 Tertiary Industry	施工面积 (万平方米) Floor space under Construction (10 000 sq.m)	竣工面积 (万平方米) Floor Space Completed (10 000 sq.m)	# 住 宅 Residential Buildings
1985	4.85	25.69	33.05	2524.6	2064.4	1379.2
1986	3.49	23.66	28.18	1769.8	1359.5	931.6
1987	1.92	26.55	34.50	1892.3	1518.8	1023.8
1988	5.58	38.89	40.19	1953.1	1513.5	1088.9
1989	5.38	42.05	35.96	1638.0	1282.4	912.5
1990	5.39	40.55	38.54	1490.0	1159.8	844.4
1991	8.02	54.53	57.75	2122.2	1570.8	1167.8
1992	10.18	81.05	73.39	1408.0	1409.7	959.8
1993	7.62	106.17	103.61	1752.9	1885.1	1230.1
1994	11.25	132.09	106.65	2419.0	1907.2	1413.8
1995	18.95	143.34	110.77	2744.2	2216.0	1569.3
1996	16.75	128.90	129.89	2749.9	2099.7	1584.2
1997	24.15	145.14	148.22	2972.9	2476.6	1709.1
1998	29.44	131.69	221.67	3276.4	2638.7	1788.7
1999	37.27	101.92	240.25	3342.6	2555.1	1825.2
2000	38.03	117.76	274.63	3444.1	2599.9	1874.9
2001	40.79	152.86	302.78	3633.2	2618.2	1807.8
2002	80.83	245.55	388.72	3942.5	2805.0	1783.0
2003	90.78	508.49	610.17	5138.3	3416.0	2028.1
2004	110.72	920.37	777.82	5735.2	3542.2	1991.6
2005	129.48	1462.36	1096.00	6448.6	3453.1	1882.5
2006	171.92	1815.51	1418.92	8093.4	4223.0	2444.8
2007	183.41	2222.96	1998.38	10343.9	4922.5	2900.4
2008	286.77	2895.44	2422.47	12870.7	4975.2	2919.2
2009	407.72	3831.77	2551.88	14869.5	5211.7	3089.8
2010	430.62	4427.67	3153.35	19817.7	5827.0	3415.1
2011	563.25	5138.40	3848.33	24384.1	5708.3	2959.4
2012	723.85	6526.14	4689.91	26691.1	6510.0	2884.0
2013	963.08	7909.83	5336.14	28217.7	6903.2	3827.5

注：按产业划分全社会固定资产投资不含住宅投资。

a)Total Investment in Fixed Assets by Three Strata of Industry does not include Residential Buildings.

6–3 全社会固定资产投资(按资金来源和构成分)

Total Investment of Fixed Assets by Source of Finance & Use of Fund

年份 Year	按资金来源分 Grouped by Source of Finance				按构成分 Grouped by Use of Funds		
	国家预算内资金 State Budgetary Appropriations	国内贷款 Domestic Loans	利用外资 Foreign Investment	自筹和其他资金 Fund Raising and Others	建筑安装工程 Construction and Installation	设备工具器具购置 Purchase of Equipment & Instruments	其他费用 Others
投资额(万元) Investment (10 000 yuan)							
1993	145484	524756	228825	1153498	1475388	495323	203289
1994	190289	646675	172001	1442919	1538978	657469	278796
1995	175546	583256	232002	1617671	1609643	749927	370991
1996	150246	710872	76386	1661729	1666690	664510	424171
1997	143587	997032	79710	1880868	1937796	753100	484275
1998	266157	888211	45659	2211536	2306538	708744	486673
1999	442502	689372	144490	2442264	2627258	735037	417817
2000	435776	761680	155448	2732802	2985528	870546	448109
2001	437274	1066975	301567	2867155	3439701	939451	585138
2002	1130966	1106042	184314	4071758	4678575	1521943	950372
2003	1242788	2285156	96546	7811394	7896627	2562501	1635268
2004	1289467	3042138	144704	13065722	12162580	4069938	1856578
2005	1553343	5175125	153742	19267580	18378345	5917539	2582513
2006	1575533	4024239	218262	27502516	23918688	6986773	3158053
2007	1627300	4525908	302027	36602031	30974513	9065513	4007482
2008	2341617	3942397	466725	47681029	37897517	12589188	5559989
2009	4271961	7498506	159927	63099684	50909126	17016267	7426136
2010	3787453	11158795	75469	76640995	59703962	21033792	8978537
2011	4960488	12729236	132248	96337709	76277117	24588437	8132304
2012	6185101	14881136	225026	112549150	91519965	30270597	9329513
2013	6891133	15573488	91112	131599872	106372749	39120773	9713675
构成(%) Percentage							
1993	7.1	25.6	11.1	56.2	67.9	22.8	9.3
1994	7.8	26.4	7.0	58.8	62.2	26.6	11.2
1995	6.7	22.4	8.9	62.0	58.9	27.5	13.6
1996	5.8	27.3	2.9	63.9	60.5	24.1	15.4
1997	4.6	32.2	2.6	60.6	61.0	23.7	15.3
1998	7.8	26.1	1.3	64.8	65.9	20.2	13.9
1999	11.9	18.5	3.9	65.7	69.5	19.4	11.1
2000	10.7	18.6	3.8	66.9	69.4	20.2	10.4
2001	9.3	22.8	6.5	61.4	69.3	18.9	11.8
2002	17.4	17.0	2.8	62.8	65.4	21.3	13.3
2003	10.9	20.0	0.8	68.3	65.3	21.2	13.5
2004	7.4	17.3	0.8	74.5	67.2	22.5	10.3
2005	5.9	19.8	0.6	73.7	68.4	22.0	9.6
2006	4.7	12.1	0.7	82.5	70.2	20.5	9.3
2007	3.8	10.5	0.7	85.0	70.3	20.6	9.1
2008	4.3	7.2	0.9	87.6	67.6	22.5	9.9
2009	5.7	10.0	0.2	84.1	67.6	22.6	9.8
2010	4.1	12.2	0.1	83.6	66.5	23.4	10.0
2011	4.3	11.2	0.1	84.4	70.0	22.6	7.5
2012	4.6	11.1	0.2	84.1	69.8	23.1	7.1
2013	4.5	10.2	0.1	85.2	68.5	25.2	6.3

6-4 按登记注册类型分的全社会固定资产投资(2013年)

指 标	Item	总 计 Total	内资 国 有 State-owned Units	集 体 Collective-owned Units	股份合作 Coopeative Units
投资总额(万元)	**Total Investment(10 000 yuan)**	**155207197**	**53374976**	**1606745**	**523874**
按资金来源分	Grouped by Source of Funds				
国家预算内资金	State Appropriations	6891133	6482030	62274	
国内贷款	Domestic Loans	15573488	6193275	90400	12200
利用外资	Foreign Investment	91112	30012		
自筹资金	Fund Raising	124214644	36532524	1378199	507174
其他资金	Others	7385228	2175189	69735	41205
按城乡分组	Grouped by Urban and Rural Area				
城镇	Urban	149351348	51253466	1331310	511814
#房地产开发	Real Estate Development	14790074	511991		65646
农村	Rural	5855849	2121510	275435	12060
#农村个人	Rural Individuals	1449900			
按构成分	Grouped by Use of Funds				
建筑安装工程	Construction and Installation	106372749	40879136	1248546	348769
设备、工具器具购置	Purchase of Equipment & Instruments	39120773	8806166	298621	139574
其他费用	Others	9713675	3689674	59578	35531
新增固定资产(万元)	**Newly Increased Fixed Assets (10 000 yuan)**	**107445016**	**42110268**	**1676836**	**141840**
房屋建筑面积(万平方米)	**Floor Space of Buildings (10 000 sq.m)**				
施工面积	Floor Space Under Construction	28217.67	4207.23	217.99	95.90
竣工面积	Floor Space Completed	6903.24	1692.18	109.99	1.83
#住宅	Residential Buildings	3827.49	701.44	89.41	1.36

Total Investment in Fixed Assets by Status of Registration(2013)

Domistic-funded Enterprises					港澳台投资 Economic Units Funded by Entrepreneurs from HK,Macao & Taiwan	外商投资 Foreign Funded Economic Units	个 人 投 资	
联营经济 Joint-owned Economic Units	有限责任公司 Limited Liabibity Corp.	股份有限公司 Share-holding Corp.Ltd.	私营 Private Enter-prises	其他 Others			Indivi-duals	#个体经营 Manage by Individuals
113986	**60334738**	**7950309**	**24262647**	**3743017**	**525397**	**522292**	**2249216**	**544774**
5257	110145	54862	70065	34935		68299	3266	140
53300	5923499	1264281	1518227	367120	64723	61820	24643	6605
	17537				18420	25143		
61630	51930717	6326900	21462951	2975349	501273	347365	2190562	504612
	2720205	251727	1880623	192765	7000	29161	17618	1790
104482	59713802	7808508	23580597	3277280	525397	511292	733400	495695
	6642444	527440	6862466	167187		12900		
9504	620936	141801	682050	465737		11000	1515816	49079
							1449900	
75834	37299787	4967474	17213735	2327627	324620	294496	1392725	306264
34202	19628842	2731796	5213027	1280480	174648	115676	697741	207409
3950	3406109	251039	1835885	134910	26129	112120	158750	31101
75876	**36099446**	**4510135**	**17340616**	**2480178**	**435342**	**533433**	**2041046**	**377819**
0.92	11381.51	1060.02	9640.75	514.47	29.96	60.29	1008.64	50.46
	2210.61	179.08	1670.38	99.60	9.70	6.21	923.66	20.21
	1215.33	100.65	893.56	38.16			787.57	0.62

6-5 按各种分组的国有经济固定资产投资

Investment in Fixed Assets of State-owned Units by Group

指标	Item	1995	2000	2005	2010	2013
投资总额(万元)	**Total Investment(10 000 yuan)**	**2099845**	**2750621**	**11253580**	**33693376**	**53374976**
按资金来源分	Grouped by Source of Funds					
国家预算内资金	State Budgetary Appropriations	167282	375824	1354101	3477516	6482030
国内贷款	Domestic Loans	514959	509425	2641703	4981405	6193275
利用外资	Foreign Investment	207128	127053	61032	10888	30012
自筹资金	Fund Raising	939696	1139959	5584185	24220869	36532524
其他资金	Others	153491	454853	1133247	1529738	2175189
按构成分	Grouped by Use of Funds					
建筑安装工程	Construction and Installation	1173494	1925160	8604982	24075515	40879136
设备、工具器具购置	Purchase of Equipment and Instruments	615448	554610	1644986	6118899	8806166
其他费用	Others	310903	270851	1003612	3498962	3689674
按建设性质分	Grouped by Type of Construction					
# 新建	New Construction	820541	588067	6674345	23905178	35299302
扩建	Expansion	917390	1258468	2655493	4979537	7513789
改建	Reconstruction	242964	604524	1522155	3630230	8762601
按产业分	Grouped by Type of Industry					
第一产业	Primary Industry	22483	162552	739787	2280021	5327885
第二产业	Secondary Industry	1350248	774968	3969509	11204633	15408445
第三产业	Tertiary Industry	488069	1460516	6134414	19199717	30816708
按国民经济主要行业分	Grouped by Main Sector					
农业	Agriculture	22483	162552	739787	2395938	5342095
工业	Industry	1341029	767129	3950737	10690375	13733212
# 能源工业	Energy	800786	427666	3473684	8453170	7960111
运输邮电业	Transportation, Postal and Telecommunications Services	280048	866275	2996162	7732958	9967370
新增固定资产(万元)	**Newly Increased Fixed Assets(10 000 yuan)**	**1766780**	**1877577**	**8086849**	**23563554**	**42110268**
房屋建筑面积(万平方米)	**Floor Space of Buildings(10 000 sq.m)**					
施工面积	Floor Space Under Construction	874.36	1177.96	1688.92	3410.35	4207.23
竣工面积	Floor Space Completed	493.23	757.69	928.08	1292.07	1692.18
# 住宅	Residential Buildings	281.08	466.73	365.35	457.58	701.44

注：1.改建投资中不含单纯建造生活设施投资。

2.按国民经济行业分、按建设性质分和按产业分不含房地产投资和住宅投资，其他统计分组的含。

a) The investment in reconstruction includes the investment in construction of facilities simply for the improvement of residents′life.

b) The investment in the real estate development is not included in the investment grouped by main sector and by Type of Industry.

6-6 按各种分组的城镇固定资产投资

Investment in Fixed Assets in Urban Area by Group

指 标	Item	2009	2010	2011	2012	2013
投资总额(万元)	**Total Investment(10 000 yuan)**	**73406401**	**87331535**	**105949750**	**127291419**	**149351348**
隶属关系分	By Administrative Relationship					
中央项目	Central Government Projects	8292392	9314294	8071917	8499399	8563221
地方项目	Local Projects	65114009	78017241	97877833	118763020	140788127
按资金来源分	Grouped by Source of Funds					
国家预算内资金	State Budgetary Appropriations	4156794	3643650	4757309	5826500	6235107
国内贷款	Domestic Loans	7351050	10958254	12608640	14577112	15282577
利用外资	Foreign Investment	159927	75469	128608	222826	87550
自筹资金	Fund Raising	58426334	70670780	87537614	102905668	119232927
其他资金	Others	3044745	3928406	6039541	6438821	7302912
按构成分	Grouped by Use of Funds					
建筑安装工程	Construction and Installation	49725151	58206257	74696871	89197679	102076595
设备、工具器具购置	Purchase of Equipment and Instruments	16550521	20435257	23861093	29564060	37896264
其他费用	Others	7130729	8690021	7391786	8529680	9378489
按产业分	Grouped by Type of Industry					
第一产业	Primary Industry	2738987	2939756	3551143	4952213	7107384
第二产业	Secondary Industry	38232840	44032033	51021112	60687920	72217441
第三产业	Tertiary Industry	25293933	31073891	38264787	46192581	52315744
按国民经济主要行业分	Grouped by Main Sector					
农业	Agriculture	2871320	3095513	3590249	4993846	7128988
工业	Industry	37693048	43115854	50121545	59571949	71063525
#能源工业	Energy	19253201	21249546	19240973	15572056	18169174
运输邮电业	Transportation, Postal and Telecommunications Services	8247155	10331079	9849717	11965551	12725991
新增固定资产(万元)	**Newly Increased Fixed Assets(10 000 yuan)**	**47323088**	**58459904**	**77616408**	**87481449**	**102073050**
房屋建筑面积(万平方米)	**Floor Space of Buildings(10 000 sq.m)**					
施工面积	Floor Space Under Construction	14283.48	18070.07	24269.88	26452.51	27070.82
竣工面积	Floor Space Completed	4691.85	4818.12	5640.44	6386.70	5901.27
#住宅	Residential Buildings	2672.58	2582.29	2930.08	2793.51	2977.36

注：按国民经济行业分、按产业分不含房地产投资和住宅投资，其他统计分组的含。

a) The investment in the real estate development is not included in the investment grouped by main sector and by Type of Industry.

6-7 国民经济各行业按建设性质分的城镇固定资产投资(2013 年)

Investment in Fixed Assets in Urban Area by Type of Construction (2013)

单位：万元 (10 000 yuan)

行业	Sector	投资额 Investment	#新建 New Construction	#扩建 Expansion	#改建 Reconstruction
全　　区	**Autonomous Regional Total**	**134561274**	**96192468**	**14916065**	**20283335**
农、林、牧、渔业	**Farming, Forestry, Animal Husbandry & Fishery**	**7128988**	**4913556**	**1327048**	**844405**
农　业	Farming	2097068	1362240	516114	215723
林　业	Forestry	1546285	772253	407230	362694
畜牧业	Animal Husbandry	1958578	1755340	155084	40104
渔　业	Fishery	34168	32088		2080
农、林、牧、渔服务业	Agricultural Services	1492889	991635	248620	223804
采矿业	**Mining**	**16246352**	**10304436**	**2504383**	**3184026**
煤炭开采和洗选业	Coal Mining & Processing	8648259	6362116	633697	1516461
石油和天然气开采业	Extraction of Petroleum & Natural Gas	1384865	320114	1064336	415
黑色金属矿采选业	Mining & Dressing of Ferrous Metals	2576339	1810535	195779	533225
有色金属矿采选业	Mining & Dressing of Nonferrous Metals	1863839	826402	419049	598821
非金属矿采选业	Mining & Dressing of Nonmetal Minerals	1133030	851465	191520	89545
开采辅助活动	Support Activities for Mining	620044	128164		435580
其他采矿业	Mining of Other Mineral	19976	5640	2	9979
制造业	**Manufacturing**	**46958931**	**35412927**	**3961983**	**6415833**
农副食品加工业	Processing of Agricultural Side-line Food	3084417	2134100	564785	346037
食品制造业	Food Manufacturing	1238489	654113	250193	305444
酒、饮料和精制茶制造业	Wine, Beverage and Refined Tea Manufacturing	951128	615873	109015	169390
烟草制品业	Tobacco Products	24752	15000		
纺织业	Textile Industry	274845	234978	26450	13417
纺织服装、服饰业	Textile, Apparel Industry	168725	144157	15630	8938
皮革、毛皮、羽毛及其制品和制鞋业	Leather, Fur, Feathers and Their Products and Footwear	315115	296115	550	8800
木材加工及木、竹、藤、棕、草制品业	Timber Processing, Bamboo, Cane, Palm Fiber & Straw Products	426997	268143	87970	68565
家具制造业	Furniture Manufacturing	129212	79172	34300	13040
造纸及纸制品业	Paper-making & Paper Products	310812	270560	30322	6930
印刷业和记录媒介的复制	Printing and Record Medium Reproduction	141242	99349	9682	29255
文教、工美、体育和娱乐用品制造业	Manufacturing of Cultural, Educational & Arts , Crafts & Sports and Entertainment Goods	82865	44795		38070
石油加工、炼焦及核燃料加工业	Petroleum Processing , Coke Products & Processing of Nuclear Fuel	2060211	1666513	46500	299198
化学原料及化学制品制造业	Raw Chemical Materials & Products	10118360	8518910	333363	1145836
医药制造业	Medicine Manufacturing	1926764	1605624	208200	111720
化学纤维制造业	Chemical Fiber Manufacturing	446596	436583	10013	

注：此表未包括房地产投资。

a)Data in this table doesn´t include real estate development.

6-7 续表 1 continued

单位：万元 (10 000 yuan)

行 业	Sector	投资额 Investment	#新建 New Constr-uction	#扩建 Expan-sion	#改建 Recons-truction
橡胶和塑料制品业	Rubber and Plastic Products	1078981	852352	113016	93016
非金属矿物制品业	Nonmetal Mineral Products	3481242	2646540	395703	352897
黑色金属冶炼及压延加工业	Smelting & Pressing of Ferrous Metals	3031105	2231051	145269	625685
有色金属冶炼及压延加工业	Smelting & Pressing of Nonferrous Metals	5871553	4402240	418239	1029399
金属制品业	Metal Products	1583056	875017	350083	305066
通用设备制造业	Manufacturing of General Purpose Equipment	1571470	829266	74050	613756
专用设备制造业	Special Purposes Equipment Manufacturing	3075331	2607823	160030	190743
汽车制造业	Automotive Manufacturing	2191314	1624929	119077	144331
铁路、船舶、航空航天和其他运输设备制造业	Railroad,Ships, Aerospace and Other Transportation Equipment Manufacturing	291947	234853	4990	34124
电气机械及器材制造业	Electric Equipment & Machinery	1877879	1249152	147130	358385
计算机、通信和其他电子设备制造业	Manufacturing of Computer , Communications and Other Electronic Equipment	435255	400435	18790	6060
仪器仪表制造业	Manufacturing of Instrument	67373	36360	2980	25333
其他制造业	Others	183260	173520		4820
废弃资源综合利用业	Comprehensive Utilization of Waste Resources	234005	84471	136808	12726
金属制品、机械和设备修理业	Metal products, Machinery and Equipment Repair	284630	80933	148845	54852
电力、燃气及水的生产和供应业	**Production & Supply of Electric Power,Gas & Water**	**13302348**	**9912236**	**1509415**	**1727166**
电力、热力的生产和供应业	Electric Power and Heating Power	9551468	6655386	1160844	1586743
燃气生产和供应业	Production & Supply of Gas	1968477	1728892	199257	40328
水的生产和供应业	Production & Supply of Water	1782403	1527958	149314	100095
建筑业	**Construction**	**1236931**	**829579**	**203735**	**165060**
房屋建筑业	Housing Construction	524488	344876	163428	11399
土木工程建筑业	Civil Engineering Construction	443722	321693	22877	86252
建筑安装业	Installation of Buildings	81186	55609	6330	18208
建筑装饰和其他建筑业	Decoration of Buildings and Other Construction	187535	107401	11100	49201
批发和零售业	**Wholesale & Retail Trade**	**5136977**	**3329205**	**442769**	**1067244**
批发业	Wholesale Trade	2932910	1736087	250313	806240
零售业	Retail Trade	2204067	1593118	192456	261004
交通运输、仓储和邮政业	**Transportation, Storage & Postal**	**13076153**	**10132349**	**906397**	**1880751**
铁路运输业	Railway Transport	2837053	2387220	143976	270039
道路运输业	Roadway Transport	8399676	6213644	536030	1562582
水上运输业	Water transport	6665	4865		**1800**
航空运输业	Air Transport	167919	94419	73500	
管道运输业	Pipeline Transport	209128	207128		2000
装卸搬运和其他运输服务业	Handling and transportation	332454	293133	27330	3730
仓储业	Storage	1078886	903940	125441	31848
邮政业	Postal Services	44372	28000	120	8752
住宿和餐饮业	**Quarters & Catering**	**1526223**	**1096327**	**105257**	**269899**
住宿业	Quarters	1076314	862247	60041	111113
餐饮业	Catering	449909	234080	45216	158786
信息传输、软件和信息技术服务业	**Information Transmission,Software and IT Services**	**1258703**	**903352**	**190862**	**126520**
电信、广播电视和卫星传输服务	Telecommunications, Radio and Television , Satellite Transmission Services	728724	620025	46194	48316
互联网和相关服务	Internet and Related Services	59843	42357		17486
软件和信息技术服务业	Software and IT Services	470136	240970	144668	60718

6-7 续表 2 continued

单位：万元 (10 000 yuan)

行业	Sector	投资额 Investment	# 新建 New Construction	# 扩建 Expansion	# 改建 Reconstruction
金融业	**Finance**	**416061**	**222114**	**6239**	**104326**
货币金融服务	Monetary and Financial Services	362781	207955	6239	78558
资本市场服务	Capital Market Services	22989	3650		10186
保险业	Insurance	4935	2835		2100
其他金融活动	Others	25356	7674		13482
房地产业	**Real Estate**	**5274413**	**3910693**	**602849**	**596729**
房地产业	Real Estate	5274413	3910693	602849	596729
租赁和商务服务业	**Leasing & Commercial Services**	**838613**	**572966**	**61130**	**191495**
租赁业	Leasing Services	46468	10700	5458	30310
商务服务业	Commercial Services	792145	562266	55672	161185
科学研究、技术服务业	**Scientific and Technical Services**	**748102**	**467156**	**123834**	**137845**
研究与试验发展	Research & Development	158704	134987		23717
专业技术服务业	Special Technical Services	365729	213058	100503	46812
科技推广和应用服务业	Science and Technology Popularization and Application Services	223669	119111	23331	67316
水利、环境和公共设施管理业	**Water Conservancy, Environment & Public Facilities Administration**	**13617016**	**8837638**	**1947363**	**2741624**
水利管理业	Water Conservancy	1367777	1034872	164196	167281
生态保护和环境治理业	Ecological Protection and Environmental Management	587665	377686	134785	59061
公共设施管理业	Public Facilities Administration	11661574	7425080	1648382	2515282
居民服务、修理和其他服务业	**Resident Services, Repairs and Other Services**	**490278**	**355640**	**59050**	**47769**
居民服务业	Resident Services	262904	210840	15112	28472
机动车、电子产品和日用产品修理业	Motor Vehicles, Electronics and Household Goods Repair Services	151188	71738	43688	19297
其他服务业	Other Services	76186	73062	250	
教育	**Education**	**1298503**	**879713**	**202331**	**135388**
教育	Education	1298503	879713	202331	135388
卫生、社会工作	**Health and Social Work**	**903096**	**505010**	**72845**	**154856**
卫生	Health	779575	408273	67035	133882
社会工作	Social Work	123521	96737	5810	20974
文化、体育和娱乐业	**Culture, Sports & Recreational Services**	**1475435**	**1211625**	**135844**	**95765**
新闻出版业	Press	15316	15316		
广播、电视、电影和影视录音业	Radio, Television, Film and Video Recording Industry	140066	94529	22680	21157
文化艺术业	Culture & Arts	683022	571907	56297	25672
体育	Sports	459385	425764	19217	13904
娱乐业	Recreational Services	177646	104109	37650	35032
公共管理、社会保障和社会组织	**Public Administration ， Social Security and**	**3628151**	**2395946**	**552731**	**396634**
中国共产党机关	Chinese Communist Party Agencies	1750	1750		
国家机构	Government Agencies	3007067	2032768	437692	285738
人民政协和民主党派	People's Politics Consultative Conference & Democratic Parties	3668	3668		
社会保障	Social Security	24207	18040	2888	2558
群众社团、社会团体和其他成员组织	Mass society, Social Organizations and Other Organizations	267667	133024	63005	42688
基层群众自治组织	Basic Mass Autonomous Organization	323792	206696	49146	65650
国际组织	**International Organizations**				
国际组织	International Organizations				

6-8 国民经济各行业城镇固定资产投资和新增固定资产(2013 年)

Investment in Fixed Assets in Urban Area & Newly Increased Fixed Assets by Sector(2013)

单位：万元 (10 000 yuan)

行业	Sector	投资额 Investment	# 地方项目 Local Projects	新增固定资产 Newly Increased Fixed Assets	# 地方项目 Local Projects
全　　区	**Autonomous Regional Total**	**134561274**	**126007203**	**94628291**	**89656656**
农、林、牧、渔业	**Farming, Forestry, Animal Husbandry & Fishery**	**7128988**	**7102211**	**6176167**	**6148784**
农　业	Farming	2097068	2097068	1809207	1809207
林　业	Forestry	1546285	1529818	1183910	1166837
畜牧业	Animal Husbandry	1958578	1948268	1703690	1693380
渔　业	Fishery	34168	34168	26656	26656
农、林、牧、渔服务业	Agricultural Services	1492889	1492889	1452704	1452704
采矿业	**Mining**	**16246352**	**13733957**	**8850585**	**8355793**
煤炭开采和洗选业	Coal Mining & Processing	8648259	7313985	3599506	3399792
石油和天然气开采业	Extraction of Petroleum & Natural Gas	1384865	244046	444834	182058
黑色金属矿采选业	Mining & Dressing of Ferrous Metals	2576339	2576339	1973089	1973089
有色金属矿采选业	Mining & Dressing of Nonferrous Metals	1863839	1831537	1706349	1674047
非金属矿采选业	Mining & Dressing of Nonmetal Minerals	1133030	1133030	933230	933230
开采辅助活动	Support Activities for Mining	620044	615044	173601	173601
其他采矿业	Mining of Other Mineral	19976	19976	19976	19976
制造业	**Manufacturing**	**46958931**	**44761340**	**27476445**	**26194434**
农副食品加工业	Processing of Agricultural Side-line Food	3084417	3084417	2584491	2584491
食品制造业	Food Manufacturing	1238489	1238489	1036263	1036263
酒、饮料和精制茶制造业	Wine, Beverage and Refined Tea Manufacturing	951128	951128	635013	635013
烟草制品业	Tobacco Products	24752		9752	
纺织业	Textile Industry	274845	274845	239478	239478
纺织服装、服饰业	Textile, Apparel Industry	168725	168725	179345	179345
皮革、毛皮、羽毛及其制品和制鞋业	Leather, Fur, Feathers and Their Products and Footwear	315115	315115	466394	466394
木材加工及木、竹、藤、棕、草制品业	Timber Processing, Bamboo, Cane, Palm Fiber & Straw Products	426997	426997	362872	362872
家具制造业	Furniture Manufacturing	129212	129212	126892	126892
造纸及纸制品业	Paper-making & Paper Products	310812	310812	186180	186180
印刷业和记录媒介的复制	Printing and Record Medium Reproduction	141242	141242	136913	136913
文教、工美、体育和娱乐用品制造业	Manufacturing of Cultural, Educational & Arts ,Crafts & Sports and Entertainment Goods	82865	82865	61935	61935
石油加工、炼焦及核燃料加工业	Petroleum Processing , Coke Products & Processing of Nuclear Fuel	2060211	1906142	1676828	909801
化学原料及化学制品制造业	Raw Chemical Materials & Products	10118360	9130288	3185618	3066118
医药制造业	Medicine Manufacturing	1926764	1926764	815160	815160
化学纤维制造业	Chemical Fiber Manufacturing	446596	446596	9980	9980

注：此表未包括房地产投资。

a)Data in this table doesn´t include real estate development.

6-8 续表 1 continued

单位：万元 (10 000 yuan)

行业	Sector	投资额 Invest-ment	#地方项目 Local Projects	新增固定资产 Newly Increased Fixed Assets	#地方项目 Local Projects
橡胶和塑料制品业	Rubber and Plastic Products	1078981	798725	623923	619023
非金属矿物制品业	Nonmetal Mineral Products	3481242	3414242	2744632	2744632
黑色金属冶炼及压延加工业	Smelting & Pressing of Ferrous Metals	3031105	3021118	1221527	1211540
有色金属冶炼及压延加工业	Smelting & Pressing of Nonferrous Metals	5871553	5841954	2874423	2845442
金属制品业	Metal Products	1583056	1577053	1558649	1553199
通用设备制造业	Manufacturing of General Purpose Equipment	1571470	1334424	1479990	1242944
专用设备制造业	Special Purposes Equipment Manufacturing	3075331	2997615	997060	997060
汽车制造业	Automotive Manufacturing	2191314	2089021	2490922	2401354
铁路、船舶、航空航天和其他运输设备制造业	Railroad,Ships, Aerospace and Other Transportation Equipment Manufacturing	291947	279847	118530	118530
电气机械及器材制造业	Electric Equipment & Machinery	1877879	1877879	1212946	1212946
计算机、通信和其他电子设备制造业	Manufacturing of Computer , Communications and Other Electronic Equipment	435255	435255	90279	90279
仪器仪表制造业	Manufacturing of Instrument	67373	67373	71930	71930
其他制造业	Others	183260	183260	48830	48830
废弃资源综合利用业	Comprehensive Utilization of Waste Resources	234005	234005	141638	141638
金属制品、机械和设备修理业	Metal products, Machinery and Equipment Repair	284630	75932	88052	78252
电力、燃气及水的生产和供应业	**Production & Supply of Electric Power,Gas & Water**	**13302348**	**11787710**	**9892921**	**8217923**
电力、热力的生产和供应业	Electric Power and Heating Power	9551468	8055713	7921819	6247015
燃气生产和供应业	Production & Supply of Gas	1968477	1958409	755695	755695
水的生产和供应业	Production & Supply of Water	1782403	1773588	1215407	1215213
建筑业	**Construction**	**1236931**	**1229732**	**1109065**	**1101865**
房屋建筑业	Housing Construction	524488	524488	477294	477294
土木工程建筑业	Civil Engineering Construction	443722	436992	380486	373756
建筑安装业	Installation of Buildings	81186	81186	76644	76644
建筑装饰和其他建筑业	Decoration of Buildings and Other Construction	187535	187066	174641	174171
批发和零售业	**Wholesale & Retail Trade**	**5136977**	**5120769**	**4333321**	**4305515**
批发业	Wholesale Trade	2932910	2916702	2531474	2503668
零售业	Retail Trade	2204067	2204067	1801847	1801847
交通运输、仓储和邮政业	**Transportation, Storage & Postal**	**13076153**	**11870109**	**9329415**	**8664564**
铁路运输业	Railway Transport	2837053	1791706	621296	306656
道路运输业	Roadway Transport	8399676	8380265	7063897	7020083
水上运输业	Water transport	6665	6665	**12681**	**12681**
航空运输业	Air Transport	167919	167919	72136	72136
管道运输业	Pipeline Transport	209128	100988	359911	107245
装卸搬运和其他运输服务业	Handling and transportation	332454	332454	347584	347584
仓储业	Storage	1078886	1045740	805538	751807
邮政业	Postal Services	44372	44372	46372	46372
住宿和餐饮业	**Quarters & Catering**	**1526223**	**1517523**	**1267830**	**1267830**
住宿业	Quarters	1076314	1067614	784688	784688
餐饮业	Catering	449909	449909	483142	483142
信息传输、软件和信息技术服务业	**Information Transmission,Software and IT Services**	**1258703**	**520126**	**983004**	**376814**
电信、广播电视和卫星传输服务	Telecommunications, Radio and Television , Satellite Transmission Services	728724	127834	740136	133946
互联网和相关服务	Internet and Related Services	59843	59843	21638	21638
软件和信息技术服务业	Software and IT Services	470136	332449	221230	221230

6-8 续表 2 continued

单位：万元 (10 000 yuan)

行业	Sector	投资额 Investment	#地方项目 Local Projects	新增固定资产 Newly Increased Fixed Assets	#地方项目 Local Projects
金融业	**Finance**	**416061**	**373769**	**312414**	**270122**
货币金融服务	Monetary and Financial Services	362781	320489	267019	224727
资本市场服务	Capital Market Services	22989	22989	19339	19339
保险业	Insurance	4935	4935	2100	2100
其他金融活动	Others	25356	25356	23956	23956
房地产业	**Real Estate**	**5274413**	**5215041**	**4724680**	**4710320**
房地产业	Real Estate	5274413	5215041	4724680	4710320
租赁和商务服务业	**Leasing & Commercial Services**	**838613**	**838613**	**750756**	**750756**
租赁业	Leasing Services	46468	46468	46468	46468
商务服务业	Commercial Services	792145	792145	704288	704288
科学研究、技术服务业	**Scientific and Technical Services**	**748102**	**711912**	**592594**	**560160**
研究与试验发展	Research & Development	158704	143307	78255	62858
专业技术服务业	Special Technical Services	365729	347844	297282	289296
科技推广和应用服务业	Science and Technology Popularization and Application Services	223669	220761	217057	208006
水利、环境和公共设施管理业	**Water Conservancy, Environment & Public Facilities Administration**	**13617016**	**13477325**	**11988328**	**11892130**
水利管理业	Water Conservancy	1367777	1356579	1276472	1264500
生态保护和环境治理业	Ecological Protection and Environmental Management	587665	577143	462470	452494
公共设施管理业	Public Facilities Administration	11661574	11543603	10249386	10175136
居民服务、修理和其他服务业	**Resident Services, Repairs and Other Services**	**490278**	**490278**	**413653**	**413653**
居民服务业	Resident Services	262904	262904	216950	216950
机动车、电子产品和日用产品修理业	Motor Vehicles, Electronics and Household Goods Repair Services	151188	151188	128967	128967
其他服务业	Other Services	76186	76186	67736	67736
教育	**Education**	**1298503**	**1295926**	**1334539**	**1333789**
教育	Education	1298503	1295926	1334539	1333789
卫生、社会工作	**Health and Social Work**	**903096**	**897678**	**878127**	**878127**
卫生	Health	779575	774157	766879	766879
社会工作	Social Work	123521	123521	111248	111248
文化、体育和娱乐业	**Culture, Sports & Recreational Services**	**1475435**	**1475017**	**1130462**	**1130462**
新闻出版业	Press	15316	15316	9869	9869
广播、电视、电影和影视录音业	Radio, Television, Film and Video Recording Industry	140066	140066	73152	73152
文化艺术业	Culture & Arts	683022	683022	469344	469344
体育	Sports	459385	458967	429886	429886
娱乐业	Recreational Services	177646	177646	148211	148211
公共管理、社会保障和社会组织	**Public Administration，Social Security and Social Organizations**	**3628151**	**3588167**	**3083985**	**3083615**
中国共产党机关	Chinese Communist Party Agencies	1750	1750		
国家机构	Government Agencies	3007067	3005997	2540122	2539752
人民政协和民主党派	People's Politics Consultative Conference & Democratic Parties	3668	3668	7668	7668
社会保障	Social Security	24207	24207	20279	20279
群众社团、社会团体和其他成员组织	Mass society, Social Organizations and Other Organizations	267667	228753	195804	195804
基层群众自治组织	Basic Mass Autonomous Organization	323792	323792	320112	320112
国际组织	**International Organizations**				
国际组织	International Organizations				

6-9 按行业分城镇50万元以上施工、投产项目个数(2013年)

Number of Construction Projects over 500 Thousand Yuan under Construction and Put into Use in Urban Area by Sector (2013)

行业	Sector	施工项目(个) Number of Projects Under Construction (unit)	#新开工项目 Started This Year	全部建成投产项目(个) Number of Projects Started This Year (unit)	项目建成投产率(%) Percentage of Projects Completed and Put into Use
全　　区	**Autonomous Regional Total**	**19320**	**15007**	**14190**	**73.4**
农、林、牧、渔业	**Farming, Forestry, Animal Husbandry & Fishery**	**1685**	**1449**	**1394**	**82.7**
农 业	Farming	439	383	344	78.4
林 业	Forestry	326	289	281	86.2
畜牧业	Animal Husbandry	461	402	388	84.2
渔 业	Fishery	12	7	7	58.3
农、林、牧、渔服务业	Agricultural Services	447	368	374	83.7
采矿业	**Mining**	**1518**	**1261**	**1147**	**75.6**
煤炭开采和洗选业	Coal Mining & Processing	465	349	313	67.3
石油和天然气开采业	Extraction of Petroleum & Natural Gas	52	39	45	86.5
黑色金属矿采选业	Mining & Dressing of Ferrous Metals	403	353	328	81.4
有色金属矿采选业	Mining & Dressing of Nonferrous Metals	292	257	247	84.6
非金属矿采选业	Mining & Dressing of Nonmetal Minerals	238	202	188	79.0
开采辅助活动	Support Activities for Mining	62	59	23	37.1
其他采矿业	Mining of Other Mineral	6	2	3	50.0
制造业	**Manufacturing**	**4266**	**3254**	**3045**	**71.4**
农副食品加工业	Processing of Agricultural Side-line Food	602	497	451	74.9
食品制造业	Food Manufacturing	158	133	123	77.8
酒、饮料和精制茶制造业	Wine, Beverage and Refined Tea Manufacturing	143	116	114	79.7
烟草制品业	Tobacco Products	1	1		
纺织业	Textile Industry	46	40	36	78.3
纺织服装、服饰业	Textile, Apparel Industry	35	25	29	82.9
皮革、毛皮、羽毛及其制品和制鞋业	Leather, Fur, Feathers and Their Products and Footwear	30	13	25	83.3
木材加工及木、竹、藤、棕、草制品业	Timber Processing, Bamboo, Cane, Palm Fiber & Straw Products	91	71	63	69.2
家具制造业	Furniture Manufacturing	31	27	22	71.0
造纸及纸制品业	Paper-making & Paper Products	42	29	30	71.4
印刷业和记录媒介的复制	Printing and Record Medium Reproduction	30	29	28	93.3
文教、工美、体育和娱乐用品制造业	Manufacturing of Cultural, Educational & Arts,Crafts & Sports and Entertainment Goods	21	18	16	76.2
石油加工、炼焦及核燃料加工业	Petroleum Processing , Coke Products & Processing of Nuclear Fuel	76	43	38	50.0
化学原料及化学制品制造业	Raw Chemical Materials & Products	395	252	227	57.5
医药制造业	Medicine Manufacturing	114	81	81	71.1
化学纤维制造业	Chemical Fiber Manufacturing	5	2	1	20.0

6-9 续表 1 continued

行 业	Sector	施工项目(个) Number of Projects Under Construction (unit)	#新开工项目 Started This Year	全部建成投产项目(个) Number of Projects Started This Year (unit)	项目建成投产率(%) Percentage of Projects Completed and Put into Use
橡胶和塑料制品业	Rubber and Plastic Products	149	102	110	73.8
非金属矿物制品业	Nonmetal Mineral Products	545	402	360	66.1
黑色金属冶炼及压延加工业	Smelting & Pressing of Ferrous Metals	328	235	147	44.8
有色金属冶炼及压延加工业	Smelting & Pressing of Nonferrous Metals	306	236	238	77.8
金属制品业	Metal Products	280	250	250	89.3
通用设备制造业	Manufacturing of General Purpose Equipment	209	174	184	88
专用设备制造业	Special Purposes Equipment Manufacturing	181	146	143	79
汽车制造业	Automotive Manufacturing	135	91	90	66.7
铁路、船舶、航空航天和其他运输设备制造业	Railroad,Ships, Aerospace and Other Transportation Equipment Manufacturing	19	14	12	63.2
电气机械及器材制造业	Electric Equipment & Machinery	192	148	150	78.1
计算机、通信和其他电子设备制造业	Manufacturing of Computer , Communications and Other Electronic Equipment	22	15	12	54.5
仪器仪表制造业	Manufacturing of Instrument	23	20	21	91.3
其他制造业	Others	16	12	11	68.8
废弃资源综合利用业	Comprehensive Utilization of Waste Resources	18	12	13	72.2
金属制品、机械和设备修理业	Metal products, Machinery and Equipment Repair	23	20	20	87
电力、燃气及水的生产和供应业	**Production & Supply of Electric Power,Gas & Water**	**1509**	**1056**	**1034**	**68.5**
电力、热力的生产和供应业	Electric Power and Heating Power	1036	732	723	69.8
燃气生产和供应业	Production & Supply of Gas	138	86	91	65.9
水的生产和供应业	Production & Supply of Water	335	238	220	65.7
建筑业	**Construction**	**349**	**318**	**300**	**86**
房屋建筑业	Housing Construction	122	108	107	87.7
土木工程建筑业	Civil Engineering Construction	147	134	119	81
建筑安装业	Installation of Buildings	19	16	16	84.2
建筑装饰和其他建筑业	Decoration of Buildings and Other Construction	61	60	58	95.1
批发和零售业	**Wholesale & Retail Trade**	**1084**	**970**	**908**	**83.8**
批发业	Wholesale Trade	693	630	603	87
零售业	Retail Trade	391	340	305	78
交通运输、仓储和邮政业	**Transportation, Storage & Postal**	**1340**	**934**	**898**	**67**
铁路运输业	Railway Transport	116	61	40	34.5
道路运输业	Roadway Transport	931	666	665	71.4
水上运输业	Water transport	4	1	**3**	**75**
航空运输业	Air Transport	16	10	5	31.3
管道运输业	Pipeline Transport	23	18	14	60.9
装卸搬运和其他运输服务业	Handling and transportation	62	47	48	77.4
仓储业	Storage	181	127	117	64.6
邮政业	Postal Services	7	4	6	85.7
住宿和餐饮业	**Quarters & Catering**	**330**	**267**	**250**	**75.8**
住宿业	Quarters	201	156	140	69.7
餐饮业	Catering	129	111	110	85.3
信息传输、软件和信息技术服务业	**Information Transmission,Software and IT Services**	**147**	**125**	**121**	**82.3**
电信、广播电视和卫星传输服务	Telecommunications, Radio and Television ,Satellite Transmission Services	69	62	64	92.8
互联网和相关服务	Internet and Related Services	17	15	12	70.6
软件和信息技术服务业	Software and IT Services	61	48	45	73.8

6-9 续表 2 continued

行 业	Sector	施工项目(个) Projects Under Construction (unit)	#新开工项目 Started This Year	全部建成投产项目(个) Projects Started This Year (unit)	项目建成投产率(%) Percentage of Projects Completed and Put into Use
金融业	**Finance**	**99**	**91**	**76**	**76.8**
货币金融服务	Monetary and Financial Services	83	76	63	75.9
资本市场服务	Capital Market Services	6	6	5	83.3
保险业	Insurance	2	2	1	50.0
其他金融活动	Others	8	7	7	87.5
房地产业	**Real Estate**	**1093**	**708**	**703**	**64.3**
房地产业	Real Estate	1093	708	703	64.3
租赁和商务服务业	**Leasing & Commercial Services**	**264**	**219**	**212**	**80.3**
租赁业	Leasing Services	20	20	20	100.0
商务服务业	Commercial Services	244	199	192	78.7
科学研究、技术服务业	**Scientific and Technical Services**	**184**	**149**	**152**	**82.6**
研究与试验发展	Research & Development	14	10	10	71.4
专业技术服务业	Special Technical Services	104	89	86	82.7
科技推广和应用服务业	Science and Technology Popularization and	66	50	56	84.8
水利、环境和公共设施管理业	**Water Conservancy, Environment & Public Facilities Administration**	**3108**	**2463**	**2325**	**74.8**
水利管理业	Water Conservancy	415	317	305	73.5
生态保护和环境治理业	Ecological Protection and Environmental Management	120	82	87	72.5
公共设施管理业	Public Facilities Administration	2573	2064	1933	75.1
居民服务、修理和其他服务业	**Resident Services, Repairs and Other Services**	**150**	**124**	**105**	**70.0**
居民服务业	Resident Services	90	75	61	67.8
机动车、电子产品和日用产品修理业	Motor Vehicles, Electronics and Household Goods Repair Services	42	33	31	73.8
其他服务业	Other Services	18	16	13	72.2
教育	**Education**	**547**	**392**	**389**	**71.1**
教育	Education	547	392	389	71.1
卫生、社会工作	**Health and Social Work**	**290**	**205**	**195**	**67.2**
卫生	Health	213	142	137	64.3
社会工作	Social Work	77	63	58	75.3
文化、体育和娱乐业	**Culture, Sports & Recreational Services**	**319**	**239**	**217**	**68.0**
新闻出版业	Press	2	1	1	50.0
广播、电视、电影和影视录音业	Radio, Television, Film and Video Recording Industry	29	20	19	65.5
文化艺术业	Culture & Arts	152	114	102	67.1
体育	Sports	82	56	53	64.6
娱乐业	Recreational Services	54	48	42	77.8
公共管理、社会保障和社会组织	**Public Administration，Social Security and Social Organizations**	**1038**	**783**	**719**	**69.3**
中国共产党机关	Chinese Communist Party Agencies	3	2		
国家机构	Government Agencies	855	631	585	68.4
人民政协和民主党派	People's Politics Consultative Conference & Democratic Parties	1		1	100.0
社会保障	Social Security	14	13	8	57.1
群众社团、社会团体和其他成员组织	Mass society, Social Organizations and Other Organizations	75	57	44	58.7
基层群众自治组织	Basic Mass Autonomous Organization	90	80	81	90.0
国际组织	**International Organizations**				
国际组织	International Organizations				

6-10 城镇固定资产投资新增主要生产能力(2013年)

Newly Increased Productive Capacities Through Investment in Fixed Assets in Urban Area(2013)

能力名称	Item	2013
原煤开采(万吨/年)	Coal Mining (10 000 tons/year)	3690.3
洗煤(万吨/年)	Washer Coal (10 000 tons/year)	4718.5
焦炭(万吨/年)	Coke (10 000 tons/year)	625
天然原油开采(万吨/年)	Petroleum Extraction (10 000 tons/year)	28.01
铁矿开采(原矿)(万吨/年)	Iron-ore Mining (10 000 tons/year)	2641.55
生铁(万吨/年)	Iron Smelting (10 000 tons/year)	34
粗钢(万吨/年)	Crude Steel (10 000 tons/year)	10
钢材(万吨/年)	Steel (10 000 tons/year)	97.8
铁合金(万吨/年)	Iron Alloy,Electric Furnace (10 000 tons/year)	157.9
氧化铝(吨/年)	Alumina (ton/year)	400000
铜采矿(原矿)(万吨/年)	Copper Ore Mining (10 000 tons/year)	78.5
铜选矿:	Copper Ore Dressing	
处理原矿(万吨/年)	Crude Ore Dressing (10 000 ton/year)	62
铜含量(吨/年)	Copper Content (ton/year)	2944
铜冶炼(吨/年)	Copper Smelting (ton/year)	170800
铅锌采矿(原矿)(万吨/年)	Plumbum / Zinc Ore Mining (10 000 tons/year)	1273.06
铅锌选矿:	Plumbum and Zinc Ore Dressing	
处理原矿(万吨/年)	Crude Ore Dressing (10 000 tons/year)	517.66
铅含量(吨/年)	Plumbum Content (ton/year)	34800.69
锌含量(吨/年)	Zinc Content (ton/year)	55520
锌冶炼(吨/年)	Zinc Smelting (ton/year)	10000
铝加工(吨/年)	Aluminium Processing(ton/year)	309400
银选矿:	Silver Ore Dressing	
处理原矿(吨/年)	Crude Ore Dressing(ton/year)	172310
银含量(公斤/年)	Silver Content(kg/year)	7531
黄金(公斤/年)	Gold (kg/year)	44.7
火力发电(万千瓦)	Thermal Power (10 000 kw)	204.32
风力发电(万千瓦)	Wind Power(10 000 kw)	238.34
太阳能发电(万千瓦)	Solar Power(10 000 kw)	59.5
其他发电(万千瓦)	Other Power (10 000 kw)	13.15
输电线路长度(11万伏及以上)(公里)	Length of Electric Cable (over 110 000 va)(km)	5733.5
水泥(万吨/年)	Cement (10 000 tons/year)	1252

6-10 续表 continued

能力名称	Item	2013
合成橡胶（吨/年）		80000
氮肥(吨/年)	Nitrogen Fertlizers (ton/year)	321600
磷肥(吨/年)	Phosphate (ton/year)	233000
钾肥（吨/年）		1000
塑料树脂及共聚物(吨/年)	Plastic Resin and Copolymer (ton/year)	743300
白酒(万吨/年)	Liquor (10 000 tons/year)	11.47
卷烟（箱/年）	Cigarette (cases / year)	900000
化学纤维（吨/年）	Chemical Fiber (tons / year)	127800
棉纺锭（锭）	Cotton Spindles (spindles)	140000
毛纺锭（锭）	Wool Spindles(spindles)	2667
新建铁路里程(公里)	Length of Newly Built Railway(km)	764.86
新建公路(公里)	Length of New Railway (km)	4487.72
#高速公路(公里)	Expressway (km)	264.1
一级公路(公里)	First Class Highway (km)	210.63
二级公路(公里)	Second Class Highway (km)	99.94
改建公路(公里)	Length of Reconstructed Highways (km)	2285.37
#高速公路(公里)	Expressway (km)	36.6
一级公路(公里)	First Class Highway (km)	204
二级公路(公里)	Second Class Highway (km)	29
新建独立公路桥梁(延长米)	New-built Separate Highway and Bridge (extended meter)	4996.6
新建独立公路桥梁(座)	New-built Separate Highway and Bridge (unit)	20
新(扩)建公路客、货运站(个)	New-built or Expanded Passenger & Freight Stations(unit)	23
新(扩)建公路客、货运站(平方米)	New-built or Expanded Passenger & Freight Stations(sq.m)	283738
城市自来水供水能力(万吨/日)	Capacity of City Tap Water Supply (10 000 tons/day)	13
城市污水处理能力(万吨/日)	Disposal Capacity of Sewage (10 000 tons/day)	68.1

6-11 按各种分组的农村固定资产投资

Investment in Fixed Assets in Rural by Group

指标	Item	2013
投资总额(万元)	**Total Investment(10 000 yuan)**	**4405949**
按资金来源分	Grouped by Source of Funds	
国家预算内资金	State Budgetary Appropriations	656026
国内贷款	Domestic Loans	273133
利用外资	Foreign Investment	3562
自筹资金	Fund Raising	3551723
其他资金	Others	80188
按构成分	Grouped by Use of Funds	
建筑安装工程	Construction and Installation	3403250
设备、工具器具购置	Purchase of Equipment and Instruments	759192
其他费用	Others	243507
按建设性质分	Grouped by Type of Construction	
#新建	New Construction	2923713
扩建	Expansion	904102
改建	Reconstruction	558345
按产业分	Grouped by Type of Industry	
第一产业	Primary Industry	1830006
第二产业	Secondary Industry	1429257
第三产业	Tertiary Industry	1032782
按国民经济主要行业分	Grouped by Main Sector	
农业	Agriculture	1830352
工业	Industry	1357289
#能源工业	Energy	485906
运输邮电业	Transportation, Postal and Telecommunications Services	245000
新增固定资产(万元)	**Newly Increased Fixed Assets(10 000 yuan)**	**3932061**
房屋建筑面积(万平方米)	**Floor Space of Buildings(10 000 sq.m)**	
施工面积	Floor Space Under Construction	232.84
竣工面积	Floor Space Completed	111.97
#住宅	Residential Buildings	67.12

注: 1.改建投资中不含单纯建造生活设施投资。

2.按国民经济行业分、按建设性质分不含房地产投资和住宅投资，其他统计分组的含。

3.本表统计范围为城市以下非农户投资项目。

a)The investment in reconstruction excludes the investment inconstruction of facilities simply for the improvement of esidents life.

b)The investment in the real estate development is not included in the investment grouped by main sector and by type of construction.

c)Framework in this table is non-farmer Investment.

6-12 国民经济各行业按建设性质分的农村固定资产投资(2013 年)

Investment in Fixed Assets of Rural by Construction & Sector(2013)

单位：万元 (10 000 yuan)

行业	Sector	投资额 Investment	#新建 New Construction	#扩建 Expansion	#改建 Reconstruction	新增固定资产 Newly Increased Fixed Assets
全　　区	**Autonomous Regional Total**	**4405949**	**2923713**	**904102**	**558345**	**3932061**
农、林、牧、渔业	**Farming, Forestry, Animal Husbandry & Fishery**	**1830352**	**1253962**	**432699**	**139841**	**1697389**
农　业	Farming	604582	430624	161986	9972	604419
林　业	Forestry	88623	67537	19603	1483	89478
畜牧业	Animal Husbandry	593483	475744	115749	490	483937
渔　业	Fishery	6000	5000	1000		6000
农、林、牧、渔服务业	Agricultural Services	537664	275057	134361	127896	513555
采矿业	**Mining**	**354670**	**239670**	**87200**	**26200**	**281520**
煤炭开采和洗选业	Coal Mining & Processing	44590	41390		3200	24090
石油和天然气开采业	Extraction of Petroleum & Natural Gas	34710	24910	9800		34710
黑色金属矿采选业	Mining & Dressing of Ferrous Metals	48770	45000	2770	1000	42270
有色金属矿采选业	Mining & Dressing of Nonferrous Metals	116490	66180	27710	21000	100490
非金属矿采选业	Mining & Dressing of Nonmetal Minerals	110110	62190	46920	1000	79960
开采辅助活动	Support Activities for Mining					
其他采矿业	Mining of Other Mineral					
制造业	**Manufacturing**	**559695**	**298744**	**223449**	**36702**	**455590**
农副食品加工业	Processing of Agricultural Side-line Food	128144	69298	58396		120024
食品制造业	Food Manufacturing	8800	8800			8800
酒、饮料和精制茶制造业	Wine, Beverage and Refined Tea Manufacturing	11810	1000	7210	3600	18310
烟草制品业	Tobacco Products	1500		1500		1500
纺织业	Textile Industry	15050	11000	2890	1160	15020
纺织服装、服饰业	Textile, Apparel Industry	3600	3600			3600
皮革、毛皮、羽毛及其制品和制鞋业	Leather, Fur, Feathers and Their Products and Footwear	4000	4000			
木材加工及木、竹、藤、棕、草制品业	Timber Processing, Bamboo, Cane, Palm Fiber & Straw Products	17707	12357	5000		17707
家具制造业	Furniture Manufacturing	520	520			520
造纸及纸制品业	Paper-making & Paper Products					
印刷业和记录媒介的复制	Printing and Record Medium Reproduction					
文教、工美、体育和娱乐用品制造业	Manufacturing of Cultural, Educational & Arts ,Crafts & Sports and Entertainment Goods					
石油加工、炼焦及核燃料加工业	Petroleum Processing , Coke Products & Processing of Nuclear Fuel					
化学原料及化学制品制造业	Raw Chemical Materials & Products	57290	35100	20990	1200	42390
医药制造业	Medicine Manufacturing	8901	8901			
化学纤维制造业	Chemical Fiber Manufacturing					

注：本表数据不包括农户投资。

a) Data in this table does not include indivdual investment in rural areas.

6-12 续表 1 continued

单位：万元 (10 000 yuan)

行业	Sector	投资额 Investment	# 新建 New Construction	# 扩建 Expansion	# 改建 Reconstruction	新增固定资产 Newly Increased Fixed Assets
橡胶和塑料制品业	Rubber and Plastic Products	5442	3200		2242	3200
非金属矿物制品业	Nonmetal Mineral Products	105876	44413	44763	16700	105020
黑色金属冶炼及压延加工业	Smelting & Pressing of Ferrous Metals	74200	27000	43200	4000	56200
有色金属冶炼及压延加工业	Smelting & Pressing of Nonferrous Metals	48445	30045	16100	2300	29149
金属制品业	Metal Products	26960	7220	17190	2550	21490
通用设备制造业	Manufacturing of General Purpose Equipment	200		200		200
专用设备制造业	Special Purposes Equipment Manufacturing	6240		3290	2950	6240
汽车制造业	Automotive Manufacturing	1500	1500			1500
铁路、船舶、航空航天和其他运输设备制造业	Railroad,Ships, Aerospace and Other Transportation Equipment Manufacturing	4290	4290			
电气机械及器材制造业	Electric Equipment & Machinery	5000	5000			
计算机、通信和其他电子设备制造业	Manufacturing of Computer , Communications and Other Electronic Equipment					
仪器仪表制造业	Manufacturing of Instrument					
其他制造业	Others	21500	21500			2000
废弃资源综合利用业	Comprehensive Utilization of Waste Resources	2720		2720		2720
金属制品、机械和设备修理业	Metal products, Machinery and Equipment Repair					
电力、燃气及水的生产和供应业	**Production & Supply of Electric Power,Gas & Water**	**448024**	**308166**	**61592**	**78266**	**413745**
电力、热力的生产和供应业	Electric Power and Heating Power	408673	271870	59642	77161	376952
燃气生产和供应业	Production & Supply of Gas	3033	1928		1105	2833
水的生产和供应业	Production & Supply of Water	36318	34368	1950		33960
建筑业	**Construction**	**72068**	**58376**		**13692**	**61417**
房屋建筑业	Housing Construction	43797	43797			33726
土木工程建筑业	Civil Engineering Construction	10081	4589		5492	9501
建筑安装业	Installation of Buildings	18190	9990		8200	18190
建筑装饰和其他建筑业	Decoration of Buildings and Other Construction					
批发和零售业	**Wholesale & Retail Trade**	**92654**	**59494**	**33160**		**115524**
批发业	Wholesale Trade	92094	59494	32600		114964
零售业	Retail Trade	560		560		560
交通运输、仓储和邮政业	**Transportation, Storage & Postal**	**284379**	**120664**	**13460**	**150255**	**262489**
铁路运输业	Railway Transport					
道路运输业	Roadway Transport	238900	75185	13460	150255	221320
水上运输业	Water transport					
航空运输业	Air Transport					
管道运输业	Pipeline Transport					
装卸搬运和其他运输服务业	Handling and transportation	5000	5000			5000
仓储业	Storage	40479	40479			36169
邮政业	Postal Services					
住宿和餐饮业	**Quarters & Catering**	**3347**	**2847**	**500**		**5500**
住宿业	Quarters	2237	2237			3000
餐饮业	Catering	1110	610	500		2500
信息传输、软件和信息技术服务业	**Information Transmission,Software and IT Services**	**1100**	**1100**			**1100**
电信、广播电视和卫星传输服务	Telecommunications, Radio and Television , Satellite Transmission Services	1100	1100			1100
互联网和相关服务	Internet and Related Services					
软件和信息技术服务业	Software and IT Services					

6-12 续表 2 continued

单位：万元 (10 000 yuan)

行 业	Sector	投资额 Investment	# 新建 New Construction	# 扩建 Expansion	# 改建 Reconstruction	新增固定资产 Newly Increased Fixed Assets
金融业	**Finance**	**1100**	**1100**			**1100**
货币金融服务	Monetary and Financial Services	1100	1100			1100
资本市场服务	Capital Market Services					
保险业	Insurance					
其他金融活动	Others					
房地产业	**Real Estate**	**197006**	**171867**	**9900**	**1700**	**152513**
房地产业	Real Estate	197006	171867	9900	1700	152513
租赁和商务服务业	**Leasing & Commercial Services**	**37098**	**32018**	**5080**		**32568**
租赁业	Leasing Services	2980		2980		2980
商务服务业	Commercial Services	34118	32018	2100		29588
科学研究、技术服务业	**Scientific and Technical Services**	**16592**	**13692**	**2900**		**14292**
研究与试验发展	Research & Development	2000	2000			
专业技术服务业	Special Technical Services	1800	1800			1500
科技推广和应用服务业	Science and Technology Popularization and Application Services	12792	9892	2900		12792
水利、环境和公共设施管理业	**Water Conservancy, Environment & Public Facilities Administration**	**356105**	**234336**	**18893**	**102876**	**301230**
水利管理业	Water Conservancy	134961	112573	17939	4449	110132
生态保护和环境治理业	Ecological Protection and Environmental Management	7997	7297	700		9717
公共设施管理业	Public Facilities Administration	213147	114466	254	98427	181381
居民服务、修理和其他服务业	**Resident Services, Repairs and Other Services**	**1574**	**1377**		**197**	**197**
居民服务业	Resident Services	1574	1377		197	197
机动车、电子产品和日用其他服务业	Motor Vehicles, Electronics and Other Services					
教育	**Education**	**12622**	**9434**	**1884**	**1304**	**12887**
教育	Education	12622	9434	1884	1304	12887
卫生、社会工作	**Health and Social Work**	**40886**	**36826**	**3500**	**560**	**39556**
卫生	Health	11811	7751	3500	560	10481
社会工作	Social Work	29075	29075			29075
文化、体育和娱乐业	**Culture, Sports & Recreational Services**	**21756**	**16756**	**5000**		**18242**
新闻出版业	Press					
广播、电视、电影和影视录音业	Radio, Television, Film and Video Recording Industry	622	622			622
文化艺术业	Culture & Arts	11654	11654			11940
体育	Sports	5480	680	4800		5480
娱乐业	Recreational Services	4000	3800	200		200
公共管理、社会保障和社会组织	**Public Administration，Social Security and Social Organizations**	**74921**	**63284**	**4885**	**6752**	**65202**
中国共产党机关	Chinese Communist Party Agencies					
国家机构	Government Agencies	38419	33374	4485	560	28720
人民政协和民主党派	People's Politics Consultative Conference & Democratic Parties					
社会保障	Social Security	3001	3001			3001
群众社团、社会团体和其他成员组织	Mass society, Social Organizations and Other Organizations	2959	1167		1792	2959
基层群众自治组织	Basic Mass Autonomous Organization	30542	25742	400	4400	30522
国际组织	**International Organizations**					
国际组织	International Organizations					

6-13 按行业分农村施工、投产项目个数(2013年)

Number of Construction Projects Under Construction and Put into Use in Rural by Sector (2013)

行业	Sector	施工项目(个) Number of Projects Under Construction (unit)	#新开工项目 Started This Year	全部建成投产项目(个) Number of Projects Started This Year (unit)	项目建成投产率(%) Percentage of Projects Completedand Put into Use
全　　区	**Autonomous Regional Total**	**1381**	**1223**	**1130**	**81.8**
农、林、牧、渔业	**Farming, Forestry, Animal Husbandry & Fishery**	**579**	**516**	**508**	**87.7**
农业	Farming	159	143	152	95.6
林业	Forestry	40	39	38	95.0
畜牧业	Animal Husbandry	202	184	161	79.7
渔业	Fishery	2	2	2	100.0
农、林、牧、渔服务业	Agricultural Services	176	148	155	88.1
采矿业	**Mining**	**75**	**70**	**64**	**85.3**
煤炭开采和洗选业	Coal Mining & Processing	12	9	7	58.3
石油和天然气开采业	Extraction of Petroleum & Natural Gas	6	5	6	100.0
黑色金属矿采选业	Mining & Dressing of Ferrous Metals	9	8	7	77.8
有色金属矿采选业	Mining & Dressing of Nonferrous Metals	16	16	15	93.8
非金属矿采选业	Mining & Dressing of Nonmetal Minerals	32	32	29	90.6
开采辅助活动	Support Activities for Mining				
其他采矿业	Mining of Other Mineral				
制造业	**Manufacturing**	**151**	**134**	**122**	**80.8**
农副食品加工业	Processing of Agricultural Side-line Food	32	28	24	75.0
食品制造业	Food Manufacturing	1	1	1	100.0
酒、饮料和精制茶制造业	Wine, Beverage and Refined Tea Manufacturing	5	3	5	100.0
烟草制品业	Tobacco Products	1	1	1	100.0
纺织业	Textile Industry	4	4	4	100.0
纺织服装、服饰业	Textile, Apparel Industry	1	1	1	100.0
皮革、毛皮、羽毛及其制品和制鞋业	Leather, Fur, Feathers and Their Products and Footwear	1	1		
木材加工及木、竹、藤、棕、草制品业	Timber Processing, Bamboo, Cane, Palm Fiber & Straw Products	6	5	6	100.0
家具制造业	Furniture Manufacturing	1	1	1	100.0
造纸及纸制品业	Paper-making & Paper Products				
印刷业和记录媒介的复制	Printing and Record Medium Reproduction				
文教、工美、体育和娱乐用品制造业	Manufacturing of Cultural, Educational & Arts ,Crafts & Sports and Entertainment Goods				
石油加工、炼焦及核燃料加工业	Petroleum Processing , Coke Products & Processing of Nuclear Fuel				
化学原料及化学制品制造业	Raw Chemical Materials & Products	17	13	14	82.4
医药制造业	Medicine Manufacturing	2	2		
化学纤维制造业	Chemical Fiber Manufacturing				

6-13 续表 1 continued

行业	Sector	施工项目(个) Number of Projects Under Construction (unit)	# 新开工项目 Started This Year	全部建成投产项目(个) Number of Projects Started This Year (unit)	项目建成投产率(%) Percentage of Projects Completed Put into Use
橡胶和塑料制品业	Rubber and Plastic Products	2	2	1	50.0
非金属矿物制品业	Nonmetal Mineral Products	39	36	35	89.7
黑色金属冶炼及压延加工业	Smelting & Pressing of Ferrous Metals	7	7	5	71.4
有色金属冶炼及压延加工业	Smelting & Pressing of Nonferrous Metals	11	10	7	63.6
金属制品业	Metal Products	11	10	10	90.9
通用设备制造业	Manufacturing of General Purpose Equipment	1	1	1	100.0
专用设备制造业	Special Purposes Equipment Manufacturing	3	3	3	100.0
汽车制造业	Automotive Manufacturing	1	1	1	100.0
铁路、船舶、航空航天和其他运输设备制造业	Railroad,Ships, Aerospace and Other Transportation Equipment Manufacturing	1	1		
电气机械及器材制造业	Electric Equipment & Machinery	1	1		
计算机、通信和其他电子设备制造业	Manufacturing of Computer , Communications and Other Electronic Equipment				
仪器仪表制造业	Manufacturing of Instrument				
其他制造业	Others	2	1	1	50.0
废弃资源综合利用业	Comprehensive Utilization of Waste Resources	1	1	1	100.0
金属制品、机械和设备修理业	Metal products, Machinery and Equipment Repair				
电力、燃气及水的生产和供应业	**Production & Supply of Electric Power,Gas & Water**	**94**	**79**	**74**	**78.7**
电力、热力的生产和供应业	Electric Power and Heating Power	67	56	53	79.1
燃气生产和供应业	Production & Supply of Gas	6	5	5	83.3
水的生产和供应业	Production & Supply of Water	21	18	16	76.2
建筑业	**Construction**	**30**	**30**	**24**	**80.0**
房屋建筑业	Housing Construction	20	20	15	75.0
土木工程建筑业	Civil Engineering Construction	8	8	7	87.5
建筑安装业	Installation of Buildings	2	2	2	100.0
建筑装饰和其他建筑业	Decoration of Buildings and Other Construction				
批发和零售业	**Wholesale & Retail Trade**	**33**	**31**	**29**	**87.9**
批发业	Wholesale Trade	32	30	28	87.5
零售业	Retail Trade	1	1	1	100.0
交通运输、仓储和邮政业	**Transportation, Storage & Postal**	**87**	**76**	**71**	**81.6**
铁路运输业	Railway Transport				
道路运输业	Roadway Transport	74	65	61	82.4
水上运输业	Water transport				
航空运输业	Air Transport				
管道运输业	Pipeline Transport				
装卸搬运和其他运输服务业	Handling and transportation	1	1	1	100.0
仓储业	Storage	12	10	9	75.0
邮政业	Postal Services				
住宿和餐饮业	**Quarters & Catering**	**6**	**4**	**3**	**50.0**
住宿业	Quarters	4	3	1	25.0
餐饮业	Catering	2	1	2	100.0
信息传输、软件和信息技术服务业	**Information Transmission,Software and IT Services**	**2**	**2**	**2**	**100.0**
电信、广播电视和卫星传输服务	Telecommunications, Radio and Television, Satellite Transmission Services	2	2	2	100.0
互联网和相关服务	Internet and Related Services				
软件和信息技术服务业	Software and IT Services				

6-13 续表 2 continued

行 业	Sector	施工项目（个） Number of Projects Under Construction (unit)	# 新开工项目 Started This Year	全部建成投产项目（个） Number of Projects Started This Year (unit)	项目建成投产率（%） Percentage of Projects Completedand Put into Use
金融业	**Finance**	**2**	**2**	**2**	**100.0**
货币金融服务	Monetary and Financial Services	2	2	2	100.0
资本市场服务	Capital Market Services				
保险业	Insurance				
其他金融活动	Others				
房地产业	**Real Estate**	**62**	**47**	**33**	**53.2**
房地产业	Real Estate	62	47	33	53.2
租赁和商务服务业	**Leasing & Commercial Services**	**9**	**8**	**8**	**88.9**
租赁业	Leasing Services	1	1	1	100.0
商务服务业	Commercial Services	8	7	7	87.5
科学研究、技术服务业	**Scientific and Technical Services**	**8**	**8**	**5**	**62.5**
研究与试验发展	Research & Development	1	1		
专业技术服务业	Special Technical Services	4	4	2	50.0
科技推广和应用服务业	Science and Technology Popularization and Application Services	3	3	3	100.0
水利、环境和公共设施管理业	**Water Conservancy, Environment & Public Facilities Administration**	**151**	**137**	**112**	**74.2**
水利管理业	Water Conservancy	67	59	55	82.1
生态保护和环境治理业	Ecological Protection and Environmental Management	6	3	5	83.3
公共设施管理业	Public Facilities Administration	78	75	52	66.7
居民服务、修理和其他服务业	**Resident Services, Repairs and Other**	**3**	**2**	**1**	**33.3**
居民服务业	Resident Services	3	2	1	33.3
机动车、电子产品和日用产品修理业	Motor Vehicles, Electronics and Household Goods Repair Services				
其他服务业	Other Services				
教育	**Education**	**16**	**11**	**14**	**87.5**
教育	Education	16	11	14	87.5
卫生、社会工作	**Health and Social Work**	**25**	**23**	**20**	**80.0**
卫生	Health	18	16	13	72.2
社会工作	Social Work	7	7	7	100.0
文化、体育和娱乐业	**Culture, Sports & Recreational Services**	**19**	**17**	**14**	**73.7**
新闻出版业	Press				
广播、电视、电影和影视录音业	Radio, Television, Film and Video Recording Industry	1	1	1	100.0
文化艺术业	Culture & Arts	12	10	9	75.0
体育	Sports	3	3	3	100.0
娱乐业	Recreational Services	3	3	1	33.3
公共管理、社会保障和社会组织	**Public Administration， Social Security and Social Organizations**	**29**	**26**	**24**	**82.8**
中国共产党机关	Chinese Communist Party Agencies				
国家机构	Government Agencies	16	16	12	75.0
人民政协和民主党派	People's Politics Consultative Conference & Democratic Parties				
社会保障	Social Security	1	1	1	100.0
群众社团、社会团体和其他成员组织	Mass society, Social Organizations and Other Organizations	2	1	2	100.0
基层群众自治组织	Basic Mass Autonomous Organization	10	8	9	90.0
国际组织	**International Organizations**				
国际组织	International Organizations				

6-14 按登记注册类型分的房地产开发投资(2013 年)

指标	Item	总计 Total	内资 国有 State-owned Units	集体 Collective-owned Units
企业个数(个)	**Number of Enterprises(unit)**	**2192**	**16**	**1**
#亏损企业个数	Loss-Making Enterprises	978	11	
本年完成投资额（万元）	**Investment Completed This Year(10 000yuan)**	**14790074**	**311789**	
#商品房建设投资	Investment for Commercial Housing Construction			
#土地开发投资	Investment for Land Development			
按构成分	Grouped by Use of Funds			
建筑工程	Construction Projects	11117156	185036	
安装工程	Installation Projects	950187	1753	
设备工器具购置	Purchase of Equipment, Tools and Instruments	199020		
其他费用	Other Funds	2523711	125000	
#土地购置费	Purchase of Land	1772684	124915	
按构成用途分	Grouped by Use of Project			
住宅	Residential Buildings	10035733	162740	
#经济适用房	Economical Houses			
别墅、高档公寓	Villa, Top Grade Flat	286222		
办公楼	Office Buildings	628224	127	
商业营业用房	Business Buildings	2836742	81370	
其他	Others	1289375	67552	
本年新增固定资产(万元)	**Newly Increased This Year(10 000 yuan)**	**7444759**	**57677**	
资金来源(万元)	**Finance Sources(10 000yuan)**	**16359297**	**227255**	
国内贷款	Domestic Loans	1132732	1430	
利用外资	Foreign Investment			
自筹资金	Fund Raising	11158986	219630	
#自有资金	Self-owned	5623747	216350	
其他资金来源	Others	4067579	6195	
#定金及预收款	Fund Ordered and Pre-received	2595795	4717	
土地开发(平方米)	**Land Development (sq.m)**			
待开发土地面积	Area of Land to be Developed	6296604		
本年购置土地面积	Area of Land Purchased This Year	8376279		
本年土地成交价款(万元)	Value of Land Transaction(10 000yuan)	1292228		

Investment in Real Estate Development by Type of Registration(2013)

Domistic-funded Enterprises						港澳台投资 Economic Units Funded by Entrepreneurs from HK,Macao & Taiwan	外商投资 Foreign Funded Economic Units
股份合作 Coopeative Enterprises	联营经济 Joint-owned Economic Units	有限责任公司 Limited Liabibity Corp.	股份有限公司 Share-holding Corp.Ltd.	私营 Private Enter-prises	其他 Others		
1	**1**	**999**	**87**	**1076**	**3**	**4**	**4**
		421	35	507	2	1	1
180		**6757127**	**528089**	**7152571**	**3100**		**17165**
60		5030502	356383	5513295	3100		14693
60		421779	91313	431902			614
60		65414	831	131934			281
		1239432	79562	1075440			1577
		890621	16512	738236			
180		4873750	308028	4659975	970		16003
		139465	10768	135989			
		285238	9001	331606	1680		572
		1099756	139175	1514521	420		500
		498383	71885	646469	30		90
		3965579	**336419**	**3063417**			
380		**7714165**	**576506**	**7808860**	**3100**		**29031**
		479532	94830	556940			
380		5043875	267482	5602649	3100		21870
		2389628	122363	2892306	3100		
		2190758	214194	1649271			7161
		1508121	70090	1009112			3755
		3797300	49382	2449922			
		3877359	306964	4191956			
		674734	22288	595206			

6-15 房地产开发情况
Main Indicators of Real Estate Development

指 标	Item	2012	2013
企业个数(个)	**Number of Enterprises(unit)**	**2250**	**2192**
内资	Domestic Funded	2243	2184
#国有	State-owned Enterprises	33	16
集体	Collective-owned Enterprises	2	1
股份有限公司	Share-holding Corporations Ltd.	103	87
私营	Private Enterprises	998	1076
港、澳、台投资	Funded by Entrepreneurs From H.K,Macao & Taiwan	4	4
外商投资	Foreign Funded	3	4
平均从业人员(人)	**Average Number of Employed Persons(person)**	**61314**	**55500**
内资	Domestic Funded	61083	55158
#国有	State-owned Enterprises	968	395
集体	Collective-owned Enterprises	45	10
股份有限公司	Share-holding Corporations Ltd.	2060	2167
私营	Private Enterprises	29064	28382
港、澳、台投资	Funded by Entrepreneurs From H.K,Macao & Taiwan	47	35
外商投资	Foreign Funded	184	307
土地开发及购置	**Land Development and Purchase**		
土地购置费用(万元)	Land Space Purchased Costs(10 000 yuan)	1353175	1772684
待开发的土地面积(万平方米)	Land Space Needed to Development(10 000 sq.m)	538.52	629.66
本年土地购置面积(万平方米)	Land Space Purchased This Year(10 000 sq.m)	902.76	837.63
房地产开发建设投资总规模及完成投资(万元)	**General Scale of & Actually Completed Investment in Real Estate Development(10 000 yuan)**		
实际需要总投资	Total Investment Actually Needed	63559033	74421257
自开始建设至本年底累计完成投资	Accumulative Investment Actually Made Since Starting of Construction up to the End This Year	36755508	44432551
#本年完成投资	Investment Made This Year	12914397	14790074
全部建成尚需投资	Further Investment for the Completion of Construction	26803525	29988706
按用途分的房地产开发完成投资额(万元)	**Actually Completed Investment of Enterprises for Real Estate Development by Use(10 000 yuan)**		
本年完成投资额	Investment Made This Year	12914397	14790074
住宅	Residential Buildings	8456280	10035733
#别墅、高档公寓	Villas and Good Apartments	234266	286222
经济适用房屋	Economical Houses		
办公楼	Office Buildings	594469	628224
商业营业用房	Houses for Business Use	2602685	2836742
其他	Others	1260963	1289375

6-15 续表 continued

指 标	Item	2012	2013
房屋建筑面积(万平方米)	**Floor Space of Buildings(10 000 sq.m)**		
施工面积	Floor Space under Construction	16507.40	18624.32
竣工面积	Floor Space Completed	2449.13	2638.24
#住宅	Residential Buildings	1816.10	2001.21
#经济适用房屋	Economical Houses		
竣工房屋价值(万元)	Value of Buildings Completed(10 000 yuan)	5251295	6295327
按用途分新开工房屋面积(万平方米)	**Floor Space Started by Use(10 000 sq.m)**		
本年新开工房屋面积	Floor Space of Selling House	5423.42	5042.81
住 宅	Residential Buildings	3670.18	3633.33
#别墅、高档公寓	Villas and Good Apartments	59.2	61.14
#经济适用房屋	Economical Houses		
办公楼	Office Buildings	160.55	99.50
商业营业用房	Houses for Business Use	977.63	879.30
其 他	Others	615.07	430.68
商品房屋销售情况	**Selling of Commercial Houses**		
房屋销售面积(万平方米)	Floor Space of Selling House(10 000 sq.m)	2523.52	2737.70
#住宅	Residential Buildings	2104.22	2263.65
#经济适用房屋	Economical Houses		
商品房销售额(万元)	Total Sales Of Commercial House (10 000 yuan)	10227971	11773618
#住宅	Residential Buildings	7693888	8744498
#经济适用房屋	Economical Houses		
房地产开发企业资产负债(万元)	**Asset Balance of Enterprises (10 000 yuan)**		
实收资本合计	Total Capital Hold	10208239	6314533
#国家资本金	State Capital		
资产总计	Total Assets	50654956	58209553
累计折旧	Total Depreciation	287663	306827
#本年折旧	Depreciation This Year	102457	110818
负债总计	Total Liabilities	40728637	48164889
所有者权益	Creditors Equity	9926320	10044665
资产负债率(%)	Ratio of Liabilities to Assets	80.4	82.7
经营总收入(万元)	**Total Revenue(10 000 yuan)**	**9060113**	**11184721**
#土地转让收入	Land Transferred	148833	39964
资金来源(万元)	**Source of Funds(10 000 yuan)**	**14090842**	**16359297**
#国内贷款	Domestical Loans	795999	1132732
利用外资	Foreign Investment		
自筹资金	Fund Raising	10310743	11158986
其他资金来源	Others	2984100	4067579

6-16 农村个人固定资产投资和建房

Individual Investment in Fixed Assets & Building Construction in Rural

年份 Year	投资总额 (万元) Total Investment (10 000 yuan)	# 竣工房屋投资 Investment in Buildings Completed		施工房屋建筑面积 (万平方米) Floor Space of Buildings Under Construction (10 000 sq.m)	竣工房屋建筑面积 (万平方米) Floor Space of Buildings Completed (10 000 sq.m)		竣工房屋造价 (元/平方米) Cost of Buildings Completed (yuan/sq.m)	
		小计 Subtotal	# 住宅 Residential Buildings		总计 Total	# 住宅 Residential Buildings	总计 Total	# 住宅 Residential Buildings
1985	87369	48929	35718	1112	1112	812		44.0
1986	59978		17787	636	590	549		32.4
1987	88573		31132	749	719	613		50.8
1988	149132		38671	696	684	635		60.9
1989	108402		45730	692	668	572		79.9
1990	81263	45120	42971	552	552	495	81.7	86.8
1991	110319	74186	66180	1010	910	782	81.5	84.6
1992	132675	74766	56356	813	770	656	97.1	85.8
1993	126581	62776	53630	1258	900	629	99.8	85.3
1994	195856	109418	102269	1007	967	789	113.2	129.6
1995	365345	193582	177824	1239	1221	967	158.5	183.9
1996	381618	239963	208326	1238	1224	1020	196.0	204.2
1997	390141	230023	174965	1344	1344	1018	171.1	171.9
1998	409854	207169	179393	1382	1216	875	170.4	205.0
1999	430084	231832	196678	1173	1051	863	220.6	227.9
2000	458815	220926	200248	1092	985	860	224.3	232.8
2001	502098	253278	229572	1151	1079	916	234.6	250.6
2002	521562	223103	199163	1117	1047	869	213.1	229.2
2003	556773	220324	195820	1109	1018	848	207.0	221.6
2004	582376	188669	163294	923	880	728	214.4	224.3
2005	620529	207046	170065	738	710	510	291.6	333.5
2006	655749	252738	211770	780	769	583	328.7	363.2
2007	747324	284341	238955	814	794	596	358.1	400.9
2008	804120	334000	304610	905	813	621	410.8	490.5
2009	841470	365019	332142	468	433	394	843.0	843.0
2010	912153	385681	252380	507	469	360	822.3	701.1
2011	1121948	363719	267181	616	582	428	624.9	624.3
2012	1259708	277796	263127	460	401	359	692.8	732.9
2013	1449900	807878	728063	914	890	783	907.7	929.8

主要统计指标解释

全社会固定资产投资 固定资产投资是社会固定资产再生产的主要手段。通过建造和购置固定资产的活动,国民经济不断采用先进技术装备,建立新兴部门,进一步调整经济结构和生产力的地区分布,增强经济实力,为改善人民物质文化生活创造物质条件。这对我国的社会主义现代化建设具有重要意义。

固定资产投资额是以货币表现的建造和购置固定资产活动的工作量,它是反映固定资产投资规模、速度、比例关系和使用方向的综合性指标。全社会固定资产投资按经济类型可分为国有、集体、个体、联营、股份制、外商、港澳台商、其他等。

城镇固定资产投资 指城镇各种登记注册类型的企业、事业、行政单位及个体户进行的计划总投资(或实际需要总投资)50万元及50万元以上的建设项目投资、房地产开发投资、城镇和工矿区私人建房投资。县城及以上区域内发生的投资,县及县以上各级政府及主管部门直接领导、管理的建设项目和企业事业单位的投资均为城镇固定资产投资。

房地产开发投资 指房地产开发公司、商品房建设公司及其他房地产开发法人单位和附属于其他法人单位实际从事房地产开发或经营的活动单位统一开发的包括统代建、拆迁还建的住宅、厂房、仓库、饭店、宾馆、度假村、写字楼、办公楼等房屋建筑物和配套的服务设施,土地开发工程(如道路、给水、排水、供电、供热、通讯、平整场地等基础设施工程)的投资;不包括单纯的土地交易活动。

农村投资 包括在农村区域范围内进行固定资产投资活动的企业、事业、行政单位及农村个人投资。

建设总规模 是指在报告期内所有施工项目的计划总投资。这个指标和施工项目相对应。

在建总规模 是指在报告期末所有在建项目的计划总投资。

在建净规模 是指报告期末所有在建项目建成投产尚需的投资总量。

在建净规模 = 在建总规模 - 累计完成投资。

固定资产投资的资金来源 根据固定资产投资的资金来源不同,分为国家预算内资金、国内贷款、利用外资、自筹资金和其他资金来源。

(1)国家预算内资金:指中央财政和地方财政中由国家统筹安排的基本建设拨款和更新改造拨款,以及中央财政安排的专项拨款中用于基本建设的资金和基本建设拨款改贷款的资金等。

(2)国内贷款:指报告期内企、事业单位向银行及非银行金融机构借入的用于固定资产投资的各种国内借款。包括银行利用自有资金及吸收的存款发放的贷款、上级主管部门拨入的国内贷款、国家专项贷款(包括煤代油贷款、劳改煤矿专项贷款等。)、地方财政专项资金安排的贷款、国内储备贷款、周转贷款等。

(3)利用外资:指报告期内收到的用于固定资产投资的国外资金,包括统借统还、自借自还的国外贷款,中外合资项目中的外资,以及对外发行债券和股票等。国家统借统还的外资指由我国政府出面同外国政府、团体或金融组织签订贷款协议、并负责偿还本息的国外贷款。

(4)自筹资金:指建设单位报告期内收到的,用于进行固定资产投资的上级主管部门、地方和企、事业单位自筹资金。

(5)其他资金来源:指报告期内收到的除以上各种拨款、借款、自筹资金之外,其他用于固定资产投资的资金。

固定资产投资按国民经济行业分 建设项目归哪个行业,按其建成投产后的主要产品或主要用途及社会经济活动性质来确定。基本建设按建设项目划分国民经济行业,更新改造、国有单位其他固定资产投资及城镇集体投资根据整个企业、事业单位所属的行业来划分。一般情况下,一个建设项目或一个企业、事业单位只属于一种国民经济行业。为了更准确地反映国民经济各行业之间的比例关系,联合企业(总厂)所属分厂属于不同行业的,原则上按分厂划分行业。

固定资产投资按建设性质分 建设项目的性质一般分为新建、扩建、改建、迁建、恢复。基本建设按建设项目划分建设性质,更新改造、国有单位其他固定资产投资及城镇集体投资等按整个企业、事业单位的建设情况确定建设性质,房地产开发单位、农村投资、城镇工矿区私人建房等投资不划分建设性质。

(1)新建:一般是指从无到有、“平地起家”新开始建设的单位。有的单位原有的基础很小,经过建设后其新增加的固定资产价值超过原有固定资产价值 (原值) 三倍以上的也算新建。

(2)扩建:一般是指为扩大原有产品的生产能力,在厂内或其他地点增建主要生产车间(或主要工程)、独立的生产线或分厂的企业;事业单位和行政单位在原单位增建业务用房(如学校增建教学用房、医院增建门诊部或病床用房、行政机关增建办公楼等)也作为扩建。

(3)改建:一般是指现有企业、事业单位为了技术进步,提高产品质量,增加花色品种,促进产品升级换代,降低消耗和成本,加强资源综合利用和三废治理、劳保安全等,采用新技术、新工艺、新设备、新材料等对现有设施、工艺条件进行技术改造或更新(包括相应配套的辅助性生产、生活福利设施)。有的企业为充分发挥现有生产能力,进行填平补齐而增建不增加本单位主要产品生产能力的车间等,也属于改建。

固定资产投资按构成分 固定资产投资活动按其工作内容和实现方式分为建筑安装工程,设备、工具、器具购置,其他费用三个部门。

(1)建筑安装工程(建筑安装工作量):指各种房屋、建筑物的建造工程和各种设备、装置的安装工程。包括各种房屋建造工程，各种用途设备基础和各种工业窑炉的砌筑工程；为施工而进行的各种准备工作和临时工程以及完工后的清理工作等；铁路、道路的铺设，矿井的开凿及石油管道的架设等；水利工程；防空地下建筑等特殊工程；以及各机械设备的安装工程；为测定安装工程质量，对设备进行的试运工作。在安装工程中，不包括被安装设备本身的价值；

(2)设备、工具、器具购置：指购置或自制达到固定资产标准的设备、工具、器具的价值，固定资产的标准按财务部门规定。新建单位、扩建单位的新建车间按照设计和计划要求购置或自制的全部设备、工具、器具，不论是否达到固定资产标准均计入"设备、工具、器具购置"中。

(3)其他费用：指在固定资产建造和购置过程中发生的，除建筑安装工程和设备、工具、器具购置以外的各种应摊入固定资产的费用。

施工项目 指报告期内曾进行建筑或安装工程施工活动的建设项目，包括报告期内新开工项目、报告期以前开工跨入报告期继续施工的项目以及报告期施过工并在报告期内全部建成投产或停缓建的项目。

全部建成投产项目 工业项目是指设计文件规定形成生产能力的主体工业及其相应配套的辅助设施全部建成，经负荷试运转，证明具备生产设计规定合格产品的条件，并经过验收鉴定合格或达到竣工验收标准，与生产性工程配套的生活福利设施可以满足近期正常生产的需要，正式移交生产的建设项目。非工业项目是指设计文件规定的主体工程和相应的配套工程全部建成，能够发挥设计规定的全部效益，经验收鉴定合格或达到竣工验收标准，正式移交作用的建设项目。

新增生产能力 指通过固定资投资活动而增加的设计能力或工程效益，它是用实物形态表示的固定资产投资的成果，也是考核投资经济效果的重要依据。新增生产能力的计算，是以能独立发挥生产能力或工程效益的单项工程（或项目)为对象。当单项工程(或项目)建成，经有关部门鉴定合格，正式移交投入生产，即可算新增生产能力。

新增生产能力或工程效益有以下几种表现形式：

(1) 用产品数量表示，以工程在单位时间内（一般是一年）所能生产的产品数量（即年产量）表示。如原煤开采用万吨/年表示。

(2) 用单位时间内所能处理的原料数量表示，以工程每天（或小时）所能处理原料的数量表示。

(3) 以新增的主要设备数量或容量表示，如棉纺锭锭数、发电机组容量等。

(4) 以节约的原材料、燃料、动力实物量表示，适用于反映更新改造节约项目的效益。

(5) 以建筑物容积、容量、面积或长度表示，是非工业项目或工程新增效益的一种表现形式。如水库容量、铁路公路里程等。

根据工程的特点，有时需要用两种或两种以上的复合计量单位表示新增生产能力（或工程效益），如新增内燃机生产能力同时用年产台数、千瓦数表示等。

房屋建筑面积 指从房屋外墙线算起的各层平面面积的总和，包括可供使用的有效面积和房屋结构(如柱、墙)占用的面积。多层建筑按各层(包括地下室)面积总和计算。

住宅建筑面积 指施工和竣工房屋建筑面积中供居住用的施工和竣工房屋建筑面积。

施工面积 指报告期内施工的全部房屋建筑面积。包括本期新开工的面积、上期跨入本期继续施工的房屋面积、上期停缓建在本期恢复施工的房屋面积、本期竣工的房屋面积及本期施工后又停缓建的房屋面积。

竣工面积 指在报告期内房屋建筑按照设计要求已全部完工，达到住人和使用条件，经验收鉴定合格，正式移交使用单位的建筑面积。

房屋建筑面积竣工率 批一定时期内房屋竣工面积占同期房屋施面积的比率。它是从房屋建筑施工速度的角度反映投资效果和建筑业经济效益的指标。

新增固定资产 指通过投资活动所形成的新的固定资产价值，包括已经建成投入生产或交付使用的工程价值和达到固定资产标准的设备、工具、器具的价值及有关应摊入的费用。它是以价值形式表示的固定资产投资成果的综合性指标，可以综合反映不同时期、不同部门、不同地区的固定资产投资成果。

建设项目投产率 指一定时期内全部建成投入生产项目个数与同期正式施工项目个数的比率。它是从项目建设速度的角度反映投资效果的指标。

商品房销售面积 指报告期内出售商品房屋的合同总面积(即双方签署的正式买卖合同中所确定的建筑面积)。由现房销售建筑面积和期房销售建筑面积两部分组成。

商品房销售额 指报告期内出售商品房屋的合同总价款(即双方签署的正式买卖合同中所确定的合同总价)。该指标与商品房销售面积同口径，由现房销售额和期房销售额两部分组成。

固定资产交付使用率 指一定时期新增固定资产与同期完成投资额的比率。它是反映各个时期固定资产动用速度，衡量建设过程中投资效果的一个综合性指标。

Explanatory Notes on Main Statistical Indicators

Total Investment in Fixed Assets in the Whole Country Investment in fixed assets is the essential means for Social reproduction of fixed assets. By means of construction and purchase of fixed assets, more advanced technologies and equipment are adopted in the national economy, and new sectors are established, which promote the adjustment of economic structure and the regional distribution of productive forces and enhance the economic strengths so as to provide the material conditions for improving people's livelihood. This is significant for speeding up the drive of socialist modernization in China.

Amount of investment in fixed assets refers to the volume of activities in construction and purchases of fixed assets in monetary terms. It is a comprehensive indicator which shows the size, pace, proportional relations and use orientation of the investment in fixed assets. Total investment in fixed assets in the whole country includes, by status of economic ownership, the investment by the state owned units, collective units, individuals, joint ownership units, share holding units, as well as investment by businessmen from foreign countries and from Hong Kong, Macao and Taiwan, and by other units.

Urban Investment in Fixed Assets refers to construction projects involving a total planned (or required) investment of 500,000 yuan and over by urban enterprises and institutions of various types of ownership, by administrative units and by individuals, investment in real estate development, and housing investment by individuals in urban areas and in industrial and mining areas. In other words, all investments that take place in county towns and urban areas, investment in construction projects under the direct leadership and management of government agencies at and above county levels and investments by enterprises and institutions at and above county levels are covered in urban investment in fixed assets.

Investment in Real Estate Development It includes the investment by the real estate development companies, commercial buildings construction companies and other real estate development units of various types of ownership in the construction of house buildings, such as residential buildings, factory buildings, warehouses, hotels, guesthouses, holiday villages, office buildings, and the complementary service facilities and land development projects, such as roads, water supply, water drainage, power supply, heating, telecommunications, land leveling and other projects of infrastructure. It excludes the activities in simple land transactions.

Investment in Rural Areas refers to investment in fixed assets by enterprises, institutions and individuals in rural areas.

Total Size of Construction refers to the planned total investment for all construction projects during the reference period.

Total Size of Investment in Projects under Construction refers to the planned total investment of all projects under construction at the end of the reference period.

Net Size of Investment in Projects under Construction refers to the required investment of all projects under construction at the end of the reference period.

Net Size of Investment = Total Size of Investment accumulated completed investment

Sources of funds for Investment in Fixed Assets State budgetary appropriation, domestic loans, foreign investment, self raised funds, and others.

(1) State budgetary appropriation refers to appropriation in the budget of the central and local governments earmarked for capital construction and for innovation projects, and the special appropriation from the budget of the central government for capital construction and for the transfer fund to banks to be issued as loans for capital construction projects.

(2) Domestic loans refer to various funds borrowed by enterprises and institutions from banks and non bank financial institutions during the reference period for the purpose of investment in fixed assets, including loans issued by banks from their self owned funds and deposit, loans appropriated by higher responsible authorities, special loans by government (including loan for replacing petroleum with coal, special loan for reform through labor coal mines), loans arranged by local government from special funds, domestic reserve loan, and working loan, etc..

(3) Foreign Investment refers to foreign funds received during the reference period for the purpose of investment in fixed assets, including foreign funds borrowed and managed

by the government, by individual units, foreign fund in joint venture program, and issue of bonds and stocks at the international financial markets. The foreign funds borrowed and managed by the government refer to foreign loans borrowed by the government from foreign governments, organizations, or financial institutions under official agreements signed by both parties, under which government is responsible for the repayment of both the principal and interests of the foreign loans.

(4) Self-raised funds refer to funds received by construction enterprises from their higher responsible authorities, local governments, or raised by enterprises or institutions themselves for the purpose of investment in fixed assets during the reference period.

(5) Others refer to funds received during the reference period which are not included in the above mentioned sources.

Investment in Fixed Assets by Sector The classification of construction projects by sector is determined by the major products or the purpose of the projects when they are put into production or use, and by the nature of their social economic activities. The investment in capital construction is classified by construction projects, while investment in innovation, other investment by state owned units and urban collective units are classified according to the sector which the whole enterprise or institution belongs to. In general, one project or one enterprise or institution can only belong to one sector. In order to reflect more accurately the proportions among various sectors, the branch factories of integrated complex are classified into different sectors according to their economic activities.

Investment in Fixes by Type of Construction The construction projects in general can be classified by the type of construction into new construction, expansion, reconstruction and moving away. In capital construction, the type of construction is determined by the condition of the project. In investment in innovation, in other investment by state owned units and investment by collective owned units, the type of construction is determined by the condition of the whole enterprise or institutions. Investment by type of construction is not applied to investment by real estate development units, investment in rural areas and investment in housing by urban individuals.

(1) New construction in general refers to newly constructed units. In the case in which the value of the original fixed assets is quite small, and the value of newly added fixed assets exceeds the original ones by three times, the expansion construction is considered as new construction.

(2) Expansion refers to construction of new major production workshop or independent production line within a factory or in other locations, or construction of a branch factory so as to increase the production capacity of the original products. Newly constructed business houses in institutions and administrative organizations (such as the newly constructed teaching buildings in schools, clinics or bed building in hospitals, and office buildings in administrative agencies, etc.) Are also classified as expansion.

(3) Reconstruction refers to technical innovation and transformation of the existing equipment and technical conditions undertaken by enterprises and institutions for the purposes of technological advancement, improvement in product quality, enlarging variety of products, promoting new generation of products, reducing production consumption and cost, promoting comprehensive utilization of resources, strengthening treatment of waste gas, waste water and solid wastes, and safety in production, etc. through application of new technologies and techniques, use of new equipment and new materials (including accessory facilities for production or for living and welfare purposes) . Construction of new workshops for improving existing production capacity rather than increasing production capacity is also considered as reconstruction.

Investment in Fixed Assets by Structure refers to the three major parts of investment activities, i. e. construction and installation, purchase of equipment and instrument, and other expenses.

(1) Construction and installation (work volume of construction and installation) refers to the construction of various houses and buildings and installation of various kinds of equipment and instruments, including construction of various houses, equipment foundations and industrial kilns and stoves, preparation works for project construction, and clearing up works post project construction, pavement of railways and roads, drilling of mines and putting up of oil pipes, construction of projects of water conservancy, construction of underground air raid shelters and construction of other special projects, installation of various machinery the quality of installation projects, The value of equipment installed is not included in the value of installation projects.

(2) Purchase of equipment and instruments refers to the total value of equipment, tools, and vessels purchased or self produced which come up to standards for fixed assets. Equipment, tools and vessels purchased or self produced for new work shops by newly established or expanded units are

categorized as" purchase of equipment and instruments" no matter whether they come up to the standards for fixed assets or not.

(3) Other expenses refer to expenses occurring during the construction or purchase of fixed assets other than construction, installation or purchase of equipment and instruments.

Projects Under Construction refer to projects having construction and installation activities undertaken in the reference period, including projects started in the reference period, or continued from the previous period, or completed and put into production or suspended in the reference period.

Projects Completed and Put into Use Industrial projects refer to the major projects and accessory facilities completed which result in forming production capacity and have been checked and accepted while the living and welfare facilities have been completed and can ensure normal production and formally put into production. Non-industrial projects refer to the major projects and accessory facilities completed which possess the designed capacity and have been checked, accepted and formally put into production.

Newly Increased Production Capacity refers to the increase of designed capacity and project efficiency through investment in fixed assets, which reflects the accomplishment of investment in fixed assets in kind. The calculation of newly increased production capacity is based on individual project which operates independently and efficiently. When an individual project is completed and checked and accepted and put into production, it is counted as newly increased production capacity.

The newly increased production capacity and project efficiency are usually expressed in one of the following forms:

(1) output of products, i. e. the output that the project can produce during a given period (usually a year) . For instance, the capacity in coal mining is expressed in 10, 000 tons/year, etc;

(2) raw materials processing capacity, i. e. the volume of raw materials that could be processed by the project per day (or per hour) , such as tons of materials processed per day by a sugar refining project or edible vegetable oil project, or tons of urban sewage processed per day;

(3) number or capacity of major equipment increased, such as number of cotton or silk looms increased, wool spindles increased, or capacity (in kilowatt s) of power generators increased;

(4) saved raw materials, fuels or power, which are mainly used for the efficiency of innovation and transformation projects; and

(5) physical measures (volume, capacity, area, and length) of construction, which is typical for non industrial projects, for instance, the length of new railways, etc.

Features of projects sometimes call for combined use of two or more measurement to reflect the increased production capacity (or project efficiency) , for instance, the new capacity for the production of internal combustion engines are expressed in sets per year and kilowatts per year simultaneously.

Floor Space of Buildings under Construction and Completed refers to total floor space in each story of buildings calculated from the outside line of building walls, including both usable space and the space occupied by constructions like pillars or walls. The floor space of multi story buildings includes the total floor space of each story (including basement) .

Floor Space of Residential Buildings refers to the floor space of the residential buildings under construction and completed among the total space of buildings under construction and completed.

Floor Space Under Construction refers to total floor space of all buildings under construction during the reference period, including floor space of newly started buildings during the reference period, floor space of construction extended from the previous period to the current period, floor space of construction suspended during the previous period and resumed in the current period, floor space of construction completed in the current period, and floor space of construction started and then suspended in the current period.

Floor Space of Buildings Completed refers to the floor space of buildings completed in the reference period, which have come up to the designed standards and have been put into use.

Completion Rate of Floor Space of Buildings refers to the ratio of the floor space of buildings completed in certain period of time to the floor space of buildings under construction in the same period, which reflects the investment result and economic efficiency of the construction industry from the angle of the speed of project construction.

Newly Increased Fixed Assets refer to the newly increased value of fixed assets through investment, including the value of projects completed and put into production, the value of equipment, tools, and vessels considered as fixed assets, as well as the relevant expenses as investment in fixed assets. This is a comprehensive indicator of investment in fixed assets, reflecting the achievements of investment in fixed assets in different periods, different sectors, and different regions.

Rate of Construction Projects Completed and put into Use refers to the ratio of the number of construction projects completed and put into use in certain period of time to the number of projects under construction in the same period, this reflects the investment efficiency from

the angle of the speed of projects construction.

Area of Commercial Housing Sold refers to total contracted area of commercial housing (i.e. area of floor space as designated in the formal contracts signed by both sides) during the reference time. It constitutes floor space of completed housing and floor space of future housing.

Value of Commercial Housing Sold refer to total value of contracts (i.e. value of sales/purchase for selling/purchase of commercial housing as designated in the contracts signed by both sides) during the reference time. It has the same coverage as the area of commercial housing sold, constituting completed housing and floor space of future housing

Rate of Projects of Fixed Assets Completed and Put into Operation refers to the ratio of the newly increased fixed assets to the total investment made in the same period. This is a comprehensive indicator, reflecting the speed of the employment of fixed assets and the investment efficiency.

2014

NEIMENGGU

七、能源生产和消费

Production and Consumption of Energy

资料整理：王晓妍　唐子荣　张　路
Arranged By Wang Xiaoyan , Tang Zirong , Zhang Lu

7-1 能源生产总量及构成

Total Production of Energy and Its Composition

年份 Year	能源生产总量 (万吨标准煤) Total Energy Production (10 000 tons of SCE)	占能源生产总量的比重(%)As Percentage of Total Energy Production(%)			
		原煤 Raw Coal	原油 Crude Oil	天然气 Natural Gas	水电、核电和其他能发电 Hydro Power, Nuclear Power and Other Power
1978	1070.63	99.83			
1980	1078.94	99.81			
1985	2027.75	99.99			
1986	2007.72	99.85			
1987	2092.12	99.82			
1988	2252.60	99.88			
1989	2688.70	99.90			
1990	2821.61	99.81			
1991	3069.14	99.81			
1992	3221.65	95.43			
1993	3647.44	94.05	3.96		
1994	3994.00	94.27	5.69		
1995	4642.02	94.55	5.41		
1996	4767.47	95.48	4.49		
1997	5354.63	96.46	3.53		
1998	5019.91	96.28	3.66		
1999	4566.42	96.34	3.59		
2000	4701.23	95.90	2.75		
2001	6047.84	96.40	2.01	1.41	
2002	8428.61	97.21	1.40	1.22	
2003	10814.13	97.14	1.22	1.30	
2004	15586.70	97.32	1.04	1.34	
2005	19082.33	95.86	1.10	2.69	0.36
2006	22298.37	95.33	1.10	3.17	0.40
2007	26725.88	94.71	0.89	3.51	0.88
2008	33440.86	94.52	0.75	4.00	0.74
2009	40185.85	92.87	0.67	4.84	1.62
2010	49740.18	92.35	0.53	5.42	1.65
2011	59738.06	92.50	0.49	5.55	1.47
2012	64027.06	92.44	0.44	5.38	1.73
2013	62261.61	91.58	0.44	5.78	2.20

注：水电、核电和其它能发电折算标准煤系数根据当年平均火力发电煤耗计算。

a) The coefficient for conversion of Hydropower, nuclear power and other power into SCE (standard coal equivalent)is calculated on the basic of the average thermal coal in the same year.

7-2 能源消费总量及构成(当量值)
Total Consumption of Energy and Its Composition(Equivalent Weight)

年 份 Year	能源消费总量 (万吨标准煤) Total Energy Consumption (10 000 tons of SCE)	占能源消费总量的比重(%) As Percentage of Total Energy Consumption(%)			
		煤 炭 Coal	石 油 Petroleum	天然气 Natural Gas	水电、核电和其他能发电 Hydro Power, Nuclear Power and Other Power
1985	1870.66				
1986	1856.66				
1987	1967.11				
1988	2035.52				
1989	2250.36				
1990	2423.51				
1991	2505.19				
1992	2554.99				
1993	2676.11				
1994	2812.19				
1995	3268.44				
1996	3144.36				
1997	3708.95				
1998	3440.06				
1999	3634.88				
2000	3937.54				
2001	4453.48				
2002	5190.12				
2003	6612.77				
2004	8601.81				
2005	10788.37	90.44	8.60	0.78	0.17
2006	12835.27	89.67	8.64	1.49	0.20
2007	14703.32	88.79	8.35	2.40	0.46
2008	16407.63	88.09	8.99	2.47	0.44
2009	17473.68	86.36	9.10	3.37	1.17
2010	18882.66	86.60	8.96	3.02	1.42
2011	21148.52	87.08	9.15	2.34	1.43
2012	22103.30	87.59	8.36	2.30	1.75
2013	22657.49	87.63	7.74	2.46	2.17

7-3 单位能源消费

Consumption of Energy Per Unit

年 份 Year	单位GDP能耗 (吨标准煤/万元) Energy Consumption Per Unit of GDP (ton of SCE/10 000 yuan)	单位工业 增加值能耗 (吨标准煤/万元) Energy Consumption Per Unit of Industrial Value-added(ton of SCE/10 000 yuan)	单位GDP电耗 (千瓦时/万元) Electricity Consumption Per Unit of GDP (kw/10 000 yuan)
1985	13.96		
1986	13.08		
1987	12.71		
1988	11.98		
1989	12.90		
1990	7.59		
1991	7.30		
1992	6.71		
1993	6.29		
1994	5.94		
1995	6.27		
1996	5.27		
1997	5.62		
1998	4.71		
1999	4.57		
2000	2.31		
2001	2.30		
2002	2.35		
2003	2.42		
2004	2.51	6.33	1761.20
2005	2.48	5.67	1710.44
2006	2.41	5.37	1903.29
2007	2.31	4.88	2092.81
2008	2.16	4.19	1868.65
2009	2.01	3.56	1686.72
2010	1.92	3.24	1701.38
2011	1.41	3.09	1775.90
2012	1.33	2.80	1720.85
2013	1.27	2.62	1707.60

注:2005—2010年单位GDP能耗、单位GDP电耗采用2005年不变价GDP计算;2011年起,单位GDP能耗、单位GDP电耗采用2010年不变价GDP计算。

a)2005－2010,Unit GDP energy consumption and Unit GDP electricity Consumptionin calculated by constant prices in 2005. From 2011,Unit GDP energy consumption and Unit GDP electricity Consumptionin calculated by constant prices in 2010.

7-4 综合能源平衡表
Overall Energy Balance

单位：万吨标准煤 (10 000 tons of SCE)

项 目	Item	1990	1995	2000	2005	2010	2013
可供消费的能源总量	**Total Energy Available for Consumption**	**2418.00**	**2922.20**	**3996.41**	**9493.38**	**16736.97**	**20585.22**
一次能源生产量	Primary Energy Output	2821.61	4642.02	4701.23	19082.33	49740.18	62261.61
回收量	Recovery of Energy			193.37	391.33	868.62	255.81
进口量	Imports	3.33	4.56		228.02	1160.11	1340.63
出口量(-)	Exports(-)	-16.81	-48.38	-141.96	-11.21	-390.77	-140.58
年初年末库存差额	Stock Changes in the Year	-57.33	-61.74	47.81	416.06	-2445.33	-1025.86
能源消费总量	**Total Energy Consumption**	**2423.51**	**3268.44**	**3937.54**	**9666.11**	**16820.30**	**20585.18**
在总量中：	Consumption by Sector						
1.农、林、牧、渔业	1.Farming, Forestry, Animal Husbandry & Fishery	83.39	100.09	128.62	319.53	514.21	534.71
2.工业	2.Industry	1368.62	1338.90	2059.93	6936.80	11501.76	14154.38
3.建筑业	3.Construction	29.69	35.69	57.57	105.80	287.21	360.56
4.交通运输、仓储及邮电通信业	4.Transportation, Storage, Post & Telecommunications Services	152.46	154.58	151.07	688.87	1322.92	1629.22
5.批发、零售业和住宿餐饮业	5.Wholesale，Retail Trade, Quarters & Catering	43.72	73.44	92.87	308.58	983.90	975.20
6.其他	6.Others	115.66	128.19	80.27	277.08	472.03	809.53
7.生活消费	7.Residential Consumption	437.18	155.45	225.40	1022.10	1738.27	2121.60
在总量中：	Consumption by Usage						
(一)终端消费	(Ⅰ)Final Consumption	2230.72	1986.38	2795.70	8831.74	14767.89	18730.72
#工业	Industry	1368.62	1338.90	2059.93	6109.78	9449.35	12299.92
(二)加工转换损失量	(Ⅱ)Losses in Processing & Transformation	135.67	905.20	1119.59	827.02	2052.42	1854.46
#炼焦	Coking	43.91	36.52	16.30	255.60	302.94	381.86
炼油及煤制油损失	Petroleum Refining & CTL losses		1.11	24.69	4.12	46.15	145.72
(三)损失量	(Ⅲ)Other Losses	57.12	376.86	22.25	7.34		
平衡差额	**Balance**	**-5.51**	**-346.24**	**58.87**	**-172.73**	**-83.34**	**0.04**

7-5 石油平衡表
Petroleum Balance

单位：万吨 (10 000 tons)

项 目	Item	2012	2013
可供量	**Total Energy Available for Consumption**	**1277.79**	**1226.51**
生产量	Output	197.84	192.68
外省(区、市)调入量	Transfer From Other Province(Region、City)	1234.65	1101.94
本省(区、市)调出量(-)	Transfer to Other Province(Region、City)(-)	-160.28	-104.45
年初年末库存差额	Stock Changes in the Year	5.57	10.68
消费量	**Total Energy Consumption**	**1277.78**	**1226.52**
在消费总量中：	Consumption by Sector		
1.农、林、牧、渔业	1.Farming, Forestry, Animal Husbandry and Fishery	95.00	78.21
2.工业	2.Industry	87.76	90.91
3.建筑业	3.Construction	141.44	136.90
4.交通运输、仓储及邮电通信业	4.Transportation, Storage, Post and Telecommunications Services	763.65	744.45
5.批发、零售业和住宿餐饮业	5.Wholesale，Retail Trade, Quarters and Catering	113.66	75.84
6.其他	6.Others	39.67	62.06
7.生活消费	7.Residential Consumption	36.61	38.14
在消费总量中：	Consumption by Usage		
(一)终端消费	(Ⅰ)Final Consumption	1365.97	1333.01
#工业	Industry	175.95	197.41
(二)中间消费	(Ⅱ)Intermediate Consumption	-88.19	-106.49
(用于加工转换)	(Consumed in Transformation)		
发电	Power Generation	0.77	0.79
供热	Heating	0.05	0.04
炼焦	Coking		
制气	Gas Production		
(三)洗选损耗	(Ⅲ)Losses in Coal Washingand Dressing		
平衡差额	**Balance**	**0.01**	**-0.01**

注：生产量为原油产量。

a)Data on output refer to the output of crude oil.

7-6 煤炭平衡表

Coal Balance Sheet

单位：万吨 (10 000 tons)

项 目	Item	1995	2000	2005	2010	2013
可供量	**Total Energy supply**	**4342.19**	**5817.19**	**13706.67**	**27016.94**	**38320.84**
生产量	Output	7055.21	7247.29	25607.69	78664.66	103469.42
进口量	Imports			248.80	1638.66	1808.04
出口量(-)	Exports(-)	-71.51	-197.59		-589.79	-244.40
年初年末库存差额	Stock Changes in the Year		117.49	584.06	-3661.87	-1742.43
消费量	**Total Energy Consumption**	**4329.02**	**5739.52**	**13953.78**	**27004.04**	**38320.85**
在消费总量中：	Consumption by Sector					
1.农、林、牧、渔业	1.Farming,Forestry,Animal Husbandry & Fishery	57.87	75.25	127.82	272.22	462.60
2.工业	2.Industry	934.94	1420.45	12369.47	23354.86	33628.85
3.建筑业	3.Construction	30.75	30.55	76.96	256.96	185.74
4.交通运输、仓储及邮电通信业	4.Transport, Storage, Post & Telecomm Services	186.65	99.99	181.59	199.72	588.94
5.批发、零售业和住宿餐饮业	5.Wholesale，Retail Trade, Quarters & Catering	65.87	37.58	187.24	1093.53	964.03
6.其他	6.Others	92.11	38.00	178.16	405.79	760.73
7.生活消费	7.Residential Consumption	144.00	143.44	832.54	1420.96	1729.96
在消费总量中：	Consumption by Usage					
(一)终端消费	(Ⅰ)Final Consumption	1512.19	1845.26	4472.04	6333.47	8617.39
#工业	Industry	934.94	1420.45	2887.73	2684.29	3925.39
(二)中间消费	(Ⅱ)Intermediate Consumption	2786.83	3864.26	9471.74	20670.57	29703.46
(用于加工转换)	(Consumed in Transformation)					
发电	Power Generation	1882.61	2566.34	6277.23	13953.22	19990.31
供热	Heating	275.56	366.26	808.20	1816.96	2252.99
炼焦	Coking	60.45	126.06	1590.07	3009.79	4395.82
制气	Gas Production			1.96	7.12	7.24
(三)洗选损耗	(Ⅲ)Losses in Coal Washing					
平衡差额	**Balance**	**13.17**	**77.67**	**-247.11**	**12.91**	**-0.01**

注：生产量为原煤产量。

a)Data on output refer to the output of raw coal.

7-7 电力平衡表

Electricity Balance Sheet

单位：亿千瓦小时 (100 million kwh)

项目	Item	1990	1995	2000	2005	2010	2013
可供量	**Total Energy supply**	**169.54**	**278.54**	**439.22**	**1025.27**	**1057.36**	**2181.91**
生产量	Output	169.54	278.54	439.22	1025.27	2571.82	3520.78
火电	Thermal Power	168.50	277.11	432.09	1010.21	2352.90	3121.61
风电	Wind power					202.63	372.50
水电	Hydro-power	1.34	1.43	5.59	11.38	16.29	19.75
进口量	Imports						
出口量(-)	Exports(-)						-7.70
消费量	**Total Energy Consumption**	**121.82**	**186.83**	**256.07**	**667.72**	**1536.83**	**2181.91**
在消费总量中：	Consumption by Sector						
1.农、林、牧、渔业	1.Farming, estry,Animal Husbandry & Fishery	9.10	11.59	16.99	27.73	41.04	34.10
2.工业	2.Industry	95.28	145.52	195.65	566.67	1340.34	1927.48
3.建筑业	3.Construction	1.50	1.79	4.27	2.43	6.32	11.02
4.交通运输、仓储及邮电通信业	4.Transportation, Storage, Post & Telecommunications Services	1.45	2.50	4.22	6.14	18.47	22.23
5.批发、零售业和住宿餐饮业	5.Wholesale，Retail Trade, Quarters & Catering	1.50	2.94	5.65	8.75	23.97	37.55
6.其他	6.Others	4.20	6.88	7.36	14.41	27.91	37.77
7.生活消费	7.Residential Consumption	8.79	15.61	22.36	41.80	78.78	111.76
在消费总量中：	Consumption by Usage						
(一)终端消费	(Ⅰ)Final Consumption	115.84	186.83	256.07	667.72	1536.83	2181.91
# 工业	Industry	95.28	145.52	195.65	566.67	1340.34	1927.48
(二)输配电损失量	(Ⅱ)Losses in Transmission	5.98					

7-8 规模以上工业分行业综合能源消费

Consumption of Overall Energy by Industrial Branch above Designated

单位：万吨标准煤 (10 000 tons of SCE)

行业	Sector	2012	2013
总计	**Total**	**13587.38**	**14512.26**
按工业行业门类分	**By Industrial Branch**		
轻工业	**Light Industry**	**435.70**	**471.97**
重工业	**Heavy Industry**	**13151.68**	**14040.29**
采矿业	**Mining**	**1865.03**	**1978.90**
煤炭开采和洗选业	Coal Mining & Processing	1641.80	1747.73
石油和天然气开采业	Petroleum & Natural Gas Pumped	19.95	21.37
黑色金属矿采选业	Mining & Dressing of Ferrous Metals	117.07	122.96
有色金属矿采选业	Mining & Dressing of Nonferrous Metals	55.65	60.33
非金属矿采选业	Mining & Dressing of Nonmetal Minerals	28.68	24.70
开采辅助活动	Support Activities for Mining	0.13	
其他采矿业	Mining of Other Mineral	1.75	1.81
制造业	**Manufacturing**	**6633.81**	**7209.56**
农副食品加工业	Processing of Agricultural Side-Line Food	113.45	126.68
食品制造业	Food Manufacturing	133.57	143.35
酒、饮料和精制茶制造业	Wine, Beverage and Refined Tea Manufacturing	39.77	39.35
烟草制品业	Tobacco Products	1.11	1.24
纺织业	Textile Industry	13.79	11.70
纺织服装、服饰业	Textile, Apparel Industry	4.64	3.69
皮革、毛皮、羽毛及其制品和制鞋业	Leather, Fur, Feathers and Their Products and Footwear	1.13	0.98
木材加工和木、竹、藤、棕、草制品业	Timber Processing, Bamboo, Cane, Palm Fiber & Straw Products	38.22	29.81
家具制造业	Furniture Manufacturing	3.20	2.81
造纸及纸制品业	Paper-making & Paper Products	20.21	18.24
印刷和记录媒介复制业	Printing and Record Medium Reproduction	0.32	0.37

7-8 续表 continued

单位：万吨标准煤 (10 000 tons of SCE)

行业	Sector	2012	2013
文教、工美、体育和娱乐用品制造业	Manufacturing of Cultural, Educational & Arts , Crafts & Sports and Entertainment Goods	0.24	0.24
石油加工、炼焦和核燃料加工业	Petroleum Processing ,Coke Products & Processing of Nuclear Fuel	821.88	771.08
化学原料和化学制品制造业	Raw Chemical Materials & Chemical Products	2016.53	2380.43
医药制造业	Medicine Manufacturing	76.62	82.29
化学纤维制造业	Chemical Fiber Manufacturing	0.06	0.04
橡胶和塑料制品业	Rubber and Plastic Products	5.65	7.55
非金属矿物制品业	Nonmetal Mineral Products	544.22	507.61
黑色金属冶炼和压延加工业	Smelting & Pressing of Ferrous Metals	1836.22	2009.88
有色金属冶炼和压延加工业	Smelting & Pressing of Nonferrous Metals	884.68	987.79
金属制品业	Metal Products	44.69	39.87
通用设备制造业	Manufacturing of General-Purpose Equipment	14.55	8.49
专用设备制造业	Special Purposes Equipment Manufacturing	4.71	5.39
汽车制造业	Automotive Manufacturing	5.00	5.06
铁路、船舶、航空航天和其他运输设备制造业	Railroad,Ships, Aerospace and Other Transportation Equipment Manufacturing	0.33	0.42
电气机械和器材制造业	Electric Equipment & Machinery	5.27	5.35
计算机、通信和其他电子设备制造业	Manufacturing of Computer , Communications and Other Electronic Equipment	0.58	0.50
仪器仪表制造业	Manufacturing of Instrument	0.16	0.06
其他制造业	Others	2.12	17.94
废弃资源综合利用业	Comprehensive Utilization of Waste Resources	0.81	1.31
金属制品、机械和设备修理业	Metal products, Machinery and Equipment Repair	0.05	0.03
电力、燃气及水的生产和供应业	**Production & Supply of Electric Power,Gas & Water**	**5088.54**	**5323.80**
电力、热力生产和供应业	Production & Supply of Electric Power & Heating Power	5055.57	5282.12
燃气生产和供应业	Production & Supply of Gas	25.04	33.73
水的生产和供应业	Production & Supply of Water	7.93	7.94

7-9 分行业能源消费总量和主要能源品种消费量(2013年)

Consumption of Total Energy & Its Main Varieties by Sector(2013)

行 业	Sector	能源消费总量(万吨标准煤) Total Energy Consumption (10 000 tons of SCE)	煤炭消费量(万吨) Coal Consumption (10 000 tons)	焦炭消费量(万吨) Coke Consumption (10 000 tons)	原油消费量(万吨) Crude Oil Consumption (10 000 tons)	汽油消费量(万吨) Gasoline Consumption (10 000 tons)
消费总量	**Total Consumption**	**20585.20**	**38320.85**	**1737.20**	**409.72**	**305.28**
农、林、牧、渔业	**Farming, Forestry, Animal Husbandry & Fishery**	**534.71**	**462.60**			**24.74**
工业	**Industry**	**14154.38**	**33628.85**	**1737.20**	**409.72**	**13.66**
采矿业	**Mining**	**2145.57**	**4145.96**	**61.09**	**6.05**	**2.89**
煤炭开采和洗选业	Coal Mining & Processing	1689.55	3969.45	59.37		0.94
石油和天然气开采业	Petroleum & Natural Gas Pumped	61.13	4.91		6.05	0.18
黑色金属矿采选业	Mining & Dressing of Ferrous Metals	213.08	101.87	1.73		0.26
有色金属矿采选业	Mining & Dressing of Nonferrous Metals	134.57	45.67			1.34
非金属矿采选业	Mining & Dressing of Nonmetal Minerals	44.12	21.64			0.08
开采辅助活动	Support Activities for Mining					
其他采矿业	Mining of Other Mineral	3.12	2.43			0.09
制造业	**Manufacturing**	**10813.61**	**10698.03**	**1676.11**	**403.65**	**9.16**
农副食品加工业	Processing of Agricultural Side-Line Food	199.74	167.63			3.10
食品制造业	Food Manufacturing	204.46	295.16			0.83
酒、饮料和精制茶制造业	Wine, Beverage and Refined Tea Manufacturing	60.10	56.07			0.27
烟草制品业	Tobacco Products	2.13	0.76			0.01
纺织业	Textile Industry	19.30	16.63			0.38
纺织服装、服饰业	Textile, Apparel Industry	5.63	4.54			0.05
皮革、毛皮、羽毛及其制品和制鞋业	Leather, Fur, Feathers and Their Products and Footwear	1.45	0.96			0.13
木材加工和木、竹、藤、棕、草制品业	Timber Processing, Bamboo, Cane, Palm Fiber & Straw Products	43.72	18.82			0.15
家具制造业	Furniture Manufacturing	3.69	2.19			0.01
造纸及纸制品业	Paper-making & Paper Products	24.62	27.97			0.03
印刷和记录媒介复制业	Printing and Record Medium Reproduction	1.12	0.03			0.01
文教、工美、体育和娱乐用品制造业	Manufacturing of Cultural, Educational & Arts, Crafts & Sports and Entertainment Goods	0.70	0.05	0.01		0.01

7-9 续表 1 continued

行 业	Sector	煤油消费量(万吨) Kerosene Consumption (10 000 tons)	柴油消费量(万吨) Diesel Oil Consumption (10 000 tons)	燃料油消费量(万吨) Fuel Oil Consumption (10 000 tons)	天然气消费量(亿立方米) Natural Gas Consumption (100 million cu.m)	电力消费量(亿千瓦小时) Electricity Consumption (100 million kwh)
消费总量	**Total Consumption**	**26.88**	**830.42**	**4.60**	**41.57**	**2181.91**
农、林、牧、渔业	**Farming, Forestry, Animal Husbandry & Fishery**		**53.46**			**34.10**
工业	**Industry**	**0.25**	**131.32**	**4.53**	**31.21**	**1927.48**
采矿业	**Mining**	**0.04**	**100.37**	**0.68**	**1.11**	**173.19**
煤炭开采和洗选业	Coal Mining & Processing		80.50	0.68	0.19	90.87
石油和天然气开采业	Petroleum & Natural Gas Pumped		0.77		0.92	8.57
黑色金属矿采选业	Mining & Dressing of Ferrous Metals	0.03	10.83			36.98
有色金属矿采选业	Mining & Dressing of Nonferrous Metals	0.01	4.77			28.91
非金属矿采选业	Mining & Dressing of Nonmetal Minerals		3.48			7.46
开采辅助活动	Support Activities for Mining					
其他采矿业	Mining of Other Mineral		0.02			0.40
制造业	**Manufacturing**	**0.21**	**24.20**	**3.51**	**29.85**	**1504.45**
农副食品加工业	Processing of Agricultural Side-Line Food		3.41		0.01	23.86
食品制造业	Food Manufacturing		0.40	0.18	0.04	29.75
酒、饮料和精制茶制造业	Wine, Beverage and Refined Tea Manufacturing		0.27		0.04	5.05
烟草制品业	Tobacco Products		0.02		0.05	0.27
纺织业	Textile Industry		0.21		0.01	3.11
纺织服装、服饰业	Textile, Apparel Industry		0.01		0.02	0.68
皮革、毛皮、羽毛及其制品和制鞋业	Leather, Fur, Feathers and Their Products and Footwear					0.17
木材加工和木、竹、藤、棕、草制品业	Timber Processing, Bamboo, Cane, Palm Fiber & Straw Products		0.55			4.51
家具制造业	Furniture Manufacturing		0.20			0.25
造纸及纸制品业	Paper-making & Paper Products		0.04		0.02	2.82
印刷和记录媒介复制业	Printing and Record Medium Reproduction					0.32
文教、工美、体育和娱乐用品制造业	Manufacturing of Cultural, Educational & Arts ,Crafts & Sports and Entertainment Goods					0.19

7–9 续表 2 continued

行业	Sector	能源消费总量（万吨标准煤）Total Energy Consumption (10 000 tons of SCE)	煤炭消费量（万吨）Coal Consumption (10 000 tons)	焦炭消费量（万吨）Coke Consumption (10 000 tons)	原油消费量（万吨）Crude Oil Consumption (10 000 tons)	汽油消费量（万吨）Gasoline Consumption (10 000 tons)
石油加工、炼焦和核燃料加工业	Petroleum Processing ,Coke Products & Processing of Nuclear Fuel	739.80	3174.99	14.08	403.65	0.01
化学原料和化学制品制造业	Raw Chemical Materials & Chemical Products	3488.42	2672.96	437.38		0.76
医药制造业	Medicine Manufacturing	131.52	121.82			0.11
化学纤维制造业	Chemical Fiber Manufacturing	0.13				0.00
橡胶和塑料制品业	Rubber and Plastic Products	14.68	3.50			1.14
非金属矿物制品业	Nonmetal Mineral Products	812.55	804.36	2.43		0.74
黑色金属冶炼和压延加工业	Smelting & Pressing of Ferrous Metals	3193.37	1670.88	1200.02		0.29
有色金属冶炼和压延加工业	Smelting & Pressing of Nonferrous Metals	1720.29	1555.33	13.51		0.33
金属制品业	Metal Products	67.87	10.59	8.51		0.18
通用设备制造业	Manufacturing of General-Purpose Equipment	20.21	4.50	0.18		0.06
专用设备制造业	Special Purposes Equipment Manufacturing	11.87	3.48			0.05
汽车制造业	Automotive Manufacturing	9.30	0.70			0.18
铁路、船舶、航空航天和其他运输设备制造业	Railroad,Ships, Aerospace and Other Transportation Equipment Manufacturing	0.98	0.02			0.01
电气机械和器材制造业	Electric Equipment & Machinery	12.55	1.89			0.28
计算机、通信和其他电子设备制造业	Manufacturing of Computer , Communications and Other Electronic Equipment	1.57	0.06			0.01
仪器仪表制造业	Manufacturing of Instrument	13.12	77.16			
其他制造业	Others	5.31	4.56			0.03
废弃资源综合利用业	Comprehensive Utilization of Waste Resources	3.27	0.43			0.03
金属制品、机械和设备修理业	Metal products, Machinery and Equipment Repair	0.11				
电力、燃气及水的生产和供应业	**Production & Supply of Electric Power,Gas & Water**	**1195.21**	**18784.86**		**0.02**	**1.62**
电力、热力生产和供应业	Production & Supply of Electric Power & Heating Power	1132.75	18699.74		0.02	1.50
燃气生产和供应业	Production & Supply of Gas	41.11	81.45			0.02
水的生产和供应业	Production & Supply of Water	21.35	3.68			0.10
建筑业	**Construction**	**360.57**	**185.74**			**15.81**
交通运输、仓储及邮电通信业	**Transportation,Storage, Postal & Telecommunications Services**	**1629.22**	**588.94**			**162.82**
批发、零售业和住宿、餐饮业	**Wholesale，Retail Trade, Quarters & Catering**	**975.20**	**964.03**			**40.66**
其他	**Others**	**809.53**	**760.73**			**33.27**
生活消费	**Residential Consumption**	**2121.60**	**1729.96**			**14.32**

7–9 续表 3 continued

行 业	Sector	煤油消费量(万吨) Kerosene Consumption (10 000 tons)	柴油消费量(万吨) Diesel Oil Consumption (10 000 tons)	燃料油消费量(万吨) Fuel Oil Consumption (10 000 tons)	天然气消费量(亿立方米) Natural Gas Consumption (100 million cu.m)	电力消费量(亿千瓦小时) Electricity Consumption (100 million kwh)
石油加工、炼焦和核燃料加工业	Petroleum Processing , Coke Products & Processing of Nuclear Fuel		0.28		0.39	37.82
化学原料和化学制品制造业	Raw Chemical Materials & Chemical Products		2.47		26.46	385.23
医药制造业	Medicine Manufacturing		0.14			17.89
化学纤维制造业	Chemical Fiber Manufacturing					0.04
橡胶和塑料制品业	Rubber and Plastic Products		0.33			2.84
非金属矿物制品业	Nonmetal Mineral Products		3.81	0.40	0.65	73.97
黑色金属冶炼和压延加工业	Smelting & Pressing of Ferrous Metals	0.03	9.25		0.44	440.26
有色金属冶炼和压延加工业	Smelting & Pressing of Nonferrous Metals	0.17	2.18	2.92	0.56	451.94
金属制品业	Metal Products		0.37		0.80	9.64
通用设备制造业	Manufacturing of General-Purpose Equipment		0.05		0.05	4.57
专用设备制造业	Special Purposes Equipment Manufacturing		0.04		0.03	2.62
汽车制造业	Automotive Manufacturing		0.09		0.17	1.66
铁路、船舶、航空航天和其他运输设备制造业	Railroad,Ships, Aerospace and Other Transportation Equipment Manufacturing		0.01			0.17
电气机械和器材制造业	Electric Equipment & Machinery		0.03		0.11	2.73
计算机、通信和其他电子设备制造业	Manufacturing of Computer , Communications and Other Electronic Equipment				0.01	0.40
仪器仪表制造业	Manufacturing of Instrument					0.06
其他制造业	Others		0.02			0.83
废弃资源综合利用业	Comprehensive Utilization of Waste Resources		0.04			0.82
金属制品、机械和设备修理业	Metal products, Machinery and Equipment Repair					0.03
电力、燃气及水的生产和供应业	**Production & Supply of Electric Power, Gas & Water**		**6.75**	**0.34**	**0.26**	**249.85**
电力、热力的生产和供应业	Production & Supply of Electric Power & Heating Power		6.72	0.34	0.15	238.01
燃气生产和供应业	Production & Supply of Gas		0.03		0.10	6.40
水的生产和供应业	Production & Supply of Water		0.01		0.01	5.44
建筑业	**Construction**		**22.03**			**11.02**
交通运输、仓储及邮电通信业	**Transportation,Storage, Postal & Telecommunications Services**	**26.63**	**554.13**	**0.07**	**3.25**	**22.23**
批发、零售业和住宿、餐饮业	**Wholesale，Retail Trade, Quarters & Catering**		**34.19**		**2.77**	**37.55**
其他	**Others**		**27.97**		**2.30**	**37.77**
生活消费	**Residential Consumption**		**7.31**		**2.02**	**111.76**

7-10 能源生产弹性系数

Elasticity Ratio of Energy Production

年份 Year	能源生产比 上年增长% Growth Rate of Energy Production over Preceding Year (%)	电力生产比 上年增长% Growth Rate of Electricity Production over Preceding Year (%)	生产总值比 上年增长% Growth Rate of Gross Domestic Product(GDP) over Preceding Year (%)	能源生产 弹性系数 Elasticity Ratio of Energy Production	电力生产 弹性系数 Elasticity Ratio of Electricity Production
1984	10.15	14.35	16.4	0.62	0.89
1985	20.49	15.69	18.2	1.15	0.91
1986	-0.99	39.54	5.9	-0.17	6.30
1987	4.20	13.76	9.0	0.47	1.53
1988	7.67	9.33	9.8	0.78	0.95
1989	19.36	11.12	2.7	7.17	4.12
1990	4.94	10.51	7.5	0.66	1.40
1991	8.77	11.31	7.5	1.17	1.51
1992	4.97	17.63	11.0	0.45	1.60
1993	13.22	5.82	11.7	1.13	0.50
1994	9.50	11.07	11.2	0.85	0.99
1995	16.22	6.61	10.1	1.61	0.65
1996	2.70	16.32	14.4	0.19	1.13
1997	12.32	5.62	10.8	1.14	0.52
1998	-6.25	2.39	10.7	-0.58	0.22
1999	-9.03	8.62	8.8	-1.03	0.98
2000	2.95	16.87	10.8	0.27	1.56
2001	28.64	5.98	10.6	2.68	0.56
2002	39.37	11.27	13.2	2.98	0.85
2003	27.99	25.05	17.6	1.59	1.42
2004	44.13	26.09	20.9	2.11	1.25
2005	22.43	31.01	23.8	0.94	1.30
2006	18.96	38.13	19.1	0.99	2.00
2007	19.86	30.36	19.2	1.03	1.58
2008	25.13	11.45	17.8	1.41	0.64
2009	20.17	4.96	16.9	1.19	0.29
2010	23.78	14.30	15.0	1.59	0.95
2011	20.10	19.48	14.3	1.41	1.36
2012	7.18	7.63	11.5	0.62	0.66
2013	-2.76	5.37	9.0	-0.31	0.60

注：能源生产增长速度按等价值计算。

a)The growth rate of energy Production by Equivalent Value.

7-11 能源消费弹性系数

Elasticity Ratio of Energy Consumption

年份 Year	能源消费比上年增长% Growth Rate of Energy Consumption over Preceding Year (%)	电力消费比上年增长% Growth Rate of Electricity Consumption over Preceding Year (%)	生产总值比上年增长% Growth Rate of Gross Domestic Product(GDP) over Preceding Year (%)	能源消费弹性系数 Elasticity Ratio of Energy Consumption	电力消费弹性系数 Elasticity Ratio of Electricity Consumption
1986	1.97	7.94	5.9	0.33	1.35
1987	5.95	9.70	9.0	0.66	1.08
1988	3.48	14.15	9.8	0.36	1.44
1989	10.03	13.95	2.7	3.71	5.17
1990	8.21	13.55	7.5	1.09	1.81
1991	3.37	3.87	7.5	0.45	0.52
1992	1.98	10.65	11.0	0.18	0.97
1993	4.74	39.43	11.7	0.41	3.37
1994	5.08	-17.23	11.2	0.45	-1.54
1995	16.22	-18.43	10.1	1.61	-1.82
1996	-3.80	49.76	14.4	-0.26	3.46
1997	17.96	4.68	10.8	1.66	0.43
1998	-7.25	-10.42	10.7	-0.68	-0.97
1999	5.66	24.91	8.8	0.64	2.83
2000	8.33	8.15	10.8	0.77	0.75
2001	13.10	9.22	10.6	1.24	0.87
2002	16.54	14.57	13.2	1.25	1.10
2003	27.41	26.89	17.6	1.56	1.53
2004	30.08	31.72	20.9	1.44	1.52
2005	26.81	24.67	23.8	1.13	1.04
2006	16.08	32.48	19.1	0.84	1.70
2007	13.87	31.11	19.2	0.72	1.62
2008	10.36	5.20	17.8	0.58	0.29
2009	8.82	5.52	16.9	0.52	0.33
2010	9.62	19.33	15.0	0.64	1.29
2011	11.39	19.31	14.3	0.80	1.35
2012	5.60	8.19	11.5	0.49	0.71
2013	4.04	8.19	9.0	0.45	0.91

注：能源消费增长速度按等价值计算。

a)The growth rate of energy consumption by Equivalent Value.

主要统计指标解释

能源生产总量 指一定时期内全区一次能源生产量的总和，是观察全区能源生产水平、规模、构成和发展速度的总量指标。一次能源生产量包括原煤、原油、天然气、水电、核能及其他动力能(如风能、地热能等)发电量，不包括低热值燃料生产量、生物质能、太阳能等的利用和由一次能源加工转换而成的二次能源产量。

能源消费总量 指一定时期内全区物质生产部门、非物质生产部门和生活消费的各种能源的总和，是观察能源消费水平、构成和增长速度的总量指标。能源消费总量包括原煤和原油及其制品、天然气、电力，不包括低热值燃料、生物质能和太阳能等的利用。能源消费总量分为终端能源消费量、能源加工转换损失量和损失量三部分。

(1)终端能源消费量：指一定时期内全区生产和生活消费的各种能源在扣除了用于加工转换二次能源消费量和损失量以后的数量。

(2)能源加工转换损失量：指一定时期内全区投入加工转换的各种能源数量之和与产出各种能源产品之和的差额，是观察能源在加工转换过程中损失量变化的指标。

(3)能源损失量：指一定时期内能源在输送、分配、储存过程中发生的损失和由客观原因造成的各种损失量，不包括各种气体能源放空、放散量。

能源生产弹性系数 是研究能源生产增长速度与国民经济增长速度之间关系的指标。计算分式为：

能源生产弹性系数 = 能源生产总量年平均增长速度 / 国民经济年平均增长速度

国民经济年平均增长速度，可根据不同的目的或需要，用地区收入总值、地区生产总值等指标来计算，本年鉴是采用国内生产总值指标计算的。

电力生产弹性系数 是研究电力生产增长速度与国民经济增长速度之间关系的指标。一般来说，电力的发展应当快于国民经济的发展，也就是说电力应超前发展。计算公式为：

电力生产弹性系数 = 电力生产量年平均增长速度 / 国民经济年平均增长速度

能源消费弹性系数 是反映能源消费增长速度与国民经济增长速度之间比例关系的指标。计算公式为：

能源消费弹性系数 = 能源消费量年平均增长速度 / 国民经济年平均增长速度

电力消费弹性系数 反映电力消费增长速度与国民经济增长速度之间比例关系的指标。计算公式为：

电力消费弹性系数 = 电力消费量年平均增长速度 / 国民经济年平均增长速度

能源加工转换效率 指一定时期内能源经过加工、转换后，产出的各种能源产品的数量与同期内投入加工转换的各种能源数量的比率。它是观察能源加工转换装置和生产工艺先进与落后、管理水平高低等的重要指标。计算公式为：

能源加工转换效率 = 能源加工、转换产出量 / 能源加工、转换投入量 × 100%

单位生产总值能耗 是指某地区总能耗与生产总值之比，也就是每产生万元生产总值所消耗的能源消费量。它是衡量能源利用水平和效率的综合性指标。计算公式是万元生产总值能耗 = 能源消费量(吨标准煤)/ 地区生产总值(万元)。

Explanatory Notes on Main Statistical Indicators

Total Energy Production refers to the total production of primary energy by all energy producing enterprises in the autonomous region in a given period of time. It is a comprehensive indicator to show the capacity, scale, composition and development of energy production of the country. The production of primary energy includes that of coal, crude oil, natural gas, hydropower and elect recite generated by nuclear energy and other means such as wind power and geothermal power. However, it excludes the production of fuels of low calorific value, bio–energy, solar–energy and the secondary energy converted from the primary energy.

Total Domestic Energy Consumption refers to the total consumption of energy of various kinds by material production sectors, nonmaterial production sectors and households in the autonomous region in a given period of time. It is a comprehensive indicator to show the scale, composition and development of energy consumption. The total energy consumption includes that of coal, crude oil and their products, natural gas and electricity. However, it excludes the consumption of fuel of low calorific value, bio–energy and solar energy. Total domestic energy consumption can be divided into three parts:

(1) Final Energy Consumption: It refers to the total energy consumption by material production sectors. Non material production sectors and households in the autonomous region in a given period of time, but excludes the consumption in conversion o f the primary energy into the secondary energy and the loss in the process of energy conversion.

(2) Loss During the Process of Energy Conversion: It refers to the total input of various kinds of energy for conversion, minus the total output of various kinds of energy in the autonomous region in a given period of time. It is an indicator to show the loss that occurs during the process of energy conversion.

(3) Loss: It refers to the total of the loss of energy during the course of energy transport, distribution and storage and the loss caused by any objective reason in a given period of time. The loss of various kinds of gas due to gas discharges and stocktaking is excluded.

Elasticity Ratio of Energy Production is an indicator to show the relationship between the growth rate of energy production and the growth rat e of the national economy. The formula is:

Elasticity Ratio of Energy Production=Average Annual Growth Rate of Energy Production ÷ Average Annual Growth Rate of National Economy

The average annual growth rate of the national economy can be shown by the gross national product, gross domestic product and other indicators, depending upon the purposes or needs. The gross domestic product is used in calculation of the ratio in this chapter.

Elasticity Ratio of Electricity Production is an indicator to show the relations hip between the growth rate of electricity production and the growth rate of the national economy. Generally speaking, the growth rate of electricity production should be higher than that of the national economy. Its formula is:

Elasticity Ratio of Electricity Production = Average Annual Growth Rate of Electricity Production ÷ Average Annual Growth Rate of National Economy

Elasticity Ratio of Energy Consumption is an indicator to show the relationship between the growth rate of energy consumption and the growth r ate of the national economy. The formula is:

Elasticity Ratio of Energy Consumption=Average Annual Growth Rate of Energy Consumption ÷ Average Annual Growth Rate of National Economy

Elasticity Ratio of Electricity Consumption is an indicator to show the relation ship between the growth rate of electricity consumption and the growth rate of t he national economy. The formula is:

Elasticity Ratio of Electricity Consumption = Average Annual Growth Rate of Electricity ÷ Average Annual Growth Rate of National Economy

Efficiency of Energy Processing and Conversion refers to the ratio of the total output of energy products of various kinds after processing and conversion and the total input of energy of various kinds for processing and conversion in the same reference period. It is an important indicator to show the current conditions of energy processing and conversion equipment, production technique and management. The formula is:

Efficiency of Energy Processing and Conversion = Output of Energy After Processing and Conversion ÷ Input of Energy for Processing and Conversion × 100%

Energy Consumption of 10 000 yuan GDP refers

to the ratio of the bobal energy consumption to GDP,means to produce per–10 000 yuan of GDP consuming how much energy. It is a general indicator to show the relationship be– tween utiltity and efficiency of energy . the formula is: Energy Consumption of 10 000 yuan GDP=Total Energy Consumption (ton of SCE)/GDP (10 000 yuan)

2014 NEIMENGGU

八、财政

Government Finance

资料整理：王艳伟

Arranged By Wang Yanwei

8-1 地方财政收支总额及增长速度

Local Government Revenue and Expenditures and Their Increase Rate

年 份 Year	地方财政总收入 (万元) Local Government Revenue (10 000 yuan)	地方财政总支出 (万元) Local Government Expenditures (10 000 yuan)	增长速度(%) Incease Rate(%)	
			地方财政总收入 Local Government Revenue	地方财政总支出 Local Government Expenditures
1948	110	262	1122.2	571.8
1949	739	786	571.8	200.0
1950	5347	4562	623.5	480.4
1951	5376	6025	0.5	32.1
1952	13335	10280	148.0	70.6
1953	8657	13997	-35.1	36.2
1954	18503	18045	113.7	28.9
1955	21090	17489	14.0	-3.1
1956	27597	29032	30.9	66.0
1957	31385	26771	13.7	-7.8
1958	42764	64432	36.3	140.7
1959	70269	99357	64.3	54.2
1960	89917	122162	28.0	23.0
1961	49529	56471	-44.9	-53.8
1962	33590	37641	-32.2	-33.3
1963	38345	39952	14.2	6.1
1964	43219	49683	12.7	24.4
1965	45967	51808	6.4	4.3
1966	48455	59224	5.4	14.3
1967	40232	47949	-17.0	-19.0
1968	38882	41477	-3.4	-13.5
1969	27680	61706	-28.8	48.8
1970	44088	78582	59.3	27.3
1971	36543	90915	-17.1	15.7
1972	31314	97994	-14.3	7.8
1973	34123	114983	9.0	17.3
1974	26863	124842	-21.3	8.6
1975	27375	129157	1.9	3.5
1976	26587	138332	-2.9	7.1
1977	29339	140470	10.4	1.5
1978	69046	186888	135.3	33.0
1979	45553	210416	-34.0	12.6
1980	41284	183721	-9.4	-12.7

8-1 续表 continued

年 份 Year	地方财政总收入 (万元) Local Govemment Revenue (10 000 yuan)	地方财政总支出 (万元) Local Govemment Expenditures (10 000 yuan)	增长速度(%) Incease Rate(%)	
			地方财政总收入 Local Government Revenue	地方财政总支出 Local Govemment Expenditures
1981	41585	163506	0.7	-11.0
1982	51842	203074	24.7	24.2
1983	69891	228273	34.8	12.4
1984	84556	308604	21.0	35.2
1985	131789	341832	55.9	10.8
1986	160206	438955	21.6	28.4
1987	194326	455597	21.3	3.8
1988	241343	510137	24.2	12.0
1989	286679	558124	18.8	9.4
1990	329763	609023	15.0	9.1
1991	393966	666190	19.5	9.4
1992	390775	720731	-0.8	8.2
1993	561177	882773	43.6	22.5
1994	362969	928235	-35.3	5.1
1995	437028	1021780	20.4	10.1
1996	572571	1263825	31.0	23.7
1997	731774	1429118	27.8	13.1
1998	897747	1817593	22.7	27.2
1999	1008228	2128369	12.3	17.1
2000	1106808	2610629	9.8	22.7
2001	1173825	3359808	6.1	28.7
2002	1329097	4133327	13.2	23.0
2003	1627213	4710924	22.4	14.0
2004	2382753	6027524	46.4	27.9
2005	3350925	7346079	40.6	21.9
2006	5945874	9149716	77.4	24.6
2007	8354915	10823054	40.5	18.3
2008	11072700	14545732	32.5	34.4
2009	13777018	19268365	24.4	32.5
2010	17381353	22735046	26.2	18.0
2011	22618058	29892052	30.1	31.5
2012	24972839	34259895	10.4	14.6

注:从 2013 年起,根据自治区财政厅要求,不再公布地方财政总收支数据。以下各表同。

a)Since 2013,according to the autonomous region financial department,No longer published Local Government Revenue and Expenditures.The same as in the following tables.

8-2 地方财政总收入占生产总值的比重

Local Government Revenue as Percentage to Gross Domestic Product

年 份 Year	地方财政总收入 (亿元) Local Government Revenue (100 million yuan)	生产总值 (亿元) Gross Domestic Products (100 million yuan)	地方财政总收入占生产总值的比重(%) Percentage of Local Government Revenue to GDP(%)
1953	0.87	15.57	5.6
1957	3.14	21.27	14.8
1962	3.36	25.12	13.4
1965	4.60	35.41	13.0
1970	4.41	39.17	11.3
1975	2.74	48.55	5.6
1978	6.90	58.04	11.9
1979	4.56	64.14	7.1
1980	4.13	68.40	6.0
1981	4.16	77.91	5.3
1982	5.18	93.22	5.6
1983	6.99	105.88	6.6
1984	8.46	128.20	6.6
1985	13.18	163.83	8.0
1986	16.02	181.58	8.8
1987	19.43	212.27	9.2
1988	24.13	270.81	8.9
1989	28.67	292.69	9.8
1990	32.98	319.31	10.3
1991	39.40	359.66	11.0
1992	39.08	421.68	9.3
1993	56.12	537.81	10.4
1994	36.30	695.06	5.2
1995	43.70	857.06	5.1
1996	57.26	1023.09	5.6
1997	73.18	1153.51	6.3
1998	89.77	1262.54	7.1
1999	100.82	1379.31	7.3
2000	110.68	1539.12	7.2
2001	117.38	1713.81	6.8
2002	132.91	1940.94	6.8
2003	162.72	2388.38	6.8
2004	238.28	3041.07	7.8
2005	335.09	3905.03	8.6
2006	594.59	4944.25	12.0
2007	835.49	6423.18	13.0
2008	1107.27	8496.20	13.0
2009	1377.70	9740.25	14.1
2010	1738.14	11672.00	14.9
2011	2261.81	14359.88	15.8
2012	2497.28	15880.58	15.7

8-3 地方财政分项收入
Local Government Revenue by Source

单位：万元 (10 000 yuan)

年 份 Year	地 方 财政总收入 Local Government Revenue	一般预算 收 入 General Budgetary Financial Revenue	#工商税收 Industrial and Commercial Tax	#契税和耕地占用税 Contract Tax and Tax on The Occupancy of Cultuvated Land	#企业所得税 Income Tax of Enterprises	#国有资本经营收入 Operation Income of State-owned Assets Enterprises
1947	9	9			1	
1948	110	110			20	
1949	739	739	149		196	
1950	5347	5347	1852		1568	
1951	5376	5376	2266		1306	
1952	13335	13335	3744		5049	
1953	8657	8657	4507		2550	
1954	18503	18503	7725		5260	
1955	21090	21090	8549		6324	
1956	27597	27597	11797		9328	
1957	31385	31385	12535		9409	
1958	42764	42764	15174		17065	
1959	70269	70269	19237		39150	
1960	89917	89917	24690		52872	
1961	49529	49529	16531		24238	
1962	33590	33590	18027		7788	
1963	38345	38345	19929		9734	
1964	43219	43219	20196		12499	
1965	45967	45967	22577		13144	
1966	48455	48455	21712		16086	
1967	40232	40232	20303		9058	
1968	38882	38882	20537		7549	
1969	27680	27680	20168		1509	
1970	44088	44088	27399		6076	
1971	36543	36543	29455		-1820	
1972	31314	31314	31085		-5822	
1973	34123	34123	34954		-9309	
1974	26863	26863	34257		-16136	
1975	27375	27375	40295		-21044	
1976	26587	26587	43142		-25703	
1977	29339	29339	49579		-29193	
1978	69046	69046	54486		3234	
1979	45553	45553	54648		-20749	
1980	41284	41284	58537		-26724	

8-3 续表 continued

单位：万元 (10 000 yuan)

年 份 Year	地　方 财政总收入 Local Government Revenue	公共财政 预算收入 General Budgetary Financial Revenue	#工商税收 Industrial and Commercial Tax	#契税和耕地占用税 Contract Tax and Tax on The Occupancy of Cultuvated Land	#企业所得税 Income Tax of Enterprises	#国有资本经营收入 Operation Income of State-owned Assets Enterprises
1981	41585	41585	62493		-32579	
1982	51842	51842	71540		-35624	
1983	69891	69891	78370		-25171	
1984	84556	84556	86862		-20618	
1985	131789	131789	119871		36495	7429
1986	160206	160206	145866		37092	706
1987	194326	194326	176890		35797	9344
1988	241343	241343	214128		41206	11050
1989	286679	286679	261270		40045	3193
1990	329763	329763	278480		40954	17895
1991	393966	393966	299621		39320	16833
1992	390775	390775	335490		38992	12382
1993	561177	561177	511777		37311	9745
1994	362969	362969	261719		43005	4900
1995	437028	437028	278344		62222	4070
1996	572571	548777	339614		56853	5230
1997	731774	660777	415328		60554	5964
1998	897747	776654	492585		50815	12083
1999	1008228	865714	502477		80821	13766
2000	1106808	950320	546435		105983	12815
2001	1173825	994313	571829		151985	19489
2002	1329097	1128546	673679		90287	40610
2003	1627213	1387157	857381		71615	60521
2004	2382753	1967589	1220909		86995	147494
2005	3350925	2774553	1768690		193550	147758
2006	5945874	3433774	2183213	148893	272831	188849
2007	8354915	4923615	3342205	134741	419186	234394
2008	11072700	6506764	4401399	241064	592789	415549
2009	13777018	8508588	5263903	502465	748129	707123
2010	17381353	10699776	6869595	594367	1016492	589245
2011	22618058	13566701	9100923	675788	1561016	512220
2012	24972839	15527453	10077812	1008121	1798497	460204
2013		17209843	10619291	1400299	1552566	590800

注：1.1984 年以前企业所得税包括国有企业上缴利润和国有企业亏损补贴；

2.1994 年以来地方财政收入为分税制财政体制统计口径。

a)Before 1984, Enterprises income tax including payed profits and planned subsidies for the losses of the state−owned enterprises;

b)Since 1994, Revenue of the local governments has been counted by the classification of the structure of the government finance.

8-4 公共财政预算支出及主要支出项目

Local Government Expenditures by Accounting Item

单位：万元 (10 000 yuan)

项目	Item	2012	2013
公共财政预算支出	**Local Government Expenditure**	**34259895**	**36865160**
一般公共服务	General Public Services	3418268	3381002
外交	Foreign Affairs	990	508
国防	National Defense	61896	52559
公共安全	Public Security	1733569	1757703
教育	Education	4399688	4568693
科学技术	Science and Technology	276056	316369
文化体育与传媒	Operating Expenses of Culture , Sports and Media	872054	880481
# 文化	Culture	300098	270357
新闻出版	News Published	37856	27369
社会保障和就业	Social Security and Employment	4354719	4910111
# 社会福利	Social Welfare	120022	118336
医疗卫生	Public Health	1779085	1960264
节能环保	Energy saving and environmental protection	1315865	1321085
城乡社区事务	City and Countryside Community Business	3632394	4802209
农林水事务	Expenses of Agriculture,Forestry,Water	4508331	4665816
交通运输	Transportation	3012441	2952267
其他支出	Others	4894539	5296093

注：数据来自于自治区财政厅年度总决算报表，以下各表同。

a)Date are from final accounts report form of provincial finance department .The same as in the following tables.

8–5 财政用于科学技术的支出

Government Expenditure for Scientific and Technological

单位：万元 (10 000 yuan)

项目	Item	2012	2013
合计	**Total**	**276056**	**316369**
科学技术管理事务	Administrative Affairs of Scientific and Technological	21371	24932
基础研究	Basic Research	6412	9420
应用研究	Applied Research	18623	19526
技术研究与开发	Technological Research and Development	140200	154021
科技条件与服务	Condition and Service of Scientific and Technological	7866	5773
社会科学	Social Sciences	5149	5244
科学技术普及	Scientific and Technological Popularization	43192	22471
科技交流与合作	Scientific and Technological International Exchange and Cooperation	1030	1871
其他	Others	32213	73111

8–6 财政用于教育支出

Government Expenditure for Education

单位：万元 (10 000 yuan)

项目	Item	2012	2013
合计	**Total**	**4399688**	**4568693**
教育管理事务	Administrative Affairs of Education	87274	96541
普通教育	General Education	3354943	3469945
职业教育	Vocational Education	462495	472353
成人教育	Adult Education	444	458
广播电视教育	Radio and Television Education	3610	6855
特殊教育	Special Education	13140	13828
教师进修及干部继续教育	Teacher Further Education and Cadre Continuing Education	79078	84575
教育费附加安排的支出	The expenditure of education surtax arrangementsrge	333423	357087
其他	Others	65279	67051

8-7 财政用于社会保障和就业的支出

Government Expenditure for Social Security and Employment

单位：万元 (10 000 yuan)

项目	Item	2012	2013
合计	**Total**	**4354719**	**4910111**
人力资源和社会保障管理事务	Human Resources and Social Security Management Services	123059	132704
民政管理事务	Administrative Affairs of Civil Affairs	89825	92198
财政对社会保险基金的补助	Subsidy of Social Insurance Fund from Government Finance	1129358	1215260
行政事业单位离退休	Expenditure for Retired Persons in Administrative Department	1690579	1825367
企业改革补助	Subsidy of Enterprise Reform	8369	42291
就业补助	Subsidy of Employment	198573	202357
抚恤	Pensions for Disable and Bereaved Families	101522	118217
退役安置	Retirement Places	41020	42451
社会福利	Social Welfare	120022	118336
残疾人事业	Disabled Persons Enterprise	40733	47599
城市居民最低生活保障	Receiving Minimum Living Allowance in Urban Area	352361	393678
其他城镇社会救济	Others Social Relief In Urban Area	31104	29494
自然灾害生活救助	Life Salvation of Natural Disaster	54658	42067
红十字事业	Red Cross	10533	11422
农村最低生活保障	Receiving Minimum Living Allowance in Rural Area	251728	309182
其他农村社会救济	Others Social Relief In Rural Area	50326	56759
其他	Others	60949	230729

8-8 财政用于农林水事务支出

Government Expenditure for Agriculture,Forestry and Water

单位：万元 (10 000 yuan)

项目	Item	2012	2013
合计	**Item**	**4508331**	**4665816**
农业	Agriculture	1954223	2057635
林业	Forestry	657536	812054
水利	Water Conservation	991286	814900
扶贫	Poverty Alleviation	349486	348073
农业综合开发	Comprehensive Agricultural Development	223628	238577
农村综合改革	Comprehensive rural reform	292895	329380
其他	Others	39277	65197

8-9 财政用于文化体育与传媒支出

Government Expenditure for Culture,Physical Education and Media

单位：万元 (10 000 yuan)

项目	Item	2012	2013
合计	**Total**	**872054**	**880481**
文化	Culture	300098	270357
文物	Qntiquity	96620	74395
体育	Physical Education	95471	183374
广播影视	Ministry of radio film and television	272142	227814
新闻出版	News Media	37856	27369
其他	Other	69867	97172

8-10 各项税收收入
Government Tax Revenue

单位：万元 (10 000 yuan)

年 份 Year	税收总额 Total Tax	地方税收 Local Government Tax	工商税收 Industrial and Commercial Tax	农业各税 Agricultural and Related	企业所得税 Income Tax of Enterprises	税收总额占地方财政总收入比重(%) Percentage of Government Tax Revenue to Government Revenue(%)
1947	4	4	4		1	44.4
1948	69	69	26	43	20	62.7
1949	431	431	149	282	196	58.3
1950	3588	3588	1908	1680	1568	67.1
1951	2871	2871	2361	510	1306	53.4
1952	6544	6544	3856	2700	5049	49.1
1953	4981	4981	4546	450	2550	57.5
1954	12373	12373	7867	4544	5260	66.9
1955	14249	14249	8904	5370	6324	67.6
1956	17834	17834	12334	5512	9328	64.6
1957	21579	21579	16209	5550	9409	68.8
1958	25331	25331	19733	5598	17065	59.2
1959	29277	29277	22771	6506	39150	41.7
1960	34050	34050	27640	6410	52872	37.9
1961	23348	23348	18421	4297	24238	47.1
1962	24442	24442	19442	5000	7788	72.8
1963	27163	27163	21167	5996	9734	70.8
1964	29705	29705	22205	7500	12499	68.7
1965	31784	31784	25656	6128	13144	69.1
1966	31722	31722	24744	6978	16086	65.5
1967	30754	30754	23235	7519	9058	76.4
1968	30590	30590	23954	6636	7549	78.7
1969	25668	25668	20403	5265	1509	92.7
1970	37427	37427	27800	9627	6076	84.9
1971	37573	37573	29830	7743	-1820	102.8
1972	36369	36369	31524	4845	-5822	116.1
1973	42897	42897	35397	7500	-9309	125.7
1974	42330	42330	34726	7604	-16136	157.6
1975	47743	47743	40849	6894	-21044	174.4
1976	51665	51665	43677	7988	-25703	194.3
1977	57440	57440	50169	7271	-29193	195.8
1978	60750	60750	55111	5639	3234	88.0
1979	63755	63755	57597	6158	-20749	140.0
1980	64858	64858	61190	3668	-26724	157.1

8-10 续表 continued

单位：万元 (10 000 yuan)

年 份 Year	税收总额 Total Tax	地方税收 Local Government Tax	工商税收 Industrial and Commercial Tax	农业各税 Agricultural and Related	企业所得税 Income Tax of Enterprises	税收总额占地方财政总收入比重(%) Percentage of Government Tax Revenue to Government Revenue(%)
1981	71049	71049	65071	6022	-32579	170.9
1982	81872	81872	75171	6701	-35624	157.9
1983	89833	89833	82205	7628	-25171	128.5
1984	99926	99926	91152	8774	-20618	118.2
1985	130558	130558	119865	10688	36495	99.1
1986	155167	155167	145866	9432	37092	96.9
1987	187130	187130	176890	10483	35797	96.3
1988	228758	228758	214128	15117	41206	94.8
1989	317150	317150	261270	16397	40045	110.6
1990	342192	342192	278480	23565	40954	103.8
1991	355665	355665	299621	23181	39320	90.3
1992	363571	363571	335490	29712	38992	93.0
1993	540247	540247	511777	29736	37311	96.3
1994	631630	312432	261719	58722	43005	174.0
1995	672614	346184	278344	66469	60801	153.9
1996	870713	510884	339614	113751	57519	152.1
1997	988192	607219	415328	130023	61868	135.0
1998	1085216	670633	492585	127233	50815	120.9
1999	1144680	716021	502477	134371	80821	113.5
2000	1226549	777459	546435	126444	105983	110.8
2001	1315328	811744	571829	105819	151985	112.1
2002	1624794	885794	673679	121828	90287	122.2
2003	2018522	1065414	857381	136418	71615	124.0
2004	2704290	1440390	1220909	132486	86995	113.5
2005	4082530	2069822	1768690	107582	193550	121.8
2006	5118845	2606745	2183213	148893	272831	86.1
2007	6910357	3479057	3342205	134741	419186	82.7
2008	9210300	4644481	4401399	241064	592789	83.2
2009	11036736	5768306	5263903	502465	748129	80.1
2010	14209706	7528129	6869595	594367	1016492	81.8
2011	18908284	9856927	9100923	675788	1561016	83.6
2012	20644006	11198651	10077812	1008121	1798497	82.7
2013	21540773	12151973	10619291	1400299	1552566	

注：1.农业各税包括农业税、牧业税、耕地占用税、农业特产税和契税。从 2006 年，农业各税不包括农业税、牧业税和农业特产税。

2.企业所得税中 1985-1993 年包括国有企业调节税，1994 年以后包括地方金融企业所得税。

a)The agricultural and retail taxes include the agricultural tax, the animal husbandry tax, the tax on the use of cultivated land, the tax on special agricultural products and the contract tax.Since2006,the agricultural and retail taxes do not include the agricultural tax, the animal husbandry tax and the tax on special agricultural products

b)During the Years 1985 to 1993, the income tax levied on state-owned enterprises included the tax for adjusting income. Since 1994,it has also included the income tax levied on banking institutions.

主要统计指标解释

财政收入 指国家财政参与社会产品分配所取得的收入，是实现国家职能的财力保证。财政收入所包括的内容几经变化，目前主要包括：

(1)各项税收：包括增值税、营业税、消费税、土地增值税、城市维护建设税、资源税、城市土地使用税、印花税、个人所得税、企业所得税、关税、农牧业税和耕地占用税等。

(2)专项收入：包括征收排污费收入、征收城市水资源费收入、教育费附加收入等。

(3)其他收入：包括基本建设贷款归还收入、基本建设收入、捐赠收入等。

(4)国有企业计划亏损补贴：这项为负收入，冲减财政收入。

财政支出 国家财政将筹集起来的资金进行分配使用，以满足经济建设和各项事业的需要，主要包括：

(1)基本建设支出：指按国家有关规定，属于基本建设范围内的基本建设有偿使用、拨款、资本金支出以及经国家批准对专项和政策性基建投资贷款，在部门的基建投资额中统筹支付的贴息支出。

(2)企业挖潜改造资金：指国家预算内拨给的用于企业挖潜、革新和改造方面的资金。包括各部门企业挖潜改造资金和企业挖潜改造贷款资金，为农业服务的县办"五小"企业技术改造补助，挖潜改造贷款利息支出。

(3)地质勘探费用：指国家预算用于地质勘探单位的勘探工作费用，包括地质勘探管理机构及其事业单位经费、地质勘探经费。

(4)科技三项费用：指国家预算用于科技支出的费用，包括新产品试制费、中间试验费、重要科学研究补助费。

(5)支援农村生产支出：指国家财政支援农村集体(户)各项生产的支出。包括对农村举办的小型农田水利和打井、喷灌等的补助费，对农村水土保持措施的补助费，对农村举办的小水电站的补助费，特大抗旱的补助费，农村开荒补助费，扶持乡镇企业资金，农村农技推广和植保补助费，农村草场和畜禽保护补助费，农村造林和林木保护补助费，农村水产补助费，发展粮食生产专项资金。

(6)农林水利气象等部门的事业费用：指国家财政用于农垦、农场、农业、畜牧、农机、林业、森工、水利、水产、气象、乡镇企业的技术推广、良种推广(示范)、动植物(畜禽、森林)保护、水质监测、勘探设计、资源调查、干部训练等项费用，园艺特产场补助费，中等专业学校经费，飞播牧草试验补助费，营林机构、气象机构经费，渔政费以及农业管理事业费等。

(7)工业交通商业等部门的事业费：指国家预算支付给工交商各部门用于事业发展的经费，包括勘探设计费、中等专业学校经费、技术学校经费、干部训练费。

(8)文教科学卫生事业费：指国家预算用于文化、出版、文物、教育、卫生、中医、公费医疗、体育、档案、地震、海洋、通讯、电影电视、计划生育、党政群干部训练、自然科学、社会科学、科协等项事业的经费支出和高技术研究专项经费。主要包括工资、补助工资、福利费、离退休费、助学金、公务费、设备购置费、修缮费、业务费、差额补助费。

(9)抚恤和社会福利救济费：指国家预算用于抚恤和社会福利救济事业的经费。包括由民政部门开支的烈士家属和牺牲病残人员家属的一次性、定期抚恤金，革命伤残人员的抚恤金，各种伤残补助费，烈军属、复员退伍军人生活补助费，退伍军人安置费，优抚事业单位经费，烈士纪念建筑物管理、维修费，自然灾害救济事业费和特大自然灾害灾后重建补助费等。

(10)行政事业单位离退休支出：指实行归口管理的行政事业单位离退休经费。

(11)社会保障补助支出：指国家预算用于社会保障的补助支出，包括对社会保障基金的补助、促进就业补助、国有企业下岗职工补助、补充全国社会保障基金等。

(12)国防支出：指国家预算用于国防建设和保卫国家安全的支出，包括国防费、国防科研事业费、民兵建设以及专项工程支出等。

(13)行政管理费：包括行政管理支出，党派团体补助支出，外交支出、公安安全支出，司法支出、法院支出，检察院支出和公检法办案费用补助。

(14)政策性补贴支出：指经国家批准，由国家财政拨给的政策性补贴支出。主要包括粮、棉、油差价补贴，平抑物价和储备糖补贴，农业生产资料价差补贴，粮食风险基金，副食品风险基金，地方煤炭风险基金等。

(15)债务利息支出：指国家预算中用于偿还国内外债务利息的支出。

中央财政收入和地方财政收入 指按财政体制划分的中央本级收入和地方本级收入。1994年分税制财政体制以后，属于中央财政的收入包括关税、海关代征消费税和增值税，消费税，中央企业所得税，地方银行和外资银行及非银行金融企业所得税，铁道、银行总行、保险总公司等集中缴纳的营业税、所得税、利润和城市维护建设税，增值税的75%部分，证券交易税(印花税)94%部分和海洋石油资源税。属于地方财政的收入包括营业税，地方企业所得税，个人所得税，城镇土地使用税，固定资产投资方向调节税，城镇维护建设税，房产税，车船使用税，印花税、屠宰税，农牧业税，农业特产税，耕地占用税，契税，增值税25%部分，证券交易税(印花税)6%部分和除海洋石油资源税以外的其他资源税。

中央财政支出和地方财政支出 指根据政府在经济和社会活动中的不同职责，划分中央和地方政府的责权，按照政府的责权划分确定的支出。中央财政支出包括国防支出，武装警察部队支出，中央级行政管理费和各项事业费，重点建设支出以及中央政府调整国民经济结构、协调地区发展、实施宏观调控的支出。地方财政支出主要包括地方行政管理和各项事业费，地方统筹的基本建设、技术改造支出，支援农村生产支出，城市维护和建设经费，价格补贴支出等。

预算外资金收支 预算外资金指国家机关、事业单位和社会团体为履行或代行政府职能，依据国家法律、法规和具有法律效力的规章而收取、提取和安排使用 的未纳入国家预算管理的各种财政性资金。其范围主要包括：法律、法规规定的行政事业性收费、基金和附加收入等；国务院或省级人民政府及其财政、计划(物价)部门审批的行政事业性收费；国务院及财政部审批建立的基金、附加收入等；主管部门所属单位集中上缴资金 ；用于乡镇政府开支的乡自筹和乡统筹资金；其他未纳入预算管理的财政性资金。社会保障基金在国家财政尚未建立社会保障预算制度以前，先按预算外资金管理制度进行管理，专款 专用。财政部门在银行开设统一的专户，用于预算外资金收入和支出管理。部门和单位的预算外收入必须上缴同级财政专户，支出由同级财政按预算外资金收支计划和单位财务收支计划统筹安排，从财政专户中拨付，实行收支两条线管理。

Explanatory Notes on Main Statistical Indicators

Government Revenue refers to the revenue of the government finance by means of participating in the distribution of the social products, which are the financial resources for ensuring the government to function. The contents of government revenue have been changed several times. Now it includes the following main items:

(1) Various tax revenues, including value added tax, business tax, consumption tax, land value added tax, tax on city maintenance and construction, resources tax, tax on use of urban land, stamp tax, personal income tax, enterprise income tax, tariff, tax on agriculture and animal husbandry and tax on occupancy of cultivated l and, etc.

(2) Special revenues, including revenue collected from imposing fee on sewage treatment, revenue collected from imposing fee on urban water resources, and extra charges for education, etc.

(3) Other revenues, including revenue from the repayment of capital construction l loan, revenue from capital construction projects, and donations and grants.

(4) Planned subsidies for the losses of the state owned enterprises. This is s an item of negative revenue, used to eat up part of the government revenue.

Government Expenditure refers to the distribution and use of the funds the government finance has raise d, so as to meet the needs of economic construction and various causes. It include s the following main items:

(1) Expenditure for capital construction: It refers to the non gratuitous use and appropriation of funds for capital construction in the range of capital construction, outlay of capital as well as the loans on capital construction approved by the government for special purpose or policy purpose and the expenditure with discount paid in an overall way within the amount of the funds appropriated to the departments for capital construction.

(2) Innovation funds of the enterprises: They refer to the funds appropriated from the government budget for the enterprises to tap the latent power, upgrade the technology and carry out innovation, including the innovation fund of the departments, loan of the enterprises for innovation, subsidies on the innovation of the small fertilizer plant, small cement plant, small coal mines, small machinery plant and small steel plant, the expenditure of interest for the loan for innovation.

(3) Geological prospecting expenses: They refer to the expenses appropriated from the government budget to the geological prospecting units for the expenditure of the prospecting work, including the expenditures of the administrative agencies for geological prospecting and their institutional units as well as the geologic al prospecting expenditure.

(4) Expenditures for science and technology promotion: They refer to the expense s appropriated from the government budget for the scientific and technological expenditure, including new products development expenditure, expenditure for intermediate trial and subsidies on important scientific researches.

(5) Expenditure for supporting rural production: It refers to the expenditures appropriated from the government budget for supporting the various expenditures of the rural collective units or households for production, including the subsidies to the small water conservancy projects and well drilling, sprinkling irrigation projects run by the villages; subsidies on the rural water and soil conserving measures; subsidies to the small power stations run by the villages; subsidies to the expenditure for fighting against particularly severe draughts; subsidies on the rural was the land exclamation; fund for supporting the township enterprises; subsidies to the expenditure for popularization of the agricultural technologies and plant protection in the rural areas; subsidies to the expenditure for the protection of grasslands and cattle and fowls; subsidies on afforestation and forest protection in rural areas; subsidies on the rural aquatic products industry; special fund for developing grain production.

(6) Operating expenses of the departments of farming, forestry, water conservancy and meteorology etc. : They refer to the expenses appropriated from the government budget for the expenditures of agricultural exclamation, farms, agriculture, animal husbandry, agricultural machinery, forestry, timber industry, water conservancy, aqua tic products industry, meteorology, technology popularization in township enterprises, popularization (demonstration) of improved varieties, plant (cattle and fowls, forest) protection,

water quality monitoring, prospecting and designing, resources investigation, cadres training, subsidies to horticulture gardens, expenditure of specialized secondary schools, subsidies on the experiments of sowing herbage seeds by flights, expenditures of afforestation agencies and meteorology agencies, expenses for fishery administration and operating expenses for agricultural administration, etc.

(7) Operating expenses of the departments of industry, transport and commerce: They refer to the expenses appropriated from the government budget to the departments of industry, transport and commerce for the expenditure of business development, including expenses for prospecting and designing, expenditures of specialized secondary schools, expenditures of the technical training schools and expenditures or cadres training, etc.

(8) Operating expenses of the departments of culture, education, science and public health: They refer to the expenses appropriated from the government budget for t he expenditures of the causes of culture, publication, cultural relics, education, public health, traditional Chinese medical science, free medical services, sports, archives, earthquake, ocean, communications, broadcasting, film and television, family planning; expenditure for training of cadres of government, party and mass organization; expenditures for natural sciences, social sciences, associations for science and technology and the special expenditure for the high tech researches. They include mainly wages, extra wages, welfare funds, pension for the retirees, stipend, expenses for official business, expenses for equipment purchases, expenses for repairs, business expenses and subsidies to the un its which are unable to support their expenditures by their own earnings.

(9) Pension for the disabled or for the families of the bereaved and relief funds for social welfare: They refer to the funds appropriated from the government bud get for the expenditures of pension for the disabled or for the families of the bereaved and relief funds for social welfare, including the lump sum or regular pension paid by the departments of civil affairs to the members of martyrs families and families of those who died for the public interest, pension to the revolutionary disabled, subsidies for permanent disability of various kinds, subsidies to the military martyrs dependents and the demobilized servicemen, expenditure for settling down the demobilized servicemen, operating expenses of the consoling institutions, expenses for management and repair of the commemorative buildings for the martyrs, the expenses managed by the departments of civil affairs for the retirees and those who have quitted their work, expenses for social relief in rural and urban areas, operating expenses for providing relief to the areas of natural calamity and subsidies on the reconstruction after the particularly severe natural calamities, etc.

(10) Expenditures on retiree : It refers to the expenditures of government agencies and institutions that covered by the state budget.

(11) Expenditures on subsidies to social security system: It refers to expenditure from the state budget for subsidies to the social insurance fund, subsidies to promoting employment, subsidies to laid-off workers of state-owner enterprises, supplement to national social security funds, etc.

(12) Expenditures for national defence: They refer to the funds appropriated from the government budget for the expenditures for building up national defence and safeguarding national security, including expenses of national defence, expenses o f scientific researches on national defence, expenses for building up people's militia and expenditure for special projects, etc.

(13) Administrative expenses: They include expenditure for administration, subsidies to the parties and mass organizations, diplomatic expenditure, expenditure for public security, judicial expenditure, law court expenditure, procuratorial expenditure and subsidies to the expenses for treating the cases by the public security departments, procuratorial organs and law courts.

(14) Expenditure for price subsidies: It refers to the expenditure appropriated, with the approval of the government, from the government budget for the policy subsidies to price adjustment, including the fund for the increase of grain prices, the subsidies to the difference between the selling prices and purchasing prices o f grains, cotton and edible oil, awards in addition to the purchasing prices of cotton, risk fund for non staple food, subsidies on the prices of meat and meat products, subsidies on the price difference for curbing the high market prices of meat, meat products and vegetables and the subsidies approved by the government on the prices of textbooks and newsprint of newspapers and periodicals.

(15) Expenditure on interest of debts: It refers to expenses from the state budget on paying interest of domestic and foreign debts.

Revenue of the central government and revenue of the local governments In accordance with the classification of the structure of the government finance in 1994 on the basis of the classification of channels for collection of tax revenues, the revenue of the central government and the revenue of the local governments have different coverage. The revenue of the central government includes tariff, consumption tax and value added tax levied by the customs, consumption tax, income tax of the enterprises subordinate to the central government, income taxes of the local banks, foreign funded banks and non bank financial institutions, business tax, income tax and profits of railways, head offices of banks, head office of insurance company, which are handed over to the government in a centralized way, tax on city maintenance and construction, 75% of the value added tax, tax on ocean petroleum resources, 94% of the tax on stock dealing (stamp tax) . The revenue of the local governments includes business tax, income tax of the enterprises subordinate to the local government, personal income tax, tax on the use of urban land, tax on the adjustment of the investment in fixed assets, tax on town maintenance and construction, tax on real estates, tax on the use of vehicles and ships, stamp tax, slaughter tax, tax on agriculture and animal husbandry, tax on special agricultural products, tax on the occupancy of cultivated land, contract tax, 25% of the value added tax, 6% of the tax on stock dealing(stamp tax) and tax on resources other than the ocean petroleum resources.

Expenditure of the central government and expenditure of the local governments according to the different functions of the central government and local governments in the economic and social activities, the rights of affairs administration are classified between the central government and local governments; and the classification of the expenditure between the central government and local governments are made on the basis of the classification of the rights of affairs administration between them. The expenditure of the central government includes the expenditure for national defence, expenditure for armed police forces, the administrative expenses and various operating expenses at the level of central government, expenditure for key projects and the expenditure of the central government for adjusting the national economic structure, coordinating the development among different regions and exercising the macro economic regulation and control. The expenditure of the local governments includes mainly the administrative expenses and various operating expenses at the level of local governments, the expenditure for capital construction and technological innovation with the funds raised by the local government, expenditure for supporting rural production, expenditure for city maintenance and construction and expenditure for price subsidies, etc.

Extra-budgetary revenue and expenditure Extra-budgetary fund refers to financial fund of various types not covered by the regular government budgetary management, which is collected, allocated or arranged by government agencies, institutions and social organizations while performing duties delegated to them or on behalf o f the government in accordance with laws, rules and regulations. It mainly covers following items: administrative and institutional fees, funds and extra charges that are stipulated by laws and regulations; administrative and institutional fees approved by the State Council and provincial governments and their financial and planning (price management) departments; funds and extra charges established by the State Council and the Ministry of Finance; funds turned over to competent departments by their subordinate institutions; self raised and collected funds by township governments for their own expenditure; and other financial funds that a re not covered in budgetary management. Social security funds are treated as extra budget fund and managed for its exclusive use, given the circumstance that separate government budgetary system for social security is yet to be designed. Special accounts are opened by the financial departments in banks for the management of revenue and expenditure of extra budgetary fund. Extra budgetary revenue and expenditure is managed separately, namely, revenue of institutions and departments must enter into the special accounts of the financial department s at the same administrative level, and their extra budgetary expenditure is arranged in line with the extra budget plans and appropriated from these accounts.

2014 NEIMENGGU

九、物价指数

Price Indices

资料整理：赵桂梅　郭　松　郑海兰　袁渊　方玲　张宝明　杨少文
刘世友
Arranged By Zhao Guimei , Guo Song , Zheng Hailan ,Yuan yuan , Fang Ling
Zhang Baoming , Yang Shaowen , Liu Shiyou

9-1 各种价格总指数

General Price Indices

(上年=100) (preceding year=100)

年 份 Year	居民消费价格指数 General Consumer Price Index	城市居民消费价格指数 Urban Areas	农村居民消费价格指数 Rural Areas	商品零售价格指数 General Retail Price Index	农产品收购价格指数 General Purchasing Price Index of Farm Products	农村工业品零售价格指数 General Rural Retail Price Index of Industrial Products	工农业商品综合比价指数 General Price Parity Index of Industrial & Farm Products
1957		97.8		99.3	105.1	98.3	93.5
1962		104.9		108.2	101.7	107.9	106.1
1965		98.6		99.6	99.1	98.1	99.0
1970		100.4		100.1	101.1	100.4	99.3
1975		101.4		100.7	101.8	99.5	98.0
1978		101.5		101.0	101.6	100.0	98.8
1979		102.3		101.9	120.2	99.6	82.9
1980		106.1		105.5	112.0	100.4	89.6
1981		101.9		101.8	106.3	100.9	94.9
1982		101.7		101.7	99.9	101.4	101.5
1983		101.2		101.0	101.6	100.9	99.3
1984	104.0	104.9	102.2	104.4	106.9	103.6	96.9
1985	109.3	108.9	110.0	108.5	113.5	103.9	91.5
1986	105.2	105.5	104.5	105.0	114.1	103.1	90.4
1987	107.8	108.5	106.0	108.1	118.6	105.7	89.1
1988	116.3	117.0	115.0	116.3	124.6	114.3	91.7
1989	115.3	114.2	118.3	115.9	105.1	117.9	112.2
1990	102.3	101.8	103.4	102.9	95.2	107.0	112.4
1991	104.6	106.0	102.5	104.5	95.0	103.4	108.8
1992	107.4	108.7	103.9	106.8	104.0	102.4	98.5
1993	114.1	114.7	112.5	112.5	115.5	110.5	95.7
1994	122.9	124.3	121.3	119.3	144.6	116.7	80.7
1995	117.5	117.1	118.0	116.8	124.7	112.8	90.5
1996	107.6	107.5	107.7	105.8	96.3	105.8	109.9
1997	104.5	104.6	104.3	102.3	94.9	102.7	108.2
1998	99.3	99.3	99.2	98.1	97.3	99.0	101.7
1999	99.8	100.3	99.1	97.7	93.8	97.3	103.7
2000	101.3	101.3	101.2	98.8	99.7	99.6	99.9
2001	100.6	100.6	100.5	100.0	105.7	99.4	94.0
2002	100.2	99.3	101.9	99.4	99.0	99.3	100.3
2003	102.2	101.5	103.5	99.6			
2004	102.9	102.5	103.9	102.7			
2005	102.4	102.0	103.3	101.5			
2006	101.5	101.3	102.0	101.9			
2007	104.6	104.3	105.2	103.6			
2008	105.7	105.4	106.3	104.7			
2009	99.7	99.7	99.8	99.5			
2010	103.2	103.0	103.5	103.0			
2011	105.6	105.5	105.7	104.9			
2012	103.1	103.3	102.5	102.5			
2013	103.2	103.4	102.8	102.6			

注：工农业商品综合比价指数是以农产品收购价格指数为 100，下表同。

a)The general purchasing price index of farm products is taken as 100 in calculating the general price parity index of industrial and farm products.The same as in the following table.

9-2 居民消费价格分类指数(2013年)

Consumer Price Indices by Category(2013)

(上年=100) (preceding year=100)

项目	Item	全区 Autonomous Regional Indices	城市 Urban Indices	农村 Rural Indices
居民消费价格总指数	**General Consumer Price Index**	**103.2**	**103.4**	**102.8**
非食品价格指数	Non-food Price Index	101.8	101.9	101.5
服务项目价格指数	Service Index	102.9	102.9	102.8
扣除鲜菜鲜果总指数	General Index Except Fresh Vegetables & Fruits	103.0	103.2	102.5
消费品价格指数	Consumer Goods Price Index	103.3	103.5	102.7
食品	**Food**	**106.3**	**106.6**	**105.2**
粮食	Grain	105.7	105.8	105.5
#大米	Rice	106.8	105.1	110.3
面粉	Flour	106.7	107.0	106.5
淀粉及制品	Starches and Their Products	101.6	102.3	101.1
干豆类及豆制品	Bean and Its Products	107.4	109.6	99.2
油脂	Oil or Fat	101.5	102.3	99.0
#食用植物油	Edible Vegetable Oil	102.5	103.1	100.7
肉禽及其制品	Meal, Poultry and Their Products	109.6	110.9	104.9
食用畜肉及副产品	Meal and Its Products	111.0	112.7	105.8
#猪肉	Pork	101.8	102.8	99.4
牛肉	Beef	128.5	128.2	130.0
羊肉	Mutton	116.4	116.4	116.2
禽	Poultry	100.9	101.9	98.0
加工肉禽	Products of Meal and Poultry	106.4	106.7	103.4
蛋	Eggs	105.1	105.4	104.2
水产品	Aquatic Products	104.6	106.4	98.2
鱼	Fish	100.2	101.3	97.9
其它水产品	Other Aquatic Products	112.8	113.1	103.7
菜	Vegetables	108.8	109.3	107.3
调味品	Flavoring	104.2	104.5	103.6
#盐	Salt	106.8	107.1	106.5
糖	Carbohydrate	102.4	102.3	102.4
#食糖	Sugar	100.8	99.2	102.1
糖果	Candy	104.4	105.2	102.4
茶及饮料	Tea and Beverages	102.0	102.1	101.7
茶叶	Tea	100.5	100.6	100.2
饮料	Beverages	102.9	103.0	102.7
干鲜瓜果	Dried and Fresh Melon and Fruits	106.9	106.6	108.8

9-2 续表 1 continued

(上年=100) (preceding year=100)

项目	Item	全区 Autonomous Regional Indices	城市 Urban Indices	农村 Rural Indices
#鲜瓜果	Fresh Fruits	107.2	106.8	108.8
糕点饼干面包	Cake, Biscuit and Bread	102.2	102.0	103.2
液体乳及乳制品	Milk and Its Products	106.7	106.3	109.4
#巴氏杀菌乳或灭菌乳	Pasteurized milk or sterilized milk	110.5	109.5	116.8
乳粉	Milk powder	101.6	101.4	102.2
在外用膳食品	Outdoor Food	105.3	105.1	106.5
#主食	Staple Food	104.8	104.2	106.6
炒菜	Fried Dishes	104.3	103.9	106.2
其它食品	Other Food	100.9	100.8	101.3
烟酒及用品	**Tobacco and Liquor and Articles for Them**	**101.5**	**101.4**	**101.6**
烟草	Tobacco	100.3	100.5	99.9
#高档卷烟	High-grade cigarette	100.4	100.5	100.2
中档卷烟	Mid cigarette	100.2	100.5	99.6
酒	Alcoholic Drink	102.7	102.4	103.4
#白酒	Liquor	103.4	102.7	104.8
啤酒	Beer	101.8	102.3	100.9
其它	Other	99.3	100.0	97.8
衣着	**Clothing**	**103.7**	**103.6**	**104.3**
服装	Garments	103.8	103.7	104.6
男式服装	Men's Garment	104.1	104.1	104.2
女式服装	Women's Garment	104.0	103.8	105.3
儿童服装	Children's Garment	102.7	102.5	103.9
衣着材料	Clothing Material	105.0	105.0	105.0
#棉布	Cotton Cloth	109.9	108.4	111.9
化纤布	Chemical Fiber Cloth	103.7	104.7	102.4
毛线	Wool	101.5	101.7	101.4
鞋袜帽	Footwear and Hats	103.4	103.4	103.4
鞋	Shoes	103.6	103.6	103.9
袜子	Socks and Stockings	102.3	102.5	100.8
帽子	Hats	102.4	102.4	102.4
衣着加工服务费	Service Charges of Clothing Processing	105.2	105.2	106.4
家庭设备用品及维修服务	**Household Facilities and Repairing Services**	**100.8**	**100.8**	**100.7**
耐用消费品	Durable Consumer Goods	99.9	99.9	99.6
家具	Furniture	100.5	100.7	99.7
家庭设备	Household Facilities	99.5	99.5	99.6

9-2 续表 2 continued

(上年=100) (preceding year=100)

项目	Item	全区 Autonomous Regional Indices	城市 Urban Indices	农村 Rural Indices
#洗衣机	Washing Machine	99.4	99.2	99.9
电冰箱(柜)	Refrigerator	99.2	99.1	99.4
室内装饰品	Interior Decorations	101.1	101.0	101.5
床上用品	Bed Articles	101.6	101.6	101.6
家庭日用杂品	Daily Use Household Articles	101.1	100.9	101.7
家庭服务及加工维修服务	Family Service and Repairing Service	104.6	106.1	100.8
医疗保健和个人用品	**Medicine & Medical Articles and Personal Necessities**	**101.4**	**101.0**	**102.3**
医疗保健	Medical and Health Care	101.9	101.5	102.5
医疗器具及用品	Medical Appliances and Articles	101.4	101.6	100.5
中药材及中成药	Traditional Chinese Medicine	102.2	103.0	101.1
西药	Western Medicine	101.6	101.7	101.4
保健器具及用品	Health Care Appliances and Articles	100.2	100.2	100.2
医疗保健服务	Medical and Health Care Services	102.1	101.1	103.5
#挂号费	Registration Fee	101.8	100.0	104.0
手术费	Operation Fee	100.2	100.0	100.5
个人用品及服务	Personal Necessities and Services	100.7	100.4	101.8
化妆美容用品	Cosmetic and Beauties	100.3	100.3	100.5
清洁化妆用品	Articles for Daily Use	102.4	102.6	100.8
个人饰品	Personal Decorations	95.5	95.4	95.8
个人服务	Personal Services	105.1	105.0	105.4
交通和通讯	**Transportation and Communication**	**99.5**	**99.2**	**100.3**
交通	Transportation	99.4	99.1	100.6
交通工具	Means of Transportation	96.7	95.9	99.7
自行车	Bike	98.4	98.1	101.8
轿　车	Automobile	96.0	95.4	99.4
车用燃料及零配件	Fuel and Spares of Vehicles	99.1	99.0	99.4
#汽油	Gasoline	98.8	98.7	99.0
柴油	Diesel Oil	98.7	98.4	98.9
车辆使用及维修费	Utilize and Repair Costs of Vehicles	105.0	105.7	103.1

9–2 续表 3 continued

(上年=100) (preceding year=100)

项目	Item	全区 Autonomous Regional Indices	城市 Urban Indices	农村 Rural Indices
市区公共交通费	Public Traffic in City	100.4	100.0	101.4
#公共汽车票	Bus Ticket	100.2	100.0	100.8
出租汽车	Taxi	100.3	99.9	102.4
城市间交通费	Traffic between Cities	103.5	103.6	103.2
#火车票	Train Ticket	103.0	102.3	107.5
长途汽车	Long Distance Bus	108.7	112.8	101.0
通信	Communication	99.5	99.4	99.8
通信工具	Means of Communication	97.9	96.7	99.6
通信服务	Service of Communication	100.0	100.1	99.9
娱乐教育文化用品及服务	**Recreation, Education and Culture Articles & Services**	**101.9**	**101.8**	**102.5**
文娱用耐用消费品及服务	Durable Consumer Goods for Recreation Use and Service	98.5	98.3	99.1
#电视机	Television	98.2	98.2	98.2
激光视盘机	Video Disc Player	99.6	99.6	99.7
照相机	Camera	100.6	100.7	98.3
电　脑	Computer	97.4	97.1	98.6
教育	Education	102.5	102.1	105.1
教材及参考书	Teaching Materials and Reference Books	100.6	100.2	101.1
教育服务	Education services	102.7	102.2	106.5
文化娱乐类	Cultural and Recreational Articles	101.1	101.1	100.8
文化娱乐用品	Culture and Recreation	99.3	98.8	101.3
书报杂志	Newspapers and Magazines	100.6	100.9	100.1
文娱费	Recreational Fee	102.1	102.2	101.1
旅游	Tourism	104.2	104.4	103.0
居住	**Residence**	**102.3**	**102.8**	**100.7**
建房及装修材料	Housing and Building Decoration Material	100.4	100.2	100.4
#木材	Wood	101.2	100.4	101.8
水泥	Cement	99.2	98.9	99.4
涂料	Paint	103.0	101.1	103.4
玻璃	Glass	100.7	100.5	102.2
住房租金	Housing Rent	101.5	102.8	100.8
自有住房	Individual-own House	103.7	103.9	102.2
水、电、燃料	Water, Electricity and Fuels	100.7	101.1	99.5
#水	Water	103.3	103.2	103.6
电	Electricity	100.9	100.9	100.9

9-3 商品零售价格分类指数(2013 年)

(上年=100) (preceding year=100)

项 目	Item	全区 Autonomous Regional Indices	城市 Urban Indices	农村 Rural Indices
商品零售价格指数	**General Retail Price Index**	**102.6**	**102.6**	**102.7**
食品	**Food**	**106.5**	**106.8**	**105.8**
粮食	Grain	105.9	106.0	105.6
淀粉及制品	Starch and Products	101.2	101.0	101.6
干豆类及豆制品	Dry Beans and Bean Products	106.4	108.9	101.2
油脂	Oil or Fat	101.2	102.3	98.7
肉禽及制品	Meal, Poultry	109.7	110.6	107.4
蛋	Eggs	104.3	104.6	103.4
水产品	Aquatic Products	102.8	104.1	99.6
菜	Vegetables	108.6	109.5	106.5
调味品	Condiments	104.1	104.7	103.0
糖	Sugar	102.7	103.3	101.9
干鲜瓜果	Dried and fresh Fruits	107.6	106.7	110.2
糕点饼干面包	Cake, Biscuits and Bread	103.0	102.5	103.9
液体乳及乳制品	Mike and Its Products	107.4	107.5	106.9
在外用膳食品	Out-of-home Food	105.6	105.2	106.8
其他食品	Other Food	101.1	101.1	101.2
饮料烟酒	**Beverages, Tobacco and Liquor**	**101.4**	**101.6**	**101.1**
茶及饮料	Tea and Beverages	102.2	102.5	101.7
烟草	Tobacco	100.5	100.7	100.2
酒	Liquor	102.0	102.2	101.7
服装鞋帽	**Garments, Shoes and Hats**	**103.8**	**103.4**	**104.8**
服装	Garments	104.1	103.6	105.2
鞋袜帽	Shoes, Sock and Cap	103.3	102.9	104.2
其他	Others	101.2	100.4	102.2
纺织品	**Textiled**	**104.0**	**104.4**	**103.2**
衣着材料	Material of Cloth	107.5	110.1	104.2
床上用品	Bedding	101.3	100.9	102.2
家用电器及音像器材	**Household Appliances**	**99.1**	**99.1**	**99.2**
文化办公用品	**Cultural and Office Goods**	**98.9**	**98.3**	**100.8**
日用品	**Articles for Daily Use**	**101.5**	**101.6**	**101.4**
体育娱乐用品	**Sports Entertainment Goods**	**100.8**	**100.5**	**101.2**
交通通信用品	**Transportation and communication**	**98.2**	**97.6**	**99.8**
家　具	**Furniture**	**100.9**	**101.1**	**99.9**
化妆品	**Cosmetics**	**100.7**	**100.7**	**100.7**
金银珠宝	**Jewelry**	**91.5**	**91.3**	**92.0**
中西药品及医疗保健用品	**Traditional Chinese and Western Medicines**	**102.0**	**102.2**	**101.6**
医疗器具及用品	Medical Appliances and Articles	101.1	101.4	100.6
中药材及中成药	Traditional Chinese Medicine	102.7	103.3	101.6
西药	Western Medicines	102.0	102.0	101.9
保健品及器具	Health Care Appliances and Articles	100.3	100.3	100.3
书报杂志及电子出版物	**Newspapers,Magazines and Electronic Publications**	**100.4**	**100.2**	**100.7**
燃料	**Fuels**	**100.0**	**100.1**	**99.6**
建筑材料及五金电料	**Building Materials and Hardwares**	**99.8**	**99.7**	**99.9**

9-4 主要农产品生产价格指数

Yielding Price Indices of Main Farm Products

(上年=100) (preceding year=100)

项目	Item	2012	2013
总指数	**General Index**	**104.7**	**103.2**
农业产品	**Farm Products**	**105.4**	**102.2**
谷物(原粮)	Grain(Primary Grain)	107.9	98.7
小麦	Wheat	102.2	104.7
稻谷	Rice	105.0	102.1
玉米	Corn	109.3	97.5
谷子	Millet	95.3	110.6
高粱	Sorghum	108.3	104.9
荞麦	Buckwheat	82.3	90.1
马铃薯	Potatos	90.0	117.4
豆类	Legume	101.8	109.2
#大豆	Soybean	110.0	111.5
油料	Edible Oil	98.9	100.2
甜菜	Sugar Beet	103.0	108.7
牧草	Herbage	80.0	100.0
蔬菜	Vegetables	104.9	104.4
水果	Fruits	115.8	106.4
中药材	Raw Material of Traditional Chinese Medicine	61.3	125.9
林业产品	**Forest Products**	**93.0**	**91.4**
畜牧业产品	**Livestock Products**	**104.9**	**105.3**
牛	Cattles	110.6	109.4
羊	Sheep and Goats	112.1	109.0
猪	Hogs	105.6	100.8
肉禽	Poultry	108.9	105.5
禽蛋	Poultry's egg	104.1	102.0
牛奶	Milk	101.4	104.5
绵羊毛	Sheep's wool	118.8	109.7
山羊绒	Cashmere	80.5	112.0
渔业产品	**Fishing Products**	**107.3**	**101.1**

9–5 农业生产资料价格分类指数

Price Indices of Agricultural Means of production by Category

（上年=100） (preceding year=100)

项　　目	Item	2013
总指数	**General Index**	**103.5**
农用手工工具	Agricultural hand tools	101.1
饲料	Forage	103.3
产品畜	Commodity Animals	128.2
半机械化农具	Semi-mechanized farm	100.9
机械化农具	Mechanized farm	100.9
化学肥料	Chemical fertilizers	98.9
农药及农药器械	Pesticides and pesticide equipment	101.4
化学农药	Chemical pesticides	100.2
农药器械	Pesticide equipment	102.5
农用机油	Oil for Farm Machinery	99.4
其他农业生产资料	Other agricultural production materials	102.1
农业生产服务	Agricultural production and services	101.3

9–6 工业生产者出厂价格分类指数

Factory Price Indices of Industrial Producer Sub-index

(上年=100) (preceding year=100)

项 目	Item	2009	2010	2011	2012	2013
全部工业品	**Total Industry Products**	**96.2**	**106.7**	**107.8**	**100.2**	**97.0**
生产资料	**Means of Production**	**95.3**	**107.5**	**108.1**	**99.6**	**95.8**
采掘工业	Mining & Quarrying Industry	98.4	110.5	113.0	99.5	92.4
原材料工业	Raw Materials Industry	94.5	107.1	107.3	100.9	97.1
加工工业	Manufacturing Industry	93.8	105.3	105.0	98.1	97.1
生活资料	**Consumer Goods**	**100.6**	**103.1**	**106.4**	**103.3**	**102.5**
食品类	Food	101.7	104.1	108.1	103.4	102.8
衣着类	Clothing	100.0	103.3	98.6	105.1	101.7
一般日用品	Articles for Daily Uses	103.8	101.4	100.9	100.0	101.6
耐用消费品	Durable Consumer Goods	92.0	92.5	101.5	102.5	98.4

9-7 工业生产者购进价格指数

Purchase Price Indices of Industrial Producer

(上年=100) (preceding year=100)

项 目	Item	2009	2010	2011	2012	2013
工业生产者购进价格总指数	**General price index of Industrial producer purchasing**	**99.1**	**105.0**	**106.1**	**102.0**	**99.3**
燃料、动力	Fuels and Energy	106.5	104.1	103.5	103.4	97.5
黑色金属材料	Ferrous Metals	90.4	103.6	107.3	101.3	98.4
#钢 材	Steel Products	92.8	103.6	108.2	101.66	97.2
有色金属材料和电线	Nonferrous Metals and Wires	71.4	112.5	107.2	96.9	95.1
化工原料	Chemical Raw Materials	98.3	103.0	105.3	96.6	99.4
木材及纸浆	Wood and Paper Pulps	102.5	100.8	105.3	102.9	99.2
建筑材料类及非金属矿	Construction Materials	102.9	102.9	104.1	99.8	99.5
其它工业原材料类及半成品	Other Industrial Raw Materials and Semi-products	99.4	103.6	107.2	105.0	102.3
农副产品类	Farm and Sideline Products	98.5	105.9	108.3	102.4	103.2
纺织原料类	Textile Raw Materials	92.8	102.6	105.9	100.3	98.9

9-8 固定资产投资价格指数

Price Indices of Investment in Fixed Assets

(上年=100) (preceding year=100)

项 目	Item	2009	2010	2011	2012	2013
固定资产投资	**Investment in Fixed Assets**	**98.5**	**105.4**	**106.3**	**101.6**	**99.6**
建筑安装工程	Construction and Installation	98.1	107.3	108.1	101.0	99.6
设备、工器具购置	Purchase of Equipment,Tools & Instruments	98.0	100.1	101.9	103.1	99.0
其他费用	Others	102.4	103.0	103.7	102.2	100.8

主要统计指标解释

商品零售价格指数 是反映城乡商品零售价格变动趋势的一种经济指数。零售物价的调整变动直接影响到城乡居民的生活支出和国家的财政收入,影响 居民购买力和市场供需平衡,影响消费与积累的比例。因此,计算零售价格指数,可以从一个侧面对上述经济活动进行观察和分析。

居民消费价格指数 是反映一定时期内城乡居民所购买的生活消费品价格和服务项目价格变动趋势和程度的相对数,是对城市居民消费价格指数和农村居民消费价格指数进行综合汇总计算的结果。利用居民消费价格指数,可以观察和分析消费品的零售价格和服务价格变动对城乡居民实际生活费支出的影响程度。

城市居民消费价格指数 是反映城市居民家庭所购买的生活消费品价格和服务项目价格变动趋势和程度的相对数。城市居民消费价格指数可以观察和分析消费品的零售价格和服务项目价格变动对职工货币工资的影响,作为研究职工生活和确立工资政策的依据 。

农村居民消费价格指数 是反映农村居民家庭所购买的生活消费品价格和服务项目价格变动趋势和程度的相对数。农村居民消费价格指数可以观察农村消费品零售价格和 服务项目价格变动对农村居民生活消费支出的影响,直接反映农民生活水平的实际变化情况，为分析和研究农村居民生活问题提供依据。

工业生产者出厂价格指数 是反映全部工业产品出厂价格总水平变动趋势和程度的相对数，包括工业企业售给本企业以外所有单位各种产品和直接售给居民用于生 活消费的产品。通过工业品出厂价格指数能观察出厂价格变动对工业总产值的影响。

固定资产投资价格指数 是反映固定资产投资额价格变动趋势和程度的相对数。固定资产投资额是由建筑安装工程投资完成额、设备、工器具购置投资完成额和其他费用投资完成额三部分组成的。编制固定资产投资价格指数应首先分别编制上述三部分投资 的价格指数,然后采用加权算术平均法求出固定资产投资价格总指数。

编制固定资产投资价格指数可以准确地反映固定资产投资中涉及的各类商品和取费项目价格变动趋势和变动幅度,消除按现价计算的固定资产投资指标中的价格变动因素,真实地反映固定资产投资的规模、速度、结构和效益,为国家科学地制定、检查固定资产投资计划并提 高宏观调控水平,为完善国民经济核算体系提供科学的、可靠的依据。

Explanatory Notes on Main Statistical Indicators

Retail Price Index reflects the general change in retail prices of commodities. The change and adjustment in retail prices directly affect the living expenditure of urban and rural residents, government revenue, purchasing power of residents and the equilibrium of market supply and demand, and the ratio of consumption to accumulation. Therefore, the calculation of retail p rice index is useful to analyze the changes of the above economic activities.

Consumer Price Index reflects the trend and degree of changes in prices of consumer goods and services purchased by urban and rural residents, and is a composite index derived from the urban consumer price index and the rural consumer price index. Consumer price index can be used to analyze the impact of consumer price change on actual expenditure for living cost of urban and rural residents.

Urban Consumer Price Index reflects the trend and degree of changes in prices of consumer goods and services purchased by urban households. It can be used to observe and analyze the impact of price changes in consumer goods and services on money wages of staff and workers, and provide basis for policy making concerning t he living cost and wages of staff and workers.

Rural Consumer Price Index reflects the trend and degree of changes in prices of consumer goods and services purchased by rural households. It can be used to observe the impact of change in retail prices of consumer goods and service prices in rural areas on living expenditure of rural households, and t o show the changes in the living standard of peasants. It provides basis for analysis and research on condition of life in rural areas.

Price Index of Industrial Products reflects the trend and degree of changes in general ex factory prices of all industrial products, including sales of industrial products by an industrial enterprise to all units outside the enterprise, as well as sales of consumer goods to residents. It can be used to analyze the impact of ex- factory prices on gross industrial output value.

Price Index of Investment in Fixed Assets reflects the trend and degree of changes in prices of investment in fixed assets. The investment in fixed assets consists of three components, namely the investment in construction and installation, the investment in Purchases of equipment and instrument, and the investment in other items. Price index of investment in fixed assets is calculated as the weighted arithmetic mean of the price indices of the three components of investment in fixed assets. Removing the factor of price change in the aggregates of investment at current prices, this indicator shows the changes in the pr ices of commodities and fees involved in the investment of fixed assets, and can be used to observe the actual size, growth, structure, and efficiency of investment in fixed assets and provides reliable and scientific data for government planning, management, decision making, and further improving the current national accounting system.

2014 NEIMENGGU

十、人民生活

People’s Livelihood

资料整理：高志宇　谢瑞平　刘军
Arranged By Gao Zhiyu ,Xie Ruiping , Liu Jun ,

10-1 人民物质文化生活情况
People's Material & Cultural Life

项目	Item	1990	1995	2000	2005	2010	2013
就 业	**Employment**						
每一农村劳动力负担人数(人)	Dependents per Rural Laborer(person)	1.68	1.55	1.48	1.42	1.35	1.36
每一城镇就业者负担人数(人)	Dependents per Urban Employee(person)	1.89	1.86	1.92	1.91	1.94	1.87
城镇登记失业率(%)	Urban Unemployment Rate(%)	3.80	3.17	3.34	4.26	3.90	3.66
收 入	**Income of Rural & Urban Residents**						
农村牧区人均纯收入(元)	Per Capita Net Income of Rural(yuan)	647	1300	2038	2989	5530	8596
农民人均纯收入	Peasants	607	1208	1869	2813	5222	8032
牧民人均纯收入	Herdermen	906	1871	3355	4341	7851	12668
农村牧区居民家庭人均纯收入指数(1978=100)	Index of Per Capita Net Income of Rural Residents(1978=100)	224.3	274.0	408.7	526.1	834.5	1165.0
城镇居民人均可支配收入(元)	Per Capita Disposable Income of Urban Residents(yuan)	1155	2846	5129	9137	17698	25497
城镇居民人均可支配收入指数(1978=100)	Index of Annual Per Capita Disposable Income of Urban Residents(1978=100)	189.6	244.1	385.8	632.3	1071.5	1369.7
职工年平均工资(元)	Average Wages of Staff & Workers (yuan)	1846	4134	6974	15985	35507	51388
消 费	**Consumption**						
农村牧区居民人均消费支出(元)	Expenditure of Rural Residents(yuan)	539	1261	1615	2446	4461	7268
农村居民人均消费支出	Peasants	492	1181	1442	2244	4115	6653
牧区居民人均消费支出	Herdsmen	843	1762	2959	4006	7067	10844
城镇居民人均消费支出(元)	Expenditure of Urban Residents(yuan)	982	2482	3928	6929	13995	19249
恩格尔系数(%)	Engel Coefficient(%)						
城镇居民	Urban Residents	48.3	48.4	34.5	31.4	30.1	31.8
农民家庭	Households of Peasant	59.2	59.7	47.7	45.1	38.8	37.5
牧民家庭	Households of Herdsman	48.3	48.1	33.8	34.3	32.0	29.8
储 蓄	**Savings**						
个人储蓄存款余额(亿元)	The balance of savings deposits of individuals(100 million yuan)	110	410	876	1974	4618	7455
人均个人储蓄存款余额(元)	Per capita personal balance of savings deposits	515	1804	3875	8274	18877	29896
住房面积(平方米)	**Per Capita Floor Space(sq.m)**						
农村牧区平均每人居住	Rural Areas	11.9	15.3	17.0	19.7	22.1	26.01
城市平均每人居住	Urban Areas	8.98	12.06	15.54	26.09	29.84	29.60
城市公用事业	**Public Utilities in Urban Areas**						
自来水普及率(%)	Rate of Access to Tap Water(%)	73.4	80.7	89.1	83.9	88.0	96.2
燃气普及率(%)	Rate of Access to Gas(%)	16.8	40.5	58.6	68.2	79.3	87.9
每万人拥有绿地面积(公顷)	Green Area per 10 000 Persons(hectare)	3.3	5.9	7.0	7.8	12.4	16.9
文 化	**Culture**						
城镇每百户有彩色电视机(台)	Number of Color TV Set per 100 Households in Urban Areas(unit)	53.43	84.22	106.66	113.34	110.18	99.96
农村每百户有电视机(台)	TV sets per 100 Households in Rural Areas(unit)	42.14	84.89	96.07	102.00	103.00	102.97
广播综合人口覆盖率(%)	Broadcast Covering Rate (%)			85.6	92.6	96.6	98.3
电视综合人口覆盖率(%)	TV Covering Rate of Population(%)			81.4	90.2	95.4	97.6
每人每年拥有报纸(份)	Newspapers per Capita(copy)	2.06	7.17	7.56	25.92	10.97	23.20
每人每年拥有图书杂志(册)	Books & Magazines per capita(copy)	4.30	3.34	3.79	4.31	3.04	5.36
教 育	**Education**						
学龄儿童入学率(%)	Enrollment Ratio of School Age Children(%)	97.90	98.90	99.50	99.40	99.99	99.86
每万人口中在校大学生数(人)	Number of University Students per 10 000 Persons(person)	15.10	16.39	29.60	96.15	150.65	160.08
卫 生	**Public Health**						
每万人有医院、卫生院病床(张)	Number of Hospital Beds per 10 000 Persons(unit)	26.62	27.25	28.24	26.83	35.65	43.90
每万人有卫生机构数(个)	Number of Health institutions per 10 000 Persons(person)	2.39	2.16	1.87	1.58	3.32	9.31
每万人有医生数(人)	Doctors per 10 000 Persons(person)	19	22	22	21	22	25

注:(人均)个人储蓄存款余额 2010 年以前为(人均)城乡居民储蓄存款余额。

a)Before 2010,(per capita)the balance of savings deposits of individuals is called (per capita)resident saving deposit in urban & rural.

10-2 城乡居民家庭人均收入及指数

年 份 Year	农牧民人均纯收入 Annual Net Income of Rural Households per Capita			
	农牧民 Peasant and Herdsman		农 民 Peasant	
	绝对数(元) Value(yuan)	指数(1978=100) Index	绝对数(元) Value(yuan)	指数(1978=100) Index
1978	131	100.0	126	100.0
1979	164	115.8	156	114.9
1980	192	123.9	181	121.6
1981	241	146.1	228	144.0
1982	288	163.8	273	162.0
1983	325	174.1	294	163.6
1984	368	189.0	336	179.6
1985	400	192.3	360	180.0
1986	382	171.3	340	157.7
1987	426	185.7	389	175.8
1988	547	219.3	500	209.4
1989	553	214.5	478	179.9
1990	647	224.3	607	208.1
1991	651	242.1	618	208.7
1992	719	251.8	672	222.3
1993	829	254.1	778	225.2
1994	1062	266.2	970	228.6
1995	1300	274.0	1208	240.2
1996	1602	314.5	1552	288.7
1997	1780	335.9	1705	304.6
1998	1982	379.2	1911	341.5
1999	2003	403.5	1903	350.3
2000	2038	408.7	1869	340.8
2001	1973	393.2	1784	323.4
2002	2086	411.7	1948	350.3
2003	2268	436.5	2133	373.1
2004	2606	474.0	2465	406.9
2005	2989	526.1	2813	449.6
2006	3342	578.7	3188	501.4
2007	3953	655.0	3750	564.2
2008	4656	725.7	4457	631.3
2009	4938	771.3	4656	660.7
2010	5530	834.5	5222	716.0
2011	6642	948.2	6299	817.0
2012	7611	1060.4	6968	882.0
2013	8596	1165.0	8032	989.0

Per Capita Annual Income of Urban and Rural Household and Related Index

牧民 Herdsman		城镇居民可支配收入 Annual Disposable Income of Urban Residents per Capita	
绝对数(元) Value(yuan)	指数(1978=100) Index	绝对数(元) Value(yuan)	指数(1978=100) Index
188	100.0	301.0	100.0
236	116.8	350.1	115.5
265	118.8	407.1	124.7
326	137.2	418.3	124.7
387	153.0	452.7	133.6
530	199.5	474.2	138.5
573	206.5	548.8	152.8
650	219.9	666.0	173.0
649	205.1	773.6	187.4
662	203.3	819.7	183.0
850	233.4	915.8	174.8
1038	249.0	1052.8	175.9
906	244.8	1155.0	189.6
868	230.8	1294.7	200.5
1022	264.1	1478.9	210.7
1164	262.5	1883.3	235.2
1664	314.5	2503.0	251.5
1871	292.1	2845.7	244.1
1951	278.1	3431.8	273.9
2345	321.8	3944.7	300.9
2516	345.2	4353.0	334.5
2698	370.5	4770.5	365.5
3354	454.2	5129.1	385.8
3277	441.0	5535.9	411.9
3052	403.9	6051.0	446.7
3201	418.0	7012.9	509.6
3571	444.2	8123.1	575.9
4341	522.8	9136.8	632.3
4502	532.7	10358.0	708.2
5510	624.9	12378.0	811.6
6194	660.5	14433.0	897.6
7071	755.3	15849.2	988.3
7851	810.3	17698.2	1071.5
9109	889.4	20407.6	1170.9
12257	1168.0	23150.3	1285.9
12668	1174.3	25496.7	1369.7

10-3 全体居民主要收支情况

Main Balance of All Residents

（元/人） (yuan/per)

项　目	Item	2012	2013	2013年比上年增长% Increase Rate in 2013 Over 2012(%)
可支配收入	**Disposable income**	**16884**	**18694**	**10.7**
工资性收入	Income of wage	9070	10005	10.3
经营净收入	Operational income	4234	4730	11.7
第一产业净收入	Net income of primary industry	1948	2220	13.9
农业净收入	Net income of agriculture	1243	1423	14.5
牧业净收入	Net income of animal-husbandry	682	762	11.7
第二产业净收入	Net income of secondary industry	444	472	6.4
第三产业净收入	Net income of third industry	1842	2037	10.6
财产净收入	Net income of property	978	1076	10.0
转移净收入	Net income of transfer	2603	2883	10.8
消费性支出	**Consumer spending**	**12948**	**14217**	**9.8**
食品	Food	3701	4121	11.4
衣着	Clothing	1530	1631	6.5
居住	Residence	2248	2535	12.8
生活用品及服务	Articles for daily use and service	844	854	1.2
交通和通讯	Transportation and Communications	1779	1948	9.5
交通	Transportation	1189	1308	10.0
通信	Communications	590	640	8.5
教育文化娱乐	Education,Culturaland Entertainment	1493	1583	6.1
教育	Education	880	951	8.2
文化娱乐	Culturaland Entertainment	613	632	3.1
医疗保健	Medicine and Medical Service	990	1111	12.3
其它商品和服务	Other Commodities and Services	359	433	20.6

10-4 城镇常住居民主要收支情况

Main Balance of Urban Permanent Residents

（元/人） (yuan/per)

项　目	Item	2012	2013	2013年比上年增长% Increase Rate in 2013 Over 2012(%)
可支配收入	**Disposable income**	**23611**	**26004**	**10.1**
工资性收入	Income of wage	14648	16146	10.2
经营净收入	Operational income	3860	4223	9.4
第一产业净收入	Net income of primary industry	240	262	9.3
农业净收入	Net income of agriculture	161	177	9.9
牧业净收入	Net income of animal-husbandry	66	72	7.7
第二产业净收入	Net income of secondary industry	731	776	6.1
第三产业净收入	Net income of third industry	2889	3186	10.3
财产净收入	Net income of property	1454	1587	9.1
转移净收入	Net income of transfer	3650	4049	10.9
消费性支出	**Consumer spending**	**17711**	**19243**	**8.7**
食品	Food	4868	5451	12.0
衣着	Clothing	2311	2440	5.6
居住	Residence	2990	3465	15.9
生活用品及服务	Articles for daily use and service	1257	1248	-0.7
交通和通讯	Transportation and Communications	2465	2605	5.7
交通	Transportation	1608	1718	6.9
通信	Communications	857	887	3.5
教育文化娱乐	Education,Culturaland Entertainment	1905	2040	7.1
教育	Education	950	1060	11.6
文化娱乐	Culturaland Entertainment	955	980	2.5
医疗保健	Medicine and Medical Service	1313	1352	3.0
其它商品和服务	Other Commodities and Services	543	641	18.2

10-5 农村牧区常住居民主要收支情况

Main Balance of Permanent Residents of Rural and Pastoral Areas

(元/人) (yuan/per)

项　目	Item	2012	2013	2013年比上年增长% Increase Rate in 2013 Over 2012(%)
可支配收入	**Disposable income**	**7956**	**8985**	**12.9**
工资性收入	Income of wage	1666	1851	11.1
经营净收入	Operational income	4732	5402	14.2
第一产业净收入	Net income of primary industry	4217	4819	14.3
农业净收入	Net income of agriculture	2679	3077	14.9
牧业净收入	Net income of animal-husbandry	1500	1680	12.0
第二产业净收入	Net income of secondary industry	63	70	10.5
第三产业净收入	Net income of third industry	452	513	13.7
财产净收入	Net income of property	346	397	14.9
转移净收入	Net income of transfer	1213	1335	10.1
消费性支出	**Consumer spending**	**6623**	**7543**	**13.9**
食品	Food	2151	2355	9.5
衣着	Clothing	494	556	12.5
居住	Residence	1262	1300	3.0
生活用品及服务	Articles for daily use and service	294	331	12.4
交通和通讯	Transportation and Communications	868	1076	23.9
交通	Transportation	633	763	20.6
通信	Communications	236	313	32.7
教育文化娱乐	Education,Culturaland Entertainment	944	977	3.4
教育	Education	786	807	2.6
文化娱乐	Culturaland Entertainment	158	170	7.4
医疗保健	Medicine and Medical Service	561	791	41.2
其它商品和服务	Other Commodities and Services	116	157	35.5

10-6 农村常住居民主要收支情况

Main Balance of Rural Permanent Residents

（元/人） (yuan/per)

项　目	Item	2012	2013	2013年比上年增长% Increase Rate in 2013 Over 2012(%)
可支配收入	**Disposable income**	**7313**	**8429**	**15.3**
工资性收入	Income of wage	1646	1923	16.8
经营净收入	Operational income	4359	4972	14.1
第一产业净收入	Net income of primary industry	3858	4353	12.8
农业净收入	Net income of agriculture	2972	3376	13.6
牧业净收入	Net income of animal-husbandry	834	909	9.0
第二产业净收入	Net income of secondary industry	63	76	20.1
第三产业净收入	Net income of third industry	438	543	24.1
财产净收入	Net income of property	334	379	13.5
转移净收入	Net income of transfer	967	1155	19.5
消费性支出	**Consumer spending**	**6279**	**7186**	**14.5**
食品	Food	2125	2338	10.0
衣着	Clothing	447	514	15.1
居住	Residence	1226	1257	2.5
生活用品及服务	Articles for daily use and service	270	308	14.0
交通和通讯	Transportation and Communications	690	906	31.4
交通	Transportation	508	674	32.8
通信	Communications	182	232	27.6
教育文化娱乐	Education,Culturaland Entertainment	896	919	2.6
教育	Education	744	761	2.3
文化娱乐	Culturaland Entertainment	152	158	4.0
医疗保健	Medicine and Medical Service	583	783	34.2
其它商品和服务	Other Commodities and Services	106	162	52.4

10–7 牧区常住居民主要收支情况

Main Balance of Pastoral Areas Permanent Residents

（元/人） (yuan/per)

项　目	Item	2012	2013	2013年比上年增长% Increase Rate in 2013 Over 2012(%)
可支配收入	**Disposable income**	**12560**	**12981**	**3.4**
工资性收入	Income of wage	1204	1333	10.7
经营净收入	Operational income	7443	8490	14.1
第一产业净收入	Net income of primary industry	7160	8167	14.1
农业净收入	Net income of agriculture	686	898	30.9
牧业净收入	Net income of animal-husbandry	6489	7249	11.7
第二产业净收入	Net income of secondary industry	24	27	12.4
第三产业净收入	Net income of third industry	259	296	14.5
财产净收入	Net income of property	432	524	21.2
转移净收入	Net income of transfer	3480	2634	-24.3
消费性支出	**Consumer spending**	**9792**	**10122**	**3.4**
食品	Food	2448	2475	1.1
衣着	Clothing	853	856	0.4
居住	Residence	1530	1616	5.6
生活用品及服务	Articles for daily use and service	468	499	6.6
交通和通讯	Transportation and Communications	2162	2300	6.4
交通	Transportation	1332	1403	5.4
通信	Communications	830	897	8.1
教育文化娱乐	Education,Culturaland Entertainment	1302	1394	7.1
教育	Education	1070	1141	6.6
文化娱乐	Culturaland Entertainment	232	253	9.1
医疗保健	Medicine and Medical Service	833	855	2.6
其它商品和服务	Other Commodities and Services	137	127	-7.3

10-8 城镇常住居民家庭基本情况

Basic Conditions of Urban Resident Households

项 目	Item	1990	1995	2000
调查户数(户)	**Number of Households Surveyed (household)**	**1400**	**1400**	**2300**
平均每户家庭人口(人)	**Average Household Size(person)**	**3.73**	**3.34**	**3.08**
平均每户就业人口(人)	**Average Number of Employed Persons per Household(person)**	**1.97**	**1.80**	**1.61**
平均每户就业面(%)	**Percentage of Employment per Household(%)**	**52.79**	**53.89**	**52.2**
平均每一就业者负担人数(包括就业者本人)(人)	**Number of Persons Supported by Each Employee including the employee himself or herself(person)**	**1.89**	**1.86**	**1.92**
平均每人全部年收入(元)	**Per Capita Annual Income(yuan)**	**1160**	**2874**	**5151**
#可支配收入	Disposable Income	1155	2846	5129
薪水	Salary			
国有单位职工工资	Wages of Staff & Workers in State-owned Units	704	1941	2909
集体及其它经济类型单位职工工资	Wages of Staff and Workers in Collective owned Units and Units of Other Type of Ownership	104	147	191
职工从工作单位得到的其他收入	Other Income of Staff and Workers from Their Working Units	61	103	
个体经营劳动者收入	Income of Individual Laborers	16	62	495
被聘用或留用的离退休人员收入	Income of Reemployed Retirees	7	16	93
其他就业者收入	Income of Other Employees	4	2	13
其他劳动收入	Part time Income	28	84	187
财产性收入	Property Income	11	39	59
转移性收入	Transfer Income	180	474	1110
平均每人消费性支出(元)	**Per Capita Annual Living Expenditures for Consumption(yuan)**	**982**	**2482**	**3928**
#食 品	Food	474	1202	1353
衣 着	Clothing	162	405	561
居 住	Residence		156	339
生活用品及服务	Articles for daily use and service		168	289
交通和通讯	Transportation and Communications		123	359
教育文化娱乐	Education,Cultural and Entertainment		224	488
医疗保健	Medicine and Medical Service	20	100	287
其他商品和服务	Other Commodities and Services		104	252

10-8 续表 continued

项目	Item	2005	2010	2012
调查户数(户)	**Number of Households Surveyed (household)**	**2420**	**2350**	**2350**
平均每户家庭人口(人)	**Average Household Size(person)**	**3.00**	**2.82**	**2.80**
平均每户就业人口(人)	**Average Number of Employed Persons per Household(person)**	**1.57**	**1.45**	**1.51**
平均每户就业面(%)	**Percentage of Employment per Household(%)**	**52.3**	**51.4**	**53.9**
平均每一就业者负担人数(包括就业者本人)(人)	**Number of Persons Supported by Each Employee including the employee himself or herself(person)**	**1.91**	**1.94**	**1.93**
平均每人全部年收入(元)	**Per Capita Annual Income(yuan)**	**9565**	**19014**	**24791**
#可支配收入	Disposable Income	9137	17698	23150
工资性收入	Wage income	6669	12614	16873
国有单位职工工资	Wages of Staff & Workers in State owned Units			
集体及其它经济类型单位职工工资	Wages of Staff and Workers in Collective-owned Units and Units of Other Type of Ownership			
职工从工作单位得到的其他收入	Other Income of Staff and from Their Working Units	508		
经营净收入	Income of Individuals	858	2014	2699
被聘用或留用的离退休人员收入	Income of Re employed Retirees			
其他就业者收入	Income of Other Employees			
其他劳动收入	Part time Income			
财产性收入	Property Income	161	433	564
转移性收入	Transfer Income	1877	3953	4656
平均每人消费性支出(元)	**Per Capita Annual Living Expenditures for Consumption(yuan)**	**6929**	**13995**	**17717**
#食品	Food	2178	4211	5463
衣着	Clothing	1048	2204	2730
居住	Residence	723	1384	1243
生活用品及服务	Articles for daily use and service	394	949	1354
交通和通讯	Transportation and Communications	756	1769	2573
教育文化娱乐	Education,Culturaland Entertainment	969	1641	1972
医疗保健	Medicine and Medical Service	533	1126	1584
其他商品与服务	Other Commodities and Services	328	710	799

10-9 农村牧区居民家庭基本情况
Basic Conditions of Rural Households

项 目	Item	1995	2000	2005	2010	2013
调查户数(户)	**Number of Households Surveyed(Household)**	**2060**	**2036**	**2060**	**2060**	**1714**
平均每户常住人口(人)	Average Number of Permanent Residents per Household(person)	4.50	4.10	3.78	3.47	3.02
平均每户整半劳力(人)	Average Number of Able-bodied and Semi-able-bodied Laborers per Household(person)	2.90	2.77	2.67	2.58	2.22
平均每个劳动力负担人口(含本人)(人)	Average Number of Persons Supported by a Laborer(including the laborer himself)(person)	1.55	1.48	1.42	1.35	1.36
平均每人年收入(元)	**Per Capita Annual Income(yuan)**					
总收入	Total Revenue	2272	3440	5346	9358	15723
纯收入	Net Income	1300	2038	2989	5530	
现金收入	Cash Income		2449	4235	7718	
可支配收入	Disposable Income					8985
平均每人年支出(元)	**Per Capita Annual Expenditure(yuan)**					
总支出	Total Expenditure	2237	3123	5092	9115	18973
家庭经营费用支出	Expenditure for Household Business		1010	2085	3434	5761
生活消费支出	Expenditure for Consumption		1615	2446	4461	7543
其他非生产性支出	Other Nonproductive Expenditures		159	561	770	
现金支出	Cash Expenditure	1827	2356	4174	8093	17293
生产费用	Productive Costs	509	833	1910	3369	5229
缴纳税金和上交集体承包费支出等	Taxes and Payments to Collective Units		219	9	6	
生活消费支出	Expenditure for Consumption	799	1171	1992	3951	6395

注:2013 年数据为城乡住户一体化调查数据。
a)Data in 2013 is the household survey data integration of urban and rural.

10-10 城镇常住居民家庭基本情况(2013 年)

项目	Item	全区 All Regional Cities and County Towns	低收入 Low Income	更低收入 Lower Income
调查户数(户)	**Number of Households Surveyed(household)**	**2820**	**564**	**282**
平均每户家庭人口(人)	Average Household Size(person)	2.81	3.15	3.29
平均每户就业人口(人)	Average Number of Employees per Household(person)	1.50	1.52	1.60
平均每户就业面(%)	Percentage of Employed Persons per Household(%)	53.38	48.16	48.78
平均每一就业者负担人数(包括就业者本人)(人)	Number of Persons Supported by Each Employee (including the employee himsel for herself)(person)	1.87	2.08	2.05
平均每人全部年收入(元)	Per Capita Annual Income(yuan)	28035	10936	8653
平均每人可支配收入(元)	Per Capita Disposable Income(yuan)	26004	9329	6412
平均每人消费性支出(元)	Per Capita Annual Living Expenditure(yuan)	19243	9608	8724

10-11 按收入等级分的城镇常住居民家庭平均每人全年收入(2013 年)

单位：元

项目	Item	全区 All Regional Cities and County Towns	低收入 Low Income	更低收入 Lower Income
可支配收入	**Disposable Income**	**26004.42**	**9329.24**	**6412.09**
工资性收入	Income of wage	16145.51	6499.74	4945.82
经营净收入	Operational income	4222.56	1708.76	961.83
财产性净收入	Net income of property	1587.38	385.14	-21.68
利息	Interest	34.94	4.38	4.62
红利	Bonus	44.09	3.98	5.36
转移性净收入	Net income of transfer	4048.97	735.60	526.12
养老金或离退休金	Pension	4332.83	760.73	460.54
赡养收入	Supporting Income	177.96	54.29	60.06
借贷收入	**Loan Income**	**2074.94**	**1985.13**	**2964.60**
提取储蓄存款	Withdraw Saving Deposit	1700.35	1432.11	2032.44
收回借出款	Paid back Loan	37.94	38.22	68.64
收回储蓄性保险本金	Withdraw Saving Premium	0.15		
为购置房屋从银行贷款	Loan from Bank for Buying Housing	14.41	0.77	1.58
其它借贷收入	Other Loan Income	2.60		

Basic Conditions of Urban Resident Households(2013)

按收入等级分 Grouped by Percentile of Households						
最低收入 Lowest Income	中低收入 Lower Middle Income	中等收入 Middle Income	中高收入 Upper Medium Income	高收入 High Income	更高收入 Higher Income	最高收入 Highest Income
141	**564**	**564**	**564**	**564**	**282**	**141**
3.18	2.99	2.85	2.69	2.33	2.32	2.35
1.59	1.51	1.42	1.49	1.41	1.43	1.60
49.85	50.43	49.65	55.32	60.50	61.59	67.90
2.01	1.98	2.01	1.81	1.65	1.62	1.47
7788	18109	25010	34353	60511	77121	100427
4063	16996	23727	32571	56657	71461	91150
9780	13348	18337	22901	36345	43786	50620

Per Capita Annual Cash Income of Urban Resident Households by Level of Income(2013)

(yuan)

按收入等级分 Grouped by Percentile of Households						
最低收入 Lowest Income	中低收入 Lower Middle Income	中等收入 Middle Income	中高收入 Upper Medium Income	高收入 High Income	更高收入 Higher Income	最高收入 Highest Income
4062.93	**16995.84**	**23727.33**	**32570.96**	**56656.68**	**71461.23**	**91149.90**
3492.32	10855.14	14120.86	20881.30	30151.77	32912.94	38388.14
542.21	3032.19	3590.03	3985.74	12645.93	21067.81	35107.08
-403.01	1021.85	1370.28	1996.76	3554.37	4922.66	5246.26
2.73	11.03	20.72	42.20	256.63	453.97	754.23
	26.05	17.15	43.70	206.39	326.16	378.18
431.41	2086.67	4646.16	5707.17	10304.62	12557.82	12408.42
466.99	2245.73	4939.99	6428.62	10827.39	12859.91	13244.61
53.25	165.04	107.71	160.75	475.95	664.31	778.93
4090.86	**1067.99**	**1591.29**	**2101.47**	**3741.63**	**4920.90**	**4771.86**
3223.33	766.24	1413.66	1766.04	3526.58	4535.18	4760.87
127.61	19.32	4.49	6.10	44.70	86.29	
			1.05			
3.22	95.52		6.14	2.74	3.12	6.14
	15.95					

10-12 城镇常住居民家庭平均每人全年消费性支出及构成(2013 年)

单位：元

项 目	Item	全 区 All Regional Cities and County Towns	低收入 Low Income	更低收入 Lower Income
消费性支出	**Total Living Expenditures**	**19243.07**	**9608.13**	**8724.12**
食 品	Food	5451.47	3019.81	2647.00
#谷物	Cereals	523.66	466.06	449.41
肉禽及其制品	Meat, Poultry and Related Products	1202.52	664.95	555.10
蛋 类	Eggs	80.66	60.72	50.28
水产品	Aquatic Products	110.21	56.82	44.28
奶及奶制品	Milk and Dairy Products	257.94	162.96	156.67
衣 着	Clothing	2440.15	1104.55	888.37
#服 装	Garments	1906.57	806.43	691.42
居 住	Residence	3464.91	1702.49	1486.99
生活用品及服务	Articles for daily use and service	1248.02	430.73	386.90
交通和通讯	Transportation and Communications	2605.45	1107.56	1140.76
教育文化娱乐	Education,Culturaland Entertainment	2039.85	1205.23	1082.83
#文娱用耐用消费品	Durable Consumer Goods for Recreational Use	268.81	65.85	86.03
医疗保健	Other Commodities and Services	1352.08	850.51	921.69
其他商品和服务	Miscellaneous Commodities	641.13	187.25	169.58

10-13 农村牧区常住居民家庭基本情况(2013 年)

项 目	Item	全 区 All Regional Cities and County Towns	低收入 Low Income	更低收入 Lower Income
调查户数(户)	**Number of Households Surveyed(household)**	**1714**	**343**	**171**
平均每户家庭人口(人)	Average Household Size(person)	3.02	3.12	3.01
平均每户就业人口(人)	Average Number of Employees per Household(person)	2.08	2.13	2.08
平均每户就业面(%)	Percentage of Employed Persons per Household(%)	68.81	68.32	68.89
平均每一就业者负担人数(包括就业者本人)(人)	Number of Persons Supported by Each Employee (including the employee himsel for herself)(person)	1.45	1.46	1.45
平均每人全部年收入(元)	Per Capita Annual Income(yuan)	15723	7377	8643
平均每人可支配收入(元)	Per Capita Disposable Income(yuan)	8985	955	-1161
平均每人消费性支出(元)	Per Capita Annual Living Expenditure(yuan)	7543	6494	7470

Per Capita Annual Living Expenditure of Urban Resident Households and its Composition(2013)

(yuan)

按收入等级分 Grouped by Percentile of Households

最低收入 Lowest Income	中低收入 Lower Middle Income	中等收入 Middle Income	中高收入 Upper Medium Income	高收入 High Income	更高收入 Higher Income	最高收入 Highest Income
9779.52	**13347.68**	**18336.73**	**22900.78**	**36345.23**	**43785.54**	**50620.08**
2761.83	4208.88	5524.36	6488.00	9449.43	10766.33	12129.04
483.13	538.67	541.11	550.22	620.60	636.10	628.93
577.26	960.39	1347.41	1477.64	1832.94	2015.32	1967.84
46.42	82.18	89.20	96.20	108.67	110.56	112.29
40.40	93.65	111.86	126.12	180.48	222.27	230.42
186.75	206.19	275.58	319.78	440.34	495.51	503.22
933.08	1681.58	2331.34	2914.50	4602.09	5422.37	6180.59
740.63	1271.95	1824.37	2287.02	3674.83	4387.58	5056.76
1607.97	2486.91	3357.29	4310.27	6268.82	7244.46	7618.73
388.11	739.49	1121.03	1648.18	2495.13	3183.35	3513.53
1522.09	1516.15	2033.52	3100.42	5823.98	7642.18	9886.10
1063.85	1571.51	1906.17	2436.30	3909.92	4672.19	5719.84
70.85	96.77	220.69	318.38	672.08	882.08	1199.19
1260.28	855.58	1322.65	1350.13	2246.66	2816.07	3137.50
242.33	287.58	740.36	652.98	1549.19	2038.60	2434.74

Basic Conditions of Rural Resident Households

按收入等级分 Grouped by Percentile of Households

最低收入 Lowest Income	中低收入 Lower Middle Income	中等收入 Middle Income	中高收入 Upper Medium Income	高收入 High Income	更高收入 Higher Income	最高收入 Highest Income
86	**343**	**342**	**343**	**343**	**171**	**86**
3.08	3.03	3.12	2.89	2.84	2.80	2.58
2.09	2.17	2.08	2.08	2.02	1.99	1.82
67.86	71.69	66.72	72.02	71.31	70.87	70.40
1.47	1.39	1.50	1.39	1.40	1.41	1.42
12329	9395	13413	16579	29201	37117	45573
-4156	4765	7598	11444	21295	26984	33281
11932	5093	6555	7276	9629	10406	11149

10-14 城镇居民家庭平均每人全年购买的主要商品数量

Per Capita Annual Purchases of Major Commodities in Urban Households

项目	Item	1990	1995	2000	2005	2010	2013
粮 食(千克)	Grain(kg)	134.98	101.17	77.72	80.99	91.47	104.23
食用植物油(千克)	Edible Vegetable Oil(kg)	4.45	5.82	5.56	6.14	6.28	7.65
猪 肉(千克)	Pork(kg)	11.43	11.82	11.59	11.61	12.16	16.47
牛 羊 肉(千克)	Beef and Mutton(kg)	6.39	5.02	6.61	8.33	10.23	12.27
家 禽(千克)	Poultry(kg)	0.59	1.77	3.25	3.82	5.01	5.18
鲜 蛋(千克)	Fresh Eggs(kg)	2.31	7.92	9.67	8.71	8.23	8.41
水 产 品(千克)	Aquatic Products(kg)		3.44	4.30	4.29	5.19	6.14
鲜 菜(千克)	Fresh Vegetables(kg)	162.03	125.87	107.45	103.85	98.92	104.36
干 菜(千克)	Dry Vegetables(kg)						1.45
食 糖(千克)	Sugar(kg)	1.44	1.14	1.08	0.90		1.25
糖 果(千克)	Candy(kg)	0.68		0.53	0.63		0.90
卷 烟(盒)	Cigarettes(pack)	38.06	29.71	26.13	21.69		27.96
白 酒(千克)	Strong White Spirit(kg)	3.77	3.78	3.17	2.75	3.43	4.59
啤 酒(千克)	Beer(kg)	3.91	6.31	4.95	6.25	5.60	6.75
茶 叶(千克)	Tea(kg)					0.29	0.34
鲜 瓜 果(千克)	Fresh Melons and Fruits(kg)	41.50	42.77	63.11	61.19	55.34	52.25
鲜 奶(千克)	Fresh Milk(kg)	2.80	5.83	12.58	20.71	16.64	21.51
夹 克 衫(件)	Jackets(piece)						
毛 线 衣(件)	Woollen Sweater(piece)						
衬 衫(件)	Shirts(piece)						
裤 子(条)	Pants(piece)			0.54			
棉 布(米)	Cotton Cloth(m)						
化 纤 布(米)	Chemical Fiber Cloth(m)	1.74		0.50			
呢 绒(米)	Woolen Fabric(m)						
绸 缎(米)	Silk and Satin(m)						
毛 线(千克)	Knitting Wool(kg)						
皮 鞋(双)	Leather Shoes(pair)	0.55	0.86	0.97			
旅 游 鞋(双)	Jogging Shoes(pair)						
布 鞋(双)	Cloth Shoes(pair)	0.93					
肥 皂(块)	Soap(piece)	3.57		1.28			
洗 衣 粉(千克)	Washing Powder for Clothes(kg)	1.43		1.47			
煤 炭(千克)	Coal(kg)	480.64		205.07	224.54	169.16	240.23
液化石油气(千克)	Liquefied Gas(kg)	2.17		8.27	12.53	8.84	13.15

10-15 按收入等级分的城镇居民家庭平均每人全年购买商品数量(2013 年)

Per Capita Annual Purchases of Major Commodities of Urban Households by Level of Income(2013)

项目	Item	总平均 Average	低收入 Low Income	更低收入 Lower Income	最低收入 Lowest Income	中低收入 Lower Middle Income	中等收入 Middle Income	中高收入 Upper Medium Income	高收入 High Income	更高收入 Higher Income	最高收入 Highest Income
薯类(千克)	Starches & Tubers(kg)	22.87	17.94	12.36	11.90	23.50	23.00	23.84	24.77	22.72	22.87
大米(千克)	Rice(kg)	38.42	38.91	38.11	42.50	40.82	39.81	37.16	38.38	38.08	35.92
面粉(千克)	Flour(kg)	36.29	40.05	40.42	44.06	40.61	37.95	34.82	37.37	34.23	31.87
食用植物油(千克)	Edible Vegetable Oil(kg)	7.37	5.65	5.07	5.41	7.44	7.54	7.12	10.35	10.65	12.40
猪肉(千克)	Pork(kg)	16.47	12.94	11.21	12.66	15.90	18.51	17.97	18.49	19.04	19.76
牛肉(千克)	Beef(kg)	4.47	2.01	1.95	1.51	3.31	5.23	6.94	6.64	7.18	7.26
羊肉(千克)	Mutton(kg)	7.80	2.98	2.21	2.26	6.05	9.93	10.86	14.44	14.21	12.05
家禽(千克)	Poultry(kg)	5.18	4.05	3.09	3.06	5.64	5.59	5.61	6.12	6.16	5.49
鸡(千克)	Chicken(kg)	3.86	2.89	2.21	2.24	4.05	4.07	4.13	4.14	4.18	3.69
禽制品(千克)	Products of Poultry(kg)	1.10	1.02	0.71	0.63	1.32	1.34	1.30	1.68	1.69	1.56
鲜蛋(千克)	Fresh Eggs(kg)	8.41	6.63	5.24	4.94	8.82	9.69	9.92	10.98	10.94	11.13
鱼(千克)	Fish(kg)	5.04	3.44	2.86	2.76	4.93	5.72	5.78	6.34	7.08	6.13
虾(千克)	Shrimp(kg)	0.39	0.12	0.09	0.09	0.31	0.38	0.52	0.73	0.96	0.87
水产制品(千克)	Aquatic Products(kg)	0.52	0.23	0.21	0.19	0.49	0.46	0.60	0.93	1.10	1.29
鲜菜(千克)	Fresh Vegetables(kg)	104.36	85.89	78.54	76.95	102.18	118.40	116.74	130.82	131.74	119.08
干菜及菜制品(千克)	Dried Vegetables(kg)	1.45	0.89	0.82	0.53	1.53	1.63	1.73	2.17	2.55	2.82
白酒(千克)	liquor(kg)	4.59	4.39	4.77	4.68	4.65	4.23	4.97	5.98	6.42	6.54
果酒(千克)	Fruit Wine(kg)	0.09	0.03	0.02	0.01	0.07	0.13	0.10	0.17	0.20	0.28
啤酒(千克)	Beer(kg)	6.75	7.14	4.77	5.39	6.99	7.19	6.60	6.23	7.53	7.21
其他酒(千克)	Other Liquor(kg)	5.69	1.65	0.51	0.71	4.45	3.56	5.13	21.91	37.85	63.34
鲜瓜果(千克)	Fresh Fruits(kg)	52.25	33.59	30.79	28.70	49.59	53.82	61.14	73.48	78.55	78.89
糕点(千克)	Cake(kg)	3.59	2.33	1.84	1.73	3.21	3.77	5.10	5.83	5.96	6.18
鲜乳品(千克)	Fresh Dairy Products(kg)	21.51	14.12	11.88	9.68	21.16	22.60	26.19	35.95	38.77	40.23
奶粉(千克)	Milk Powder(kg)	2.89	1.28	1.07	0.96	2.72	2.62	3.53	5.47	6.38	5.93
酸奶(千克)	Yogurt Milk(kg)	0.43	0.54	0.92	1.75	0.27	0.47	0.51	0.51	0.63	0.65
男士服装(件)	Men's Clothing(piece)										
女士服装(件)	Women's Clothing(piece)										
儿童服装(件)	Children's Clothing (piece)										
鞋类(双)	Shoes(pair)	2.99	2.33	2.07	1.93	2.83	2.91	3.25	4.05	4.02	3.72

10-16 按收入等级分的城镇居民家庭平均每百户耐用消费品年末拥有量(2013年)

Number of Durable Consumer Goods Owned Per 100 Urban Households at Year-end by Level of Income(2013)

项目	Item	总平均 Average	低收入 Low Income	更低收入 Lower Income	最低收入 Lowest Income	中低收入 Lower Middle Income	中等收入 Middle Income	中高收入 Upper Medium Income	高收入 High Income	更高收入 Higher Income	最高收入 Highest Income
家用汽车(辆)	Automobile(unit)	23.72	11.46	11.16	13.80	14.52	20.99	28.48	33.61	41.17	54.05
摩托车(辆)	Motorcycle(unit)	21.53	31.93	33.20	39.59	28.36	18.69	19.46	11.73	12.35	11.41
助力车（辆）	Moped(unit)	40.60	35.38	34.97	38.89	45.18	41.01	41.10	37.21	32.51	36.13
洗衣机(台)	Washing Machine(unit)	90.90	84.81	89.92	87.45	90.94	97.90	96.10	95.44	95.53	101.01
电冰箱(柜)(台)	Refrigerator(unit)	89.77	78.80	78.51	76.99	89.62	95.68	98.40	100.73	101.84	102.78
微波炉（台）	Microwave(unit)	36.34	12.77	8.79	12.64	32.53	42.39	52.93	62.96	68.17	72.01
彩色电视机(台)	Color TV Set(unit)	99.96	97.57	98.59	99.61	100.83	103.68	103.06	100.97	101.84	105.46
#接入有线电视	Access Cable TV	73.53	61.76	60.40	58.89	74.82	81.07	82.68	84.38	88.14	92.57
空调器(台)	Air Conditioner(unit)	12.83	3.28	2.84	3.99	10.99	19.79	19.57	27.30	32.66	41.90
淋浴热水器(台)	Shower(unit)	53.95	22.79	20.04	16.60	47.12	66.98	73.20	77.91	80.96	89.23
#太阳能热水器	Solar water heaters	18.87	9.35	9.47	10.26	16.46	25.27	23.58	25.72	24.76	25.08
消毒碗柜(台)	Sterilized Cupboard(unit)	1.75	0.40	0.85	1.68	1.14	1.26	2.43	3.73	5.45	5.30
洗碗机(台)	Washing-up Machine(unit)	0.69	0.36	0.78	0.89	1.34	0.70	0.06	0.97	1.34	1.99
排油烟机(台)	Kitchen Ventilator(unit)	58.20	34.41	28.97	19.25	57.03	70.73	75.57	78.17	81.70	86.93
固定电话（部）	Fixed telephone(set)	25.82	13.38	8.97	11.97	26.15	28.84	34.07	35.22	42.46	50.12
移动电话（部）	Mobile Telephone(set)	202.63	196.48	196.57	187.89	200.60	198.57	198.88	195.84	194.57	203.46
#接入互联网	Internet access	50.79	37.33	30.70	22.39	58.01	60.98	57.21	54.09	57.82	63.47
家用电脑(台)	Computer(unit)	49.00	22.97	21.66	21.37	41.21	54.24	60.85	67.59	71.79	78.32
#接入互联网	Internet access	37.76	19.35	17.41	16.65	33.31	42.82	42.17	55.72	61.16	66.48
摄相机(架)	Pickup Camera(unit)	6.52	2.02	1.39	1.68	3.51	6.91	8.09	14.99	14.09	17.96
照相机(架)	Camera(unit)	25.28	6.26	5.48	6.03	19.46	30.48	35.13	43.09	51.39	56.32
中高档乐器(件)	Other High Grade Music Instrument(set)	2.70	0.59	0.41	0.81	2.97	2.95	5.95	4.53	5.68	7.13
健身器材(件)	Healthy Equipment(set)	1.69	0.21	0.45	0.89	0.32	1.00	1.84	5.38	6.18	6.72
组合音响(套)	Hi-Fi Stereo Component System(set)	3.15	1.82	2.64	3.15	1.31	2.68	3.12	6.49	9.60	10.69

10-17 农村牧区常住居民家庭住房基本情况
Housing Conditions of Rural Resident Households

项目	Item	2013
年末使用房屋	**Rooms Used at the End of Year**	
居住面积(平方米/人)	Per Capita Floor Space(sq.m/person)	26.01
砖木结构(%)	Brick and Wood Structure	57.17
钢筋混凝土结构(%)	Reinforced Concrete Structures	1.98
自建住房(%)	Self-built housing	91.52
购买商品房(%)	Buy real estate	2.98
房屋价值(万元/户)	Value per Room(yuan/sq.m)	7.02
本年新建房屋面积(平方米/户)	**Rooms Newly Built Within the Year Per Capita Floor Space of Houses(sq.m/person)**	**1.72**
每平方米价值(元)	Value per Square Meter(yuan)	930.31

注：本表为农村抽样调查资料。

a)Data in this table are obtained from the sample surveys on rural households.

10-18 按收入等级分农村牧区常住居民家庭平均每人全年消费性支出(2013 年)

单位：元

项 目	Item	全区 All Regional Cities and County Towns	低收入 Low Income	更低收入 Lower Income
消费性支出	**Total Living Expenditures**	**7543.07**	**6493.67**	**7469.64**
食 品	Food	2354.60	1826.01	1867.99
#谷物	Cereals	417.96	419.86	442.50
肉禽及其制品	Meat, Poultry and Related Products	608.84	437.12	456.30
水产品	Aquatic Products	30.66	26.72	26.45
蛋 类	Eggs	38.60	31.13	30.67
奶及奶制品	Milk and Dairy Products	67.32	45.12	39.74
衣 着	Clothing	555.79	419.07	440.71
#服 装	Garments	430.00	323.69	344.61
居 住	Residence	1300.33	1607.25	2745.30
#住房维修及管理	Housing maintenance and management	292.10	229.29	231.19
生活用品及服务	Articles for daily use and service	330.89	208.86	218.91
交通和通讯	Transportation and Communications	1075.77	800.97	721.29
教育文化娱乐	Education,Culturaland Entertainment	976.82	660.81	884.44
#文娱用耐用消费品	Durable Consumer Goods for Recreational Use	69.82	39.67	57.35
医疗保健	Medicine and Medical Services	791.43	898.74	524.44
其他商品和服务	Miscellaneous Commodities	157.45	71.96	66.55

10-19 按收入等级分的农村牧区常住居民家庭平均每人全年收入(2013 年)

单位：元

项 目	Item	全区 All Regional Cities and County Towns	低收入 Low Income	更低收入 Lower Income
可支配收入	**Disposable Income**	**8984.92**	**954.89**	**-1160.96**
工资性收入	Income of wage	1850.74	614.53	612.78
经营净收入	Operational income	5402.04	-348.61	-2515.32
第一产业经营收入	Primary industry	4819.08	-364.90	-2429.96
#农业	Agriculture	3077.44	451.06	-287.99
牧业	Animal-husbandry	1680.00	-870.61	-2218.58
第二产业经营收入	Secondary industry	69.67	38.61	74.37
第三产业经营收入	Third industry	513.29	-22.31	-159.74
财产性净收入	Net income of property	397.44	96.26	77.55
转移性净收入	Net income of transfer	1334.70	592.71	664.03
借贷收入	**Loan Income**	**3282.22**	**3591.97**	**4173.85**
#提取储蓄存款	Withdraw Saving Deposit	1463.23	978.71	1174.14
收回借出款	Paid back Loan	223.71	316.46	467.79
其它借贷收入	Other Loan Income	35.98	19.86	48.53

Per Capita Annual Living Expenditure of Rural Resident Households by Level of Income(2013)

(yuan)

按收入等级分 Grouped by Percentile of Households

最低收入 Lowest Income	中低收入 Lower Middle Income	中等收入 Middle Income	中高收入 Upper Medium Income	高收入 High Income	更高收入 Higher Income	最高收入 Highest Income
11932.36	**5093.41**	**6554.86**	**7276.03**	**9628.78**	**10406.46**	**11149.19**
1964.94	2031.53	2119.18	2398.63	3088.70	3367.96	3456.37
437.92	420.12	405.66	428.13	415.01	429.26	442.82
466.88	484.41	535.34	583.85	798.55	856.44	927.23
32.63	28.97	29.56	32.30	28.15	26.82	29.29
27.47	44.61	37.12	44.38	40.98	38.10	43.77
36.38	49.00	56.78	74.62	137.62	167.84	182.14
504.62	382.00	482.06	531.24	842.76	979.70	975.36
393.94	291.91	373.89	410.46	657.24	777.72	756.80
6623.35	526.50	1101.14	1408.24	1883.85	2141.94	2258.80
192.39	163.32	319.06	345.62	364.86	491.43	482.86
211.57	216.39	296.91	298.95	422.44	506.99	574.39
871.30	653.69	863.66	987.20	1250.83	1299.46	1545.98
1169.92	623.28	933.40	968.44	1046.15	1027.43	1245.69
43.51	52.83	50.12	51.42	101.12	98.86	156.94
522.92	572.65	629.23	573.62	904.39	834.95	785.77
63.73	87.38	129.28	109.71	189.65	248.03	306.83

Per Capita Annual Cash Income of Rural Resident Households by Level of Income(2013)

(yuan)

按收入等级分 Grouped by Percentile of Households

最低收入 Lowest Income	中低收入 Lower Middle Income	中等收入 Middle Income	中高收入 Upper Medium Income	高收入 High Income	更高收入 Higher Income	最高收入 Highest Income
-4156.01	**4765.09**	**7597.87**	**11444.29**	**21294.87**	**26983.94**	**33280.54**
525.19	817.53	1582.32	2983.12	4312.94	4278.87	4067.45
-5226.17	3096.44	4608.80	6636.94	13247.64	18055.27	22914.36
-4947.51	2941.30	4360.41	5932.02	11299.31	15350.67	18972.05
-392.86	2426.89	3255.78	4133.95	6079.52	7988.64	10387.52
-4840.97	429.65	1049.52	1782.77	5058.96	7264.41	8462.78
70.60	27.07	54.74	46.27	227.92	400.90	653.27
-349.26	128.06	193.65	658.64	1720.41	2303.69	3289.05
119.37	75.68	280.71	260.25	1192.88	1887.23	3021.15
425.61	775.45	1126.03	1563.97	2541.41	2762.57	3277.58
6343.61	**2130.47**	**3230.19**	**2145.44**	**3094.50**	**4227.64**	**5555.32**
1707.82	804.09	1536.06	1105.85	1504.46	2150.20	3294.13
549.73	265.98	221.11	198.11	223.34	136.26	100.65
93.05	0.01	87.95	7.39	84.01	178.85	409.48

10-20 农村牧区常住居民家庭平均每人主要消费品消费量

Per Capita Consumption of Major Consumer Goods in Rural Resident Households

项 目	Item	2012	2013
粮食(公斤)	Grain(kg)	181.91	196.73
蔬菜(公斤)	Fresh Vegetables(kg)	68.74	75.97
食油(公斤)	Edible Oil(kg)	5.20	6.29
猪牛羊肉(公斤)	Pork, Beef and Mutton(kg)	26.18	28.92
家禽(公斤)	Poultry(kg)	3.52	3.60
蛋及制品(公斤)	Eggs and Related Products(kg)	6.45	6.05
水产品(公斤)	Fish and Shrimp(kg)	2.06	3.03
食糖(公斤)	Sugar(kg)	0.92	4.68
酒 (公斤)	Liquor(kg)	13.90	22.89
#白酒 (公斤)	Spirit(kg)	6.01	7.96

10-21 农村牧区常住居民家庭平均每百户耐用消费品年末拥有量

Number of Durable Consumer Goods Owned Per 100 Rural Resident Households at Year-end

品 名	Item	2013
电话机(部)	Telephone(unit)	206.36
洗衣机(台)	Washing Machine(unit)	76.92
家用电冰箱(台)	Refrigerator(unit)	80.16
摩托车(辆)	Motorcycle(unit)	70.82
黑白电视机(台)	Black and White TV Set(unit)	
彩色电视机(台)	Color TV Set(unit)	102.97
影碟机(台)	Video Disc Player(unit)	
照相机(架)	Camera(unit)	4.29

主要统计指标解释

全体居民收入 内蒙古调查系统自2012年开始，实施城乡住户一体化调查改革。按照国家统计局制订的统一调查方案、抽样方法、指标名称、分类标准和计算方法，将过去独立开展的城镇住户调查和农村住户调查合而为一，建立了科学统一的城乡一体化住户调查体系。通过实际调查，准确地获得了内蒙古自治区全体居民人均收入和支出、城镇居民人均收入和支出、农牧民人均收入和支出。

住户成员 指居住在一个住宅内，所有与本住户分享生活开支或收入的人员。还包括：①由本住户供养的在外学生（包括大中专学生和研究生）；②未分家的农村外出从业人员和随迁家属，无论其外出时间长短；③轮流居住的老人；④因探亲访友、旅游、住医院、培训或出差等原因临时外出的人员。

常住成员 指住户成员中，经常在家居住、或者调查期内居住时间超过一半的人员，以及本住户供养的学生。常住成员是住户收支的调查对象。

总收入 是调查期内全部收入的总和，其中未扣除为获得收入所发生的支出（生产费用）。包括工资性收入、经营性收入、财产性收入、转移性收入、非收入所得、借贷性所得

可支配收入 指调查户在调查期内获得的、可用于最终消费支出和储蓄的总和，即调查户可以用来自由支配的收入。可支配收入既包括现金，也包括实物收入。按照收入的来源，可支配收入包含：工资性收入、经营净收入、财产净收入、转移净收入

工资性收入 指就业人员通过各种途径得到的全部劳动报酬和各种福利，包括受雇于单位或个人、从事各种自由职业、兼职和零星劳动得到的全部劳动报酬和福利。

经营净收入 指住户或住户成员从事生产经营活动所获得的净收入，是全部经营收入中扣除经营费用、生产性固定资产折旧和生产税净额（生产税减去生产补贴）之后得到的净收入。计算公式具体为：经营净收入＝经营收入－经营费用－生产性固定资产折旧－生产税净额（生产税－生产补贴）

财产净收入 指住户或住户成员将其所拥有的金融资产和自然资源交由其他机构单位、住户或个人支配而获得的回报并扣除相关的费用之后得到的净收入。财产净收入包括利息净收入、红利收入、储蓄性保险净收益和转让承包土地经营权租金净收入等。

转移净收入 指国家、单位、社会团体对住户的各种经常性转移支付和住户之间的经常性收入转移，并扣除相关的支出和费用之后得到的净收入。包括政府、非行政事业单位、社会团体对居民转移的养老金或退休金、社会救济和补助、政策性生活补贴、救灾款、经常性捐赠和赔偿以及报销医疗费等；住户之间的赡养收入、经常性捐赠和赔偿以及农村地区（村委会）在外（含国外）工作的本住户非常住成员寄回带回的收入等。

总支出 指住户用于生产、生活和再分配的全部支出。包括消费支出、生产经营费用支出、财产性支出、转移性支出、购置资产及非经常性转移支出、借贷性支出。

消费支出 指住户用于满足家庭日常生活消费需要的全部支出，包括用于消费品的支出和用于服务性消费的支出。根据用途不同，消费支出可划分为食品烟酒、衣着、居住、生活用品及服务、交通通信、教育文化娱乐、医疗保健、其他用品及服务八大类。根据来源不同，消费支出可划分为现金消费支出、实物消费支出（含自产自用、来自单位、来自政府和其他社会组织）。

Explanatory Notes on Main Statistical Indicators

All the residents income Since 2012, Inner Mongolia survey system implement the reform of urban-rural integration of household surveys. According to the National Bureau of investigation, the uniform Protocol, sampling methods, index names, classification criteria and calculation methods would separate rural and urban household survey carried out in the past household surveys are combined into one, the establishment of a unified scientific system of urban-rural integration of household surveys. Through actual investigations, accurate access to residents of the Inner Mongolia autonomous region, all expenditures, per capita income and expenditure of urban residents and per capita income, per capita income of farmers and herdsmen, and expenses.

A member of the household Refers to Live in a House, all personnel and tenants share living expenses or income. Also included: ①the students out of household support (including college students and graduate students); ② going out is not the separation of rural practitioners and the accompanying family members, regardless of the length of their out of ③ alternated between old ;④ By visiting friends and relatives, travel, hospital, training or business reasons such as temporarily absent persons.

The permanent members Refers to members in the household, often at home , or lived for more than half of the officers in the period of investigation, as well as the household dependent student. Permanent member are the investigation object of householdincome and expenditure.

General income Refers to the sum of total income in thesurvey period, before deduction for income/expenditure incurred(production costs).Income includes wages, business-income, property-income,ransfer-income,not income-gains, loan proceeds.

Disposable income Refers to the households received in the survey period for the sum of final consumption expenditure and savings that investigation can be used for discretionary income. Disposable income including cash, including income in kind. According to the source of income, disposable income includes wage, business-income,property-income,transfer-income.

Income from wage Refers to employed persons by various means to get the total remuneration and benefits, including employed by units or individuals, engaged in freelance, part-time and sporadic Labor's total remuneration and benefits.

Net income from operations Refers to members of households or households engaged in production and operating activities net income gained, is deducted from the total operating income operating expenses, of productive fixed assets depreciation and net taxes on production (taxes on production less subsidies) received after net income. Formula in particular to: Net-operations income = operating revenue-operating expenses-productive fixed assets depreciation, net taxes on production (taxes on production-production subsidies)

Net income from Property Refers to household or the household member to its own financial assets and natural resources considered by the other establishments, household or personal gain reward and after deduction of the expenses related to the net income. Assets net income including net interest income, dividend income, net income, savings, insurance and the transfer of contracted land operation right rentals net income, and so on.

Net income from transfer Refers to countries, organizations, social organizations, current transfers between households and for households of the regular transfer of income and the net income after deduction of the expenses and costs related to the get. Including Government, non-administrative public institutions, social groups and the residents of the old-age pension or pensions, social assistance and benefits, policy-related subsidies, disaster relief, regular donations and reimbursed for medical expenses and compensation; maintenance of incomes between households, recurring donation and compensation, as well as in rural areas (village) (including foreign) returned back to the tenants who are living members of earnings.

Total expenditure Refers to household production, living and redistribution of all expenditures. Includes consumer spending, production and operating expenses, property expenditure, transfer expenditures, acquire assets and non-recurring expenses, loan payments.

Consumption expenditure Refers to households to meet the daily consumption needs of all expenditure, including expenditure on consumer goods and spending on services. According to different uses, consumer spending can be divided into food and alcoholic drinks and tobacco, clothing, housing, daily necessities and services, transport and communications, education, culture and entertainment, healthcare, other supplies and services. According to different sources, Consumption expenditure can be divided into cash consumption expenditure and real consumption expenditure (self-produced, from units, from Government and other social organizations).

2014

NEIMENGGU

十一、城市概况

General Survey of Cities

资料整理：杨力英

Arranged By Yang Liying

11-1 城市社会经济指标(2013年)
Main Social and Economic Indicators of Cities(2013)

指标	Item	2013
年末人口数(万人)	**Population (year-end) (10 000 persons)**	**896.34**
#非农业人口	Non-agricultural Population	638.76
全社会从业者人数(万人)	**Number of Employed Persons(10 000 persons)**	**529.32**
#单位职工人数	Staff and Workers	158.49
按产业分的从业人员	Grouped by Industry	529.93
第一产业	Primary Industry	108.51
第二产业	Secondary Industry	128.07
第三产业	Tertiary Industry	293.35
土地面积(万平方公里)	**Total Area (10 000 sq.km)**	**15.02**
生产总值(亿元)	**Gross Domestic Product (100 million yuan)**	**10034.37**
第一产业	Primary Industry	393.66
第二产业	Secondary Indutry	4513.51
#工业	Industry	3905.29
第三产业	Tertiary Industry	5127.23
生产总值指数(上年=100)	Indices of Gross Domestic Product (Preceding year=100)	109.5
农林牧渔业总产值(当年价格,亿元)	**Gross Agricultural Output Value (at current prices) (100 million yuan)**	**660.63**
主要农产品产量	**Output of Major Agricultural Products**	
粮食产量(万吨)	Gain (10 000 tons)	563.38
猪牛羊肉产量(万吨)	Pork, Beef and Mutton (10 000 tons)	50.53
水 果(万吨)	Fruits (10 000 tons)	35.03
水产品(万吨)	Aquatic Products (10 000 tons)	5.03
规模以上工业	**Industry of All State-owned & Non-state-owned Industrial Enterprises above Designated Size**	
工业总产值(当年价格,亿元)	Gross Output Value (100 million yuan)	8552.00
主营业务收入(亿元)	Revenues of Main Business (100 millon yuan)	8290.95
工业利润总额(亿元)	Total Profits(100 million yuan)	649.64
运输邮电	**Transportation, Postal and Telecom**	
客运量(发送)(亿人)	Passenger Traffic (100 million persons)	2.52
货运量(发送)(亿吨)	Freight Traffic (100 million tons)	19.49

注:本表除运输邮电外的指标为不包括市辖县统计数。

a)Data in this table don´t include the data of county directly under the city, except transportation and postal and telecom.

11-1 续表 continued

指 标	Item	2013
邮电业务总量(2010年不变价.亿元)	Revenud of Postal and Telecommunications Services (at 2010 constant prices) (100 million yuan)	229.41
本地网电话机部数(万部)	Number of Telephons Sets(10 000 sets)	1229.51
固定资产投资额(亿元)	**Total Investment in Fixed Assets (100 million yuan)**	**7048.46**
社会消费品零售总额(亿元)	**Total Retail Sales of Consumer Goods (100 million yuan)**	**3611.82**
实际利用外资金额(亿美元)	**Amount of Foreign Capital Actually Utilized (USD 100 million)**	**16.03**
在校学生数(万人)	**Student Enrollment (10 000 persons)**	
普通高等学校	Number of Regular Institutes of Higher Education	37.06
中等专业学校	Number of Specialized Secondary Schools	10.25
普通中学	Number of Regular Secondary Schools	59.14
小 学	Number of Primary Schools	59.60
成人高等学校	Noumber of Schools Higher Education for Aduals	4.05
医院、卫生院数(个)	**Number of Hospitals (units)**	**1253**
医院、卫生院床位数(万张)	**Number of Beds in Hospitals (10 000 units)**	**6.46**
卫生技术人员数(万人)	**Number of Medical Technical Personnel in Hospitals (10 000 persons)**	**7.30**
专业技术人员数(万人)	**Number of Technical Personnel (10 000 persons)**	**28.63**
在岗职工工资总额(亿元)	**Total Wages of Fully Emploged Staff and Workers (100 million yuan)**	**846.95**
个人储蓄存款余额(亿元)	**The Balance of Savings Deposits of Individuals (100 million yuan)**	**5066.10**
公共财政预算收入(亿元)	**Public Budgetary Financial Revenue(10 000 yuan)**	**635.67**

11-2 城市主要经济指标(2013年)
Main Economic Indicators of Cities(2013)

城市名称	City	土地面积(万平方公里) Total Area (10 000 Sq.km)	年末总人口(万人) Population (year-end) (10 000 persons)	年末非农业人口(万人) Nonagricultural Population (year-end) (10 000 persons)	生产总值(不包括市辖县)(亿元) Gross Domestic Product (100 million yuan)
合 计	**Total**	**68.37**	**2231.70**	**956.35**	**10034.37**
呼和浩特市	Hohhot City	1.72	233.96	116.71	1983.61
包头市	Baotou City	2.78	225.02	139.23	2941.84
呼伦贝尔市	Hulunbeier City	25.28	253.19	176.55	253.74
通辽市	Tongliao City	5.95	321.17	122.92	713.99
赤峰市	Chifeng City	9.00	464.30	113.93	727.16
乌兰察布市	Wulanchabu City	5.45	283.30	77.69	154.34
鄂尔多斯市	Erdos City	8.69	154.34	48.85	880.28
巴彦淖尔市	Bayannaoer City	6.44	183.24	60.51	264.43
乌海市	Wuhai City	0.18	55.31	52.32	575.09
满洲里市	Manzhouli City	0.07	17.16	17.14	194.97
扎兰屯市	Zhalantun City	1.68	42.18	16.62	165.67
牙克石市	Yakeshi City	2.78	35.08	34.01	212.02
根河市	Genhe City	2.00	15.33	15.32	37.65
额尔古纳市	Eerguna City	2.90	8.34	7.74	40.92
乌兰浩特市	Wulanhaote City	0.27	32.37	24.53	136.19
阿尔山市	Aershan City	0.74	4.85	4.85	13.82
霍林郭勒市	Huolinguole City	0.06	8.22	7.63	320.57
二连浩特市	Erlianhaote City	0.40	2.71	2.55	79.04
锡林浩特市	Xilinhaote City	1.48	17.94	15.71	206.47
丰镇市	Fengzhen City	0.27	33.83	10.65	132.57

11-2 续表 1 continued

城市名称	City	农业总产值(亿元) Gross Agricultural Output Value (100 million yuan)	不包括市辖县 Counties Excluded	工业总产值(亿元) Gross Industrial Output Value (100 million yuan)	不包括市辖县 Counties Excluded	客运总量(万人) Total Passenger Traffic (10 000 persons)	货运总量(万吨) Total Freight Traffic (10 000 tons)	固定资产投资(亿元) Investment in Fixed Assets (10000 million yuan)	不包括市辖县 Counties Excluded
合 计	**Total**	**2426.85**	**660.63**	**18451.53**	**8552.00**	**25158**	**194853**	**14088.71**	**7048.46**
呼和浩特市	Hohhot City	235.06	50.21	1503.60	494.39	1070	12144	1499.83	804.36
包头市	Baotou City	176.87	51.38	3252.86	2495.61	2269	41300	2991.37	2160.49
呼伦贝尔市	Hulunbeier City	431.13	14.07	1346.93	221.30	4854	17098	1080.03	266.69
通辽市	Tongliao City	427.57	94.96	2965.02	1086.01	3746	10754	1577.65	664.74
赤峰市	Chifeng City	436.97	105.18	2074.32	920.02	5129	12052	1567.47	605.80
乌兰察布市	Wulanchabu City	230.09	6.56	1080.67	124.50	1996	6904	800.67	181.68
鄂尔多斯市	Erdos City	165.51	2.57	4267.94	468.78	2758	66609	2996.04	650.11
巴彦淖尔市	Bayannaoer City	269.14	72.64	863.35	240.84	1915	3784	803.17	200.30
乌海市	Wuhai City	8.86	8.86	717.01	717.01	547	12170	416.97	416.97
满洲里市	Manzhouli City	5.84	5.84	134.24	134.24	245	4500	135.56	135.56
扎兰屯市	Zhalantun City	69.44	69.44	202.76	202.76	1220	1428	150.01	150.01
牙克石市	Yakeshi City	61.33	61.33	254.94	254.94	612	5274	160.07	160.07
根河市	Genhe City	16.88	16.88	17.65	17.65	61	171	18.08	18.08
额尔古纳市	Eerguna City	23.94	23.94	24.40	24.40	44	1400	29.26	29.26
乌兰浩特市	Wulanhaote City	18.51	18.51	126.31	126.31	336	1270	116.07	116.07
阿尔山市	Aershan City	4.52	4.52	0.65	0.65	24	64	44.19	44.19
霍林郭勒市	Huolinguole City	5.41	5.41	541.70	541.70	83	9900	183.78	183.78
二连浩特市	Erlianhaote City	0.91	0.91	50.95	50.95	62	336	43.08	43.08
锡林浩特市	Xilinhaote City	21.71	21.71	201.92	201.92	452	10368	152.18	152.18
丰镇市	Fengzhen City	25.71	25.71	228.02	228.02	246	672	65.05	65.05

注：工业总产值为规模以上工业企业。

a) The gross industrial output value is covered all state-owned and Non-state-owned industrial enterprises above designated size.

11-2 续表 2 continued

城市名称	City	公共财政预算收入(亿元) Public Budgetary Financial Revenue(10 000 yuan)	#不包括市辖县 Counties Excluded	个人储蓄存款余额(亿元)The Balance of Savings Deposits of Individuals (100 million yuan)	在岗职工人 数(万人) Number of Fully-empolyec Staff and Workers (10 000 persons)	#不包括市辖县 Counties Excluded	在岗职工工资总额(亿元) Total Wages of Fully-empolyed Staff and Workers (100 million yuan)	#不包括市辖县 Counties Excluded
合 计	**Total**	**1322.77**	**635.67**	**6997.72**	**257.53**	**158.49**	**1364.33**	**846.95**
呼和浩特市	Hohhot City	182.02	95.44	1414.62	40.43	33.23	204.95	171.14
包头市	Baotou City	215.12	173.08	1157.92	41.10	36.20	220.40	192.38
呼伦贝尔市	Hulunbeier City	87.14	11.11	659.93	30.14	6.31	155.54	34.29
通辽市	Tongliao City	103.63	29.27	426.42	27.99	8.52	120.82	39.06
赤峰市	Chifeng City	91.18	39.49	861.63	35.71	15.96	183.10	87.00
乌兰察布市	Wulanchabu City	42.45	24.59	458.42	15.82	5.92	72.75	24.33
鄂尔多斯市	Erdos City	440.02	88.78	1179.39	30.45	8.43	211.31	61.44
巴彦淖尔市	Bayannaoer City	57.93	17.13	327.08	15.07	7.05	70.54	34.98
乌海市	Wuhai City	68.49	68.49	269.14	10.32	10.32	70.28	70.28
满洲里市	Manzhouli City	12.81	12.81	112.77	3.54	3.54	11.51	11.51
扎兰屯市	Zhalantun City	4.54	4.54	61.08	0.30	0.30	13.98	13.98
牙克石市	Yakeshi City	5.23	5.23	96.95	3.30	3.30	15.73	15.73
根河市	Genhe City	1.35	1.35	42.83	2.84	2.84	5.93	5.93
额尔古纳市	Eerguna City	2.16	2.16	23.06	2.18	2.18	7.06	7.06
乌兰浩特市	Wulanhaote City	7.26	7.26	94.92	4.17	4.17	20.04	20.04
阿尔山市	Aershan City	1.01	1.01	9.42	0.59	0.59	2.54	2.54
霍林郭勒市	Huolinguole City	22.86	22.86	41.43	2.31	2.31	14.93	14.93
二连浩特市	Erlianhaote City	4.02	4.02	33.84	0.69	0.69	4.32	4.32
锡林浩特市	Xilinhaote City	22.49	22.49	105.00	5.04	5.04	27.75	27.75
丰镇市	Fengzhen City	4.54	4.54	49.23	1.58	1.58	8.26	8.26

11-3 城市公用事业基本情况
Basic Statistics on Urban Public Utilities

项 目	Item	2012	2013
城市建设	**Cities Areas and Floor Space of Buildings**		
城区面积(平方公里)	Urban Area (sq.km)	8500.97	8355.93
建成区面积(平方公里)	Area of Built Districts(sq.km)	1132.78	1206.21
城市建设用地面积(平方公里)	Area of Land Used for Urban Construction(sq.km)	1198.84	1187.54
城市人口密度(人/平方公里)	Population Density of Urban Districts(person/sq.km)	1032.00	1059.00
供水、供气及供热	**Water Supply, Gas Supply and Heating**		
自来水年供水量(万吨)	Annual Supply of Tap Water(10 000 tons)	64869.58	71577.73
# 生活用水量	Water Consumption for Residentialuse	27556.48	30283.38
平均每人日生活用水(升)	Per Capita Water Consumption for Residential use(liter)	91.12	97.47
用水普及率(%)	Percentage of Population with Access to Tap Water(%)	94.43	96.23
煤气供气量(万立方米)	Coal Gas Supply(10 000 cu.m)	2785.50	3500.00
# 家庭用量	Consumption of Coal Gas for Residential Use	2603.00	2944.00
天然气供气量(万立方米)	Natural Gas Supply(10 000 cu.m)	113039.52	104731.85
# 家庭用量	Consumption of Natural Gas for Residedtial Use	17325.16	19651.23
液化石油气供气量(吨)	Liquefied Petroleum Gas(ton)	98495.63	69174.24
# 家庭用量(吨)	Consumption of Liquefied Gas for Residential use(ton)	89889.23	60932.44
煤气管道长度(公里)	Length of Gas Pipelines(km)	507	507
燃气普及率(%)	Percentage of Population with Access to Gas(%)	84.39	87.93
集中供热面积(万平方米)	Heated Area(10 000 sq.m)	32921.23	39020.20
市政工程	**Municipal Engineering**		
铺装道路长度(公里)	Length of Paved Roads(km)	7299.27	8222.74
平均每万人拥有道路长度(公里)	Length of Paved Roads per 10000 Population(km)	8.32	9.30
铺装道路面积(万平方米)	Area of Paved Roads(10 000 sq.m)	15502.40	17417.79
人均城市道路面积(平方米)	Area of Paved Roads per Population(sq.m)	17.67	19.69
下水道长度(公里)	Length of Sewer Pipelines(km)	10012	11208
建成区排水管道密度(公里/平方公里)	Desity of City Sewage Pipes(km/sq.km)	8.84	9.29
公共交通	**Public Traffic**		
公共汽车总数(辆)	Number of Public Transportation Vehicles(unit)	5705	6676
平均每万人拥有(辆)	Number of Public Transportation Vehicles Per 10 000 Population(unit)	6.50	7.55
出租汽车(辆)	Taxi(unit)	39047	39391
城市绿化	**Afforestation in Cities**		
园林绿地面积(公顷)	Area of Green Land(hectare)	46727	49333
人均公园绿地面积(平方米)	Per Capita Area of Parks and Green Land(sq.m)	15.52	16.90
公园动物园个数(个)	Number of Parks and Zoos(unit)	200	220
公园动物园面积(公顷)	Area of Parks and Zoos(hectare)	10440	11539
环境卫生	**Environmental Sanitation**		
清运垃圾(万吨)	Volume of Garbage Disposal(10 000 tons)	385.91	350.06
清运粪便(万吨)	Disposal of Excrement and Urine(10 000 tons)	105.95	82.75
每万人有公厕(座)	Public Lavatories per 10 000 Population(unit)	5.08	4.85

注：人均和普及率指标均按城区人口与城区暂住人口之和计算，以公安部门的户籍统计和暂住人口统计为准。

a)Per capita data and coverage rate are calculated on the basis of the sum of districts area population and temporarily residing population,which are provided by the Ministry of Public Security.

11-4 城市建设情况(2013年)

Statistics on City Construction (2013)

地区	Region	建成区面积(平方公里) Developed Areas (sq.km)	征用土地面积(平方公里) Land Put in Requisition for State Construction Projects (sq.km)	市区人口密度(人/平方公里) Population Density of Urban Districts (person/sq.km)	城区面积(平方公里) Urban Area (sq.km)	城市建设用地面积(平方公里) Area of Land Used for Urban Construction(sq.km)
合 计	**Total**	**1206.21**	**16.55**	**1059**	**8355.93**	**1187.54**
呼和浩特市	Hohhot City	259.07	1.75	5895	322.42	247.65
包头市	Baotou City	186.00		2000	885.00	186.00
呼伦贝尔市	Hulunbeier City	59.46		1203	265.40	59.46
通辽市	Tongliao City	61.20	3.40	6507	75.63	61.20
赤峰市	Chifeng City	103.90		1692	560.00	80.28
乌兰察布市	Wulanchabu City	60.00	4.81	5550	60.00	52.18
鄂尔多斯市	Erdos City	112.58		3104	195.58	155.00
巴彦淖尔市	Bayannaoer City	42.00		548	698.00	39.50
乌海市	Wuhai City	62.92	0.25	364	1754.00	56.93
满洲里市	Manzhouli City	27.06		290	732.44	27.00
扎兰屯市	Zhalantun City	19.20	1.02	342	385.00	18.25
牙克石市	Yakeshi City	19.00		3359	39.00	18.78
根河市	Genhe City	17.50		205	350.00	12.45
额尔古纳市	Eerguna City	10.38		44	804.00	10.38
乌兰浩特市	Wulanhaote City	38.50	0.91	4783	55.80	24.26
阿尔山市	Aershan City	10.44		644	108.70	8.00
霍林郭勒市	Huolinguole City	24.00		227	585.00	21.81
二连浩特市	Erlianhaote City	27.00		1582	45.96	45.96
锡林浩特市	Xilinhaote City	41.00	4.41	473	409.00	38.75
丰镇市	Fengzhen City	25.00		5452	25.00	23.70

11-5 城市自来水(2013 年)

Basic Statistics on Tap Water Supply in Cities(2013)

地区	Region	年末自来水生产能力(万吨/日) Production Capacity of Tap Water (year-end) (10 000 tons/day)	年末供水管道长度(公里) Length of Water Supply Pipelines (year-end) (km)	全年供水总量(万吨) Total Annual Volume of Water Supply (10 000 tons)	# 生活用水 For Residential Use	# 生产用水 For Productive Use	用水人口(万人) Number of Residents with Access to Tap Water (10 000 persons)	人均日生活用水量(升) Per Capita Daily Consumption of Tap Water for Resideditial Use(litre)
合计	**Total**	**378.06**	**10290**	**71578**	**30283**	**31854**	**851.18**	**97.47**
呼和浩特市	Hohhot City	54.71	754	13836	5608	4718	186.93	82.19
包头市	Baotou City	60.85	1609	16990	5632	9077	176.00	87.67
呼伦贝尔市	Hulunbeier City	10.00	251	2178	1322	701	30.18	120.01
通辽市	Tongliao City	45.80	560	5121	1967	2546	46.50	115.87
赤峰市	Chifeng City	41.16	1156	10493	3187	6521	90.22	96.77
乌兰察布市	Wulanchabu City	8.67	319	1508	1003	314	32.30	85.08
鄂尔多斯市	Erdos City	19.80	772	3472	2497	653	60.27	113.50
巴彦淖尔市	Bayannaoer City	8.06	443	2126	1762	126	36.53	132.15
乌海市	Wuhai City	49.38	2095	4221	2077	1730	62.50	91.06
满洲里市	Manzhouli City	9.50	466	1192	860	72	20.99	112.28
扎兰屯市	Zhalantun City	6.45	93	2340	291	2019	12.29	64.87
牙克石市	Yakeshi City	4.60	80	1295	550	705	12.00	125.57
根河市	Genhe City	7.10	28	315	257	43	6.53	107.93
额尔古纳市	Eerguna City	1.00	62	99	89	7	3.00	81.70
乌兰浩特市	Wulanhaote City	21.35	324	2913	1149	1668	22.84	137.83
阿尔山市	Aershan City	3.60	28	56	27	17	1.30	57.11
霍林郭勒市	Huolinguole City	5.60	360	878	678	108	12.50	148.62
二连浩特市	Erlianhaote City	4.00	148	400	141	137	7.27	53.21
锡林浩特市	Xilinhaote City	8.45	574	1253	759	370	18.08	115.01
丰镇市	Fengzhen City	7.98	172	891	427	323	12.95	90.26

11-6 城市煤气、液化石油气、天然气(2013年)

Basic Statistics on Supply of Gas, Liquefied Petroleum Gas and Natural Gas in Cities(2013)

地区	Region	人工煤气生产能力(万立方米/日) Production Capacity of Coal Gas(10 000 cu.m/day)	管道长度(公里) Length of Gas Pipelines(km)		全年供气总量 Total Gas Supply			用气人口(万人) Population with Access to Gas(10 000 persons)		
			人工煤气 Coal Gas	天然气 Natural Gas	人工煤气(万立方米) Coal Gas (10 000 cu.m)	液化石油气(吨) Liquefied Petroleum Gas(ton)	天然气(万立方米) Natural Gas (10 000 cu.m)	人工煤气 Coal Gas	液化石油气 Liquefied Petroleum Gas	天然气 Natural Gas
合计	**Total**	**164**	**507**	**5990**	**3500**	**69174**	**104732**	**40.20**	**278.85**	**458.74**
呼和浩特市	Hohhot City			2342			37474			176.00
包头市	Baotou City	164	507	1128	3500	9720	42284	40.20	24.00	105.60
呼伦贝尔市	Hulunbeier City					7040			27.20	
通辽市	Tongliao City			455		6660	1616		22.40	23.17
赤峰市	Chifeng City			338		15510	684		74.72	16.40
乌兰察布市	Wulanchabu City			272		3785	2552		16.40	11.90
鄂尔多斯市	Erdos City			941		2700	9869		9.64	40.20
巴彦淖尔市	Bayannaoer City			71			3485			33.90
乌海市	Wuhai City			220		1331	2965		8.42	34.78
满洲里市	Manzhouli City					6617			18.90	
扎兰屯市	Zhalantun City			38		2710	1392		10.10	0.98
牙克石市	Yakeshi City			15		2068	100		10.02	0.83
根河市	Genhe City					982			5.88	
额尔古纳市	Eerguna City					762			3.35	
乌兰浩特市	Wulanhaote City			57		3224	88		15.10	5.75
阿尔山市	Aershan City					80			0.50	
霍林郭勒市	Huolinguole City					2204			7.55	
二连浩特市	Erlianhaote City					890	245		6.30	
锡林浩特市	Xilinhaote City			105		1940	1537		15.00	3.00
丰镇市	Fengzhen City			8		952	443		3.37	6.23

11-7 城市集中供热(2013年)

Basic Statistics on Heating in Cities(2013)

地区	Region	供应能力 Heating Capacity		供热总量 Volume Supplied		管道长度(公里) Length of Pipelines(km)		供热面积(万平方米) Heated Area (10 000 sq.m)
		蒸汽(吨/小时) Steam (ton/hour)	热水(兆瓦) Hot Water (mw)	蒸汽(万吉焦) Steam (10 000 gigajouies)	热水(万吉焦) Hot Water (10 000 gigajoules)	蒸汽 Steam	热水 Hot Water	
合计	**Total**	**767**	**33729**	**671**	**22367**	**164**	**8401**	**39020.2**
呼和浩特市	Hohhot City		7422		4085		1420	8772.0
包头市	Baotou City		7361		4926		865	6965.0
呼伦贝尔市	Hulunbeier City		1144		1171		213	1267.0
通辽市	Tongliao City		1150		910		569	2248.8
赤峰市	Chifeng City	247	3551	132	2220	8	1120	3579.5
乌兰察布市	Wulanchabu City		1287		964		342	1380.8
鄂尔多斯市	Erdos City		5040		2442		1012	5237.3
巴彦淖尔市	Bayannaoer City		1346		917		622	1410.0
乌海市	Wuhai City		679		507		426	1840.8
满洲里市	Manzhouli City	450	668	363	482	136	370	1182.4
扎兰屯市	Zhalantun City		261		320		65	387.7
牙克石市	Yakeshi City		341		522		198	560.0
根河市	Genhe City		130		299		31	138.8
额尔古纳市	Eerguna City		105		133		37	130.0
乌兰浩特市	Wulanhaote City		959		645		423	1067.2
阿尔山市	Aershan City	70	60	175	30	20	49	80.0
霍林郭勒市	Huolinguole City		158		320		90	493.0
二连浩特市	Erlianhaote City		366		226		240	383.1
锡林浩特市	Xilinhaote City		1353		950		248	1300.0
丰镇市	Fengzhen City		347		298		60	596.8

11-8 城市市政工程(2013 年)

Basic Statistics on Municipal Engineering in Cities(2013)

地区	Region	年末实有铺装道路长度(公里) Length of Paved Roads (year-end) (km)	年末实有铺装道路面积(万平方米) Area of Paved Roads (year-end) (10 000 sq.m)	城市桥梁(座) Number of Bridges (unit)	城市排水管道长度(公里) Length of Sewer Pipelines (km)	城市污水日处理能力(万吨) Daily Disposal Capacity of Sewage (10 000 tons)	城市路灯(千盏) Number of Street Lights (1000 unit)
合计	**Total**	**8223**	**17418**	**369**	**11208**	**171.4**	**855.1**
呼和浩特市	Hohhot City	905	2169	76	1418	26.0	352.9
包头市	Baotou City	1411	2504	39	1997	28.7	75.0
呼伦贝尔市	Hulunbeier City	352	954	9	484	10.0	20.9
通辽市	Tongliao City	485	1049	15	731	20.0	83.4
赤峰市	Chifeng City	597	1676	37	725	24.0	29.4
乌兰察布市	Wulanchabu City	373	864	18	311	7.8	45.8
鄂尔多斯市	Erdos City	1188	2914	15	2065	9.0	53.2
巴彦淖尔市	Bayannaoer City	542	943	9	1090	7.0	21.0
乌海市	Wuhai City	556	857	51	289	8.5	32.2
满洲里市	Manzhouli City	444	769	11	292	2.0	6.9
扎兰屯市	Zhalantun City	130	251	29	129	4.0	16.0
牙克石市	Yakeshi City	92	307	3	93	3.4	5.4
根河市	Genhe City	45	107	4	28	1.5	1.2
额尔古纳市	Eerguna City	77	82	3	53	1.0	2.2
乌兰浩特市	Wulanhaote City	222	423	9	339	6.0	12.9
阿尔山市	Aershan City	70	70	7	35	1.0	1.8
霍林郭勒市	Huolinguole City	122	380	10	352	4.0	5.3
二连浩特市	Erlianhaote City	134	259	2	163	1.5	8.6
锡林浩特市	Xilinhaote City	282	564	4	441	4.0	77.2
丰镇市	Fengzhen City	196	275	18	173	2.0	3.8

11-9 城市公共汽车、出租汽车(2013 年)
Basic Statistics on Buses and Taxis in Cities(2013)

地区	Region	年末实有公共汽车(辆) Public Transportation Vehicles(year-end) (unit)	运客总数 (万人次) Number of Passengers Carried (10 000 Person times)	出租汽车 (辆) Number of Taxis (unit)
合 计	**Total**	**6676**	**100982**	**39391**
呼和浩特市	Hohhot City	1946	36240	5568
包头市	Baotou City	1194	15740	5841
呼伦贝尔市	Hulunbeier City	327	1800	2131
通辽市	Tongliao City	382	4920	3049
赤峰市	Chifeng City	657	22496	3784
乌兰察布市	Wulanchabu City	228	1650	3495
鄂尔多斯市	Erdos City	455	3000	2410
巴彦淖尔市	Bayannaoer City	111	1052	1237
乌海市	Wuhai City	428	4740	953
满洲里市	Manzhouli City	243	1628	1073
扎兰屯市	Zhalantun City	53	800	1059
牙克石市	Yakeshi City	56	422	1966
根河市	Genhe City	32	342	309
额尔古纳市	Eerguna City	15	53	551
乌兰浩特市	Wulanhaote City	153	2600	2211
阿尔山市	Aershan City	25	71	308
霍林郭勒市	Huolinguole City	202	1168	546
二连浩特市	Erlianhaote City	35	190	492
锡林浩特市	Xilinhaote City	95	1520	1784
丰镇市	Fengzhen City	39	550	624

11-10 城市园林绿化(2013 年)
Basic Statistics on Parks, Gardens and Green Areas in Cities(2013)

地区	Region	园林绿地面积(公顷) Area of Green Land(hectare)	公园绿地面积(公顷) Park Green Area(hectare)	公园(个) Number of Parks (unit)	公园面积(公顷) Area of Parks (hectare)
合计	**Total**	**49333**	**14951**	**220**	**11539**
呼和浩特市	Hohhot City	7308	2853	25	2730
包头市	Baotou City	7523	2255	23	1792
呼伦贝尔市	Hulunbeier City	1350	687	7	518
通辽市	Tongliao City	2607	779	7	688
赤峰市	Chifeng City	3693	1533	35	491
乌兰察布市	Wulanchabu City	2257	1166	13	1263
鄂尔多斯市	Erdos City	10692	1813	55	1598
巴彦淖尔市	Bayannaoer City	1593	627	6	211
乌海市	Wuhai City	2272	782	14	670
满洲里市	Manzhouli City	770	273	4	48
扎兰屯市	Zhalantun City	2375	184	1	68
牙克石市	Yakeshi City	634	169	1	66
根河市	Genhe City	442	94	1	73
额尔古纳市	Eerguna City	426	50	2	18
乌兰浩特市	Wulanhaote City	1216	438	3	373
阿尔山市	Aershan City	439	277	1	208
霍林郭勒市	Huolinguole City	642	132	6	132
二连浩特市	Erlianhaote City	840	125	4	120
锡林浩特市	Xilinhaote City	1431	310	6	305
丰镇市	Fengzhen City	823	404	6	167

11-11 城市公共卫生(2013 年)
Basic Statistics on Urban Sanitation in Cities(2013)

地区	Region	清扫面积 (万平方米) Area Under Cleaning Program (10 000 sq.m)	生活垃圾清运量 (万吨) Volume of Garbage Disposal (10 000tons)	粪便清运量 (万吨) Volume of Excrement and Urine Disposal (10 000 tons)	市容环卫专用车辆设备总数 (台) Number of Special Vehicles for Environment (unit)	公共厕所 (座) Number of Public Lavatories (unit)
合 计	**Total**	**17171**	**350.1**	**82.8**	**2568**	**4291**
呼和浩特市	Hohhot City	3383	59.5	22.7	548	584
包头市	Baotou City	2436	51.4	12.1	386	269
呼伦贝尔市	Hulunbeier City	711	11.3	1.9	147	148
通辽市	Tongliao City	671	20.7	9.0	74	174
赤峰市	Chifeng City	1380	52.1	4.7	168	200
乌兰察布市	Wulanchabu City	481	12.0	2.0	84	282
鄂尔多斯市	Erdos City	3740	21.6	3.7	227	316
巴彦淖尔市	Bayannaoer City	738	16.8	3.0	87	334
乌海市	Wuhai City	630	25.0	18.8	145	511
满洲里市	Manzhouli City	798	6.6		74	460
扎兰屯市	Zhalantun City	160	11.3		240	248
牙克石市	Yakeshi City	120	4.8		30	37
根河市	Genhe City	93	3.3	0.1	15	19
额尔古纳市	Eerguna City	75	3.4		41	9
乌兰浩特市	Wulanhaote City	448	17.0	1.0	38	166
阿尔山市	Aershan City	50	2.1		7	39
霍林郭勒市	Huolinguole City	361	7.2		49	28
二连浩特市	Erlianhaote City	240	6.8	0.4	62	57
锡林浩特市	Xilinhaote City	506	12.0	2.1	72	115
丰镇市	Fengzhen City	150	5.3	1.4	74	295

11-12 城市设施水平(2013年)

Level of Public Facilities in Cities(2013)

地区	Region	城市人口用水普及率(%) Percentage of Population with Access to Tap Water(%)	城市燃气普及率(%) Percentage of Population with Access to Gas(%)	每万人拥有公共汽车辆(标台) Number of Public Buses per 10 000 Persons (st.set)	人均城市道路面积(平方米) Per Capita Area of Paved Roads (sq.m)	人均公园绿地面积(平方米) Per Capita Area of Parks and Green Land (sq.m)	每万人拥有公共厕所(座) Number of Public Lavatories per 10 000 Population (unit)
全区	**All Region**	**96.23**	**87.93**	**7.55**	**19.69**	**16.90**	**4.85**
呼和浩特市	Hohhot City	98.35	92.60	10.24	11.41	15.01	3.07
包头市	Baotou City	99.44	95.93	6.75	14.15	12.74	1.52
呼伦贝尔市	Hulunbeier City	94.49	85.16	10.24	29.88	21.51	4.63
通辽市	Tongliao City	94.49	92.60	7.76	21.31	15.83	3.54
赤峰市	Chifeng City	95.20	96.15	6.93	17.68	16.18	2.11
乌兰察布市	Wulanchabu City	97.00	84.98	6.85	25.96	35.02	8.47
鄂尔多斯市	Erdos City	99.29	82.11	7.50	48.01	29.87	5.21
巴彦淖尔市	Bayannaoer City	95.50	88.63	2.90	24.66	16.39	8.73
乌海市	Wuhai City	97.84	67.63	6.70	13.41	12.24	8.00
满洲里市	Manzhouli City	98.92	89.07	11.45	36.25	12.87	21.68
扎兰屯市	Zhalantun City	93.25	84.07	4.02	19.03	13.96	18.82
牙克石市	Yakeshi City	91.60	82.82	4.27	23.45	12.90	2.82
根河市	Genhe City	90.82	81.78	4.45	14.94	13.07	2.64
额尔古纳市	Eerguna City	84.27	94.10	4.21	23.00	14.04	2.53
乌兰浩特市	Wulanhaote City	85.58	78.12	5.73	15.86	16.41	6.22
阿尔山市	Aershan City	18.57	7.14	3.57	9.97	39.57	5.57
霍林郭勒市	Huolinguole City	94.20	56.90	15.22	28.64	9.95	2.11
二连浩特市	Erlianhaote City	100.00	86.66	4.81	35.59	17.19	7.84
锡林浩特市	Xilinhaote City	93.44	93.02	4.91	29.14	16.02	5.94
丰镇市	Fengzhen City	95.01	70.43	2.86	20.14	29.64	21.64

主要统计指标解释

年末自来水生产能力 指年底城建部门管理的自来水厂和自备水源的社会单位取水、净化、送水、出厂输水干管等环节的实际生产能力。

年末供水管道长度 指从送水泵到用户水表之间所有管道的长度。全年供水总量指公用自来水厂和自备水源的社会单位全年的供水总量,包括有效供水量及损失水量。

年末供水总量 指报告期供水企业(单位)供出的全部水量,包括有效供水量及损失水量。

生活用水量 指居民日常生活与公共福利设施的用水量,包括居民、饮食店、旅馆、医院、理发店、浴池、洗衣店、游泳池、商店、学校、机关、部队等单位的用水量。

城市人口用水普及率 指城市用水的非农业人口数(不包括临时人口和流动人口)与城市非农业人口总数之比。计算公式为:

用水普及率 = 城市用水的非农业人口数 / 城市非农业人口数 × 100%

人工煤气生产能力 指城市煤气厂制气、净化、输送等环节的综合实际生产能力。

输气管道长度 指由压缩机、鼓风机、储气罐的出口到用户煤气表之间的全部管道长度。

全年供气总量 指全年售给各类用户的全部煤气量,包括工业用量、家庭用量和其他用量。

城市用气普及率 指使用煤气(包括人工煤气、液化石油气、天然气)的城市非农业人口数(不包括临时人口和流动人口)与城市非农业人口总数之比。计算公式为:

城市煤气普及率 = 城市用气的非农业人口数 / 城市非农业人口总数 × 100%

城市供热能力 指热电厂、热力公司和达到标准的集中采暖锅炉房和城市输送的供热源的设计能力,即每小时向城市输送蒸汽、热水的能力。

城市供热总量 指热电厂、热力公司和达到标准的集中采暖锅炉房向城市输送的全部蒸汽、热水量。

城市供热管道长度 指热电厂、热力公司和达到标准的集中采暖锅炉房管理的集中供热热源到用户之间的全部供气、供热水的管道长度。

年底实有铺装道路长度 指除土路外,路面经过铺装宽度在 3.5 米以上的道路,包括高级、次高级道路和普通道路。

城市桥梁 指城市范围内,修建在河道上的桥梁和道路与道路立交、道路跨越铁路的立交桥及人行天桥。包括永久性桥和半永久性桥,不包括临时性桥、铁路桥、涵洞。

城市下水道总长度 指所有排水总管、干管、支管及暗渠、检查井、连接井进出水口等长度之和。

城市污水日处理能力 指污水处理厂每昼夜处理污水量的设计能力。

年末实有公共汽车 指年底可参加营运的全部车辆数,包括营运车辆数和库存查封未参加营运的车辆。不包括非营运车辆,如架线车、油罐车、工程车、货车及其他专用车辆和借入的客运车辆。

城市园林绿地面积 指城市公共绿地、专用绿地、生产绿地、防护绿地、郊区风景名胜区的全部面积。

公共绿地 指供游览休息的各种公园、动物园、植物园、陵园以及花园、游园和供游览休息用的林荫道绿地、广场绿地,不包括一般栽植的行道树及林荫道的面积。

Explanatory Notes on Main Statistical Indicators

Production Capacity of Tap Water at the Year-end refers to the actual comprehensive production capacity of the waterworks administered by the urban construction department and those owned by enterprises or institutions, taking the capacity of the main links, such as water inflow, purification, conveyance and outflow of the trunk pipelines into account.

Length of Water Supply Pipelines at the Year-end refers to the total length of all the pipelines between the water pumps and the users water meters.

Annual Volume of Water Supply refers to the total volume of water supplied by the public water works and those owned by individual enterprises and institutions during the whole year, including both the effective water supply and loss during the water supply.

Consumption of Water for Residential Use refers to the water consumption of households for daily life and the water consumption of public welfare facilities, including the consumption of restaurants, hotels, hospitals, barber shops, public bathhouses, laundries, swimming pools, shops, schools, institutions, army units and other units.

Percentage of Urban Population with Access to Tap Water refers to the ratio of the urban non-agricultural population (excluding temporary and mobile population) with access to tap water to the total urban non-agricultural population. The formula is:

Percentage of Population with Access to Tap Water = Urban Non-agricultural Population with Access to Tap Water ÷ Urban Non-agricultural Population × 100%

Production Capacity of Gasworks Gas refers to the actual comprehensive production capacity of the urban gasworks in gas generation, purification and delivery.

Length of Gas Pipelines refers to the total length of pipelines between the outlet of the compressor, blower or gas tank and the gas meters of users.

Volume of Gas Supply refers to the total volume of gas sold to users in a year, including the volume for industrial use, residential use and other uses.

Percentage of Urban Population with Access to the Gas refers to ratio of the urban non-agricultural population with access to gas(including gas, liquefied petroleum gas and natural gas) to the urban non agricultural population(excluding temporary and mobile population). The formula is:

Percentage of Population with Access to Gas = Urban Non-agricultural Population with Access to Gas ÷

Urban Non-agricultural Population × 100%

Heating Capacity in Urban Area refers to the capacity of hourly supply of steam and hot water to cities by thermal power plants, heating corporations and centralized heating boiler rooms which meet certain standard.

Heating Volume in Urban Area refers to the total volume of steam and hot water supplied to cities every year by thermal power plants, heating corporations and centralized heating boiler rooms which meet certain standard.

Length of Heating Pipelines refers to the total length of pipelines for centralized supply of steam and hot water from the thermal power plants, heating corporations and centralized heating boiler rooms which meet certain standard to the users.

Length of Paved Roads at the Year-end refers to the length of roads with a paved surface, and with a width of more than 3.5 meters, including high quality, medium quality and ordinary roads.

Urban Bridges refer to bridges over river courses, great separated junctions and overpasses in urban areas. Permanent bridges and semi permanent bridges are included. Temporary bridges, railway bridges and culverts are excluded.

Length of Urban Sewage Pipes refers to the total length of general drainage, trunks. Branch and blind drainage, inspection wells, connection wells, inlets and outlets, etc.

Daily Disposal Capacity of Urban Sewage refers to the designed 24-hour capacity of sewage disposal at the sewage treatment works.

Number of Public Vehicles at the Year-end refers to the total number of operational buses available at the year-end, including the year-end operational vehicles and vehicles in stock. Non-operational vehicles such as-tringing cars, tank cars, machine shop cars, trucks and other special vehicles and the borrowed passenger vehicles are excluded.

Area of Urban Gardens and Green Areas refers to the total area of urban public green land, special green land, production green land, protection green land and suburban scenic spots.

Public Green Area refers to green areas of various parks, zoos, botanical gardens, cemeteries, amusement parks, tree flanked boulevards' Greenland squares for tourism and relaxing. Areas with trees planted along side the streets and boulevards are excluded.

2014 NEIMENGGU

十二、农业

Agriculture

资料整理：王海英　顾文军　赵　燕　范志生　刘世友　李世杰
王元杰　王鹏飞　李丽萍
Arranged By Wang Haiying , Gu Wenjun , Zhao Yan , Fan Zhisheng , Liu Shiyou ,Li Shijie , Wang Yuanjie , Wang Pengfei ,Li Liping

12-1 农村牧区基层组织和农牧业基本情况(2013年)

Basic Conditions of Rural Grassroots Units, Farming &Animal Husbandry(2013)

指标	Item	总计 Total	农村 Farm Area	牧区 Pastoral Area
农村牧区基层组织情况	**Basic Conditions of Rural Grassroots Units**			
乡镇(苏木)(个)	Number of Township &Town Governments(unit)	768	520	248
#镇(个)	Number of Town Governments(unit)	493	394	99
村委会(嘎查)(个)	Number of Villages'Committees(unit)	11173	8599	2574
农村牧区社会基础设施	**Rural Fundamental Facilities of Society**			
自来水受益村(个)	Number of Villages Benefiting from Pipewater(unit)	6936	6025	911
通汽车村(个)	Number of Villages Automobiles Arriving at(unit)	10997	8565	2432
通电话村(个)	Number of Villages with Telecomm Services(unit)	10879	8550	2329
农村牧区人口与从业人口	**Rural Population &Employment**			
乡村户数(万户)	Number of Rural Households(10 000 households)	404.08	348.58	55.50
乡村人口(万人)	Rural Population(10 000 persons)	1349.04	1168.48	180.56
乡村劳动力资源(万人)	Resource of Rural Laborers(10 000 persons)	832.86	724.46	108.40
乡村从业人员(万人)	Number of Rural Employed Persons(10 000 persons)	742.84	646.30	96.54
男(万人)	Male(10 000 persons)	411.20	358.31	52.89
女(万人)	Female(10 000 persons)	331.64	287.99	43.64
按行业分乡村劳动力	**Rural Employed Persons by Sector**			
农林牧渔业从业人员(万人)	Number of Rural Employee of Farming, Foresting, Animal Husbandry & Fishery(10 000 persons)	550.22	466.84	83.38
#农业从业人员(万人)	Farming(10 000 persons)	453.49	415.55	37.94
牧业从业人员(万人)	Animal Husbandry(10 000 persons)	86.91	43.13	43.78
工业从业人员(万人)	Employed Persons of Industry(10 000 persons)	36.10	34.27	1.83
建筑业从业人员(万人)	Employed Persons of Construction(10 000 persons)	60.52	57.64	2.88
交通运输业、仓储及邮电通信从业人员(万人)	Employed Persons of Transport, Storage, Post &Telecommunication Services(10 000 persons)	20.31	19.22	1.09
批零贸易及餐饮从业人员(万人)	Employed Persons of Wholesale, Retail Trade & Catering Service(10 000 persons)	50.20	45.58	4.62
其他非农行业人员(万人)	Employed Persons of Other Non-agricultural Trades(10 000 persons)	25.49	22.76	2.74
农牧业生产条件	**Productive Condition of Farming & Animal Husbandry**			
农作物总播种面积(万公顷)	Total Sown Areas(10 000 hectares)	721.12		
年末草场面积(万公顷)	Areas of Grassland at Year-end(10 000 hectares)	8800.00		
有效灌溉面积(万公顷)	Irrigated Areas(10 000 hectares)	295.78		
农牧业机械总动力(万千瓦)	Total Power of Machinery for Farming &Animal Husbandry(10 000 kw)	3430.57		
化肥施用量(折纯)(万吨)	Consumption of Chemical Fertilizers(10 000 tons)	202.42		
农村牧区用电量(亿千瓦小时)	Electricity Consumed in Rural Area &Pastoral Area(100 Million kwh)	59.56		
主要农牧业生产情况	**Output of Farming &Animal Husbandry**			
粮食总产量(万吨)	Gross Yield of Grain(10 000 tons)	2773.00		
牲畜总增头数(万头只)	Total Number of Livestocks Added(10 000 heads)	6722.16		
肉类总产量(万吨)	Gross Output of Meat(10 000 tons)	244.90		
蔬菜总产量(万吨)	Gross Output of Vegetables(10 000 tons)	1421.07		

注:农村牧区基层组织情况数据来自于国家统计局反馈数。

a)Data of Basic Conditions of Rural Grassroots Units is from the feedback of National Bureau of Statistics.

12-2 农林牧渔业总产值

Gross Output Value of Farming, Forestry, Animal Husbandry and Fishery

单位:万元 (10 000 yuan)

年份 Year	农林牧渔业总产值 Total	# 农业 Farming	# 种植业 Plant Products Industry	# 林业 Forestry	# 畜牧业 Animal Husbandry	# 渔业 Fishery
1952	120600	96601	94430	844	22914	241
1957	112000	82992	25712	1792	26992	224
1962	170500	116281	100084	2387	50639	1193
1965	194000	129980	109998	4656	58200	1164
1970	240000	158160	140160	9360	72000	480
1975	308300	198545	169256	8016	101122	617
1978	283500	187961	173786	10490	84200	849
1979	315800	206533	189796	11369	97266	632
1980	306844	197403	181340	13460	95199	782
1981	394274	255550	232657	22848	114744	1132
1982	471608	307328	274780	31393	131391	1496
1983	524301	347389	299604	38108	136887	1917
1984	612772	408789	341956	44356	157230	2397
1985	731955	465638	401175	48284	214048	3985
1986	772500	483567	402848	43670	239908	5355
1987	877426	544449	450608	36254	290178	6545
1988	1223765	729359	614262	38582	447432	8392
1989	1267208	763517	639781	39968	453357	10366
1990	1569192	1031256	888314	62298	464131	11507
1991	1640837	1066021	918894	66705	494474	13637
1992	1802705	1156550	1005362	78040	552787	15328
1993	2208047	1420784	1265080	91549	677461	18253
1994	3093195	1892180	1682500	103350	1070005	27659
1995	3735936	2311734	2080477	121176	1271609	31417
1996	4653285	2995270	2731580	139653	1485617	32745
1997	5043396	3142026	2833824	152632	1712322	36416
1998	5343765	3353206	3032350	168785	1773911	47863
1999	5323166	3187204	2852798	210062	1871452	54448
2000	5431645	3083645	2725199	236071	2054581	57349
2001	5559041	3075703	2706529	260696	2162426	60216
2002	5869716	3321447	3043459	288371	2205642	54256
2003	6663815	3359567	2640337	479357	2671028	49373
2004	8513045	4115399	3334515	465808	3746932	59527
2005	9802098	4738918	3837514	397888	4445801	72420
2006	10584953	5422303	4338302	490057	4392499	91053
2007	12764437	6204176	4752347	636860	5596517	109486
2008	15257369	7166075	5683542	727163	6996335	117788
2009	15705841	7319020	5281536	782452	7214442	127069
2010	18435705	9004465	6569414	765727	8224208	158585
2011	22045061	10578457	7878996	931636	9983126	235197
2012	24493357	11719727	8764535	977552	11188550	260801
2013	26994991	13280732	9660572	961409	12084853	290411

注:本表绝对数按当年价格计算。

a)Data value terms in this table are calculated at current prices.

12-3 主要年份农林牧渔业总产值指数

Indices of Gross Output Value of Farming, Forestry, Animal Husbandry and Fishery

上年=100 (Preceding year=100)

年 份 Year	农林牧渔业总产值 Total	# 农 业 Farming	# 种 植 业 Plant Products Industry	# 林 业 Forestry	# 畜 牧 业 Animal Husbandry	# 渔 业 Fishery
1979	104.8	102.8	102.8	102.3	108.4	70.5
1980	87.1	81.4	96.3	87.1	96.9	96.3
1981	120.2	123.2	123.2	151.9	112.2	131.1
1982	115.8	115.2	115.2	113.8	111.9	101.6
1983	107.2	106.8	106.8	120.4	99.6	109.7
1984	112.1	110.1	110.1	113.3	105.1	106.7
1985	110.3	113.0	113.0	104.2	113.6	129.5
1986	94.7	88.9	88.9	85.8	104.1	121.6
1987	104.1	103.3	103.3	83.2	104.6	105.6
1988	114.2	120.2	120.2	95.6	109.0	109.6
1989	98.3	91.9	91.9	101.5	108.5	121.6
1990	120.2	133.7	133.7	114.1	102.4	100.8
1991	104.0	101.3	101.3	104.3	108.8	112.8
1992	105.8	106.8	106.7	113.0	105.2	110.0
1993	107.1	123.4	109.1	111.4	104.3	115.7
1994	103.3	99.3	96.7	104.7	108.4	124.7
1995	103.5	99.9	98.1	106.7	110.9	111.7
1996	123.7	131.4	136.0	103.8	114.9	99.7
1997	104.0	98.7	98.0	110.1	112.7	103.9
1998	106.5	108.5	108.8	105.3	103.1	126.2
1999	101.3	97.4	96.7	111.6	106.3	113.6
2000	102.5	100.3	99.9	115.0	104.1	104.8
2001	102.0	99.3	98.7	109.5	104.9	105.5
2002	104.9	106.5	114.1	110.8	102.0	102.2
2003	106.2	94.8	91.6	110.1	122.0	87.2
2004	114.9	109.4	110.5	93.0	126.0	107.4
2005	111.2	110.6	110.2	82.6	115.2	116.0
2006	103.7	107.9	106.1	112.8	97.5	116.1
2007	104.0	100.7	96.3	117.1	106.0	117.9
2008	107.6	108.6	110.9	106.1	106.6	104.1
2009	102.4	97.4	93.0	105.1	107.0	107.9
2010	106.2	106.9	107.6	95.1	106.5	111.1
2011	105.7	108.7	109.7	105.3	102.3	108.2
2012	105.7	105.8	106.6	104.9	105.7	103.6
2013	104.7	109.7	109.5	102.2	99.5	107.0

注:按可比价格计算。

a)Indices are calculated at comparable prices.

12-4 年末主要农牧业机械拥有量
Major Machinery for Farming & Animal Husbandry at Year-end

项目	Item	2012	2013
农牧业机械原值(万元)	Original Value of Machinery for Farming and Animal Husbandry(10 000 yuan)	3293487	3632607
农牧业机械净值(万元)	Net Value of Machinery for Farming & Animal Husbandry (10 000 yuan)	2421807	2654550
农牧业机械总动力(万千瓦)	Total Power of Machinery for Farming & Animal Husbandry (10 000 kw)	3281	3431
大中型农用拖拉机(混合台)	Large & Medium Agricultural Tractors (mixed unit)	579400	623400
大中型农用拖拉机(万千瓦)	Large & Medium Agricultural Tractors(10 000 kw)	1282	1408
小型拖拉机(台)	Mini -Tractors (unit)	439300	428200
小型拖拉机(万千瓦)	Mini -Tractors (10 000 kw)	535	489
联合收割机(台)	Combine Harvesters (unit)	15900	19347
联合收割机(万千瓦)	Combine Harvesters (10 000 kw)	97.41	120.94
农用运输车(万辆)	Trucks for Agricultural Use (10000unit)	45.14	40.39
农用运输车(万千瓦)	Trucks for Agricultural Use (10 000 kw)	665	666
排灌用电动机(台)	Electric Motor for Irrigating & Draining (unit)	176240	180503
排灌用电动机(万千瓦)	Electric Motor for Irrigating & Draining (10 000 kw)	155	160
排灌用柴油机(台)	Diesel Engine for Irrigating & Draining (unit)	205715	210815
排灌用柴油机(万千瓦)	Diesel Engine for Irrigating & Draining (10 000 kw)	218	223
大中型拖拉机配套农具(部)	Number of Large & Medium Agricultural Tractor Towing Farm Machinery (unit)	939200	995258
小型拖拉机配套农具(部)	Number of Mini-tractor Towing Farm Machinery (unit)	895400	876517
机动脱粒机(台)	Motorized Threshing Machines (unit)	101464	101500
机动割晒机(台)	Motorized Harvesters (unit)	32823	32800
机引牧草收割机(部)	Towed Harvesters for Grass (unit)	88387	31196
饲料粉碎机(部)	Smashing Machines for Feed (unit)	129257	134383
机动剪毛机(台)	Motorized Sheepshears (unit)	1937	4713
农用水泵(万台)	Water Pumps for Agricultural Use (10 000 unit)	38.67	38.70

注：本表数据取自于农牧业厅农机局。

a)Data in this table are obtained from Agricultural Machinery Bureau.

12-5 灌溉、化肥施用量、农村牧区用电、水库和治理水土情况

Irrigation, Consumption of Chemical Fertilizers, Electricity Consumption of Rural Area, Number of Reservoirs and Areas of Soil Erosion under Control

项目	Item	2012	2013
有效灌溉面积(万公顷)	Effective Irrigated Areas(10 000 hectares)	312.52	295.78
#灌区有效灌溉面积(万公顷)	Effective Irrigated Areas in Irrigation Area(10 000 hectares)	131.63	145.52
节水灌溉面积(万公顷)	Watersaving Irrigated Areas(10 000 hectares)	269.00	207.36
喷灌和滴灌(万公顷)	Jetting Irrigation Dropping Irrigatation(10000 hectares)	64.73	69.88
管道输水(万公顷)	Pipeline Transportation(10 000 hectares)	106.78	82.50
化肥施用量(万吨)	Consumption of Chemical Fertilizers(10 000 tons)	189.04	202.42
氮肥(万吨)	Nitrogenous Fertilizer(10 000 tons)	82.84	88.69
磷肥(万吨)	Phosphate Fertilizer(10 000 tons)	31.93	34.98
钾肥(万吨)	Potash Fertilizer(10 000 tons)	14.42	16.63
复合肥(万吨)	Compound Fertilizer(10 000 tons)	58.79	62.13
农村用电量(万千瓦时)	Electricity Consumption in Rural Area(10 000 kwh)	551546	595647
水库个数(座)	Number of Reservoirs(unit)	502	586
大型水库(座)	Large(unit)	13	15
中型水库(座)	Medium-sized(unit)	83	89
小型水库(座)	Small(unit)	406	482
水库容量(亿立方米)	Capacity of Reservoirs(100 million cu.m)	88.03	
大型水库(亿立方米)	Large(100 million cu.m)	49.62	
中型水库(亿立方米)	Medium-Sized(100 million cu.m)	30.64	
小型水库(亿立方米)	Small(100 million cu.m)	7.76	
治理水土面积(万公顷)	Areas of Soil Erosion under Control(10 000 hectares)	1157.46	1187.63

注:本表"化肥施用量"及其中项、"农村用电量"为国家统计局反馈数,其他指标均取自于水利厅。

a)Consumption of Chemical Fertilizers and Electricity Consumed in Rural Area are from the feedback of the National Bureau of statistics,others are from Department of water resources.

12-6 农牧民家庭平均每户年末固定资产原价

Original Value of Fixed Assets Owned Per Rural Household (End of Year)

单位:元

项 目	Item	2013
年末生产性固定资产原价	**Original Value of Productive Fixed Assets at year-end**	**36947.63**
农业生产性固定资产原价	Original Value of Agriculture Productive Fixed Assets	33658.71
生产用房	Building for Productive Purpose	7990.12
农业设施	Agricultural facilities	148.97
农业机械	Agricultural Machinery	7176.55
役畜	Draught Animals	1209.66
产品畜	Commodity Animals	15075.05
非农产业固定资产原价	Original Value of Nonagricultural	3288.92

12-7 农牧民家庭平均每百户年末拥有固定资产数量

Number of Fixed Assets Owned Per 100 Rural Households (End of Year)

项 目	Item	2013
生产性用房及建筑物(平方米)	Production houses and buildings(meters)	3280.15
大中型农用拖拉机(台)	Large and Medium Tractors(unit)	6.51
小型农用拖拉机(台)	Mini - tractors and Walking Tractors(unit)	54.25
农用排灌动力机械(台)	Drainage and Irrigation Machinery(unit)	4.99
插秧机(台)	Rice Transplanter(unit)	0.58
收割机(台)	Harvesters(unit)	3.42
脱粒机(台)	Thresher(unit)	5.47
役畜(头)	Draught Animals(head)	29.01
产品畜(头)	Commodity Animals(head)	435.82

12-8 农业机械化、电气化情况
Basic Statistics on Agricultural Mechanization and Electrification

项 目	Item	2012	2013
农业机械化程度	**Level of Agricultural Mechanization**		
机耕地面积(万公顷)	Areas of Tractor Plowing(10 000 hectares)	624.30	625.30
占耕地面积的比重(%)	Percentage to Cultivated Areas(%)	90.70	91.90
机械播种面积(万公顷)	Areas of Mechine Sowing(10 000 hectares)	649.75	674.50
占农作物总播种面积的比重(%)	Percentage to Total Sown Areas(%)	81.20	81.79
机械收割面积(万公顷)	Areas of Machine Harvesting(10 000 hectares)	349.38	392.11
占农作物总播种面积的比重(%)	Percentage to Total Sown Areas(%)	43.70	49.01
每公顷耕地拥有农业机械总动力(瓦特)	Total Power of Machinery for Per Hectare(w)	4099.30	4288.20
农业电气化情况	**Level of Agricultural Electrification**		
农村用电量(亿千瓦小时)	Electricity Consumption by Rural Area (100 million kwh)	55.15	59.56
乡村(嘎查)及村以下办水电站个数(个)	Number of Hydroelectric Stations Run by Villiges and Lower Level (unit)	39	40
发 电 量(万千瓦小时)	Number of Generating Electricity(10 000 kwh)	16481.00	14500.00

12-9 草原建设及利用情况
Basic Statistics on Construction and Utilization of Grasslands

项 目	Item	2012	2013
草场面积(万公顷)	**Areas of Grasslands(10 000 hectares)**	**8800.00**	**8800.00**
#承包到户面积(万公顷)	Areas Contracted with Households (10 000 hectares)	6940.00	6940.00
草库伦面积(围栏草场面积)(万公顷)	**Areas of Fenced Grasslands(10 000 hectares)**	**2829.79**	**2815.83**
#当年新增面积(万公顷)	Annual Newly Increased Areas (10 000 hectares)	130.45	114.72
人工种草保有面积(万公顷)	**Areas of Grasslands Planted and Surviving (10 000 hectares)**	**440.88**	**460.18**
#当年种草面积(万公顷)	Annual Areas of Planted Grasslands (10 000 hectares)	193.04	202.01
飞机播种面积(万公顷)	Aircraft Sowing(10 000 hectares)	0.87	1.41
天然草原冷季可食牧草储量（万吨）	**Cool-season Grasses Edible Natural Grassland Reserves(10 000 units)**	**1376.69**	**1483.96**
畜棚面积(万平方米)	Areas of Animal Sheds(10 000 sq.m)	11108.53	13961.27
每平米畜棚拥有牲畜数(只/平方米)	Number of Animals per Square meter in Sheds(head/sq.m)	1.10	1.10
畜圈面积(万平方米)	Areas of Animal Corrals(10 000 sq.m)	14500.00	15151.40
每平米畜圈拥有牲畜数(只/平方米)	Number of Animals per Square meter in Corrals(head/sq.m)	1.00	1.01

注:每平方米畜棚、畜圈拥有牲畜及草原载畜量均按标准羊单位计算;草原载畜量为每万公顷草场饲养牲畜数量。

a) Number of Animals per S.m in Sheds, Number of Animals per S.m Corrals and Animal Loading Capacity of Grasslands are Calculated at standardized sheep; Animal Loading Capacity of Grasslands is the number of animals which per 10000 hectares grassland can load.

12-10 耕地面积、造林面积和播种面积

Cultivated Areas, Afforested Areas and Sown Areas

单位：万公顷 (10 000 hectares)

年份 Year	年末实有耕地面积 Cultivated Areas at Year end	水田 Paddy Fields	旱地 Dry Fields	#水浇地 Irrigated Fields	当年造林面积 Annual Afforested Hilly Areas	总播种面积 Total Sown Areas	粮食作物播种面积 Sown Areas of Grain Crops	经济作物播种面积 Sown Areas of Industrial Crops
1947	396.7	0.8	395.9	29.5		347.9	318.9	20.4
1948	417.0	0.9	416.1	31.6		372.7	337.2	27.1
1949	433.1	1.4	431.7	32.1		389.6	352.8	28.0
1950	472.6	2.0	470.6	33.5	0.53	423.8	388.8	28.3
1951	506.3	1.8	504.5	39.8	1.66	469.7	416.0	46.2
1952	517.4	1.5	515.9	52.9	4.43	494.9	436.0	49.7
1953	531.9	1.6	530.3	54.3	3.68	477.6	428.7	40.5
1954	531.6	1.1	530.5	55.5	3.93	484.9	437.8	36.6
1955	542.3	1.4	540.9	57.9	3.73	488.6	435.8	41.9
1956	569.9	3.3	566.6	68.0	12.79	531.0	472.9	42.8
1957	571.5	4.3	567.2	64.5	8.27	527.9	463.2	48.6
1958	555.3	9.4	545.9	104.1	37.13	505.5	445.2	40.9
1959	539.3	9.7	529.6	100.1	31.93	487.0	414.2	56.6
1960	602.0	9.8	592.2	108.3	39.10	575.0	486.2	56.1
1961	609.7	7.0	602.7	78.3	7.41	580.0	503.1	43.8
1962	586.7	4.0	582.7	55.4	4.73	544.6	484.7	39.0
1963	554.2	3.6	550.6	56.3	5.23	526.1	471.6	36.4
1964	561.4	3.1	558.3	67.4	15.86	534.2	478.4	39.5
1965	561.5	1.9	559.6	86.9	20.00	528.1	470.9	37.9
1966	548.0	1.7	546.3	110.7	16.32	510.0	449.4	33.7
1967	540.3	1.7	538.6	99.4	15.55	510.2	448.5	35.9
1968	531.2	2.3	528.9	91.5	11.10	497.1	443.4	34.0
1969	534.3	2.9	531.4	87.0	9.61	499.3	445.7	35.7
1970	545.0	2.8	542.2	93.6	11.71	508.4	453.5	35.3
1971	544.1	1.9	542.2	95.1	16.33	503.5	451.0	32.2
1972	542.7	2.1	540.6	100.5	16.20	499.8	444.1	33.9
1973	541.2	1.7	539.5	107.0	18.77	498.9	441.0	35.5
1974	537.7	1.5	536.2	113.1	20.59	496.3	436.1	36.4
1975	534.1	1.5	532.6	124.7	23.68	490.9	429.0	37.7
1976	526.7	2.0	524.7	130.3	26.19	480.7	410.1	42.9
1977	525.1	2.7	522.4	122.8	34.52	478.1	406.5	44.7
1978	532.6	1.7	530.9	120.9	29.79	482.4	409.4	44.9
1979	534.7	1.7	533.0	115.2	30.47	488.1	404.2	52.8
1980	525.2	1.5	523.7	106.0	29.81	479.7	388.2	61.1

12-10 续表 continued

单位：万公顷 (10 000 hectares)

年 份 Year	年末实有耕地面积 Cultivated Areas at Year-end	水 田 Paddy Fields	旱 地 Dry Fields	水浇地 Irrigated Fields	当年造林面积 Annual Afforested Hilly Areas	总播种面积 Total Sown Areas	粮食作物播种面积 Sown Areas of Grain Crops	经济作物播种面积 Sown Areas of Industrial Crops
1981	518.6	1.7	516.9	103.2	38.12	466.2	385.4	55.6
1982	510.9	1.6	509.3	101.1	51.65	464.1	384.3	58.2
1983	506.5	1.7	504.8	100.5	60.94	463.1	383.7	58.5
1984	500.6	1.9	498.7	96.1	69.91	463.1	376.2	63.9
1985	493.0	2.3	490.7	94.2	70.41	454.9	342.2	91.4
1986	489.5	2.7	486.8	97.9	22.63	455.6	358.1	71.6
1987	485.1	2.8	482.3	101.0	24.83	447.4	355.6	64.3
1988	487.1	3.6	483.5	104.3	26.60	455.9	363.6	66.8
1989	491.2	5.1	486.1	110.2	23.70	457.6	372.1	61.9
1990	496.6	7.6	489.0	117.3	29.80	472.2	387.5	62.6
1991	500.5	8.7	491.8	123.6	41.08	476.8	387.9	68.9
1992	508.1	9.5	498.6	127.3	51.82	485.4	392.5	72.4
1993	517.1	7.4	509.7	130.8	39.68	486.8	398.7	67.3
1994	531.0	6.5	524.5	132.1	37.19	492.5	402.7	66.3
1995	549.1	8.4	540.7	135.8	40.25	507.9	414.3	71.3
1996	592.4	9.1	583.3	146.5	43.59	529.1	442.4	64.9
1997	746.3	11.3	735.0	173.5	46.44	583.8	490.6	80.4
1998	722.4	11.3	711.0	171.7	47.78	602.7	503.1	85.9
1999	752.4	11.6	740.8	191.9	53.40	607.7	495.1	97.2
2000	731.7	12.1	719.6	194.6	59.00	591.4	443.6	122.9
2001	709.1	11.1	698.0	195.5	73.19	570.7	438.3	92.4
2002	709.1	11.6	697.5	202.1	90.74	588.7	434.3	104.0
2003	686.3	10.1	676.3	207.9	83.60	574.9	405.1	103.6
2004	711.5	10.9	700.6	244.7	63.09	592.4	418.1	100.0
2005	735.5	9.3	726.2	249.4	38.38	621.6	437.4	104.0
2006	713.3	8.3	525.9	179.1	47.98	659.0	493.7	87.8
2007	714.8	8.3	526.6	179.9	59.01	676.2	510.2	85.7
2008	714.9	8.4	514.4	192.1	71.86	686.1	525.4	110.6
2009	714.9	8.4	514.4	192.1	86.19	692.8	542.4	109.0
2010	714.9	8.4	514.4	192.1	62.52	700.3	549.9	108.8
2011	714.9	8.4	514.4	192.1	73.18	711.0	556.2	112.8
2012					78.16	715.4	558.9	156.5
2013	912.2	8.7	281.7	621.9	80.52	721.1	561.7	159.4

注：1.2006 年以后耕地面积为国土资源厅提供的数据；且耕地面积=水 田+旱 地+水浇地。

2.自 2012 年始，总播面积=粮食作物播种面积+经济作物播种面积。

a)The Culitiaved Areas after 2006 are Provided by the Bureau of Land and Resource, Culitaved Area=Paddy Field+Dry Field+Irrigated Field.

b)from 2012,Total Sown Areas=Sown Areas of Grain +Sown Areas of Industrial Crops

12-11 主要粮食作物播种面积

Sown Areas of Major Grain Crops

单位：万公顷 (10 000 hectares)

年 份 Year	农作物总播种面积 Total Sown Area	粮食作物播种面积 Sown Areas of Grain Crops	谷 物 Cereal	小 麦 Wheat	玉 米 Corn	稻 谷 Rice	谷 子 Millet	莜 麦 Sweet-oats	糜 黍 Broom Corn Millet	薯 类 Tubers	豆 类 Beans	# 大 豆 Soybean
1947	347.9	318.9		22.6	19.1	0.8	61.0	32.0	42.0	15.1		14.7
1948	372.7	337.2		25.0	20.1	0.9	63.8	33.1	46.0	16.2		14.9
1949	389.6	352.8		26.7	22.4	1.4	65.7	35.3	46.7	16.6		16.5
1950	423.8	388.8		29.6	24.7	2.0	73.3	40.3	49.3	17.1		11.7
1951	469.7	416.0		33.9	19.1	1.6	73.5	52.7	56.5	21.8		11.1
1952	494.9	436.0		43.9	22.9	1.5	79.8	60.8	71.5	22.1		15.8
1953	477.6	428.7		47.6	24.4	0.8	77.0	62.0	69.1	21.1		21.7
1954	484.9	437.8		58.0	26.4	1.0	73.3	60.4	70.4	20.6		22.7
1955	488.6	435.8		60.2	31.9	1.4	71.9	64.7	68.8	19.8		26.9
1956	531.0	472.9		60.1	50.6	2.9	88.7	59.6	71.9	21.9		24.2
1957	527.9	463.2		64.0	36.2	4.0	84.7	64.2	68.1	22.4		26.8
1958	505.5	445.2		57.9	57.6	8.9	81.8	55.5	48.1	39.4		21.2
1959	487.0	414.2		59.7	35.1	8.9	68.2	61.4	53.6	27.1		20.5
1960	575.0	486.2		73.7	52.2	8.9	79.1	63.2	66.6	29.6		23.0
1961	580.0	503.1		80.8	48.7	6.3	73.0	67.8	73.2	31.2		23.1
1962	544.6	484.7		67.1	50.1	3.9	79.7	69.7	68.8	26.7		23.5
1963	526.1	471.6		67.1	45.0	3.5	76.8	70.7	66.0	27.1		
1964	534.2	478.4		71.4	47.7	3.4	83.1	71.3	63.4	26.0		26.6
1965	528.1	470.9		72.5	50.1	1.8	85.3	66.3	63.9	24.2		24.4
1966	510.1	449.4		71.4	66.4	1.6	80.3	62.2	55.9	32.2		21.7
1967	510.2	448.5		74.1	62.3		82.2	63.3	52.4	24.4		
1968	497.1	443.4		72.3	56.2		78.1	61.7	55.1	23.7		
1969	499.3	445.7		78.3	53.3		81.1	64.2	45.7	22.5		
1970	508.4	453.5		84.8	52.4		82.1	65.2	53.7	21.8		
1971	503.5	451.0		85.7	63.5		79.7	58.7	50.3	22.9		
1972	499.8	444.1		83.8	61.6		72.3	54.8	53.1	23.6		
1973	498.9	441.0		86.9	59.7		78.0	50.5	51.1	25.6		
1974	496.3	436.1		87.0	66.5		74.7	48.6	45.0	25.6		
1975	490.9	429.0		92.1	70.9		68.5	47.3	40.3	26.9		
1976	480.7	410.1		105.5	70.7		57.2	39.1	34.7	25.3		
1977	478.1	406.5		108.4	65.2		55.9	40.4	31.2	26.6		
1978	482.4	409.4		108.6	66.8		56.7	38.6	29.6	29.2		
1979	488.1	404.2		95.2	67.0	1.6	56.4	45.4	37.6	27.7		18.3
1980	479.7	388.2		95.7	65.3	1.5	50.2	47.4	36.0	25.2		17.1

12-11 续表 continued

单位：万公顷 (10 000 hectares)

年 份 Year	农作物总播种面积 Total Sown Area	粮食作物播种面积 Sown Areas of Grain Crops	谷 物 Cereal	小 麦 Wheat	玉 米 Corn	稻 谷 Rice	谷 子 Millet	莜 麦 Sweet-oats	糜 黍 Broom Corn Millet	薯类 Tubers	豆类 Beans	# 大 豆 Soybean
1981	466.2	385.4		90.3	59.2	1.6	53.4	43.8	41.5	23.2		19.4
1982	464.1	384.3		87.8	50.5	1.6	57.0	44.4	39.7	24.3		23.9
1983	463.1	383.7		91.1	49.4	1.7	55.9	45.0	38.2	25.4		21.9
1984	463.1	376.3		93.2	46.4	1.8	51.9	41.4	40.9	24.6		19.3
1985	454.9	342.2		92.7	43.4	2.4	46.3	36.5	31.1	22.7		21.9
1986	455.6	358.1		93.7	54.8	2.7	41.4	34.0	32.4	22.5		26.4
1987	447.4	355.7		92.1	66.0	2.8	38.7	33.8	26.8	22.9		27.5
1988	455.9	363.6		97.4	66.9	3.5	38.5	28.9	26.8	25.3		31.1
1989	457.6	372.1		100.8	69.6	5.3	37.4	26.8	13.0	24.7		31.8
1990	472.2	387.5		115.4	77.4	7.9	35.7	26.5	11.7	24.6		30.1
1991	476.8	387.9		119.2	81.2	8.8	33.4	25.2	11.0	23.9		30.1
1992	485.4	392.5	318.8	133.4	77.5	9.4	28.5	18.7	9.8	25.0	48.7	35.6
1993	486.8	398.7	293.6	118.9	76.2	7.3	25.8	17.2	7.9	26.3	78.8	57.1
1994	492.5	402.7	292.1	103.4	83.7	6.8	23.3	16.9	8.5	25.3	85.3	60.4
1995	507.9	414.3	300.9	101.7	99.2	7.9	23.7	13.7	8.2	35.5	77.9	55.7
1996	529.1	442.4	323.2	109.4	111.6	9.0	25.2	13.0	17.1	41.6	77.6	55.5
1997	583.8	490.6	339.0	116.5	127.9	12.2	25.7	11.3	20.7	46.4	105.2	75.8
1998	602.7	503.1	340.5	109.3	147.1	11.8	22.4	10.2	14.9	50.1	112.5	77.1
1999	607.7	495.1	330.9	93.8	157.2	11.7	20.7	9.3	12.4	58.2	106.0	73.7
2000	591.4	443.6	264.8	61.7	129.8	11.8	16.4	6.2	12.8	65.0	113.7	79.4
2001	570.7	438.3	263.8	51.6	151.9	8.6	17.6	3.3	11.5	56.7	117.9	75.5
2002	588.7	434.3	271.8	46.5	156.2	9.0	17.7	4.5	10.0	58.0	104.6	59.6
2003	574.9	405.1	243.4	31.8	159.1	6.7	14.2	4.4	8.1	53.6	108.2	69.7
2004	592.4	418.1	258.3	41.9	167.6	8.1	12.6	3.8	7.4	52.8	107.0	75.3
2005	621.6	437.4	273.4	46.1	180.6	8.4	12.5	3.9	6.1	56.2	107.7	79.7
2006	659.0	493.7	302.4	48.4	191.6	9.1	14.3	5.0	6.9	59.5	131.8	97.3
2007	676.2	510.2	330.3	56.8	201.2	10.8	13.7	6.4	6.8	62.2	117.6	74.7
2008	686.1	525.4	351.8	45.2	234.0	9.8	14.4	5.8	5.5	69.9	103.7	66.8
2009	692.8	542.4	363.2	52.8	245.1	10.2	15.0	5.0	4.8	66.7	112.5	84.0
2010	700.3	549.9	370.8	56.6	248.6	9.2	17.4	4.2	4.3	69.1	110.0	81.2
2011	711.0	556.2	381.9	56.8	267.0	9.0	13.7	4.0	4.0	72.0	102.3	68.8
2012	715.4	558.9	406.8	61.0	283.4	8.9	14.2	6.2	3.1	68.1	84.0	61.7
2013	721.1	561.7	425.0	57.1	317.1	7.6	12.6	3.6	3.0	61.2	75.5	56.4

12-12 主要经济作物播种面积

Sown Areas of Major Industrial Crops

单位：万公顷 (10 000 hectares)

年 份 Year	经济作物播种面积 Sown Areas of Industrial Crops	油料 Oil bearing Crops	葵花籽 Sunflo-wer Seeds	胡麻籽 Flax Seeds	油菜籽 Rape Seeds	甜菜 Beet-roots	烟叶 Tob-acco	麻类 Fiber Crops	蔬菜 Vege-table	果用瓜 Melons (use on Fruit)	其它作物播种面积 Sown Areas of other Crops	# 青饲料 Green fodder
1947	20.4	18.7		7.8	2.3		0.2	0.8	2.3		38.6	
1948	27.1	25.0		8.5	2.4		0.2	1.0	4.7		8.4	
1949	28.0	25.8		9.2	1.9		0.2	1.0	5.0		8.8	
1950	28.3	25.0		9.4	3.4		0.1	0.8	3.7		6.6	
1951	46.2	36.4		14.3	5.0		0.2	0.9	4.2		7.5	
1952	49.7	46.6		17.7	6.9		0.2	1.5	5.1		9.3	
1953	40.5	38.4		17.2	6.0		0.2	1.2	4.7		8.3	
1954	36.7	34.9		17.3	4.8		0.2	0.9	5.6		10.4	
1955	41.9	39.6		21.5	4.8	0.8	0.3	0.9	6.0		11.0	
1956	42.8	39.8		21.6	5.6	1.0	0.3	0.9	6.3		15.3	
1957	48.6	43.1		22.7	5.4	1.4	0.3	1.7	6.6		16.1	
1958	40.9	35.9		18.9	4.6	1.6	0.3	1.6	7.4		19.4	
1959	56.6	48.6		23.8	5.8	2.4	0.4	2.1	8.8		16.1	
1960	56.1	48.1		21.8	8.1	3.7	0.3	2.0	15.2		32.7	
1961	43.8	38.3		16.6	7.3	1.9	0.5	1.9	19.1		33.1	
1962	39.0	34.4		14.3	6.3	0.7	0.5	2.1	12.2		20.8	
1963	36.4	31.8		14.9	4.5	0.8	0.4	2.1	9.5		18.1	
1964	39.5	33.5		14.8	5.1	1.5	0.4	1.9	8.1		16.3	
1965	37.9	31.4		14.7	4.7	1.9	0.3	1.8	7.9		19.3	
1966	33.7	27.8		13.1	4.1	2.2	0.3	1.6	8.2		26.9	
1967	35.9	28.9				2.8					25.8	
1968	34.0	27.4				2.8					19.7	
1969	35.7	38.3				3.1					17.9	
1970	35.3	28.9				2.9					19.6	
1971	32.2	26.7				2.4					20.3	
1972	33.9	27.2				3.6					21.8	
1973	35.5	27.2				4.6					22.4	
1974	36.4	28.4				4.1					23.8	
1975	37.7	28.8				4.7					24.2	
1976	42.9	32.4				5.7					27.7	
1977	44.7	34.2				5.3					26.9	
1978	44.9	34.8				4.8					28.1	
1979	52.8	41.9	5.7	19.1	7.1	4.5	0.4	1.6	8.9	2	31.1	15.3
1980	61.1	52.0	16.3	18.9	7.9	5.6	0.3	1.2	8.5	1.4	30.4	14.0

12-12 续表 continued

单位：万公顷 (10 000 hectares)

年份 Year	经济作物播种面积 Sown Areas of Industrial Crops	油料 Oil-bearing Crops	葵花籽 Sunflower Seeds	胡麻籽 Flax Seeds	油菜籽 Rape Seeds	甜菜 Beetroots	烟叶 Tobacco	麻类 Fiber Crops	蔬菜 Vegetable	果用瓜 Melons (use on Fruit)	其它作物播种面积 Sown Areas of other Crops	# 青饲料 Green fodder
1981	55.6	46.9	14.3	14.6	8.1	5.7	0.4	0.9	7.3	1.6	25.2	10.4
1982	58.2	49.3	15.0	16.4	7.8	6.1	0.5	0.4	6.8	1.5	21.6	9.7
1983	58.5	49.0	15.4	16.3	6.8	6.1	0.2	0.3	6.7	1.3	20.9	9.6
1984	63.9	54.3	21.5	15.4	6.9	6.1	0.2	0.2	6.1	1.7	23.0	11.8
1985	91.4	76.6	30.1	18.3	8.8	10.0	0.4	0.3	5.8	2.0	21.4	11.4
1986	71.6	60.4	25.8	15.6	6.7	7.5	0.4	0.3	5.7	2.0	26.0	14.4
1987	64.3	54.6	22.3	16.6	6.6	7.5	0.3	0.1	6.4	1.6	27.4	16.7
1988	66.8	53.7	19.0	17.4	7.3	10.3	0.5	0.1	6.1	1.7	25.6	14.6
1989	61.9	51.1	17.7	16.4	4.9	8.2	0.7	0.1	6.3	1.2	23.6	13.0
1990	62.6	51.8	17.2	16.8	6.0	9.5	0.5	0.3	6.4	0.9	22.2	12.4
1991	68.9	55.1	19.7	17.2	7.5	11.9	0.7	0.4	5.9	0.9	20.1	11.2
1992	72.4	58.2	22.6	16.9	9.1	10.8	0.4	0.5	7.8	1.5	20.5	9.8
1993	67.3	50.3	18.3	15.2	7.9	10.9	0.4	0.1	8.2	1.5	20.9	9.5
1994	66.3	53.1	20.7	15.2	10.8	11.8	0.2	0.4	7.1	1.3	23.5	10.6
1995	71.3	55.7	20.7	15.1	13.5	14.0	3.0	0.8	1.3	1.3	9.9	
1996	64.9	50.6	18.9	14.6	11.8	12.7	0.8	0.4	8.8	1.5	21.8	8.4
1997	78.8	49.9	21.6	13.5	11.7	12.6	1.6	0.4	11.8	1.8	14.4	9.8
1998	84.3	56.7	27.1	11.5	15.6	11.7	0.6	0.3	11.5	2.6	15.3	9.3
1999	97.2	68.0	35.1	10.5	17.5	6.6	0.7	0.6	16.4	4.1	15.4	9.0
2000	122.9	87.9	36.3	10.1	29.5	5.9	0.8	0.1	20.9	4.8	25.0	13.1
2001	92.4	60.8	32.0	3.8	19.9	5.8	0.6	0.3	18.2	3.5	40.0	33.3
2002	104.0	68.9	34.5	7.6	22.5	7.1	0.5	0.4	20.8	3.6	50.4	43.8
2003	103.6	72.3	32.8	6.8	28.0	3.7	0.7	0.5	19.2	3.8	66.2	56.5
2004	100.0	67.1	29.5	5.9	27.8	3.6	0.6	0.8	20.4	3.5	74.3	65.5
2005	104.0	69.5	35.6	5.6	25.6	3.8	0.8	1.0	22.1	3.9	80.2	72.2
2006	87.8	59.2	25.7	4.9	23.0	3.0	0.4	0.7	17.2	5.3	77.5	62.4
2007	85.7	53.3	26.3	3.8	15.2	3.0	0.3	0.4	21.8	4.7	80.3	60.1
2008	110.6	70.5	40.8	4.8	22.1	4.9	0.5	0.3	26.0	5.3	50.1	39.0
2009	109.0	70.2	40.2	4.9	21.9	3.3	0.4	0.1	26.9	5.3	41.4	31.9
2010	108.8	69.4	39.5	4.8	22.3	3.7	0.4		26.4	6.3	41.6	31.0
2011	112.8	71.7	41.2	5.6	21.9	3.9	0.4		27.1	6.6	42.0	22.5
2012	156.5	76.5	39.9	5.9	27.1	4.4	0.4		28.8	6.3	37.2	23.1
2013	159.4	81.2	42.9	6.1	29.0	4.6	0.3		26.6	6.3	37.4	25.7

注：自2012年始，经济作物播种面积包含其它作物播种面积。

a)From 2012,sown areas of industrial crops include sown areas of other crops.

12-13 主要年份主要农产品产量

Yield of Major Farm Crops in Major Years

单位:万吨 (10 000 tons)

年份 Year	粮食 Grain	谷物 Cereal	小麦 Wheat	玉米 Corn	稻谷 Rice	谷子 Millet	莜麦 Sweet-oats	糜子 Broom Corn Millet	薯类 Tubers	豆类 Beans	#大豆 Soybean
1952	348.5		25.5	28.5	2.5	72.0	33.0	42.7	42.9		12.2
1957	302.5		52.5	34.5	4.2	51.0	32.7	33.8	29.2		14.6
1965	382.0		59.5	81.0	2.8	64.0	35.9	34.6	22.2		16.0
1970	469.5		66.0	101.0		95.0	46.5	42.0	25.0		
1975	519.5		93.5	157.0		71.5	34.0	36.0	37.5		
1978	499.0		88.0	173.5	3.6	60.0	25.0	26.5	42.0		
1980	396.5		82.7	139.2	4.1	39.7	21.3	19.0	30.0		12.4
1981	510.0		99.8	142.6	4.0	59.9	37.8	36.3	37.6		19.3
1982	530.0		126.7	105.9	4.7	71.2	37.2	23.3	41.6		24.3
1983	560.2		120.9	142.9	4.2	79.2	20.9	26.4	41.9		24.3
1984	594.4		144.2	148.3	6.0	73.6	32.5	26.4	49.9		24.3
1985	604.1		148.5	159.8	7.8	78.6	28.6	18.1	48.2		28.8
1986	528.5		130.8	192.7	8.3	38.3	15.9	12.3	36.4		41.0
1987	607.0		125.7	273.3	7.7	52.1	7.3	10.1	33.7		36.7
1988	738.3		163.4	305.5	12.0	46.4	20.9	15.5	61.2		47.5
1989	677.9		187.5	285.1	19.2	31.3	9.0	10.0	42.5		36.9
1990	973.0		261.7	393.1	31.1	59.4	25.3	13.6	61.3		47.7
1991	958.5		280.2	413.7	35.2	45.1	17.0	9.3	46.5		45.1
1992	1046.8	937.4	330.3	435.4	41.4	44.3	13.3	12.4	58.7	50.7	40.0
1993	1108.3	930.9	298.5	453.9	33.0	48.4	12.1	9.2	63.8	113.6	90.1
1994	1083.5	910.4	234.8	482.3	30.5	41.4	10.0	10.7	55.3	117.8	94.0
1995	1055.4	914.1	262.2	518.4	39.6	23.9	8.8	7.3	74.3	67.0	52.5
1996	1535.3	1301.7	318.9	751.5	51.0	49.3	13.4	11.4	124.0	109.6	83.4
1997	1421.0	1188.0	307.9	677.9	70.6	41.1	7.6	11.0	114.4	118.7	97.4
1998	1575.4	1319.9	282.7	839.8	60.3	44.3	10.0	10.8	127.0	128.5	93.8
1999	1428.5	1210.6	273.1	771.4	68.8	29.2	6.4	5.5	110.7	107.2	82.5
2000	1241.9	947.9	181.8	629.2	72.2	15.0	2.7	5.3	184.3	109.7	85.8
2001	1239.1	1016.5	127.1	757.0	56.7	25.7	1.3	5.1	108.8	113.8	83.4
2002	1406.1	1097.7	121.5	821.5	56.0	30.3	3.9	5.3	168.5	139.9	96.4
2003	1360.7	1092.3	79.0	888.7	45.0	21.4	5.9	5.5	174.5	93.9	53.6
2004	1505.4	1180.4	110.5	948.0	54.5	19.9	5.6	5.1	189.8	135.1	103.1
2005	1662.2	1342.1	143.6	1066.2	62.1	23.4	2.8	4.5	156.0	164.1	130.9
2006	1806.7	1486.0	172.2	1134.6	65.3	26.6	7.0	2.9	178.6	142.1	103.7
2007	1811.1	1528.0	175.9	1161.4	81.4	23.1	2.1	5.4	153.9	129.1	85.7
2008	2131.3	1780.0	154.0	1410.7	70.5	30.3	2.6	3.9	195.7	155.7	106.1
2009	1981.7	1677.2	171.2	1341.3	64.8	14.4	1.7	2.5	161.3	143.2	114.4
2010	2158.2	1821.2	165.2	1465.7	74.8	25.9	1.7	2.4	171.0	166.0	133.4
2011	2387.5	2012.2	170.9	1632.1	77.9	27.8	2.1	2.4	204.0	171.3	137.2
2012	2528.5	2180.9	188.4	1784.4	73.3	40.8	11.1	2.6	184.7	162.9	122.0
2013	2773.0	2433.6	180.4	2069.7	56.0	28.9	4.5	2.0	201.1	138.3	119.7

12-13 续表 continued

单位：万吨 (10 000 tons)

年份 Year	油料 Oil-bearing Crops	葵花籽 Sunflower Seeds	胡麻籽 Flax Seeds	油菜籽 Rape -seeds	甜菜 Beet-roots	烟叶 Tobacco	麻类 Fiber Crops	蔬菜 Veget-ables	果用瓜 Melons (Use on Fruit)
1952	17.5		5.2	2.1	0.1	0.1	0.8	46.4	
1957	13.0		7.5	1.5	22.1	0.2	0.6	66.4	
1965	9.0		4.7	0.9	20.9	0.2	0.5	110.7	
1970	10.5				34.0				
1975	10.5				37.1				
1978	12.5				43.1				
1980	25.0	16.5	4.6	1.8	81.2	0.2	0.4	157.6	9.7
1981	36.5	23.7	4.7	2.2	82.3	0.6	0.4	147.1	17.5
1982	49.0	32.0	8.2	3.0	115.2	0.9	0.2	156.8	16.3
1983	54.0	38.7	5.7	1.5	135.1	0.3	0.1	199.0	19.4
1984	60.0	42.1	8.4	3.0	141.0	0.3	0.1	158.5	23.3
1985	79.5	49.5	10.8	4.6	254.2	0.6	0.3	182.7	33.4
1986	66.0	48.4	7.6	2.2	159.0	0.6	0.2	220.9	36.9
1987	54.0	38.6	6.4	2.2	167.8	0.4	0.1	195.4	34.1
1988	56.5	35.0	10.3	3.2	219.0	0.8	0.1	203.0	36.3
1989	48.6	33.8	6.0	1.7	177.6	0.9	0.1	226.8	30.0
1990	69.4	41.7	11.5	4.4	236.4	0.8	0.7	243.3	22.8
1991	71.8	50.1	10.8	3.3	302.8	1.2	0.8	220.5	27.9
1992	81.4	56.8	11.1	5.5	260.1	0.8	1.4	271.2	50.9
1993	72.6	49.8	9.6	5.7	278.6	1.3	0.2	327.6	44.5
1994	65.0	44.5	8.7	8.3	233.6	0.9	0.9	267.9	121.8
1995	70.2	47.2	8.0	9.5	263.5	0.5	1.5	308.3	40.5
1996	81.4	53.9	11.2	10.5	320.7	1.8	1.0	365.4	49.6
1997	73.1	53.5	8.5	8.9	306.4	4.1	0.6	420.4	61.9
1998	90.3	59.4	10.6	14.1	259.2	1.3	0.3	433.4	84.4
1999	100.9	71.6	7.2	18.5	136.8	1.6		594.9	121.8
2000	116.4	69.1	6.5	30.5	141.3	1.4	0.1	759.9	161.7
2001	80.6	61.0	1.9	13.0	133.1	1.0	0.4	768.7	106.9
2002	108.9	70.4	6.5	28.2	195.0	1.0	1.0	755.3	120.8
2003	102.3	62.6	6.9	25.3	99.4	1.6	1.2	846.8	103.2
2004	103.7	58.9	7.3	31.3	96.3	1.3	1.9	872.8	109.6
2005	122.2	85.3	4.6	28.3	138.3	2.0	2.5	1009.1	156.8
2006	101.1	56.7	5.6	23.5	105.5	2.6	1.7	1171.4	190.8
2007	79.4	48.7	2.5	12.8	118.5	1.6	1.4	1277.5	181.1
2008	117.5	75.6	3.4	20.2	170.0	1.4	2.1	1360.8	210.6
2009	119.6	90.0	2.9	22.4	109.6	1.2	1.0	1380.6	179.2
2010	128.1	99.2	2.9	22.4	161.0	1.5	0.1	1350.9	240.9
2011	133.9	103.0	3.2	24.0	157.7	1.5		1440.2	254.6
2012	145.1	107.1	3.7	30.7	167.9	1.4		1476.3	228.1
2013	158.1	116.1	4.2	33.7	181.4	1.3		1421.1	231.3

12-14 主要农产品产量及单位面积产量

Yield of Major Farm Crops and Yield of Major Farm Crops Per Hectare

年份	Item	2012		2013	
		总产量(万吨) Total Yield (10000 tons)	单位面积产量(公斤/公顷) Yield Per Hectare (kg/hectare)	总产量(万吨) Total Yield (10000 tons)	单位面积产量(公斤/公顷) Yield Per Hectare (kg/hectare)
粮食	**Grain**	**2528.5**	**4524**	**2773.0**	**4937**
谷物	Cereal	2180.9	5361	2433.6	5726
#稻谷	Rice	73.3	8201	56.0	7381
小麦	Wheat	188.4	3091	180.4	3158
玉米	Corn	1784.4	6297	2069.7	6528
高粱	Sorghum	51.5	2938	59.4	5406
谷子	Millet	40.8	2868	28.9	2297
莜麦	Sweet Oats	11.1	1776	4.5	1259
糜子	Broom Corn Millet	2.6	2171	2.0	2126
荞麦	Buckwheat	3.3	500	8.2	1042
豆类	Beans	162.9	1939	138.3	1831
#大豆	Soybean	122.0	1978	119.7	2121
薯类	Tubers	184.7	2711	201.1	3286
油料	**Oil bearing Crops**	**145.1**	**1897**	**158.1**	**1947**
#葵花籽	Sunflower Seeds	107.1	2687	116.1	2705
油菜籽	Rape seeds	30.7	1133	33.7	1162
胡麻籽	Flax Seeds	3.7	625	4.2	685
甜菜	**Beetroots**	**167.9**	**38421**	**181.4**	**39588**
棉花	**Cotton**	**0.2**	**1495**	**0.2**	**1454**
麻类	**Fiber Crops**	**0.0**	**1000**		
蔬菜	**Vegetables**	**1476.3**	**51181**	**1421.1**	**53484**
瓜类(果用瓜)	**Melons (Use on Fruit)**	**228.1**	**36311**	**231.3**	**36987**
园林水果	**Garden fruits**	**55.4**	**7819**	**63.5**	**8731**

12-15 自然灾害面积
Areas Covered by Natural Disaster

单位：万公顷 (10 000 hectares)

项 目	Item	2012	2013
农作物受灾面积	**Areas Covered**	**259.37**	**234.73**
#旱 灾	Drought	45.36	58.26
洪涝灾	Flood	96.55	54.91
风雹灾	Windstorm and Hail	24.35	46.96
低温冷冻灾	Freeze Injury	39.81	13.18
病虫害	Plant Diseases and Insect Pests	53.30	61.42
农作物绝收面积	**Areas Without Output**	**44.52**	**37.74**
#旱 灾	Drought	1.05	2.43
洪涝灾	Flood	28.36	13.11
风雹灾	Windstorm and Hail	2.07	7.68
低温冷冻灾	Freeze Injury	6.32	0.04
病虫害	Plant Diseases and Insect Pests	6.72	14.48

注：本表数据为国家统计局反馈数，其中病虫害受灾面积数据由农牧业厅提供。
a)Date in the table is the feedback number of NBS,plant diseases and insect pests are obtained from Agricultural Machinery Bureau。

12-16 造林面积和封山育林面积(2013年)
Area of Afforestation and Closing Hill for Afforestation(2013)

单位：万公顷 (10 000 hectares)

地 区	Region	造林面积 Area of Afforestation	人工造林 Artificial Afforestation	飞播造林 Afforestation by Plane	无林地和疏林地新封 No forest & woodland to the new closure
总 计	**Total**	**80.52**	**34.96**	**7.87**	**37.69**
呼和浩特市	Hohhot City	2.24	1.09		1.15
包 头 市	Baotou City	4.03	0.73		3.30
呼伦贝尔市	Hulunbeier City	3.81	2.05		1.77
兴 安 盟	Xingan League	2.60	1.10		1.50
通 辽 市	Tongliao City	6.83	3.89	0.07	2.87
赤 峰 市	Chifeng City	19.51	9.64	0.67	9.20
锡林郭勒盟	Xilinguole League	17.32	3.98	3.33	10.00
乌兰察布市	Wulanchabu City	8.79	4.45		4.33
鄂尔多斯市	Erdos City	5.38	4.48	0.73	0.17
巴彦淖尔市	Bayannaoer City	3.82	1.42	1.13	1.27
乌 海 市	Wuhai City	0.20	0.20		
阿拉善盟	Alashan League	5.65	1.71	1.93	2.00
满洲里市	Manzhouli City	0.07	0.07		
二连浩特市	Erlianhaote City	0.13			0.13
内蒙古森工集团	Inner Mongolia Forest Group	0.15	0.15		

12-17 林业基本情况

Basic Statistics on Forestry

单位：万公顷、个 (10 000 hectares、unit)

项 目	Item	2012	2013
造林、封育面积	**Areas of Afforesting and closing hill for afforestation**	**78.16**	**80.52**
人工造林	Artificial Afforestation	35.73	34.96
飞播造林	Afforestation by Plane	6.51	7.87
当年封山育林面积	Area of Closing Hill for Afforestation this Year	35.92	37.69
按六大林业重点工程分	**Classified by Six Key Projects**		
天然林资源保护工程造林、封山育林	Afforestation of Protection of Natural Forest and Closing Hill for Afforestation	11.65	8.83
退耕还林工程造林、封山育林	Afforestation of Returning Land for Farming to Forestry and Closing Hill for Afforestation	4.00	4.22
#退耕地造林	Afforesting on the Returned Farmland		
京津风沙源治理工程造林、封山育林	Afforestation & Closing Hill for Afforestation of Controlling Sand Sround Beijing & Tianjin	42.16	46.89
“三北”四期防护林工程造林、封山育林	Afforestation & Closing Hill for Afforestation of the Forth Stage of "The Three North Shelter Forest Project"	12.29	8.56
自然保护区个数	Number of Nature Reserve	134	137
#国家级	National Nature Reserve	23	26
自然保护区面积	Area of Nature Reserve	940.79	968.64
造林面积按经济成份分	**Afforestation by Sector of the Economy**		
公有经济造林	Aforestation by Publicily-owned	55.73	50.24
国有经济造林	Aforestation by State-owned	25.05	22.66
集体经济造林	Aforestation by Collective-owned	30.68	27.58
非公有经济造林	Aforestation by Non-publicily-owned	22.43	30.27
造林面积按林种分	**Areas of Afforestation classified by sorts of forests**		
用材林	Timber Forest	0.98	0.84
经济林	Economic Forest	1.33	1.65
防护林	Shelter Forest	75.64	77.80
薪炭林	Firewood Forest	0.21	
其他林	Others		0.23
森林覆盖率(%)	**Forest Cover Rate(%)**	**20.00**	**21.03**

12-18 牲畜总头数和总增头数
Total Number of Livestock and Livestock Added

单位:万头(只) (10 000 heads)

项 目	Item	2012 总头数 年中数 Year-middle	2012 总头数 年末数 Year-end	2012 总增头数 Total Number Added of Live-stocks	2013 总头数 年中数 Year-middle	2013 总头数 年末数 Year-end	2013 总增头数 Total Number Added of Live-stocks
大牲畜和羊合计	**Total Number of Large Animals, Sheep and Goats**	**9844.14**	**5983.21**	**5658.07**	**10291.26**	**6058.81**	**5597.37**
大牲畜	Large Animals	1238.73	839.18	426.00	1266.54	819.60	419.05
牛	Cattles	1015.83	625.00	367.00	1047.43	612.43	360.68
# 良种及改良种乳牛	Fine Breed and Improved Milk Cows	334.87	263.27	114.42	313.11	255.42	118.37
马	Horses	79.45	75.90	22.22	74.72	76.63	19.93
驴	Donkeys	102.39	96.00	31.59	103.92	90.94	33.50
骡	Mules	26.13	30.00	3.06	25.02	26.35	2.69
骆 驼	Camels	14.92	12.26	2.13	15.46	13.24	2.25
羊	Sheep and Goats	8605.41	5144.03	5232.07	9024.72	5239.21	5178.32
绵 羊	Sheep	6245.81	3484.38	4133.06	6668.70	3727.27	4144.44
# 细毛羊及改良羊	Nap Sheep or Improved Sheep	2019.60	1084.12		2003.95	991.99	
半细毛羊及改良羊	Semi-nap Sheep or Improved Sheep	732.27	379.11		754.29	335.12	
山 羊	Goats	2359.60	1659.65	1099.01	2356.03	1511.94	1033.88
猪	**Hogs**	**1418.87**	**693.84**	**1169.29**	**1528.50**	**684.50**	**1124.79**

注:总增头数是指牧业年度繁殖成活仔畜头数减去期内成幼畜死亡头数。

a) Total Number of Livestoks Added refers to survival number of newborn livestocks in the period subtract death livestocks.

12-19 牲畜总头数

Total Number of Livestock

单位：万头(只) (10 000 heads)

年 份 Year	年中数 Year-middle 合计 Total	大牲畜 Large Animals	羊 Sheep & Goats	猪 Hogs	年末数 Year-end 合计 Total	大牲畜 Large Animals	羊 Sheep & Goats	猪 Hogs
1947	931.9	271.0	570.8	90.1	851.8	262.9	510.8	78.1
1948	949.9	286.5	571.6	91.8	869.1	277.9	511.6	79.6
1949	1058.6	313.7	642.6	102.3	968.6	304.3	575.6	88.7
1950	1191.4	343.1	731.8	116.5	1068.4	331.1	636.3	101.0
1951	1418.1	388.0	902.0	128.1	1278.6	372.5	795.0	111.1
1952	1749.9	450.6	1143.2	156.1	1467.6	430.3	902.0	135.3
1953	2105.2	504.5	1434.4	166.3	1844.7	442.5	1235.0	167.2
1954	2428.6	558.4	1672.2	198.0	1959.0	494.7	1292.6	171.7
1955	2501.3	586.9	1724.4	190.0	1912.3	514.7	1232.9	164.7
1956	2635.2	591.6	1874.9	168.7	2094.4	496.9	1451.2	146.3
1957	2438.9	552.7	1713.9	172.3	1809.9	450.5	1210.0	149.4
1958	2674.0	550.7	1879.7	243.6	2184.9	468.1	1505.6	211.2
1959	3070.8	589.0	2244.2	237.6	2576.7	537.2	1833.5	206.0
1960	3315.5	612.9	2431.7	270.9	2709.4	553.5	1921.0	234.9
1961	3305.4	623.4	2494.8	187.2	2671.2	550.5	1958.4	162.3
1962	3497.3	643.3	2621.0	233.0	2801.4	568.1	2031.3	202.0
1963	3981.7	699.7	3005.5	276.5	3242.4	628.3	2374.4	239.7
1964	4282.5	750.1	3242.1	290.3	3315.5	664.6	2399.2	251.7
1965	4488.4	787.9	3388.3	312.2	3606.1	716.2	2619.2	270.7
1966	4012.8	748.5	2969.0	295.3	3231.4	680.4	2295.0	256.0
1967	4164.6	730.0	3140.6	294.0	3469.4	680.9	2531.0	257.5
1968	4150.7	750.2	3067.6	332.9	3288.2	679.8	2349.0	259.4
1969	3844.5	721.7	2823.1	299.7	3213.0	665.1	2311.2	236.7
1970	3865.2	726.4	2840.3	298.5	3319.6	689.1	2356.4	274.1
1971	4032.5	754.3	2922.0	356.2	3419.7	712.2	2363.4	344.1
1972	4197.2	775.6	2985.5	436.1	3478.5	717.2	2372.3	389.0
1973	4317.2	781.3	3092.7	443.2	3654.6	738.2	2519.4	397.0
1974	4425.5	805.8	3160.3	459.4	3707.0	752.3	2532.6	422.1
1975	4628.5	820.3	3307.9	500.3	3757.6	766.8	2638.1	352.7
1976	4465.4	808.4	3058.0	599.0	3649.0	748.7	2397.8	502.5
1977	4428.6	784.1	3056.4	588.1	3643.4	715.3	2394.6	533.5
1978	4162.3	697.5	2860.5	604.3	3586.5	659.3	2378.1	549.1
1979	4513.4	724.6	3177.6	611.2	3873.1	685.3	2633.2	554.6
1980	4656.8	741.3	3317.0	598.5	3753.3	681.3	2553.4	518.6

12-19 续表 continued

单位：万头(只) (10 000 heads)

年 份 Year	年中数 Year-middle 合 计 Total	大牲畜 Large Animals	羊 Sheep & Goats	猪 Hogs	年末数 Year-end 合 计 Total	大牲畜 Large Animals	羊 Sheep & Goats	猪 Hogs
1981	4565.6	723.2	3307.2	535.2	3817.2	678.9	2670.0	468.3
1982	4721.9	744.3	3474.0	503.6	3903.9	708.0	2735.0	460.9
1983	4413.6	739.9	3177.9	495.8	3539.8	694.7	2418.0	427.1
1984	4259.5	740.9	3053.7	464.9	3488.3	698.2	2377.3	412.8
1985	4341.8	775.3	3060.7	505.8	3667.4	736.6	2468.4	462.4
1986	4434.5	799.5	3082.7	552.3	3734.5	751.3	2502.2	481.0
1987	4555.2	811.5	3219.9	523.8	3731.0	730.8	2544.7	455.5
1988	4685.9	792.3	3408.8	484.8	4093.8	734.6	2892.8	466.4
1989	5301.5	812.7	3945.0	543.8	4215.4	718.6	3009.5	487.3
1990	5307.5	784.9	3955.2	567.4	4254.4	707.5	3023.9	523.0
1991	5568.2	783.8	4160.0	624.4	4220.5	699.8	2960.9	559.8
1992	5558.0	774.4	4067.4	716.2	4168.4	690.2	2856.7	621.5
1993	5577.9	771.8	3942.1	864.0	4231.9	685.7	2860.3	685.9
1994	5711.3	756.6	4038.9	915.8	4450.7	682.4	3028.1	740.2
1995	6065.7	783.8	4302.5	979.4	4795.0	708.3	3321.0	765.7
1996	6697.7	825.5	4804.3	1067.9	5066.8	734.9	3561.8	770.1
1997	7112.4	840.8	5164.8	1106.8	5180.4	714.0	3656.7	809.7
1998	7387.2	817.8	5383.5	1185.9	5206.3	677.3	3712.9	816.1
1999	7436.2	802.8	5491.6	1141.7	5147.6	667.4	3702.6	777.6
2000	7300.5	803.3	5406.2	1090.9	4912.0	622.1	3551.6	738.3
2001	7135.0	702.3	5427.8	1004.9	4817.6	536.3	3515.9	765.4
2002	7260.1	652.0	5675.2	932.9	5176.9	543.4	3951.7	681.8
2003	7987.6	718.1	6396.1	873.5	5713.3	615.4	4450.1	647.7
2004	9274.4	814.5	7514.7	945.2	6722.9	718.2	5318.5	686.2
2005	10615.3	934.2	8713.0	968.1	6903.5	783.2	5420.0	700.3
2006	11050.5	986.8	9002.6	1061.1	6508.8	786.2	5102.5	620.1
2007	10854.4	1039.4	8774.6	1040.5	6524.3	822.7	5064.2	637.4
2008	10677.7	1063.8	8442.9	1170.5	6519.4	883.2	5125.3	675.3
2009	10858.5	1084.6	8512.2	1261.7	6748.6	868.9	5197.2	683.7
2010	10798.5	1140.1	8408.0	1250.5	6845.7	883.4	5277.2	684.4
2011	10762.6	1176.7	8347.5	1238.4	6806.2	846.5	5276.0	684.2
2012	11263.0	1238.7	8605.4	1418.9	6677.1	839.2	5144.0	693.8
2013	11819.8	1266.5	9024.7	1528.5	6743.3	819.6	5239.2	684.5

12-20 大牲畜和羊(年中数)

Total Number of Large Animals, Sheep and Goats(Year-middle)

单位：万头(只) (10 000 heads)

年份 Year	合计 Total	牛 Cattles	马 Horses	驴 Donkeys	骡 Mules	骆驼 Camels	绵羊 Sheep	山羊 Goats
1947	841.8	174.6	48.7	33.7	3.0	11.0	342.6	228.2
1948	858.1	186.7	48.1	37.6	3.2	10.9	348.0	223.6
1949	956.3	208.5	45.3	44.9	3.2	11.8	403.8	238.8
1950	1074.9	232.1	45.0	94.1	3.7	13.2	457.3	274.5
1951	1290.1	262.6	50.5	56.3	4.3	14.3	550.2	351.9
1952	1593.8	307.1	59.7	63.6	4.9	15.3	692.4	450.8
1953	1938.9	348.9	67.0	66.4	5.4	16.8	853.7	580.7
1954	2230.6	385.6	73.8	74.7	6.2	18.1	991.3	680.9
1955	2311.3	394.2	83.5	81.2	7.8	20.2	1030.6	693.8
1956	2466.5	389.0	90.9	82.1	8.5	21.2	1098.8	776.1
1957	2266.6	353.2	94.5	74.6	8.1	22.3	992.5	721.4
1958	2430.4	346.9	95.9	77.5	8.2	22.2	1097.9	781.8
1959	2833.2	380.7	103.1	73.5	8.5	23.2	1281.0	963.2
1960	3044.6	402.8	109.5	66.0	9.0	25.6	1379.0	1052.7
1961	3118.2	415.7	116.3	57.1	8.9	25.4	1417.8	1077.0
1962	3264.3	421.2	125.3	61.1	8.9	26.8	1453.3	1167.7
1963	3705.2	454.2	140.4	68.6	9.3	27.2	1696.3	1309.2
1964	3992.2	476.7	155.6	78.7	10.4	28.7	1875.7	1366.4
1965	4176.2	493.2	166.9	85.3	11.6	30.9	2017.4	1370.9
1966	3717.5	454.3	165.9	88.6	13.4	26.3	1844.2	1124.8
1967	3870.6	436.7	163.0	88.8	16.0	25.5	1952.8	1187.8
1968	3817.8	427.5	180.7	92.2	19.2	30.6	1935.8	1131.8
1969	3544.8	396.9	184.9	86.0	22.4	31.5	1755.1	1068.0
1970	3566.7	390.5	196.7	86.7	23.2	29.3	1815.4	1024.9
1971	3676.3	400.2	205.5	88.8	27.2	32.6	1887.8	1034.2
1972	3761.1	409.8	212.7	90.9	28.8	33.4	1974.6	1010.9
1973	3874.0	410.2	218.9	90.6	30.6	31.0	2119.0	973.7
1974	3966.1	418.1	231.4	93.1	32.3	30.9	2186.8	973.5
1975	4128.2	422.7	239.0	91.2	34.2	33.2	2304.2	1003.7
1976	3866.4	423.2	231.2	84.4	35.2	34.4	2162.4	895.6
1977	3840.5	412.3	224.9	76.3	34.7	35.9	2183.5	872.9
1978	3558.0	358.5	192.8	75.9	34.4	35.9	1986.7	873.8
1979	3902.2	376.2	198.2	78.0	34.1	38.2	2212.4	965.2
1980	4058.3	391.1	196.3	80.9	34.1	38.9	2354.7	962.3

12-20 续表 continued

单位：万头(只) (10 000 heads)

年份 Year	合计 Total	牛 Cattles	马 Horses	驴 Donkeys	骡 Mules	骆驼 Camels	绵羊 Sheep	山羊 Goats
1981	4030.4	381.6	187.7	79.8	33.9	40.2	2408.7	898.5
1982	4218.3	404.2	189.1	75.2	35.0	40.8	2543.8	930.2
1983	3917.8	407.4	185.1	74.3	37.6	35.6	2394.8	783.1
1984	3794.6	404.0	184.2	78.1	40.8	33.8	2273.4	780.3
1985	3836.0	424.0	189.4	85.2	44.6	32.2	2263.2	797.5
1986	3882.2	437.3	192.3	90.8	48.5	30.6	2255.5	827.2
1987	4031.4	445.2	194.2	93.2	51.9	27.0	2365.3	854.6
1988	4201.1	438.4	184.1	91.4	53.8	24.6	2454.1	954.7
1989	4757.7	457.8	180.9	92.1	56.5	25.4	2776.0	1169.0
1990	4740.1	439.8	169.2	93.0	58.2	24.7	2734.3	1220.9
1991	4943.8	434.9	166.8	96.7	61.8	23.6	2847.4	1312.6
1992	4841.9	426.4	164.1	97.6	65.3	21.0	2779.8	1287.7
1993	4713.8	424.2	161.9	100.1	68.0	17.7	2652.3	1289.8
1994	4795.5	415.4	158.2	96.8	69.7	16.6	2694.6	1344.3
1995	5086.3	442.7	158.0	97.6	69.4	16.1	2779.6	1522.9
1996	5629.8	477.2	161.5	100.4	70.1	16.3	3083.4	1720.9
1997	6005.6	488.0	161.3	102.9	72.2	16.5	3285.0	1879.9
1998	6201.3	478.6	149.9	101.8	71.8	15.7	3419.0	1964.5
1999	6294.5	475.2	140.4	100.9	71.6	14.8	3544.0	1947.6
2000	6209.6	490.2	130.5	99.5	69.5	13.6	3537.4	1868.8
2001	6130.1	431.4	108.4	87.9	62.3	12.3	3408.1	2019.7
2002	6327.2	419.6	87.6	80.4	55.5	8.9	3476.8	2198.4
2003	7114.1	499.3	79.2	81.1	49.4	9.1	3974.0	2422.1
2004	8329.2	600.0	74.6	82.9	47.0	10.1	4936.7	2578.0
2005	9647.2	721.9	74.5	84.3	43.0	10.6	5904.3	2808.7
2006	9989.4	780.1	73.5	80.1	41.9	11.2	6054.3	2948.3
2007	9814.0	820.1	75.9	91.3	40.7	11.4	5724.1	3050.5
2008	9506.7	838.9	78.7	96.3	38.7	11.3	5441.0	3001.9
2009	9596.8	881.8	70.9	88.2	32.1	11.6	5552.5	2959.7
2010	9548.1	929.4	70.3	97.2	30.7	12.1	5782.0	2626.0
2011	9524.2	956.3	77.0	102.1	28.7	12.6	5885.6	2461.9
2012	9844.1	1015.8	79.4	102.4	26.1	14.9	6245.8	2359.6
2013	10291.3	1047.4	74.7	103.9	25.0	15.5	6668.7	2356.0

12-21 牲畜增减变化情况(2013年，年末数)

Number of Newly Increased and Decreased Livestock(End of 2013)

单位:万头(只) (10 000 heads)

项目	Item	繁殖仔畜 New Born Stocks	成活仔畜 Survival New Born Stocks		成幼畜死亡 Death Number of Young and Adult Stocks	
			头数 Number	成活率 (%) Survival Rate	头数 Number	死亡率 (%) Death Rate
大牲畜和羊合计	**Total Number of Large Animals, Sheep and Goats**	**4811.36**	**4656.17**	**96.77**	**93.93**	**1.57**
大牲畜	Large Animals	374.20	362.09	96.76	6.39	0.76
牛	Cattles	308.17	297.84	96.65	5.06	0.81
#良种及改良种乳牛	Fine Breed and Improved Milk Cows	117.90	115.07	97.60	1.88	0.71
马	Horses	23.94	22.96	95.93	0.72	0.95
驴	Donkeys	35.99	35.45	98.52	0.44	0.46
骡	Mules	2.98	2.95	99.00	0.07	0.23
骆驼	Camels	3.12	2.88	92.17	0.09	0.75
羊	Sheep and Goats	4437.16	4294.07	96.78	87.55	1.70
绵羊	Sheep	3474.63	3358.36	96.65	67.80	1.95
山羊	Goats	962.53	935.71	97.21	19.75	1.19
猪	**Hogs**	**857.21**	**817.65**	**95.39**	**14.80**	**2.13**

12-21 续表 continued

单位:万头(只) (10 000 heads)

项目	Item	自宰自食 killed for Self-use	出卖 Selling	#出卖肉畜 Sold Meat Stocks	出栏率 (%) Slaughter Rate	商品率 (%) Commodity Rate
大牲畜和羊合计	**Total Number of Large Animals,Sheep and Goats**	**474.82**	**5991.33**	**5331.91**	**97.05**	**100.14**
大牲畜	Large Animals	30.61	563.93	375.07	48.34	67.20
牛	Cattles	25.33	453.87	294.83	51.23	72.62
马	Horses	1.15	37.23	28.39	38.92	49.05
驴	Donkeys	3.29	59.80	42.45	47.64	62.28
骡	Mules	0.59	10.53	7.26	26.17	35.09
骆驼	Camels	0.24	2.51	2.15	19.50	20.47
羊	Sheep and Goats	444.21	5427.39	4956.84	105.00	105.51
绵羊	Sheep	315.38	3953.41	3717.57	115.74	113.46
山羊	Goats	128.84	1473.98	1239.26	82.43	88.81
猪	**Hogs**	**224.35**	**1029.43**	**707.59**	**134.32**	**148.37**

12-22 牲畜总增情况(年中数)

Total Number of Newly Increased Livestock(Middle of Year)

单位:万头(只) (10 000 heads)

项 目	Item	总增头数 Total Number of Livestocks Added		总增率(%) Growth Rate	
		2012	2013	2012	2013
大牲畜和羊合计	**Total Number of Large Animals, Sheep and Goats**	**5658.07**	**5597.37**	**57.48**	**56.86**
大牲畜	Large Animals	426.00	419.05	34.39	33.83
牛	Cattles	367.00	360.68	36.13	35.51
#良种及改良种乳牛	Fine Breed and Improved Milk Cows	114.42	118.37	34.17	35.49
马	Horses	22.22	19.93	27.97	25.09
驴	Donkeys	31.59	33.50	30.85	32.72
骡	Mules	3.06	2.69	11.69	10.31
骆驼	Camels	2.13	2.25	14.24	15.05
羊	Sheep and Goats	5232.07	5178.32	60.80	60.18
绵羊	Sheep	4133.06	4144.44	66.17	66.36
山羊	Goats	1099.01	1033.88	46.58	43.82
猪	**Hogs**	**1169.29**	**1124.79**	**82.41**	**79.27**

12-23 牲畜增减变化情况(2013年,年中数)

Number of Newly Increased and Decreased Livestock(Middle of 2013)

单位:万头(只) (10 000 heads)

项目	Item	繁殖成活仔畜 New Born Stocks And Survival New Born Stocks				成幼畜死亡 Death Number of Stocks	
		繁殖仔畜 New Born Stocks	成活仔畜 Survival New Born Stocks	成活率(%) Surv-ival Rate	繁成率(%) Rate of Breeding and Surviving	头数 Number	死亡率(%) Death Rate
大牲畜和羊合计	**Total Number of Large Animals, Sheep and Goats**	**5898.13**	**5724.81**	**97.06**	**140.08**	**127.43**	**1.29**
大牲畜	Large Animals	441.43	428.78	97.13	79.50	9.73	0.79
牛	Cattles	379.43	368.56	97.13	80.99	7.88	0.78
#良种及改良种乳牛	Fine Breed and Improved Milk Cows	123.77	120.52	97.38	67.25	2.16	0.65
马	Horses	21.78	20.90	95.95	66.70	0.97	1.22
驴	Donkeys	34.90	34.17	97.90	71.58	0.67	0.65
骡	Mules	2.87	2.80	97.63		0.10	0.40
骆驼	Camels	2.45	2.35	96.16	44.89	0.11	0.71
羊	Sheep and Goats	5456.70	5296.03	97.06	149.29	117.71	1.37
绵羊	Sheep	4359.79	4231.32	97.05	163.95	86.88	1.39
山羊	Goats	1096.91	1064.71	97.06	110.15	30.83	1.31
猪	**Hogs**	**1187.12**	**1148.13**	**96.72**	**1274.43**	**23.34**	**1.64**

12-24 能繁殖母畜、耕畜及改良畜(2013 年，年中数)

Female Parent Stocks, Plow Stocks and Improved Stock(Middle of 2013)

单位:万头(只) (10 000 heads)

项 目	Item	能繁殖母畜 Female Parent Stocks	耕 畜 Plow Stocks	良种牲畜 Fine Breed Stocks	改良种牲畜 Improved Stocks
大牲畜和羊合计	**Total Number of Large Animals, Sheep and Goats**	**5994.88**	**98.24**	**3652.21**	**5754.99**
大牲畜	Large Animals	654.85	98.24	355.94	702.81
牛	Cattles	567.82	20.66	304.49	614.83
#良种及改良种乳牛	Fine Breed and Improved Milk Cows	186.24			
马	Horses	32.26	14.97	13.93	30.63
驴	Donkeys	48.07	45.67	28.85	55.73
骡	Mules		16.27		
骆驼	Camels	6.69	0.67	8.67	1.62
羊	Sheep and Goats	5340.04		3296.27	5052.19
绵羊	Sheep	4007.38		2369.38	3785.90
#细毛羊及改良羊	Nap Sheep or Improved Sheep	948.90			
半细毛羊及改良羊	Semi nap Sheep or Improved Sheep	302.22			
山羊	Goats	1332.65		926.90	1266.29
猪	**Hogs**	**191.56**		**434.01**	**877.48**

12-25 能繁殖母畜、耕畜及改良畜(2013 年，年末数)

Female Parent Stocks, Plow Stocks and Improved Stock(End of 2013)

单位:万头(只) (10 000 heads)

项 目	Item	能繁殖母畜 Female Parent Stocks	耕 畜 Plow Stocks	良种牲畜 Fine Breed Stocks	改良种牲畜 Improved Stocks
大牲畜和羊合计	**Total Number of Large Animals,Sheep and Goats**	**4060.65**	**87.15**	**2447.10**	**3089.22**
大牲畜	Large Animals	513.51	87.15	307.53	403.07
牛	Cattles	427.56	13.24	260.95	323.83
马	Horses	32.75	14.92	22.70	25.11
驴	Donkeys	46.77	42.56	16.35	53.84
骡	Mules		16.08		
骆驼	Camels	6.43	0.35	7.54	0.28
羊	Sheep and Goats	3547.15		2139.57	2686.15
绵羊	Sheep	2553.57		1483.94	1870.72
山羊	Goats	993.57		655.62	815.43
猪	**Hogs**	**90.05**		**234.91**	**357.46**

12-26 主要畜禽产品产量

Output of Major Livestock and Poultry

项目	Item	2012	2013
当年出栏肉猪头数(万头)	Annual Number of Sold Fatten Hogs (10 000head)	940.48	931.94
当年出栏和自宰的肉用牛(万头)	Annual Number of Sold and Killed Meat Cattles (10 000head)	316.44	320.16
当年出售和自宰的肉用羊(万只)	Annual Numberof Sold and Killed Mutton Goats and Sheep (10 000head)	5390.35	5401.05
当年肉类总产量(吨)	Annual Output of Meat (ton)	2458325	2449002
# 猪肉产量(吨)	Pork (ton)	739399	733500
牛肉产量(吨)	Beef (ton)	512174	517862
羊肉产量(吨)	Mutton (ton)	886875	888029
奶类产品(吨)	Milks (ton)	9307014	7785547
# 牛 奶(吨)	Cow Millk (ton)	9101811	7672986
山羊毛产量(吨)	Goat Wool (ton)	12437	10154
绵羊毛产量(吨)	Sheep Wool (ton)	104190	110532
山羊绒产量(吨)	Cashmere (ton)	7642	7901
蜂蜜产量(吨)	Honey (ton)	2365	2354
禽蛋产量(吨)	Poultry Eggs (ton)	544762	551637
年末实有家禽(万只)	Number of Poultry at Yearend (10 000 heads)	5075.50	4940.48
年内牛皮产量(万张)	Annual Output of Cattle Skin (10 000unit)	364.11	362.18
绵羊皮产量(万张)	Output of Sheep Skin (10 000unit)	4010.04	4040.16
山羊皮产量(万张)	Output of Goat Skin (10 000unit)	1227.13	1276.43
驼绒产量(吨)	Output of Fine Hair of Camel (ton)	537.00	511.24
出售肉类总量(吨)	Products of Sold Meat (ton)	2190570	2162209
# 出售猪肉(吨)	Pork (ton)	600378	604422
出售牛肉(吨)	Beef (ton)	508301	507649
出售羊肉(吨)	Mutton (ton)	770388	778886
出售牛羊奶数量(吨)	Products of Sold Milk (ton)	8280560	7437037
出售羊毛数量(吨)	Products of Sold Wool of Sheep and Goats (ton)	97719	100493
出售家禽只数(万只)	Number of Sold Poultry (10 000 heads)	10774.09	12789.86
水产品(吨)	Aquatic Products (ton)	131575	141321

主要统计指标解释

农林牧渔业总产值 指以货币表现的农、林、牧、渔业全部产品的总量，它反映一定时期内农业生产总规模和总成果。农业总产值的计算方法通常是按农林牧渔业产品及其副产品的产量分别乘以各自单位产品价格求得；少数生产周期较长，当年没有产品或产品产量不易统计的，则采用间接方法匡算其产值；然后将四业产品产值相加即为农业总产值。

粮食产量 指全社会的产量。包括国有经济经营的、集体统一经营的和农民家庭经营的粮食产量，还包括工矿企业办的农场和其他生产单位的产量。粮食除包括稻谷、小麦、玉米、高粱、谷子及其他杂粮外，还包括薯类和豆类。其产量计算方法，豆类按去豆荚后的干豆计算；薯类(包括甘薯和马铃薯，不包括芋头和木薯)1963 年以前按每 4 公斤鲜薯折 1 公斤粮食计算，从 1964 年开始改为按 5 公斤鲜薯折 1 公斤粮食计算。城市郊区作为蔬菜的薯类(如马铃薯等)按鲜品计算，并且不作粮食统计。其他粮食一律按脱粒后的原粮计算。

油料产量 指全部油料作物的生产量。包括花生、油菜籽、芝麻、向日葵籽、胡麻籽(亚麻籽)和其他油料。不包括大豆，木本油料和野生油料。花生以带壳干花生计算。

水产品产量 指人工养殖的水产品和天然生长的水产品的捕捞量。包括海水的鱼类、虾蟹类、贝类和藻类以及内陆水域的鱼类、虾蟹类和贝类，不包括淡水生植物。

猪、牛、羊肉产量 指当年出栏并已屠宰、除去头蹄下水后带骨肉(即胴体重)的重量。

牲畜总增头数 是反映牲畜的总体增长情况、牲畜头数增殖情况和死亡损失情况的一项数量指标，以大畜、小畜和猪分畜种计算。

总增头数 = 期内繁殖成活仔畜头数—期内成幼畜死亡头数

期末牲畜存栏头数 指调查期末农村各种合作经济组织和国营农场，农民个人，机关、团体、学校、工矿企业，部队等单位以及城镇居民饲养的大牲畜、猪、羊的存栏头数。

耕地面积 指可以用来种植农作物、经常进行耕锄的田地，包括熟地、当年新开荒地、连续撂荒未满三年的耕地和当年的休闲地(轮歇地)，还包括以种植农作物为主并附带种植桑树、茶树、果树和其他林木的土地，以及沿海、沿湖地区已围垦利用的“海涂”、“湖田”等面积。不包括属于专业性的桑园、茶园、果园、果木苗圃、林地、芦苇地、天然或人工草地面积。

农作物播种面积 指实际播种或移植有农作物的面积。凡是实际种植有农作物的面积，不论种植在耕地上还是种植在非耕地上，均包括在农作物播种面积中。在播种季节基本结束后，因遭灾而重新改种和补种的农作物面积，也包括在内。

有效灌溉面积 指具有一定的水源，地块比较平整，灌溉工程或设备已经配套，在一般年景下当年能够进行正常灌溉的耕地面积。

农用化肥施用量 指本年内实际用于农业生产的化肥数量，包括氮肥、磷肥、钾肥和复合肥。化肥施用量要求按折纯量计算数量。折纯量是把氮肥、磷肥、钾肥分别按含氮、含五氧化二磷、含氧化钾的百分之一百成份进行折算后的数量。复合肥按其所含主要成分折算。

农业机械总动力 指主要用于农、林、牧、渔业的各种动力机械的动力总和。包括耕作机械、排灌机械、收获机械、农用运输机械、植物保护机械、牧业机械、林业机械、渔业机械和其他农业机械[内燃机按引擎马力折成瓦(特)计算、电动机按功率折成瓦(特)计算]。不包括专门用于乡、镇、村、组办工业、基本建设、非农业运输、科学试验和教学等非农业生产方面用的动力机械与作业机械。

农林牧渔业劳动力 指全社会直接参加农林牧渔业生产活动的劳动力。

Explanatory Notes on Main Statistical Indicators

Gross Output Value of Farming, Forestry, Animal Husbandry and Fishery refers to the total value of products of farming, forestry, animal husbandry and fishery, which reflects the total scale and result of agricultural production during a given period. Gross output value of agriculture is obtained by first multiplying the output of each product or by product by its price, resulting in the output value of each single item. For a small number of products, annual output of which is not available or difficult to get due to the long production growing process involved, the output value is estimated through an indirect approach. The sum of output value of all products of farming, forestry, animal husbandry, and fishery is then equal to the gross output value of agriculture.

Grain Yield refers to the yield in the whole country including grains produced by state farms, collective units, industrial enterprises and mines. Grain includes rice, wheat, corn, sorghum, millet and other miscellaneous grains as well as tubers and beans. Output of beans refers to dry beans without pods. The output of tubers (sweet potatoes and potatoes, not including taros and cassava) was converted into that of grain at the ratio 4:1, i. e. 4 kilograms of fresh tubers was equivalent to 1 kilogram of grain up to 1963. Since 1964 the ratio for conversion has been 5:1. Tubers supplied as vegetables (such as potatoes) in cities and suburbs are calculated as fresh vegetables and their output is not included in the output of grain . Output of all other grains refers to husked grain.

Yield of Oil–bearing Crops refers to the total yield of oil bearing crops of various kinds, including peanuts, (dry, in shell) rape seeds, sesame, sunflower seeds, flax seeds, and other oil bearing crops, Soybeans, oil bearing woody plants, and wild oil bearing crops are not included.

Output of Aquatic Products refers to catches of both artificially cultured and naturally grown aquatic products, including fish, shrimps, crabs and shellfish in sea and inland water as well as seaweed. Freshwater plants are not included.

Output of pork, Beef, and Mutton refers to the meat of slaughtered hogs, cattle, sheep and goats with head, feet, and offal taken away.

Total Number of Livestock Added is a kind of numeral index which reflects the total statistics of increase, breeding and death of livestock, it is calculated at different kinds of livestock.

Total Number of Livestock Added = Survival Number of Newborn Livestock in the given Period–Death Number of Livestock

Number of Livestock in stock at Beginning (or End) refers to the total number of large animals, pigs, sheep, etc. raised by rural cooperative organizations, state farms, rural individuals, government agencies, schools, industrial and mining enterprises, army, and urban residents at the beginning(or end) of the reference period.

Cultivated Area (Area under cultivation) refers to farmland which is plowed constantly for growing crops, including cultivated land, newly cultivated land in the current year, farmland left without cultivation for less than three years and fallow land in the current year, rotation land, rotation land of grass and crops, farmland with some fruit trees, mulberry trees and other trees and cultivated seashore land, lake land and etc. The land of mulberry fields, tea plantations, orchards, nurseries of young plants, forestland, reed land, natural and manmade grassland and other land are not included in cultivated land.

Sown Area of Crops refers to area of land sown or transplanted with crops regardless of being in cultivated area or non–cultivated area. Area of land re sown due to natural disasters is also included.

Irrigated Area refers to areas that are effectively irrigated, i. e. level land which has water source and complete sets of irrigation facilities to lift and move adequate water for irrigation purpose under normal conditions.

Consumption of Chemical Fertilizers in Agriculture refers to the quantity of chemical fertilizers applied in agriculture in the year, including nitrogenous fertilizer, phosphate fertilizer, potash fertilizer, and compound fertilizer. The consumption of chemical fertilizers is required in calculation to convert the gross weight into weight containing 100% effective component. Compound fertilizer is converted with its major component.

Total Power of Farm Machinery refers to total mechanical power of machinery used in farming, forestry, animal husbandry, and fishery, including ploughing, irriga–

tion and drainage, harvesting, transport, plant protection, stock breeding, forestry and fishery. The power of internal combustion engines is required to convert horsepower into watts and the power of electric motors is required to be converted into watts. Machinery employed for non–agricultural purposes, such as the machines used in township run and village run industry, construction, non agricultural transport, scientific experiments and teaching, is excluded.

Labour Force Engaged in Farming, Forestry, Animal Husbandry and Fishery refers to the total laborers who are directly engaged in production of farming, forestry, animal husbandry and fishery.

2014 NEIMENGGU

十三、工业

Industry

资料整理：李志鹏　张恩铭

Arranged By Li Zhipeng , Zhang Enming

13-1 工业企业单位数和工业总产值

Number of Industrial Enterprises and Gross Industrial Output Value by Ownership

项目	Item	2000	2005	2010	2013
企业单位数(个)	**Number of Industrial Enterprises(unit)**	**147769**	**130898**	**122718**	**124317**
在总计中:	Of the Total:				
国有及国有控股企业	State-owned Enterprises(including enterprises with controlling share hold by the state)	757	525	517	629
在总计中:	Of the Total:				
轻工业	Light Industry	97464	81391	75631	76536
重工业	Heavy Industry	50305	49507	47087	47781
在总计中:	Of the Total:				
国有企业	State-owned Enterprises	545	353	228	137
集体企业	Collective-owned Enterprises	3874	1207	1933	1842
个体企业	Individual-owned Enterprises	133421	119446	104305	106831
其他经济类型企业	Enterprises of Other Types of Ownership	9929	9892	16252	15507
# 股份制经济	Share-holding Corporations	371	2382	2762	2638
外商及港澳台商投资企业	Enterprises Funded by Foreigners or by Entrepreneurs from Hong Kong, Macao and Taiwan	90	245	221	184
工业总产值(亿元)	**Gross Industrial Output Value (100 million yuan)**	**1202.85**	**3861.58**	**16020.00**	**24137.53**
在总计中:	Of the Total:				
国有及国有控股企业	State-owned Enterprises(including enterprises with controlling share hold by the state)	636.95	1684.26	4455.52	6505.30
在总计中:	Of the Total:				
轻工业	Light Industry	464.26	1171.70	4645.80	6951.61
重工业	Heavy Industry	738.59	2689.88	11374.20	17185.92
在总计中:	Of the Total:				
国有企业	State-owned Enterprises	245.68	415.17	1393.64	895.00
集体企业	Collective-owned Enterprises	65.64	60.94	206.59	301.20
个体企业	Individual-owned Enterprises	245.29	405.69	1269.10	1690.49
其他经济类型企业	Enterprises of Other Types of Ownership	646.24	2979.78	13150.67	21250.84
# 股份制经济	Share-holding Corporations	410.35	1927.37	9264.92	15206.64
外商及港澳台商投资企业	Enterprises Funded by Foreigners or by Entrepreneurs from Hong Kong, Macao and Taiwan	58.10	358.39	1180.7	1480.89

注:工业总产值按核算口径工业总产出计算。

a)The gross industrial output value is calculated at gross industrial output of national accounts .

13-2 工业总产值

Gross Industrial Output Value

本表按当年价计算。

Data in this table are calculated at current prices.

单位：亿元 (100 million yuan)

年份 Year	工业总产值 Total Industry	按轻重工业分 Grouped by Light & Heavy Industry		按经济类型分 Grouped by Ownership			
		轻工业 Light Industry	重工业 Heavy Industry	国有及国有控股企业 State-owned or Controlling Share Hold Industry	集体企业 Collective-owned Industry	个体企业 Individual-Owned Industry	其他经济类型企业 Industry of Other Types of Ownership
1962	14.26	7.84	6.42	11.78	2.29	0.18	
1965	26.79	9.61	17.18	24.15	2.60	0.03	
1970	27.80	8.85	18.95	25.16	2.64		
1975	36.89	15.28	21.61	30.22	6.67		
1978	52.96	22.05	30.91	40.89	10.78		
1979	57.40	23.90	33.50	44.32	11.68		
1980	59.39	24.58	34.81	46.23	13.13	0.02	0.01
1981	61.76	28.41	33.35	49.10	12.60	0.04	0.02
1982	73.73	31.45	42.28				
1983	81.53	34.06	47.47	65.76	15.62	0.13	0.03
1984	90.02	36.99	53.03	75.57	17.09	0.35	0.02
1985	112.93	45.78	67.15	91.86	20.38	0.65	0.04
1986	126.46	52.69	73.77	97.87	25.67	2.84	0.07
1987	150.84	64.10	86.74	115.86	30.93	3.94	0.11
1988	193.86	86.41	107.45	144.60	42.21	6.76	0.28
1989	243.13	105.31	137.82	178.22	55.03	9.20	0.68
1990	263.33	108.51	154.82	193.14	57.69	11.55	0.94
1991	304.43	108.98	195.45	233.55	55.15	13.03	2.70
1992	363.72	131.55	234.91	276.33	67.11	15.98	4.30
1993	470.36	141.87	328.49	371.91	70.25	20.77	7.42
1994	522.10	169.98	352.12	392.39	94.14	24.44	11.13
1995	626.52	215.92	410.61	389.89	121.40	63.86	51.37
1996	745.56	293.21	452.35	454.64	145.67	78.81	66.45
1997	872.30	347.20	525.10	505.74	162.26	116.68	87.62
1998	942.08	371.08	571.00	472.70	162.87	176.56	129.95
1999	1055.13	383.65	671.48	559.69	87.03	206.43	201.97
2000	1202.85	464.26	738.59	636.95	65.64	245.29	254.97
2001	1347.19	536.76	810.43	689.16	53.92	269.87	334.24
2002	1535.80	614.38	921.42	767.98	61.46	307.63	398.73
2003	1935.11	754.71	1180.40	849.26	77.44	387.60	620.81
2004	2805.21	893.21	1912.00	1182.28	52.38	358.06	1212.50
2005	3861.58	1171.70	2689.88	1684.26	60.94	405.69	1710.69
2006	5201.12	1506.72	3694.40	1972.38	67.07	477.35	2684.32
2007	7143.37	2069.37	5074.00	2708.92	92.12	655.61	3686.72
2008	9894.76	2869.48	7025.28	3858.96	127.60	908.18	5000.02
2009	12707.52	3685.18	9022.34	4955.94	163.87	1166.35	6421.36
2010	16020.00	4645.80	11374.20	4455.52	206.59	1269.10	10088.79
2011	20472.95	6141.89	14331.06	5659.20	270.54	1494.99	13048.22
2012	21933.29	6579.99	15353.30	6102.94	285.13	1591.13	13954.09
2013	24137.53	6951.61	17185.92	6505.30	301.20	1690.49	15640.54

注：工业总产值按核算口径工业总产出计算。

a)The gross industrial output value is calculated at gross industrial output of national accounts.

13-3 工业总产值指数

Indices of Gross Industrial Output Value

(上年=100) (preceding year=100)

年份 Year	工业总产值 Total Industry	按轻重工业分 Grouped by Light & Heavy Industry		按经济类型分 Grouped by Ownership			
		轻工业 Light Industry	重工业 Heavy Industry	国有及国有控股企业 State-owned or Controlling Share Hold Industry	集体企业 Collective-owned Industry	个体企业 Individual-Owned Industry	其他经济类型企业 Industry of Other Types of Ownership
1979	106.7	101.5	110.3	108.4	112.9		
1980	104.8	112.3	99.9	104.0	107.5		
1981	100.6	110.9	92.9	102.7	92.8	191.7	300.0
1982	115.1	107.9	121.1	114.9	115.5	200.5	96.7
1983	109.6	108.4	110.5	110.3	106.3	173.2	120.0
1984	108.1	107.4	108.6	108.0	107.1	252.9	87.0
1985	116.6	116.8	116.6	113.9	93.6	444.7	157.5
1986	109.6	112.8	107.2	107.7	146.0	168.3	188.7
1987	112.5	115.6	110.0	111.5	113.5	130.8	136.2
1988	113.9	116.1	112.2	110.7	121.1	152.1	229.2
1989	112.6	107.7	116.7	110.7	117.0	122.1	217.9
1990	104.1	102.8	105.0	104.1	100.7	120.7	134.0
1991	108.1	108.1	108.0	106.4	107.8	138.4	156.1
1992	111.3	108.0	113.5	107.9	118.4	133.8	148.5
1993	113.8	106.0	117.2	105.1	124.5	143.9	272.5
1994	114.0	118.0	113.2	103.7	122.1	142.0	295.0
1995	112.0	115.5	111.0	107.2	97.0	186.8	126.3
1996	111.5	112.5	110.1	101.6	124.6	158.9	161.1
1997	115.0	117.2	112.0	101.5	118.0	127.4	140.0
1998	110.0	109.7	110.4	106.5	86.6	114.8	145.3
1999	111.0	117.2	105.9	109.6	91.3	111.1	123.6
2000	112.0	120.7	106.8	106.7	67.2	125.5	135.6
2001	111.1	114.1	108.6	106.3	76.6	110.3	125.4
2002	114.0	116.8	112.5	115.1	108.4	112.4	137.4
2003	125.0	123.6	125.9	109.1	119.9	108.3	146.1
2004	129.7	127.5	130.8	126.2	68.0	93.1	149.6
2005	130.7	126.0	133.2	134.7	113.4	111.0	133.6
2006	132.1	126.1	134.7	122.6	126.9	115.4	153.9
2007	127.8	122.3	130.1	125.0	129.6	129.9	141.1
2008	123.1	113.7	125.5	117.0	133.5	125.7	136.9
2009	120.6	123.4	119.8	113.5	118.7	131.8	121.9
2010	118.8	116.6	119.3	119.6	114.3	128.5	118.9
2011	119.0	112.5	120.5	112.6	115.7	128.9	119.1
2012	114.8	114.4	114.9	112.4	120.0	125.3	115.2
2013	112.0	111.3	112.2	110.6	110.3	123.2	114.7

注：本表按可比价格计算，以上年为 100。

a)Data in this table are calculated at comparable prices, preceding year=100.

13-4 规模以上工业企业分行业职工人数(2013 年)
Number of Staff & Workers of Industrial Enterprises above Designated Size by Industrial Branch(2013)

单位：万人 (10 000 persons)

项 目	Item	2013
总 计	**Total**	**127.70**
按登记注册类型分	**Grouped by Ownership**	
国有	State-owned	9.50
集体	Collective-owned	0.83
其他	Other Ownership	117.37
按行业分	**Grouped by Sector**	
采矿业	**Mining**	**36.63**
煤炭开采和洗选业	Coal Mining & Processing	26.34
石油和天然气开采业	Petroleum & Natural Gas Pumped	0.62
黑色金属矿采选业	Mining & Dressing of Ferrous Metals	3.57
有色金属矿采选业	Mining & Dressing of Nonferrous Metals	4.20
非金属矿采选业	Mining & Dressing of Nonmetal Minerals	1.82
开采辅助活动	Support Activities for Mining	
其他采矿业	Mining of Other Mineral	0.08
制造业	**Manufacturing**	**76.83**
农副食品加工业	Processing of Agricultural Side-Line Food	7.66
食品制造业	Food Manufacturing	5.20
酒、饮料和精制茶制造业	Wine, Beverage and Refined Tea Manufacturing	3.04
烟草制品业	Tobacco Products	0.29
纺织业	Textile Industry	2.62
纺织服装、服饰业	Textile, Apparel Industry	1.34
皮革、毛皮、羽毛及其制品和制鞋业	Leather, Fur, Feathers and Their Products and Footwear	0.29
木材加工和木、竹、藤、棕、草制品业	Timber Processing, Bamboo, Cane, Palm Fiber & Straw Products	1.68
家具制造业	Furniture Manufacturing	0.13
造纸及纸制品业	Paper-making & Paper Products	0.60
印刷和记录媒介复制业	Printing and Record Medium Reproduction	0.21
文教、工美、体育和娱乐用品制造业	Manufacturing of Cultural, Educational & Arts , Crafts & Sports and Entertainment Goods	0.22
石油加工、炼焦和核燃料加工业	Petroleum Processing ,Coke Products & Processing of Nuclear Fuel	3.22
化学原料和化学制品制造业	Raw Chemical Materials & Chemical Products	9.73
医药制造业	Medicine Manufacturing	2.81
化学纤维制造业	Chemical Fiber Manufacturing	0.01
橡胶和塑料制品业	Rubber and Plastic Products	1.03
非金属矿物制品业	Nonmetal Mineral Products	6.71
黑色金属冶炼和压延加工业	Smelting & Pressing of Ferrous Metals	12.07
有色金属冶炼和压延加工业	Smelting & Pressing of Nonferrous Metals	7.12
金属制品业	Metal Products	3.83
通用设备制造业	Manufacturing of General-Purpose Equipment	1.95
专用设备制造业	Special Purposes Equipment Manufacturing	1.22
汽车制造业	Automotive Manufacturing	1.42
铁路、船舶、航空航天和其他运输设备制造业	Railroad,Ships, Aerospace and Other Transportation Equipment Manufacturing	0.26
电气机械和器材制造业	Electric Equipment & Machinery	1.29
计算机、通信和其他电子设备制造业	Manufacturing of Computer , Communications and Other Electronic Equipment	0.35
仪器仪表制造业	Manufacturing of Instrument	0.02
其他制造业	Others	0.21
废弃资源综合利用业	Comprehensive Utilization of Waste Resources	0.11
金属制品、机械和设备修理业	Metal products, Machinery and Equipment Repair	0.19
电力、燃气及水的生产和供应业	**Production & Supply of Electric Power,Gas & Water**	**14.24**
电力、热力生产和供应业	Production & Supply of Electric Power & Heating Power	12.64
燃气生产和供应业	Production & Supply of Gas	0.57
水的生产和供应业	Production & Supply of Water	1.03

注：规模以上工业是指全部年主营业务收入 2000 万元及以上的工业法人企业(下同)。

a)Industrial enterprises above designated size refer to the industiral enterprises with an annual operating income of over 20 million yuan (The next table is the same).

13–5 规模以上工业企业工业总产值

Gross Industrial Output Value of Industrial Enterprises above Designated Size

单位：万元 (10 000 yuan)

行业	Item	2013年工业总产值(现价) Gross Industrial Output Value in 2013 (at current prices)
总计	**Total**	**200983549**
按经济类型分	**Grouped by Ownership**	
在总计中：	Of the Total:	
国有及国有控股企业	State-owned Enterprises(including with controlling share hold by the state)	65052992
在总计中：	Of the Total:	
集体企业	Collective-owned Enterprises	633370
股份有限公司	Share-holding Corporation	31973397
外商投资企业	Foreign Funded Enterprises	11688978
港澳台商投资企业	Enterprises Funded by Entrepreneurs from Hong Kong, Macao and Taiwan	3119919
按轻重工业分	**Grouped by Light & Heavy Industry**	
轻工业	Light Industry	39053765
重工业	Heavy Industry	161929784
按企业规模分	**Grouped by Size of Enterprises**	
大型企业	Large	67863341
中型企业	Medium-sized	56606220
小型企业	Small	73499300
微型企业	Tiny	3014688
按行业分	**Grouped by Sector**	
煤炭开采和洗选业	Coal Mining & Processing	39018546
石油和天然气开采业	Petroleum & Natural Gas Pumped	6195163
黑色金属矿采选业	Mining & Dressing of Ferrous Metals	5396805
有色金属矿采选业	Mining & Dressing of Nonferrous Metals	6320492
非金属矿采选业	Mining & Dressing of Nonmetal Minerals	2549293
开采辅助活动	Support Activities for Mining	
其他采矿业	Mining of Other Mineral	104121
农副食品加工业	Processing of Agricultural Side-Line Food	16608384
食品制造业	Food Manufacturing	6364000

13–5 续表 1 continued

单位：万元 (10 000 yuan)

行业	Item	2013年工业总产值(现价) Gross Industrial Output Value in 2013 (at current prices)
酒、饮料和精制茶制造业	Wine, Beverage and Refined Tea Manufacturing	2954397
烟草制品业	Tobacco Products	810184
纺织业	Textile Industry	4367764
纺织服装、服饰业	Textile, Apparel Industry	810948
皮革、毛皮、羽毛及其制品和制鞋业	Leather, Fur, Feathers and Their Products and Footwear	233510
木材加工和木、竹、藤、棕、草制品业	Timber Processing, Bamboo, Cane, Palm Fiber & Straw Products	2374815
家具制造业	Furniture Manufacturing	179358
造纸和纸制品业	Paper-making & Paper Products	946781
印刷和记录媒介复制业	Printing and Record Medium Reproduction	168264
文教、工美、体育和娱乐用品制造业	Manufacturing of Cultural, Educational & Arts , Crafts & Sports and Entertainment Goods	341929
石油加工、炼焦和核燃料加工业	Petroleum Processing ,Coke Products & Processing of Nuclear Fuel	7338419
化学原料和化学制品制造业	Raw Chemical Materials & Chemical Products	14565431
医药制造业	Medicine Manufacturing	2643708
化学纤维制造业	Chemical Fiber Manufacturing	6044
橡胶和塑料制品业	Rubber and Plastic Products	1294496
非金属矿物制品业	Nonmetal Mineral Products	8146434
黑色金属冶炼和压延加工业	Smelting & Pressing of Ferrous Metals	17231268

13-5 续表 2 continued

单位：万元 (10 000 yuan)

行 业	Item	2013年工业总产值(现价) Gross Industrial Output Value in 2013 (at current prices)
有色金属冶炼和压延加工业	Smelting & Pressing of Nonferrous Metals	17900475
金属制品业	Metal Products	4490517
通用设备制造业	Manufacturing of General-Purpose Equipment	2027491
专用设备制造业	Special Purposes Equipment Manufacturing	1909706
汽车制造业	Automotive Manufacturing	2121276
铁路、船舶、航空航天和其他运输设备制造业	Railroad,Ships, Aerospace and Other Transportation Equipment Manufacturing	433726
电气机械和器材制造业	Electric Equipment & Machinery	3200131
计算机、通信和其他电子设备制造业	Manufacturing of Computer , Communications and Other Electronic Equipment	835887
仪器仪表制造业	Manufacturing of Instrument	56236
其他制造业	Others	104733
废弃资源综合利用业	Comprehensive Utilization of Waste Resources	251381
金属制品、机械和设备修理业	Metal products, Machinery and Equipment Repair	31972
电力、热力生产和供应业	Production & Supply of Electric Power & Heating Power	18864993
燃气生产和供应业	Production & Supply of Gas	1499348
水的生产和供应业	Production & Supply of Water	285129

13-6 规模以上工业企业主要经济指标(2013 年)

单位:万元

项 目	Item	企业单位数(个) Number of Enterprises (unit)	工业总产值(现价) Gross Industrial Output Value (at current prices)
总 计	**Total**	**4404**	**200983549**
在总计中:	Of the Total:		
亏损企业	Enterprises at Lose	848	26264851
按轻重分	**Grouped by Light & Heavy Industry**		
轻工业	Light Industry	1245	39053766
重工业	Heavy Industry	3159	161929784
按行业分	**Grouped by Sector**		
采矿业	Mining	893	59584420
制造业	Manufacturing	3057	120749660
电力、燃气及水的生产和供应业	Production & Supply of Electric Power,Gas & Water	454	20649470
按企业规模分	**Grouped by Size of Enterprises**		
大型企业	Large	151	67863341
中型企业	Medium sized	703	56606220
小型企业	Small	3221	73499300
微型企业	tiny	329	3014688
按登记注册类型分组	**Grouped by Registration Status**		
内资企业	Domestic-funded Enterprise	4220	186174652
国有企业	State-owned Enterprises	137	8949999
中央企业	Central Enterprises	39	5554234
地方企业	Local Enterprises	98	3395765
集体企业	Collective-owned Enterprises	55	633370
股份合作企业	Cooperative Enterprises	7	116698
联营企业	Joint Ownership Enterprises	3	152915
国有联营企业	State joint Ownership Enterprises	1	117412
集体联营企业	Collective Joint Ownership Enterprises		
国有与集体联营企业	Joint State Collective Enterprises	1	
其他联营企业	Other Joint Ownership Enterprises	1	35503
有限责任公司	Limited Liability Corporations	1924	95626173
国有独资公司	Exclusive State-funded Limited Liability Corporations	120	19472196
股份有限公司	Share-holding Corporations Ltd.	195	26540877
私营企业	Private Enterprises	1865	53434133
其他企业	Other Enterprises	34	720486
港澳台商投资企业	Enterprises Funded by Entrepreneurs from Hong Kong, Macao and Taiwan	77	3119919
外商投资企业	Enterprises Funded by Foreigners	107	11688978

Main Indicators of Industrial Enterprises above Designated Size(2013)

资产合计 Total Assets	流动资产合计 Circulating Funds	固定资产原价 Original Value of Fixed Assets	流动负债合计 Liquid Liabilities	非流动负债合计 Non-Liquid Liabilities
241110806	**84680485**	**147998501**	**91963865**	**47918916**
50051977	15792830	30559082	25949259	13315198
27141561	12895627	13029712	11299267	2434255
213969245	71784858	134968789	80664598	45484662
71614371	27230479	36917419	21246320	11571157
115150792	47348105	60125250	53884195	15433414
54345643	10101901	50955832	16833350	20914345
112522444	39508490	66819000	42076560	22285695
63122394	22105031	40016741	24769915	13024852
60769219	21813860	38066188	23644697	11161911
4696749	1253105	3096573	1472692	1446459
216271094	76027883	133756564	83332657	42760841
20817179	4977456	15286383	5732677	5167951
14013639	3237661	10634293	2900146	3146226
6803539	1739795	4652090	2832531	2021726
307545	177679	277839	140373	13982
100846	33072	34573	77278	122
298256	21282	357196	265449	4852
286686	19724	357196	265449	4852
9065				
2505	1558			
124993775	41887638	82158465	47272674	27511735
35033311	11135575	27309075	11227629	8439024
34552645	13368101	18618528	13900123	6528568
34568285	15367399	16790600	15762835	3397984
632564	195256	232980	181248	135648
6077561	2020134	3774533	2840993	1139853
18762151	6632468	10467404	5790215	4018222

13-6 续表

单位:万元

项目	Item	所有者权益 Creditors Equity	实收资本 Total Capital Hold
总 计	**Total**	**92046481**	**58605464**
在总计中:	Of the Total:		
亏损企业	Enterprises at Lose	8519015	23648563
按轻重分	**Grouped by Light & Heavy Industry**		
轻工业	Light Industry	12634343	19060263
重工业	Heavy Industry	79412138	39545201
按行业分	**Grouped by Sector**		
采矿业	Mining	34512615	11726799
制造业	Manufacturing	41994363	36410689
电力、燃气及水的生产和供应业	Production & Supply of Electric Power,Gas & Water	15539503	10467975
按企业规模分	**Grouped by Size of Enterprises**		
大型企业	Large	44851161	19478667
中型企业	Medium-sized	23052576	10231400
小型企业	Small	22843889	27906697
微型企业	tiny	1298855	988701
按登记注册类型分组	**Grouped by Registration Status**		
内资企业	Domestic funded Enterprise	81748256	39213261
国有企业	State-owned Enterprises	9421351	4755216
中央企业	Central Enterprises	7544113	3727546
地方企业	Local Enterprises	1877238	1027671
集体企业	Collective-owned Enterprises	117255	62250
股份合作企业	Cooperative Enterprises	18277	14191
联营企业	Joint Ownership Enterprises	14240	16857
国有联营企业	State joint Ownership Enterprises	16385	16385
集体联营企业	Collective Joint Ownership Enterprises		
国有与集体联营企业	Joint State Collective Enterprises	-2291	112
其他联营企业	Other Joint Ownership Enterprises	146	360
有限责任公司	Limited Liability Corporations	45023124	23528215
国有独资公司	Exclusive State-funded Limited Liability Corporations	14303685	6350812
股份有限公司	Share-holding Corporations Ltd.	13583735	4872489
私营企业	Private Enterprises	13204606	5893070
其他企业	Other Enterprises	365668	70971
港澳台商投资企业	Enterprises Funded by Entrepreneurs from Hong Kong, Macao and Taiwan	1989581	16106171
外商投资企业	Enterprises Funded by Foreigners	8308644	3286031

continued

(10 000 yuan)

主营业务收入 Revenues of Main Business	主营业务成本 Cost of Main Business	主营业务税金及附加 Sales Tax and Extra Charges	利润总额 Total Profits	本年应交增值税 Value Added Tax Payable
199051723	**159358494**	**2807823**	**18417253**	**8234670**
24600457	23071119	564080	-2007477	656696
40122968	32142157	675800	3289606	1049387
158928755	127216337	2132023	15127647	7185283
59779755	42834422	1076489	9398022	4077167
118731752	99392794	1627889	7186548	3136731
20540216	17131278	103444	1832682	1020772
69210886	54810294	1487271	6817127	3476212
55541014	44566027	677269	5383307	2705575
71409499	57458391	626234	6148356	2002388
2890323	2523782	17049	68463	50495
180840847	144553686	2610202	16905709	7558961
9023798	6737746	220313	1323874	560250
5687913	4183367	180349	943792	385953
3335886	2554379	39965	380082	174297
633590	501878	8187	40580	23445
111374	93329	796	4689	2273
149143	90877	888	40775	6947
114712	56720	883	40778	6939
34431	34156	5	-2	8
91932199	74287653	1073967	7724346	3934341
18173523	14582709	300843	1929989	1005423
26390489	20408612	889356	3120964	1512656
51901408	41926680	407804	4540724	1503941
698845	506912	8891	109757	15107
3140314	2604751	38931	237499	108966
15070562	12200057	158690	1274045	566744

13-7 国有及国有控股工业企业主要经济指标(2013 年)

单位:万元

项 目	Item	企业单位数(个) Number of Enterprises (unit)	工业总产值(现价) Gross Industrial Output Value (at curent prices)
总 计	**Total**	**629**	**65052992**
在总计中:亏损企业	Of the Total:Enterprises at Lose	166	12876346
在总计中:轻工业	Of the Total:Light Industry	72	3711425
重工业	Heavy Industry	557	61341567
在总计中:	Of the Total:		
采矿业	Mining	94	18156503
制造业	Manufacturing	226	28759679
电力、燃气及水的生产和供应业	Production & Supply of Electric Power,Gas & Water	309	18136810
在总计中:	Of the Total:		
大型企业	Large	81	37648001
中型企业	Medium-sized	198	18561621
小型企业	Small	296	8452794
微型企业	Tiny	54	390576

13-7 续表

单位：万元

行 业	Item	所有者权益 Creditors Equity	实收资本 Total Capital Hold
总 计	**Total**	**45941993**	**25179331**
在总计中:亏损企业	Of the Total:Enterprises at Lose	5374808	5459796
在总计中:轻工业	Of the Total:Light Industry	2983409	1013483
重工业	Heavy Industry	42958584	24165848
在总计中:	Of the Total:		
采矿业	Mining	17201869	6491166
制造业	Manufacturing	15724062	9687028
电力、燃气及水的生产和供应业	Production & Supply of Electric Power,Gas & Water	13016062	9001137
在总计中:	Of the Total:		
大型企业	Large	27865010	13542501
中型企业	Medium-sized	10162603	5316516
小型企业	Small	7327241	5701321
微型企业	Tiny	587140	618993

Main Indicators on Economic Benefit of State-owned and State Holding Majority Shares Industrial Enterprises(2013)

(10 000 yuan)

资产合计 Total Assets	流动资产合计 Circulating Funds	固定资产原价 Original Value of Fixed Assets	流动负债合计 Liquid Liabilities	非流动负债合计 Non-Liquid Liabilities
125681152	**36320148**	**90504372**	**45884460**	**31137808**
31428599	6694177	22233896	14022213	10720627
6008676	3507709	1872790	2609246	339444
119672476	32812439	88631582	43275215	30798364
30780833	10135197	19552437	8591112	3986566
47841474	18234254	24655727	22890740	8304271
47058845	7950697	46296209	14402608	18846971
70379301	23242414	47015364	27526846	13583279
30356104	8359755	24330135	10631216	9106784
22486110	4372168	17041222	6923575	7444061
2459638	345811	2117651	802824	1003685

continued

(10 000 yuan)

主营业务收入 Revenues of Main Business	主营业务成本 Cost of Main Business	主营业务税金及附加 Sales Tax and Extra Charges	利润总额 Total Profits	本年应交增值税 Value Added Tax Payable
62713509	**50396675**	**1514404**	**5495796**	**3155497**
11941787	11143720	473023	-1283098	403481
3703841	2392884	470603	440965	242514
59009668	48003790	1043801	5054832	2912984
17202729	11759472	395225	3098497	1444363
27616427	23618292	1032801	828460	775001
17894353	15018911	86377	1568839	936133
35703614	28072889	1156822	3541679	2040751
18347911	15513641	292357	1182099	768698
8399907	6597572	62970	796434	330079
262078	212574	2254	-24416	15970

13-8 规模以上工业企业分行业主要经济指标(2013年)

单位:万元

行业	Item	企业单位数(个) Enterprise (unit)	工业总产值(现价) Gross Industrial Output Value (at current prices)
总计	**Total**	**4404**	**200983549**
采矿业	**Mining**	**893**	**59584420**
煤炭开采和洗选业	Coal Mining & Processing	437	39018546
石油和天然气开采业	Petroleum & Natural Gas Pumped	12	6195163
黑色金属矿采选业	Mining & Dressing of Ferrous Metals	182	5396805
有色金属矿采选业	Mining & Dressing of Nonferrous Metals	128	6320492
非金属矿采选业	Mining & Dressing of Nonmetal Minerals	129	2549293
开采辅助活动	Support Activities for Mining		
其他采矿业	Mining of Other Mineral	5	104121
制造业	**Manufacturing**	**3057**	**120749660**
农副食品加工业	Processing of Agricultural Side-Line Food	538	16608384
食品制造业	Food Manufacturing	141	6364000
酒、饮料和精制茶制造业	Wine, Beverage and Refined Tea Manufacturing	121	2954397
烟草制品业	Tobacco Products	2	810184
纺织业	Textile Industry	115	4367764
纺织服装、服饰业	Textile, Apparel Industry	56	810948
皮革、毛皮、羽毛及其制品和制鞋业	Leather, Fur, Feathers and Their Products and Footwear	14	233510
木材加工和木、竹、藤、棕、草制品业	Timber Processing, Bamboo, Cane, Palm Fiber & Straw Products	116	2374815
家具制造业	Furniture Manufacturing	9	179358
造纸及纸制品业	Paper-making & Paper Products	33	946781
印刷和记录媒介复制业	Printing and Record Medium Reproduction	19	168264
文教、工美、体育和娱乐用品制造业	Manufacturing of Cultural, Educational & Arts, Crafts & Sports and Entertainment Goods	8	341929
石油加工、炼焦和核燃料加工业	Petroleum Processing ,Coke Products & Processing of Nuclear Fuel	44	7338419
化学原料和化学制品制造业	Raw Chemical Materials & Chemical Products	346	14565431
医药制造业	Medicine Manufacturing	74	2643708
化学纤维制造业	Chemical Fiber Manufacturing	1	6044
橡胶和塑料制品业	Rubber and Plastic Products	85	1294496
非金属矿物制品业	Nonmetal Mineral Products	441	8146434
黑色金属冶炼和压延加工业	Smelting & Pressing of Ferrous Metals	272	17231268
有色金属冶炼和压延加工业	Smelting & Pressing of Nonferrous Metals	172	17900475
金属制品业	Metal Products	103	4490517
通用设备制造业	Manufacturing of General-Purpose Equipment	86	2027491
专用设备制造业	Special Purposes Equipment Manufacturing	82	1909706
汽车制造业	Automotive Manufacturing	35	2121276
铁路、船舶、航空航天和其他运输设备制造业	Railroad,Ships, Aerospace and Other Transportation Equipment Manufacturing	8	433726
电气机械和器材制造业	Electric Equipment & Machinery	96	3200131
计算机、通信和其他电子设备制造业	Manufacturing of Computer , Communications and Other Electronic Equipment	16	835887
仪器仪表制造业	Manufacturing of Instrument	3	56236
其他制造业	Others	7	104733
废弃资源综合利用业	Comprehensive Utilization of Waste Resources	11	251381
金属制品、机械和设备修理业	Metal products, Machinery and Equipment Repair	3	31972
电力、燃气及水的生产和供应业	**Production & Supply of Electric Power,Gas & Water**	**454**	**20649470**
电力、热力生产和供应业	Production & Supply of Electric Power & Heating Power	400	18864993
燃气生产和供应业	Production & Supply of Gas	23	1499348
水的生产和供应业	Production & Supply of Water	31	285129

Main Indicators of Industrial Enterprises above Designated Size by Industrial Branch(2013)

(10 000 yuan)

资产合计 Total Assets	流动资产合计 Circulating Funds	固定资产原价 Original Value of Fixed Assets	流动负债合计 Liquid Liabilities	非流动负债合计 Non-Liquid Liabilities
241110806	**84680485**	**147998501**	**91963865**	**47918916**
71614371	**27230479**	**36917419**	**21246320**	**11571157**
58272150	22247365	28584658	16874644	10251236
2790768	1030815	2832293	300229	251955
4710447	2092979	2367323	1974160	480133
4729337	1327407	2628298	1553820	529242
1065459	515186	482257	528666	58500
46210	16726	22591	14802	92
115150792	**47348105**	**60125250**	**53884195**	**15433414**
5776265	2522240	3564542	1785124	372217
7798910	4278523	2543766	3686570	584315
2444261	982678	1160898	1066051	203260
633762	453367	260561	176940	64
3537366	1415287	1182273	1391875	684274
505901	354760	303803	235935	28458
84562	37651	31646	19339	3376
905635	530085	567454	185276	35898
59583	23753	46002	20640	5708
493108	222469	423786	211237	4085
90260	33407	43582	26319	976
38104	30046	10719	10079	3129
9054937	3295818	5215350	4086885	1265848
22482656	6601846	13789529	9625985	5773365
2632470	876262	1954583	1420044	123561
5100	3813	1392	1543	3049
710973	317585	464849	184386	25050
8260115	3184617	5254189	4110417	584702
22396906	8972937	10852272	12276544	3126341
12926034	5039013	6857651	5613171	1646358
4546039	2719991	1654968	2597292	268578
1398457	713843	651811	756500	84550
1488738	694954	906471	558705	7274
3045148	1667098	1009003	1826602	457180
574931	288934	148829	303350	
2180907	1269642	894535	1110937	83509
663448	584360	77651	401550	2062
6491	4184	2403	2708	
293113	168540	130576	108329	55951
80085	34616	107732	59990	277
36529	25788	12425	23873	
54345643	**10101901**	**50955832**	**16833350**	**20914345**
51352129	9049540	49092365	15827562	20134571
1530778	497652	877465	466078	407580
1462737	554709	986002	539710	372195

13-8 续表

单位：万元

行业	Item	所有者权益 Creditors Equity	实收资本 Total Capital Hold
总计	**Total**	**92046481**	**58605464**
采矿业	**Mining**	**34512615**	**11726799**
煤炭开采和洗选业	Coal Mining & Processing	27515779	8105558
石油和天然气开采业	Petroleum & Natural Gas Pumped	2120503	1253099
黑色金属矿采选业	Mining & Dressing of Ferrous Metals	2045149	1164417
有色金属矿采选业	Mining & Dressing of Nonferrous Metals	2384585	840740
非金属矿采选业	Mining & Dressing of Nonmetal Minerals	415753	351750
开采辅助活动	Support Activities for Mining		
其他采矿业	Mining of Other Mineral	30846	11235
制造业	**Manufacturing**	**41994363**	**36410689**
农副食品加工业	Processing of Agricultural Side-Line Food	3261312	15623537
食品制造业	Food Manufacturing	3475694	980282
酒、饮料和精制茶制造业	Wine, Beverage and Refined Tea Manufacturing	1108277	557982
烟草制品业	Tobacco Products	456759	134616
纺织业	Textile Industry	1402340	313801
纺织服装、服饰业	Textile, Apparel Industry	190027	109373
皮革、毛皮、羽毛及其制品和制鞋业	Leather, Fur, Feathers and Their Products and Footwear	58706	24895
木材加工和木、竹、藤、棕、草制品业	Timber Processing, Bamboo, Cane, Palm Fiber & Straw Products	648313	124447
家具制造业	Furniture Manufacturing	30404	4412
造纸及纸制品业	Paper-making & Paper Products	274701	112375
印刷和记录媒介复制业	Printing and Record Medium Reproduction	57578	15312
文教、工美、体育和娱乐用品制造业	Manufacturing of Cultural, Educational & Arts , Crafts & Sports and Entertainment Goods	24897	4410
石油加工、炼焦和核燃料加工业	Petroleum Processing ,Coke Products & Processing of Nuclear Fuel	3208032	2244153
化学原料和化学制品制造业	Raw Chemical Materials & Chemical Products	6744079	5060092
医药制造业	Medicine Manufacturing	1062538	717625
化学纤维制造业	Chemical Fiber Manufacturing	509	235
橡胶和塑料制品业	Rubber and Plastic Products	453778	206773
非金属矿物制品业	Nonmetal Mineral Products	3256673	1494862
黑色金属冶炼和压延加工业	Smelting & Pressing of Ferrous Metals	6369863	3936905
有色金属冶炼和压延加工业	Smelting & Pressing of Nonferrous Metals	4723843	2486956
金属制品业	Metal Products	1522791	786112
通用设备制造业	Manufacturing of General-Purpose Equipment	520315	274461
专用设备制造业	Special Purposes Equipment Manufacturing	838450	298232
汽车制造业	Automotive Manufacturing	699691	385651
铁路、船舶、航空航天和其他运输设备制造业	Railroad,Ships, Aerospace and Other Transportation Equipment Manufacturing	267806	74201
电气机械和器材制造业	Electric Equipment & Machinery	934264	339778
计算机、通信和其他电子设备制造业	Manufacturing of Computer , Communications and Other Electronic Equipment	243921	52076
仪器仪表制造业	Manufacturing of Instrument	3383	1515
其他制造业	Others	128834	30727
废弃资源综合利用业	Comprehensive Utilization of Waste Resources	15122	10706
金属制品、机械和设备修理业	Metal products, Machinery and Equipment Repair	11461	4188
电力、燃气及水的生产和供应业	**Production & Supply of Electric Power,Gas & Water**	**15539503**	**10467975**
电力、热力生产和供应业	Production & Supply of Electric Power & Heating Power	14450063	9961266
燃气生产和供应业	Production & Supply of Gas	615228	244974
水的生产和供应业	Production & Supply of Water	474212	261735

continued

(10 000 yuan)

主营业务收入 Revenues of Main Business	主营业务成本 Cost of Main Business	主营业务税金及附加 Sales Tax & Extra Charges	利润总额 Total Profits	本年应交增值税 Value Added Tax Payable
199051723	**159358494**	**2807823**	**18417253**	**8234670**
59779755	**42834422**	**1076489**	**9398022**	**4077167**
39654832	26784609	806507	6982699	2771482
6214538	4999571	59396	1003295	782834
5368138	4435665	59273	503264	241869
6178065	4696037	131951	789605	203720
2265648	1844418	18573	110425	72570
98534	74122	790	8733	4691
118731752	**99392794**	**1627889**	**7186548**	**3136731**
16025490	13382005	76202	1111415	256925
8412844	6990271	37412	566648	259434
2764566	2028074	99751	257948	82584
820412	246640	421186	97405	95123
4323506	3291606	11586	539973	93762
758802	611433	2051	29326	9048
227615	150402	954	25992	4851
2298848	1783009	7754	327786	41883
175786	148603	816	15881	3427
865849	676855	4265	110880	48826
170330	129961	1137	25934	2130
344856	239544	835	96013	2267
6750162	5617504	518295	176987	206797
14019192	11334017	65023	735831	347182
2555543	1959287	10028	271784	158671
4843	4406	23	48	
1287535	998116	11942	110018	33710
7745486	6213082	64607	590330	288626
16653315	14870870	111854	512002	493843
17549765	15852077	115871	897076	427290
4305003	3823507	23381	155784	80907
2013106	1641899	10571	114985	48684
1844874	1500563	9285	120195	33476
2033019	1868480	6425	-40533	32181
429652	334539	1868	46005	7154
3088677	2570084	11783	212526	66080
823816	717202	2061	68768	9914
46217	45816	22	166	18
116165	98639	125	6391	464
244508	233420	485	3940	521
31972	30884	294	-956	952
20540216	**17131278**	**103444**	**1832682**	**1020772**
18663988	15555537	92359	1699317	983668
1578259	1356004	6665	127621	26358
297970	219737	4421	5745	10747

13-9 国有及国有控股工业企业分行业主要经济指标(2013年)

单位:万元

行业	Item	企业单位数(个) Number of Enterprise (unit)	工业总产值(现价) Gross Industrial Output Value (at current prices)
总计	**Total**	**629**	**65052992**
采矿业	**Mining**	**94**	**18156503**
煤炭开采和洗选业	Coal Mining & Processing	57	14224250
石油和天然气开采业	Petroleum & Natural Gas Pumped	4	699682
黑色金属矿采选业	Mining & Dressing of Ferrous Metals	9	1032696
有色金属矿采选业	Mining & Dressing of Nonferrous Metals	18	2091756
非金属矿采选业	Mining & Dressing of Nonmetal Minerals	5	94914
开采辅助活动	Support Activities for Mining		
其他采矿业	Mining of Other Mineral	1	13206
制造业	**Manufacturing**	**226**	**28759679**
农副食品加工业	Processing of Agricultural Side-Line Food	9	507022
食品制造业	Food Manufacturing	11	1192427
酒、饮料和精制茶制造业	Wine, Beverage and Refined Tea Manufacturing	11	308830
烟草制品业	Tobacco Products	2	810184
纺织业	Textile Industry	2	268052
纺织服装、服饰业	Textile, Apparel Industry	3	62421
皮革、毛皮、羽毛及其制品和制鞋业	Leather, Fur, Feathers and Their Products and Footwear		
木材加工和木、竹、藤、棕、草制品业	Timber Processing, Bamboo, Cane, Palm Fiber & Straw Products		
家具制造业	Furniture Manufacturing		
造纸及纸制品业	Paper-making & Paper Products		
印刷和记录媒介复制业	Printing and Record Medium Reproduction	2	7730
文教、工美、体育和娱乐用品制造业	Manufacturing of Cultural, Educational & Arts , Crafts & Sports and Entertainment Goods		
石油加工、炼焦和核燃料加工业	Petroleum Processing ,Coke Products & Processing of Nuclear Fuel	8	4227120
化学原料和化学制品制造业	Raw Chemical Materials & Chemical Products	27	3057123
医药制造业	Medicine Manufacturing	7	248431
化学纤维制造业	Chemical Fiber Manufacturing	1	6044
橡胶和塑料制品业	Rubber and Plastic Products	3	19924
非金属矿物制品业	Nonmetal Mineral Products	28	966380
黑色金属冶炼和压延加工业	Smelting & Pressing of Ferrous Metals	13	4411309
有色金属冶炼和压延加工业	Smelting & Pressing of Nonferrous Metals	36	7048753
金属制品业	Metal Products	10	2596104
通用设备制造业	Manufacturing of General-Purpose Equipment	15	428720
专用设备制造业	Special Purposes Equipment Manufacturing	16	264126
汽车制造业	Automotive Manufacturing	7	1148306
铁路、船舶、航空航天和其他运输设备制造业	Railroad,Ships, Aerospace and Other Transportation Equipment Manufacturing	2	322335
电气机械和器材制造业	Electric Equipment & Machinery	10	758124
计算机、通信和其他电子设备制造业	Manufacturing of Computer , Communications and Other Electronic Equipment		
仪器仪表制造业	Manufacturing of Instrument		
其他制造业	Others	2	82233
废弃资源综合利用业	Comprehensive Utilization of Waste Resources		
金属制品、机械和设备修理业	Metal products, Machinery and Equipment Repair	1	17981
电力、燃气及水的生产和供应业	**Production & Supply of Electric Power,Gas & Water**	**309**	**18136810**
电力、热力生产和供应业	Production & Supply of Electric Power & Heating Power	284	17646787
燃气生产和供应业	Production & Supply of Gas	5	301781
水的生产和供应业	Production & Supply of Water	20	188242

Main Indicators on Economic Benefit of State-owned and State Holding Majority Shares Industrial Enterprises by Industrial Branch(2013)

资产合计 Total Assets	流动资产合计 Circulating Funds	固定资产原价 Original Value of Fixed Assets	流动负债合计 Liquid Liabilities	非流动负债合计 Non-Liquid Liabilities
125681152	**36320148**	**90504372**	**45884460**	**31137808**
30780833	**10135197**	**19552437**	**8591112**	**3986566**
25074516	8029021	14966716	7056419	3182619
2082849	884323	2561145	147556	246843
1859496	934619	1005169	733284	304461
1683402	256589	972702	612641	249203
61068	26766	37415	29614	3440
19503	3880	9290	11599	
47841474	**18234254**	**24655727**	**22890740**	**8304271**
358875	230115	172338	184381	6323
2891960	1916862	351650	1397080	15608
524847	197618	201248	237944	21591
633762	453367	260561	176940	64
23144	19051	4246	12733	
59866	41770	40164	39317	3111
15848	5224	14424	6123	
3618828	588604	3369740	945558	658354
9095733	1413647	7046278	3805406	3218589
305307	106313	131776	137064	1233
5100	3813	1392	1543	3049
20680	14103	5021	7359	80
1139233	286550	1062726	674472	128188
13648181	5059679	5762859	7394877	2389683
7580575	2705628	3825979	3133009	1217819
3893422	2424524	1160727	2346077	246894
642233	401595	225388	440877	22577
424521	293566	154834	220696	4468
1847937	1324723	414364	1223477	304356
365932	254298	119445	123312	
483284	348496	214488	279487	12627
230813	122505	109519	82597	49657
31395	22203	6562	20412	
47058845	**7950697**	**46296209**	**14402608**	**18846971**
45778281	7482035	45305872	14059557	18565365
372362	96716	402852	50877	42799
908203	371946	587485	292175	238808

13-9 续表

单位:万元

行业	Item	所有者权益 Creditors Equity	实收资本 Total Capital Hold
总计	**Total**	**45941993**	**25179331**
采矿业	**Mining**	**17201869**	**6491166**
煤炭开采和洗选业	Coal Mining & Processing	13884090	4509666
石油和天然气开采业	Petroleum & Natural Gas Pumped	1688451	1176874
黑色金属矿采选业	Mining & Dressing of Ferrous Metals	820240	561510
有色金属矿采选业	Mining & Dressing of Nonferrous Metals	773170	233432
非金属矿采选业	Mining & Dressing of Nonmetal Minerals	28014	8683
开采辅助活动	Support Activities for Mining		
其他采矿业	Mining of Other Mineral	7904	1000
制造业	**Manufacturing**	**15724062**	**9687028**
农副食品加工业	Processing of Agricultural Side-Line Food	159298	100444
食品制造业	Food Manufacturing	1479271	262438
酒、饮料和精制茶制造业	Wine, Beverage and Refined Tea Manufacturing	260224	240703
烟草制品业	Tobacco Products	456759	134616
纺织业	Textile Industry	10411	9600
纺织服装、服饰业	Textile, Apparel Industry	17438	13378
皮革、毛皮、羽毛及其制品和制鞋业	Leather, Fur, Feathers and Their Products and Footwear		
木材加工和木、竹、藤、棕、草制品业	Timber Processing, Bamboo, Cane, Palm Fiber & Straw Products		
家具制造业	Furniture Manufacturing		
造纸及纸制品业	Paper-making & Paper Products		
印刷和记录媒介复制业	Printing and Record Medium Reproduction	9725	7164
文教、工美、体育和娱乐用品制造业	Manufacturing of Cultural, Educational & Arts, Crafts & Sports and Entertainment Goods		
石油加工、炼焦和核燃料加工业	Petroleum Processing ,Coke Products & Processing of Nuclear Fuel	1701550	1173816
化学原料和化学制品制造业	Raw Chemical Materials & Chemical Products	2057688	2166357
医药制造业	Medicine Manufacturing	167010	56864
化学纤维制造业	Chemical Fiber Manufacturing	509	235
橡胶和塑料制品业	Rubber and Plastic Products	13242	8084
非金属矿物制品业	Nonmetal Mineral Products	305012	285867
黑色金属冶炼和压延加工业	Smelting & Pressing of Ferrous Metals	3758446	2314713
有色金属冶炼和压延加工业	Smelting & Pressing of Nonferrous Metals	2977287	1528066
金属制品业	Metal Products	1208456	673104
通用设备制造业	Manufacturing of General-Purpose Equipment	167800	135995
专用设备制造业	Special Purposes Equipment Manufacturing	132756	155323
汽车制造业	Automotive Manufacturing	312718	268532
铁路、船舶、航空航天和其他运输设备制造业	Railroad,Ships, Aerospace and Other Transportation Equipment Manufacturing	242619	48148
电气机械和器材制造业	Electric Equipment & Machinery	176300	89830
计算机、通信和其他电子设备制造业	Manufacturing of Computer , Communications and Other Electronic Equipment		
仪器仪表制造业	Manufacturing of Instrument		
其他制造业	Others	98559	11227
废弃资源综合利用业	Comprehensive Utilization of Waste Resources		
金属制品、机械和设备修理业	Metal products, Machinery and Equipment Repair	10984	2526
电力、燃气及水的生产和供应业	**Production & Supply of Electric Power,Gas & Water**	**13016062**	**9001137**
电力、热力生产和供应业	Production & Supply of Electric Power & Heating Power	12451274	8799921
燃气生产和供应业	Production & Supply of Gas	253185	67220
水的生产和供应业	Production & Supply of Water	311604	133996

continued

(10 000 yuan)

主营业务收入 Revenues of Main Business	主营业务成本 Cost of Main Business	主营业务税金及附加 Sales Tax and Extra Charges	利润总额 Total Profits	本年应交增值税 Value Added Tax Payable
62713509	**50396675**	**1514404**	**5495796**	**3155497**
17202729	**11759472**	**395225**	**3098497**	**1444363**
13337191	8722733	301738	2597002	1251348
699382	448577	39458	173470	65633
1061702	932227	8220	26635	43976
2000136	1572874	44976	289009	74877
94166	77158	765	9929	7211
10151	5904	68	2452	1319
27616427	**23618292**	**1032801**	**828460**	**775001**
418769	366289	2004	37650	9442
1295697	923788	13554	203950	97947
298650	196295	29319	24513	18352
820412	246640	421186	97405	95123
273517	205835	107	66403	359
57144	48535	41	2640	1633
7249	5191	65	285	72
4042139	3273260	495936	41015	102569
2716160	2279217	11564	-61965	62366
217963	148454	1779	15978	10668
4843	4406	23	48	
19607	15590	44	530	219
920932	809494	6665	12775	19519
4268688	3854929	12808	15047	148193
7018134	6522064	18978	311008	116772
2413702	2170283	11149	52232	37888
445067	406388	1451	1154	12115
240042	212059	702	-1172	3877
1044369	972785	3557	-57793	25068
319930	260182	858	31053	5497
661833	601256	739	30991	6241
93598	79793	38	4053	184
17981	15560	235	661	897
17894353	**15018911**	**86377**	**1568839**	**936133**
17352747	14569944	82434	1543581	926155
354798	306000	1421	37205	2061
186809	142967	2523	-11947	7917

13-10 主要工业产品产量

年 份 Year	原 煤 (万吨) Coal (10000 tons)	原 盐 (万吨) Salt (10000 tons)	发电量 (亿千瓦小时) Electricity (100 million kwh)	钢 (万吨) Steel (10000 tons)	成品钢材 (万吨) Steel Products (10000 tons)	生 铁 (万吨) Pig Iron (10000 tons)	水 泥 (万吨) Cement (10000 tons)	木 材 (万立方米) Timber (10000 cu·m)	平板玻璃 (万重量箱) Plate Glass (10000 Weight cases)	小型拖拉机 (台) Small Tractors (unit)
1952	75	11.91	0.15					42.71		
1957	217	43.89	0.92			0.02		186.67		
1965	806	8.16	12.55	34	1.76	51.00	3.06	391.36		
1970	1215	63.58	22.01	81	16.02	66.00	11.14	244.43		
1975	1699	38.03	28.26	49	27.44	50.00	57.64	378.65	6.74	361
1978	2194	65.18	37.78	99	36.23	107.00	91.91	378.17	11.83	193
1980	2211	43.00	49.05	133	41.32	138.00	109.85	414.55	23.66	537
1981	2180	45.53	54.50	132	37.71	137.00	104.40	427.15	23.99	370
1982	2382	48.79	58.40	129	54.94	137.00	124.43	448.71	40.75	1365
1983	2487	61.61	60.82	134	60.47	151.00	145.88	480.48	121.60	6196
1984	2740	62.74	69.55	149	74.80	160.00	151.40	478.47	175.53	12118
1985	3204	66.34	80.46	170	100.14	182.00	185.11	502.07	112.84	16025
1986	3292	99.13	111.24	186	106.85	214.00	207.97	626.99	154.54	12045
1987	3410	97.29	126.54	216	130.53	257.00	218.84	596.00	157.41	17073
1988	3734	86.88	138.47	221	137.70	227.00	239.62	594.74	118.82	23780
1989	4382	109.97	153.72	242	157.27	255.00	250.55	527.89	235.32	12488
1990	4762	93.28	169.54	273	175.47	281.00	227.97	525.96	250.20	12464
1991	4923	100.66	189.04	269	179.69	271.00	270.60	483.87	254.92	14520
1992	5039	116.05	222.29	309	210.97	302.00	319.61	494.19	163.64	12852
1993	5514	111.93	235.23	346.11	244.58	329.95	371.50	500.02	341.07	3700
1994	6052	107.09	261.27	335.75	267.11	328.88	312.00	500.00	393.55	4522
1995	7055	76.13	278.54	355.36	257.77	345.78	349.27	504.35	445.42	7903
1996	7317	83.22	324.01	431.95	291.44	428.12	399.84	540.73	388.14	3948
1997	8303	100.00	342.23	453.32	339.94	450.84	465.76	524.15	399.77	5070
1998	7769	148.28	350.41	404.36	342.10	408.74	486.82	486.86	339.49	2881
1999	7071	132.07	380.61	416.30	365.80	424.86	549.70	379.23	390.93	5809
2000	7247	126.68	439.22	423.60	378.91	440.84	630.00	321.65	371.58	8419
2001	8163	136.75	465.50	453.75	388.39	476.06	698.00	280.72	464.33	5266
2002	11471	149.18	517.98	515.58	484.71	556.12	787.22	274.61	752.61	4175
2003	14707	148.72	647.73	576.83	560.36	606.90	947.86	255.35	852.49	1335
2004	21235	161.82	816.75	626.54	604.62	678.46	1282.83	377.75	1074.45	572
2005	25608	215.84	1056.59	805.49	747.77	922.69	1632.25	340.96	1144.59	
2006	29760	206.45	1416.00	861.86	823.97	1108.33	2215.59	350.52	999.52	
2007	35438	246.45	1931.95	1040.36	912.32	1260.09	2871.17	416.66	1395.72	16730
2008	47270	236.81	2136.00	1211.03	1047.34	1256.55	3424.06	342.39	1458.32	17750
2009	60375	216.98	2242.57	1261.94	1294.87	1437.07	4333.75	393.23	1564.89	11750
2010	78913	278.42	2483.90	1232.84	1341.41	1358.97	5454.30	320.55	1214.12	1080
2011	98441	310.99	2972.85	1669.75	1417.32	1431.07	6499.28	217.88	1259.53	816
2012	106603	253.46	3116.89	1734.14	1661.82	1326.43	5872.06	208.83	549.07	2559
2013	103030	243.02	3520.77	1978.56	1797.74	1367.23	6497.96	196.22	521.63	2430

注:1979 年以后化肥产量按折合 100%计算。

Output of Major Industrial Products

化肥 (万吨) Chemical Fertilizer (10000 tons)	机制纸及纸板 (万吨) Machine-made Paper and Paperboards (10000 tons)	合成洗涤剂 (吨) Synthetic Detergents (ton)	糖 (万吨) Sugar (10000 tons)	电视机 (台) Television Sets (unit)	彩色电视机 (台) Color Television Sets (unit)	自行车 (辆) Bicycle (unit)	纱 (吨) Yarn (ton)	布 (万米) Cloth (10000 m)
	0.37		1.83					
0.49	0.69		0.16				104	37
0.88	1.83		4.17				706	238
2.91	1.88		5.80				10267	5562
8.19	3.08	1352	3.28	150			8559	4741
16.65	4.25	2042	4.23	1020			14278	7604
4.00	4.24	2646	6.92	13803		1121	14814	7950
6.22	4.02	2641	10.93	26736		18189	15328	8270
9.54	4.67	3322	9.58	41360		13559	14884	8448
10.16	2.50	4851	12.87	52992	3000	6206	13475	8202
10.81	7.16	6417	17.28	100111	8676	15317	12851	7168
9.81	9.53	7898	17.88	175087	66889	25074	14951	7104
10.16	10.70	8261	20.60	155047	84448	62038	16860	8109
12.13	10.92	11919	17.15	220168	108858	61500	19334	8814
12.84	11.73	19354	15.22	276936	135286	51276	21612	10313
12.18	13.02	16353	19.76	342102	134548	44004	22581	10548
13.48	13.59	11936	16.37	384451	157331	19110	23950	10785
12.50	15.05	9530	23.54	286128	170647	7732	24090	10826
13.44	15.64	10454	29.23	293761	213085	10552	20912	9537
13.03	14.45	11686	26.43	333600	229200	5000	17742	8782
17.92	14.90	13130	18.34	410000	305285	10000	19343	9232
17.35	19.15	17326	17.07	326833	270907	600	19105	8548
20.95	20.14	10588	27.21	228718	170210	2524	18921	8728
16.87	16.03	7730	26.70	156560	115779	1955	19782	8271
21.12	13.76	4240	20.12	34307	34307	1548	18241	7197
43.72	14.27	2252	11.95	127796	125396	1627	18312	6191
35.54	12.19	1929	12.04	518000	518000	504	15718	3287
39.58	14.33	1064	19.67	961388	961388		20523	4078
48.70	18.59	127	18.77	1267016	1267016		23814	5275
50.93	18.92	329	14.74	1342993	1342993		22560	4685
57.87	25.17		10.67	2374871	2374871		22171	4203
65.58	25.74		14.75	2390900	2390900		32194	8337
68.95	19.73	1994	25.88	3337425	3337425		14512	13576
84.30	25.88	263	19.46	8302633	8302633		45580	14810
89.05	35.53		22.37	8667513	8667513		16762	5537
259.13	77.97		15.42	2174236	2174236		20250	8030
180.82	28.84		12.04	2043662	2043662		20629	9813
126.06	30.91		18.00	2610853	2610853		20340	10192
123.03	14.97		31.14	3832302	3832302		10929	4153
113.69	11.91		42.35	3737574	3737574		3466	3

a)The output of chemical fertilizer is calculated on the basis of 100% effective content since 1979.

13-11 主要工业产品产量

Output of Major Industrial Products

项　　目	Item	2012	2013
原 煤(万吨)	Coal(10 000 tons)	106602.81	103029.72
汽 油(万吨)	Gasoline(10 000 tons)	15.31	147.50
柴 油(万吨)	Diesel Oil(10 000 tons)	76.35	207.87
天然气(亿立方米)	Natural Gas(100 million cu.m)	259.17	270.63
原 油(万吨)	Crude Oil(10 000 tons)	197.84	192.68
发电量(亿千瓦小时)	Electricity(100 million kwh)	3116.89	3520.77
食用植物油(万吨)	Edible Vegetable Oil(10 000 tons)	63.59	76.82
罐 头(万吨)	Canned Food(10 000 tons)	0.41	0.35
乳 制 品(万吨)	Dairy Products(10000 tons)	325.67	300.92
液体乳（万吨）	Liquid Dairy(10 000 tons)	273.39	272.97
啤 酒(千升)	Beer(1000 litres)	1042940.20	1099433.10
白 酒(千升)	Liquor(1000 litres)	540489.00	645865.90
卷 烟(万支)	Cigarettes(10000 pcs)	3150000.00	3325000.00
呢 绒(万米)	Woolen Piece Goods(10 000 m)	753.40	1228.30
服 装(万件)	Garments(10 000 pcs)	3276.90	3148.40
中成药(万吨)	Traditional Chinese Medicine(10 000 tons)	1.05	1.02
化学原料药(万吨)	Chemical Medicine(10 000 tons)	18.32	7.80
胶合板(万立方米)	Plywood(10 000cu·m)	107.80	96.39
纤 维 板(万立方米)	Fiberboard(10 000cu·m)	85.73	45.99
焦 炭(万吨)	Coke(10 000 tons)	2569.06	3114.93
硫 酸(万吨)	Sulfuric Acid(10 000 tons)	242.27	277.72
烧碱(氢氧化钠)(万吨)	Caustic Soda(10 000 tons)	163.62	197.52
纯碱(无水碳酸钠)(万吨)	Soda Ash(10 000 tons)	71.89	59.14
农用化学肥料(万吨)	Chemical Fertilizer(10 000 tons)	123.03	113.69
氮 肥(万吨)	Nitrogen Fertilizers(10 000 tons)	104.11	96.77
磷 肥(万吨)	Phosphate Fertlizers(10 000 tons)	18.92	16.81

注：生产量包括规模以下工业企业工业产品产量。

a)The output of products includes the products of industrial enterprises below designated size.

13-11 续表 continued

项　　目	Item	2012	2013
合成氨(万吨)	Synthetic Ammonia(10 000 tons)	135.72	128.75
水泥(万吨)	Cement(10 000 tons)	5872.06	6497.96
平板玻璃(万重量箱)	Plate Glass(10 000 weight cases)	549.07	521.63
铝(万吨)	Aluminum(10 000 tons)	179.40	208.85
生铁(万吨)	Pig Iron(10 000 tons)	1326.43	1367.23
钢(万吨)	Steel(10 000 tons)	1734.14	1978.56
成品钢材(万吨)	Steel Products(10 000 tons)	1661.82	1797.74
载货汽车(辆)	Trucks(unit)	20908	14574
铁路货车(万辆)	Railway Freight Coaches(10 000 units)	0.35	0.36
彩色电视机(万台)	Color Television Sets(10 000 sets)	383.23	373.76
铁合金(万吨)	Ferroalloy(10 000 tons)	358.69	430.06
精甲醇(万吨)	Purified Carbinol(10 000 tons)	552.55	563.24
化学农药原药(万吨)	Original Chemical Peoticide(10 000 tons)	6.20	8.31
碳化钙(电石)(万吨)	Calcium Carbide(10 000 tons)	495.10	720.12
铁矿石原矿量(万吨)	Crudeiron Ore(10 000 tons)	8048.64	8733.56
洗煤(万吨)	Washed Coal(10 000 tons)	9322.45	10846.60
硫铁矿石(万吨)	Pyritel Ore(10 000 tons)	75.32	62.98
配混合饲料(万吨)	Forage(10 000 tons)	454.06	442.70
精炼铜(万吨)	Refined Copper(10 000 tons)	18.78	24.54

13-12 主要工业产品生产能力(2013年)

Production Capacity of Major Industrial Products(2013)

产品名称	Item	2013
原煤(万吨)	Coal(10 000 tons)	108270.37
焦炭(万吨)	Coke(10 000 tons)	3897.60
天然原油(万吨)	Crude Oil(10 000 tons)	264.11
碳化钙(电石)(万吨)	Calcium Carbide (10 000 tons)	914.61
发电设备容量总计(万千瓦)	Capacity Of Generator (10 000 kw)	7885.10
卷烟(万支)	Cigarettes(10 000 pieces)	4900500.00
农用氮磷钾化学肥料(万吨)	Chemical Fertilizer(10 000 tons)	227.53
棉布织机(万台)	Looms(10 000 sets)	0.03
原铝(万吨)	Aluminum(10 000 tons)	230.80
水泥(万吨)	Cement(10 000 tons)	10339.92
平板玻璃(万重量箱)	Plate Glass(10 000 weight cases)	574.56
生铁(万吨)	Pig Iron(10 000 tons)	1470.49
钢(万吨)	Steel(10 000 tons)	2522.81
钢材(万吨)	Rolled Steel(10 000 tons)	2055.88
铁合金(万吨)	Ferroalloy(10 000 tons)	658.63
汽车(辆)	Vehicle(unit)	69500.00
电视机(万台)	Television Sets(10 000 sets)	440.00
#彩色电视机(万台)	Color TV Sets(10 000 sets)	440.00

主要统计指标解释

工业 指从事自然资源的开采，对采掘品和农产品进行加工和再加工的物质生产部门。具体包括：(1)对自然资源的开采，如采矿、晒盐、森林采伐等(但不包括禽兽捕猎和水产捕捞)(2)对农副产品的加工、再加工，如粮油加工、食品加工、轧花、缫丝、纺织、制革等；(3)对采掘品的加工、再加工，如炼铁、炼钢、化工生产、石油加工、机器制造、木材加工等，以及电力、自来水、煤气的生产和供应等；(4)对工业品的修理、翻新，如机器设备的修理，交通运输工具(包括小卧车)的修理等。

工业统计调查单位 工业统计调查单位分为两类：独立核算法人工业企业和工业活动单位。

(1) **独立核算法人工业企业** 是指从事工业生产经营活动的单位。独立核算法人工业企业应同时具备以下条件：①依法成立，有自己的名称、组织机构和场所，能够承担民事责任；②独立拥有和使用资产，承担负债，有权与其他单位签订合同；③独立核算盈亏，并能够编制资产负债表。

(2) **工业活动单位** 是指在一个场所从事一种或主要从事一种工业生产活动的经济单位。它包括独立核算工业企业按主营业务活动(即工业生产活动)划分的主营业务活动单位和非工业企业所属的工业生产活动单位 (即原非独立核算工业生产单位)。工业活动单位，一般应同时具备以下三个条件：①具有一个场所，从事一种或主要从事一种工业活动；②单独组织工业生产、经营或业务活动；③单独核算收入和支出。

轻工业 指主要提供生活消费品和制作手工工具的工业。按其所使用的原料不同，可分为两大类：(1)以农产品为原料的轻工业，是指直接或间接以农产品为基本原料的轻工业。主要包括食品制造、饮料制造、烟草加工、纺织、缝纫、皮革和毛皮制作、造纸以及印刷等工业；(2)以非农产品为原料的轻工业，是指以工业品为原料的轻工业。主要包括文教体育用品、化学药品制造、合成纤维制造、日用化学制品、日用玻璃制品、日用金属制品、手工工具制造、医疗器械制造、文化和办公用机械制造等工业。

重工业 是指为国民经济各部门提供物质技术基础的主要生产资料的工业。按其生产性质和产品用途，可以分为下列三类：(1)采掘(伐)工业，是指对自然资源的开采，包括石油开采、煤炭开采、金属矿开采、非金属矿开采和木材采伐等工业；(2)原材料工业，指向国民经济各部门提供基本材料、动力和燃料的工业。包括金属冶炼及加工、炼焦及焦炭、化学、化工原料、水泥、人造板以及电力、石油和煤炭加工等工业；(3)加工工业，是指对工业原材料进行再加工制造的工业。包括装备国民经济各部门的机械设备制造工业、金属结构、水泥制品等工业，以及为农业提供的生产资料如化肥、农药等工业。

根据上述划分原则，修理业中以重工业产品为修理作业对象的划为重工业，反之划为轻工业。

工业总产值 是以货币表现的工业企业在一定时期内生产的已出售或可供出售工业产品总量，它反映一定时间内工业生产的总规模和总水平。它包括：在本企业内不再进行加工，经检验、包装入库(规定不需包装的产品除外)的成品价值，对外加工费收入，自制半成品、在产品期末期初差额价值。工业总产值采用“工厂法”计算，即以工业企业作为一个整体，按企业工业生产活动的最终成果来计算，企业内部不允许重复计算，不能把企业内部各个车间(分厂)生产的成果相加。但在企业之间、行业之间、地区之间存在着重复计算。

工业增加值 是指工业行业在报告期内以货币表现的工业生产活动的最终成果。

实收资本 指企业实际收到的投资人投入的资本。按投资主体可分为国家资本、集体资本、法人资本、个人资本、港澳台资本和外商资本等。

资产合计 指企业拥有或控制的能以货币计量的经济资源。包括各种财产、债权和其他权利。资产按其流动性划分为流动资产、长期投资、固定资产、无形及递延资产和其他资产。

(1) **流动资产** 指企业可以在一年内或者超过一年的一个生产周期内变现或耗用的资产合计。包括现金及各种存款、短期投资、应收及预付款项、存货等。

(2) **固定资产** 指企业固定资产净值、固定资产清理、在建工程、待处理固定资产损失所占用的资金合计。

(3) **无形资产** 指企业长期使用而没有实物形态的资产。包括专利权、非专利技术、商标权、著作权、土地使用权、商誉等。

负债合计 指企业承担的能以货币计量，将以资产或劳务偿付的债务。负债一般按偿还期长短分为流动负债和长期负债、递延税项等。

(1) **流动负债** 指企业在一年内或者超过一年的一个营业周期内需要偿还的债务合计，其中包括短期借款、应付及预收款项、应付工资、应交税金和应交利润等。

(2) **长期负债** 指企业在一年以上或者超过一年的一个营业周期以上需要偿还的债务合计，其中包括长期借款、应付债务、长期应付款项等。

所有者权益 指企业投资人对企业净资产的所有权。企业净资产等于企业全部资产减去全部负债后的余额，其中包括投资者对企业的最初投入，以及资本公积金、盈余公积金和未分配利润，对股份制企业即为股东权益。

固定资产原价 指企业在建造、购置、安装、改建、扩建、技术改造某项固定资产时所支出的全部货币总额。它一般包括买价、包装费、运杂费和安装费等。

固定资产净值 是指固定资产原价减去历年已提折旧额后的净额。

流动资产 是指可以在一年或者超过一年的一个营业周

期内变现或者耗用的资产，包括现金及各种存款、短期投资、应收及预付货款、存货等。

产品销售收入 指企业销售产品和提供劳务等主要经营业务取得的业务总额。

产品销售成本 指企业销售产品和提供劳务等主要经营业务的实际成本。

产品销售税金及附加 指企业销售产品和提供工业性劳务等主要经营业务应负担的城市维护建设税、消费税、资源税和教育费附加。

产品销售利润 指企业销售产品和提供工业性劳务等主要经营业务收入扣除其成本、费用、税金后的利润。

利润总额 指企业实现的利润。

应交增值税 指企业在报告期内应交纳的增值税额。

总资产贡献率 反映企业全部资产的获利能力，是企业经营业绩和管理水平的集中体现，是评价和考核企业盈利能力的核心指标。计算公式为：

总资产贡献率 (%)= (利润总额 + 税金总额 + 利息支出)/平均资产总额 × 100%

资产负债率 该指标既反映企业经营风险的大小，也反映企业利用债权人提供的资金从事经营活动的能力。计算公式为：

总资产负债率(%)= 负债总额 / 资产总额 × 100%

工业成本费用利润率 指在一定时期内实现的利润与成本费用之比，是反映工业生产成本及费用投入的经济效益指标，同时也是反映降低成本的经济效益的指标。

计算公式为：

工业成本费用利润率 (%)= 利润总额 / 成本费用总额 × 100%

工业增加值率 指在一定时期内工业增加值占同期工业总产值的比重，反映降低中间消耗的经济效益。计算公式为：

工业增加值率(%)= 工业增加值(现价)/ 工业总产值(现价) × 100%

流动资金周转次数 指在一定时期内流动资产完成的周转次数，反映流动资产的周转速度。计算公式为：

流动资金周转次数 = 产品销售收入 / 全部流动资产平均余额

产品销售率 指报告期工业销售产值与同期全部工业总产值之比，是反映工业产品已实现销售的程度，分析工业产销衔接情况，研究工业产品满足社会需求程度的指标。计算公式为：

产品销售率 (%)= 工业销售产值 / 工业总产值 (现价) × 100%

全员劳动生产率 指根据产品的价值量指标计算的平均每一个从业人员在单位时间内的产品生产量。是考核企业经济活动的重要指标，是企业生产技术水平、经营管理水平、职工技术熟练程度和劳动积极性的综合表现。目前我国的全员劳动生产率是将工业企业的工业增加值除以同一时期全部从业人员的平均人数来计算的。计算公式为：

全员劳动生产率 = 工业增加值 / 全部从业人员平均人数

为了使各年度的全员劳动生产率数字可以比较，1990 年以前各年的全员劳动生产率均按指数换算成 1990 年不变价格。

Explanatory Notes on Main Statistical Indicators

Industry refers to the material production sector which is engaged in extraction of natural resources and processing and reprocessing of minerals and agricultural products, including (1) extraction of natural resources, such as mining, salt production, logging (but not including hunting and fishing) ; (2) processing and reprocessing of farm and sideline produces, such as rice husking, flour milling, wine making, oil pressing, cotton ginning, silk reeling, spinning and weaving, and leather making; (3) manufacture of industrial products, such as steel making, iron smelting, chemicals manufacturing, petroleum processing, machine building, timber processing; water and gas production and electricity generation and supply; (4) repairing of industrial products such as the repairing of machinery and means of transport(including cars) .

Units of Industrial Statistics and Inquiry They are classified into two categories (1) corporate industrial enterprises with independent accounting system (2) industrial establishments.

(1) Corporate industrial enterprises with independent accounting system refer to enterprises engaging in industrial production activities, which meet the following requirements: ①They are established legally, having their own names, organizations, location, able to take civil liability; ②They possess and use their assets independently, assume liabilities, and are entitled to sign contracts with other units; ③They are financially independent and compile their own balance sheets.

(2) Industrial establishments refer to economic units which located in one single place and engaged entirely or primarily in one kind of industrial activity, including financially independent industrial enterprises and units engaged in industrial activities under the non industrial enterprises (or financially dependent) . Industrial establishments generally meet the following requirements: ① They have each one location and are engaged in one kind of industrial activity each; ②They operate and manage their industrial production activities separately; ③They have accounts of income and expenditures separately.

Light Industry refers to the industry that produces consumer goods and hand tools. It consists of two categories, depending on the materials used:

(1) Industries using farm products as raw materials. These are branches of light industry which directly or indirectly use farm products as basic raw materials, including the manufacture of food and beverages, tobacco processing, textile, clothing, fur and leather manufacturing, paper making printing, etc.

(2) Industries using non-farm products as raw materials. These are branches of light industry which use manufactured goods as raw materials, including the manufacture of cultural, educational articles and sports goods, chemicals, synthetic fiber, chemical products for daily use, glass products for daily use, metal products for daily use, hand tools, medical apparatus and instruments, and the manufacture of cultural and clerical machinery

Heavy Industry refers to the industry which produces capital goods, and provides various sectors of the national economy with necessary material and technical basis. It consists of the following three branches according to the purpose of production or the use of products:

(1) Mining, quarrying and logging industry refers to the industry that extracts natural resources, including extraction of petroleum, coal, metal and non metal and logging.

(2) Raw materials industry refers to the industry that provides various sectors of the national economy with raw materials, fuels and power. It includes smelting and processing of metals, coking and coke chemistry, chemical materials and building materials such as cement, plywood, and power, petroleum refining and coal dressing.

(3) Manufacturing industry refers to the industry that processes raw materials. It includes machine building industry which equips sectors of the national economy, industries of metal structure and cement products, industries producing means of agricultural production, such as chemical fertilizers and pesticides. According to the above principle of classification, the repairing trades which are engaged primarily in repairing products of heavy industry are classified into heavy industry while these engaged in repairing products of light industry are classified into light industry.

Gross Industrial Output Value is the total volume of industrial products sold or available for sale in value terms which reflects the total achievements and overall scale of industrial production during a given period. It includes the value of the finished products, which are not to be further processed in the enterprises and have been inspected, packed and put in storage, the value of industrial services rendered to other units, and the changes in the value of the semi finished products and products in process between the beginning and closing of the period. The gross industrial output value is calculated with "factory method". No double calculations are to be made within the same enterprise. However, double counting does occur among different enterprises.

Value-added of Industry refers to the final results of industrial production of the industrial trade in money terms during the reference period.

Capital Obtained refers to capital actually received by the enterprise from investors. It can be further classified by investors as state capital, collective capital, corporate capital, individual capital, capital from Hong Kong, Macao and Taiwan and foreign capital.

Total Assets refer to all economic resources, owned or controlled by enterprises that could be measured in monetary terms, including properties, creditors equity and other economic rights of all forms. Classified by the degree of equitability, total assets include circulating assets, long term investment, fixed assets, intangible assets and deferred assets, and other assets.

(1) Circulating assets (working capital) refer to assets which can be cashed in or spent or consumed in an operating cycle of one year or over one year, including cash, all kinds of deposits, short term investment, receivables, advance payment, stock, etc.

(2) Fixed assets refer to the net value of fixed assets, clearance of fixed assets, project under construction, fixed assets losses in suspense. These are corporations, fund holdings.

(3) Intangible assets refer to the assets without material form used by enterprises over a long time, such as patents, non patent technologies, trade marks, copyright, land use right, business reputation, etc.

Total Liabilities refer to the debts, measured in monetary terms, that enterprises are responsible for repayment in the form of cash, assets or labour. Classified by terms of repayment, liability includes liquid liabilities and long-term liabilities.

(1) Liquid liabilities (also called quick liabilities or immediate liabilities) refer to enterprises' total debt payable within an operating cycle of one year or over one year, including short term loans, payables and advance payments, wages payable, taxes payable and profit payable, etc.

(2) Long term liabilities refers to total debt payable within an operating cycle of one year or over one year, including long term loans, payable liabilities, long term payables, etc.

Creditors′ Equity refers to investors' ownership of net assets of the enterprise. It is equal to the total assets of the enterprise minus its total liabilities, including the primary input from investors, capital accumulation fund, surplus accumulation fund and undistributed profit. It is the shareholder's equity in shareholding companies.

Original Value of Fixed Assets refers to the original value of all fixed assets owned by industrial enterprises, calculated at the cost paid at the time of purchase, installation, reconstruction, expansion, and technical innovation and transformation of the said assets, which includes expenses on purchase, package, transportation, and installation, etc.

Net Value of Fixed Assets is obtained by deducting depreciation over years from the original value of fixed assets.

Working Capital (Circulating Assets) refers to assets which can be cashed in or spent or consumed in an operating cycle of one year or over one year, which includes cash, various deposits, short term investment, and receivable payments, and advance payments, stock, etc.

Sales Revenue of Industrial Products refers to the revenue from the sales of products by industrial enterprises and the revenue from services provided and etc.

Sales Cost of Industrial Products refers to the actual cost of products of industrial enterprises and industrial services provided, etc. .

Tax and Extra Charges on Sales of Products refer to the tax on city maintenance and construction, consumption tax, resources tax and extra charges for education, which should be borne by the enterprises in selling products and providing industrial services.

Sales Profit of Products refers to the profit gained by the enterprises by deducting cost, charges and taxes from the business income of the enterprises obtained in selling products and providing industrial services.

Total Profits refer to the profits gained by the enterprises.

Value-added Tax Payable refers to the amount of the value added tax which should be paid by the enterprises in the reporting period.

Ratio of Profits, Taxes and Interests to Average Assets reflects the profit making capability of all assets of the enterprise and is a key indicator manifesting the performance and management and evaluating the profit making potential of the enterprise. It is calculated as follows:

Ratio of profits, taxes and interests to average assets (%) = [(Total profits + total Taxes + interest payment) ÷ average assets] × 100%

Ratio of Debts to Assets reflect both the operation risk and the capability of the enterprise in making use of the capital from the creditors. It is calculated as follows:

Ratio of debts to assets (%) =(Total debts ÷ total assets) × 100%

Ratio of Profits to Total Industrial Costs refers to the ratio of profits realized in a given period to the total costs in the same period, which reflects the economic efficiency of input cost and is calculated as follows:

Ratio of Profits to Total Industrial Cost (%) =(Total Profits ÷ Total Costs) × 100%

Value-added Rate of Industry refers to the ratio of value added of industry in a given period to the gross output value in the same period, which reflects the economic efficiency of cutting down the intermediate input and is calculated as follows:

Value added Rate of Industry (%) = [Value added of Industry(at current prices)] ÷ [Gross Output Value(at Current Prices)] × 100%

Turnover of Working Capital refers to the number of times of turnover of working capital in a given period of time, which reflects the speed of the turnover of working capital and is calculated as follows:

Turnover of Working Capital (%) =(Sales Revenue of Products) ÷ (Average Balance of Total Working Capital) × 100%

Ratio of Sales to Gross Output Value refers to the sales of industrial products to the gross industrial output value during the reference period, and is important in reflecting the linkage between production and sales and the extent of the needs of the society that has been met by the supply of industrial products. It is calculated as follows:

Ratio of Sales to Gross Output Value=Industrial sales ÷ Gross industrial output value (at current prices) × 100%

Overall Labour Productivity of Industrial Enterprises refers to the average output per employed person in industrial enterprises in value terms. At present, the value added and the average number of staff and workers of an industrial enterprise in a given period are used to calculate the overall labour productivity. The formula used is:

Overall Labour Productivity= (Value Added of Industry) ÷ (Average Number of Staff and Workers)

For the purpose of comparison of the overall labour productivity among different years, the data on the overall labour productivity of the years prior to 1990 have been adjusted on the basis of 1990 constant prices.

2014 NEIMENGGU

十四、建筑业

Construction

资料整理：张春燕

Arranged By Zhang Chunyan

14-1 建筑业企业基本情况
Basic Statistics on Construction Enterprises

年 份 Year	总 计 Total	国 有 State-owned	城镇集体 Urban Collective-owned	其他经济 Others
企业单位数(个) **Number of Enterprises(unit)**				
2001	919	112	192	615
2002	726	56	67	603
2003	674	39	31	604
2004	674	18	9	647
2005	676	20	14	642
2006	703	17	7	679
2007	734	18	11	705
2008	790	14	7	769
2009	820	14	9	797
2010	873	16	8	849
2011	896	14	5	877
2012	917	11	4	902
2013	951	6	1	944
年末从业人员(万人) **Number of Persons Engaged(10 000 persons)**				
2001	39.37	9.40	6.71	23.26
2002	27.68	5.00	1.88	20.80
2003	26.63	2.10	0.67	23.86
2004	27.53	1.69	0.15	25.69
2005	26.35	1.57	0.32	24.26
2006	29.62	2.84	0.14	26.64
2007	38.62	3.88	0.22	34.52
2008	42.80	4.74	0.24	37.82
2009	49.89	4.83	0.37	44.69
2010	44.34	1.87	0.18	42.30
2011	41.05	1.35	0.05	39.65
2012	36.89	1.06	0.03	35.80
2013	39.58	0.33		39.25
建筑业总产值(亿元) **Gross Output Value (100 million yuan)**				
2001	178.26	61.12	23.96	93.18
2002	220.02	50.53	13.68	155.81
2003	257.66	36.34	9.92	211.40
2004	354.51	29.42	2.44	322.65
2005	381.30	38.78	3.10	339.42
2006	467.00	38.17	2.74	426.09
2007	681.10	76.64	2.53	601.93
2008	780.05	69.90	4.13	706.02
2009	964.73	66.60	6.21	891.91
2010	1125.58	72.71	4.52	1048.35
2011	1394.68	50.85	0.40	1343.43
2012	1441.00	50.48	0.54	1389.97
2013	1571.16	13.05	0.04	1558.07

14-2 建筑业企业主要经济指标
Main Economic Indicators on Construction Enterprices

指标	Item	2012	2013
建筑业企业个数(个)	Number of Construction Enterprises(unit)	917	951
签订的合同额(万元)	Value of Contracts(10 000 yuan)	24270399	23304263
建筑业总产值(万元)	Gross Output Value(10 000 yuan)	14409969	15711619
其中：装饰装修产值	Output of Decoration	334148	264264
其中：在外省完成的产值	Output Value Outside the Province	628677	846370
竣工产值(万元)	Output of Buildings Completed(10 000 yuan)	8978335	9082588
房屋建筑施工面积(万平方米)	Floor Space of Constructing(10 000 sq.m)	10550.69	8839.62
房屋建筑竣工面积(万平方米)	Floor Space of Buildings Completed(10 000 sq.m)	3658.96	3630.63
房屋建筑面积竣工率(%)	Rate of Floor Space of Buildings Completed(%)	34.7	41.1
自有机械设备净价(万元)	Machinery & Equipment Owned (net valued)(10 000 yuan)	608062	533641
自有机械设备台数(万台)	Machinery and Equipment Owned(10 000 set)	11.00	10.47
自有机械设备总功率(万千瓦)	Total Power of Machinery and Equipment Owned(10 000 kw)	244.42	249.23
技术装备率(元/人)	Value of Machines per Laborer(yuan/person)	16484	13482
动力装备率(千瓦/人)	Power of Machines per Laborer(kw/person)	6.63	6.30
按总产值计算的劳动生产率(元/人)	Overall Labor Productivity by Gross Output Value(yuan/person)	263203	291848
年末从业人员(万人)	Number of Persons Engaged(10 000 persons)	36.89	39.58
其中：工程技术人员	Engineering Techinal Personel	6.51	6.82
其中：一级建造师	First Construction Engineer	0.34	0.36
利润总额(万元)	Total Profits(10 000 yuan)	857875	1095453
税金总额(万元)	Total Tax(10 000 yuan)	529789	599239
产值利润率(%)	Ratio of Profit to Gross Output Value(%)	6.0	7.0
产值利税率(%)	Ratio of Pre-tax Profit to Gross Output Value(%)	9.6	10.8

14-3 劳务分包建筑业企业主要经济指标(2013年)

Main Economic Indicators on Constructional Labour Subcontractors(2013)

项 目	Item	企业个数（个）Enterprises (unit)	建筑业总产值（万元）Gross Output (10 000 yuan)	期末从业人数（人）Engaged Persons (person)
总 计	**Total**	**130**	**55688**	**5140**
按企业登记注册类型分	**Grouped by Type Registered**			
内资企业	Domestic Investment	130	55688	5140
国有企业	State-owned	1	1320	35
集体企业	Collective-owned	1		5
股份合作企业	Share Holding Cooperative			
联营企业	Joint-owned			
有限责任公司	Limited-liability Company	29	14261	2241
股份有限公司	Share Holding Company	2	100	34
私营企业	Private	96	40007	2819
其他企业	Others	1		6
港、澳、台商投资企业	Hong kong, Macao & Taiwan Funded			
外商投资企业	Foreign Funded			
按行业类别分	**Grouped by Sector**			
房屋建筑业	Housing Construction Industry	45	2530	910
土木工程建筑业	Civil Engineering Industry	11	737	147
建筑安装业	Construction and Installation Industry	17	3766	518
建筑装饰业和其他建筑业	Construction and Decoration Industry and Other Construction Industries	57	48656	3565
按企业资质等级分	**Grouped by Intelligent Grade**			
一 级	First	96	51621	4506
二 级	Second	21	2820	464
三 级及以下	Third and below	13	1247	170

14-4 建筑施工企业主要生产指标(2013 年)

项 目	Item	建筑业企业个数(个) Enterprises (persons)	签订的合同额(万元) Value of Contracts (10 000 yuan)	上年结转合同额 Signed in Last year	本年新签合同额 Signed in this Year
总 计	**Total**	**951**	**23304263**	**10920858**	**12383404**
按企业登记注册类型分	**Grouped by Type Registered**				
内资企业	Domestic Investment	951	23304263	10920858	12383404
国有企业	State-owned	6	268827	147545	121283
集体企业	Collective-owned	1	410	50	360
股份合作企业	Share Holding Cooperative	6	104530	3393	101137
联营企业	Joint-owned				
有限责任公司	Limited-liability Company	467	12116880	5151131	6965749
股份有限公司	Share Holding Company	38	2185156	1040013	1145143
私营企业	Private	432	8621259	4578426	4042833
其他企业	Others	1	7200	300	6900
港、澳、台商投资企业	Hong kong, Macao & Taiwan Funded				
外商投资企业	Foreign Funded				
按行业类别分	**Grouped by Sector**				
房屋建筑业	Housing Construction Industry	549	15454722	7310515	8144207
土木工程建筑业	Civil Engineering Industry	253	7137407	3423168	3714239
建筑安装业	Construction and Installation Industry	84	429524	135689	293835
建筑装饰业和其他建筑业	Construction and Decoration Industry and Other Construction Industries	65	282610	51486	231124
按企业资质等级分	**Grouped by Intelligent Grade**				
施工总承包	General Contractors	762	22272802	10599928	11672875
特 级	Special Grade	2	1745466	1069450	676016
一 级	First	67	9649690	5294924	4354765
二 级	Second	221	6817937	2956224	3861713
三 级	Third	472	4059710	1279329	2780380
专业承包	Professional Contractors	189	1031460	320931	710530
一 级	First	13	326169	169023	157146
二 级	Second	59	391558	68136	323422
三 级	Third	116	313733	83771	229962

Main Production Indicators on Construction Enterprises(2013)

建筑业总产值(万元) Gross Output Value (10 000 yuan)			建筑业总产值按构成分 By Composition of Gross Value of Construction		
	其中：装饰装修产值 Decoration	其中：在外省完成的产值 Outside the Province	建筑工程产值 Building	安装工程产值 Installation	其他产值 Others
15711619	**264264**	**846370**	**13926908**	**896153**	**888558**
15711619	264264	846370	13926908	896153	888558
130517		13307	123620	3000	3897
410				410	
93493			82408	1272	9813
8449476	144767	781737	7352852	664338	432286
1039042	15377	35356	855196	52918	130927
5991482	104120	15971	5506882	174215	310385
7200			5950		1250
9506074	230049	439473	9075966	187494	242614
5526778	5199	356986	4590842	385382	550553
433906	5556	49912	154750	257947	21208
244861	23460		105349	65330	74182
14849914	236911	817577	13419508	633971	796434
446125	9037	175898	409003	37122	
6481903	97398	350302	5893153	405744	183006
4740387	71895	249074	4305558	67372	367458
3181498	58581	42303	2811794	123734	245970
861705	27353	28793	507400	262182	92123
188165	4865		165512	6818	15835
355973	18805	20840	172586	162662	20725
317568	3683	7953	169302	92703	55564

14-4 续表

项 目	Item	竣工产值(万元) Output of Buildings Completed (10 000 yuan)	房屋建筑施工面积(万平方米) Floor Space Constructing Buildins (10 000 sq.m)	实行投标承包面积 Bidding Contracting Space
总 计	**Total**	**9082588**	**8839.6**	**7357.3**
按企业登记注册类型分	**Grouped by Type Registered**			
内资企业	Domestic Investment	9082588	8839.6	7357.3
国有企业	State-owned	109047	23.5	23.5
集体企业	Collective-owned			
股份合作企业	Share Holding Cooperative	80390	82.9	81.1
联营企业	Joint-owned			
有限责任公司	Limited-liability Company	5415878	5137.7	4197.3
股份有限公司	Share Holding Company	553897	693	693
私营企业	Private	2916177	2900	2359.8
其他企业	Others	7200	2.6	2.6
港、澳、台商投资企业	Hong kong, Macao & Taiwan Funded			
外商投资企业	Foreign Funded			
按行业类别分	**Grouped by Sector**			
房屋建筑业	Housing Construction Industry	6053541	8645.7	7213.1
土木工程建筑业	Civil Engineering Industry	2634204	81.2	55.8
建筑安装业	Construction and Installation Industry	258420	111.9	87.6
建筑装饰业和其他建筑业	Construction and Decoration Industry and Other Construction Industries	136422	0.8	0.8
按企业资质等级分	**Grouped by Intelligent Grade**			
施工总承包	General Contractors	8627765	8764.6	7328.1
特 级	Special Grade	217964	471.0	470.6
一 级	First	3036139	3454.2	2964.9
二 级	Second	3032130	2691.3	2226.2
三 级	Third	2341532	2148.1	1666.4
专业承包	Professional Contractors	454822	75	29.2
一 级	First	43097		
二 级	Second	215334	68.6	29.2
三 级	Third	196392	6.4	

continued

房屋建筑竣工面积（万平方米）Buildings Completed (10 000 sq.m)	自有机械设备 Machinery & Equipment Owned			期末从业人数（万人）Engaged Persons (10 000 persons)		
	净价(万元) net valued (10 000 yuan)	台数(万台) Number (10 000 yuan)	总功率(万千瓦) Numbers (10 000 kw)		其中：工程技术人员 Engineer	其中：一级建造师 First Engineer
3630.6	**533641**	**10.47**	**249.23**	**39.58**	**6.82**	**0.36**
3630.6	533641	10.47	249.23	39.58	6.82	0.36
3.1	9114	0.24	5.47	0.33	0.06	
50.9	8218	0.38	4.21	0.37	0.06	
2318.7	321506	5.02	133.1	19.61	3.71	0.19
184.6	19575	0.52	11.02	4.23	0.54	0.03
1070.8	175228	4.31	95.44	14.96	2.43	0.14
2.6				0.08	0.01	
3507.8	321306	8.6	167.54	28.34	4.35	0.19
59.2	198299	1.48	75.64	9.06	2.05	0.13
62.8	6686	0.29	4.68	1.45	0.27	0.02
0.8	7349	0.1	1.37	0.73	0.15	0.01
3601.8	489772	9.99	231.43	37.14	6.36	0.32
88	27870	0.36	5.64	0.47	0.07	0.01
1022.9	169733	2.79	68.51	13.66	1.96	0.14
1278.1	172829	4.8	116.09	13.04	2.49	0.12
1212.8	119339	2.05	41.19	9.97	1.84	0.05
28.8	43870	0.48	17.8	2.44	0.45	0.04
	21953	0.25	8.7	0.54	0.09	0.01
24.6	7196	0.11	3.53	0.94	0.18	0.02
4.2	14720	0.11	5.58	0.96	0.18	0.01

14-5 建筑施工企业主要财务指标(2013 年)

单位:万元

项 目	Item	资产合计 Total Assets	流动资产合计 Total Circulating Assets	#存货 Stock	长期投资 Longterm Investment
总 计	**Total**	**18051120**	**14070046**	**2347612**	
按企业登记注册类型分	**Grouped by Type Registered**				
内资企业	Domestic Investment	18051120	14070046	2347612	
国有企业	State-owned	135037	69727	13494	
集体企业	Collective-owned	1123	400	42	
股份合作企业	Share Holding Cooperative	34982	21594	3448	
联营企业	Joint-owned				
有限责任公司	Limited-liability Company	6845552	5427112	1137472	
股份有限公司	Share Holding Company	1066565	929834	75445	
私营企业	Private	9961163	7616479	1117343	
其他企业	Others	6698	4899	367	
港、澳、台商投资企业	Hong kong, Macao & Taiwan Funded				
外商投资企业	Foreign Funded				
按行业类别分	**Grouped by Sector**				
房屋建筑业	Housing Construction Industry	7904509	6427073	986477	
土木工程建筑业	Civil Engineering Industry	9387636	7004561	1254542	
建筑安装业	Construction and Installation Industry	477162	400850	86379	
建筑装饰业和其他建筑业	Construction and Decoration Industry and Other Construction Industries	281813	237562	20214	
按企业资质等级分	**Grouped by Intelligent Grade**				
施工总承包	General Contractors	16924155	13167299	2174067	
特 级	Special Grade	630628	500526	143632	
一 级	First	6494359	5241518	525883	
二 级	Second	6341422	4835244	1048860	
三 级	Third	3457746	2590011	455693	
专业承包	Professional Contractors	1126965	902746	173544	
一 级	First	214554	156073	4615	
二 级	Second	373588	328426	72657	
三 级	Third	538023	417520	96272	

Main Financial Indicators on Construction Enterprises with Independent Accounting System(2013)

(10 000 yuan)

固定资产合计 Total Fixed Assets	固定资产原价合计 Original Value of Fixed Assets	# 生产经营用 for Production Use	累计折旧 Accumulative Depreciation	# 本年折旧 Of this Year	在建工程 Under Construction	无形及递延资产合计 Intangible & Deffered Assets	# 无形资产 Intangible	其它资产 others
2272194	**3212636**		**1133919**	**276074**	**110874**			
2272194	3212636		1133919	276074	110874			
51380	68206		26354	15213	600			
185	93		12	12	92			
11868	14459		2616	487				
897623	1284740		485914	67853	70833			
69356	103989		42724	4913	7174			
1240102	1738595		575426	187410	32175			
1681	2554		873	188				
897914	1128038		361341	47473	88969			
1296437	1951820		709595	218078	20361			
40101	70734		37957	7313	1068			
37743	62044		25027	3209	476			
2135555	2998178		1050549	260348	108352			
80135	105747		27322	4950	1707			
721905	1059584		358262	132172	9328			
708549	1093387		473985	86347	59604			
624966	739460		190979	36879	37713			
136640	214458		83370	15727	2522			
31473	55429		24007	1965	51			
37389	59632		23371	3883	182			
67778	99397		35993	9879	2290			

14–5 续表 1

单位：万元

项 目	Item	负债合计 Total Liability	流动负债合计 Total Circulating Liability	长期负债合计 Total Longterm Liability	所有者权益合计 Ownership Interest
总 计	**Total**	**11825726**	**10819648**	**638737**	**6225394**
按企业登记注册类型分	**Grouped by Type Registered**				
内资企业	Domestic Investment	11825726	10819648	638737	6225394
国有企业	State-owned	62346	45605	901	72691
集体企业	Collective-owned	1052	1000		71
股份合作企业	Share Holding Cooperative	18823	16020	2803	16159
联营企业	Joint-owned				
有限责任公司	Limited-liability Company	4471532	4271960	83079	2374019
股份有限公司	Share Holding Company	773573	747038	2271	292992
私营企业	Private	6494362	5735990	549683	3466801
其他企业	Others	4037	2036		2661
港、澳、台商投资企业	Hong kong, Macao & Taiwan Funded				
外商投资企业	Foreign Funded				
按行业类别分	**Grouped by Sector**				
房屋建筑业	Housing Construction Industry	5101737	4762979	64372	2802772
土木工程建筑业	Civil Engineering Industry	6236380	5597462	570606	3151256
建筑安装业	Construction and Installation Industry	332163	322838	2333	144999
建筑装饰业和其他建筑业	Construction and Decoration Industry and Other Construction Industries	155446	136369	1426	126368
按企业资质等级分	**Grouped by Intelligent Grade**				
施工总承包	General Contractors	11102266	10131517	634072	5821889
特 级	Special Grade	543406	528220	14597	87222
一 级	First	4546260	4309040	169030	1948100
二 级	Second	4087993	3555376	416625	2253428
三 级	Third	1924607	1738882	33819	1533139
专业承包	Professional Contractors	723459	688131	4666	403505
一 级	First	122691	121922	768	91863
二 级	Second	241050	228743	374	132538
三 级	Third	359719	337466	3523	178304

continued

(10 000 yuan)

实收资本 Contributed Capital	国家资本 State	集体资本 Collective	法人资本 Institutionnal Units	个人资本 Individuals	港澳台资本 Hong kong, Macao & Taiwan	外商资本 Foreign	工程结算收入 Revenue of Settlement of Projects
2776394	**203936**	**145061**	**736710**	**1689306**	**1200**	**182**	**15659428**
2776394	203936	145061	736710	1689306	1200	182	15659428
33544	33507			37			130790
68		68					339
14900		3088	5755	6057			93493
1391570	169697	115574	461636	644280	200	182	8488321
141004	586	9456	25033	105929			987243
1192748	146	16874	244285	930442	1000		5952043
2560				2560			7200
1434905	50315	87009	365933	931649			9345145
1178865	140755	41343	325120	670265	1200	182	5666191
86123	9888	15309	12099	48827			408649
76501	2979	1400	33558	38565			239444
2559498	184882	118083	688475	1566677	1200	182	14818669
68965			68329	636			546232
785886	124796	40662	209010	411418			6292525
923559	44855	41408	219012	618284			4948315
781088	15232	36012	192123	536339	1200	182	3031597
216896	19055	26978	48235	122629			840759
44849	9805	6000	2191	26853			193887
68680	3234	15432	23013	27001			334160
102567	6016	5546	23030	67975			312713

14-5 续表 2

单位：万元

项目	Item	工程结算成本 Cost of Settlement of Projects	工程结算税金及附加 Tax and Extra Charges of Settlement of Projects	工程结算利润 Profits of Settlement of Projects
总计	**Total**	**12906184**	**573277**	
按企业登记注册类型分	**Grouped by Type Registered**			
内资企业	Domestic Investment	12906184	573277	
国有企业	State-owned	119712	4494	
集体企业	Collective-owned	280	1	
股份合作企业	Share Holding Cooperative	71240	5559	
联营企业	Joint-owned			
有限责任公司	Limited-liability Company	7062807	320539	
股份有限公司	Share Holding Company	882065	35067	
私营企业	Private	4763721	207370	
其他企业	Others	6359	247	
港、澳、台商投资企业	Hong kong, Macao & Taiwan Funded			
外商投资企业	Foreign Funded			
按行业类别分	**Grouped by Sector**			
房屋建筑业	Housing Construction Industry	7880746	357270	
土木工程建筑业	Civil Engineering Industry	4505664	194875	
建筑安装业	Construction and Installation Industry	344493	13598	
建筑装饰业和其他建筑业	Construction and Decoration Industry and Other Construction Industries	175281	7534	
按企业资质等级分	**Grouped by Intelligent Grade**			
施工总承包	General Contractors	12239049	543565	
特级	Special Grade	488604	15491	
一级	First	5401723	224078	
二级	Second	4079324	176951	
三级	Third	2269398	127044	
专业承包	Professional Contractors	667135	29712	
一级	First	164247	9081	
二级	Second	260564	10631	
三级	Third	242324	10000	

continued

(10 000 yuan)

其他业务收入 Revenue of Other Business	其他业务利润 Profits of Other Business	管理费用 Management Expenses	#税金 Taxes	#财产保险费 Premium of Property	财务费用 Financial Expense	#利息支出 Interest Expenditure	营业利润 Operating Profits	利润总额 Total Profits
	32368	**566257**	**25962**		**177501**	**142569**	**1093594**	**1095453**
	32368	566257	25962		177501	142569	1093594	1095453
	17	4652	153		783	12	1150	1725
		21	2		27	27		
		3608	581		918	493	11689	11693
	5687	344288	15250		68873	47010	417142	418774
	352	27575	1295		2806	2664	34659	35184
	26311	185835	8676		103807	92076	628923	628046
		277	6		286	286	31	31
	4638	246795	16740		72386	57545	528109	529723
	26491	276337	7602		101421	82184	529524	529987
	1182	24999	1381		1458	864	15066	14907
	57	18126	239		2235	1976	20895	20836
	30641	504355	24248		170961	124849	1031565	1032874
	-44	17936	1527		15607	15068	-593	199
	4011	211863	7318		71180	62007	348280	348678
	25439	145049	7081		57924	25864	409621	410353
	1236	129508	8323		26250	21910	274258	273644
	1727	61902	1714		6540	17720	62029	62579
	369	7758	154		3939	3501	9056	8934
	383	29770	413		271	222	31680	32080
	975	24367	1147		2330	13998	21301	21572

14–5 续表 3

单位：万元

项 目	Item	应交所得税 Income Tax Payable	应付利润 Profits Payable	劳动待业保险费 Premium for Employment
总 计	**Total**	**254897**		
按企业登记注册类型分	**Grouped by Type Registered**			
内资企业	Domestic Investment	254897		
国有企业	State-owned	642		
集体企业	Collective-owned			
股份合作企业	Share Holding Cooperative	1688		
联营企业	Joint-owned			
有限责任公司	Limited-liability Company	108886		
股份有限公司	Share Holding Company	7383		
私营企业	Private	136289		
其他企业	Others	8		
港、澳、台商投资企业	Hong kong, Macao & Taiwan Funded			
外商投资企业	Foreign Funded			
按行业类别分	**Grouped by Sector**			
房屋建筑业	Housing Construction Industry	126508		
土木工程建筑业	Civil Engineering Industry	117971		
建筑安装业	Construction and Installation Industry	5817		
建筑装饰业和其他建筑业	Construction and Decoration Industry and Other Construction Industries	4600		
按企业资质等级分	**Grouped by Intelligent Grade**			
施工总承包	General Contractors	240525		
特 级	Special Grade	267		
一 级	First	92410		
二 级	Second	90999		
三 级	Third	56849		
专业承包	Professional Contractors	14371		
一级	First	2149		
二级	Second	7307		
三级	Third	4916		

continued

(10 000 yuan)

本年应付职工薪酬总额 Employee compensation Payable	# 主营业务应付工资 Wage Payable of Major Business	本年应付福利费总额 Welfares Payable in the Year	# 主营业务应付 of Major Business	建筑业增加值 Value Added of Construction
2103488				**4072395**
2103488				4072395
9276				30286
51				66
16657				34973
1159377				1980161
157262				233196
759354				1791733
1512				1984
1560707				2510299
455251				1405330
57131				94489
30398				62275
1977398				3837124
30105				51480
841669				1553517
629122				1309122
476502				923006
126090				235272
56747				77003
38530				85137
30807				73134

主要统计指标解释

建筑业统计单位 指从事房屋、构筑物建造和设备安装活动的法人企业。建筑业法人企业应同时具备的条件是:①依法成立,有自己的名称、组织机构和场所,能够承担民事责任;②独立拥有和使用资产,承担负债,有权与其他单位签订合同;③独立核算盈亏,能够编制资产负债表。

建筑业总产值(即自行完成施工产值) 是以货币表现的建筑安装企业在一定时期内生产的建筑业产品的总和。建筑业总产值包括:

(1)建筑工程产值:指列入建筑工程预算内的各种工程价值。

(2)安装工程产值:指设备安装工程价值,不包括被安装设备本身价值。

(3)其他产值:建筑业总产值中,除建筑工程、安装工程以外的产值。包括房屋、构筑物修理产值、非标准设备制造产值、总包企业向分包企业收取的管理费以及不能明确划分的施工活动所完成的产值。

a 房屋、构筑物修理产值:指房屋、构筑物修理所完成的价值,但不包括被修理房屋、构筑物本身的价值和生产设备的修理价值。

b 非标准设备制造产值:指加工制造没有定型的、非标准的生产设备的加工费和原材料价值,以及附属加工厂为本企业承建工程制作的非标准设备的价值。

建筑业增加值 指建筑业企业在报告期内以货币表现的建筑业生产经营活动的最终成果。目前建筑业增加值采用分配法(收入法)计算,即从收入的角度出发,根据生产要素在生产过程中应得的收入份额计算。具体计算公式为:

建筑业增加值 = 本年提取的固定资产折旧 + 主营业务应付工资 + 主营业务应付福利费 + 管理费用中的劳动待业保险金、税金 + 工程结算税金及附加 + 工程结算利润

房屋建筑施工面积 指在报告期内施工的全部房屋建筑面积、包括本期新开工的房屋面积、上期施工跨入本期继续施工的房屋面积、上期停缓建在本期恢复施工的房屋面积、本期竣工的房屋面积及本期施工后又停缓建的房屋面积。

房屋建筑竣工面积 指在报告期内房屋建筑按照设计要求全部完工,达到了住人和使用条件,经验收鉴定合格,正式移交使用单位的房屋建筑面积。

自有机械设备年末总台数 指归本企业所有,属于本企业固定资产的生产性机械设备年末总台数。包括施工机械、生产设备、运输设备以及其他设备。

自有机械设备年末总功率 指本企业自有施工机械、生产设备、运输设备以及其他设备等列为在册固定资产的生产性机械设备年末总功率,按设定能力或查定能力计算。包括机械本身的动力和为该机械服务的单独动力设备,如电动机等。计算单位用千瓦,动力换算可按 1 马力 =0.735 千瓦折合成千瓦数。电焊机、变压器、锅炉不计算动力。

工程结算收入 指企业承包工程实现的工程价款结算收入,以及向发包单位收取的除工程价款以外的按规定列作营业收入的各种款项,如临时设施费、劳动保险费、施工机械调迁费等以及向发包单位收取的各种索赔款。

工程结算利润 指已结算工程实现的利润,如亏损以“-”号表示。计算公式为:

工程结算利润 = 工程结算收入 - 工程结算成本 - 工程结算税金及附加

企业总收入 指与企业生产经营直接有关的各项收入,包括工程结算收入和其他业务收入。计算公式为:

企业总收入 = 工程结算收入 + 其他业务收入

Explanatory Notes on Main Statistical Indicators

Statistical Unit in Construction refers to corporate enterprise engaged in the construction of buildings and structures and in the installation of equipment. A corporate construction enterprise should meet the following requirements: ①being set up in line with relevant legal basis, having its full name, organization and location, and capable of taking civil liabilities; ②independently possessing and using its assets and assuming its liabilities, and entitled to sign contracts with other institutions; ③ making independent accounts of its profits and losses, and capable of compiling its own balance sheet.

Gross Output Value of Construction (Output Value of Projects Under Construction) refers to total of construction products, expressed in money terms, completed by construction and installation enterprises during a given period of time. It includes:

(1) Output value of construction projects, that is the value of projects covered by the project budgets;

(2) Output value of installation projects, that is the value of the installation of equipment, (excluding the value of the equipment to be installed) ;

(3)Other Output value:

a .Output value of repair of buildings and structures, that is the value created through the repairs of buildings or structures, but does not include the value of buildings or structures being repaired and the value of the repair of production equipment;

b .Output value of manufactured nonstandard equipment, that is the value of nonstandard production equipment which including raw materials and manufacturing cost made for the construction project, and the equipment manufactured by subsidiary workshops.

Value added of Construction refers to the final result of the activities of production and management of construction in monetary terms in the reference period. At present, the value added of construction is calculated with the income approach. In other words, it is the sum of income of various production factors in the production process. The formula is as follows:

Value added of construction = depreciation of fixed assets in the year + wages payable of the major operation + welfare expenses payable of the major operation + insurance premium and tax for waiting for employment in the administrative expenses + taxes and surcharges on project settlement + profit gained from Project settlement.

Floor Space of Buildings Under Construction refers to floor space of buildings under construction during the reference period, including newly started buildings, buildings started earlier and continued during the reference period, and buildings suspended earlier but restarted during the reference period, buildings completed during the reference period, and buildings under construction , and then suspended during the reference period.

Floor Space of Buildings Completed refers to the floor space of buildings that are completed in the reference period in accordance with the requirements of the design, up to the standard for putting them into use, and have been checked and accepted by concerned departments as qualified ones.

Total Number of Machinery and Equipment Owned by the End of Year refers to the number of machines and equipment owned by the enterprises, and listed as the fixed assets of the enterprises by the end of the year, including machinery and equipment for construction, production and transportation.

Total Power of Machinery and Equipment Owned by the End of Year refers to the total power of machinery and equipment owned by the enterprises, and listed as the fixed assets of the enterprises by the end of the year, including machinery and equipment for construction, production and transportation. The power of the machinery is calculated on basis of the designed or verified capacity, covering the power of the machinery/equipment and the separate power equipment serving the machinery/equipment(such as electric motors) , but excluding welders, transformers and boilers. The unit used for the calculation of power is kilowatt, with horsepower converted to kilowatt by 1 horse power = 0. 735 kilowatt.

Income from Settlement of Projects refers to the income received by the construction enterprise from the contracted project through settlement procedures, and other charges to the contractoree as operational costs in addition to the value of the project, such as temporary facility fee, labour insurance premium, moving cost of construction equipment, as well as various types of claims to the contractee.

Profit from Settlement of Projects refers to profit realized through settled projects. It is calculated with the following formula:

Profit from Settlement of Projects=Income from Settlement of Projects – Cost – Taxes and Other Cost

Total Revenue of Enterprises refers to the sum of income from production and operation of enterprises, including income from settlement of projects and other operational income, namely:

Total Revenue of Enterprises = Income from Settlement of Projects + Other Operational Income

2014

NEIMENGGU

十五、运输和邮电

Transportation,Postal and Telecommumications Services

资料整理：杜勇慧

Arranged By Du Yonghui

15-1 交通运输业基本情况

Basic Conditions of Transportation

指标	Item	2012	2013
运输线路长度(公里)	**Length of Transportation Routes(km)**	**175253**	**180329**
国家铁路营业里程	National Railways	8973	9329
地方铁路营业里程	Local Railways		1083
公路	Highways	163763	167515
内河	Navigable Inland Waterways	2517	2403
客运量总计(万人)	**Total Passenger Traffic(10 000 persons)**	**28188**	**21751**
国家铁路	National Railways	4273	4828
地方铁路	Local Railways		38
公路	Highways	23310	16184
民用航空	Civil Aviation	605	701
旅客周转量总计(亿人公里)	**Total Passenger Kilometers(100 million passenger-km)**	**435.00**	**371.12**
国家铁路	National Railways	171.00	197.25
地方铁路	Local Railways		0.42
公路	Highways	264.00	173.45
货运量总计(万吨)	**Total Freight Traffic(10 000 tons)**	**168078**	**173913**
国家铁路	National Railways	42813	43512
地方铁路	Local Railways		33337
公路	Highways	125260	97058
民用航空	Civil Aviation	4.68	5.49
货物周转量总计(亿吨公里)	**Total Freight Ton-kilometers(100 million ton-km)**	**5582.00**	**4514.15**
国家铁路	National Railways	2283.00	2275.82
地方铁路	Local Railways		365.62
公路	Highways	3299.00	1872.71
民用汽车拥有量(辆)	**Number of Civil Motor Vehicles Owned(unit)**	**3118207**	**3506327**
#私人汽车拥有量(辆)	Number of Motor Vehicles Owned by Individuals(unit)	2652967	3034884
载客汽车辆数(辆)	Number of Buses and Cars(unit)	2159439	2544640
#私人	Private-owned	1906369	2278181
载货汽车辆数(辆)	Number of Trucks(unit)	477214	499608
#私人	Private-owned	320855	350791
民用运输船舶拥有量(艘)	**Number of Civil Transport Vessels(unit)**	**1018**	**1018**

注:1.公路部门营运汽车统计口径为全社会营运汽车。
2.表中民用航空客(货)运量为机场旅客(货邮行)发运量,下同。
3.2013年起,公路客(货)运量、周转量采用新的统计调查方法,下同。

a)The statistical coverage of number of motor vehicles owned by highway departments has extended to motor vehicles of all society.
b)Passenger(Freight) traffic of Civil Aviation in this table is The Passenger(Freight) shipments of Airport.same as follow.
c)Since 2013,Highways passenger(freight) traffic and passenger(freight) kilometers adopt a new survey method,same as follow.

15-2 主要交通运输工具和线路里程
Major Tools and Length of Transports

年 份 Year	载货汽车(辆) Trucks (unit)	载客汽车(辆) Buses and Cars (unit)	铁路 Railways 机车(台) Locomotives (unit)	铁路 Railways 客车(辆) Passenger Coaches (unit)	飞机(架) Number of Civil Aircraft(unit)	铁路正线延展里程(公里) Extention Length of the Trunk Lines(km)	公路线路里程(公里) Total Length of Highways (km)
1947	76	18				1557	1974
1948	81	25				1557	1872
1949	89	25				1557	2394
1950	227	53				1557	3259
1951	343	78				1557	4037
1952	344	101				1574	4821
1953	617	173				1574	5495
1954	1066	269				1912	6253
1955	1750	391				1912	8325
1956	2459	496				2106	11501
1957	2828	641				2404	13020
1958	3492	797				2644	18020
1959	4100	996				3091	18752
1960	5198	1061				3222	21131
1961	5446	970				3219	21131
1962	5595	1003				3222	22804
1963	5398	1033				3190	22195
1964	5871	1000				3299	22103
1965	6335	1348				3541	25688
1966	7335	1718				3635	25180
1967	6905	1605				3496	24407
1968	7110	1669				3496	25234
1969	7007	1781				3590	25676
1970	8174	2027				3593	27605
1971	9140	2316				3491	31355
1972	11061	2852				3537	34676
1973	14388	3733				3747	29043
1974	15496	4237				3747	30308
1975	19611	5172				3747	31362
1976	23281	6046				3697	33414
1977	25001	6448				3755	36471

15-2 续表 continued

年份 Year	载货汽车(辆) Trucks (unit)	载客汽车(辆) Buses and Cars (unit)	铁路 Railways 机车(台) Locomotives (unit)	铁路 Railways 客车(辆) Passenger Coaches (unit)	飞机(架) Number of Civil Aircraft (unit)	铁路线路里程(公里) Length of the Railway Lines(km)	公路线路里程(公里) Total Length of Highways (km)	民航通航里程(公里) Length of Civil Aviation Routes(km)
1978	29027	7669				3803	37535	
1979	33011	8476				3760	23769	
1980	38647	9969				4361	35016	3734
1981	42482	11842	341	601	16	4379	35856	3734
1982	47125	13254	500	910	16	4360	36828	2933
1983	49674	14087	507	955	18	4360	37939	2933
1984	51663	15405	562	1003	18	4355	37456	7565
1985	57354	19078	532	838	21	4364	38198	7565
1986	66258	23409	627	1121	21	4405	40380	8824
1987	68618	24883	667	1282	19	4821	41984	10005
1988	71856	29940	706	1275	18	4825	42800	23193
1989	77909	32634	691	1339	19	5445	43080	21745
1990	87161	35763	676	1471	19	5596	43274	21431
1991	95489	41081	686	1522	21	5653	43396	20506
1992	103757	47958	661	1473	20	5770	43704	22496
1993	115807	58084	641	1561	19	5800	43789	38976
1994	118985	65374	668	1661	19	5733	44202	51951
1995	131055	85825	759	1802	18	5790	44753	48136
1996	111675	94187	789	1802	18	7588	45744	76116
1997	130350	118978	650	1771	19	7031	49992	66532
1998	142255	144216	745	1694	19	7083	58430	61199
1999	157377	169241	838	1595	13	7331	63824	64426
2000	167004	188154	883	1818	9	7179	67346	40469
2001	180481	241364	865	1886	11	7240	70408	51476
2002	182971	237719	898	1903	11	7475	72673	56890
2003	202306	286481	912	1757	10	7476	74135	78705
2004	240591	341371	892	1753	13	7885	75976	76725
2005	248809	384575	892	1753	15	7689	124465	55218
2006	284285	513375	980	1492	15	7839	128762	20656
2007	305163	643648	1123	1324	15	6683	138610	7528200
2008	338015	811922	1715	2033	11	7222	147288	2968910
2009	421962	1061527	837	1391	12	7630	150756	3987710
2010	485141	1371936	700	1528	8	7801	157994	3904050
2011	545221	1761036	726	1678	4	7986	160995	
2012	477214	2159439	831	1692	4	8973	163763	
2013	499608	2544640	1410	1693	20	10411	167515	

注：1.2013 年起，铁路机车数、线路里程包含地方铁路数据，下同。

2.2013 年飞机架数为驻港航空公司（国航和天津航空公司）驻内蒙古地区飞机数。

a)Since 2013,Railways locomotives and Length of the railwaiy lines include local railwaiys data.Same as follow.

b)2013,Number of civil Aircrafts are number of airlines(CIA and Tianjin airlines) stationed in Inner Mongolia.

15-3 运输线路长度
Length of Transports Routes

单位：公里 (km)

项目	Item	2012	2013
国家铁路（含合资）	**National Railways (Including Joint Ventures)**		
正线延展里程	Extention Length of the Trunk Lines	12197	15103
#呼铁局	Huhhot Railway Bureau	6644	9285
哈铁局(内蒙地段)	Harbin Railway Bureau(Section of Inner Mongolia)	2511	2698
沈铁局(内蒙地段)	Shengyang Railway Bureau(Section of Inner Mongolia)	2954	3033
兰州铁路局（内蒙地段）	Lanzhou Railway Bureau	88	88
营业里程	Length of Railways in Operations	8973	9329
#呼铁局	Huhhot Railway Bureau	4775	5131
哈铁局(内蒙地段)	Harbin Railway Bureau(Section of Inner Mongolia)	1914	1914
沈铁局(内蒙地段)	Shengyang Railway Bureau(Section of Inner Mongolia)	2196	2196
兰州铁路局（内蒙地段）	Lanzhou Railway Bureau	88	88
地方铁路	**Local Railways**		
正线延展里程	Extention Length of the Trunk Lines		1725
营业里程	Length of Railways in Operations		1083
公路	**Highways**		
公路里程	Total Length of Highways	163763	167515
等级公路	Expressway and Class I to IV Highway	151046	155030
#高速公路	Expressway	3110	4080
一级公路	First Class	4666	5578
二级公路	Second Class	14092	14392
等外路	Highway Below Class IV	12717	12485
内河	**Inland Rivers**		
航道里程	Length of Navigabe Inland Waterways	2517	2403

15-4 民用车辆船舶年末拥有量

Figure of Civil Vehicles and Shipping at Year-end

项 目	Item	2012		2013	
		合计 Total	#私人 Private-owned	合计 Total	#私人 Private-owned
铁路运输工具	**Tool of Railway Transport**				
中央铁路：机车(台)	Central Railways: Locomotives(unit)	831		1235	
客车(辆)	Passenger Coaches(unit)	1692		1690	
民用汽车(辆)	**Number of Civil Motor Vehicles(unit)**	**3118207**	**2652967**	**3506327**	**3034884**
#载货汽车(辆)	Number of Trucks(unit)	477214	320855	499608	350791
载客汽车(辆)	Buses and Cars(unit)	2159439	1906369	2544640	2278181
轮胎式拖拉机(台)	**Type Tractors(unit)**	**1018645**	**1018645**	**1051634**	**1051634**
摩托车(辆)	**Motors(unit)**	**1373603**	**1366249**	**1292751**	**1286657**
#两轮摩托车	Two-wheel Motors	1373603	1366249	1094087	1088738
载货车挂车(辆)	**Trailer(unit)**	**93411**	**30384**	**91414**	**29966**
民用运输船(艘)	**Civil Transport Vessels(unit)**	**1018**		**1018**	
#机动运输船(艘)	Motor Vessels(unit)	512		512	
非机动船(艘)	Non-motor Vessels(unit)	445		442	
挂浆船(艘)	Vessels with Oar(unit)	61		64	
民航飞机(架)	**Civil Aircraft(unit)**	**4**		**20**	
#通用飞机	General Aircraft	4		20	

15-5 客货运输量

Passenger Traffic and Freight Traffic

年份 Year	客运量 (万人) Passenger Traffic (10 000 persons)	铁路 Railways	公路 Highways	货运量 (万吨) Freight Traffic (10 000 tons)	铁路 Railways	公路 Highways
1949			0.6		0.2	0.2
1950			0.8	0.2		0.2
1951			3.0	396	391	5
1952			16	447	417	30
1953			39	755	526	229
1954			58	1168	694	474
1955			87	1433	496	937
1956			131	2093	622	1471
1957			189	2224	739	1485
1958			181	3390	1039	2351
1959	1238	993	245	6911	2657	4254
1960	1754	1456	298	5986	3289	2697
1961	2022	1723	299	3749	2355	1394
1962	1869	1585	284	2729	1754	975
1963	1416	1118	298	2235	1434	801
1964	1268	914	354	2759	1640	1116
1965	1320	852	468	3614	2060	1554
1966	1463	836	627	4160	2425	1735
1967	1688	978	710	4409	2881	1528
1968	1651	990	661	3284	1889	1395
1969	1546	1046	500	3200	1792	1408
1970	1688	1016	672	4625	2882	1743
1971	1865	1080	785	4964	2749	2215
1972	2223	1164	1059	5387	2859	2528
1973	2338	1199	1139	5477	2668	2709
1974	2364	1161	1203	5453	2604	2849
1975	2599	1324	1275	6325	3190	3135
1976	2588	1300	1288	6487	3114	3373
1977	3017	1564	1453	7399	3529	3870

15-5 续表 continued

年份 Year	客运量 (万人) Passenger Traffic (10 000 persons)	铁路 Railways	公路 Highways	航空 Civil Aviation	货运量 (万吨) Freight Traffic (10 000 tons)	铁路 Railways	公路 Highways	航空 Civil Aviation
1978	3422	1753	1669		8213	3861	4352	
1979	3470	1689	1781		8046	3924	4122	
1980	4162	1994	2164	4	7653	4142	3511	0.05
1981	4250	2071	2176	3	7305	3989	3316	0.05
1982	4926	2288	2635	3	8314	4317	3997	0.04
1983	5703	2556	3145	2	9103	4542	4561	0.04
1984	6313	2738	3573	2	10149	4957	5192	0.03
1985	6673	2784	3884	5	11588	5510	6078	0.13
1986	7612	2833	4775	4	15348	5638	9710	0.06
1987	8493	2965	5509	19	16979	6065	10914	0.06
1988	9518	3242	6242	34	18533	5296	13237	0.06
1989	9411	2997	6405	9	22515	6678	15837	0.06
1990	10475	2433	8012	30	26676	6909	19767	0.17
1991	9148	2565	6543	40	25678	7027	18651	0.24
1992	10406	2801	7567	38	29126	7198	21928	0.34
1993	11165	3014	8108	43	31708	7587	24121	0.41
1994	15294	3042	12162	90	31386	7812	23573	0.90
1995	18273	2909	15248	116	32732	8347	24384	1.13
1996	18099	2563	15418	118	34321	9435	24885	1.15
1997	19148	2735	16287	126	39008	9960	29047	1.27
1998	20205	2542	17552	111	39564	8227	31336	1.17
1999	21498	2824	18576	98	41652	8747	32903	1.90
2000	23549	3378	20061	110	44629	9648	34979	2.00
2001	24133	2956	21041	136	45970	9816	36145	0.90
2002	25376	2824	22421	132	47879	10639	37239	1.00
2003	23521	2552	20831	138	50046	11513	38532	1.10
2004	28954	3235	25510	209	61259	18560	42697	1.60
2005	32114	3259	28604	251	73082	22060	51020	2.00
2006	35512	3437	31817	258	84137	25157	58978	1.98
2007	38781	3489	35039	253	102907	29605	73300	1.79
2008	20259	3876	16207	176	100012	39070	60941	1.07
2009	22259	4093	17998	168	116508	45675	70832	1.00
2010	24343	4136	19830	377	132205	47040	85162	3.11
2011	26420	4156	21807	457	146589	42934	103651	3.63
2012	28188	4273	23310	605	168078	42813	125260	4.68
2013	21751	4866	16184	701	173913	76849	97058	5.49

注:2013 年起,铁路客(货)运量包含地方铁路数据,下同。

a)Since 2013,Railway Passenger(Frieight) traffic include Local railway data,Same as follow.

15-6 客货周转量

Passenger-kilometers and Freight Ton-kilometers

年份 Year	旅客周转量 (亿人公里) Passenger-kilometers (100 million passenger-km)	铁路 Railways	公路 Highways	货物周转量 (亿吨公里) Freight Ton-kilometers (100 milion ton km)	#铁路 Railways	#公路 Highways
1978	31.80	22.38	9.42	224.55	214.96	9.59
1980	43.19	31.84	11.35	174.92	164.78	10.14
1981	45.55	34.33	11.22	252.36	243.98	8.38
1982	52.06	37.50	14.40	299.40	288.62	10.78
1983	61.41	43.92	17.36	348.97	335.57	13.40
1984	70.63	50.29	20.34	391.94	376.45	15.49
1985	82.53	58.34	23.86	442.51	424.30	18.20
1986	90.85	62.57	28.03	470.56	449.30	21.26
1987	100.92	65.55	33.78	492.62	469.12	23.50
1988	115.69	74.49	37.58	491.93	466.08	25.85
1989	111.29	68.18	39.84	579.63	501.93	77.70
1990	99.01	57.54	38.07	621.90	519.41	102.49
1991	104.90	60.64	40.06	608.08	505.15	102.93
1992	113.60	69.24	40.26	655.89	515.18	137.56
1993	152.95	74.44	74.03	697.86	546.50	151.36
1994	174.86	75.09	89.55	734.25	586.94	143.85
1995	173.58	71.97	89.85	785.12	625.56	159.56
1996	167.10	63.79	90.68	832.66	658.96	170.11
1997	180.27	69.14	97.69	881.49	695.86	182.18
1998	187.91	76.13	100.44	844.35	657.08	187.27
1999	205.50	88.00	108.18	898.80	701.00	197.75
2000	219.10	92.30	116.30	1041.20	828.60	211.80
2001	225.30	89.70	121.90	1090.10	869.70	220.30
2002	236.80	92.70	130.70	1132.00	900.50	231.40
2003	222.06	85.74	122.14	1218.22	976.18	241.91
2004	290.24	108.63	155.28	1441.39	1171.39	269.84
2005	323.12	113.22	178.98	1604.31	1280.75	323.35
2006	354.24	122.20	199.47	1798.35	1414.03	384.12
2007	377.11	134.75	219.46	2121.40	1629.40	492.00
2008	351.43	154.77	179.66	3548.36	1911.00	1637.36
2009	377.29	161.84	198.38	3963.12	2077.87	1885.25
2010	387.74	169.54	218.20	3949.24	1688.12	2261.12
2011	409.37	168.21	241.16	5138.15	2400.55	2737.60
2012	435.00	171.00	264.00	5582.00	2283.00	3299.00
2013	371.12	197.67	173.45	4514.15	2641.44	1872.71

注：2013年起，旅客(货物)周转量包含地方铁路数据，下同。

a)Since 2013,Passenger(Freight) kilometers include Local railway data,Same as follow.

15-7 邮电业务基本情况

Basic Conditions of Post and Telecommunications Services

指标	Item	2012	2013
邮电业务总量(万元)	Business Volume of Post and Telecommunications Service(10 000 yuan)	2702939	3112277
邮政业务总量	Business Volume of Post Service	112076	175177
电信业务总量	Business Volume of Telecommunications Service	2590863	2937100
函件(万件)	Number of Letters(10 000 pcs)	2433	1865
包件(万件)	Number of Parcels(10 000 pcs)	107	110
特快专递(万件)	Pieces of Express Mail Services(10 000 pcs)	406	2839
报刊期发数(万份)	Number of Newspapers and Magazines Circulation(10 000 copies)	230	248
国内长途电话通话时长(万分钟)	Length of Domestic Long-distance Calls (10 000 minutes)	58340	51285
固定电话年末用户(万户)	Access to Telephone Subscribers (10 000 subscribers)	368.2	377.2
城市电话用户(万户)	Number of Urban Telephone Subscribers (10 000 subscribers)	310.7	317.7
#住宅电话用户	Residential Telephone Subscribers	184.1	191.8
农村电话用户(万户)	Number of Rural Telephones Subscribers at Year-end (10 000 subscribers)	57.5	59.5
年末移动电话用户(万户)	Number of Mobile Telephones Subscribers at Year-end (10 000 subscribers)	2550.1	2690.6
移动短信业务量(万条)	Short Message Services (10 000 messages)	1741984.0	1559537.0
年末互联网用户(万户)	Number of Subscribers of Internet Service at Year-end (10 000 subscribers)	1826.1	1832.2
邮电局所(处)	Number of Post &Telecommunications Offices(unit)	1509	1479
邮路总长度(公里)	Length of Postal Routes (km)	64421	65695
#汽车邮路	Highway Routes	58624	61496
铁路邮路	Railway Routes	4066	2718
局用交换机容量(万门)	Capacity of Office Telephone Exchanges(10 000 lines)	863.53	808.58
电话机(含移动电话)(万部)	Number of Telephone Sets(10 000 units)	2918.3	3067.8

注:1.表中邮电业务总量按 2010 年不变价格计算。

2.2013 年邮政业务总量、特快专递数据来源于邮政管理局,包含内蒙古邮政公司及其他快递公司的数据,下同。

3.报刊期发数包括 12 盟市数据总和以及邮政二级公司数据。

a)The business volume of post and telecommunications in the table is calculated at 2010 constant prices.

b)Business Volume of Post Service and Pieces of Express Mail Services data from the Postal Service,including Inner Mongolia postal company and other express company,the same below.

c)Number of Newspapers and Magazines Circulation including 12 region and secondary postal enterprises.

15-8 城乡邮电局所和电话机数

Number of Post and Telecommunications Office and Telephones

年份 Year	邮电局所(处) Number of Telecommunications Offices (unit)	城市 Urban	乡村 Rural	每万人口中邮电局所(处) Number of Post and Telecoms Offices per 10 000 Person (unit)	固定电话机部数(万部) Number of Telephone Access to (10 000 set)	城市 Urban	乡村 Rural	每万人口中电话机数(部) Number of Telephones per 10 000 persons (set)
1952	353	330	23	0.49	0.04		0.04	0.56
1957	563	149	414	0.60	1.03	0.90	0.13	18.71
1958	799	308	481	0.82	1.31	1.17	0.14	25.69
1965	951	161	790	0.73	3.33	2.23	1.10	13.88
1970	1111	216	895	0.75	2.07	1.49	0.58	15.13
1975	835	151	684	0.48	2.66	1.98	0.68	14.59
1978	857	163	694	0.48	3.10	2.36	0.74	17.00
1979	1513	206	1307	0.82	5.87	4.16	1.71	31.70
1980	1515	212	1303	0.81	6.04	4.34	1.70	32.19
1981	1519	212	1307	0.80	6.13	4.57	1.56	32.21
1982	1520	218	1302	0.78	6.47	4.97	1.50	33.32
1983	1517	216	1301	0.77	6.98	5.46	1.52	35.44
1984	1545	232	1313	0.78	7.63	6.14	1.49	38.28
1985	1603	232	1371	0.80	8.51	7.00	1.51	42.21
1986	1634	254	1380	0.80	9.07	7.56	1.51	44.45
1987	1615	229	1386	0.78	10.31	8.71	1.60	49.89
1988	1632	236	1396	0.78	12.67	10.98	1.69	60.51
1989	1636	232	1404	0.77	14.70	12.81	1.89	69.27
1990	1638	225	1413	0.76	16.83	14.80	2.03	77.82
1991	1645	230	1415	0.75	18.48	16.34	2.14	84.62
1992	1648	228	1420	0.75	21.18	18.66	2.52	95.98
1993	1651	233	1418	0.74	28.05	25.08	2.97	125.65
1994	1765	247	1518	0.78	62.47	59.51	2.96	276.35
1995	1804	419	1385	0.79	65.89	63.59	2.26	289.94
1996	1831	424	1407	0.80	85.98	85.07	0.91	374.60
1997	1837	407	1430	0.79	105.64	89.44	16.20	454.23
1998	1815	414	1401	1.20	150.08	128.66	21.42	640.05
1999	1739	413	1326	0.74	155.26	127.63	27.63	657.35
2000	1728	417	1311	0.73	206.90	166.35	40.55	872.11
2001	1671	446	1215	0.70	258.00	203.00	55.00	1087.51
2002	1671	521	1150	0.70	311.20	242.60	68.60	1308.64
2003	1678	551	1127	0.71	430.04	345.09	84.95	1807.19
2004	1672	559	1113	0.70	501.96	399.86	102.10	2107.30
2005	1743	600	1143	0.73	541.90	433.98	107.92	2270.78
2006	1711	615	1096	0.72	540.83	425.91	114.86	2260.49
2007	1702	617	1085	0.71	525.22	411.38	113.84	2183.85
2008	1570	516	1054	0.65	462.46	388.32	74.14	1914.05
2009	1599	561	1038	0.66	442.00	373.00	68.00	1824.93
2010	1588	549	1039	0.64	414.00	354.00	60.00	1679.38
2011	1483	506	977	0.60	379.52	318.88	60.64	1534.15
2012	1509	572	937	0.61	368.20	310.70	57.50	1481.23
2013	1479	557	922	0.59	377.22	317.69	59.53	1510.32

15-9 邮电业务量

Telecommunications Services

年份 Year	邮电业务总量(万元) Business Volume of post & Tele-communications (10 000 yuan)	邮政业务总量 Business Volume of Post	电信业务总量 Business Volume of Telecommu-nications	邮电业务总量指数(1978年=100) Index of Business Volume of Post & Telecommunications(1978=100)	函件(万件) Number of Letters (10 000 pcs)	特快专递(万件) Pieces of Express Mail Services (10 000 pcs)	报刊期发数(万份) Newspapers & Magazines Circulation (10 000 copies)
1978	7515			100	6658		253
1980	8216			109	7146		329
1985	11471			153	9416		605
1986	11953			159	9589		507
1987	14436			192	9778		596
1988	17119			228	9946	1	515
1989	18652			248	8637	1	342
1990	21194	7373	13821	282	8080		
1991	25096	8126	16970	334	7782	3	419
1992	32195	10093	22102	428	8001	9	412
1993	46809	11866	34943	623	9539	28	560
1994	69688	15317	54371	927	10858	55	567
1995	96552	19031	77521	1284	16728	95	486
1996	128846	21677	107169	1714	10277	153	625
1997	174001	25413	148588	2314	9479	157	650
1998	247762	29003	218759	3295	8521	115	408
1999	391291	34591	356700	5204	8332	100	341
2000	562463	59463	523000	7481	9677	111	395
2001	580521	76007	504515	10956	12249	147	268
2002	903848	80448	823400	17058	14002	167	249
2003	1085474	85115	1000359	20486	22066	205	249
2004	1566250	86250	1480000	20842	6229	230	218
2005	1997246	89351	1907895	26577	3143	251	194
2006	2545460	98860	2446600	33872	4273	272	215
2007	3640097	107785	3532312	48438	4270	322	246
2008	4576036	118798	4457238	60892	4186	410	224
2009	5538489	116468	5422021	73699	3675	579	233
2010	2006940	119844	1887096	89913	3389	401	242
2011	2413465	99580	2313885	108126	3031	405	285
2012	2702939	112076	2590863	121094	2433	406	230
2013	3112277	175177	2937100	139433	1865	2839	248

15-9 续表 1 continued

年 份 Year	集邮业务 (万元) Philately (10 000 yuan)	长途电话 (万次) Number of Long Distance Telephone Calls(10 000 times)	无线寻呼用户 (户) Number of Subscribers of Pageing Service (subscriber)	移动电话用户 (户) Number of Mobile Telephone Subscribers (subscriber)	国际互联网络用户 (户) Number of Subscribers of Internet Service (subscriber)
1978		451			
1980		495			
1985		792			
1986		856			
1987		923	175		
1988	287	1100	558		
1989		1071	1120		
1990	1373	1257	1747		
1991	2149	1722	3799	70	
1992	3959	2615	8246	636	
1993	4829	4856	24549	2298	
1994	4944	7623	52794	8351	
1995	4935	10422	102653	21852	
1996	6248	14349	179383	52388	25
1997	10173	15686	300692	127630	382
1998	11158	17429	420108	258881	1454
1999	10024	19101	530011	533000	10306
2000	7830	21088	780008	1153000	56556
2001	11768	22160	430000	2090000	161420
2002	12527	23358	315000	3172000	330133
2003	7095	23696	104000	4790500	547046
2004	4833	51408	51500	5945700	824000
2005	4996	49600	3000	7123000	1061143
2006	2759	34500	1467	8741300	1432319
2007	5301	77033		10469307	1417322
2008	11303	33071		13444000	1390000
2009	8901			16160000	1760000
2010	12693			20340000	1910000
2011	15985			23161610	14982141
2012	18990			25501300	18260800
2013	19713			26906162	18322255

注:本表中国际互联网络用户 2010 年以前不包括移动互联网用户。

a)Before 2010, Number of Subscribers of Internet Service did not include mobile Internet users.

15-9 续表 2 continued

年 份 Year	固定电话年末用户 (户) Number of Subscribers of Local Telephone at Year-end (subscribers)	城市电话用户 Number of Urban Telephone Subscribers	# 住宅电话 Residential Telephone Subscribers	乡村电话用户 Rural Telephone Subscribers	# 住宅电话 Residential Telephone Subscribers	公用电话 (户) Public Telephone (Subscribers)
1978	30991	23561		7430		218
1980	60483	43435		17048		95
1985	86230	71101	733	15129	87	317
1986	97947	82004	2096	15943	156	386
1987	110409	93869	3047	16540	366	436
1988	127372	109781	6484	17591	484	467
1989	147108	128187	24732	18921	398	391
1990	168328	147964	32003	20364	518	278
1991	184856	163414	41193	21442	1785	376
1992	211796	186574	64151	25222	3319	679
1993	280512	250772	118788	29740	6139	1480
1994	440361	409220	265776	31141	10482	2958
1995	658577	635945	441383	22632	10586	6887
1996	859754	850652	615126	9102	3349	11759
1997	1056355	894372	697425	161983	118986	20400
1998	1254391	1040109	845015	214282	172736	32451
1999	1552582	1276323	1027119	276259	236006	41271
2000	2069000	1664000	1339000	405000	358000	48039
2001	2580000	2030000	1620000	550000	490000	70000
2002	3112000	2426000	1884000	686000	616000	74000
2003	4300400	3450900	2607300	849500	765400	168063
2004	5019600	3998600	3223000	1021000	823300	268800
2005	5420000	4340000	3455000	1079000	824000	382600
2006	5408300	4259700	3341200	1148600	1066500	430500
2007	5252301	4113873	3224093	1138428	1050367	408798
2008	4624600	3883200	3431200	741400	670000	350000
2009	4420000	3728456	2642711	687467	614185	334758
2010	4140000	3540000	2377786	600000	520000	300000
2011	3795159	3188791	1886621	606367	488398	279091
2012	3682000	3107000	1840900	575000	461500	255254
2013	3772185	3176934	1917926	595251	477898	248404

15-10 年末邮电局所数及邮递线路

Postal and Telecommunications Services Facilities(Year-end)

年 份 Year	邮电局所(处) Number of Post and Telecommunica-tions Offices (unit)	信筒信箱(处) Number of Post Boxes (unit)	邮路总长度(公里) Length of Postal Routes (km)	#汽车邮路 Highway Routes	#铁路邮路 Railway Routes	农村投递线路(公里) Rural Delivery Routes (km)
1978	857		94978	19250	2674	
1980	1515	3220	70944	35115	5740	
1985	1603	3557	59292	36174	6726	117800
1986	1634	3554	60831	37480	7023	110363
1987	1615	3671	60591	36485	7174	111786
1988	1632	3721	59203	35843	7024	110093
1989	1636	3637	63017	36037	7025	116686
1990	1638	3549	64495	36666	6802	109926
1991	1645	3600	67048	37235	6772	108231
1992	1648	3496	66966	37230	6772	107295
1993	1651	3590	66139	36401	6772	105501
1994	1765	3561	67551	39339	7050	101706
1995	1804	3576	68751	41030	6929	102757
1996	1831	3641	68873	43729	6929	104694
1997	1837	3616	71006	45955	6623	103991
1998	1815	3471	69261	44286	5936	107262
1999	1739	3059	64183	43747	5173	107280
2000	1728	3096	63759	43232	5514	106539
2001	1671	4502	72499	42969	5838	111394
2002	1671	3478	62307	42558	5764	111395
2003	1678	3022	62344	42799	5764	111636
2004	1672	5541	57762	43074	5699	110812
2005	1743	8630	60713	43895	6196	109398
2006	1711	8767	58523	44027	5946	109635
2007	1702	2567	61900	43851	5946	111007
2008	1570	2565	67905	43746	5836	111911
2009	1599	2521	72245	46726	6403	112612
2010	1588	2455	58391	44277	6205	114545
2011	1483	2368	59125	49983	5720	112903
2012	1509	2397	64421	58624	4066	109253
2013	1479	2361	65695	61496	2718	109302

15-11 年末电信电路及长途电信线路

Line of Telecommunications Facilities(Year-end)

年份 Year	长话业务电路 (路/2M) Long Distance Telephone Lines(line/2M)	#数字电路 Digital Lines	长途光缆线路长度 (公里) Length of Long Distance Optical Cable Lines(km)
1991	2349		309
1992	3191	881	309
1993	6593	2154	950
1994	10043	1658	3274
1995	11669	8578	8074
1996	17174	15920	9282
1997	19199	18833	9846
1998	30569	30559	11416
1999	26053	26053	11625
2000	48309	48309	16420
2001	84036	84036	15890
2002	166749	166749	25018
2003	247110	247110	28597
2004	213030	213030	31114
2005	364200	364200	35400
2006	451770	451770	38031
2007	2837160	2837160	34416
2008	3993105	3993105	48146
2009	14542350	14542350	42626
2010	21284190	21284190	46831
2011	559741		55514
2012			56775
2013			57600

注:从 2011 年起,长话业务电路单位由路改为 2M。

a)From 2011,the long distance telephone Lines′unit has changed from line to 2M.

15-12 邮电通信水平

Level of Postal and Telecommunications Services

指标	Item	1995	2000	2005	2010	2013
全区邮电通信水平	**Autonomous Regional Level**					
平均每人每年发函件数(件)	Annual Average Number of Letters Mailed per Capita(piece)	4.72	4.09	1.32	1.37	0.75
平均每百人每年订报刊数(份)	Annual Average Number of Newspaper and Magazine Subscribed per 100 Persons(copy)	21.39	16.69	8.13	9.82	9.97
平均每百人拥有本地网电话机部数(部)	Number of Local Telephone Sets Owned per 100 Persons(set)	2.90	8.75	22.70	16.80	15.15
农村邮电通信水平	**Rural Level**					
设有邮电局、所的乡(镇)比重(%)	Percentage of Townships with Post and Telephone Communications Offices(%)		82	88	92	91
通电话的乡(镇)比重(%)	Percentage of Townships with Telephone Communication(%)	94.20	100	100	100	100
进入长话自动网的乡(镇)比重(%)	Percentage of Townships with Connected Autoexchange Net of Long Distance Call(%)	37.60	100	100	100	100

15-13 电信设备年末拥有量

Telecommunications Facilities at Year-end

年 份 Year	长途自动交换机容量(路端) Capacity of Long-distance Telehone Exchanges (circuit)	本地电话局用交换机容量(门) Capacity of Local-office Telehone Exchanges (line)	# 中央国有 Central State-owned	电话机(部) Number of Telephone (set)	# 中央国有 Central State-owned
1978		50830	312180	99636	42726
1980		104050	60450	106473	74235
1985		156280	108230	156929	128360
1986		163960	113930	181936	149191
1987		179070	128820	164123	129670
1988	200	193155	141190	232159	194589
1989	1560	222675	169540	266627	226723
1990	1560	241305	188020	296601	253525
1991	2249	268605	212950	329689	283773
1992	5342	351793	251230	363537	312632
1993	9906	449154	358984	454013	398342
1994	25895	682979	618964	624729	595081
1995	68127	1059151	1029828	854869	838265
1996	70336	1284301	1260288	1100640	1088151
1997	81050	1554614	1226356	1313097	1063609
1998	92200	1889691	1508344	1500674	1200539
1999	94200	2119776	1769500	2086000	1748959
2000	96320	2543000	2122789	3222000	2577600
2001	110000	3034400	3034400	4670000	4670000
2002	137060	3463000	3463000	6284000	6284000
2003	68640	3705538	3705538	9090500	9090500
2004	74000	7224000	7224000	10966000	10966000
2005	79211	4304500	4304500	12543000	12543000
2006	158974	4277900	4277900	14149600	14149600
2007	339509	7230000	7230000	15721608	15721608
2008	344765	7290000	7290000	18064000	18064000
2009	248814	7137435	7137435	20575837	20575837
2010	202524	7114721	7114721	24480903	24480903
2011	202524	6826400	6826400	26957000	26957000
2012	202524	8635286	8635286	29183000	29183000
2013	220734	8085838	8085838	30678347	30678347

主要统计指标解释

铁路营业里程 又称营业长度(包括正式营业和临时营业里程),指办理客货运输业务的铁路正线总长度。凡是全线或部分建成双线及以上的线路，以第一线的实际长度计算;复线、站线、段管线、岔线和特殊用途线以及不计算运费的联络线都不计算营业里程。铁路营业里程是反映铁路运输业基础设施发展水平的重要指标,也是计算客货周转量、运输密度和机车车辆运用效率等指标的基础资料。

铁路正线延展里程 指正线第一线、第二线、第三线和其他正线建筑里程之和,不包括站线、段管线、岔线及特殊用途线的延展里程。它是作为计算铁路上钢轨、枕木及路基砂石需要量的主要依据。

公路里程 指在一定时期内实际达到《公路工程技术标准 JTJ01-88》规定的等级公路,并经公路主管部门正式验收交付使用的公路里程数。包括大中城市的郊区公路以及通过小城镇街道部分的公路里程和桥梁、渡口的长度,不包括大中城市的街道、厂矿、林区生产用道和农业生产用道的里程。两条或多条公路共同经由同一路段,只计算一次,不得重复计算里程长度。它是反映公路建设发展规模的重要指标,也是计算运输网密度等指标的基础资料。

内河航道里程 也称内河通航里程,指在一定时期内,能通航运输船舶及排筏的天然河流、湖泊水库、运河及通航渠道的长度。包括全年季节性通航累计三个月以上的航道,不包括仅供零散流放竹、木排的河道。它是内河水运网规模、水平和发展情况的主要指标。

民用航空线里程 指民航运输定期班机飞行的航线长度的总和。航线长度按机场之间的距离计算,通常有两种计算方法：一是将每条航线长度相加称为重复计算航线里程;二是将两线或两条以上航线经过同一区段里程,只计算一次航线长度称为不重复计算航线里程,一般常用的是后者,它能确切反映民航运输网的规模,是表明民航事业为国民经济服务和方便人民生活程度的主要指标。

输油(气)管道长度 也称输油(气)里程,指油品(或天然气)的实际输送距离,一般按输油(气)管道的单线长度计算。若包括复线和备用线长度则称为输油(气)管道延展长度,是指管道铺设的实际长度。我们通常使用的是不包括复线的“输油(气)管道里程”,它是反映管道运输发展规模和水平的主要指标。

货(客)运量 指在一定时期内,各种运输工具实际运送的货物(旅客)数量。它是反映运输业为国民经济和人民生活服务的数量指标,也是制定和检查运输生产计划、研究运输发展规模和速度的重要指标。货运按吨计算,客运按人计算。货物不论运输距离长短、货物类别,均按实际重量统计。旅客不论行程远近或票价多少,均按一人一次客运量统计;半价票、小孩票也按一人统计。

货(客)运密度 指在一定时期内某种运输方式在营运线路的某一区段平均每公里线路通过的货物 (旅客) 运输周转量。计算公式为：

货(客)运密度 = 货物(旅客)周转量 / 营业线路长度

货(客)运密度是反映交通运输线路上货物(旅客)运输量运输繁忙程度的主要指标，是平衡运输线路运输能力和通过能力,规划线路建设及改造、配备技术设备,研究运输网布局的重要依据。

货物(旅客)周转量 指在一定时期内,由各种运输工具运送的货物(旅客)数量与其相应运输距离的乘积之总和。它是反映运输业生产总成果的重要指标，也是编制和检查运输生产计划,计算运输效率、劳动生产率以及核算运输单位成本的主要基础资料。计算货物周转量通常按发出站与到达站之间的最短距离,也就是计费距离计算。计算公式为:

邮电业务总量 指以价值量形式表现的邮电通信企业为社会提供各类邮电通信服务的总数量。邮电业务量按专业分类包括函件、包件、汇票、报刊发行、邮政快件、特快专递、邮政储蓄、集邮、公众电报、用户电报、传真、长途电话、出租电路、市话无线寻呼、移动电话、分组交换数据通信、出租代维等。计算方法为各类产品乘以相应的平均单价(不变价)之和,再加上出租电路和设备、代用户维护电话交换机和线路等的服务收入。它综合反映了一定时期邮电业务发展的总成果,是研究邮电业务量构成和发展趋势的重要指标。计算公式为:

邮电业务总量 =Σ (各类邮电业务量 × 不变单价)+ 出租代维及其他业务收入

移动电话用户 指在移动电话营业部门登记,通过移动电话交换机进入电话网、占有移动电话号码的电话用户。用户数量以实际办理登记手续进入邮电部门移动电话网的户数进行计算,一部或一台移动电话统计为一户。

电话用户 指接入国家公众固定资产电话网,并按固定电话业务进行经营管理的电话用户。1997 年以前,电话用户分为市内电话用户和农村电话用户。市内电话用户是指接入县城及县以上城市电话网上的电话用户；农村电话用户是指接入县邮电局农话台及县以下农村电话交换点，以县城为中心(除市话用户外)联通县、乡(镇)、行政村、村民小组的用户。从1997 年起，电话用户数分组调整为以用户所在区域划分为“城市电话用户”和“乡村电话用户”与过去的按市内电话和农村电话划分方法不同。而电话用户数、电话机部数统计方法不变。

住宅电话 指话机装在居民住宅里的电话，包括私人付费、公费和免费三个部分。

Explanatory Notes on Main Statistical Indicators

Length of Railways in Operation refers to the total length of the trunk line under passenger and freight transportation (including both full operation and temporary operation) . The calculation is based on the actual length of the first line even if this line has a full or partial double track or more tracks, excluding double tracks, station sidings, tracks under the charge of station, branch lines, special purpose lines and the non payable connecting lines, The length of railways in operation is an important indicator to show the development of the infrastructure for the railway transport, and also the essential data to calculate volume of passenger freight transport, traffic density and utilization efficiency of the locomotives and carriages.

Extenuation Length of Trunk Lines refers to the sum of the first, the second, the third lines and other constructed length of the trunk railways, excluding the extenuation length of the station lines, lines under the jurisdiction of depots, sidings and lines for special purpose. It provides important information for the calculation of the needs for rails, sleepers, sand and stone for the construction of railways.

Length of Highways refers to the length of highways which are built in conformity with the grades specified by the highway engineering standard formulated by the Ministry of Communications, and have been formally checked and accepted by departments of highways and put into use. The length of highways includes that of the suburb highways at large and medium sized cities, highways passing through streets at small cities and towns, and also the length of bridges and ferries. It does not include the length of streets in big and medium sized cities and highways built for the production purpose at factories, mines, forest areas and agricultural areas. If two or more highways go the same section of the way, the length of the section is only calculated for once and no duplication is allowed. The length of highways is an important indicator to show the development of the highway construction and to provide essential information to calculate the transport network density.

Length of Navigable Inland Waterways an indicator reflecting the size and development of inland water network, it refers to the length of the natural rivers, lakes, reservoirs, canals, and ditches open to navigation during a given period, which enables the transport by ships and rafts. It includes the channels open to navigation for over an accumulative 3 months in a year, yet this does not include the river courses which are only used to float odd logs and bamboo rafts.

Length of Civil Aviation Routes refers to the length of all routes for regular civil aviation flights. There are usually two ways to calculate the distance between airports connected by the route length: One is to put the length of all air routes together, called duplicated calculation of the length of the routes, the other is not to allow the duplication in calculation when two or more routes passing the same section of aviation routes. The latter is usually used, as it can precisely show the size of the civil aviation network and indicate the extent of civil aviation serving the national economy and the people.

Length of Oil (Gas) Pipelines used as an indicator to show the development, scale and level of the pipeline transportation, it refers to the actual transport distance of oil (or gas) products, and is in general calculated in the length of single pipeline. If the length of the double pipelined and alternate pip-line is included, it is called the extension length of the oil (gas) pipelines, which indicates the actual length of the pipelines built, excluding double pipelines.

Freight (Passenger) Traffic refers to the volume of freight (passenger) transported with various means. Freight transport is calculated in tons and passenger traffic is calculated in the number of persons. Despite the type of freight and traveling distance, the freight transport is calculated in the actual weight of the goods: and despite the traveling distance and ticket price, the passenger traffic is calculated by the principle that one person can be counted only once in one travel. The passenger who travels a half price ticket or a child ticket is also calculated as one person. The freight (passenger) traffic provides a quantitative measure to show how the transport industry serves the national economy and people, and is also an important indicator for planning the transport industry and for studying the development scale and speed of the transport industry.

Freight (Passenger) Traffic Density refers to the freight (passenger) traffic volume carried by a particular means of transportation during a given period through one kilometer of a specific section of transportation route. The formula is as follows.

Freight (Passenger) Traffic Density = [Freight Ton–kilometers (Passenger–kilometers)] ÷ (Length of Route in Operation)

Freight (passenger) traffic density reflects the degree of business of freight (passenger) traffic on transportation routes, and therefore provides important information for balancing transport capability, planning construction and upgrading of transport routes and studying the distribution of transport network.

Freight Ton–kilometers (Passenger kilometers) refer to the sum of the products of the volume of transported cargo (passengers) multiplying by the transport distance, usually using ton kilometer and passenger kilometer as units for measurement. Normally, the shortest distance between the departure station and the destination station (i. e, the payable distance) is the basis to calculate the freight Ton kilometers. This is an important indicator to show the total results of the transport industry, to prepare and examine the transport plan and to measure the efficiency, the labour productivity and the unit cost of transport. The formula is as follows:

Freight Ton kilometers (Passenger kilometers) = {Freight (Passenger) Traffic × Distance of Transportation}

Measuring unit: ton kilometer(person kilometer)

Business Volume of Post and Telecommunications refers to the total amount of post telecommunications services, expressed in value terms, provided by the post and telecommunications departments for the society. Post and telecommunication services can be classified as letters, parcels, remittance, issue of newspapers and magazines, fast mail service, express mail service, savings deposits, stamps for collection, public and individual telegraph service, facsimiles, long distance telephone service, leasing of telephone lines, urban paging service, mobile telephone service, data transfer and transmission, etc. The accounting approach is to multiply the service products of all types with their average unit price (constant price) to get sum of business value, plus income from other services such as leasing of telephone lines and equipment, maintenance of telephone switchboards and lines on behalf of customers. This indicator reflects the overall results of post and telecommunications service during a given period, and is important to study the composition of business service and the development of post and telecommunications service.

The formula is follows:

Business Volume of Post and Telecommunications

= Σ (Transaction of Post and Telecommunication Service × Constant Price) + Income from Leasing, Maintenance and other Services

Mobile Telephone Subscribers refer to the persons who own mobile telephone number connected with the mobile telephone communication network and have registered in mobile communication enterprises. The number of subscribers is calculated only when the subscribers who have gone through all the register formalities and entered into the mobile telephone network. One mobile telephone is treated as a subscriber.

Telephones Subscribers refer to subscribers that are connected to the public line telephone network provided with telephone services. Before 1997, telephone subscribers were classified as city subscribers and village subscribers. City subscribers referred to those connected to city telephone networks in county towns and cities, while village subscribers referred to those connected to village telephone stations at and below counties. Since 1997, the classification of telephone subscribers was modified on the basis of physical location of the subscribers as "urban telephone subscribers "and " rural telephone subscribers", which is different from the previous classification of categorizing "local telephones "and "rural telephones", while the definition of total subscribers and total number of telephones remain unchanged.

Household telephone subscribers refer to telephone sets installed in the dwelling units of residents, include 3 types of payment for the service: private payment, public payment and free service.

2014 NEIMENGGU

十六、国内贸易

Domestic Trade

资料整理：王亦兵　柏　丽
Arranged By Wang Yibing , Bai Li

16–1 社会消费品零售总额(按销售单位所在地和行业分)

Total Retail Sale of Consumer Goods by Location of Retailers and by Sector

单位：万元 (10 000 yuan)

年 份 Year	社会消费品零售总额 Total Retail Sales of Consumer Goods	市 City	县 County	县以下 Under County Level
1978	368336	109765	173880	84691
1979	396306	115097	212109	69100
1980	443085	134370	234472	74243
1981	473558	154209	220104	102245
1982	521169	168509	184330	168330
1983	576479	213026	190936	172517
1984	682854	272508	219274	191072
1985	756373	379587	204430	172356
1986	848809	435847	226870	186092
1987	963006	493222	257461	212323
1988	1188967	615424	319333	254210
1989	1256875	674326	333493	249056
1990	1305760	718633	338223	248904
1991	1455207	847989	378809	228409
1992	1686851	978585	421058	287208
1993	2222885	1274436	520515	427934
1994	2656752	1556018	612519	488215
1995	3133114	1787351	764355	581408
1996	3644208	2046368	935855	661985
1997	4171634	2494448	987127	690059
1998	4699727	2834462	1093481	771784
1999	5326021	3274132	1212618	839271
2000	6085451	3782591	1382488	920372
2001	6959858	4408005	1549876	1001977
2002	8253061	5255468	1805237	1192356
2003	9561995	6208135	2036284	1317576
2004	11607118	7720880	2398047	1488191
2005	13581000	9086000	2813000	1682000
2006	16286000	11052000	3328000	1906000
2007	19640000	13436000	3916000	2288000
2008	24630000	16957000	4844000	2829000
2009	28553067	19546789	5625019	3381259

16-1 续表 continued

单位：万元 (10 000 yuan)

年份 Year	批发零售贸易业 Wholesale and Retail Sale Trade	住宿餐饮业 Hotels and Catering	制造业 Manufacturing	农业生产者 Agriculture	其他行业 Others
1978	324557	9176	18424	4500	11679
1979	349203	9873	19823	4806	12601
1980	377210	12425	26812	11745	14893
1981	395242	13436	32747	12613	19520
1982	429129	15383	40642	16000	20015
1983	468060	17180	49112	18419	23708
1984	540456	21996	64587	28201	27614
1985	639621	26309	83076	43560	34446
1986	717482	31180	83815	51319	42686
1987	822095	37134	84602	60161	50035
1988	1022036	45026	110832	72734	54327
1989	1097906	44454	121209	81943	40349
1990	1154732	46081	126464	93257	41615
1991	1277458	54716	138160	111773	49581
1992	1424440	61275	166494	138677	74718
1993	1812421	274859			135605
1994	2182469	326337			147946
1995	2558304	396339			178471
1996	2972167	472720			199321
1997	3400261	563531			207842
1998	3807265	658848			233614
1999	4284513	786023			255485
2000	4875210	941049			269192
2001	5569681	1102355			287822
2002	6609147	1348192			295722
2003	7640622	1601569			319804
2004	9207247	2026590			373281
2005	10780965	2364654			435381
2006	12890755	2899876			495369
2007	15486890	3682236			470874
2008	21081000	3028000			520000
2009	24307808	3604645			640614

16-2 国内贸易基本情况

Domestic trade basic situation

单位：万元 (10 000 yuan)

指标	Item	2012	2013
销售额（营业额）总计	**Sales volume (turnover) grand total**	**124077592**	**142942890**
销售额	**Sales volume**	**115434235**	**132908875**
批发业	Whole-sale Trade	65623220	75249670
零售业	Retail Sale Trade	49811015	57659205
营业额	**Turnover**	**8643357**	**10034015**
住宿业	Hotels Trade	1542171	1726751
餐饮业	Catering Trade	7101186	8307264
社会消费品零售总额	**Total Retail Sales of Consumer Goods**	**45725000**	**51142000**
按销售单位所在地分	**According to Marketing unit locus minute**		
1. 城镇	Cities	40060000	44753000
其中：城区	And: City	31217000	34297000
镇区	towns	8843000	10456000
2. 乡村	Village	5665000	6389000
按消费形态分	**Grouped by consumption patterns**		
商品零售收入	Revenue from Commodities	40036000	44830000
餐费收入	Revenue from Meals	5689000	6312000

16-3 限额以上住宿业企业及个体户经营情况(2013年)

Above Designated Size Hotel Enterprises and Self-Employed Trade(2013)

单位：万元 (10 000 yuan)

指标	Item	营业额 Business Revenue	#客房收入 Revenue from Hotel Rooms	#餐费收入 Revenue from Meals	#商品销售收入 Revenue from Commodities
总计	**Total**	**491275**	**234340**	**228156**	**3277**
旅游饭店	Tourist Hotel	352635	151582	176689	1991
一般旅馆	General Hotel	124289	75938	45294	795
其他住宿服务	Others	14351	6820	6174	491

16-4 限额以上餐饮业企业及个体户经营情况(2013年)

Above Designated Size Catering Enterprises and Self-Employed Trade(2013)

单位：万元 (10 000 yuan)

指标	Item	营业收入 Business Revenue	# 商品零售额 Retail Sales of Commodities
总计	**Total**	**992099**	**868784**
正餐服务	Dinner Services	967320	845118
快餐服务	Fast Food Services	22695	22062
饮料及冷饮服务	Cold/Ice drink,and Services	1353	1353
其他餐饮服务	Others	732	252

16-5 亿元以上商品交易市场情况(2013 年)

Statistics on Commodity Exchange Markets of Transaction Value Over 100 Million Yuan(2013)

指标	Item	市场数（个）Markets (unit)	总摊位数（个）Booths (unit)	年末出租摊位（个）Rent Booths At Year-end (unit)	成交额（万元）Turn Over (100 million yuan)
总 计	**Total**	**70**	**39143**	**35143**	**6933325**
综合市场	**Integrated Markets**	**10**	**10580**	**8865**	**1493270**
生产资料	Productions Markets	1	25	25	32773
工业消费品	Industrial Markets	2	3402	3369	74031
农产品	Farm Produce Markets	4	2622	1442	901807
其他	Others	3	4531	4029	484659
专业市场	**Special Markets**	**60**	**28563**	**26278**	**5440055**
生产资料	Productions Markets	14	2930	2819	2844297
农业生产用具	Agricultural implements	2	60	60	71000
农用生产资料	Agricultural Productions	2	173	173	67000
煤炭	Coal and Charcoal	1	30	30	640000
木材	Wood	1	132	132	250000
建材	Building Materials	3	870	797	206955
化工材料及制品	Chemical Materials				
金属材料	Metal Materials	4	480	442	1083442
机械设备	Mechanical Equipment				
其他生产资料	Others	1	1185	1185	525900
农产品	Farm Produce Markets	22	10315	9264	1201795
粮油	Grain & Oil	4	289	285	125004
肉禽蛋	Meat,Poultry & Eggs	3	684	672	62782
水产品	Aquatic Products				
蔬菜	Vegetables	5	6677	5677	400380
干鲜果品	Dried & Fresh Fruits	1	20	20	39470
棉麻土畜、烟叶	Local & livestocks	3	745	745	196000
其他农产品	Others	6	1900	1865	378159
食品、饮料及烟酒	Food,Beverages,Tobacco & Liquor				
纺织、服装、鞋帽	Textile,Garments,Footwear & Hat Wear	12	10163	9090	375716
日用品及文化用品	Commodity & Cultural Articles				
黄金、珠宝、玉器等首饰	Jewelry	1	633	633	55995
电器、通讯器材、电子设备	Electrical Equipment				
医药、医疗用品及器材	Medicament	1	180	180	40484
家具、五金及装饰材料	Furniture,Hardware,Decorating	4	1173	1173	174611
汽车、摩托车及零配件	Autocar,Accessories				
花、鸟、鱼、虫	Flower,Bird,Fish & Insect				
旧货	Second Hand				
其他专业市场	Others	6	3169	3119	747157

16-6 限额以上批发和零售业、住宿和餐饮业企业及个体户基本情况（2013 年，按登记注册类型分）

Basic Conditions of Enterprises above Designated Size of Wholesale, Retail Sale, Hotels, Catering Trades and Self-employed by Registration(2013)

指标	Item	法人企业(个) Number of Corporation Unit (unit)	产业活动单位数及个体户(个) Number of Active Unit and Self-Employed (unit)	从业人数(人) Persons Engaged (person)
总 计	**Total**	**2512**	**1019**	**254676**
一、批发业合计	**Wholesale Trade**	**709**	**40**	**44888**
内资企业	**Domestic Funded Enterprises**	**705**	**9**	**39992**
国有企业	State-owned Enterprises	59	5	10170
集体企业	Collective-owned Enterprises	5		186
股份合作企业	Cooperative Enterprises			
联营企业	Joint Ownership Enterprises			
国有联营公司	State Joint Ownership Enterprises			
集体联营企业	Collective Joint Ownership Enterprises			
国有与集体联营企业	Joint State collective Enterprises			
其他联营企业	Other Joint Ownership Enterprises			
有限责任公司	Limited Liability Corporations	251	2	11679
国有独资企业	State funded Corporations	12		859
其他有限责任公司	Other Limited Liability Corporations	239	2	10820
股份有限公司	Share-holding Corporations Ltd.	37	1	8327
私营企业	Private Enterprises	351		9560
私营独资企业	Private-funded Enterprises	2		54
私营合伙企业	Private Partnership Enterprises	1		35
私营有限责任公司	Private Limited Liability Corporations	340		9004
私营股份有限公司	Private Share-holding Corporations Ltd.	8		467
其他企业	Other Enterprises	2	1	70
港、澳、台商投资企业	**Enterprises with Investment from Hong Kong, Macao & Taiwan**	**3**	**1**	**240**
港澳台资合资经营	Joint-venture Enterprises	1		177
港澳台资合作经营	Cooperative Enterprises			
港澳台商独资企业	Sole Investment	2	1	63
港澳台商投资股份有限公司	Share-holding Co.,Ltd			
其它港澳台投资	Others			
外商投资企业	**Enterprises With Foreign Investment**	**1**		**186**
中外合资经营	Joint venture Enterprises	1		186
中外合作经营	Cooperation Enterprises			
外资企业	Enterprises with Sole			
外商投资股份有限公司	Share-holding Co., Ltd.			
其它外商投资	Others			
个体工商户	**Self-employed Individuals**		**30**	**4470**
二、零售业合计	**Retail Trade**	**1062**	**312**	**116463**
内资企业	**Domestic Funded Enterprises**	**1051**	**9**	**102241**
国有企业	State-owned Enterprises	24	4	6166
集体企业	Collective-owned Enterprises	6		168
股份合作企业	Cooperative Enterprises	1		30
联营企业	Joint Ownership Enterprises			
国有联营公司	State Joint Ownership Enterprises			
集体联营企业	Collective Joint Ownership Enterprises			
国有与集体联营企业	Joint-State-collective Enterprises			
其他联营企业	Other Joint Ownership Enterprises			
有限责任公司	Limited Liability Corporations	393	2	40449
国有独资企业	State funded Corporations	8		1012
其他有限责任公司	Other Limited Liability Corporations	385	2	39437
股份有限公司	Share-holding Corporations Ltd.	57	1	11740

16-6 续表 1 continued

指标	Item	法人企业(个) Number of Corporation Unit (unit)	产业活动单位及个体户(个) Number of Active Unit and Self-Employed (unit)	从业人数(人) Persons Engaged (person)
私营企业	Private Enterprises	559	1	43012
私营独资企业	Private funded Enterprises	17		980
私营合伙企业	Private Partnership Enterprises	1		33
私营有限责任公司	Private Limited Liability Corporations	515	1	40005
私营股份有限公司	Private Share holding Corporations Ltd.	26		1994
其他企业	Other Enterprises	11	1	676
港、澳、台商投资企业	**Enterprises with Investment from Hong Kong, Macao & Taiwan**	**10**	**4**	**1403**
港澳台资合资经营	Joint-venture Enterprises	5		569
港澳台资合作经营	Cooperative Enterprises			
港澳台商独资企业	Sole Investment	5	3	790
港澳台商投资股份有限公司	Share-holding Co.,Ltd.from		1	44
其它港澳台投资	Others			
外商投资企业	**Enterprises With Foreign Investment**	**1**	**4**	**521**
中外合资经营企业	Joint venture Enterprises		2	33
中外合作经营企业	Cooperation Enterprises			
外资企业	Enterprises with Sole Foreign Investment	1	2	488
外商投资股份有限公司	Share-holding Co., Ltd.			
其它外商投资	Others			
个体工商户	**Self-employed Individuals**		**295**	**12298**
三、住宿业合计	**Hotels**	**314**	**122**	**36676**
内资企业	**Domestic Funded Enterprises**	**308**	**21**	**32173**
国有企业	State owned Enterprises	36	6	4691
集体企业	Collective owned Enterprises	6		533
股份合作企业	Cooperative Enterprises	1	1	88
联营企业	Joint Ownership Enterprises	1		105
国有联营公司	State Joint Ownership Enterprises			
集体联营企业	Collective Joint Ownership Enterprises	1		105
国有与集体联营企业	Joint State collective Enterprises			
其他联营企业	Other Joint Ownership Enterprises			
有限责任公司	Limited Liability Corporations	115	6	14729
国有独资企业	State funded Corporations	1		912
其他有限责任公司	Other Limited Liability Corporations	114	6	13817
股份有限公司	Share holding Corporations Ltd.	17	1	1300
私营企业	Private Enterprises	125	6	10239
私营独资企业	Private funded Enterprises	18		745
私营合伙企业	Private Partnership Enterprises	1		10
私营有限责任公司	Private Limited Liability Corporations	103	6	9318
私营股份有限公司	Private Share holding Corporations Ltd.	3		166
其他企业	Other Enterprises	7	1	488
港、澳、台商投资企业	**Enterprises with Investment from Hong Kong, Macao Taiwan**	**2**		**294**
港澳台资合资经营	Joint-venture Enterprises			
港澳台资合作经营	Cooperative Enterprises			
港澳台商独资企业	Sole Investment	1		26
港澳台商投资	Share-holding Co.,Ltd.	1		268
其它港澳台投资	Others			
外商投资企业	**Enterprises With Foreign Investment**	**4**	**1**	**1104**
中外合资经营企业	Joint venture Enterprises	1		141
中外合作经营企业	Cooperation Enterprises			
外资企业	Enterprises with Sole Foreign Investment	3	1	963
外商投资股份有限公司	Share-holding Co., Ltd.			
其它外商投资	Others			
个体工商户	**Self-employed Individuals**		**100**	**3105**

16-6 续表 2 continued

指标	Item	法人企业(个) Number of Corporation Unit (unit)	产业活动单位及个体户(个) Number of Active Unit and Self-Employed (unit)	从业人数(人) Persons Engaged (person)
四、餐饮业合计	**Catering Trade**	**427**	**545**	**56649**
内资企业	**Domestic Funded Enterprises**	**422**	**22**	**37021**
国有企业	State owned Enterprises	13	1	1363
集体企业	Collective owned Enterprises	3		180
股份合作企业	Cooperative Enterprises			
联营企业	Joint Ownership Enterprises			
国有联营公司	State Joint Ownership Enterprises			
集体联营企业	Collective Joint Ownership Enterprises			
国有与集体联营企业	Joint State collective Enterprises			
其他联营企业	Other Joint Ownership Enterprises			
有限责任公司	Limited Liability Corporations	152	6	13694
国有独资企业	State funded Corporations	1		107
其他有限责任公司	Other Limited Liability Corporations	151	6	13587
股份有限公司	Share holding Corporations Ltd.	22	1	2725
私营企业	Private Enterprises	217	14	18374
私营独资企业	Private funded Enterprises	34	4	2218
私营合伙企业	Private Partnership Enterprises	5	2	556
私营有限责任公司	Private Limited Liability Corporations	170	8	14677
私营股份有限公司	Private Share holding Corporations Ltd.	8		923
其他企业	Other Enterprises	15		685
港、澳、台商投资企业	**Enterprises with Investment from Hong Kong, Macao Taiwan**	**2**		**306**
港澳台资合资经营	Joint-venture Enterprises			
港澳台资合作经营	Cooperative Enterprises			
港澳台商独资企业	Sole Investment	2		306
港澳台商投资股份有限公司	Share-holding Co.,Ltd.			
其它港澳台投资	Others			
外商投资企业	**Enterprises With Foreign Investment**	**3**	**1**	**198**
中外合资经营企业	Joint venture Enterprises	1		135
中外合作经营企业	Cooperation Enterprises			
外资企业	Enterprises with Sole Foreign Investment	2	1	63
外商投资股份有限公司	Share-holding Co., Ltd.			
其它外商投资	Others			
个体工商户	**Self-employed Individuals**		**522**	**19124**

16-7 限额以上批发、零售贸易业企业及个体户商品销售总额(2013 年,按行业分)

Total Sales of Enterprise above Designated Size in Wholesale, Retail Trade and Self-employed by Sector(2013)

单位：万元 (10 000 yuan)

指 标	Item	销售总额 Total Sales	批 发 Whole sale	零 售 Retail
总 计	**Total**	**46635899**	**27342919**	**19292980**
批发业合计	**Wholesale Trade**	**29997815**	**25808331**	**4189484**
农、林、牧产品	Agriculture, Forestry,Husbandry Products	2042422	1479812	562611
#谷物、豆及薯类	Cereal,Beans & Tubers	518323	462562	55762
食品、饮料及烟草制品	Food, Beverages & Tobaccos	4086831	3741313	345517
#米、面制品及食用油	Grains & Edible Oil	106470	94957	11513
果品、蔬菜	Fruits & Vegetables	561753	389029	172724
肉、禽、蛋、奶及水产品	Meat, poultry, eggs, milk and aquatic	141251	87330	53921
纺织、服装及家庭用品	Textile, Clothing and Household Goods	291278	215223	76054
#纺织品、针织品及原料	Textile,Kintwear			
服装	Garment	160749	87099	73650
文化、体育用品及器材	Cultural,Sports & Equipment	59412	59412	
医药及医疗器材	Medicines & Medical Appliances	502257	464140	38118
矿产品、建材及化工产品	Minerals,Building & Chemicals	22322845	19296966	3025879
# 煤炭及制品	Coal & Related Products	12791917	10965788	1826129
石油及制品	Petroleum & Related Products	4915774	3757865	1157908
化肥	Chemical Materials	612248	612004	244
机械设备、五金产品及电子产品	Machinery, Metal and Electronic Products	654517	513310	141207
#农业机械	Agricultural Machinery	139078	113517	25561
贸易经纪与代理	Trading Brokerage & Agency	22613	22613	
其他	Others	15640	15543	98
零售业合计	**Retail Trade**	**16638084**	**1534588**	**15103496**
综合零售	Comprehensive Retail	2486527	24793	2461734
#百货	Consumer Goods	1925004	9671	1915334
食品、饮料及烟草制品	Food, Drink & Tobaccos	199309	37689	161621
#粮油	Grains & Edible Oil	111713	31208	80505
纺织、服装及日用品	Textile , Garment & Household	945645	24128	921517
#纺织品及针织品	Textile & Kintwear Products	17180	9056	8125
服装	Garments	699759	15072	684687
鞋帽	Shoes & Hats	157543		157543
文化、体育用品及器材	Cultural,Sports Goods	302480	40191	262288
#文具用品	Cultural Goods	500		500
体育用品及器材	Sporting Goods and Equipment	10857	2790	8067
图书、报刊	Books, Newspapers and Magazines	33266	114	33152
医药及医疗器材	Medicines & Medical Appliances	315844	57040	258804
汽车、摩托车、燃料及零配件	Auto,Motorbikes,Fuel & Accessory	10458875	1079643	9379232
#汽车	Automobile	4484159	172824	4311336
家用电器及电子产品	Electronic Products	804182	65822	738359
#计算机、软件及辅助设备	Computers, Software	189555	3688	185867
五金、家具及室内装修材料	Hardware,Furniture & Home Decoration Material	553562	87402	466160
货摊、无店铺及其他零售	Stall, NOn-Shop and Other Retails	571661	117880	453782

16-8 限额以上批发零售贸易业商品分类销售额

Total Sales of Enterprises above Designated Size in Wholesale and Retail Sale by Category of Main Commodities

单位：万元 (10 000 yuan)

项 目	Item	合 计 Total		批发 Wholesale		零售 Retail Sale	
		2012	2013	2012	2013	2012	2013
粮油食品类	Foodstuffs	2991577	3170205	1852684	1871618	1138893	1298587
#肉禽蛋类	Meat, Poultry and Eggs	204344	237719	81936	85342	122409	152377
饮料类	Beverages	175668	263113	74702	121427	100966	141686
烟酒类	Tobacco and Liquor	2745514	2891764	2541840	2643512	203674	248252
服装、鞋帽类	Garments, Footwear and Hats	1556300	1914996	80108	72752	1476192	1842244
针、纺织品类	Knitwear and Textiles	196316	213227	27010	29226	169306	184001
化妆品类	Cosmetics	148413	190364	685	2574	147728	187791
金银珠宝类	Gold, Silver and Jewelry	333270	335613	137592	44263	195677	291350
日用品类	Articles for Daily Use	317784	329196	39191	52533	278593	276663
#洗涤用品类	Washing Articles	107751	100661	14135	12454	93616	88207
五金、电料类	Hardware and Electrical Materials	75510	77892	19584	14958	55926	62934
体育、娱乐用品类	Sports and Recreation Articles	34299	41247	66	2339	34233	38908
书报杂志类	Newspapers and Magazines	50105	52668	11004	19104	39101	33564
电子出版物及音像制品类	E journal and Video Products	4380	4992	33	7	4347	4985
家用电器和音像器材类	Household Appliances and Video Appliances	708397	846350	126169	106365	582228	739985
中西药品类	Traditional Chinese and Western Medicines	638715	763936	391094	469772	247621	294164
文化、办公用品类	Cultural and Official Goods	175490	220907	76315	103519	99175	117388
家具类	Furniture	250620	364354	614	507	250006	363847
通讯器材类	Communication Appliances	129428	181592	27443	79230	101985	102363
煤炭及制品类	Coal and Related Product	11240189	11780259	10399749	11199906	840440	580353
木材及制品类	Wood and Wooden Product	47047	283245	47047	283245		
石油及制品类	Petroleum and Related Product	8600685	10490062	2488874	4538861	6111811	5951201
化工材料类	Raw Chemical Materials	1005828	960742	1005828	960742		
黑色金属材料类	Ferrous Metals Materials						
有色金属材料类	Nonferrous Metals						
建筑及装潢材料类	Building and Decoration Materials	942775	753112	699908	498056	242867	255057
机电产品设备类	Mechanical and Electrical Products	348653	332067	185275	171739	163378	160328
#农机类	Agricultural Machinery	95415	101125	95415	101125		
种子饲料类	Seed and Feedstuff	40032	33930	40032	33930		
棉麻、土畜类	Cotton, Hemp and Local livestock	12	14			12	14

16-9 限额以上批发零售贸易企业资产及负债(2013年,按登记注册类型分)

Assets and Liability of Enterprises above Designated Size in Whole sale and Retail Sale by Registration(2013)

单位：万元 (10 000 yuan)

指标	Item	资产合计 Total Assets	#流动资产 Circula-ting Funds	#固定资产 Fixed Asset	负债合计 Total Liabi-lities
总计	**Total**	**22117927**	**15580517**	**2352920**	**16173224**
一、批发业合计	**Wholesale Trade**	**13967888**	**10044014**	**1135468**	**9887683**
内资企业	**Domestic-Funded Enterprises**	**13948080**	**10033135**	**1135376**	**9867157**
国有企业	State-owned	3456725	3096514	211012	2517080
集体企业	Collective owned	12878	9784	2655	5435
股份合作企业	Cooperative				
联营企业	Joint Ownership				
国有联营公司	State Joint Ownership				
集体联营企业	Collective Joint Ownership				
国有与集体联营企业	Joint State collective				
其他联营企业	Other Joint Ownership				
有限责任公司	Limited Liability Co.	5748572	3480074	467867	3687410
国有独资企业	State funded	398630	363848	20856	344700
其他有限责任公司	Other Limited Liability Co.	5349943	3116225	447011	3342710
股份有限公司	Share holding Co. Ltd.	1593199	984406	193570	1054857
私营企业	Private Enterprises	3135734	2461635	260116	2601419
私营独资企业	Private funded	4566	1137	2072	2752
私营合伙企业	Private Partnership	14954	14097	772	11348
私营有限责任公司	Private Limited Liability Co.	3074115	2428967	237059	2559047
私营股份有限公司	Private Share holding Co. Ltd.	42099	17434	20215	28272
其他企业	Other Enterprises	973	723	156	955
港、澳、台商投资企业	**Enterprises with Investment from Hong Kong, Macao & Taiwan**	**19609**	**10681**	**92**	**14846**
港澳台资合资经营	Joint-venture	1527	1512	16	1527
港澳台资合作经营	Cooperative				
港澳台商独资企业	Sole Investment	18082	9169	76	13319
港澳台商投资股份有限公司	Share-holding Co.Ltd.				
其它港澳台投资	Others				
外商投资企业	**Enterprises With Foreign Investment**	**198**	**198**		**5681**
中外合资经营企业	Joint venture	198	198		5681
中外合作经营企业	Cooperation				
外资企业	Enterprises with Sole				
外商投资股份有限公司	Share-holding Co. Ltd.				
其它外商投资	Others				

单位：万元

16–9 续表 continued

(10 000 yuan)

指标	Item	资产合计 Total Assets	# 流动资产 Circulating Funds	# 固定资产 Fixed Asset	负债合计 Total Liabilities
二、零售业合计	**Retail Trade**	**8150040**	**5536503**	**1217452**	**6285541**
内资企业	**Domestic Funded Enterprises**	**7826880**	**5367945**	**1162562**	**6040508**
国有企业	State owned	438005	205954	152639	399256
集体企业	Collective owned	8099	6605	1452	3786
股份合作企业	Cooperative	333	288	44	168
联营企业	Joint Ownership				
国有联营公司	State Joint Ownership				
集体联营企业	Collective Joint Ownership				
国有与集体联营企业	Joint State collective				
其他联营企业	Other Joint Ownership				
有限责任公司	Limited Liability Co.	2694347	1870176	407280	2083888
国有独资企业	State funded	107595	63933	30285	81598
其他有限责任公司	Other Limited Liability Co.	2586752	1806242	376994	2002290
股份有限公司	Share holding Co. Ltd.	760743	347910	231930	634009
私营企业	Private Enterprises	3896156	2923409	357808	2905779
私营独资企业	Private funded	16109	9060	6399	5292
私营合伙企业	Private Partnership	3794	1138	2656	1143
私营有限责任公司	Private Limited Liability Co.	3813016	2879147	326451	2858515
私营股份有限公司	Private Share holding Co. Ltd.	63237	34064	22303	40829
其他企业	Other Enterprises	29199	13605	11410	13623
港、澳、台商投资企业	**Enterprises with Investment from Hong Kong, Macao & Taiwan**	**314398**	**165313**	**51113**	**237374**
港澳台资合资经营	Joint-venture	243835	136297	18753	198922
港澳台资合作经营	Cooperative				
港澳台商独资企业	Sole Investment	70563	29016	32360	38452
港澳台商投资股份有限公司	Share-holding Co.Ltd.				
其它港澳台投资	Others				
外商投资企业	**Enterprises With Foreign Investment**	**8762**	**3245**	**3776**	**7658**
中外合资经营企业	Joint venture				
中外合作经营企业	Cooperation				
外资企业	Enterprises with Sole	8762	3245	3776	7658
外商投资股份有限公司	Share-holding Co. Ltd.				
其它外商投资	Others				

16-10 限额以上批发、零售贸易企业资产及负债(2013年,按行业分)

Assets and Liability of Enterprises above Designated Size in Wholesale and Retail by Sector(2013)

单位：万元 (10 000 yuan)

指标	Item	资产合计 Total Assets	#流动资产 Circula-ting Funds	#固定资产 Fixed Asset	负债合计 Total Liabi-lities
总计	**Total**	**22117927**	**15580517**	**2352920**	**16173224**
批发业合计	**Wholesale Trade**	**13967888**	**10044014**	**1135468**	**9887683**
农、林、牧产品	Agriculture, Forestry,Husbandry Products	1698084	1369462	221410	1390515
#谷物、豆及薯类	Cereal,Beans & Tubers	1477387	1275482	134968	1291691
食品、饮料及烟草制品	Food, drink & Tobaccos	1269610	973958	161695	412914
#米、面制品及食用油	Grains & Edible Oil	222989	167931	24183	195373
果品、蔬菜	Fruits & Vegetables	49406	29312	15903	24817
肉、禽、蛋、奶及水产品	Meat, poultry, eggs, milk and aquatic	16262	7527	3836	8800
纺织、服装及家庭用品	Textile, Clothing and Household Goods	50124	26701	22914	44852
#纺织品、针织品及原料	Textile,Kintwear & Material				
服装	Garment	32570	10070	22056	26639
文化、体育用品及器材	Cultural,Sports Goods & Equipment	76735	13237	19695	42340
医药及医疗器材	Medicines & Medical Appliances	255336	231807	10850	215860
矿产品、建材及化工产品	Minerals,Building Materials & Chemicals	10151452	7039715	666626	7397727
#煤炭及制品	Coal & Related Products	5240569	3920123	505347	3946730
石油及制品	Petroleum & Related Products	545626	288288	131042	465473
化肥	Chemical Materials	614140	560181	7343	588837
机械设备、五金产品及电子产品	Machinery, Metal and Electronic Products	439093	368079	31313	367033
#农业机械	Agricultural Machinery	75912	53231	10907	47001
贸易经纪与代理	Trading Brokerage & Agency	8279	8278	1	6749
其他	Others	19175	12778	965	9694
零售业合计	**Retail Trade**	**8150040**	**5536503**	**1217452**	**6285541**
综合零售	Comprehensive Retail	1536818	983705	255951	1254489
#百货	Consumer Goods	1244830	795096	190765	1007091
食品、饮料及烟草制品	Food, Drink & Tobaccos	154149	111590	21629	111506
#粮油	Grains & Edible Oil	105316	73851	14628	80211
纺织、服装及日用品	Textile , Garment & Household	302105	200267	44309	250174
#纺织品及针织品	Textile & Kintwear Products	3385	3198	153	2696
服装	Garments	279166	182179	40635	236488
鞋帽	Shoes & Hats	10555	8375	2179	7698
文化、体育用品及器材	Cultural,Sports Goods	105318	79907	18973	84676
#文具用品	Cultural Goods				
体育用品及器材	Sporting Goods and Equipment	8322	8170	111	8456
图书、报刊	Books, Newspapers and Magazines	50025	30083	14011	48419
医药及医疗器材	Medicines & Medical Appliances	154767	128163	14516	122273
汽车、摩托车、燃料及零配件	Auto,Motorbikes,Fuel & Accessory	4138985	2742091	680609	3306310
#汽车	Automobile	2758434	2051542	291360	2174122
家用电器及电子产品	Electronic Products	508992	404834	46043	360188
#计算机、软件及辅助设备	Computers, Software	43241	34061	2345	26070
五金、家具及室内装修材料	Hardware,Furniture & Home Decoration Material	324736	190843	58920	171250
货摊、无店铺及其他零售	Stall, NOn-Shop and Other Retails	924170	695104	76502	624675

16-11 限额以上餐饮企业资产及负债(2013 年,按登记注册类型和行业分)

Assets and Liability of Enterprises above Designated Size in Catering Trades by Registration and by Sector(2013)

单位：万元 (10 000 yuan)

指标	Item	资产合计 Total Assets	#流动资产 Circulating Funds	#固定资产 Fixed Asset	负债合计 Total Liabilities
总 计	**Total**	**1251778**	**472106**	**459683**	**851642**
按登记注册类型分	**By Status of Registration**				
内资企业	**Domestic Funded Enterprises**	**1117998**	**411553**	**433330**	**818545**
国有企业	State owned	58337	5863	38599	8131
集体企业	Collective owned	1074	546	344	1156
股份合作企业	Cooperative				
联营企业	Joint Ownership				
国有联营公司	State Joint Ownership				
集体联营企业	Collective Joint Ownership				
国有与集体联营企业	Joint State collective				
其他联营企业	Other Joint Ownership				
有限责任公司	Limited Liability Co.	419228	159331	151537	367911
国有独资企业	State funded Co.	10929	1306	8604	10929
其他有限责任公司	Other Limited Liability Co.	408298	158025	142933	356982
股份有限公司	Share holding Co. Ltd.	93551	40228	32332	49522
私营企业	Private Enterprises	538576	204391	206991	387292
私营独资企业	Private funded	61241	21030	23631	45144
私营合伙企业	Private Partnership	14343	3829	10193	6497
私营有限责任公司	Private Limited Liability Co.	448770	173765	169025	328444
私营股份有限公司	Private Share holding Co. Ltd.	14223	5766	4142	7206
其他企业	Other.	7233	1194	3527	4534
港、澳、台商投资企业	**Enterprises with Investment from HK, Macao & Taiwan**	**2208**	**1389**	**429**	**-244**
港澳台资合资经营	Joint-venture Enterprises (HK,Macao & Taiwan)				
港澳台资合作经营	Cooperative Enterprises (HK,Macao & Taiwan)				
港澳台商独资企业	Sole Investment from HK, Macao & Taiwan	2208	1389	429	-244
港澳台商投资股份有限公司	Share-holding Co.,Ltd.from HK, Macao & Ttaiwan				
其它港澳台投资	Others				
外商投资企业	**Enterprises With Foreign Investment**	**131573**	**59164**	**25923**	**33341**
中外合资经营企业	Joint venture	11822	8010	3391	8393
中外合作经营企业	Cooperation				
外资企业	Enterprises with Sole Foreign Investment	119750	51154	22533	24949
外商投资股份有限公司	Share-holding Co.Ltd. with Foreign Investment				
其它外商投资	Others				
按服务业分	**By Business Categories**				
正餐服务	Dinner Services	1233142	458526	455449	836038
快餐服务	Fast Food Services	14787	10087	3876	11955
饮料及冷饮服务	Cold drink Services				
其他餐饮服务	Others	3850	3493	357	3650

16-12 限额以上批发零售贸易企业主要财务指标 (2013 年,按登记注册类型分)

Main Financial Indicators of Enterprises above Designated Size in Wholesale and Retail Sale by Registration(2013)

单位：万元 (10 000 yuan)

指标	Item	商品销售收入 Sales Revenue	商品销售成本 Cost of Sales	商品销售税金及附加 Sales Tax and Extra Changes	销售费用 selling expenses	营业利润 Operating profit
批发零售贸易业总计	**Total**	**41137096**	**37314189**	**315804**	**1280674**	**1065000**
一、 批发业合计	**Wholesale Trades**	**26745966**	**24559058**	**242336**	**653312**	**607309**
内资企业	**Domestic Funded Enterprises**	**26654952**	**24471078**	**242300**	**649033**	**609571**
国有企业	State owned	7701285	6964720	163164	76454	320398
集体企业	Collective owned	129391	122149	825	3620	1056
股份合作企业	Cooperative					
联营企业	Joint Ownership					
国有联营公司	State Joint Ownership					
集体联营企业	Collective Joint Ownership					
国有与集体联营企业	Joint State collective					
其他联营企业	Other Joint Ownership					
有限责任公司	Limited Liability Co.	8485877	7915842	32194	222756	30840
国有独资企业	State funded Co.	1686764	1650034	5029	12041	-2432
其他有限责任公司	Other Limited Liability Co.	6799113	6265808	27165	210715	33272
股份有限公司	Share holding Corporations Ltd.	5064902	4824718	9235	110335	-5548
私营企业	Private	5270591	4640919	36880	235862	262807
私营独资企业	Private funded	5755	5435	45	74	61
私营合伙企业	Private Partnership	14004	12256		1356	27
私营有限责任公司	Private Limited Liability Co.	4219671	3761024	36511	233600	99283
私营股份有限公司	Private Share holding Co. Ltd.	1031160	862204	324	833	163435
其他企业	Other Enterprises	2908	2731	1	7	19
港、澳、台商企业	**Enterprises from HK, Macao & Taiwan**	**28332**	**26420**	**25**	**2254**	**-501**
港澳台资合资经营	Joint-venture Enterprises (HK,Macao & Taiwan)	12169	11388	18	1634	-846
港澳台资合作经营	Cooperative Enterprises (HK,Macao & Taiwan)					
港澳台商独资企业	Sole Investment from HK, Macao & Taiwan	16163	15032	7	621	346
港澳台商投资股份有限公司	Share-holding Co.,Ltd.from HK, Macao & Ttaiwan					
其它港澳台投资	Others					
外商企业	**Enterprises Foreign Investment**	**62681**	**61560**	**12**	**2024**	**-1762**
中外合资经营企业	Joint venture	62681	61560	12	2024	-1762
中外合作经营企业	Cooperation					
外资企业	Sole Foreign Investment					
外商投资股份有限公司	Share-holding Co. Ltd.with Foreign Investment					
其它外商投资	Others					

16-12 续表 continued

单位：万元 (10 000 yuan)

指标	Item	商品销售收入 Sales Revenue	商品销售成本 Cost of Sales	商品销售税金及附加 Sales Tax and Extra Changes	销售费用 selling expenses	营业利润 Operating profit
二、零售企业合计	**Retail Sale Trades**	**14391131**	**12755131**	**73468**	**627362**	**457691**
内资企业	**Domestic Funded Enterprises**	**14197068**	**12591908**	**72281**	**615290**	**459180**
国有企业	State owned	2421152	2298058	2994	89284	44556
集体企业	Collective owned	83095	81031	100	456	841
股份合作企业	Cooperative	681	409	20		145
联营企业	Joint Ownership					
国有联营公司	State Joint Ownership					
集体联营企业	Collective Joint Ownership					
国有与集体联营企业	Joint State collective					
其他联营企业	Other Joint Ownership					
有限责任公司	Limited Liability Co.	4375273	3839468	30370	209606	107056
国有独资企业	State funded Co.	299309	278023	880	12845	7595
其他有限责任公司	Other Limited Liability Co.	4075964	3561445	29490	196761	99461
股份有限公司	Share holding Corporations Ltd.	2520204	2239926	4366	106764	105075
私营企业	Private	4742281	4082342	33881	208206	200610
私营独资企业	Private funded	40472	34259	579	1239	3195
私营合伙企业	Private Partnership	10890	7225	4	230	1730
私营有限责任公司	Private Limited Liability Co.	4522655	3895187	28707	198310	195835
私营股份有限公司	Private Share holding Co. Ltd.	168264	145671	4591	8428	-150
其他企业	Other Enterprises	54383	50675	550	974	897
港、澳、台商投资企业	**Enterprises with Investment from Hong Kong, Macao & Taiwan**	**186793**	**156846**	**1125**	**10769**	**176**
港澳台资合资经营	Joint-venture Enterprises (HK,Macao & Taiwan)	101640	92523	583	4275	-11953
港澳台资合作经营	Cooperative Enterprises (HK,Macao & Taiwan)					
港澳台商独资企业	Sole Investment from HK, Macao & Taiwan	85153	64323	541	6494	12129
港澳台商投资股份有限公司	Share-holding Co.,Ltd.from HK, Macao & Ttaiwan					
其它港澳台投资	Others					
外商投资企业	**Enterprises With Foreign Investment**	**7270**	**6377**	**62**	**1303**	**-1664**
中外合资经营企业	Joint venture					
中外合作经营企业	Cooperation					
外资企业	Sole Foreign Investment	7270	6377	62	1303	-1664
外商投资股份有限公司	Share-holding Co. Ltd.with Foreign Investment					
其它外商投资	Others					

16-13 限额以上批发、零售贸易企业主要财务指标(2013 年,按行业分)

Main Financial Indicators of Enterprises above Designated Size in Wholesale and Retail Sale by Sector(2013)

单位：万元　　(10 000 yuan)

指标	Item	商品销售收入 Sales Revenue	商品销售成本 Cost of Sales
总 计	**Total**	**41137096**	**37314189**
批发业合计	**Wholesale Trade**	**26745966**	**24559058**
农、林、牧产品	Agriculture, Forestry,Husbandry Products	1747608	1508799
#谷物、豆及薯类	Cereal,Beans & Tubers	518870	483071
食品、饮料及烟草制品	Food, Beverages & Tobaccos	3571973	2825214
#米、面制品及食用油	Grains & Edible Oil	72135	70125
果品、蔬菜	Fruits & Vegetables	454305	440590
肉、禽、蛋、奶及水产品	Meat, poultry, eggs, milk and aquatic	139140	113874
纺织、服装及家庭用品	Textile, Clothing and Household Goods	284990	261325
#纺织品、针织品及原料	Textile,Kintwear		
服装	Garment	160720	143201
文化、体育用品及器材	Cultural,Sports & Equipment	52787	50878
医药及医疗器材	Medicines & Medical Appliances	438906	395565
矿产品、建材及化工产品	Minerals,Building & Chemicals	20054415	18984979
# 煤炭及制品	Coal & Related Products	12122088	11427097
石油及制品	Petroleum & Related Products	4208970	4031520
化肥	Chemical Materials	495415	476013
机械设备、五金产品及电子产品	Machinery, Metal and Electronic Products	555290	497495
#农业机械	Agricultural Machinery	118057	106791
贸易经纪与代理	Trading Brokerage & Agency	19998	19867
其他	Others	19999	14937
零售业合计	**Retail Trade**	**14391131**	**12755131**
综合零售	Comprehensive Retail	2064091	1775677
#百货	Consumer Goods	1650893	1427766
食品、饮料及烟草制品	Food, Drink & Tobaccos	151480	138169
#粮油	Grains & Edible Oil	93301	89091
纺织、服装及日用品	Textile , Garment & Household	615586	461738
#纺织品及针织品	Textile & Kintwear Products	14057	13138
服装	Garments	569025	423701
鞋帽	Shoes & Hats	7493	6110
文化、体育用品及器材	Cultural,Sports Goods	103931	85645
#文具用品	Cultural Goods		
体育用品及器材	Sporting Goods and Equipment	7950	6867
图书、报刊	Books, Newspapers and Magazines	31639	20663
医药及医疗器材	Medicines & Medical Appliances	297186	233095
汽车、摩托车、燃料及零配件	Auto,Motorbikes,Fuel & Accessory	9507808	8746235
#汽车	Automobile	4230849	3861290
家用电器及电子产品	Electronic Products	786284	706476
#计算机、软件及辅助设备	Computers, Software	185859	173171
五金、家具及室内装修材料	Hardware,Furniture & Home Decoration Material	321221	240100
货摊、无店铺及其他零售	Stall, NOn-Shop and Other Retails	543544	367997

16-13 续表 continued

单位：万元 (10 000 yuan)

指标	Item	商品销售税金及附加 Sales Tax and Extra Changes	销售费用 Management Cost	营业利润 Total Profits
总 计	**Total**	**315804**	**1280674**	**1065000**
批发业合计	**Wholesale Trade**	**242336**	**653312**	**607309**
农、林、牧产品	Agriculture, Forestry,Husbandry Products	4748	34476	144578
#谷物、豆及薯类	Cereal,Beans & Tubers	3464	27150	-36922
食品、饮料及烟草制品	Food, Beverages & Tobaccos	158636	84995	330258
#米、面制品及食用油	Grains & Edible Oil	4	2576	-9121
果品、蔬菜	Fruits & Vegetables	407	1785	8684
肉、禽、蛋、奶及水产品	Meat, poultry, eggs, milk and aquatic	4385	2632	15264
纺织、服装及家庭用品	Textile, Clothing and Household Goods	5041	8354	8199
#纺织品、针织品及原料	Textile,Kintwear			
服装	Garment	4885	1156	10310
文化、体育用品及器材	Cultural,Sports & Equipment	54	2120	-841
医药及医疗器材	Medicines & Medical Appliances	1308	15898	15056
矿产品、建材及化工产品	Minerals,Building & Chemicals	70328	468392	117821
# 煤炭及制品	Coal & Related Products	60722	312866	175166
石油及制品	Petroleum & Related Products	5396	81083	-12713
化肥	Chemical Materials	1033	10373	-2016
机械设备、五金产品及电子产品	Machinery, Metal and Electronic Products	2046	37197	-8167
#农业机械	Agricultural Machinery	462	4303	1809
贸易经纪与代理	Trading Brokerage & Agency	13	77	165
其他	Others	163	1803	240
零售业合计	**Retail Trade**	**73468**	**627362**	**457691**
综合零售	Comprehensive Retail	23484	117752	81864
#百货	Consumer Goods	20666	83129	63126
食品、饮料及烟草制品	Food, Drink & Tobaccos	699	6164	-1962
#粮油	Grains & Edible Oil	152	1619	-2173
纺织、服装及日用品	Textile , Garment & Household	11325	32696	23098
#纺织品及针织品	Textile & Kintwear Products	12	650	-14
服装	Garments	11052	28843	20115
鞋帽	Shoes & Hats	90	697	136
文化、体育用品及器材	Cultural,Sports Goods	1794	7958	369
#文具用品	Cultural Goods			
体育用品及器材	Sporting Goods and Equipment	11	997	-458
图书、报刊	Books, Newspapers and Magazines	417	3453	3534
医药及医疗器材	Medicines & Medical Appliances	1495	16384	33124
汽车、摩托车、燃料及零配件	Auto,Motorbikes,Fuel & Accessory	24408	340383	201618
#汽车	Automobile	19057	150741	51703
家用电器及电子产品	Electronic Products	1951	40276	11000
#计算机、软件及辅助设备	Computers, Software	499	2210	5328
五金、家具及室内装修材料	Hardware,Furniture & Home Decoration Material	3796	11952	15279
货摊、无店铺及其他零售	Stall, NOn-Shop and Other Retails	4515	53797	93303

16-14 限额以上住宿企业主要财务指标 (2013 年,按登记注册类型和行业分)

Main Financial Indicators of Enterprises above Designated Size in Hotel by Registration and by Sector(2013)

单位：万元 (10 000 yuan)

指 标	Item	营业收入 Operating income	营业成本 Operating costs	营业税金及附加 Business tax and surcharges	销售费用 selling expenses	营业利润 Operating profit
总 计	**Total**	**411711**	**199745**	**21400**	**102388**	**-32787**
按登记注册类型分	**By Status of Registration**					
内资企业	**Domestic Funded Enterprises**	**382404**	**182469**	**19866**	**101580**	**-30000**
国有企业	State owned	45515	23713	2457	13336	-9976
集体企业	Collective owned	3969	1930	235	335	-158
股份合作企业	Cooperative	270	140	15	2	99
联营企业	Joint Ownership	919	460	51	298	4
国有联营公司	State Joint Ownership					
集体联营企业	Collective Joint Ownership	919	460	51	298	4
国有与集体联营企业	Joint State collective					
其他联营企业	Other Joint Ownership					
有限责任公司	Limited Liability Co.	176717	82290	9495	46736	16592
国有独资企业	State funded Co.	7913	7722	448	215	-2027
其他有限责任公司	Other Limited Liability Co.	168804	74568	9047	46520	-14566
股份有限公司	Share holding Co.Ltd.	14191	7045	717	3938	-556
私营企业	Private Enterprises	135569	64421	6544	35373	-2593
私营独资企业	Private funded	23747	18865	992	1601	1379
私营合伙企业	Private Partnership	336	268	5	2	59
私营有限责任公司	Private Limited Liability Co.	109842	44244	5471	33471	-4094
私营股份有限公司	Private Share holding Co. Ltd.	1645	1043	75	300	64
其他企业	Other	5253	2470	352	1564	-227
港、澳、台商投资企业	**Enterprises with Investment from HK , Macao & Taiwan**	**4555**	**6922**	**251**	**132**	**-5318**
港澳台资合资经营	Joint-venture Enterprises (HK,Macao & Taiwan)					
港澳台资合作经营	Cooperative Enterprises (HK,Macao & Taiwan)					
港澳台商独资企业	Sole Investment from HK, Macao & Taiwan	480	265	26	132	-31
港澳台商投资股份有限公司	Share-holding Co.,Ltd.from HK, Macao & Ttaiwan	4075	6657	225		-5288
其它港澳台投资	Others					
外商投资企业	**With Foreign Investment**	**24753**	**10354**	**1283**	**676**	**2531**
中外合资经营企业	Joint venture	1390	426	79		-92
中外合作经营企业	Cooperation					
外资企业	Sole Foreign Investment	23363	9928	1204	676	2623
外商投资股份有限公司	Share-holding Co. Ltd. with Foreign Investment					
其它外商投资	Others					
按国民经济行业分	**By Sector**					
旅游饭店	Tourist Hotel	319833	155433	16809	82217	-34238
一般旅馆	General Hotel	84088	40465	4225	17589	2827
其他住宿服务	Others	7790	3847	366	2583	-1376

16-15 限额以上餐饮企业主要财务指标 (2013 年,按登记注册类型和行业分)

Main Financial Indicators of Enterprises above Designated Size in Catering Trades by Registration and by Sector(2013)

单位：万元 (10 000 yuan)

指标	Item	营业收入 Operating income	营业成本 Operating costs	营业税金及附加 Business tax and surcharges	销售费用 selling expenses	营业利润 Operating profit
总 计	**Total**	**654687**	**377657**	**29502**	**170209**	**-41833**
按登记注册类型分	**By Status of Registration**					
内资企业	**Domestic Funded Enterprises**	**498620**	**271445**	**22627**	**116376**	**-10757**
国有企业	State owned	13164	7565	699	2768	-1112
集体企业	Collective owned	1243	613	62	292	-15
股份合作企业	Cooperative					
联营企业	Joint Ownership					
国有联营公司	State Joint Ownership					
集体联营企业	Collective Joint Ownership					
国有与集体联营企业	Joint State collective					
其他联营企业	Other Joint Ownership					
有限责任公司	Limited Liability Co.	149393	74751	7675	47005	-16706
国有独资企业	State funded Co.	2601	424	146	1091	-744
其他有限责任公司	Other Limited Liability Co.	146792	74327	7530	45914	-15962
股份有限公司	Share holding Co.Ltd.	95899	64209	2553	11154	9975
私营企业	Private Enterprises	232570	120611	11289	54103	-2855
私营独资企业	Private funded	21883	12995	1069	2181	2287
私营合伙企业	Private Partnership	6385	3155	351	1075	543
私营有限责任公司	Private Limited Liability Co.	190552	96801	9423	47995	-5204
私营股份有限公司	Private Share holding Co. Ltd.	13750	7660	446	2852	-481
其他企业	Other	6351	3697	348	1055	-43
港、澳、台商投资企业	**Enterprises with Investment from HK , Macao & Taiwan**	**4655**	**1863**	**249**	**1513**	**335**
港澳台资合资经营	Joint-venture Enterprises (HK,Macao & Taiwan)					
港澳台资合作经营	Cooperative Enterprises (HK,Macao & Taiwan)					
港澳台商独资企业	Sole Investment from HK, Macao & Taiwan	4655	1863	249	1513	335
港澳台商投资股份有限公司	Share-holding Co.,Ltd.from HK, Macao & Ttaiwan					
其它港澳台投资	Others					
外商投资企业	**Enterprises With Foreign Investment**	**151412**	**104349**	**6626**	**52319**	**-31412**
中外合资经营企业	Joint venture	6189	2362	91	2260	53
中外合作经营企业	Cooperation					
外资企业	Sole Foreign Investment	145224	101986	6535	50059	-31464
外商投资股份有限公司	Share-holding Co. Ltd. with Foreign Investment					
其它外商投资	Others					
按国民经济行业分	**By Sector**					
正餐服务	Dinner Services	642496	372760	29087	165908	-41372
快餐服务	Fast Food Services	11656	4625	380	4301	-89
饮料及冷饮服务	Cold drink Services					
其他餐饮服务	Others	535	272	35		-372

主要统计指标解释

社会消费品零售总额 指国民经济各行业直接售给城乡居民和社会集团的消费品总额。它是反映各行业通过多种商品流通渠道向居民和社会集团供应的生活消费品总量，是研究国内零售市场变动情况、反映经济景气程度的重要指标。

社会消费品零售总额包括：(1)售给城乡居民作为生活用的商品和修建房屋用的建筑材料；(2)售给社会集团的各种办公用品和公用消费品；(3)售给机关、团体、学校、部队、企业、事业单位的职工食堂和旅店(招待所)附设专门供本店旅客食用，不对外营业的食堂的各种食品、燃料；企业、单位和国营农场直接售给本单位职工和职工食堂的自己生产的产品；(4)售给部队干部、战士生活用的粮食、副食品、衣着品、日用品、燃料；(5)售给来华的外国人、华侨、港澳台同胞的消费品；(6)居民自费购买的中、西药品、中药材及医疗用品；(7)报社、出版社直接售给居民和社会集团的报纸、图书、杂志，集邮公司出售的新、旧纪念邮票、特种邮票、首日封、集邮册、集邮工具等；(8)旧货寄售商店自购、自销部分的商品；(9)煤气公司、液化石油气站售给居民和社会集团的煤气灶具和罐装液化石油气；(10)农民售给非农业居民和社会集团的商品。不包括售给国民经济各部门企业、事业单位(包括国有经济的农场)生产经营用的各种原材料、燃料、设备、工具等和售给批发零售贸易业、餐饮业作为转卖用的商品，旧货寄售商店受托寄售卖出的商品，服务业的营业收入，邮局出售邮票的收入，自来水、电力、煤气生产(供应)单位的产品供应收入，也不包括农民之间的商品销售。

批发零售贸易业商品购、销、存总额 指各种登记注册类型的批发、零售贸易业(不包括个体)企业(单位)以本企业(单位)为总体的商品购进、销售、库存总额。

商品购进总额 指从本企业(单位)以外的单位和个人购进（包括从境外直接进口）作为转卖或加工后转卖的商品总额。它反映批发零售贸易业从国内、国外市场上购进商品的总量。商品购进总额包括：(1)从工农业生产者购进的商品；(2)从出版社、报社的出版发行部门购进的图书、杂志和报纸；(3)从各种登记注册类型的批发零售贸易企业（单位）购进的商品；(4)从其他单位购进的商品，如从机关、团体、企业等单位购进的剩余物资，从餐饮业、服务业购进的商品，从海关、市场管理部门购进的缉私和没收的商品，从居民手中收购的废旧商品等；(5)从国(境)外直接进口的商品。不包括企业(单位)为自身经营用和未通过买卖行为而收入的商品以及销售退回、商品升溢等。

商品销售总额 指对本企业(单位)以外的单位和个人出售(包括对境外直接出口)的商品总额。它反映批发零售贸易业在国内市场上销售商品以及出口商品的总量。商品销售总额包括：(1)售给城乡居民和社会集团消费用的商品；(2)售给工业、农业、建筑业、运输邮电业、批发零售贸易业、餐饮业、服务业等作为生产、经营使用的商品；(3)售给批发零售贸易业作为转卖或加工后转卖的商品；(4)对国(境)外直接出口的商品。不包括出售本企业(单位)自用的废旧包装用品；未通过买卖行为付出的商品；经本单位介绍，由买卖双方直接结算，本单位只收取手续费的业务；购货退出的商品以及商品损耗和损失等。

批发零售贸易业库存 指报告期末各种登记注册类型的批发零售贸易企业(单位)已取得所有权的商品。它反映批发零售贸易企业(单位)的商品库存情况和对市场商品供应的保证程度。期末库存包括：(1)存放在批发零售贸易业经营单位(如门市部、批发站、经营处)仓库、货场、货柜和货架中的商品；(2)挑选、整理、包装中的商品；(3)已记入购进而尚未运到本单位的商品，即发货单或银行承兑凭证已到而货未到的部分，(4)寄放他处的商品，如因购货方拒绝承付而暂时存放在购货方的商品和已办完加工成品收回手续而未提回的商品；(5)委托其他单位代销(未作销售或调出)尚未售出的商品；(6)代其他单位购进尚未交付的商品。不包括所有权不属于本单位的商品、拨付除批发零售贸易业以外的其他行业所属独立核算加工厂等加工生产尚未收回成品的商品、代国家物资储备部门保管的商品等。

库存总额采用的计算价格是：农副产品采购单位按购进价计算；批发单位按进货价计算；零售单位按核算价格计算，即按什么价格核算就按什么价格计算。

餐饮业营业收入 指餐饮企业、活动单位或个体户的全部营业额，包括商品零售额和其他服务性收入。其主要反映餐饮企业、活动单位或个体户的经营情况及发展变化趋势。

餐饮业商品零售额 指餐饮企业、活动单位或个体户直接对居民和社会集团零售的各种商品。包括：(1)经烹饪、调制加工后出售的各种食品，如主食、炒菜、凉拌菜等；(2)不经加工直接转卖的各种外购商品，如卷烟、酒、饮料、熟食、水果等；(3)附设非独立核算的销售商品的小卖部出售的各种食品及其他商品。

消费品市场成交额 指从事消费品交易的商品市场的全部商品成交金额。消费品市场包括农副产品市场和工业消费品市场。

Explanatory Notes on Main Statistical Indicators

Total Retail Sales of Consumer Goods refer to the sum of retail sales of consumer goods sold by all sectors of the national economy to urban and rural residents and social groups. This indicator is used to show the supply of consumer goods through various channels to households and institutions, and is very important for the study on changes at the domestic retail market, and on economic cycles

The retail sales of consumer goods include: (1) commodities sold to urban and rural residents for their daily use and building materials sold to them for the construction or repair of houses; (2) office appliances and supplies sold to institutions; (3) food and fuels sold to canteens of institutions, enterprises, schools, military units and to canteens of hotels and hostels that only serve their guests, and commodities produced by enterprises, institutions or state farms and sold directly to their employees or their canteens; (4) grain and non staple food, clothing, daily articles and fuels sold to military personnel; (5) consumer goods sold to foreigners, overseas Chinese, and Chinese compatriots from Taiwan, Hong Kong and Macao during their stay in the mainland of China; (6) Chinese and western medicines, herbs and medical facilities purchased by residents; (7) newspapers, books and magazines directly sold to residents and social groups by publishers, new and old commemorative stamps, special stamps, first day covers, stamp albums and other stamp collection articles sold by stamp companies; (8) consumer goods purchased and then sold by second hand shops; (9) stoves and other heating facilities and liquefied gas sold by gas companies to households and institutions; and (10) commodities sold by farmers to non agricultural residents and social groups . Excluded under this heading are: raw materials, fuels, equipment, tools sold to enterprises, institutions and state farms for production purpose; commodities sold to trade establishments for reselling; commissioned sales at second hand shops; operational income of urban public utilities; stamps sold at post offices; income of water, power, gas production and supply establishments from the supply of their products; and sales of commodities among farmers.

Purchase, Sales and Stock of Commodities by Wholesale and Retail Trade refer to the purchase, sales and stock of commodities by wholesale and retail establishments of different status of registration (excluding individual sellers) .

Total Purchases of Commodities refer to the total value of purchases of commodities by the establishments from other establishments or individuals (including direct import from abroad) for the purpose of re selling, either with or without further processing of the commodities purchased. This indicator is used to show the total value of purchases of commodities by wholesale and retail establishments from domestic and overseas markets. The total purchases include: (1)agricultural and industrial products purchased from producers; (2)books, magazines and newspapers purchased from distribution departments of the publishers; (3) commodities purchased from wholesale and retail establishments of different status of registration; (4)commodities purchased from other units, such as surplus materials purchased from government agencies, enterprises or institutions, commodities purchased from catering and service establishments, confiscated goods purchased from customs authorities or market management agencies, second hand goods and wastes purchased from residents; and (5)commodities directly imported from abroad. Excluded are commodities purchased by establishments (units) for use in their own business operation, commodities obtained without buying or selling procedures, rejected commodities, etc.

Total Sales of Commodities refer to value of commodities sold by the establishments to other establishments and individuals (including direct export) . This indicator is used to show the total value of sales of commodities at domestic markets and export. The total sales include:(1) commodities sold to urban and rural residents and social groups for their consumption; (2) commodities sold to establishments in industry, agriculture, construction, transportation, post and telecommunications, wholesale and retail trades, catering trade and public utility for their production and operation; (3) commodities sold to wholesale and retail establishments for re selling, with or without further processing; and (4) commodities for direct export to other countries. Excluded are selling of waste packaging materials used by the establishments (units) themselves, commodities transferred without buying or selling procedures, commission income from brokerage in transactions whose settlement is directly handled by buyers and sellers, rejected commodities in the purchase, loss in commodities, etc.

Commodity Stock of Wholesale and Retail Enterprises refers to total commodities possessed by wholesale and retail enterprises (units) of various types of registration status at the end of the reference period, which reflects the commodity stock level of various wholesale and retail enterprises and the potential for market supply. It includes:(1) commodities located in storage, garages, counters, and shelves of operating units(such as sale stores, wholesale centers, and operating offices) of wholesale and retail enterprises; (2) commodities in the process of selecting, sorting, and packing; (3) commodities not arrived but recorded as purchase in the account, i. e. . commodities not arrived but payment receipts for the commodities from the sellers or the banks arrived; (4) commodities deposited in other places rather than places mentioned above, for instance: commodities in the hold of purchasers temporarily due to the refusal of payment and commodities not taken back after going through the formalities; (5) commodities entrusted to other units to sell but not sold yet; (6) commodities purchased for other units but not delivered yet. Commodities not included as stock are those not owned by the enterprises (units) , those allocated to financially independent factories rather than wholesale and retail enterprises for processing but not taken back yet, and finally those put in stock by wholesale and retail enterprises on behalf of the state material reserves units.

For the calculation of the value of commodities stock, the value is calculated at purchasing prices in agricultural goods purchasing units and wholesale units, and at the accounting prices in retail units.

Business Income of Catering Industryrefer to the total turnover of catering businesses, establishments or individuals, including retail sales and other services income. It reflects the operational and managerial conditions and development trend of catering businesses, establishment s and individuals in t his sector.

Retail Sales of Commodities in Catering Industryrefer to retail sales to residents and social groups by catering enterprises, establishments and individual, including: (1) various food sold after cooking and processing, such as: staple food, cooked dishes, cold and dressed dishes and so on. (2) re-selling commodities without further processing, such as: cigarettes, liquor, beverage, cooked food, fruit s and son on. (3) various food and other commodities sold in and ascent buffets with dependant accounting system.

Volume of Transaction at Free Markets for Consumer Goods refers to the value of transaction or all goods at the free trade markets for consumer goods, where markets include both free markets for farm and sideline products and for manufactured consumer goods.

2014 NEIMENGGU

十七、对外经济贸易

Foreign Trade and Economic Cooperation

资料整理：柏 丽
Arranged By Bai Li

17-1 对外经济贸易
Foreign Trade and Economic Cooperation

指标	Item	2000	2005	2010	2013
进出口总额(万元人民币)	**Total Imports and Exports (RMB10 000 yuan)**	**1687811**	**4165757**	**5774292**	**7311689**
出口总额	Total Exports	847114	1666408	2208571	2495199
进口总额	Total Imports	840697	2499349	3565721	4816490
进出口总额(万美元)	**Total Imports and Exports(USD 10 000)**	**203596**	**516190**	**871894**	**1199247**
出口总额	Total Exports	102185	206489	333485	409257
进口总额	Total Imports	101411	309701	538409	789990
外商投资企业进出口额(万美元)	**Total Imports and Exports of Foreign-funded Enterprises(USD 10 000)**	**13597**	**82872**	**161034**	**162852**
出口总额	Total Exports	11535	41547	96009	77857
进口总额	Total Imports	2062	41325	65025	84995
对外签订利用外资协议(合同)项目(个)	**Number of Projects for Utilization of Foreign Capital in the Signed Agreements & Contracts(unit)**	**127**	**209**	**71**	**34**
对外借款	Foreign Loans	32	12		
外商直接投资	Foreign Direct Investments	95	197	71	34
对外签订利用外资协议(合同)金额(万美元)	**Total Amount of Foreign Capital to Be Utilized in the Signed Agreements & Contracts(USD 10 000)**	**51273**	**161700**		
对外借款	Foreign Loans	25475	23369		
外商直接投资	Foreign Direct Investments	25798	138331		
外商其他投资	Other Foreign Investments				
实际利用外资额(万美元)	**Total Amount of Foreign Capital Actually Used(USD 10 000)**	**54819**	**140007**	**355876**	**484258**
境外筹资转贷款	Overseas Financing transferred loans	43583	21430	17420	19802
外商直接投资	Foreign Direct Investments	11236	118577	338456	464456
外商其他投资	Other Foreign Investments				
外商投资企业基本情况	**Registered Foreign-funded Enterprises**				
年底登记户数(户)	Number of Registered Enterprises(unit)	874	914	3693	2925
投资总额(万美元)	Total Investment(USD 10 000)	253634	1264645	2324266	2291137
注册资本(万美元)	Registered Capital(USD 10 000)	171773	627138	1223998	1084368
# 外方	Capital from Foreign Partners	84084	407333	910119	729676
国外经济合作(万美元)	**Foreign economic cooperation(USD 10 000)**				**14383**
对外承包工程、设计咨询	Foreign contracted projects, design and consultation				11740
# 新签合同额	New contract amount				9000
完成营业额	The turnover				2740
对外劳务合作	Foreign labor cooperation				2643
# 新签劳务人员合同工资总额	Total contract wages of newly signed labor service personnel				1321
劳务人员实际收入总额	Total real income of labor service personnel				1322

注:1、境外筹资转贷款为2011年修改指标,2010年以前为外债余额。

2、国外经济合作分项指标为2011年商务厅改后指标。

a)Lending of overseas financing is the revised index of the 2011,Before 2010 was the balance of foreign debts.

b)Item index of Foreign economic cooperation is the revised index of bureau of Commerce of the 2011.

17–2 外贸进出口贸易总额

Total Imports and Exports

年 份 Year	按人民币计算(万元) RMB 10 000 Yuan			按美元计算(万美元) USD 10 000		
	进出口总额 Total Imports & Exports	出口总额 Total Exports	进口总额 Total Imports	进出口总额 Total Imports & Exports	出口总额 Total Exports	进口总额 Total Imports
1957				1754		1754
1965				333		333
1970				554	158	396
1975				925	394	531
1978	2674	1768	906	1552	1026	526
1980	6555	3970	2585	4397	2663	1734
1981	10676	8100	2576	6008	4558	1450
1982	15733	13881	1852	8173	7211	962
1983	17615	11176	6439	9001	5711	3290
1984	28557	20661	7896	10912	7895	3017
1985	59053	43880	15173	18448	13708	4740
1986	89086	63656	25430	23937	17104	6833
1987	113130	84310	28820	30398	22654	7744
1988	141303	109390	31913	37968	29393	8575
1989	161191	125158	36033	43312	33630	9682
1990	252898	169483	83415	48430	32456	15974
1991	321692	224597	97095	59964	41865	18099
1992	507068	319168	187901	93555	58887	34668
1993	1041650	561843	479807	120283	64878	55405
1994	914685	513373	401312	106128	59565	46563
1995	937671	506785	430886	112310	60840	51470
1996	1038914	569132	469782	124981	68590	56391
1997	1086188	609458	476730	131027	73519	57508
1998	1147173	681635	465538	138581	82343	56238
1999	1330986	750028	580958	160786	90605	70181
2000	1687811	847114	840697	203596	102185	101411
2001	2109035	943996	1165039	254819	114056	140763
2002	2487279	1134776	1352503	300494	137095	163399
2003	2576975	1192581	1384394	311353	144089	167264
2004	3350865	1391710	1959155	404865	168152	236713
2005	4165757	1666408	2499349	516190	206489	309701
2006	4643967	1672155	2971812	594717	214140	380577
2007	5657121	2152965	3504156	774460	294741	479719
2008	6105451	2446445	3659006	893315	357950	535365
2009	4618493	1581088	3037405	676395	231556	444839
2010	5774292	2208571	3565721	871894	333485	538409
2011	7522708	2953377	4569331	1193910	468723	725187
2012	7074817	2495428	4579389	1125667	397045	728622
2013	7311689	2495199	4816490	1199247	409257	789990

17-3 对外贸易出口总额

Total Amount of Export Commodities

单位:万美元 (USD 10 000)

项目	Item	2012	2013
出口总额	**Total Amount**	**397045**	**409257**
按商品类别分	**By Category of Commodities**		
活动物;动物产品	Live Animals & Animal Products	6797	2888
植物产品	Vegetables, Fruits & Cereals	19428	19153
动植物油脂及分解产品;精制食用油脂;动植物蜡	Animal & Vegetable Oils, Fats & Wax, Refined Edible Oils & Fats	16	55
食品、饮料、酒及醋;烟草及代用品的制品	Food, Beverages, Liquor & Vinegar, Tobacco & Tobacco Substitutes	13540	12771
矿产品	Minerals	8091	24182
化学工业及其相关工业的产品	Chemicals & Related Products	52370	59683
塑料及其制品;橡胶及其制品	Plastics & Related Products,Rubber & Related Products	15103	18525
生皮、皮革、毛皮及制品;鞍具挽具;旅行用品、手提包及类似物品;动物肠线制品	Raw Hides, Leather, Furs & Related Products, Saddle,Travel Articles, Handbags and Similar Containers	3036	1990
木及木制品;木炭;软木及制品;稻草、秸杆、针茅或其他编结材料制品;篮筐及柳条编结品	Wood & Wooden Products, Charcoal, Cork & Related Products, Straws, Plaited Products, Baskets & Wickerwork	4260	4314
木浆及其他纤维状纤维素浆;纸及纸板的废碎品;纸、纸板及其制品	Paper Pulp & Cellulose Pulp, Paper and Waste Paper,Paperboard & Related	498	457
纺织原料及纺织制品	Textile Materials & Products	102828	102505
鞋、帽、伞、杖、鞭及其零件;已加工的羽毛及其制品;人造花;人发制品	Footwear, Headgear, Umbrellas, Canes, Whips, Processed Feather, Artificial Flowers, Wigs	2414	2701
石料石膏水泥石棉云母及类似材料的制品;陶瓷产品;玻璃及其制品	Gypsum, Cement, Asbestos, Mica, Ceramic Glass	3034	3464
天然或养殖珍珠、宝石或半宝石、贵金属、包贵金属及其制品,仿首饰硬币	Pearls, Precious or , Jewelry Metal or Rolled Precious Metal, Artificial Jewelry,Coins	16391	13
贱金属及其制品	Base Metals & Related Products	98444	107457
机器、机械器具、电气设备及零件;录音机及放声机、电视图象声音的录制和重放设备及零附件	Machinery, Electric Equipment & Accessories, Recorders, Video Recorder & Accessories	22565	19933
车辆、航空器、船舶及有关运输设备	Locomotives, Vehicles, Aircraft, Ship and Related Transportation Equipment	24670	25382
光学、照相、电影、计量、检验、医疗或外科用仪器设备、精密仪器及设备;钟表;乐器;及其零附件	Optical, Photos, Film, Measuring & Medical Instruments & Equipment,Clocks, Musical Instruments,Related Parts & Accessories	469	372
其他	Others	3091	3412
主要贸易国别、地区	**Main Trade Countries or Regions**		
蒙　古	Mongolia	105445	114479
日　本	Japan	30193	26179
俄罗斯	Russia	27863	27524
美　国	United States	22167	29718
韩　国	South Korea	31347	35145
越　南	Vietnam	6841	12122
中国香港	Hong Kong, China	21652	4105
印　度	India	13220	12537
意大利	Italy	7959	10148
英　国	United Kingdom	4995	5209
法　国	France	9405	4163
印度尼西亚	Indonesia	8165	7507
马达加斯加	Madagascar	3924	
泰　国	Thailand	16738	13769
德　国	Germany	3997	4140

17-4 对外贸易出口主要商品

Main Export Commodities of Foreign Trade

单位：万美元 （USD 10 000）

项 目	Item	2012	2013
针织或钩编的套头衫、开襟衫、马甲及类似品	Pullover, Carligan, Vest	19053	15851
铁合金	Ferroalloy	19458	15999
披巾、头巾、围巾、披纱、面纱及类似品	Scarf	10067	10366
针或钩织女西便服套装，上衣，裙，裙裤，长短裤	Sets of Clothes,Pants For Woman	12184	10788
抗菌素	Antibiotics	17074	17635
贵金属或包贵金属的其他制品	Noble metal	8144	
宽≥600mm经包、镀或涂层的普通钢铁板材	Steel Plate	22417	24981
其他合金钢板材，宽≥600mm	Alloy Steel Plates	11699	16921
货运机动车辆	Freight Moter Rehicles	11788	6610
不规则盘卷的其他合金钢热轧条、杆	Alloy	20204	20885
稀土金属、钇、钪及其混合物的化合物	Rare Earth	7872	
铝箔，厚度不超过0.2毫米	Aluminum Foil		
8801或8802所列货品的零件	Spare parts of 8801 & 8802		
碱金属、碱土金属；稀有金属、钪及钇；汞	Alkali metals, alkaline earth metals; rare metals, scandium and yttrium; mercury		
针或钩织男西或便服套装，上衣，长短裤，马裤	Sets of Clothes,Pants For Man	12184	8802
床上、餐桌、盥洗及厨房用的织物制品	Fabric Products		
初级形状未列名天然聚合物及改性天然聚合物	Natural polymer	11594	14246
仅冷轧，宽≥600mm普通钢铁板材	Only cold, wide≥600mm ordinary steel plate		
挂车及半挂车或其他非机械驱动车辆及其零件	Non mechanical drive of vehicle & Spare parts		
牵引车、拖拉机	Tractor		

17–5 对外贸易进口总额及主要商品

Main Import Commodities of Foreign Trade in Amount & Volume

单位：万美元 （USD 10 000）

项目	Item	2012	2013
进口总额	**Total Import Amount**	**728622**	**789990**
按主要商品类别分	**By Categories of Commodities**		
活动物；动物产品	Live Animals & Animal Products	13566	31727
植物产品	Vegetables; Fruits & Cereals	564	2673
动植物油脂及分解产品；精制食用油脂；动植物蜡	Animal & Vegetable Oils; Fats & Wax; Refined Edible Oils & Fats	1171	657
食品、饮料、酒及醋；烟草及代用品的制品	Food; Beverages; Liquor & Vinegar; Tobacco & Tobacco Substitutes	2699	3255
矿产品	Minerals	363794	368310
化学工业及其相关工业的产品	Chemicals & Related Products	36807	34350
塑料及其制品；橡胶及其制品	Plastics & Related Products; Rubber & Related Products	13014	17387
生皮、皮革、毛皮及制品；鞍具挽具；旅行用品、手提包及类似物品；动物肠线制品	Raw Hides; Leather; Furs & Related Products; Saddle;Travel Articles; Handbags & Similar Containers	1516	2126
木及木制品；木炭；软木及制品；稻草、秸秆、针茅或其他编结材料制品；篮筐及柳条编结品	Wood & Wooden Products; Charcoal; Cork & Related Products; Straws; Plaited Products; Baskets & Wickerwork	143661	138856
木浆及其他纤维状纤维素浆；纸及纸板的废碎品；纸、纸板及其制品	Paper Pulp & Cellulose Pulp;Paper & Waste Paper;Paperboard & Related	25837	29518
纺织原料及纺织制品	Textile Materials & Products	5235	4942
鞋、帽、伞、杖、鞭及其零件；已加工的羽毛及其制品；人造花；人发制品	Footwear; Headgear; Umbrellas;Canes; Whips; Processed Feather;Artificial Flowers; Wigs		
石料石膏水泥石棉云母及类似材料的制品；陶瓷产品；玻璃及其制品	Gypsum; Cement; Asbestos; Mica; Ceramic Glass	773	1921
天然或养殖珍珠、宝石或半宝石、贵金属、包贵金属及其制品，仿首饰硬币	Natural or Cultivated Pearls; Precious or Semi-Stones; Jewelry of Precious Metal or Rolled Precious Metal;Artificial Jewelry;Coins	281	468
贱金属及其制品	Base Metals & Related Products	8805	11916
机器、机械器具、电气设备及零件；录音机及放声机、电视图象声音的录制和重放设备及零附件	Machinery; Electric Equipment & Accessories; Recorders; Video Recorder & Accessories	61871	122644
车辆、航空器、船舶及有关运输设备	Locomotives; Vehicles; Aircraft; Ship & Related Transportation Equipment	11436	5053
光学、照相、电影、计量、检验、医疗或外科用仪器设备、精密仪器及设备；钟表；乐器；及其零附件	Optical,Photographic, Film; Measuring,Medical,Music Instruments & Equipment;Clocks;Parts & Accessories	8583	14144
其他	Others	29009	43
主要进口商品	**Main Import Commodities**		
原　木	Logs	70531	63196
浓缩、加糖或其他甜物质的乳及奶油	Concentrated, containing added sugar or other sweetening matter, milk and cream		26826
铜矿砂及其精矿	Copper Ores	53828	72609
锯材	Wood Sawn	72427	75225
煤炭	Coal	175403	130871
铁矿砂及其精矿	Iron Ores	82641	85138
石油，沥青矿物油类及制品	Petroleum, Asphalt	16513	15202

17-6 利 用 外 资

Utilization of Foreign Capital

单位：万美元 (USD 10 000)

年 份 Year	实际利用外资额 Total Amount of Foreign Capital Actually Used	境外筹资转贷款 Overseas Financing transferred loans	外商直接投资 Direct Foreign Investments	外商其他投资额 Other Foreign Investments
1984	178	178		
1985	530			530
1986	664	230	136	298
1987	1120	468	109	543
1988	961	491	337	133
1989	3050	2415	42	593
1990	2530	1199	1064	267
1991	5532	5422	110	
1992	7910	7300	610	
1993	19213	10713	8093	407
1994	29086	17484	11602	
1995	61801	37696	10605	13500
1996	38355	32931	5424	
1997	44209	29076	8433	6700
1998	44253	31771	9082	3400
1999	40133	30683	9450	
2000	54819	43583	11236	
2001	47342	36466	10876	
2002	58211	35410	22801	
2003	66529	29724	36805	
2004	89664	26921	62743	
2005	140007	21430	118577	
2006	196863	22797	174066	
2007	238780	23891	214889	
2008	285556	20482	265074	
2009	318019	19634	298385	
2010	355876	17420	338456	
2011	404125	20298	383827	
2012	417665	23346	394319	
2013	484258	19802	464456	

注：境外筹资转贷款为2011年修改指标，2010年以前为外债余额。

a)Lending of overseas financing is the revised index of the 2011,Before 2010 was the balance of foreign debts.

17-7 利用外资(按方式分,2013年)

Utilization of Foreign Capital and Investment(by Pattern 2013)

单位:万美元 (USD 10 000)

指标	Item	实际使用金额 Used Value
总 计	**Total**	**484258**
境外筹资转贷款（年末）	**Overseas Financing transferred loans**	**19802**
经营贷款	Business Loan	
固定资产贷款	Fixed asset loans	19802
用于并购的转贷款	Transferred loans for mergers and acquisitions	
用于贸易融资的转贷款	Transfer loans for trade financing	
外商直接投资	**Foreign Direct Investments**	**464456**
合资经营企业	Joint Ventures Enterprises	131975
合作经营企业	Cooperative Operation Enterprises	33122
外资企业	Foreign Investment Enterprises	186882
外商投资股份制企业	Foreign Investment Share Enterprises	112477
合作开发	Cooperative Development	
其 他	Others	
外商其他投资	**Other Foreign Investment**	
对外发行股票	Sale Share	
国际租赁	International Lease	
补偿贸易	Compensation Trade	
加工装配	Processing and Assembly	

17-8 按行业分外商实际直接投资额(2013年)

Actually Used Amount of Foreign Direct Investment by Sector(2013)

单位：万美元 (USD 10 000)

行 业	Sector	2013
总 计	**Total**	**464456**
农、林、牧、渔业	Farming, Forestry, Animal Husbandry and Fishery	7640
采矿业	Mining	109215
制造业	Manufacturing	254372
电力、燃气及水的生产和供应业	Production & Supply of Electric Power, Gas and Water	7750
建筑业	Construction	
批发和零售业	Wholesale and Retail Trade	2653
交通运输、仓储和邮政业	Transportation, Storage and Postal Services	21721
住宿和餐饮业	Quarters and Catering	118
信息传输、软件和信息技术服务业	Information Transmission,Software and IT Services	
金融业	Banking	
房地产业	Real Estate	31943
租赁和商务服务业	Leasing and Commercial Services	28944
科学研究和技术服务业	Scientific and Technical Services	100
水利、环境和公共设施管理业	Water Conservancy, Environment and Public Facilities Administration	
居民服务、修理和其他服务业	Resident Services, Repairs and Other Services	
教育	Education	
卫生和社会工作	Health and Social Work	
文化、体育和娱乐业	Culture, Sports & Recreational Services	
公共管理、社会保障和社会组织	Public Administration，Social Security and Social Organizations	
国际组织	International Organizations	

17-9 年末登记外商投资企业行业分布(2013年)

Sector Distribution Registered of Foreign-Funded Enterprises(2013)

行业	Sector	企业数(户) Number of Registered Enterprises (unit)	投资总额(万美元) Total Investment (USD 10 000)	注册资本(万美元) Registeres Capital (USD 10 000)	#外方 Capital Invested by Foreign Partner
总 计	**Total**	**2925**	**2291137**	**1084368**	**729676**
农、林、牧、渔业	Farming, Forestry, Animal Husbandry and Fishery	75	123624	50557	38654
采矿业	Mining	66	122042	88046	60656
制造业	Manufacturing	372	952028	438606	287361
电力、燃气及水的生产和供应业	Production & Supply of Electric Power, Gas and Water	66	538617	214342	99235
建筑业	Construction	16	8297	4805	1865
批发和零售业	Wholesale and Retail Trade	207	191999	100799	80332
交通运输、仓储和邮政业	Transportation, Storage and Postal Services	51	135909	50977	38789
住宿和餐饮业	Quarters and Catering	90	42331	21252	19305
信息传输、软件和信息技术服务业	Information Transmission, Software and IT Services	1267	73	73	73
金融业	Banking	52	3397	2135	1638
房地产业	Real Estate	29	28384	16432	15069
租赁和商务服务业	Leasing and Commercial Services	73	81034	61511	57876
科学研究和技术服务业	Scientific and Technical Services	52	31965	16223	12751
水利、环境和公共设施管理业	Water Conservancy, Environment and Public Facilities Administration	9	10422	6892	6512
居民服务、修理和其他服务业	Resident Services, Repairs and Other Services	32	15744	9819	7709
教育	Education	4	24	21	6
卫生和社会工作	Health and Social Work	1	24	24	20
文化、体育和娱乐业	Culture, Sports & Recreational Services	9	5223	1854	1825
公共管理、社会保障和社会组织	Public Administration， Social Security and Social Organizations				
其他行业	Others	454			

17-10 对外经济合作

Economic Cooperation with Foreign Countries or Territories

年份 Year	合同数 (份) Number of Contracts (copy)	合同金额 (万美元) Contracted Value (USD 10 000)	完成营业额 (万美元) Value of Business Fulfilled (USD 10 000)
总计 Total			
1976-1988	2	613	337
1989-1999	1332	74124	40190
2000	80	5157	2549
2001	84	5403	2511
2002	110	7440	5092
2003	120	7510	2742
2004	120	55958	6082
2005	92	18017	6100
2006	109	19800	6710
2007	129	22131	8032
2008	120	18232	7110
2009	41	3889	4776
2010	19	2356	4511
对外承包工程			
Contracted Projects			
1976-1988			
1989-1999	111	15079	8954
2000	9	1730	404
2001	10	3630	1561
2002	24	5040	2622
2003	16	3366	1385
2004	2	21	735
2005	8	4613	1986
2006	15	13595	4177
2007	3	13645	5057
2008	9	5233	4481
2009	2	701	3126
2010	3	681	3495
对外劳务合作			
Labor Cooperation			
1976-1988	2	613	337
1989-1999	1207	58111	31054
2000	71	3427	2145
2001	74	1773	950
2002	86	2400	2470
2003	104	4144	1357
2004	118	55937	5347
2005	84	13404	4114
2006	94	6205	2533
2007	126	8486	2975
2008	111	12999	2629
2009	39	3188	1650
2010	16	1675	1016

主要统计指标解释

进出口总额 海关进出口总额指实际进出我国国境的货物总金额。包括对外贸易实际进出口货物,来料加工装配进出口货物,国家间、联合国及国际组织无偿援助物资和赠送品,华侨、港澳台同胞和外籍华人捐赠品,租赁期满归承租人所有的租赁货物,进料加工进出口货物,边境地方贸易及边境地区小额贸易进出口货物(边民互市贸易除外),中外合资经营企业、中外合作经营企业、外商独资企业进出口货物和公用物品,到日离岸价格在规定限额以上的进出口货样和广告品(无商业价值、无使用价值和免费提供出口的除外),从保税仓库提取在中国境内销售的进口货物,以及其他进出口货物。进出口总额用以观察一个国家在对外贸易方面的总规模。我国规定出口货物按离岸价格统计,进口货物按到岸价格统计。

商品经营单位所在地进、出口额 指所在地海关注册登记的有进出口经营权的企业实际进、出口额。

利用外资 指我国各级政府、部门、企业和其他经济组织通过对外 借款、吸收外商直接投资以及用其他方式筹措的境外现汇、设备、技术等。

对外借款 是我国利用外资的重要部分。指通过对外正式签订借款 协议,从境外筹措的资金 ,包括外国政府贷款、国际金融组织贷款、外国银行商业贷款、出口信贷以及对外发行债券等。1996 年及以前还包括对外发行股票。

外商直接投资 指外国企业和经济组织或个人 (包括华侨、港澳台胞以及我国在境外注册的企业)按我国有关政策、法规,用现汇、实物、技术等在我国境内开办外商独资企业、与我国境内的企业或经济组织共同举办中外合资经营企业,合作经营企业或合作开发资源的投资 (包括外商投资收益的再投资),以及经政府有关部门批准的项目投资总额内企业从境外借入的资金。

外商其他投资 指除对外借款和外商直接投资以外的各种利用外资的形式。包括企业在境内外股票市场公开发行的以外币计价的股票 (目前主要是在香港证券市场发行的 H 股和在境内证券市场发行的 B 股)发行价总额,国际租赁进口设备的应付款,补偿贸易中外商提供的进口设备、技术、物料的价款,加工装配贸易中外商提供的进口设备、物料的价款。

对外承包工程 指各对外承包公司以招标议标承包方式承揽的下列业务:(1)承包国外工程建设项目,(2)承包我国对外经援项目,(3)承包我国驻外机构的工程建设项目,(4)承包我国境内利用外资进行建设的工程项目,(5)与外国承包公司合营或联合承包工程项目时我国公司分包部分,(6)对外承包兼营的房屋开发业务。对外承包工程的营业额是以货币表现的本期内完成的对外承包工程的工作量,包括以前年度签订的合同和本年度新签订的合同在报告期内完成的工作量。

对外劳务合作 指以收取工资的形式向业主或承包商提供技术和劳动服务的活动。我国对外承包公司在境外开办的合营企业,中国公司同时又提供劳务的,其劳务部分也纳入劳务合作统计。劳务合作营业额按报告期向雇主提交的结算数(包括工资、加班费和奖金等)统计。

对外设计咨询 指以服务成果向业主收费的技术服务项目。包括承担地形地貌测绘,地质资源勘探与普查,建设区域规划,提供设计文件、图纸、生产工艺技术资料和工程技术经济咨询,工程项目的可行性考察、研究和评估,进行技术指导和培训人员等;也包括承担国(境)内利用外资进行建设的工程项目的上述规定的设计咨询项目的收取外币部分。

Explanatory Notes on Main Statistical Indicators

Total Imports and Exports at Customs refer to the value of commodities imported into and exported from the boundary of China. They include the actual imports and exports through foreign trade, imported and exported goods under the processing and assembling trades and materials, supplies and gifts as aid given gratis between governments and by the United Nation and other international organizations, and contributions donated by over seas Chinese, compatriots in Hong Kong and Macao and Chinese with foreign citizenship, leasing commodities owned by tenant at the expiration of leasing period, the imported and exported commodities processed with imported materials, commodities trading in border areas (excluding mutual exchange goods), the imported and exported commodities and articles for public use of the Sino foreign joint ventures, cooperative enterprises and ventures exclusively with foreign own investment. Also included are import or export of samples and advertising goods for whose CIF or FOB value are beyond the permitted ceiling (excluding goods of no trading or use value and free commodities for export), imported goods sold in China from bonded warehouses and other imported or exported goods. The indicator of the total imports and exports at customs can be used to ob serve the total size of external trade in a country. In accordance with the stipulation of the Chinese government, imports are calculated at CIF, while exports are calculated at FOB

Import and Export Value by Location of China′s Foreign Trade Managing Units refers to actual value of imports and exports carried out by corporations which have been registered by the local customhouse and are vested with right to run import export business.

Utilization of Foreign Capital refers to remittance, equipment and technology financed from abroad, by loans, foreign direct investment and other forms undertaken by the Chinese governments at all levels by various departments, enterprises and other economic units.

Foreign Borrowings an important part of China's utilization of foreign capital, it refers to funds borrowed from abroad through formal signing o f borrowing agreements with foreign institutions, including loans of foreign governments, loans of international financial institutions, commercial loans of foreign banks, export credit, and funds raised by Chinese bonds (and shares before 1996) issued abroad.

Direct Investment by Foreign Entrepreneurs refers to the investments inside China by foreign enterprises and economic organizations or individuals (including overseas Chinese, compatriots from Hong Kong and Macao, and Chinese enterprises registered abroad), following the relevant policies and laws of China, for the establishment of ventures exclusively with foreign own investment, Sino–foreign joint ventures and cooperative enterprises or for co operative exploration of resources with enterprises or economic organizations in China. It includes the re investment of the foreign entrepreneurs with the profits gained fro m the investment an d the funds that enterprises borrow from abroad in the total investment of projects which are approved by the relevant department of the government.

Other Investment by Foreign Entrepreneurs refers to all forms of utilization of foreign capitals other than foreign borrowings and foreign direct investment. It includes the total value of stock shares in foreign currencies issued by enterprises at domestic or foreign stock exchanges (now mainly consisting of H shares issued at Hong Kong Security Market and B shares issued at domestic security markets), rent payable for the imported equipment through international leasing arrangement, cost of imported equipment, technology and materials provided by foreign counterparts in compensation trade and processing and assembly trade.

Contracted Projects with Foreign Countries refer to projects undertaken by Chine se contractors (project contracting companies) through bidding process. They include: (1) overseas civil engineering construction projects financed by foreign investors; (2) overseas projects financed by the Chinese government through its foreign aid programs; (3) construction projects of Chinese diplomatic missions, trade offices and other institutions stationed abroad; (4) construction projects in China financed by foreign investment; (5) subcontracted projects to be taken by Chinese contractors through a joint umbrella project with foreign contractor; (6) housing development projects. The business income from international contracted projects is the work volume of contracted projects completed during the reference period, expressed in monetary terms, including completed work on projects signed in previous years.

Service Cooperation with Foreign Countries refers to the activities of providing technology and labour services to employers or contractors in the forms of receiving salaries and wages. Labour services providing by contractual joint venture s of Chinese international contracting corporations should be included in the statistics of service cooperation with foreign countries. The business income of labour service co-operation is the income in the form of wages and salaries, over time pay, bonuses and other remuneration received from the employers during the reference period.

Overseas Design and Consultation Service refers to projects wit h charges for technical services from overseas operators. It includes geographic and topographic mapping, geological resource prospecting and survey, planning of construction areas, provision of design documents, blueprints, materials on production process and techniques, as well as engineering, technical and economic consultation, and feasibility study, research and evaluation of projects. Also included under this category are the abovementioned services of foreign financed projects in China that are paid in foreign currencies.

2014 NEIMENGGU

十八、旅游

Tourism

资料整理：王亦兵

Arranged By Wang Yibing

18-1 旅游业基本情况
Basic Statistics on Tourism

指标	Item	2000	2005	2010	2013
旅行社总数(个)	**Total Number of Agencies(unit)**	**88**	**404**	**716**	**879**
#组团社	Travel agents	1	10	23	47
边境社	Border community	10	13	15	20
旅行社分社	Travel agencies bureaus			31	163
旅行社职工人数(人)	**Number of Staff and Workers of Travel Agencies(person)**	**1075**	**2051**	**6309**	**5167**
组团社	Travel agents	82	780	920	1095
星级宾馆个数(个)	**Total Number of Stars Hotel(unit)**	**54**	**202**	**263**	**322**
入境旅游人数(人次)	**Total Number of International Tourists Inbound (person-times)**	**391970**	**1001635**	**1428015**	**1616136**
外国人	Foreigners	384000	995007	1400197	1553103
华侨	Overseas Chinese				
港澳同胞	Compatriots from Hong Kong and Macao	2814	5550	17823	37527
台湾同胞	Compatriots from Taiwan	5156	1078	9995	25506
旅行社组织出境旅游总人数（人次）	**Number of outbound tourism of Travel Agency(person-times)**	**19425**	**25808**	**31100**	**74740**
国内旅游人数(万人次)	**Number of Domestic Tourism (10 000 person times)**	**735**	**2062**	**4478**	**6613**
旅游总收入(亿元人民币)	**Income of Tourism(100 million yuan)**	**42.72**	**208.09**	**732.70**	**1403.46**
国际旅游外汇收入 (万美元)	Earnings from International Tourism (USD 10 000)	12645	35207	60190	96229
国内旅游收入(万元人民币)	Earnings from Domestic Tourism (10 000 yuan)	322300	1797200	6929200	13437300
人均花费(元/天)	Per Capita Spending(yuan/day)	272	363	520	670

18-2 接待外国旅游人数

Number of Foreign Tourists by Country

国别(地区)	country(district)	2012	2013
入境旅游人数总计(人次)	**Total Number of Entry Tourists(person times)**	**1591682**	**1616136**
外国人(包括外籍华人)	Foreigners(Including Chinese owning foreign nationality)	1514632	1553103
日 本	Japan	26247	20945
菲 律 宾	Philippines	1308	1565
新 加 坡	Sigapore	2797	3288
美 国	United States	10847	13222
加 拿 大	Canada	3635	4215
英 国	United Kingdom	5263	4820
德 国	Federal Republic of Germany	6460	5222
法 国	France	4483	4096
意 大 利	Italy	1895	1861
瑞 士	Switzerland	659	967
荷 兰	Netherlands	1606	423
澳 大 利 亚	Australia	4369	6952
新 西 兰	New Zealand		
俄 罗 斯	Russia	556368	638583
蒙 古	Mongolia	813156	790118
华 侨	Overseas Chinese		
港澳台同胞	Chinese Compatriots from Hong Kong, Macao and Taiwan	77050	63033
旅游者平均逗留天数(天)	**Average Days of Tourist Staying(day)**	**3.00**	**3.55**
外国人(包括外籍华人)	Foreigners(Including Chinese owing foreign nationality)	3.00	3.90
华 侨	Overseas Chinese		
港澳台同胞	Chinese Compatriots from Hong Kong, Macao and Taiwan	4.00	3.28

18-3 入境旅游外汇收入

Foreign Exchange Earnings

项 目	Item	2012	2013
旅游外汇收入总额(万美元)	**Foreign Exchange Earnings (USD 10000)**	**77196**	**96229**
长途交通费	Long Distance Transportation	14436	19726
#飞 机	Air	6870	13760
火 车	Railway	2316	1828
汽 车	Highway	5249	4138
住 宿	Accommodation	6716	9238
餐 饮	Cater	4941	6159
景区游览	Visiting	2856	3465
娱 乐	Entertainment	3937	4523
购 物	Shopping	33272	38877
市内交通	Local Transportation	695	3560
邮电通讯	Postal and Communication	2084	2309
其 他	Other	8260	8372

18-4 入境旅游情况

Condition of International Tourism

项 目	Item	2012	2013
入境旅游总人数(万人次)	**Overseas Visitor Arrivals (10 000 person-times)**	**159.17**	**161.61**
#满洲里	Manzhouli City	50.91	53.04
二连浩特	Erlianhaote City	64.51	59.91
入境旅游创汇(万美元)	**Foreign Exchange Earning (10 000 yuan)**	**77196**	**96229**
#满洲里	Manzhouli City	31053	36566
二连浩特	Erlianhaote City	18614	23269

主要统计指标解释

旅游人数 包括入境国际旅游者人数、出境居民人数和国内旅游者人数。

(1)入境国际旅游者人数：指来中国参观、访问、旅行、探亲、访友、休养、考察、参加会议和从事经济、科技、文化、教育、宗教等活动的外国人、华侨、港澳同胞和台湾同胞的人数。不包括外国在我国的常驻机构，如使领馆、通讯社、企业办事处的工作人员；来我国常住的外国专家、留学生以及在岸逗留不过夜人员。

(2)出境居民人数：指大陆居民因公务活动或私人事务短期出境的人数。公务活动出境居民人数包括在国际交通工具上的中国服务员工，因私出境居民人数不包括在国际交通工具上的中国服务员工。

(3)国内旅游者人数：指我国大陆居民和在我国常住 1 年以上的外国人、华侨、港澳台同胞离开常住地在境内其他地方的旅游设施内至少停留一夜，最长不超过 6 个月的人数。

国际旅游(外汇)收入 指入境旅游的外国人、华侨、港澳同胞和台湾同胞在中国大陆旅游过程中发生的一切旅游支出，对于国家来说就是国际旅游(外汇)收入。

国际旅行社 指经营对外招徕并接待外国人、华侨、港澳同胞和台湾同胞来中国、归国或回内地旅游业务的旅行社。

国内旅行社 指负责经营招徕、组团、接待国内旅客的旅游业务，以及不对外招徕，负责经营接待国际旅行社或其它涉外部门组织的外国人、华侨、港澳同胞和台湾同胞来中国、归国或回内地的旅游业务的旅行社。

星级饭店 指已评定星级的饭店。

Explanatory Notes on Main Statistical Indicators

Number of Tourists include international tourists entering into China, Chinese residents going abroad and domestic tourists.

(1) International tourists refer to foreigners, overseas Chinese, Chinese compatriots from Hong Kong, Macao and Taiwan coming to China for sightseeing, visits, tours, family reunions, vacations, study tours, conferences and other activities of a business, scientific and technological, cultural, educational and religious nature. It does not include representatives and employees of resident institutions of foreign countries in China such as embassies, consulates, news agencies and offices of foreign companies and organizations, nor does it include long term foreign experts or students residing in China, or persons in transition without spending a night in China.

(2) Chinese residents going abroad refer to Chinese residents going abroad for short terms for either public business or private purposes. Chinese employees working on international transport carriers are included in those going abroad for public business purpose, not in those for private purpose.

(3) Domestic tourists refer to residents of the mainland of China who stay for one night at least, but no more than 6 months at tourist facilities in other places than their permanent residence within the territory of the mainland China, including foreigners, overseas Chinese and Chinese compatriots from Hong Kong, Macao and Taiwan who have resided in China for over one year.

Foreign Exchange Earnings from International Tourism refer to the total expenditures of foreigners, overseas Chinese, Chinese compatriots from Hong Kong, Macao and Taiwan during their stay in the mainland of China, which are earnings of foreign exchange from international tourism from the point of view from China.

International Travel Agencies refer to travel agencies engaged in the promotion, solicitation, organization and reception of tours to the mainland of China by foreigners, overseas Chinese, Chinese compatriots from Hong Kong, Macao and Taiwan.

Domestic Travel Agencies refer to travel agencies engaged in the promotion, solicitation, organization and reception of domestic tourists, and in the reception of foreigners, overseas Chinese, Chinese compatriots from Hong Kong, Macao and Taiwan organized by international travel agencies or other departments concerned, without their own promotion and solicitation programs.

Star–hotels refer to hotels rated with stars.

2014 NEIMENGGU

十九、金融和保险

Banking and Insurance

资料整理：郭翔
Arranged By Guo Xiang

19-1 银行业金融机构、人员数(2013年末)

Number of Institutions and Persons Engaged in Finance System(End of 2013)

项目	Item	机构数(个) Number of Institutions (unit)	年末人数(人) Number of Staff and Workers (person)
总计	**Total**	**5308**	**93722**
政策性银行	**Policy-related Bank**	**85**	**2282**
国家开发银行	State Development Bank	1	141
中国农业发展银行	Agricultural Development Bank of China	84	2141
国有商业银行	**State-owned Commercial Bank**	**1590**	**40939**
中国工商银行	Industrial and Commercial Bank of China	449	12659
中国农业银行	Agricultural Bank of China	589	12800
中国银行	Bank of China	266	6315
中国建设银行	Construction Bank of China	267	8375
交通银行	Bank of Communications	19	790
股份制商业银行	**Joint-stock Commercial Bank**	**78**	**2985**
中信银行	China Citic Bank	18	632
中国光大银行	China Everbright Bank	9	381
华夏银行	Hua Xia Bank	9	379
招商银行	China Merchants Bcmk	11	472
上海浦东发展银行	Shanghai pudong Development Bank	13	367
兴业银行	Industrial Bank	12	448
民生银行	Min Sheng Bank	6	306
城市商业银行	**City Commercial Bank**	**317**	**12240**
农村合作金融机构	**Rural Cooperative Financial Institutions**	**2405**	**30638**
农村信用社	Rural Credit Cooperatives	1660	19253
农村商业银行	Rural Commercial Bank	466	6384
农村合作银行	Rural Coopeyation Bank	180	2120
村镇银行	Rural and Taon Bank	96	2829
贷款公司	Loan Corporation	1	38
农村资金互助社	Rural Fund Cooperation Society	2	14
非银行金融机构	**Non-bank Finance Institutions**	**4**	**398**
企业集团财务公司	Corporate Finance Companies	2	52
信托公司	Trust Corporation	2	346
邮政储蓄银行	**Postal Savings Bank**	**825**	**4083**
资产管理公司	**Asset Management Corporation**	**3**	**129**
外资金融机构	**Foreign Financial Institutions**	**1**	**28**

注：邮政储蓄银行不包括代理营业机构。

a)Postal Savings Bank is not include Agency business organizations.

19-2 金融机构人民币存、贷款年末余额

Saving Deposits and Loans of Financial Institutions at Year-end

单位：万元　　(10 000 yuan)

年 份 Year	各项存款余额合计 Depoits	# 企业存款 Depoits of Enterprises	# 城乡储蓄存款 Urban and Rural Savings Deposits	各项贷款余额合计 Loans	# 工业贷款 Loans to Industrial Enterprises	# 商业贷款 Loans to Commercial Enterprises	# 农业贷款 Agricultural Loans
1949	140	120		195	92	91	12
1950	1525	635	119	767	75	459	233
1951	4227	1619	219	3312	402	2163	747
1952	9034	3161	397	7089	593	5017	1479
1953	9937	3543	590	16492	1367	13360	1765
1954	12477	4223	1256	33777	2146	29908	1723
1955	17259	4126	1235	40223	2445	36242	1536
1956	15456	6427	2426	40576	3745	30496	6330
1957	19212	5527	3456	45042	3536	36810	4696
1958	50202	14707	5481	66279	12923	48083	5273
1959	62204	11976	7776	140589	49725	86119	4745
1960	83174	14756	10272	177063	85910	84703	6450
1961	76297	19608	5616	173300	59865	105884	7551
1962	66097	31248	3708	140530	37211	93696	9623
1963	63565	27446	4144	107154	25294	73514	8346
1964	86304	19796	5885	98027	25451	72465	111
1965	76946	22060	6913	102246	24133	77336	777
1966	91036	29410	7386	134554	30299	92977	11278
1967	85323	29687	7814	146590	44634	89084	12872
1968	94204	34411	8380	154190	51580	89045	13565
1969	84049	33112	7068	174312	61467	97906	14939
1970	98931	35109	7844	233001	68242	150137	14622
1971	105614	39136	9504	268530	82034	172315	14181
1972	102931	40288	11994	260678	77738	165836	17104
1973	127154	51746	14163	279108	88418	167532	23158
1974	123097	50332	15959	292432	91734	174258	26440
1975	148439	68452	17464	318410	92559	196711	29140
1976	153865	70737	18552	345268	95167	216124	33977
1977	162209	67821	21908	367586	97370	231722	38494

19-2 续表 continued

单位：万元 (10 000 yuan)

年 份 Year	各项存款余额合计 Deposits	# 企业存款 Deposits of Enterprises	# 城乡储蓄存款 Urban & Rural Savings Deposits	各项贷款余额合计 Loans	# 工业贷款 Loans to Industrial Enterprises	# 商业贷款 Loans to Commercial Enterprises	# 农业贷款 Agricultural Loans	# 基建贷款 Loans for Capital Construction	# 技改贷款 Loans for Technical Innovation
1978	164678	67214	25307	403314	110930	246495	45889		
1979	206997	75522	33092	436393	120396	256689	52236		
1980	231227	82688	48642	492949	129636	289980	67516		5677
1981	296065	103970	63106	558697	141810	330354	68239		14667
1982	364613	114791	84452	620194	148745	355038	73375	15587	26437
1983	442119	121952	112569	710563	175272	402264	75706	24778	28525
1984	500609	169826	155599	809114	219008	434714	86724	24767	32332
1985	560822	165393	210077	905412	275658	490451	89030	22465	42905
1986	782114	291284	290738	1291351	373446	590163	99373	48935	82523
1987	971166	337985	389691	1520239	436267	689530	114882	93458	188982
1988	1198527	401268	508287	1802119	537013	819194	126932	66132	119188
1989	1360860	382088	679584	2127588	681802	944070	139861	78510	139794
1990	1697712	424678	934355	2729173	869405	1272231	158545	109050	158675
1991	2057796	483906	1193618	3268535	1017327	1447576	188438	229244	201602
1992	2628246	783031	1497165	3951616	1153695	1683779	229783	353655	275853
1993	3505394	773581	2321390	5297191	1379014	2033053	427737	603560	327876
1994	4577562	1135970	3183199	6743662	1617514	2290203	229180	1054354	382402
1995	5663419	1303563	4108239	8198675	1879398	2566713	428884	1535360	466283
1996	7037693	1651490	5053804	10029833	2215841	3025593	510457	2011886	547128
1997	8455291	1993334	6050130	11721737	2518926	3467961	582678	2565495	587911
1998	9966107	2233337	7075160	13187511	2813556	3764324	533490	2885535	652933
1999	10923695	2512228	7976283	13641685	2649791	3794411	614282	3005261	636275
2000	12701349	3041165	8757399	13407383	2313181	3565930	692289	2513615	577427
2001	14987869	3750596	9867305	14707493	2570704	3437091	874092	3041254	594685
2002	17352559	4227073	11381038	16497795	2795982	3402539	1041324	4280175	139797
2003	20909846	5442363	13556610	19241312	3264636	3121745	1136558	5342779	222438
2004	25763691	6900717	16038752	22397621	3330576	2956277	1412981	6897652	302228
2005	32981538	8448175	19735996	25885704	3216173	3465313	1750056	8841665	358323
2006	40365605	10326769	22713442	32051943	4561123	3548955	1921286	11503692	259640
2007	49537024	13645713	25419224	37677360	4953807	3763969	2294291	13216458	188389
2008	63410312	17526198	32116628	45278595	5447082	4196462	3138133	15953891	410905
2009	83736999	26590936	39139510	62925233	6408156	4908094	4514951	23102340	668800
2010	102786934	31072851	46181090	79194745					

19-3 金融机构人民币信贷收支

Sources and Uses of Credit Funds of Financial Institutions

单位:万元 (10 000 yuan)

项 目	Item	2013
各项存款	**Deposits**	**152056929.34**
单位存款	Corporate Deposit	68309620.39
#活期存款	Demand	42689107.88
定期存款	Time	10749970.35
通知存款	Call Deposit	1604161.73
保证金存款	Margin Deposit	7964220.22
个人存款	Individual Deposit	76611885.77
#储蓄存款	Savings Deposit	74551650.02
保证金存款	Margin Deposit	74837.74
结构性存款	Structured Deposits	1985398.02
财政性存款	Financial Savings	5531349.11
临时性存款	Temporary Deposit	336869.72
委托存款	Entrust Deposit	172948.77
其他存款	Other Deposit	1094255.59
各项贷款	**Loans**	**129441689.99**
境内贷款	**Domestic Loans**	**129440949.36**
短期贷款	Short-term Loans	52421830.18
#个人贷款及透支	Personal Loans & Overdraw	15265361.62
单位普通贷款及透支	Unit Loans & Overdraw	34355149.32
普通并购贷款	Ordinary Loans	
银团贷款	Syndicated Loans	192695.00
贸易融资	Trade Financing	2608624.24
境外筹资转贷款	Overseas Financing Loans	
中长期贷款	Medium-term & Long-term Loans	74673390.42
个人贷款	Personal Loans & Overdraw	18975298.83
单位普通贷款	Unit Loans & Overdraw	51323799.52
普通并购贷款	Ordinary Loans	928740.00
银团贷款	Syndicated Loans	3426552.07
贸易融资	Trade Financing	19000.00
境外筹资转贷款	Overseas Financing Loans	
融资租赁	Renting by Circulated Fund	
票据融资	Circulated Fund by Bills	2090855.16
#贴现	Discounting	2090855.16
各项垫款	Money Advanced	254873.60
境外贷款	**Foreign Loans**	**740.63**

19-4 国有商业银行人民币信贷收支(年末余额, 2013 年)

Sources and Uses of Credit Funds of Stated-owned Commercial Banks At the End of Year(2013)

单位：万元 (10 000 yuan)

项目	Item	2013
各项存款	**Deposits**	**75868484.83**
单位存款	Corporate Deposit	34464421.44
#活期存款	Demand	22955116.36
定期存款	Time	5871011.21
通知存款	Call Deposit	913786.45
保证金存款	Margin Deposit	1614983.21
个人存款	Individual Deposit	40530781.00
#储蓄存款	Savings Deposit	39349973.54
保证金存款	Margin Deposit	33069.74
结构性存款	Structured Deposits	1147737.72
财政性存款	Financial Savings	
临时性存款	Temporary Deposit	227686.31
委托存款	Entrust Deposit	
其他存款	Other Deposit	645596.09
各项贷款	**Loans**	**59330765.82**
境内贷款	**Domestic Loans**	**59330570.19**
短期贷款	Short-term Loans	16280878.59
#个人贷款及透支	Personal Loans & Overdraw	1567509.79
单位普通贷款及透支	Unit Loans & Overdraw	12695614.56
普通并购贷款	Ordinary Loans	
银团贷款	Syndicated Loans	115002.00
贸易融资	Trade Financing	1902752.24
境外筹资转贷款	Overseas Financing Loans	
中长期贷款	Medium-term & Long-term Loans	42210411.59
个人贷款	Personal Loans & Overdraw	11552290.56
单位普通贷款	Unit Loans & Overdraw	29265450.69
普通并购贷款	Ordinary Loans	418177.50
银团贷款	Syndicated Loans	955492.83
贸易融资	Trade Financing	19000.00
境外筹资转贷款	Overseas Financing Loans	
融资租赁	Renting by Circulated Fund	
票据融资	Circulated Fund by Bills	809053.27
#贴现	Discounting	809053.27
各项垫款	Money Advanced	30226.74
境外贷款	**Foreign Loans**	**195.63**

19-5 金融机构人民币存款基准利率
Legal Interest Rates on Deposits of Financial Institutions

单位：年利率%　　　　(annual interest rate %)

项 目	Item	2011年7月7日 July. 7, 2011	2012年6月8日 June. 8,2012	2012年7月6日 July. 6,2012
活期存款	**Demand**	**0.50**	**0.40**	**0.35**
定期存款	**Time**			
#整存整取	Lump-sum time			
三个月	3Months	3.10	2.85	2.60
半年	6Months	3.30	3.05	2.80
一年	1Year	3.50	3.25	3.00
二年	2Years	4.40	4.10	3.75
三年	3Years	5.00	4.65	4.25
五年	5Years	5.50	5.10	4.75
#零存整取、整存零取、存本取息	Installment fixed deposits admission is the entire deposit			
一年	1Year	3.10	2.85	2.60
三年	3Years	3.30	3.05	2.80
五年	5Years	3.50	3.25	3.00
#定活两便	Time-demand Deposit	一年内定期整存整取同档次利率打六折	一年内定期整存整取同档次利率打六折	一年内定期整存整取同档次利率打六折
协定存款	**Negotiated Deposit**	**1.31**	**1.21**	**1.15**
通知存款	**Call Deposit**			
一天	1day	0.95	0.85	0.80
七天	7days	1.49	1.39	1.35

19-6 金融机构人民币贷款基准利率
Legal Interest Rates on Loans of Financial Institutions

单位：年利率% (annual interest rate%)

项 目	Item	2011年7月7日 July. 7, 2011	2012年6月8日 June. 8,2012	2012年7月6日 July. 6,2012
短期贷款	**Short-term Loans**			
六个月以内（含六个月）	6 months	5.35	5.85	5.60
六个月至一年（含一年）	6 months to one year	5.81	6.31	6.00
中长期贷款	**Medium-term & Long-term Loans**			
一至三年（含三年）	1 to 3 years	5.85	6.40	6.15
三至五年（含五年）	3 to 5 years	6.22	6.65	6.40
五年以上	More than 5 years	6.40	6.80	6.55
贴现	**Discounting**	**以再贴现利率为下限加点确定**	**以再贴现利率为下限加点确定**	**以再贴现利率为下限加点确定**
个人住房公积金贷款	Personal Housing Accumulation Fund Loan			
五年以下（含五年）	Less than 5 years	4.45	4.20	4.00
五年以上	More than 5 years	4.90	4.70	4.50

19-7 上市公司情况
Summary for Number of Listed Companies

单位：个 (unit)

年 份 Year	全区合计 All Region	上交所 Shanghai Stock Exchange	深交所 Shenzhen Stock Exchange	#仅发A股公司 A share Only	#仅发B股公司 B share Only	H股 H share	增发A股公司 A Share Add
1994	1	1		1			
1995	1	1			1		
1996	4	1	3	4			
1997	5	3	2	4	1		
1998	2	2		2			
1999	1	1		1			
2000	5	5		5			
2001	1	1		1			1
2002							2
2003							
2004	2	1		1		1	
2005	1	1		1			
2006							
2007	1		1	1			
2008							
2009							
2010	1		1	1			
2011	2	1	1	2			
2012	2		2	2			
2013	1	1		1			

19–8 股票发行筹资情况
Issuing Summary for Stocks

年 份 Year	股票发行量 (万股) Amount Issued (10 000 shares)					股票筹资额 (亿元) Raised Capital (100 million yuan)				
		A股 A share	B股 B share	A、B股配股 A & B Shares Rights Issued	H股 H share		A股 A share	B股 B share	A、B股配股 A & B Shares Rights Issued	H股 H share
1989	1820	1820				0.5	0.5			
1994	5000	5000				1.95	1.95			
1995	11000		11000			4.38	4.38			
1996	6520	5020		1500		3.46	2.86		0.60	
1997	51800	22200	16600	13000		25.36	10.83	5.61	8.92	
1998	32852	13100	19752	22.72		8.37		14.35		
1999	13095			13095		9.71		9.71		
2000	38230	30800		7430		32.58	24.10		8.48	
2001	44720	43000		1720		33.84	31.57		2.27	
2002	15896	15896				17.95	17.95			
2003	1258			1258		7.84			7.84	
2004	40000	5000			35000	17.78	3.49			14.29
2005	14000	14000				4.68	4.68			
2006										
2007	7800	7800				7.64	7.64			
2008						57.21	57.21			
2009						47.88	47.88			
2010	1900	1900				5.50	5.50			
2011	13900	13900				31.71	31.71			
2012	6159	6159				8.95	8.95			
2013	2500	2500				2.27	2.27			

19–9 中资保险公司业务技术指标(2013 年)

Economic and Technical Indicators of Insurance Companies Funded With Chinese Capital(2013)

项 目	Item	保险金额(亿元) Amount Insured (100 million yuan)	保费收入(万元) Premium (10 000 yuan)	赔款及给付(万元) Claim and Payment (10 000 yuan)
总 计	**Total**	**73075.01**	**2746908.65**	**1005586.03**
财产保险公司	**Property Insurance Company**	**59491.82**	**1354249.51**	**698193.85**
企业财产险	Enterprise Property Insurance	11430.55	79156.67	36029.80
家庭财产险	Family Property Insurance	490.84	5708.71	1643.19
机动车辆险	Motor Vehicle Insurance	10564.53	878519.92	466516.29
货物运输险	Freight Transport Insurance	481.42	6405.10	1043.40
建筑、安装工程	Construction and Installation Projects	553.30	9037.70	5785.29
其它财产保险	Other Property Insurance	26.39	976.67	229.01
责任险	Liability Insurance	5235.36	29553.13	12326.79
产品责任险	Products Liability Insurance	9.10	336.64	41.91
雇主责任险	Employers Liability Insurance	402.05	6027.66	2291.07
公众责任险	Public Liability Insurance	4413.73	18349.30	7682.43
其它责任险	Other Liability Insurance	410.48	4839.53	2311.39
信用保险	Credit Insurance	41.06	3859.63	711.63
保证保险	Guarantee Insurance	95.20	5656.89	601.29
农业保险	Agriculture Insurance	1891.96	278418.99	151159.14
人身保险公司	**Life Insurance Company**	**13583.20**	**1392659.14**	**307392.19**
寿险	Life Insurance	2404.99	1213780.64	246705.30
健康险	Health Insurance	2256.96	144891.87	51698.44
人身意外伤害险	Unforeseen Human Injury Insurance	8921.25	33986.63	8988.45

19-10 财产保险业务收入与赔付(2013年)

Premiums and Claim & Payment of Property Insurance(2013)

单位：万元 (10 000 yuan)

项 目	Item	保险金额 Amount Insured	保费收入 Promiums	已决赔款 Indrmnity	未决赔款 Loss Assessment of Unsrttled Claims
财产保险	**Property Insurance**	**594918151**	**1354250**	**660343**	**213999**
# 企业财产险	Enterprise Property	114305531	79157	30636	23555
家庭财产险	Family Property	4908429	5709	1632	284
机动车辆险	Motor Vehicle Insurance	105645311	878520	440537	156209
货物运输保险	Freight Transport Insurance	4814229	6405	1000	451
责任险	Liability Insurance	52353630	29553	11348	8305
# 产品责任险	Products Liability Insurance	90982	337	39	5
雇主责任险	Employers Liability Insurance	4020516	6028	2151	1007
公众责任险	Public Liability Insurance	44137305	18349	6369	6219
其他责任险	Other Liability Insurance	4104828	4840	2790	1075
保证保险	Guarantee Insurance	952002	5657	507	2073
农业保险	Agriculture Insurance	18919552	278419	146769	2389
# 种植业险	Planting Insurance	18551168	260555	140318	2235
养殖业险	Animal Husbandry Insurance	368384	17864	6451	154

19-11 人身保险业务收入与赔付(2013年)

Premiums and Claim & Payment of Accident in Surance Insurance(2013)

项 目	Item	新保承保人数(万人) New Person of Insurance (10 000 persons)	保费收入(万元) Premiums (10 000 yuan)	赔款(万元) Claim (10 000 yuan)	满期给付(万元) Value of Expiration Payment (10 000 yuan)
总 计	**Total**	**2002**	**1392659**	**135583**	**171810**
寿险	Life Insurance	189	1213781	75810	170895
# 非分红产品	Non-Share out Bonus Products	139	233618	38128	60145
分红产品	Share out Bonus Products	33	959461	31772	109505
投资连接产品	Products Link to Insvestment		213	16	12
万能产品	All-purpose Products	18	20489	5894	1233
意外伤害保险	Unforeseen Human Injury Insurance	947	33987	8988	
# 一年期以内	Less than one Year	308	3024	327	
一年期	One Year	639	30962	8662	
健康保险	Health Insurance	865	144892	50784	914
# 一年期(及一年期以内)	One Year(Less than one Year)	831	32420	29855	
一年期以上	Over One Year	34	112472	20929	914

注:此表未包括财产保险公司中的人身保险业务。

a)Property Insurance Companies´ life insurance is not included in this table.

19-12 银行卡业务基本情况

Basic Conditions of Bank card business

项　　目	Item	2012	2013
银行卡累计发放量（万张）	**Total Payment Amount of Bank Card(10 000)**	**6792.32**	**8738.79**
借记卡	Debit Card	6379.47	8163.21
#银联标准卡	Standard Bank Card	4900.81	6771.72
信用卡	Credit Card	412.85	575.58
#银联标准卡	Standard Bank Card	255.34	377.19
银行卡受理商户、机具	**Accepting Bank Card Business, Equipment**		
特约商户（户）	Special Merchant	110827	195333
销售终端（台）	POS	142591	251554
自动柜员机（台）	ATM	7248	9884
银行卡跨行交易量（本年累计）	**Volume of Inter Bank Trading**		
清算笔数（万笔）	Settlement Amount(10 000)	8499.32	11828.62
#ATM交易量	Volume of ATM	3377.73	3993.31
POS机交易量	Volume of POS	4928.20	7635.10
非传统渠道交易量	Volume of Non traditional channel	193.39	200.21
清算金额（亿元）	Amount of Settlement(100 million yuan)	2701.85	4082.57
#ATM交易量	Volume of ATM	346.83	470.80
POS机交易量	Volume of POS	2304.03	3512.89
非传统渠道交易量	Volume of Non traditional channel	51.00	98.88

主要统计指标解释

信贷资金 指金融机构以信用方式积聚和分配的货币资金。金融机构信贷资金的来源有各项存款、对国际金融机构负债、流通中货币、银行自有资金及当年结益等;信贷资金的运用有各项贷款、黄金占款、外汇占款、财政借款及在国际金融机构中的资产等。

存款 指企业、机关、团体或居民根据资金必须收回的原则,把货币资金存入银行或其他信用机构保管并取得一定利息的一种信用活动形式。根据存款对象的不同可划分为企业存款、财政存款、机关团体存款、基本建设存款、城镇储蓄存款、农村存款等科目。它是银行信贷资金的主要来源。

贷款 指银行或其他信用机构根据资金必须归还的原则,按一定利率,为企业、个人等提供资金的一种信用活动形式。我国银行贷款分为流动资金贷款、固定资产贷款、城乡个体工商户贷款以及农业贷款等科目。

中资保险公司 指中国公民、法人或其他组织出资(含外资参股)设立的保险公司。

保险金额 指保险人承担赔偿或者给付保险金责任的最高限额。

保费 指投保人为取得保险人在约定范围内所承担赔偿责任而支付给保险人的费用。

赔款 指保险人根据保险合同的规定,向被保险人支付的赔偿保险责任损失的金额。

给付 包括死伤医疗给付和满期给付。死伤医疗给付是指保险人根据人寿保险及长期健康保险合同的规定,因被保险人在保险期内发生保险责任范围内的保险事故支付给被保险人(或受益人)的金额。满期给付是指被保险人生存期满,保险人按人寿保险合同规定支付给被保险人的满期保险金额。

Explanatory Notes on Main Statistical Indicators

Credit Funds refer to the funds issued as loans by banking institutions. The sources of credit funds of the banking institutions included deposits, Liabilities to international financial institutions, currency in circulation, self-owned funds and current retained profits, etc. The credit funds can be used in forms of loans, gold, foreign exchange, government debt and assets in the international financial institutions.

Deposit is a form of credit by which enterprises, institutions, organizations or households can put money into banks and other credit institutions for safekeeping and interest earning under the principle of free withdrawal. According to different depositors, deposits are divided into enterprise deposits, treasury deposits, deposits of government agencies and organizations, capital construction deposits, urban savings deposits, rural deposits and other deposits. Deposits are major sources of the credit funds of banks.

Loan is a form of credit by which banks and other credit institutions provide funds at certain interest rate to enterprises and individuals in the light of the principle of unconditional repayment. Loans from Chinese banks include circulating capital loans, fixed assets loans, loans to urban and rural individuals engaged in industrial and commercial business and agricultural loans.

Insurance Companies Funded with Chinese Capital refer to insurance companies established with capitals from Chinese citizens, corporate institutions or other organizations (including companies with shares from foreign capital).

Amount Insured refers to the maximum that the insurant will get for the claim of the case insured.

Premium is the fee paid by the insurant to the insurer to obtain the obligation of compensation from the insurance within the agreed terms.

Settled Claim is the compensation paid by the insurer to the insurant in accordance with the insurance contract.

Payment includes payment for death, injury or medical treatment and mature payment. Payment for death, injury or medical treatment refers to the money paid to the insurant (or the beneficiary) in accordance with the life or health insurance contract when the insurant encounters accidents within the insured period covered in the contract. Mature payment refers to the mature payment to the insurant in accordance with the life insurance contract at the end of the insured period.

2014 NEIMENGGU

二十、教育、科技和文化

Education and Culture

资料整理：邰焱燚 程旭嵘
Arranged By Tai Yanyi, Cheng Xurong

20-1 教育事业基本情况

Basic Statistics on Education

项 目	Item	2012	2013
学校数(所)	**Number of Schools(unit)**	**6426**	**6429**
普通高等学校	Regular Institutions of Higher Education	48	49
普通中等学校	Secondary Schools	1311	1290
#中等专业学校	Specialized Secondary Schools	147	142
中等技术学校	Technical Secondary Schools	84	80
中等师范学校	Teacher Secondary Schools	2	1
普通中学	Regular Secondary Schools	1035	1026
职业中学	Vocational Secondary Schools	129	122
小 学	Primary Schools	2443	2308
幼儿园	Kindergartens	2585	2740
特殊教育	Special Schools	39	42
专任教师(人)	**Number of Full time Teachers(person)**	**274121**	**274772**
普通高等学校	Regular Instiutions of Higher Education	24654	24554
普通中等学校	Secondary Schools	109659	119679
#中等专业学校	Specialized Secondary Schools	6561	6354
中等技术学校	Technical Secondary Schools	4600	4494
中等师范学校	Teacher Secondary Schools	234	86
普通中学	Regular Secondary Schools	94383	104838
职业中学	Vocational Secondary Schools	8715	8487
小 学	Primary Schools	112898	100752
幼儿园	Kindergartens	25807	28666
特殊教育	Special Schools	1103	1121
招生数(人)	**New Student Enrollment(person)**	**1086969**	**1052038**
普通高等学校	Regular Institutions of Higher Education	110894	119263
普通中等学校	Secondary Schools	510208	475646
#中等专业学校	Specialized Secondary Schools	55699	44920
中等技术学校	Technical Secondary Schools	43615	36216
中等师范学校	Teacher Secondary Schools	1775	710
普通中学	Regular Secondary Schools	414187	391794
职业中学	Vocational Secondary Schools	40322	38932
小 学	Primary Schools	233545	230674
幼儿园	Kindergartens	231974	225963
特殊教育	Special Schools	348	492
在校学生(人)	**Student Enrollment(person)**	**3775259**	**3656657**
普通高等学校	Regular Institutions of Higher Education	391434	399201
普通中等学校	Secondary Schools	1522115	1428121
#中等专业学校	Specialized Secondary Schools	157003	140716
中等技术学校	Technical Secondary Schools	133448	118971
中等师范学校	Teacher Secondary Schools	4127	1812
普通中学	Regular Secondary Schools	1246588	1182707
高 中	Senior Secondary Schools	500280	494243
初 中	Junior Secondary Schools	746308	688464
职业中学	Vocational Secondary Schools	118524	104698
小 学	Primary Schools	1365080	1310595
幼儿园	Kindergartens	492175	515543
特殊教育	Special Schools	4455	3197
毕业生数(人)	**Graduates(person)**	**1079407**	**1046929**
普通高等学校	Regular Institutions of Higher Education	105054	108272
普通中等学校	Secondary Schools	534034	506530
#中等专业学校	Specialized Secondary Schools	65612	56366
中等技术学校	Technical Secondary Schools	52367	45192
中等师范学校	Teacher Secondary Schools	986	379
普通中学	Regular Secondary Schools	424539	411022
高 中	Senior Secondary Schools	161274	161587
初 中	Junior Secondary Schools	263265	249435
职业中学	Vocational Secondary Schools	43883	39142
小 学	Primary Schools	242927	232846
幼儿园	Kindergartens	197174	199034
特殊教育	Special Schools	218	247

注:1.普通中学的高中学校数包括高级中学和完全中学。

2.毕业生数、招生数、在校学生数包括成人高校附设普通班学生数。

a)Number of senior secondary schools in regular secondary schools include senior secondary schools & whole secondary schools.

b)The number of graduates,new student enrollment and student enrollment studiing in general class belonging to adult university.

20-2 在校学生民族构成

Composition of Student Enrollment by Nationality

单位:人 (person)

项　目	Item	2012	2013
普通高等教育	**Regular Institutions of Higher Education**	**391434**	**399201**
蒙古族	Mongolian	91281	93167
其他少数民族	Other Minority Nationality	14562	14123
高等教育中研究生	Postgradate Students Enrollment	16214	16897
蒙古族	Mongolian	4447	4481
其他少数民族	Other Minority Nationality	521	551
中等专业学校	**Specialized Secondary Schools**	**137575**	**120783**
中等技术学校	Technical Schools	133448	118971
蒙古族	Mongolian	22726	20409
其他少数民族	Other Minority Nationality	3543	3170
中等师范学校	Teacher Training Schools Secondary	4127	1812
蒙古族	Mongolian	735	172
其他少数民族	Other Minority Nationality	177	201
普通中学	**Rogular Secondary Schools**	**1246588**	**1182707**
高中	Senior	500280	494243
蒙古族	Mongolian	120482	117943
其他少数民族	Other Minority Nationality	15670	15210
初中	Junior	746308	688464
蒙古族	Mongolian	166517	159544
其他少数民族	Other Minority Nationality	21406	19332
职业中学	**Vocational Secondary Schools**	**118524**	**104698**
蒙古族	Mongalian	20851	22801
其他少数民族	Other Minority Nationality	3854	4010
小学	**Primary Schools**	**1365080**	**1310595**
蒙古族	Mongolian	319508	317891
其他少数民族	Other Minority Nationality	33186	38153

注:1.普通高等教育指普通本专科。

2.本表中中等专业学校不含成人中专。

a)Ordinary higher education refers to Undergraduate and specialist.

b)Secondary specialized school does not contain adult technical secondary school.

20-3 普通高等学校分类情况(2013 年)

Basic Statistics of Colleges and Universities by Different Types(2013)

项 目	Item	学校数(所) Number (unit)	毕业生数(人) Graduates (person)	招生数(人) New Student Enrollment (person)	在校学生(人) Student Enrollment (person)
普通高校	**Colleges and Universities**	**49**	**108272**	**119263**	**399201**
综合大学	Comprehensive Universities	20	45420	53097	178688
理工院校	Science and Engineering	15	31258	32052	98597
农业大学	Agricultural Universities	1	7629	8075	31293
医药院校	Medicinal Universities	2	4016	4496	15963
师范院校	Normal Universities	3	10493	11650	41254
语文院校	Language Colleges	1	43	82	212
财经院校	Economics and Finance	3	8864	9056	31652
政法院校	Law Universities	1	282	308	610
体育院校	Physical Universities	1	114	170	433
艺术院校	Arts Universities	2	153	277	499

注:毕业生、在校生数不含成人高校附设普通班学生数。
a)The number of student does not include the number of student who as studing in general class belonging to adult university.

20-3 续表 continued

项 目	Item	教职工合计(人) Number of Staff and Workers (person)	# 专任教师 Teachers	# 正、副教授 Professors and Asso.Prof.	# 讲师 Lecturers	# 助教、教员 Assistants and Instructors
普通高校	**Universities and Colleges**	**37296**	**24554**	**9971**	**9237**	**5346**
综合大学	Comprehensive Universities	18000	11691	4986	4280	2425
理工院校	Science and Engineering	8613	6232	2143	2404	1685
农业大学	Agricultural Universities	2679	1569	789	602	178
医药院校	Medicinal Universities	1650	1008	463	238	307
师范院校	Normal Universities	3200	2035	823	943	269
语文院校	Language Colleges	223	115	9	49	57
财经院校	Economics & Finance	2181	1402	582	551	269
政法院校	Law Universities	257	150	89	54	7
体育院校	Physical Universities	141	93	15	37	41
艺术院校	Arts Universities	352	259	72	79	108

20-4 普通高等院校基本情况(2013年)

Basic Statistics of Colleges and Universities(2013)

项目	Item	毕业生数(人) Graduates (person)	招生数(人) New Student Enrollment (person)	在校生数(人) Student Enrollment (person)
内蒙古大学	Inner Mongolia University	5310	5927	22295
内蒙古科技大学	Inner Mongolia Sci. & Tech. University	10460	11989	45167
内蒙古工业大学	Inner Mongolia Eng. University	5677	5667	22631
内蒙古农业大学	Inner Mongolia Agriculture University	7629	8075	31293
内蒙古医科大学	Inner Mongolia Medical	3311	3320	13253
内蒙古师范大学	Inner Mongolia Normal University	8118	8512	31121
内蒙古民族大学	Inner Mongolia Nationality University	4688	5133	20664
赤峰学院	Chifeng College	2349	3020	11114
内蒙古财经大学	Inner Mongolia Finance University	5184	5255	20476
呼伦贝尔学院	Hulunbeier College	2703	3264	12152
内蒙古建筑职业技术学院	Inner Mongolia Pro. And Tech. College	3188	3164	9091
集宁师范学院	Jining Teacher Training Academy	2375	2844	9839
内蒙古丰州职业学院	Inner Mongolia Fengzhou College	1153	706	1795
河套学院	Hetao College	2592	2981	7872
呼和浩特民族学院	Inner Mongolia Nationality Academy	1277	2489	7698
包头职业技术学院	Baotou Pro.& Tech. College	2987	2741	8290
兴安职业技术学院	Xingan Pro. & Tech. College	1386	1720	3561
呼和浩特职业学院	Hohhot Vocational College	4226	4324	12624
包头轻工职业技术学院	Baotou Light Industry Professional and Technical College	2285	2705	8053
内蒙古电子信息职业技术学院	Inner Mongolia Electronics College	3404	3583	10172
内蒙古机电职业技术学院	Inner Mongolia Machinery & Electronics Professional and Technical College	3757	3107	9617
内蒙古化工职业学院	Inner Mongolia Chemical Eng. College	3135	2875	7984
内蒙古商贸职业学院	Inner Mongolia Trade College	3018	3121	9701
锡林郭勒职业学院	Xilingguole Vocational College	2276	2538	6765
内蒙古警察职业学院	Inner Mongolia Police College	282	308	610
内蒙古体育职业学院	Inner Mongolia Sport College	114	170	433
乌兰察布职业学院	Wulanchabu Vocational College	1594	1501	3974
通辽职业学院	Tongliao Vocational College	1878	2127	6180
科尔沁艺术职业学院	Keerqin Arts Vocational College	153	166	330
内蒙古交通职业技术学院	Inner Mongolia Transport Tech College	2229	2583	6875
包头钢铁职业技术学院	Baotou Iron and Steel Vocational College	1648	1736	4763
乌海职业技术学院	Wuhai Vocational College	974	961	3054
内蒙古科技职业学院	Inner Mongolia Technical and Vocational	429	275	951
内蒙古北方职业技术学院	Inner Mongolia North Tech College	702	683	1829
赤峰职业技术学院	Chifeng Vocational College	308		35
内蒙古经贸外语职业学院	Inner Mongolia Trade & Language College	662	680	1475
包头铁道职业技术学院	Baotou Railway Vocational & Tech College	969	1408	3827
内蒙古大学创业学院	Pioneer College of Inner Mongolia University	1061	1604	5640
内蒙古师范大学鸿德学院	Honder of Inner Mongolia Normal University	1143	1939	6584
乌兰察布医学高等专科学校	Wulanchabu Medicine Academy	705	1176	2710
鄂尔多斯职业学院	Erdos Vocational College	576	487	1694
内蒙古工业职业学院	Inner Mongolia Gongye Vocational College	179	458	1122
呼伦贝尔职业技术学院	Hulunbeier Pro.And Tech College	135	564	1378
满洲里俄语职业学院	Manlouli Russian College	43	82	212
内蒙古能源职业学院	Inner Mongolia Energy Vocational College		424	863
赤峰工业职业技术学院	Chifeng College of Industry Technology		336	732
阿拉善职业技术学院	Alashan Pro.And Tech College		130	239
内蒙古美术职业学院	Inner Mongolia Vocational College of Fine Arts		111	169
内蒙古民族幼儿师范高等专科学校	Inner Mongolia National Kindergarten Teachers College		294	294

注:学生数中不含成人高校附设普通班学生数。

a)The number of student does not include the number of student who was studing in general class belonging toadult university.

20-4 续表 continued

项　目	Item	教职工总数(人) Number of Staff & Workers (person)	#专任教师 Teacher	#中级职称以上教师 Medium over Professional Certification
内蒙古大学	Inner Mongolia University	2717	1655	1466
内蒙古科技大学	Inner Mongolia Sci. & Tech. University	3659	2732	2235
内蒙古工业大学	Inner Mongolia Eng. University	2002	1430	1315
内蒙古农业大学	Inner Mongolia Agriculture University	2679	1569	1391
内蒙古医科大学	Inner Mongolia Medical	1347	855	615
内蒙古师范大学	Inner Mongolia Normal University	2260	1395	1277
内蒙古民族大学	Inner Mongolia Nationality University	1760	1152	922
赤峰学院	Chifeng College	1711	985	833
内蒙古财经大学	Inner Mongolia Finance University	1505	998	848
呼伦贝尔学院	Hulunbeier College	1178	668	588
内蒙古建筑职业技术学院	Inner Mongolia Pro. And Tech. College	589	433	320
集宁师范学院	Jining Teacher Training Academy	769	494	403
内蒙古丰州职业学院	Inner Mongolia Fengzhou College	89	48	39
河套学院	Hetao College	1034	506	387
呼和浩特民族学院	Inner Mongolia Nationality Academy	521	344	287
包头职业技术学院	Baotou Pro.& Tech. College	811	490	367
兴安职业技术学院	Xingan Pro. & Tech. College	564	411	326
呼和浩特职业学院	Hohhot Vocational College	1040	719	585
包头轻工职业技术学院	Baotou Light Industry Professional and Technical College	799	596	367
内蒙古电子信息职业技术学院	Inner Mongolia Electronics College	566	492	351
内蒙古机电职业技术学院	Inner Mongolia Machinery & Electronics Professional and Technical College	597	503	374
内蒙古化工职业学院	Inner Mongolia Chemical Eng. College	508	368	257
内蒙古商贸职业学院	Inner Mongolia Trade College	568	364	270
锡林郭勒职业学院	Xilingguole Vocational College	858	502	318
内蒙古警察职业学院	Inner Mongolia Police College	257	150	143
内蒙古体育职业学院	Inner Mongolia Sport College	141	93	52
乌兰察布职业学院	Wulanchabu Vocational College	481	341	249
通辽职业学院	Tongliao Vocational College	708	504	313
科尔沁艺术职业学院	Keerqin Arts Vocational College	265	194	87
内蒙古交通职业技术学院	Inner Mongolia Transport Tech College	525	438	224
包头钢铁职业技术学院	Baotou Iron and Steel Vocational College	544	296	228
乌海职业技术学院	Wuhai Vocational College	260	219	196
内蒙古科技职业学院	Inner Mongolia Technical and Vocational	55	13	4
内蒙古北方职业技术学院	Inner Mongolia North Tech College	108	51	17
赤峰职业技术学院	Chifeng Vocational College	53	18	17
内蒙古经贸外语职业学院	Inner Mongolia Trade & Language College	108	40	15
包头铁道职业技术学院	Baotou Railway Vocational & Tech College	596	406	170
内蒙古大学创业学院	Pioneer College of Inner Mongolia University	180	113	11
内蒙古师范大学鸿德学院	Honder of Inner Mongolia Normal University	410	312	225
乌兰察布医学高等专科学校	Wulanchabu Medicine Academy	303	153	86
鄂尔多斯职业学院	Erdos Vocational College	225	170	111
内蒙古工业职业学院	Inner Mongolia Gongye Vocational College	45	7	5
呼伦贝尔职业技术学院	Hulunbeier Pro.And Tech College	477	353	264
满洲里俄语职业学院	Manlouli Russian College	223	115	58
内蒙古能源职业学院	Inner Mongolia Energy Vocational College	75	45	14
赤峰工业职业技术学院	Chifeng College of Industry Technology	461	333	249
阿拉善职业技术学院	Alashan Pro.And Tech College	407	270	179
内蒙古美术职业学院	Inner Mongolia Vocational College of Fine Arts	87	65	64
内蒙古民族幼儿师范高等专科学校	Inner Mongolia National Kindergarten Teachers College	171	146	86

20-5 科技活动基本情况(2013 年)

Basic Statistics on Scientific and Technological Activities(2013)

项 目	Item	2013
科技活动	**Scientific and Technological Activities**	
科技活动人员(人)	Number of Persons Engaged in Scientific and Technological Activities(person)	77761
# 大学本科及以上学历	Undergraduate college and above	38135
研究与试验发展折合全时人员(人年)	Number of Full-time Persons in Research and Developmeut Activities(person year)	37277
# 研究人员	Researchers	21198
研究与试验发展经费内部支出(万元)	Research and Development Expenses(10 000yuan)	1171877
# 基础研究	Fundamental Research	35923
应用研究	Applied Research	77922
试验发展	Experimental Development	1058032
研究与试验发展经费支出占生产总值比重(%)	Proportion of Research and Development Expenses to GDP(%)	0.70
技术成果和国家奖励	**Achievements in Scientific and Technological Research and National Prizes Won**	
自治区科技进步奖(项)	Number of Major Achievements in Science and Technology(item)	
国家发明奖(项)	Number of National Invention Prizes Awarded(item)	
国家科学技术进步奖(项)	Number of National Scientific and Technological Progress Prizes Awarded(item)	1
技术市场成交额(万元)	Transaction Value in Technical Market(10 000 yuan)	1589334
专 利	**Patent**	
专利申请受理量(件)	Total Patent Applications Examined(item)	6388
发明	Creation and Inventions	1935
实用新型	Utility Models	3213
外观设计	Designs	1240
专利申请批准量(件)	Total Patent Applications Certified(item)	3836
发明	Creation and Inventions	549
实用新型	Utility Models	2494
外观设计	Designs	793

20-6 地方国有单位各类专业技术人员

Special Technical Personnel of State-owned Units

单位:人 (person)

年份 Year	总 计 Total	工程技术人员 Engineering	农业技术人员 Agriculture	科学研究人员 Scientific Research	卫生技术人员 Health Care	教学人员 Teaching
1986	298360	50544	16026	1561	43130	137854
1987	344667	58353	17665	1794	44962	166079
1988	385181	66901	18436	1646	47332	158905
1989	428612	71848	18649	1845	49311	175621
1990	442659	75686	19644	1803	51184	180408
1991	453193	78705	20168	1839	53585	184784
1992	461901	79224	20710	2174	54257	187739
1993	454591	77474	18534	2043	54236	192023
1994	463501	77624	19096	2026	54873	199488
1995	471197	78640	18781	1877	56045	205952
1996	476610	78450	18946	1832	56854	214200
1997	477411	77127	19010	1792	60806	218651
1998	476012	74538	18499	1762	60990	223704
1999	504045	78903	19246	1992	65578	242551
2000	509470	77348	19076	2002	68954	250740
2001	497202	69548	18979	2084	69156	257165
2002	486215	64635	18288	1927	68725	260445
2003	514746	68669	22202	2029	72508	274565
2004	532891	65362	26978	2631	80287	286581
2005	534906	62700	27393	2401	81181	291842
2006	536071	59529	27465	1985	81658	300322
2007	553733	70527	27645	2160	82346	303470
2008	559013	67777	32659	2431	86965	302841
2009	556413	64790	32144	2205	88058	305803
2010	543015	60725	27792	1864	87458	304574
2011	559597	63173	33396	2346	90276	306684
2012	559502	65166	31234	2883	92393	308157
2013	553400	63919	28404	3183	90202	311647

20–7 政府属研究机构、人员、经费(2013 年)

Number of State-owned Research and Development Institutions, Persons and Funds(2013)

项 目	Item	政府属研究机构合计 State-Owend R&D Institutions	自然科学与技术领域 Natural Sciences and Techonology	社会与人文科学领域 Social Sciences & Humanities	科技信息与文献机构 Scientific Technological Information & Literature Institutions
机构数(个)	Institutions(unit)	91	69	10	12
从业人员数(人)	Staff & workers(person)	6428	5738	475	215
#从事科技活动人员	Scientific & Tech Activities	5085	4436	445	204
#大学本科及以上学历	Scientists & Engineers	3317	2835	354	104
科技经费筹集总额（万元）	Funds For Science and Technology(10 000 yuan)	108009	98053	7532	2424
#政府资金	Government Funds	104137	94548	7343	2246
科技经费内部支出总额（万元）	Intramural Expenditures (10 000 yuan)	115805	101950	11116	2739
#R&D经费支出额	Fands of R&D	51287	46317	4252	718
资产性支出(万元)	Asset Expenditures(10 000 yuan)	23941	23458	215	268
科技活动课题数(个)	Number of Science and Technology Topics(unit)	724	660	49	15
科技活动课题经费内部支出(万元)	Science and Technology Activities Subject Intramural Expenditures(10 000 yuan)	43589	39331	3127	1131
# R&D经费支出	Funds of R&D	29664	25911	3127	626
课题投入人员(人年)	Persons of Topics(person-year)	2216	2035	134	47
# R&D课题投入	R&D of Topics	1607	1458	134	15
专利申请受理(项)	Number of Patent Applications Accepted(item)	37	37		
专利授权(项)	Number of Patent Applications Granted(item)	15	15		
科技论文(篇)	Science Papers(piece)	1005	889	99	17

注:R&D 为研究与发展(Research and Development)的缩写。

a) R&D is abridge of Research and Development.

20-8 政府属自然科学与技术领域研究机构、人员、经费(2013年)

Number of State-Owned Natural Scientific and Technological Institutions, Staff and Expenditure (2013)

项 目	Item	机构数(个) Institutions (unit)	从业人数(人) Staff & workers (person)	# 从事科技活动 Science & Technology	R&D人员 R&D
总 计	**Total**	**69**	**5738**	**4436**	**2321**
按隶属关系分	**Grouped by Level**				
中央部门属	Central Departments	1	166	133	103
自治区属	Autonomous Region	20	2214	1908	1024
盟市属	Leaguesand Cities	48	3358	2395	1194
按行政地域分	**Grouped by Region**				
呼和浩特市	Hohhot City	27	3110	2371	1333
包 头 市	Baotou City	2	182	132	60
呼伦贝尔市	Hulunbeier City	8	367	297	113
兴 安 盟	Xingan League	5	98	68	44
通 辽 市	Tongliao City	5	457	263	185
赤 峰 市	Chifeng City	2	309	285	214
锡林郭勒盟	Xilinguole League	2	205	164	39
乌兰察布市	Wulanchabu City	5	268	216	52
鄂尔多斯市	Erdos City	5	312	249	81
巴彦淖尔市	Bayannaoer City	4	338	304	137
乌 海 市	Wuhai City	1	24	24	15
阿拉善盟	Alashan League	3	68	63	48

20-8 续表 continued

单位：万元 (10 000 yuan)

项 目	Item	科技经费筹集总额 Funds For Science and Technology	# 政府资金 Government Funds	科技经费内部支出 Intramural Expenditures	R&D经费内部支出 Fands of R&D	资产性支出 Asset Expenditures	课题经费支出 Funds of Topics	# 政府资金 Government Funds
总 计	**Total**	**98053**	**94548**	**101950**	**46317**	**23458**	**39331**	**37357**
按隶属关系分	**Grouped by Level**							
中央部门属	Central Departments	4430	4406	4617	3256	561	2361	2361
自治区属	Autonomous Region	53893	50796	57405	26921	18281	23034	22695
盟市属	Leaguesand Cities	39730	39346	39928	16140	4616	13936	12301
按行政地域分	**Grouped by Region**							
呼和浩特市	Hohhot City	61601	58480	65620	31857	18892	26725	25559
包 头 市	Baotou City	1656	1656	1402	415	163	425	425
呼伦贝尔市	Hulunbeier City	6248	6248	5604	1995	215	2090	2090
兴 安 盟	Xingan League	4199	3932	3843	2586	2708	833	833
通 辽 市	Tongliao City	6042	5960	5559	3302	682	2320	1859
赤 峰 市	Chifeng City	3409	3409	3469	2299	73	2418	2418
锡林郭勒盟	Xilinguole League	4601	4601	5511	529	350	548	547
乌兰察布市	Wulanchabu City	1892	1892	1652	346	0	175	175
鄂尔多斯市	Erdos City	4160	4160	5354	1342	295	1093	758
巴彦淖尔市	Bayannaoer City	3169	3134	2799	1061	70	1912	1912
乌 海 市	Wuhai City	303	303	303	120	7	258	247
阿拉善盟	Alashan League	773	773	834	465	3	534	534

20-9 大中型工业企业科技活动基本情况

Basic Statistics on Scientific and Technological Activities of Large and Medium-sized Industrial Enterprises

项　目	Item	2012	2013
单位数(个)	**Number of units(unit)**	**842**	**852**
#有R&D活动单位数	Units Having Activities of R&D	129	134
科技活动人员(人)	**Persons Engaged in Sci. & Tech. Activities(person)**	**38271**	**39558**
#大学本科及以上学历	Undergraduate college and above	9463	11974
R&D人员全时当量(人年)	**Persons in R&D into Full-time(person/year)**	**19830**	**24814**
#研究人员	Researchers	10123	13546
基础研究	Fundamental Research	82	38
应用研究	Applied Research	590	419
试验发展	Experiment and Development	19159	24357
R&D经费内部支出(万元)	**Inter Expenditures of Funds of R&D(10 000 yuan)**	**794463**	**902149**
按活动类型分	According to active type		
基础研究	Fundamental Research	3076	385
应用研究	Applied Research	19628	20490
试验发展	Experiment and Development	771759	881274
按支出用途分	According to disbursement and use		
日常性支出	Quotidienne	706913	809012
#人员劳务费	Labor Expenses	141585	198196
资产性支出	Capital Nature	87550	93137
#仪器和设备	Equipment and Facilities	83240	89654

20-10 高等学校科技活动基本情况

Basic Statistics on Scientific and Technological Activities of Colleges and Universities

项目	Item	2012	2013
单位数(个)	**Number of units(unit)**	**30**	**30**
#有R&D活动单位数	Units Having Activities of R&D	30	30
科技活动人员(人)	**Persons Engaged in Sci. & Tech. Activities(person)**	**18267**	**18530**
#大学本科及以上学历	Undergraduate college and above	16162	16413
R&D人员全时当量(人年)	**Persons in R&D into Full-time(person/year)**	**3972**	**4168**
#研究人员	Researchers	3435	3402
基础研究	Fundamental Research	1867	2095
应用研究	Applied Research	1697	1666
试验发展	Experiment and Development	407	407
R&D经费内部支出(万元)	**Inter Expenditures of Funds of R&D(10 000 yuan)**	**34831**	**39587**
按活动类型分	According to active type		
基础研究	Fundamental Research	10463	14501
应用研究	Applied Research	17769	20173
试验发展	Experiment and Development	6599	4913
按支出用途分	According to disbursement and use		
日常性支出	Quotidienne	31309	35007
#人员劳务费	Labor Expenses	3536	4276
资产性支出	Capital Nature	3522	4580
#仪器和设备	Equipment and Facilities	3522	4580

20-11 科技成果获奖

Number of Achievements in Scientific and Technological Research and National Prizes Won

单位：项 (item)

年份 Year	国家发明奖 Number of National Invention Prizes Awarded	国家科技进步奖 Number of National Scientific & Technological Prizes Awarded	国家自然科学奖 Number of National Natural Sciences Prizes Awarded	自治区科技进步奖 Number of Autonomous Regional Scientific & Technological Prizes Awarded	一等奖 First Class Prize	二等奖 Second Class Prize	三等奖 Third Class Prize
1983				126	2	32	92
1985	1	4		167	12	36	119
1986				96	8	20	68
1987			1	121	12	35	74
1988	2	3		103	3	22	78
1989		4		102	7	20	75
1990		3		103	5	20	78
1991		2	1	130	6	14	110
1992		4		105	3	15	87
1993	1	3		123	3	18	102
1994				104	4	14	86
1995	1	2		124	7	22	95
1996		3		129	5	21	103
1997		2		115	3	25	87
1998		1		123	4	22	97
1999	1	3	2	142	4	20	118
2000		1		89	5	16	68
2001		1		100	5	20	75
2002				93	4	20	69
2003		1		80	5	18	57
2004		1		83	7	21	55
2005		1		100	8	23	69
2006		1		98	8	24	66
2007		1		100	12	26	62
2008		1		107	14	22	71
2009		1		91	8	21	62
2010		2		100	6	23	71
2011				104	9	25	70
2012		1		101	10	25	66
2013		1					

20-12 三种专利申请受理量及批准量

Three Types of Patent Applications Examined and Granted

单位：项 (item)

年 份 Year	申请受理量合计 Number of Patent Applications Examined	发 明 Inventions	实用新型 Utility Models	外观设计 Designs	批准量合计 Number of Patent Applications Granted	发 明 Inventions	实用新型 Utility Models	外观设计 Designs
1985	76	42	32	2				
1986	90	31	48	11	17		16	1
1987	154	39	108	7	48	3	36	9
1988	228	46	176	6	63	7	53	3
1989	231	43	179	9	128	10	110	8
1990	347	54	270	23	170	5	158	7
1991	431	86	310	35	153	6	130	17
1992	510	102	366	42	242	14	212	16
1993	601	137	438	26	438	14	381	43
1994	731	124	474	133	337	7	296	34
1995	647	117	449	81	415	8	293	114
1996	859	215	507	137	326	6	265	55
1997	940	244	534	162	372	11	264	97
1998	785	125	519	141	523	12	375	136
1999	971	198	557	216	723	17	521	185
2000	1138	234	602	302	775	60	530	185
2001	1089	185	664	240	743	73	440	230
2002	1202	233	643	326	679	53	428	198
2003	1394	242	716	436	816	82	419	315
2004	1457	286	699	472	831	108	437	286
2005	1455	307	708	440	845	98	452	295
2006	1946	430	915	601	978	108	543	327
2007	2015	565	966	484	1313	120	788	405
2008	2221	695	980	546	1328	140	866	322
2009	2484	719	1266	499	1494	178	762	554
2010	2912	932	1406	574	2096	262	1276	558
2011	3841	1267	2034	540	2262	364	1415	483
2012	4732	1492	2566	674	3090	570	1900	620
2013	6388	1935	3213	1240	3836	549	2494	793

20-13 文化艺术和文物事业机构、人员(2013年)

Number of Institutions and Personnel in Culture, Art and Cultural Relics(2013)

机构类别	Category of Institution	机构数(个) Number of Institutions (unit)	从业人数(人) Number of Persons Engaged (person)
文化事业合计	**Culture**	**1560**	**14591**
艺术事业	Art Institutions	124	5975
艺术表演团体	Art Performance Troupes	106	5658
话剧、儿童剧、滑稽剧团	Drama, Children Plays ,Comedy	2	92
歌舞音乐类	Song and Dance ,Music	19	1928
乌兰牧骑	Ulanmuchi	73	2757
地方戏曲类	Local Opera	5	298
京剧类	Local Beijing Opera Troupes	1	59
曲杂类	QuYi	2	110
综合性艺术表演团体	Comprehensive performing arts	4	414
艺术表演场所	Art Centers	18	317
剧场、影剧院	Theaters and Music Halls	18	317
书场、曲艺场	Storytelling Places, Recitation and Ballad Places		
杂技、马戏场	Acrobatics, Circus Places		
音乐厅	Concert Halls		
图书馆事业	Libraries	116	1998
群众文化事业	Mass Culture	1156	4649
群众艺术馆	Mass Art Centers	13	483
文化馆	Cultural Centers	105	1439
文化站	Cultural Stations	1038	2727
# 乡镇文化站	Township Cultural Stations	857	2374
艺术教育事业	Culture and Education	4	373
其他文化事业	Other Cultural Units	160	1596
艺术创作机构	Art Creation Institutions	6	30
艺术研究机构	Art Research Institutions	10	138
艺术展览机构	Art Exhibition Institutions	20	174
# 美术馆	Art Gallery	14	145
其他	Others	124	1254
文化艺术经纪与代理业	Brokers and Agents for Cultural and Arts Activities		
文物事业合计	**Cultural Relics**	**169**	**2133**
文物保护管理机构	Agency of Historical Relics Preservation	89	635
文物科研机构	Scientific and Research Historical Relics	2	54
其他文物机构	Other Historical Relics Agency	5	25
博物馆	Museums	72	1412
综合性博物馆	Comprehensive Museum	55	1135
历史类博物馆	Special Museum	15	269
自然科技类博物馆	Nature Science and Technology Museum		
其他博物馆	Memorial Museum	2	8
文物商店	Cultural Relics Agencies	1	7

20-14 图书、杂志、报纸出版

Books, Magazines and Newspapers Published

项目	Item	2012	2013
图 书	**Books Published**		
种 数(种)	Number of Publications(kind)	3012	2836
#蒙 文(种)	Mongol(kind)	1700	1478
新 出(种)	New Books(kind)	1329	1648
重 印(种)	Republication(kind)	1683	1694
总印数(万册)	Total Printed Copies(10 000 copies)	5807.11	5849.00
总印张数(万印张)	Printed Sheets(10 000 sheets)	53783.00	42904.80
定价总金额(万元)	Total of Fixed Price(10 000 yuan)	51516.00	53761.00
杂 志	**Magazines Publised**		
种 数(种)	Number of Publications(kind)	148	147
#蒙 文(种)	Mongol(kind)	46	46
总印数(万册)	Total Printed Copies(10 000 copies)	2755.00	7523.90
总印张数(万印张)	Printed Sheets(10 000 sheets)	7832.00	13293.60
定价总金额(万元)	Total of Fixed Price(10 000 yuan)	5499.30	14598.00
报 纸	**Newspapers Publised**		
种 数(种)	Number of News Published(kind)	79	75
#蒙 文(种)	Mongol(kind)	19	14
总印数(万份)	Total Printed Copies(10 000 copies)	29361.00	57864.30
总印张数(万印张)	Printed Signatures(10 000 sheets)	74899.60	70513.32
定价总金额(万元)	Total of Fixed Price(10 000 yuan)	23289.00	26670.10

20-15 广播电视事业

Statistics on Broadcasting and Television Stations

项目	Item	2012	2013
广 播	**Broadcasting**		
广播电台(座)	Number of Broadcasting Stations(set)	8	1
调频转播发射台座数(座)	Transmission Stations of Frequency Modulation(set)	556	554
中短波转播发射台座数(座)	Transmission Stations of Short and medium Wave(set)	57	57
广播人口覆盖率(%)	Listener Rating(%)	97.92	98.25
节目套数(套)	Number of Programs(set)	124	125
广播节目全年播出情况	**Annual Statistics on Broadcasting**		
新闻资讯类(小时：分)	News Programs(hour:minute)	110731:32	111376:45
专题服务类(小时：分)	Special Subject Programs(hour:minute)	151421:59	152973:42
综艺类(小时：分)	Programs of Entertainment(hour:minute)	214164:18	215883:31
广播剧类(小时：分)	Radio Play(hour:minute)	38768:45	45546:10
广告类(小时：分)	Programs of Advertisment(hour:minute)	51469:24	48977:49
其他类(小时：分)	Other Programs(hour:minute)	100904:05	94728:46
广播节目全年制作情况	**Annual Statistics on Production of Broadcasting**		
新闻资讯类(小时)	News Programs(hour)	40961	42249
专题服务类(小时)	Special Subject Programs(hour)	93014	94886
综艺类(小时)	Programs of Entertainment(hour)	75246	80093
广播剧类(小时)	Radio Play(hour)	12748	13489
广告类(小时)	Programs of Advertisment(hour)	30064	25985
其他类(小时)	Other Programs(hour)	10440	10712
电 视	**Television**		
电视台(座)	Number of Television Stations(set)	9	2
电视转播发射台座数(座)	Transmission and Relaying Stations(set)	1126	800
卫星地球站(座)	Satellits Television Station(set)	1	1
电视人口覆盖率(%)	Viewer Rating(%)	96.84	97.64
节目套数(套)	Number of Programs(set)	120	120
电视节目全年播出情况	**Annual Statistics on Dissemination of TV Programs**		
新闻资讯类(小时：分)	News Programs(hour:minute)	81211:40	81199:45
专题服务类(小时：分)	Special Subject Programs(hour:minute)	62507:57	65249:40
综艺益智类(小时：分)	Programs of Entertainment(hour:minute)	53616:00	52514:58
影视剧类(小时：分)	Programs of Film and TV Play (hour:minute)	297987:02	301535:0
广告类(小时：分)	Programs of Advertisment(hour:minute)	71427:06	66544:10
其他类(小时：分)	Other Programs(hour:minute)	76114:15	71919:16
电视节目全年制作情况	**Annual Statistics on Production of TV Programs**		
新闻资讯类(小时)	News Programs(hour)	22319	23559
专题服务类(小时)	Special Subject Programs(hour)	16331	17756
综艺益智类(小时)	Programs of Entertainment(hour)	7432	7815
影视剧类(小时)	Programs of Film and TV Play (hour)	7	34
广告类(小时)	Programs of Advertisment(hour)	16400	16619
其他类(小时)	Other Programs(hour)	4305	4288
广播电视台(座)	**Number of Broadcasting and Television Stations(set)**	**5**	**12**

主要统计指标解释

普通高等学校 指按照国家规定的设置标准和审批程序批准举办，通过国家统一招生考试，招收高中毕业生为主要培养对象，实施高等教育的全日制大学、独立设置的学院和高等专科学校、短期职业大学。

成人高等学校 指按照国家有关规定审批，招收通过全国成人高教统一招生考试的具有高中毕业或同等学历的在职从业人员，利用脱产、半脱产、业余或函授等多种形式对其实施高等学历教育，培养高等教育专科或本科毕业水平的专门人才，修业年限，课程设置和总学时数均按高等学历教育要求付诸实施的学校。包括广播电视大学、职工高等学校、农民高等学校、管理干部学院、教育学院、独立设备的函授学院等。

小学学龄儿童入学率 指调查范围内已入小学学习的学龄儿童占校内外学龄儿童总数(包括弱智儿童，不包括盲聋哑儿童)的比重。计算公式为：

小学学龄儿童入学率 = 已入学的小学学龄儿童数 / 校内外小学学龄儿童总数 × 100%

科技活动 指在自然科学、农业科学、医药科学、工程与技术科学、人文与社会科学领域(简称科学技术领域)中，与科技知识的产生、发展、传播和应用密切相关的有组织的活动。可分为研究与试验发展(R&D)、研究与试验发展成果应用及相关的科技服务三类活动。该定义是联合国教科文组织考虑成员国特别是发展中国家开展科技统计工作的需要，而对科技活动所作的统计界定。

科技活动人员 指直接从事科技活动、以及专门从事科技活动管理和为科技活动提供直接服务，累计的实际工作时间占全年制度工作时间 10%及以上的人员。(1)直接从事科技活动的人员包括: 在独立核算的科学研究与技术开发机构、高等学校、各类企业及其他事业单位内设的研究室、实验室、技术开发中心及中试车间(基地)等机构中从事科技活动的研究人员、工程技术人员、技术工人及其它人员；虽不在上述机构工作，但编入科技活动项目(课题)组的人员；科技信息与文献机构中的专业技术人员；从事论文设计的研究生等。(2)专门从事科技活动管理和为科技活动提供直接服务的人员，包括: 独立核算的科学研究与技术开发机构、科技信息与文献机构、高等学校、各类企业及其他事业单位主管科技工作的负责人，专门从事科技活动的计划、行政、人事、财务、物资供应、设备维护、图书资料管理等工作的各类人员，但不包括保卫、医疗保健人员、司机、食堂人员、茶炉工、水暖工、清洁工等为科技活动提供间接服务的人员。该指标用来反映投入科技活动人力的规模。

科学家与工程师 指科技活动人员中具有高、中级技术职称(职务)的人员和不具有高、中级技术职称(职务)的大学本科及以上学历人员。该指标用来反映投入科技活动人力的素质。

专业技术人员 指从事专业技术工作和专业技术管理工作的人员，即企事业单位中已经聘任专业技术职务从事专业技术工作和专业技术管理工作的人员，以及未聘任专业技术职务，现在专业技术岗位上工作的人员。包括工程技术人员，农业技术人员，科学研究人员，卫生技术人员，教学人员，经济人员，会计人员，统计人员，翻译人员，图书资料、档案、文博人员，新闻出版人员，律师、公证人员，广播电视播音人员，工艺美术人员，体育人员，艺术人员及企业政治思想工作人员，共十七个专业技术职务类别。用来反映科技人力资源情况。

研究与试验发展(R&D) 指在科学技术领域，为增加知识总量、以及运用这些知识去创造新的应用进行的系统的创造性的活动，包括基础研究、应用研究、试验发展三类活动。国际上通常采用 R&D 活动的规模和强度指标反映一国的科技实力和核心竞争力。

科技活动经费筹集 指从各种渠道筹集到的计划用于科技活动的经费，包括政府资金、企业资金、事业单位资金、金融机构贷款、国外资金和其他资金等。反映各社会经济主体对促进科技进步所做的努力。

专利 是专利权的简称，是对发明人的发明创造经审查合格后，由专利局依据专利法授予发明人和设计人对该项发明创造享有的专有权。包括发明、实用新型和外观设计。反映拥有自主知识产权的科技和设计成果情况。

发明 是专利法及其实施细则所称的发明，指对有关产品、方法或其改进所提出的新的技术方案。

实用新型 是专利法及其实施细则所称的实用新型，指对产品的形状、构造或者其结合所提出的适于实用的新的技术方案。

外观设计 是专利法及其实施细则所称的外观设计，指对产品的形状、图案、色彩或者其结合所作出的富有美感并适于工业上应用的新设计。

文化事业机构 指从事专业文化工作和为专业文化工作服务的独立建制的单位。不包括这些单位另外举办独立核算的其他机构和各部门的业余文化组织。

艺术表演团体 指从事戏曲、音乐、舞蹈、杂技等专业艺术表演，有独立帐户的单位，不包括半工半艺、半农半艺和民间职业剧团。

电影放映单位 指具有放映机器设备、固定或不固定的放映场所与专职或兼职的放映技术人员，经有关部门登记批准，经常为一定的观众对象放映电影的机构。

艺术表演观众人数(人次) 指售票、包场演出或民族地区免费演出的艺术表演观众人次数，不包括彩排审查和内部观摩演出的观看人次数。

Explanatory Notes on Main Statistical Indicators

Regular Institutions of Higher Learning refer to educational establishments set up according to the government evaluation and approval procedures, enrolling graduates from senior secondary schools and providing higher education courses and training for senior professionals. They include fulltime universities, colleges, high professional schools and short-term professional universities.

Institutions of Higher Learning for Adults refer to educational establishments, set up in line with relevant rules approved by the government, enrolling staff and workers with senior secondary school or equivalent education, and providing higher education courses in many forms of full time, pray time, spare time, or correspondence for adults. Professionals thus trained receive a qualification equivalent to graduates studying regular courses at regular universities, colleges and professional colleges. Institutions of higher learning for adults include Radio and TV universities, schools of high education for staff and workers and peasants, colleges for management cadres, pedagogical colleges, independent correspondence colleges.

Enrollment Rate of Primary School age Children refers to the proportion of school age children enrolled at schools to the total number of school age children both in and outside schools (including retarded children, but excluding blind, deaf and mute children). The formula is: Enrollment Rate of Primary School age Children= (Total Primary School age Children at Schools) ÷ (Total Primary School age Children Both at and Outside Schools) × 100%

Scientific and Technological Activities (S&T Activities) refer to organized activities which are closely related with the creation, development, dissemination and application of the scientific and technical knowledge in t he fields of natural sciences, agricultural science, medical science, engineering and technological science, humanities and social sciences (referred to as scientific and technological fields). S&T activities can be classified in to 3 categories: research and development (R&D) activities, application of R&D results, and related S&T services. This statistical definition is made by UNICHIEF for scientific and technological activities to meet the need of carrying out statistical work in this field for its member countries in particular those developing countries.

Personnel Engaged in S&T Activities refer to personnel directly engaged in S&T activities, in the management of S&T activities, and in providing direct service to S&T activities, who sp end over 10% of the total working hours in a year in S&T activities. (1) Personnel directly engaged in S&T activities include researchers, engineers, technicians and other related personnel engaged in S&T activities in independent-accounting R&D institutions, institutions of higher learning, and in research institutes, laboratories, technology development centers and central experiment workshops under enterprises and institutions. Also included are people working in S&T research project teams, professional and technical personnel working in S&T information archiving institutes, and graduate students working on the design of their thesis. (2) Personnel engaged in the management of S&T activities and in providing direct service to S&T activities include senior management people responsible for S&T activities in independent -accounting R&D institutions, S&T information archiving institutes, institutions of higher learning, and in enterprises and institutions where S&T activities are undertaken. Also included are people responsible for the planning, administration, personnel management, financial management, logistics supply, equipment maintenance, information and library management that are related with S&T activities. People providing indirect services are excluded, such as security, medical service, drivers, plumbers, cleaners and those providing catering and related service. This indicator reflects the size of personnel engaged in S&T activities.

Scientists and Engineers refer to persons engaged in S&T activities who have obtained titles of senior and middle level professional positions, and those without such position but have completed university or higher education. This indicator reflects the quality of personnel engaged in S&T activities.

Professional and Technical Personnel refer to persons engaged in professional and technical work or in the management of professional and technical activities, i. e. , people with professional or technical posit ions who are engaged in professional and technical work or in the management of professional and technical activities, and people without professional or technical positions but are working on professional or technical posts. They include professionals and technicians working in 17 categories of technical occupations including engineering, agriculture, scientific researches, medical service, teaching, economic research and application, accounting, statistics, translation, libraries, archives, cultural and museum service, journalism and publication, lawyers, notarization service, radio and television broadcasting, handicraft and fine arts, sports, performing art, and political workers in enterprises. This indicator reflects the condition of human resources in S&T.

Research and Development (R&D) refers to systematic and creative activities in the field of science and technology aiming at increasing the knowledge and using the knowledge for new application. R&D includes 3 categories of activities: basic research, applied research and experiments and development. The scale and intensity of R&D are widely us ed internationally to reflect the strength of S&T and the core competitiveness of a country in the world.

Funding for S&T Activities refers to funds obtained from various sources for S&T activities, including government funds, self-raised funds by enterprises, self-raised funds by institutions, loans from financial institutions, foreign funds and other funds . This indicator reflects the efforts made by various social economic entities in promoting the development of S&T.

Patent is an abbreviation for the patent right and refers to the exclusive right of ownership by the inventors or designers for the creation or inventions, given from the patent offices after due process of assessment and approval in accordance wit h the Patent Law. Patents are grant ed for inventions, utility model sand designs. This indicator reflects the achievements of S&T and design with in dependent intellectual property.

Inventions refer to the inventions as specified by the patent law and its detailed rules and regulations for implementation. They refer to the new technical proposals to the products or methods or their modifications.

Utility Models refer to the utility models as specified by the patent law and its detailed rules and regulations for implementation. They refer to the practical and new technical proposals on the shape and structure of the product or the combination of both.

Designs refer to the designs as specified by the Patent law and its detailed rules and regulation for implementation. They refer to the aesthetics and industry applicable new designs for the shape, pattern and color of the product, or their combinations.

Cultural Institutions refer to units which have their own organizational system and independent accounting system and specialize in or serve cultural development. They exclude other establishments run by these cultural institutions and amateur cultural groups established by various departments.

Art Troupe refers to the troupe which is engaged in drama, opera, music, dance, acrobatics or other art performance, opens independent accounts with banks and has self supporting accounting system; excluding the troupes which are engaged partly in industrial or agricultural activities, partly in art performance and the professional troupes organized by the people.

Film Projection Units refer to units with film projection equipment, full or part time projectionists, permanent or non permanent places, approved by related administrative departments to show films regularly for certain groups of audience, including those film projection units which have been approved to give commercial shows and run business with independent accounting system as well as those film renting units of the military system.

Number of Spectators at Art performance refers to the number of attendants at commercial shows, completely booked shows or free shows given in minority national areas, and does not include the number of spectators at rehearsals for examination and internal shows for study.

2014 NEIMENGGU

二十一、体育、卫生、社会福利、环境保护和其它

Sports,Pudlic Health, Social Welfare,Environmental Protection and Others

资料整理：程旭嵘　崔浩然
Arranged By Cheng Xurong , Cui Haoran

21-1 等级运动员分项发展情况(2013 年)

Development of Athletes in Grade By Type of Sports(2013)

单位:人 (person)

项 目	Item	合计 Total	国际级健将 International Master of Sports	国家级运动健将 National Master of Sports	一级 First Grade Sportsmen	二级 Second Grade Sportsmen
总 计	**Total**	**1468**	**2**	**22**	**272**	**1172**
田 径	Track and Field	290		5	53	232
游 泳	Swimming	18				18
举重	Weightlifting	19			1	18
拳 击	Boxing	35	2		16	17
国际式摔跤	Wrestling	49		1	8	40
中国式摔跤	Chinese-style Wrestling	36		7	23	6
跆拳道	Tackwonde	107			30	77
柔 道	Judo	68		5	25	38
射 击	Shooting	18			5	13
足 球	Football	182			40	142
篮 球	Basketball	167			14	153
排 球	Volleyball	98			16	82
乒乓球	Table Tennis	95				95
羽毛球	Badminton	3				3
台球	Billiards					
网 球	Tennis	151			2	149
软式网球	Soft Tennis					
曲棍球	Hockey	33		2	2	29
速度滑冰	Speed Skating	20			6	14
短道速滑	Short Track Speed Skating	5			4	1
航空模型	Model airplane					
武 术	Wu Shu	38		1	11	26
马 术	Horsemanship					
围 棋	Encirclement Chess					
国际象棋	Chess					
中国象棋	Chinese Chess	2				2
射 箭	Archery	5			2	3
击剑	Fencing					
体操	Gymnastics	5				5
赛艇	Rowing	4			4	
皮划艇	Canoe	6			6	
越野滑雪	Cross-country skiing	5			1	4
铁人三项	Iron Man Three Items	7		1	1	5
现代五项	Modern Pentathlon	2			2	
健美操	Aerobics					

21-2 运动员获奖牌情况(2013 年)

Medals Won by Athletes(2013)

单位：枚 (piece)

项 目	Item	金牌 Gold Medal	银牌 Silver Medal	铜牌 Copper Medal
总 计	**Total**	**26**	**44**	**45**
国际比赛	International Race		2	1
国内比赛	National Race	26	42	44

21-3 等级裁判员分项发展情况(2013 年)

Development of Referees in Grades by Type of Sports(2013)

单位:人 (person)

项目	Item	合计 Total	国际裁判 International Referees	国家级 National Referees	一级 First Grade Referees	二级 Second Grade Referees
总 计	**Total**	**2075**			**66**	**2009**
田径	Track and Field	410				410
游泳	Swimming	64			13	51
跳水	Diving	3			3	
体操	Gymnastics					
举重	Weightlifting	8				8
拳击	Boxing	7				7
国际式摔跤	Wrestling	21				21
中国式摔跤	Chinese Wrestling	3				3
跆拳道	Tackwonde	23			1	22
柔道	Judo	8				8
射击	Shooting	4			1	3
射箭	Archery	8			3	5
足球	Football	75			6	69
篮球	Basketball	394			6	388
排球	Volleyball	147			1	146
乒乓球	Table Tennis	248			5	243
羽毛球	Badminton	274			3	271
网球	Tennis	50			3	47
曲棍球	Soft Tennis					
速度滑冰	Speed Skating	89				89
越野滑雪	Cross-country skiing	19				19
冬季两项	Biathlon	18				18
台球	Billiards	4				4
武术	Wu Shu	45			7	38
马术	Horsemanship	19			2	17
自行车	Bicycle	1				1
围棋	Encirclement Chess	1				1
国际象棋	Chess	14				14
中国象棋	Chinese Chess	9				9
桥牌	Bridge	9				9
无线电测向	Radio Goniometry					
门球	Doorball	23			6	17
毽球	Shuttlecock	29				29
信鸽	Pigeon	35				35
体育舞蹈	Physical Dance	3				3
地掷球	Bocce					
健美操	Aerobics	4				4
救生	Life-saving	6			6	
风筝	Kite					

21-4 医疗卫生事业

Basic Statistics of Public Health

项 目	Item	2012	2013
卫生机构(个)	**Health Institutions(unit)**	**23046**	**23264**
#医院	Hospitals	519	566
乡镇卫生院	Health Center at Town	1329	1332
社区卫生服务中心（站）	Health Service Center for Community	1162	1148
疗养院、所	Sanatoriums	6	6
门诊部	Clinics	117	131
妇幼保健所、站	Maternity and Child Care Centers	117	116
疾病预防控制机构	CDC(Center for Disease Control)	119	119
专科疾病防治院(所、站）	Disease Prevention Specialist Hospital	52	53
诊所、医务室、卫生所及护理站	Clinics, clinic, clinics and nursing stations	5379	5345
床位(张)	**Beds(unit)**	**110788**	**120065**
#医院	Hospitals	82244	91604
乡镇卫生院	Health Center at Town	17517	17870
社区卫生服务中心（站）	Health Service Center for Community	6680	6094
疗养院、所	Sanatoriums	640	640
妇幼保健所、站	Maternity and Child Care Centers	3075	3272
专科疾病防治院(所、站）	Disease Prevention Specialist Hospital	286	304
职工人数(人)	**Persons Engaged in Health Institution(person)**	**183875**	**195943**
#卫生技术人员	Medical Technical Personnel	139876	148176
#执业医师	Permitted Doctors	50100	52500
执业助理医师	Practicing Physician Assistant	9428	9555
注册护师、护士	Registered Senior and Junior Nurses	46774	52358
药剂人员	Pharmacists	9496	9546
检验人员	Laboratory Technical	4803	5135
其他技术人员	Other Technical Personnel	6865	8053
管理人员	Managerical Personnel	7289	8694
工勤人员	Logistics Workers	10527	11524

注:本表中数据包含村卫生室数据。

a) Data in the table includes the village clinics.

21-5 卫生机构

Number of Health Care Institutions

单位：个 (unit)

年份 Year	总 计 Total	医院、卫生院 Hospitals & Public Health Clinic	疗养院所 Sanat-oriums	专科防治所站 Specialized Prevention & Treatment Centers or Stations	疾病预防控制中心 CDC	妇幼保健所站 Maternity & Child Care Centers	每万人口拥有卫生机构数 Number of Health Institutions Per 10000 Population
1949	78	25	1	4	12		0.13
1952	538	103	9	14	5	93	0.75
1957	2152	136	3	28	59	234	2.30
1965	3820	436	16	18	116	116	2.95
1970	4952	1582	4	4	88	50	3.32
1975	3621	1612	9	8	113	110	2.08
1978	4000	1723	8	26	118	117	2.19
1979	4146	1743	8	34	117	116	2.24
1980	4350	1760	9	39	126	118	2.32
1981	4630	1794	12	42	136	120	2.43
1982	4660	1796	14	43	138	121	2.41
1983	4632	1819	14	45	135	120	2.37
1984	4711	1841	14	53	139	121	2.37
1985	4749	1763	14	55	141	120	2.37
1986	4905	1770	13	57	140	122	2.42
1987	4991	1780	12	60	143	123	2.42
1988	5120	1787	13	61	144	123	2.45
1989	5152	1810	11	62	150	118	2.43
1990	5161	1856	12	64	153	122	2.39
1991	5172	1927	12	66	155	122	2.37
1992	5253	1928	12	61	157	120	2.38
1993	4932	1987	11	64	190	119	2.21
1994	4918	2000	11	65	189	119	2.18
1995	4915	2003	11	64	188	117	2.16
1996	5037	2016	11	53	143	107	2.19
1997	4863	1991	11	63	183	113	2.10
1998	4641	1991	11	63	182	110	1.99
1999	4468	1982	11	63	183	108	1.89
2000	4427	1988	11	63	185	108	1.87
2001	4296	1892	11	61	187	107	1.85
2002	3768	1857	10	58	147	118	1.58
2003	3595	1819	9	57	146	117	1.51
2004	3715	1831	9	54	147	117	1.56
2005	3774	1834	9	54	146	116	1.58
2006	3693	1820	8	51	140	113	1.54
2007	7853	1815	8	54	140	114	3.30
2008	7423	1799	6	54	137	115	3.09
2009	7919	1803	6	50	133	116	3.29
2010	8052	1807	6	50	127	117	3.32
2011	22931	1818	6	50	121	117	9.24
2012	23046	1848	6	52	119	117	9.26
2013	23264	1898	6	53	119	116	9.31

注：卫生机构 2010 年以前不包含村卫生室，下表同。

a)Number of Health Care Institutions does not include the village clinics before 2010,Same in the following tables.

21-6 卫生机构床位

Number of Beds in Health Institutions

单位：张 (unit)

年份 Year	总计 Total	医院、卫生院 Hospitals & Public Health Clinic	疗养院所 Sanat-oriums	专科防治所站 Specialized Prevention & Treatment Centers or Stations	疾病预防控制中心 CDC	妇幼保健所站 Maternity & Child Care Centers	每万人口卫生机构床位数 Number of Public Health Orgon Beds Per 10 000 Population
1947	519	519					0.92
1949	726	639	70				1.05
1952	2890	1274	1567				1.78
1957	7733	5700	194				6.09
1965	23241	15820	1669				12.20
1970	25614	24833	280				16.66
1975	22198	21089	500				21.87
1978	25023	24079	500				24.23
1979	48769	46495	1290				25.11
1980	49630	47271	1295				25.19
1981	51319	47942	1948				25.19
1982	51002	47339	2270				24.44
1983	52436	48739	2217				24.92
1984	52911	49307	2274				24.84
1985	53572	50567	2194				25.20
1986	54726	51566	2053			344	25.41
1987	57651	54354	1933	6		401	26.30
1988	59414	55867	2143	36		421	26.68
1989	60090	56776	1863	88		402	26.75
1990	60727	57558	1871	87		404	26.62
1991	62929	59268	2182	66	4	452	27.14
1992	64446	60730	2182	66	4	514	27.52
1993	65221	60893	2062	97	12	584	27.28
1994	65464	61425	2007	65		500	27.17
1995	66515	61933	2124	144	15	574	27.25
1996	65247	61667	2260	105	4	716	26.86
1997	65387	61918	2260	123		749	26.73
1998	65794	62499	2080	83		766	26.76
1999	66367	62832	2102	147		740	28.10
2000	66903	63156	1984	176		1000	28.24
2001	66682	63071	1884	191	25	1580	28.75
2002	64742	61909	1773	409	54	1944	27.30
2003	65072	60438	1768	224	26	1920	27.37
2004	66699	61155	1757	174	95	2269	28.00
2005	69440	64002	1554	234	77	2422	29.10
2006	70284	64816	1397	253	150	2388	29.38
2007	73830	65780	1217	202		2441	30.76
2008	81407	73205	670	201	24	2600	33.85
2009	87321	77702	910	246		2921	36.05
2010	97811	87882	640	250		2716	40.38
2011	100805	89954	640	227		2895	40.80
2012	110788	99761	640	286		3075	44.50
2013	120065	109474	640	304		3272	48.07

注：医院、卫生院2002年以前为医院口径。

a)The Data about Hospitals and Public Health Clinic Refer to Date of Hospitals before 2002.

21-7 卫生机构人员

Number of Persons Engaged in Health Institutions

单位：人 (person)

年份 Year	总计 Total	卫生技术人员 Medical Technical Personnel	#医生 Doctors	#执业医师 Certified Doctors	#执业助理医师 Practicing physician assistant	#注册护师、护士 Registered Senior and Junior Nurses	每万人口医生数 Number of Doctors per 10 000 Population
1949	7529	7204	4736			201	8
1952	12233	10727	6097			552	9
1957	21848	18290	10556			1977	11
1965	40695	33215	18027			4664	14
1970	42097	33333	17101			6490	11
1975	60529	47845	22114			7932	13
1978	75123	59277	26724			8225	15
1979	82855	65615	28417			7949	16
1980	88188	70022	31068			9129	17
1981	98165	77647	32184			10426	17
1982	101637	80450	32975			10969	17
1983	104446	82873	33456			11768	17
1984	107234	85185	34903			12264	18
1985	109210	87130	36467			12598	18
1986	112011	89257	38103			13427	19
1987	115164	91437	37781			14458	18
1988	117779	94095	42794			18605	20
1989	119044	94969	44579			21310	21
1990	121443	96764	41453			22123	19
1991	123935	97984	42520			22797	19
1992	126859	100365	46612			23157	21
1993	127494	99878	47171			23425	21
1994	129101	102220	48962			24575	22
1995	129483	102187	49345			24617	22
1996	130368	103606	50263			25313	22
1997	129306	102983	52438			25953	22
1998	129765	104890	56384			26163	24
1999	125632	101312	51602			25766	22
2000	124362	100688	52299			25726	22
2001	131931	109147	53021			26755	22
2002	120628	100665	48866	39901	8965	25740	21
2003	120264	101073	49304	40241	9063	25555	21
2004	120253	101730	50177	41252	8925	26517	21
2005	121180	102587	50308	41646	8662	27052	21
2006	120571	102336	50409	42116	8293	27601	21
2007	126155	105790	48403	40398	8005	29732	20
2008	131879	110042	49806	41990	7816	31652	21
2009	139488	117197	51947	43964	7983	34895	22
2010	146610	123232	54161	46148	8013	37765	22
2011	175563	131806	57214	48399	8815	42522	23
2012	183875	139876	59528	50100	9428	46774	24
2013	195943	148176	62055	52500	9555	52358	25

21-8 社会保障基本情况
Basic Statistics on Social Security

项目	Item	2012	2013
一、最低生活保障	**Minimum Standard of Living for Residents**		
城市居民(万人)	Residents in Urban Area(10 000 persons)	80.80	78.38
城市居民(万户)	Housholds in Urban Area(10 000 households)	44.44	44.59
农村居民(万人)	Residents in Rural Area(10 000 persons)	123.51	125.31
农村居民(万户)	Housholds in Rural Area(10 000 households)	91.78	96.48
二、社会福利事业	**Social Welfare**		
收养性单位(个)	Adopting Social Welfare Institutions(unit)	730	722
优抚类单位	Adopting Institution of Social Special Relief	34	34
福利类单位	Adopting Institution of Social Welfare	51	54
城市养老服务机构	Urban Institutions for the Aged	119	150
农村养老服务机构	Rural Institutions for the Aged	523	483
其他社会福利机构	Others	3	1
收养性单位床位数(张)	Adopting Social Welfare Instiutions(bed)	69173	78484
优抚类单位	Adopting Institution of Social Special Relief	2951	3041
福利类单位	Adopting Institution of Social Welfare	10285	11237
城市养老服务机构	Urban Institutions for the Aged	18689	25801
农村养老服务机构	Rural Institutions for the Aged	36718	38325
其他社会福利机构	Others	530	80
年末收养人数(人)	Persons Adopted at the year-end(person)	42202	49811
优抚类单位	Adopting Institution of Social Special Relief	1676	1917
福利类单位	Adopting Institution of Social Welfare	6540	7096
城市养老服务机构	Urban Institutions for the Aged	7022	12939
农村养老服务机构	Rural Institutions for the Aged	26710	27830
其他社会福利机构	Others	254	29
社会福利事业支出(万元)	Expenditure for Social Welfare(10 000 yuan)	1127396	1236610
#抚恤、离退休和社会福利救济	Pensions and Relief Funds for Social Welfare	943583	1061325
自然灾害生活救助	Life Salvation of Natural Calamity	45637	38709
三、社区服务	**Community Service**		
城镇社区服务设施(个)	Number of Urban Welfare Facilities(unit)	1928	2122
城镇便民利民服务网点(个)	Number of Urban Service Points for Civilian(unit)	9627	8552

21-8 续表 continued

项目	Item	2012	2013
四、社会保障	**Social Security**		
基本养老保险	**Basic Pension Insurance**		
城镇职工基本养老保险参保人数(万人)	Persons joined(10 000 persons)	472	497
#参加基本养老保险离退休人数(万人)	Retirees joined(10 000 persons)	149	169
城乡居民养老保险参保人数(万人)	Contributors of Urban(10 000 persons)	756	780
城镇职工基本养老保险基金当年支出额(亿元)	Expenses of Insurance Fund(100 million yuan)	387.70	488.82
城乡居民养老保险基金当年支出额(亿元)	Expenses of Insurance Fund(100 million yuan)	26.70	44.34
失业保险	**Unemployment Insurance**		
参加失业保险人数(万人)	Persons joined(10 000 persons)	233.00	233.40
累计领取失业金人数(万人)	Beneficiaries(10 000 persons)	5.06	4.96
失业保险基金当年支出额(亿元)	Expenses of Insurance Fund(100 million yuan)	8.92	9.22
医疗保险	**Basic Medical Insurance**		
参加基本医疗保险人数(万人)	Persons joined(10 000 persons)	968.00	986.21
#参加大病统筹的人数(万人)	Contributors of Comprehensive Arrangement for Serious Disease(10 000 persons)	391.00	451.73
#城镇居民参加基本医疗保险人数(万人)	Persons joined(10 000 persons)	512.43	521.71
城镇职工基本医疗保险基金当年支出额(亿元)	Expenses of Insurance Fund(100 million yuan)	122.71	155.79
城镇居民基本医疗保险基金当年支出额(亿元)	Expenses of Insurance Fund(100 million yuan)	13.37	18.74
农村新型合作医疗参合人数(万人)	Persons joined(10 000 persons)	1234	1262
农村新型合作医疗收入额(亿元)	Revenue of Medical Insurance in Rural(100 million yuan)	38.03	47.22
农村新型合作医疗支出额(亿元)	Expenses of Medical Insurance in Rural(100 million yuan)	35.65	45.75
农村新型合作医疗参合率(%)	Rate of Medical Insurance in Rural(%)	94.30	97.00
工伤保险	**Work Injury Insurance**		
参加工伤保险人数(万人)	Persons joined(10 000 persons)	249	277
#参加工伤保险的农牧民人数(万人)	Farmers and Herdsmen(10 000 persons)	70	
工伤保险基金当年支出额(亿元)	Expenses of Insurance Fund(100 million yuan)	6.88	8.79
生育保险	**Maternity Insurance**		
参加生育保险人数(万人)	Persons joined(10 000 persons)	274	285
生育保险基金当年支出额(亿元)	Expenses of Insurance Fund(100 million yuan)	4.16	4.71
社会保险基金收支情况			
养老、失业、医疗、工伤、生育保险基金收入(亿元)	Revenue of Pension, Unemployment, Medical, Work injury, Maternity insurance Fun(100 million yuan)	709.54	811.91
养老、失业、医疗、工伤、生育保险基金支出(亿元)	Expenses of Pension, Unemployment, Medical, Work injury, Maternity insurance Fun(100 million yuan)	570.44	711.67
养老、失业、医疗、工伤、生育保险基金累计节余(亿元)	Balance of Pension, Unemployment, Medical, Work injury, Maternity insurance Fun(100 million yuan)	741.09	756.06

注:1.社会保险基金收支情况包含城乡居民养老、医疗保险基金情况。

2.城乡居民养老保险基金当年支出额2013年口径较上年有所调整。

a)The balance of social insurance funds including pension, medical insurance fund for urban and rural residents.

b)The scope of Expenses of Insurance Fund in 2013 has been adjusted compared with the previous year.

21-9 社会服务机构基本情况

Basic Statistics on Social Service Institutions

项　目	Item	机构(个) Number of Institutions or Enterprises(unit)		工作人员(人) Number of Persons Engaged(person)	
		2012	2013	2012	2013
社会服务	**Social**	**26448**	**27458**	**174112**	**163506**
社会工作	**Social Work**	**2996**	**3183**	**26377**	**29077**
提供住宿的社会服务机构	Social Welfare Institutions with Accommodations	791	785	6733	7294
老年人与残疾人服务机构	Institutions for the Aged and Disabled	735	728	5467	5937
智障与精神疾病服务机构	Social Welfare Institutions for Mental Retardation and Meental Diseases	5	6	476	553
儿童收养救助服务机构	Social Welfare Institutions for Children	7	7	241	270
其他提供住宿的服务机构	Other Social Welfare Institutions with Accommodations	44	44	549	534
不提供住宿的社会服务机构	Social Welfare Institutions without Accommodations	2205	2398	19644	21783
成员组织和其他社会服务机构	**Membership Organizations and Othet Social Service**	**23424**	**24256**	**147380**	**134129**
其他	**Others**	**28**	**19**	**355**	**300**

21-10 收养性社会福利事业单位基本情况(2013年)

Basic Statistics on Social Welfare Institutions(2013)

项　目	Item	院数(个) Homes (unit)	工作人员(人) Staff and Workers (person)	床位(张) Beds (unit)	年末收养人数(人) Persons Housed year-end (person)
全区总计	**Autonomous Regional Total**	**722**	**6538**	**78484**	**49811**
优抚类收养性单位	Adopting Institutions of the special care	34	701	3041	1917
荣誉军人康复医院	Disable Veteran Hospital	1	73	100	26
复员军人疗养院	Sanatorium of Demobilized Soldier	2	40	240	40
复退军人精神病院	Psychiatric Hospital of Veteran	2	210	502	444
光荣院	Homes for Disabled Veterans	29	378	2199	1407
福利类收养性单位	Adopting Institutions of the welfare	54	1517	11237	7096
社会福利院	Social Welfare Homes	43	904	8548	5398
儿童福利机构	Baby Welfare Homes	7	270	1501	798
社会福利医院	Social Welfare Hospitals	4	343	1188	900
城市养老服务福利机构	The urban old-age service welfare agencies	150	2165	25801	12939
农村养老福利机构	Rural old-age welfare institutions	483	2139	38325	27830
其他社会福利机构	Others	1	16	80	29

21-11 享受补助、救济人员情况

Persons Receiving Subsidies or Relief Funds

单位：人、户、人次 (person)(household)(person-time)

项　　目	Item	2013
传统救济人数	**Number of Persons Receiving Traditional Relief Funds**	**27742**
城市社会救济情况	**Social Relief in Urban Area**	
城市居民最低生活保障人数	Number of Persons Receiving Lowest Cost-of-Living in Urban Area	783744
城市居民最低生活保障家庭数	Number of Households Receiving Lowest Cost-of-Living in Urban Area	445872
城市临时救助家庭户次数	Number of Urban Households Interim Relief	35830
农村社会救济情况	**Social Relief in Rural Area**	
农村居民最低生活保障人数	Number of Persons Receiving Lowest Cost-of-Living in Rural Area	1253151
农村居民最低生活保障家庭数	Number of Housholds Receiving Lowest Cost-of-Living in Rural Area	964849
农村五保救济人数	Number of Persons of Rural Guaranteed Five Aspects	87686
农村临时救助家庭户次数	Number of Rural Households Interim Relief	57609

21-12 社区服务机构基本情况

Statistics on Urban Community Service Facilities

单位：个 (unit)

项　　目	Item	2012	2013
社区服务机构数	Number of Urban Welfare Facilities	1928	2122
#社区服务指导中心数	Number of Community Service Facilities	3	5
社区服务中心数	Community Service Guidance Centers	873	960
社区服务站数	Community Service Stations	613	672
其他社区服务机构	Other Community Service Facilities	439	485
便民利民网点数	Number of Convenience Networks	9627	8552
社区服务机构覆盖率(%)	Coverage Rate of Community Service Facilities(%)	14.3	15.8

21-13 工业“三废”排放及治理

Discharge and Treatment of Waste Water, Waste Gas and Solid Wastes by Industry Enterprises

项目	Item	2012	2013
废水	**Waste Water**		
工业废水排放总量(万吨)	Total Volume of Industrial Waste Water Discharged (10 000 tons)	33617.85	36985.79
废气	**Waste Gas**		
工业废气排放总量(亿标立方米)	Total Volume of Industrial Waste Gas Diffused (100 Million cu.m)	28132.67	31128.44
工业二氧化硫排放量(万吨)	Volume of Sulphur Dioxide Emission(10 000 tons)	124.15	123.64
工业烟（粉）尘排放量(万吨)	Volume of Industrial smoke (dust)(10 000 tons)	66.77	68.41
固体废物	**Solid Wastes**		
一般工业固体废物产生量(万吨)	Volume of General Industrial Solid Wastes Produced (10 000 tons)	23624.45	20080.59
一般工业固体废物综合利用量(万吨)	Volume of General Industrial Solid Wastes Utilized in a Comprehensive way(10 000 tons)	13838.44	9984.08
一般工业固体废物综合利用率(%)	Percentage of General Industrial Solid Wastes Utilized in a Comprehensive way(%)	58.54	48.68
一般工业固体废物贮存量(万吨)	Volume of General Industrial Solid Wastes Accumulated (10 000 tons)	2360.74	2233.40
一般工业固体废物处置量(万吨)	Volume of General Industrial Solid Wastes Treated (10 000 tons)	7468.39	8296.08
一般工业固体废物倾倒丢弃量(万吨)	Volume of General Industrial Solid Wastes Discharged (10 000 tons)	5.46	1.37
污染治理	**Pollution Treatment**		
当年安排污染治理项目数(个)	Number of Projects for Pollution Treatment in the Year(unit)	2350	2578
污染治理项目本年完成投资额(亿元)	Actual Investment in Pollution Treatment in the Year(10 000 yuan)	445.06	506.83
# 治理废水	Treatment of Waste Water	16.08	17.90
治理废气	Treatment of Waste Gas	32.60	76.88
治理固体废物	Treatment of Solid Wastes	3.76	4.57
治理噪声	Noise Abatmenet	1.21	1.10
治理其他	Others	1.42	19.56
排污收费及使用	**Fee for Discharging Waste and Fines for Pollution**		
排污费解缴入库户数(户)	Number of Sewage Charges Remit Storage(unit)	4664	8193
排污费解缴入库金额(亿元)	Amount of Sewage Charges Remit Storage(10 000 yuan)	9.84	13.43

注:1.安排污染治理项目数包含工业企业污染治理项目和完成环保验收项目数。

2.污染治理项目本年完成投资额数据来源为环保厅和城建厅。

a) Number of Projects for Pollution Treatment, Including Pollution Control Projects and Environmental Acceptance Projects.

b) Actual Investment in Pollution Treatment ere from Environmental Protection Bureau and Ministry of Housing and Urban-Rural Development.

21-14 火灾、交通事故情况(2013 年)

Basic Statistics on Fires and Traffic Accidents(2013)

项　　目	Item	发生(起) Accured (case)	死亡(人) Death (person)	受伤(人) Injuries (person)	财产损失(万元) Property Loss (10 000 yuan)
一、火灾事故情况	**Fires**	**11825**	**40**	**16**	**12904.80**
特 大	Extraordinarily				
重 大	Serious				
较 大	Larger	1	5	5	20.40
一 般	Ordinary	11824	35	11	12884.40
二、交通事故情况	**Traffic Accidents**	**3643**	**1096**	**3514**	**1607.35**
死亡事故	Deaths	938	1096	572	964.14
伤人事故	Injuries	2297		2942	507.17
财产损失事故	Property Loss	408			136.03

21-15 民间组织管理情况

Statistics on Non Governmental Organizations

单位：个、人　　(unit)(person)

项 目	Item	2013
社团管理	**Mass Organizations**	
年末实有社团数	The Number of Mass Organizations at Year-end	6697
社团负责人	The Number of Leaders of Mass Organizations	12169
# 女性	Female	2956
民办非企业单位	**Nonbusinesses Run by Local People**	
年末实有民办非企业单位	Nonbusinesses Run by Local People at Year-end	3897
民办非企业单位负责人	Leaders of Nonbusinesses	5332
# 女性	Female	1638

主要统计指标解释

等级运动员人数 指经考核正式批准授予等级运动员称号的人数。运动员等级分为国际级运动健将,运动健将、一级运动员、二级运动员、三级运动员、少年级运动员。

等级裁判员人数 指经考核正式批准授予等级裁判员称号的人数。裁判员等级分为国际裁判、国家级裁判、一级裁判、二级裁判、三级裁判。

体育场 指有 400 米跑道(中心含足球场),有固定道牙,跑道 6 条以上,并有固定看台的室外田径场地。体育场按看台容纳观众人数分为:甲级 25000 人以上,乙级 15000–25000 人,丙级 5000–15000 人,丁级 5000 人以下。

体育馆 指有固定看台,可供篮球、排球、羽毛球、乒乓球、体操等项目训练比赛活动用的室内运动场地。体育馆按看台容纳观众人数分为:甲级 6000 人以上,乙级 4000–6000 人,丙级 2000–4000 人,丁级 2000 人以下。

卫生机构 包括医疗机构、疾病预防控制中心(防疫站)、采供血机构、卫生监督及监测(检验)机构、医学科研和在职培训机构、健康教育所等。医疗机构包括医院、社区卫生服务中心(站)、疗养院、卫生院、门诊部、诊所(卫生所、医务室)、妇幼保健院(所、站)、专科疾病防治院(所、站)、急救中心(站)和临床检验中心。医疗机构分为非赢利性医疗机构和赢利性医疗机构。

医院 包括综合医院、中医医院、中西医结合医院、民族医院、各类专科医院和护理院。

卫生技术人员 指卫生机构中医生、护理人员、药剂人员、检验人员等卫生技术人员。

医生 指在医疗、预防保健机构工作且取得《执业医师证书》的执业医师和执业助理医师。

社会福利事业单位 指集中收养社会孤老、残、幼的机构,包括由民政部门管理的社会福利院、儿童福利院、精神病人福利院和城镇集体举办的福利院及农村集体举办的敬老院以及优抚医院和具有收养能力的社区服务中心等。该指标主要反映我国在社会福利性单位投入的水平。

社会福利事业单位收养人数 包括民政部门管理和城镇、农村集体举办的社会福利事业单位中收养的老人、少年儿童、缺乏生活自理能力的残疾人员和精神病人。

社会福利企业单位 指以安置城镇有一定劳动能力的盲、聋、哑和肢体残疾人员就业为目的,享受国家减免税待遇的国有或集体企业。包括福利工厂、福利商业和服务业、假肢厂和安置农场等单位。

农村五保户 指农村中既无劳动能力,又无经济来源的老、弱、孤、残的农民,其生活由集体供养,实行保吃、保穿、保住、保医、保葬(孤儿保教),简称“五保”。享受五保待遇的家庭叫五保户。

基本养老保险

1.参加保险人数:指报告期末按照国家法律、法规和有关政策规定参加基本养老保险的职工人数。包括不能正常缴费、已中断缴费但未终止保险关系的职工人数。

2.社会统筹基金收入:指根据国家规定,由纳入基本养老保险范围的单位,按照国家规定的缴费基数和缴费比例缴纳的社会统筹基金,以及通过其他方式取得的形成基金来源的收入,包括:单位缴纳的社会统筹基金收入、财政补贴收入、利息收入、其他收入。

3. 社会统筹基金支出:指按照国家政策规定的开支范围和开支标准从社会统筹基金中支付给参加基本养老保险的离休、退休、退职人员个人的养老金、丧葬抚恤补助,以及由于保险关系转移、上下级之间调剂资金等原因而发生的支出。包括:基础性养老金、过渡性养老金、离休金、退休金、退职金、补贴、丧葬抚恤补助、其他支出。

4. 社会统筹基金结余:指截止报告期末基本养老保险的社会统筹基金结余金额。包括银行存款、财政专户、债券投资和其他。

基本医疗保险

1. 参加保险人数:指报告期末按国家有关规定参加基本医疗保险的人数。包括参加保险的职工人数和退休人员人数。

2.社会统筹基金收入:指根据国家有关规定,由纳入基本医疗保险范围的缴费单位,按国家规定的缴费基数和缴费比例缴纳的社会统筹基金,以及通过其他方式取得的形成基金来源的款项,包括:单位缴纳的社会统筹基金收入、财政补贴收入、利息收入、其他收入。

3. 社会统筹基金支出:指按照国家政策规定的开支范围和开支标准从社会统筹基金中支付给参加基本医疗保险的职工和退休人员的医疗保险待遇支出及其他支出。包括:住院医疗费用支出、门急诊医疗费用支出、其他支出。

4. 社会统筹基金结余:指截止报告期末基本医疗保险的社会统筹基金结余金额。包括银行存款、财政专户、债券投资和其他。

失业保险

1.参加保险人数:指报告期末按照国家法律、法规和有关政策规定参加了失业保险的城镇企业事业单位的职工及地方政府规定参加失业保险的其他人员的人数。

2. 失业保险金:指为保障失业人员的基本生活而按规定支付的失业保险金金额。保险福利费用总额指各单位在工资以外支付给职工和离休、退休、退职人员个人和用于集体的保险福利费用,不包括用于职工的劳动保护费用,由保险福利费用开支的医务人员工资,集体福利机构工作人员和病伤休息期满 6 个月以上人员的工资。

保险福利费用总额 指各单位在工资以外支付给职工和离休、退休、退职人员、个人和集体的保险福利费用,不包括用于职工的劳动保护费用,由保险福利费用开支的医务人员工资,具体福利机构工作人员和病伤休息期满 6 个月以上人员的工资。

离休、退休、退职人员 指正式办理了离休、退休、退职手续,并享受相应的离休、退休、退职待遇的人员。

离休、退休、退职人员保险福利费用 包括:

1. 离休金: 指发给离休干部的工资和按 1982 年国务院《关于老干部离职休养制度的几项规定的通知》发给符合规定的离休干部相当于一至两个月标准工资的生活补贴及 1988 年增发的生活补贴。

2. 退休金: 指按照国家有关规定发给退休职工的退休费和 1988 年增发的生活补贴。

3.退职生活费: 指按照 1978 年国务院《关于工人退休、退职的暂行办法》发给退职人员的生活费用和 1988 年增发的生活补贴。

以上离退休、退职人员的离退休金、退职生活费还应包括发给离退休、退职人员的生活补贴和物价补贴。

4.医疗卫生费: 指离休、退休、退职人员的医疗费、住院费以及住院伙食补助等费用。

5.其他: 指上述费用以外的其他保险福利费用,如丧葬抚恤救济费、交通费补贴、冬季取暖补贴等。

工业废水排放量 指经过企业厂区所有排放口排到企业外部的工业废水量。包括生产废水、外排的直接冷却水、超标排放的矿井地下水和与工业废水混排的厂区生活污水,不包括外排的间接冷却水 (清污不分流的间接冷却水应计算在内)。

工业废气排放量 指企业厂区内燃料燃烧和生产工艺过程中产生的各种排入空气的含有污染物的气体总量,按标准状态[273K,101325pa]计算。

工业二氧化硫排放量 指企业在燃料燃烧和生产工艺过程中排入大气的二氧化硫数量。 烟尘排放量 指企业厂区内燃料燃烧产生的烟气中夹带的颗粒物数量。

工业粉尘排放量 指企业在生产工艺过程中排放的颗粒物重量,如钢铁企业的耐火材料粉尘、焦化企业的筛焦

系统粉尘、烧结机的粉尘、石灰窑的粉尘、建材企业的水泥粉尘等。不包括电厂排入大气的烟尘。

工业固体废物产生量 指企业在生产过程中产生的固体状、半固体状和高浓度液体状废弃物的总量,包括危险废物、冶炼废渣、粉煤灰、炉渣、煤矸石、尾矿、放射性废物和其他废物等;不包括矿山开采的剥离废石和掘进废石(煤矸石和呈酸性或碱性的废石除外)。酸性或碱性废石指采掘的废石其流经水、雨淋水的 PH 值小于 4 或 PH 值大于 10.5 者。

工业固体废物综合利用量 指通过回收、加工、循环、交换等方式,从固体废物中提取或者使其转化为可以利用的资源、能源和其他原材料的固体废物量 (包括当年利用往年的工业固体废物累计贮存量),如用作农业肥料、生产建筑材料、筑路等。综合利用量由原产生固体废物的单位统计。

工业固体废物贮存量 指以综合利用或处置为目的,将固体废物暂时贮存或堆存在专设的贮存设施或专设的集中堆存场所内的数量。专设的固体废物贮存场所或贮存设施必须有防扩散、防流失、防渗漏、防止污染大气、水体的措施。

工业固体废物处置量 指将固体废物焚烧或者最终置于符合环境保护规定要求的场所, 并不再回取的工业固体废物量(包括当年处置往年的工业固体废物累计贮存量)。处置方法有填埋(其中危险废物应安全填埋)、焚烧、专业贮存场(库)封场处理、深层灌注、回填矿井等。

工业固体废物排放量 指将所产生的固体废物排到固体废物污染防治设施、场所以外的数量,不包括矿山开采的剥离废石和掘进废石(煤矸石和呈酸性或碱性的废石除外)。

Explanatory Notes on Main Statistical Indicators

Number of Athletes in Grades refers to the number of athletes who have been given titles through examination. The titles of athletes include international masters of sports, masters of sports, first grade, second grade and third grade sportsmen and young athletes.

Number of Referees in Grades refers to the number of referees who have been given titles after examination. They are classified as international referees, national referees and referees of the first, second and third grades.

Stadiums refer to stadiums for track and field events with six lane 400 meter tracks around soccer fields, permanent track marks and permanent bleachers. Stadiums are classified according to seating capacity. They include: Class A stadiums seating 25000 people each. Class B stadiums seating 15000 to 25000 people each. Class C stadiums seating 5000 to 15000 people each, and Class D stadiums seating fewer than 5000 people.

Gymnasiums refer to indoor sports grounds with permanent seats in which basketball, volleyball. Badminton, table tennis and gymnastics competitions can be held. Gymnasiums are classified according to seating capacity. They include Class A gymnasiums seating over 6000 people. Class B gymnasiums seating 4000 to 6000 people. Class C gymnasiums seating 2000 to 4000 people, and Class D gymnasiums seating fewer than 2000 people.

Medical Organizations include: hospitals, health service centers (stations) of communities, nursing homes, health centers, clinics, clinics (health stations and infirmaries) , maternity and child care agencies (centers and stations) , special disease prevention and curing agencies (centers and stations) , first aid centers (stations) and clinical inspection centers. Medical organizations are grouped by two types: profit– making and non– profit– making medical organizations.

Hospitals include: polyclinics, traditional Chinese medical hospitals, hospitals integrated with traditional Chinese therapeutics and western therapeutics, ethical hospitals, various specialties hospitals and nursing hospitals.

Medical Technical Personnel refers to doctors, assistant nurses, pharmacists, and laboratory technicians working in medical institutions.

Doctors refer to certified physicians and certified assistant physicians with certifications working in medical and health care and prevention agencies.

Social Welfare Institutions refer to institutions taking care of old pople without children, handicapped people and orphans. They include social welfare institutions run by civil affairs departments, children welfare institutions, social welfare institutions for mental patients, collective–owned old peoples homes in rural areas, convalescent homes and community service centers with the capaCity of receiving those people. This indicator reflects the input in social welfare institutions.

Number of People Taken in by Social Welfare Institutions refers to the number of old people, children, totally dependent handicapped people and mental patients taken in by social welfare institutions run by civil affairs departments and those run by collective units in urban and rural areas.

Social Welfare Enterprises are collective–owned enterprises which employ the blind, deaf mute, and other handicapped people who are able to work in cities and towns and enjoy exemption from state taxes, including welfare plants, welfare commercial services, artificial limb plants and farms, etc.

Rural Households with Livelihood Guaranteed in Five Aspects refer to the households in which there are old people without child, orphans and handicapped people who are unable to work and without financial resources in rural areas. They are taken care of by the collective units and their food, clothing, housing, medical care, funeral expenses (or schooling for orphans) are guaranteed to be provided for.

Households in the Poor Household Support Program refer to the households of martyrs and disabled servicemen, and poor households, who are able to work but in poor conditions, receiving government or collective relief funds. In this way, the households can get to work and make them break away from poverty.

Basic Endowment Insurance

1. Number of people participating in the insurance program: by the end of reference period, number of staff and workers participating in the insurance program in line with national laws, regulations and related policies, including

those who can not make regular payment or interrupt payment but not terminate the insurance program.

2. Revenue of social comprehensive funds: according to national provision, payments made by units covered in basic endowment insurance program, and income from other resources, including: income of social comprehensive funds paid by unites, financial subsidies, interest income and others.

3. Expenditure of social comprehensive funds: refer to payment made to those retired and resigned people covered in endowment insurance program in terms of pens ion or compensation within the expenditure scope and standards according to related national policies, and the expenditure occurred due to shift of the insurance relationship or adjustment funds among agencies, including: basic pension, transitional pension, pension for resigned people, pension for retired people, pension for people quitting jobs, subsidies, funeral subsidies and other expenditure.

4. Balance of social comprehensive funds: refer to the balance of basic endowment insurance of social comprehensive funds at the end of the reference period, including: bank savings, special fiscal account, investment in bonds and others.

Basic Medical Care Insurance:

1. Number of people participated in the insurance program: refer to number of people participated in the basic medical care insurance program according to related regulation by the end of reference period, including: number of staff and workers and retired persons participated in this insurance program.

2. Revenue of social comprehensive funds: according to national provision, payments made by units covered in basic medical care insurance program, and income from other resources, including: income of social comprehensive funds paid by unites, financial subsidies, interest income and others.

3. Expenditure of social comprehensive funds: refer to payment made to those retired and resigned people covered in basic medical care insurance within the expenditure scope and standards according to related national policies, including: expenditure on fee-for-service in hospital, expenditure on fee-for-service in clinic and other expenditure.

4. Balance of social comprehensive funds: refer to the balance of medical care insurance of social comprehensive funds at the end of the reference period, including: bank savings, special fiscal account, investment in bonds and others.

Unemployment Insurance

1. Number of people participated in unemployment insurance program: number of staff and workers in urban enterprises or institutions and other people according to local government regulations participated in unemployment insurance program in line with national law, regulations and related policies by the end of the reference period.

2. Sum of Unemployment Insurance: refer to total amount of insurance paid to un-employees to guarantee their basic lives according to related regulations.

Insurance and Welfare Funds refers to labor insurance and welfare fund paid by enterprises, organizations and institutions to their staff and workers as well as retired and resigned persons in addition to their wages and salaries excluding labor protection fees, wages paid to medical workers from insurance and welfare fund and wages paid to staff members working in collective welfare agencies and to people with over 6 months of sick-leave.

Retired or Resigned Personnel refers to the persons who have formally gone through the formalities for their retirement or quitting work and enjoy the corresponding treatments.

Insurance and Welfare Funds for Retired and Resigned Staff and Workers

1. Pensions for retired veteran cadres: They refer to pensions, other subsidies, and additional allowances paid to retired in line with relevant government documents.

2. Pensions for Retirement: They refer to living allowance; other subsidies and additional allowances paid to retired staff and workers in line with the relevant government documents.

3. Resignation Allowances for Living Expenses: They refer to living allowance, and additional allowances subsidies paid to resigned staff and workers in line with relevant government instructions.

It also includes living subsidies and prices subsidies paid to retired and resigned staff and workers.

4. Medical Care Allowance: refer to fee-for-service, cost of medical care and per diem subsidies during hospitalizations of retired and resigned staff and workers.

5. Others: They refer to other expenses, including other types of insurance and welfare fund, fees for funerals, traveling subsidies and heating subsidies during the winter time.

Volume of Industrial Waste Water Discharged refers to the volume of industrial waste water discharged, through all outlets, to the outside of industrial enterprises, including waste water produced, direct cooling water, underground water from mines that does not meet the standard of discharge, and the domestic sewage mixed up with industrial waste water when discharged, but excluding discharged indirect cooling water.

Volume of Waste Industrial Gas Emission refers to waste gas emitted from burning of fuels and from production process in the area of the factory, and is measured by 10000 standard cubic meters each year under normal condition.

Volume of Industrial Sulphur Dioxide Discharged refers to the volume of sulphur dioxide discharged to the air in the process of fuel burning or in the production process.

Industrial Dust Discharged refers to the total weight of solid dust discharged by industrial enterprises in the production process, such as dust of refractory materials from iron plants, dust from coke screening system or from sintering machines of coking plants, dust from lime kilns, cement dust from building material enterprises, etc. but excluding smoke and dust discharged by power plants.

Volume of Industrial Solid Wastes Produced refers to the total volume of solid, semi solid or high concentration liquid residue produced by industrial enterprises in their production process, including dangerous wastes, residues from melting, slag, powdered coal ash, gangue, chemical residues, tailings, radio active residues and other residues, but excluding stripped or dug stones in mining (except gangue and acid or alkali stones which are stones washed or soaked by water with a pH value smaller than 4 or larger than 10. 5)

Volume of Industrial Solid Wastes Utilized in a Comprehensive Way refers to the volume of solid wastes from which useful materials can be extracted or which can be changed to be utilizable resources, energy or other materials, including the volume of industrial solid wastes stored up in the previous years and utilized in the current year, such as the solid wastes utilized as fertilizers, building materials, for making roads or for other purpose. Statistical data on utilization of industrial solid wastes are collected by solid wastes producing units.

Volume of Industrial Stored up Solid Wastes refers to the volume of industrial solid wastes temporarily stored up or piled with special facilities or piled in the special sites for purpose of utilization or treatment in future. The special facilities or special sites for the storing up solid wastes should have the measures against spreading or being washed away to other places, permeating the soil or causing air pollution or water contamination.

Volume of Industrial Solid Wastes Treated refers to solid wastes disposed of in a non recoverable place that meet the requirement of environmental protection, such as burying (The dangerous wastes should be buried safely), burning, piling in designated sites, pouring water into the deep strata, filling of old mines, etc. (including treatment of solid wastes piled up in the previous years).

Volume of Industrial Solid Wastes Discharged refers to the volume of industrial solid wastes produced and discharged at the places outside the special facilities or special sites for preventing against pollution, excluding stripped or dug stones in mining (except gangue and acid or alkali waste stones).

2014 NEIMENGGU

二十二、盟市资料

Statistics of Leagues and Cities

资料整理：李　亮
Arranged By Li Liang

22-1 各盟市行政区域土地面积和城市建设(2013 年)

Administrative Areas and Construction in Cities by Region(2013)

地 区	Region	行政区域土地面积(万平方公里) Gross Area (10 000 sq.km)	城市面积(平方公里) Areas of City (sq.km)	城市建成区面积(平方公里) Urban Developed Area (sq.km)	公园个数(个) Parks (unit)	公园面积(公顷) Area of Parks (hectare)	建成区绿化覆盖面积(公顷) Green Coverage Developed Area(hectare)
总 计	**Total**	**118.30**	**8355.93**	**1206.21**	**220**	**11539**	**43653**
呼和浩特市	Hohhot City	1.72	322.42	259.07	25	2730	7560
包 头 市	Baotou City	2.77	885.00	186.00	23	1792	7870
呼伦贝尔市	Hulunbeier City	25.30	2575.84	152.60	16	791	4521
兴 安 盟	Xingan League	5.98	164.50	48.94	4	581	1789
通 辽 市	Tongliao City	5.95	660.63	85.20	13	820	3336
赤 峰 市	Chifeng City	9.00	560.00	103.90	35	491	4021
锡林郭勒盟	Xilinguole League	20.26	454.96	68.00	10	425	2379
乌兰察布市	Wulanchabu City	5.50	85.00	85.00	19	1430	3189
鄂尔多斯市	Erdos City	8.68	195.58	112.58	55	1598	4822
巴彦淖尔市	Bayannaoer City	6.44	698.00	42.00	6	211	1606
乌 海 市	Wuhai City	0.17	1754.00	62.92	14	670	2560
阿拉善盟	Alashan League	27.02					

22-2 各盟市年末常住人口(2013 年)

Number of Population at Year-end by Region(2013)

地 区	Region	年末常住人口(万人) Total Population(10 000 persons)			出生人口(万人) Birth (10 000 persons)	死亡人口(万人) Death (10 000 persons)
		合 计 Total	男 Male	女 Female		
呼和浩特市	Hohhot City	300.11	152.85	147.26	2.73	1.33
包 头 市	Baotou City	276.62	142.60	134.02	2.26	1.18
呼伦贝尔市	Hulunbeier City	253.19	129.89	123.30	1.94	1.56
兴 安 盟	Xingan League	160.34	82.02	78.32	1.63	0.97
通 辽 市	Tongliao City	312.57	158.53	154.04	3.01	1.87
赤 峰 市	Chifeng City	430.62	220.99	209.63	4.09	2.61
锡林郭勒盟	Xilinguole League	103.89	54.02	49.87	0.98	0.57
乌兰察布市	Wulanchabu City	212.30	108.15	104.15	1.44	1.55
鄂尔多斯市	Erdos City	201.75	114.64	87.11	2.20	1.03
巴彦淖尔市	Bayannaoer City	167.06	88.50	78.56	1.35	0.98
乌 海 市	Wuhai City	55.31	29.22	26.09	0.53	0.26
阿拉善盟	Alashan League	23.85	12.96	10.89	0.23	0.10

22-3 各盟市生产总值(2013 年)
Gross Domestic Product by Region(2013)

单位：亿元 (100 million yuan)

地区	Region	生产总值 Gross Domestic Product	第一产业 Primary Industry	第二产业 Secondary Industry	工业 Industry	建筑业 Construc-tion	第三产业 Tertiary Industry	人均生产总值(元) Per Capita GDP(yuan)
呼和浩特市	Hohhot City	2705.39	134.72	826.74	650.05	176.69	1743.93	90941
包头市	Baotou City	3424.75	98.65	1696.96	1527.21	203.27	1629.14	124586
呼伦贝尔市	Hulunbeier City	1430.81	259.68	682.19	587.58	94.61	488.95	56470
兴安盟	Xingan League	415.34	123.95	154.92	122.77	32.16	136.47	25629
通辽市	Tongliao City	1781.80	257.44	1027.39	941.22	86.17	496.97	56955
赤峰市	Chifeng City	1686.15	260.93	857.21	735.46	122.24	568.01	39126
锡林郭勒盟	Xilinguole League	902.40	91.50	590.10	526.05	64.05	220.80	86790
乌兰察布市	Wulanchabu City	833.79	130.98	437.11	389.81	47.30	265.70	39215
鄂尔多斯市	Erdos City	3955.90	95.69	2369.33	2109.53	259.80	1490.88	196728
巴彦淖尔市	Bayannaoer City	834.90	159.98	469.50	403.24	66.26	205.42	49996
乌海市	Wuhai City	575.09	5.05	375.95	337.04	38.91	194.09	104420
阿拉善盟	Alashan League	443.51	11.36	358.30	338.58	19.72	73.85	185757

注：本表按当年价格计算。

a)Data in value terms in this table are calculated at current prices.

22-4 各盟市生产总值指数(2013 年)
Indices of Gross Domestic Product by Region(2013)

(上年=100) (preceding year=100)

地区	Region	生产总值 Gross Domestic Product	第一产业 Primary Industry	第二产业 Secondary Industry	工业 Industry	建筑业 Construc-tion	第三产业 Tertiary Industry	人均生产总值 Per Capita GDP
呼和浩特市	Hohhot City	110.0	105.3	115.0	117.2	106.9	107.9	108.3
包头市	Baotou City	109.3	105.2	110.7	111.6	104.6	107.9	107.8
呼伦贝尔市	Hulunbeier City	109.5	105.9	112.5	112.5	112.6	107.2	109.6
兴安盟	Xingan League	108.0	104.5	109.8	112.0	102.4	107.7	108.2
通辽市	Tongliao City	109.7	106.7	109.5	110.0	104.4	111.5	109.9
赤峰市	Chifeng City	109.2	105.4	111.1	111.3	109.9	107.6	109.3
锡林郭勒盟	Xilinguole League	110.0	105.8	109.7	110.0	106.7	112.6	109.8
乌兰察布市	Wulanchabu City	109.1	105.8	111.4	112.2	105.0	106.6	109.4
鄂尔多斯市	Erdos City	109.6	103.0	111.4	111.9	107.3	107.0	109.1
巴彦淖尔市	Bayannaoer City	109.0	103.3	111.3	112.7	102.7	107.8	109.0
乌海市	Wuhai City	110.7	104.8	111.8	111.6	113.0	108.6	109.5
阿拉善盟	Alashan League	110.0	103.4	110.6	110.8	107.0	107.6	109.3

注：本表按可比价格计算。

a)The indices in this table are calculated at comparable prices.

22-5 各盟市按三次产业分的年末就业人员(2013 年)

Number of Employed Persons at Year-end by Type of Industry and by Region(2013)

地区	Region	就业人员(万人) Number of Employed Persons (10 000 persons)				构成(合计=100) Composition in Percentage(total=100)		
			第一产业 Primary Industry	第二产业 Secondary Industry	第三产业 Tertiary Industry	第一产业 Primary Industry	第二产业 Secondary Industry	第三产业 Tertiary Industry
呼和浩特市	Hohhot City	173.60	38.10	53.60	81.90	21.9	30.9	47.2
包头市	Baotou City	153.43	21.06	42.92	89.45	13.7	28.0	58.3
呼伦贝尔市	Hulunbeier City	138.55	58.31	19.45	60.79	42.1	14.0	43.9
兴安盟	Xingan League	90.21	54.23	7.93	28.05	60.1	8.8	31.1
通辽市	Tongliao City	192.93	99.28	30.39	63.27	51.5	15.8	32.8
赤峰市	Chifeng City	255.93	132.74	51.15	72.04	51.9	20.0	28.1
锡林郭勒盟	Xilinguole League	56.95	24.34	9.50	23.11	42.7	16.7	40.6
乌兰察布市	Wulanchabu City	112.80	63.90	14.70	34.20	56.6	13.0	30.3
鄂尔多斯市	Erdos City	103.08	26.65	31.10	45.33	25.9	30.2	44.0
巴彦淖尔市	Bayannaoer City	89.40	48.50	12.80	28.10	54.3	14.3	31.4
乌海市	Wuhai City	29.57	0.82	10.25	18.50	2.8	34.7	62.6
阿拉善盟	Alashan League	18.39	4.32	5.54	8.53	23.5	30.1	46.4

22-6 各盟市城镇年末就业人员(2013 年)

Number of Employed Persons at Year-end in Urban Areas by Region(2013)

单位：人 (person)

地区	Region	合计 Total	国有单位 State-owned Units	集体单位 Collective-owned Units	其他单位 Units of Other Types of Ownership
呼和浩特市	Hohhot City	1063606	207935	8784	198644
包头市	Baotou City	1057153	130881	15256	284556
呼伦贝尔市	Hulunbeier City	678158	191829	5436	114795
兴安盟	Xingan League	289514	95194	3249	26272
通辽市	Tongliao City	541428	191608	7161	89283
赤峰市	Chifeng City	670098	203096	10617	150778
锡林郭勒盟	Xilinguole League	295641	85141	3156	42726
乌兰察布市	Wulanchabu City	459395	116785	4189	46392
鄂尔多斯市	Erdos City	644057	156738	4318	149160
巴彦淖尔市	Bayannaoer City	413688	101314	4532	47358
乌海市	Wuhai City	206619	29404	139	74181
阿拉善盟	Alashan League	153947	26935	664	32975
直报单位	Units of Direct Reporting	180645	171501	5305	102

22-6 续表 continued

单位：人 (person)

地区	Region	#港澳台商投资单位 Economic Units Funded by Entrepreneurs from H. K,Macao and Taiwan	#外商投资单位 Foreign Funded Units	私营企业 Private Enterprises	个体 Self-employed Individuals
呼和浩特市	Hohhot City	5330	7692	306202	342041
包头市	Baotou City	2831	7978	399342	227118
呼伦贝尔市	Hulunbeier City	1728	5062	72243	293855
兴安盟	Xingan League	479	1415	28997	135802
通辽市	Tongliao City	2982	7207	70156	183220
赤峰市	Chifeng City	2340	3441	109327	196280
锡林郭勒盟	Xilinguole League	165	771	69557	95061
乌兰察布市	Wulanchabu City	2586	1339	80113	211916
鄂尔多斯市	Erdos City	2400	17320	95667	238174
巴彦淖尔市	Bayannaoer City	437	1458	102473	158011
乌海市	Wuhai City	37	693	60379	42516
阿拉善盟	Alashan League	734	97	50200	43173
直报单位	Units of Direct Reporting			3737	

22-7 各盟市登记注册类型年末职工人数(2013 年)

Number of Staff and Workers at Year-end by Status of Registration and by Region(2013)

单位：人 (person)

地区	Region	合计 Total	国有单位 State-owned Units	城镇集体单位 Urban Collective-owned Units	其他单位 Units of Other Types of Ownership
呼和浩特市	Hohhot City	404342	206507	8784	189051
包头市	Baotou City	410964	127248	14976	268740
呼伦贝尔市	Hulunbeier City	301357	185351	4997	111009
兴安盟	Xingan League	119246	91507	3141	24598
通辽市	Tongliao City	279881	189756	7138	82987
赤峰市	Chifeng City	357073	199844	10538	146691
锡林郭勒盟	Xilinguole League	127146	82874	2910	41362
乌兰察布市	Wulanchabu City	158207	111330	3862	43015
鄂尔多斯市	Erdos City	304467	154421	4226	145820
巴彦淖尔市	Bayannaoer City	150687	99635	4529	46523
乌海市	Wuhai City	103169	29382	139	73648
阿拉善盟	Alashan League	55610	26587	651	28372
直报单位	Units of Direct Reporting	172052	168999	2951	102

22-8 各盟市登记注册类型女性年末就业人员(2013 年)

Number of Female Employed by Registration Status and by Region at Year-end(2013)

单位：人 (person)

地区	Region	合计 Total	国有单位 State-owned Units	城镇集体单位 Urban Collective-owned Units	其他单位 Units of Other Types of Ownership
呼和浩特市	Hohhot City	164806	92187	4382	68237
包头市	Baotou City	151272	62274	7583	81415
呼伦贝尔市	Hulunbeier City	112712	80209	2362	30141
兴安盟	Xingan League	50157	40785	1596	7776
通辽市	Tongliao City	105572	78458	3234	23880
赤峰市	Chifeng City	128070	85826	4588	37656
锡林郭勒盟	Xilinguole League	50084	35058	1487	13539
乌兰察布市	Wulanchabu City	60191	41543	1391	17257
鄂尔多斯市	Erdos City	100259	59200	2133	38926
巴彦淖尔市	Bayannaoer City	62399	45356	2447	14596
乌海市	Wuhai City	32353	14283	77	17993
阿拉善盟	Alashan League	21099	12223	350	8526
直报单位	Units of Direct Reporting	28393	27164	1195	34

22-9 各盟市私营企业年末就业人员(2013 年)

Number of Employed Persons in Private Enterprises at the Year-end by Region(2013)

单位：户、人 (enterprise, person)

地区	Region	合计 Total			城镇 Urban Areas			乡村 Rural Areas		
		户数 Enter-prises	就业人数 Employed Persons	#投资者 Empl-oyers	户数 Enter-prises	就业人数 Employed Persons	#投资者 Empl-oyers	户数 Enter-prises	就业人数 Employed Persons	#投资者 Empl-oyers
总计	**Total**	**165718**	**1957579**	**360986**	**141467**	**1448393**	**307153**	**24251**	**509186**	**53833**
自治区本级	**Autonomous Region**	**590**	**4987**	**2681**	**213**	**3737**	**2587**	**377**	**1250**	**94**
呼和浩特市	Hohhot City	33973	356031	78232	32665	306202	67287	1308	49829	10945
包头市	Baotou City	26901	437062	61635	25205	399342	58272	1696	37720	3363
呼伦贝尔市	Hulunbeier City	11267	98818	27374	7569	72243	22171	3698	26575	5203
兴安盟	Xingan League	3860	38078	7377	3419	28997	7060	441	9081	317
通辽市	Tongliao City	11070	98267	21059	8366	70156	17169	2704	28111	3890
赤峰市	Chifeng City	17369	144639	32726	13565	109327	25179	3804	35312	7547
锡林郭勒盟	Xilinguole League	9050	82575	14741	7516	69557	12917	1534	13018	1824
乌兰察布市	Wulanchabu City	10714	111440	21110	8545	80113	18171	2169	31327	2939
鄂尔多斯市	Erdos City	25577	143712	53959	20390	95667	44410	5187	48045	9549
巴彦淖尔市	Bayannaoer City	7996	321545	24441	6728	102473	16553	1268	219072	7888
乌海市	Wuhai City	4778	60379	10470	4778	60379	10470			
阿拉善盟	Alashan League	2573	60046	5181	2508	50200	4907	65	9846	274

22-10 各盟市年末个体就业人员(2013 年)
Number of Self-Employed Individuals at Year-end by Region(2013)

单位：户、人 (enterprise, person)

地区	Region	合计 Total		城镇 Urban Areas		乡村 Rural Areas	
		户数 Number of Households	就业人数 Number of Employed Individuals	户数 Number of Households	就业人数 Number of Employed Individuals	户数 Number of Households	就业人数 Number of Employed Individuals
总计	**Total**	**1098955**	**2716694**	**862053**	**2167167**	**236902**	**549527**
呼和浩特市	Hohhot City	136204	388884	115349	342041	20855	46843
包头市	Baotou City	108038	239637	97919	227118	10119	12519
呼伦贝尔市	Hulunbeier City	148063	319053	129541	293855	18522	25198
兴安盟	Xingan League	68012	160450	54548	135802	13464	24648
通辽市	Tongliao City	119919	387764	72922	183220	46997	204544
赤峰市	Chifeng City	164894	243037	111068	196280	53826	46757
锡林郭勒盟	Xilinguole League	63927	142937	52678	95061	11249	47876
乌兰察布市	Wulanchabu City	68917	242637	56374	211916	12543	30721
鄂尔多斯市	Erdos City	121829	285236	90049	238174	31780	47062
巴彦淖尔市	Bayannaoer City	65255	206616	50470	158011	14785	48605
乌海市	Wuhai City	18081	42516	18081	42516		
阿拉善盟	Alashan League	15816	57927	13054	43173	2762	14754

22-11 各盟市城镇年末实有登记失业人数
Number of Registered Unemployed Persons at the Year-end in Urban Areas by Region

单位：人 (person)

地区	Region	1995	2000	2005	2010	2013
总计	**Total**	**139713**	**126478**	**177483**	**208110**	**238047**
呼和浩特市	Hohhot City	11781	13120	24465	29749	36553
包头市	Baotou City	27205	20412	31972	39203	48722
呼伦贝尔市	Hulunbeier City	25887	29283	24601	27855	29193
兴安盟	Xingan League	4079	5564	8539	11345	11946
通辽市	Tongliao City	12559	8696	15027	16503	16993
赤峰市	Chifeng City	14266	14374	21000	25050	26256
锡林郭勒盟	Xilinguole League	4783	4943	7809	9550	11333
乌兰察布市	Wulanchabu City	11337	9155	14271	17039	18330
鄂尔多斯市	Erdos City	5900	3653	9620	7901	15127
巴彦淖尔市	Bayannaoer City	11511	9562	11074	13150	12381
乌海市	Wuhai City	8359	5715	6860	7915	8290
阿拉善盟	Alashan League	2046	2001	2245	2850	2923

22-12 各盟市城镇登记失业率

Registered Unemployment Rate in Urban Areas by Region

单位：%　　(%)

地区	Region	1995	2000	2005	2007	2008	2009	2010	2011	2012	2013
总 计	**Total**	**3.17**	**3.34**	**4.26**	**4.00**	**4.10**	**4.05**	**3.90**	**3.80**	**3.73**	**3.66**
呼和浩特市	Hohhot City	2.41	3.01	4.29	3.85	3.85	3.85	3.90	3.70	3.63	3.85
包 头 市	Baotou City	3.81	3.44	4.14	3.82	3.90	3.88	3.83	3.87	3.87	3.87
呼伦贝尔市	Hulunbeier City	4.83	4.24	4.36	4.09	4.27	4.15	4.10	4.08	3.86	3.85
兴 安 盟	Xingan League	1.88	2.48	4.30	4.44	4.46	4.39	4.33	4.05	4.10	4.05
通 辽 市	Tongliao City	3.14	2.46	4.20	3.87	3.99	3.97	3.93	3.89	3.80	3.60
赤 峰 市	Chifeng City	3.13	2.90	4.22	4.14	4.20	4.17	4.18	4.17	3.88	3.87
锡林郭勒盟	Xilinguole League	2.77	3.25	4.65	3.90	4.19	3.80	3.70	3.42	3.51	3.24
乌兰察布市	Wulanchabu City	3.63	4.01	4.40	4.12	4.24	4.16	4.10	4.10	3.98	3.87
鄂尔多斯市	Erdos City	3.13	2.07	3.97	3.71	4.00	2.92	2.21	2.21	2.55	2.74
巴彦淖尔市	Bayannaoer City	4.49	3.84	4.25	4.11	4.20	4.06	4.10	3.90	3.77	3.65
乌 海 市	Wuhai City	5.12	4.40	4.50	4.28	4.50	4.40	4.30	4.30	4.20	3.60
阿拉善盟	Alashan League	4.00	3.46	4.12	3.99	4.19	4.15	3.95	3.77	3.44	3.40

22-13 各盟市职工工资总额和指数(2013年)

Total Wages of Staff and Workers and Related Index by Region(2013)

地区	Region	工资总额(万元) Total Wages(10 000 yuan)				指数(上年=100) Index(preceding year=100)			
		合计 Total	国有单位 State-owned Units	城镇集体单位 Urban Collect-iveowned Units	其他单位 Units of Other Types of Owner ship	合计 Total	国有单位 State-owned Units	城镇集体单位 Urban Collect-iveowned Units	其他单位 Units of Other Types of Owner ship
呼和浩特市	Hohhot City	2049486	1077648	35193	936645	130.1	101.3	89.8	198.5
包 头 市	Baotou City	2203988	816660	59796	1327532	112.7	106.7	82.9	118.7
呼伦贝尔市	Hulunbeier City	1555436	950363	44341	560732	116.5	96.7	97.9	182.6
兴 安 盟	Xingan League	507010	386909	14438	105663	111.7	104.1	100.2	155.8
通 辽 市	Tongliao City	1208243	808459	36542	363242	129.2	111.9	104.9	203.9
赤 峰 市	Chifeng City	1831017	1094299	59152	677566	126.0	111.9	106.6	161.7
锡林郭勒盟	Xilinguole League	727733	519961	21983	185789	120.7	116.1	106.3	138.1
乌兰察布市	Wulanchabu City	727455	536430	16888	174136	117.2	109.9	100.7	150.3
鄂尔多斯市	Erdos City	2113099	1163071	27147	922881	143.1	118.2	96.8	198.7
巴彦淖尔市	Bayannaoer City	705351	466510	27827	211014	102.3	106.2	91.4	96.0
乌 海 市	Wuhai City	702752	154283	340	548129	127.6	43.9	93.7	274.8
阿拉善盟	Alashan League	309207	163255	4449	141503	127.3	104.4	121.0	170.9

22-14 各盟市职工平均工资及指数(2013年)

Average Wage of Staff and Workers and Related Indices by Region(2013)

地区	Region	平均货币工资(元) Average Money Wage(yuan)				指数(上年=100)Indices (preceding year=100)			
		合计 Total	国有单位 State-owned Units	城镇集体单位 Urban Collective-owned Units	其他单位 Units of Other Types of Owner ship	合计 Total	国有单位 State-owned Units	城镇集体单位 Urban Collective-owned Units	其他单位 Units of Other Types of Owner -ship
呼和浩特市	Hohhot City	48635	52442	40097	45219	109.5	110.7	119.8	114.4
包头市	Baotou City	53100	64871	39830	48421	103.8	109.7	104.1	101.3
呼伦贝尔市	Hulunbeier City	49810	51102	89487	46211	108.5	106.9	115.1	119.7
兴安盟	Xingan League	42651	42492	45488	42871	112.1	107.0	141.9	133.7
通辽市	Tongliao City	42929	42704	51445	42718	112.1	110.4	115.4	119.3
赤峰市	Chifeng City	47751	54792	54943	39174	107.2	114.2	112.6	103.7
锡林郭勒盟	Xilinguole League	56972	62780	75620	44229	119.5	121.6	107.6	120.9
乌兰察布市	Wulanchabu City	45588	48245	43888	39103	110.3	110.7	108.0	114.8
鄂尔多斯市	Erdos City	68231	74486	64269	61803	102.0	107.0	101.0	99.7
巴彦淖尔市	Bayannaoer City	44265	46613	61359	38556	109.6	110.7	106.5	107.1
乌海市	Wuhai City	53191	52911	25185	53307	111.9	82.7	112.5	162.6
阿拉善盟	Alashan League	55921	61007	70506	50713	103.8	108.0	99.9	103.5

22-15 各盟市城乡划分全社会固定资产投资(2013年)

Total Investment in Fixed Assets by Channel of Management and by Region(2013)

单位：万元 (10 000 yuan)

地区	Region	总计 Total	城镇 Urban	#房地产开发 Real Estate Development	农村 Rural
呼和浩特市	Hohhot City	14998258	14987872	5816832	10386
包头市	Baotou City	29913703	29793414	2064694	120289
呼伦贝尔市	Hulunbeier City	10800326	10496579	1079776	303747
兴安盟	Xingan League	5139528	5069376	339255	70152
通辽市	Tongliao City	15776517	14623275	691912	1153242
赤峰市	Chifeng City	15674713	14292721	1471732	1381992
锡林郭勒盟	Xilinguole League	7214928	7105569	524791	109359
乌兰察布市	Wulanchabu City	8006746	7319634	309691	687112
鄂尔多斯市	Erdos City	29960428	29763846	1375613	196582
巴彦淖尔市	Bayannaoer City	8031694	7772323	582918	259371
乌海市	Wuhai City	4169743	4169333	478631	410
阿拉善盟	Alashan League	3031696	2918389	54229	113307

注：农村未包括农户投资。

a)Investment in Fixed Assets of Rural don´t included investment of Rural Households.

22-16 各盟市按建设性质分的城镇固定资产投资(2013 年)

Investment in Capital Construction in Urban Area by Type of Construction and by Region(2013)

单位：万元 (10 000 yuan)

地 区	Region	投资额 Investment	# 新建 New Construction	# 扩建 Expansion	# 改建 Reconstruction
呼和浩特市	Hohhot City	9171040	4151584	2668472	1549430
包 头 市	Baotou City	27728720	16341276	2021706	7866902
呼伦贝尔市	Hulunbeier City	9416803	7281643	462891	1574781
兴 安 盟	Xingan League	4730121	3852624	130496	604314
通 辽 市	Tongliao City	13931363	9066525	2373632	2442333
赤 峰 市	Chifeng City	12820989	10637064	1395844	562679
锡林郭勒盟	Xilinguole League	6580778	5248561	713136	551923
乌兰察布市	Wulanchabu City	7009943	6239385	664417	79091
鄂尔多斯市	Erdos City	28388233	24105751	2831034	1390758
巴彦淖尔市	Bayannaoer City	7189405	3321409	1107729	2741503
乌 海 市	Wuhai City	3690702	2693919	202612	614857
阿拉善盟	Alashan League	2864160	2546389	146866	169315

注:本表不含房地产开发投资。

a)Data in this tabale indude real estate development.

22-17 各盟市城镇固定资产投资、投产项目和新增固定资产(2013 年)

Capital Construction Projects and Put into Use and Newly Increased Fixed Assets by Region(2013)

地 区	Region	施工项目 (个) Number of Projects under Construction (unit)	全部建成投产项目(个) Number of Projects Completed & Put into Use (unit)	项目建成投产率(%) Rate of Projects Completed and Put into Use(%)	新增固定资产(万元) Newly Increased Fixed Assets (10 000 yuan)	固定资产交付使用率(%) Rate of Fixed Assets Put into Use(%)
呼和浩特市	Hohhot City	1155	770	66.67	7034890	76.71
包 头 市	Baotou City	5081	4483	88.23	25264264	91.11
呼伦贝尔市	Hulunbeier City	1874	1195	63.77	7169052	76.13
兴 安 盟	Xingan League	992	669	67.44	3801624	80.37
通 辽 市	Tongliao City	1955	1373	70.23	10247987	73.56
赤 峰 市	Chifeng City	2410	2091	86.76	11204963	87.40
锡林郭勒盟	Xilinguole League	1349	878	65.09	3730317	56.69
乌兰察布市	Wulanchabu City	682	515	75.51	6877135	98.11
鄂尔多斯市	Erdos City	1710	926	54.15	9558662	33.67
巴彦淖尔市	Bayannaoer City	1179	822	69.72	6322305	87.94
乌 海 市	Wuhai City	494	305	61.74	2197422	59.54
阿拉善盟	Alashan League	405	161	39.75	1087353	37.96

22-18 各盟市城镇固定资产投资房屋建筑面积(2013 年)

Floor Space of Buildings Through Capital Construction by Region(2013)

单位：万平方米 (10 000 sq.m)

地区	Region	施工面积 Floor Space of Buildings Under Construction	#住宅 Residential Buildings	竣工面积 Floor Space of Buildings Completed	#住宅 Residential Buildings
呼和浩特市	Hohhot City	1281.60	301.69	451.03	113.48
包头市	Baotou City	1103.18	262.00	541.64	164.65
呼伦贝尔市	Hulunbeier City	936.49	458.68	386.03	202.42
兴安盟	Xingan League	924.10	202.67	424.09	121.19
通辽市	Tongliao City	1343.53	203.76	607.04	183.09
赤峰市	Chifeng City	546.00	72.27	155.32	19.34
锡林郭勒盟	Xilinguole League	397.71	101.75	196.96	62.52
乌兰察布市	Wulanchabu City	398.27	10.21	70.00	3.98
鄂尔多斯市	Erdos City	631.00	76.09	166.03	38.46
巴彦淖尔市	Bayannaoer City	606.02	222.37	190.00	65.16
乌海市	Wuhai City	203.70	12.60	70.81	0.10
阿拉善盟	Alashan League	73.55	3.69	3.24	1.77

注:本表数字不含商品房。

a)Data in this doesn´t include commercial house.

22-19 各盟市按构成分的城镇固定资产投资(2013 年)

Investment in Innovation by Type of Construction and by Region(2013)

单位：万元 (10 000 yuan)

地区	Region	投资额 Investment	建筑工程 Construction Projects	安装工程 Installation Projects	设备工器具购置 Purchase of Equipment and Instruments	其他费用 Others
呼和浩特市	Hohhot City	9171040	5665464	409492	2246414	849670
包头市	Baotou City	27728720	13819151	4762798	8014880	1131891
呼伦贝尔市	Hulunbeier City	9416803	7041768	650810	1312551	411674
兴安盟	Xingan League	4730121	3086769	181558	1183430	278364
通辽市	Tongliao City	13931363	7769732	1048918	4025833	1086880
赤峰市	Chifeng City	12820989	8466754	901347	2911460	541428
锡林郭勒盟	Xilinguole League	6580778	3935309	263663	1806769	575037
乌兰察布市	Wulanchabu City	7009943	5324928	509870	1159301	15844
鄂尔多斯市	Erdos City	28388233	13304922	2794932	11565535	722844
巴彦淖尔市	Bayannaoer City	7189405	4592240	260552	1700430	636183
乌海市	Wuhai City	3690702	1408685	519854	1667106	95057
阿拉善盟	Alashan League	2864160	2012779	765729	62714	22938

22-20 各盟市按资金来源分的城镇固定资产(2013 年)

Number of Innovation Projects Under Construction and Put into Use and Newly Increased Fixed Assets by Region(2013)

单位:万元 (10000 yuan)

地区	Region	国家预算内资金 State Budgetary	国内贷款 Domestic Loans	利用外资 Foreign Investment	自筹资金 Fund Raising	其他资金 Others
呼和浩特市	Hohhot City	251390	576606	5000	6289333	294497
包头市	Baotou City	175330	1767885	13320	25716575	786210
呼伦贝尔市	Hulunbeier City	653191	1140111	31043	6987175	177252
兴安盟	Xingan League	337843	98442	1782	3978246	203625
通辽市	Tongliao City	805188	2518013	2704	9936573	563981
赤峰市	Chifeng City	882699	658002		11217709	290900
锡林郭勒盟	Xilinguole League	229872	888098		4809075	221440
乌兰察布市	Wulanchabu City	840918	873480		6203175	10728
鄂尔多斯市	Erdos City	435762	3695382	8001	22488321	392516
巴彦淖尔市	Bayannaoer City	795636	202173	2700	6127389	141420
乌海市	Wuhai City	544421	576031		1777320	61227
阿拉善盟	Alashan League	196017	847979		1912758	10605

22-21 各盟市农村固定资产投资和房屋建筑面积(2013 年)

Investment in Fixed Assets in Rural Area, Floor Space of Buildings by Region(2013)

地区	Region	投资额(万元) Investment (10 000 yuan)	新增固定资产(万元) Newly Increased Fixed Assets (10 000 yuan)	房屋建筑面积(万平方米) Floor Space of Buildings(10 000 sq. m)			
				施工面积 Under Construction	#住宅 Residential Buildings	竣工面积 Completed	#住宅 Residential Buildings
呼和浩特市	Hohhot City	10386	10386	1.20		1.20	
包头市	Baotou City	120289	120289	8.90	4.03	8.77	4.03
呼伦贝尔市	Hulunbeier City	303747	227159	90.42	83.18	50.96	44.36
兴安盟	Xingan League	70152	69052	14.97	12.55	14.97	12.55
通辽市	Tongliao City	1153242	1092913	26.88	1.58	18.59	1.58
赤峰市	Chifeng City	1381992	1316133	35.49	9.49	15.02	4.00
锡林郭勒盟	Xilinguole League	109359	74994	5.02		1.65	
乌兰察布市	Wulanchabu City	687112	530566	26.34			
鄂尔多斯市	Erdos City	196582	135259	22.22			
巴彦淖尔市	Bayannaoer City	259371	273591	1.41	0.60	0.81	0.60
乌海市	Wuhai City	410					
阿拉善盟	Alashan League	113307	81719				

注:本表数据统计范围为农村范围内建设的计划总投资 50 万元以上项目。

a)Frame work in this table is construction projects over 500 thousand yuan in rural area.

22-22 各盟市城镇集体单位固定资产投资、新增固定资产和房屋建筑面积(2013 年)

Investment in Fixed Assets of Urban Collective-Owned Units and Floor Space of Buildings by Region(2013)

地区	Region	投资额(万元) Investment (10 000 yuan)	新增固定资产(万元) Newly Increased Fixed Assets (10 000 yuan)	房屋建筑面积(万平方米) Floor Space of Buildings(10 000 sq. m)			
				施工面积 Under Construction	#住宅 Residential Buildings	竣工面积 Completed	#住宅 Residential Buildings
呼和浩特市	Hohhot City	278493	116004	49.10	1.20	2.16	1.20
包头市	Baotou City	1675809	800498	150.78	22.88	26.30	8.88
呼伦贝尔市	Hulunbeier City	50685	26733	1.73		1.73	
兴安盟	Xingan League	20820	2120	15.72	7.72	0.84	0.84
通辽市	Tongliao City	4290	36790	0.15		0.15	
赤峰市	Chifeng City	427967	422567	29.93	15.05	20.80	11.81
锡林郭勒盟	Xilinguole League	16234	8100	2.12	0.15	0.85	0.15
乌兰察布市	Wulanchabu City	1500					
鄂尔多斯市	Erdos City	7858					
巴彦淖尔市	Bayannaoer City	43633	19004	1.67			
乌海市	Wuhai City						
阿拉善盟	Alashan League	2000					

22-23 各盟市房地产开发企业(单位)个数(2013 年)

Number of Enterprises for Real Estate Development by Region(2013)

单位：个 (unit)

地区	Region	企业个数 Number of Enterprises	内资企业 Domestic Funded Enterprises	#国有 State-owned Enterprises	#集体 Collective Owned Enterprises	港、澳、台投资企业 Funded by Entrepreneurs from Hong Kong Macao & Taiwan	外商投资企业 Foreign Funded Enterprises
呼和浩特市	Hohhot City	282	281	2			1
包头市	Baotou City	330	326	6		3	1
呼伦贝尔市	Hulunbeier City	242	240	3		1	1
兴安盟	Xingan League	126	126	2			
通辽市	Tongliao City	168	168	1			
赤峰市	Chifeng City	223	223				
锡林郭勒盟	Xilinguole League	190	190	1			
乌兰察布市	Wulanchabu City	100	100				
鄂尔多斯市	Erdos City	262	261				1
巴彦淖尔市	Bayannaoer City	94	94	1	1		
乌海市	Wuhai City	122	122				
阿拉善盟	Alashan League	53	53				

22-24 各盟市房地产开发企业(单位)年底从业人员(2013 年)

Number of Employed Persons in Enterprises for Real Estate Development by Region(end of 2013)

单位：人 (person)

地区	Region	年末从业人数 Number of Employed Persons	内资企业 Domestic Funded Enterprises	# 国有 State-owned Enterprises	# 集体 Collective-owned Enterprises	港、澳、台投资企业 Funded by Entrepreneurs from Hong Kong Macao and Taiwan	外商投资企业 Foreign Funded Enterprises
呼和浩特市	Hohhot City	8609	8529	148			80
包头市	Baotou City	9999	9890	120		10	99
呼伦贝尔市	Hulunbeier City	4325	4281	46		26	18
兴安盟	Xingan League	1620	1620	13			
通辽市	Tongliao City	3417	3417	26			
赤峰市	Chifeng City	4169	4169				
锡林郭勒盟	Xilinguole League	3408	3408	7			
乌兰察布市	Wulanchabu City	2467	2467				
鄂尔多斯市	Erdos City	9746	9626				120
巴彦淖尔市	Bayannaoer City	2575	2575	5	10		
乌海市	Wuhai City	2475	2475				
阿拉善盟	Alashan League	712	712				

22-25 各盟市按用途分的房地产开发企业(单位)完成投资额(2013 年)

Actually Completed Investment of Enterprises for Real Estate Development by Region and by Use(2013)

单位：万元 (10 000 yuan)

地区	Region	本年完成投资额 Investment Made This Year	住宅 Residential Buildings	# 经济适用房屋 Economical Houses	办公楼 Office Buildings	商业营业用房 Houses for Business Use	其他 Others
呼和浩特市	Hohhot City	5816832	3921333		296785	1135107	463607
包头市	Baotou City	2064694	1423593		101279	355236	184586
呼伦贝尔市	Hulunbeier City	1079776	714604		20808	199683	144681
兴安盟	Xingan League	339255	256783		1758	63999	16715
通辽市	Tongliao City	691912	489872		13013	101418	87609
赤峰市	Chifeng City	1471732	944828		48282	307436	171186
锡林郭勒盟	Xilinguole League	524791	269497		22389	194314	38591
乌兰察布市	Wulanchabu City	309691	203494		8390	67842	29965
鄂尔多斯市	Erdos City	1375613	1013126		100020	180967	81500
巴彦淖尔市	Bayannaoer City	582918	435042		2689	113654	31533
乌海市	Wuhai City	478631	327950		12441	102399	35841
阿拉善盟	Alashan League	54229	35611		370	14687	3561

22-26 各盟市商品房建筑面积和造价(2013 年)
Floor Space of Buildings and Cost in Commercial House by Region(2013)

地区	Region	施工房屋面积(万平方米) Floor Space of Buildings under Construction (10 000 sq.m)	竣工房屋面积(万平方米) Floor Space of Buildings Completed (10 000 sq.m)	房屋建筑面积竣工率(%) Rate of Floor Space of Buildings Completed (%)	竣工房屋价值(万元) Value of Buildings Completed (10 000 yuan)	竣工房屋造价(元/平方米) Cost of Buildings Completed (yuan/sq.m)
呼和浩特市	Hohhot City	5806.17	400.05	6.89	1000854	2501.82
包头市	Baotou City	2028.12	263.16	12.98	819242	3113.09
呼伦贝尔市	Hulunbeier City	1165.33	352.47	30.25	752231	2134.17
兴安盟	Xingan League	638.28	118.89	18.63	224620	1889.31
通辽市	Tongliao City	679.04	143.63	21.15	284371	1979.89
赤峰市	Chifeng City	1264.14	462.19	36.56	1164579	2519.7
锡林郭勒盟	Xilinguole League	675.69	166.07	24.58	318686	1918.99
乌兰察布市	Wulanchabu City	712.46	94.73	13.30	212770	2246.07
鄂尔多斯市	Erdos City	3567.46	361.41	10.13	957286	2648.75
巴彦淖尔市	Bayannaoer City	1189.66	124.59	10.47	265044	2127.33
乌海市	Wuhai City	740.07	122.02	16.49	248102	2033.29
阿拉善盟	Alashan League	157.89	29.03	18.39	47542	1637.69

22-27 各盟市商品房屋销售情况(2013 年)
Selling of Commercial Houses by Region(2013)

地区	Region	房屋销售面积(万平方米) Floor Space of Selling House (10 000 sq. m)	#住宅 Residential Buildings	商品房销售额(万元) Total Sales of Commerical Houses (10 000 yuan)	#住宅 Residential Buildings
呼和浩特市	Hohhot City	420.45	339.96	2200078	1574496
包头市	Baotou City	408.28	352.30	2141525	1658466
呼伦贝尔市	Hulunbeier City	463.02	345.55	1595138	997456
兴安盟	Xingan League	130.51	108.45	483664	374062
通辽市	Tongliao City	168.64	148.18	594100	472526
赤峰市	Chifeng City	490.90	402.59	2031149	1578705
锡林郭勒盟	Xilinguole League	108.54	94.30	307842	245049
乌兰察布市	Wulanchabu City	50.43	43.73	133524	103702
鄂尔多斯市	Erdos City	233.17	200.99	1038527	816357
巴彦淖尔市	Bayannaoer City	117.76	97.20	659387	446470
乌海市	Wuhai City	125.79	112.52	532112	434059
阿拉善盟	Alashan League	20.22	17.86	56572	43150

22-28 各盟市公共财政预算收支(2013 年)
Public Budgetary Financial Revenue and Expenditure by Region(2013)

单位：万元 (10 000 yuan)

地 区	Region	公共财政预算收入 Public Budgetary Financial Revenue	公共财政预算支出 Public Budgetary Financial Expenditure
呼和浩特市	Hohhot City	1820177	2948353
包 头 市	Baotou City	2151179	3552582
呼伦贝尔市	Hulunbeier City	871408	3140161
兴 安 盟	Xingan League	187292	1667399
通 辽 市	Tongliao City	1036339	2984019
赤 峰 市	Chifeng City	911840	3477996
锡林郭勒盟	Xilinguole League	755816	1856565
乌兰察布市	Wulanchabu City	424498	2517779
鄂尔多斯市	Erdos City	4400156	5186990
巴彦淖尔市	Bayannaoer City	579335	1922926
乌 海 市	Wuhai City	684895	915199
阿拉善盟	Alashan League	451922	931577

22-29 各盟市公共财政预算收入(2013 年)
Public Budgetary Financial Revenue by Region(2013)

单位：万元 (10 000 yuan)

地 区	Region	收入合计 Total Revenue	#增值税 Value-added Tax	#营业税 Operation Tax	# 企业所得税 Enterprises Income Tax	#契税和耕地占用税 Contract Tax and Tax on The Occupancy of Cultuvated Land
呼和浩特市	Hohhot City	1820177	129392	589380	163090	99509
包 头 市	Baotou City	2151179	163771	388265	135503	149617
呼伦贝尔市	Hulunbeier City	871408	79655	203566	64668	108819
兴 安 盟	Xingan League	187292	12860	62233	13679	9262
通 辽 市	Tongliao City	1036339	64151	151005	38866	138312
赤 峰 市	Chifeng City	911840	62438	233905	72199	117310
锡林郭勒盟	Xilinguole League	755816	78910	141752	74824	103137
乌兰察布市	Wulanchabu City	424498	49516	153706	29875	40112
鄂尔多斯市	Erdos City	4400156	556859	657575	402755	568760
巴彦淖尔市	Bayannaoer City	579335	41557	146414	50463	46769
乌 海 市	Wuhai City	684895	50324	96802	26456	11155
阿拉善盟	Alashan League	451922	27779	47852	20967	7537

22-30 各盟市公共财政预算支出(2013 年)

Public Budgetary Financial Expenditure by Region(2013)

单位：万元 (10 000 yuan)

地 区	Region	支出合计 Total Expenditure	# 一般公共服务 General Public Services	# 教育支出 Expenditure for Education	#科学技术 Science and Technology
呼和浩特市	Hohhot City	2948353	257455	374967	31291
包 头 市	Baotou City	3552582	298080	431563	44914
呼伦贝尔市	Hulunbeier City	3140161	319053	412843	31339
兴 安 盟	Xingan League	1667399	145863	228009	9821
通 辽 市	Tongliao City	2984019	224562	420055	21204
赤 峰 市	Chifeng City	3477996	333512	733927	12947
锡林郭勒盟	Xilinguole League	1856565	241988	240237	14341
乌兰察布市	Wulanchabu City	2517779	199169	311156	10432
鄂尔多斯市	Erdos City	5186990	417757	584985	39883
巴彦淖尔市	Bayannaoer City	1922926	174992	221460	9305
乌 海 市	Wuhai City	915199	69372	82822	24157
阿拉善盟	Alashan League	931577	137735	65437	8745

22-30 续表 continued

单位：万元 (10 000 yuan)

地 区	Region	#社会保障和就业 Social Security and Employment	#医疗卫生支出 Expenditure for Medical treatment and Health	#节能环保 Energy saving and environmental protection	# 农林水事务 Expenses of Agriculture, Forestry and Water
呼和浩特市	Hohhot City	388224	169695	92826	346625
包 头 市	Baotou City	453880	149311	78273	300424
呼伦贝尔市	Hulunbeier City	497586	213866	119891	525951
兴 安 盟	Xingan League	284985	113878	50025	340683
通 辽 市	Tongliao City	436060	187004	105877	528027
赤 峰 市	Chifeng City	535626	248363	179493	560647
锡林郭勒盟	Xilinguole League	213022	114437	45890	340032
乌兰察布市	Wulanchabu City	536843	165623	136098	356276
鄂尔多斯市	Erdos City	403299	260530	101061	523391
巴彦淖尔市	Bayannaoer City	328174	132123	67754	337776
乌 海 市	Wuhai City	78902	58687	18585	84633
阿拉善盟	Alashan League	54625	40076	50292	159382

22-31 各盟市金融机构人民币存、贷款余额(2013 年末)

Saving Deposits and loans of Financial Institutions by Region(end of 2013)

单位：亿元 (100 million yuan)

地区	Region	金融机构存款 Deposits	#单位存款 Corporatl Deposit	活期 Demand	定期 Time	#个人存款 Indiridual Deposit	储蓄存款 Sarings Deposit
呼和浩特市	Hohhot City	4289.05	2483.97	1422.45	456.54	1481.36	1414.62
包头市	Baotou City	2326.59	1010.99	463.50	155.67	1190.00	1157.92
呼伦贝尔市	Hulunbeier City	1111.07	381.01	283.08	68.54	671.46	659.93
兴安盟	Xingan League	355.23	132.09	101.02	23.69	198.91	197.79
通辽市	Tongliao City	699.35	239.60	171.13	34.25	428.59	426.42
赤峰市	Chifeng City	1267.64	380.08	303.72	43.04	866.77	861.63
锡林郭勒盟	Xilinguole League	517.82	194.96	159.36	12.24	303.25	299.83
乌兰察布市	Wulanchabu City	654.67	181.74	148.30	19.97	461.70	458.42
鄂尔多斯市	Erdos City	2325.69	1079.49	672.40	148.38	1225.10	1179.39
巴彦淖尔市	Bayannaoer City	589.18	200.21	137.85	46.82	331.49	327.08
乌海市	Wuhai City	587.33	273.55	184.23	29.67	299.05	269.14
阿拉善盟	Alashan League	225.20	100.28	71.80	21.26	119.62	119.16

22-31 续表 continued

单位：亿元 (100 million yuan)

地区	Region	金融机构贷款 Deposits	#短期贷款 Short-term	个人贷款及透支 Personal Loans & Overdraw	单位普通贷款及透支 Unit Loans & Overdraw	#中长期贷款 Medium-term & Long-term Loans	个人贷款 Personal Loans	单位普通贷款 Unit Loan
呼和浩特市	Hohhot City	2738.97	985.66	179.29	754.32	1683.30	478.35	1105.72
包头市	Baotou City	1629.00	770.51	154.36	533.14	788.86	383.13	396.17
呼伦贝尔市	Hulunbeier City	618.59	329.17	99.02	215.17	286.92	82.58	193.29
兴安盟	Xingan League	268.58	151.09	52.51	97.33	117.00	45.52	65.44
通辽市	Tongliao City	703.00	368.79	113.42	237.28	328.23	85.80	242.02
赤峰市	Chifeng City	860.72	408.18	220.08	176.00	445.66	181.18	248.38
锡林郭勒盟	Xilinguole League	528.16	165.07	76.04	75.52	361.93	81.09	273.84
乌兰察布市	Wulanchabu City	432.07	198.54	131.39	60.06	231.09	57.80	164.25
鄂尔多斯市	Erdos City	2368.56	1069.49	245.32	793.90	1276.97	309.61	910.90
巴彦淖尔市	Bayannaoer City	491.28	317.87	114.31	192.64	172.57	86.68	85.89
乌海市	Wuhai City	474.98	230.72	43.73	170.69	194.05	56.22	133.98
阿拉善盟	Alashan League	218.37	134.85	24.06	93.54	81.14	15.99	65.15

22-32 各盟市中资保险公司业务经济技术指标(2013 年)

Economic and Technical Indicators of Insurance Companies Funded with Chinese Capital by Region(2013)

单位：亿元 (100 million yuan)

地区	Region	保险金额 Amount Insured	财产保险公司 Property Insurance Co	人身保险公司 Accident in Insurance Co	保费 Premium	财产保险公司 Property Insurance Co	人身保险公司 Accident in Insurance Co
呼和浩特市	Hohhot City	13319.75	8584.19	4735.56	51.86	24.43	27.43
包头市	Baotou City	7623.91	5609.52	2014.39	36.16	16.87	19.29
呼伦贝尔市	Hulunbeier City	5242.66	3635.00	1607.66	27.30	13.66	13.64
兴安盟	Xingan League	1496.40	1166.15	330.25	11.67	6.34	5.33
通辽市	Tongliao City	11772.68	11054.39	718.29	22.49	12.51	9.98
赤峰市	Chifeng City	5486.10	4332.25	1153.84	33.96	15.46	18.50
锡林郭勒盟	Xilinguole League	3267.32	2958.76	308.56	10.82	5.80	5.02
乌兰察布市	Wulanchabu City	2234.94	1803.12	431.82	14.36	7.55	6.81
鄂尔多斯市	Erdos City	13110.89	12059.85	1051.05	32.37	18.13	14.25
巴彦淖尔市	Bayannaoer City	7183.43	6297.72	885.71	19.70	8.16	11.54
乌海市	Wuhai City	1504.08	1250.36	253.72	9.89	3.87	6.02
阿拉善盟	Alashan League	832.86	740.52	92.34	4.11	2.66	1.46

22-32 续表 continued

地区	Region	赔款及给付 Claim and Payment	财产保险公司 Property Insurance Co	人身保险公司 Accident in Insurance Co	机构数(个) Number of Institution (unit)	财产保险公司 Property Insurance Co	人身保险公司 Accident in Insurance Co
呼和浩特市	Hohhot City	19.76	12.94	6.82	215	104	111
包头市	Baotou City	12.79	9.34	3.45	197	123	74
呼伦贝尔市	Hulunbeier City	10.84	6.49	4.35	232	126	106
兴安盟	Xingan League	4.49	3.51	0.98	97	62	35
通辽市	Tongliao City	7.54	5.79	1.75	209	115	94
赤峰市	Chifeng City	12.17	7.73	4.44	315	154	161
锡林郭勒盟	Xilinguole League	3.73	2.91	0.81	133	95	38
乌兰察布市	Wulanchabu City	6.46	4.18	2.28	157	92	65
鄂尔多斯市	Erdos City	11.50	9.01	2.50	208	138	70
巴彦淖尔市	Bayannaoer City	7.06	4.98	2.08	174	85	89
乌海市	Wuhai City	2.92	1.88	1.04	59	36	23
阿拉善盟	Alashan League	1.29	1.05	0.24	31	19	12

22-33 各盟市财产保险业务收入与赔付(2013 年)

Insurance Business Income of Property and Claim & Payment by Region(2013)

单位：万元 (10 000 yuan)

地区	Region	保费收入合计 Total Premium	# 企业财产保险 Enterprise Property Insurance	# 机动车辆保险 Motor Vehicle Insurance	# 货物运输保险 Freight Transport Insurance	# 责任保险 Insurance of Duty	# 农业保险 Agriculture Insurance
呼和浩特市	Hohhot City	233914	16940	179511	1190	6152	22504
包头市	Baotou City	162797	10541	139679	1009	3466	6461
呼伦贝尔市	Hulunbeier City	133017	9352	50169	625	2062	68246
兴安盟	Xingan League	61025	697	27904	436	848	30476
通辽市	Tongliao City	114815	4336	70358	910	2113	35484
赤峰市	Chifeng City	150400	5711	99363	514	4109	37357
锡林郭勒盟	Xilinguole League	53784	3773	36986	264	1575	9079
乌兰察布市	Wulanchabu City	72419	2103	44782	306	1465	23013
鄂尔多斯市	Erdos City	174283	17740	129453	399	4252	20223
巴彦淖尔市	Bayannaoer City	78240	1656	52062	273	1728	20754
乌海市	Wuhai City	37557	3264	32530	77	987	304
阿拉善盟	Alashan League	25042	3044	15723	400	797	4518

22-33 续表 continued

单位：万元 (10 000 yuan)

地区	Region	赔款支出合计 Claim and Payment	# 企业财产保险 Enterprise Property Insurance	# 机动车辆保险 Motor Vehicle Insurance	# 货物运输保险 Freight Transport Insurance	# 责任保险 Insurance of Duty	# 农业保险 Agriculture Insurance
呼和浩特市	Hohhot City	127040	10910	98277	343	2420	11343
包头市	Baotou City	90004	3320	73684	72	1306	11040
呼伦贝尔市	Hulunbeier City	63386	3920	26858	63	1781	29142
兴安盟	Xingan League	32571	261	15986	19	246	15913
通辽市	Tongliao City	56968	1328	35744	36	781	18482
赤峰市	Chifeng City	76000	2928	52365	95	983	19177
锡林郭勒盟	Xilinguole League	26122	1740	19876	21	779	3541
乌兰察布市	Wulanchabu City	40768	983	25638	22	1053	12793
鄂尔多斯市	Erdos City	86072	6926	67975	130	1596	8484
巴彦淖尔市	Bayannaoer City	48855	922	26873	72	1004	19892
乌海市	Wuhai City	18272	1435	16412	31	153	144
阿拉善盟	Alashan League	9988	1358	6828	141	225	1211

22-34 各盟市人身保险业务收入与赔付(2013 年)

Insurance Business Income and Settled Claim & Payment of Accident in Insurance by Region(2013)

单位：万元 (10 000 yuan)

地区	Region	保费收入 Remium	寿险 Life Insurance Business	意外伤害险 Personal Insurance Accident	健康险 Health Insurance
呼和浩特市	Hohhot City	284761	232351	17778	34632
包头市	Baotou City	198729	169971	7010	21748
呼伦贝尔市	Hulunbeier City	139974	118983	5714	15277
兴安盟	Xingan League	55645	45344	2346	7956
通辽市	Tongliao City	110055	87848	4694	17513
赤峰市	Chifeng City	189212	161938	6847	20427
锡林郭勒盟	Xilinguole League	54399	44181	3089	7128
乌兰察布市	Wulanchabu City	71200	60888	3801	6510
鄂尔多斯市	Erdos City	149457	124292	6332	18832
巴彦淖尔市	Bayannaoer City	118718	100408	4063	14248
乌海市	Wuhai City	61379	55169	1672	4538
阿拉善盟	Alashan League	16088	12408	1238	2441

22-34 续表 continued

单位：万元 (10 000 yuan)

地区	Region	赔款支出与给付 Benefit Paidand Expenditare of Payment	寿险 Life Insurance Business	意外伤害险 Personal Accident Insurance	健康险 Health Insuranec
呼和浩特市	Hohhot City	70656	50204	3007	17445
包头市	Baotou City	37834	27965	2298	7571
呼伦贝尔市	Hulunbeier City	45047	38365	1522	5160
兴安盟	Xingan League	12304	7639	604	4060
通辽市	Tongliao City	18446	13156	1509	3781
赤峰市	Chifeng City	45719	31950	1920	11849
锡林郭勒盟	Xilinguole League	11153	7205	511	3437
乌兰察布市	Wulanchabu City	23826	21067	892	1867
鄂尔多斯市	Erdos City	28958	19656	1566	7736
巴彦淖尔市	Bayannaoer City	21734	17808	1351	2575
乌海市	Wuhai City	10944	9646	489	810
阿拉善盟	Alashan League	2918	2045	245	627

22-35 各盟市银行卡跨行交易情况(2013)

Inter-bank Bank card transactions by Region(2013)

地区	Region	银行卡跨行清算笔数（万笔） Inter-bank liquidation items(10000 items)		银行卡跨行清算金额（亿元） The amount of Inter-bank liquidation(100 milllion yuan)	
		自动柜员机 ATM	销售终端 POS	自动柜员机 ATM	销售终端 POS
总 计	**Total**	**3993.31**	**7635.10**	**470.80**	**3512.89**
呼和浩特市	Hohhot City	1088.05	2810.65	122.58	1632.08
包 头 市	Baotou City	556.40	1454.23	67.85	592.67
呼伦贝尔市	Hulunbeier City	287.98	356.55	32.71	104.95
兴 安 盟	Xingan League	131.58	99.50	14.59	42.57
通 辽 市	Tongliao City	284.62	299.41	29.46	111.69
赤 峰 市	Chifeng City	379.32	481.73	38.92	175.29
锡林郭勒盟	Xilinguole League	165.91	275.77	18.96	68.56
乌兰察布市	Wulanchabu City	146.02	284.25	17.24	88.16
鄂尔多斯市	Erdos City	546.07	823.55	73.13	411.71
巴彦淖尔市	Bayannaoer City	175.35	318.46	20.87	120.30
乌 海 市	Wuhai City	145.66	216.75	24.48	83.15
阿拉善盟	Alashan League	81.09	116.59	9.44	26.28

22-36 各盟市全体居民收入基本情况(2013 年)

Basic Statistics on Income of all residents by Region(2013)

单位：元 (yuan)

地区	Region	可支配收入 Disposable income	工资性收入 Income of wage	经营净收入 Operational income	第一产业净收入 Net income of primary industry	农业净收入 Net income of agriculture	牧业净收入 Net income of animal-husbandry
全 区	**Autonomous Regional Total**	**18694**	**10005**	**4730**	**2220**	**1423**	**762**
呼和浩特市	Hohhot City	23832	13363	5205	1017	793	208
包 头 市	Baotou City	28069	14068	6423	825	478	312
呼伦贝尔市	Hulunbeier City	18744	10304	4490	1832	1522	295
兴 安 盟	Xingan League	11591	4571	4255	2842	2119	597
通 辽 市	Tongliao City	14005	5439	5931	4565	3884	615
赤 峰 市	Chifeng City	13548	6768	4367	2525	1928	516
锡林郭勒盟	Xilinguole League	19612	9795	5188	2205	315	1884
乌兰察布市	Wulanchabu City	13435	6587	4177	2065	1462	591
鄂尔多斯市	Erdos City	25880	15618	5406	1753	958	739
巴彦淖尔市	Bayannaoer City	16187	7309	6500	4184	3180	998
乌 海 市	Wuhai City	27769	21520	2156	60	2	60
阿拉善盟	Alashan League	23827	11966	6783	1302	376	897

22-36 续表 continued

单位：元 (yuan)

地 区	Region	第二产业净收入 Net income of secondary industry	第三产业净收入 Net income of third industry	财产净收入 Net income of property	转移净收入 Net income of transfer
全 区	**Autonomous Regional Total**	**472**	**2037**	**1076**	**2883**
呼和浩特市	Hohhot City	816	3372	2035	3229
包 头 市	Baotou City	733	4864	2910	4668
呼伦贝尔市	Hulunbeier City	194	2464	680	3271
兴 安 盟	Xingan League	167	1246	423	2342
通 辽 市	Tongliao City	29	1338	591	2044
赤 峰 市	Chifeng City	435	1407	592	1821
锡林郭勒盟	Xilinguole League	412	2571	762	3867
乌兰察布市	Wulanchabu City	256	1856	477	2194
鄂尔多斯市	Erdos City	579	3074	3228	1628
巴彦淖尔市	Bayannaoer City	263	2054	482	1895
乌 海 市	Wuhai City	61	2035	1068	3026
阿拉善盟	Alashan League	376	5104	1449	3629

22-37 各盟市全体居民生活消费基本情况(2013 年)
Basic Statistics on Consumption of all residents by Region(2013)

单位：元 (yuan)

地区	Region	消费支出 Consumer spending	食品 Food	衣着 Clothing	居住 Residence	生活用品及服务 Articles for daily use and service	交通和通讯 Transportation and Communications	交通 Transportation
全 区	**Autonomous Regional Total**	**14217**	**4121**	**1631**	**2535**	**854**	**1948**	**1308**
呼和浩特市	Hohhot City	17973	4713	1872	4080	867	2504	1752
包 头 市	Baotou City	20082	6458	2658	1895	1589	3007	2037
呼伦贝尔市	Hulunbeier City	14138	4001	1821	2310	976	1899	1170
兴 安 盟	Xingan League	8848	2388	971	2036	485	1188	757
通 辽 市	Tongliao City	9869	2458	1017	1869	616	1362	868
赤 峰 市	Chifeng City	9645	2737	898	1831	622	1205	719
锡林郭勒盟	Xilinguole League	15757	5515	1703	2555	1027	2084	1354
乌兰察布市	Wulanchabu City	8945	3062	999	1544	406	895	446
鄂尔多斯市	Erdos City	20112	4684	1971	3946	1489	3839	2885
巴彦淖尔市	Bayannaoer City	11858	3032	1379	2282	760	1804	1220
乌 海 市	Wuhai City	21704	5998	3209	2875	1674	3456	2384
阿拉善盟	Alashan League	20871	5816	1822	3969	1211	3677	2660

22-37 续表 continued

单位：元 (yuan)

地区	Region	通讯 Communications	教育文化娱乐 Education, Cultural and Entertainment	教育 Education	文化娱乐 Cultural and Entertainment	医疗保健 Medicine and Medical Service	其它商品和服务 Other Commodities and Services
全　区	**Autonomous Regional Total**	**640**	**1583**	**951**	**632**	**1111**	**433**
呼和浩特市	Hohhot City	752	2168	1219	949	543	1227
包 头 市	Baotou City	970	2353	958	1395	1489	633
呼伦贝尔市	Hulunbeier City	729	1349	861	488	1264	518
兴 安 盟	Xingan League	431	890	606	284	717	173
通 辽 市	Tongliao City	494	1240	948	292	1076	231
赤 峰 市	Chifeng City	486	1275	906	369	850	227
锡林郭勒盟	Xilinguole League	730	1307	554	753	1080	486
乌兰察布市	Wulanchabu City	449	973	715	258	879	187
鄂尔多斯市	Erdos City	954	2007	1137	870	1515	660
巴彦淖尔市	Bayannaoer City	584	1194	787	407	1096	311
乌 海 市	Wuhai City	1071	2756	1098	1658	1052	684
阿拉善盟	Alashan League	1017	2168	1090	1079	1356	853

22-38 各盟市城镇常住居民收入基本情况(2013 年)

Basic Statistics on Income of Urban Permanent residents by Region(2013)

单位：元 (yuan)

地区	Region	可支配收入 Disposable income	工资性收入 Income of wage	经营净收入 Operational income	第一产业净收入 Net income of primary industry	农业净收入 Net income of agriculture	牧业净收入 Net income of animal-husbandry
全　区	**Autonomous Regional Total**	**26004**	**16145**	**4224**	**262**	**177**	**72**
呼和浩特市	Hohhot City	32003	18378	6114	327	186	131
包 头 市	Baotou City	32694	16757	6646	37	51	-19
呼伦贝尔市	Hulunbeier City	22616	14011	3607	123	45	69
兴 安 盟	Xingan League	18800	10330	3153	262	175	70
通 辽 市	Tongliao City	21349	11405	5253	2251	2050	117
赤 峰 市	Chifeng City	21148	12862	4309	757	662	58
锡林郭勒盟	Xilinguole League	25666	15002	4600	16		16
乌兰察布市	Wulanchabu City	20895	12625	4230	38	41	
鄂尔多斯市	Erdos City	32243	21680	4744	516	200	307
巴彦淖尔市	Bayannaoer City	20674	12591	4263	554	432	120
乌 海 市	Wuhai City	28802	22503	2107			
阿拉善盟	Alashan League	27399	15340	6757	182	182	

22-38 续表 Continued

单位：元 (yuan)

地区	Region	第二产业净收入 Net income of secondary industry	第三产业净收入 Net income of third industry	财产净收入 Net income of property	转移净收入 Net income of transfer
全　区	**Autonomous Regional Total**	**776**	**3186**	**1587**	**4049**
呼和浩特市	Hohhot City	1205	4582	2855	4656
包 头 市	Baotou City	874	5735	3626	5665
呼伦贝尔市	Hulunbeier City	248	3237	786	4212
兴 安 盟	Xingan League	334	2557	802	4515
通 辽 市	Tongliao City	33	2970	919	3771
赤 峰 市	Chifeng City	829	2723	1128	2849
锡林郭勒盟	Xilinguole League	667	3917	1025	5039
乌兰察布市	Wulanchabu City	480	3712	893	3147
鄂尔多斯市	Erdos City	715	3513	3910	1909
巴彦淖尔市	Bayannaoer City	764	2945	806	3014
乌 海 市	Wuhai City	49	2058	1112	3080
阿拉善盟	Alashan League	497	6077	1635	3667

22-39 各盟市城镇常住居民生活消费基本情况(2013 年)

Basic Statistics on Consumption of Urban pernanent residents by Region(2013)

单位：元 (yuan)

地区	Region	消费支出 Consumer spending	食品 Food	衣着 Clothing	居住 Residence	生活用品及服务 Articles for daily use and service	交通和通讯 Transportation and Communications	交通 Transportation
全　区	**Autonomous Regional Total**	**19243**	**5451**	**2440**	**3465**	**1248**	**2605**	**1718**
呼和浩特市	Hohhot City	22919	6031	2420	4884	1189	3471	2519
包 头 市	Baotou City	22968	7392	3084	1971	1861	3478	2402
呼伦贝尔市	Hulunbeier City	16585	4840	2293	2675	1144	2251	1398
兴 安 盟	Xingan League	13298	3616	1738	2881	786	1505	792
通 辽 市	Tongliao City	13877	3638	1774	2662	1018	1640	884
赤 峰 市	Chifeng City	13003	3824	1408	2589	924	1433	761
锡林郭勒盟	Xilinguole League	20722	7053	2233	3581	1512	2590	1625
乌兰察布市	Wulanchabu City	13205	3948	1814	2544	716	1346	629
鄂尔多斯市	Erdos City	24874	5830	2639	4665	1955	4727	3492
巴彦淖尔市	Bayannaoer City	14958	3849	2021	2713	1052	2068	1235
乌 海 市	Wuhai City	22406	6209	3365	2864	1741	3582	2473
阿拉善盟	Alashan League	24026	6780	2209	4596	1421	3869	2658

22-39 续表 Continued

单位：元 (yuan)

地区	Region	通讯 Communications	教育文化娱乐 Education, Cultural and Entertainment	教育 Education	文化娱乐 Cultural and Entertainment	医疗保健 Medicine and Medical Service	其它商品和服务 Other Commodities and Services
全　区	**Autonomous Regional Total**	**887**	**2040**	**1060**	**980**	**1352**	**641**
呼和浩特市	Hohhot City	952	2711	1369	1342	1437	778
包　头　市	Baotou City	1076	2716	1094	1622	1721	745
呼伦贝尔市	Hulunbeier City	853	1436	840	596	1338	607
兴　安　盟	Xingan League	713	1407	824	583	1083	282
通　辽　市	Tongliao City	756	1598	1098	500	1153	394
赤　峰　市	Chifeng City	672	1478	942	536	1003	344
锡林郭勒盟	Xilinguole League	965	1824	665	1159	1254	675
乌兰察布市	Wulanchabu City	717	1484	1003	481	1023	330
鄂尔多斯市	Erdos City	1234	2505	1336	1169	1676	878
巴彦淖尔市	Bayannaoer City	833	1439	815	625	1402	414
乌　海　市	Wuhai City	1109	2838	1099	1739	1082	725
阿拉善盟	Alashan League	1211	2617	1274	1343	1464	1069

22-40 各盟市农村牧区常住居民收入情况(2013年)

Basic Statistics on Income of rural and pastoral areas residents by Region(2013)

单位：元 (yuan)

地区	Region	可支配收入 Disposable income	工资性收入 Income of wage	经营净收入 Operational income	第一产业净收入 Net income of primary industry	农业净收入 Net income of agriculture	牧业净收入 Net income of animal-husbandry
全　区	**Autonomous Regional Total**	**8985**	**1851**	**5402**	**4819**	**3077**	**1680**
呼和浩特市	Hohhot City	11398	5732	3821	2066	1716	324
包　头　市	Baotou City	11547	4430	5597	3643	2005	1497
呼伦贝尔市	Hulunbeier City	9642	1611	6562	5845	4985	827
兴　安　盟	Xingan League	6382	990	3946	3416	2505	718
通　辽　市	Tongliao City	8924	1311	6400	6166	5154	959
赤　峰　市	Chifeng City	7284	1746	4415	3983	2972	893
锡林郭勒盟	Xilinguole League	10050	1572	6116	5662	837	4777
乌兰察布市	Wulanchabu City	6964	1348	4131	3823	2696	1104
鄂尔多斯市	Erdos City	12107	2494	6841	4431	2598	1676
巴彦淖尔市	Bayannaoer City	11045	1308	9001	8269	6268	1986
乌　海　市	Wuhai City	11878	6166	2902	982	40	983
阿拉善盟	Alashan League	12869	1606	6863	4740	971	3652

22-40 续表 Continued

单位：元 (yuan)

地区	Region	第二产业净收入 Net income of secondary industry	第三产业净收入 Net income of third industry	财产净收入 Net income of property	转移净收入 Net income of transfer
全　区	**Autonomous Regional Total**	**70**	**513**	**397**	**1335**
呼和浩特市	Hohhot City	225	1530	787	1059
包 头 市	Baotou City	231	1723	353	1167
呼伦贝尔市	Hulunbeier City	67	650	431	1038
兴 安 盟	Xingan League	120	410	481	965
通 辽 市	Tongliao City	26	208	365	849
赤 峰 市	Chifeng City	110	322	150	973
锡林郭勒盟	Xilinguole League	10	444	348	2014
乌兰察布市	Wulanchabu City	62	245	117	1368
鄂尔多斯市	Erdos City	286	2124	1751	1021
巴彦淖尔市	Bayannaoer City	90	641	115	622
乌 海 市	Wuhai City	236	1684	591	2218
阿拉善盟	Alashan League	4	2118	876	3524

22-41 各盟市农村牧区常住居民生活消费情况(2013 年)

Basic Statistics on Consumption of rural and pastoral areas permanent residents by Region(2013)

单位：元 (yuan)

地区	Region	消费支出 Consumer spending	食品 Food	衣着 Clothing	居住 Residence	生活用品及服务 Articles for daily use and service	交通和通讯 Transportation and Communications	交通 Transportation
全　区	**Autonomous Regional Total**	**7543**	**2355**	**556**	**1300**	**331**	**1076**	**763**
呼和浩特市	Hohhot City	10446	2708	1038	2858	376	1032	584
包 头 市	Baotou City	6717	2453	797	750	388	958	586
呼伦贝尔市	Hulunbeier City	8399	2032	714	1452	581	1075	635
兴 安 盟	Xingan League	5437	1490	447	1215	268	959	727
通 辽 市	Tongliao City	7097	1641	494	1321	337	1169	856
赤 峰 市	Chifeng City	6878	1842	478	1206	374	1018	685
锡林郭勒盟	Xilinguole League	7914	3087	865	935	262	1286	927
乌兰察布市	Wulanchabu City	5249	2296	292	676	137	503	287
鄂尔多斯市	Erdos City	9773	2177	525	2389	479	1917	1572
巴彦淖尔市	Bayannaoer City	8306	2096	643	1788	426	1502	1204
乌 海 市	Wuhai City	10903	2762	796	3031	651	1522	1030
阿拉善盟	Alashan League	11187	2856	634	2042	566	3087	2667

22-41 续表 continued

单位：元 (yuan)

地区	Region	通讯 Communications	教育文化娱乐 Education, Cultural and Entertainment	教育 Education	文化娱乐 Cultural and Entertainment	医疗保健 Medicine and Medical Service	其它商品和服务 Other Commodities and Services
全　区	**Autonomous Regional Total**	**313**	**977**	**807**	**170**	**791**	**157**
呼和浩特市	Hohhot City	448	1342	991	351	907	186
包 头 市	Baotou City	372	774	521	253	460	137
呼伦贝尔市	Hulunbeier City	440	1145	912	233	1091	309
兴 安 盟	Xingan League	232	525	443	82	434	99
通 辽 市	Tongliao City	313	993	844	149	1023	119
赤 峰 市	Chifeng City	333	1108	877	231	723	129
锡林郭勒盟	Xilinguole League	359	491	379	112	804	184
乌兰察布市	Wulanchabu City	216	529	465	64	753	63
鄂尔多斯市	Erdos City	344	929	707	222	1167	190
巴彦淖尔市	Bayannaoer City	297	913	755	158	746	193
乌 海 市	Wuhai City	492	1491	1082	409	594	56
阿拉善盟	Alashan League	420	792	524	268	1021	189

22-42 各盟市农村基层组织情况(2013 年)
Basic Conditions of Rural Grassroots Units by Region(2013)

地区	Region	乡镇数(个) Number of Township & Town Governments (unit)	#镇数 Town Governments	村民委员会(个) Number of Villagers' Committees (unit)	乡村户数(万户) Number of Households (10 000 households)	乡村人口数(万人) Rural Population (10 000 persons)	乡村从业人员(万人) Number of Rural Employers (10 000 persons)	男 Male	女 Female
呼和浩特市	Hohhot City	40	22	1007	30.89	107.45	58.70	33.52	25.18
包头市	Baotou City	36	26	638	18.19	53.32	32.02	18.18	13.84
呼伦贝尔市	Hulunbeier City	93	56	782	34.36	113.19	59.05	33.54	25.51
兴安盟	Xingan League	52	32	872	32.67	114.93	61.12	34.62	26.50
通辽市	Tongliao City	84	55	2114	66.05	239.45	121.81	66.64	55.17
赤峰市	Chifeng City	123	74	2057	109.87	360.47	194.32	106.27	88.05
锡林郭勒盟	Xilinguole League	61	25	845	14.33	45.11	28.69	15.09	13.60
乌兰察布市	Wulanchabu City	83	41	1339	46.45	147.69	85.51	48.13	37.38
鄂尔多斯市	Erdos City	42	34	733	19.88	55.42	39.52	21.16	18.36
巴彦淖尔市	Bayannaoer City	53	40	649	28.45	103.56	56.31	30.89	25.42
乌海市	Wuhai City	5	5	13	0.87	2.24	1.47	0.81	0.65
阿拉善盟	Alashan League	27	12	196	2.42	7.10	4.57	2.47	2.09

注：本表中各盟市乡镇个数不包括城关镇、城市街道办事处、工矿区。

a)The number of Township in This Table are not including County seats、Street agencies、Mining areas。

22-43 各盟市乡村年末从业人员(2013年)

Rural Employers Force by Sector at Year-end by Region(2013)

单位：人 (person)

地区	Region	农林牧渔业 Farming Forestry Animal Husbandry and Fishery	工业 Industry	建筑业 Construction	交通运输仓储业和邮政业 Transportation, Storage and Postal Services	信息传输、计算机服务和软件业 Information Transmission, Computer Service & Computer Software	批发与零售业 Wholesale & Retail Trade	住宿和餐饮业 Quarters and Catering	其他行业 Others
呼和浩特市	Hohhot City	365207	42641	69844	26230	3553	34613	22730	22206
包头市	Baotou City	204105	24474	22278	16168	1690	21616	12689	17131
呼伦贝尔市	Hulunbeier City	467880	25258	20739	13465	3928	27205	16130	15890
兴安盟	Xingan League	516852	17549	23516	5546	1433	20810	14228	11216
通辽市	Tongliao City	932806	52983	93970	16072	5822	40801	36045	39604
赤峰市	Chifeng City	1303279	125864	248377	43126	9657	80877	42706	89315
锡林郭勒盟	Xilinguole League	238489	5251	14710	4038	412	6510	8159	9298
乌兰察布市	Wulanchabu City	661189	24213	78392	16922	1098	21103	20863	31288
鄂尔多斯市	Erdos City	287580	20641	20145	20368	2139	19532	17578	7234
巴彦淖尔市	Bayannaoer City	477540	19910	10876	8949	797	25738	9647	9622
乌海市	Wuhai City	8606	1501	2325	763	37	537	529	387
阿拉善盟	Alashan League	39578	1058	281	863	59	877	1016	1937

22-44 各盟市农林牧渔业总产值(2013年)

Gross Output Value of Farming, Forestry, Animal Husbandry and Fishery by Region(2013)

单位:万元 (10000 yuan)

地区	Region	农林牧渔业总产值 Total	农业 Farming	林业 Forestry	牧业 Animal Husbandry	渔业 Fishery	农林牧渔服务业 Agricultural Services
呼和浩特市	Hohhot City	2350602	890556	31241	1380672	26394	21740
包头市	Baotou City	1768697	584615	8297	1144924	10761	20101
呼伦贝尔市	Hulunbeier City	4311274	2400307	320812	1417763	115238	57154
兴安盟	Xingan League	2094596	1145186	67782	839537	17251	24840
通辽市	Tongliao City	4275664	2491350	113898	1604106	21607	44704
赤峰市	Chifeng City	4369743	2566790	184377	1531223	23697	63656
锡林郭勒盟	Xilinguole League	1689245	373517	20404	1267950	2069	25305
乌兰察布市	Wulanchabu City	2300934	964310	66235	1216692	8554	45144
鄂尔多斯市	Erdos City	1655104	756063	66339	782156	20111	30434
巴彦淖尔市	Bayannaoer City	2691363	1528811	83456	998634	42671	37791
乌海市	Wuhai City	88618	36838	3229	46025	662	1864
阿拉善盟	Alashan League	195291	97172	10441	81430	1394	4854

注:本表绝对数按当年价格计算。

a)Data in value terms in this table are calculated at current prices.

22-45 各盟市造林及农作物播种面积(2013 年)
Afforested Area and Sown Area of Farm Crops by Region(2013)

单位：千公顷 (1 000 hectares)

地区	Region	造林面积 Afforested Area	农作物总播种面积 Total Sown Area	#粮食作物播种面积 Sown Area of Grain Crops	有效灌溉面积 Irrigated Area
呼和浩特市	Hohhot City	22.40	449.79	326.67	205.50
包头市	Baotou City	40.26	314.48	228.95	127.34
呼伦贝尔市	Hulunbeier City	38.13	1596.30	1337.25	191.41
兴安盟	Xingan League	26.00	780.46	730.49	283.33
通辽市	Tongliao City	68.27	1128.58	930.13	640.22
赤峰市	Chifeng City	195.10	1119.09	902.29	405.88
锡林郭勒盟	Xilinguole League	173.15	218.31	151.64	32.85
乌兰察布市	Wulanchabu City	87.86	626.29	479.54	169.09
鄂尔多斯市	Erdos City	53.85	383.21	241.93	242.73
巴彦淖尔市	Bayannaoer City	38.20	555.48	264.59	652.72
乌海市	Wuhai City	2.03	6.85	4.61	6.69
阿拉善盟	Alashan League	56.47	32.34	19.21	

22-46 各盟市农业机械总动力和农村用电量及化肥施用量(2013 年)
Total Power of Agricultural Machinery, Electricity Consumed in Rural Area and Consumption of Chemical Fertilizer by Region(2013)

地区	Region	农业机械总动力(万千瓦) Total Power of Agricultural Machinery (10 000 kw)	农村用电量(万千瓦小时) Electricity Consumed in Rural Area (10 000 kwh)	农药使用量(吨) Consumption of Pesticide (ton)	化肥施用量(折纯量)(吨) Consumption of Chemical Fertilizer (ton)
呼和浩特市	Hohhot City	236.41	46278	445	115552
包头市	Baotou City	156.31	35628	717	75953
呼伦贝尔市	Hulunbeier City	395.81	32528	13403	233659
兴安盟	Xingan League	396.68	17877	2723	228234
通辽市	Tongliao City	598.38	108093	6951	568448
赤峰市	Chifeng City	527.80	210893	2853	324206
锡林郭勒盟	Xilinguole League	133.45	8132	447	16289
乌兰察布市	Wulanchabu City	207.40	25912	918	87779
鄂尔多斯市	Erdos City	290.85	45148	1531	105965
巴彦淖尔市	Bayannaoer City	449.46	44639	1344	247946
乌海市	Wuhai City	8.04	3057	29	3296
阿拉善盟	Alashan League	29.98	17462	171	16917

22-47 各盟市主要农产品产量(2013 年)

Yield of Major Farm Crops by Region(2013)

单位：万吨 (10 000 tons)

地区	Region	粮食 Grain	谷物 Cereal	#小麦 Wheat	#玉米 Corn	豆类 Beans	薯类 Tubers	油料 Oil-bearing Crops
呼和浩特市	Hohhot City	136.90	115.80	8.22	101.95	1.80	19.30	7.71
包头市	Baotou City	111.75	96.82	6.58	89.07	0.03	14.90	5.26
呼伦贝尔市	Hulunbeier City	600.60	442.78	102.38	305.17	118.57	39.26	30.95
兴安盟	Xingan League	400.00	381.56	9.57	333.15	11.05	7.39	4.77
通辽市	Tongliao City	663.00	653.55	1.80	607.23	7.89	1.55	11.35
赤峰市	Chifeng City	525.10	484.77	9.74	410.15	8.08	32.26	12.85
锡林郭勒盟	Xilinguole League	36.65	12.83	9.05	3.31	0.04	23.77	1.94
乌兰察布市	Wulanchabu City	118.50	50.24	8.71	37.26	2.12	66.14	4.90
鄂尔多斯市	Erdos City	155.05	139.32	3.15	134.06	1.20	14.53	8.75
巴彦淖尔市	Bayannaoer City	215.50	214.46	31.85	182.29	0.16	0.88	67.55
乌海市	Wuhai City	4.10	4.07	0.32	3.71		0.02	0.15
阿拉善盟	Alashan League	18.60	18.58	0.87	17.66		0.03	1.94

22-48 各盟市大牲畜年中数(2013 年)

Number of Large Animals at the Middle of Year by Region(2013)

单位：万头 (10 000 heads)

地区	Region	大牲畜 Large Animals	牛 Cattle and Buffalos	马 Horses	驴 Donkeys	骡 Mules	骆驼 Camels
呼和浩特市	Hohhot City	64.62	60.31	0.23	2.12	1.94	0.03
包头市	Baotou City	32.52	29.00	1.04	1.57	0.65	0.26
呼伦贝尔市	Hulunbeier City	211.20	189.62	19.95	1.13	0.25	0.24
兴安盟	Xingan League	75.30	66.41	5.29	3.55	0.05	
通辽市	Tongliao City	290.39	253.93	15.10	16.32	5.02	0.02
赤峰市	Chifeng City	340.70	245.07	13.79	71.03	10.68	0.13
锡林郭勒盟	Xilinguole League	136.57	119.54	15.14	0.42	0.02	1.46
乌兰察布市	Wulanchabu City	41.51	35.16	1.22	2.86	1.49	0.76
鄂尔多斯市	Erdos City	34.84	29.69	1.23	1.93	1.53	0.45
巴彦淖尔市	Bayannaoer City	25.18	15.51	1.42	2.76	3.36	2.12
乌海市	Wuhai City	0.40	0.34	0.01	0.04	0.01	
阿拉善盟	Alashan League	13.31	2.83	0.29	0.19	0.02	9.98

22-49 各盟市大牲畜年末数(2013年)

Number of Large Animals at Year-end by Region(2013)

单位：万头 (10 000 heads)

地区	Region	大牲畜 Large Animals	牛 Cattle and Buffalos	马 Horses	驴 Donkeys	骡 Mules	骆驼 Camels
呼和浩特市	Hohhot City	63.63	60.52	0.17	1.58	1.29	0.07
包头市	Baotou City	36.41	33.42	1.35	1.06	0.34	0.24
呼伦贝尔市	Hulunbeier City	114.42	96.30	16.50	0.98	0.40	0.24
兴安盟	Xingan League	61.40	48.90	5.36	6.85	0.29	
通辽市	Tongliao City	191.97	148.11	22.48	15.69	5.69	0.01
赤峰市	Chifeng City	198.20	112.93	15.56	57.88	11.72	0.11
锡林郭勒盟	Xilinguole League	100.59	87.16	11.83	0.31	0.01	1.28
乌兰察布市	Wulanchabu City	43.33	37.90	1.07	1.96	1.66	0.74
鄂尔多斯市	Erdos City	25.38	20.95	0.94	1.73	1.49	0.27
巴彦淖尔市	Bayannaoer City	23.90	14.63	1.19	2.71	3.43	1.95
乌海市	Wuhai City	0.36	0.30	0.01	0.03	0.02	
阿拉善盟	Alashan League	11.21	2.50	0.20	0.16	0.02	8.33

22-50 各盟市羊和猪年中数(2013年)

Number of Sheep, Goats and Hogs at the Middle of Year by Region(2013)

单位：万只(头) (10 000 heads)

地区	Region	羊 Sheep and Goats	绵羊 Sheep	山羊 Goats	生猪 Hogs
呼和浩特市	Hohhot City	265.30	206.45	58.85	38.58
包头市	Baotou City	326.05	219.99	106.06	44.28
呼伦贝尔市	Hulunbeier City	1489.46	1288.73	200.73	181.30
兴安盟	Xingan League	799.06	635.08	163.99	110.10
通辽市	Tongliao City	1063.37	547.01	516.36	534.28
赤峰市	Chifeng City	1271.22	1037.84	233.38	351.26
锡林郭勒盟	Xilinguole League	1144.25	1043.87	100.38	7.36
乌兰察布市	Wulanchabu City	524.42	484.02	40.40	94.60
鄂尔多斯市	Erdos City	1085.43	497.80	587.63	103.26
巴彦淖尔市	Bayannaoer City	892.00	655.99	236.00	56.29
乌海市	Wuhai City	9.83	2.86	6.97	4.44
阿拉善盟	Alashan League	154.32	49.05	105.28	2.74

22-51 各盟市羊和猪年末数(2013 年)

Number of Sheep, Goats and Hogs at Year-end by Region(2013)

单位：万只(头) (10 000 heads)

地区	Region	羊 Sheep and Goats	绵羊 Sheep	山羊 Goats	生猪 Hogs	肉猪出栏头数 Slaughtered Fattened Hogs
呼和浩特市	Hohhot City	159.65	122.65	37.00	29.08	37.28
包头市	Baotou City	191.13	127.46	63.67	26.88	52.81
呼伦贝尔市	Hulunbeier City	707.87	605.68	102.18	34.65	50.33
兴安盟	Xingan League	490.61	260.53	230.08	71.34	107.24
通辽市	Tongliao City	624.20	329.80	294.40	263.24	327.02
赤峰市	Chifeng City	618.92	446.29	172.64	125.79	168.83
锡林郭勒盟	Xilinguole League	591.74	552.20	39.53	5.46	9.81
乌兰察布市	Wulanchabu City	419.52	390.50	29.02	41.13	54.32
鄂尔多斯市	Erdos City	690.09	279.34	410.75	42.79	93.98
巴彦淖尔市	Bayannaoer City	669.05	482.72	186.33	42.85	38.78
乌海市	Wuhai City	8.33	2.44	5.89	2.99	9.73
阿拉善盟	Alashan League	121.42	36.56	84.85	2.37	2.73

22-52 各盟市主要畜产品产量(2013 年)

Output of Major Livestock Products by Region(2013)

地区	Region	肉类产量(吨) Output of Meat (ton)	#猪牛羊肉 Output of Pork, Beef and Mutton	猪肉 Pork	牛肉 Beef	羊肉 Mutton	奶类(吨) Milk (ton)	#牛奶 Cow Milk
呼和浩特市	Hohhot City	101382	93166	27990	32057	33119	2777738	2777353
包头市	Baotou City	158251	150749	46393	38818	65538	1417597	1417492
呼伦贝尔市	Hulunbeier City	250945	233814	38321	94333	101160	1215766	1209339
兴安盟	Xingan League	182877	168136	79427	22657	66052	396647	396647
通辽市	Tongliao City	508022	430755	261615	101421	67719	460227	386851
赤峰市	Chifeng City	454608	311288	130000	95310	85978	352819	352806
锡林郭勒盟	Xilinguole League	263416	254290	10206	118122	125962	601683	592238
乌兰察布市	Wulanchabu City	204624	186394	40694	28332	117368	737210	737210
鄂尔多斯市	Erdos City	158613	154095	54367	15572	84156	155357	130840
巴彦淖尔市	Bayannaoer City	192924	181243	32574	9114	139555	357977	357891
乌海市	Wuhai City	13430	12839	9691	500	2647	1864	1861
阿拉善盟	Alashan League	15734	14096	2100	530	11466	1855	1736

22-52 续表 continued

地区	Region	绵羊毛(吨) Sheep Wool (ton)	山羊毛(吨) Goat Wool (ton)	羊绒(吨) Cashmere (ton)	牛皮(万张) Cattle hide (10 000 pieces)	羊皮(万张) Sheep skin (10 000 pieces)	禽蛋(吨) Poultry Eggs (ton)
呼和浩特市	Hohhot City	3787	254	167	19.04	208.65	33135
包头市	Baotou City	3064	216	198	24.83	396.05	28163
呼伦贝尔市	Hulunbeier City	21844	922	746	56.15	624.90	40826
兴安盟	Xingan League	10645	1600	408	47.32	426.95	12173
通辽市	Tongliao City	10177	4583	1417	55.83	322.37	59064
赤峰市	Chifeng City	21217	659	878	63.91	471.78	333128
锡林郭勒盟	Xilinguole League	10134	17	177	59.72	653.21	5255
乌兰察布市	Wulanchabu City	8821	19	65	18.61	783.78	14347
鄂尔多斯市	Erdos City	11937	1476	2710	10.22	402.55	7240
巴彦淖尔市	Bayannaoer City	8349	105	821	5.98	968.54	8586
乌海市	Wuhai City	54	86	18	0.17	9.90	3345
阿拉善盟	Alashan League	503	217	296	0.40	47.92	292

22-53 各盟市规模以上工业企业单位数和工业总产值(2013年)

Number of above Designated Size Industrial Enterprises and Their Gross Output Value by Region(2013)

单位：个、万元 (unit)(10 000 yuan)

地区	Region	规模以上企业 Enterprises above Designated Size		# 国有及国有控股企业 State-owned Enterprises	
		企业单位数 Number of Enterprises	总产值(当年价格) Gross Output Value (At Current Prices)	企业单位数 Number of Enterprises	总产值(当年价格) Gross Output Value (At Current Prices)
呼和浩特市	Hohhot City	281	15035995	59	7891646
包头市	Baotou City	654	32528595	92	12798205
呼伦贝尔市	Hulunbeier City	409	13469337	76	3996878
兴安盟	Xingan League	179	3119943	18	496670
通辽市	Tongliao City	601	29650184	57	5026673
赤峰市	Chifeng City	563	20743185	71	7454416
锡林郭勒盟	Xilinguole League	376	9738511	77	4678495
乌兰察布市	Wulanchabu City	388	10806718	46	2539781
鄂尔多斯市	Erdos City	390	42679352	64	12428218
巴彦淖尔市	Bayannaoer City	280	8633549	34	1680870
乌海市	Wuhai City	154	7170064	17	2774563
阿拉善盟	Alashan League	127	5414569	16	1293031

22-53 续表 1 continued

单位：个、万元 (unit)(10 000 yuan)

地区	Region	# 集体企业 Collective-owned Enterprises		# 股份有限公司 Share Holding Enterprises	
		企业单位数 Number of Enterprises	总产值(当年价格) Gross Output Value (At Current Prices)	企业单位数 Number of Enterprises	总产值(当年价格) Gross Output Value (At Current Prices)
呼和浩特市	Hohhot City	3	11275	23	4628652
包头市	Baotou City	20	94000	50	6761459
呼伦贝尔市	Hulunbeier City			17	595375
兴安盟	Xingan League	4	41215	4	177979
通辽市	Tongliao City	10	170266	42	2945551
赤峰市	Chifeng City	10	210818	38	2464135
锡林郭勒盟	Xilinguole League	1	38720	22	1106148
乌兰察布市	Wulanchabu City			19	665772
鄂尔多斯市	Erdos City	6	40349	37	11767821
巴彦淖尔市	Bayannaoer City	1	26728	9	437260
乌海市	Wuhai City			5	254451
阿拉善盟	Alashan League			6	488053

22-53 续表 2 continued

单位：个、万元 (unit)(10 000 yuan)

地区	Region	# 外商投资企业 Foreign Funded Enterprises		# 港澳台商投资企业 Enterprises Funded by Entrepreneurs from Hong Kong, Macao & Taiwan	
		企业单位数 Number of Enterprises	总产值(当年价格) Gross Output Value (At Current Prices)	企业单位数 Number of Enterprises	总产值(当年价格) Gross Output Value (At Current Prices)
呼和浩特市	Hohhot City	17	2415069	14	927213
包头市	Baotou City	22	1457327	13	461214
呼伦贝尔市	Hulunbeier City	15	376885	8	189710
兴安盟	Xingan League	6	199710	1	21243
通辽市	Tongliao City	10	2775971	8	430070
赤峰市	Chifeng City	6	373845	5	179192
锡林郭勒盟	Xilinguole League	4	143201	8	93031
乌兰察布市	Wulanchabu City	6	355035	7	79069
鄂尔多斯市	Erdos City	10	3173591	8	214411
巴彦淖尔市	Bayannaoer City	7	367834	3	495353
乌海市	Wuhai City	2	38345	1	2063
阿拉善盟	Alashan League	2	12167	1	27351

22-53 续表 3 continued

单位：个、万元 (unit)(10 000 yuan)

地区	Region	轻工业 Enterprises of Light Industry		重工业 Enterprises of Heavy Industry	
		企业单位数 Number of Enterprises	总产值(当年价格) Gross Output Value (At Current Prices)	企业单位数 Number of Enterprises	总产值(当年价格) Gross Output Value (At Current Prices)
呼和浩特市	Hohhot City	116	6340199	165	8695797
包头市	Baotou City	78	1736267	576	30792329
呼伦贝尔市	Hulunbeier City	157	5094035	252	8375302
兴安盟	Xingan League	79	1652636	100	1467307
通辽市	Tongliao City	239	10419912	362	19230272
赤峰市	Chifeng City	164	3827965	399	16915221
锡林郭勒盟	Xilinguole League	141	1877295	235	7861216
乌兰察布市	Wulanchabu City	103	2156467	285	8650251
鄂尔多斯市	Erdos City	37	2350251	353	40329102
巴彦淖尔市	Bayannaoer City	116	3392940	164	5240609
乌海市	Wuhai City	6	46803	148	7123261
阿拉善盟	Alashan League	9	158996	118	5255573

22-53 续表 4 continued

单位：个、万元 (unit) (10 000 yuan)

地区	Region	大型企业 Large Enterprises		中型企业 Medium-sized Enterprises		小型企业 Small Enterprises	
		企业单位数 Number of Enterprises	总产值(当年价格) Gross Output Value (At Current Prices)	企业单位数 Number of Enterprises	总产值(当年价格) Gross Output Value (At Current Prices)	企业单位数 Number of Enterprises	总产值(当年价格) Gross Output Value (At Current Prices)
呼和浩特市	Hohhot City	17	7546881	60	4278780	186	3149171
包头市	Baotou City	27	13075950	126	8947122	459	10177388
呼伦贝尔市	Hulunbeier City	11	3519704	66	3203764	313	6393385
兴安盟	Xingan League	1	260693	20	853264	140	1976020
通辽市	Tongliao City	12	5560878	73	7061345	462	15829108
赤峰市	Chifeng City	15	6617137	95	6144660	445	7911062
锡林郭勒盟	Xilinguole League	10	2523711	36	2211319	289	4685405
乌兰察布市	Wulanchabu City	8	1500546	49	3206066	291	5750356
鄂尔多斯市	Erdos City	34	22651087	69	9550812	261	10394540
巴彦淖尔市	Bayannaoer City	7	1429578	42	2672321	204	4350956
乌海市	Wuhai City	10	3283627	38	1962292	97	1906168
阿拉善盟	Alashan League	6	2771846	28	1466215	73	975741

22-54 各盟市规模以上工业企业主要指标(2013 年)

Main Indicators of Industrial Enterprises above Designed Size by Region(2013)

单位：万元 (10 000 yuan)

地区	Region	资产合计 Total Assets	负债合计 Total Liabilities	主营业务收入 Revenue of main business	利润总额 Total Profits
呼和浩特市	Hohhot City	20654222	13423044	17225379	1450499
包头市	Baotou City	41392880	27218927	31903629	2128095
呼伦贝尔市	Hulunbeier City	17547571	10525286	13011442	1484307
兴安盟	Xingan League	2902355	1923749	2993214	228892
通辽市	Tongliao City	14407764	6228303	28866065	1867860
赤峰市	Chifeng City	14019088	8334823	19941805	1383099
锡林郭勒盟	Xilinguole League	16307629	11891357	9224547	761119
乌兰察布市	Wulanchabu City	11623802	8160370	10321137	324492
鄂尔多斯市	Erdos City	66992474	35883247	44073288	9024682
巴彦淖尔市	Bayannaoer City	10634316	7164372	7936759	440172
乌海市	Wuhai City	12796321	9667802	6785294	716034
阿拉善盟	Alashan League	6540487	5344933	4541027	155750

22-55 各盟市规模以上工业企业主要指标(2013 年)

Main Indicators of Industrial Enterprises above Designed Size by Region(2013)

单位：万元 (10 000 yuan)

地区	Region	所有者权益 Creditors Equity	利税总额 Total Profits and Taxes	本年应交增值税 Value Added Tax Payable	流动资产合计 Circulating Funds	固定资产合计 Total Fixed Assets
呼和浩特市	Hohhot City	7212907	2691715	501241	9217909	8026137
包头市	Baotou City	14079499	3541117	1157548	17224179	14855240
呼伦贝尔市	Hulunbeier City	6985734	2365419	691141	4793567	10038207
兴安盟	Xingan League	971574	465319	66090	869456	1781462
通辽市	Tongliao City	8023558	2919130	799241	3396305	9120474
赤峰市	Chifeng City	5631333	1871029	360880	4765489	6812504
锡林郭勒盟	Xilinguole League	4409964	1439063	513498	3387283	11441239
乌兰察布市	Wulanchabu City	3417296	570379	209367	3527045	6805290
鄂尔多斯市	Erdos City	30770654	13014163	3164985	23242247	26974662
巴彦淖尔市	Bayannaoer City	3430852	635714	144435	3998394	5285157
乌海市	Wuhai City	3110541	1120065	338528	5741997	4172061
阿拉善盟	Alashan League	1174595	382711	199695	2856228	2272714

22-56 各盟市主要工业产品产量(2013 年)

Output of Major Industrial Products by Region(2013)

地区	Region	白酒 (千升) Liquor (1000 litres)	糖 (吨) Sugar (ton)	液体乳 (万吨) Milk (10000 tons)	机制纸及纸板(吨) Machine-made Paper and Paperboards (ton)	原油 (吨) Crude Oil (ton)	原煤 (万吨) Coal (10 000 tons)	发电量 (亿千瓦小时) Electricity (100 million kwh)
呼和浩特市	Hohhot City	5234.40	6	137.93	8700		524.92	440.43
包头市	Baotou City	8743.80		20.36	89000		1997.26	395.87
呼伦贝尔市	Hulunbeier City	119568.20		0.32	21095	416109	9241.39	337.36
兴安盟	Xingan League	38146.00		18.61			154.24	34.17
通辽市	Tongliao City	269514.30	236889	14.37			5491.30	290.94
赤峰市	Chifeng City	97271.00	126294	10.36	290	265728	3459.57	192.88
锡林郭勒盟	Xilinguole League	27597.20		8.81		1149579	14113.55	376.49
乌兰察布市	Wulanchabu City	33594.00	60287	36.68				431.93
鄂尔多斯市	Erdos City	24581.80				95394	63070.71	690.70
巴彦淖尔市	Bayannaoer City	20689.30		25.53				128.63
乌海市	Wuhai City	926.00					3571.11	173.71
阿拉善盟	Alashan League						1405.67	27.67

22-56 续表 continued

地区	Region	焦炭 (万吨) Coke (10 000 tons)	钢 (万吨) Steel (10 000 tons)	生铁 (万吨) Pig Iron (10 000 tons)	成品钢材 (万吨) Steel Products (10 000 tons)	水泥 (万吨) Cement (10 000 tons)	化肥(万吨) Chemical Fertilizer (10 000 tons)
呼和浩特市	Hohhot City	61.58				814.00	31.85
包头市	Baotou City	507.49	1565.52	1143.82	1388.14	730.21	
呼伦贝尔市	Hulunbeier City		5.30			651.97	
兴安盟	Xingan League		62.64	60.55	61.48	295.57	
通辽市	Tongliao City					933.13	
赤峰市	Chifeng City	138.03	296.31		303.29	643.00	11.09
锡林郭勒盟	Xilinguole League					659.16	
乌兰察布市	Wulanchabu City					799.30	
鄂尔多斯市	Erdos City	740.18		13.17		565.71	53.49
巴彦淖尔市	Bayannaoer City	148.80		1.97		118.14	16.08
乌海市	Wuhai City	1267.33	48.79	84.88	44.83	162.96	1.18
阿拉善盟	Alashan League	251.53		62.85		124.82	

22-57 各盟市建筑业企业情况(2013 年)

Main Indicators on Construction Enterprises by Region(2013)

地区	Region	企业单位数(个) Enterprises (unit)	# 国有 State-owned	# 集体 Collective owned	从业人员(人) Persons Employed (person)	# 国有 State-owned	# 集体 Collective owned	建筑业总产值(万元) Gross Output Value (10 000 yuan)	# 国有 State-owned	# 集体 Collective owned
呼和浩特市	Hohhot City	193	3		67838	2430		2780780	46078	
包头市	Baotou City	97			62152			2387822		
呼伦贝尔市	Hulunbeier City	73	1		22115	25		1013769	55	
兴安盟	Xingan League	29			6255			285845		
通辽市	Tongliao City	56	1		27248	722		648202	75584	
赤峰市	Chifeng City	115		1	70908		22	1892373		410
锡林郭勒盟	Xilinguole League	36			4531			161458		
乌兰察布市	Wulanchabu City	43			11078			425387		
鄂尔多斯市	Erdos City	192	1		83166	158		4718022	8800	
巴彦淖尔市	Bayannaoer City	54			15940			577525		
乌海市	Wuhai City	41			22162			700301		
阿拉善盟	Alashan League	22			2422			120135		

22-58 各盟市房屋建筑面积(2013 年)

Floor Space of Building by Region(2013)

单位：万平方米 (10 000 sq.m)

地区	Region	房屋建筑面积 Floor Space of Building Construction			国有 State-owned		集体 Collective-owned	
		施工面积 Floor Space Under Construction	竣工面积 Floor Space Completed	# 住宅 Residential Buildings	施工面积 Floor Space Under Construction	竣工面积 Floor Space Completed	施工面积 Floor Space Under Construction	竣工面积 Floor Space Completed
呼和浩特市	Hohhot City	1765.65	544.51	403.59	20.56	0.2		
包头市	Baotou City	2059.77	615.79	427.25				
呼伦贝尔市	Hulunbeier City	576.86	422.96	319.08				
兴安盟	Xingan League	359.68	72.96	43.44				
通辽市	Tongliao City	394.65	232.42	165.09				
赤峰市	Chifeng City	1277.80	834.36	664.50				
锡林郭勒盟	Xilinguole League	139.18	57.25	32.18				
乌兰察布市	Wulanchabu City	600.55	189.49	166.89				
鄂尔多斯市	Erdos City	652.62	266.84	167.76	2.9	2.9		
巴彦淖尔市	Bayannaoer City	524.26	156.90	128.42				
乌海市	Wuhai City	463.81	223.63	183.45				
阿拉善盟	Alashan League	24.81	13.52	5.84				

22-59 各盟市城镇自来水情况(2013 年)

Basic Statistics on Tap Water Supply in Towns and Cities by Region(2013)

地区	Region	年末供水管道长度(公里) Length of Water Supply Pipelines (year-end)(km)	全年供水总量(万吨) Total Annual Volume of Water Supply (10 000 tons)	# 生产运营用水 For Productive Use	# 生活用水 For Residential Use	用水人口(万人) Number of Residents with Access to Tap water (10 000 persons)
总　计	**Total**	**10290**	**71578**	**31854**	**30283**	**851.18**
呼和浩特市	Hohhot City	754	13836	4718	5608	186.93
包 头 市	Baotou City	1609	16990	9077	5632	176.00
呼伦贝尔市	Hulunbeier City	980	7419	3547	3370	84.99
兴 安 盟	Xingan League	352	2969	1685	1176	24.14
通 辽 市	Tongliao City	920	6000	2654	2645	59.00
赤 峰 市	Chifeng City	1156	10493	6521	3187	90.22
锡林郭勒盟	Xilinguole League	722	1653	507	900	25.35
乌兰察布市	Wulanchabu City	490	2399	637	1430	45.25
鄂尔多斯市	Erdos City	772	3472	653	2497	60.27
巴彦淖尔市	Bayannaoer City	443	2126	126	1762	36.53
乌 海 市	Wuhai City	2095	4221	1730	2077	62.50
阿拉善盟	Alashan League					

22-60 各盟市城镇煤气、液化石油气、天然气(2013 年)

Basic Statistics on Supply of Gas, Liquefied Petroleum Gas and Natural Gas in Towns and Cities by Region(2013)

地区	Region	煤气供气量(万立方米) Coal Gas Supply (10 000 cu.m)	# 家庭用量 For Residential Use	天然气供气量(万立方米) Natural Gas Supply (10 000 cu.m)	# 家庭用量 For Residential Use	液化石油气供气量(吨) Liquefied Petroleum Gas Supply (ton)	# 家庭用量 For Residential Use
总计	**Total**	**3500**	**2944**	**104732**	**19651**	**69174**	**60932**
呼和浩特市	Hohhot City			37474	6591		
包 头 市	Baotou City	3500	2944	42284	4394	9720	9020
呼伦贝尔市	Hulunbeier City			1492	131	20179	17784
兴 安 盟	Xingan League			88	65	3304	2157
通 辽 市	Tongliao City			1616	951	8864	7800
赤 峰 市	Chifeng City			684	285	15510	13550
锡林郭勒盟	Xilinguole League			1782	86	2830	2344
乌兰察布市	Wulanchabu City			2994	452	4737	4255
鄂尔多斯市	Erdos City			9869	1832	2700	2700
巴彦淖尔市	Bayannaoer City			3485	3485		
乌 海 市	Wuhai City			2965	1380	1331	1322
阿拉善盟	Alashan League						

22-61 各盟市城镇市政工程(2013 年)

Basic Statistics on Municipal Engineering in Towns and Cities by Region(2013)

地区	Region	污水排放量(万吨) Volume of Waste Water Discharged (10 000 tons)	城市污水日处理能力(万吨) Daily Disposal Capacity of Sewage (10 000 tons)	排水管道长度(公里) Length of Sewer Pipelines (km)	生活垃圾清运量(万吨) Volume of Garbage Disposal (10 000 tons)	生活垃圾无害化处理量(万吨) Volume of Garbage Treated (10 000 tons)
总　计	**Total**	**52789**	**171.4**	**11208**	**350.1**	**327.5**
呼和浩特市	Hohhot City	11096	26.0	1418	59.5	58.7
包 头 市	Baotou City	9033	28.7	1997	51.4	48.9
呼伦贝尔市	Hulunbeier City	5774	21.9	1079	40.7	34.3
兴 安 盟	Xingan League	2162	7.0	374	19.1	18.3
通 辽 市	Tongliao City	5780	24.0	1083	27.9	23.1
赤 峰 市	Chifeng City	8742	24.0	725	52.1	50.2
锡林郭勒盟	Xilinguole League	1364	5.5	603	18.8	18.8
乌兰察布市	Wulanchabu City	1745	9.8	484	17.3	16.6
鄂尔多斯市	Erdos City	2584	9.0	2065	21.6	20.5
巴彦淖尔市	Bayannaoer City	1489	7.0	1090	16.8	16.3
乌 海 市	Wuhai City	3020	8.5	289	25.0	21.8
阿拉善盟	Alashan League					

22-62 各盟市年末公路运输线路长度和运量(2013 年)

Length of Highways for Transportation Routes and Traffic by Region(End of 2013)

地区	Region	公路里程(公里) Total Length of Highways (km)	等级路 Expressway & Class I to IV Highway	等外路 Highway Below Class IV	客运量(万人) Passenger Traffic (10 000 persons)	旅客周转量(万人公里) Passenger-Kilometers (10 000 passenger-km)	货运量(万吨) Freight Traffic (10 000 tons)	货物周转量(万吨公里) Freight Ton-Kilometers (10 000 ton-km)
呼和浩特市	Hohhot City	7101	6777	324	1070	212061	12144	2442052
包 头 市	Baotou City	6870	5813	1057	1182	144653	22949	4483838
呼伦贝尔市	Hulunbeier City	21829	20583	1246	1845	160579	7512	1523860
兴 安 盟	Xingan League	10028	9789	239	817	80704	2652	551459
通 辽 市	Tongliao City	18470	17045	1425	2091	197928	6422	1281873
赤 峰 市	Chifeng City	24180	23280	900	4508	287637	9798	2080474
锡林郭勒盟	Xilinguole League	18097	17410	687	383	109940	3322	635253
乌兰察布市	Wulanchabu City	13028	13002	26	635	77450	4738	1038722
鄂尔多斯市	Erdos City	18170	16662	1508	1305	241120	13328	1808106
巴彦淖尔市	Bayannaoer City	20529	15737	4792	1996	176230	6329	1504855
乌 海 市	Wuhai City	977	971	6	245	23887	4418	646734
阿拉善盟	Alashan League	8236	7962	274	108	22260	3447	729885

22-63 各盟市邮政业务基本情况(2013 年)
Basic Conditions of Post Services by Region(2013)

地区	Region	邮政业务总量(万元) Business Volume of Post Service (10 000 yuan)	函件 (万件) Number of Letters (10 000 Pcs)	报刊期发数(万份) Newspapers and Magazines Circulation (10 000 copies)	邮政局所总数 (处) Number of Post and Telecommunications Offices (unit)
呼和浩特市	Hohhot City	54830	738	37	107
包头市	Baotou City	17945	129	29	96
呼伦贝尔市	Hulunbeier City	14043	187	20	183
兴安盟	Xingan League	6582	35	10	100
通辽市	Tongliao City	11133	66	15	125
赤峰市	Chifeng City	24511	224	39	289
锡林郭勒盟	Xilinguole League	6746	128	12	110
乌兰察布市	Wulanchabu City	9719	37	14	155
鄂尔多斯市	Erdos City	11804	113	20	125
巴彦淖尔市	Bayannaoer City	9914	190	19	129
乌海市	Wuhai City	5871	12	6	30
阿拉善盟	Alashan League	2080	6	4	30

22-64 各盟市社会消费品零售总额(2013 年, 按销售单位所在地分)
Total Retail Sale of Consumer Goods by Location of Retailers by Region(2013)

单位：万元 (10 000 yuan)

地区	Region	社会消费品零售总额 Total Retail Sales of Consumer Goods	城镇 Cities and towns			乡村 Villages
				城区 Cities	镇区 Towns	
呼和浩特市	Hohhot City	11423000	10423000	9839000	584000	1000000
包头市	Baotou City	10857000	10650000	9956000	694000	207000
呼伦贝尔市	Hulunbeier City	4567000	3972000	2412000	1560000	595000
兴安盟	Xingan League	1731000	1459000	965000	494000	272000
通辽市	Tongliao City	3724000	2648000	1434000	1214000	1076000
赤峰市	Chifeng City	5307000	4342000	2598000	1744000	965000
锡林郭勒盟	Xilinguole League	1862000	1489000	821000	668000	373000
乌兰察布市	Wulanchabu City	2428000	1861000	865000	996000	567000
鄂尔多斯市	Erdos City	5595000	4614000	3582000	1032000	981000
巴彦淖尔市	Bayannaoer City	1945000	1695000	836000	859000	250000
乌海市	Wuhai City	1140000	1140000	851000	289000	
阿拉善盟	Alashan League	563000	516000	212000	304000	47000

22-65 各盟市商品销售额(营业额)(2013年, 按行业分)

Sale of Commodities Goods（Turnover） by Sector by Region(2013)

单位：万元 (10 000 yuan)

地区	Region	批发业 Whole-sale Trade	零售业 Retail Sale Trade	住宿业 Hotels Trade	餐饮业 Catering Trade
呼和浩特市	Hohhot City	28099967	13486243	461145	1757666
包头市	Baotou City	15913633	15373830	342902	1752345
呼伦贝尔市	Hulunbeier City	4314136	4265504	167760	780082
兴安盟	Xingan League	669840	1638239	26437	166454
通辽市	Tongliao City	3410989	3530684	81087	582136
赤峰市	Chifeng City	6296816	4925306	174427	649050
锡林郭勒盟	Xilinguole League	1697506	1952311	71600	219052
乌兰察布市	Wulanchabu City	2020892	2162564	63382	383908
鄂尔多斯市	Erdos City	9913150	6978829	216149	1410011
巴彦淖尔市	Bayannaoer City	1805446	1660409	19483	315243
乌海市	Wuhai City	664935	1008105	63696	141385
阿拉善盟	Alashan League	442360	677182	38683	149932

22-66 各盟市限额以上批发零售贸易、住宿餐饮业法人企业(2013年)

Number of Corporation Units above Designated Size in Wholesale and Retail Sale, Catering Trades (2013)

单位：个 (unit)

地区	Region	合计 Total	批发业 Wholesale Trade	零售业 Retail Trade	住宿业 Hotels	餐饮业 Catering Trade
呼和浩特市	Hohhot City	539	149	222	68	100
包头市	Baotou City	408	114	184	43	67
呼伦贝尔市	Hulunbeier City	306	114	112	39	41
兴安盟	Xingan League	65	16	27	9	13
通辽市	Tongliao City	222	100	94	21	7
赤峰市	Chifeng City	243	76	88	37	42
锡林郭勒盟	Xilinguole League	105	29	32	32	12
乌兰察布市	Wulanchabu City	65	5	26	13	21
鄂尔多斯市	Erdos City	319	20	174	29	96
巴彦淖尔市	Bayannaoer City	65	25	27	1	12
乌海市	Wuhai City	139	52	68	12	7
阿拉善盟	Alashan League	36	9	8	10	9

22-67 各盟市限额以上批发零售贸易、住宿餐饮业产业活动单位及个体户(2013 年)

Number of Active Units above Designated Size in Wholesale, Retail Sale, Catering and Trades and Self-Employed (2013)

单位：个 (unit)

地区	Region	合计 Total	批发业 Wholesale Trade	零售业 Retail Trade	住宿业 Hotels	餐饮业 Catering Trade
呼和浩特市	Hohhot City	110	3	12	8	87
包头市	Baotou City	200	3	29	20	148
呼伦贝尔市	Hulunbeier City	175	8	52	24	91
兴安盟	Xingan League	8		6	1	1
通辽市	Tongliao City	40		17	6	17
赤峰市	Chifeng City	150	20	65	20	45
锡林郭勒盟	Xilinguole League	82	1	33	12	36
乌兰察布市	Wulanchabu City	23	3	8	2	10
鄂尔多斯市	Erdos City	160		82	18	60
巴彦淖尔市	Bayannaoer City	9				9
乌海市	Wuhai City	57	1	8	11	37
阿拉善盟	Alashan League	5	1			4

22-68 各盟市限额以上批发零售贸易、住宿餐饮业企业及个体户从业人员(2013 年)

Number of Persons Engaged in Enterprises above Designated Size in Wholesale ,Retail Sale and Self-Employed Catering Trades (2013)

单位：人 (person)

地区	Region	合计 Total	批发业 Wholesale Trade	零售业 Retail Trade	住宿业 Hotels	餐饮业 Catering Trade
呼和浩特市	Hohhot City	67304	10509	32725	11018	13052
包头市	Baotou City	39067	5377	17972	5307	10411
呼伦贝尔市	Hulunbeier City	23067	3450	10636	4064	4917
兴安盟	Xingan League	5101	1245	2413	743	700
通辽市	Tongliao City	14086	3359	6957	2730	1040
赤峰市	Chifeng City	32035	10719	12970	3583	4763
锡林郭勒盟	Xilinguole League	10625	794	5200	2387	2244
乌兰察布市	Wulanchabu City	12898	2887	6124	1493	2394
鄂尔多斯市	Erdos City	29538	1264	13191	2761	12322
巴彦淖尔市	Bayannaoer City	9075	3142	3714	45	2174
乌海市	Wuhai City	8500	1748	3468	1351	1933
阿拉善盟	Alashan League	3380	394	1093	1194	699

22-69 各盟市限额以上批发零售贸易业企业及个体户商品销售总额(2013 年)

Total Sales of Enterprise above Designated Size in Wholesale ,Retail Sale Trades Self-Employed(2013)

单位：万元 (10 000 yuan)

地 区	Region	销售总额 Total Sales	批发 Wholesale Trade	零售 Retail Trade
呼和浩特市	Hohhot City	11700525	6612273	5088252
包 头 市	Baotou City	11225031	6926663	4298369
呼伦贝尔市	Hulunbeier City	2677251	1675837	1001414
兴 安 盟	Xingan League	661918	266213	395705
通 辽 市	Tongliao City	2691953	1230447	1461506
赤 峰 市	Chifeng City	3169767	1754481	1415286
锡林郭勒盟	Xilinguole League	1532453	989345	543108
乌兰察布市	Wulanchabu City	797441	509829	287612
鄂尔多斯市	Erdos City	8590940	5482426	3108514
巴彦淖尔市	Bayannaoer City	1168745	756089	412656
乌 海 市	Wuhai City	1876901	774351	1102551
阿拉善盟	Alashan League	542975	364967	178008

22-70 各盟市限额以上批发零售贸易企业主要财务指标(2013 年)

Main Financial Indicators of Enterprises above Designated Size in Wholesale and Retail by Region(2013)

单位：万元 (10 000 yuan)

地区	Region	商品销售收入 Sales Revenue	商品销售成本 Cost of Sales	商品销售税金及附加 Sales Tax and Extra Changes	销售费用 selling expenses	营业利润 Operating profit
呼和浩特市	Hohhot City	10665175	9636536	86138	285492	323745
包 头 市	Baotou City	9746307	9105523	50429	312658	12893
呼伦贝尔市	Hulunbeier City	2340496	2142867	16991	115022	39481
兴 安 盟	Xingan League	587643	537540	6358	33529	-6895
通 辽 市	Tongliao City	2463298	2051774	17140	92541	98139
赤 峰 市	Chifeng City	2175988	2008703	17938	81123	7691
锡林郭勒盟	Xilinguole League	1324483	1187067	22093	66470.3	26744
乌兰察布市	Wulanchabu City	602157	533388	14215	26969	8385
鄂尔多斯市	Erdos City	8208482	7521696	59873	161625	363136
巴彦淖尔市	Bayannaoer City	1062936	930532	12155	61432	18183
乌 海 市	Wuhai City	1552903	1278430	9894	26297	173568
阿拉善盟	Alashan League	407228	380134	2583	17515	-68

22-71 各盟市限额以上住宿和餐饮企业主要财务指标(2013 年)

Main Financial Indicators of Enterprises above Designated Size in Catering Trade by Region(2013)

单位：万元　(10 000 yuan)

地区	Region	营业收入 Sales Revenue	营业成本 Cost of Sales	营业税金及附加 Business tax and surcharges	销售费用 selling expenses	营业利润 Operating profit
呼和浩特市	Hohhot City	276619	121842	14712	75779	-14340
包头市	Baotou City	346072	213714	14500	96034	-31484
呼伦贝尔市	Hulunbeier City	80001	44916	4652	15883	-5422
兴安盟	Xingan League	10733	4825	394	2799	680
通辽市	Tongliao City	25672	17627	1191	3624	-451
赤峰市	Chifeng City	62235	35883	3189	14827	-6913
锡林郭勒盟	Xilinguole League	30627	13935	1757	8515	-1313
乌兰察布市	Wulanchabu City	29075	15131	1544	8575	-3398
鄂尔多斯市	Erdos City	154304	82323	5929	33821	-7067
巴彦淖尔市	Bayannaoer City	15031	6063	801	4763	-569
乌海市	Wuhai City	18142	9058	1199	5369	-621
阿拉善盟	Alashan League	17587	12085	1036	2607	-3723

22-72 各盟市入境旅游人数和外汇收入(2013 年)

Number of Foreign Tourists and Foreign Exchange Earnings by Region(2013)

地区	Region	入境旅游人数(人次) Total Number of International Tourists Inbound (person-times)	#外国人 Foreigners	旅游外汇收入(万美元) Earnings from International Tourism(USD 10 000)
呼和浩特市	Hohhot City	117527	90322	10948
包头市	Baotou City	33965	30256	2341
呼伦贝尔市	Hulunbeier City	643262	636093	44347
兴安盟	Xingan League	1354	1122	94
通辽市	Tongliao City	23203	16376	1601
赤峰市	Chifeng City	40000	35480	2758
锡林郭勒盟	Xilinguole League	639179	639152	26030
乌兰察布市	Wulanchabu City	33450	24260	2305
鄂尔多斯市	Erdos City	31036	27926	2139
巴彦淖尔市	Bayannaoer City	26868	26479	1853
乌海市	Wuhai City	386	386	27
阿拉善盟	Alashan League	25906	25251	1786

22-73 各地区旅行社单位数和国内旅游情况(2013 年末)

Number of Travel Agencies and Domestic Tourism by Region(End of 2013)

地区	Region	旅行社数(个) Total Number of Travel Agencies (unit)	国内旅游人数（万人次） Number of Tourists (10 000 person times)	国内旅游收入（亿元） Earnings (10 000 yuan)
全　区	**Autonomous Regional Total**	**879**	**6612.76**	**1343.73**
呼和浩特市	Hohhot City	212	1158.50	285.45
包　头　市	Baotou City	89	842.30	205.86
呼伦贝尔市	Hulunbeier City	217	1076.19	251.33
兴　安　盟	Xingan League	51	180.09	23.41
通　辽　市	Tongliao City	30	333.70	56.48
赤　峰　市	Chifeng City	67	569.54	103.52
锡林郭勒盟	Xilinguole League	43	1046.69	167.2
乌兰察布市	Wulanchabu City	28	327.03	34.53
鄂尔多斯市	Erdos City	88	647.57	151.03
巴彦淖尔市	Bayannaoer City	23	152.74	20.75
乌　海　市	Wuhai City	15	145.53	20.33
阿拉善盟	Alashan League	16	132.88	23.84

22-74 各地区星级宾馆个数(2013 年末)

Number of Stars Hotels by Region(End of 2013)

单位：个　　　　(unit)

地区	Region	星级宾馆个数 Total Number of Stars Hotels	五星级 Five Stars	四星级 Four Stars	三星级 Three Stars	二星级 Two Stars	一星级 One Stars
全　区	**Autonomous Regional Total**	**322**	**8**	**35**	**122**	**155**	**2**
呼和浩特市	Hohhot City	33	5	8	11	9	
包　头　市	Baotou City	30	2	4	16	8	
呼伦贝尔市	Hulunbeier City	44		3	27	14	
兴　安　盟	Xingan League	20		1	2	17	
通　辽　市	Tongliao City	32		2	12	18	
赤　峰　市	Chifeng City	35		5	11	19	
锡林郭勒盟	Xilinguole League	24		1	9	14	
乌兰察布市	Wulanchabu City	17		1	2	14	
鄂尔多斯市	Erdos City	30	1	6	16	6	1
巴彦淖尔市	Bayannaoer City	29		1	7	20	1
乌　海　市	Wuhai City	11		1	3	7	
阿拉善盟	Alashan League	17		2	6	9	

22–75 各盟市普通高等学校基本情况(2013年)
Basic Statistics on Higher Education by Region(2013)

地区	Region	学校数(所) Number of Schools (unit)	毕业生数(人) Number of Graduates (person)	招生数(人) New Student Enrollment (person)	在校学生数(人) Student Enrollment (person)	教职工数(人) Number of Staff and Teachers (person)	# 专任教师 Full-time Teachers
总计	**Total**	**49**	**108272**	**119263**	**399201**	**37296**	**24554**
呼和浩特市	Hohhot City	23	62959	66666	229258	18367	11997
包头市	Baotou City	5	18349	20579	70100	6409	4520
呼伦贝尔市	Hulunbeier City	3	2881	3910	13742	1878	1136
兴安盟	Xingan League	1	1386	1720	3561	564	411
通辽市	Tongliao City	3	6719	7426	27174	2733	1850
赤峰市	Chifeng City	4	4886	5939	18756	2750	1774
锡林郭勒盟	Xilinguole League	1	2276	2538	6765	858	502
乌兰察布市	Wulanchabu City	3	4674	5521	16523	1553	988
鄂尔多斯市	Erdos City	2	576	781	1988	396	316
巴彦淖尔市	Bayannaoer City	2	2592	3092	8041	1121	571
乌海市	Wuhai City	1	974	961	3054	260	219
阿拉善盟	Alashan League	1		130	239	407	270

注:毕业生数、招生数、在校学生数包括成人高校附设普通班学生数。

a)Number of graduates and new student enrollment and student enrodment include the number of students of ordinary classes attached adult colleges.

22–76 各盟市成人高等学校基本情况(2013年)
Basic Statistics on Adult Education by Region(2013)

地区	Region	学校数(所) Number of Schools (unit)	毕业生数(人) Number of Graduates (person)	招生数(人) New Student Enrollment (person)	在校学生数(人) Student Enrollment (person)	教职工数(人) Number of Staff and Teachers (person)	# 专任教师 Full-time Teachers
总计	**Total**	**1**	**33492**	**54446**	**115980**	**562**	**274**
呼和浩特市	Hohhot City	1	15841	22667	47373	562	274
包头市	Baotou City		7509	9146	20367		
呼伦贝尔市	Hulunbeier City		952	2360	5921		
兴安盟	Xingan League		206	130	266		
通辽市	Tongliao City		1949	8806	18259		
赤峰市	Chifeng City		4185	8280	16435		
锡林郭勒盟	Xilinguole League		330	350	1010		
乌兰察布市	Wulanchabu City		1451	1747	4050		
鄂尔多斯市	Erdos City						
巴彦淖尔市	Bayannaoer City		444	539	1245		
乌海市	Wuhai City		625	401	980		
阿拉善盟	Alashan League			20	74		

注:毕业生数、招生数,在校学生数中包含普通高校附设成人班学生数。

a)Number of graduates and new student enrollment and student enrodment include the number of students of ordinary classes attached adult colleges.

22-77 各盟市中等专业学校基本情况(2013年)
Basic Statistics on Specialized Secondary Schools by Region(2013)

地区	Region	学校数(所) Number of Schools (unit)	毕业生数(人) Number of Graduates (person)	招生数(人) New Student Enrollment (person)	在校学生数(人) Student Enrollment (person)	教职工数(人) Number of Staff and Teachers (person)	#专任教师 Full-time Teacher
总计	**Total**	**81**	**45571**	**36926**	**120783**	**6750**	**4494**
呼和浩特市	Hohhot City	35	17227	10743	31729	1846	1078
包头市	Baotou City	14	7773	8282	25775	1596	1116
呼伦贝尔市	Hulunbeier City	8	4711	3935	11323	955	638
兴安盟	Xingan League	2	740	505	1867	99	52
通辽市	Tongliao City	7	1977	1078	5093	243	166
赤峰市	Chifeng City	2	2778	3331	16582	413	320
锡林郭勒盟	Xilinguole League		2881	1738	4898		
乌兰察布市	Wulanchabu City	3	673	1007	3055	292	196
鄂尔多斯市	Erdos City	4	2589	2942	8620	680	497
巴彦淖尔市	Bayannaoer City	5	1944	1316	4791	395	265
乌海市	Wuhai City	1	1332	1299	4444	231	166
阿拉善盟	Alashan League		946	750	2606		

注:本表数据不包含成人中专。

a)Date in the Table doesn´t include Adult secondary schools.

22-78 各盟市普通中学基本情况(2013年)
Basic Statistics on Regular Secondary Schools by Region(2013)

地区	Region	学校数(所) Number of Schools (unit)	毕业生数(人) Number of Graduates (person)	初中 Junior Secondary Schools	高中 Senior Secondary Schools	招生数(人) New Student Enrollment (person)	初中 Junior Secondary Schools	高中 Senior Secondary Schools
总计	**Total**	**1026**	**411022**	**249435**	**161587**	**391794**	**227562**	**164232**
呼和浩特市	Hohhot City	111	50209	30723	19486	51184	30959	20225
包头市	Baotou City	96	42278	25134	17144	43064	24878	18186
呼伦贝尔市	Hulunbeier City	168	36038	22239	13799	32894	18496	14398
兴安盟	Xingan League	81	23701	14419	9282	22178	12513	9665
通辽市	Tongliao City	138	52119	31762	20357	55104	32752	22352
赤峰市	Chifeng City	162	87468	50802	36666	72498	40647	31851
锡林郭勒盟	Xilinguole League	39	16022	10675	5347	18245	10734	7511
乌兰察布市	Wulanchabu City	74	33824	20338	13486	28910	15867	13043
鄂尔多斯市	Erdos City	66	28732	17431	11301	28700	17382	11318
巴彦淖尔市	Bayannaoer City	51	27818	18143	9675	26164	15804	10360
乌海市	Wuhai City	23	9029	5409	3620	8817	5103	3714
阿拉善盟	Alashan League	17	3784	2360	1424	4036	2427	1609

22-78 续表 continued

地区	Region	在校学生数(人) Student Enrollment (person)	初中 Junior Secondary Schools	高中 Senior Secondary Schools	教职工数(人) Number of Staff and Teachers (person)	# 专任教师 Full-time Teacher
总计	**Total**	**1182707**	**688464**	**494243**	**131991**	**104838**
呼和浩特市	Hohhot City	152245	90795	61450	14041	10356
包头市	Baotou City	128945	73923	55022	12533	10035
呼伦贝尔市	Hulunbeier City	100607	59939	40668	16759	13911
兴安盟	Xingan League	65074	37561	27513	9490	7572
通辽市	Tongliao City	157994	95207	62787	16391	13710
赤峰市	Chifeng City	230733	126889	103844	23962	19030
锡林郭勒盟	Xilinguole League	51257	30587	20670	5391	4346
乌兰察布市	Wulanchabu City	90727	49429	41298	10466	7480
鄂尔多斯市	Erdos City	85301	52042	33259	10228	7983
巴彦淖尔市	Bayannaoer City	81842	49992	31850	7942	6337
乌海市	Wuhai City	26373	15152	11221	3045	2581
阿拉善盟	Alashan League	11609	6948	4661	1743	1497

22-79 各盟市职业中学基本情况(2013 年)
Basic Statistics on Vocational Secondary Schools by Region(2013)

地区	Region	学校数(所) Number of Schools (unit)	毕业生数(人) Number of Graduates (person)	招生数(人) New Student Enrollment (person)	在校学生数(人) Student Enrollment (person)	教职工数(人) Number of Staff and Teachers (person)	# 专任教师 Full-time Teacher
总计	**Total**	**122**	**39142**	**38932**	**104698**	**11028**	**8487**
呼和浩特市	Hohhot City	18	3928	3910	10639	1429	941
包头市	Baotou City	2	623	1391	2397	193	167
呼伦贝尔市	Hulunbeier City	12	1646	2293	5862	925	746
兴安盟	Xingan League	10	1662	2260	5663	753	529
通辽市	Tongliao City	15	5967	3291	13722	889	720
赤峰市	Chifeng City	31	14035	13321	32873	2493	2048
锡林郭勒盟	Xilinguole League	9	2245	1328	3976	907	705
乌兰察布市	Wulanchabu City	10	2139	2464	6787	1277	881
鄂尔多斯市	Erdos City	8	3619	3655	10576	1078	853
巴彦淖尔市	Bayannaoer City	5	3184	4921	11952	1030	846
乌海市	Wuhai City		63	77	174		
阿拉善盟	Alashan League	2	31	21	77	54	51

注：本表中职业中学指职业高中。

a)In the table Vocational Secondary Schools refer to Vocational high schools.

22-80 各盟市小学基本情况(2013年)

Basic Statistics on Primary Schools by Region(2013)

地区	Region	学校数(所) Number of Schools (unit)	毕业生数(人) Number of Graduates (person)	招生数(人) New Student Enrollment (person)	在校学生数(人) Student Enrollment (person)	教职工数(人) Number of Staff and Teachers (person)	#专任教师 Full-time Teacher
总计	**Total**	**2308**	**232846**	**230674**	**1310595**	**124735**	**100752**
呼和浩特市	Hohhot City	258	30027	31580	169425	11199	8872
包头市	Baotou City	153	24801	24339	133111	9039	7945
呼伦贝尔市	Hulunbeier City	175	18499	17599	106006	12081	10444
兴安盟	Xingan League	131	12884	13618	81499	9952	7754
通辽市	Tongliao City	526	34840	32469	191936	18220	15722
赤峰市	Chifeng City	542	41894	40687	252442	27531	21340
锡林郭勒盟	Xilinguole League	71	11134	10339	57553	5733	4647
乌兰察布市	Wulanchabu City	189	17046	16014	88533	11053	8127
鄂尔多斯市	Erdos City	121	17619	22829	111939	9407	7054
巴彦淖尔市	Bayannaoer City	99	16326	13507	75519	7478	6090
乌海市	Wuhai City	27	5316	5483	30288	2158	1959
阿拉善盟	Alashan League	16	2460	2210	12344	884	798

22-81 各盟市幼儿园基本情况(2013年)

Basic Statistics on Kindergartens by Region(2013)

地区	Region	园数(所) Number of Kindergartens (unit)	幼儿数(人) Student Enrollment (person)	教职工数(人) Number of Staff and Teachers (person)	#教师 Teachers
总计	**Total**	**2740**	**515543**	**46246**	**28666**
呼和浩特市	Hohhot City	255	51020	6149	3384
包头市	Baotou City	222	41203	5591	3189
呼伦贝尔市	Hulunbeier City	327	45672	4347	2663
兴安盟	Xingan League	184	30619	1833	1158
通辽市	Tongliao City	416	61837	5143	3238
赤峰市	Chifeng City	708	111738	7557	4723
锡林郭勒盟	Xilinguole League	73	20562	1850	1200
乌兰察布市	Wulanchabu City	93	20514	1574	1040
鄂尔多斯市	Erdos City	278	78231	7891	5503
巴彦淖尔市	Bayannaoer City	122	36371	2166	1274
乌海市	Wuhai City	41	11671	1459	817
阿拉善盟	Alashan League	21	6105	686	477

22-82 各盟市文化艺术、文物事业单位数(2013 年)

Number of Institutions for Culture, Art and Cultural Relics by Region(2013)

单位：个 (unit)

地区	Region	艺术表演团体 Art Performance Troupes	艺术表演场所 Art Performance Places	文化馆 Cultural Centers	公共图书馆 Public Libraries	博物馆 Museums
总计	**Total**	**106**	**18**	**105**	**116**	**72**
呼和浩特市	Hohhot City	6	1	9	9	4
包头市	Baotou City	7	3	10	10	3
呼伦贝尔市	Hulunbeier City	14	1	14	15	18
兴安盟	Xingan League	6	2	6	7	3
通辽市	Tongliao City	9		8	9	5
赤峰市	Chifeng City	10		12	14	10
锡林郭勒盟	Xilinguole League	13	1	13	14	8
乌兰察布市	Wulanchabu City	14	4	12	12	6
鄂尔多斯市	Erdos City	9	3	8	9	5
巴彦淖尔市	Bayannaoer City	7		7	8	5
乌海市	Wuhai City	1	1	3	4	3
阿拉善盟	Alashan League	4	1	3	4	1
自治区直属	Units Attached to Autonomous Region	6	1		1	1

22-83 各盟市县以上政府属研究机构及科技信息与文献机构、人员(2013 年)

State-owned R & D and Information Literature Institutions at Above County Level & Persons Engaged by Region(2013)

地区	Region	合计 Total Number			自然科学技术领域研究机构 Field of Natural Sciences & Technology		
		机构(个) Institutions (unit)	从业人员(人) Employees (person)	#科技活动人员 S&T personnel	机构(个) Institutions (unit)	从业人员(人) Employees (person)	#科技活动人员 S&T personnel
总计	**Total**	**91**	**6428**	**5085**	**69**	**5738**	**4436**
呼和浩特市	Hohhot City	38	3600	2830	27	3110	2371
包头市	Baotou City	3	201	151	2	182	132
呼伦贝尔市	Hulunbeier City	9	379	309	8	367	297
兴安盟	Xingan League	6	110	80	5	98	68
通辽市	Tongliao City	7	485	289	5	457	263
赤峰市	Chifeng City	2	309	285	2	309	285
锡林郭勒盟	Xilinguole League	2	205	164	2	205	164
乌兰察布市	Wulanchabu City	6	304	250	5	268	216
鄂尔多斯市	Erdos City	7	366	299	5	312	249
巴彦淖尔市	Bayannaoer City	5	359	325	4	338	304
乌海市	Wuhai City	2	33	33	1	24	24
阿拉善盟	Alashan League	4	77	70	3	68	63

22-83 续表 continued

地 区	Region	社会、人文科学技术领域 Field of Social Sciences & Humanities			科技信息和文献机构 Technical Information & Literature Institutions		
		机构 (个) Institutions (unit)	从业人员 (人) Employees (person)	# 科技活动人员 S&T personnel	机构 (个) Institutions (unit)	从业人员 (人) Employees (person)	# 科技活动人员 S&T personnel
总 计	**Total**	**10**	**475**	**445**	**12**	**215**	**204**
呼和浩特市	Hohhot City	8	422	394	3	68	65
包 头 市	Baotou City				1	19	19
呼伦贝尔市	Hulunbeier City				1	12	12
兴 安 盟	Xingan League				1	12	12
通 辽 市	Tongliao City	1	11	11	1	17	15
赤 峰 市	Chifeng City						
锡林郭勒盟	Xilinguole League						
乌兰察布市	Wulanchabu City				1	36	34
鄂尔多斯市	Erdos City	1	42	40	1	12	10
巴彦淖尔市	Bayannaoer City				1	21	21
乌 海 市	Wuhai City				1	9	9
阿拉善盟	Alashan League				1	9	7

22-84 各盟市旗县以上政府属研究机构及科技信息与文献机构科技活动收入和科技经费支出总额(2013 年)

Total Funds & Expenditures of State-Owned Research & Technical Information and Literature Institutions above County Level by

单位：万元 (10 000 yuan)

地 区	Region	合计 Total				自然科学技术领域研究机构 Field of Natural Sciences & Tech & Trasformed Institution			
		科技经费筹集总额 Funds For Science and Technology	# 政府资金 Government Funds	科技经费内部支出总额 Intramural Expenditures	R&D经费支出 Funds of R&D	科技经费筹集总额 Funds For Science and Technology	# 政府资金 Government Funds	科技经费内部支出总额 Intramural Expenditures	R&D经费支出 Funds of R&D
总 计	**Total**	**108009**	**104137**	**115805**	**51287**	**98053**	**94548**	**101950**	**46317**
呼和浩特市	Hohhot City	69392	65903	77311	36763	61602	58481	65621	31857
包 头 市	Baotou City	1811	1811	1563	415	1656	1656	1402	415
呼伦贝尔市	Hulunbeier City	6464	6464	5742	1995	6249	6249	5604	1995
兴 安 盟	Xingan League	4387	4120	4023	2586	4199	3932	3843	2586
通 辽 市	Tongliao City	6320	6238	5787	3366	6042	5960	5559	3302
赤 峰 市	Chifeng City	3409	3409	3469	2299	3409	3409	3469	2299
锡林郭勒盟	Xilinguole League	4600	4600	5510	529	4600	4600	5510	529
乌兰察布市	Wulanchabu City	2125	2125	1876	346	1891	1891	1652	346
鄂尔多斯市	Erdos City	4837	4837	6131	1342	4160	4160	5354	1342
巴彦淖尔市	Bayannaoer City	3337	3302	3047	1061	3169	3134	2799	1061
乌 海 市	Wuhai City	421	421	400	120	303	303	303	120
阿拉善盟	Alashan League	907	907	947	465	773	773	834	465

22-84 续表 continued

单位：万元 (10 000 yuan)

地区	Region	社会、人文科学技术领域 Field of Social Sciences and Humanities				科技信息和文献机构 Scientific Technical Information and Literature Institutions			
		科技经费筹集总额 Funds For Science and Technology	# 政府资金 Government Funds	科技经费内部支出总额 Intramural Expenditures	R&D经费支出 Funds of R&D	科技经费筹集总额 Funds For Science and Technology	# 政府资金 Government Funds	科技经费内部支出总额 Intramural Expenditures	R&D经费支出 Funds of R&D
总 计	**Total**	**7532**	**7343**	**11116**	**4252**	**2424**	**2246**	**2739**	**718**
呼和浩特市	Hohhot City	6866	6677	10379	4252	925	747	1312	654
包 头 市	Baotou City					155	155	161	
呼伦贝尔市	Hulunbeier City					215	215	138	
兴 安 盟	Xingan League					188	188	180	
通 辽 市	Tongliao City	141	141	100		137	137	128	64
赤 峰 市	Chifeng City								
锡林郭勒盟	Xilinguole League								
乌兰察布市	Wulanchabu City					234	234	224	
鄂尔多斯市	Erdos City	525	525	637		152	152	140	
巴彦淖尔市	Bayannaoer City					168	168	249	
乌 海 市	Wuhai City					118	118	97	
阿拉善盟	Alashan League					134	134	112	

22-85 各盟市卫生机构、床位(2013 年)
Number of Health Institutions, Beds by Region(2013)

地区	Region	机构数(个) Health Institutions (unit)	# 医院、卫生院 Hospital	#疾病预防控制中心 CDC	# 妇幼保健所、站 Maternity and Child Care Centers	床位合计(张) Beds Total (unit)	# 医院、卫生院 Hospital
总 计	**Total**	**23264**	**1898**	**119**	**116**	**120065**	**109474**
呼和浩特市	Hohhot City	1845	155	12	11	14960	13558
包 头 市	Baotou City	1645	118	11	12	15195	14109
呼伦贝尔市	Hulunbeier City	1977	232	17	15	14132	13154
兴 安 盟	Xingan League	1690	121	7	7	7105	6670
通 辽 市	Tongliao City	4643	224	10	9	12764	11607
赤 峰 市	Chifeng City	4532	316	11	13	22991	21550
锡林郭勒盟	Xilinguole League	1255	147	14	13	3627	3256
乌兰察布市	Wulanchabu City	2081	224	12	12	6924	6018
鄂尔多斯市	Erdos City	1363	133	9	9	8561	7887
巴彦淖尔市	Bayannaoer City	1581	152	8	8	8895	7573
乌 海 市	Wuhai City	333	23	4	3	3862	3139
阿拉善盟	Alashan League	319	53	4	4	1049	953

22-86 各盟市卫生机构人员(2013年)

Number of Persons Engaged in Health Institutions by Region(2013)

单位：人 (person)

地区	Region	卫生机构人员 Total	卫生技术人员 Medical Technical Personnel	执业医师、执业助理医师 Doctors	# 执业医师 Physician	注册护师、护士 Registered Senior and Junior Nurses
总计	**Total**	**195943**	**148176**	**62055**	**52500**	**52358**
呼和浩特市	Hohhot City	25984	19483	8094	7339	7691
包头市	Baotou City	24401	19450	8104	7578	8014
呼伦贝尔市	Hulunbeier City	23248	18226	7331	5988	6805
兴安盟	Xingan League	11822	8841	3521	2620	2774
通辽市	Tongliao City	22272	14732	6624	5459	4670
赤峰市	Chifeng City	35124	25779	10568	8513	8775
锡林郭勒盟	Xilinguole League	7591	5833	2590	2244	1761
乌兰察布市	Wulanchabu City	12129	8571	3955	3053	2494
鄂尔多斯市	Erdos City	12890	10779	4491	3900	3599
巴彦淖尔市	Bayannaoer City	12846	10190	4237	3619	3564
乌海市	Wuhai City	5176	4357	1661	1465	1657
阿拉善盟	Alashan League	2460	1935	879	722	554

注：本表数据包含村卫生室数。

a)Date in the Table include the Village clinics.

22-87 各盟市交通事故(2013年)

Basic Statistics on Traffic Accidents by Region(2013)

地区	Region	发生数(起) Number of Traffic Accidents (case)	死亡人数(人) Number of Deaths (person)	受伤人数(人) Number of Injuries (person)	直接经济损失(元) Direct Losses (yuan)
总计	**Total**	**3643**	**1096**	**3514**	**16073455**
呼和浩特市	Hohhot City	430	114	432	789670
包头市	Baotou City	1209	110	1368	1573059
呼伦贝尔市	Hulunbeier City	110	94	121	711100
兴安盟	Xingan League	149	53	191	549400
通辽市	Tongliao City	770	112	440	2491170
赤峰市	Chifeng City	204	153	165	756161
锡林郭勒盟	Xilinguole League	78	50	112	942600
乌兰察布市	Wulanchabu City	134	93	118	432680
鄂尔多斯市	Erdos City	220	123	212	1081500
巴彦淖尔市	Bayannaoer City	99	74	65	231550
乌海市	Wuhai City	48	34	46	299300
阿拉善盟	Alashan League	133	26	195	1075500
高速公路支队	Expressway Detachment	59	60	49	5139765

22-88 各盟市火灾事故(2013年)

Basic Statistics on Fires by Region(2013)

地区	Region	发生数(起) Number of Traffic Accidents (case)	死亡人数(人) Number of Deaths (person)	受伤人数(人) Number of Injuries (person)	直接经济损失(元) Direct Losses (yuan)
总计	**Total**	**11825**	**40**	**16**	**129047139**
呼和浩特市	Hohhot City	2915	9	3	9925529
包头市	Baotou City	2395	4	4	6146029
呼伦贝尔市	Hulunbeier City	1136	4	2	25524829
兴安盟	Xingan League	270		1	4644695
通辽市	Tongliao City	499	6		13073187
赤峰市	Chifeng City	1171	6	5	3582120
锡林郭勒盟	Xilinguole League	425	3		13805897
乌兰察布市	Wulanchabu City	698	2		18634205
鄂尔多斯市	Erdos City	1141	1		20240655
巴彦淖尔市	Bayannaoer City	454	3		4027331
乌海市	Wuhai City	623			3146060
阿拉善盟	Alashan League	87	1		5680192
内蒙古森工集团	Inner Mongolia Forest Industry Group	11	1	1	616410

22-89 各盟市单位能源消费(2013年)

Consumption of Energy Per Unit By Region(2013)

地区	Region	单位GDP能耗(吨标准煤/万元) Energy Consumption Per Unit of GDP (ton of SCE/10 000 yuan)	单位工业增加值能耗变化率(±%) Change rate of energy Consumption Per Unit of Industrial (±%)	单位GDP电耗变化率(±%) Change rate of electricity Consumption Per Unit of Industrial (±%)
呼和浩特市	Hohhot City	1.103	-12.29	-3.02
包头市	Baotou City	1.395	-9.82	-7.84
呼伦贝尔市	Hulunbeier City	1.050	-7.59	-2.73
兴安盟	Xingan League	1.142	-14.75	-1.81
通辽市	Tongliao City	0.961	-6.56	-5.28
赤峰市	Chifeng City	1.074	-10.57	1.27
锡林郭勒盟	Xilinguole League	1.257	-10.90	-1.55
乌兰察布市	Wulanchabu City	1.514	-0.71	6.46
鄂尔多斯市	Erdos City	0.917	-5.34	1.30
巴彦淖尔市	Bayannaoer City	1.539	-9.30	1.71
乌海市	Wuhai City	3.179	-9.33	-7.91
阿拉善盟	Alashan League	1.472	-9.39	-3.21

注：各盟市单位GDP能耗采用2010年不变价GDP计算。

a)The Energy Consumption Per Unit of GDP of 2011 is calculated at 2010 constant prices.

2014 NEIMENGGU

二十三、旗县区资料

Statistics of Banners,Counties and Districts

资料整理：李　亮　张利珍

Arranged By Li Liang , Zhang Lizhen

23-1 各旗县(区)按年末总人口排序(2013 年)

Banners, Counties and Districts Ranked by Population (Year end of 2013)

单位：人 (person)

位次 Order	旗县(区)名称	Name of Banners, Counties and Districts	年末总人口 Total Population at the Year-end
1	通辽市科尔沁区	Keerqin District in Tongliao City	856726
2	包头市昆都仑区	Kundulun District in Baotou City	759800
3	赤峰市宁城县	Ningcheng County in Chifeng City	612140
4	赤峰市敖汉旗	Aohan Banner in Chifeng City	607422
5	赤峰市松山区	Songshan District in Chifeng City	561090
6	巴彦淖尔市临河区	Linhe District in Bayannaoer City	555995
7	包头市东河区	Donghe District in Baotou City	538300
8	通辽市科尔沁左翼中旗	Keerqinzuoyizhong Banner in Tongliao City	533834
9	包头市青山区	Qingshan District in Baotou City	504200
10	赤峰市翁牛特旗	Wengniute Banner in Chifeng City	486983
11	通辽市奈曼旗	Naiman Banner in Tongliao City	447759
12	呼和浩特市赛罕区	Saihan District in Hohhot City	430773
13	呼伦贝尔市扎兰屯市	Zhalantun City in Hulunbeier City	421793
14	通辽市科尔沁左翼后旗	Keerqinzuoyihou Banner in Tongliao City	405657
15	通辽市开鲁县	Kailu County in Tongliao City	398078
16	兴安盟扎赉特旗	Zhalaite Banner in Xingan League	397489
17	呼和浩特市新城区	Xincheng District in Hohhot City	376866
18	呼和浩特市土默特左旗	Tumotezuo Banner in Hohhot City	364859
19	鄂尔多斯市达拉特旗	Dalate Banner in Erdos City	362444
20	赤峰市红山区	Hongshan District in Chifeng City	359003
21	赤峰市巴林左旗	Balinzuo Banner in Chifeng City	357185
22	赤峰市喀喇沁旗	Kalaqin Banner in Chifeng City	352642
23	呼伦贝尔市牙克石市	Yakeshi City in Hulunbeier City	350775
24	巴彦淖尔市乌拉特前旗	Wulateqian Banner in Bayannaoer City	344182
25	乌兰察布市商都县	Shangdu County in Wulanchabu City	342850
26	兴安盟科尔沁右翼前旗	Keerqinyouyiqian Banner in Xingan League	339099
27	乌兰察布市丰镇市	Fengzhen City in Wulanchabu City	338260
28	呼伦贝尔市阿荣旗	Arong Banner in Hulunbeier City	331146
29	乌兰察布市兴和县	Xinghe County in Wulanchabu City	330798
30	呼伦贝尔市莫力达瓦达斡尔族自治旗	Molidawadawoer National Autonomous Banner in Hulunbeier City	330527
31	赤峰市元宝山区	Yuanbaoshan District in Chifeng City	326595
32	兴安盟乌兰浩特市	Wulanhaote City in Xingan League	323677
33	兴安盟突泉县	Tuquan County in Xingan League	314678
34	鄂尔多斯市准格尔旗	Zhungeer Banner in Erdos City	314673

23-1 续表 1 continued

单位：人 (person)

位次 Order	旗县(区)名称	Name of Banners, Counties and Districts	年末总人口 Total Population at the Year-end
35	乌兰察布市集宁区	Jining District in Wulanchabu City	314297
36	乌海市海勃湾区	Haibowan District in Wuhai City	310600
37	巴彦淖尔市杭锦后旗	Hangjinhou Banner in Bayannaoer City	309764
38	通辽市扎鲁特旗	Zhalute Banner in Tongliao City	307149
39	赤峰市阿鲁科尔沁旗	Alukeerqin Banner in Chifeng City	300161
40	巴彦淖尔市五原县	Wuyuan County in Bayannaoer City	291549
41	包头市土默特右旗	Tumoteyou Banner in Baotou City	280100
42	呼伦贝尔市海拉尔区	Hailaer District in Hulunbeier City	278288
43	鄂尔多斯市东胜区	Dongsheng District in Erdos City	268908
44	呼伦贝尔市鄂伦春自治旗	Elunchun National Autonomous Banner in Hulunbeier City	263904
45	兴安盟科尔沁右翼中旗	Keerqinyouyizhong Banner in Xingan League	260276
46	赤峰市克什克腾旗	Keshiketeng Banner in Chifeng City	253143
47	乌兰察布市凉城县	Liangcheng County in Wulanchabu City	244364
48	赤峰市林西县	Linxi County in Chifeng City	240906
49	呼和浩特市回民区	Huimin District in Hohhot City	237714
50	乌兰察布市察哈尔右翼中旗	Chahaeryouyizhong Banner in Wulanchabu City	223643
51	乌兰察布市察哈尔右翼前旗	Chahaeryouyiqian Banner in Wulanchabu City	221177
52	乌兰察布市四子王旗	Siziwang Banner in Wulanchabu City	215092
53	乌兰察布市察哈尔右翼后旗	Chahaeryouyihou Banner in Wulanchabu City	214698
54	乌兰察布市卓资县	Zhuozi County in Wulanchabu City	214158
55	包头市九原区	Jiuyuan District in Baotou City	212800
56	锡林郭勒盟太仆寺旗	Taipusi Banner in Xilinguole League	212064
57	呼和浩特市托克托县	Tuoketuo County in Hohhot City	207912
58	呼和浩特市和林格尔县	Helingeer County in Hohhot City	202067
59	呼和浩特市玉泉区	Yuquan District in Hohhot City	200284
60	赤峰市巴林右旗	Balinyou Banner in Chifeng City	185683
61	通辽市库伦旗	Kulun Banner in Tongliao City	180366
62	锡林郭勒盟锡林浩特市	Xilinhaote City in Xilinguole League	179353
63	呼和浩特市武川县	Wuchuan County in Hohhot City	174837
64	乌兰察布市化德县	Huade County in Wulanchabu City	173362
65	包头市固阳县	Guyang County in Baotou City	172900
66	呼伦贝尔市满洲里市	Manzhouli City in Hulunbeier City	171573
67	鄂尔多斯市伊金霍洛旗	Yijinhuoluo Banner in Erdos City	170210
68	呼伦贝尔市根河市	Genhe City in Hulunbeier City	153257

23-1 续表 2 continued

单位：人 (person)

位次 Order	旗县(区)名称	Name of Banners, Counties and Districts	年末总人口 Total Population at the Year-end
69	巴彦淖尔市乌拉特中旗	Wulatezhong Banner in Bayannaoer City	144541
70	呼和浩特市清水河县	Qingshuihe County in Hohhot City	144285
71	呼伦贝尔市鄂温克族自治旗	Ewenke National Autonomous Banner in Hulunbeier City	143415
72	鄂尔多斯市杭锦旗	Hangjin Banner in Erdos City	143264
73	阿拉善盟阿拉善左旗	Alashanzuo Banner in Alashan League	142898
74	乌海市乌达区	Wuda District in Wuhai City	136000
75	巴彦淖尔市磴口县	Dengkou County in Bayannaoer City	122482
76	锡林郭勒盟多伦县	Duolun County in Xilinguole League	110308
77	鄂尔多斯市乌审旗	Wushen Banner in Erdos City	109706
78	乌海市海南区	Hainan District in Wuhai City	106500
79	包头市达尔罕茂明安联合旗	Daerhanmaomingan Union Banner in Baotou City	98900
80	鄂尔多斯市鄂托克旗	Etuoke Banner in Erdos City	97023
81	呼伦贝尔市满洲里扎赉诺尔区	Zhalainuoer District of Manzhouli City in Hulunbeier City	90614
82	呼伦贝尔市额尔古纳市	Eerguna City in Hulunbeier City	83406
83	锡林郭勒盟正蓝旗	Zhenglan Banner in Xilinguole League	83192
84	通辽市霍林郭勒市	Huolinguole City in Tongliao City	82154
85	锡林郭勒盟东乌珠穆沁旗	Dongwuzhumuqin Banner in Xilinguole League	80380
86	锡林郭勒盟西乌珠穆沁旗	xiwuzhumuqin Banner in Xilinguole League	79720
87	鄂尔多斯市鄂托克前旗	Etuokeqian Banner in Erdos City	77147
88	锡林郭勒盟正镶白旗	Zhengxiangbai Banner in Xilinguole League	74659
89	锡林郭勒盟苏尼特右旗	Suniteyou Banner in Xilinguole League	69435
90	巴彦淖尔市乌拉特后旗	Wulatehou Banner in Bayannaoer City	63908
91	呼伦贝尔市陈巴尔虎旗	Chenbaerhu Banner in Hulunbeier City	58732
92	兴安盟阿尔山市	Aershan City in Xingan League	48516
93	锡林郭勒盟阿巴嘎旗	Abaga Banner in Xilinguole League	45323
94	呼伦贝尔市新巴尔虎左旗	Xinbaerhuzuo Banner in Hulunbeier City	42592
95	呼伦贝尔市新巴尔虎右旗	Xinbaerhuyou Banner in Hulunbeier City	35201
96	锡林郭勒盟苏尼特左旗	Sunitezuo Banner in Xilinguole League	34503
97	包头市石拐区	Shiguai District in Baotou City	33600
98	锡林郭勒盟镶黄旗	Xianghuang Banner in Xilinguole League	31378
99	锡林郭勒盟二连浩特市	Erlianhaote City in Xilinguole League	27052
100	包头市白云矿区	Baiyun Mineral District in Baotou City	27000
101	阿拉善盟阿拉善右旗	Alashanyou Banner in Alashan League	25492
102	阿拉善盟额济纳旗	Ejina Banner in Alashan League	18013

23-2 各旗县(区)按生产总值排序(2013年)

Banners, Counties and Districts Ranked by Gross Domestic Product(2013)

单位：万元 (10 000 yuan)

位次 Order	旗县(区)名称	Name of Banners, Counties and Districts	生产总值 GDP
1	鄂尔多斯市准格尔旗	Zhungeer Banner in Erdos City	10505364
2	包头市昆都仑区	Kundulun District in Baotou City	10001428
3	鄂尔多斯市东胜区	Dongsheng District in Erdos City	8802777
4	包头市青山区	Qingshan District in Baotou City	8005734
5	通辽市科尔沁区	Keerqin District in Tongliao City	7137473
6	鄂尔多斯市伊金霍洛旗	Yijinhuoluo Banner in Erdos City	6455676
7	呼和浩特市新城区	Xincheng District in Hohhot City	5673173
8	呼和浩特市赛罕区	Saihan District in Hohhot City	5384480
9	鄂尔多斯市达拉特旗	Dalate Banner in Erdos City	4802980
10	包头市东河区	Donghe District in Baotou City	4789959
11	鄂尔多斯市鄂托克旗	Etuoke Banner in Erdos City	4301329
12	鄂尔多斯市乌审旗	Wushen Banner in Erdos City	3780018
13	阿拉善盟阿拉善左旗	Alashanzuo Banner in Alashan League	3613470
14	通辽市霍林郭勒市	Huolinguole City in Tongliao City	3205715
15	包头市九原区	Jiuyuan District in Baotou City	3161689
16	包头市土默特右旗	Tumoteyou Banner in Baotou City	3160937
17	呼和浩特市回民区	Huimin District in Hohhot City	3133010
18	赤峰市红山区	Hongshan District in Chifeng City	2701062
19	巴彦淖尔市临河区	Linhe District in Bayannaoer City	2644317
20	呼伦贝尔市海拉尔区	Hailaer District in Hulunbeier City	2537417
21	呼和浩特市玉泉区	Yuquan District in Hohhot City	2508937
22	呼和浩特市托克托县	Tuoketuo County in Hohhot City	2366221
23	赤峰市元宝山区	Yuanbaoshan District in Chifeng City	2303593
24	乌海市海勃湾区	Haibowan District in Wuhai City	2267215
25	赤峰市松山区	Songshan District in Chifeng City	2266945
26	呼伦贝尔市牙克石市	Yakeshi City in Hulunbeier City	2120248
27	通辽市开鲁县	Kailu County in Tongliao City	2082900
28	呼和浩特市土默特左旗	Tumotezuo Banner in Hohhot City	2068913
29	锡林郭勒盟锡林浩特市	Xilinhaote City in Xilinguole League	2064748
30	呼伦贝尔市满洲里市	Manzhouli City in Hulunbeier City	1949719
31	包头市达尔罕茂明安联合旗	Daerhanmaomingan Union Banner in Baotou City	1895071
32	通辽市扎鲁特旗	Zhalute Banner in Tongliao City	1858940
33	乌海市乌达区	Wuda District in Wuhai City	1736636
34	乌海市海南区	Hainan District in Wuhai City	1697449

23–2 续表 1 continued

单位：万元 (10 000 yuan)

位次 Order	旗县(区)名称	Name of Banners, Counties and Districts	生产总值 GDP
35	呼伦贝尔市扎兰屯市	Zhalantun City in Hulunbeier City	1656746
36	乌兰察布市集宁区	Jining District in Wulanchabu City	1543449
37	通辽市科尔沁左翼后旗	Keerqinzuoyihou Banner in Tongliao City	1524033
38	通辽市科尔沁左翼中旗	Keerqinzuoyizhong Banner in Tongliao City	1506200
39	赤峰市敖汉旗	Aohan Banner in Chifeng City	1500881
40	赤峰市宁城县	Ningcheng County in Chifeng City	1493069
41	锡林郭勒盟东乌珠穆沁旗	Dongwuzhumuqin Banner in Xilinguole League	1476836
42	呼伦贝尔市阿荣旗	Arong Banner in Hulunbeier City	1456822
43	通辽市奈曼旗	Naiman Banner in Tongliao City	1442900
44	呼和浩特市和林格尔县	Helingeer County in Hohhot City	1406910
45	兴安盟乌兰浩特市	Wulanhaote City in Xingan League	1361940
46	赤峰市克什克腾旗	Keshiketeng Banner in Chifeng City	1337727
47	乌兰察布市丰镇市	Fengzhen City in Wulanchabu City	1325693
48	巴彦淖尔市乌拉特前旗	Wulateqian Banner in Bayannaoer City	1323431
49	赤峰市翁牛特旗	Wengniute Banner in Chifeng City	1302586
50	巴彦淖尔市杭锦后旗	Hangjinhou Banner in Bayannaoer City	1270190
51	鄂尔多斯市鄂托克前旗	Etuokeqian Banner in Erdos City	1182505
52	包头市固阳县	Guyang County in Baotou City	1122105
53	锡林郭勒盟西乌珠穆沁旗	xiwuzhumuqin Banner in Xilinguole League	1120048
54	赤峰市巴林左旗	Balinzuo Banner in Chifeng City	1106930
55	巴彦淖尔市五原县	Wuyuan County in Bayannaoer City	1020767
56	呼伦贝尔市鄂温克族自治旗	Ewenke National Autonomous Banner in Hulunbeier City	1019368
57	赤峰市阿鲁科尔沁旗	Alukeerqin Banner in Chifeng City	1000903
58	包头市石拐区	Shiguai District in Baotou City	994854
59	呼伦贝尔市莫力达瓦达斡尔族自治旗	Molidawadawoer National Autonomous Banner in Hulunbeier City	970038
60	巴彦淖尔市乌拉特中旗	Wulatezhong Banner in Bayannaoer City	912263
61	乌兰察布市察哈尔右翼前旗	Chahaeryouyiqian Banner in Wulanchabu City	900872
62	呼伦贝尔市陈巴尔虎旗	Chenbaerhu Banner in Hulunbeier City	836650
63	兴安盟科尔沁右翼前旗	Keerqinyouyiqian Banner in Xingan League	813697
64	呼和浩特市武川县	Wuchuan County in Hohhot City	809403
65	锡林郭勒盟二连浩特市	Erlianhaote City in Xilinguole League	790402
66	鄂尔多斯市杭锦旗	Hangjin Banner in Erdos City	770320
67	兴安盟扎赉特旗	Zhalaite Banner in Xingan League	762618
68	乌兰察布市凉城县	Liangcheng County in Wulanchabu City	761612

23-2 续表 2 continued

单位：万元 (10 000 yuan)

位次 Order	旗县(区)名称	Name of Banners, Counties and Districts	生产总值 GDP
69	锡林郭勒盟多伦县	Duolun County in Xilinguole League	731067
70	呼伦贝尔市新巴尔虎右旗	Xinbaerhuyou Banner in Hulunbeier City	729440
71	乌兰察布市察哈尔右翼后旗	Chahaeryouyihou Banner in Wulanchabu City	706333
72	赤峰市巴林右旗	Balinyou Banner in Chifeng City	672000
73	赤峰市林西县	Linxi County in Chifeng City	661062
74	通辽市库伦旗	Kulun Banner in Tongliao City	642969
75	赤峰市喀喇沁旗	Kalaqin Banner in Chifeng City	640461
76	呼和浩特市清水河县	Qingshuihe County in Hohhot City	616361
77	巴彦淖尔市乌拉特后旗	Wulatehou Banner in Bayannaoer City	614825
78	兴安盟突泉县	Tuquan County in Xingan League	605850
79	锡林郭勒盟正蓝旗	Zhenglan Banner in Xilinguole League	600638
80	乌兰察布市兴和县	Xinghe County in Wulanchabu City	591131
81	呼伦贝尔市鄂伦春自治旗	Elunchun National Autonomous Banner in Hulunbeier City	591075
82	乌兰察布市商都县	Shangdu County in Wulanchabu City	580235
83	乌兰察布市卓资县	Zhuozi County in Wulanchabu City	568841
84	巴彦淖尔市磴口县	Dengkou County in Bayannaoer City	563071
85	呼伦贝尔市满洲里扎赉诺尔区	Zhalainuoer District of Manzhouli City in Hulunbeier City	552673
86	锡林郭勒盟阿巴嘎旗	Abaga Banner in Xilinguole League	538121
87	兴安盟科尔沁右翼中旗	Keerqinyouyizhong Banner in Xingan League	519289
88	乌兰察布市四子王旗	Siziwang Banner in Wulanchabu City	497437
89	锡林郭勒盟苏尼特右旗	Suniteyou Banner in Xilinguole League	492945
90	阿拉善盟额济纳旗	Ejina Banner in Alashan League	471314
91	锡林郭勒盟镶黄旗	Xianghuang Banner in Xilinguole League	444589
92	乌兰察布市察哈尔右翼中旗	Chahaeryouyizhong Banner in Wulanchabu City	436741
93	乌兰察布市化德县	Huade County in Wulanchabu City	425601
94	锡林郭勒盟太仆寺旗	Taipusi Banner in Xilinguole League	413372
95	呼伦贝尔市额尔古纳市	Eerguna City in Hulunbeier City	409188
96	锡林郭勒盟苏尼特左旗	Sunitezuo Banner in Xilinguole League	403077
97	呼伦贝尔市根河市	Genhe City in Hulunbeier City	376482
98	阿拉善盟阿拉善右旗	Alashanyou Banner in Alashan League	359615
99	包头市白云矿区	Baiyun Mineral District in Baotou City	348048
100	呼伦贝尔市新巴尔虎左旗	Xinbaerhuzuo Banner in Hulunbeier City	327562
101	锡林郭勒盟正镶白旗	Zhengxiangbai Banner in Xilinguole League	251801
102	兴安盟阿尔山市	Aershan City in Xingan League	138167

23-3 各旗县(区)按粮食产量排序(2013年)

Banners, Counties and Districts Ranked by Output of Grain （2013）

单位：吨 (ton)

位次 Order	旗县(区)名称	Name of Banners, Counties and Districts	粮食产量 Output of Grain
1	通辽市科尔沁左翼中旗	Keerqinzuoyizhong Banner in Tongliao City	2765000
2	呼伦贝尔市莫力达瓦达斡尔族自治旗	Molidawadawoer National Autonomous Banner in Hulunbeier City	1612500
3	呼伦贝尔市阿荣旗	Arong Banner in Hulunbeier City	1544400
4	通辽市科尔沁左翼后旗	Keerqinzuoyihou Banner in Tongliao City	1131212
5	兴安盟扎赉特旗	Zhalaite Banner in Xingan League	1109980
6	通辽市科尔沁区	Keerqin District in Tongliao City	1108088
7	呼伦贝尔市扎兰屯市	Zhalantun City in Hulunbeier City	1067653
8	兴安盟科尔沁右翼前旗	Keerqinyouyiqian Banner in Xingan League	1029990
9	通辽市开鲁县	Kailu County in Tongliao City	1020135
10	兴安盟突泉县	Tuquan County in Xingan League	1005020
11	赤峰市松山区	Songshan District in Chifeng City	810500
12	赤峰市敖汉旗	Aohan Banner in Chifeng City	806500
13	赤峰市宁城县	Ningcheng County in Chifeng City	770000
14	巴彦淖尔市乌拉特前旗	Wulateqian Banner in Bayannaoer City	769823
15	包头市土默特右旗	Tumoteyou Banner in Baotou City	758322
16	通辽市奈曼旗	Naiman Banner in Tongliao City	750513
17	赤峰市翁牛特旗	Wengniute Banner in Chifeng City	750000
18	巴彦淖尔市临河区	Linhe District in Bayannaoer City	658255
19	鄂尔多斯市达拉特旗	Dalate Banner in Erdos City	609500
20	兴安盟科尔沁右翼中旗	Keerqinyouyizhong Banner in Xingan League	565010
21	呼伦贝尔市牙克石市	Yakeshi City in Hulunbeier City	555500
22	呼伦贝尔市鄂伦春自治旗	Elunchun National Autonomous Banner in Hulunbeier City	543500
23	巴彦淖尔市杭锦后旗	Hangjinhou Banner in Bayannaoer City	531420
24	呼和浩特市土默特左旗	Tumotezuo Banner in Hohhot City	526708
25	通辽市扎鲁特旗	Zhalute Banner in Tongliao City	525000
26	通辽市库伦旗	Kulun Banner in Tongliao City	515013
27	赤峰市阿鲁科尔沁旗	Alukeerqin Banner in Chifeng City	510258
28	赤峰市巴林左旗	Balinzuo Banner in Chifeng City	465000
29	巴彦淖尔市五原县	Wuyuan County in Bayannaoer City	458033
30	呼伦贝尔市额尔古纳市	Eerguna City in Hulunbeier City	401000
31	鄂尔多斯市杭锦旗	Hangjin Banner in Erdos City	398800
32	巴彦淖尔市乌拉特中旗	Wulatezhong Banner in Bayannaoer City	325865
33	锡林郭勒盟太仆寺旗	Taipusi Banner in Xilinguole League	320490
34	赤峰市喀喇沁旗	Kalaqin Banner in Chifeng City	315000

23-3 续表 1 continued

单位：吨 (ton)

位次 Order	旗县(区)名称	Name of Banners, Counties and Districts	粮食产量 Output of Grain
35	赤峰市林西县	Linxi County in Chifeng City	255035
36	乌兰察布市凉城县	Liangcheng County in Wulanchabu City	255000
37	呼和浩特市托克托县	Tuoketuo County in Hohhot City	250344
38	兴安盟乌兰浩特市	Wulanhaote City in Xingan League	230000
39	巴彦淖尔市磴口县	Dengkou County in Bayannaoer City	210345
40	呼和浩特市武川县	Wuchuan County in Hohhot City	200260
41	呼和浩特市和林格尔县	Helingeer County in Hohhot City	181552
42	赤峰市克什克腾旗	Keshiketeng Banner in Chifeng City	180500
43	赤峰市巴林右旗	Balinyou Banner in Chifeng City	175000
44	阿拉善盟阿拉善左旗	Alashanzuo Banner in Alashan League	168506
45	赤峰市元宝山区	Yuanbaoshan District in Chifeng City	159743
46	乌兰察布市四子王旗	Siziwang Banner in Wulanchabu City	150957
47	鄂尔多斯市乌审旗	Wushen Banner in Erdos City	133341
48	呼伦贝尔市陈巴尔虎旗	Chenbaerhu Banner in Hulunbeier City	124001
49	包头市固阳县	Guyang County in Baotou City	121360
50	乌兰察布市商都县	Shangdu County in Wulanchabu City	117857
51	鄂尔多斯市鄂托克旗	Etuoke Banner in Erdos City	110465
52	乌兰察布市兴和县	Xinghe County in Wulanchabu City	109775
53	包头市达尔罕茂明安联合旗	Daerhanmaomingan Union Banner in Baotou City	105317
54	乌兰察布市察哈尔右翼前旗	Chahaeryouyiqian Banner in Wulanchabu City	105240
55	乌兰察布市察哈尔右翼中旗	Chahaeryouyizhong Banner in Wulanchabu City	104551
56	鄂尔多斯市鄂托克前旗	Etuokeqian Banner in Erdos City	104464
57	乌兰察布市察哈尔右翼后旗	Chahaeryouyihou Banner in Wulanchabu City	100233
58	鄂尔多斯市伊金霍洛旗	Yijinhuoluo Banner in Erdos City	94574
59	乌兰察布市丰镇市	Fengzhen City in Wulanchabu City	88003
60	鄂尔多斯市准格尔旗	Zhungeer Banner in Erdos City	87669
61	呼和浩特市赛罕区	Saihan District in Hohhot City	84504
62	呼和浩特市清水河县	Qingshuihe County in Hohhot City	80303
63	乌兰察布市卓资县	Zhuozi County in Wulanchabu City	75870
64	锡林郭勒盟东乌珠穆沁旗	Dongwuzhumuqin Banner in Xilinguole League	75634
65	呼伦贝尔市海拉尔区	Hailaer District in Hulunbeier City	70552
66	包头市九原区	Jiuyuan District in Baotou City	65802
67	乌兰察布市化德县	Huade County in Wulanchabu City	65453
68	巴彦淖尔市乌拉特后旗	Wulatehou Banner in Bayannaoer City	60960

23-3 续表 2 continued

单位：吨 (ton)

位次 Order	旗县(区)名称	Name of Banners, Counties and Districts	粮食产量 Output of Grain
69	兴安盟阿尔山市	Aershan City in Xingan League	60000
70	呼伦贝尔市新巴尔虎左旗	Xinbaerhuzuo Banner in Hulunbeier City	56500
71	赤峰市红山区	Hongshan District in Chifeng City	53464
72	锡林郭勒盟多伦县	Duolun County in Xilinguole League	47553
73	包头市东河区	Donghe District in Baotou City	41130
74	锡林郭勒盟正蓝旗	Zhenglan Banner in Xilinguole League	39700
75	呼和浩特市玉泉区	Yuquan District in Hohhot City	37350
76	锡林郭勒盟锡林浩特市	Xilinhaote City in Xilinguole League	34744
77	乌海市海南区	Hainan District in Wuhai City	28215
78	呼伦贝尔市鄂温克族自治旗	Ewenke National Autonomous Banner in Hulunbeier City	20119
79	阿拉善盟阿拉善右旗	Alashanyou Banner in Alashan League	15500
80	乌兰察布市集宁区	Jining District in Wulanchabu City	12061
81	通辽市霍林郭勒市	Huolinguole City in Tongliao City	12000
82	鄂尔多斯市东胜区	Dongsheng District in Erdos City	11687
83	乌海市海勃湾区	Haibowan District in Wuhai City	10682
84	包头市昆都仑区	Kundulun District in Baotou City	9542
85	锡林郭勒盟正镶白旗	Zhengxiangbai Banner in Xilinguole League	7765
86	包头市石拐区	Shiguai District in Baotou City	6529
87	呼伦贝尔市新巴尔虎右旗	Xinbaerhuyou Banner in Hulunbeier City	5750
88	呼和浩特市新城区	Xincheng District in Hohhot City	4514
89	包头市青山区	Qingshan District in Baotou City	3988
90	呼和浩特市回民区	Huimin District in Hohhot City	3465
91	呼伦贝尔市根河市	Genhe City in Hulunbeier City	2197
91	锡林郭勒盟镶黄旗	Xianghuang Banner in Xilinguole League	2197
93	乌海市乌达区	Wuda District in Wuhai City	2103
94	阿拉善盟额济纳旗	Ejina Banner in Alashan League	1994
95	呼伦贝尔市满洲里市	Manzhouli City in Hulunbeier City	1228
96	锡林郭勒盟苏尼特右旗	Suniteyou Banner in Xilinguole League	443
97	锡林郭勒盟二连浩特市	Erlianhaote City in Xilinguole League	360
98	锡林郭勒盟西乌珠穆沁旗	xiwuzhumuqin Banner in Xilinguole League	85
99	包头市白云矿区	Baiyun Mineral District in Baotou City	
100	呼伦贝尔市满洲里扎赉诺尔区	Zhalainuoer District of Manzhouli City in Hulunbeier City	
101	锡林郭勒盟阿巴嘎旗	Abaga Banner in Xilinguole League	
102	锡林郭勒盟苏尼特左旗	Sunitezuo Banner in Xilinguole League	

23-4 各旗县(区)按年末牲畜存栏头数排序(2013年)

Banners, Counties and Districts Ranked by Number of Livestock (Year end of 2013)

单位：万头（只） (10 000 heads)

位次 Order	旗县(区)名称	Name of Banners, Counties and Districts	年末牲畜存栏头数 Number of Livestock at the Year-end
1	通辽市扎鲁特旗	Zhalute Banner in Tongliao City	247.34
2	兴安盟科尔沁右翼前旗	Keerqinyouyiqian Banner in Xingan League	225.49
3	鄂尔多斯市达拉特旗	Dalate Banner in Erdos City	201.07
4	锡林郭勒盟东乌珠穆沁旗	Dongwuzhumuqin Banner in Xilinguole League	190.26
5	通辽市开鲁县	Kailu County in Tongliao City	189.92
6	呼伦贝尔市阿荣旗	Arong Banner in Hulunbeier City	171.61
7	巴彦淖尔市临河区	Linhe District in Bayannaoer City	167.89
8	通辽市科尔沁左翼中旗	Keerqinzuoyizhong Banner in Tongliao City	167.30
9	通辽市科尔沁区	Keerqin District in Tongliao City	164.21
10	兴安盟科尔沁右翼中旗	Keerqinyouyizhong Banner in Xingan League	163.47
11	赤峰市敖汉旗	Aohan Banner in Chifeng City	149.62
12	鄂尔多斯市杭锦旗	Hangjin Banner in Erdos City	147.14
13	通辽市奈曼旗	Naiman Banner in Tongliao City	138.84
14	呼伦贝尔市莫力达瓦达斡尔族自治旗	Molidawadawoer National Autonomous Banner in Hulunbeier City	131.24
15	巴彦淖尔市五原县	Wuyuan County in Bayannaoer City	130.14
16	赤峰市翁牛特旗	Wengniute Banner in Chifeng City	129.90
17	赤峰市阿鲁科尔沁旗	Alukeerqin Banner in Chifeng City	129.11
18	巴彦淖尔市乌拉特中旗	Wulatezhong Banner in Bayannaoer City	128.63
19	呼伦贝尔市新巴尔虎右旗	Xinbaerhuyou Banner in Hulunbeier City	128.42
20	兴安盟扎赉特旗	Zhalaite Banner in Xingan League	125.77
21	呼伦贝尔市扎兰屯市	Zhalantun City in Hulunbeier City	124.38
22	巴彦淖尔市乌拉特前旗	Wulateqian Banner in Bayannaoer City	117.33
23	巴彦淖尔市杭锦后旗	Hangjinhou Banner in Bayannaoer City	116.09
24	通辽市科尔沁左翼后旗	Keerqinzuoyihou Banner in Tongliao City	114.20
25	鄂尔多斯市鄂托克旗	Etuoke Banner in Erdos City	109.92
26	赤峰市巴林左旗	Balinzuo Banner in Chifeng City	108.17
27	鄂尔多斯市乌审旗	Wushen Banner in Erdos City	108.01
28	阿拉善盟阿拉善左旗	Alashanzuo Banner in Alashan League	104.56
29	赤峰市克什克腾旗	Keshiketeng Banner in Chifeng City	102.30
30	包头市土默特右旗	Tumoteyou Banner in Baotou City	102.20
31	锡林郭勒盟西乌珠穆沁旗	xiwuzhumuqin Banner in Xilinguole League	100.17
32	乌兰察布市四子王旗	Siziwang Banner in Wulanchabu City	96.36
33	鄂尔多斯市鄂托克前旗	Etuokeqian Banner in Erdos City	90.06
34	赤峰市巴林右旗	Balinyou Banner in Chifeng City	88.67

23-4 续表 1 continued

单位：万头（只） (10 000 heads)

位次 Order	旗县(区)名称	Name of Banners, Counties and Districts	年末牲畜存栏头数 Number of Livestock at the Year-end
35	呼伦贝尔市新巴尔虎左旗	Xinbaerhuzuo Banner in Hulunbeier City	87.15
36	锡林郭勒盟苏尼特右旗	Suniteyou Banner in Xilinguole League	85.47
37	通辽市库伦旗	Kulun Banner in Tongliao City	80.85
38	锡林郭勒盟阿巴嘎旗	Abaga Banner in Xilinguole League	75.77
39	赤峰市松山区	Songshan District in Chifeng City	71.36
40	锡林郭勒盟苏尼特左旗	Sunitezuo Banner in Xilinguole League	68.97
41	呼伦贝尔市陈巴尔虎旗	Chenbaerhu Banner in Hulunbeier City	66.51
42	兴安盟突泉县	Tuquan County in Xingan League	65.91
43	呼和浩特市土默特左旗	Tumotezuo Banner in Hohhot City	64.37
44	锡林郭勒盟锡林浩特市	Xilinhaote City in Xilinguole League	62.87
45	乌兰察布市察哈尔右翼后旗	Chahaeryouyihou Banner in Wulanchabu City	61.78
46	赤峰市林西县	Linxi County in Chifeng City	61.19
47	呼伦贝尔市鄂温克族自治旗	Ewenke National Autonomous Banner in Hulunbeier City	61.14
48	呼和浩特市和林格尔县	Helingeer County in Hohhot City	59.45
49	包头市达尔罕茂明安联合旗	Daerhanmaomingan Union Banner in Baotou City	57.79
50	乌兰察布市兴和县	Xinghe County in Wulanchabu City	56.78
51	包头市固阳县	Guyang County in Baotou City	54.57
52	鄂尔多斯市准格尔旗	Zhungeer Banner in Erdos City	54.15
53	乌兰察布市丰镇市	Fengzhen City in Wulanchabu City	51.28
54	乌兰察布市察哈尔右翼前旗	Chahaeryouyiqian Banner in Wulanchabu City	48.27
55	乌兰察布市商都县	Shangdu County in Wulanchabu City	45.52
56	赤峰市宁城县	Ningcheng County in Chifeng City	44.52
57	巴彦淖尔市磴口县	Dengkou County in Bayannaoer City	42.20
58	乌兰察布市察哈尔右翼中旗	Chahaeryouyizhong Banner in Wulanchabu City	40.94
59	鄂尔多斯市伊金霍洛旗	Yijinhuoluo Banner in Erdos City	40.00
60	呼伦贝尔市鄂伦春自治旗	Elunchun National Autonomous Banner in Hulunbeier City	39.70
61	乌兰察布市凉城县	Liangcheng County in Wulanchabu City	38.18
62	赤峰市喀喇沁旗	Kalaqin Banner in Chifeng City	37.14
63	乌兰察布市卓资县	Zhuozi County in Wulanchabu City	35.99
64	呼和浩特市武川县	Wuchuan County in Hohhot City	35.66
65	巴彦淖尔市乌拉特后旗	Wulatehou Banner in Bayannaoer City	33.54
66	呼和浩特市托克托县	Tuoketuo County in Hohhot City	32.00
67	呼伦贝尔市牙克石市	Yakeshi City in Hulunbeier City	30.58
68	呼和浩特市清水河县	Qingshuihe County in Hohhot City	30.06

23-4 续表 2 continued

单位：万头（只） (10 000 heads)

位次 Order	旗县(区)名称	Name of Banners, Counties and Districts	年末牲畜存栏头数 Number of Livestock at the Year-end
69	锡林郭勒盟正蓝旗	Zhenglan Banner in Xilinguole League	29.78
70	呼伦贝尔市额尔古纳市	Eerguna City in Hulunbeier City	29.42
71	兴安盟乌兰浩特市	Wulanhaote City in Xingan League	28.09
72	乌兰察布市化德县	Huade County in Wulanchabu City	24.43
73	锡林郭勒盟正镶白旗	Zhengxiangbai Banner in Xilinguole League	23.94
74	锡林郭勒盟镶黄旗	Xianghuang Banner in Xilinguole League	23.46
75	阿拉善盟阿拉善右旗	Alashanyou Banner in Alashan League	22.51
76	包头市九原区	Jiuyuan District in Baotou City	22.25
77	锡林郭勒盟多伦县	Duolun County in Xilinguole League	21.99
78	锡林郭勒盟太仆寺旗	Taipusi Banner in Xilinguole League	20.90
79	呼和浩特市赛罕区	Saihan District in Hohhot City	20.61
80	通辽市霍林郭勒市	Huolinguole City in Tongliao City	18.38
81	赤峰市元宝山区	Yuanbaoshan District in Chifeng City	15.45
82	兴安盟阿尔山市	Aershan City in Xingan League	14.62
83	呼伦贝尔市满洲里市	Manzhouli City in Hulunbeier City	10.36
84	呼伦贝尔市海拉尔区	Hailaer District in Hulunbeier City	10.28
85	阿拉善盟额济纳旗	Ejina Banner in Alashan League	8.15
86	鄂尔多斯市东胜区	Dongsheng District in Erdos City	8.00
87	乌海市海南区	Hainan District in Wuhai City	7.51
88	包头市东河区	Donghe District in Baotou City	6.32
89	呼和浩特市新城区	Xincheng District in Hohhot City	5.90
90	赤峰市红山区	Hongshan District in Chifeng City	5.58
91	呼伦贝尔市满洲里扎赉诺尔区	Zhalainuoer District of Manzhouli City in Hulunbeier City	5.20
92	呼和浩特市玉泉区	Yuquan District in Hohhot City	5.09
93	锡林郭勒盟二连浩特市	Erlianhaote City in Xilinguole League	4.75
94	乌兰察布市集宁区	Jining District in Wulanchabu City	4.44
95	包头市昆都仑区	Kundulun District in Baotou City	4.42
96	包头市石拐区	Shiguai District in Baotou City	3.50
97	乌海市海勃湾区	Haibowan District in Wuhai City	3.13
98	包头市青山区	Qingshan District in Baotou City	1.65
99	呼伦贝尔市根河市	Genhe City in Hulunbeier City	1.61
100	乌海市乌达区	Wuda District in Wuhai City	1.03
101	呼和浩特市回民区	Huimin District in Hohhot City	0.91
102	包头市白云矿区	Baiyun Mineral District in Baotou City	0.14

23-5 各旗县(区)按全体居民人均可支配收入排序(2013年)

Banners, Counties and Districts Ranked by The per capita disposable income of all residents （2013）

单位：元 (yuan)

位次 Order	旗县(区)名称	Name of Banners, Counties and Districts	全体居民人均可支配收入 The per capita disposable income of all residents
1	锡林郭勒盟二连浩特市	Erlianhaote City in Xilinguole League	35600
2	包头市昆都仑区	Kundulun District in Baotou City	35227
2	包头市青山区	Qingshan District in Baotou City	35227
4	包头市白云矿区	Baiyun Mineral District in Baotou City	35178
5	通辽市霍林郭勒市	Huolinguole City in Tongliao City	30005
6	呼和浩特市新城区	Xincheng District in Hohhot City	29946
7	锡林郭勒盟锡林浩特市	Xilinhaote City in Xilinguole League	29111
8	呼和浩特市回民区	Huimin District in Hohhot City	28900
9	乌海市海勃湾区	Haibowan District in Wuhai City	28797
10	鄂尔多斯市东胜区	Dongsheng District in Erdos City	28601
11	包头市东河区	Donghe District in Baotou City	28451
12	乌海市乌达区	Wuda District in Wuhai City	27963
13	包头市九原区	Jiuyuan District in Baotou City	27945
14	呼和浩特市赛罕区	Saihan District in Hohhot City	27659
15	呼和浩特市玉泉区	Yuquan District in Hohhot City	26883
16	呼伦贝尔市满洲里市	Manzhouli City in Hulunbeier City	26383
16	呼伦贝尔市满洲里扎赉诺尔区	Zhalainuoer District of Manzhouli City in Hulunbeier City	26383
18	鄂尔多斯市伊金霍洛旗	Yijinhuoluo Banner in Erdos City	26164
19	鄂尔多斯市准格尔旗	Zhungeer Banner in Erdos City	25768
20	阿拉善盟额济纳旗	Ejina Banner in Alashan League	25393
21	乌海市海南区	Hainan District in Wuhai City	24998
22	呼伦贝尔市海拉尔区	Hailaer District in Hulunbeier City	24894
23	鄂尔多斯市鄂托克旗	Etuoke Banner in Erdos City	23465
24	赤峰市红山区	Hongshan District in Chifeng City	23078
25	锡林郭勒盟东乌珠穆沁旗	Dongwuzhumuqin Banner in Xilinguole League	22928
26	阿拉善盟阿拉善右旗	Alashanyou Banner in Alashan League	22787
27	包头市石拐区	Shiguai District in Baotou City	22203
28	呼伦贝尔市牙克石市	Yakeshi City in Hulunbeier City	21980
29	阿拉善盟阿拉善左旗	Alashanzuo Banner in Alashan League	21948
30	鄂尔多斯市鄂托克前旗	Etuokeqian Banner in Erdos City	21813
31	鄂尔多斯市乌审旗	Wushen Banner in Erdos City	21726
32	乌兰察布市集宁区	Jining District in Wulanchabu City	21549
33	锡林郭勒盟西乌珠穆沁旗	xiwuzhumuqin Banner in Xilinguole League	21125
34	呼伦贝尔市鄂温克族自治旗	Ewenke National Autonomous Banner in Hulunbeier City	21092

23-5 续表 1 continued

单位：元 (yuan)

位次 Order	旗县(区)名称	Name of Banners, Counties and Districts	全体居民人均可支配收入 The per capita disposable income of all residents
35	锡林郭勒盟阿巴嘎旗	Abaga Banner in Xilinguole League	20905
36	鄂尔多斯市达拉特旗	Dalate Banner in Erdos City	20642
37	鄂尔多斯市杭锦旗	Hangjin Banner in Erdos City	20301
38	赤峰市元宝山区	Yuanbaoshan District in Chifeng City	20058
39	锡林郭勒盟镶黄旗	Xianghuang Banner in Xilinguole League	19713
40	锡林郭勒盟苏尼特右旗	Suniteyou Banner in Xilinguole League	19324
41	包头市达尔罕茂明安联合旗	Daerhanmaomingan Union Banner in Baotou City	19261
42	通辽市科尔沁区	Keerqin District in Tongliao City	19226
43	兴安盟乌兰浩特市	Wulanhaote City in Xingan League	19049
44	呼伦贝尔市陈巴尔虎旗	Chenbaerhu Banner in Hulunbeier City	18943
45	呼伦贝尔市额尔古纳市	Eerguna City in Hulunbeier City	18440
46	巴彦淖尔市临河区	Linhe District in Bayannaoer City	18079
47	呼伦贝尔市新巴尔虎右旗	Xinbaerhuyou Banner in Hulunbeier City	18027
48	锡林郭勒盟正蓝旗	Zhenglan Banner in Xilinguole League	17808
49	巴彦淖尔市五原县	Wuyuan County in Bayannaoer City	17679
50	巴彦淖尔市杭锦后旗	Hangjinhou Banner in Bayannaoer City	17535
51	锡林郭勒盟苏尼特左旗	Sunitezuo Banner in Xilinguole League	17375
52	包头市土默特右旗	Tumoteyou Banner in Baotou City	17307
53	呼伦贝尔市扎兰屯市	Zhalantun City in Hulunbeier City	16459
54	呼伦贝尔市根河市	Genhe City in Hulunbeier City	16373
55	锡林郭勒盟多伦县	Duolun County in Xilinguole League	16098
56	呼伦贝尔市新巴尔虎左旗	Xinbaerhuzuo Banner in Hulunbeier City	16037
57	兴安盟阿尔山市	Aershan City in Xingan League	15894
58	乌兰察布市丰镇市	Fengzhen City in Wulanchabu City	15848
59	巴彦淖尔市磴口县	Dengkou County in Bayannaoer City	15834
60	呼和浩特市托克托县	Tuoketuo County in Hohhot City	15696
61	赤峰市松山区	Songshan District in Chifeng City	15601
62	呼伦贝尔市阿荣旗	Arong Banner in Hulunbeier City	15114
63	巴彦淖尔市乌拉特中旗	Wulatezhong Banner in Bayannaoer City	14818
64	巴彦淖尔市乌拉特后旗	Wulatehou Banner in Bayannaoer City	14789
65	巴彦淖尔市乌拉特前旗	Wulateqian Banner in Bayannaoer City	14619
66	呼和浩特市土默特左旗	Tumotezuo Banner in Hohhot City	14532
67	呼伦贝尔市鄂伦春自治旗	Elunchun National Autonomous Banner in Hulunbeier City	14060
68	呼和浩特市和林格尔县	Helingeer County in Hohhot City	13930

23–5 续表 2 continued

单位：元 (yuan)

位次 Order	旗县(区)名称	Name of Banners, Counties and Districts	全体居民人均可支配收入 The per capita disposable income of all residents
69	乌兰察布市化德县	Huade County in Wulanchabu City	13558
70	包头市固阳县	Guyang County in Baotou City	13487
71	锡林郭勒盟正镶白旗	Zhengxiangbai Banner in Xilinguole League	13055
72	乌兰察布市卓资县	Zhuozi County in Wulanchabu City	12993
73	锡林郭勒盟太仆寺旗	Taipusi Banner in Xilinguole League	12917
74	赤峰市克什克腾旗	Keshiketeng Banner in Chifeng City	12774
75	呼和浩特市清水河县	Qingshuihe County in Hohhot City	12714
76	通辽市开鲁县	Kailu County in Tongliao City	12697
77	赤峰市林西县	Linxi County in Chifeng City	12435
78	赤峰市巴林右旗	Balinyou Banner in Chifeng City	12398
79	乌兰察布市察哈尔右翼后旗	Chahaeryouyihou Banner in Wulanchabu City	12153
80	通辽市扎鲁特旗	Zhalute Banner in Tongliao City	12093
81	呼和浩特市武川县	Wuchuan County in Hohhot City	11926
82	乌兰察布市凉城县	Liangcheng County in Wulanchabu City	11875
83	赤峰市喀喇沁旗	Kalaqin Banner in Chifeng City	11573
84	乌兰察布市四子王旗	Siziwang Banner in Wulanchabu City	11160
85	通辽市科尔沁左翼后旗	Keerqinzuoyihou Banner in Tongliao City	10985
86	乌兰察布市商都县	Shangdu County in Wulanchabu City	10586
87	通辽市科尔沁左翼中旗	Keerqinzuoyizhong Banner in Tongliao City	10584
88	赤峰市翁牛特旗	Wengniute Banner in Chifeng City	10574
89	通辽市库伦旗	Kulun Banner in Tongliao City	10361
90	赤峰市巴林左旗	Balinzuo Banner in Chifeng City	10340
91	赤峰市宁城县	Ningcheng County in Chifeng City	10118
92	通辽市奈曼旗	Naiman Banner in Tongliao City	10049
93	乌兰察布市察哈尔右翼前旗	Chahaeryouyiqian Banner in Wulanchabu City	9963
94	赤峰市敖汉旗	Aohan Banner in Chifeng City	9942
95	赤峰市阿鲁科尔沁旗	Alukeerqin Banner in Chifeng City	9940
96	兴安盟科尔沁右翼前旗	Keerqinyouyiqian Banner in Xingan League	9767
97	呼伦贝尔市莫力达瓦达斡尔族自治旗	Molidawadawoer National Autonomous Banner in Hulunbeier City	9661
98	兴安盟扎赉特旗	Zhalaite Banner in Xingan League	9621
99	兴安盟突泉县	Tuquan County in Xingan League	9452
100	兴安盟科尔沁右翼中旗	Keerqinyouyizhong Banner in Xingan League	9442
101	乌兰察布市兴和县	Xinghe County in Wulanchabu City	9381
102	乌兰察布市察哈尔右翼中旗	Chahaeryouyizhong Banner in Wulanchabu City	9011

23-6 各旗县(区)按城镇常住居民人均可支配收入排序(2013年)

Banners, Counties and Districts Ranked by The per capita disposable income of urban permanent residents （2013）

单位：元 (yuan)

位次 Order	旗县(区)名称	Name of Banners, Counties and Districts	城镇常住居民人均可支配收入 The per capita disposable income of urban permanent residents
1	锡林郭勒盟二连浩特市	Erlianhaote City in Xilinguole League	36574
2	呼和浩特市新城区	Xincheng District in Hohhot City	36429
3	呼和浩特市赛罕区	Saihan District in Hohhot City	35366
4	包头市昆都仑区	Kundulun District in Baotou City	35227
4	包头市青山区	Qingshan District in Baotou City	35227
6	包头市白云矿区	Baiyun Mineral District in Baotou City	35178
7	包头市九原区	Jiuyuan District in Baotou City	33804
8	鄂尔多斯市东胜区	Dongsheng District in Erdos City	33707
9	鄂尔多斯市准格尔旗	Zhungeer Banner in Erdos City	33612
10	鄂尔多斯市伊金霍洛旗	Yijinhuoluo Banner in Erdos City	33605
11	呼和浩特市回民区	Huimin District in Hohhot City	31892
12	鄂尔多斯市鄂托克旗	Etuoke Banner in Erdos City	31205
13	呼和浩特市玉泉区	Yuquan District in Hohhot City	30917
14	锡林郭勒盟锡林浩特市	Xilinhaote City in Xilinguole League	30670
15	鄂尔多斯市乌审旗	Wushen Banner in Erdos City	30316
16	鄂尔多斯市鄂托克前旗	Etuokeqian Banner in Erdos City	30225
17	通辽市霍林郭勒市	Huolinguole City in Tongliao City	30005
18	包头市东河区	Donghe District in Baotou City	29945
19	乌海市海勃湾区	Haibowan District in Wuhai City	29401
20	鄂尔多斯市达拉特旗	Dalate Banner in Erdos City	28928
21	鄂尔多斯市杭锦旗	Hangjin Banner in Erdos City	28829
22	乌海市海南区	Hainan District in Wuhai City	28068
23	阿拉善盟阿拉善右旗	Alashanyou Banner in Alashan League	27997
24	阿拉善盟额济纳旗	Ejina Banner in Alashan League	27992
25	乌海市乌达区	Wuda District in Wuhai City	27963
26	包头市达尔罕茂明安联合旗	Daerhanmaomingan Union Banner in Baotou City	27311
27	阿拉善盟阿拉善左旗	Alashanzuo Banner in Alashan League	27217
28	呼伦贝尔市满洲里市	Manzhouli City in Hulunbeier City	26383
28	呼伦贝尔市满洲里扎赉诺尔区	Zhalainuoer District of Manzhouli City in Hulunbeier City	26383
30	呼和浩特市托克托县	Tuoketuo County in Hohhot City	26021
31	锡林郭勒盟西乌珠穆沁旗	xiwuzhumuqin Banner in Xilinguole League	25945
32	锡林郭勒盟镶黄旗	Xianghuang Banner in Xilinguole League	25817
33	锡林郭勒盟多伦县	Duolun County in Xilinguole League	25797
34	锡林郭勒盟东乌珠穆沁旗	Dongwuzhumuqin Banner in Xilinguole League	25697

23-6 续表 1 continued

单位：元 (yuan)

位次 Order	旗县(区)名称	Name of Banners, Counties and Districts	城镇常住居民人均可支配收入 The per capita disposable income of urban permanent residents
35	呼伦贝尔市海拉尔区	Hailaer District in Hulunbeier City	25656
36	包头市石拐区	Shiguai District in Baotou City	25379
37	锡林郭勒盟正蓝旗	Zhenglan Banner in Xilinguole League	25311
38	锡林郭勒盟阿巴嘎旗	Abaga Banner in Xilinguole League	25253
39	包头市土默特右旗	Tumoteyou Banner in Baotou City	25245
40	锡林郭勒盟苏尼特左旗	Sunitezuo Banner in Xilinguole League	25214
41	呼和浩特市和林格尔县	Helingeer County in Hohhot City	25102
42	呼伦贝尔市阿荣旗	Arong Banner in Hulunbeier City	25073
43	锡林郭勒盟苏尼特右旗	Suniteyou Banner in Xilinguole League	24713
44	呼和浩特市土默特左旗	Tumotezuo Banner in Hohhot City	24639
45	锡林郭勒盟太仆寺旗	Taipusi Banner in Xilinguole League	23619
46	赤峰市红山区	Hongshan District in Chifeng City	23525
47	通辽市科尔沁区	Keerqin District in Tongliao City	23376
48	赤峰市元宝山区	Yuanbaoshan District in Chifeng City	23254
49	呼伦贝尔市鄂温克族自治旗	Ewenke National Autonomous Banner in Hulunbeier City	23038
50	呼伦贝尔市扎兰屯市	Zhalantun City in Hulunbeier City	22759
51	乌兰察布市集宁区	Jining District in Wulanchabu City	22569
52	锡林郭勒盟正镶白旗	Zhengxiangbai Banner in Xilinguole League	22474
53	呼伦贝尔市陈巴尔虎旗	Chenbaerhu Banner in Hulunbeier City	22467
54	赤峰市松山区	Songshan District in Chifeng City	22126
55	呼伦贝尔市牙克石市	Yakeshi City in Hulunbeier City	21982
56	呼伦贝尔市新巴尔虎右旗	Xinbaerhuyou Banner in Hulunbeier City	21834
57	包头市固阳县	Guyang County in Baotou City	21800
58	乌兰察布市卓资县	Zhuozi County in Wulanchabu City	21527
59	巴彦淖尔市乌拉特中旗	Wulatezhong Banner in Bayannaoer City	21190
60	乌兰察布市丰镇市	Fengzhen City in Wulanchabu City	21125
61	巴彦淖尔市乌拉特后旗	Wulatehou Banner in Bayannaoer City	21051
62	巴彦淖尔市临河区	Linhe District in Bayannaoer City	21035
63	乌兰察布市化德县	Huade County in Wulanchabu City	20802
64	巴彦淖尔市杭锦后旗	Hangjinhou Banner in Bayannaoer City	20747
65	巴彦淖尔市五原县	Wuyuan County in Bayannaoer City	20635
66	兴安盟乌兰浩特市	Wulanhaote City in Xingan League	20588
67	赤峰市宁城县	Ningcheng County in Chifeng City	20374
68	乌兰察布市察哈尔右翼前旗	Chahaeryouyiqian Banner in Wulanchabu City	20307

23-6 续表 2 continued

单位：元 (yuan)

位次 Order	旗县(区)名称	Name of Banners, Counties and Districts	城镇常住居民人均可支配收入 The per capita disposable income of urban permanent residents
69	巴彦淖尔市磴口县	Dengkou County in Bayannaoer City	20301
70	呼伦贝尔市额尔古纳市	Eerguna City in Hulunbeier City	20177
71	巴彦淖尔市乌拉特前旗	Wulateqian Banner in Bayannaoer City	20163
72	乌兰察布市凉城县	Liangcheng County in Wulanchabu City	20151
73	呼和浩特市清水河县	Qingshuihe County in Hohhot City	20037
74	乌兰察布市四子王旗	Siziwang Banner in Wulanchabu City	19401
75	通辽市开鲁县	Kailu County in Tongliao City	19387
76	赤峰市克什克腾旗	Keshiketeng Banner in Chifeng City	19311
77	乌兰察布市察哈尔右翼后旗	Chahaeryouyihou Banner in Wulanchabu City	19275
78	呼和浩特市武川县	Wuchuan County in Hohhot City	19136
79	乌兰察布市察哈尔右翼中旗	Chahaeryouyizhong Banner in Wulanchabu City	19095
80	通辽市扎鲁特旗	Zhalute Banner in Tongliao City	18996
81	赤峰市喀喇沁旗	Kalaqin Banner in Chifeng City	18851
82	赤峰市巴林左旗	Balinzuo Banner in Chifeng City	18829
83	赤峰市敖汉旗	Aohan Banner in Chifeng City	18814
84	乌兰察布市商都县	Shangdu County in Wulanchabu City	18811
85	赤峰市翁牛特旗	Wengniute Banner in Chifeng City	18536
86	赤峰市林西县	Linxi County in Chifeng City	18512
87	兴安盟阿尔山市	Aershan City in Xingan League	18508
88	乌兰察布市兴和县	Xinghe County in Wulanchabu City	18143
89	呼伦贝尔市根河市	Genhe City in Hulunbeier City	18122
90	呼伦贝尔市新巴尔虎左旗	Xinbaerhuzuo Banner in Hulunbeier City	18045
91	通辽市科尔沁左翼后旗	Keerqinzuoyihou Banner in Tongliao City	17793
92	通辽市奈曼旗	Naiman Banner in Tongliao City	17658
93	通辽市科尔沁左翼中旗	Keerqinzuoyizhong Banner in Tongliao City	17641
94	兴安盟科尔沁右翼前旗	Keerqinyouyiqian Banner in Xingan League	17558
95	兴安盟扎赉特旗	Zhalaite Banner in Xingan League	17545
96	呼伦贝尔市鄂伦春自治旗	Elunchun National Autonomous Banner in Hulunbeier City	17411
97	赤峰市阿鲁科尔沁旗	Alukeerqin Banner in Chifeng City	17301
98	赤峰市巴林右旗	Balinyou Banner in Chifeng City	17288
99	兴安盟突泉县	Tuquan County in Xingan League	17108
100	通辽市库伦旗	Kulun Banner in Tongliao City	16928
101	兴安盟科尔沁右翼中旗	Keerqinyouyizhong Banner in Xingan League	16849
102	呼伦贝尔市莫力达瓦达斡尔族自治旗	Molidawadawoer National Autonomous Banner in Hulunbeier City	15914

23-7 各旗县(区)按农村牧区常住居民人均可支配收入排序(2013年)

Banners, Counties and Districts Ranked by The per capita disposable income of permanent residents of rural and pastoral areas （2013）

单位：元 (yuan)

位次 Order	旗县(区)名称	Name of Banners, Counties and Districts	农村牧区常住居民人均可支配收入 The per capita disposable income of permanent residents of rural and pastoral areas
1	锡林郭勒盟东乌珠穆沁旗	Dongwuzhumuqin Banner in Xilinguole League	19241
2	锡林郭勒盟锡林浩特市	Xilinhaote City in Xilinguole League	16787
3	锡林郭勒盟西乌珠穆沁旗	xiwuzhumuqin Banner in Xilinguole League	16475
4	锡林郭勒盟阿巴嘎旗	Abaga Banner in Xilinguole League	16406
5	包头市东河区	Donghe District in Baotou City	15023
6	阿拉善盟额济纳旗	Ejina Banner in Alashan League	15011
7	呼和浩特市回民区	Huimin District in Hohhot City	14325
8	阿拉善盟阿拉善右旗	Alashanyou Banner in Alashan League	14131
9	包头市九原区	Jiuyuan District in Baotou City	14075
10	呼伦贝尔市新巴尔虎左旗	Xinbaerhuzuo Banner in Hulunbeier City	13952
11	呼和浩特市新城区	Xincheng District in Hohhot City	13769
12	呼和浩特市玉泉区	Yuquan District in Hohhot City	13728
13	呼和浩特市赛罕区	Saihan District in Hohhot City	13014
14	乌海市海勃湾区	Haibowan District in Wuhai City	12887
15	赤峰市红山区	Hongshan District in Chifeng City	12372
16	赤峰市元宝山区	Yuanbaoshan District in Chifeng City	12240
17	阿拉善盟阿拉善左旗	Alashanzuo Banner in Alashan League	12179
18	鄂尔多斯市鄂托克前旗	Etuokeqian Banner in Erdos City	12163
19	鄂尔多斯市准格尔旗	Zhungeer Banner in Erdos City	12128
19	鄂尔多斯市伊金霍洛旗	Yijinhuoluo Banner in Erdos City	12128
21	鄂尔多斯市乌审旗	Wushen Banner in Erdos City	12122
22	鄂尔多斯市鄂托克旗	Etuoke Banner in Erdos City	12084
23	通辽市科尔沁区	Keerqin District in Tongliao City	12059
24	鄂尔多斯市达拉特旗	Dalate Banner in Erdos City	12020
25	鄂尔多斯市杭锦旗	Hangjin Banner in Erdos City	11951
26	呼伦贝尔市陈巴尔虎旗	Chenbaerhu Banner in Hulunbeier City	11943
27	巴彦淖尔市临河区	Linhe District in Bayannaoer City	11705
28	呼伦贝尔市额尔古纳市	Eerguna City in Hulunbeier City	11696
29	包头市土默特右旗	Tumoteyou Banner in Baotou City	11655
30	巴彦淖尔市五原县	Wuyuan County in Bayannaoer City	11632
31	巴彦淖尔市杭锦后旗	Hangjinhou Banner in Bayannaoer City	11598
32	呼伦贝尔市阿荣旗	Arong Banner in Hulunbeier City	11505
33	乌海市海南区	Hainan District in Wuhai City	11289
34	巴彦淖尔市磴口县	Dengkou County in Bayannaoer City	11268

23-7 续表 1 continued

单位：元 (yuan)

位次 Order	旗县(区)名称	Name of Banners, Counties and Districts	农村牧区常住居民人均可支配收入 The per capita disposable income of permanent residents of rural and pastoral areas
35	锡林郭勒盟正蓝旗	Zhenglan Banner in Xilinguole League	11197
36	呼和浩特市土默特左旗	Tumotezuo Banner in Hohhot City	11113
37	巴彦淖尔市乌拉特前旗	Wulateqian Banner in Bayannaoer City	11026
38	呼伦贝尔市扎兰屯市	Zhalantun City in Hulunbeier City	10770
39	呼和浩特市托克托县	Tuoketuo County in Hohhot City	10718
40	巴彦淖尔市乌拉特中旗	Wulatezhong Banner in Bayannaoer City	10686
41	乌兰察布市集宁区	Jining District in Wulanchabu City	10664
42	呼伦贝尔市海拉尔区	Hailaer District in Hulunbeier City	10583
43	呼伦贝尔市鄂温克族自治旗	Ewenke National Autonomous Banner in Hulunbeier City	10008
44	通辽市开鲁县	Kailu County in Tongliao City	9985
45	包头市达尔罕茂明安联合旗	Daerhanmaomingan Union Banner in Baotou City	9929
46	呼伦贝尔市新巴尔虎右旗	Xinbaerhuyou Banner in Hulunbeier City	9780
47	通辽市扎鲁特旗	Zhalute Banner in Tongliao City	9778
48	锡林郭勒盟苏尼特左旗	Sunitezuo Banner in Xilinguole League	9680
49	巴彦淖尔市乌拉特后旗	Wulatehou Banner in Bayannaoer City	9617
50	赤峰市松山区	Songshan District in Chifeng City	9457
51	包头市石拐区	Shiguai District in Baotou City	9454
52	兴安盟乌兰浩特市	Wulanhaote City in Xingan League	9346
53	呼伦贝尔市根河市	Genhe City in Hulunbeier City	9323
54	锡林郭勒盟镶黄旗	Xianghuang Banner in Xilinguole League	9228
55	包头市固阳县	Guyang County in Baotou City	9103
56	锡林郭勒盟多伦县	Duolun County in Xilinguole League	9046
57	呼和浩特市和林格尔县	Helingeer County in Hohhot City	8641
58	乌兰察布市丰镇市	Fengzhen City in Wulanchabu City	8298
59	通辽市科尔沁左翼后旗	Keerqinzuoyihou Banner in Tongliao City	7894
60	乌兰察布市凉城县	Liangcheng County in Wulanchabu City	7824
61	锡林郭勒盟太仆寺旗	Taipusi Banner in Xilinguole League	7494
62	通辽市科尔沁左翼中旗	Keerqinzuoyizhong Banner in Tongliao City	7435
63	乌兰察布市察哈尔右翼后旗	Chahaeryouyihou Banner in Wulanchabu City	7282
64	赤峰市克什克腾旗	Keshiketeng Banner in Chifeng City	7236
65	通辽市奈曼旗	Naiman Banner in Tongliao City	7209
66	赤峰市喀喇沁旗	Kalaqin Banner in Chifeng City	7206
67	赤峰市敖汉旗	Aohan Banner in Chifeng City	7186
68	乌兰察布市察哈尔右翼前旗	Chahaeryouyiqian Banner in Wulanchabu City	7160

23-7 续表 2 continued

单位：元 (yuan)

位次 Order	旗县(区)名称	Name of Banners, Counties and Districts	农村牧区常住居民人均可支配收入 The per capita disposable income of permanent residents of rural and pastoral areas
69	乌兰察布市卓资县	Zhuozi County in Wulanchabu City	7021
70	通辽市库伦旗	Kulun Banner in Tongliao City	6972
71	赤峰市宁城县	Ningcheng County in Chifeng City	6947
72	乌兰察布市四子王旗	Siziwang Banner in Wulanchabu City	6924
73	锡林郭勒盟苏尼特右旗	Suniteyou Banner in Xilinguole League	6910
74	锡林郭勒盟正镶白旗	Zhengxiangbai Banner in Xilinguole League	6760
75	呼伦贝尔市莫力达瓦达斡尔族自治旗	Molidawadawoer National Autonomous Banner in Hulunbeier City	6714
76	赤峰市巴林右旗	Balinyou Banner in Chifeng City	6671
77	赤峰市翁牛特旗	Wengniute Banner in Chifeng City	6608
78	乌兰察布市商都县	Shangdu County in Wulanchabu City	6544
79	赤峰市巴林左旗	Balinzuo Banner in Chifeng City	6515
80	兴安盟阿尔山市	Aershan City in Xingan League	6397
81	呼伦贝尔市鄂伦春自治旗	Elunchun National Autonomous Banner in Hulunbeier City	6364
82	兴安盟科尔沁右翼前旗	Keerqinyouyiqian Banner in Xingan League	6360
83	兴安盟扎赉特旗	Zhalaite Banner in Xingan League	6280
84	乌兰察布市兴和县	Xinghe County in Wulanchabu City	6267
85	赤峰市阿鲁科尔沁旗	Alukeerqin Banner in Chifeng City	6160
86	赤峰市林西县	Linxi County in Chifeng City	6148
87	兴安盟突泉县	Tuquan County in Xingan League	6119
88	兴安盟科尔沁右翼中旗	Keerqinyouyizhong Banner in Xingan League	5917
89	乌兰察布市化德县	Huade County in Wulanchabu City	5786
90	乌兰察布市察哈尔右翼中旗	Chahaeryouyizhong Banner in Wulanchabu City	5676
91	呼和浩特市清水河县	Qingshuihe County in Hohhot City	5597
92	呼和浩特市武川县	Wuchuan County in Hohhot City	5385
93	包头市昆都仑区	Kundulun District in Baotou City	
94	包头市青山区	Qingshan District in Baotou City	
95	包头市白云矿区	Baiyun Mineral District in Baotou City	
96	呼伦贝尔市满洲里市	Manzhouli City in Hulunbeier City	
97	呼伦贝尔市满洲里扎赉诺尔区	Zhalainuoer District of Manzhouli City in Hulunbeier City	
98	呼伦贝尔市牙克石市	Yakeshi City in Hulunbeier City	
99	通辽市霍林郭勒市	Huolinguole City in Tongliao City	
100	锡林郭勒盟二连浩特市	Erlianhaote City in Xilinguole League	
101	鄂尔多斯市东胜区	Dongsheng District in Erdos City	
102	乌海市乌达区	Wuda District in Wuhai City	

23-8 各旗县(区)按在岗职工平均工资排序(2013年)

Banners, Counties and Districts Ranked by Average Wage of Staff and Workers Employed in（2013）

单位：元 (yuan)

位次 Order	旗县(区)名称	Name of Banners, Counties and Districts	职工平均工资 Average Wage
1	鄂尔多斯市伊金霍洛旗	Yijinhuoluo Banner in Erdos City	78278
2	通辽市科尔沁区	Keerqin District in Tongliao City	78252
3	鄂尔多斯市准格尔旗	Zhungeer Banner in Erdos City	74589
4	鄂尔多斯市东胜区	Dongsheng District in Erdos City	71123
5	锡林郭勒盟多伦县	Duolun County in Xilinguole League	70405
6	锡林郭勒盟太仆寺旗	Taipusi Banner in Xilinguole League	63595
7	呼伦贝尔市陈巴尔虎旗	Chenbaerhu Banner in Hulunbeier City	63472
8	呼伦贝尔市鄂温克族自治旗	Ewenke National Autonomous Banner in Hulunbeier City	63345
9	锡林郭勒盟二连浩特市	Erlianhaote City in Xilinguole League	63166
10	包头市白云矿区	Baiyun Mineral District in Baotou City	61267
11	锡林郭勒盟西乌珠穆沁旗	xiwuzhumuqin Banner in Xilinguole League	61106
12	阿拉善盟额济纳旗	Ejina Banner in Alashan League	59831
13	鄂尔多斯市鄂托克旗	Etuoke Banner in Erdos City	59790
14	锡林郭勒盟苏尼特左旗	Sunitezuo Banner in Xilinguole League	59032
15	通辽市霍林郭勒市	Huolinguole City in Tongliao City	58834
16	乌兰察布市四子王旗	Siziwang Banner in Wulanchabu City	58795
17	锡林郭勒盟正蓝旗	Zhenglan Banner in Xilinguole League	58320
18	包头市九原区	Jiuyuan District in Baotou City	58156
19	包头市达尔罕茂明安联合旗	Daerhanmaomingan Union Banner in Baotou City	56980
20	鄂尔多斯市乌审旗	Wushen Banner in Erdos City	56731
21	呼伦贝尔市满洲里市	Manzhouli City in Hulunbeier City	56193
22	包头市石拐区	Shiguai District in Baotou City	56124
23	包头市青山区	Qingshan District in Baotou City	55918
24	鄂尔多斯市杭锦旗	Hangjin Banner in Erdos City	55893
25	阿拉善盟阿拉善右旗	Alashanyou Banner in Alashan League	55692
26	鄂尔多斯市达拉特旗	Dalate Banner in Erdos City	55628
27	阿拉善盟阿拉善左旗	Alashanzuo Banner in Alashan League	55618
28	呼伦贝尔市新巴尔虎右旗	Xinbaerhuyou Banner in Hulunbeier City	55406
29	锡林郭勒盟阿巴嘎旗	Abaga Banner in Xilinguole League	55096
30	锡林郭勒盟镶黄旗	Xianghuang Banner in Xilinguole League	54889
31	呼伦贝尔市海拉尔区	Hailaer District in Hulunbeier City	54848
32	赤峰市元宝山区	Yuanbaoshan District in Chifeng City	54732
33	乌海市海南区	Hainan District in Wuhai City	54695
34	锡林郭勒盟东乌珠穆沁旗	Dongwuzhumuqin Banner in Xilinguole League	54598

23-8 续表 1 continued

单位：元 (yuan)

位次 Order	旗县(区)名称	Name of Banners, Counties and Districts	职工平均工资 Average Wage
35	包头市昆都仑区	Kundulun District in Baotou City	54550
36	锡林郭勒盟锡林浩特市	Xilinhaote City in Xilinguole League	54460
37	乌兰察布市凉城县	Liangcheng County in Wulanchabu City	54378
38	包头市固阳县	Guyang County in Baotou City	54377
39	呼伦贝尔市满洲里扎赉诺尔区	Zhalainuoer District of Manzhouli City in Hulunbeier City	54223
40	乌海市海勃湾区	Haibowan District in Wuhai City	54161
41	包头市土默特右旗	Tumoteyou Banner in Baotou City	53912
42	鄂尔多斯市鄂托克前旗	Etuokeqian Banner in Erdos City	53551
43	锡林郭勒盟正镶白旗	Zhengxiangbai Banner in Xilinguole League	53409
44	赤峰市阿鲁科尔沁旗	Alukeerqin Banner in Chifeng City	51703
45	呼和浩特市和林格尔县	Helingeer County in Hohhot City	51260
46	乌兰察布市察哈尔右翼中旗	Chahaeryouyizhong Banner in Wulanchabu City	51226
47	呼和浩特市赛罕区	Saihan District in Hohhot City	50295
48	乌兰察布市丰镇市	Fengzhen City in Wulanchabu City	50233
49	呼和浩特市新城区	Xincheng District in Hohhot City	49981
50	赤峰市克什克腾旗	Keshiketeng Banner in Chifeng City	49922
51	锡林郭勒盟苏尼特右旗	Suniteyou Banner in Xilinguole League	49692
52	乌兰察布市卓资县	Zhuozi County in Wulanchabu City	49484
53	呼伦贝尔市额尔古纳市	Eerguna City in Hulunbeier City	49162
54	赤峰市喀喇沁旗	Kalaqin Banner in Chifeng City	48923
55	赤峰市翁牛特旗	Wengniute Banner in Chifeng City	48578
56	兴安盟乌兰浩特市	Wulanhaote City in Xingan League	48475
57	赤峰市红山区	Hongshan District in Chifeng City	48413
58	呼和浩特市托克托县	Tuoketuo County in Hohhot City	48118
59	呼伦贝尔市新巴尔虎左旗	Xinbaerhuzuo Banner in Hulunbeier City	47828
60	呼伦贝尔市牙克石市	Yakeshi City in Hulunbeier City	47818
61	乌兰察布市化德县	Huade County in Wulanchabu City	47498
62	巴彦淖尔市乌拉特中旗	Wulatezhong Banner in Bayannaoer City	47394
63	赤峰市松山区	Songshan District in Chifeng City	47102
64	巴彦淖尔市乌拉特后旗	Wulatehou Banner in Bayannaoer City	46768
65	呼和浩特市土默特左旗	Tumotezuo Banner in Hohhot City	46515
66	呼伦贝尔市根河市	Genhe City in Hulunbeier City	46471
67	呼和浩特市回民区	Huimin District in Hohhot City	46343
68	巴彦淖尔市乌拉特前旗	Wulateqian Banner in Bayannaoer City	46301

23-8 续表 2 continued

单位：元 (yuan)

位次 Order	旗县(区)名称	Name of Banners, Counties and Districts	职工平均工资 Average Wage
69	乌兰察布市商都县	Shangdu County in Wulanchabu City	46141
70	赤峰市敖汉旗	Aohan Banner in Chifeng City	46106
71	呼和浩特市玉泉区	Yuquan District in Hohhot City	46041
72	呼和浩特市清水河县	Qingshuihe County in Hohhot City	45380
73	包头市东河区	Donghe District in Baotou City	44928
74	巴彦淖尔市临河区	Linhe District in Bayannaoer City	44750
75	呼伦贝尔市阿荣旗	Arong Banner in Hulunbeier City	44682
76	赤峰市林西县	Linxi County in Chifeng City	44606
77	乌兰察布市察哈尔右翼前旗	Chahaeryouyiqian Banner in Wulanchabu City	44526
78	乌兰察布市察哈尔右翼后旗	Chahaeryouyihou Banner in Wulanchabu City	44403
79	乌海市乌达区	Wuda District in Wuhai City	44129
80	赤峰市宁城县	Ningcheng County in Chifeng City	44069
81	巴彦淖尔市杭锦后旗	Hangjinhou Banner in Bayannaoer City	44013
82	通辽市奈曼旗	Naiman Banner in Tongliao City	43256
83	兴安盟阿尔山市	Aershan City in Xingan League	42956
84	赤峰市巴林左旗	Balinzuo Banner in Chifeng City	42077
85	巴彦淖尔市五原县	Wuyuan County in Bayannaoer City	41869
86	乌兰察布市集宁区	Jining District in Wulanchabu City	41655
87	赤峰市巴林右旗	Balinyou Banner in Chifeng City	41484
88	兴安盟扎赉特旗	Zhalaite Banner in Xingan League	41313
89	呼伦贝尔市莫力达瓦达斡尔族自治旗	Molidawadawoer National Autonomous Banner in Hulunbeier City	40874
90	呼伦贝尔市鄂伦春自治旗	Elunchun National Autonomous Banner in Hulunbeier City	40821
91	通辽市扎鲁特旗	Zhalute Banner in Tongliao City	40691
92	通辽市科尔沁左翼后旗	Keerqinzuoyihou Banner in Tongliao City	40600
93	兴安盟科尔沁右翼前旗	Keerqinyouyiqian Banner in Xingan League	40434
94	通辽市库伦旗	Kulun Banner in Tongliao City	39970
95	呼和浩特市武川县	Wuchuan County in Hohhot City	39955
96	乌兰察布市兴和县	Xinghe County in Wulanchabu City	39086
97	兴安盟突泉县	Tuquan County in Xingan League	38740
98	通辽市科尔沁左翼中旗	Keerqinzuoyizhong Banner in Tongliao City	38366
99	呼伦贝尔市扎兰屯市	Zhalantun City in Hulunbeier City	37367
100	巴彦淖尔市磴口县	Dengkou County in Bayannaoer City	37146
101	兴安盟科尔沁右翼中旗	Keerqinyouyizhong Banner in Xingan League	36109
102	通辽市开鲁县	Kailu County in Tongliao City	35026

23-9 各旗县(区)按公共财政预算收入排序(2013年)

Banners, Counties and Districts Ranked by Public Budgetary Financial Revenue(2013)

单位：万元 (10 000 yuan)

位次 Order	旗县(区)名称	Name of Banners, Counties and Districts	公共财政预算收入 Public Budgetary Financial Revenue
1	鄂尔多斯市东胜区	Dongsheng District in Erdos City	966700
2	鄂尔多斯市伊金霍洛旗	Yijinhuoluo Banner in Erdos City	751100
3	鄂尔多斯市准格尔旗	Zhungeer Banner in Erdos City	738600
4	通辽市科尔沁区	Keerqin District in Tongliao City	451978
5	包头市昆都仑区	Kundulun District in Baotou City	382942
6	包头市青山区	Qingshan District in Baotou City	363051
7	呼和浩特市赛罕区	Saihan District in Hohhot City	356872
8	呼和浩特市新城区	Xincheng District in Hohhot City	326583
9	鄂尔多斯市鄂托克旗	Etuoke Banner in Erdos City	271700
10	乌海市海勃湾区	Haibowan District in Wuhai City	246195
11	阿拉善盟阿拉善左旗	Alashanzuo Banner in Alashan League	238994
12	通辽市霍林郭勒市	Huolinguole City in Tongliao City	228638
13	锡林郭勒盟锡林浩特市	Xilinhaote City in Xilinguole League	224869
14	鄂尔多斯市达拉特旗	Dalate Banner in Erdos City	190800
15	鄂尔多斯市乌审旗	Wushen Banner in Erdos City	185400
16	赤峰市红山区	Hongshan District in Chifeng City	181646
17	包头市土默特右旗	Tumoteyou Banner in Baotou City	178607
18	巴彦淖尔市临河区	Linhe District in Bayannaoer City	171258
19	锡林郭勒盟西乌珠穆沁旗	xiwuzhumuqin Banner in Xilinguole League	161972
20	包头市九原区	Jiuyuan District in Baotou City	157797
21	乌兰察布市集宁区	Jining District in Wulanchabu City	148483
22	呼和浩特市回民区	Huimin District in Hohhot City	141477
23	包头市达尔罕茂明安联合旗	Daerhanmaomingan Union Banner in Baotou City	133622
24	呼和浩特市玉泉区	Yuquan District in Hohhot City	129517
25	赤峰市元宝山区	Yuanbaoshan District in Chifeng City	129138
26	呼伦贝尔市满洲里市	Manzhouli City in Hulunbeier City	128086
27	包头市东河区	Donghe District in Baotou City	126795
28	乌海市海南区	Hainan District in Wuhai City	120081
29	锡林郭勒盟东乌珠穆沁旗	Dongwuzhumuqin Banner in Xilinguole League	116871
30	鄂尔多斯市鄂托克前旗	Etuokeqian Banner in Erdos City	116600
31	呼伦贝尔市海拉尔区	Hailaer District in Hulunbeier City	111117
32	通辽市扎鲁特旗	Zhalute Banner in Tongliao City	108037
33	呼和浩特市托克托县	Tuoketuo County in Hohhot City	103292
34	鄂尔多斯市杭锦旗	Hangjin Banner in Erdos City	96400

23-9 续表 1 continued

单位：万元 (10 000 yuan)

位次 Order	旗县(区)名称	Name of Banners, Counties and Districts	公共财政预算收入 Public Budgetary Financial Revenue
35	呼和浩特市土默特左旗	Tumotezuo Banner in Hohhot City	93904
36	呼和浩特市和林格尔县	Helingeer County in Hohhot City	93510
37	赤峰市松山区	Songshan District in Chifeng City	84131
38	巴彦淖尔市乌拉特前旗	Wulateqian Banner in Bayannaoer City	83528
39	乌海市乌达区	Wuda District in Wuhai City	82138
40	巴彦淖尔市乌拉特中旗	Wulatezhong Banner in Bayannaoer City	82114
41	呼伦贝尔市鄂温克族自治旗	Ewenke National Autonomous Banner in Hulunbeier City	73533
42	兴安盟乌兰浩特市	Wulanhaote City in Xingan League	72644
43	赤峰市克什克腾旗	Keshiketeng Banner in Chifeng City	70972
44	巴彦淖尔市乌拉特后旗	Wulatehou Banner in Bayannaoer City	63545
45	阿拉善盟额济纳旗	Ejina Banner in Alashan League	58302
46	巴彦淖尔市杭锦后旗	Hangjinhou Banner in Bayannaoer City	57503
47	赤峰市宁城县	Ningcheng County in Chifeng City	54788
48	呼伦贝尔市牙克石市	Yakeshi City in Hulunbeier City	52268
49	巴彦淖尔市五原县	Wuyuan County in Bayannaoer City	50009
50	呼伦贝尔市陈巴尔虎旗	Chenbaerhu Banner in Hulunbeier City	48888
51	呼伦贝尔市阿荣旗	Arong Banner in Hulunbeier City	47544
52	赤峰市喀喇沁旗	Kalaqin Banner in Chifeng City	46915
53	呼伦贝尔市新巴尔虎右旗	Xinbaerhuyou Banner in Hulunbeier City	46438
54	赤峰市敖汉旗	Aohan Banner in Chifeng City	45801
55	呼伦贝尔市扎兰屯市	Zhalantun City in Hulunbeier City	45410
56	乌兰察布市丰镇市	Fengzhen City in Wulanchabu City	45380
57	通辽市奈曼旗	Naiman Banner in Tongliao City	43132
58	赤峰市巴林左旗	Balinzuo Banner in Chifeng City	42743
59	锡林郭勒盟正蓝旗	Zhenglan Banner in Xilinguole League	41804
60	锡林郭勒盟二连浩特市	Erlianhaote City in Xilinguole League	40241
61	包头市石拐区	Shiguai District in Baotou City	38145
62	赤峰市翁牛特旗	Wengniute Banner in Chifeng City	36808
63	赤峰市巴林右旗	Balinyou Banner in Chifeng City	36011
64	呼和浩特市武川县	Wuchuan County in Hohhot City	36010
65	包头市固阳县	Guyang County in Baotou City	35471
66	乌兰察布市凉城县	Liangcheng County in Wulanchabu City	35188
67	通辽市开鲁县	Kailu County in Tongliao City	34613
68	包头市白云矿区	Baiyun Mineral District in Baotou City	34502

23-9 续表 2 continued

单位：万元 (10 000 yuan)

位次 Order	旗县(区)名称	Name of Banners, Counties and Districts	公共财政预算收入 Public Budgetary Financial Revenue
69	通辽市科尔沁左翼后旗	Keerqinzuoyihou Banner in Tongliao City	32661
70	赤峰市林西县	Linxi County in Chifeng City	31283
71	呼和浩特市清水河县	Qingshuihe County in Hohhot City	30850
72	呼伦贝尔市满洲里扎赉诺尔区	Zhalainuoer District of Manzhouli City in Hulunbeier City	30606
73	赤峰市阿鲁科尔沁旗	Alukeerqin Banner in Chifeng City	30276
74	锡林郭勒盟多伦县	Duolun County in Xilinguole League	30051
75	乌兰察布市察哈尔右翼前旗	Chahaeryouyiqian Banner in Wulanchabu City	29937
76	兴安盟科尔沁右翼前旗	Keerqinyouyiqian Banner in Xingan League	28541
77	乌兰察布市兴和县	Xinghe County in Wulanchabu City	28503
78	乌兰察布市卓资县	Zhuozi County in Wulanchabu City	27162
79	通辽市科尔沁左翼中旗	Keerqinzuoyizhong Banner in Tongliao City	26140
80	锡林郭勒盟苏尼特右旗	Suniteyou Banner in Xilinguole League	25362
81	呼伦贝尔市莫力达瓦达斡尔族自治旗	Molidawadawoer National Autonomous Banner in Hulunbeier City	24380
82	通辽市库伦旗	Kulun Banner in Tongliao City	24364
83	乌兰察布市察哈尔右翼后旗	Chahaeryouyihou Banner in Wulanchabu City	24117
84	呼伦贝尔市额尔古纳市	Eerguna City in Hulunbeier City	21566
85	兴安盟科尔沁右翼中旗	Keerqinyouyizhong Banner in Xingan League	20537
86	锡林郭勒盟镶黄旗	Xianghuang Banner in Xilinguole League	20140
87	巴彦淖尔市磴口县	Dengkou County in Bayannaoer City	18951
88	锡林郭勒盟苏尼特左旗	Sunitezuo Banner in Xilinguole League	18464
89	乌兰察布市四子王旗	Siziwang Banner in Wulanchabu City	18132
90	乌兰察布市化德县	Huade County in Wulanchabu City	17019
91	锡林郭勒盟阿巴嘎旗	Abaga Banner in Xilinguole League	16786
92	乌兰察布市商都县	Shangdu County in Wulanchabu City	15543
93	兴安盟扎赉特旗	Zhalaite Banner in Xingan League	15333
94	呼伦贝尔市鄂伦春自治旗	Elunchun National Autonomous Banner in Hulunbeier City	15130
95	呼伦贝尔市根河市	Genhe City in Hulunbeier City	13491
96	呼伦贝尔市新巴尔虎左旗	Xinbaerhuzuo Banner in Hulunbeier City	13065
97	乌兰察布市察哈尔右翼中旗	Chahaeryouyizhong Banner in Wulanchabu City	12888
98	阿拉善盟阿拉善右旗	Alashanyou Banner in Alashan League	10366
99	兴安盟阿尔山市	Aershan City in Xingan League	10137
100	锡林郭勒盟正镶白旗	Zhengxiangbai Banner in Xilinguole League	9841
101	兴安盟突泉县	Tuquan County in Xingan League	9697
102	锡林郭勒盟太仆寺旗	Taipusi Banner in Xilinguole League	9316

23-10 呼和浩特市新城区

指　标	Item	2012	2013	2013年比上年增长% Increase Rate in 2013 Over 2012(%)
行政区域土地面积(平方公里)	**Area of Administration(Sq.km)**	**700**	**661**	**-5.6**
人口和就业	**Population & Employment**			
年末总人口(人)	Total Population Year-end(person)	368857	376866	2.2
#男性(人)	Male(person)	182923	186511	2.0
#乡村人口(人)	Rural(person)	49549	50059	1.0
年末总户数(户)	Total Number of Households at the Year-end(Household)	130458	135629	4.0
#乡村户数(户)	Number of Rural Household(Household)	18615	19056	2.4
出生人口(人)	Births(person)	3759	4285	14.0
死亡人口(人)	Deaths(person)	3631	2040	-43.8
全社会就业人员(人)	Employment(person)	327190	315654	-3.5
第一产业(人)	Primary Industry(person)	18120	15230	-15.9
第二产业(人)	Secondary Industry(person)	87920	90074	2.4
第三产业(人)	Tertiary Industry(person)	221150	210350	-4.9
在岗职工人数(人)	Number of Staff & Workers Employed in(person)	82873	119117	43.7
乡村劳动力(人)	Number of Rural Laborers(person)	35868	36742	2.4
#农林牧渔业(人)	Farming,Forestry,Animal Husbandry & Fishery(person)	18120	15230	-15.9
国民经济综合指标	**Summary Item on the National Economy**			
生产总值(万元)	Gross Domestic Product(10 000 yuan)	5145999	5673173	7.7
第一产业(万元)	Primary Industry(10 000 yuan)	21743	23684	0.7
第二产业(万元)	Secondary Industry(10 000 yuan)	670530	717403	8.6
#工业(万元)	Industry(10 000 yuan)	302263	322621	10.5
第三产业(万元)	Tertiary Industry(10 000 yuan)	4453726	4932086	7.6
人均生产总值(元)	Per Capita GDP(yuan)	88305	95275	7.4
全社会固定资产投资(万元)	Total Investment in Fixed Assets(10 000 yuan)	2302954	2550491	10.7
按登记注册类型分	Grouped by Registered Type			
#国有(万元)	State-owned Enterprises(10 000 yuan)	1134725	1254323	10.5
集体(万元)	Collective-owned Enterprises(10 000 yuan)	39947		
有限责任公司(万元)	Limited Liability Corporations(10 000 yuan)	456279	610169	33.7
股份有限公司(万元)	Share Holding Enterprises(10 000 yuan)	274693	295093	7.4
私营企业(万元)	Private Enterprises(10 000 yuan)	353867	378521	7.0
外商及港澳台投资企业(万元)	Funds from HK,Macao,Taiwan & Foreign(10 000 yuan)			
按城乡渠道分	Grouped by Urban and Rural Area			
城镇(万元)	Urban(10 000 yuan)	2302954	2550491	10.7
农村(万元)	Rural(10 000 yuan)			
公共财政预算收入(万元)	Public Budgetary Financial Revenue(10 000 yuan)	277778	326583	17.6
公共财政预算支出(万元)	Public Budgetary Financial Expenditure(10 000 yuan)	144294	176995	22.7
个人储蓄存款余额(万元)	The balance of savings deposits of individuals(10 000 yuan)			
在岗职工工资总额(万元)	Total Wages of Staff & Workers Employed in(10 000 yuan)	431387	595856	38.1
在岗职工平均工资(元)	Average Wage of Staff & Workers Employed in(yuan)	43431	49981	15.1
全体居民人均可支配收入(元)	The per capita disposable income of all residents(yuan)	27526	29946	8.8
城镇常住居民人均可支配收入(元)	The per capita disposable income of urban permanent residents(yuan)	33634	36429	8.3
农村牧区常住居民人均可支配收入(元)	The per capita disposable income of permanent residents of rural and pastoral areas(yuan)	12283	13769	12.1
农村牧区经济	**Economic Development in Rural & Pastoral Area**			
农作物总播种面积(公顷)	Total Sown Area(hectare)	6535	2456	-62.4
#粮食作物播种面积(公顷)	Sown Area of Grain Crops(hectare)	5759	1827	-68.3
农牧业机械总动力(万千瓦)	Total Power of Agricultural Machinery(10 000 kw)	3.41	5.38	57.8
化肥施用折纯量(吨)	Consumption of Chemical Fertilizer(ton)	150	148	-1.3
农村用电量(万千瓦小时)	Electricity Consumed in Rural Area(10 000 kwh)	1520	1588	4.5
农林牧渔业总产值(万元)	Gross Output of Farming,Forestry,Animal Husbandry & Fishery(10 000 yuan)	39031	41994	1.0
粮食产量(吨)	Yield of Grain(ton)	9089	4514	-50.3
油料产量(吨)	Yield of Oil-bearing Grops(ton)	85	172	102.4
甜菜产量(吨)	Yield of Beetroots(ton)			
猪牛羊肉产量(吨)	Output of Pork, Beef & Mutton(ton)	2173	1940	-10.7
#猪肉产量(吨)	Output of Pork(ton)	1398	1182	-15.5
牛肉产量(吨)	Output of Beef(ton)	256	238	-7.0
羊肉产量(吨)	Output of Mutton(ton)	519	520	0.2
羊毛产量(吨)	Output of Wool(ton)	86	85	-1.2

23-10 Xincheng District in Hohhot City

指　　标	Item	2012	2013	2013年比上年增长% Increase Rate in 2013 Over 2012(%)
年末牲畜存栏头数(万头只)	Total Livestock at the Year-end(10 000 heads)	6.60	5.90	-10.6
# 大牲畜(万头只)	Large Animals(10 000 heads)	0.70	0.50	-28.6
羊(万只)	Sheep & Goats(10 000 heads)	4.40	4.00	-9.1
猪(万头)	Hogs(10 000 heads)	1.50	1.40	-6.7
规模以上工业	**Industrial Enterprises above Designated size**			
工业企业单位数(个)	Number of Industrial Enterprises(unit)	24	25	4.2
# 内资企业(个)	Civil Funded Enterprises(unit)	24	25	4.2
工业总产值(万元)	Gross Industrial Output Value(10 000 yuan)	515922	660739	28.1
内资企业(万元)	Civil Funded Enterprises(10 000 yuan)	515922	660739	28.1
国有企业(万元)	State-owned Enterprises(10 000 yuan)	405099		
集体企业(万元)	Collective-owned Enterprises(10 000 yuan)			
股份合作企业(万元)	Share Holding Enterprises(10 000 yuan)			
联营企业(万元)	Joint Owned Enterprises(10 000 yuan)			
有限责任公司(万元)	Limited Company(10 000 yuan)	37097	455762	1128.6
股份有限公司(万元)	Share Holding Limited Company(10 000 yuan)		144096	
私营企业(万元)	Privately Owned Enterprises(10 000 yuan)	61515	60881	-1.0
其他企业(万元)	Enterprises of Other Ownership(10 000 yuan)	12211		
港澳台商投资企业(万元)	Funds from HK,Macao & Taiwan(10 000 yuan)			
外商投资企业(万元)	Foreign Funded Enterprises(10 000 yuan)			
工业企业增加值(万元)	Value Added of Industrial Enterprises(10 000 yuan)			11.2
工业企业资产总计(万元)	Total Assets of Industrial Enterprises(10 000 yuan)	467808	567670	21.3
工业企业负债合计(万元)	Total Liabilities of Industrial Enterprises(10 000 yuan)	412581	489604	18.7
工业企业营业收入(万元)	Sales of Revenue Industrial Enterprises(10 000 yuan)	157705	662759	315.2
工业企业利润总额(万元)	Total Profits of Industrial Enterprises(10 000 yuan)	15745	303985	1830.7
建筑业	**Construction**			
建筑企业单位数(个)	Number of Construction Enterprises(unit)	66	69	1.5
建筑企业从业人员(人)	Number of Employee in Construction Enterprises(person)	23506	21646	-7.9
建筑业总产值(万元)	Gross Construction Output Value(10 000 yuan)	956146	1019841	6.7
交通运输邮电通信业	**Transportation,Post & Telecommunications**			
公路里程(公里)	Total Length of Highways(km)			
邮电业务总量(万元)	Business Volume of Post & Telecoms(10 000 yuan)			
本地电话用户(户)	Number of Subscribers of Local Telephone(Household)			
国内贸易	**Domestic Trade**			
社会消费品零售总额(万元)		3048899	3385930	11.1
城镇(万元)	Town(10 000 yuan)	3048899	3385930	11.1
乡村(万元)	Village(10 000 yuan)			
科技教育卫生	**Science,Education & Public Health**			
各类专业技术人员(人)	Special Technical Personnel(person)	3915	4004	2.3
幼儿园数(所)	Number of Kindergartens(unit)	29	33	13.8
学龄儿童入学率(%)	Percentage of School-Age Children Enrolled(%)	100.0	100.0	0.0
小学学校数(所)	Number of Primary Schools(unit)	43	42	-2.3
小学专任教师数(人)	Number of Full-time Teachers of Primary Schools(person)	1908	1907	-0.1
小学在校学生数(人)	Number of Student Enrollment of Primary Schools(person)	40923	40866	-0.1
普通中学学校数(所)	Number of Regular Secondary Schools(unit)	23	22	-4.3
普通中学专任教师数(人)	Number of Teachers of Secondary Shools(person)	2120	2210	4.2
初中在校学生数(人)	Number of Student in Junior Secondary Schools(person)	15103	19732	30.6
高中在校学生数(人)	Number of Student in Senior Secondary Schools(person)	15103	14594	-3.4
卫生机构数(所)	Number of Health Institutions(unit)	21	21	0.0
# 医院(所)	Hospitals(unit)	19	19	0.0
卫生院(所)	Township Hospitals(unit)	2	2	0.0
床位数(张)	Number of Beds(unit)	2344	2140	-8.7
# 医院(张)	Hospitals(unit)	2294	2090	-8.9
卫生院(张)	Township Hospitals(unit)	50	50	0.0
卫生技术人员(人)	Medical Technical Presonnel(person)	2832	2832	0.0
# 医院(人)	Hospitals(person)	2806	2803	-0.1
卫生院(人)	Township Hospitals(person)	26	29	11.5

23-11 呼和浩特市回民区

指 标	Item	2012	2013	2013年比上年增长% Increase Rate in 2013 Over 2012(%)
行政区域土地面积(平方公里)	**Area of Administration(Sq.km)**	**175**	**194**	**10.9**
人口和就业	**Population & Employment**			
年末总人口(人)	Total Population Year-end(person)	236367	237714	0.6
#男性(人)	Male(person)	118356	118884	0.4
#乡村人口(人)	Rural(person)	46817	37626	-19.6
年末总户数(户)	Total Number of Households at the Year-end(Household)	87066	88599	1.8
#乡村户数(户)	Number of Rural Household(Household)	14928	17541	17.5
出生人口(人)	Births(person)	2175	2430	11.7
死亡人口(人)	Deaths(person)	3113	1844	-40.8
全社会就业人员(人)	Employment(person)	172167	181120	5.2
第一产业(人)	Primary Industry(person)	4810	4329	-10.0
第二产业(人)	Secondary Industry(person)	56170	50150	-10.7
第三产业(人)	Tertiary Industry(person)	111187	126641	13.9
在岗职工人数(人)	Number of Staff & Workers Employed in(person)	38139	47154	23.6
乡村劳动力(人)	Number of Rural Laborers(person)	18420	13578	-26.3
#农林牧渔业(人)	Farming,Forestry,Animal Husbandry & Fishery(person)	2420	2252	-6.9
国民经济综合指标	**Summary Item on the National Economy**			
生产总值(万元)	Gross Domestic Product(10 000 yuan)	3104476	3133010	5.2
第一产业(万元)	Primary Industry(10 000 yuan)	5413	5848	1.0
第二产业(万元)	Secondary Industry(10 000 yuan)	602855	397359	1.1
#工业(万元)	Industry(10 000 yuan)	412401	183861	-11.4
第三产业(万元)	Tertiary Industry(10 000 yuan)	2496208	2729803	5.9
人均生产总值(元)	Per Capita GDP(yuan)	75114	74172	2.9
全社会固定资产投资(万元)	Total Investment in Fixed Assets(10 000 yuan)	939748	1110018	18.1
按登记注册类型分	Grouped by Registered Type			
#国有(万元)	State-owned Enterprises(10 000 yuan)	306155	252511	-17.5
集体(万元)	Collective-owned Enterprises(10 000 yuan)	23932	4908	-79.5
有限责任公司(万元)	Limited Liability Corporations(10 000 yuan)	529938	775178	46.3
股份有限公司(万元)	Share Holding Enterprises(10 000 yuan)	853	26686	3028.5
私营企业(万元)	Private Enterprises(10 000 yuan)	57850	23578	-59.2
外商及港澳台投资企业(万元)	Funds from HK,Macao,Taiwan & Foreign(10 000 yuan)	3650	27116	642.9
按城乡渠道分	Grouped by Urban and Rural Area			
城镇(万元)	Urban(10 000 yuan)	939748	1110018	18.1
农村(万元)	Rural(10 000 yuan)			
公共财政预算收入(万元)	Public Budgetary Financial Revenue(10 000 yuan)	122218	141477	15.8
公共财政预算支出(万元)	Public Budgetary Financial Expenditure(10 000 yuan)	121837	134388	10.3
个人储蓄存款余额(万元)	The balance of savings deposits of individuals(10 000 yuan)			
在岗职工工资总额(万元)	Total Wages of Staff & Workers Employed in(10 000 yuan)	161084	250501	55.5
在岗职工平均工资(元)	Average Wage of Staff & Workers Employed in(yuan)	42142	46343	10.0
全体居民人均可支配收入(元)	The per capita disposable income of all residents(yuan)	26511	28900	9.0
城镇常住居民人均可支配收入(元)	The per capita disposable income of urban permanent residents(yuan)	29331	31892	8.7
农村牧区常住居民人均可支配收入(元)	The per capita disposable income of permanent residents of rural and pastoral areas(yuan)	12771	14325	12.2
农村牧区经济	**Economic Development in Rural & Pastoral Area**			
农作物总播种面积(公顷)	Total Sown Area(hectare)	834	856	2.6
#粮食作物播种面积(公顷)	Sown Area of Grain Crops(hectare)	769	775	0.8
农牧业机械总动力(万千瓦)	Total Power of Agricultural Machinery(10 000 kw)	1.00	1.00	0.0
化肥施用折纯量(吨)	Consumption of Chemical Fertilizer(ton)	136	115	-15.4
农村用电量(万千瓦小时)	Electricity Consumed in Rural Area(10 000 kwh)	2104	664	-68.4
农林牧渔业总产值(万元)	Gross Output of Farming,Forestry,Animal	9733	10400	0.3
粮食产量(吨)	Yield of Grain(ton)	3072	3465	12.8
油料产量(吨)	Yield of Oil-bearing Grops(ton)	6	6	0.0
甜菜产量(吨)	Yield of Beetroots(ton)			
猪牛羊肉产量(吨)	Output of Pork, Beef & Mutton(ton)	352	447	27.0
#猪肉产量(吨)	Output of Pork(ton)	164	353	115.2
牛肉产量(吨)	Output of Beef(ton)	121	14	-88.4
羊肉产量(吨)	Output of Mutton(ton)	67	80	19.4
羊毛产量(吨)	Output of Wool(ton)		3	

23-11 Huimin District in Hohhot City

指　标	Item	2012	2013	2013年比上年增长% Increase Rate in 2013 Over 2012(%)
年末牲畜存栏头数(万头只)	Total Livestock at the Year-end(10 000 heads)	0.81	0.91	12.3
# 大牲畜(万头只)	Large Animals(10 000 heads)	0.24	0.02	-91.7
羊(万只)	Sheep & Goats(10 000 heads)	0.28	0.41	46.4
猪(万头)	Hogs(10 000 heads)	0.29	0.48	65.5
规模以上工业	**Industrial Enterprises above Designated size**			
工业企业单位数(个)	Number of Industrial Enterprises(unit)	16	17	6.3
# 内资企业(个)	Civil Funded Enterprises(unit)	13	14	7.7
工业总产值(万元)	Gross Industrial Output Value(10 000 yuan)	495110	433193	-12.5
内资企业(万元)	Civil Funded Enterprises(10 000 yuan)	281022	206231	-26.6
国有企业(万元)	State-owned Enterprises(10 000 yuan)	53275		
集体企业(万元)	Collective-owned Enterprises(10 000 yuan)			
股份合作企业(万元)	Share Holding Enterprises(10 000 yuan)			
联营企业(万元)	Joint Owned Enterprises(10 000 yuan)			
有限责任公司(万元)	Limited Company(10 000 yuan)	98797	141825	43.6
股份有限公司(万元)	Share Holding Limited Company(10 000 yuan)			
私营企业(万元)	Privately Owned Enterprises(10 000 yuan)	126693	64406	-49.2
其他企业(万元)	Enterprises of Other Ownership(10 000 yuan)	2258		
港澳台商投资企业(万元)	Funds from HK,Macao & Taiwan(10 000 yuan)	210909	223521	6.0
外商投资企业(万元)	Foreign Funded Enterprises(10 000 yuan)	3179	3441	8.2
工业企业增加值(万元)	Value Added of Industrial Enterprises(10 000 yuan)			-16.9
工业企业资产总计(万元)	Total Assets of Industrial Enterprises(10 000 yuan)	956172	998400	4.4
工业企业负债合计(万元)	Total Liabilities of Industrial Enterprises(10 000 yuan)	808606	882872	9.2
工业企业产品销售收入(万元)	Sales of Revenue Industrial Enterprises(10 000 yuan)	457494	427538	-6.6
工业企业利润总额(万元)	Total Profits of Industrial Enterprises(10 000 yuan)	-16485	-9787	
建筑业	**Construction**			
建筑企业单位数(个)	Number of Construction Enterprises(unit)	41	42	2.4
建筑企业从业人员(人)	Number of Employee in Construction Enterprises(person)	12434	10474	-15.1
建筑业总产值(万元)	Gross Construction Output Value(10 000 yuan)	341674	441411	29.2
交通运输邮电通信业	**Transportation,Post & Telecommunications**			
公路里程(公里)	Total Length of Highways(km)			
邮电业务总量(万元)	Business Volume of Post & Telecoms(10 000 yuan)			
本地电话用户(户)	Number of Subscribers of Local Telephone(Household)			
国内贸易	**Domestic Trade**			
社会消费品零售总额(万元)	Total Retail Sales of Consumer Goods(10 000 yuan)	3143762	3508744	11.6
城镇(万元)	Town(10 000 yuan)			
乡村(万元)	Village(10 000 yuan)			
科技教育卫生	**Science,Education & Public Health**			
各类专业技术人员(人)	Special Technical Personnel(person)	8397	7277	-13.3
幼儿园数(所)	Number of Kindergartens(unit)	36	54	50.0
学龄儿童入学率(%)	Percentage of School-Age Children Enrolled(%)	100.0	100.0	0.0
小学学校数(所)	Number of Primary Schools(unit)	35	31	-11.4
小学专任教师数(人)	Number of Full-time Teachers of Primary Schools(person)	1107	1154	4.2
小学在校学生数(人)	Number of Student Enrollment of Primary Schools(person)	22029	22775	3.4
普通中学学校数(所)	Number of Regular Secondary Schools(unit)	18	16	-11.1
普通中学专任教师数(人)	Number of Teachers of Secondary Shools(person)	1646	1710	3.9
初中在校学生数(人)	Number of Student in Junior Secondary Schools(person)	13604	14501	6.6
高中在校学生数(人)	Number of Student in Senior Secondary Schools(person)	13141	7547	-42.6
卫生机构数(所)	Number of Health Institutions(unit)	169	180	6.5
# 医院(所)	Hospitals(unit)	15	20	33.3
卫生院(所)	Township Hospitals(unit)	1	1	0.0
床位数(张)	Number of Beds(unit)	4527	3439	-24.0
# 医院(张)	Hospitals(unit)	4517	3414	-24.4
卫生院(张)	Township Hospitals(unit)	10	25	150.0
卫生技术人员(人)	Medical Technical Presonnel(person)	5322	4413	-17.1
# 医院(人)	Hospitals(person)	5307	4399	-17.1
卫生院(人)	Township Hospitals(person)	15	14	-6.7

23-12 呼和浩特市玉泉区

指　标	Item	2012	2013	2013年比上年增长% Increase Rate in 2013 Over 2012(%)
行政区域土地面积(平方公里)	**Area of Administration(Sq.km)**	**207**	**207**	**0.0**
人口和就业	**Population & Employment**			
年末总人口(人)	Total Population Year-end(person)	198147	200284	1.1
#男性(人)	Male(person)	99457	100343	0.9
#乡村人口(人)	Rural(person)	49763	48630	-2.3
年末总户数(户)	Total Number of Households at the Year-end(Household)	78079	81054	3.8
#乡村户数(户)	Number of Rural Household(Household)	19583	20957	7.0
出生人口(人)	Births(person)	2010	2301	14.5
死亡人口(人)	Deaths(person)	4772	1250	-73.8
全社会就业人员(人)	Employment(person)	98940	98963	0.0
第一产业(人)	Primary Industry(person)	13279	12840	-3.3
第二产业(人)	Secondary Industry(person)	29725	29738	0.0
第三产业(人)	Tertiary Industry(person)	55936	56385	0.8
在岗职工人数(人)	Number of Staff & Workers Employed in(person)	20248	28232	39.4
乡村劳动力(人)	Number of Rural Laborers(person)	23592	24195	2.6
#农林牧渔业(人)	Farming,Forestry,Animal Husbandry & Fishery(person)	13279	12840	-3.3
国民经济综合指标	**Summary Item on the National Economy**			
生产总值(万元)	Gross Domestic Product(10 000 yuan)	2502871	2508937	7.0
第一产业(万元)	Primary Industry(10 000 yuan)	30198	35757	9.5
第二产业(万元)	Secondary Industry(10 000 yuan)	904128	757546	8.6
#工业(万元)	Industry(10 000 yuan)	732929	567174	8.1
第三产业(万元)	Tertiary Industry(10 000 yuan)	1568545	1715634	6.0
人均生产总值(元)	Per Capita GDP(yuan)	63865	62865	5.0
全社会固定资产投资(万元)	Total Investment in Fixed Assets(10 000 yuan)	1305594	1351133	3.5
按登记注册类型分	Grouped by Registered Type			
#国有(万元)	State-owned Enterprises(10 000 yuan)	294872	353270	19.8
集体(万元)	Collective-owned Enterprises(10 000 yuan)			
有限责任公司(万元)	Limited Liability Corporations(10 000 yuan)	733374	767916	4.7
股份有限公司(万元)	Share Holding Enterprises(10 000 yuan)	93905	31150	-66.8
私营企业(万元)	Private Enterprises(10 000 yuan)	163669	198697	21.4
外商及港澳台投资企业(万元)	Funds from HK,Macao,Taiwan & Foreign(10 000 yuan)	9800		
按城乡渠道分	Grouped by Urban and Rural Area			
城镇(万元)	Urban(10 000 yuan)	1305594	1346147	3.1
农村(万元)	Rural(10 000 yuan)		4986	
公共财政预算收入(万元)	Public Budgetary Financial Revenue(10 000 yuan)	115867	129517	11.8
公共财政预算支出(万元)	Public Budgetary Financial Expenditure(10 000 yuan)	107747	108087	0.3
个人储蓄存款余额(万元)	The balance of savings deposits of individuals(10 000 yuan)			
在岗职工工资总额(万元)	Total Wages of Staff & Workers Employed in(10 000 yuan)	94822	145001	52.9
在岗职工平均工资(元)	Average Wage of Staff & Workers Employed in(yuan)	43278	46041	6.4
全体居民人均可支配收入(元)	The per capita disposable income of all residents(yuan)	24595	26883	9.3
城镇常住居民人均可支配收入(元)	The per capita disposable income of urban permanent residents(yuan)	28380	30917	8.9
农村牧区常住居民人均可支配收入(元)	The per capita disposable income of permanent residents of rural and pastoral areas(yuan)	12253	13728	12.0
农村牧区经济	**Economic Development in Rural & Pastoral Area**			
农作物总播种面积(公顷)	Total Sown Area(hectare)	4907	4895	-0.2
#粮食作物播种面积(公顷)	Sown Area of Grain Crops(hectare)	3985	3988	0.1
农牧业机械总动力(万千瓦)	Total Power of Agricultural Machinery(10 000 kw)	7.00	6.90	-1.4
化肥施用折纯量(吨)	Consumption of Chemical Fertilizer(ton)	2805	2825	0.7
农村用电量(万千瓦小时)	Electricity Consumed in Rural Area(10 000 kwh)	1086	1120	3.1
农林牧渔业总产值(万元)	Gross Output of Farming,Forestry,Animal	52089	60555	10.1
粮食产量(吨)	Yield of Grain(ton)	34215	37350	9.2
油料产量(吨)	Yield of Oil-bearing Grops(ton)	83	68	-18.1
甜菜产量(吨)	Yield of Beetroots(ton)			
猪牛羊肉产量(吨)	Output of Pork, Beef & Mutton(ton)	1640	1530	-6.7
#猪肉产量(吨)	Output of Pork(ton)	716	769	7.4
牛肉产量(吨)	Output of Beef(ton)	735	459	-37.6
羊肉产量(吨)	Output of Mutton(ton)	189	302	59.8
羊毛产量(吨)	Output of Wool(ton)	47	48	2.1

23-12 Yuquan District in Hohhot City

指　标	Item	2012	2013	2013年比上年增长% Increase Rate in 2013 Over 2012(%)
年末牲畜存栏头数(万头只)	Total Livestock at the Year-end(10 000 heads)	4.30	5.09	18.4
#大牲畜(万头只)	Large Animals(10 000 heads)	1.10	1.35	22.7
羊(万只)	Sheep & Goats(10 000 heads)	2.20	2.50	13.6
猪(万头)	Hogs(10 000 heads)	1.00	1.25	25.0
规模以上工业	**Industrial Enterprises above Designated size**			
工业企业单位数(个)	Number of Industrial Enterprises(unit)	15	15	0.0
#内资企业(个)	Civil Funded Enterprises(unit)	15	15	0.0
工业总产值(万元)	Gross Industrial Output Value(10 000 yuan)	121804	118833	-2.4
内资企业(万元)	Civil Funded Enterprises(10 000 yuan)	121804	118833	-2.4
国有企业(万元)	State-owned Enterprises(10 000 yuan)			
集体企业(万元)	Collective-owned Enterprises(10 000 yuan)			
股份合作企业(万元)	Share Holding Enterprises(10 000 yuan)			
联营企业(万元)	Joint Owned Enterprises(10 000 yuan)			
有限责任公司(万元)	Limited Company(10 000 yuan)	15882	14502	-8.7
股份有限公司(万元)	Share Holding Limited Company(10 000 yuan)	42677	57497	34.7
私营企业(万元)	Privately Owned Enterprises(10 000 yuan)	63245	46834	-25.9
其他企业(万元)	Enterprises of Other Ownership(10 000 yuan)			
港澳台商投资企业(万元)	Funds from HK,Macao & Taiwan(10 000 yuan)			
外商投资企业(万元)	Foreign Funded Enterprises(10 000 yuan)			
工业企业增加值(万元)	Value Added of Industrial Enterprises(10 000 yuan)			8.1
工业企业资产总计(万元)	Total Assets of Industrial Enterprises(10 000 yuan)	141655	154780	9.3
工业企业负债合计(万元)	Total Liabilities of Industrial Enterprises(10 000 yuan)	101748	98504	-3.2
工业企业产品销售收入(万元)	Sales of Revenue Industrial Enterprises(10 000 yuan)	113540	120852	6.4
工业企业利润总额(万元)	Total Profits of Industrial Enterprises(10 000 yuan)	13487	25386	88.2
建筑业	**Construction**			
建筑企业单位数(个)	Number of Construction Enterprises(unit)	29	28	-3.5
建筑企业从业人员(人)	Number of Employee in Construction Enterprises(person)	4978	10902	122.8
建筑业总产值(万元)	Gross Construction Output Value(10 000 yuan)	306297	362440	18.3
交通运输邮电通信业	**Transportation,Post & Telecommunications**			
公路里程(公里)	Total Length of Highways(km)			
邮电业务总量(万元)	Business Volume of Post & Telecoms(10 000 yuan)			
本地电话用户(户)	Number of Subscribers of Local Telephone(Household)			
国内贸易	**Domestic Trade**			
社会消费品零售总额(万元)	Total Retail Sales of Consumer Goods(10 000 yuan)	1610207	1795461	11.5
城镇(万元)	Town(10 000 yuan)			
乡村(万元)	Village(10 000 yuan)			
科技教育卫生	**Science,Education & Public Health**			
各类专业技术人员(人)	Special Technical Personnel(person)	2628	2380	-9.4
幼儿园数(所)	Number of Kindergartens(unit)	29	33	13.8
学龄儿童入学率(%)	Percentage of School-Age Children Enrolled(%)	100.0	100.0	0.0
小学学校数(所)	Number of Primary Schools(unit)	36	35	-2.8
小学专任教师数(人)	Number of Full-time Teachers of Primary Schools(person)	1006	1029	2.3
小学在校学生数(人)	Number of Student Enrollment of Primary Schools(person)	22843	22859	0.1
普通中学学校数(所)	Number of Regular Secondary Schools(unit)	12	11	-8.3
普通中学专任教师数(人)	Number of Teachers of Secondary Shools(person)	801	508	-36.6
初中在校学生数(人)	Number of Student in Junior Secondary Schools(person)	7273	7361	1.2
高中在校学生数(人)	Number of Student in Senior Secondary Schools(person)	3935	3871	-1.6
卫生机构数(所)	Number of Health Institutions(unit)	221	236	6.8
#医院(所)	Hospitals(unit)	15	19	26.7
卫生院(所)	Township Hospitals(unit)	2	2	0.0
床位数(张)	Number of Beds(unit)	705	740	5.0
#医院(张)	Hospitals(unit)	675	690	2.2
卫生院(张)	Township Hospitals(unit)	30	50	66.7
卫生技术人员(人)	Medical Technical Presonnel(person)	733	755	3.0
#医院(人)	Hospitals(person)	713	735	3.1
卫生院(人)	Township Hospitals(person)	20	20	0.0

23-13 呼和浩特市赛罕区

指 标	Item	2012	2013	2013年比上年增长% Increase Rate in 2013 Over 2012(%)
行政区域土地面积(平方公里)	**Area of Administration(Sq.km)**	**1025**	**1003**	**-2.1**
人口和就业	**Population & Employment**			
年末总人口(人)	Total Population Year-end(person)	416739	430773	3.4
#男性(人)	Male(person)	209197	215630	3.1
#乡村人口(人)	Rural(person)	138411	124395	-10.1
年末总户数(户)	Total Number of Households at the Year-end(Household)	146524	154536	5.5
#乡村户数(户)	Number of Rural Household(Household)	42060	37260	-11.4
出生人口(人)	Births(person)	5163	5808	12.5
死亡人口(人)	Deaths(person)	6902	1708	-75.3
全社会就业人员(人)	Employment(person)	152142	174650	14.8
第一产业(人)	Primary Industry(person)	61459	45964	-25.2
第二产业(人)	Secondary Industry(person)	28200	31112	10.3
第三产业(人)	Tertiary Industry(person)	62483	97574	56.2
在岗职工人数(人)	Number of Staff & Workers Employed in(person)	96544	136761	41.7
乡村劳动力(人)	Number of Rural Laborers(person)	88462	88682	0.2
#农林牧渔业(人)	Farming,Forestry,Animal Husbandry & Fishery(person)	61459	45964	-25.2
国民经济综合指标	**Summary Item on the National Economy**			
生产总值(万元)	Gross Domestic Product(10 000 yuan)	4200078	5384480	27.4
第一产业(万元)	Primary Industry(10 000 yuan)	201997	217853	0.3
第二产业(万元)	Secondary Industry(10 000 yuan)	973914	1845847	96.9
#工业(万元)	Industry(10 000 yuan)	605813	1448715	151.0
第三产业(万元)	Tertiary Industry(10 000 yuan)	3024167	3320780	6.4
人均生产总值(元)	Per Capita GDP(yuan)	64026	80478	24.9
全社会固定资产投资(万元)	Total Investment in Fixed Assets(10 000 yuan)	2751228	3031969	10.2
按登记注册类型分	Grouped by Registered Type			
#国有(万元)	State-owned Enterprises(10 000 yuan)	1179159	1191579	1.1
集体(万元)	Collective-owned Enterprises(10 000 yuan)	114381	75330	-34.1
有限责任公司(万元)	Limited Liability Corporations(10 000 yuan)	1262014	1525803	20.9
股份有限公司(万元)	Share Holding Enterprises(10 000 yuan)	41167	145637	253.8
私营企业(万元)	Private Enterprises(10 000 yuan)	38300	93290	143.6
外商及港澳台投资企业(万元)	Funds from HK,Macao,Taiwan & Foreign(10 000 yuan)			
按城乡渠道分	Grouped by Urban and Rural Area			
城镇(万元)	Urban(10 000 yuan)	2751228	3031969	10.2
农村(万元)	Rural(10 000 yuan)			
公共财政预算收入(万元)	Public Budgetary Financial Revenue(10 000 yuan)	313456	356872	13.9
公共财政预算支出(万元)	Public Budgetary Financial Expenditure(10 000 yuan)	273175	284577	4.2
个人储蓄存款余额(万元)	The balance of savings deposits of individuals(10 000 yuan)			
在岗职工工资总额(万元)	Total Wages of Staff & Workers Employed in(10 000 yuan)	473181	716142	51.3
在岗职工平均工资(元)	Average Wage of Staff & Workers Employed in(yuan)	48924	50295	2.8
全体居民人均可支配收入(元)	The per capita disposable income of all residents(yuan)	25377	27659	9.0
城镇常住居民人均可支配收入(元)	The per capita disposable income of urban permanent	32620	35366	8.4
农村牧区常住居民人均可支配收入(元)	The per capita disposable income of permanent residents of rural and pastoral areas(yuan)	11615	13014	12.0
农村牧区经济	**Economic Development in Rural & Pastoral Area**			
农作物总播种面积(公顷)	Total Sown Area(hectare)	32337	32337	0.0
#粮食作物播种面积(公顷)	Sown Area of Grain Crops(hectare)	24681	24495	-0.8
农牧业机械总动力(万千瓦)	Total Power of Agricultural Machinery(10 000 kw)	17.00	16.60	-2.4
化肥施用折纯量(吨)	Consumption of Chemical Fertilizer(ton)	9493	10233	7.8
农村用电量(万千瓦小时)	Electricity Consumed in Rural Area(10 000 kwh)	8548	11430	33.7
农林牧渔业总产值(万元)	Gross Output of Farming,Forestry,Animal	364990	389118	0.1
粮食产量(吨)	Yield of Grain(ton)	75935	84504	11.3
油料产量(吨)	Yield of Oil-bearing Grops(ton)	1809	2244	24.0
甜菜产量(吨)	Yield of Beetroots(ton)		500	
猪牛羊肉产量(吨)	Output of Pork, Beef & Mutton(ton)	9555	9166	-4.1
#猪肉产量(吨)	Output of Pork(ton)	3288	3887	18.2
牛肉产量(吨)	Output of Beef(ton)	5547	4578	-17.5
羊肉产量(吨)	Output of Mutton(ton)	720	701	-2.6
羊毛产量(吨)	Output of Wool(ton)	102	86	-15.7

23-13 Saihan District in Hohhot City

指 标	Item	2012	2013	2013年比上年增长% Increase Rate in 2013 Over 2012(%)
年末牲畜存栏头数(万头只)	Total Livestock at the Year-end(10 000 heads)	22.62	20.61	-8.9
#大牲畜(万头只)	Large Animals(10 000 heads)	13.29	11.70	-12.0
羊(万只)	Sheep & Goats(10 000 heads)	5.57	5.21	-6.5
猪(万头)	Hogs(10 000 heads)	3.75	3.70	-1.3
规模以上工业	**Industrial Enterprises above Designated size**			
工业企业单位数(个)	Number of Industrial Enterprises(unit)	26	26	0.0
#内资企业(个)	Civil Funded Enterprises(unit)	23	23	0.0
工业总产值(万元)	Gross Industrial Output Value(10 000 yuan)	1497138	3731126	149.2
内资企业(万元)	Civil Funded Enterprises(10 000 yuan)	1436792	3671804	155.6
国有企业(万元)	State-owned Enterprises(10 000 yuan)	687538	41788	-93.9
集体企业(万元)	Collective-owned Enterprises(10 000 yuan)	2497	2622	5.0
股份合作企业(万元)	Share Holding Enterprises(10 000 yuan)			
联营企业(万元)	Joint Owned Enterprises(10 000 yuan)			
有限责任公司(万元)	Limited Company(10 000 yuan)	308309	490064	59.0
股份有限公司(万元)	Share Holding Limited Company(10 000 yuan)	420988	3116397	640.3
私营企业(万元)	Privately Owned Enterprises(10 000 yuan)	14120	20933	48.2
其他企业(万元)	Enterprises of Other Ownership(10 000 yuan)	3340		
港澳台商投资企业(万元)	Funds from HK,Macao & Taiwan(10 000 yuan)	2010	2050	2.0
外商投资企业(万元)	Foreign Funded Enterprises(10 000 yuan)	58336	57272	-1.8
工业企业增加值(万元)	Value Added of Industrial Enterprises(10 000 yuan)			191.3
工业企业资产总计(万元)	Total Assets of Industrial Enterprises(10 000 yuan)	3878513	3668239	-5.4
工业企业负债合计(万元)	Total Liabilities of Industrial Enterprises(10 000 yuan)	2400271	2173868	-9.4
工业企业产品销售收入(万元)	Sales of Revenue Industrial Enterprises(10 000 yuan)	1431214	3749246	156.0
工业企业利润总额(万元)	Total Profits of Industrial Enterprises(10 000 yuan)	-93053	25172	
建筑业	**Construction**			
建筑企业单位数(个)	Number of Construction Enterprises(unit)	71	71	0.0
建筑企业从业人员(人)	Number of Employee in Construction Enterprises(person)	19026	21216	13.3
建筑业总产值(万元)	Gross Construction Output Value(10 000 yuan)	659510	745603	13.1
交通运输邮电通信业	**Transportation,Post & Telecommunications**			
公路里程(公里)	Total Length of Highways(km)			
邮电业务总量(万元)	Business Volume of Post & Telecoms(10 000 yuan)			
本地电话用户(户)	Number of Subscribers of Local Telephone(Household)			
国内贸易	**Domestic Trade**			
社会消费品零售总额(万元)	Total Retail Sales of Consumer Goods(10 000 yuan)	1418336	1574541	11.0
城镇(万元)	Town(10 000 yuan)			
乡村(万元)	Village(10 000 yuan)			
科技教育卫生	**Science,Education & Public Health**			
各类专业技术人员(人)	Special Technical Personnel(person)	29171	30453	4.4
幼儿园数(所)	Number of Kindergartens(unit)	35	41	17.1
学龄儿童入学率(%)	Percentage of School-Age Children Enrolled(%)	100.0	100.0	0.0
小学学校数(所)	Number of Primary Schools(unit)	39	39	0.0
小学专任教师数(人)	Number of Full-time Teachers of Primary Schools(person)	1511	1572	4.0
小学在校学生数(人)	Number of Student Enrollment of Primary Schools(person)	37972	38459	1.3
普通中学学校数(所)	Number of Regular Secondary Schools(unit)	23	21	-8.7
普通中学专任教师数(人)	Number of Teachers of Secondary Shools(person)	2670	2612	-2.2
初中在校学生数(人)	Number of Student in Junior Secondary Schools(person)	23639	23368	-1.1
高中在校学生数(人)	Number of Student in Senior Secondary Schools(person)	11136	11677	4.9
卫生机构数(所)	Number of Health Institutions(unit)	46	46	0.0
#医院(所)	Hospitals(unit)	22	22	0.0
卫生院(所)	Township Hospitals(unit)	7	7	0.0
床位数(张)	Number of Beds(unit)	2793	2810	0.6
#医院(张)	Hospitals(unit)	2754	2771	0.6
卫生院(张)	Township Hospitals(unit)	39	39	0.0
卫生技术人员(人)	Medical Technical Presonnel(person)	3620	3681	1.7
#医院(人)	Hospitals(person)	2911	2971	2.1
卫生院(人)	Township Hospitals(person)	44	44	0.0

23-14 呼和浩特市土默特左旗

指　标	Item	2012	2013	2013年比上年增长% Increase Rate in 2013 Over 2012(%)
行政区域土地面积(平方公里)	**Area of Administration(Sq.km)**	**2779**	**2765**	**-0.5**
人口和就业	**Population & Employment**			
年末总人口(人)	Total Population Year-end(person)	359793	364859	1.4
#男性(人)	Male(person)	188058	190396	1.2
#乡村人口(人)	Rural(person)	298356	317875	6.5
年末总户数(户)	Total Number of Households at the Year-end(Household)	121236	126682	4.5
#乡村户数(户)	Number of Rural Household(Household)	76988	110369	43.4
出生人口(人)	Births(person)	4370	4701	7.6
死亡人口(人)	Deaths(person)	5198	742	-85.7
全社会就业人员(人)	Employment(person)	189225	183456	-3.0
第一产业(人)	Primary Industry(person)	100134	87312	-12.8
第二产业(人)	Secondary Industry(person)	40934	52754	28.9
第三产业(人)	Tertiary Industry(person)	48157	43390	-9.9
在岗职工人数(人)	Number of Staff & Workers Employed in(person)	16837	35011	107.9
乡村劳动力(人)	Number of Rural Laborers(person)	180265	183048	1.4
#农林牧渔业(人)	Farming,Forestry,Animal Husbandry & Fishery(person)	93453	87312	-6.6
国民经济综合指标	**Summary Item on the National Economy**			
生产总值(万元)	Gross Domestic Product(10 000 yuan)	2131378	2068913	0.8
第一产业(万元)	Primary Industry(10 000 yuan)	376107	410790	0.3
第二产业(万元)	Secondary Industry(10 000 yuan)	971331	790790	-4.9
#工业(万元)	Industry(10 000 yuan)	872746	678911	-7.1
第三产业(万元)	Tertiary Industry(10 000 yuan)	783940	867333	7.1
人均生产总值(元)	Per Capita GDP(yuan)	58649	57101	1.1
全社会固定资产投资(万元)	Total Investment in Fixed Assets(10 000 yuan)	671552	750879	11.8
按登记注册类型分	Grouped by Registered Type			
#国有(万元)	State-owned Enterprises(10 000 yuan)	308251	307171	-0.4
集体(万元)	Collective-owned Enterprises(10 000 yuan)	830		
有限责任公司(万元)	Limited Liability Corporations(10 000 yuan)	265221	346009	30.5
股份有限公司(万元)	Share Holding Enterprises(10 000 yuan)	40100	47020	17.3
私营企业(万元)	Private Enterprises(10 000 yuan)	36150	44300	22.5
外商及港澳台投资企业(万元)	Funds from HK,Macao,Taiwan & Foreign(10 000 yuan)			
按城乡渠道分	Grouped by Urban and Rural Area			
城镇(万元)	Urban(10 000 yuan)	671552	748879	11.5
农村(万元)	Rural(10 000 yuan)		2000	
公共财政预算收入(万元)	Public Budgetary Financial Revenue(10 000 yuan)	96208	93904	-2.4
公共财政预算支出(万元)	Public Budgetary Financial Expenditure(10 000 yuan)	228657	242350	6.0
个人储蓄存款余额(万元)	The balance of savings deposits of individuals(10 000 yuan)	423262	485660	14.7
在岗职工工资总额(万元)	Total Wages of Staff & Workers Employed in(10 000 yuan)	75819	163297	115.4
在岗职工平均工资(元)	Average Wage of Staff & Workers Employed in(yuan)	44933	46515	3.5
全体居民人均可支配收入(元)	The per capita disposable income of all residents(yuan)	13103	14532	10.9
城镇常住居民人均可支配收入(元)	The per capita disposable income of urban permanent residents(yuan)	22563	24639	9.2
农村牧区常住居民人均可支配收入(元)	The per capita disposable income of permanent residents of rural and pastoral areas(yuan)	9903	11113	12.2
农村牧区经济	**Economic Development in Rural & Pastoral Area**			
农作物总播种面积(公顷)	Total Sown Area(hectare)	82948	90586	9.2
#粮食作物播种面积(公顷)	Sown Area of Grain Crops(hectare)	59252	62410	5.3
农牧业机械总动力(万千瓦)	Total Power of Agricultural Machinery(10 000 kw)	61.00	66.60	9.5
化肥施用折纯量(吨)	Consumption of Chemical Fertilizer(ton)	30090	29786	-1.0
农村用电量(万千瓦小时)	Electricity Consumed in Rural Area(10 000 kwh)	11159	11650	4.4
农林牧渔业总产值(万元)	Gross Output of Farming,Forestry,Animal Husbandry & Fishery(10 000 yuan)	672990	725838	1.3
粮食产量(吨)	Yield of Grain(ton)	450088	526708	17.0
油料产量(吨)	Yield of Oil-bearing Grops(ton)	22622	20040	-11.4
甜菜产量(吨)	Yield of Beetroots(ton)	15457	13785	-10.8
猪牛羊肉产量(吨)	Output of Pork, Beef & Mutton(ton)	25749	27502	6.8
#猪肉产量(吨)	Output of Pork(ton)	9442	9532	1.0
牛肉产量(吨)	Output of Beef(ton)	10802	11096	2.7
羊肉产量(吨)	Output of Mutton(ton)	5505	6874	24.9
羊毛产量(吨)	Output of Wool(ton)	620	676	9.0

23-14 Tumotezuo Banner in Hohhot City

指　标	Item	2012	2013	2013年比上年增长% Increase Rate in 2013 Over 2012(%)
年末牲畜存栏头数(万头只)	Total Livestock at the Year-end(10 000 heads)	62.52	64.37	3.0
# 大牲畜(万头只)	Large Animals(10 000 heads)	26.36	23.64	-10.3
羊(万只)	Sheep & Goats(10 000 heads)	26.22	30.17	15.1
猪(万头)	Hogs(10 000 heads)	9.91	10.56	6.6
规模以上工业	**Industrial Enterprises above Designated size**			
工业企业单位数(个)	Number of Industrial Enterprises(unit)	37	37	0.0
# 内资企业(个)	Civil Funded Enterprises(unit)	32	33	3.1
工业总产值(万元)	Gross Industrial Output Value(10 000 yuan)	1033777	892059	-13.7
内资企业(万元)	Civil Funded Enterprises(10 000 yuan)	667210	740584	11.0
国有企业(万元)	State-owned Enterprises(10 000 yuan)			
集体企业(万元)	Collective-owned Enterprises(10 000 yuan)			
股份合作企业(万元)	Share Holding Enterprises(10 000 yuan)			
联营企业(万元)	Joint Owned Enterprises(10 000 yuan)			
有限责任公司(万元)	Limited Company(10 000 yuan)	437738	519446	18.7
股份有限公司(万元)	Share Holding Limited Company(10 000 yuan)	40821	30566	-25.1
私营企业(万元)	Privately Owned Enterprises(10 000 yuan)	178942	190572	6.5
其他企业(万元)	Enterprises of Other Ownership(10 000 yuan)	9709		
港澳台商投资企业(万元)	Funds from HK,Macao & Taiwan(10 000 yuan)			
外商投资企业(万元)	Foreign Funded Enterprises(10 000 yuan)	366567	151475	-58.7
工业企业增加值(万元)	Value Added of Industrial Enterprises(10 000 yuan)			-11.4
工业企业资产总计(万元)	Total Assets of Industrial Enterprises(10 000 yuan)	1410962	1477240	4.7
工业企业负债合计(万元)	Total Liabilities of Industrial Enterprises(10 000 yuan)	919477	891009	-3.1
工业企业产品销售收入(万元)	Sales of Revenue Industrial Enterprises(10 000 yuan)	1053957	891769	-15.4
工业企业利润总额(万元)	Total Profits of Industrial Enterprises(10 000 yuan)	117301	68077	-42.0
建筑业	**Construction**			
建筑企业单位数(个)	Number of Construction Enterprises(unit)	3	3	0.0
建筑企业从业人员(人)	Number of Employee in Construction Enterprises(person)	1089	954	-12.4
建筑业总产值(万元)	Gross Construction Output Value(10 000 yuan)	20210	41941	107.5
交通运输邮电通信业	**Transportation,Post & Telecommunications**			
公路里程(公里)	Total Length of Highways(km)	1314	1314	0.0
邮电业务总量(万元)	Business Volume of Post & Telecoms(10 000 yuan)	13247	16987	28.2
本地电话用户(户)	Number of Subscribers of Local Telephone(Household)	24100	21625	-10.3
国内贸易	**Domestic Trade**			
社会消费品零售总额(万元)	Total Retail Sales of Consumer Goods(10 000 yuan)	273481	307061	12.3
城镇(万元)	Town(10 000 yuan)	177242	199143	12.4
乡村(万元)	Village(10 000 yuan)	96239	107918	12.1
科技教育卫生	**Science,Education & Public Health**			
各类专业技术人员(人)	Special Technical Personnel(person)	4668	4224	-9.5
幼儿园数(所)	Number of Kindergartens(unit)	24	24	0.0
学龄儿童入学率(%)	Percentage of School-Age Children Enrolled(%)	100.0	100.0	0.0
小学学校数(所)	Number of Primary Schools(unit)	25	25	0.0
小学专任教师数(人)	Number of Full-time Teachers of Primary Schools(person)	1470	1426	-3.0
小学在校学生数(人)	Number of Student Enrollment of Primary Schools(person)	15161	13059	-13.9
普通中学学校数(所)	Number of Regular Secondary Schools(unit)	13	14	7.7
普通中学专任教师数(人)	Number of Teachers of Secondary Shools(person)	987	786	-20.4
初中在校学生数(人)	Number of Student in Junior Secondary Schools(person)	7348	6128	-16.6
高中在校学生数(人)	Number of Student in Senior Secondary Schools(person)	4706	4427	-5.9
卫生机构数(所)	Number of Health Institutions(unit)	168	330	96.4
# 医院(所)	Hospitals(unit)	2	2	0.0
卫生院(所)	Township Hospitals(unit)	16	16	0.0
床位数(张)	Number of Beds(unit)	489	589	20.4
# 医院(张)	Hospitals(unit)	280	380	35.7
卫生院(张)	Township Hospitals(unit)	209	209	0.0
卫生技术人员(人)	Medical Technical Presonnel(person)	564	1238	119.5
# 医院(人)	Hospitals(person)	301	425	41.2
卫生院(人)	Township Hospitals(person)	120	125	4.2

23-15 呼和浩特市托克托县

指　标	Item	2012	2013	2013年比上年增长% Increase Rate in 2013 Over 2012(%)
行政区域土地面积(平方公里)	**Area of Administration(Sq.km)**	**1313**	**1408**	**7.2**
人口和就业	**Population & Employment**			
年末总人口(人)	Total Population Year-end(person)	207816	207912	0.0
#男性(人)	Male(person)	106132	106098	0.0
#乡村人口(人)	Rural(person)	151442	151692	0.2
年末总户数(户)	Total Number of Households at the Year-end(Household)	79989	82732	3.4
#乡村户数(户)	Number of Rural Household(Household)	41387	41466	0.2
出生人口(人)	Births(person)	2657	2933	10.4
死亡人口(人)	Deaths(person)	1088	496	-54.4
全社会就业人员(人)	Employment(person)	115074	104744	-9.0
第一产业(人)	Primary Industry(person)	53924	53716	-0.4
第二产业(人)	Secondary Industry(person)	26100	33010	26.5
第三产业(人)	Tertiary Industry(person)	35050	18018	-48.6
在岗职工人数(人)	Number of Staff & Workers Employed in(person)	21817	12419	-43.1
乡村劳动力(人)	Number of Rural Laborers(person)	99761	99914	0.2
#农林牧渔业(人)	Farming,Forestry,Animal Husbandry & Fishery(person)	53924	53716	-0.4
国民经济综合指标	**Summary Item on the National Economy**			
生产总值(万元)	Gross Domestic Product(10 000 yuan)	2374118	2366221	11.7
第一产业(万元)	Primary Industry(10 000 yuan)	200875	223573	13.1
第二产业(万元)	Secondary Industry(10 000 yuan)	1797554	1720160	12.1
#工业(万元)	Industry(10 000 yuan)	1702334	1620340	12.5
第三产业(万元)	Tertiary Industry(10 000 yuan)	375689	422488	9.1
人均生产总值(元)	Per Capita GDP(yuan)	116865	115679	11.7
全社会固定资产投资(万元)	Total Investment in Fixed Assets(10 000 yuan)	571792	680148	19.0
按登记注册类型分	Grouped by Registered Type			
#国有(万元)	State-owned Enterprises(10 000 yuan)	168229	248897	48.0
集体(万元)	Collective-owned Enterprises(10 000 yuan)			
有限责任公司(万元)	Limited Liability Corporations(10 000 yuan)	339207	303599	-10.5
股份有限公司(万元)	Share Holding Enterprises(10 000 yuan)	6500	17750	173.1
私营企业(万元)	Private Enterprises(10 000 yuan)	34124	89906	163.5
外商及港澳台投资企业(万元)	Funds from HK,Macao,Taiwan & Foreign(10 000 yuan)	8100	17520	116.3
按城乡渠道分	Grouped by Urban and Rural Area			
城镇(万元)	Urban(10 000 yuan)	557692	680148	35.9
农村(万元)	Rural(10 000 yuan)	14100		
公共财政预算收入(万元)	Public Budgetary Financial Revenue(10 000 yuan)	101441	103292	1.8
公共财政预算支出(万元)	Public Budgetary Financial Expenditure(10 000 yuan)	168249	217633	29.4
个人储蓄存款余额(万元)	The balance of savings deposits of individuals(10 000 yuan)	324810	371634	14.4
在岗职工工资总额(万元)	Total Wages of Staff & Workers Employed in(10 000 yuan)	100558	64382	-36.0
在岗职工平均工资(元)	Average Wage of Staff & Workers Employed in(yuan)	45043	48118	6.8
全体居民人均可支配收入(元)	The per capita disposable income of all residents(yuan)	14195	15696	10.6
城镇常住居民人均可支配收入(元)	The per capita disposable income of urban permanent residents(yuan)	23818	26021	9.2
农村牧区常住居民人均可支配收入(元)	The per capita disposable income of permanent residents of rural and pastoral areas(yuan)	9556	10718	12.2
农村牧区经济	**Economic Development in Rural & Pastoral Area**			
农作物总播种面积(公顷)	Total Sown Area(hectare)	55168	55901	1.3
#粮食作物播种面积(公顷)	Sown Area of Grain Crops(hectare)	38222	38835	1.6
农牧业机械总动力(万千瓦)	Total Power of Agricultural Machinery(10 000 kw)	42.32	43.25	2.2
化肥施用折纯量(吨)	Consumption of Chemical Fertilizer(ton)	35799	35971	0.5
农村用电量(万千瓦小时)	Electricity Consumed in Rural Area(10 000 kwh)	6227	6269	0.7
农林牧渔业总产值(万元)	Gross Output of Farming,Forestry,Animal	357114	391642	3.1
粮食产量(吨)	Yield of Grain(ton)	241218	250344	3.8
油料产量(吨)	Yield of Oil-bearing Grops(ton)	5878	7561	28.6
甜菜产量(吨)	Yield of Beetroots(ton)	3668	8111	121.1
猪牛羊肉产量(吨)	Output of Pork, Beef & Mutton(ton)	13612	14580	7.1
#猪肉产量(吨)	Output of Pork(ton)	4663	4968	6.5
牛肉产量(吨)	Output of Beef(ton)	5398	5197	-3.7
羊肉产量(吨)	Output of Mutton(ton)	3551	4415	24.3
羊毛产量(吨)	Output of Wool(ton)	959	1077	12.3

23-15 Tuoketuo County in Hohhot City

指　标	Item	2012	2013	2013年比上年增长% Increase Rate in 2013 Over 2012(%)
年末牲畜存栏头数(万头只)	Total Livestock at the Year-end(10 000 heads)	32.57	32.00	-1.8
# 大牲畜(万头只)	Large Animals(10 000 heads)	12.12	10.30	-15.0
羊(万只)	Sheep & Goats(10 000 heads)	17.56	18.57	5.8
猪(万头)	Hogs(10 000 heads)	2.89	3.03	4.8
规模以上工业	**Industrial Enterprises above Designated size**			
工业企业单位数(个)	Number of Industrial Enterprises(unit)	31	33	6.5
# 内资企业(个)	Civil Funded Enterprises(unit)	29	30	3.4
工业总产值(万元)	Gross Industrial Output Value(10 000 yuan)	2605266	2935332	12.7
内资企业(万元)	Civil Funded Enterprises(10 000 yuan)	2503644	2813967	12.4
国有企业(万元)	State-owned Enterprises(10 000 yuan)	225685		
集体企业(万元)	Collective-owned Enterprises(10 000 yuan)			
股份合作企业(万元)	Share Holding Enterprises(10 000 yuan)	5880	8507	44.7
联营企业(万元)	Joint Owned Enterprises(10 000 yuan)			
有限责任公司(万元)	Limited Company(10 000 yuan)	1296016	1892813	46.0
股份有限公司(万元)	Share Holding Limited Company(10 000 yuan)			
私营企业(万元)	Privately Owned Enterprises(10 000 yuan)	817712	912647	11.6
其他企业(万元)	Enterprises of Other Ownership(10 000 yuan)	158352		
港澳台商投资企业(万元)	Funds from HK,Macao & Taiwan(10 000 yuan)	101622	121365	19.4
外商投资企业(万元)	Foreign Funded Enterprises(10 000 yuan)			
工业企业增加值(万元)	Value Added of Industrial Enterprises(10 000 yuan)			13.8
工业企业资产总计(万元)	Total Assets of Industrial Enterprises(10 000 yuan)	3658032	3658182	0.0
工业企业负债合计(万元)	Total Liabilities of Industrial Enterprises(10 000 yuan)	2548707	2600232	2.0
工业企业产品销售收入(万元)	Sales of Revenue Industrial Enterprises(10 000 yuan)	2611166	2881483	10.0
工业企业利润总额(万元)	Total Profits of Industrial Enterprises(10 000 yuan)	355310	342824	-3.5
建筑业	**Construction**			
建筑企业单位数(个)	Number of Construction Enterprises(unit)	10	10	0.0
建筑企业从业人员(人)	Number of Employee in Construction Enterprises(person)	1205	1298	7.7
建筑业总产值(万元)	Gross Construction Output Value(10 000 yuan)	67481	55837	-17.3
交通运输邮电通信业	**Transportation,Post & Telecommunications**			
公路里程(公里)	Total Length of Highways(km)	955	955	0.0
邮电业务总量(万元)	Business Volume of Post & Telecoms(10 000 yuan)	5271	10495	99.1
本地电话用户(户)	Number of Subscribers of Local Telephone(Household)	13600	11686	-14.1
国内贸易	**Domestic Trade**			
社会消费品零售总额(万元)	Total Retail Sales of Consumer Goods(10 000 yuan)	205812	236187	14.8
城镇(万元)	Town(10 000 yuan)		151160	
乡村(万元)	Village(10 000 yuan)		85027	
科技教育卫生	**Science,Education & Public Health**			
各类专业技术人员(人)	Special Technical Personnel(person)	3367	3163	-6.1
幼儿园数(所)	Number of Kindergartens(unit)	27	22	-18.5
学龄儿童入学率(%)	Percentage of School-Age Children Enrolled(%)	100.0	100.0	0.0
小学学校数(所)	Number of Primary Schools(unit)	17	17	0.0
小学专任教师数(人)	Number of Full-time Teachers of Primary Schools(person)	696	654	-6.0
小学在校学生数(人)	Number of Student Enrollment of Primary Schools(person)	12613	12289	-2.6
普通中学学校数(所)	Number of Regular Secondary Schools(unit)	5	5	0.0
普通中学专任教师数(人)	Number of Teachers of Secondary Shools(person)	674	674	0.0
初中在校学生数(人)	Number of Student in Junior Secondary Schools(person)	6830	6147	-10.0
高中在校学生数(人)	Number of Student in Senior Secondary Schools(person)	4464	4420	-1.0
卫生机构数(所)	Number of Health Institutions(unit)	265	158	-40.4
# 医院(所)	Hospitals(unit)	2	2	0.0
卫生院(所)	Township Hospitals(unit)	9	10	11.1
床位数(张)	Number of Beds(unit)	499	466	-6.6
# 医院(张)	Hospitals(unit)	432	430	-0.5
卫生院(张)	Township Hospitals(unit)	47	36	-23.4
卫生技术人员(人)	Medical Technical Presonnel(person)	482	503	4.4
# 医院(人)	Hospitals(person)	281	265	-5.7
卫生院(人)	Township Hospitals(person)	151	155	2.6

23-16 呼和浩特市和林格尔县

指　标	Item	2012	2013	2013年比上年增长% Increase Rate in 2013 Over 2012(%)
行政区域土地面积(平方公里)	**Area of Administration(Sq.km)**	**3401**	**3448**	**1.4**
人口和就业	**Population & Employment**			
年末总人口(人)	Total Population Year-end(person)	198193	202067	2.0
#男性(人)	Male(person)	103877	105463	1.5
#乡村人口(人)	Rural(person)	151288	141994	-6.1
年末总户数(户)	Total Number of Households at the Year-end(Household)	75977	79153	4.2
#乡村户数(户)	Number of Rural Household(Household)	39490	39125	-0.9
出生人口(人)	Births(person)	2733	3498	28.0
死亡人口(人)	Deaths(person)	2304	482	-79.1
全社会就业人员(人)	Employment(person)	114106	119788	5.0
第一产业(人)	Primary Industry(person)	64357	64207	-0.2
第二产业(人)	Secondary Industry(person)	22056	22875	3.7
第三产业(人)	Tertiary Industry(person)	27693	32706	18.1
在岗职工人数(人)	Number of Staff & Workers Employed in(person)	21491	7785	-63.8
乡村劳动力(人)	Number of Rural Laborers(person)	85983	84431	-1.8
#农林牧渔业(人)	Farming,Forestry,Animal Husbandry & Fishery(person)	64357	64207	-0.2
国民经济综合指标	**Summary Item on the National Economy**			
生产总值(万元)	Gross Domestic Product(10 000 yuan)	1687473	1406910	0.1
第一产业(万元)	Primary Industry(10 000 yuan)	221062	240562	2.5
第二产业(万元)	Secondary Industry(10 000 yuan)	1041041	701048	-2.8
#工业(万元)	Industry(10 000 yuan)	937058	592376	-3.6
第三产业(万元)	Tertiary Industry(10 000 yuan)	425370	465300	6.0
人均生产总值(元)	Per Capita GDP(yuan)	97995	81230	-0.5
全社会固定资产投资(万元)	Total Investment in Fixed Assets(10 000 yuan)	897508	960308	7.0
按登记注册类型分	Grouped by Registered Type			
#国有(万元)	State-owned Enterprises(10 000 yuan)	644864	662747	2.8
集体(万元)	Collective-owned Enterprises(10 000 yuan)		10996	
有限责任公司(万元)	Limited Liability Corporations(10 000 yuan)	252644	286565	13.4
股份有限公司(万元)	Share Holding Enterprises(10 000 yuan)			
私营企业(万元)	Private Enterprises(10 000 yuan)			
外商及港澳台投资企业(万元)	Funds from HK,Macao,Taiwan & Foreign(10 000 yuan)			
按城乡渠道分	Grouped by Urban and Rural Area			
城镇(万元)	Urban(10 000 yuan)	897508	960308	7.0
农村(万元)	Rural(10 000 yuan)			
公共财政预算收入(万元)	Public Budgetary Financial Revenue(10 000 yuan)	100613	93510	-7.1
公共财政预算支出(万元)	Public Budgetary Financial Expenditure(10 000 yuan)	201948	216333	7.1
个人储蓄存款余额(万元)	The balance of savings deposits of individuals(10 000 yuan)	275228	336983	22.4
在岗职工工资总额(万元)	Total Wages of Staff & Workers Employed in(10 000 yuan)	84311	39301	-53.4
在岗职工平均工资(元)	Average Wage of Staff & Workers Employed in(yuan)	39249	51260	30.6
全体居民人均可支配收入(元)	The per capita disposable income of all residents(yuan)	12622	13930	10.4
城镇常住居民人均可支配收入(元)	The per capita disposable income of urban permanent residents(yuan)	23006	25102	9.1
农村牧区常住居民人均可支配收入(元)	The per capita disposable income of permanent residents of rural and pastoral areas(yuan)	7707	8641	12.1
农村牧区经济	**Economic Development in Rural & Pastoral Area**			
农作物总播种面积(公顷)	Total Sown Area(hectare)	69559	69632	0.1
#粮食作物播种面积(公顷)	Sown Area of Grain Crops(hectare)	52334	51104	-2.4
农牧业机械总动力(万千瓦)	Total Power of Agricultural Machinery(10 000 kw)	36.00	37.98	5.5
化肥施用折纯量(吨)	Consumption of Chemical Fertilizer(ton)	9229	9284	0.6
农村用电量(万千瓦小时)	Electricity Consumed in Rural Area(10 000 kwh)	8690	12085	39.1
农林牧渔业总产值(万元)	Gross Output of Farming,Forestry,Animal Husbandry & Fishery(10 000 yuan)	400411	430259	0.7
粮食产量(吨)	Yield of Grain(ton)	161775	181552	12.2
油料产量(吨)	Yield of Oil-bearing Grops(ton)	1942	3514	80.9
甜菜产量(吨)	Yield of Beetroots(ton)	6000	3868	-35.5
猪牛羊肉产量(吨)	Output of Pork, Beef & Mutton(ton)	28329	22171	-21.7
#猪肉产量(吨)	Output of Pork(ton)	5295	3172	-40.1
牛肉产量(吨)	Output of Beef(ton)	11865	9253	-22.0
羊肉产量(吨)	Output of Mutton(ton)	11169	9746	-12.7
羊毛产量(吨)	Output of Wool(ton)	840	860	2.4

23-16 Helingeer County in Hohhot City

指　标	Item	2012	2013	2013年比上年增长% Increase Rate in 2013 Over 2012(%)
年末牲畜存栏头数(万头只)	Total Livestock at the Year-end(10 000 heads)	63.66	59.45	-6.6
#大牲畜(万头只)	Large Animals(10 000 heads)	16.10	13.37	-17.0
羊(万只)	Sheep & Goats(10 000 heads)	43.29	42.18	-2.6
猪(万头)	Hogs(10 000 heads)	4.31	3.90	-9.5
规模以上工业	**Industrial Enterprises above Designated size**			
工业企业单位数(个)	Number of Industrial Enterprises(unit)	41	42	2.4
#内资企业(个)	Civil Funded Enterprises(unit)	36	37	2.8
工业总产值(万元)	Gross Industrial Output Value(10 000 yuan)	2076975	1782511	-14.2
内资企业(万元)	Civil Funded Enterprises(10 000 yuan)	877649	489012	-44.3
国有企业(万元)	State-owned Enterprises(10 000 yuan)			
集体企业(万元)	Collective-owned Enterprises(10 000 yuan)			
股份合作企业(万元)	Share Holding Enterprises(10 000 yuan)			
联营企业(万元)	Joint Owned Enterprises(10 000 yuan)			
有限责任公司(万元)	Limited Company(10 000 yuan)	351836	243176	-30.9
股份有限公司(万元)	Share Holding Limited Company(10 000 yuan)	112586	133228	18.3
私营企业(万元)	Privately Owned Enterprises(10 000 yuan)	392016	112607	-71.3
其他企业(万元)	Enterprises of Other Ownership(10 000 yuan)	21211		
港澳台商投资企业(万元)	Funds from HK,Macao & Taiwan(10 000 yuan)	92411	104777	13.4
外商投资企业(万元)	Foreign Funded Enterprises(10 000 yuan)	1106915	1188723	7.4
工业企业增加值(万元)	Value Added of Industrial Enterprises(10 000 yuan)			-6.9
工业企业资产总计(万元)	Total Assets of Industrial Enterprises(10 000 yuan)	2155843	2664589	23.6
工业企业负债合计(万元)	Total Liabilities of Industrial Enterprises(10 000 yuan)	1352180	1761580	30.3
工业企业产品销售收入(万元)	Sales of Revenue Industrial Enterprises(10 000 yuan)	1990217	4310575	113.8
工业企业利润总额(万元)	Total Profits of Industrial Enterprises(10 000 yuan)	152915	153769	0.6
建筑业	**Construction**			
建筑企业单位数(个)	Number of Construction Enterprises(unit)	3	4	33.3
建筑企业从业人员(人)	Number of Employee in Construction Enterprises(person)	724	984	35.9
建筑业总产值(万元)	Gross Construction Output Value(10 000 yuan)	66072	77461	17.2
交通运输邮电通信业	**Transportation,Post & Telecommunications**			
公路里程(公里)	Total Length of Highways(km)	900	910	1.1
邮电业务总量(万元)	Business Volume of Post & Telecoms(10 000 yuan)	9392	9796	4.3
本地电话用户(户)	Number of Subscribers of Local Telephone(Household)	26100	13600	-47.9
国内贸易	**Domestic Trade**			
社会消费品零售总额(万元)	Total Retail Sales of Consumer Goods(10 000 yuan)	187895	211114	12.4
城镇(万元)	Town(10 000 yuan)		187891	
乡村(万元)	Village(10 000 yuan)		23223	
科技教育卫生	**Science,Education & Public Health**			
各类专业技术人员(人)	Special Technical Personnel(person)	2492	2559	2.7
幼儿园数(所)	Number of Kindergartens(unit)	10	12	20.0
学龄儿童入学率(%)	Percentage of School-Age Children Enrolled(%)	100.0	100.0	0.0
小学学校数(所)	Number of Primary Schools(unit)	35	30	-14.3
小学专任教师数(人)	Number of Full-time Teachers of Primary Schools(person)	573	570	-0.5
小学在校学生数(人)	Number of Student Enrollment of Primary Schools(person)	8093	8085	-0.1
普通中学学校数(所)	Number of Regular Secondary Schools(unit)	6	6	0.0
普通中学专任教师数(人)	Number of Teachers of Secondary Shools(person)	589	640	8.7
初中在校学生数(人)	Number of Student in Junior Secondary Schools(person)	5115	5327	4.1
高中在校学生数(人)	Number of Student in Senior Secondary Schools(person)	4322	4329	0.2
卫生机构数(所)	Number of Health Institutions(unit)	177	177	0.0
#医院(所)	Hospitals(unit)	1	1	0.0
卫生院(所)	Township Hospitals(unit)	12	12	0.0
床位数(张)	Number of Beds(unit)	242	315	30.2
#医院(张)	Hospitals(unit)	100	150	50.0
卫生院(张)	Township Hospitals(unit)	142	165	16.2
卫生技术人员(人)	Medical Technical Presonnel(person)	664	584	-12.0
#医院(人)	Hospitals(person)	128	129	0.8
卫生院(人)	Township Hospitals(person)	112	133	18.8

23-17 呼和浩特市清水河县

指　标	Item	2012	2013	2013年比上年增长% Increase Rate in 2013 Over 2012(%)
行政区域土地面积(平方公里)	**Area of Administration(Sq.km)**	**2859**	**2818**	**-1.4**
人口和就业	**Population & Employment**			
年末总人口(人)	Total Population Year-end(person)	143401	144285	0.6
#男性(人)	Male(person)	74573	75029	0.6
#乡村人口(人)	Rural(person)	87135	80063	-8.1
年末总户数(户)	Total Number of Households at the Year-end(Household)	53766	56270	4.7
#乡村户数(户)	Number of Rural Household(Household)	24556	23642	-3.7
出生人口(人)	Births(person)	1780	2097	17.8
死亡人口(人)	Deaths(person)	2496	458	-81.7
全社会就业人员(人)	Employment(person)	57068	50546	-11.4
第一产业(人)	Primary Industry(person)	32236	29121	-9.7
第二产业(人)	Secondary Industry(person)	10707	10073	-5.9
第三产业(人)	Tertiary Industry(person)	14125	11352	-19.6
在岗职工人数(人)	Number of Staff & Workers Employed in(person)	8817	7434	-15.7
乡村劳动力(人)	Number of Rural Laborers(person)	49254	47019	-4.5
#农林牧渔业(人)	Farming,Forestry,Animal Husbandry & Fishery(person)	32236	29121	-9.7
国民经济综合指标	**Summary Item on the National Economy**			
生产总值(万元)	Gross Domestic Product(10 000 yuan)	577449	616361	5.5
第一产业(万元)	Primary Industry(10 000 yuan)	64972	81647	14.7
第二产业(万元)	Secondary Industry(10 000 yuan)	282985	278607	1.3
#工业(万元)	Industry(10 000 yuan)	238215	231823	0.7
第三产业(万元)	Tertiary Industry(10 000 yuan)	229492	256108	8.2
人均生产总值(元)	Per Capita GDP(yuan)	39768	42849	6.5
全社会固定资产投资(万元)	Total Investment in Fixed Assets(10 000 yuan)	254334	321235	26.3
按登记注册类型分	Grouped by Registered Type			
#国有(万元)	State-owned Enterprises(10 000 yuan)	206182	190529	-7.6
集体(万元)	Collective-owned Enterprises(10 000 yuan)	600	400	-33.3
有限责任公司(万元)	Limited Liability Corporations(10 000 yuan)	32456	105186	224.1
股份有限公司(万元)	Share Holding Enterprises(10 000 yuan)			
私营企业(万元)	Private Enterprises(10 000 yuan)	1038	25120	2320.0
外商及港澳台投资企业(万元)	Funds from HK,Macao,Taiwan & Foreign(10 000 yuan)			
按城乡渠道分	Grouped by Urban and Rural Area			
城镇(万元)	Urban(10 000 yuan)	254334	321235	26.3
农村(万元)	Rural(10 000 yuan)			
公共财政预算收入(万元)	Public Budgetary Financial Revenue(10 000 yuan)	26419	30850	16.8
公共财政预算支出(万元)	Public Budgetary Financial Expenditure(10 000 yuan)	110893	122933	10.9
个人储蓄存款余额(万元)	The balance of savings deposits of individuals(10 000 yuan)	196912	225346	14.4
在岗职工工资总额(万元)	Total Wages of Staff & Workers Employed in(10 000 yuan)	40337	33590	-16.7
在岗职工平均工资(元)	Average Wage of Staff & Workers Employed in(yuan)	45358	45380	0.0
全体居民人均可支配收入(元)	The per capita disposable income of all residents(yuan)	11563	12714	10.0
城镇常住居民人均可支配收入(元)	The per capita disposable income of urban permanent residents(yuan)	18355	20037	9.2
农村牧区常住居民人均可支配收入(元)	The per capita disposable income of permanent residents of rural and pastoral areas(yuan)	4962	5597	12.8
农村牧区经济	**Economic Development in Rural & Pastoral Area**			
农作物总播种面积(公顷)	Total Sown Area(hectare)	61208	61148	-0.1
#粮食作物播种面积(公顷)	Sown Area of Grain Crops(hectare)	40951	42242	3.2
农牧业机械总动力(万千瓦)	Total Power of Agricultural Machinery(10 000 kw)	16.00	17.10	6.9
化肥施用折纯量(吨)	Consumption of Chemical Fertilizer(ton)	11181	11243	0.6
农村用电量(万千瓦小时)	Electricity Consumed in Rural Area(10 000 kwh)	1056	1120	6.1
农林牧渔业总产值(万元)	Gross Output of Farming,Forestry,Animal Husbandry & Fishery(10 000 yuan)	106712	132254	18.8
粮食产量(吨)	Yield of Grain(ton)	72205	80303	11.2
油料产量(吨)	Yield of Oil-bearing Grops(ton)	12378	11508	-7.0
甜菜产量(吨)	Yield of Beetroots(ton)			
猪牛羊肉产量(吨)	Output of Pork, Beef & Mutton(ton)	10093	10000	-0.9
#猪肉产量(吨)	Output of Pork(ton)	2373	2344	-1.2
牛肉产量(吨)	Output of Beef(ton)	442	470	6.3
羊肉产量(吨)	Output of Mutton(ton)	7278	7186	-1.3
羊毛产量(吨)	Output of Wool(ton)	645	656	1.7

23-17 Qingshuihe County in Hohhot City

指　标	Item	2012	2013	2013年比上年增长% Increase Rate in 2013 Over 2012(%)
年末牲畜存栏头数(万头只)	Total Livestock at the Year-end(10 000 heads)	33.00	30.06	-8.9
# 大牲畜(万头只)	Large Animals(10 000 heads)	1.95	2.25	15.4
羊(万只)	Sheep & Goats(10 000 heads)	27.54	24.56	-10.8
猪(万头)	Hogs(10 000 heads)	3.54	3.24	-8.5
规模以上工业	**Industrial Enterprises above Designated size**			
工业企业单位数(个)	Number of Industrial Enterprises(unit)	14	14	0.0
# 内资企业(个)	Civil Funded Enterprises(unit)	14	14	0.0
工业总产值(万元)	Gross Industrial Output Value(10 000 yuan)	344400	306134	-11.1
内资企业(万元)	Civil Funded Enterprises(10 000 yuan)	344400	306134	-11.1
国有企业(万元)	State-owned Enterprises(10 000 yuan)			
集体企业(万元)	Collective-owned Enterprises(10 000 yuan)	3000	2632	-12.3
股份合作企业(万元)	Share Holding Enterprises(10 000 yuan)			
联营企业(万元)	Joint Owned Enterprises(10 000 yuan)			
有限责任公司(万元)	Limited Company(10 000 yuan)	242900	197221	-18.8
股份有限公司(万元)	Share Holding Limited Company(10 000 yuan)	51300	55022	7.3
私营企业(万元)	Privately Owned Enterprises(10 000 yuan)	47200	51259	8.6
其他企业(万元)	Enterprises of Other Ownership(10 000 yuan)			
港澳台商投资企业(万元)	Funds from HK,Macao & Taiwan(10 000 yuan)			
外商投资企业(万元)	Foreign Funded Enterprises(10 000 yuan)			
工业企业增加值(万元)	Value Added of Industrial Enterprises(10 000 yuan)			-1.3
工业企业资产总计(万元)	Total Assets of Industrial Enterprises(10 000 yuan)	388900	451011	16.0
工业企业负债合计(万元)	Total Liabilities of Industrial Enterprises(10 000 yuan)	244200	307301	25.9
工业企业产品销售收入(万元)	Sales of Revenue Industrial Enterprises(10 000 yuan)	339200	293103	-13.7
工业企业利润总额(万元)	Total Profits of Industrial Enterprises(10 000 yuan)	34500	11620	-66.3
建筑业	**Construction**			
建筑企业单位数(个)	Number of Construction Enterprises(unit)	1	1	0.0
建筑企业从业人员(人)	Number of Employee in Construction Enterprises(person)	113	105	-7.1
建筑业总产值(万元)	Gross Construction Output Value(10 000 yuan)	2703	3260	20.6
交通运输邮电通信业	**Transportation,Post & Telecommunications**			
公路里程(公里)	Total Length of Highways(km)	596	1112	86.6
邮电业务总量(万元)	Business Volume of Post & Telecoms(10 000 yuan)	6580	7202	9.5
本地电话用户(户)	Number of Subscribers of Local Telephone(Household)	8100	6349	-21.6
国内贸易	**Domestic Trade**			
社会消费品零售总额(万元)	Total Retail Sales of Consumer Goods(10 000 yuan)	52615	62320	18.4
城镇(万元)	Town(10 000 yuan)	37883	45182	19.3
乡村(万元)	Village(10 000 yuan)	14732	17138	16.3
科技教育卫生	**Science,Education & Public Health**			
各类专业技术人员(人)	Special Technical Personnel(person)	1885	1691	-10.3
幼儿园数(所)	Number of Kindergartens(unit)	5	7	40.0
学龄儿童入学率(%)	Percentage of School-Age Children Enrolled(%)	100.0	100.0	0.0
小学学校数(所)	Number of Primary Schools(unit)	20	19	-5.0
小学专任教师数(人)	Number of Full-time Teachers of Primary Schools(person)	461	427	-7.4
小学在校学生数(人)	Number of Student Enrollment of Primary Schools(person)	5815	5257	-9.6
普通中学学校数(所)	Number of Regular Secondary Schools(unit)	4	4	0.0
普通中学专任教师数(人)	Number of Teachers of Secondary Shools(person)	298	302	1.3
初中在校学生数(人)	Number of Student in Junior Secondary Schools(person)	3435	2858	-16.8
高中在校学生数(人)	Number of Student in Senior Secondary Schools(person)	3221	3037	-5.7
卫生机构数(所)	Number of Health Institutions(unit)	121	121	0.0
# 医院(所)	Hospitals(unit)	1	1	0.0
卫生院(所)	Township Hospitals(unit)	14	14	0.0
床位数(张)	Number of Beds(unit)	364	262	-28.0
# 医院(张)	Hospitals(unit)	130	130	0.0
卫生院(张)	Township Hospitals(unit)	132	132	0.0
卫生技术人员(人)	Medical Technical Presonnel(person)	426	421	-1.2
# 医院(人)	Hospitals(person)	108	108	0.0
卫生院(人)	Township Hospitals(person)	71	66	-7.0

23-18 呼和浩特市武川县

指　标	Item	2012	2013	2013年比上年增长% Increase Rate in 2013 Over 2012(%)
行政区域土地面积(平方公里)	**Area of Administration(Sq.km)**	**4885**	**4682**	**-4.2**
人口和就业	**Population & Employment**			
年末总人口(人)	Total Population Year-end(person)	173902	174837	0.5
#男性(人)	Male(person)	91649	92048	0.4
#乡村人口(人)	Rural(person)	128046	130622	2.0
年末总户数(户)	Total Number of Households at the Year-end(Household)	65374	68624	5.0
#乡村户数(户)	Number of Rural Household(Household)	34820	38188	9.7
出生人口(人)	Births(person)	1772	1766	-0.3
死亡人口(人)	Deaths(person)	1968	547	-72.2
全社会就业人员(人)	Employment(person)	85962	93924	9.3
第一产业(人)	Primary Industry(person)	57172	54565	-4.6
第二产业(人)	Secondary Industry(person)	10671	12540	17.5
第三产业(人)	Tertiary Industry(person)	18119	26819	48.0
在岗职工人数(人)	Number of Staff & Workers Employed in(person)	9567	9385	-1.9
乡村劳动力(人)	Number of Rural Laborers(person)	76624	81191	6.0
#农林牧渔业(人)	Farming,Forestry,Animal Husbandry & Fishery(person)	57172	54565	-4.6
国民经济综合指标	**Summary Item on the National Economy**			
生产总值(万元)	Gross Domestic Product(10 000 yuan)	643176	809403	28.1
第一产业(万元)	Primary Industry(10 000 yuan)	82820	107490	23.9
第二产业(万元)	Secondary Industry(10 000 yuan)	353820	473249	41.0
#工业(万元)	Industry(10 000 yuan)	288553	405045	49.3
第三产业(万元)	Tertiary Industry(10 000 yuan)	206535	228664	7.4
人均生产总值(元)	Per Capita GDP(yuan)	59830	75575	28.6
全社会固定资产投资(万元)	Total Investment in Fixed Assets(10 000 yuan)	450331	501047	11.3
按登记注册类型分	Grouped by Registered Type			
#国有(万元)	State-owned Enterprises(10 000 yuan)	143417	193640	35.0
集体(万元)	Collective-owned Enterprises(10 000 yuan)	7404	36453	392.3
有限责任公司(万元)	Limited Liability Corporations(10 000 yuan)	194955	198948	2.0
股份有限公司(万元)	Share Holding Enterprises(10 000 yuan)		10000	
私营企业(万元)	Private Enterprises(10 000 yuan)	70610	56980	-19.3
外商及港澳台投资企业(万元)	Funds from HK,Macao,Taiwan & Foreign(10 000 yuan)		5000	
按城乡渠道分	Grouped by Urban and Rural Area			
城镇(万元)	Urban(10 000 yuan)	450331	501047	11.3
农村(万元)	Rural(10 000 yuan)			
公共财政预算收入(万元)	Public Budgetary Financial Revenue(10 000 yuan)	31895	36010	12.9
公共财政预算支出(万元)	Public Budgetary Financial Expenditure(10 000 yuan)	124102	137621	10.9
个人储蓄存款余额(万元)	The balance of savings deposits of individuals(10 000 yuan)	214739	249172	16.0
在岗职工工资总额(万元)	Total Wages of Staff & Workers Employed in(10 000 yuan)	35648	37509	5.2
在岗职工平均工资(元)	Average Wage of Staff & Workers Employed in(yuan)	37199	39955	7.4
全体居民人均可支配收入(元)	The per capita disposable income of all residents(yuan)	11310	11926	5.4
城镇常住居民人均可支配收入(元)	The per capita disposable income of urban permanent residents(yuan)	18503	19136	3.4
农村牧区常住居民人均可支配收入(元)	The per capita disposable income of permanent residents of rural and pastoral areas(yuan)	4783	5385	12.6
农村牧区经济	**Economic Development in Rural & Pastoral Area**			
农作物总播种面积(公顷)	Total Sown Area(hectare)	130946	131803	0.7
#粮食作物播种面积(公顷)	Sown Area of Grain Crops(hectare)	99010	100990	2.0
农牧业机械总动力(万千瓦)	Total Power of Agricultural Machinery(10 000 kw)	30.00	30.59	2.0
化肥施用折纯量(吨)	Consumption of Chemical Fertilizer(ton)	15481	15836	2.3
农村用电量(万千瓦小时)	Electricity Consumed in Rural Area(10 000 kwh)	2358	2270	-3.7
农林牧渔业总产值(万元)	Gross Output of Farming,Forestry,Animal Husbandry & Fishery(10 000 yuan)	130930	168541	24.1
粮食产量(吨)	Yield of Grain(ton)	171404	200260	16.8
油料产量(吨)	Yield of Oil-bearing Grops(ton)	16613	33449	101.3
甜菜产量(吨)	Yield of Beetroots(ton)	37	1560	4116.2
猪牛羊肉产量(吨)	Output of Pork, Beef & Mutton(ton)	6304	5830	-7.5
#猪肉产量(吨)	Output of Pork(ton)	1919	1783	-7.1
牛肉产量(吨)	Output of Beef(ton)	785	752	-4.2
羊肉产量(吨)	Output of Mutton(ton)	3600	3295	-8.5
羊毛产量(吨)	Output of Wool(ton)	622	542	-12.9

23-18 Wuchuan County in Hohhot City

指　标	Item	2012	2013	2013年比上年增长% Increase Rate in 2013 Over 2012(%)
年末牲畜存栏头数(万头只)	Total Livestock at the Year-end(10 000 heads)	35.35	35.66	0.9
# 大牲畜(万头只)	Large Animals(10 000 heads)	0.83	0.45	-45.8
羊(万只)	Sheep & Goats(10 000 heads)	32.31	33.71	4.3
猪(万头)	Hogs(10 000 heads)	2.22	1.50	-32.4
规模以上工业	**Industrial Enterprises above Designated size**			
工业企业单位数(个)	Number of Industrial Enterprises unit)	23	21	-8.7
# 内资企业(个)	Civil Funded Enterprises unit)	23	21	-8.7
工业总产值(万元)	Gross Industrial Output Value(10 000 Yuan)	311939	451743.2	44.8
内资企业(万元)	Civil Funded Enterprises(10 000 Yuan)	311939	451743.2	44.8
国有企业(万元)	State-owned Enterprises(10 000 Yuan)	26560		
集体企业(万元)	Collective-owned Enterprises(10 000 Yuan)			
股份合作企业(万元)	Share Holding Enterprises(10 000 Yuan)			
联营企业(万元)	Joint Owned Enterprises(10 000 Yuan)			
有限责任公司(万元)	Limited Company(10 000 Yuan)	131456	128289.2	-2.4
股份有限公司(万元)	Share Holding Limited Company(10 000 Yuan)			
私营企业(万元)	Privately Owned Enterprises(10 000 Yuan)	153923	323454	110.1
其他企业(万元)	Enterprises of Other Ownership(10 000 Yuan)			
港澳台商投资企业(万元)	Funds from HK,Macao & Taiwan(10 000 yuan)			
外商投资企业(万元)	Foreign Funded Enterprises(10 000 yuan)			
工业企业增加值(万元)	Value Added of Industrial Enterprises(10 000 yuan)			60.9
工业企业资产总计(万元)	Total Assets of Industrial Enterprises(10 000 yuan)	595918	963441.9	61.7
工业企业负债合计(万元)	Total Liabilities of Industrial Enterprises(10 000 yuan)	393332	646184.7	64.3
工业企业产品销售收入(万元)	Sales of Revenue Industrial Enterprises(10 000 yuan)	344691	535256.8	53.6
工业企业利润总额(万元)	Total Profits of Industrial Enterprises(10 000 yuan)	44290	104984.2	137.0
建筑业	**Construction**			
建筑企业单位数(个)	Number of Construction Enterprises(unit)	1	1	0.0
建筑企业从业人员(人)	Number of Employee in Construction Enterprises(person)	52	52	0.0
建筑业总产值(万元)	Gross Construction Output Value(10 000 yuan)	1205	814	-32.4
交通运输邮电通信业	**Transportation,Post & Telecommunications**			
公路里程(公里)	Total Length of Highways(km)	1049	1045	-0.4
邮电业务总量(万元)	Business Volume of Post & Telecoms(10 000 yuan)	4069	4550	11.8
本地电话用户(户)	Number of Subscribers of Local Telephone(Household)	23612	20433	-13.5
国内贸易	**Domestic Trade**			
社会消费品零售总额(万元)	Total Retail Sales of Consumer Goods(10 000 yuan)	78079	92801	18.9
城镇(万元)	Town(10 000 yuan)	53109	64411	21.3
乡村(万元)	Village(10 000 yuan)	24970	28390	13.7
科技教育卫生	**Science,Education & Public Health**			
各类专业技术人员(人)	Special Technical Personnel(person)	2577	2713	5.3
幼儿园数(所)	Number of Kindergartens(unit)	16	15	-6.3
学龄儿童入学率(%)	Percentage of School-Age Children Enrolled(%)	100.0	100.0	0.0
小学学校数(所)	Number of Primary Schools(unit)	19	18	-5.3
小学专任教师数(人)	Number of Full-time Teachers of Primary Schools(person)	685	657	-4.1
小学在校学生数(人)	Number of Student Enrollment of Primary Schools(person)	6888	5488	-20.3
普通中学学校数(所)	Number of Regular Secondary Schools(unit)	7	6	-14.3
普通中学专任教师数(人)	Number of Teachers of Secondary Shools(person)	457	433	-5.3
初中在校学生数(人)	Number of Student in Junior Secondary Schools(person)	4245	3272	-22.9
高中在校学生数(人)	Number of Student in Senior Secondary Schools(person)	2821	2835	0.5
卫生机构数(所)	Number of Health Institutions(unit)	133	130	-2.3
# 医院(所)	Hospitals(unit)	2	2	0.0
卫生院(所)	Township Hospitals(unit)	19	19	0.0
床位数(张)	Number of Beds(unit)	282	303	7.4
# 医院(张)	Hospitals(unit)	179	200	11.7
卫生院(张)	Township Hospitals(unit)	103	103	0.0
卫生技术人员(人)	Medical Technical Presonnel(person)	663	668	0.8
# 医院(人)	Hospitals(person)	209	210	0.5
卫生院(人)	Township Hospitals(person)	290	294	1.4

23-19 包头市东河区

指　标	Item	2012	2013	2013年比上年增长% Increase Rate in 2013 Over 2012(%)
行政区域土地面积(平方公里)	**Area of Administration(Sq.km)**	**470**	**470**	**0.0**
人口和就业	**Population & Employment**			
年末总人口(人)	Total Population Year-end(person)	531000	538300	1.4
#男性(人)	Male(person)	269300	273000	1.4
#乡村人口(人)	Rural(person)	54100	57759	6.8
年末总户数(户)	Total Number of Households at the Year-end(Household)	201140	203900	1.4
#乡村户数(户)	Number of Rural Household(Household)	20500	21367	4.2
出生人口(人)	Births(person)	3899	3264	-16.3
死亡人口(人)	Deaths(person)	1524	1630	7.0
全社会就业人员(人)	Employment(person)	280899	269111	-4.2
第一产业(人)	Primary Industry(person)	8819	9000	2.1
第二产业(人)	Secondary Industry(person)	63051	60021	-4.8
第三产业(人)	Tertiary Industry(person)	209029	200090	-4.3
在岗职工人数(人)	Number of Staff & Workers Employed in(person)	58311	56761	-2.7
乡村劳动力(人)	Number of Rural Laborers(person)	40363	41044	1.7
#农林牧渔业(人)	Farming,Forestry,Animal Husbandry & Fishery(person)	12187	11950	-1.9
国民经济综合指标	**Summary Item on the National Economy**			
生产总值(万元)	Gross Domestic Product(10 000 yuan)	4372362	4789959	8.9
第一产业(万元)	Primary Industry(10 000 yuan)	63785	70673	4.8
第二产业(万元)	Secondary Industry(10 000 yuan)	1706592	1774776	10.7
#工业(万元)	Industry(10 000 yuan)	1368592	1416776	11.8
第三产业(万元)	Tertiary Industry(10 000 yuan)	2601985	2944510	7.8
人均生产总值(元)	Per Capita GDP(yuan)	82991	89591	7.4
全社会固定资产投资(万元)	Total Investment in Fixed Assets(10 000 yuan)	3419268	4034943	18.0
按登记注册类型分	Grouped by Registered Type			
#国有(万元)	State-owned Enterprises(10 000 yuan)	281255	240579	-14.5
集体(万元)	Collective-owned Enterprises(10 000 yuan)	56630	92010	62.5
有限责任公司(万元)	Limited Liability Corporations(10 000 yuan)	2113226	2745001	29.9
股份有限公司(万元)	Share Holding Enterprises(10 000 yuan)	251702	63007	-75.0
私营企业(万元)	Private Enterprises(10 000 yuan)	603846	755992	25.2
外商及港澳台投资企业(万元)	Funds from HK,Macao,Taiwan & Foreign(10 000 yuan)	8900	4950	-44.4
按城乡渠道分	Grouped by Urban and Rural Area			
城镇(万元)	Urban(10 000 yuan)	3418968	4034943	18.0
农村(万元)	Rural(10 000 yuan)	300		
公共财政预算收入(万元)	Public Budgetary Financial Revenue(10 000 yuan)	110580	126795	14.7
公共财政预算支出(万元)	Public Budgetary Financial Expenditure(10 000 yuan)	170390	245089	43.8
个人储蓄存款余额(万元)	The balance of savings deposits of individuals(10 000 yuan)			
在岗职工工资总额(万元)	Total Wages of Staff & Workers Employed in(10 000 yuan)	253641	253966	0.1
在岗职工平均工资(元)	Average Wage of Staff & Workers Employed in(yuan)	42579	44928	5.5
全体居民人均可支配收入(元)	The per capita disposable income of all residents(yuan)	26067	28451	9.1
城镇常住居民人均可支配收入(元)	The per capita disposable income of urban permanent residents(yuan)	27472	29945	9.0
农村牧区常住居民人均可支配收入(元)	The per capita disposable income of permanent residents of rural and pastoral areas(yuan)	13437	15023	11.8
农村牧区经济	**Economic Development in Rural & Pastoral Area**			
农作物总播种面积(公顷)	Total Sown Area(hectare)	8801	8431	-4.2
#粮食作物播种面积(公顷)	Sown Area of Grain Crops(hectare)	4887	4822	-1.3
农牧业机械总动力(万千瓦)	Total Power of Agricultural Machinery(10 000 kw)	21.11	21.01	-0.5
化肥施用折纯量(吨)	Consumption of Chemical Fertilizer(ton)	5131	4238	-17.4
农村用电量(万千瓦小时)	Electricity Consumed in Rural Area(10 000 kwh)	3387	3976	17.4
农林牧渔业总产值(万元)	Gross Output of Farming,Forestry,Animal Husbandry & Fishery(10 000 yuan)	110174	120749	4.8
粮食产量(吨)	Yield of Grain(ton)	40483	41130	1.6
油料产量(吨)	Yield of Oil-bearing Grops(ton)	371	564	52.0
甜菜产量(吨)	Yield of Beetroots(ton)	300	700	133.3
猪牛羊肉产量(吨)	Output of Pork, Beef & Mutton(ton)	4222	3753	-11.1
#猪肉产量(吨)	Output of Pork(ton)	1402	1294	-7.7
牛肉产量(吨)	Output of Beef(ton)	2471	2097	-15.1
羊肉产量(吨)	Output of Mutton(ton)	349	362	3.7
羊毛产量(吨)	Output of Wool(ton)	36	43	19.4

23-19 Donghe District in Baotou City

指　标	Item	2012	2013	2013年比上年增长% Increase Rate in 2013 Over 2012(%)
年末牲畜存栏头数(万头只)	Total Livestock at the Year-end(10 000 heads)	10.14	6.32	-37.7
#大牲畜(万头只)	Large Animals(10 000 heads)	3.01	1.82	-39.5
羊(万只)	Sheep & Goats(10 000 heads)	6.12	3.36	-45.1
猪(万头)	Hogs(10 000 heads)	1.00	1.14	14.0
规模以上工业	**Industrial Enterprises above Designated size**			
工业企业单位数(个)	Number of Industrial Enterprises(unit)	103	104	1.0
#内资企业(个)	Civil Funded Enterprises(unit)	96	97	1.0
工业总产值(万元)	Gross Industrial Output Value(10 000 yuan)	3016369	3225754	6.9
内资企业(万元)	Civil Funded Enterprises(10 000 yuan)	2859840	3066705	7.2
国有企业(万元)	State-owned Enterprises(10 000 yuan)	94705	95521	0.9
集体企业(万元)	Collective-owned Enterprises(10 000 yuan)	8974	10059	12.1
股份合作企业(万元)	Share Holding Enterprises(10 000 yuan)	2007	2157	7.5
联营企业(万元)	Joint Owned Enterprises(10 000 yuan)			
有限责任公司(万元)	Limited Company(10 000 yuan)	502718	516932	2.8
股份有限公司(万元)	Share Holding Limited Company(10 000 yuan)	681550	628824	-7.7
私营企业(万元)	Privately Owned Enterprises(10 000 yuan)	1569886	1813212	15.5
其他企业(万元)	Enterprises of Other Ownership(10 000 yuan)			
港澳台商投资企业(万元)	Funds from HK,Macao & Taiwan(10 000 yuan)	57144	63855	11.7
外商投资企业(万元)	Foreign Funded Enterprises(10 000 yuan)	99385	95194	-4.2
工业企业增加值(万元)	Value Added of Industrial Enterprises(10 000 yuan)			12.0
工业企业资产总计(万元)	Total Assets of Industrial Enterprises(10 000 yuan)	2586052	2696036	4.3
工业企业负债合计(万元)	Total Liabilities of Industrial Enterprises(10 000 yuan)	1299962	1435063	10.4
工业企业产品销售收入(万元)	Sales of Revenue Industrial Enterprises(10 000 yuan)	3123930	3194704	2.3
工业企业利润总额(万元)	Total Profits of Industrial Enterprises(10 000 yuan)	627199	647864	3.3
建筑业	**Construction**			
建筑企业单位数(个)	Number of Construction Enterprises(unit)	16	16	0.0
建筑企业从业人员(人)	Number of Employee in Construction Enterprises(person)	9563	8666	-9.4
建筑业总产值(万元)	Gross Construction Output Value(10 000 yuan)	321363	354013	10.2
交通运输邮电通信业	**Transportation,Post & Telecommunications**			
公路里程(公里)	Total Length of Highways(km)	151	151	0.0
邮电业务总量(万元)	Business Volume of Post & Telecoms(10 000 yuan)	34003	30660	-9.8
本地电话用户(户)	Number of Subscribers of Local Telephone(Household)	73420	75650	3.0
国内贸易	**Domestic Trade**			
社会消费品零售总额(万元)	Total Retail Sales of Consumer Goods(10 000 yuan)	1994324	2218800	11.3
城镇(万元)	Town(10 000 yuan)	1994324	2218800	11.3
乡村(万元)	Village(10 000 yuan)			
科技教育卫生	**Science,Education & Public Health**			
各类专业技术人员(人)	Special Technical Personnel(person)	12017	12045	0.2
幼儿园数(所)	Number of Kindergartens(unit)	27	35	29.6
学龄儿童入学率(%)	Percentage of School-Age Children Enrolled(%)	100.0	100.0	0.0
小学学校数(所)	Number of Primary Schools(unit)	42	40	-4.8
小学专任教师数(人)	Number of Full-time Teachers of Primary Schools(person)	1553	1541	-0.8
小学在校学生数(人)	Number of Student Enrollment of Primary Schools(person)	23986	22757	-5.1
普通中学学校数(所)	Number of Regular Secondary Schools(unit)	23	21	-8.7
普通中学专任教师数(人)	Number of Teachers of Secondary Shools(person)	2032	1945	-4.3
初中在校学生数(人)	Number of Student in Junior Secondary Schools(person)	14516	13550	-6.7
高中在校学生数(人)	Number of Student in Senior Secondary Schools(person)	10334	10992	6.4
卫生机构数(所)	Number of Health Institutions(unit)	321	326	1.6
#医院(所)	Hospitals(unit)	13	13	0.0
卫生院(所)	Township Hospitals(unit)	3	3	0.0
床位数(张)	Number of Beds(unit)	3747	3797	1.3
#医院(张)	Hospitals(unit)	3222	3284	1.9
卫生院(张)	Township Hospitals(unit)	40	70	75.0
卫生技术人员(人)	Medical Technical Presonnel(person)	3793	3892	2.6
#医院(人)	Hospitals(person)	2500	2545	1.8
卫生院(人)	Township Hospitals(person)	95	102	7.4

23-20 包头市昆都仑区

指　标	Item	2012	2013	2013年比上年增长% Increase Rate in 2013 Over 2012(%)
行政区域土地面积(平方公里)	**Area of Administration(Sq.km)**	**301**	**301**	**0.0**
人口和就业	**Population & Employment**			
年末总人口(人)	Total Population Year-end(person)	750800	759800	1.2
#男性(人)	Male(person)	388600	393300	1.2
#乡村人口(人)	Rural(person)	26200	26441	0.9
年末总户数(户)	Total Number of Households at the Year-end(Household)	284390	287800	1.2
#乡村户数(户)	Number of Rural Household(Household)	9924	10169	2.5
出生人口(人)	Births(person)	5582	5356	-4.0
死亡人口(人)	Deaths(person)	2030	1768	-12.9
全社会就业人员(人)	Employment(person)	459001	462502	0.8
第一产业(人)	Primary Industry(person)	12356	13009	5.3
第二产业(人)	Secondary Industry(person)	128400	120821	-5.9
第三产业(人)	Tertiary Industry(person)	318245	328672	3.3
在岗职工人数(人)	Number of Staff & Workers Employed in(person)	115430	125271	8.5
乡村劳动力(人)	Number of Rural Laborers(person)	19465	24607	26.4
#农林牧渔业(人)	Farming,Forestry,Animal Husbandry & Fishery(person)	3553	3584	0.9
国民经济综合指标	**Summary Item on the National Economy**			
生产总值(万元)	Gross Domestic Product(10 000 yuan)	9048465	10001428	8.3
第一产业(万元)	Primary Industry(10 000 yuan)	28767	31792	4.5
第二产业(万元)	Secondary Industry(10 000 yuan)	4123412	4325592	8.5
#工业(万元)	Industry(10 000 yuan)	3885812	4066591	8.4
第三产业(万元)	Tertiary Industry(10 000 yuan)	4896286	5644044	8.1
人均生产总值(元)	Per Capita GDP(yuan)	121480	132417	6.8
全社会固定资产投资(万元)	Total Investment in Fixed Assets(10 000 yuan)	4586411	5420386	18.2
按登记注册类型分	Grouped by Registered Type			
#国有(万元)	State-owned Enterprises(10 000 yuan)	375238	587374	56.5
集体(万元)	Collective-owned Enterprises(10 000 yuan)	1309501	311361	-76.2
有限责任公司(万元)	Limited Liability Corporations(10 000 yuan)	2801912	4433457	58.2
股份有限公司(万元)	Share Holding Enterprises(10 000 yuan)		5780	
私营企业(万元)	Private Enterprises(10 000 yuan)	80160	80914	0.9
外商及港澳台投资企业(万元)	Funds from HK,Macao,Taiwan & Foreign(10 000 yuan)		1500	
按城乡渠道分	Grouped by Urban and Rural Area			
城镇(万元)	Urban(10 000 yuan)	4586411	5420386	18.2
农村(万元)	Rural(10 000 yuan)			
公共财政预算收入(万元)	Public Budgetary Financial Revenue(10 000 yuan)	311336	382942	23.0
公共财政预算支出(万元)	Public Budgetary Financial Expenditure(10 000 yuan)	331238	392118	18.4
个人储蓄存款余额(万元)	The balance of savings deposits of individuals(10 000 yuan)			
在岗职工工资总额(万元)	Total Wages of Staff & Workers Employed in(10 000 yuan)	608386	689228	13.3
在岗职工平均工资(元)	Average Wage of Staff & Workers Employed in(yuan)	52219	54550	4.5
全体居民人均可支配收入(元)	The per capita disposable income of all residents(yuan)	32318	35227	9.0
城镇常住居民人均可支配收入(元)	The per capita disposable income of urban permanent residents(yuan)	32318	35227	9.0
农村牧区常住居民人均可支配收入(元)	The per capita disposable income of permanent residents of rural and pastoral areas(yuan)			
农村牧区经济	**Economic Development in Rural & Pastoral Area**			
农作物总播种面积(公顷)	Total Sown Area(hectare)	1907	1794	-5.9
#粮食作物播种面积(公顷)	Sown Area of Grain Crops(hectare)	1658	1619	-2.4
农牧业机械总动力(万千瓦)	Total Power of Agricultural Machinery(10 000 kw)	1.46	1.47	0.7
化肥施用折纯量(吨)	Consumption of Chemical Fertilizer(ton)	1125	1134	0.8
农村用电量(万千瓦小时)	Electricity Consumed in Rural Area(10 000 kwh)	2235	2335	4.5
农林牧渔业总产值(万元)	Gross Output of Farming,Forestry,Animal Husbandry & Fishery(10 000 yuan)	45811	50430	4.5
粮食产量(吨)	Yield of Grain(ton)	9513	9542	0.3
油料产量(吨)	Yield of Oil-bearing Grops(ton)	95	76	-20.0
甜菜产量(吨)	Yield of Beetroots(ton)	55		
猪牛羊肉产量(吨)	Output of Pork, Beef & Mutton(ton)	1264	1848	46.2
#猪肉产量(吨)	Output of Pork(ton)	543	517	-4.8
牛肉产量(吨)	Output of Beef(ton)	488	590	20.9
羊肉产量(吨)	Output of Mutton(ton)	233	741	218.0
羊毛产量(吨)	Output of Wool(ton)	12	5	-58.3

23-20 Kundulun District in Baotou City

指　标	Item	2012	2013	2013年比上年增长% Increase Rate in 2013 Over 2012(%)
年末牲畜存栏头数(万头只)	Total Livestock at the Year-end(10 000 heads)	3.78	4.42	16.9
#大牲畜(万头只)	Large Animals(10 000 heads)	0.61	0.23	-62.3
羊(万只)	Sheep & Goats(10 000 heads)	2.16	3.18	47.2
猪(万头)	Hogs(10 000 heads)	1.01	1.01	0.0
规模以上工业	**Industrial Enterprises above Designated size**			
工业企业单位数(个)	Number of Industrial Enterprises(unit)	74	79	6.8
#内资企业(个)	Civil Funded Enterprises(unit)	69	74	7.2
工业总产值(万元)	Gross Industrial Output Value(10 000 yuan)	7462216	7641132	2.4
内资企业(万元)	Civil Funded Enterprises(10 000 yuan)	7017440	6914612	-1.5
国有企业(万元)	State-owned Enterprises(10 000 yuan)	67863	70430	3.8
集体企业(万元)	Collective-owned Enterprises(10 000 yuan)	63279	74635	17.9
股份合作企业(万元)	Share Holding Enterprises(10 000 yuan)	22556	43157	91.3
联营企业(万元)	Joint Owned Enterprises(10 000 yuan)			
有限责任公司(万元)	Limited Company(10 000 yuan)	1716749	1539298	-10.3
股份有限公司(万元)	Share Holding Limited Company(10 000 yuan)	4555619	4539406	-0.4
私营企业(万元)	Privately Owned Enterprises(10 000 yuan)	428839	426681	-0.5
其他企业(万元)	Enterprises of Other Ownership(10 000 yuan)	162535	221006	36.0
港澳台商投资企业(万元)	Funds from HK,Macao & Taiwan(10 000 yuan)			
外商投资企业(万元)	Foreign Funded Enterprises(10 000 yuan)	444776	726520	63.3
工业企业增加值(万元)	Value Added of Industrial Enterprises(10 000 yuan)			8.5
工业企业资产总计(万元)	Total Assets of Industrial Enterprises(10 000 yuan)	13128776	16135474	22.9
工业企业负债合计(万元)	Total Liabilities of Industrial Enterprises(10 000 yuan)	9753849	11769520	20.7
工业企业产品销售收入(万元)	Sales of Revenue Industrial Enterprises(10 000 yuan)	7373287	7482301	1.5
工业企业利润总额(万元)	Total Profits of Industrial Enterprises(10 000 yuan)	98377	127819	29.9
建筑业	**Construction**			
建筑企业单位数(个)	Number of Construction Enterprises(unit)	27	24	-11.1
建筑企业从业人员(人)	Number of Employee in Construction Enterprises(person)	14931	13367	-10.5
建筑业总产值(万元)	Gross Construction Output Value(10 000 yuan)	399988	461467	15.4
交通运输邮电通信业	**Transportation,Post & Telecommunications**			
公路里程(公里)	Total Length of Highways(km)	391	418	6.9
邮电业务总量(万元)	Business Volume of Post & Telecoms(10 000 yuan)	193710	173800	-10.3
本地电话用户(户)	Number of Subscribers of Local Telephone(Household)	169638	174740	3.0
国内贸易	**Domestic Trade**			
社会消费品零售总额(万元)	Total Retail Sales of Consumer Goods(10 000 yuan)	3227221	3595051	11.4
城镇(万元)	Town(10 000 yuan)	3227221	3595051	11.4
乡村(万元)	Village(10 000 yuan)			
科技教育卫生	**Science,Education & Public Health**			
各类专业技术人员(人)	Special Technical Personnel(person)	30278	30611	1.1
幼儿园数(所)	Number of Kindergartens(unit)	40	45	12.5
学龄儿童入学率(%)	Percentage of School-Age Children Enrolled(%)	100.0	100.0	0.0
小学学校数(所)	Number of Primary Schools(unit)	37	34	-8.1
小学专任教师数(人)	Number of Full-time Teachers of Primary Schools(person)	2239	2277	1.7
小学在校学生数(人)	Number of Student Enrollment of Primary Schools(person)	44111	43893	-0.5
普通中学学校数(所)	Number of Regular Secondary Schools(unit)	29	28	-3.4
普通中学专任教师数(人)	Number of Teachers of Secondary Shools(person)	2726	2770	1.6
初中在校学生数(人)	Number of Student in Junior Secondary Schools(person)	25462	24849	-2.4
高中在校学生数(人)	Number of Student in Senior Secondary Schools(person)	17621	17704	0.5
卫生机构数(所)	Number of Health Institutions(unit)	400	403	0.8
#医院(所)	Hospitals(unit)	9	9	0.0
卫生院(所)	Township Hospitals(unit)	3	3	0.0
床位数(张)	Number of Beds(unit)	4650	4653	0.1
#医院(张)	Hospitals(unit)	4427	4412	-0.3
卫生院(张)	Township Hospitals(unit)	37	37	0.0
卫生技术人员(人)	Medical Technical Presonnel(person)	5630	6730	19.5
#医院(人)	Hospitals(person)	3972	5017	26.3
卫生院(人)	Township Hospitals(person)	39	39	0.0

23-21 包头市青山区

指　标	Item	2012	2013	2013年比上年增长% Increase Rate in 2013 Over 2012(%)
行政区域土地面积(平方公里)	**Area of Administration(Sq.km)**	**280**	**280**	**0.0**
人口和就业	**Population & Employment**			
年末总人口(人)	Total Population Year-end(person)	497900	504200	1.3
#男性(人)	Male(person)	254100	257300	1.3
#乡村人口(人)	Rural(person)	9500	10200	7.4
年末总户数(户)	Total Number of Households at the Year-end(Household)	194490	196950	1.3
#乡村户数(户)	Number of Rural Household(Household)	3711	3923	5.7
出生人口(人)	Births(person)	3598	3398	-5.6
死亡人口(人)	Deaths(person)	1384	1655	19.6
全社会就业人员(人)	Employment(person)	267205	270679	1.3
第一产业(人)	Primary Industry(person)	6933	6954	0.3
第二产业(人)	Secondary Industry(person)	108610	109913	1.2
第三产业(人)	Tertiary Industry(person)	151662	153812	1.4
在岗职工人数(人)	Number of Staff & Workers Employed in(person)	102909	107005	4.0
乡村劳动力(人)	Number of Rural Laborers(person)	9765	12803	31.1
#农林牧渔业(人)	Farming,Forestry,Animal Husbandry & Fishery(person)	2360	4910	108.1
国民经济综合指标	**Summary Item on the National Economy**			
生产总值(万元)	Gross Domestic Product(10 000 yuan)	7088097	8005734	10.6
第一产业(万元)	Primary Industry(10 000 yuan)	29814	32696	3.7
第二产业(万元)	Secondary Industry(10 000 yuan)	3308175	3619146	13.0
#工业(万元)	Industry(10 000 yuan)	2925175	3229146	14.4
第三产业(万元)	Tertiary Industry(10 000 yuan)	3750108	4353892	8.1
人均生产总值(元)	Per Capita GDP(yuan)	141465	162092	12.2
全社会固定资产投资(万元)	Total Investment in Fixed Assets(10 000 yuan)	4191957	4963057	18.4
按登记注册类型分	Grouped by Registered Type			
#国有(万元)	State-owned Enterprises(10 000 yuan)	957413	1303928	36.2
集体(万元)	Collective-owned Enterprises(10 000 yuan)	122223	216012	76.7
有限责任公司(万元)	Limited Liability Corporations(10 000 yuan)	2625805	1768100	-32.7
股份有限公司(万元)	Share Holding Enterprises(10 000 yuan)	98689	181469	83.9
私营企业(万元)	Private Enterprises(10 000 yuan)	69556	1243777	1688.2
外商及港澳台投资企业(万元)	Funds from HK,Macao,Taiwan & Foreign(10 000 yuan)	66600	19300	-71.0
按城乡渠道分	Grouped by Urban and Rural Area			
城镇(万元)	Urban(10 000 yuan)	4186682	4958977	18.4
农村(万元)	Rural(10 000 yuan)	5275	4080	-22.7
公共财政预算收入(万元)	Public Budgetary Financial Revenue(10 000 yuan)	291377	363051	24.6
公共财政预算支出(万元)	Public Budgetary Financial Expenditure(10 000 yuan)	313397	363229	15.9
个人储蓄存款余额(万元)	The balance of savings deposits of individuals(10 000 yuan)			
在岗职工工资总额(万元)	Total Wages of Staff & Workers Employed in(10 000 yuan)	542889	599457	10.4
在岗职工平均工资(元)	Average Wage of Staff & Workers Employed in(yuan)	52311	55918	6.9
全体居民人均可支配收入(元)	The per capita disposable income of all residents(yuan)	32318	35227	9.0
城镇常住居民人均可支配收入(元)	The per capita disposable income of urban permanent residents(yuan)	32318	35227	9.0
农村牧区常住居民人均可支配收入(元)	The per capita disposable income of permanent residents of rural and pastoral areas(yuan)			
农村牧区经济	**Economic Development in Rural & Pastoral Area**			
农作物总播种面积(公顷)	Total Sown Area(hectare)	804	766	-4.7
#粮食作物播种面积(公顷)	Sown Area of Grain Crops(hectare)	758	713	-5.9
农牧业机械总动力(万千瓦)	Total Power of Agricultural Machinery(10 000 kw)		0.39	
化肥施用折纯量(吨)	Consumption of Chemical Fertilizer(ton)	181	244	34.8
农村用电量(万千瓦小时)	Electricity Consumed in Rural Area(10 000 kwh)	1481	1618	9.3
农林牧渔业总产值(万元)	Gross Output of Farming,Forestry,Animal Husbandry & Fishery(10 000 yuan)	46558	50860	3.7
粮食产量(吨)	Yield of Grain(ton)	3621	3988	10.1
油料产量(吨)	Yield of Oil-bearing Grops(ton)	1		
甜菜产量(吨)	Yield of Beetroots(ton)			
猪牛羊肉产量(吨)	Output of Pork, Beef & Mutton(ton)	672	367	-45.4
#猪肉产量(吨)	Output of Pork(ton)	203	81	-60.1
牛肉产量(吨)	Output of Beef(ton)	136	36	-73.5
羊肉产量(吨)	Output of Mutton(ton)	333	250	-24.9
羊毛产量(吨)	Output of Wool(ton)	17	12	-29.4

23-21 Qingshan District in Baotou City

指　标	Item	2012	2013	2013年比上年增长% Increase Rate in 2013 Over 2012(%)
年末牲畜存栏头数(万头只)	Total Livestock at the Year-end(10 000 heads)	4.11	1.65	-59.9
#大牲畜(万头只)	Large Animals(10 000 heads)	0.07	0.08	14.3
羊(万只)	Sheep & Goats(10 000 heads)	4.00	1.56	-61.0
猪(万头)	Hogs(10 000 heads)	0.03	0.01	-66.7
规模以上工业	**Industrial Enterprises above Designated size**			
工业企业单位数(个)	Number of Industrial Enterprises(unit)	72	85	18.1
#内资企业(个)	Civil Funded Enterprises(unit)	70	83	18.6
工业总产值(万元)	Gross Industrial Output Value(10 000 yuan)	6936058	7064911	1.9
内资企业(万元)	Civil Funded Enterprises(10 000 yuan)	6831848	6972226	2.1
国有企业(万元)	State-owned Enterprises(10 000 yuan)	1423669	1409498	-1.0
集体企业(万元)	Collective-owned Enterprises(10 000 yuan)	13844	7226	-47.8
股份合作企业(万元)	Share Holding Enterprises(10 000 yuan)	49690	83886	68.8
联营企业(万元)	Joint Owned Enterprises(10 000 yuan)			
有限责任公司(万元)	Limited Company(10 000 yuan)	4918147	4576406	-6.9
股份有限公司(万元)	Share Holding Limited Company(10 000 yuan)	56637	94066	66.1
私营企业(万元)	Privately Owned Enterprises(10 000 yuan)	174956	801144	357.9
其他企业(万元)	Enterprises of Other Ownership(10 000 yuan)	194905		
港澳台商投资企业(万元)	Funds from HK,Macao & Taiwan(10 000 yuan)	15098	1931	-87.2
外商投资企业(万元)	Foreign Funded Enterprises(10 000 yuan)	89112	90754	1.8
工业企业增加值(万元)	Value Added of Industrial Enterprises(10 000 yuan)			14.8
工业企业资产总计(万元)	Total Assets of Industrial Enterprises(10 000 yuan)	6476075	6869860	6.1
工业企业负债合计(万元)	Total Liabilities of Industrial Enterprises(10 000 yuan)	4858265	5148392	6.0
工业企业产品销售收入(万元)	Sales of Revenue Industrial Enterprises(10 000 yuan)	5209533	5421214	4.1
工业企业利润总额(万元)	Total Profits of Industrial Enterprises(10 000 yuan)	-48110	-48560	0.9
建筑业	**Construction**			
建筑企业单位数(个)	Number of Construction Enterprises(unit)	31	31	0.0
建筑企业从业人员(人)	Number of Employee in Construction Enterprises(person)	11803	12830	8.7
建筑业总产值(万元)	Gross Construction Output Value(10 000 yuan)	770040	750135	-2.6
交通运输邮电通信业	**Transportation,Post & Telecommunications**			
公路里程(公里)	Total Length of Highways(km)	270	270	0.0
邮电业务总量(万元)	Business Volume of Post & Telecoms(10 000 yuan)	27190	24500	-9.9
本地电话用户(户)	Number of Subscribers of Local Telephone(Household)	66993	69100	3.1
国内贸易	**Domestic Trade**			
社会消费品零售总额(万元)	Total Retail Sales of Consumer Goods(10 000 yuan)	2662982	2966304	11.4
城镇(万元)	Town(10 000 yuan)	2662982	2966304	11.4
乡村(万元)	Village(10 000 yuan)			
科技教育卫生	**Science,Education & Public Health**			
各类专业技术人员(人)	Special Technical Personnel(person)	41077	41816	1.8
幼儿园数(所)	Number of Kindergartens(unit)	40	46	15.0
学龄儿童入学率(%)	Percentage of School-Age Children Enrolled(%)	100.0	100.0	0.0
小学学校数(所)	Number of Primary Schools(unit)	24	20	-16.7
小学专任教师数(人)	Number of Full-time Teachers of Primary Schools(person)	1477	1458	-1.3
小学在校学生数(人)	Number of Student Enrollment of Primary Schools(person)	25144	25085	-0.2
普通中学学校数(所)	Number of Regular Secondary Schools(unit)	16	18	12.5
普通中学专任教师数(人)	Number of Teachers of Secondary Shools(person)	1983	1982	-0.1
初中在校学生数(人)	Number of Student in Junior Secondary Schools(person)	14361	14300	-0.4
高中在校学生数(人)	Number of Student in Senior Secondary Schools(person)	16404	16723	1.9
卫生机构数(所)	Number of Health Institutions(unit)	308	312	1.3
#医院(所)	Hospitals(unit)	13	13	0.0
卫生院(所)	Township Hospitals(unit)	1	2	100.0
床位数(张)	Number of Beds(unit)	3969	4025	1.4
#医院(张)	Hospitals(unit)	3698	3812	3.1
卫生院(张)	Township Hospitals(unit)		31	
卫生技术人员(人)	Medical Technical Presonnel(person)	5260	5419	3.0
#医院(人)	Hospitals(person)	3843	4035	5.0
卫生院(人)	Township Hospitals(person)		4	

23-22 包头市九原区

指　标	Item	2012	2013	2013年比上年增长% Increase Rate in 2013 Over 2012(%)
行政区域土地面积(平方公里)	**Area of Administration(Sq.km)**	**734**	**734**	**0.0**
人口和就业	**Population & Employment**			
年末总人口(人)	Total Population Year-end(person)	208200	212800	2.2
#男性(人)	Male(person)	107200	109600	2.2
#乡村人口(人)	Rural(person)	64900	63200	-2.6
年末总户数(户)	Total Number of Households at the Year-end(Household)	78570	80300	2.2
#乡村户数(户)	Number of Rural Household(Household)	24491	23582	-3.7
出生人口(人)	Births(person)	2237	2182	-2.5
死亡人口(人)	Deaths(person)	786	523	-33.5
全社会就业人员(人)	Employment(person)	129000	131800	2.2
第一产业(人)	Primary Industry(person)	42200	41800	-0.9
第二产业(人)	Secondary Industry(person)	32600	34000	4.3
第三产业(人)	Tertiary Industry(person)	54200	56000	3.3
在岗职工人数(人)	Number of Staff & Workers Employed in(person)	14104	16513	17.1
乡村劳动力(人)	Number of Rural Laborers(person)	43731	43375	-0.8
#农林牧渔业(人)	Farming,Forestry,Animal Husbandry & Fishery(person)	26424	26160	-1.0
国民经济综合指标	**Summary Item on the National Economy**			
生产总值(万元)	Gross Domestic Product(10 000 yuan)	2893269	3161689	8.3
第一产业(万元)	Primary Industry(10 000 yuan)	114726	128244	5.7
第二产业(万元)	Secondary Industry(10 000 yuan)	1666419	1758694	8.8
#工业(万元)	Industry(10 000 yuan)	1496419	1576694	9.2
第三产业(万元)	Tertiary Industry(10 000 yuan)	1112124	1274751	7.8
人均生产总值(元)	Per Capita GDP(yuan)	141135	150199	6.3
全社会固定资产投资(万元)	Total Investment in Fixed Assets(10 000 yuan)	1937594	2293194	18.4
按登记注册类型分	Grouped by Registered Type			
#国有(万元)	State-owned Enterprises(10 000 yuan)	637889	757696	18.8
集体(万元)	Collective-owned Enterprises(10 000 yuan)	60529	24891	-58.9
有限责任公司(万元)	Limited Liability Corporations(10 000 yuan)	869253	919658	5.8
股份有限公司(万元)	Share Holding Enterprises(10 000 yuan)	9811	58345	494.7
私营企业(万元)	Private Enterprises(10 000 yuan)	326407	398874	22.2
外商及港澳台投资企业(万元)	Funds from HK,Macao,Taiwan & Foreign(10 000 yuan)	3856	5800	50.4
按城乡渠道分	Grouped by Urban and Rural Area			
城镇(万元)	Urban(10 000 yuan)	1933574	2293084	18.6
农村(万元)	Rural(10 000 yuan)	4020	110	-97.3
公共财政预算收入(万元)	Public Budgetary Financial Revenue(10 000 yuan)	138450	157797	14.0
公共财政预算支出(万元)	Public Budgetary Financial Expenditure(10 000 yuan)	193739	191686	-1.1
个人储蓄存款余额(万元)	The balance of savings deposits of individuals(10 000 yuan)			
在岗职工工资总额(万元)	Total Wages of Staff & Workers Employed in(10 000 yuan)	101057	110159	9.0
在岗职工平均工资(元)	Average Wage of Staff & Workers Employed in(yuan)	62768	58156	-7.3
全体居民人均可支配收入(元)	The per capita disposable income of all residents(yuan)	25475	27945	9.7
城镇常住居民人均可支配收入(元)	The per capita disposable income of urban permanent residents(yuan)	30956	33804	9.2
农村牧区常住居民人均可支配收入(元)	The per capita disposable income of permanent residents of rural and pastoral areas(yuan)	12500	14075	12.6
农村牧区经济	**Economic Development in Rural & Pastoral Area**			
农作物总播种面积(公顷)	Total Sown Area(hectare)	15810	17107	8.2
#粮食作物播种面积(公顷)	Sown Area of Grain Crops(hectare)	8818	10141	15.0
农牧业机械总动力(万千瓦)	Total Power of Agricultural Machinery(10 000 kw)	17.74	17.91	1.0
化肥施用折纯量(吨)	Consumption of Chemical Fertilizer(ton)	4989	4813	-3.5
农村用电量(万千瓦小时)	Electricity Consumed in Rural Area(10 000 kwh)	6026	6567	9.0
农林牧渔业总产值(万元)	Gross Output of Farming,Forestry,Animal Husbandry & Fishery(10 000 yuan)	210222	234077	5.7
粮食产量(吨)	Yield of Grain(ton)	56357	65802	16.8
油料产量(吨)	Yield of Oil-bearing Grops(ton)	1570	1654	5.4
甜菜产量(吨)	Yield of Beetroots(ton)	360	363	0.8
猪牛羊肉产量(吨)	Output of Pork, Beef & Mutton(ton)	23551	25217	7.1
#猪肉产量(吨)	Output of Pork(ton)	7560	7632	1.0
牛肉产量(吨)	Output of Beef(ton)	12513	12606	0.7
羊肉产量(吨)	Output of Mutton(ton)	3478	4979	43.2
羊毛产量(吨)	Output of Wool(ton)	144	295	104.9

23-22 Jiuyuan District in Baotou City

指　标	Item	2012	2013	2013年比上年增长% Increase Rate in 2013 Over 2012(%)
年末牲畜存栏头数(万头只)	Total Livestock at the Year-end(10 000 heads)	24.23	22.25	-8.2
#大牲畜(万头只)	Large Animals(10 000 heads)	7.35	7.18	-2.3
羊(万只)	Sheep & Goats(10 000 heads)	11.57	9.77	-15.6
猪(万头)	Hogs(10 000 heads)	5.31	5.30	-0.2
规模以上工业	**Industrial Enterprises above Designated size**			
工业企业单位数(个)	Number of Industrial Enterprises(unit)	41	44	7.3
#内资企业(个)	Civil Funded Enterprises(unit)	41	43	4.9
工业总产值(万元)	Gross Industrial Output Value(10 000 yuan)	2317577	1924747	-17.0
内资企业(万元)	Civil Funded Enterprises(10 000 yuan)	2317577	1811349	-21.8
国有企业(万元)	State-owned Enterprises(10 000 yuan)	663227	692795	4.5
集体企业(万元)	Collective-owned Enterprises(10 000 yuan)			
股份合作企业(万元)	Share Holding Enterprises(10 000 yuan)			
联营企业(万元)	Joint Owned Enterprises(10 000 yuan)			
有限责任公司(万元)	Limited Company(10 000 yuan)	716114	500607	-30.1
股份有限公司(万元)	Share Holding Limited Company(10 000 yuan)	6793	5537	-18.5
私营企业(万元)	Privately Owned Enterprises(10 000 yuan)	889661	612410	-31.2
其他企业(万元)	Enterprises of Other Ownership(10 000 yuan)	41782		
港澳台商投资企业(万元)	Funds from HK,Macao & Taiwan(10 000 yuan)		113398	
外商投资企业(万元)	Foreign Funded Enterprises(10 000 yuan)			
工业企业增加值(万元)	Value Added of Industrial Enterprises(10 000 yuan)			11.0
工业企业资产总计(万元)	Total Assets of Industrial Enterprises(10 000 yuan)	2743453	2861910	4.3
工业企业负债合计(万元)	Total Liabilities of Industrial Enterprises(10 000 yuan)	2638069	1906396	-27.7
工业企业产品销售收入(万元)	Sales of Revenue Industrial Enterprises(10 000 yuan)	2339051	1909545	-18.4
工业企业利润总额(万元)	Total Profits of Industrial Enterprises(10 000 yuan)	188164	213006	13.2
建筑业	**Construction**			
建筑企业单位数(个)	Number of Construction Enterprises(unit)	6	6	0.0
建筑企业从业人员(人)	Number of Employee in Construction Enterprises(person)	587	546	-7.0
建筑业总产值(万元)	Gross Construction Output Value(10 000 yuan)	48131	48924	1.6
交通运输邮电通信业	**Transportation,Post & Telecommunications**			
公路里程(公里)	Total Length of Highways(km)	1173	1185	1.0
邮电业务总量(万元)	Business Volume of Post & Telecoms(10 000 yuan)	13550	15000	10.7
本地电话用户(户)	Number of Subscribers of Local Telephone(Household)	12130	25027	106.3
国内贸易	**Domestic Trade**			
社会消费品零售总额(万元)	Total Retail Sales of Consumer Goods(10 000 yuan)	485838	539873	11.1
城镇(万元)	Town(10 000 yuan)	476093	529288	11.2
乡村(万元)	Village(10 000 yuan)	9745	10585	8.6
科技教育卫生	**Science,Education & Public Health**			
各类专业技术人员(人)	Special Technical Personnel(person)	2291	2315	1.0
幼儿园数(所)	Number of Kindergartens(unit)	28	32	14.3
学龄儿童入学率(%)	Percentage of School-Age Children Enrolled(%)	100.0	100.0	0.0
小学学校数(所)	Number of Primary Schools(unit)	16	16	0.0
小学专任教师数(人)	Number of Full-time Teachers of Primary Schools(person)	843	829	-1.7
小学在校学生数(人)	Number of Student Enrollment of Primary Schools(person)	11670	11644	-0.2
普通中学学校数(所)	Number of Regular Secondary Schools(unit)	6	6	0.0
普通中学专任教师数(人)	Number of Teachers of Secondary Shools(person)	720	715	-0.7
初中在校学生数(人)	Number of Student in Junior Secondary Schools(person)	5622	5326	-5.3
高中在校学生数(人)	Number of Student in Senior Secondary Schools(person)	2793	2795	0.1
卫生机构数(所)	Number of Health Institutions(unit)	100	100	0.0
#医院(所)	Hospitals(unit)	5	5	0.0
卫生院(所)	Township Hospitals(unit)	5	5	0.0
床位数(张)	Number of Beds(unit)	919	915	-0.4
#医院(张)	Hospitals(unit)	729	735	0.8
卫生院(张)	Township Hospitals(unit)	76	76	0.0
卫生技术人员(人)	Medical Technical Presonnel(person)	1115	1128	1.2
#医院(人)	Hospitals(person)	690	678	-1.7
卫生院(人)	Township Hospitals(person)	73	91	24.7

23-23 包头市石拐区

指　标	Item	2012	2013	2013年比上年增长% Increase Rate in 2013 Over 2012(%)
行政区域土地面积(平方公里)	**Area of Administration(Sq.km)**	**761**	**761**	**0.0**
人口和就业	**Population & Employment**			
年末总人口(人)	Total Population Year-end(person)	32500	33600	3.4
#男性(人)	Male(person)	17000	17600	3.5
#乡村人口(人)	Rural(person)	7000	6700	-4.3
年末总户数(户)	Total Number of Households at the Year-end(Household)	14130	14610	3.4
#乡村户数(户)	Number of Rural Household(Household)	3043	2792	-8.2
出生人口(人)	Births(person)	118	111	-5.9
死亡人口(人)	Deaths(person)	185	149	-19.5
全社会就业人员(人)	Employment(person)	21898	22495	2.7
第一产业(人)	Primary Industry(person)	3398	3695	8.7
第二产业(人)	Secondary Industry(person)	11900	12100	1.7
第三产业(人)	Tertiary Industry(person)	6600	6700	1.5
在岗职工人数(人)	Number of Staff & Workers Employed in(person)	6494	7380	13.6
乡村劳动力(人)	Number of Rural Laborers(person)	8528	11681	37.0
#农林牧渔业(人)	Farming,Forestry,Animal Husbandry & Fishery(person)	3398	5695	67.6
国民经济综合指标	**Summary Item on the National Economy**			
生产总值(万元)	Gross Domestic Product(10 000 yuan)	904047	994854	13.1
第一产业(万元)	Primary Industry(10 000 yuan)	7735	8549	4.5
第二产业(万元)	Secondary Industry(10 000 yuan)	807200	888463	13.9
#工业(万元)	Industry(10 000 yuan)	777200	856463	14.2
第三产业(万元)	Tertiary Industry(10 000 yuan)	89112	97842	6.7
人均生产总值(元)	Per Capita GDP(yuan)	267075	301015	15.8
全社会固定资产投资(万元)	Total Investment in Fixed Assets(10 000 yuan)	620390	735300	18.5
按登记注册类型分	Grouped by Registered Type			
#国有(万元)	State-owned Enterprises(10 000 yuan)	64390	86002	33.6
集体(万元)	Collective-owned Enterprises(10 000 yuan)			
有限责任公司(万元)	Limited Liability Corporations(10 000 yuan)	103200	278030	169.4
股份有限公司(万元)	Share Holding Enterprises(10 000 yuan)	187700	68053	-63.7
私营企业(万元)	Private Enterprises(10 000 yuan)	235700	218873	-7.1
外商及港澳台投资企业(万元)	Funds from HK,Macao,Taiwan & Foreign(10 000 yuan)			
按城乡渠道分	Grouped by Urban and Rural Area			
城镇(万元)	Urban(10 000 yuan)	620390	735300	18.5
农村(万元)	Rural(10 000 yuan)			
公共财政预算收入(万元)	Public Budgetary Financial Revenue(10 000 yuan)	31533	38145	21.0
公共财政预算支出(万元)	Public Budgetary Financial Expenditure(10 000 yuan)	75776	84524	11.5
个人储蓄存款余额(万元)	The balance of savings deposits of individuals(10 000 yuan)			
在岗职工工资总额(万元)	Total Wages of Staff & Workers Employed in(10 000 yuan)	36431	41481	13.9
在岗职工平均工资(元)	Average Wage of Staff & Workers Employed in(yuan)	57937	56124	-3.1
全体居民人均可支配收入(元)	The per capita disposable income of all residents(yuan)	20272	22203	9.5
城镇常住居民人均可支配收入(元)	The per capita disposable income of urban permanent residents(yuan)	23220	25379	9.3
农村牧区常住居民人均可支配收入(元)	The per capita disposable income of permanent residents of rural and pastoral areas(yuan)	8434	9454	12.1
农村牧区经济	**Economic Development in Rural & Pastoral Area**			
农作物总播种面积(公顷)	Total Sown Area(hectare)	2181	2772	27.1
#粮食作物播种面积(公顷)	Sown Area of Grain Crops(hectare)	1945	2439	25.4
农牧业机械总动力(万千瓦)	Total Power of Agricultural Machinery(10 000 kw)	1.76	1.76	0.0
化肥施用折纯量(吨)	Consumption of Chemical Fertilizer(ton)	869	1344	54.7
农村用电量(万千瓦小时)	Electricity Consumed in Rural Area(10 000 kwh)	426	503	18.1
农林牧渔业总产值(万元)	Gross Output of Farming,Forestry,Animal Husbandry & Fishery(10 000 yuan)	12727	14012	4.5
粮食产量(吨)	Yield of Grain(ton)	5308	6529	23.0
油料产量(吨)	Yield of Oil-bearing Grops(ton)	50	79	58.0
甜菜产量(吨)	Yield of Beetroots(ton)			
猪牛羊肉产量(吨)	Output of Pork, Beef & Mutton(ton)	496	478	-3.6
#猪肉产量(吨)	Output of Pork(ton)	168	177	5.4
牛肉产量(吨)	Output of Beef(ton)	46	49	6.5
羊肉产量(吨)	Output of Mutton(ton)	282	252	-10.6
羊毛产量(吨)	Output of Wool(ton)	31	36	16.1

23-23 Shiguai District in Baotou City

指　标	Item	2012	2013	2013年比上年增长% Increase Rate in 2013 Over 2012(%)
年末牲畜存栏头数(万头只)	Total Livestock at the Year-end(10 000 heads)	3.76	3.50	-6.9
# 大牲畜(万头只)	Large Animals(10 000 heads)	0.16	0.17	6.3
羊(万只)	Sheep & Goats(10 000 heads)	3.40	3.11	-8.5
猪(万头)	Hogs(10 000 heads)	0.20	0.22	10.0
规模以上工业	**Industrial Enterprises above Designated size**			
工业企业单位数(个)	Number of Industrial Enterprises(unit)	48	54	12.5
# 内资企业(个)	Civil Funded Enterprises(unit)	47	53	12.8
工业总产值(万元)	Gross Industrial Output Value(10 000 yuan)	1724167	1961457	13.8
内资企业(万元)	Civil Funded Enterprises(10 000 yuan)	1722087	1959354	13.8
国有企业(万元)	State-owned Enterprises(10 000 yuan)	278014	215387	-22.5
集体企业(万元)	Collective-owned Enterprises(10 000 yuan)			
股份合作企业(万元)	Share Holding Enterprises(10 000 yuan)			
联营企业(万元)	Joint Owned Enterprises(10 000 yuan)			
有限责任公司(万元)	Limited Company(10 000 yuan)	91584	80370	-12.2
股份有限公司(万元)	Share Holding Limited Company(10 000 yuan)			
私营企业(万元)	Privately Owned Enterprises(10 000 yuan)	1145488	1584593	38.3
其他企业(万元)	Enterprises of Other Ownership(10 000 yuan)	207001	79004	-61.8
港澳台商投资企业(万元)	Funds from HK,Macao & Taiwan(10 000 yuan)			
外商投资企业(万元)	Foreign Funded Enterprises(10 000 yuan)	2080	2103	1.1
工业企业增加值(万元)	Value Added of Industrial Enterprises(10 000 yuan)			14.5
工业企业资产总计(万元)	Total Assets of Industrial Enterprises(10 000 yuan)	945660	1100369	16.4
工业企业负债合计(万元)	Total Liabilities of Industrial Enterprises(10 000 yuan)	590024	713236	20.9
工业企业产品销售收入(万元)	Sales of Revenue Industrial Enterprises(10 000 yuan)	1648092	1950858	18.4
工业企业利润总额(万元)	Total Profits of Industrial Enterprises(10 000 yuan)	-28030	-25761	
建筑业	**Construction**			
建筑企业单位数(个)	Number of Construction Enterprises(unit)	1	1	0.0
建筑企业从业人员(人)	Number of Employee in Construction Enterprises(person)	387	393	1.6
建筑业总产值(万元)	Gross Construction Output Value(10 000 yuan)	7500	8900	18.7
交通运输邮电通信业	**Transportation,Post & Telecommunications**			
公路里程(公里)	Total Length of Highways(km)	315	315	0.0
邮电业务总量(万元)	Business Volume of Post & Telecoms(10 000 yuan)	1156	854	-26.1
本地电话用户(户)	Number of Subscribers of Local Telephone(Household)	2300	2180	-5.2
国内贸易	**Domestic Trade**			
社会消费品零售总额(万元)	Total Retail Sales of Consumer Goods(10 000 yuan)	45662	50446	10.5
城镇(万元)	Town(10 000 yuan)	45662	50446	10.5
乡村(万元)	Village(10 000 yuan)			
科技教育卫生	**Science,Education & Public Health**			
各类专业技术人员(人)	Special Technical Personnel(person)	1638	1625	-0.8
幼儿园数(所)	Number of Kindergartens(unit)	1	1	0.0
学龄儿童入学率(%)	Percentage of School-Age Children Enrolled(%)	100.0	100.0	0.0
小学学校数(所)	Number of Primary Schools(unit)	2	2	0.0
小学专任教师数(人)	Number of Full-time Teachers of Primary Schools(person)	91	89	-2.2
小学在校学生数(人)	Number of Student Enrollment of Primary Schools(person)	464	416	-10.3
普通中学学校数(所)	Number of Regular Secondary Schools(unit)	2	2	0.0
普通中学专任教师数(人)	Number of Teachers of Secondary Shools(person)	101	112	10.9
初中在校学生数(人)	Number of Student in Junior Secondary Schools(person)	376	347	-7.7
高中在校学生数(人)	Number of Student in Senior Secondary Schools(person)	190	334	75.8
卫生机构数(所)	Number of Health Institutions(unit)	29	24	-17.2
# 医院(所)	Hospitals(unit)	1	1	0.0
卫生院(所)	Township Hospitals(unit)	2	2	0.0
床位数(张)	Number of Beds(unit)	390	385	-1.3
# 医院(张)	Hospitals(unit)	334	334	0.0
卫生院(张)	Township Hospitals(unit)	45	18	-60.0
卫生技术人员(人)	Medical Technical Presonnel(person)	342	319	-6.7
# 医院(人)	Hospitals(person)	250	221	-11.6
卫生院(人)	Township Hospitals(person)	10	9	-10.0

23-24 包头市白云矿区

指　标	Item	2012	2013	2013年比上年增长% Increase Rate in 2013 Over 2012(%)
行政区域土地面积(平方公里)	**Area of Administration(Sq.km)**	**303**	**303**	**0.0**
人口和就业	**Population & Employment**			
年末总人口(人)	Total Population Year-end(person)	26800	27000	0.7
#男性(人)	Male(person)	14200	14300	0.7
#乡村人口(人)	Rural(person)			
年末总户数(户)	Total Number of Households at the Year-end(Household)	10824	10800	-0.2
#乡村户数(户)	Number of Rural Household(Household)			
出生人口(人)	Births(person)	153	184	20.3
死亡人口(人)	Deaths(person)	87	97	11.5
全社会就业人员(人)	Employment(person)	13400	13441	0.3
第一产业(人)	Primary Industry(person)	73	77	5.5
第二产业(人)	Secondary Industry(person)	7761	7768	0.1
第三产业(人)	Tertiary Industry(person)	5566	5596	0.5
在岗职工人数(人)	Number of Staff & Workers Employed in(person)	7375	8286	12.4
乡村劳动力(人)	Number of Rural Laborers(person)			
#农林牧渔业(人)	Farming,Forestry,Animal Husbandry & Fishery(person)			
国民经济综合指标	**Summary Item on the National Economy**			
生产总值(万元)	Gross Domestic Product(10 000 yuan)	318141	348048	11.5
第一产业(万元)	Primary Industry(10 000 yuan)	477	524	3.9
第二产业(万元)	Secondary Industry(10 000 yuan)	243939	266298	12.9
#工业(万元)	Industry(10 000 yuan)	232739	254798	13.4
第三产业(万元)	Tertiary Industry(10 000 yuan)	73725	81226	7.1
人均生产总值(元)	Per Capita GDP(yuan)	119154	129386	10.6
全社会固定资产投资(万元)	Total Investment in Fixed Assets(10 000 yuan)	330052	389757	18.1
按登记注册类型分	Grouped by Registered Type			
#国有(万元)	State-owned Enterprises(10 000 yuan)	328936	352958	7.3
集体(万元)	Collective-owned Enterprises(10 000 yuan)			
有限责任公司(万元)	Limited Liability Corporations(10 000 yuan)	338	16940	4911.8
股份有限公司(万元)	Share Holding Enterprises(10 000 yuan)			
私营企业(万元)	Private Enterprises(10 000 yuan)	705	19359	2646.0
外商及港澳台投资企业(万元)	Funds from HK,Macao,Taiwan & Foreign(10 000 yuan)			
按城乡渠道分	Grouped by Urban and Rural Area			
城镇(万元)	Urban(10 000 yuan)	330052	389757	18.1
农村(万元)	Rural(10 000 yuan)			
公共财政预算收入(万元)	Public Budgetary Financial Revenue(10 000 yuan)	27010	34502	27.7
公共财政预算支出(万元)	Public Budgetary Financial Expenditure(10 000 yuan)	43600	50885	16.7
个人储蓄存款余额(万元)	The balance of savings deposits of individuals(10 000 yuan)			
在岗职工工资总额(万元)	Total Wages of Staff & Workers Employed in(10 000 yuan)	48887	50337	3.0
在岗职工平均工资(元)	Average Wage of Staff & Workers Employed in(yuan)	76124	61267	-19.5
全体居民人均可支配收入(元)	The per capita disposable income of all residents(yuan)	32273	35178	9.0
城镇常住居民人均可支配收入(元)	The per capita disposable income of urban permanent residents(yuan)	32273	35178	9.0
农村牧区常住居民人均可支配收入(元)	The per capita disposable income of permanent residents of rural and pastoral areas(yuan)			
农村牧区经济	**Economic Development in Rural & Pastoral Area**			
农作物总播种面积(公顷)	Total Sown Area(hectare)			
#粮食作物播种面积(公顷)	Sown Area of Grain Crops(hectare)			
农牧业机械总动力(万千瓦)	Total Power of Agricultural Machinery(10 000 kw)			
化肥施用折纯量(吨)	Consumption of Chemical Fertilizer(ton)			
农村用电量(万千瓦小时)	Electricity Consumed in Rural Area(10 000 kwh)			
农林牧渔业总产值(万元)	Gross Output of Farming,Forestry,Animal Husbandry & Fishery(10 000 yuan)	855	936	3.9
粮食产量(吨)	Yield of Grain(ton)			
油料产量(吨)	Yield of Oil-bearing Grops(ton)			
甜菜产量(吨)	Yield of Beetroots(ton)			
猪牛羊肉产量(吨)	Output of Pork, Beef & Mutton(ton)	116	124	6.9
#猪肉产量(吨)	Output of Pork(ton)	105	112	6.7
牛肉产量(吨)	Output of Beef(ton)	6	7	16.7
羊肉产量(吨)	Output of Mutton(ton)	5	5	0.0
羊毛产量(吨)	Output of Wool(ton)	1	1	0.0

23-24 Baiyun Mineral District in Baotou City

指　标	Item	2012	2013	2013年比上年增长% Increase Rate in 2013 Over 2012(%)
年末牲畜存栏头数(万头只)	Total Livestock at the Year-end(10 000 heads)	0.14	0.14	0.0
#大牲畜(万头只)	Large Animals(10 000 heads)	0.01	0.01	0.0
羊(万只)	Sheep & Goats(10 000 heads)	0.02	0.02	0.0
猪(万头)	Hogs(10 000 heads)	0.11	0.11	0.0
规模以上工业	**Industrial Enterprises above Designated size**			
工业企业单位数(个)	Number of Industrial Enterprises(unit)	9	10	11.1
#内资企业(个)	Civil Funded Enterprises(unit)	9	10	11.1
工业总产值(万元)	Gross Industrial Output Value(10 000 yuan)	135556	155218	14.5
内资企业(万元)	Civil Funded Enterprises(10 000 yuan)	135556	155218	14.5
国有企业(万元)	State-owned Enterprises(10 000 yuan)			
集体企业(万元)	Collective-owned Enterprises(10 000 yuan)			
股份合作企业(万元)	Share Holding Enterprises(10 000 yuan)			
联营企业(万元)	Joint Owned Enterprises(10 000 yuan)			
有限责任公司(万元)	Limited Company(10 000 yuan)	97244	109675	12.8
股份有限公司(万元)	Share Holding Limited Company(10 000 yuan)	8082	20203	150.0
私营企业(万元)	Privately Owned Enterprises(10 000 yuan)	30230	25340	-16.2
其他企业(万元)	Enterprises of Other Ownership(10 000 yuan)			
港澳台商投资企业(万元)	Funds from HK,Macao & Taiwan(10 000 yuan)			
外商投资企业(万元)	Foreign Funded Enterprises(10 000 yuan)			
工业企业增加值(万元)	Value Added of Industrial Enterprises(10 000 yuan)			14.9
工业企业资产总计(万元)	Total Assets of Industrial Enterprises(10 000 yuan)	257634	272527	5.8
工业企业负债合计(万元)	Total Liabilities of Industrial Enterprises(10 000 yuan)	152819	159360	4.3
工业企业产品销售收入(万元)	Sales of Revenue Industrial Enterprises(10 000 yuan)	134230	149134	11.1
工业企业利润总额(万元)	Total Profits of Industrial Enterprises(10 000 yuan)	-211	8638	
建筑业	**Construction**			
建筑企业单位数(个)	Number of Construction Enterprises(unit)			
建筑企业从业人员(人)	Number of Employee in Construction Enterprises(person)			
建筑业总产值(万元)	Gross Construction Output Value(10 000 yuan)			
交通运输邮电通信业	**Transportation,Post & Telecommunications**			
公路里程(公里)	Total Length of Highways(km)	77	79	1.9
邮电业务总量(万元)	Business Volume of Post & Telecoms(10 000 yuan)	2109	1454	-31.1
本地电话用户(户)	Number of Subscribers of Local Telephone(Household)	26850	27099	0.9
国内贸易	**Domestic Trade**			
社会消费品零售总额(万元)	Total Retail Sales of Consumer Goods(10 000 yuan)	55605	61691	10.9
城镇(万元)	Town(10 000 yuan)	55605	61691	10.9
乡村(万元)	Village(10 000 yuan)			
科技教育卫生	**Science,Education & Public Health**			
各类专业技术人员(人)	Special Technical Personnel(person)	1436	1412	-1.7
幼儿园数(所)	Number of Kindergartens(unit)	2	2	0.0
学龄儿童入学率(%)	Percentage of School-Age Children Enrolled(%)	100.0	100.0	0.0
小学学校数(所)	Number of Primary Schools(unit)	3	3	0.0
小学专任教师数(人)	Number of Full-time Teachers of Primary Schools(person)	133	129	-3.0
小学在校学生数(人)	Number of Student Enrollment of Primary Schools(person)	1542	1437	-6.8
普通中学学校数(所)	Number of Regular Secondary Schools(unit)	2	2	0.0
普通中学专任教师数(人)	Number of Teachers of Secondary Shools(person)	118	117	-0.8
初中在校学生数(人)	Number of Student in Junior Secondary Schools(person)	752	678	-9.8
高中在校学生数(人)	Number of Student in Senior Secondary Schools(person)	484	488	0.8
卫生机构数(所)	Number of Health Institutions(unit)	15	14	-6.7
#医院(所)	Hospitals(unit)	2	2	0.0
卫生院(所)	Township Hospitals(unit)			
床位数(张)	Number of Beds(unit)	124	110	-11.3
#医院(张)	Hospitals(unit)	112	110	-1.8
卫生院(张)	Township Hospitals(unit)			
卫生技术人员(人)	Medical Technical Presonnel(person)	191	164	-14.1
#医院(人)	Hospitals(person)	127	111	-12.6
卫生院(人)	Township Hospitals(person)			

23-25 包头市土默特右旗

指　标	Item	2012	2013	2013年比上年增长% Increase Rate in 2013 Over 2012(%)
行政区域土地面积(平方公里)	**Area of Administration(Sq.km)**	**2368**	**2368**	**0.0**
人口和就业	**Population & Employment**			
年末总人口(人)	Total Population Year-end(person)	278500	280100	0.6
#男性(人)	Male(person)	146300	147100	0.5
#乡村人口(人)	Rural(person)	164300	139800	-14.9
年末总户数(户)	Total Number of Households at the Year-end(Household)	106700	107320	0.6
#乡村户数(户)	Number of Rural Household(Household)	62950	52754	-16.2
出生人口(人)	Births(person)	2842	2818	-0.8
死亡人口(人)	Deaths(person)	1337	1436	7.4
全社会就业人员(人)	Employment(person)	233577	238605	2.2
第一产业(人)	Primary Industry(person)	109810	107615	-2.0
第二产业(人)	Secondary Industry(person)	52825	54160	2.5
第三产业(人)	Tertiary Industry(person)	70942	76830	8.3
在岗职工人数(人)	Number of Staff & Workers Employed in(person)	20160	16804	-16.6
乡村劳动力(人)	Number of Rural Laborers(person)	124548	123184	-1.1
#农林牧渔业(人)	Farming,Forestry,Animal Husbandry & Fishery(person)	80514	78147	-2.9
国民经济综合指标	**Summary Item on the National Economy**			
生产总值(万元)	Gross Domestic Product(10 000 yuan)	2851270	3160937	10.7
第一产业(万元)	Primary Industry(10 000 yuan)	359570	400035	5.2
第二产业(万元)	Secondary Industry(10 000 yuan)	1627792	1812627	14.6
#工业(万元)	Industry(10 000 yuan)	1452792	1627627	16.1
第三产业(万元)	Tertiary Industry(10 000 yuan)	863908	948275	7.3
人均生产总值(元)	Per Capita GDP(yuan)	102693	113174	10.0
全社会固定资产投资(万元)	Total Investment in Fixed Assets(10 000 yuan)	2514538	2976038	18.4
按登记注册类型分	Grouped by Registered Type			
#国有(万元)	State-owned Enterprises(10 000 yuan)	721240	885240	22.7
集体(万元)	Collective-owned Enterprises(10 000 yuan)	2600	80180	2983.8
有限责任公司(万元)	Limited Liability Corporations(10 000 yuan)	37681	210630	459.0
股份有限公司(万元)	Share Holding Enterprises(10 000 yuan)	9300	10000	7.5
私营企业(万元)	Private Enterprises(10 000 yuan)	1742167	1784438	2.4
外商及港澳台投资企业(万元)	Funds from HK,Macao,Taiwan & Foreign(10 000 yuan)			
按城乡渠道分	Grouped by Urban and Rural Area			
城镇(万元)	Urban(10 000 yuan)	2469638	2960538	19.9
农村(万元)	Rural(10 000 yuan)	44900	15500	-65.5
公共财政预算收入(万元)	Public Budgetary Financial Revenue(10 000 yuan)	151929	178607	17.6
公共财政预算支出(万元)	Public Budgetary Financial Expenditure(10 000 yuan)	232927	270115	16.0
个人储蓄存款余额(万元)	The balance of savings deposits of individuals(10 000 yuan)	530843	589526	11.1
在岗职工工资总额(万元)	Total Wages of Staff & Workers Employed in(10 000 yuan)	101648	95387	-6.2
在岗职工平均工资(元)	Average Wage of Staff & Workers Employed in(yuan)	50961	53912	5.8
全体居民人均可支配收入(元)	The per capita disposable income of all residents(yuan)	15649	17307	10.6
城镇常住居民人均可支配收入(元)	The per capita disposable income of urban permanent residents(yuan)	23076	25245	9.4
农村牧区常住居民人均可支配收入(元)	The per capita disposable income of permanent residents of rural and pastoral areas(yuan)	10360	11655	12.5
农村牧区经济	**Economic Development in Rural & Pastoral Area**			
农作物总播种面积(公顷)	Total Sown Area(hectare)	111617	109088	-2.3
#粮食作物播种面积(公顷)	Sown Area of Grain Crops(hectare)	83310	83727	0.5
农牧业机械总动力(万千瓦)	Total Power of Agricultural Machinery(10 000 kw)	49.22	52.01	5.7
化肥施用折纯量(吨)	Consumption of Chemical Fertilizer(ton)	32663	38295	17.2
农村用电量(万千瓦小时)	Electricity Consumed in Rural Area(10 000 kwh)	6934	9038	30.3
农林牧渔业总产值(万元)	Gross Output of Farming,Forestry,Animal Husbandry & Fishery(10 000 yuan)	650743	721156	5.2
粮食产量(吨)	Yield of Grain(ton)	700659	758322	8.2
油料产量(吨)	Yield of Oil-bearing Grops(ton)	19418	20937	7.8
甜菜产量(吨)	Yield of Beetroots(ton)	5511	204	-96.3
猪牛羊肉产量(吨)	Output of Pork, Beef & Mutton(ton)	67580	65285	-3.4
#猪肉产量(吨)	Output of Pork(ton)	22022	21308	-3.2
牛肉产量(吨)	Output of Beef(ton)	15624	12981	-16.9
羊肉产量(吨)	Output of Mutton(ton)	29934	30996	3.5
羊毛产量(吨)	Output of Wool(ton)	796	935	17.5

23-25 Tumoteyou Banner in Baotou City

指　标	Item	2012	2013	2013年比上年增长% Increase Rate in 2013 Over 2012(%)
年末牲畜存栏头数(万头只)	Total Livestock at the Year-end(10 000 heads)	94.67	102.20	8.0
#大牲畜(万头只)	Large Animals(10 000 heads)	17.65	16.66	-5.6
羊(万只)	Sheep & Goats(10 000 heads)	64.05	73.49	14.7
猪(万头)	Hogs(10 000 heads)	12.97	12.05	-7.1
规模以上工业	**Industrial Enterprises above Designated size**			
工业企业单位数(个)	Number of Industrial Enterprises(unit)	45	48	6.7
#内资企业(个)	Civil Funded Enterprises(unit)	43	46	7.0
工业总产值(万元)	Gross Industrial Output Value(10 000 yuan)	2524175	3011025	19.3
内资企业(万元)	Civil Funded Enterprises(10 000 yuan)	2464346	2962162	20.2
国有企业(万元)	State-owned Enterprises(10 000 yuan)	63348	171671	171.0
集体企业(万元)	Collective-owned Enterprises(10 000 yuan)			
股份合作企业(万元)	Share Holding Enterprises(10 000 yuan)			
联营企业(万元)	Joint Owned Enterprises(10 000 yuan)			
有限责任公司(万元)	Limited Company(10 000 yuan)	636681	306540	-51.9
股份有限公司(万元)	Share Holding Limited Company(10 000 yuan)	119721		
私营企业(万元)	Privately Owned Enterprises(10 000 yuan)	1279772	2444111	91.0
其他企业(万元)	Enterprises of Other Ownership(10 000 yuan)	364824	39840	-89.1
港澳台商投资企业(万元)	Funds from HK,Macao & Taiwan(10 000 yuan)	59829	48864	-18.3
外商投资企业(万元)	Foreign Funded Enterprises(10 000 yuan)			
工业企业增加值(万元)	Value Added of Industrial Enterprises(10 000 yuan)			18.3
工业企业资产总计(万元)	Total Assets of Industrial Enterprises(10 000 yuan)	1685814	2187451	29.8
工业企业负债合计(万元)	Total Liabilities of Industrial Enterprises(10 000 yuan)	975834	1071244	9.8
工业企业产品销售收入(万元)	Sales of Revenue Industrial Enterprises(10 000 yuan)	2502847	3063078	22.4
工业企业利润总额(万元)	Total Profits of Industrial Enterprises(10 000 yuan)	370544	447389	20.7
建筑业	**Construction**			
建筑企业单位数(个)	Number of Construction Enterprises(unit)	6	6	0.0
建筑企业从业人员(人)	Number of Employee in Construction Enterprises(person)	8548	8097	-5.3
建筑业总产值(万元)	Gross Construction Output Value(10 000 yuan)	89020	92871	4.3
交通运输邮电通信业	**Transportation,Post & Telecommunications**			
公路里程(公里)	Total Length of Highways(km)	2142	2142	0.0
邮电业务总量(万元)	Business Volume of Post & Telecoms(10 000 yuan)	9213	11820	28.3
本地电话用户(户)	Number of Subscribers of Local Telephone(Household)	10920	18103	65.8
国内贸易	**Domestic Trade**			
社会消费品零售总额(万元)	Total Retail Sales of Consumer Goods(10 000 yuan)	333687	371230	11.3
城镇(万元)	Town(10 000 yuan)	237396	264510	11.4
乡村(万元)	Village(10 000 yuan)	96291	106720	10.8
科技教育卫生	**Science,Education & Public Health**			
各类专业技术人员(人)	Special Technical Personnel(person)	4336	4440	2.4
幼儿园数(所)	Number of Kindergartens(unit)	16	18	12.5
学龄儿童入学率(%)	Percentage of School-Age Children Enrolled(%)	100.0	100.0	0.0
小学学校数(所)	Number of Primary Schools(unit)	21	21	0.0
小学专任教师数(人)	Number of Full-time Teachers of Primary Schools(person)	977	767	-21.5
小学在校学生数(人)	Number of Student Enrollment of Primary Schools(person)	13140	12781	-2.7
普通中学学校数(所)	Number of Regular Secondary Schools(unit)	7	7	0.0
普通中学专任教师数(人)	Number of Teachers of Secondary Shools(person)	731	653	-10.7
初中在校学生数(人)	Number of Student in Junior Secondary Schools(person)	6878	6790	-1.3
高中在校学生数(人)	Number of Student in Senior Secondary Schools(person)	2974	2787	-6.3
卫生机构数(所)	Number of Health Institutions(unit)	253	262	3.6
#医院(所)	Hospitals(unit)	2	2	0.0
卫生院(所)	Township Hospitals(unit)	20	20	0.0
床位数(张)	Number of Beds(unit)	548	846	54.4
#医院(张)	Hospitals(unit)	222	260	17.1
卫生院(张)	Township Hospitals(unit)	229	492	114.8
卫生技术人员(人)	Medical Technical Presonnel(person)	782	968	23.8
#医院(人)	Hospitals(person)	397	389	-2.0
卫生院(人)	Township Hospitals(person)	190	340	78.9

23-26 包头市固阳县

指　标	Item	2012	2013	2013年比上年增长% Increase Rate in 2013 Over 2012(%)
行政区域土地面积(平方公里)	**Area of Administration(Sq.km)**	**5025**	**5025**	**0.0**
人口和就业	**Population & Employment**			
年末总人口(人)	Total Population Year-end(person)	173900	172900	-0.6
#男性(人)	Male(person)	90900	90400	-0.6
#乡村人口(人)	Rural(person)	119900	113200	-5.6
年末总户数(户)	Total Number of Households at the Year-end(Household)	59970	59620	-0.6
#乡村户数(户)	Number of Rural Household(Household)	40922	38373	-6.2
出生人口(人)	Births(person)	885	712	-19.5
死亡人口(人)	Deaths(person)	364	299	-17.9
全社会就业人员(人)	Employment(person)	113726	113854	0.1
第一产业(人)	Primary Industry(person)	65534	65316	-0.3
第二产业(人)	Secondary Industry(person)	29771	29897	0.4
第三产业(人)	Tertiary Industry(person)	18421	18641	1.2
在岗职工人数(人)	Number of Staff & Workers Employed in(person)	10323	8925	-13.5
乡村劳动力(人)	Number of Rural Laborers(person)	79423	67345	-15.2
#农林牧渔业(人)	Farming,Forestry,Animal Husbandry & Fishery(person)	55496	47030	-15.3
国民经济综合指标	**Summary Item on the National Economy**			
生产总值(万元)	Gross Domestic Product(10 000 yuan)	1035919	1122105	9.5
第一产业(万元)	Primary Industry(10 000 yuan)	124514	138918	5.5
第二产业(万元)	Secondary Industry(10 000 yuan)	731678	785520	10.8
#工业(万元)	Industry(10 000 yuan)	651678	699520	11.2
第三产业(万元)	Tertiary Industry(10 000 yuan)	179727	197667	7.1
人均生产总值(元)	Per Capita GDP(yuan)	59501	64712	9.5
全社会固定资产投资(万元)	Total Investment in Fixed Assets(10 000 yuan)	1196384	1414202	18.2
按登记注册类型分	Grouped by Registered Type			
#国有(万元)	State-owned Enterprises(10 000 yuan)	83430	79855	-4.3
集体(万元)	Collective-owned Enterprises(10 000 yuan)	19506	25338	29.9
有限责任公司(万元)	Limited Liability Corporations(10 000 yuan)	92984	129580	39.4
股份有限公司(万元)	Share Holding Enterprises(10 000 yuan)			
私营企业(万元)	Private Enterprises(10 000 yuan)	1000464	1179429	17.9
外商及港澳台投资企业(万元)	Funds from HK,Macao,Taiwan & Foreign(10 000 yuan)			
按城乡渠道分	Grouped by Urban and Rural Area			
城镇(万元)	Urban(10 000 yuan)	1196384	1414202	18.2
农村(万元)	Rural(10 000 yuan)			
公共财政预算收入(万元)	Public Budgetary Financial Revenue(10 000 yuan)	69559	35471	-49.0
公共财政预算支出(万元)	Public Budgetary Financial Expenditure(10 000 yuan)	144898	140671	-2.9
个人储蓄存款余额(万元)	The balance of savings deposits of individuals(10 000 yuan)	196372	225725	14.9
在岗职工工资总额(万元)	Total Wages of Staff & Workers Employed in(10 000 yuan)	50978	50462	-1.0
在岗职工平均工资(元)	Average Wage of Staff & Workers Employed in(yuan)	47119	54377	15.4
全体居民人均可支配收入(元)	The per capita disposable income of all residents(yuan)	12191	13487	10.6
城镇常住居民人均可支配收入(元)	The per capita disposable income of urban permanent residents(yuan)	19963	21800	9.2
农村牧区常住居民人均可支配收入(元)	The per capita disposable income of permanent residents of rural and pastoral areas(yuan)	8092	9103	12.5
农村牧区经济	**Economic Development in Rural & Pastoral Area**			
农作物总播种面积(公顷)	Total Sown Area(hectare)	110287	115318	4.6
#粮食作物播种面积(公顷)	Sown Area of Grain Crops(hectare)	77071	81767	6.1
农牧业机械总动力(万千瓦)	Total Power of Agricultural Machinery(10 000 kw)	33.94	32.56	-4.1
化肥施用折纯量(吨)	Consumption of Chemical Fertilizer(ton)	15182	16144	6.3
农村用电量(万千瓦小时)	Electricity Consumed in Rural Area(10 000 kwh)	7121	7548	6.0
农林牧渔业总产值(万元)	Gross Output of Farming,Forestry,Animal Husbandry & Fishery(10 000 yuan)	225179	250256	5.5
粮食产量(吨)	Yield of Grain(ton)	106895	121360	13.5
油料产量(吨)	Yield of Oil-bearing Grops(ton)	23063	15475	-32.9
甜菜产量(吨)	Yield of Beetroots(ton)			
猪牛羊肉产量(吨)	Output of Pork, Beef & Mutton(ton)	32745	31201	-4.7
#猪肉产量(吨)	Output of Pork(ton)	12570	13027	3.6
牛肉产量(吨)	Output of Beef(ton)	2046	2210	8.0
羊肉产量(吨)	Output of Mutton(ton)	18129	15964	-11.9
羊毛产量(吨)	Output of Wool(ton)	970	1020	5.2

23-26 Guyang County in Baotou City

指　标	Item	2012	2013	2013年比上年增长% Increase Rate in 2013 Over 2012(%)
年末牲畜存栏头数(万头只)	Total Livestock at the Year-end(10 000 heads)	56.66	54.57	-3.7
#大牲畜(万头只)	Large Animals(10 000 heads)	1.59	1.70	6.9
羊(万只)	Sheep & Goats(10 000 heads)	50.57	48.27	-4.5
猪(万头)	Hogs(10 000 heads)	4.50	4.60	2.2
规模以上工业	**Industrial Enterprises above Designated size**			
工业企业单位数(个)	Number of Industrial Enterprises(unit)	39	40	2.6
#内资企业(个)	Civil Funded Enterprises(unit)	39	40	2.6
工业总产值(万元)	Gross Industrial Output Value(10 000 yuan)	1099186	1310438	19.2
内资企业(万元)	Civil Funded Enterprises(10 000 yuan)	1099186	1310438	19.2
国有企业(万元)	State-owned Enterprises(10 000 yuan)	5485	5384	-1.8
集体企业(万元)	Collective-owned Enterprises(10 000 yuan)			
股份合作企业(万元)	Share Holding Enterprises(10 000 yuan)			
联营企业(万元)	Joint Owned Enterprises(10 000 yuan)			
有限责任公司(万元)	Limited Company(10 000 yuan)	957724	1173506	22.5
股份有限公司(万元)	Share Holding Limited Company(10 000 yuan)	5513	5457	-1.0
私营企业(万元)	Privately Owned Enterprises(10 000 yuan)	126191	116408	-7.8
其他企业(万元)	Enterprises of Other Ownership(10 000 yuan)	4273	9682	126.6
港澳台商投资企业(万元)	Funds from HK,Macao & Taiwan(10 000 yuan)			
外商投资企业(万元)	Foreign Funded Enterprises(10 000 yuan)			
工业企业增加值(万元)	Value Added of Industrial Enterprises(10 000 yuan)			16.3
工业企业资产总计(万元)	Total Assets of Industrial Enterprises(10 000 yuan)	700935	837664	19.5
工业企业负债合计(万元)	Total Liabilities of Industrial Enterprises(10 000 yuan)	540725	633640	17.2
工业企业产品销售收入(万元)	Sales of Revenue Industrial Enterprises(10 000 yuan)	1095813	1275026	16.4
工业企业利润总额(万元)	Total Profits of Industrial Enterprises(10 000 yuan)	81827	14678	-82.1
建筑业	**Construction**			
建筑企业单位数(个)	Number of Construction Enterprises(unit)	1	1	0.0
建筑企业从业人员(人)	Number of Employee in Construction Enterprises(person)	985	1654	67.9
建筑业总产值(万元)	Gross Construction Output Value(10 000 yuan)	26412	31166	18.0
交通运输邮电通信业	**Transportation,Post & Telecommunications**			
公路里程(公里)	Total Length of Highways(km)	1260	1260	0.0
邮电业务总量(万元)	Business Volume of Post & Telecoms(10 000 yuan)	3456	3471	0.4
本地电话用户(户)	Number of Subscribers of Local Telephone(Household)	4349	5270	21.2
国内贸易	**Domestic Trade**			
社会消费品零售总额(万元)	Total Retail Sales of Consumer Goods(10 000 yuan)	150295	166868	11.0
城镇(万元)	Town(10 000 yuan)	115999	129218	11.4
乡村(万元)	Village(10 000 yuan)	34296	37650	9.8
科技教育卫生	**Science,Education & Public Health**			
各类专业技术人员(人)	Special Technical Personnel(person)	3216	3219	0.1
幼儿园数(所)	Number of Kindergartens(unit)	13	9	-30.8
学龄儿童入学率(%)	Percentage of School-Age Children Enrolled(%)	100.0	100.0	0.0
小学学校数(所)	Number of Primary Schools(unit)	5	5	0.0
小学专任教师数(人)	Number of Full-time Teachers of Primary Schools(person)	649	631	-2.8
小学在校学生数(人)	Number of Student Enrollment of Primary Schools(person)	5405	5395	-0.2
普通中学学校数(所)	Number of Regular Secondary Schools(unit)	3	3	0.0
普通中学专任教师数(人)	Number of Teachers of Secondary Shools(person)	500	521	4.2
初中在校学生数(人)	Number of Student in Junior Secondary Schools(person)	3116	2943	-5.6
高中在校学生数(人)	Number of Student in Senior Secondary Schools(person)	2449	2372	-3.1
卫生机构数(所)	Number of Health Institutions(unit)	104	106	1.9
#医院(所)	Hospitals(unit)	2	2	0.0
卫生院(所)	Township Hospitals(unit)	12	12	0.0
床位数(张)	Number of Beds(unit)	369	347	-6.0
#医院(张)	Hospitals(unit)	179	180	0.6
卫生院(张)	Township Hospitals(unit)	171	153	-10.5
卫生技术人员(人)	Medical Technical Presonnel(person)	481	479	-0.4
#医院(人)	Hospitals(person)	185	179	-3.2
卫生院(人)	Township Hospitals(person)	194	195	0.5

23-27 包头市达尔罕茂明安联合旗

指　标	Item	2012	2013	2013年比上年增长% Increase Rate in 2013 Over 2012(%)
行政区域土地面积(平方公里)	**Area of Administration(Sq.km)**	**17410**	**17410**	**0.0**
人口和就业	**Population & Employment**			
年末总人口(人)	Total Population Year-end(person)	100100	98900	-1.2
#男性(人)	Male(person)	52200	51600	-1.1
#乡村人口(人)	Rural(person)	54500	45800	-16.0
年末总户数(户)	Total Number of Households at the Year-end(Household)	36867	36630	-0.6
#乡村户数(户)	Number of Rural Household(Household)	19963	16655	-16.6
出生人口(人)	Births(person)	694	736	6.1
死亡人口(人)	Deaths(person)	265	270	1.9
全社会就业人员(人)	Employment(person)	60278	60455	0.3
第一产业(人)	Primary Industry(person)	31688	31758	0.2
第二产业(人)	Secondary Industry(person)	8494	8542	0.6
第三产业(人)	Tertiary Industry(person)	20096	20155	0.3
在岗职工人数(人)	Number of Staff & Workers Employed in(person)	5581	7574	35.7
乡村劳动力(人)	Number of Rural Laborers(person)	38697	40219	3.9
#农林牧渔业(人)	Farming,Forestry,Animal Husbandry & Fishery(person)	21034	22628	7.6
国民经济综合指标	**Summary Item on the National Economy**			
生产总值(万元)	Gross Domestic Product(10 000 yuan)	1686607	1895071	13.0
第一产业(万元)	Primary Industry(10 000 yuan)	134746	150479	5.6
第二产业(万元)	Secondary Industry(10 000 yuan)	1210677	1354308	15.4
#工业(万元)	Industry(10 000 yuan)	1072677	1204308	16.3
第三产业(万元)	Tertiary Industry(10 000 yuan)	341184	390284	7.2
人均生产总值(元)	Per Capita GDP(yuan)	167571	190459	14.3
全社会固定资产投资(万元)	Total Investment in Fixed Assets(10 000 yuan)	1898692	2243300	18.1
按登记注册类型分	Grouped by Registered Type			
#国有(万元)	State-owned Enterprises(10 000 yuan)	267203	894297	234.7
集体(万元)	Collective-owned Enterprises(10 000 yuan)	10980	12500	13.8
有限责任公司(万元)	Limited Liability Corporations(10 000 yuan)	30036	366544	1120.3
股份有限公司(万元)	Share Holding Enterprises(10 000 yuan)	461728	633752	37.3
私营企业(万元)	Private Enterprises(10 000 yuan)	1121345	301947	-73.1
外商及港澳台投资企业(万元)	Funds from HK,Macao,Taiwan & Foreign(10 000 yuan)	5800		
按城乡渠道分	Grouped by Urban and Rural Area			
城镇(万元)	Urban(10 000 yuan)	1840508	2142701	16.4
农村(万元)	Rural(10 000 yuan)	58184	100599	72.9
公共财政预算收入(万元)	Public Budgetary Financial Revenue(10 000 yuan)	118119	133622	13.1
公共财政预算支出(万元)	Public Budgetary Financial Expenditure(10 000 yuan)	206645	224590	8.7
个人储蓄存款余额(万元)	The balance of savings deposits of individuals(10 000 yuan)	168170	202624	20.5
在岗职工工资总额(万元)	Total Wages of Staff & Workers Employed in(10 000 yuan)	28867	42570	47.5
在岗职工平均工资(元)	Average Wage of Staff & Workers Employed in(yuan)	53866	56980	5.8
全体居民人均可支配收入(元)	The per capita disposable income of all residents(yuan)	17525	19261	9.9
城镇常住居民人均可支配收入(元)	The per capita disposable income of urban permanent residents(yuan)	24987	27311	9.3
农村牧区常住居民人均可支配收入(元)	The per capita disposable income of permanent residents of rural and pastoral areas(yuan)	8873	9929	11.9
农村牧区经济	**Economic Development in Rural & Pastoral Area**			
农作物总播种面积(公顷)	Total Sown Area(hectare)	59057	57445	-2.7
#粮食作物播种面积(公顷)	Sown Area of Grain Crops(hectare)	48434	42830	-11.6
农牧业机械总动力(万千瓦)	Total Power of Agricultural Machinery(10 000 kw)	27.53	28.04	1.9
化肥施用折纯量(吨)	Consumption of Chemical Fertilizer(ton)	8860	9021	1.8
农村用电量(万千瓦小时)	Electricity Consumed in Rural Area(10 000 kwh)	2229	2243	0.6
农林牧渔业总产值(万元)	Gross Output of Farming,Forestry,Animal Husbandry & Fishery(10 000 yuan)	241394	268532	5.6
粮食产量(吨)	Yield of Grain(ton)	89199	105317	18.1
油料产量(吨)	Yield of Oil-bearing Grops(ton)	5817	13732	136.1
甜菜产量(吨)	Yield of Beetroots(ton)			
猪牛羊肉产量(吨)	Output of Pork, Beef & Mutton(ton)	19458	21734	11.7
#猪肉产量(吨)	Output of Pork(ton)	1664	2101	26.3
牛肉产量(吨)	Output of Beef(ton)	6436	7686	19.4
羊肉产量(吨)	Output of Mutton(ton)	11358	11947	5.2
羊毛产量(吨)	Output of Wool(ton)	1130	1120	-0.9

23-27 Daerhanmaomingan Union Banner in Baotou City

指　标	Item	2012	2013	2013年比上年增长% Increase Rate in 2013 Over 2012(%)
年末牲畜存栏头数(万头只)	Total Livestock at the Year-end(10 000 heads)	54.88	57.79	5.3
#大牲畜(万头只)	Large Animals(10 000 heads)	6.07	7.78	28.2
羊(万只)	Sheep & Goats(10 000 heads)	46.56	47.63	2.3
猪(万头)	Hogs(10 000 heads)	2.25	2.38	5.8
规模以上工业	**Industrial Enterprises above Designated size**			
工业企业单位数(个)	Number of Industrial Enterprises(unit)	44	45	2.3
#内资企业(个)	Civil Funded Enterprises(unit)	42	43	2.4
工业总产值(万元)	Gross Industrial Output Value(10 000 yuan)	1996060	2323953	16.4
内资企业(万元)	Civil Funded Enterprises(10 000 yuan)	1973789	2293756	16.2
国有企业(万元)	State-owned Enterprises(10 000 yuan)	26792	40369	50.7
集体企业(万元)	Collective-owned Enterprises(10 000 yuan)			
股份合作企业(万元)	Share Holding Enterprises(10 000 yuan)			
联营企业(万元)	Joint Owned Enterprises(10 000 yuan)			
有限责任公司(万元)	Limited Company(10 000 yuan)	698810	788856	12.9
股份有限公司(万元)	Share Holding Limited Company(10 000 yuan)			
私营企业(万元)	Privately Owned Enterprises(10 000 yuan)	1248187	1464531	17.3
其他企业(万元)	Enterprises of Other Ownership(10 000 yuan)			
港澳台商投资企业(万元)	Funds from HK,Macao & Taiwan(10 000 yuan)	8128	11206	37.9
外商投资企业(万元)	Foreign Funded Enterprises(10 000 yuan)	14143	18991	34.3
工业企业增加值(万元)	Value Added of Industrial Enterprises(10 000 yuan)			18.1
工业企业资产总计(万元)	Total Assets of Industrial Enterprises(10 000 yuan)	2217159	2698387	21.7
工业企业负债合计(万元)	Total Liabilities of Industrial Enterprises(10 000 yuan)	1237761	1486489	20.1
工业企业产品销售收入(万元)	Sales of Revenue Industrial Enterprises(10 000 yuan)	2002411	2412178	20.5
工业企业利润总额(万元)	Total Profits of Industrial Enterprises(10 000 yuan)	321077	354351	10.4
建筑业	**Construction**			
建筑企业单位数(个)	Number of Construction Enterprises(unit)	1	1	0.0
建筑企业从业人员(人)	Number of Employee in Construction Enterprises(person)	275	275	0.0
建筑业总产值(万元)	Gross Construction Output Value(10 000 yuan)	8489	10017	18.0
交通运输邮电通信业	**Transportation,Post & Telecommunications**			
公路里程(公里)	Total Length of Highways(km)	2308	2308	0.0
邮电业务总量(万元)	Business Volume of Post & Telecoms(10 000 yuan)	2745	1210	-55.9
本地电话用户(户)	Number of Subscribers of Local Telephone(Household)	6800	6285	-7.6
国内贸易	**Domestic Trade**			
社会消费品零售总额(万元)	Total Retail Sales of Consumer Goods(10 000 yuan)	160899	179346	11.5
城镇(万元)	Town(10 000 yuan)	113645	127754	12.4
乡村(万元)	Village(10 000 yuan)	47254	51592	9.2
科技教育卫生	**Science,Education & Public Health**			
各类专业技术人员(人)	Special Technical Personnel(person)	1743	1956	12.2
幼儿园数(所)	Number of Kindergartens(unit)	9	11	22.2
学龄儿童入学率(%)	Percentage of School-Age Children Enrolled(%)	100.0	100.0	0.0
小学学校数(所)	Number of Primary Schools(unit)	5	5	0.0
小学专任教师数(人)	Number of Full-time Teachers of Primary Schools(person)	471	439	-6.8
小学在校学生数(人)	Number of Student Enrollment of Primary Schools(person)	4051	3503	-13.5
普通中学学校数(所)	Number of Regular Secondary Schools(unit)	4	4	0.0
普通中学专任教师数(人)	Number of Teachers of Secondary Shools(person)	339	313	-7.7
初中在校学生数(人)	Number of Student in Junior Secondary Schools(person)	2171	1731	-20.3
高中在校学生数(人)	Number of Student in Senior Secondary Schools(person)	483	450	-6.8
卫生机构数(所)	Number of Health Institutions(unit)	82	89	8.5
#医院(所)	Hospitals(unit)	2	2	0.0
卫生院(所)	Township Hospitals(unit)	21	21	0.0
床位数(张)	Number of Beds(unit)	388	382	-1.5
#医院(张)	Hospitals(unit)	238	200	-16.0
卫生院(张)	Township Hospitals(unit)	126	147	16.7
卫生技术人员(人)	Medical Technical Presonnel(person)	408	429	5.1
#医院(人)	Hospitals(person)	140	203	45.0
卫生院(人)	Township Hospitals(person)	114	110	-3.5

23-28 呼伦贝尔市海拉尔区

指　标	Item	2012	2013	2013年比上年增长% Increase Rate in 2013 Over 2012(%)
行政区域土地面积(平方公里)	**Area of Administration(Sq.km)**	**1440**	**1308**	**-9.2**
人口和就业	**Population & Employment**			
年末总人口(人)	Total Population Year-end(person)	275660	278288	1.0
#男性(人)	Male(person)	134672	138832	3.1
#乡村人口(人)	Rural(person)	17213	17435	1.3
年末总户数(户)	Total Number of Households at the Year-end(Household)	84528	85411	1.1
#乡村户数(户)	Number of Rural Household(Household)	6155	6240	1.4
出生人口(人)	Births(person)	2062	2176	5.5
死亡人口(人)	Deaths(person)	1609	1554	-3.4
全社会就业人员(人)	Employment(person)	112882	142254	26.0
第一产业(人)	Primary Industry(person)	10671	11198	4.9
第二产业(人)	Secondary Industry(person)	12791	21436	67.6
第三产业(人)	Tertiary Industry(person)	89420	109620	22.6
在岗职工人数(人)	Number of Staff & Workers Employed in(person)	48148	63066	31.0
乡村劳动力(人)	Number of Rural Laborers(person)	9319	9790	5.1
#农林牧渔业(人)	Farming,Forestry,Animal Husbandry & Fishery(person)	6355	6417	1.0
国民经济综合指标	**Summary Item on the National Economy**			
生产总值(万元)	Gross Domestic Product(10 000 yuan)	2352141	2537417	10.1
第一产业(万元)	Primary Industry(10 000 yuan)	79135	86410	5.5
第二产业(万元)	Secondary Industry(10 000 yuan)	1192389	1259712	12.7
#工业(万元)	Industry(10 000 yuan)	1080780	1120199	11.5
第三产业(万元)	Tertiary Industry(10 000 yuan)	1080617	1191295	7.7
人均生产总值(元)	Per Capita GDP(yuan)	85700	91612	9.1
全社会固定资产投资(万元)	Total Investment in Fixed Assets(10 000 yuan)	1628389	2666850	63.8
按登记注册类型分	Grouped by Registered Type			
#国有(万元)	State-owned Enterprises(10 000 yuan)	723507	728871	0.8
集体(万元)	Collective-owned Enterprises(10 000 yuan)	730	80	-89.0
有限责任公司(万元)	Limited Liability Corporations(10 000 yuan)	403127	1350749	235.1
股份有限公司(万元)	Share Holding Enterprises(10 000 yuan)	50170	80673	60.8
私营企业(万元)	Private Enterprises(10 000 yuan)	35870	100702	180.8
外商及港澳台投资企业(万元)	Funds from HK,Macao,Taiwan & Foreign(10 000 yuan)	57589		
按城乡渠道分	Grouped by Urban and Rural Area			
城镇（万元）	Urban(10 000 yuan)	1628389	2666850	63.8
农村（万元）	Rural(10 000 yuan)			
公共财政预算收入(万元)	Public Budgetary Financial Revenue(10 000 yuan)	88830	111117	25.1
公共财政预算支出(万元)	Public Budgetary Financial Expenditure(10 000 yuan)	181976	194466	6.9
个人储蓄存款余额(万元)	The balance of savings deposits of individuals(10 000yuan)	1561791	1757149	12.5
在岗职工工资总额(万元)	Total Wages of Staff & Workers Employed in(10 000 yuan)	252705	342945	35.7
在岗职工平均工资(元)	Average Wage of Staff & Workers Employed in(yuan)	53819	54848	1.9
全体居民人均可支配收入(元)	The per capita disposable income of all residents(yuan)	22393	24894	11.2
城镇常住居民人均可支配收入(元)	The per capita disposable income of urban permanent residents(yuan)	23091	25656	11.1
农村牧区常住居民人均可支配收入(元)	The per capita disposable income of permanent residents of rural and pastoral areas(yuan)	9274	10583	14.1
农村牧区经济	**Economic Development in Rural & Pastoral Area**			
农作物总播种面积(公顷)	Total Sown Area(hectare)	32508	27478	-15.5
#粮食作物播种面积(公顷)	Sown Area of Grain Crops(hectare)	23409	15636	-33.2
农牧业机械总动力(万千瓦)	Total Power of Agricultural Machinery(10 000 kw)	10.92	10.92	0.0
化肥施用折纯量(吨)	Consumption of Chemical Fertilizer(ton)	4197	6607	57.4
农村用电量(万千瓦小时)	Electricity Consumed in Rural Area(10 000 kwh)	948	864	-8.9
农林牧渔业总产值(万元)	Gross Output of Farming,Forestry,Animal Husbandry & Fishery(10 000 yuan)	129679	140711	8.5
粮食产量(吨)	Yield of Grain(ton)	65094	70552	8.4
油料产量(吨)	Yield of Oil-bearing Grops(ton)	7916	9797	23.8
甜菜产量(吨)	Yield of Beetroots(ton)			
猪牛羊肉产量(吨)	Output of Pork, Beef & Mutton(ton)	5742	5822	1.4
#猪肉产量(吨)	Output of Pork(ton)	1820	1820	0.0
牛肉产量(吨)	Output of Beef(ton)	3403	3416	0.4
羊肉产量(吨)	Output of Mutton(ton)	519	586	12.9
羊毛产量(吨)	Output of Wool(ton)	116	107	-7.8

23-28 Hailaer District in Hulunbeier City

指　标	Item	2012	2013	2013年比上年增长% Increase Rate in 2013 Over 2012(%)
年末牲畜存栏头数(万头只)	Total Livestock at the Year-end(10 000 heads)	11.49	10.28	-10.5
#大牲畜(万头只)	Large Animals(10 000 heads)	5.81	4.63	-20.3
羊(万只)	Sheep & Goats(10 000 heads)	3.81	3.89	2.1
猪(万头)	Hogs(10 000 heads)	1.87	1.76	-5.9
规模以上工业	**Industrial Enterprises above Designated size**			
工业企业单位数(个)	Number of Industrial Enterprises(unit)	55	63	14.6
#内资企业(个)	Civil Funded Enterprises(unit)	50	60	20.0
工业总产值(万元)	Gross Industrial Output Value(10 000 yuan)	1370636	2214273	61.6
内资企业(万元)	Civil Funded Enterprises(10 000 yuan)	1254696	2105861	67.8
国有企业(万元)	State-owned Enterprises(10 000 yuan)	320074	317138	-0.9
集体企业(万元)	Collective-owned Enterprises(10 000 yuan)			
股份合作企业(万元)	Share Holding Enterprises(10 000 yuan)			
联营企业(万元)	Joint Owned Enterprises(10 000 yuan)			
有限责任公司(万元)	Limited Company(10 000 yuan)	363755	789951	117.2
股份有限公司(万元)	Share Holding Limited Company(10 000 yuan)	65475	70332	7.4
私营企业(万元)	Privately Owned Enterprises(10 000 yuan)	505392	928440	83.7
其他企业(万元)	Enterprises of Other Ownership(10 000 yuan)			
港澳台商投资企业(万元)	Funds from HK,Macao & Taiwan(10 000 yuan)	8132		
外商投资企业(万元)	Foreign Funded Enterprises(10 000 yuan)	107808	108412	0.6
工业企业增加值(万元)	Value Added of Industrial Enterprises(10 000 yuan)			16.1
工业企业资产总计(万元)	Total Assets of Industrial Enterprises(10 000 yuan)	2994162	4196645	40.2
工业企业负债合计(万元)	Total Liabilities of Industrial Enterprises(10 000 yuan)	1648334	2458605	49.2
工业企业产品销售收入(万元)	Sales of Revenue Industrial Enterprises(10 000 yuan)	1326259	2083738	51.5
工业企业利润总额(万元)	Total Profits of Industrial Enterprises(10 000 yuan)	145885	295824	102.8
建筑业	**Construction**			
建筑企业单位数(个)	Number of Construction Enterprises(unit)	32	32	0.0
建筑企业从业人员(人)	Number of Employee in Construction Enterprises(person)	5431	5848	7.7
建筑业总产值(万元)	Gross Construction Output Value(10 000 yuan)	214828	257913	20.1
交通运输邮电通信业	**Transportation,Post & Telecommunications**			
公路里程(公里)	Total Length of Highways(km)	542	503	-7.2
邮电业务总量(万元)	Business Volume of Post & Telecoms(10 000 yuan)	46417	47531	2.4
本地电话用户(户)	Number of Subscribers of Local Telephone(Household)	701688	768550	9.5
国内贸易	**Domestic Trade**			
社会消费品零售总额(万元)	Total Retail Sales of Consumer Goods(10 000 yuan)	979100	1106000	13.0
城镇(万元)	Town(10 000 yuan)	979100	1106000	13.0
乡村(万元)	Village(10 000 yuan)			
科技教育卫生	**Science,Education & Public Health**			
各类专业技术人员(人)	Special Technical Personnel(person)	3669	3681	0.3
幼儿园数(所)	Number of Kindergartens(unit)	6	6	0.0
学龄儿童入学率(%)	Percentage of School-Age Children Enrolled(%)	100.0	100.0	0.0
小学学校数(所)	Number of Primary Schools(unit)	16	15	-6.3
小学专任教师数(人)	Number of Full-time Teachers of Primary Schools(person)	857	863	0.7
小学在校学生数(人)	Number of Student Enrollment of Primary	13714	13362	-2.6
普通中学学校数(所)	Number of Regular Secondary Schools(unit)	19	19	0.0
普通中学专任教师数(人)	Number of Teachers of Secondary Shools(person)	1592	1661	4.3
初中在校学生数(人)	Number of Student in Junior Secondary Schools(person)	9260	9029	-2.5
高中在校学生数(人)	Number of Student in Senior Secondary Schools(person)	10719	11559	7.8
卫生机构数(所)	Number of Health Institutions(unit)	157	146	-7.0
#医院(所)	Hospitals(unit)	14	14	0.0
卫生院(所)	Township Hospitals(unit)	27	27	0.0
床位数(张)	Number of Beds(unit)	2780	2774	-0.2
#医院(张)	Hospitals(unit)	2567	2616	1.9
卫生院(张)	Township Hospitals(unit)	117	100	-14.5
卫生技术人员(人)	Medical Technical Presonnel(person)	3641	3868	6.2
#医院(人)	Hospitals(person)	2902	3183	9.7
卫生院(人)	Township Hospitals(person)	271	244	-10.0

23-29 呼伦贝尔市满洲里市

指 标	Item	2012	2013	2013年比上年增长% Increase Rate in 2013 Over 2012(%)
行政区域土地面积(平方公里)	**Area of Administration(Sq.km)**	**732**	**735**	**0.4**
人口和就业	**Population & Employment**			
年末总人口(人)	Total Population Year-end(person)	169996	171573	0.9
#男性(人)	Male(person)	85175	85738	0.7
#乡村人口(人)	Rural(person)			
年末总户数(户)	Total Number of Households at the Year-end(Household)	71729	72954	1.7
#乡村户数(户)	Number of Rural Household(Household)			
出生人口(人)	Births(person)	1242	1158	-6.8
死亡人口(人)	Deaths(person)	1541	876	-43.2
全社会就业人员(人)	Employment(person)	75272	88981	18.2
第一产业(人)	Primary Industry(person)	975	949	-2.7
第二产业(人)	Secondary Industry(person)	15141	18417	21.6
第三产业(人)	Tertiary Industry(person)	59156	69615	17.7
在岗职工人数(人)	Number of Staff & Workers Employed in(person)	30692	35425	15.4
乡村劳动力(人)	Number of Rural Laborers(person)			
#农林牧渔业(人)	Farming,Forestry,Animal Husbandry & Fishery(person)			
国民经济综合指标	**Summary Item on the National Economy**			
生产总值(万元)	Gross Domestic Product(10 000 yuan)	1759226	1949719	9.5
第一产业(万元)	Primary Industry(10 000 yuan)	33592	36193	4.1
第二产业(万元)	Secondary Industry(10 000 yuan)	488334	538931	12.3
#工业(万元)	Industry(10 000 yuan)	431621	473711	12.0
第三产业(万元)	Tertiary Industry(10 000 yuan)	1237300	1374595	8.5
人均生产总值(元)	Per Capita GDP(yuan)	70369	77989	9.7
全社会固定资产投资(万元)	Total Investment in Fixed Assets(10 000 yuan)	1101585	1355596	23.1
按登记注册类型分	Grouped by Registered Type			
#国有(万元)	State-owned Enterprises(10 000 yuan)	358366	530360	48.0
集体(万元)	Collective-owned Enterprises(10 000 yuan)			
有限责任公司(万元)	Limited Liability Corporations(10 000 yuan)	482169	562042	16.6
股份有限公司(万元)	Share Holding Enterprises(10 000 yuan)	58900	49998	-15.1
私营企业(万元)	Private Enterprises(10 000 yuan)	52438	52680	0.5
外商及港澳台投资企业 (万元)	Funds from HK,Macao,Taiwan & Foreign(10 000 yuan)	74345	27370	-63.2
按城乡渠道分	Grouped by Urban and Rural Area			
城镇(万元)	Urban(10 000 yuan)	1101585	1355596	23.1
农村(万元)	Rural(10 000 yuan)			
公共财政预算收入(万元)	Public Budgetary Financial Revenue(10 000 yuan)	116771	128086	9.7
公共财政预算支出(万元)	Public Budgetary Financial Expenditure(10 000 yuan)	335433	369826	10.3
个人储蓄存款余额(万元)	The balance of savings deposits of individuals(10 000yuan)	1017184	1127737	10.9
在岗职工工资总额(万元)	Total Wages of Staff & Workers Employed in(10 000 yuan)	157201	115102	-26.8
在岗职工平均工资(元)	Average Wage of Staff & Workers Employed in(yuan)	49611	56193	13.3
全体居民人均可支配收入(元)	The per capita disposable income of all residents(yuan)	24017	26383	9.9
城镇常住居民人均可支配收入(元)	The per capita disposable income of urban permanent residents(yuan)	24017	26383	9.9
农村牧区常住居民人均可支配收入(元)	The per capita disposable income of permanent residents of rural and pastoral areas(yuan)			
农村牧区经济	**Economic Development in Rural & Pastoral Area**			
农作物总播种面积(公顷)	Total Sown Area(hectare)	1182	1149	-2.8
#粮食作物播种面积(公顷)	Sown Area of Grain Crops(hectare)	210	234	11.4
农牧业机械总动力(万千瓦)	Total Power of Agricultural Machinery(10 000 kw)	2.00	2.00	0.0
化肥施用折纯量(吨)	Consumption of Chemical Fertilizer(ton)	96	96	0.0
农村用电量(万千瓦小时)	Electricity Consumed in Rural Area(10 000 kwh)	108	100	-7.4
农林牧渔业总产值(万元)	Gross Output of Farming,Forestry,Animal Husbandry & Fishery(10 000 yuan)	55047	58354	6.0
粮食产量(吨)	Yield of Grain(ton)	1102	1228	11.4
油料产量(吨)	Yield of Oil-bearing Grops(ton)			
甜菜产量(吨)	Yield of Beetroots(ton)			
猪牛羊肉产量(吨)	Output of Pork, Beef & Mutton(ton)	2409	3100	28.7
#猪肉产量(吨)	Output of Pork(ton)	1815	2017	11.1
牛肉产量(吨)	Output of Beef(ton)	217	260	19.8
羊肉产量(吨)	Output of Mutton(ton)	377	823	118.3
羊毛产量(吨)	Output of Wool(ton)	92	92	0.0

23-29 Manzhouli City in Hulunbeier City

指 标	Item	2012	2013	2013年比上年增长% Increase Rate in 2013 Over 2012(%)
年末牲畜存栏头数(万头只)	Total Livestock at the Year-end(10 000 heads)	8.35	10.36	24.1
#大牲畜(万头只)	Large Animals(10 000 heads)	0.29	0.27	-6.9
羊(万只)	Sheep & Goats(10 000 heads)	4.20	4.72	12.4
猪(万头)	Hogs(10 000 heads)	3.86	5.37	39.1
规模以上工业	**Industrial Enterprises above Designated size**			
工业企业单位数(个)	Number of Industrial Enterprises(unit)	83	84	1.2
#内资企业(个)	Civil Funded Enterprises(unit)	77	78	1.3
工业总产值(万元)	Gross Industrial Output Value(10 000 yuan)	1152677	1342405	16.5
内资企业(万元)	Civil Funded Enterprises(10 000 yuan)	1005085	1159095	15.3
国有企业(万元)	State-owned Enterprises(10 000 yuan)	263748	251601	-4.6
集体企业(万元)	Collective-owned Enterprises(10 000 yuan)			
股份合作企业(万元)	Share Holding Enterprises(10 000 yuan)			
联营企业(万元)	Joint Owned Enterprises(10 000 yuan)			
有限责任公司(万元)	Limited Company(10 000 yuan)	79967	132983	66.3
股份有限公司(万元)	Share Holding Limited Company(10 000 yuan)	3041	2035	-33.1
私营企业(万元)	Privately Owned Enterprises(10 000 yuan)	658329	772476	17.3
其他企业(万元)	Enterprises of Other Ownership(10 000 yuan)			
港澳台商投资企业(万元)	Funds from HK,Macao & Taiwan(10 000 yuan)	23792	39623	66.5
外商投资企业(万元)	Foreign Funded Enterprises(10 000 yuan)	123800	143687	16.1
工业企业增加值(万元)	Value Added of Industrial Enterprises(10 000 yuan)			16.0
工业企业资产总计(万元)	Total Assets of Industrial Enterprises(10 000 yuan)	1323084	1766529	33.5
工业企业负债合计(万元)	Total Liabilities of Industrial Enterprises(10 000 yuan)	948571	1082608	14.1
工业企业产品销售收入(万元)	Sales of Revenue Industrial Enterprises(10 000 yuan)	1138698	1328112	16.6
工业企业利润总额(万元)	Total Profits of Industrial Enterprises(10 000 yuan)	44319	53892	21.6
建筑业	**Construction**			
建筑企业单位数(个)	Number of Construction Enterprises(unit)	10	10	0.0
建筑企业从业人员(人)	Number of Employee in Construction Enterprises(person)	1732	2344	35.3
建筑业总产值(万元)	Gross Construction Output Value(10 000 yuan)	44326	33600	-24.2
交通运输邮电通信业	**Transportation,Post & Telecommunications**			
公路里程(公里)	Total Length of Highways(km)	434	440	1.4
邮电业务总量(万元)	Business Volume of Post & Telecoms(10 000 yuan)	32000	35000	9.4
本地电话用户(户)	Number of Subscribers of Local Telephone(Household)	31000	29800	-3.9
国内贸易	**Domestic Trade**			
社会消费品零售总额(万元)	Total Retail Sales of Consumer Goods(10 000 yuan)	976487	1102054	12.9
城镇(万元)	Town(10 000 yuan)	976487	1102054	12.9
乡村(万元)	Village(10 000 yuan)			
科技教育卫生	**Science,Education & Public Health**			
各类专业技术人员(人)	Special Technical Personnel(person)	3910	4010	2.6
幼儿园数(所)	Number of Kindergartens(unit)	44	44	0.0
学龄儿童入学率(%)	Percentage of School-Age Children Enrolled(%)	100.0	100.0	0.0
小学学校数(所)	Number of Primary Schools(unit)	13	13	0.0
小学专任教师数(人)	Number of Full-time Teachers of Primary Schools(person)	791	759	-4.0
小学在校学生数(人)	Number of Student Enrollment of Primary Schools(person)	8856	8129	-8.2
普通中学学校数(所)	Number of Regular Secondary Schools(unit)	13	14	7.7
普通中学专任教师数(人)	Number of Teachers of Secondary Shools(person)	1146	1139	-0.6
初中在校学生数(人)	Number of Student in Junior Secondary Schools(person)	8068	7302	-9.5
高中在校学生数(人)	Number of Student in Senior Secondary Schools(person)	3484	3517	0.9
卫生机构数(所)	Number of Health Institutions(unit)	95	92	-3.2
#医院(所)	Hospitals(unit)	8	8	0.0
卫生院(所)	Township Hospitals(unit)	1	1	0.0
床位数(张)	Number of Beds(unit)	760	826	8.7
#医院(张)	Hospitals(unit)	722	815	12.9
卫生院(张)	Township Hospitals(unit)	10	10	0.0
卫生技术人员(人)	Medical Technical Presonnel(person)	1698	1816	6.9
#医院(人)	Hospitals(person)	1160	1386	19.5
卫生院(人)	Township Hospitals(person)	26	26	0.0

23-30 呼伦贝尔市满洲里扎赉诺尔区

指 标	Item	2012	2013	2013年比上年增长% Increase Rate in 2013 Over 2012(%)
行政区域土地面积(平方公里)	**Area of Administration(Sq.km)**	**312**	**312**	**0.0**
人口和就业	**Population & Employment**			
年末总人口(人)	Total Population Year-end(person)	91199	90614	-0.6
#男性(人)	Male(person)	46014	45624	-0.8
#乡村人口(人)	Rural(person)			
年末总户数(户)	Total Number of Households at the Year-end(Household)	39803	42047	5.6
#乡村户数(户)	Number of Rural Household(Household)			
出生人口(人)	Births(person)	454	433	-4.6
死亡人口(人)	Deaths(person)	528	538	1.9
全社会就业人员(人)	Employment(person)			
第一产业(人)	Primary Industry(person)			
第二产业(人)	Secondary Industry(person)			
第三产业(人)	Tertiary Industry(person)			
在岗职工人数(人)	Number of Staff & Workers Employed in(person)	16267	16432	1.0
乡村劳动力(人)	Number of Rural Laborers(person)			
#农林牧渔业(人)	Farming,Forestry,Animal Husbandry & Fishery(person)			
国民经济综合指标	**Summary Item on the National Economy**			
生产总值(万元)	Gross Domestic Product(10 000 yuan)	502351	552673	8.8
第一产业(万元)	Primary Industry(10 000 yuan)	18507	19237	2.7
第二产业(万元)	Secondary Industry(10 000 yuan)	198120	223253	14.9
#工业(万元)	Industry(10 000 yuan)	173334	194655	15.2
第三产业(万元)	Tertiary Industry(10 000 yuan)	285724	310183	6.5
人均生产总值(元)	Per Capita GDP(yuan)	55083	60992	9.4
全社会固定资产投资(万元)	Total Investment in Fixed Assets(10 000 yuan)	494688	573643	16.0
按登记注册类型分	Grouped by Registered Type			
#国有(万元)	State-owned Enterprises(10 000 yuan)	269560	377232	39.9
集体(万元)	Collective-owned Enterprises(10 000 yuan)			
有限责任公司(万元)	Limited Liability Corporations(10 000 yuan)	144139	195011	35.3
股份有限公司(万元)	Share Holding Enterprises(10 000 yuan)	600		
私营企业(万元)	Private Enterprises(10 000 yuan)	21818	1400	-93.6
外商及港澳台投资企业(万元)	Funds from HK,Macao,Taiwan & Foreign(10 000 yuan)			
按城乡渠道分	Grouped by Urban and Rural Area			
城镇(万元)	Urban(10 000 yuan)	494688	573643	16.0
农村(万元)	Rural(10 000 yuan)			
公共财政预算收入(万元)	Public Budgetary Financial Revenue(10 000 yuan)	26808	30606	14.2
公共财政预算支出(万元)	Public Budgetary Financial Expenditure(10 000 yuan)	48496	45428	-6.3
个人储蓄存款余额(万元)	The balance of savings deposits of individuals(10 000yuan)			
在岗职工工资总额(万元)	Total Wages of Staff & Workers Employed in(10 000 yuan)	80352	89099	10.9
在岗职工平均工资(元)	Average Wage of Staff & Workers Employed in(yuan)	49395	54223	9.8
全体居民人均可支配收入(元)	The per capita disposable income of all residents(yuan)	24017	26383	9.9
城镇常住居民人均可支配收入(元)	The per capita disposable income of urban permanent residents(yuan)	24017	26383	9.9
农村牧区常住居民人均可支配收入(元)	The per capita disposable income of permanent residents of rural and pastoral areas(yuan)			
农村牧区经济	**Economic Development in Rural & Pastoral Area**			
农作物总播种面积(公顷)	Total Sown Area(hectare)			
#粮食作物播种面积(公顷)	Sown Area of Grain Crops(hectare)	117	117	0.0
农牧业机械总动力(万千瓦)	Total Power of Agricultural Machinery(10 000 kw)	117.00	117.00	0.0
化肥施用折纯量(吨)	Consumption of Chemical Fertilizer(ton)			
农村用电量(万千瓦小时)	Electricity Consumed in Rural Area(10 000 kwh)			
农林牧渔业总产值(万元)	Gross Output of Farming,Forestry,Animal Husbandry & Fishery(10 000 yuan)			
粮食产量(吨)	Yield of Grain(ton)			
油料产量(吨)	Yield of Oil-bearing Grops(ton)			
甜菜产量(吨)	Yield of Beetroots(ton)			
猪牛羊肉产量(吨)	Output of Pork, Beef & Mutton(ton)	2115	2132	0.8
#猪肉产量(吨)	Output of Pork(ton)	1860	1830	-1.6
牛肉产量(吨)	Output of Beef(ton)	60	60	0.0
羊肉产量(吨)	Output of Mutton(ton)	195	242	24.1
羊毛产量(吨)	Output of Wool(ton)	38	45	18.4

23-30 Zhalainuoer District of Manzhouli City in Hulunbeier City

指 标	Item	2012	2013	2013年比上年增长% Increase Rate in 2013 Over 2012(%)
年末牲畜存栏头数(万头只)	Total Livestock at the Year-end(10 000 heads)	3.90	5.20	33.3
# 大牲畜(万头只)	Large Animals(10 000 heads)	0.10	0.10	0.0
羊(万只)	Sheep & Goats(10 000 heads)	1.30	1.60	23.1
猪(万头)	Hogs(10 000 heads)	2.50	3.50	40.0
规模以上工业	**Industrial Enterprises above Designated size**			
工业企业单位数(个)	Number of Industrial Enterprises(unit)	8	13	62.5
# 内资企业(个)	Civil Funded Enterprises(unit)	8	12	50.0
工业总产值(万元)	Gross Industrial Output Value(10 000 yuan)	266403	324023	21.6
内资企业(万元)	Civil Funded Enterprises(10 000 yuan)	266403	319143	19.8
国有企业(万元)	State-owned Enterprises(10 000 yuan)	238767	233949	-2.0
集体企业(万元)	Collective-owned Enterprises(10 000 yuan)			
股份合作企业(万元)	Share Holding Enterprises(10 000 yuan)			
联营企业(万元)	Joint Owned Enterprises(10 000 yuan)			
有限责任公司(万元)	Limited Company(10 000 yuan)	19474	72273	271.1
股份有限公司(万元)	Share Holding Limited Company(10 000 yuan)	3041	2035	-33.1
私营企业(万元)	Privately Owned Enterprises(10 000 yuan)	5121	10886	112.6
其他企业(万元)	Enterprises of Other Ownership(10 000 yuan)			
港澳台商投资企业(万元)	Funds from HK,Macao & Taiwan(10 000 yuan)		4880	
外商投资企业(万元)	Foreign Funded Enterprises(10 000 yuan)			
工业企业增加值(万元)	Value Added of Industrial Enterprises(10 000 yuan)			14.1
工业企业资产总计(万元)	Total Assets of Industrial Enterprises(10 000 yuan)	697623	1170773	67.8
工业企业负债合计(万元)	Total Liabilities of Industrial Enterprises(10 000 yuan)	490396	871074	77.6
工业企业产品销售收入(万元)	Sales of Revenue Industrial Enterprises(10 000 yuan)	270669	323003	19.3
工业企业利润总额(万元)	Total Profits of Industrial Enterprises(10 000 yuan)	-5951	-46433	
建筑业	**Construction**			
建筑企业单位数(个)	Number of Construction Enterprises(unit)	3	2	-33.3
建筑企业从业人员(人)	Number of Employee in Construction Enterprises(person)	1235	1241	0.5
建筑业总产值(万元)	Gross Construction Output Value(10 000 yuan)	13896	9569	-31.1
交通运输邮电通信业	**Transportation,Post & Telecommunications**			
公路里程(公里)	Total Length of Highways(km)	52	52	0.0
邮电业务总量(万元)	Business Volume of Post & Telecoms(10 000 yuan)	7036	7494	6.5
本地电话用户(户)	Number of Subscribers of Local Telephone(Household)	16500	16303	-1.2
国内贸易	**Domestic Trade**			
社会消费品零售总额(万元)	Total Retail Sales of Consumer Goods(10 000 yuan)	314033	354898	13.0
城镇(万元)	Town(10 000 yuan)	314033	354898	13.0
乡村(万元)	Village(10 000 yuan)			
科技教育卫生	**Science,Education & Public Health**			
各类专业技术人员(人)	Special Technical Personnel(person)	1688	1679	-0.5
幼儿园数(所)	Number of Kindergartens(unit)	29	29	0.0
学龄儿童入学率(%)	Percentage of School-Age Children Enrolled(%)	100.0	100.0	0.0
小学学校数(所)	Number of Primary Schools(unit)	7	7	0.0
小学专任教师数(人)	Number of Full-time Teachers of Primary Schools(person)	466	449	-3.6
小学在校学生数(人)	Number of Student Enrollment of Primary	2710	2615	-3.5
普通中学学校数(所)	Number of Regular Secondary Schools(unit)	5	5	0.0
普通中学专任教师数(人)	Number of Teachers of Secondary Shools(person)	513	489	-4.7
初中在校学生数(人)	Number of Student in Junior Secondary Schools(person)	3788	2775	-26.7
高中在校学生数(人)	Number of Student in Senior Secondary Schools(person)	1231	1103	-10.4
卫生机构数(所)	Number of Health Institutions(unit)	43	44	2.3
# 医院(所)	Hospitals(unit)	3	3	0.0
卫生院(所)	Township Hospitals(unit)			
床位数(张)	Number of Beds(unit)	336	336	0.0
# 医院(张)	Hospitals(unit)	336	336	0.0
卫生院(张)	Township Hospitals(unit)			
卫生技术人员(人)	Medical Technical Presonnel(person)	657	687	4.6
# 医院(人)	Hospitals(person)	343	378	10.2
卫生院(人)	Township Hospitals(person)			

23-31 呼伦贝尔市扎兰屯市

指 标	Item	2012	2013	2013年比上年增长% Increase Rate in 2013 Over 2012(%)
行政区域土地面积(平方公里)	**Area of Administration(Sq.km)**	**16800**	**16785**	**-0.1**
人口和就业	**Population & Employment**			
年末总人口(人)	Total Population Year-end(person)	421384	421793	0.1
#男性(人)	Male(person)	216230	216349	0.1
#乡村人口(人)	Rural(person)	290909	205444	-29.4
年末总户数(户)	Total Number of Households at the Year-end(Household)	160202	162863	1.7
#乡村户数(户)	Number of Rural Household(Household)	103972	106061	2.0
出生人口(人)	Births(person)	3743	3666	-2.1
死亡人口(人)	Deaths(person)	6684	2096	-68.6
全社会就业人员(人)	Employment(person)	176558	176732	0.1
第一产业(人)	Primary Industry(person)	115688	115673	-0.1
第二产业(人)	Secondary Industry(person)	20015	20123	0.8
第三产业(人)	Tertiary Industry(person)	40855	40936	0.3
在岗职工人数(人)	Number of Staff & Workers Employed in(person)	29153	30076	3.2
乡村劳动力(人)	Number of Rural Laborers(person)	267711	267400	-0.1
#农林牧渔业(人)	Farming,Forestry,Animal Husbandry & Fishery(person)	132500	128653	-2.9
国民经济综合指标	**Summary Item on the National Economy**			
生产总值(万元)	Gross Domestic Product(10 000 yuan)	1486485	1656746	11.1
第一产业(万元)	Primary Industry(10 000 yuan)	385217	423419	6.2
第二产业(万元)	Secondary Industry(10 000 yuan)	770214	867417	14.5
#工业(万元)	Industry(10 000 yuan)	656161	724851	12.7
第三产业(万元)	Tertiary Industry(10 000 yuan)	331054	365910	8.6
人均生产总值(元)	Per Capita GDP(yuan)	34993	39298	12.0
全社会固定资产投资(万元)	Total Investment in Fixed Assets(10 000 yuan)	1268920	1500143	18.2
按登记注册类型分	Grouped by Registered Type			
#国有(万元)	State-owned Enterprises(10 000 yuan)	685679	830439	21.1
集体(万元)	Collective-owned Enterprises(10 000 yuan)			
有限责任公司(万元)	Limited Liability Corporations(10 000 yuan)	484853	203786	-58.0
股份有限公司(万元)	Share Holding Enterprises(10 000 yuan)	65030	389009	498.2
私营企业(万元)	Private Enterprises(10 000 yuan)		26800	
外商及港澳台投资企业(万元)	Funds from HK,Macao,Taiwan & Foreign(10 000 yuan)			
按城乡渠道分	Grouped by Urban and Rural Area			
城镇(万元)	Urban(10 000 yuan)	1268920	1500143	18.2
农村(万元)	Rural(10 000 yuan)			
公共财政预算收入(万元)	Public Budgetary Financial Revenue(10 000 yuan)	35054	45410	29.5
公共财政预算支出(万元)	Public Budgetary Financial Expenditure(10 000 yuan)	247456	237129	-4.2
个人储蓄存款余额(万元)	The balance of savings deposits of individuals(10 000yuan)	545786	610784	11.9
在岗职工工资总额(万元)	Total Wages of Staff & Workers Employed in(10 000 yuan)	111148	139770	25.8
在岗职工平均工资(元)	Average Wage of Staff & Workers Employed in(yuan)	39310	37367	-4.9
全体居民人均可支配收入(元)	The per capita disposable income of all residents(yuan)	14686	16459	12.1
城镇常住居民人均可支配收入(元)	The per capita disposable income of urban permanent residents(yuan)	20504	22759	11.0
农村牧区常住居民人均可支配收入(元)	The per capita disposable income of permanent residents of rural and pastoral areas(yuan)	9431	10770	14.2
农村牧区经济	**Economic Development in Rural & Pastoral Area**			
农作物总播种面积(公顷)	Total Sown Area(hectare)	210491	212051	0.7
#粮食作物播种面积(公顷)	Sown Area of Grain Crops(hectare)	190650	191840	0.6
农牧业机械总动力(万千瓦)	Total Power of Agricultural Machinery(10 000 kw)	61.00	61.00	0.0
化肥施用折纯量(吨)	Consumption of Chemical Fertilizer(ton)	40817	46310	13.5
农村用电量(万千瓦小时)	Electricity Consumed in Rural Area(10 000 kwh)	5214	5482	5.1
农林牧渔业总产值(万元)	Gross Output of Farming,Forestry,Animal Husbandry & Fishery(10 000 yuan)	631254	694427	10.0
粮食产量(吨)	Yield of Grain(ton)	1028000	1067653	3.9
油料产量(吨)	Yield of Oil-bearing Grops(ton)	28570	26206	-8.3
甜菜产量(吨)	Yield of Beetroots(ton)			
猪牛羊肉产量(吨)	Output of Pork, Beef & Mutton(ton)	47150	47628	1.0
#猪肉产量(吨)	Output of Pork(ton)	5053	5053	0.0
牛肉产量(吨)	Output of Beef(ton)	19547	19630	0.4
羊肉产量(吨)	Output of Mutton(ton)	22550	22945	1.8
羊毛产量(吨)	Output of Wool(ton)	6101	6652	9.0

23-31 Zhalantun City in Hulunbeier City

指 标	Item	2012	2013	2013年比上年增长% Increase Rate in 2013 Over 2012(%)
年末牲畜存栏头数(万头只)	Total Livestock at the Year-end(10 000 heads)	123.43	124.38	0.8
#大牲畜(万头只)	Large Animals(10 000 heads)	16.35	15.95	-2.5
羊(万只)	Sheep & Goats(10 000 heads)	99.11	100.44	1.3
猪(万头)	Hogs(10 000 heads)	7.97	7.99	0.3
规模以上工业	**Industrial Enterprises above Designated size**			
工业企业单位数(个)	Number of Industrial Enterprises(unit)	62	59	-4.8
#内资企业(个)	Civil Funded Enterprises(unit)	59	56	-5.1
工业总产值(万元)	Gross Industrial Output Value(10 000 yuan)	1745163	2027599	16.2
内资企业(万元)	Civil Funded Enterprises(10 000 yuan)	1674478	1948857	16.4
国有企业(万元)	State-owned Enterprises(10 000 yuan)	54674	63029	15.3
集体企业(万元)	Collective-owned Enterprises(10 000 yuan)			
股份合作企业(万元)	Share Holding Enterprises(10 000 yuan)	62246	67955	9.2
联营企业(万元)	Joint Owned Enterprises(10 000 yuan)			
有限责任公司(万元)	Limited Company(10 000 yuan)	448309	505738	12.8
股份有限公司(万元)	Share Holding Limited Company(10 000 yuan)	387866	511309	31.8
私营企业(万元)	Privately Owned Enterprises(10 000 yuan)	721383	800826	11.0
其他企业(万元)	Enterprises of Other Ownership(10 000 yuan)			
港澳台商投资企业(万元)	Funds from HK,Macao & Taiwan(10 000 yuan)	26088	30093	15.4
外商投资企业(万元)	Foreign Funded Enterprises(10 000 yuan)	44597	48649	9.1
工业企业增加值(万元)	Value Added of Industrial Enterprises(10 000 yuan)			16.0
工业企业资产总计(万元)	Total Assets of Industrial Enterprises(10 000 yuan)	698218	766910	9.8
工业企业负债合计(万元)	Total Liabilities of Industrial Enterprises(10 000 yuan)	475903	520913	9.5
工业企业产品销售收入(万元)	Sales of Revenue Industrial Enterprises(10 000 yuan)	1770322	2062319	16.5
工业企业利润总额(万元)	Total Profits of Industrial Enterprises(10 000 yuan)	7653	21501	180.9
建筑业	**Construction**			
建筑企业单位数(个)	Number of Construction Enterprises(unit)	9	9	0.0
建筑企业从业人员(人)	Number of Employee in Construction Enterprises(person)	4393	1467	-66.6
建筑业总产值(万元)	Gross Construction Output Value(10 000 yuan)	139633	198512	42.2
交通运输邮电通信业	**Transportation,Post & Telecommunications**			
公路里程(公里)	Total Length of Highways(km)	2706	2706	0.0
邮电业务总量(万元)	Business Volume of Post & Telecoms(10 000 yuan)	5070.8	5656.2	11.5
本地电话用户(户)	Number of Subscribers of Local Telephone(Household)	32107	31105	-3.1
国内贸易	**Domestic Trade**			
社会消费品零售总额(万元)	Total Retail Sales of Consumer Goods(10 000 yuan)	454300	512000	12.7
城镇(万元)	Town(10 000 yuan)	411366	464020	12.8
乡村(万元)	Village(10 000 yuan)	42934	47980	11.8
科技教育卫生	**Science,Education & Public Health**			
各类专业技术人员(人)	Special Technical Personnel(person)	9236	9236	0.0
幼儿园数(所)	Number of Kindergartens(unit)	71	71	0.0
学龄儿童入学率(%)	Percentage of School-Age Children Enrolled(%)	100.0	100.0	0.0
小学学校数(所)	Number of Primary Schools(unit)	26	34	30.8
小学专任教师数(人)	Number of Full-time Teachers of Primary Schools(person)	1739	1728	-0.6
小学在校学生数(人)	Number of Student Enrollment of Primary Schools(person)	17208	17208	0.0
普通中学学校数(所)	Number of Regular Secondary Schools(unit)	19	19	0.0
普通中学专任教师数(人)	Number of Teachers of Secondary Shools(person)	1101	1180	7.2
初中在校学生数(人)	Number of Student in Junior Secondary Schools(person)	9634	8554	-11.2
高中在校学生数(人)	Number of Student in Senior Secondary Schools(person)	3213	3385	5.4
卫生机构数(所)	Number of Health Institutions(unit)	291	296	1.7
#医院(所)	Hospitals(unit)	9	9	0.0
卫生院(所)	Township Hospitals(unit)	21	21	0.0
床位数(张)	Number of Beds(unit)	1705	1708	0.2
#医院(张)	Hospitals(unit)	1341	1344	0.2
卫生院(张)	Township Hospitals(unit)	342	342	0.0
卫生技术人员(人)	Medical Technical Presonnel(person)	2108	2150	2.0
#医院(人)	Hospitals(person)	1301	1296	-0.4
卫生院(人)	Township Hospitals(person)	686	705	2.8

23-32 呼伦贝尔市牙克石市

指　标	Item	2012	2013	2013年比上年增长% Increase Rate in 2013 Over 2012(%)
行政区域土地面积(平方公里)	**Area of Administration(Sq.km)**	**27590**	**27803**	**0.8**
人口和就业	**Population & Employment**			
年末总人口(人)	Total Population Year-end(person)	354098	350775	-0.9
#男性(人)	Male(person)	178953	176713	-1.3
#乡村人口(人)	Rural(person)	4208	4036	-4.1
年末总户数(户)	Total Number of Households at the Year-end(Household)	146585	141423	-3.5
#乡村户数(户)	Number of Rural Household(Household)	1315	1264	-3.9
出生人口(人)	Births(person)	1547	1456	-5.9
死亡人口(人)	Deaths(person)	5077	2852	-43.8
全社会就业人员(人)	Employment(person)	102736	109335	6.4
第一产业(人)	Primary Industry(person)	35755	38012	6.3
第二产业(人)	Secondary Industry(person)	14218	16347	15.0
第三产业(人)	Tertiary Industry(person)	52763	54976	4.2
在岗职工人数(人)	Number of Staff & Workers Employed in(person)	30783	32794	6.5
乡村劳动力(人)	Number of Rural Laborers(person)	2946	2534	-14.0
#农林牧渔业(人)	Farming,Forestry,Animal Husbandry & Fishery(person)	2257	1962	-13.1
国民经济综合指标	**Summary Item on the National Economy**			
生产总值(万元)	Gross Domestic Product(10 000 yuan)	1901513	2120248	10.4
第一产业(万元)	Primary Industry(10 000 yuan)	341761	374239	5.8
第二产业(万元)	Secondary Industry(10 000 yuan)	915060	1048344	15.4
#工业(万元)	Industry(10 000 yuan)	767209	894284	17.7
第三产业(万元)	Tertiary Industry(10 000 yuan)	644691	697665	5.7
人均生产总值(元)	Per Capita GDP(yuan)	52784	60160	12.8
全社会固定资产投资(万元)	Total Investment in Fixed Assets(10 000 yuan)	1600011	1600714	0.0
按登记注册类型分	Grouped by Registered Type			
#国有(万元)	State-owned Enterprises(10 000 yuan)	262280	53418	-79.6
集体(万元)	Collective-owned Enterprises(10 000 yuan)			
有限责任公司(万元)	Limited Liability Corporations(10 000 yuan)	1150902	929555	-19.2
股份有限公司(万元)	Share Holding Enterprises(10 000 yuan)	40449	7645	-81.1
私营企业(万元)	Private Enterprises(10 000 yuan)	12951	11970	-7.6
外商及港澳台投资企业(万元)	Funds from HK,Macao,Taiwan & Foreign(10 000 yuan)			
按城乡渠道分	Grouped by Urban and Rural Area			
城镇(万元)	Urban(10 000 yuan)	1600011	1600714	0.0
农村(万元)	Rural(10 000 yuan)			
公共财政预算收入(万元)	Public Budgetary Financial Revenue(10 000 yuan)	66115	52268	-20.9
公共财政预算支出(万元)	Public Budgetary Financial Expenditure(10 000 yuan)	212376	211228	-0.5
个人储蓄存款余额(万元)	The balance of savings deposits of individuals(10 000yuan)	886831	969539	9.3
在岗职工工资总额(万元)	Total Wages of Staff & Workers Employed in(10 000 yuan)	145735	157250	7.9
在岗职工平均工资(元)	Average Wage of Staff & Workers Employed in(yuan)	47264	47818	1.2
全体居民人均可支配收入(元)	The per capita disposable income of all residents(yuan)	19942	21980	10.2
城镇常住居民人均可支配收入(元)	The per capita disposable income of urban permanent residents(yuan)	19944	21982	10.2
农村牧区常住居民人均可支配收入(元)	The per capita disposable income of permanent residents of rural and pastoral areas(yuan)			
农村牧区经济	**Economic Development in Rural & Pastoral Area**			
农作物总播种面积(公顷)	Total Sown Area(hectare)	119307	125491	5.2
#粮食作物播种面积(公顷)	Sown Area of Grain Crops(hectare)	83040	83092	0.1
农牧业机械总动力(万千瓦)	Total Power of Agricultural Machinery(10 000 kw)	33.80	34.00	0.6
化肥施用折纯量(吨)	Consumption of Chemical Fertilizer(ton)	14337	14321	-0.1
农村用电量(万千瓦小时)	Electricity Consumed in Rural Area(10 000 kwh)	2106	2133	1.3
农林牧渔业总产值(万元)	Gross Output of Farming,Forestry,Animal Husbandry & Fishery(10 000 yuan)	560044	613290	9.5
粮食产量(吨)	Yield of Grain(ton)	520500	555500	6.7
油料产量(吨)	Yield of Oil-bearing Grops(ton)	42211	48892	15.8
甜菜产量(吨)	Yield of Beetroots(ton)	34848		
猪牛羊肉产量(吨)	Output of Pork, Beef & Mutton(ton)	21241	21054	-0.9
#猪肉产量(吨)	Output of Pork(ton)	8095	8095	0.0
牛肉产量(吨)	Output of Beef(ton)	8815	8855	0.5
羊肉产量(吨)	Output of Mutton(ton)	4331	4104	-5.3
羊毛产量(吨)	Output of Wool(ton)	266	269	1.1

23-32 Yakeshi City in Hulunbeier City

指　标	Item	2012	2013	2013年比上年增长% Increase Rate in 2013 Over 2012(%)
年末牲畜存栏头数(万头只)	Total Livestock at the Year-end(10 000 heads)	31.30	30.58	-2.3
#大牲畜(万头只)	Large Animals(10 000 heads)	6.10	5.04	-17.4
羊(万只)	Sheep & Goats(10 000 heads)	22.30	22.64	1.5
猪(万头)	Hogs(10 000 heads)	2.90	2.90	0.0
规模以上工业	**Industrial Enterprises above Designated size**			
工业企业单位数(个)	Number of Industrial Enterprises(unit)	61	63	3.3
#内资企业(个)	Civil Funded Enterprises(unit)	59	61	3.4
工业总产值(万元)	Gross Industrial Output Value(10 000 yuan)	1972616	2549403	29.2
内资企业(万元)	Civil Funded Enterprises(10 000 yuan)	1919416	2488538	29.7
国有企业(万元)	State-owned Enterprises(10 000 yuan)	129800	134994	4.0
集体企业(万元)	Collective-owned Enterprises(10 000 yuan)			
股份合作企业(万元)	Share Holding Enterprises(10 000 yuan)	52700	48896	-7.2
联营企业(万元)	Joint Owned Enterprises(10 000 yuan)			
有限责任公司(万元)	Limited Company(10 000 yuan)	759916	800195	5.3
股份有限公司(万元)	Share Holding Limited Company(10 000 yuan)	117600	283961	141.5
私营企业(万元)	Privately Owned Enterprises(10 000 yuan)	797300	1152192	44.5
其他企业(万元)	Enterprises of Other Ownership(10 000 yuan)	62100	68300	10.0
港澳台商投资企业(万元)	Funds from HK,Macao & Taiwan(10 000 yuan)	37800	48973	29.6
外商投资企业(万元)	Foreign Funded Enterprises(10 000 yuan)	15400	11892	-22.8
工业企业增加值(万元)	Value Added of Industrial Enterprises(10 000 yuan)			27.5
工业企业资产总计(万元)	Total Assets of Industrial Enterprises(10 000 yuan)	1176181	1472105	25.1
工业企业负债合计(万元)	Total Liabilities of Industrial Enterprises(10 000 yuan)	559090	744836	33.2
工业企业产品销售收入(万元)	Sales of Revenue Industrial Enterprises(10 000 yuan)	1928049	2536913	31.6
工业企业利润总额(万元)	Total Profits of Industrial Enterprises(10 000 yuan)	122813	469368	282.2
建筑业	**Construction**			
建筑企业单位数(个)	Number of Construction Enterprises(unit)	7	7	0.0
建筑企业从业人员(人)	Number of Employee in Construction Enterprises(person)	2278	2319	1.8
建筑业总产值(万元)	Gross Construction Output Value(10 000 yuan)	129649	135106	4.2
交通运输邮电通信业	**Transportation,Post & Telecommunications**			
公路里程(公里)	Total Length of Highways(km)	2068	2068	0.0
邮电业务总量(万元)	Business Volume of Post & Telecoms(10 000 yuan)	21806	24623	12.9
本地电话用户(户)	Number of Subscribers of Local Telephone(Household)	308000	344000	11.7
国内贸易	**Domestic Trade**			
社会消费品零售总额(万元)	Total Retail Sales of Consumer Goods(10 000 yuan)	438000	486867	13.3
城镇(万元)	Town(10 000 yuan)	339122	380893	12.3
乡村(万元)	Village(10 000 yuan)	98878	105974	7.2
科技教育卫生	**Science,Education & Public Health**			
各类专业技术人员(人)	Special Technical Personnel(person)	6773	6410	-5.4
幼儿园数(所)	Number of Kindergartens(unit)	36	32	-11.1
学龄儿童入学率(%)	Percentage of School-Age Children Enrolled(%)	100.0	100.0	0.0
小学学校数(所)	Number of Primary Schools(unit)	13	13	0.0
小学专任教师数(人)	Number of Full-time Teachers of Primary Schools(person)	1396	1379	-1.2
小学在校学生数(人)	Number of Student Enrollment of Primary Schools(person)	9489	8823	-7.0
普通中学学校数(所)	Number of Regular Secondary Schools(unit)	28	25	-10.7
普通中学专任教师数(人)	Number of Teachers of Secondary Shools(person)	1752	1690	-3.5
初中在校学生数(人)	Number of Student in Junior Secondary Schools(person)	7687	6616	-13.9
高中在校学生数(人)	Number of Student in Senior Secondary Schools(person)	7300	7312	0.2
卫生机构数(所)	Number of Health Institutions(unit)	197	197	0.0
#医院(所)	Hospitals(unit)	19	20	5.3
卫生院(所)	Township Hospitals(unit)	16	16	0.0
床位数(张)	Number of Beds(unit)	3019	3521	16.6
#医院(张)	Hospitals(unit)	2669	3147	17.9
卫生院(张)	Township Hospitals(unit)	186	186	0.0
卫生技术人员(人)	Medical Technical Presonnel(person)	3164	3159	-0.2
#医院(人)	Hospitals(person)	2567	2595	1.1
卫生院(人)	Township Hospitals(person)	204	194	-4.9

23-33 呼伦贝尔市额尔古纳市

指 标	Item	2012	2013	2013年比上年增长% Increase Rate in 2013 Over 2012(%)
行政区域土地面积(平方公里)	**Area of Administration(Sq.km)**	**28958**	**28958**	**0.0**
人口和就业	**Population & Employment**			
年末总人口(人)	Total Population Year-end(person)	83574	83406	-0.2
#男性(人)	Male(person)	42452	42336	-0.3
#乡村人口(人)	Rural(person)	1950	2031	4.2
年末总户数(户)	Total Number of Households at the Year-end(Household)	32204	32233	0.1
#乡村户数(户)	Number of Rural Household(Household)	554	685	23.6
出生人口(人)	Births(person)	421	446	5.9
死亡人口(人)	Deaths(person)	435	437	0.5
全社会就业人员(人)	Employment(person)	46071	48832	6.0
第一产业(人)	Primary Industry(person)	22146	23734	7.2
第二产业(人)	Secondary Industry(person)	5039	6514	29.3
第三产业(人)	Tertiary Industry(person)	18886	18584	-1.6
在岗职工人数(人)	Number of Staff & Workers Employed in(person)	16171	14905	-7.8
乡村劳动力(人)	Number of Rural Laborers(person)	1072	1154	7.6
#农林牧渔业(人)	Farming,Forestry,Animal Husbandry & Fishery(person)	712	993	39.5
国民经济综合指标	**Summary Item on the National Economy**			
生产总值(万元)	Gross Domestic Product(10 000 yuan)	369968	409188	9.5
第一产业(万元)	Primary Industry(10 000 yuan)	132777	145395	5.8
第二产业(万元)	Secondary Industry(10 000 yuan)	105141	118273	16.5
#工业(万元)	Industry(10 000 yuan)	88375	95086	12.1
第三产业(万元)	Tertiary Industry(10 000 yuan)	132050	145520	7.9
人均生产总值(元)	Per Capita GDP(yuan)	44223	49010	9.8
全社会固定资产投资(万元)	Total Investment in Fixed Assets(10 000 yuan)	214778	292648	36.3
按登记注册类型分	Grouped by Registered Type			
#国有(万元)	State-owned Enterprises(10 000 yuan)	100013	149700	49.7
集体(万元)	Collective-owned Enterprises(10 000 yuan)	538		
有限责任公司(万元)	Limited Liability Corporations(10 000 yuan)	39176	40673	3.8
股份有限公司(万元)	Share Holding Enterprises(10 000 yuan)	38839	29300	-24.6
私营企业(万元)	Private Enterprises(10 000 yuan)	20028	47422	136.8
外商及港澳台投资企业(万元)	Funds from HK,Macao,Taiwan & Foreign(10 000 yuan)	14204	12423	-12.5
按城乡渠道分	Grouped by Urban and Rural Area			
城镇(万元)	Urban(10 000 yuan)	214478	292648	36.4
农村(万元)	Rural(10 000 yuan)	300		
公共财政预算收入(万元)	Public Budgetary Financial Revenue(10 000 yuan)	19726	21566	9.3
公共财政预算支出(万元)	Public Budgetary Financial Expenditure(10 000 yuan)	110153	117402	6.6
个人储蓄存款余额(万元)	The balance of savings deposits of individuals(10 000yuan)	212526	230561	8.5
在岗职工工资总额(万元)	Total Wages of Staff & Workers Employed in(10 000 yuan)	63664	70641	11.0
在岗职工平均工资(元)	Average Wage of Staff & Workers Employed in(yuan)	39391	49162	24.8
全体居民人均可支配收入(元)	The per capita disposable income of all residents(yuan)	16631	18440	10.9
城镇常住居民人均可支配收入(元)	The per capita disposable income of urban permanent residents(yuan)	18261	20177	10.5
农村牧区常住居民人均可支配收入(元)	The per capita disposable income of permanent residents of rural and pastoral areas(yuan)	10304	11696	13.5
农村牧区经济	**Economic Development in Rural & Pastoral Area**			
农作物总播种面积(公顷)	Total Sown Area(hectare)	140484	150124	6.9
#粮食作物播种面积(公顷)	Sown Area of Grain Crops(hectare)	59830	62574	4.6
农牧业机械总动力(万千瓦)	Total Power of Agricultural Machinery(10 000 kw)	20.50	21.28	3.8
化肥施用折纯量(吨)	Consumption of Chemical Fertilizer(ton)	21028	18745	-10.9
农村用电量(万千瓦小时)	Electricity Consumed in Rural Area(10 000 kwh)	1480	3561	140.6
农林牧渔业总产值(万元)	Gross Output of Farming,Forestry,Animal Husbandry & Fishery(10 000 yuan)	217582	239357	10.0
粮食产量(吨)	Yield of Grain(ton)	301000	401000	33.2
油料产量(吨)	Yield of Oil-bearing Grops(ton)	125345	126478	0.9
甜菜产量(吨)	Yield of Beetroots(ton)			
猪牛羊肉产量(吨)	Output of Pork, Beef & Mutton(ton)	6116	6153	0.6
#猪肉产量(吨)	Output of Pork(ton)	890	890	0.0
牛肉产量(吨)	Output of Beef(ton)	3442	3458	0.5
羊肉产量(吨)	Output of Mutton(ton)	1784	1805	1.2
羊毛产量(吨)	Output of Wool(ton)	358	623	74.0

23-33 Erguna City in Hulunbeier City

指　　标	Item	2012	2013	2013年比上年增长% Increase Rate in 2013 Over 2012(%)
年末牲畜存栏头数(万头只)	Total Livestock at the Year-end(10 000 heads)	28.34	29.42	3.8
#大牲畜(万头只)	Large Animals(10 000 heads)	8.80	9.31	5.8
羊(万只)	Sheep & Goats(10 000 heads)	18.54	19.01	2.5
猪(万头)	Hogs(10 000 heads)	1.00	1.10	10.0
规模以上工业	**Industrial Enterprises above Designated size**			
工业企业单位数(个)	Number of Industrial Enterprises(unit)	11	12	9.1
#内资企业(个)	Civil Funded Enterprises(unit)	10	11	10.0
工业总产值(万元)	Gross Industrial Output Value(10 000 yuan)	208683	244008	16.9
内资企业(万元)	Civil Funded Enterprises(10 000 yuan)	155281	186573	20.2
国有企业(万元)	State-owned Enterprises(10 000 yuan)	6216	6878	10.6
集体企业(万元)	Collective-owned Enterprises(10 000 yuan)			
股份合作企业(万元)	Share Holding Enterprises(10 000 yuan)		179695	
联营企业(万元)	Joint Owned Enterprises(10 000 yuan)			
有限责任公司(万元)	Limited Company(10 000 yuan)	99364		
股份有限公司(万元)	Share Holding Limited Company(10 000 yuan)			
私营企业(万元)	Privately Owned Enterprises(10 000 yuan)	49701		
其他企业(万元)	Enterprises of Other Ownership(10 000 yuan)			
港澳台商投资企业(万元)	Funds from HK,Macao & Taiwan(10 000 yuan)			
外商投资企业(万元)	Foreign Funded Enterprises(10 000 yuan)	53402	57435	7.6
工业企业增加值(万元)	Value Added of Industrial Enterprises(10 000 yuan)			15.0
工业企业资产总计(万元)	Total Assets of Industrial Enterprises(10 000 yuan)	295087	309848	5.0
工业企业负债合计(万元)	Total Liabilities of Industrial Enterprises(10 000 yuan)	241941	199046	-17.7
工业企业产品销售收入(万元)	Sales of Revenue Industrial Enterprises(10 000 yuan)	204293	241892	18.4
工业企业利润总额(万元)	Total Profits of Industrial Enterprises(10 000 yuan)	7966	3243	-59.3
建筑业	**Construction**			
建筑企业单位数(个)	Number of Construction Enterprises(unit)	4	4	0.0
建筑企业从业人员(人)	Number of Employee in Construction Enterprises(person)	976	2100	115.2
建筑业总产值(万元)	Gross Construction Output Value(10 000 yuan)	26970	37296	38.3
交通运输邮电通信业	**Transportation,Post & Telecommunications**			
公路里程(公里)	Total Length of Highways(km)	2796	2050	-26.7
邮电业务总量(万元)	Business Volume of Post & Telecoms(10 000 yuan)	7001	7518	7.4
本地电话用户(户)	Number of Subscribers of Local Telephone(Household)	18190	15143	-16.8
国内贸易	**Domestic Trade**			
社会消费品零售总额(万元)	Total Retail Sales of Consumer Goods(10 000 yuan)	102845	115806	12.6
城镇(万元)	Town(10 000 yuan)	87675	99783	13.8
乡村(万元)	Village(10 000 yuan)	15170	16023	5.6
科技教育卫生	**Science,Education & Public Health**			
各类专业技术人员(人)	Special Technical Personnel(person)	2800	2650	-5.4
幼儿园数(所)	Number of Kindergartens(unit)	9	9	0.0
学龄儿童入学率(%)	Percentage of School-Age Children Enrolled(%)	100.0	100.0	0.0
小学学校数(所)	Number of Primary Schools(unit)	10	10	0.0
小学专任教师数(人)	Number of Full-time Teachers of Primary Schools(person)	532	626	17.7
小学在校学生数(人)	Number of Student Enrollment of Primary Schools(person)	3762	3473	-7.7
普通中学学校数(所)	Number of Regular Secondary Schools(unit)	6	6	0.0
普通中学专任教师数(人)	Number of Teachers of Secondary Shools(person)	405	558	37.8
初中在校学生数(人)	Number of Student in Junior Secondary Schools(person)	2421	2267	-6.4
高中在校学生数(人)	Number of Student in Senior Secondary Schools(person)	1117	957	-14.3
卫生机构数(所)	Number of Health Institutions(unit)	109	103	-5.5
#医院(所)	Hospitals(unit)	7	7	0.0
卫生院(所)	Township Hospitals(unit)	3	3	0.0
床位数(张)	Number of Beds(unit)	471	454	-3.6
#医院(张)	Hospitals(unit)	399	399	0.0
卫生院(张)	Township Hospitals(unit)	48	48	0.0
卫生技术人员(人)	Medical Technical Presonnel(person)	679	636	-6.3
#医院(人)	Hospitals(person)	378	384	1.6
卫生院(人)	Township Hospitals(person)	55	49	-10.9

23-34 呼伦贝尔市根河市

指　标	Item	2012	2013	2013年比上年增长% Increase Rate in 2013 Over 2012(%)
行政区域土地面积(平方公里)	**Area of Administration(Sq.km)**	**20010**	**20010**	**0.0**
人口和就业	**Population & Employment**			
年末总人口(人)	Total Population Year-end(person)	155246	153257	-1.3
#男性(人)	Male(person)	79023	77920	-1.4
#乡村人口(人)	Rural(person)			
年末总户数(户)	Total Number of Households at the Year-end(Household)	55421	55465	0.1
#乡村户数(户)	Number of Rural Household(Household)			
出生人口(人)	Births(person)	552	496	-10.1
死亡人口(人)	Deaths(person)	1339	1285	-4.0
全社会就业人员(人)	Employment(person)	57566	56804	-1.3
第一产业(人)	Primary Industry(person)	10132	9175	-9.4
第二产业(人)	Secondary Industry(person)	13404	11293	-15.7
第三产业(人)	Tertiary Industry(person)	34030	36336	6.8
在岗职工人数(人)	Number of Staff & Workers Employed in(person)	12709	12408	-2.4
乡村劳动力(人)	Number of Rural Laborers(person)			
#农林牧渔业(人)	Farming,Forestry,Animal Husbandry & Fishery(person)			
国民经济综合指标	**Summary Item on the National Economy**			
生产总值(万元)	Gross Domestic Product(10 000 yuan)	349223	376482	6.9
第一产业(万元)	Primary Industry(10 000 yuan)	97180	104403	3.8
第二产业(万元)	Secondary Industry(10 000 yuan)	98634	104168	9.4
#工业(万元)	Industry(10 000 yuan)	86669	91725	10.2
第三产业(万元)	Tertiary Industry(10 000 yuan)	153409	167911	7.2
人均生产总值(元)	Per Capita GDP(yuan)	22346	24407	8.3
全社会固定资产投资(万元)	Total Investment in Fixed Assets(10 000 yuan)	153305	180843	18.0
按登记注册类型分	Grouped by Registered Type			
#国有(万元)	State-owned Enterprises(10 000 yuan)	105423	121229	15.0
集体(万元)	Collective-owned Enterprises(10 000 yuan)			
有限责任公司(万元)	Limited Liability Corporations(10 000 yuan)	24862	22621	-9.0
股份有限公司(万元)	Share Holding Enterprises(10 000 yuan)	3000	2700	-10.0
私营企业(万元)	Private Enterprises(10 000 yuan)	12020	16800	39.8
外商及港澳台投资企业(万元)	Funds from HK,Macao,Taiwan & Foreign(10 000 yuan)			
按城乡渠道分	Grouped by Urban and Rural Area			
城镇(万元)	Urban(10 000 yuan)	153305	180843	18.0
农村(万元)	Rural(10 000 yuan)			
公共财政预算收入(万元)	Public Budgetary Financial Revenue(10 000 yuan)	6603	13491	104.3
公共财政预算支出(万元)	Public Budgetary Financial Expenditure(10 000 yuan)	119029	113392	-4.7
个人储蓄存款余额(万元)	The balance of savings deposits of individuals(10 000yuan)	393166	428345	8.9
在岗职工工资总额(万元)	Total Wages of Staff & Workers Employed in(10 000 yuan)	54133	59343	9.6
在岗职工平均工资(元)	Average Wage of Staff & Workers Employed in(yuan)	41679	46471	11.5
全体居民人均可支配收入(元)	The per capita disposable income of all residents(yuan)	13260	16373	23.5
城镇常住居民人均可支配收入(元)	The per capita disposable income of urban permanent residents(yuan)	16550	18122	9.5
农村牧区常住居民人均可支配收入(元)	The per capita disposable income of permanent residents of rural and pastoral areas(yuan)		9323	
农村牧区经济	**Economic Development in Rural & Pastoral Area**			
农作物总播种面积(公顷)	Total Sown Area(hectare)	2925	3042	4.0
#粮食作物播种面积(公顷)	Sown Area of Grain Crops(hectare)	1579	1864	18.0
农牧业机械总动力(万千瓦)	Total Power of Agricultural Machinery(10 000 kw)	3.10	3.10	0.0
化肥施用折纯量(吨)	Consumption of Chemical Fertilizer(ton)	329	334	1.5
农村用电量(万千瓦小时)	Electricity Consumed in Rural Area(10 000 kwh)			
农林牧渔业总产值(万元)	Gross Output of Farming,Forestry,Animal Husbandry & Fishery(10 000 yuan)	159249	168815	6.0
粮食产量(吨)	Yield of Grain(ton)	5455	2197	-59.7
油料产量(吨)	Yield of Oil-bearing Grops(ton)	1575	1284	-18.5
甜菜产量(吨)	Yield of Beetroots(ton)			
猪牛羊肉产量(吨)	Output of Pork, Beef & Mutton(ton)	2787	2793	0.2
#猪肉产量(吨)	Output of Pork(ton)	2116	2116	0.0
牛肉产量(吨)	Output of Beef(ton)	500	502	0.4
羊肉产量(吨)	Output of Mutton(ton)	171	175	2.3
羊毛产量(吨)	Output of Wool(ton)	12	8	-33.3

23-34 Genhe City in Hulunbeier City

指 标	Item	2012	2013	2013年比上年增长% Increase Rate in 2013 Over 2012(%)
年末牲畜存栏头数(万头只)	Total Livestock at the Year-end(10 000 heads)	1.79	1.61	-10.1
#大牲畜(万头只)	Large Animals(10 000 heads)	0.21	0.20	-4.8
羊(万只)	Sheep & Goats(10 000 heads)	0.51	0.47	-7.8
猪(万头)	Hogs(10 000 heads)	1.07	0.94	-12.1
规模以上工业	**Industrial Enterprises above Designated size**			
工业企业单位数(个)	Number of Industrial Enterprises(unit)	13	13	0.0
#内资企业(个)	Civil Funded Enterprises(unit)	13	13	0.0
工业总产值(万元)	Gross Industrial Output Value(10 000 yuan)	164445	176525	7.3
内资企业(万元)	Civil Funded Enterprises(10 000 yuan)	164445	176525	7.3
国有企业(万元)	State-owned Enterprises(10 000 yuan)	10204	10787	5.7
集体企业(万元)	Collective-owned Enterprises(10 000 yuan)			
股份合作企业(万元)	Share Holding Enterprises(10 000 yuan)			
联营企业(万元)	Joint Owned Enterprises(10 000 yuan)			
有限责任公司(万元)	Limited Company(10 000 yuan)			
股份有限公司(万元)	Share Holding Limited Company(10 000 yuan)	154241	165737	7.8
私营企业(万元)	Privately Owned Enterprises(10 000 yuan)			
其他企业(万元)	Enterprises of Other Ownership(10 000 yuan)			
港澳台商投资企业(万元)	Funds from HK,Macao & Taiwan(10 000 yuan)			
外商投资企业(万元)	Foreign Funded Enterprises(10 000 yuan)			
工业企业增加值(万元)	Value Added of Industrial Enterprises(10 000 yuan)			15.2
工业企业资产总计(万元)	Total Assets of Industrial Enterprises(10 000 yuan)	155062	189024	21.9
工业企业负债合计(万元)	Total Liabilities of Industrial Enterprises(10 000 yuan)	118326	156730	32.5
工业企业产品销售收入(万元)	Sales of Revenue Industrial Enterprises(10 000 yuan)	165376	178899	8.2
工业企业利润总额(万元)	Total Profits of Industrial Enterprises(10 000 yuan)	11878	26717	124.9
建筑业	**Construction**			
建筑企业单位数(个)	Number of Construction Enterprises(unit)	9	9	0.0
建筑企业从业人员(人)	Number of Employee in Construction Enterprises(person)	2119	1440	-32.0
建筑业总产值(万元)	Gross Construction Output Value(10 000 yuan)	54283	46075	-15.1
交通运输邮电通信业	**Transportation,Post & Telecommunications**			
公路里程(公里)	Total Length of Highways(km)	979	979	0.0
邮电业务总量(万元)	Business Volume of Post & Telecoms(10 000 yuan)	6519	7120	9.2
本地电话用户(户)	Number of Subscribers of Local Telephone(Household)	17354	17316	-0.2
国内贸易	**Domestic Trade**			
社会消费品零售总额(万元)	Total Retail Sales of Consumer Goods(10 000 yuan)	144200	162302	12.6
城镇(万元)	Town(10 000 yuan)	144200	162302	12.6
乡村(万元)	Village(10 000 yuan)			
科技教育卫生	**Science,Education & Public Health**			
各类专业技术人员(人)	Special Technical Personnel(person)	6688	7047	5.4
幼儿园数(所)	Number of Kindergartens(unit)	9	8	-11.1
学龄儿童入学率(%)	Percentage of School-Age Children Enrolled(%)	100.0	100.0	0.0
小学学校数(所)	Number of Primary Schools(unit)	7	7	0.0
小学专任教师数(人)	Number of Full-time Teachers of Primary Schools(person)	726	718	-1.1
小学在校学生数(人)	Number of Student Enrollment of Primary Schools(person)	3464	2940	-15.1
普通中学学校数(所)	Number of Regular Secondary Schools(unit)	8	8	0.0
普通中学专任教师数(人)	Number of Teachers of Secondary Shools(person)	678	683	0.7
初中在校学生数(人)	Number of Student in Junior Secondary Schools(person)	2704	2425	-10.3
高中在校学生数(人)	Number of Student in Senior Secondary Schools(person)	1832	1718	-6.2
卫生机构数(所)	Number of Health Institutions(unit)	76	72	-5.3
#医院(所)	Hospitals(unit)	2	2	0.0
卫生院(所)	Township Hospitals(unit)	6	6	0.0
床位数(张)	Number of Beds(unit)	553	518	-6.3
#医院(张)	Hospitals(unit)	300	320	6.7
卫生院(张)	Township Hospitals(unit)	215	184	-14.4
卫生技术人员(人)	Medical Technical Presonnel(person)	1036	1122	8.3
#医院(人)	Hospitals(person)	318	365	14.8
卫生院(人)	Township Hospitals(person)	453	433	-4.4

23-35 呼伦贝尔市阿荣旗

指　标	Item	2012	2013	2013年比上年增长% Increase Rate in 2013 Over 2012(%)
行政区域土地面积(平方公里)	**Area of Administration(Sq.km)**	**12063**	**11073**	**-8.2**
人口和就业	**Population & Employment**			
年末总人口(人)	Total Population Year-end(person)	330414	331146	0.2
#男性(人)	Male(person)	169802	170689	0.5
#乡村人口(人)	Rural(person)	228601	228349	-0.1
年末总户数(户)	Total Number of Households at the Year-end(Household)	118056	117953	-0.1
#乡村户数(户)	Number of Rural Household(Household)	69478	68735	-1.1
出生人口(人)	Births(person)	3041	3041	0.0
死亡人口(人)	Deaths(person)	2715	1993	-26.6
全社会就业人员(人)	Employment(person)	158327	162996	2.9
第一产业(人)	Primary Industry(person)	111674	113376	1.5
第二产业(人)	Secondary Industry(person)	16173	17434	7.8
第三产业(人)	Tertiary Industry(person)	30480	32186	5.6
在岗职工人数(人)	Number of Staff & Workers Employed in(person)	23278	23422	0.6
乡村劳动力(人)	Number of Rural Laborers(person)	111674	113376	1.5
#农林牧渔业(人)	Farming,Forestry,Animal Husbandry & Fishery(person)	98539	100269	1.8
国民经济综合指标	**Summary Item on the National Economy**			
生产总值(万元)	Gross Domestic Product(10 000 yuan)	1291996	1456822	11.1
第一产业(万元)	Primary Industry(10 000 yuan)	431983	478400	7.0
第二产业(万元)	Secondary Industry(10 000 yuan)	567340	655607	16.1
#工业(万元)	Industry(10 000 yuan)	433037	501159	16.5
第三产业(万元)	Tertiary Industry(10 000 yuan)	292673	322815	8.1
人均生产总值(元)	Per Capita GDP(yuan)	39102	44042	10.9
全社会固定资产投资(万元)	Total Investment in Fixed Assets(10 000 yuan)	1008550	1210690	20.0
按登记注册类型分	Grouped by Registered Type			
#国有(万元)	State-owned Enterprises(10 000 yuan)	421545	656422	55.7
集体(万元)	Collective-owned Enterprises(10 000 yuan)	400		
有限责任公司(万元)	Limited Liability Corporations(10 000 yuan)	239277	384695	60.8
股份有限公司(万元)	Share Holding Enterprises(10 000 yuan)	213423	164603	-22.9
私营企业(万元)	Private Enterprises(10 000 yuan)	29672	4970	-83.3
外商及港澳台投资企业(万元)	Funds from HK,Macao,Taiwan & Foreign(10 000 yuan)			
按城乡渠道分	Grouped by Urban and Rural Area			
城镇(万元)	Urban(10 000 yuan)	796071	1210690	52.1
农村(万元)	Rural(10 000 yuan)	212479		
公共财政预算收入(万元)	Public Budgetary Financial Revenue(10 000 yuan)	40349	47544	17.8
公共财政预算支出(万元)	Public Budgetary Financial Expenditure(10 000 yuan)	228508	230800	1.0
个人储蓄存款余额(万元)	The balance of savings deposits of individuals(10 000yuan)	258270	297273	15.1
在岗职工工资总额(万元)	Total Wages of Staff & Workers Employed in(10 000 yuan)	94021	108023	14.9
在岗职工平均工资(元)	Average Wage of Staff & Workers Employed in(yuan)	39846	44682	12.1
全体居民人均可支配收入(元)	The per capita disposable income of all residents(yuan)	13418	15114	12.6
城镇常住居民人均可支配收入(元)	The per capita disposable income of urban permanent residents(yuan)	22744	25073	10.2
农村牧区常住居民人均可支配收入(元)	The per capita disposable income of permanent residents of rural and pastoral areas(yuan)	10038	11505	14.6
农村牧区经济	**Economic Development in Rural & Pastoral Area**			
农作物总播种面积(公顷)	Total Sown Area(hectare)	288383	290518	0.7
#粮食作物播种面积(公顷)	Sown Area of Grain Crops(hectare)	268591	268983	0.2
农牧业机械总动力(万千瓦)	Total Power of Agricultural Machinery(10 000 kw)	67.96	72.63	6.8
化肥施用折纯量(吨)	Consumption of Chemical Fertilizer(ton)	15700	18948	20.7
农村用电量(万千瓦小时)	Electricity Consumed in Rural Area(10 000 kwh)	6445	7811	21.2
农林牧渔业总产值(万元)	Gross Output of Farming,Forestry,Animal Husbandry & Fishery(10 000 yuan)	707890	782272	10.5
粮食产量(吨)	Yield of Grain(ton)	1500500	1544400	2.9
油料产量(吨)	Yield of Oil-bearing Grops(ton)	16992	33551	97.5
甜菜产量(吨)	Yield of Beetroots(ton)			
猪牛羊肉产量(吨)	Output of Pork, Beef & Mutton(ton)	39506	39873	0.9
#猪肉产量(吨)	Output of Pork(ton)	5787	5787	0.0
牛肉产量(吨)	Output of Beef(ton)	12960	13043	0.6
羊肉产量(吨)	Output of Mutton(ton)	20759	21043	1.4
羊毛产量(吨)	Output of Wool(ton)	5210	6321	21.3

23-35 Arong Banner in Hulunbeier City

指　　标	Item	2012	2013	2013年比上年增长% Increase Rate in 2013 Over 2012(%)
年末牲畜存栏头数(万头只)	Total Livestock at the Year-end(10 000 heads)	170.32	171.61	0.8
#大牲畜(万头只)	Large Animals(10 000 heads)	17.43	16.42	-5.8
羊(万只)	Sheep & Goats(10 000 heads)	147.00	149.24	1.5
猪(万头)	Hogs(10 000 heads)	5.89	5.95	1.0
规模以上工业	**Industrial Enterprises above Designated size**			
工业企业单位数(个)	Number of Industrial Enterprises(unit)	30	30	0.0
#内资企业(个)	Civil Funded Enterprises(unit)	30	30	0.0
工业总产值(万元)	Gross Industrial Output Value(10 000 yuan)	1002510	1268433	26.5
内资企业(万元)	Civil Funded Enterprises(10 000 yuan)	1002510	1268433	26.5
国有企业(万元)	State-owned Enterprises(10 000 yuan)	18825	18745	-4.0
集体企业(万元)	Collective-owned Enterprises(10 000 yuan)			
股份合作企业(万元)	Share Holding Enterprises(10 000 yuan)			
联营企业(万元)	Joint Owned Enterprises(10 000 yuan)			
有限责任公司(万元)	Limited Company(10 000 yuan)	680337		
股份有限公司(万元)	Share Holding Limited Company(10 000 yuan)	30122	945507	3038.9
私营企业(万元)	Privately Owned Enterprises(10 000 yuan)	273226		
其他企业(万元)	Enterprises of Other Ownership(10 000 yuan)		304181	
港澳台商投资企业(万元)	Funds from HK,Macao & Taiwan(10 000 yuan)			
外商投资企业(万元)	Foreign Funded Enterprises(10 000 yuan)			
工业企业增加值(万元)	Value Added of Industrial Enterprises(10 000 yuan)			22.0
工业企业资产总计(万元)	Total Assets of Industrial Enterprises(10 000 yuan)	340353	396646	16.5
工业企业负债合计(万元)	Total Liabilities of Industrial Enterprises(10 000 yuan)	163382	179484	9.7
工业企业产品销售收入(万元)	Sales of Revenue Industrial Enterprises(10 000 yuan)	947383	1512791	27.7
工业企业利润总额(万元)	Total Profits of Industrial Enterprises(10 000 yuan)	34842	42771	25.3
建筑业	**Construction**			
建筑企业单位数(个)	Number of Construction Enterprises(unit)	4	4	0.0
建筑企业从业人员(人)	Number of Employee in Construction Enterprises(person)	3296	3938	19.5
建筑业总产值(万元)	Gross Construction Output Value(10 000 yuan)	82350	90010	9.3
交通运输邮电通信业	**Transportation,Post & Telecommunications**			
公路里程(公里)	Total Length of Highways(km)	2459	2476	0.7
邮电业务总量(万元)	Business Volume of Post & Telecoms(10 000 yuan)	14735	17797	20.8
本地电话用户(户)	Number of Subscribers of Local Telephone(Household)	258076	295492	14.5
国内贸易	**Domestic Trade**			
社会消费品零售总额(万元)	Total Retail Sales of Consumer Goods(10 000 yuan)	249000	280400	12.6
城镇(万元)	Town(10 000 yuan)	160000	177600	11.0
乡村(万元)	Village(10 000 yuan)	89000	102800	15.5
科技教育卫生	**Science,Education & Public Health**			
各类专业技术人员(人)	Special Technical Personnel(person)	4851	4218	-13.0
幼儿园数(所)	Number of Kindergartens(unit)	27	33	22.2
学龄儿童入学率(%)	Percentage of School-Age Children Enrolled(%)	100.0	100.0	0.0
小学学校数(所)	Number of Primary Schools(unit)	21	21	0.0
小学专任教师数(人)	Number of Full-time Teachers of Primary Schools(person)	1442	1363	-5.5
小学在校学生数(人)	Number of Student Enrollment of Primary Schools(person)	15097	16759	11.0
普通中学学校数(所)	Number of Regular Secondary Schools(unit)	18	17	-5.5
普通中学专任教师数(人)	Number of Teachers of Secondary Shools(person)	1266	1225	-3.2
初中在校学生数(人)	Number of Student in Junior Secondary Schools(person)	6881	6644	-3.4
高中在校学生数(人)	Number of Student in Senior Secondary Schools(person)	3203	3242	1.2
卫生机构数(所)	Number of Health Institutions(unit)	302	300	-0.7
#医院(所)	Hospitals(unit)	4	6	50.0
卫生院(所)	Township Hospitals(unit)	18	18	0.0
床位数(张)	Number of Beds(unit)	726	950	30.9
#医院(张)	Hospitals(unit)	547	761	39.1
卫生院(张)	Township Hospitals(unit)	159	147	-7.5
卫生技术人员(人)	Medical Technical Presonnel(person)	833	791	-5.0
#医院(人)	Hospitals(person)	334	397	18.9
卫生院(人)	Township Hospitals(person)	229	233	1.7

23-36 呼伦贝尔市莫力达瓦达斡尔族自治旗

指　标	Item	2012	2013	2013年比上年增长% Increase Rate in 2013 Over 2012(%)
行政区域土地面积(平方公里)	**Area of Administration(Sq.km)**	**10356**	**10356**	**0.0**
人口和就业	**Population & Employment**			
年末总人口(人)	Total Population Year-end(person)	328482	330527	0.6
#男性(人)	Male(person)	169770	170473	0.4
#乡村人口(人)	Rural(person)	279119	264053	-6.5
年末总户数(户)	Total Number of Households at the Year-end(Household)	115924	121665	5.0
#乡村户数(户)	Number of Rural Household(Household)	83353	71663	-14.0
出生人口(人)	Births(person)	3548	3305	-6.8
死亡人口(人)	Deaths(person)	1642	1155	-29.7
全社会就业人员(人)	Employment(person)	165232	150904	-8.7
第一产业(人)	Primary Industry(person)	137990	125261	-9.2
第二产业(人)	Secondary Industry(person)	6101	4718	-22.7
第三产业(人)	Tertiary Industry(person)	21141	20925	-1.0
在岗职工人数(人)	Number of Staff & Workers Employed in(person)	21028	20790	-1.1
乡村劳动力(人)	Number of Rural Laborers(person)	157759	142425	-9.7
#农林牧渔业(人)	Farming,Forestry,Animal Husbandry & Fishery(person)	128204	118832	-9.7
国民经济综合指标	**Summary Item on the National Economy**			
生产总值(万元)	Gross Domestic Product(10 000 yuan)	900637	970038	6.2
第一产业(万元)	Primary Industry(10 000 yuan)	424992	466698	6.1
第二产业(万元)	Secondary Industry(10 000 yuan)	223456	231754	6.7
#工业(万元)	Industry(10 000 yuan)	158957	164030	7.5
第三产业(万元)	Tertiary Industry(10 000 yuan)	252189	271586	6.0
人均生产总值(元)	Per Capita GDP(yuan)	27398	29439	6.0
全社会固定资产投资(万元)	Total Investment in Fixed Assets(10 000 yuan)	360362	252072	-30.1
按登记注册类型分	Grouped by Registered Type			
#国有(万元)	State-owned Enterprises(10 000 yuan)	155320	126672	-18.4
集体(万元)	Collective-owned Enterprises(10 000 yuan)			
有限责任公司(万元)	Limited Liability Corporations(10 000 yuan)			
股份有限公司(万元)	Share Holding Enterprises(10 000 yuan)			
私营企业(万元)	Private Enterprises(10 000 yuan)	204609	125400	-38.7
外商及港澳台投资企业(万元)	Funds from HK,Macao,Taiwan & Foreign(10 000 yuan)	433		
按城乡渠道分	Grouped by Urban and Rural Area			
城镇(万元)	Urban(10 000 yuan)	360362	252072	-30.1
农村(万元)	Rural(10 000 yuan)			
公共财政预算收入(万元)	Public Budgetary Financial Revenue(10 000 yuan)	21768	24380	12.0
公共财政预算支出(万元)	Public Budgetary Financial Expenditure(10 000 yuan)	204298	224225	9.8
个人储蓄存款余额(万元)	The balance of savings deposits of individuals(10 000yuan)	215226	235957	9.6
在岗职工工资总额(万元)	Total Wages of Staff & Workers Employed in(10 000 yuan)	78240	84941	8.6
在岗职工平均工资(元)	Average Wage of Staff & Workers Employed in(yuan)	37151	40874	10.0
全体居民人均可支配收入(元)	The per capita disposable income of all residents(yuan)	8891	9661	8.7
城镇常住居民人均可支配收入(元)	The per capita disposable income of urban permanent residents(yuan)	14442	15914	10.2
农村牧区常住居民人均可支配收入(元)	The per capita disposable income of permanent residents of rural and pastoral areas(yuan)	6274	6714	7.0
农村牧区经济	**Economic Development in Rural & Pastoral Area**			
农作物总播种面积(公顷)	Total Sown Area(hectare)	468196	463204	-1.1
#粮食作物播种面积(公顷)	Sown Area of Grain Crops(hectare)	438850	439390	0.1
农牧业机械总动力(万千瓦)	Total Power of Agricultural Machinery(10 000 kw)	71.54	77.00	7.6
化肥施用折纯量(吨)	Consumption of Chemical Fertilizer(ton)	67329	90899	35.0
农村用电量(万千瓦小时)	Electricity Consumed in Rural Area(10 000 kwh)	7477	7600	1.6
农林牧渔业总产值(万元)	Gross Output of Farming,Forestry,Animal Husbandry & Fishery(10 000 yuan)	696434	759165	9.0
粮食产量(吨)	Yield of Grain(ton)	1552500	1612500	3.9
油料产量(吨)	Yield of Oil-bearing Grops(ton)	8418	3677	-56.3
甜菜产量(吨)	Yield of Beetroots(ton)		450	
猪牛羊肉产量(吨)	Output of Pork, Beef & Mutton(ton)	29012	29193	0.6
#猪肉产量(吨)	Output of Pork(ton)	5882	5882	0.0
牛肉产量(吨)	Output of Beef(ton)	10392	10435	0.4
羊肉产量(吨)	Output of Mutton(ton)	12738	12876	1.1
羊毛产量(吨)	Output of Wool(ton)	1683	1688	0.3

23-36 Molidawadawoer National Autonomous Banner in Hulunbeier City

指　标	Item	2012	2013	2013年比上年增长% Increase Rate in 2013 Over 2012(%)
年末牲畜存栏头数(万头只)	Total Livestock at the Year-end(10 000 heads)	131.87	131.24	-0.5
#大牲畜(万头只)	Large Animals(10 000 heads)	15.27	14.39	-5.8
羊(万只)	Sheep & Goats(10 000 heads)	110.69	110.93	0.2
猪(万头)	Hogs(10 000 heads)	5.91	5.92	0.2
规模以上工业	**Industrial Enterprises above Designated size**			
工业企业单位数(个)	Number of Industrial Enterprises(unit)	18	18	0.0
#内资企业(个)	Civil Funded Enterprises(unit)	17	17	0.0
工业总产值(万元)	Gross Industrial Output Value(10 000 yuan)	389561	442162	13.5
内资企业(万元)	Civil Funded Enterprises(10 000 yuan)	353593	412951	16.8
国有企业(万元)	State-owned Enterprises(10 000 yuan)	27789	30060	8.2
集体企业(万元)	Collective-owned Enterprises(10 000 yuan)			
股份合作企业(万元)	Share Holding Enterprises(10 000 yuan)			
联营企业(万元)	Joint Owned Enterprises(10 000 yuan)			
有限责任公司(万元)	Limited Company(10 000 yuan)			
股份有限公司(万元)	Share Holding Limited Company(10 000 yuan)			
私营企业(万元)	Privately Owned Enterprises(10 000 yuan)	325804	382891	17.5
其他企业(万元)	Enterprises of Other Ownership(10 000 yuan)			
港澳台商投资企业(万元)	Funds from HK,Macao & Taiwan(10 000 yuan)	35968	29211	-18.8
外商投资企业(万元)	Foreign Funded Enterprises(10 000 yuan)			
工业企业增加值(万元)	Value Added of Industrial Enterprises(10 000 yuan)			10.0
工业企业资产总计(万元)	Total Assets of Industrial Enterprises(10 000 yuan)	254491	288126	13.2
工业企业负债合计(万元)	Total Liabilities of Industrial Enterprises(10 000 yuan)	137739	134500	-2.4
工业企业产品销售收入(万元)	Sales of Revenue Industrial Enterprises(10 000 yuan)	385802	446316	15.7
工业企业利润总额(万元)	Total Profits of Industrial Enterprises(10 000 yuan)	37532	50854	35.5
建筑业	**Construction**			
建筑企业单位数(个)	Number of Construction Enterprises(unit)	6	6	0.0
建筑企业从业人员(人)	Number of Employee in Construction Enterprises(person)	3703	5144	38.9
建筑业总产值(万元)	Gross Construction Output Value(10 000 yuan)	33423	36753	10.0
交通运输邮电通信业	**Transportation,Post & Telecommunications**			
公路里程(公里)	Total Length of Highways(km)	1973	1973	0.0
邮电业务总量(万元)	Business Volume of Post & Telecoms(10 000 yuan)	15969	12790	-19.9
本地电话用户(户)	Number of Subscribers of Local Telephone(Household)	22689	23384	3.1
国内贸易	**Domestic Trade**			
社会消费品零售总额(万元)	Total Retail Sales of Consumer Goods(10 000 yuan)	235733	264157	12.1
城镇(万元)	Town(10 000 yuan)	165013	184910	12.1
乡村(万元)	Village(10 000 yuan)	70720	79247	12.1
科技教育卫生	**Science,Education & Public Health**			
各类专业技术人员(人)	Special Technical Personnel(person)	7987	8239	3.2
幼儿园数(所)	Number of Kindergartens(unit)	18	17	-5.6
学龄儿童入学率(%)	Percentage of School-Age Children Enrolled(%)	100.0	100.0	0.0
小学学校数(所)	Number of Primary Schools(unit)	14	14	0.0
小学专任教师数(人)	Number of Full-time Teachers of Primary Schools(person)	1731	1703	-1.6
小学在校学生数(人)	Number of Student Enrollment of Primary Schools(person)	16250	15233	-6.3
普通中学学校数(所)	Number of Regular Secondary Schools(unit)	25	25	0.0
普通中学专任教师数(人)	Number of Teachers of Secondary Shools(person)	1184	1173	-0.9
初中在校学生数(人)	Number of Student in Junior Secondary Schools(person)	7363	6524	-11.4
高中在校学生数(人)	Number of Student in Senior Secondary Schools(person)	3127	3193	2.1
卫生机构数(所)	Number of Health Institutions(unit)	335	344	2.7
#医院(所)	Hospitals(unit)	6	7	16.7
卫生院(所)	Township Hospitals(unit)	18	18	0.0
床位数(张)	Number of Beds(unit)	870	920	5.7
#医院(张)	Hospitals(unit)	610	600	-1.6
卫生院(张)	Township Hospitals(unit)	255	315	23.5
卫生技术人员(人)	Medical Technical Presonnel(person)	1037	1106	6.7
#医院(人)	Hospitals(person)	572	627	9.6
卫生院(人)	Township Hospitals(person)	398	418	5.0

23-37 呼伦贝尔市鄂伦春自治旗

指　标	Item	2012	2013	2013年比上年增长% Increase Rate in 2013 Over 2012(%)
行政区域土地面积(平方公里)	**Area of Administration(Sq.km)**	**59880**	**54688**	**-8.7**
人口和就业	**Population & Employment**			
年末总人口(人)	Total Population Year-end(person)	265473	263904	-0.6
#男性(人)	Male(person)	136441	135587	-0.6
#乡村人口(人)	Rural(person)	61652	69036	12.0
年末总户数(户)	Total Number of Households at the Year-end(Household)	103772	104659	0.9
#乡村户数(户)	Number of Rural Household(Household)	18953	20136	6.2
出生人口(人)	Births(person)	1563	1665	6.5
死亡人口(人)	Deaths(person)	2862	1546	-46.0
全社会就业人员(人)	Employment(person)	81669	83302	2.0
第一产业(人)	Primary Industry(person)	39159	39981	2.1
第二产业(人)	Secondary Industry(person)	14485	13895	-4.1
第三产业(人)	Tertiary Industry(person)	28025	29426	5.0
在岗职工人数(人)	Number of Staff & Workers Employed in(person)	18098	17976	-0.7
乡村劳动力(人)	Number of Rural Laborers(person)	36684	39747	8.3
#农林牧渔业(人)	Farming,Forestry,Animal Husbandry & Fishery(person)	36676	37919	3.4
国民经济综合指标	**Summary Item on the National Economy**			
生产总值(万元)	Gross Domestic Product(10 000 yuan)	534636	591075	8.6
第一产业(万元)	Primary Industry(10 000 yuan)	206767	229841	7.4
第二产业(万元)	Secondary Industry(10 000 yuan)	67552	77161	18.1
#工业(万元)	Industry(10 000 yuan)	55276	62431	17.6
第三产业(万元)	Tertiary Industry(10 000 yuan)	260317	284073	7.3
人均生产总值(元)	Per Capita GDP(yuan)	19821	22331	10.7
全社会固定资产投资(万元)	Total Investment in Fixed Assets(10 000 yuan)	165287	207768	25.7
按登记注册类型分	Grouped by Registered Type			
#国有(万元)	State-owned Enterprises(10 000 yuan)	69189	78582	13.6
集体(万元)	Collective-owned Enterprises(10 000 yuan)		1695	
有限责任公司(万元)	Limited Liability Corporations(10 000 yuan)	60567	123991	104.7
股份有限公司(万元)	Share Holding Enterprises(10 000 yuan)			
私营企业(万元)	Private Enterprises(10 000 yuan)		3500	
外商及港澳台投资企业(万元)	Funds from HK,Macao,Taiwan & Foreign(10 000 yuan)			
按城乡渠道分	Grouped by Urban and Rural Area			
城镇(万元)	Urban(10 000 yuan)	162168	204946	26.4
农村(万元)	Rural(10 000 yuan)	3119	2822	-9.5
公共财政预算收入(万元)	Public Budgetary Financial Revenue(10 000 yuan)	14656	15130	3.2
公共财政预算支出(万元)	Public Budgetary Financial Expenditure(10 000 yuan)	191354	193647	1.2
个人储蓄存款余额(万元)	The balance of savings deposits of individuals(10 000yuan)	398268	421801	5.9
在岗职工工资总额(万元)	Total Wages of Staff & Workers Employed in(10 000 yuan)	72683	76267	4.9
在岗职工平均工资(元)	Average Wage of Staff & Workers Employed in(yuan)	38459	40821	6.1
全体居民人均可支配收入(元)	The per capita disposable income of all residents(yuan)	12912	14060	8.9
城镇常住居民人均可支配收入(元)	The per capita disposable income of urban permanent residents(yuan)	16012	17411	8.7
农村牧区常住居民人均可支配收入(元)	The per capita disposable income of permanent residents of rural and pastoral areas(yuan)	5795	6364	9.8
农村牧区经济	**Economic Development in Rural & Pastoral Area**			
农作物总播种面积(公顷)	Total Sown Area(hectare)	254473	285733	12.3
#粮食作物播种面积(公顷)	Sown Area of Grain Crops(hectare)	251363	282082	12.2
农牧业机械总动力(万千瓦)	Total Power of Agricultural Machinery(10 000 kw)	51.70	46.90	-9.3
化肥施用折纯量(吨)	Consumption of Chemical Fertilizer(ton)	33330	31289	-6.1
农村用电量(万千瓦小时)	Electricity Consumed in Rural Area(10 000 kwh)	1999	2339	17.0
农林牧渔业总产值(万元)	Gross Output of Farming,Forestry,Animal Husbandry & Fishery(10 000 yuan)	338830	376127	11.0
粮食产量(吨)	Yield of Grain(ton)	501000	543500	8.5
油料产量(吨)	Yield of Oil-bearing Grops(ton)	498	655	31.5
甜菜产量(吨)	Yield of Beetroots(ton)			
猪牛羊肉产量(吨)	Output of Pork, Beef & Mutton(ton)	14164	7999	-43.5
#猪肉产量(吨)	Output of Pork(ton)	3947	3034	-23.1
牛肉产量(吨)	Output of Beef(ton)	5811	3179	-45.3
羊肉产量(吨)	Output of Mutton(ton)	4406	1786	-59.5
羊毛产量(吨)	Output of Wool(ton)	907	1154	27.2

23-37 Elunchun National Autonomous Banner in Hulunbeier City

指　标	Item	2012	2013	2013年比上年增长% Increase Rate in 2013 Over 2012(%)
年末牲畜存栏头数(万头只)	Total Livestock at the Year-end(10 000 heads)	52.57	39.70	-24.5
#大牲畜(万头只)	Large Animals(10 000 heads)	4.58	3.28	-28.4
羊(万只)	Sheep & Goats(10 000 heads)	43.58	32.38	-25.7
猪(万头)	Hogs(10 000 heads)	4.41	4.04	-8.4
规模以上工业	**Industrial Enterprises above Designated size**			
工业企业单位数(个)	Number of Industrial Enterprises(unit)	7	7	0.0
#内资企业(个)	Civil Funded Enterprises(unit)	6	7	16.7
工业总产值(万元)	Gross Industrial Output Value(10 000 yuan)	38521	52406	36.0
内资企业(万元)	Civil Funded Enterprises(10 000 yuan)	32483	52406	61.3
国有企业(万元)	State-owned Enterprises(10 000 yuan)			
集体企业(万元)	Collective-owned Enterprises(10 000 yuan)			
股份合作企业(万元)	Share Holding Enterprises(10 000 yuan)			
联营企业(万元)	Joint Owned Enterprises(10 000 yuan)			
有限责任公司(万元)	Limited Company(10 000 yuan)	30475	47445	55.7
股份有限公司(万元)	Share Holding Limited Company(10 000 yuan)			
私营企业(万元)	Privately Owned Enterprises(10 000 yuan)	2008	4961	147.0
其他企业(万元)	Enterprises of Other Ownership(10 000 yuan)			
港澳台商投资企业(万元)	Funds from HK,Macao & Taiwan(10 000 yuan)	6038		
外商投资企业(万元)	Foreign Funded Enterprises(10 000 yuan)			
工业企业增加值(万元)	Value Added of Industrial Enterprises(10 000 yuan)			27.5
工业企业资产总计(万元)	Total Assets of Industrial Enterprises(10 000 yuan)	121127	136264	12.5
工业企业负债合计(万元)	Total Liabilities of Industrial Enterprises(10 000 yuan)	77559	120425	55.3
工业企业产品销售收入(万元)	Sales of Revenue Industrial Enterprises(10 000 yuan)	49910	50496	1.2
工业企业利润总额(万元)	Total Profits of Industrial Enterprises(10 000 yuan)	433	-4010	
建筑业	**Construction**			
建筑企业单位数(个)	Number of Construction Enterprises(unit)	6	7	16.7
建筑企业从业人员(人)	Number of Employee in Construction Enterprises(person)	215	245	14.0
建筑业总产值(万元)	Gross Construction Output Value(10 000 yuan)	19656	21135	7.5
交通运输邮电通信业	**Transportation,Post & Telecommunications**			
公路里程(公里)	Total Length of Highways(km)	2541	2797	10.1
邮电业务总量(万元)	Business Volume of Post & Telecoms(10 000 yuan)	11993	14512	21.0
本地电话用户(户)	Number of Subscribers of Local Telephone(Household)	149657	224759	50.2
国内贸易	**Domestic Trade**			
社会消费品零售总额(万元)	Total Retail Sales of Consumer Goods(10 000 yuan)	188000	210641	12.0
城镇(万元)	Town(10 000 yuan)	151980	128628	-15.4
乡村(万元)	Village(10 000 yuan)	36020	82013	127.7
科技教育卫生	**Science,Education & Public Health**			
各类专业技术人员(人)	Special Technical Personnel(person)	5256	4895	-6.9
幼儿园数(所)	Number of Kindergartens(unit)	27	25	-7.4
学龄儿童入学率(%)	Percentage of School-Age Children Enrolled(%)	100.0	100.0	0.0
小学学校数(所)	Number of Primary Schools(unit)	28	27	-3.6
小学专任教师数(人)	Number of Full-time Teachers of Primary Schools(person)	1603	1505	-6.1
小学在校学生数(人)	Number of Student Enrollment of Primary Schools(person)	9539	9419	-1.3
普通中学学校数(所)	Number of Regular Secondary Schools(unit)	13	12	-7.7
普通中学专任教师数(人)	Number of Teachers of Secondary Shools(person)	1134	1130	-0.4
初中在校学生数(人)	Number of Student in Junior Secondary Schools(person)	6003	5299	-11.7
高中在校学生数(人)	Number of Student in Senior Secondary Schools(person)	4040	3826	-5.3
卫生机构数(所)	Number of Health Institutions(unit)	25	32	28.0
#医院(所)	Hospitals(unit)	9	9	0.0
卫生院(所)	Township Hospitals(unit)	9	9	0.0
床位数(张)	Number of Beds(unit)	759	781	2.9
#医院(张)	Hospitals(unit)	392	491	25.3
卫生院(张)	Township Hospitals(unit)	267	262	-1.9
卫生技术人员(人)	Medical Technical Presonnel(person)	1207	1242	2.9
#医院(人)	Hospitals(person)	572	629	10.0
卫生院(人)	Township Hospitals(person)	535	475	-11.2

23-38 呼伦贝尔市鄂温克族自治旗

指　标	Item	2012	2013	2013年比上年增长% Increase Rate in 2013 Over 2012(%)
行政区域土地面积(平方公里)	**Area of Administration(Sq.km)**	**19111**	**18657**	**-2.4**
人口和就业	**Population & Employment**			
年末总人口(人)	Total Population Year-end(person)	143473	143415	0.0
#男性(人)	Male(person)	74283	74077	-0.3
#乡村人口(人)	Rural(person)	29184	29391	0.4
年末总户数(户)	Total Number of Households at the Year-end(Household)	57331	53719	-6.3
#乡村户数(户)	Number of Rural Household(Household)	8914	8983	0.8
出生人口(人)	Births(person)	1179	1148	-2.6
死亡人口(人)	Deaths(person)	1305	902	-30.9
全社会就业人员(人)	Employment(person)	62588	64084	2.4
第一产业(人)	Primary Industry(person)	17632	16939	-3.9
第二产业(人)	Secondary Industry(person)	22518	19251	-14.5
第三产业(人)	Tertiary Industry(person)	22438	27894	24.3
在岗职工人数(人)	Number of Staff & Workers Employed in(person)	30651	28893	-5.7
乡村劳动力(人)	Number of Rural Laborers(person)	18205	18343	0.8
#农林牧渔业(人)	Farming,Forestry,Animal Husbandry & Fishery(person)	14907	14957	0.3
国民经济综合指标	**Summary Item on the National Economy**			
生产总值(万元)	Gross Domestic Product(10 000 yuan)	926279	1019368	12.1
第一产业(万元)	Primary Industry(10 000 yuan)	73254	79078	4.3
第二产业(万元)	Secondary Industry(10 000 yuan)	642311	705117	13.9
#工业(万元)	Industry(10 000 yuan)	590663	634877	12.0
第三产业(万元)	Tertiary Industry(10 000 yuan)	210714	235173	9.3
人均生产总值(元)	Per Capita GDP(yuan)	64387	71064	12.4
全社会固定资产投资(万元)	Total Investment in Fixed Assets(10 000 yuan)	501989	627532	25.0
按登记注册类型分	Grouped by Registered Type			
#国有(万元)	State-owned Enterprises(10 000 yuan)	165797	188867	13.9
集体(万元)	Collective-owned Enterprises(10 000 yuan)	3765	10848	188.1
有限责任公司(万元)	Limited Liability Corporations(10 000 yuan)	249361	266085	6.7
股份有限公司(万元)	Share Holding Enterprises(10 000 yuan)	62312	118982	91.0
私营企业(万元)	Private Enterprises(10 000 yuan)	19511	27750	42.2
外商及港澳台投资企业(万元)	Funds from HK,Macao,Taiwan & Foreign(10 000 yuan)	1243	15000	1106.8
按城乡渠道分	Grouped by Urban and Rural Area			
城镇(万元)	Urban(10 000 yuan)	501989	627532	25.0
农村(万元)	Rural(10 000 yuan)			
公共财政预算收入(万元)	Public Budgetary Financial Revenue(10 000 yuan)	60709	73533	21.1
公共财政预算支出(万元)	Public Budgetary Financial Expenditure(10 000 yuan)	153260	183359	19.6
个人储蓄存款余额(万元)	The balance of savings deposits of individuals(10 000yuan)	347335	409934	18.0
在岗职工工资总额(万元)	Total Wages of Staff & Workers Employed in(10 000 yuan)	173102	195363	12.9
在岗职工平均工资(元)	Average Wage of Staff & Workers Employed in(yuan)	52772	63345	20.0
全体居民人均可支配收入(元)	The per capita disposable income of all residents(yuan)	18782	21092	12.3
城镇常住居民人均可支配收入(元)	The per capita disposable income of urban permanent residents(yuan)	20714	23038	11.2
农村牧区常住居民人均可支配收入(元)	The per capita disposable income of permanent residents of rural and pastoral areas(yuan)	8594	10008	16.5
农村牧区经济	**Economic Development in Rural & Pastoral Area**			
农作物总播种面积(公顷)	Total Sown Area(hectare)	14860	14027	-5.6
#粮食作物播种面积(公顷)	Sown Area of Grain Crops(hectare)	8489	8596	1.3
农牧业机械总动力(万千瓦)	Total Power of Agricultural Machinery(10 000 kw)	18.54	18.59	0.3
化肥施用折纯量(吨)	Consumption of Chemical Fertilizer(ton)	3864	3903	1.0
农村用电量(万千瓦小时)	Electricity Consumed in Rural Area(10 000 kwh)	896	907	1.2
农林牧渔业总产值(万元)	Gross Output of Farming,Forestry,Animal Husbandry & Fishery(10 000 yuan)	120039	131054	9.2
粮食产量(吨)	Yield of Grain(ton)	29555	20119	-31.9
油料产量(吨)	Yield of Oil-bearing Grops(ton)	5288	3580	-32.3
甜菜产量(吨)	Yield of Beetroots(ton)			
猪牛羊肉产量(吨)	Output of Pork, Beef & Mutton(ton)	17341	17468	0.7
#猪肉产量(吨)	Output of Pork(ton)	3200	3239	1.2
牛肉产量(吨)	Output of Beef(ton)	7992	8028	0.5
羊肉产量(吨)	Output of Mutton(ton)	6149	6201	0.9
羊毛产量(吨)	Output of Wool(ton)	1780	1257	-29.4

23-38 Ewenke National Autonomous Banner in Hulunbeier City

指　　标	Item	2012	2013	2013年比上年增长% Increase Rate in 2013 Over 2012(%)
年末牲畜存栏头数(万头只)	Total Livestock at the Year-end(10 000 heads)	68.03	61.14	-10.1
#大牲畜(万头只)	Large Animals(10 000 heads)	15.43	12.96	-16.0
羊(万只)	Sheep & Goats(10 000 heads)	51.48	47.05	-8.6
猪(万头)	Hogs(10 000 heads)	1.12	1.12	0.0
规模以上工业	**Industrial Enterprises above Designated size**			
工业企业单位数(个)	Number of Industrial Enterprises(unit)	13	15	15.4
#内资企业(个)	Civil Funded Enterprises(unit)	12	14	16.7
工业总产值(万元)	Gross Industrial Output Value(10 000 yuan)	1040270	1095800	5.3
内资企业(万元)	Civil Funded Enterprises(10 000 yuan)	1033570	1088300	5.3
国有企业(万元)	State-owned Enterprises(10 000 yuan)	6900		
集体企业(万元)	Collective-owned Enterprises(10 000 yuan)			
股份合作企业(万元)	Share Holding Enterprises(10 000 yuan)			
联营企业(万元)	Joint Owned Enterprises(10 000 yuan)			
有限责任公司(万元)	Limited Company(10 000 yuan)	1015370	1074900	5.9
股份有限公司(万元)	Share Holding Limited Company(10 000 yuan)			
私营企业(万元)	Privately Owned Enterprises(10 000 yuan)	11300	13400	18.6
其他企业(万元)	Enterprises of Other Ownership(10 000 yuan)			
港澳台商投资企业(万元)	Funds from HK,Macao & Taiwan(10 000 yuan)			
外商投资企业(万元)	Foreign Funded Enterprises(10 000 yuan)	6700	7500	11.9
工业企业增加值(万元)	Value Added of Industrial Enterprises(10 000 yuan)			16.1
工业企业资产总计(万元)	Total Assets of Industrial Enterprises(10 000 yuan)	3478324	3669200	5.5
工业企业负债合计(万元)	Total Liabilities of Industrial Enterprises(10 000 yuan)	2566874	2541600	-1.0
工业企业产品销售收入(万元)	Sales of Revenue Industrial Enterprises(10 000 yuan)	850723	981300	15.4
工业企业利润总额(万元)	Total Profits of Industrial Enterprises(10 000 yuan)	81660	115800	41.8
建筑业	**Construction**			
建筑企业单位数(个)	Number of Construction Enterprises(unit)	6	6	0.0
建筑企业从业人员(人)	Number of Employee in Construction Enterprises(person)	2326	2854	22.7
建筑业总产值(万元)	Gross Construction Output Value(10 000 yuan)	90281	158525	75.6
交通运输邮电通信业	**Transportation,Post & Telecommunications**			
公路里程(公里)	Total Length of Highways(km)	1109	1109	0.0
邮电业务总量(万元)	Business Volume of Post & Telecoms(10 000 yuan)	1201	1286	7.1
本地电话用户(户)	Number of Subscribers of Local Telephone(Household)	27493	25599	-6.9
国内贸易	**Domestic Trade**			
社会消费品零售总额(万元)	Total Retail Sales of Consumer Goods(10 000 yuan)	116000	131096	13.1
城镇(万元)	Town(10 000 yuan)	101586	114405	12.6
乡村(万元)	Village(10 000 yuan)	14414	16691	15.8
科技教育卫生	**Science,Education & Public Health**			
各类专业技术人员(人)	Special Technical Personnel(person)	2946	3041	3.2
幼儿园数(所)	Number of Kindergartens(unit)	21	20	-4.8
学龄儿童入学率(%)	Percentage of School-Age Children Enrolled(%)	100.0	100.0	0.0
小学学校数(所)	Number of Primary Schools(unit)	10	10	0.0
小学专任教师数(人)	Number of Full-time Teachers of Primary Schools(person)	796	627	-21.2
小学在校学生数(人)	Number of Student Enrollment of Primary Schools(person)	5327	5022	-5.7
普通中学学校数(所)	Number of Regular Secondary Schools(unit)	11	11	0.0
普通中学专任教师数(人)	Number of Teachers of Secondary Shools(person)	847	737	-13.0
初中在校学生数(人)	Number of Student in Junior Secondary Schools(person)	3068	2711	-11.6
高中在校学生数(人)	Number of Student in Senior Secondary Schools(person)	1514	1432	-5.4
卫生机构数(所)	Number of Health Institutions(unit)	95	96	1.1
#医院(所)	Hospitals(unit)	6	6	0.0
卫生院(所)	Township Hospitals(unit)	8	8	0.0
床位数(张)	Number of Beds(unit)	852	846	-0.7
#医院(张)	Hospitals(unit)	615	615	0.0
卫生院(张)	Township Hospitals(unit)	117	111	-5.1
卫生技术人员(人)	Medical Technical Presonnel(person)	831	824	-0.8
#医院(人)	Hospitals(person)	511	528	3.3
卫生院(人)	Township Hospitals(person)	189	196	3.7

23-39 呼伦贝尔市新巴尔虎右旗

指　标	Item	2012	2013	2013年比上年增长% Increase Rate in 2013 Over 2012(%)
行政区域土地面积(平方公里)	**Area of Administration(Sq.km)**	**24839**	**24839**	**0.0**
人口和就业	**Population & Employment**			
年末总人口(人)	Total Population Year-end(person)	35345	35201	-0.4
#男性(人)	Male(person)	17520	17957	2.5
#乡村人口(人)	Rural(person)	16907	16888	-0.1
年末总户数(户)	Total Number of Households at the Year-end(Household)	14513	14864	2.4
#乡村户数(户)	Number of Rural Household(Household)	5559	5530	-0.5
出生人口(人)	Births(person)	289	378	30.8
死亡人口(人)	Deaths(person)	486	234	-51.9
全社会就业人员(人)	Employment(person)	24063	25004	3.9
第一产业(人)	Primary Industry(person)	9215	9280	0.7
第二产业(人)	Secondary Industry(person)	5486	5398	-1.6
第三产业(人)	Tertiary Industry(person)	9362	10326	10.3
在岗职工人数(人)	Number of Staff & Workers Employed in(person)	7695	7754	0.8
乡村劳动力(人)	Number of Rural Laborers(person)	11551	11499	-0.5
#农林牧渔业(人)	Farming,Forestry,Animal Husbandry & Fishery(person)	8994	8954	-0.4
国民经济综合指标	**Summary Item on the National Economy**			
生产总值(万元)	Gross Domestic Product(10 000 yuan)	667531	729440	12.3
第一产业(万元)	Primary Industry(10 000 yuan)	42096	45965	5.5
第二产业(万元)	Secondary Industry(10 000 yuan)	530079	579327	13.7
#工业(万元)	Industry(10 000 yuan)	519397	567074	13.7
第三产业(万元)	Tertiary Industry(10 000 yuan)	95356	104148	6.9
人均生产总值(元)	Per Capita GDP(yuan)	188501	206798	12.7
全社会固定资产投资(万元)	Total Investment in Fixed Assets(10 000 yuan)	243684	279521	14.7
按登记注册类型分	Grouped by Registered Type			
#国有(万元)	State-owned Enterprises(10 000 yuan)	134515	121304	-9.8
集体(万元)	Collective-owned Enterprises(10 000 yuan)			
有限责任公司(万元)	Limited Liability Corporations(10 000 yuan)	29162	71398	144.8
股份有限公司(万元)	Share Holding Enterprises(10 000 yuan)	27250	19068	-30.0
私营企业(万元)	Private Enterprises(10 000 yuan)	1136	63753	5512.1
外商及港澳台投资企业(万元)	Funds from HK,Macao,Taiwan & Foreign(10 000 yuan)	33923		
按城乡渠道分	Grouped by Urban and Rural Area			
城镇(万元)	Urban(10 000 yuan)	243684	279521	14.7
农村(万元)	Rural(10 000 yuan)			
公共财政预算收入(万元)	Public Budgetary Financial Revenue(10 000 yuan)	60785	46438	-23.6
公共财政预算支出(万元)	Public Budgetary Financial Expenditure(10 000 yuan)	122468	112755	-7.9
个人储蓄存款余额(万元)	The balance of savings deposits of individuals(10 000yuan)	63144	65339	3.5
在岗职工工资总额(万元)	Total Wages of Staff & Workers Employed in(10 000 yuan)	38459	43605	13.4
在岗职工平均工资(元)	Average Wage of Staff & Workers Employed in(yuan)	50424	55406	9.9
全体居民人均可支配收入(元)	The per capita disposable income of all residents(yuan)	16242	18027	11.0
城镇常住居民人均可支配收入(元)	The per capita disposable income of urban permanent residents(yuan)	19811	21834	10.2
农村牧区常住居民人均可支配收入(元)	The per capita disposable income of permanent residents of rural and pastoral areas(yuan)	8493	9780	15.2
农村牧区经济	**Economic Development in Rural & Pastoral Area**			
农作物总播种面积(公顷)	Total Sown Area(hectare)	2206	2352	6.6
#粮食作物播种面积(公顷)	Sown Area of Grain Crops(hectare)	747	880	17.8
农牧业机械总动力(万千瓦)	Total Power of Agricultural Machinery(10 000 kw)	5	5	0.0
化肥施用折纯量(吨)	Consumption of Chemical Fertilizer(ton)	46.00	45.00	-2.2
农村用电量(万千瓦小时)	Electricity Consumed in Rural Area(10 000 kwh)	190	195	2.6
农林牧渔业总产值(万元)	Gross Output of Farming,Forestry,Animal Husbandry & Fishery(10 000 yuan)	68982	75886	10.0
粮食产量(吨)	Yield of Grain(ton)	3350	5750	71.6
油料产量(吨)	Yield of Oil-bearing Grops(ton)		7	
甜菜产量(吨)	Yield of Beetroots(ton)			
猪牛羊肉产量(吨)	Output of Pork, Beef & Mutton(ton)	16240	21033	29.5
#猪肉产量(吨)	Output of Pork(ton)	84	45	-46.4
牛肉产量(吨)	Output of Beef(ton)	2166	3168	46.3
羊肉产量(吨)	Output of Mutton(ton)	13990	17820	27.4
羊毛产量(吨)	Output of Wool(ton)	1650	1550	-6.1

23-39 Xinbaerhuyou Banner in Hulunbeier City

指　标	Item	2012	2013	2013年比上年增长% Increase Rate in 2013 Over 2012(%)
年末牲畜存栏头数(万头只)	Total Livestock at the Year-end(10 000 heads)	125.21	128.42	2.6
#大牲畜(万头只)	Large Animals(10 000 heads)	6.72	6.84	1.8
羊(万只)	Sheep & Goats(10 000 heads)	118.41	121.51	2.6
猪(万头)	Hogs(10 000 heads)	0.08	0.07	-12.5
规模以上工业	**Industrial Enterprises above Designated size**			
工业企业单位数(个)	Number of Industrial Enterprises(unit)	15	15	0.0
#内资企业(个)	Civil Funded Enterprises(unit)	14	14	0.0
工业总产值(万元)	Gross Industrial Output Value(10 000 yuan)	836112	928457	11.0
内资企业(万元)	Civil Funded Enterprises(10 000 yuan)	832863	925512	11.1
国有企业(万元)	State-owned Enterprises(10 000 yuan)			
集体企业(万元)	Collective-owned Enterprises(10 000 yuan)			
股份合作企业(万元)	Share Holding Enterprises(10 000 yuan)			
联营企业(万元)	Joint Owned Enterprises(10 000 yuan)			
有限责任公司(万元)	Limited Company(10 000 yuan)	707419	756487	6.9
股份有限公司(万元)	Share Holding Limited Company(10 000 yuan)			
私营企业(万元)	Privately Owned Enterprises(10 000 yuan)	121293	169025	39.4
其他企业(万元)	Enterprises of Other Ownership(10 000 yuan)	4151		
港澳台商投资企业(万元)	Funds from HK,Macao & Taiwan(10 000 yuan)			
外商投资企业(万元)	Foreign Funded Enterprises(10 000 yuan)	3249	2946	-9.3
工业企业增加值(万元)	Value Added of Industrial Enterprises(10 000 yuan)			14.5
工业企业资产总计(万元)	Total Assets of Industrial Enterprises(10 000 yuan)	1831465	1882575	2.8
工业企业负债合计(万元)	Total Liabilities of Industrial Enterprises(10 000 yuan)	838475	802479	-4.3
工业企业产品销售收入(万元)	Sales of Revenue Industrial Enterprises(10 000 yuan)	830724	891837	7.4
工业企业利润总额(万元)	Total Profits of Industrial Enterprises(10 000 yuan)	207906	156674	-24.6
建筑业	**Construction**			
建筑企业单位数(个)	Number of Construction Enterprises(unit)			
建筑企业从业人员(人)	Number of Employee in Construction Enterprises(person)			
建筑业总产值(万元)	Gross Construction Output Value(10 000 yuan)			
交通运输邮电通信业	**Transportation,Post & Telecommunications**			
公路里程(公里)	Total Length of Highways(km)	1078	1078	0.0
邮电业务总量(万元)	Business Volume of Post & Telecoms(10 000 yuan)	5051	5185	2.7
本地电话用户(户)	Number of Subscribers of Local Telephone(Household)	5640	6627	17.5
国内贸易	**Domestic Trade**			
社会消费品零售总额(万元)	Total Retail Sales of Consumer Goods(10 000 yuan)	44701	50155	12.2
城镇(万元)	Town(10 000 yuan)	29503	33102	12.2
乡村(万元)	Village(10 000 yuan)	15198	17052	12.2
科技教育卫生	**Science,Education & Public Health**			
各类专业技术人员(人)	Special Technical Personnel(person)	1261	1291	2.4
幼儿园数(所)	Number of Kindergartens(unit)	6	6	0.0
学龄儿童入学率(%)	Percentage of School-Age Children Enrolled(%)	100.0	100.0	0.0
小学学校数(所)	Number of Primary Schools(unit)	2	2	0.0
小学专任教师数(人)	Number of Full-time Teachers of Primary Schools(person)	185	218	17.8
小学在校学生数(人)	Number of Student Enrollment of Primary Schools(person)	1628	1613	-0.9
普通中学学校数(所)	Number of Regular Secondary Schools(unit)	2	2	0.0
普通中学专任教师数(人)	Number of Teachers of Secondary Shools(person)	112	151	34.8
初中在校学生数(人)	Number of Student in Junior Secondary Schools(person)	746	709	-5.0
高中在校学生数(人)	Number of Student in Senior Secondary Schools(person)	130	101	-22.3
卫生机构数(所)	Number of Health Institutions(unit)	31	29	-6.5
#医院(所)	Hospitals(unit)	15	13	-13.3
卫生院(所)	Township Hospitals(unit)	12	12	0.0
床位数(张)	Number of Beds(unit)	181	181	0.0
#医院(张)	Hospitals(unit)	117	117	0.0
卫生院(张)	Township Hospitals(unit)	48	48	0.0
卫生技术人员(人)	Medical Technical Presonnel(person)	292	283	-3.1
#医院(人)	Hospitals(person)	164	146	-11.0
卫生院(人)	Township Hospitals(person)	65	72	10.8

23-40 呼伦贝尔市新巴尔虎左旗

指 标	Item	2012	2013	2013年比上年增长% Increase Rate in 2013 Over 2012(%)
行政区域土地面积(平方公里)	**Area of Administration(Sq.km)**	**21634**	**20107**	**-7.1**
人口和就业	**Population & Employment**			
年末总人口(人)	Total Population Year-end(person)	42178	42592	1.0
#男性(人)	Male(person)	20891	21221	1.6
#乡村人口(人)	Rural(person)	19023	19150	0.7
年末总户数(户)	Total Number of Households at the Year-end(Household)	18839	19299	2.4
#乡村户数(户)	Number of Rural Household(Household)	5822	5861	0.7
出生人口(人)	Births(person)	377	429	13.8
死亡人口(人)	Deaths(person)	303	278	-8.3
全社会就业人员(人)	Employment(person)	23758	23882	0.5
第一产业(人)	Primary Industry(person)	12000	12777	6.5
第二产业(人)	Secondary Industry(person)	2301	2462	7.0
第三产业(人)	Tertiary Industry(person)	9457	8643	-8.6
在岗职工人数(人)	Number of Staff & Workers Employed in(person)	4342	4545	4.7
乡村劳动力(人)	Number of Rural Laborers(person)	12892	13069	1.4
#农林牧渔业(人)	Farming,Forestry,Animal Husbandry & Fishery(person)	10298	10366	0.7
国民经济综合指标	**Summary Item on the National Economy**			
生产总值(万元)	Gross Domestic Product(10 000 yuan)	319994	327562	1.8
第一产业(万元)	Primary Industry(10 000 yuan)	64843	70200	4.6
第二产业(万元)	Secondary Industry(10 000 yuan)	165660	163760	0.1
#工业(万元)	Industry(10 000 yuan)	105976	108851	7.0
第三产业(万元)	Tertiary Industry(10 000 yuan)	89491	93602	2.4
人均生产总值(元)	Per Capita GDP(yuan)	76274	77282	0.8
全社会固定资产投资(万元)	Total Investment in Fixed Assets(10 000 yuan)	332921	202555	-39.2
按登记注册类型分	Grouped by Registered Type			
#国有(万元)	State-owned Enterprises(10 000 yuan)	268655	131191	-51.2
集体(万元)	Collective-owned Enterprises(10 000 yuan)			
有限责任公司(万元)	Limited Liability Corporations(10 000 yuan)	51070	13260	-74.0
股份有限公司(万元)	Share Holding Enterprises(10 000 yuan)	11166	47354	324.1
私营企业(万元)	Private Enterprises(10 000 yuan)	2030	10750	429.6
外商及港澳台投资企业(万元)	Funds from HK,Macao,Taiwan & Foreign(10 000 yuan)			
按城乡渠道分	Grouped by Urban and Rural Area			
城镇(万元)	Urban(10 000 yuan)	332921	202555	-39.2
农村(万元)	Rural(10 000 yuan)			
公共财政预算收入(万元)	Public Budgetary Financial Revenue(10 000 yuan)	14259	13065	-8.4
公共财政预算支出(万元)	Public Budgetary Financial Expenditure(10 000 yuan)	83388	87543	5.0
个人储蓄存款余额(万元)	The balance of savings deposits of individuals(10 000yuan)	46151	47476	2.9
在岗职工工资总额(万元)	Total Wages of Staff & Workers Employed in(10 000 yuan)	20198	21470	6.3
在岗职工平均工资(元)	Average Wage of Staff & Workers Employed in(yuan)	46517	47828	2.8
全体居民人均可支配收入(元)	The per capita disposable income of all residents(yuan)	14492	16037	10.7
城镇常住居民人均可支配收入(元)	The per capita disposable income of urban permanent residents(yuan)	16742	18045	7.8
农村牧区常住居民人均可支配收入(元)	The per capita disposable income of permanent residents of rural and pastoral areas(yuan)	12156	13952	14.8
农村牧区经济	**Economic Development in Rural & Pastoral Area**			
农作物总播种面积(公顷)	Total Sown Area(hectare)	26325	27626	4.9
#粮食作物播种面积(公顷)	Sown Area of Grain Crops(hectare)	18188	20452	12.4
农牧业机械总动力(万千瓦)	Total Power of Agricultural Machinery(10 000 kw)	17.60	18.10	2.8
化肥施用折纯量(吨)	Consumption of Chemical Fertilizer(ton)	639	642	0.5
农村用电量(万千瓦小时)	Electricity Consumed in Rural Area(10 000 kwh)	514	520	1.2
农林牧渔业总产值(万元)	Gross Output of Farming,Forestry,Animal Husbandry & Fishery(10 000 yuan)	106259	115299	4.6
粮食产量(吨)	Yield of Grain(ton)	44086	56500	28.2
油料产量(吨)	Yield of Oil-bearing Grops(ton)	12568	8916	-29.1
甜菜产量(吨)	Yield of Beetroots(ton)			
猪牛羊肉产量(吨)	Output of Pork, Beef & Mutton(ton)	22241	26175	17.7
#猪肉产量(吨)	Output of Pork(ton)	58	116	100.0
牛肉产量(吨)	Output of Beef(ton)	10991	8399	-23.6
羊肉产量(吨)	Output of Mutton(ton)	11192	17660	57.8
羊毛产量(吨)	Output of Wool(ton)	2635	2481	-5.8

23-40 Xinbaerhuzuo Banner in Hulunbeier City

指　标	Item	2012	2013	2013年比上年增长% Increase Rate in 2013 Over 2012(%)
年末牲畜存栏头数(万头只)	Total Livestock at the Year-end(10 000 heads)	92.30	87.15	-5.7
#大牲畜(万头只)	Large Animals(10 000 heads)	15.39	15.70	2.0
羊(万只)	Sheep & Goats(10 000 heads)	76.83	71.37	-7.1
猪(万头)	Hogs(10 000 heads)	0.08	0.08	0.4
规模以上工业	**Industrial Enterprises above Designated size**			
工业企业单位数(个)	Number of Industrial Enterprises(unit)	9	8	-11.1
# 内资企业(个)	Civil Funded Enterprises(unit)	8	7	-12.5
工业总产值(万元)	Gross Industrial Output Value(10 000 yuan)	73217	51938	-29.1
内资企业(万元)	Civil Funded Enterprises(10 000 yuan)	70411	48628	-30.9
国有企业(万元)	State-owned Enterprises(10 000 yuan)	6712	8130	21.1
集体企业(万元)	Collective-owned Enterprises(10 000 yuan)			
股份合作企业(万元)	Share Holding Enterprises(10 000 yuan)			
联营企业(万元)	Joint Owned Enterprises(10 000 yuan)			
有限责任公司(万元)	Limited Company(10 000 yuan)	57782	40498	-29.9
股份有限公司(万元)	Share Holding Limited Company(10 000 yuan)			
私营企业(万元)	Privately Owned Enterprises(10 000 yuan)	5916		
其他企业(万元)	Enterprises of Other Ownership(10 000 yuan)			
港澳台商投资企业(万元)	Funds from HK,Macao & Taiwan(10 000 yuan)			
外商投资企业(万元)	Foreign Funded Enterprises(10 000 yuan)	2807	3310	17.9
工业企业增加值(万元)	Value Added of Industrial Enterprises(10 000 yuan)			8.0
工业企业资产总计(万元)	Total Assets of Industrial Enterprises(10 000 yuan)	386249	391146	1.3
工业企业负债合计(万元)	Total Liabilities of Industrial Enterprises(10 000 yuan)	112350	107242	-4.5
工业企业产品销售收入(万元)	Sales of Revenue Industrial Enterprises(10 000 yuan)	70556	51197	-27.4
工业企业利润总额(万元)	Total Profits of Industrial Enterprises(10 000 yuan)	-2550	-16324	
建筑业	**Construction**			
建筑企业单位数(个)	Number of Construction Enterprises(unit)			
建筑企业从业人员(人)	Number of Employee in Construction Enterprises(person)			
建筑业总产值(万元)	Gross Construction Output Value(10 000 yuan)			
交通运输邮电通信业	**Transportation,Post & Telecommunications**			
公路里程(公里)	Total Length of Highways(km)	1853	1853	0. 0
邮电业务总量(万元)	Business Volume of Post & Telecoms(10 000 yuan)	413	242	-41.4
本地电话用户(户)	Number of Subscribers of Local Telephone(Household)	5772	6523	13.0
国内贸易	**Domestic Trade**			
社会消费品零售总额(万元)	Total Retail Sales of Consumer Goods(10 000 yuan)	46658	52537	12.6
城镇(万元)	Town(10 000 yuan)	33940	38500	13.4
乡村(万元)	Village(10 000 yuan)	12718	14037	10.4
科技教育卫生	**Science,Education & Public Health**			
各类专业技术人员(人)	Special Technical Personnel(person)	1140	1105	-3.1
幼儿园数(所)	Number of Kindergartens(unit)	14	7	-50.0
学龄儿童入学率(%)	Percentage of School-Age Children Enrolled(%)	98.4	100.0	1.6
小学学校数(所)	Number of Primary Schools(unit)	2	2	0. 0
小学专任教师数(人)	Number of Full-time Teachers of Primary Schools(person)	176	263	49.4
小学在校学生数(人)	Number of Student Enrollment of Primary Schools(person)	1791	1787	-0.2
普通中学学校数(所)	Number of Regular Secondary Schools(unit)	4	4	0. 0
普通中学专任教师数(人)	Number of Teachers of Secondary Shools(person)	230	156	-32.2
初中在校学生数(人)	Number of Student in Junior Secondary Schools(person)	704	554	-21.3
高中在校学生数(人)	Number of Student in Senior Secondary Schools(person)			
卫生机构数(所)	Number of Health Institutions(unit)	27	21	-22.2
# 医院(所)	Hospitals(unit)	2	2	0. 0
卫生院(所)	Township Hospitals(unit)	12	12	0. 0
床位数(张)	Number of Beds(unit)	141	151	7.1
# 医院(张)	Hospitals(unit)	68	78	14.7
卫生院(张)	Township Hospitals(unit)	56	56	0. 0
卫生技术人员(人)	Medical Technical Presonnel(person)	298	313	5.0
# 医院(人)	Hospitals(person)	135	157	16.3
卫生院(人)	Township Hospitals(person)	80	81	1.3

23-41 呼伦贝尔市陈巴尔虎旗

指　标	Item	2012	2013	2013年比上年增长% Increase Rate in 2013 Over 2012(%)
行政区域土地面积(平方公里)	**Area of Administration(Sq.km)**	**18634**	**17458**	**-6.3**
人口和就业	**Population & Employment**			
年末总人口(人)	Total Population Year-end(person)	58597	58732	0.2
#男性(人)	Male(person)	30154	30114	-0.1
#乡村人口(人)	Rural(person)	14076	14152	0.5
年末总户数(户)	Total Number of Households at the Year-end(Household)	23859	24378	2.2
#乡村户数(户)	Number of Rural Household(Household)	4537	4598	1.3
出生人口(人)	Births(person)	453	452	-0.2
死亡人口(人)	Deaths(person)	431	366	-15.1
全社会就业人员(人)	Employment(person)	33152	34378	3.7
第一产业(人)	Primary Industry(person)	14429	14899	3.3
第二产业(人)	Secondary Industry(person)	8594	7791	-9.3
第三产业(人)	Tertiary Industry(person)	10129	11688	15.4
在岗职工人数(人)	Number of Staff & Workers Employed in(person)	15013	13697	-8.8
乡村劳动力(人)	Number of Rural Laborers(person)	6892	7361	6.8
#农林牧渔业(人)	Farming,Forestry,Animal Husbandry & Fishery(person)	6697	6784	1.3
国民经济综合指标	**Summary Item on the National Economy**			
生产总值(万元)	Gross Domestic Product(10 000 yuan)	780851	836650	9.2
第一产业(万元)	Primary Industry(10 000 yuan)	89210	96765	4.8
第二产业(万元)	Secondary Industry(10 000 yuan)	535069	569366	10.6
#工业(万元)	Industry(10 000 yuan)	488084	533657	13.9
第三产业(万元)	Tertiary Industry(10 000 yuan)	156571	170518	6.5
人均生产总值(元)	Per Capita GDP(yuan)	133042	142616	9.3
全社会固定资产投资(万元)	Total Investment in Fixed Assets(10 000 yuan)	410786	423394	3.1
按登记注册类型分	Grouped by Registered Type			
#国有(万元)	State-owned Enterprises(10 000 yuan)	261521	239477	-8.4
集体(万元)	Collective-owned Enterprises(10 000 yuan)			
有限责任公司(万元)	Limited Liability Corporations(10 000 yuan)		5537	
股份有限公司(万元)	Share Holding Enterprises(10 000 yuan)	504		
私营企业(万元)	Private Enterprises(10 000 yuan)	121303	37490	-69.1
外商及港澳台投资企业(万元)	Funds from HK,Macao,Taiwan & Foreign(10 000 yuan)	18668	140890	654.7
按城乡渠道分	Grouped by Urban and Rural Area			
城镇(万元)	Urban(10 000 yuan)	410786	423394	3.1
农村(万元)	Rural(10 000 yuan)			
公共财政预算收入(万元)	Public Budgetary Financial Revenue(10 000 yuan)	38813	48888	26.0
公共财政预算支出(万元)	Public Budgetary Financial Expenditure(10 000 yuan)	100978	121602	20.4
个人储蓄存款余额(万元)	The balance of savings deposits of individuals(10 000yuan)	104145	119984	15.2
在岗职工工资总额(万元)	Total Wages of Staff & Workers Employed in(10 000 yuan)	74241	85325	14.9
在岗职工平均工资(元)	Average Wage of Staff & Workers Employed in(yuan)	49281	63472	28.8
全体居民人均可支配收入(元)	The per capita disposable income of all residents(yuan)	17004	18943	11.4
城镇常住居民人均可支配收入(元)	The per capita disposable income of urban permanent residents(yuan)	20237	22467	11.0
农村牧区常住居民人均可支配收入(元)	The per capita disposable income of permanent residents of rural and pastoral areas(yuan)	10583	11943	12.9
农村牧区经济	**Economic Development in Rural & Pastoral Area**			
农作物总播种面积(公顷)	Total Sown Area(hectare)	80351	79106	-1.5
#粮食作物播种面积(公顷)	Sown Area of Grain Crops(hectare)	40267	46312	15.0
农牧业机械总动力(万千瓦)	Total Power of Agricultural Machinery(10 000 kw)	19.50	21.00	7.7
化肥施用折纯量(吨)	Consumption of Chemical Fertilizer(ton)	7451	7310	-1.9
农村用电量(万千瓦小时)	Electricity Consumed in Rural Area(10 000 kwh)	1790	1895	5.9
农林牧渔业总产值(万元)	Gross Output of Farming,Forestry,Animal Husbandry & Fishery(10 000 yuan)	146189	158626	8.5
粮食产量(吨)	Yield of Grain(ton)	103866	124001	19.4
油料产量(吨)	Yield of Oil-bearing Grops(ton)	48621	46455	-4.5
甜菜产量(吨)	Yield of Beetroots(ton)			
猪牛羊肉产量(吨)	Output of Pork, Beef & Mutton(ton)	17883	17391	-2.8
#猪肉产量(吨)	Output of Pork(ton)	487	487	0.0
牛肉产量(吨)	Output of Beef(ton)	12545	11994	-4.4
羊肉产量(吨)	Output of Mutton(ton)	4851	4910	1.2
羊毛产量(吨)	Output of Wool(ton)	1091	1161	6.4

23-41 Chenbaerhu Banner in Hulunbeier City

指　标	Item	2012	2013	2013年比上年增长% Increase Rate in 2013 Over 2012(%)
年末牲畜存栏头数(万头只)	Total Livestock at the Year-end(10 000 heads)	65.40	66.51	1.7
#大牲畜(万头只)	Large Animals(10 000 heads)	13.52	13.32	-1.5
羊(万只)	Sheep & Goats(10 000 heads)	51.55	52.73	2.3
猪(万头)	Hogs(10 000 heads)	0.33	0.46	39.4
规模以上工业	**Industrial Enterprises above Designated size**			
工业企业单位数(个)	Number of Industrial Enterprises(unit)	16	16	0.0
#内资企业(个)	Civil Funded Enterprises(unit)	14	14	0.0
工业总产值(万元)	Gross Industrial Output Value(10 000 yuan)	952726	1052813	10.5
内资企业(万元)	Civil Funded Enterprises(10 000 yuan)	885913	1004253	13.4
国有企业(万元)	State-owned Enterprises(10 000 yuan)	626999	677424	8.0
集体企业(万元)	Collective-owned Enterprises(10 000 yuan)			
股份合作企业(万元)	Share Holding Enterprises(10 000 yuan)			
联营企业(万元)	Joint Owned Enterprises(10 000 yuan)	2090		
有限责任公司(万元)	Limited Company(10 000 yuan)	112769		
股份有限公司(万元)	Share Holding Limited Company(10 000 yuan)		290419	
私营企业(万元)	Privately Owned Enterprises(10 000 yuan)	111455		
其他企业(万元)	Enterprises of Other Ownership(10 000 yuan)	32600	36410	11.7
港澳台商投资企业(万元)	Funds from HK,Macao & Taiwan(10 000 yuan)	64685	46169	-28.6
外商投资企业(万元)	Foreign Funded Enterprises(10 000 yuan)	2128	2391	12.4
工业企业增加值(万元)	Value Added of Industrial Enterprises(10 000 yuan)			15.1
工业企业资产总计(万元)	Total Assets of Industrial Enterprises(10 000 yuan)	1423624	1477229	3.8
工业企业负债合计(万元)	Total Liabilities of Industrial Enterprises(10 000 yuan)	821974	777542	-5.4
工业企业产品销售收入(万元)	Sales of Revenue Industrial Enterprises(10 000 yuan)	797498	759339	-4.8
工业企业利润总额(万元)	Total Profits of Industrial Enterprises(10 000 yuan)	188867	187251	-0.9
建筑业	**Construction**			
建筑企业单位数(个)	Number of Construction Enterprises(unit)	1	1	0.0
建筑企业从业人员(人)	Number of Employee in Construction Enterprises(person)	138	78	-43.5
建筑业总产值(万元)	Gross Construction Output Value(10 000 yuan)	9029	956	-89.4
交通运输邮电通信业	**Transportation,Post & Telecommunications**			
公路里程(公里)	Total Length of Highways(km)	1299	1366	5.2
邮电业务总量(万元)	Business Volume of Post & Telecoms(10 000 yuan)	6845	7476	9.2
本地电话用户(户)	Number of Subscribers of Local Telephone(Household)	61590	78389	27.3
国内贸易	**Domestic Trade**			
社会消费品零售总额(万元)	Total Retail Sales of Consumer Goods(10 000 yuan)	41624	46868	12.6
城镇(万元)	Town(10 000 yuan)	28721	32200	12.1
乡村(万元)	Village(10 000 yuan)	12903	14668	13.7
科技教育卫生	**Science,Education & Public Health**			
各类专业技术人员(人)	Special Technical Personnel(person)	1478	1552	5.0
幼儿园数(所)	Number of Kindergartens(unit)	2	2	0.0
学龄儿童入学率(%)	Percentage of School-Age Children Enrolled(%)	100.0	100.0	0.0
小学学校数(所)	Number of Primary Schools(unit)	7	7	0.0
小学专任教师数(人)	Number of Full-time Teachers of Primary Schools(person)	430	429	-0.2
小学在校学生数(人)	Number of Student Enrollment of Primary Schools(person)	2367	2407	1.7
普通中学学校数(所)	Number of Regular Secondary Schools(unit)	3	3	0.0
普通中学专任教师数(人)	Number of Teachers of Secondary Shools(person)	258	258	0.0
初中在校学生数(人)	Number of Student in Junior Secondary Schools(person)	1318	1329	0.8
高中在校学生数(人)	Number of Student in Senior Secondary Schools(person)			
卫生机构数(所)	Number of Health Institutions(unit)	16	16	0.0
#医院(所)	Hospitals(unit)	6	6	0.0
卫生院(所)	Township Hospitals(unit)	7	7	0.0
床位数(张)	Number of Beds(unit)	222	290	30.6
#医院(张)	Hospitals(unit)	171	210	22.8
卫生院(张)	Township Hospitals(unit)	41	80	95.1
卫生技术人员(人)	Medical Technical Presonnel(person)	353	326	-7.6
#医院(人)	Hospitals(person)	231	235	1.7
卫生院(人)	Township Hospitals(person)	82	91	11.0

23-42 兴安盟乌兰浩特市

指 标	Item	2012	2013	2013年比上年增长% Increase Rate in 2013 Over 2012(%)
行政区域土地面积(平方公里)	**Area of Administration(Sq.km)**	**2728**	**2728**	**0.0**
人口和就业	**Population & Employment**			
年末总人口(人)	Total Population Year-end(person)	321387	323677	0.7
#男性(人)	Male(person)	158958	159884	0.6
#乡村人口(人)	Rural(person)	82298	78880	-4.2
年末总户数(户)	Total Number of Households at the Year-end(Household)	120536	129399	7.4
#乡村户数(户)	Number of Rural Household(Household)	23189	23551	1.6
出生人口(人)	Births(person)	2848	2856	0.3
死亡人口(人)	Deaths(person)	1445	1397	-3.3
全社会就业人员(人)	Employment(person)	145681	178888	22.8
第一产业(人)	Primary Industry(person)	40835	34636	-15.2
第二产业(人)	Secondary Industry(person)	22248	21136	-5.0
第三产业(人)	Tertiary Industry(person)	82598	123116	49.1
在岗职工人数(人)	Number of Staff & Workers Employed in(person)	40477	41741	3.1
乡村劳动力(人)	Number of Rural Laborers(person)	46505	42041	-9.6
#农林牧渔业(人)	Farming,Forestry,Animal Husbandry & Fishery(person)	37541	31716	-15.5
国民经济综合指标	**Summary Item on the National Economy**			
生产总值(万元)	Gross Domestic Product(10 000 yuan)	1300027	1361940	6.8
第一产业(万元)	Primary Industry(10 000 yuan)	100052	101834	1.8
第二产业(万元)	Secondary Industry(10 000 yuan)	625600	635346	7.4
#工业(万元)	Industry(10 000 yuan)	520364	529252	8.2
第三产业(万元)	Tertiary Industry(10 000 yuan)	574375	624760	7.0
人均生产总值(元)	Per Capita GDP(yuan)	40570	42227	6.1
全社会固定资产投资(万元)	Total Investment in Fixed Assets(10 000 yuan)	920608	1160660	26.1
按登记注册类型分	Grouped by Registered Type			
#国有(万元)	State-owned Enterprises(10 000 yuan)	487611	816217	67.4
集体(万元)	Collective-owned Enterprises(10 000 yuan)	6400		
有限责任公司(万元)	Limited Liability Corporations(10 000 yuan)	34354	84924	147.2
股份有限公司(万元)	Share Holding Enterprises(10 000 yuan)	9734	9167	-5.8
私营企业(万元)	Private Enterprises(10 000 yuan)	159059	244818	53.9
外商及港澳台投资企业(万元)	Funds from HK,Macao,Taiwan & Foreign(10 000 yuan)	2660	5534	108.0
按城乡渠道分	Grouped by Urban and Rural Area			
城镇(万元)	Urban(10 000 yuan)	918608	1147412	24.9
农村(万元)	Rural(10 000 yuan)		13248	
公共财政预算收入(万元)	Public Budgetary Financial Revenue(10 000 yuan)	54243	72644	33.9
公共财政预算支出(万元)	Public Budgetary Financial Expenditure(10 000 yuan)	210225	246343	17.2
城乡居民储蓄存款余额(万元)	Resident Saving Deposit in Urban & Rural(10 000 yuan)	874669	949158	8.5
在岗职工工资总额(万元)	Total Wages of Staff & Workers Employed in(10 000 yuan)	174828	200371	14.6
在岗职工平均工资(元)	Average Wage of Staff & Workers Employed in(yuan)	42861	48475	13.1
全体居民人均可支配收入(元)	The per capita disposable income of all residents(yuan)	17167	19049	11.0
城镇常住居民人均可支配收入(元)	The per capita disposable income of urban permanent residents(yuan)	18581	20588	10.8
农村牧区常住居民人均可支配收入(元)	The per capita disposable income of permanent residents of rural and pastoral areas(yuan)	8248	9346	13.3
农村牧区经济	**Economic Development in Rural & Pastoral Area**			
农作物总播种面积(公顷)	Total Sown Area(hectare)	41211	41817	1.5
#粮食作物播种面积(公顷)	Sown Area of Grain Crops(hectare)	38226	38435	0.5
农牧业机械总动力(万千瓦)	Total Power of Agricultural Machinery(10 000 kw)	21.59	24.07	11.5
化肥施用折纯量(吨)	Consumption of Chemical Fertilizer(ton)	12953	12958	0.0
农村用电量(万千瓦小时)	Electricity Consumed in Rural Area(10 000 kwh)	3377	3566	5.6
农林牧渔业总产值(万元)	Gross Output of Farming,Forestry,Animal Husbandry & Fishery(10 000 yuan)	178366	185059	1.9
粮食产量(吨)	Yield of Grain(ton)	225007	230000	2.2
油料产量(吨)	Yield of Oil-bearing Grops(ton)	2086		
甜菜产量(吨)	Yield of Beetroots(ton)	100		
猪牛羊肉产量(吨)	Output of Pork, Beef & Mutton(ton)	10962	11102	1.3
#猪肉产量(吨)	Output of Pork(ton)	3618	3659	1.1
牛肉产量(吨)	Output of Beef(ton)	5226	5299	1.4
羊肉产量(吨)	Output of Mutton(ton)	2118	2144	1.2
羊毛产量(吨)	Output of Wool(ton)	455	475	4.4

23-42 Wulanhaote City in Xingan League

指 标	Item	2012	2013	2013年比上年增长% Increase Rate in 2013 Over 2012(%)
年末牲畜存栏头数(万头只)	Total Livestock at the Year-end(10 000 heads)	27.83	28.09	0.9
#大牲畜(万头只)	Large Animals(10 000 heads)	5.33	5.40	1.3
羊(万只)	Sheep & Goats(10 000 heads)	19.62	19.78	0.8
猪(万头)	Hogs(10 000 heads)	2.87	2.90	1.2
规模以上工业	**Industrial Enterprises above Designated size**			
工业企业单位数(个)	Number of Industrial Enterprises(unit)	59	59	0.0
#内资企业(个)	Civil Funded Enterprises(unit)	54	54	0.0
工业总产值(万元)	Gross Industrial Output Value(10 000 yuan)	1173873	1263098	7.6
内资企业(万元)	Civil Funded Enterprises(10 000 yuan)	981217	1046380	6.6
国有企业(万元)	State-owned Enterprises(10 000 yuan)	390301	384748	-1.4
集体企业(万元)	Collective-owned Enterprises(10 000 yuan)	119	2675	2147.9
股份合作企业(万元)	Share Holding Enterprises(10 000 yuan)	2509	2098	-16.4
联营企业(万元)	Joint Owned Enterprises(10 000 yuan)			
有限责任公司(万元)	Limited Company(10 000 yuan)	474351	535907	13.0
股份有限公司(万元)	Share Holding Limited Company(10 000 yuan)	3594	1572	-56.3
私营企业(万元)	Privately Owned Enterprises(10 000 yuan)	98105	103770	5.8
其他企业(万元)	Enterprises of Other Ownership(10 000 yuan)	12240	15610	27.5
港澳台商投资企业(万元)	Funds from HK,Macao & Taiwan(10 000 yuan)	17083	21243	24.4
外商投资企业(万元)	Foreign Funded Enterprises(10 000 yuan)	175572	195475	11.3
工业企业增加值(万元)	Value Added of Industrial Enterprises(10 000 yuan)			6.0
工业企业资产总计(万元)	Total Assets of Industrial Enterprises(10 000 yuan)	851812	891509	4.7
工业企业负债合计(万元)	Total Liabilities of Industrial Enterprises(10 000 yuan)	630611	624298	-1.0
工业企业产品销售收入(万元)	Sales of Revenue Industrial Enterprises(10 000 yuan)	1055305	1078121	2.2
工业企业利润总额(万元)	Total Profits of Industrial Enterprises(10 000 yuan)	20444	47036	130.1
建筑业	**Construction**			
建筑企业单位数(个)	Number of Construction Enterprises(unit)	24	28	16.7
建筑企业从业人员(人)	Number of Employee in Construction Enterprises(person)	2402	2352	-2.1
建筑业总产值(万元)	Gross Construction Output Value(10 000 yuan)	196553	208459	6.1
交通运输邮电通信业	**Transportation,Post & Telecommunications**			
公路里程(公里)	Total Length of Highways(km)	474	478	0.8
邮电业务总量(万元)	Business Volume of Post & Telecoms(10 000 yuan)	36396	40491	11.3
本地电话用户(户)	Number of Subscribers of Local Telephone(Household)	56248	66220	17.7
国内贸易	**Domestic Trade**			
社会消费品零售总额(万元)	Total Retail Sales of Consumer Goods(10 000 yuan)	780084	869504	11.5
城镇(万元)	Town(10 000 yuan)	780084	869504	11.5
乡村(万元)	Village(10 000 yuan)			
科技教育卫生	**Science,Education & Public Health**			
各类专业技术人员(人)	Special Technical Personnel(person)	8124	8349	2.8
幼儿园数(所)	Number of Kindergartens(unit)	96	50	-47.9
学龄儿童入学率(%)	Percentage of School-Age Children Enrolled(%)	100.0	100.0	0.0
小学学校数(所)	Number of Primary Schools(unit)	26	24	-7.7
小学专任教师数(人)	Number of Full-time Teachers of Primary Schools(person)	1410	1371	-2.8
小学在校学生数(人)	Number of Student Enrollment of Primary Schools(person)	19562	19206	-1.8
普通中学学校数(所)	Number of Regular Secondary Schools(unit)	17	17	0.0
普通中学专任教师数(人)	Number of Teachers of Secondary Shools(person)	1808	1848	2.2
初中在校学生数(人)	Number of Student in Junior Secondary Schools(person)	12680	11167	-11.9
高中在校学生数(人)	Number of Student in Senior Secondary Schools(person)	12664	12457	-1.6
卫生机构数(所)	Number of Health Institutions(unit)	276	288	4.3
#医院(所)	Hospitals(unit)	12	13	8.3
卫生院(所)	Township Hospitals(unit)	7	7	0.0
床位数(张)	Number of Beds(unit)	2291	2410	5.2
#医院(张)	Hospitals(unit)	2041	2115	3.6
卫生院(张)	Township Hospitals(unit)	110	120	9.1
卫生技术人员(人)	Medical Technical Presonnel(person)	3091	3439	11.3
#医院(人)	Hospitals(person)	2306	2494	8.2
卫生院(人)	Township Hospitals(person)	90	90	0.0

23-43 兴安盟阿尔山市

指 标	Item	2012	2013	2013年比上年增长% Increase Rate in 2013 Over 2012(%)
行政区域土地面积(平方公里)	**Area of Administration(Sq.km)**	**7409**	**7409**	**0.0**
人口和就业	**Population & Employment**			
年末总人口(人)	Total Population Year-end(person)	48633	48516	-0.2
#男性(人)	Male(person)	24418	24330	-0.4
#乡村人口(人)	Rural(person)	9977	10009	0.3
年末总户数(户)	Total Number of Households at the Year-end(Household)	21549	22971	6.6
#乡村户数(户)	Number of Rural Household(Household)	3395	3415	0.6
出生人口(人)	Births(person)	237	283	19.4
死亡人口(人)	Deaths(person)	260	256	-1.5
全社会就业人员(人)	Employment(person)	21796	22084	1.3
第一产业(人)	Primary Industry(person)	8755	8732	-0.3
第二产业(人)	Secondary Industry(person)	1829	1901	3.9
第三产业(人)	Tertiary Industry(person)	11212	11451	2.1
在岗职工人数(人)	Number of Staff & Workers Employed in(person)	6075	5910	-2.7
乡村劳动力(人)	Number of Rural Laborers(person)	3989	4001	0.3
#农林牧渔业(人)	Farming,Forestry,Animal Husbandry & Fishery(person)	3161	3249	2.8
国民经济综合指标	**Summary Item on the National Economy**			
生产总值(万元)	Gross Domestic Product(10 000 yuan)	127315	138167	7.1
第一产业(万元)	Primary Industry(10 000 yuan)	25490	27074	4.6
第二产业(万元)	Secondary Industry(10 000 yuan)	34021	35058	4.1
#工业(万元)	Industry(10 000 yuan)	5678	6200	12.6
第三产业(万元)	Tertiary Industry(10 000 yuan)	67804	76035	9.3
人均生产总值(元)	Per Capita GDP(yuan)	26235	28445	7.0
全社会固定资产投资(万元)	Total Investment in Fixed Assets(10 000 yuan)	367567	441862	20.2
按登记注册类型分	Grouped by Registered Type			
#国有(万元)	State-owned Enterprises(10 000 yuan)	246346	298629	21.2
集体(万元)	Collective-owned Enterprises(10 000 yuan)			
有限责任公司(万元)	Limited Liability Corporations(10 000 yuan)	49417	90662	83.5
股份有限公司(万元)	Share Holding Enterprises(10 000 yuan)	22142	10337	-53.3
私营企业(万元)	Private Enterprises(10 000 yuan)		1200	
外商及港澳台投资企业(万元)	Funds from HK,Macao,Taiwan & Foreign(10 000 yuan)			
按城乡渠道分	Grouped by Urban and Rural Area			
城镇(万元)	Urban(10 000 yuan)	366567	441862	20.5
农村(万元)	Rural(10 000 yuan)	1000		
公共财政预算收入(万元)	Public Budgetary Financial Revenue(10 000 yuan)	7825	10137	29.5
公共财政预算支出(万元)	Public Budgetary Financial Expenditure(10 000 yuan)	112967	108167	-4.2
城乡居民储蓄存款余额(万元)	Resident Saving Deposit in Urban & Rural(10 000 yuan)	95115	94171	-1.0
在岗职工工资总额(万元)	Total Wages of Staff & Workers Employed in(10 000 yuan)	24364	25391	4.2
在岗职工平均工资(元)	Average Wage of Staff & Workers Employed in(yuan)	36544	42956	17.5
全体居民人均可支配收入(元)	The per capita disposable income of all residents(yuan)	14191	15894	12.0
城镇常住居民人均可支配收入(元)	The per capita disposable income of urban permanent residents(yuan)	16719	18508	10.7
农村牧区常住居民人均可支配收入(元)	The per capita disposable income of permanent residents of rural and pastoral areas(yuan)	5641	6397	13.4
农村牧区经济	**Economic Development in Rural & Pastoral Area**			
农作物总播种面积(公顷)	Total Sown Area(hectare)	14982	17253	15.2
#粮食作物播种面积(公顷)	Sown Area of Grain Crops(hectare)	11716	12382	5.7
农牧业机械总动力(万千瓦)	Total Power of Agricultural Machinery(10 000 kw)	5.80	5.22	-10.0
化肥施用折纯量(吨)	Consumption of Chemical Fertilizer(ton)	2374	2415	1.7
农村用电量(万千瓦小时)	Electricity Consumed in Rural Area(10 000 kwh)	53	69	30.2
农林牧渔业总产值(万元)	Gross Output of Farming,Forestry,Animal Husbandry & Fishery(10 000 yuan)	45907	45213	4.8
粮食产量(吨)	Yield of Grain(ton)	55016	60000	9.1
油料产量(吨)	Yield of Oil-bearing Grops(ton)	5114		
甜菜产量(吨)	Yield of Beetroots(ton)			
猪牛羊肉产量(吨)	Output of Pork, Beef & Mutton(ton)	1568	1586	1.1
#猪肉产量(吨)	Output of Pork(ton)	325	327	0.6
牛肉产量(吨)	Output of Beef(ton)	404	408	1.0
羊肉产量(吨)	Output of Mutton(ton)	839	851	1.4
羊毛产量(吨)	Output of Wool(ton)	499	532	6.6

23-43 Aershan City in Xingan League

指 标	Item	2012	2013	2013年比上年增长% Increase Rate in 2013 Over 2012(%)
年末牲畜存栏头数(万头只)	Total Livestock at the Year-end(10 000 heads)	14.45	14.62	1.2
#大牲畜(万头只)	Large Animals(10 000 heads)	0.74	0.75	1.9
羊(万只)	Sheep & Goats(10 000 heads)	13.48	13.63	1.1
猪(万头)	Hogs(10 000 heads)	0.24	0.24	0.8
规模以上工业	**Industrial Enterprises above Designated size**			
工业企业单位数(个)	Number of Industrial Enterprises(unit)	1	2	100.0
#内资企业(个)	Civil Funded Enterprises(unit)	1	2	100.0
工业总产值(万元)	Gross Industrial Output Value(10 000 yuan)	3457	6520	88.6
内资企业(万元)	Civil Funded Enterprises(10 000 yuan)	3457	6520	88.6
国有企业(万元)	State-owned Enterprises(10 000 yuan)			
集体企业(万元)	Collective-owned Enterprises(10 000 yuan)			
股份合作企业(万元)	Share Holding Enterprises(10 000 yuan)			
联营企业(万元)	Joint Owned Enterprises(10 000 yuan)			
有限责任公司(万元)	Limited Company(10 000 yuan)	3457	6520	88.6
股份有限公司(万元)	Share Holding Limited Company(10 000 yuan)			
私营企业(万元)	Privately Owned Enterprises(10 000 yuan)			
其他企业(万元)	Enterprises of Other Ownership(10 000 yuan)			
港澳台商投资企业(万元)	Funds from HK,Macao & Taiwan(10 000 yuan)			
外商投资企业(万元)	Foreign Funded Enterprises(10 000 yuan)			
工业企业增加值(万元)	Value Added of Industrial Enterprises(10 000 yuan)			13.9
工业企业资产总计(万元)	Total Assets of Industrial Enterprises(10 000 yuan)	41981	87181	107.7
工业企业负债合计(万元)	Total Liabilities of Industrial Enterprises(10 000 yuan)	34790	78321	125.1
工业企业产品销售收入(万元)	Sales of Revenue Industrial Enterprises(10 000 yuan)	2748	5915	115.2
工业企业利润总额(万元)	Total Profits of Industrial Enterprises(10 000 yuan)	-333	-302	-9.3
建筑业	**Construction**			
建筑企业单位数(个)	Number of Construction Enterprises(unit)	1	1	0.0
建筑企业从业人员(人)	Number of Employee in Construction Enterprises(person)	270	292	8.1
建筑业总产值(万元)	Gross Construction Output Value(10 000 yuan)	2615	4601	75.9
交通运输邮电通信业	**Transportation,Post & Telecommunications**			
公路里程(公里)	Total Length of Highways(km)	796	796	0.0
邮电业务总量(万元)	Business Volume of Post & Telecoms(10 000 yuan)	4597	4779	4.0
本地电话用户(户)	Number of Subscribers of Local Telephone(Household)	6166	8857	43.6
国内贸易	**Domestic Trade**			
社会消费品零售总额(万元)	Total Retail Sales of Consumer Goods(10 000 yuan)	49927	55444	11.1
城镇(万元)	Town(10 000 yuan)	49927	55444	11.1
乡村(万元)	Village(10 000 yuan)			
科技教育卫生	**Science,Education & Public Health**			
各类专业技术人员(人)	Special Technical Personnel(person)	1276	1286	0.8
幼儿园数(所)	Number of Kindergartens(unit)	17	3	-82.4
学龄儿童入学率(%)	Percentage of School-Age Children Enrolled(%)	100.0	100.0	0.0
小学学校数(所)	Number of Primary Schools(unit)	5	5	0.0
小学专任教师数(人)	Number of Full-time Teachers of Primary Schools(person)	204	194	-4.9
小学在校学生数(人)	Number of Student Enrollment of Primary Schools(person)	1499	1314	-12.3
普通中学学校数(所)	Number of Regular Secondary Schools(unit)	3	3	0.0
普通中学专任教师数(人)	Number of Teachers of Secondary Shools(person)	156	186	19.2
初中在校学生数(人)	Number of Student in Junior Secondary Schools(person)	738	545	-26.2
高中在校学生数(人)	Number of Student in Senior Secondary Schools(person)	257	223	-13.2
卫生机构数(所)	Number of Health Institutions(unit)	41	40	-2.4
#医院(所)	Hospitals(unit)	2	2	0.0
卫生院(所)	Township Hospitals(unit)	4	4	0.0
床位数(张)	Number of Beds(unit)	255	244	-4.3
#医院(张)	Hospitals(unit)	114	114	0.0
卫生院(张)	Township Hospitals(unit)	55	44	-20.0
卫生技术人员(人)	Medical Technical Presonnel(person)	329	293	-10.9
#医院(人)	Hospitals(person)	130	129	-0.8
卫生院(人)	Township Hospitals(person)	34	48	41.2

23-44 兴安盟科尔沁右翼前旗

指 标	Item	2012	2013	2013年比上年增长% Increase Rate in 2013 Over 2012(%)
行政区域土地面积(平方公里)	**Area of Administration(Sq.km)**	**17428**	**17428**	**0.0**
人口和就业	**Population & Employment**			
年末总人口(人)	Total Population Year-end(person)	338427	339099	0.2
#男性(人)	Male(person)	174782	175168	0.2
#乡村人口(人)	Rural(person)	310200	310088	0.0
年末总户数(户)	Total Number of Households at the Year-end(Household)	117443	123332	5.0
#乡村户数(户)	Number of Rural Household(Household)	91088	91107	0.0
出生人口(人)	Births(person)	3504	3610	3.0
死亡人口(人)	Deaths(person)	2106	2243	6.5
全社会就业人员(人)	Employment(person)	183157	185508	1.3
第一产业(人)	Primary Industry(person)	124057	124294	0.2
第二产业(人)	Secondary Industry(person)	18326	18151	-1.0
第三产业(人)	Tertiary Industry(person)	40774	43063	5.6
在岗职工人数(人)	Number of Staff & Workers Employed in(person)	19175	18131	-5.4
乡村劳动力(人)	Number of Rural Laborers(person)	147976	147776	-0.1
#农林牧渔业(人)	Farming,Forestry,Animal Husbandry & Fishery(person)	118881	118785	-0.1
国民经济综合指标	**Summary Item on the National Economy**			
生产总值(万元)	Gross Domestic Product(10 000 yuan)	750072	813697	7.6
第一产业(万元)	Primary Industry(10 000 yuan)	321397	348705	4.2
第二产业(万元)	Secondary Industry(10 000 yuan)	245369	264914	11.6
#工业(万元)	Industry(10 000 yuan)	193140	211649	14.1
第三产业(万元)	Tertiary Industry(10 000 yuan)	183306	200078	8.2
人均生产总值(元)	Per Capita GDP(yuan)	22169	24020	7.4
全社会固定资产投资(万元)	Total Investment in Fixed Assets(10 000 yuan)	927103	1085091	17.0
按登记注册类型分	Grouped by Registered Type			
#国有(万元)	State-owned Enterprises(10 000 yuan)	185789	604073	225.1
集体(万元)	Collective-owned Enterprises(10 000 yuan)			
有限责任公司(万元)	Limited Liability Corporations(10 000 yuan)	679877	417778	-38.6
股份有限公司(万元)	Share Holding Enterprises(10 000 yuan)	2000	46900	2245.0
私营企业(万元)	Private Enterprises(10 000 yuan)	1000	16340	1534.0
外商及港澳台投资企业(万元)	Funds from HK,Macao,Taiwan & Foreign(10 000 yuan)			
按城乡渠道分	Grouped by Urban and Rural Area			
城镇(万元)	Urban(10 000 yuan)	926403	1082091	16.8
农村(万元)	Rural(10 000 yuan)	700	3000	328.6
公共财政预算收入(万元)	Public Budgetary Financial Revenue(10 000 yuan)	22071	28541	29.3
公共财政预算支出(万元)	Public Budgetary Financial Expenditure(10 000 yuan)	236500	272800	15.3
城乡居民储蓄存款余额(万元)	Resident Saving Deposit in Urban & Rural(10 000 yuan)	117441	149208	27.0
在岗职工工资总额(万元)	Total Wages of Staff & Workers Employed in(10 000 yuan)	76490	75826	-0.9
在岗职工平均工资(元)	Average Wage of Staff & Workers Employed in(yuan)	37574	40434	7.6
全体居民人均可支配收入(元)	The per capita disposable income of all residents(yuan)	8643	9767	13.0
城镇常住居民人均可支配收入(元)	The per capita disposable income of urban permanent residents(yuan)	15690	17558	11.9
农村牧区常住居民人均可支配收入(元)	The per capita disposable income of permanent residents of rural and pastoral areas(yuan)	5598	6360	13.6
农村牧区经济	**Economic Development in Rural & Pastoral Area**			
农作物总播种面积(公顷)	Total Sown Area(hectare)	182339	204521	12.2
#粮食作物播种面积(公顷)	Sown Area of Grain Crops(hectare)	175722	176395	0.4
农牧业机械总动力(万千瓦)	Total Power of Agricultural Machinery(10 000 kw)	93.14	91.70	-1.5
化肥施用折纯量(吨)	Consumption of Chemical Fertilizer(ton)	30555	60000	96.4
农村用电量(万千瓦小时)	Electricity Consumed in Rural Area(10 000 kwh)	3797	3871	1.9
农林牧渔业总产值(万元)	Gross Output of Farming,Forestry,Animal Husbandry & Fishery(10 000 yuan)	527361	582324	3.1
粮食产量(吨)	Yield of Grain(ton)	1004974	1029990	2.5
油料产量(吨)	Yield of Oil-bearing Grops(ton)	6969		
甜菜产量(吨)	Yield of Beetroots(ton)	3104		
猪牛羊肉产量(吨)	Output of Pork, Beef & Mutton(ton)	49273	50119	1.7
#猪肉产量(吨)	Output of Pork(ton)	7290	7573	3.9
牛肉产量(吨)	Output of Beef(ton)	5998	5521	-8.0
羊肉产量(吨)	Output of Mutton(ton)	35985	37025	2.9
羊毛产量(吨)	Output of Wool(ton)	5234	4992	-4.6

23-44 Keerqinyouyiqian Banner in Xingan League

指 标	Item	2012	2013	2013年比上年增长% Increase Rate in 2013 Over 2012(%)
年末牲畜存栏头数(万头只)	Total Livestock at the Year-end(10 000 heads)	224.13	225.49	0.6
#大牲畜(万头只)	Large Animals(10 000 heads)	12.89	12.77	-0.9
羊(万只)	Sheep & Goats(10 000 heads)	203.66	204.97	0.6
猪(万头)	Hogs(10 000 heads)	7.59	7.74	2.0
规模以上工业	**Industrial Enterprises above Designated size**			
工业企业单位数(个)	Number of Industrial Enterprises(unit)	33	33	0.0
#内资企业(个)	Civil Funded Enterprises(unit)	32	32	0.0
工业总产值(万元)	Gross Industrial Output Value(10 000 yuan)	527401	631579	18.1
内资企业(万元)	Civil Funded Enterprises(10 000 yuan)	505277	631103	24.9
国有企业(万元)	State-owned Enterprises(10 000 yuan)	13807	22566	63.4
集体企业(万元)	Collective-owned Enterprises(10 000 yuan)	53144	27363	-48.5
股份合作企业(万元)	Share Holding Enterprises(10 000 yuan)			
联营企业(万元)	Joint Owned Enterprises(10 000 yuan)			
有限责任公司(万元)	Limited Company(10 000 yuan)	252432	310317	22.9
股份有限公司(万元)	Share Holding Limited Company(10 000 yuan)			
私营企业(万元)	Privately Owned Enterprises(10 000 yuan)	178346	241694	35.5
其他企业(万元)	Enterprises of Other Ownership(10 000 yuan)	7549	29163	286.3
港澳台商投资企业(万元)	Funds from HK,Macao & Taiwan(10 000 yuan)			
外商投资企业(万元)	Foreign Funded Enterprises(10 000 yuan)	22125	476	-97.8
工业企业增加值(万元)	Value Added of Industrial Enterprises(10 000 yuan)			14.5
工业企业资产总计(万元)	Total Assets of Industrial Enterprises(10 000 yuan)	331601	367808	10.9
工业企业负债合计(万元)	Total Liabilities of Industrial Enterprises(10 000 yuan)	252757	266378	5.4
工业企业产品销售收入(万元)	Sales of Revenue Industrial Enterprises(10 000 yuan)	516093	623412	20.8
工业企业利润总额(万元)	Total Profits of Industrial Enterprises(10 000 yuan)	15947	16302	2.2
建筑业	**Construction**			
建筑企业单位数(个)	Number of Construction Enterprises(unit)	2	2	0.0
建筑企业从业人员(人)	Number of Employee in Construction Enterprises(person)	230	230	0.0
建筑业总产值(万元)	Gross Construction Output Value(10 000 yuan)	16021	16595	3.6
交通运输邮电通信业	**Transportation,Post & Telecommunications**			
公路里程(公里)	Total Length of Highways(km)	2775	2790	0.5
邮电业务总量(万元)	Business Volume of Post & Telecoms(10 000 yuan)	13098	14113	7.7
本地电话用户(户)	Number of Subscribers of Local Telephone(Household)	15152	11660	-23.0
国内贸易	**Domestic Trade**			
社会消费品零售总额(万元)	Total Retail Sales of Consumer Goods(10 000 yuan)	190084	212139	11.6
城镇(万元)	Town(10 000 yuan)	101213	113279	11.9
乡村(万元)	Village(10 000 yuan)	88871	98859	11.2
科技教育卫生	**Science,Education & Public Health**			
各类专业技术人员(人)	Special Technical Personnel(person)	6865	7032	2.4
幼儿园数(所)	Number of Kindergartens(unit)	52	12	-76.9
学龄儿童入学率(%)	Percentage of School-Age Children Enrolled(%)	100.0	100.0	0.0
小学学校数(所)	Number of Primary Schools(unit)	24	25	4.2
小学专任教师数(人)	Number of Full-time Teachers of Primary Schools(person)	2100	2116	0.8
小学在校学生数(人)	Number of Student Enrollment of Primary Schools(person)	14055	13782	-1.9
普通中学学校数(所)	Number of Regular Secondary Schools(unit)	23	23	0.0
普通中学专任教师数(人)	Number of Teachers of Secondary Shools(person)	1420	1625	14.4
初中在校学生数(人)	Number of Student in Junior Secondary Schools(person)	6751	5888	-12.8
高中在校学生数(人)	Number of Student in Senior Secondary Schools(person)	3774	3157	-16.3
卫生机构数(所)	Number of Health Institutions(unit)	402	453	12.7
#医院(所)	Hospitals(unit)	1	1	0.0
卫生院(所)	Township Hospitals(unit)	25	25	0.0
床位数(张)	Number of Beds(unit)	1145	1146	0.1
#医院(张)	Hospitals(unit)	540	540	0.0
卫生院(张)	Township Hospitals(unit)	558	556	-0.4
卫生技术人员(人)	Medical Technical Presonnel(person)	1446	1574	8.9
#医院(人)	Hospitals(person)	463	464	0.2
卫生院(人)	Township Hospitals(person)	692	660	-4.6

23-45 兴安盟科尔沁右翼中旗

指 标	Item	2012	2013	2013年比上年增长% Increase Rate in 2013 Over 2012(%)
行政区域土地面积(平方公里)	**Area of Administration(Sq.km)**	**15613**	**15613**	**0.0**
人口和就业	**Population & Employment**			
年末总人口(人)	Total Population Year-end(person)	258761	260276	0.6
#男性(人)	Male(person)	130775	132422	1.3
#乡村人口(人)	Rural(person)	188373	189068	0.4
年末总户数(户)	Total Number of Households at the Year-end(Household)	79766	83226	4.3
#乡村户数(户)	Number of Rural Household(Household)	50490	52234	3.5
出生人口(人)	Births(person)	2709	2492	-8.0
死亡人口(人)	Deaths(person)	1487	1571	5.6
全社会就业人员(人)	Employment(person)	134258	142442	6.1
第一产业(人)	Primary Industry(person)	100838	98712	-2.1
第二产业(人)	Secondary Industry(person)	8020	8795	9.7
第三产业(人)	Tertiary Industry(person)	25400	34935	37.5
在岗职工人数(人)	Number of Staff & Workers Employed in(person)	17399	18568	6.7
乡村劳动力(人)	Number of Rural Laborers(person)	107466	105598	-1.7
#农林牧渔业(人)	Farming,Forestry,Animal Husbandry & Fishery(person)	95981	93971	-2.1
国民经济综合指标	**Summary Item on the National Economy**			
生产总值(万元)	Gross Domestic Product(10 000 yuan)	480028	519289	7.3
第一产业(万元)	Primary Industry(10 000 yuan)	163072	181002	4.5
第二产业(万元)	Secondary Industry(10 000 yuan)	173077	178785	10.1
#工业(万元)	Industry(10 000 yuan)	123285	127873	14.0
第三产业(万元)	Tertiary Industry(10 000 yuan)	143879	159502	7.6
人均生产总值(元)	Per Capita GDP(yuan)	18590	20010	6.8
全社会固定资产投资(万元)	Total Investment in Fixed Assets(10 000 yuan)	772742	858014	11.0
按登记注册类型分	Grouped by Registered Type			
#国有(万元)	State-owned Enterprises(10 000 yuan)	308577	268447	-13.0
集体(万元)	Collective-owned Enterprises(10 000 yuan)	1600	6000	275.0
有限责任公司(万元)	Limited Liability Corporations(10 000 yuan)	316560	9120	-97.1
股份有限公司(万元)	Share Holding Enterprises(10 000 yuan)	5000	3200	-36.0
私营企业(万元)	Private Enterprises(10 000 yuan)	101277	2463	-97.6
外商及港澳台投资企业(万元)	Funds from HK,Macao,Taiwan & Foreign(10 000 yuan)			
按城乡渠道分	Grouped by Urban and Rural Area			
城镇(万元)	Urban(10 000 yuan)	759199	818948	7.9
农村(万元)	Rural(10 000 yuan)	13543	39066	188.5
公共财政预算收入(万元)	Public Budgetary Financial Revenue(10 000 yuan)	17050	20537	20.5
公共财政预算支出(万元)	Public Budgetary Financial Expenditure(10 000 yuan)	193056	215032	11.4
城乡居民储蓄存款余额(万元)	Resident Saving Deposit in Urban & Rural(10 000 yuan)	136859	149571	9.3
在岗职工工资总额(万元)	Total Wages of Staff & Workers Employed in(10 000 yuan)	56932	66863	17.4
在岗职工平均工资(元)	Average Wage of Staff & Workers Employed in(yuan)	33112	36109	9.1
全体居民人均可支配收入(元)	The per capita disposable income of all residents(yuan)	8430	9442	12.0
城镇常住居民人均可支配收入(元)	The per capita disposable income of urban permanent residents(yuan)	15111	16849	11.5
农村牧区常住居民人均可支配收入(元)	The per capita disposable income of permanent residents of rural and pastoral areas(yuan)	5213	5917	13.5
农村牧区经济	**Economic Development in Rural & Pastoral Area**			
农作物总播种面积(公顷)	Total Sown Area(hectare)	133334	162038	21.5
#粮食作物播种面积(公顷)	Sown Area of Grain Crops(hectare)	114488	115160	0.6
农牧业机械总动力(万千瓦)	Total Power of Agricultural Machinery(10 000 kw)	54.83	55.57	1.3
化肥施用折纯量(吨)	Consumption of Chemical Fertilizer(ton)	35928	40435	12.5
农村用电量(万千瓦小时)	Electricity Consumed in Rural Area(10 000 kwh)	4875	5273	8.2
农林牧渔业总产值(万元)	Gross Output of Farming,Forestry,Animal Husbandry & Fishery(10 000 yuan)	289131	302266	4.2
粮食产量(吨)	Yield of Grain(ton)	515003	565010	9.7
油料产量(吨)	Yield of Oil-bearing Grops(ton)	21217		
甜菜产量(吨)	Yield of Beetroots(ton)			
猪牛羊肉产量(吨)	Output of Pork, Beef & Mutton(ton)	27066	27325	1.0
#猪肉产量(吨)	Output of Pork(ton)	5858	5881	0.4
牛肉产量(吨)	Output of Beef(ton)	5491	5523	0.6
羊肉产量(吨)	Output of Mutton(ton)	15717	15921	1.3
羊毛产量(吨)	Output of Wool(ton)	2666	3253	22.0

23-45 Keerqinyouyizhong Banner in Xingan League

指 标	Item	2012	2013	2013年比上年增长% Increase Rate in 2013 Over 2012(%)
年末牲畜存栏头数(万头只)	Total Livestock at the Year-end(10 000 heads)	161.47	163.47	1.2
# 大牲畜(万头只)	Large Animals(10 000 heads)	14.18	14.35	1.2
羊(万只)	Sheep & Goats(10 000 heads)	138.31	140.11	1.3
猪(万头)	Hogs(10 000 heads)	8.99	9.01	0.3
规模以上工业	**Industrial Enterprises above Designated size**			
工业企业单位数(个)	Number of Industrial Enterprises(unit)	24	26	8.3
# 内资企业(个)	Civil Funded Enterprises(unit)	23	25	8.7
工业总产值(万元)	Gross Industrial Output Value(10 000 yuan)	250026	311935	24.4
内资企业(万元)	Civil Funded Enterprises(10 000 yuan)	246105	308114	25.2
国有企业(万元)	State-owned Enterprises(10 000 yuan)	25870	42818	65.5
集体企业(万元)	Collective-owned Enterprises(10 000 yuan)	9778	11177	14.3
股份合作企业(万元)	Share Holding Enterprises(10 000 yuan)	7538	14974	98.6
联营企业(万元)	Joint Owned Enterprises(10 000 yuan)			
有限责任公司(万元)	Limited Company(10 000 yuan)	96895	118252	22.0
股份有限公司(万元)	Share Holding Limited Company(10 000 yuan)			
私营企业(万元)	Privately Owned Enterprises(10 000 yuan)	71415	77903	9.1
其他企业(万元)	Enterprises of Other Ownership(10 000 yuan)	34609	42989	24.2
港澳台商投资企业(万元)	Funds from HK,Macao & Taiwan(10 000 yuan)			
外商投资企业(万元)	Foreign Funded Enterprises(10 000 yuan)	3921	3821	-2.6
工业企业增加值(万元)	Value Added of Industrial Enterprises(10 000 yuan)			14.2
工业企业资产总计(万元)	Total Assets of Industrial Enterprises(10 000 yuan)	660262	666214	0.9
工业企业负债合计(万元)	Total Liabilities of Industrial Enterprises(10 000 yuan)	493110	455486	-7.6
工业企业产品销售收入(万元)	Sales of Revenue Industrial Enterprises(10 000 yuan)	237309	295641	24.6
工业企业利润总额(万元)	Total Profits of Industrial Enterprises(10 000 yuan)	5374	11608	116.0
建筑业	**Construction**			
建筑企业单位数(个)	Number of Construction Enterprises(unit)			
建筑企业从业人员(人)	Number of Employee in Construction Enterprises(person)			
建筑业总产值(万元)	Gross Construction Output Value(10 000 yuan)			
交通运输邮电通信业	**Transportation,Post & Telecommunications**			
公路里程(公里)	Total Length of Highways(km)	1940	1969	1.5
邮电业务总量(万元)	Business Volume of Post & Telecoms(10 000 yuan)	14556	16647	14.4
本地电话用户(户)	Number of Subscribers of Local Telephone(Household)	16938	16837	-0.6
国内贸易	**Domestic Trade**			
社会消费品零售总额(万元)	Total Retail Sales of Consumer Goods(10 000 yuan)	135041	150011	11.1
城镇(万元)	Town(10 000 yuan)	118963	132432	11.3
乡村(万元)	Village(10 000 yuan)	16078	17579	9.3
科技教育卫生	**Science,Education & Public Health**			
各类专业技术人员(人)	Special Technical Personnel(person)	6055	6187	2.2
幼儿园数(所)	Number of Kindergartens(unit)	41	10	-75.6
学龄儿童入学率(%)	Percentage of School-Age Children Enrolled(%)	100.0	100.0	0.0
小学学校数(所)	Number of Primary Schools(unit)	27	27	0.0
小学专任教师数(人)	Number of Full-time Teachers of Primary Schools(person)	1746	1731	-0.9
小学在校学生数(人)	Number of Student Enrollment of Primary Schools(person)	15350	15361	0.1
普通中学学校数(所)	Number of Regular Secondary Schools(unit)	12	12	0.0
普通中学专任教师数(人)	Number of Teachers of Secondary Shools(person)	1084	1170	7.9
初中在校学生数(人)	Number of Student in Junior Secondary Schools(person)	7015	6691	-4.6
高中在校学生数(人)	Number of Student in Senior Secondary Schools(person)	3982	3853	-3.2
卫生机构数(所)	Number of Health Institutions(unit)	205	216	5.4
# 医院(所)	Hospitals(unit)	4	4	0.0
卫生院(所)	Township Hospitals(unit)	23	23	0.0
床位数(张)	Number of Beds(unit)	1092	1354	24.0
# 医院(张)	Hospitals(unit)	747	1007	34.8
卫生院(张)	Township Hospitals(unit)	311	313	0.6
卫生技术人员(人)	Medical Technical Presonnel(person)	1363	1481	8.7
# 医院(人)	Hospitals(person)	790	822	4.1
卫生院(人)	Township Hospitals(person)	439	439	0.0

23-46 兴安盟扎赉特旗

指 标	Item	2012	2013	2013年比上年增长% Increase Rate in 2013 Over 2012(%)
行政区域土地面积(平方公里)	**Area of Administration(Sq.km)**	**11837**	**11837**	**0.0**
人口和就业	**Population & Employment**			
年末总人口(人)	Total Population Year-end(person)	399204	397489	-0.4
#男性(人)	Male(person)	205927	204915	-0.5
#乡村人口(人)	Rural(person)	321795	322855	0.3
年末总户数(户)	Total Number of Households at the Year-end(Household)	144161	151779	5.3
#乡村户数(户)	Number of Rural Household(Household)	82581	83021	0.5
出生人口(人)	Births(person)	4626	4621	-0.1
死亡人口(人)	Deaths(person)	2077	3277	57.8
全社会就业人员(人)	Employment(person)	195217	203159	4.1
第一产业(人)	Primary Industry(person)	158556	158060	-0.3
第二产业(人)	Secondary Industry(person)	9684	10416	7.6
第三产业(人)	Tertiary Industry(person)	26977	34683	28.6
在岗职工人数(人)	Number of Staff & Workers Employed in(person)	20619	21137	2.5
乡村劳动力(人)	Number of Rural Laborers(person)	169408	169408	0.0
#农林牧渔业(人)	Farming,Forestry,Animal Husbandry & Fishery(person)	153487	153487	0.0
国民经济综合指标	**Summary Item on the National Economy**			
生产总值(万元)	Gross Domestic Product(10 000 yuan)	700125	762618	8.4
第一产业(万元)	Primary Industry(10 000 yuan)	329457	359173	4.6
第二产业(万元)	Secondary Industry(10 000 yuan)	179756	192670	13.8
#工业(万元)	Industry(10 000 yuan)	151988	164358	16.3
第三产业(万元)	Tertiary Industry(10 000 yuan)	190912	210775	9.2
人均生产总值(元)	Per Capita GDP(yuan)	17590	19145	8.3
全社会固定资产投资(万元)	Total Investment in Fixed Assets(10 000 yuan)	581036	734514	26.4
按登记注册类型分	Grouped by Registered Type			
#国有(万元)	State-owned Enterprises(10 000 yuan)	307453	431418	40.3
集体(万元)	Collective-owned Enterprises(10 000 yuan)			
有限责任公司(万元)	Limited Liability Corporations(10 000 yuan)	2050	4950	141.5
股份有限公司(万元)	Share Holding Enterprises(10 000 yuan)	125490	150290	19.8
私营企业(万元)	Private Enterprises(10 000 yuan)	125804	106126	-15.6
外商及港澳台投资企业(万元)	Funds from HK,Macao,Taiwan & Foreign(10 000 yuan)			
按城乡渠道分	Grouped by Urban and Rural Area			
城镇(万元)	Urban(10 000 yuan)	562706	726230	29.1
农村(万元)	Rural(10 000 yuan)	18330	8284	-54.8
公共财政预算收入(万元)	Public Budgetary Financial Revenue(10 000 yuan)	11447	15333	33.9
公共财政预算支出(万元)	Public Budgetary Financial Expenditure(10 000 yuan)	240324	253347	5.4
城乡居民储蓄存款余额(万元)	Resident Saving Deposit in Urban & Rural(10 000 yuan)	228904	265120	15.8
在岗职工工资总额(万元)	Total Wages of Staff & Workers Employed in(10 000 yuan)	75435	87563	16.1
在岗职工平均工资(元)	Average Wage of Staff & Workers Employed in(yuan)	36583	41313	12.9
全体居民人均可支配收入(元)	The per capita disposable income of all residents(yuan)	8537	9621	12.7
城镇常住居民人均可支配收入(元)	The per capita disposable income of urban permanent residents(yuan)	15707	17545	11.7
农村牧区常住居民人均可支配收入(元)	The per capita disposable income of permanent residents of rural and pastoral areas(yuan)	5514	6280	13.9
农村牧区经济	**Economic Development in Rural & Pastoral Area**			
农作物总播种面积(公顷)	Total Sown Area(hectare)	256257	266030	3.8
#粮食作物播种面积(公顷)	Sown Area of Grain Crops(hectare)	248833	249505	0.3
农牧业机械总动力(万千瓦)	Total Power of Agricultural Machinery(10 000 kw)	149.08	153.30	2.8
化肥施用折纯量(吨)	Consumption of Chemical Fertilizer(ton)	78305	79420	1.4
农村用电量(万千瓦小时)	Electricity Consumed in Rural Area(10 000 kwh)	4520	4780	5.8
农林牧渔业总产值(万元)	Gross Output of Farming,Forestry,Animal Husbandry & Fishery(10 000 yuan)	527034	584805	3.5
粮食产量(吨)	Yield of Grain(ton)	1065000	1109980	4.2
油料产量(吨)	Yield of Oil-bearing Grops(ton)	5120		
甜菜产量(吨)	Yield of Beetroots(ton)			
猪牛羊肉产量(吨)	Output of Pork, Beef & Mutton(ton)	70195	68930	-1.8
#猪肉产量(吨)	Output of Pork(ton)	62000	60702	-2.1
牛肉产量(吨)	Output of Beef(ton)	3426	3354	-2.1
羊肉产量(吨)	Output of Mutton(ton)	4769	4874	2.2
羊毛产量(吨)	Output of Wool(ton)	1976	2299	16.3

23-46 Zhalaite Banner in Xingan League

指 标	Item	2012	2013	2013年比上年增长% Increase Rate in 2013 Over 2012(%)
年末牲畜存栏头数(万头只)	Total Livestock at the Year-end(10 000 heads)	126.10	125.77	-0.3
#大牲畜(万头只)	Large Animals(10 000 heads)	20.21	20.11	-0.5
羊(万只)	Sheep & Goats(10 000 heads)	60.58	60.90	0.5
猪(万头)	Hogs(10 000 heads)	45.31	44.77	-1.2
规模以上工业	**Industrial Enterprises above Designated size**			
工业企业单位数(个)	Number of Industrial Enterprises(unit)	25	26	4.0
#内资企业(个)	Civil Funded Enterprises(unit)	25	26	4.0
工业总产值(万元)	Gross Industrial Output Value(10 000 yuan)	388503	474494	19.6
内资企业(万元)	Civil Funded Enterprises(10 000 yuan)	388503	474494	19.6
国有企业(万元)	State-owned Enterprises(10 000 yuan)	13901	22593	62.5
集体企业(万元)	Collective-owned Enterprises(10 000 yuan)			
股份合作企业(万元)	Share Holding Enterprises(10 000 yuan)			
联营企业(万元)	Joint Owned Enterprises(10 000 yuan)			
有限责任公司(万元)	Limited Company(10 000 yuan)	290093	280570	-3.3
股份有限公司(万元)	Share Holding Limited Company(10 000 yuan)			
私营企业(万元)	Privately Owned Enterprises(10 000 yuan)	81286	166839	105.2
其他企业(万元)	Enterprises of Other Ownership(10 000 yuan)	3223	4492	39.4
港澳台商投资企业(万元)	Funds from HK,Macao & Taiwan(10 000 yuan)			
外商投资企业(万元)	Foreign Funded Enterprises(10 000 yuan)			
工业企业增加值(万元)	Value Added of Industrial Enterprises(10 000 yuan)			16.8
工业企业资产总计(万元)	Total Assets of Industrial Enterprises(10 000 yuan)	323577	359326	11.0
工业企业负债合计(万元)	Total Liabilities of Industrial Enterprises(10 000 yuan)	155843	185837	19.2
工业企业产品销售收入(万元)	Sales of Revenue Industrial Enterprises(10 000 yuan)	392305	462178	17.8
工业企业利润总额(万元)	Total Profits of Industrial Enterprises(10 000 yuan)	109341	103841	-5.0
建筑业	**Construction**			
建筑企业单位数(个)	Number of Construction Enterprises(unit)	1	1	0.0
建筑企业从业人员(人)	Number of Employee in Construction Enterprises(person)	1210	1210	0.0
建筑业总产值(万元)	Gross Construction Output Value(10 000 yuan)	22779	25889	13.7
交通运输邮电通信业	**Transportation,Post & Telecommunications**			
公路里程(公里)	Total Length of Highways(km)	2240	2254	0.6
邮电业务总量(万元)	Business Volume of Post & Telecoms(10 000 yuan)	19108	22602	18.3
本地电话用户(户)	Number of Subscribers of Local Telephone(Household)	17754	15614	-12.1
国内贸易	**Domestic Trade**			
社会消费品零售总额(万元)	Total Retail Sales of Consumer Goods(10 000 yuan)	210222	234460	11.5
城镇(万元)	Town(10 000 yuan)	121367	139649	15.1
乡村(万元)	Village(10 000 yuan)	88855	94811	6.7
科技教育卫生	**Science,Education & Public Health**			
各类专业技术人员(人)	Special Technical Personnel(person)	7095	7274	2.5
幼儿园数(所)	Number of Kindergartens(unit)	28	41	46.4
学龄儿童入学率(%)	Percentage of School-Age Children Enrolled(%)	100.0	100.0	0.0
小学学校数(所)	Number of Primary Schools(unit)	38	30	-21.1
小学专任教师数(人)	Number of Full-time Teachers of Primary Schools(person)	2110	2017	-4.4
小学在校学生数(人)	Number of Student Enrollment of Primary Schools(person)	18468	18847	2.1
普通中学学校数(所)	Number of Regular Secondary Schools(unit)	18	16	-11.1
普通中学专任教师数(人)	Number of Teachers of Secondary Shools(person)	1139	1621	42.3
初中在校学生数(人)	Number of Student in Junior Secondary Schools(person)	7842	7469	-4.8
高中在校学生数(人)	Number of Student in Senior Secondary Schools(person)	3528	3664	3.9
卫生机构数(所)	Number of Health Institutions(unit)	349	352	0.9
#医院(所)	Hospitals(unit)	5	5	0.0
卫生院(所)	Township Hospitals(unit)	21	23	9.5
床位数(张)	Number of Beds(unit)	932	1158	24.2
#医院(张)	Hospitals(unit)	515	635	23.3
卫生院(张)	Township Hospitals(unit)	363	467	28.7
卫生技术人员(人)	Medical Technical Presonnel(person)	894	1071	19.8
#医院(人)	Hospitals(person)	394	493	25.1
卫生院(人)	Township Hospitals(person)	303	302	-0.3

23-47 兴安盟突泉县

指 标	Item	2012	2013	2013年比上年增长% Increase Rate in 2013 Over 2012(%)
行政区域土地面积(平方公里)	**Area of Administration(Sq.km)**	**4800**	**4800**	**0.0**
人口和就业	**Population & Employment**			
年末总人口(人)	Total Population Year-end(person)	313680	314678	0.3
#男性(人)	Male(person)	160632	161141	0.3
#乡村人口(人)	Rural(person)	243821	238409	-2.2
年末总户数(户)	Total Number of Households at the Year-end(Household)	113789	118743	4.4
#乡村户数(户)	Number of Rural Household(Household)	67891	73409	8.1
出生人口(人)	Births(person)	3049	2233	-26.8
死亡人口(人)	Deaths(person)	1763	1116	-36.7
全社会就业人员(人)	Employment(person)	174498	170066	-2.5
第一产业(人)	Primary Industry(person)	124734	117857	-5.5
第二产业(人)	Secondary Industry(person)	17552	18931	7.9
第三产业(人)	Tertiary Industry(person)	32212	33278	3.3
在岗职工人数(人)	Number of Staff & Workers Employed in(person)	13650	13759	0.8
乡村劳动力(人)	Number of Rural Laborers(person)	148419	142326	-4.1
#农林牧渔业(人)	Farming,Forestry,Animal Husbandry & Fishery(person)	122521	115644	-5.6
国民经济综合指标	**Summary Item on the National Economy**			
生产总值(万元)	Gross Domestic Product(10 000 yuan)	560168	605850	8.2
第一产业(万元)	Primary Industry(10 000 yuan)	206339	236490	5.9
第二产业(万元)	Secondary Industry(10 000 yuan)	247636	254141	11.5
#工业(万元)	Industry(10 000 yuan)	182909	187947	15.3
第三产业(万元)	Tertiary Industry(10 000 yuan)	106193	115219	5.7
人均生产总值(元)	Per Capita GDP(yuan)	17871	19284	7.9
全社会固定资产投资(万元)	Total Investment in Fixed Assets(10 000 yuan)	639895	807127	26.1
按登记注册类型分	Grouped by Registered Type			
#国有(万元)	State-owned Enterprises(10 000 yuan)	319406	264543	-17.2
集体(万元)	Collective-owned Enterprises(10 000 yuan)			
有限责任公司(万元)	Limited Liability Corporations(10 000 yuan)	9200		
股份有限公司(万元)	Share Holding Enterprises(10 000 yuan)	175000	397831	127.3
私营企业(万元)	Private Enterprises(10 000 yuan)	114450	144753	26.5
外商及港澳台投资企业(万元)	Funds from HK,Macao,Taiwan & Foreign(10 000 yuan)			
按城乡渠道分	Grouped by Urban and Rural Area			
城镇(万元)	Urban(10 000 yuan)	632487	789573	24.8
农村(万元)	Rural(10 000 yuan)	7408	17554	137.0
公共财政预算收入(万元)	Public Budgetary Financial Revenue(10 000 yuan)	6537	9697	48.3
公共财政预算支出(万元)	Public Budgetary Financial Expenditure(10 000 yuan)	191698	206827	7.9
城乡居民储蓄存款余额(万元)	Resident Saving Deposit in Urban & Rural(10 000 yuan)	210559	245685	16.7
在岗职工工资总额(万元)	Total Wages of Staff & Workers Employed in(10 000 yuan)	45813	50997	11.3
在岗职工平均工资(元)	Average Wage of Staff & Workers Employed in(yuan)	33637	38740	15.2
全体居民人均可支配收入(元)	The per capita disposable income of all residents(yuan)	8411	9452	12.4
城镇常住居民人均可支配收入(元)	The per capita disposable income of urban permanent residents(yuan)	15371	17108	11.3
农村牧区常住居民人均可支配收入(元)	The per capita disposable income of permanent residents of rural and pastoral areas(yuan)	5381	6119	13.7
农村牧区经济	**Economic Development in Rural & Pastoral Area**			
农作物总播种面积(公顷)	Total Sown Area(hectare)	145386	151765	4.4
#粮食作物播种面积(公顷)	Sown Area of Grain Crops(hectare)	137960	138610	0.5
农牧业机械总动力(万千瓦)	Total Power of Agricultural Machinery(10 000 kw)	48.82	51.62	5.7
化肥施用折纯量(吨)	Consumption of Chemical Fertilizer(ton)	30020	33008	10.0
农村用电量(万千瓦小时)	Electricity Consumed in Rural Area(10 000 kwh)	411	318	-22.6
农林牧渔业总产值(万元)	Gross Output of Farming,Forestry,Animal Husbandry & Fishery(10 000 yuan)	353703	394929	5.5
粮食产量(吨)	Yield of Grain(ton)	540000	1005020	86.1
油料产量(吨)	Yield of Oil-bearing Grops(ton)	1792		
甜菜产量(吨)	Yield of Beetroots(ton)			
猪牛羊肉产量(吨)	Output of Pork, Beef & Mutton(ton)	14412	14367	-0.3
#猪肉产量(吨)	Output of Pork(ton)	6631	6578	-0.8
牛肉产量(吨)	Output of Beef(ton)	2575	2552	-0.9
羊肉产量(吨)	Output of Mutton(ton)	5206	5237	0.6
羊毛产量(吨)	Output of Wool(ton)	1064	1102	3.6

23-47 Tuquan County in Xingan League

指 标	Item	2012	2013	2013年比上年增长% Increase Rate in 2013 Over 2012(%)
年末牲畜存栏头数(万头只)	Total Livestock at the Year-end(10 000 heads)	65.67	65.91	0.4
# 大牲畜(万头只)	Large Animals(10 000 heads)	8.00	8.02	0.3
羊(万只)	Sheep & Goats(10 000 heads)	50.97	51.22	0.5
猪(万头)	Hogs(10 000 heads)	6.70	6.67	-0.5
规模以上工业	**Industrial Enterprises above Designated size**			
工业企业单位数(个)	Number of Industrial Enterprises(unit)	28	31	10.7
# 内资企业(个)	Civil Funded Enterprises(unit)	28	31	10.7
工业总产值(万元)	Gross Industrial Output Value(10 000 yuan)	382744	465014	22.5
内资企业(万元)	Civil Funded Enterprises(10 000 yuan)	382744	465014	22.5
国有企业(万元)	State-owned Enterprises(10 000 yuan)	20851	26383	26.5
集体企业(万元)	Collective-owned Enterprises(10 000 yuan)	7031	7545	7.3
股份合作企业(万元)	Share Holding Enterprises(10 000 yuan)			
联营企业(万元)	Joint Owned Enterprises(10 000 yuan)			
有限责任公司(万元)	Limited Company(10 000 yuan)	38012	40498	6.5
股份有限公司(万元)	Share Holding Limited Company(10 000 yuan)	3887	4433	14.0
私营企业(万元)	Privately Owned Enterprises(10 000 yuan)	312964	386156	23.4
其他企业(万元)	Enterprises of Other Ownership(10 000 yuan)			
港澳台商投资企业(万元)	Funds from HK,Macao & Taiwan(10 000 yuan)			
外商投资企业(万元)	Foreign Funded Enterprises(10 000 yuan)			
工业企业增加值(万元)	Value Added of Industrial Enterprises(10 000 yuan)			17.1
工业企业资产总计(万元)	Total Assets of Industrial Enterprises(10 000 yuan)	395086	463202	17.2
工业企业负债合计(万元)	Total Liabilities of Industrial Enterprises(10 000 yuan)	235908	254166	7.7
工业企业产品销售收入(万元)	Sales of Revenue Industrial Enterprises(10 000 yuan)	367564	460675	25.3
工业企业利润总额(万元)	Total Profits of Industrial Enterprises(10 000 yuan)	24029	39498	64.4
建筑业	**Construction**			
建筑企业单位数(个)	Number of Construction Enterprises(unit)	1	1	0.0
建筑企业从业人员(人)	Number of Employee in Construction Enterprises(person)	1094	2200	101.1
建筑业总产值(万元)	Gross Construction Output Value(10 000 yuan)	65749	30300	-53.9
交通运输邮电通信业	**Transportation,Post & Telecommunications**			
公路里程(公里)	Total Length of Highways(km)	1722	1745	1.3
邮电业务总量(万元)	Business Volume of Post & Telecoms(10 000 yuan)	14413	15432	7.1
本地电话用户(户)	Number of Subscribers of Local Telephone(Household)	19473	15931	-18.2
国内贸易	**Domestic Trade**			
社会消费品零售总额(万元)	Total Retail Sales of Consumer Goods(10 000 yuan)	151320	168765	11.5
城镇(万元)	Town(10 000 yuan)	96542	108513	12.4
乡村(万元)	Village(10 000 yuan)	54778	60252	10.0
科技教育卫生	**Science,Education & Public Health**			
各类专业技术人员(人)	Special Technical Personnel(person)	4480	4528	1.1
幼儿园数(所)	Number of Kindergartens(unit)	78	68	-12.8
学龄儿童入学率(%)	Percentage of School-Age Children Enrolled(%)	100.0	100.0	0.0
小学学校数(所)	Number of Primary Schools(unit)	20	20	0.0
小学专任教师数(人)	Number of Full-time Teachers of Primary Schools(person)	1279	1345	5.2
小学在校学生数(人)	Number of Student Enrollment of Primary Schools(person)	14427	12989	-10.0
普通中学学校数(所)	Number of Regular Secondary Schools(unit)	10	10	0.0
普通中学专任教师数(人)	Number of Teachers of Secondary Shools(person)	1010	1122	11.1
初中在校学生数(人)	Number of Student in Junior Secondary Schools(person)	7575	5801	-23.4
高中在校学生数(人)	Number of Student in Senior Secondary Schools(person)	4209	4159	-1.2
卫生机构数(所)	Number of Health Institutions(unit)	333	341	2.4
# 医院(所)	Hospitals(unit)	2	2	0.0
卫生院(所)	Township Hospitals(unit)	12	12	0.0
床位数(张)	Number of Beds(unit)	726	793	9.2
# 医院(张)	Hospitals(unit)	520	600	15.4
卫生院(张)	Township Hospitals(unit)	142	159	12.0
卫生技术人员(人)	Medical Technical Presonnel(person)	792	983	24.1
# 医院(人)	Hospitals(person)	382	469	22.8
卫生院(人)	Township Hospitals(person)	210	195	-7.1

23-48 通辽市科尔沁区

指　标	Item	2012	2013	2013年比上年增长% Increase Rate in 2013 Over 2012(%)
行政区域土地面积(平方公里)	**Area of Administration(Sq.km)**	**3385**	**3385**	**0.0**
人口和就业	**Population & Employment**			
年末总人口(人)	Total Population Year-end(person)	848126	856726	1.0
#男性(人)	Male(person)	423800	429713	1.4
#乡村人口(人)	Rural(person)	478685	477345	-0.3
年末总户数(户)	Total Number of Households at the Year-end(Household)	293196	302655	3.2
#乡村户数(户)	Number of Rural Household(Household)	133491	139891	4.8
出生人口(人)	Births(person)	7631	7792	2.1
死亡人口(人)	Deaths(person)	4696	3375	-28.1
全社会就业人员(人)	Employment(person)	444480	450308	1.3
第一产业(人)	Primary Industry(person)	264432	263665	-0.3
第二产业(人)	Secondary Industry(person)	72123	73693	2.2
第三产业(人)	Tertiary Industry(person)	107925	112950	4.7
在岗职工人数(人)	Number of Staff & Workers Employed in(person)	117729	120769	2.6
乡村劳动力(人)	Number of Rural Laborers(person)	294886	291222	-1.2
#农林牧渔业(人)	Farming,Forestry,Animal Husbandry & Fishery(person)	147773	154975	4.9
国民经济综合指标	**Summary Item on the National Economy**			
生产总值(万元)	Gross Domestic Product(10 000 yuan)	6559325	7137473	9.6
第一产业(万元)	Primary Industry(10 000 yuan)	523222	566787	6.7
第二产业(万元)	Secondary Industry(10 000 yuan)	4121340	4328623	11.2
#工业(万元)	Industry(10 000 yuan)	3701309	3865662	12.1
第三产业(万元)	Tertiary Industry(10 000 yuan)	1914763	2242063	7.0
人均生产总值(元)	Per Capita GDP(yuan)	63816	65780	12.6
全社会固定资产投资(万元)	Total Investment in Fixed Assets(10 000 yuan)	5435390	6647416	22.3
按登记注册类型分	Grouped by Registered Type			
#国有(万元)	State-owned Enterprises(10 000 yuan)	2871255	3420643	19.1
集体(万元)	Collective-owned Enterprises(10 000 yuan)		9780	
有限责任公司(万元)	Limited Liability Corporations(10 000 yuan)	1832871	2444767	33.4
股份有限公司(万元)	Share Holding Enterprises(10 000 yuan)	717577	321180	-55.2
私营企业(万元)	Private Enterprises(10 000 yuan)	138900	152400	9.7
外商及港澳台投资企业(万元)	Funds from HK,Macao,Taiwan & Foreign(10 000 yuan)	6500	26697	310.7
按城乡渠道分	Grouped by Urban and Rural Area			
城镇(万元)	Urban(10 000 yuan)	4907465	5907615	20.4
农村(万元)	Rural(10 000 yuan)	527925	739801	40.1
公共财政预算收入(万元)	Public Budgetary Financial Revenue(10 000 yuan)	395353	451978	14.3
公共财政预算支出(万元)	Public Budgetary Financial Expenditures(10 000 yuan)	453546	511322	12.7
个人储蓄存款余额(万元)	The balance of savings deposits of individuals(10 000 yuan)	2130721	2394281	12.4
在岗职工工资总额(万元)	Total Wages of Staff & Workers Employed in(10 000 yuan)	364880	480511	31.7
在岗职工平均工资(元)	Average Wage of Staff & Workers Employed in(yuan)	68287	78252	14.6
全体居民人均可支配收入(元)	The per capita disposable income of all residents(yuan)	17235	19226	11.6
城镇常住居民人均可支配收入(元)	The per capita disposable income of urban permanent residents(yuan)	21097	23376	10.8
农村牧区常住居民人均可支配收入(元)	The per capita disposable income of permanent residents of rural and pastoral areas(yuan)	10739	12059	12.3
农村牧区经济	**Economic Development in Rural & Pastoral Area**			
农作物总播种面积(公顷)	Total Sown Area(hectare)	153168	154950	1.2
#粮食作物播种面积(公顷)	Sown Area of Grain Crops(hectare)	125108	125111	0.0
农牧业机械总动力(万千瓦)	Total Power of Agricultural Machinery(10 000 kw)	98.90	100.69	1.8
化肥施用折纯量(吨)	Consumption of Chemical Fertilizer(ton)	96611	112764	16.7
农村用电量(万千瓦小时)	Electricity Consumed in Rural Area(10 000 kwh)	36473	31558	-13.5
农林牧渔业总产值(万元)	Gross Output of Farming,Forestry,Animal Husbandry & Fishery(10 000 yuan)	853651	979599	6.3
粮食产量(吨)	Yield of Grain(ton)	1022500	1108088	8.4
油料产量(吨)	Yield of Oil-bearing Grops(ton)	3562	3922	10.1
甜菜产量(吨)	Yield of Beetroots(ton)	3520	2748	-21.9
猪牛羊肉产量(吨)	Output of Pork, Beef & Mutton(ton)	96955	106822	10.2
#猪肉产量(吨)	Output of Pork(ton)	60196	73203	21.6
牛肉产量(吨)	Output of Beef(ton)	31566	28396	-10.0
羊肉产量(吨)	Output of Mutton(ton)	5193	5223	0.6
羊毛产量(吨)	Output of Wool(ton)	1203	1199	-0.3

23-48 Keerqin District in Tongliao City

指　标	Item	2012	2013	2013年比上年增长% Increase Rate in 2013 Over 2012(%)
年末牲畜存栏头数(万头只)	Total Livestock at the Year-end(10 000 heads)	166.33	164.21	-1.3
#大牲畜(万头只)	Large Animals(10 000 heads)	35.68	32.25	-9.6
羊(万只)	Sheep & Goats(10 000 heads)	59.00	59.90	1.5
猪(万头)	Hogs(10 000 heads)	71.65	72.06	0.6
规模以上工业	**Industrial Enterprises above Designated size**			
工业企业单位数(个)	Number of Industrial Enterprises(unit)	219	214	-2.3
#内资企业(个)	Civil Funded Enterprises(unit)	209	205	-1.9
工业总产值(万元)	Gross Industrial Output Value(10 000 yuan)	9216201	11020406	19.6
内资企业(万元)	Civil Funded Enterprises(10 000 yuan)	8248164	9297347	12.7
国有企业(万元)	State-owned Enterprises(10 000 yuan)	1149849	963130	-16.2
集体企业(万元)	Collective-owned Enterprises(10 000 yuan)	50354	56851	12.9
股份合作企业(万元)	Share Holding Enterprises(10 000 yuan)	101154		
联营企业(万元)	Joint Owned Enterprises(10 000 yuan)			
有限责任公司(万元)	Limited Company(10 000 yuan)	4027775	4682242	16.2
股份有限公司(万元)	Share Holding Limited Company(10 000 yuan)	348134	474382	36.3
私营企业(万元)	Privately Owned Enterprises(10 000 yuan)	2570898	3109818	21.0
其他企业(万元)	Enterprises of Other Ownership(10 000 yuan)		10924	
港澳台商投资企业(万元)	Funds from HK,Macao & Taiwan(10 000 yuan)	110129	101407	-7.9
外商投资企业(万元)	Foreign Funded Enterprises(10 000 yuan)	857909	1621652	89.0
工业企业增加值(万元)	Value Added of Industrial Enterprises(10 000 yuan)			12.5
工业企业资产总计(万元)	Total Assets of Industrial Enterprises(10 000 yuan)	4210818	4138346	-1.7
工业企业负债合计(万元)	Total Liabilities of Industrial Enterprises(10 000 yuan)	2066670	2077036	0.5
工业企业产品销售收入(万元)	Sales of Revenue Industrial Enterprises(10 000 yuan)	8989956	10605890	18.0
工业企业利润总额(万元)	Total Profits of Industrial Enterprises(10 000 yuan)	551764	663013	20.2
建筑业	**Construction**			
建筑企业单位数(个)	Number of Construction Enterprises(unit)	31	31	0.0
建筑企业从业人员(人)	Number of Employee in Construction Enterprises(person)	14047	19240	37.0
建筑业总产值(万元)	Gross Construction Output Value(10 000 yuan)	443834	434063	-2.2
交通运输邮电通信业	**Transportation,Post & Telecommunications**			
公路里程(公里)	Total Length of Highways(km)	1761	1920	9.0
邮电业务总量(万元)	Business Volume of Post & Telecoms(10 000 yuan)	2461	2877	16.9
本地电话用户(户)	Number of Subscribers of Local Telephone(Household)	618211	633545	2.5
国内贸易	**Domestic Trade**			
社会消费品零售总额(万元)	Total Retail Sales of Consumer Goods(10 000 yuan)	1707147	1894767	11.0
城镇(万元)	Town(10 000 yuan)	1474610	1635699	10.9
乡村(万元)	Village(10 000 yuan)	232537	259068	11.4
科技教育卫生	**Science,Education & Public Health**			
各类专业技术人员(人)	Special Technical Personnel(person)	22661	22683	0.1
幼儿园数(所)	Number of Kindergartens(unit)	114	148	29.8
学龄儿童入学率(%)	Percentage of School-Age Children Enrolled(%)	100.0	100.0	0.0
小学学校数(所)	Number of Primary Schools(unit)	81	82	1.2
小学专任教师数(人)	Number of Full-time Teachers of Primary Schools(person)	3542	3820	7.8
小学在校学生数(人)	Number of Student Enrollment of Primary	66584	60992	-8.4
普通中学学校数(所)	Number of Regular Secondary Schools(unit)	32	30	-6.3
普通中学专任教师数(人)	Number of Teachers of Secondary Shools(person)	4591	4735	3.1
初中在校学生数(人)	Number of Student in Junior Secondary Schools(person)	32665	28862	-11.6
高中在校学生数(人)	Number of Student in Senior Secondary Schools(person)	26774	27040	1.0
卫生机构数(所)	Number of Health Institutions(unit)	793	797	0.5
#医院(所)	Hospitals(unit)	20	21	5.0
卫生院(所)	Township Hospitals(unit)	21	21	0.0
床位数(张)	Number of Beds(unit)	6795	6853	0.9
#医院(张)	Hospitals(unit)	4773	4812	0.8
卫生院(张)	Township Hospitals(unit)	510	517	1.4
卫生技术人员(人)	Medical Technical Presonnel(person)	6848	6651	-2.9
#医院(人)	Hospitals(person)	5299	5101	-3.7
卫生院(人)	Township Hospitals(person)	904	905	0.1

23-49 通辽市霍林郭勒市

指　标	Item	2012	2013	2013年比上年增长% Increase Rate in 2013 Over 2012(%)
行政区域土地面积(平方公里)	**Area of Administration(Sq.km)**	**585**	**585**	**0.0**
人口和就业	**Population & Employment**			
年末总人口(人)	Total Population Year-end(person)	81118	82154	1.3
#男性(人)	Male(person)	42373	42749	0.9
#乡村人口(人)	Rural(person)	5952	5868	-1.4
年末总户数(户)	Total Number of Households at the Year-end(Household)	28975	27851	-3.9
#乡村户数(户)	Number of Rural Household(Household)			
出生人口(人)	Births(person)	1041	1425	36.9
死亡人口(人)	Deaths(person)	391	599	53.2
全社会就业人员(人)	Employment(person)	48818	51597	5.7
第一产业(人)	Primary Industry(person)	5712	6557	14.8
第二产业(人)	Secondary Industry(person)	17721	17984	1.5
第三产业(人)	Tertiary Industry(person)	25385	27056	6.6
在岗职工人数(人)	Number of Staff & Workers Employed in(person)	20517	23133	12.8
乡村劳动力(人)	Number of Rural Laborers(person)	6211		
#农林牧渔业(人)	Farming,Forestry,Animal Husbandry & Fishery(person)	4437		
国民经济综合指标	**Summary Item on the National Economy**			
生产总值(万元)	Gross Domestic Product(10 000 yuan)	2950039	3205715	10.5
第一产业(万元)	Primary Industry(10 000 yuan)	26776	30740	5.5
第二产业(万元)	Secondary Industry(10 000 yuan)	2216777	2403248	11.9
#工业(万元)	Industry(10 000 yuan)	2105684	2311848	12.3
第三产业(万元)	Tertiary Industry(10 000 yuan)	706485	771727	6.6
人均生产总值(元)	Per Capita GDP(yuan)	287178	311083	9.3
全社会固定资产投资(万元)	Total Investment in Fixed Assets(10 000 yuan)	1506215	1837772	22.0
按登记注册类型分	Grouped by Registered Type			
#国有(万元)	State-owned Enterprises(10 000 yuan)	274399	130769	-52.3
集体(万元)	Collective-owned Enterprises(10 000 yuan)	3978		
有限责任公司(万元)	Limited Liability Corporations(10 000 yuan)	151090	697338	361.5
股份有限公司(万元)	Share Holding Enterprises(10 000 yuan)	978762	987256	0.9
私营企业(万元)	Private Enterprises(10 000 yuan)	80610	22409	-72.2
外商及港澳台投资企业(万元)	Funds from HK,Macao,Taiwan & Foreign(10 000 yuan)	17376		
按城乡渠道分	Grouped by Urban and Rural Area			
城镇(万元)	Urban(10 000 yuan)	1506215	1837772	22.0
农村(万元)	Rural(10 000 yuan)			
公共财政预算收入(万元)	Public Budgetary Financial Revenue(10 000 yuan)	184630	228638	23.8
公共财政预算支出(万元)	Public Budgetary Financial Expenditures(10 000 yuan)	246602	318270	29.1
个人储蓄存款余额(万元)	The balance of savings deposits of individuals(10 000 yuan)	349011	414315	18.7
在岗职工工资总额(万元)	Total Wages of Staff & Workers Employed in(10 000 yuan)	101018	149313	47.8
在岗职工平均工资(元)	Average Wage of Staff & Workers Employed in(yuan)	49236	58834	19.5
全体居民人均可支配收入(元)	The per capita disposable income of all residents(yuan)	27029	30005	11.0
城镇常住居民人均可支配收入(元)	The per capita disposable income of urban permanent residents(yuan)	27029	30005	11.0
农村牧区常住居民人均可支配收入(元)	The per capita disposable income of permanent residents of rural and pastoral areas(yuan)			
农村牧区经济	**Economic Development in Rural & Pastoral Area**			
农作物总播种面积(公顷)	Total Sown Area(hectare)	8931	15704	75.8
#粮食作物播种面积(公顷)	Sown Area of Grain Crops(hectare)	6947	4995	-28.1
农牧业机械总动力(万千瓦)	Total Power of Agricultural Machinery(10 000 kw)	2.30	2.00	-13.0
化肥施用折纯量(吨)	Consumption of Chemical Fertilizer(ton)	2123	1952	-8.1
农村用电量(万千瓦小时)	Electricity Consumed in Rural Area(10 000 kwh)	4609	4610	0.0
农林牧渔业总产值(万元)	Gross Output of Farming,Forestry,Animal Husbandry & Fishery(10 000 yuan)	47127	54120	5.3
粮食产量(吨)	Yield of Grain(ton)	11184	12000	7.3
油料产量(吨)	Yield of Oil-bearing Grops(ton)	1525	17298	1034.3
甜菜产量(吨)	Yield of Beetroots(ton)			
猪牛羊肉产量(吨)	Output of Pork, Beef & Mutton(ton)	6070	8541	40.7
#猪肉产量(吨)	Output of Pork(ton)	1965	2573	30.9
牛肉产量(吨)	Output of Beef(ton)	645	947	46.8
羊肉产量(吨)	Output of Mutton(ton)	3460	5021	45.1
羊毛产量(吨)	Output of Wool(ton)	400	420	5.0

23-49 Huolinguole City in Tongliao City

指　标	Item	2012	2013	2013年比上年增长% Increase Rate in 2013 Over 2012(%)
年末牲畜存栏头数(万头只)	Total Livestock at the Year-end(10 000 heads)	13.50	18.38	36.1
#大牲畜(万头只)	Large Animals(10 000 heads)	0.27	0.51	88.9
羊(万只)	Sheep & Goats(10 000 heads)	12.70	17.36	36.7
猪(万头)	Hogs(10 000 heads)	0.53	0.51	-3.8
规模以上工业	**Industrial Enterprises above Designated size**			
工业企业单位数(个)	Number of Industrial Enterprises(unit)	57	62	8.8
#内资企业(个)	Civil Funded Enterprises(unit)	53	58	9.4
工业总产值(万元)	Gross Industrial Output Value(10 000 yuan)	5221864	5416950	3.7
内资企业(万元)	Civil Funded Enterprises(10 000 yuan)	4423119	4156032	-6.0
国有企业(万元)	State-owned Enterprises(10 000 yuan)	315013	136134	-56.8
集体企业(万元)	Collective-owned Enterprises(10 000 yuan)			
股份合作企业(万元)	Share Holding Enterprises(10 000 yuan)			
联营企业(万元)	Joint Owned Enterprises(10 000 yuan)			
有限责任公司(万元)	Limited Company(10 000 yuan)	2207663	2645695	19.8
股份有限公司(万元)	Share Holding Limited Company(10 000 yuan)	662129	595561	-10.1
私营企业(万元)	Privately Owned Enterprises(10 000 yuan)	928707	778642	-16.2
其他企业(万元)	Enterprises of Other Ownership(10 000 yuan)	309608		
港澳台商投资企业(万元)	Funds from HK,Macao & Taiwan(10 000 yuan)	9796	141675	1346.2
外商投资企业(万元)	Foreign Funded Enterprises(10 000 yuan)	788949	1119243	41.9
工业企业增加值(万元)	Value Added of Industrial Enterprises(10 000 yuan)			12.6
工业企业资产总计(万元)	Total Assets of Industrial Enterprises(10 000 yuan)	3598289	4237724	17.8
工业企业负债合计(万元)	Total Liabilities of Industrial Enterprises(10 000 yuan)	1691213	2321001	37.2
工业企业产品销售收入(万元)	Sales of Revenue Industrial Enterprises(10 000 yuan)	4993940	5342998	7.0
工业企业利润总额(万元)	Total Profits of Industrial Enterprises(10 000 yuan)	342513	329014	-3.9
建筑业	**Construction**			
建筑企业单位数(个)	Number of Construction Enterprises(unit)	4	5	25.0
建筑企业从业人员(人)	Number of Employee in Construction Enterprises(person)	1017	1318	29.6
建筑业总产值(万元)	Gross Construction Output Value(10 000 yuan)	59256	58102	-1.9
交通运输邮电通信业	**Transportation,Post & Telecommunications**			
公路里程(公里)	Total Length of Highways(km)	67	67	0.0
邮电业务总量(万元)	Business Volume of Post & Telecoms(10 000 yuan)	25665	32188	25.4
本地电话用户(户)	Number of Subscribers of Local Telephone(Household)	97180	145000	49.2
国内贸易	**Domestic Trade**			
社会消费品零售总额(万元)	Total Retail Sales of Consumer Goods(10 000 yuan)	268881	301823	12.3
城镇(万元)	Town(10 000 yuan)	268881	301823	12.3
乡村(万元)	Village(10 000 yuan)			
科技教育卫生	**Science,Education & Public Health**			
各类专业技术人员(人)	Special Technical Personnel(person)	4371	5439	24.4
幼儿园数(所)	Number of Kindergartens(unit)	46	47	2.2
学龄儿童入学率(%)	Percentage of School-Age Children Enrolled(%)	100.0	100.0	0.0
小学学校数(所)	Number of Primary Schools(unit)	7	7	0.0
小学专任教师数(人)	Number of Full-time Teachers of Primary Schools(person)	368	401	9.0
小学在校学生数(人)	Number of Student Enrollment of Primary Schools(person)	7271	7364	1.3
普通中学学校数(所)	Number of Regular Secondary Schools(unit)	7	7	0.0
普通中学专任教师数(人)	Number of Teachers of Secondary Shools(person)	542	600	10.7
初中在校学生数(人)	Number of Student in Junior Secondary Schools(person)	3382	3184	-5.9
高中在校学生数(人)	Number of Student in Senior Secondary Schools(person)	2941	2992	1.7
卫生机构数(所)	Number of Health Institutions(unit)	62	68	9.7
#医院(所)	Hospitals(unit)	3	3	0.0
卫生院(所)	Township Hospitals(unit)	55	61	10.9
床位数(张)	Number of Beds(unit)	698	698	0.0
#医院(张)	Hospitals(unit)	678	678	0.0
卫生院(张)	Township Hospitals(unit)			
卫生技术人员(人)	Medical Technical Presonnel(person)	432	432	0.0
#医院(人)	Hospitals(person)	408	418	2.5
卫生院(人)	Township Hospitals(person)			

23-50 通辽市科尔沁左翼中旗

指　标	Item	2012	2013	2013年比上年增长% Increase Rate in 2013 Over 2012(%)
行政区域土地面积(平方公里)	**Area of Administration(Sq.km)**	**9569**	**9569**	**0.0**
人口和就业	**Population & Employment**			
年末总人口(人)	Total Population Year-end(person)	535011	533834	-0.2
#男性(人)	Male(person)	273331	272958	-0.1
#乡村人口(人)	Rural(person)	463727	464033	0.1
年末总户数(户)	Total Number of Households at the Year-end(Household)	181575	187675	3.4
#乡村户数(户)	Number of Rural Household(Household)	106626	106756	0.1
出生人口(人)	Births(person)	4765	4705	-1.3
死亡人口(人)	Deaths(person)	4271	1791	-58.1
全社会就业人员(人)	Employment(person)	291496	290452	-0.4
第一产业(人)	Primary Industry(person)	206855	194109	-6.2
第二产业(人)	Secondary Industry(person)	31569	34443	9.1
第三产业(人)	Tertiary Industry(person)	53072	61900	16.6
在岗职工人数(人)	Number of Staff & Workers Employed in(person)	27314	26773	-2.0
乡村劳动力(人)	Number of Rural Laborers(person)	251692	251858	0.1
#农林牧渔业(人)	Farming,Forestry,Animal Husbandry & Fishery(person)	192975	180009	-6.7
国民经济综合指标	**Summary Item on the National Economy**			
生产总值(万元)	Gross Domestic Product(10 000 yuan)	1396779	1506200	9.2
第一产业(万元)	Primary Industry(10 000 yuan)	356153	378500	6.6
第二产业(万元)	Secondary Industry(10 000 yuan)	619420	689900	11.8
#工业(万元)	Industry(10 000 yuan)	573387	662600	12.2
第三产业(万元)	Tertiary Industry(10 000 yuan)	421207	437800	6.4
人均生产总值(元)	Per Capita GDP(yuan)	27241	29453	7.9
全社会固定资产投资(万元)	Total Investment in Fixed Assets(10 000 yuan)	1030000	1230000	19.4
按登记注册类型分	Grouped by Registered Type			
#国有(万元)	State-owned Enterprises(10 000 yuan)	202389	160057	-20.9
集体(万元)	Collective-owned Enterprises(10 000 yuan)	610	1800	195.1
有限责任公司(万元)	Limited Liability Corporations(10 000 yuan)	522305	419198	-19.7
股份有限公司(万元)	Share Holding Enterprises(10 000 yuan)	640	60700	9384.4
私营企业(万元)	Private Enterprises(10 000 yuan)	113848	588245	416.7
外商及港澳台投资企业(万元)	Funds from HK,Macao,Taiwan & Foreign(10 000 yuan)			
按城乡渠道分	Grouped by Urban and Rural Area			
城镇(万元)	Urban(10 000 yuan)	930676	1121900	20.5
农村(万元)	Rural(10 000 yuan)	99324	108100	8.8
公共财政预算收入(万元)	Public Budgetary Financial Revenue(10 000 yuan)	23661	26140	10.5
公共财政预算支出(万元)	Public Budgetary Financial Expenditures(10 000 yuan)	270536	265327	-1.9
个人储蓄存款余额(万元)	The balance of savings deposits of individuals(10 000 yuan)	167385	211689	26.5
在岗职工工资总额(万元)	Total Wages of Staff & Workers Employed in(10 000 yuan)	98803	102718	4.0
在岗职工平均工资(元)	Average Wage of Staff & Workers Employed in(yuan)	36173	38366	6.1
全体居民人均可支配收入(元)	The per capita disposable income of all residents(yuan)	9403	10584	12.6
城镇常住居民人均可支配收入(元)	The per capita disposable income of urban permanent residents(yuan)	15792	17641	11.7
农村牧区常住居民人均可支配收入(元)	The per capita disposable income of permanent residents of rural and pastoral areas(yuan)	6566	7435	13.2
农村牧区经济	**Economic Development in Rural & Pastoral Area**			
农作物总播种面积(公顷)	Total Sown Area(hectare)	306241	319115	4.2
#粮食作物播种面积(公顷)	Sown Area of Grain Crops(hectare)	283515	282693	-0.3
农牧业机械总动力(万千瓦)	Total Power of Agricultural Machinery(10 000 kw)	121.11	122.00	0.7
化肥施用折纯量(吨)	Consumption of Chemical Fertilizer(ton)	108017	110442	2.3
农村用电量(万千瓦小时)	Electricity Consumed in Rural Area(10 000 kwh)	9118	9910	8.7
农林牧渔业总产值(万元)	Gross Output of Farming,Forestry,Animal Husbandry & Fishery(10 000 yuan)	859200	956360	11.7
粮食产量(吨)	Yield of Grain(ton)	2553000	2765000	8.3
油料产量(吨)	Yield of Oil-bearing Grops(ton)	29828	34213	14.7
甜菜产量(吨)	Yield of Beetroots(ton)	92295	60469	-34.5
猪牛羊肉产量(吨)	Output of Pork, Beef & Mutton(ton)	58676	63995	9.1
#猪肉产量(吨)	Output of Pork(ton)	34485	37502	8.8
牛肉产量(吨)	Output of Beef(ton)	15630	16151	3.3
羊肉产量(吨)	Output of Mutton(ton)	8561	10342	20.8
羊毛产量(吨)	Output of Wool(ton)	1664	2128	27.9

23-50 Keerqinzuoyizhong Banner in Tongliao City

指　标	Item	2012	2013	2013年比上年增长% Increase Rate in 2013 Over 2012(%)
年末牲畜存栏头数(万头只)	Total Livestock at the Year-end(10 000 heads)	171.22	167.30	-2.3
#大牲畜(万头只)	Large Animals(10 000 heads)	38.39	33.67	-12.3
羊(万只)	Sheep & Goats(10 000 heads)	87.31	87.34	0.03
猪(万头)	Hogs(10 000 heads)	45.52	46.30	1.7
规模以上工业	**Industrial Enterprises above Designated size**			
工业企业单位数(个)	Number of Industrial Enterprises(unit)	60	57	-5.0
#内资企业(个)	Civil Funded Enterprises(unit)	59	56	-5.1
工业总产值(万元)	Gross Industrial Output Value(10 000 yuan)	1793632	2122734	18.3
内资企业(万元)	Civil Funded Enterprises(10 000 yuan)	1768118	2092586	18.4
国有企业(万元)	State-owned Enterprises(10 000 yuan)	134841	107530	-20.3
集体企业(万元)	Collective-owned Enterprises(10 000 yuan)	111319	113415	1.9
股份合作企业(万元)	Share Holding Enterprises(10 000 yuan)	65942	35425	-46.3
联营企业(万元)	Joint Owned Enterprises(10 000 yuan)			
有限责任公司(万元)	Limited Company(10 000 yuan)	280670	517800	84.5
股份有限公司(万元)	Share Holding Limited Company(10 000 yuan)	186624	235327	26.1
私营企业(万元)	Privately Owned Enterprises(10 000 yuan)	881659	1062428	20.5
其他企业(万元)	Enterprises of Other Ownership(10 000 yuan)	107063	20661	-80.7
港澳台商投资企业(万元)	Funds from HK,Macao & Taiwan(10 000 yuan)			
外商投资企业(万元)	Foreign Funded Enterprises(10 000 yuan)	25514	30148	18.2
工业企业增加值(万元)	Value Added of Industrial Enterprises(10 000 yuan)			12.9
工业企业资产总计(万元)	Total Assets of Industrial Enterprises(10 000 yuan)	900859	1332056	47.9
工业企业负债合计(万元)	Total Liabilities of Industrial Enterprises(10 000 yuan)	28938	27318	-5.6
工业企业产品销售收入(万元)	Sales of Revenue Industrial Enterprises(10 000 yuan)	1752114	2053264	17.2
工业企业利润总额(万元)	Total Profits of Industrial Enterprises(10 000 yuan)	159385	251629	57.9
建筑业	**Construction**			
建筑企业单位数(个)	Number of Construction Enterprises(unit)	2	2	0.0
建筑企业从业人员(人)	Number of Employee in Construction Enterprises(person)	2150	1660	-22.8
建筑业总产值(万元)	Gross Construction Output Value(10 000 yuan)	12645	7509	-40.6
交通运输邮电通信业	**Transportation,Post & Telecommunications**			
公路里程(公里)	Total Length of Highways(km)	3160	3204	1.4
邮电业务总量(万元)	Business Volume of Post & Telecoms(10 000 yuan)	20747	22247	7.2
本地电话用户(户)	Number of Subscribers of Local Telephone(Household)	396960	412695	4.0
国内贸易	**Domestic Trade**			
社会消费品零售总额(万元)	Total Retail Sales of Consumer Goods(10 000 yuan)	246235	272582	10.7
城镇(万元)	Town(10 000 yuan)	114021	127422	11.8
乡村(万元)	Village(10 000 yuan)	132214	145160	9.8
科技教育卫生	**Science,Education & Public Health**			
各类专业技术人员(人)	Special Technical Personnel(person)	6394	6527	2.1
幼儿园数(所)	Number of Kindergartens(unit)	57	62	8.8
学龄儿童入学率(%)	Percentage of School-Age Children Enrolled(%)	100.0	100.0	0.0
小学学校数(所)	Number of Primary Schools(unit)	76	76	0.0
小学专任教师数(人)	Number of Full-time Teachers of Primary Schools(person)	2915	2772	-4.9
小学在校学生数(人)	Number of Student Enrollment of Primary Schools(person)	28169	25796	-8.4
普通中学学校数(所)	Number of Regular Secondary Schools(unit)	17	17	0.0
普通中学专任教师数(人)	Number of Teachers of Secondary Shools(person)	1346	1438	6.8
初中在校学生数(人)	Number of Student in Junior Secondary Schools(person)	8859	9899	11.7
高中在校学生数(人)	Number of Student in Senior Secondary Schools(person)	5539	4320	-22.0
卫生机构数(所)	Number of Health Institutions(unit)	571	571	0.0
#医院(所)	Hospitals(unit)	3	3	0.0
卫生院(所)	Township Hospitals(unit)	29	29	0.0
床位数(张)	Number of Beds(unit)	695	863	24.2
#医院(张)	Hospitals(unit)	347	519	49.6
卫生院(张)	Township Hospitals(unit)	344	340	-1.2
卫生技术人员(人)	Medical Technical Presonnel(person)	819	828	1.1
#医院(人)	Hospitals(person)	232	237	2.2
卫生院(人)	Township Hospitals(person)	437	441	0.9

23-51 通辽市科尔沁左翼后旗

指　标	Item	2012	2013	2013年比上年增长% Increase Rate in 2013 Over 2012(%)
行政区域土地面积(平方公里)	**Area of Administration(Sq.km)**	**11481**	**11481**	**0.0**
人口和就业	**Population & Employment**			
年末总人口(人)	Total Population Year-end(person)	403821	405657	0.5
#男性(人)	Male(person)	207007	207829	0.4
#乡村人口(人)	Rural(person)	350000	353930	1.1
年末总户数(户)	Total Number of Households at the Year-end(Household)	140731	144687	2.8
#乡村户数(户)	Number of Rural Household(Household)	93300	93758	0.5
出生人口(人)	Births(person)	3526	3553	0.8
死亡人口(人)	Deaths(person)	4776	1287	-73.1
全社会就业人员(人)	Employment(person)	176811	180725	2.2
第一产业(人)	Primary Industry(person)	121502	121511	0.0
第二产业(人)	Secondary Industry(person)	14105	14312	1.5
第三产业(人)	Tertiary Industry(person)	41204	44902	9.0
在岗职工人数(人)	Number of Staff & Workers Employed in(person)	24317	29280	20.4
乡村劳动力(人)	Number of Rural Laborers(person)	139171	140527	1.0
#农林牧渔业(人)	Farming,Forestry,Animal Husbandry & Fishery(person)	117939	117721	-0.2
国民经济综合指标	**Summary Item on the National Economy**			
生产总值(万元)	Gross Domestic Product(10 000 yuan)	1425034	1524033	9.6
第一产业(万元)	Primary Industry(10 000 yuan)	278810	336590	6.9
第二产业(万元)	Secondary Industry(10 000 yuan)	701313	732643	11.7
#工业(万元)	Industry(10 000 yuan)	640805	687043	12.3
第三产业(万元)	Tertiary Industry(10 000 yuan)	444911	454800	6.4
人均生产总值(元)	Per Capita GDP(yuan)	35110	37655	6.0
全社会固定资产投资(万元)	Total Investment in Fixed Assets(10 000 yuan)	865327	1086898	25.6
按登记注册类型分	Grouped by Registered Type			
#国有(万元)	State-owned Enterprises(10 000 yuan)	262346	333314	27.1
集体(万元)	Collective-owned Enterprises(10 000 yuan)	2000		
有限责任公司(万元)	Limited Liability Corporations(10 000 yuan)	472524	635232	34.4
股份有限公司(万元)	Share Holding Enterprises(10 000 yuan)	1800	50000	2677.8
私营企业(万元)	Private Enterprises(10 000 yuan)	57100	23200	-59.4
外商及港澳台投资企业(万元)	Funds from HK,Macao,Taiwan & Foreign(10 000 yuan)			
按城乡渠道分	Grouped by Urban and Rural Area			
城镇(万元)	Urban(10 000 yuan)	855890	1086299	26.9
农村(万元)	Rural(10 000 yuan)	9437	599	-93.7
公共财政预算收入(万元)	Public Budgetary Financial Revenue(10 000 yuan)	27514	32661	18.7
公共财政预算支出(万元)	Public Budgetary Financial Expenditures(10 000 yuan)	227101	254723	12.2
个人储蓄存款余额(万元)	The balance of savings deposits of individuals(10 000 yuan)	190050	233252	22.7
在岗职工工资总额(万元)	Total Wages of Staff & Workers Employed in(10 000 yuan)	92341	118815	28.7
在岗职工平均工资(元)	Average Wage of Staff & Workers Employed in(yuan)	38052	40600	6.7
全体居民人均可支配收入(元)	The per capita disposable income of all residents(yuan)	9769	10985	12.4
城镇常住居民人均可支配收入(元)	The per capita disposable income of urban permanent residents(yuan)	15936	17793	11.7
农村牧区常住居民人均可支配收入(元)	The per capita disposable income of permanent residents of rural and pastoral areas(yuan)	6931	7894	13.9
农村牧区经济	**Economic Development in Rural & Pastoral Area**			
农作物总播种面积(公顷)	Total Sown Area(hectare)	215333	255370	18.6
#粮食作物播种面积(公顷)	Sown Area of Grain Crops(hectare)	187000	220151	17.7
农牧业机械总动力(万千瓦)	Total Power of Agricultural Machinery(10 000 kw)	90.00	118.26	31.4
化肥施用折纯量(吨)	Consumption of Chemical Fertilizer(ton)	146000	149000	2.1
农村用电量(万千瓦小时)	Electricity Consumed in Rural Area(10 000 kwh)	7453	8500	14.0
农林牧渔业总产值(万元)	Gross Output of Farming,Forestry,Animal Husbandry & Fishery(10 000 yuan)	464660	560983	10.0
粮食产量(吨)	Yield of Grain(ton)	910000	1131212	24.3
油料产量(吨)	Yield of Oil-bearing Grops(ton)	15945	15945	0.0
甜菜产量(吨)	Yield of Beetroots(ton)			
猪牛羊肉产量(吨)	Output of Pork, Beef & Mutton(ton)	34050	37710	10.7
#猪肉产量(吨)	Output of Pork(ton)	17666	18766	6.2
牛肉产量(吨)	Output of Beef(ton)	11770	15257	29.6
羊肉产量(吨)	Output of Mutton(ton)	4614	3688	-20.1
羊毛产量(吨)	Output of Wool(ton)	2300	1140	-50.4

23-51 Keerqinzuoyihou Banner in Tongliao City

指　标	Item	2012	2013	2013年比上年增长% Increase Rate in 2013 Over 2012(%)
年末牲畜存栏头数(万头只)	Total Livestock at the Year-end(10 000 heads)	109.90	114.20	3.9
#大牲畜(万头只)	Large Animals(10 000 heads)	44.67	45.82	2.6
羊(万只)	Sheep & Goats(10 000 heads)	41.42	46.78	12.9
猪(万头)	Hogs(10 000 heads)	23.81	21.60	-9.3
规模以上工业	**Industrial Enterprises above Designated size**			
工业企业单位数(个)	Number of Industrial Enterprises(unit)	60	63	5.0
#内资企业(个)	Civil Funded Enterprises(unit)	60	63	5.0
工业总产值(万元)	Gross Industrial Output Value(10 000 yuan)	1856879	2015810	8.6
内资企业(万元)	Civil Funded Enterprises(10 000 yuan)	1856879	2015810	8.6
国有企业(万元)	State-owned Enterprises(10 000 yuan)	153100	237173	54.9
集体企业(万元)	Collective-owned Enterprises(10 000 yuan)	9350		
股份合作企业(万元)	Share Holding Enterprises(10 000 yuan)			
联营企业(万元)	Joint Owned Enterprises(10 000 yuan)	28068		
有限责任公司(万元)	Limited Company(10 000 yuan)	246348	323393	31.3
股份有限公司(万元)	Share Holding Limited Company(10 000 yuan)	47998	66563	38.7
私营企业(万元)	Privately Owned Enterprises(10 000 yuan)	1369529	1388681	1.4
其他企业(万元)	Enterprises of Other Ownership(10 000 yuan)	2487		
港澳台商投资企业(万元)	Funds from HK,Macao & Taiwan(10 000 yuan)			
外商投资企业(万元)	Foreign Funded Enterprises(10 000 yuan)			
工业企业增加值(万元)	Value Added of Industrial Enterprises(10 000 yuan)			13.0
工业企业资产总计(万元)	Total Assets of Industrial Enterprises(10 000 yuan)	812851	871100	7.2
工业企业负债合计(万元)	Total Liabilities of Industrial Enterprises(10 000 yuan)	444918	497200	11.8
工业企业产品销售收入(万元)	Sales of Revenue Industrial Enterprises(10 000 yuan)	1831086	1976600	7.9
工业企业利润总额(万元)	Total Profits of Industrial Enterprises(10 000 yuan)	87035	115300	32.5
建筑业	**Construction**			
建筑企业单位数(个)	Number of Construction Enterprises(unit)	1	2	100.0
建筑企业从业人员(人)	Number of Employee in Construction Enterprises(person)	8	20	150.0
建筑业总产值(万元)	Gross Construction Output Value(10 000 yuan)	3769	10067	167.1
交通运输邮电通信业	**Transportation,Post & Telecommunications**			
公路里程(公里)	Total Length of Highways(km)	3663	3686	0.6
邮电业务总量(万元)	Business Volume of Post & Telecoms(10 000 yuan)	20900	23400	12.0
本地电话用户(户)	Number of Subscribers of Local Telephone(Household)	32822	31000	-5.6
国内贸易	**Domestic Trade**			
社会消费品零售总额(万元)	Total Retail Sales of Consumer Goods(10 000 yuan)	265290	277533	4.6
城镇(万元)	Town(10 000 yuan)	177656	186034	4.7
乡村(万元)	Village(10 000 yuan)	87634	91499	4.4
科技教育卫生	**Science,Education & Public Health**			
各类专业技术人员(人)	Special Technical Personnel(person)	7681	7681	0.0
幼儿园数(所)	Number of Kindergartens(unit)	41	54	31.7
学龄儿童入学率(%)	Percentage of School-Age Children Enrolled(%)	100.0	100.0	0.0
小学学校数(所)	Number of Primary Schools(unit)	34	34	0.0
小学专任教师数(人)	Number of Full-time Teachers of Primary Schools(person)	2086	1902	-8.8
小学在校学生数(人)	Number of Student Enrollment of Primary Schools(person)	23547	23381	-0.7
普通中学学校数(所)	Number of Regular Secondary Schools(unit)	16	16	0.0
普通中学专任教师数(人)	Number of Teachers of Secondary Shools(person)	1543	1411	-8.6
初中在校学生数(人)	Number of Student in Junior Secondary Schools(person)	10909	10434	-4.4
高中在校学生数(人)	Number of Student in Senior Secondary Schools(person)	4274	4989	16.7
卫生机构数(所)	Number of Health Institutions(unit)	40	40	0.0
#医院(所)	Hospitals(unit)	2	2	0.0
卫生院(所)	Township Hospitals(unit)	29	29	0.0
床位数(张)	Number of Beds(unit)	652	750	15.0
#医院(张)	Hospitals(unit)	220	282	28.2
卫生院(张)	Township Hospitals(unit)	350	386	10.3
卫生技术人员(人)	Medical Technical Presonnel(person)	1018	991	-2.7
#医院(人)	Hospitals(person)	376	396	5.3
卫生院(人)	Township Hospitals(person)	407	390	-4.2

23-52 通辽市开鲁县

指　标	Item	2012	2013	2013年比上年增长% Increase Rate in 2013 Over 2012(%)
行政区域土地面积(平方公里)	**Area of Administration(Sq.km)**	**4488**	**4488**	**0.0**
人口和就业	**Population & Employment**			
年末总人口(人)	Total Population Year-end(person)	397591	398078	0.1
#男性(人)	Male(person)	201810	201832	0.0
#乡村人口(人)	Rural(person)	323472	324012	0.2
年末总户数(户)	Total Number of Households at the Year-end(Household)	136062	138353	1.7
#乡村户数(户)	Number of Rural Household(Household)	93922	94586	0.7
出生人口(人)	Births(person)	3371	3001	-11.0
死亡人口(人)	Deaths(person)	1602	1297	-19.0
全社会就业人员(人)	Employment(person)	225708	226262	0.2
第一产业(人)	Primary Industry(person)	134030	134247	0.2
第二产业(人)	Secondary Industry(person)	40791	41007	0.5
第三产业(人)	Tertiary Industry(person)	50887	51008	0.2
在岗职工人数(人)	Number of Staff & Workers Employed in(person)	22306	22603	1.3
乡村劳动力(人)	Number of Rural Laborers(person)	170747	174434	2.2
#农林牧渔业(人)	Farming,Forestry,Animal Husbandry & Fishery(person)	134030	134247	0.2
国民经济综合指标	**Summary Item on the National Economy**			
生产总值(万元)	Gross Domestic Product(10 000 yuan)	1816816	2082900	9.7
第一产业(万元)	Primary Industry(10 000 yuan)	446145	493000	6.7
第二产业(万元)	Secondary Industry(10 000 yuan)	942374	1137800	11.2
#工业(万元)	Industry(10 000 yuan)	883706	1071900	11.7
第三产业(万元)	Tertiary Industry(10 000 yuan)	428297	452100	8.7
人均生产总值(元)	Per Capita GDP(yuan)	45717	52360	12.6
全社会固定资产投资(万元)	Total Investment in Fixed Assets(10 000 yuan)	1146774	1428321	24.6
按登记注册类型分	Grouped by Registered Type			
#国有(万元)	State-owned Enterprises(10 000 yuan)	283407	329962	16.4
集体(万元)	Collective-owned Enterprises(10 000 yuan)	500		
有限责任公司(万元)	Limited Liability Corporations(10 000 yuan)	209137	330544	58.1
股份有限公司(万元)	Share Holding Enterprises(10 000 yuan)	40000	67985	70.0
私营企业(万元)	Private Enterprises(10 000 yuan)	613730	699830	14.0
外商及港澳台投资企业 (万元)	Funds from HK,Macao,Taiwan & Foreign(10 000 yuan)			
按城乡渠道分	Grouped by Urban and Rural Area			
城镇 (万元)	Urban(10 000 yuan)	1091320	1403261	28.6
农村 (万元)	Rural(10 000 yuan)	55454	25060	-54.8
公共财政预算收入 (万元)	Public Budgetary Financial Revenue(10 000 yuan)	40765	34613	-15.1
公共财政预算支出 (万元)	Public Budgetary Financial Expenditures(10 000 yuan)	199253	228201	14.5
个人储蓄存款余额(万元)	The balance of savings deposits of individuals(10 000 yuan)	281476	361789	28.5
在岗职工工资总额(万元)	Total Wages of Staff & Workers Employed in(10 000 yuan)	72641	79438	9.4
在岗职工平均工资(元)	Average Wage of Staff & Workers Employed in(yuan)	32627	35026	7.4
全体居民人均可支配收入 (元)	The per capita disposable income of all residents(yuan)	11280	12697	12.6
城镇常住居民人均可支配收入 (元)	The per capita disposable income of urban permanent residents(yuan)	17373	19387	11.6
农村牧区常住居民人均可支配收入 (元)	The per capita disposable income of permanent residents of rural and pastoral areas(yuan)	8837	9985	13.0
农村牧区经济	**Economic Development in Rural & Pastoral Area**			
农作物总播种面积(公顷)	Total Sown Area(hectare)	132610	125240	-5.6
#粮食作物播种面积(公顷)	Sown Area of Grain Crops(hectare)	92190	93965	1.9
农牧业机械总动力(万千瓦)	Total Power of Agricultural Machinery(10 000 kw)	96.77	103.83	7.3
化肥施用折纯量(吨)	Consumption of Chemical Fertilizer(ton)	30781	30871	0.3
农村用电量(万千瓦小时)	Electricity Consumed in Rural Area(10 000 kwh)	19377	20167	4.1
农林牧渔业总产值(万元)	Gross Output of Farming,Forestry,Animal Husbandry & Fishery(10 000 yuan)	698692	790350	7.7
粮食产量(吨)	Yield of Grain(ton)	940000	1020135	8.5
油料产量(吨)	Yield of Oil-bearing Grops(ton)	27157	6826	-74.9
甜菜产量(吨)	Yield of Beetroots(ton)	1350	1575	16.7
猪牛羊肉产量(吨)	Output of Pork, Beef & Mutton(ton)	89499	81703	-8.7
#猪肉产量(吨)	Output of Pork(ton)	70400	65680	-6.7
牛肉产量(吨)	Output of Beef(ton)	9631	6553	-32.0
羊肉产量(吨)	Output of Mutton(ton)	9468	9470	0.0
羊毛产量(吨)	Output of Wool(ton)	2851	3090	8.4

23-52 Kailu County in Tongliao City

指 标	Item	2012	2013	2013年比上年增长% Increase Rate in 2013 Over 2012(%)
年末牲畜存栏头数(万头只)	Total Livestock at the Year-end(10 000 heads)	190.49	189.92	-0.3
#大牲畜(万头只)	Large Animals(10 000 heads)	23.88	22.99	-3.7
羊(万只)	Sheep & Goats(10 000 heads)	120.78	121.55	0.6
猪(万头)	Hogs(10 000 heads)	45.84	45.38	-1.0
规模以上工业	**Industrial Enterprises above Designated size**			
工业企业单位数(个)	Number of Industrial Enterprises(unit)	75	73	-2.7
#内资企业(个)	Civil Funded Enterprises(unit)	74	72	-2.7
工业总产值(万元)	Gross Industrial Output Value(10 000 yuan)	2960828	3430054	15.8
内资企业(万元)	Civil Funded Enterprises(10 000 yuan)	2856744	3309340	15.8
国有企业(万元)	State-owned Enterprises(10 000 yuan)	48644	59892	23.1
集体企业(万元)	Collective-owned Enterprises(10 000 yuan)			
股份合作企业(万元)	Share Holding Enterprises(10 000 yuan)			
联营企业(万元)	Joint Owned Enterprises(10 000 yuan)			
有限责任公司(万元)	Limited Company(10 000 yuan)	208056	307853	48.0
股份有限公司(万元)	Share Holding Limited Company(10 000 yuan)			
私营企业(万元)	Privately Owned Enterprises(10 000 yuan)	2600044	2941595	13.1
其他企业(万元)	Enterprises of Other Ownership(10 000 yuan)			
港澳台商投资企业(万元)	Funds from HK,Macao & Taiwan(10 000 yuan)	104084	120714	16.0
外商投资企业(万元)	Foreign Funded Enterprises(10 000 yuan)			
工业企业增加值(万元)	Value Added of Industrial Enterprises(10 000 yuan)			12.3
工业企业资产总计(万元)	Total Assets of Industrial Enterprises(10 000 yuan)	1464964	2055683	40.3
工业企业负债合计(万元)	Total Liabilities of Industrial Enterprises(10 000 yuan)	273621	298269	9.0
工业企业产品销售收入(万元)	Sales of Revenue Industrial Enterprises(10 000 yuan)	2934218	3395418	15.7
工业企业利润总额(万元)	Total Profits of Industrial Enterprises(10 000 yuan)	326748	388513	18.9
建筑业	**Construction**			
建筑企业单位数(个)	Number of Construction Enterprises(unit)	3	4	33.3
建筑企业从业人员(人)	Number of Employee in Construction Enterprises(person)	1529	1564	2.3
建筑业总产值(万元)	Gross Construction Output Value(10 000 yuan)	35594	37908	6.5
交通运输邮电通信业	**Transportation,Post & Telecommunications**			
公路里程(公里)	Total Length of Highways(km)	2010	2036	1.3
邮电业务总量(万元)	Business Volume of Post & Telecoms(10 000 yuan)	26083	26218	0.5
本地电话用户(户)	Number of Subscribers of Local Telephone(Household)	411034	406766	-1.0
国内贸易	**Domestic Trade**			
社会消费品零售总额(万元)	Total Retail Sales of Consumer Goods(10 000 yuan)	279400	310765	11.2
城镇(万元)	Town(10 000 yuan)	179521	198819	10.7
乡村(万元)	Village(10 000 yuan)	99879	111946	12.1
科技教育卫生	**Science,Education & Public Health**			
各类专业技术人员(人)	Special Technical Personnel(person)	5519	5454	-1.2
幼儿园数(所)	Number of Kindergartens(unit)	23	35	52.2
学龄儿童入学率(%)	Percentage of School-Age Children Enrolled(%)	100.0	100.0	0.0
小学学校数(所)	Number of Primary Schools(unit)	148	147	-0.7
小学专任教师数(人)	Number of Full-time Teachers of Primary Schools(person)	2048	1922	-6.2
小学在校学生数(人)	Number of Student Enrollment of Primary Schools(person)	27172	22193	-18.3
普通中学学校数(所)	Number of Regular Secondary Schools(unit)	21	21	0.0
普通中学专任教师数(人)	Number of Teachers of Secondary Shools(person)	1722	1762	2.3
初中在校学生数(人)	Number of Student in Junior Secondary Schools(person)	13929	11366	-18.4
高中在校学生数(人)	Number of Student in Senior Secondary Schools(person)	7236	7151	-1.2
卫生机构数(所)	Number of Health Institutions(unit)	608	611	0.5
#医院(所)	Hospitals(unit)	3	3	0.0
卫生院(所)	Township Hospitals(unit)	21	21	0.0
床位数(张)	Number of Beds(unit)	836	885	5.9
#医院(张)	Hospitals(unit)	462	465	0.6
卫生院(张)	Township Hospitals(unit)	374	420	12.3
卫生技术人员(人)	Medical Technical Presonnel(person)	1114	1092	-2.0
#医院(人)	Hospitals(person)	637	604	-5.2
卫生院(人)	Township Hospitals(person)	477	488	2.3

23-53 通辽市库伦旗

指　标	Item	2012	2013	2013年比上年增长% Increase Rate in 2013 Over 2012(%)
行政区域土地面积(平方公里)	**Area of Administration(Sq.km)**	**4714**	**4714**	**0.0**
人口和就业	**Population & Employment**			
年末总人口(人)	Total Population Year-end(person)	180421	180366	0.0
#男性(人)	Male(person)	92994	92833	-0.2
#乡村人口(人)	Rural(person)	142974	144142	0.8
年末总户数(户)	Total Number of Households at the Year-end(Household)	61737	63602	3.0
#乡村户数(户)	Number of Rural Household(Household)	37985	38029	0.1
出生人口(人)	Births(person)	1533	1584	3.3
死亡人口(人)	Deaths(person)	689	1042	51.2
全社会就业人员(人)	Employment(person)	107135	110965	3.6
第一产业(人)	Primary Industry(person)	73636	75894	3.1
第二产业(人)	Secondary Industry(person)	9351	9986	6.8
第三产业(人)	Tertiary Industry(person)	24148	25085	3.9
在岗职工人数(人)	Number of Staff & Workers Employed in(person)	11179	13916	24.5
乡村劳动力(人)	Number of Rural Laborers(person)	76362	80348	5.2
#农林牧渔业(人)	Farming,Forestry,Animal Husbandry & Fishery(person)	71103	73690	3.6
国民经济综合指标	**Summary Item on the National Economy**			
生产总值(万元)	Gross Domestic Product(10 000 yuan)	619931	642969	9.1
第一产业(万元)	Primary Industry(10 000 yuan)	162463	169467	5.6
第二产业(万元)	Secondary Industry(10 000 yuan)	319046	319215	11.0
#工业(万元)	Industry(10 000 yuan)	285184	298915	11.5
第三产业(万元)	Tertiary Industry(10 000 yuan)	138422	154287	8.7
人均生产总值(元)	Per Capita GDP(yuan)	34488	39027	7.2
全社会固定资产投资(万元)	Total Investment in Fixed Assets(10 000 yuan)	528681	674871	27.7
按登记注册类型分	Grouped by Registered Type			
#国有(万元)	State-owned Enterprises(10 000 yuan)	169289	176561	4.3
集体(万元)	Collective-owned Enterprises(10 000 yuan)			
有限责任公司(万元)	Limited Liability Corporations(10 000 yuan)		333810	
股份有限公司(万元)	Share Holding Enterprises(10 000 yuan)			
私营企业(万元)	Private Enterprises(10 000 yuan)	346312	164500	-52.5
外商及港澳台投资企业(万元)	Funds from HK,Macao,Taiwan & Foreign(10 000 yuan)	13080		
按城乡渠道分	Grouped by Urban and Rural Area			
城镇(万元)	Urban(10 000 yuan)	522310	642804	23.1
农村(万元)	Rural(10 000 yuan)	6371	32067	403.3
公共财政预算收入(万元)	Public Budgetary Financial Revenue(10 000 yuan)	20768	24364	17.3
公共财政预算支出(万元)	Public Budgetary Financial Expenditures(10 000 yuan)	121428	148161	22.0
个人储蓄存款余额(万元)	The balance of savings deposits of individuals(10 000 yuan)	108814	136289	25.2
在岗职工工资总额(万元)	Total Wages of Staff & Workers Employed in(10 000 yuan)	42254	55622	31.6
在岗职工平均工资(元)	Average Wage of Staff & Workers Employed in(yuan)	37723	39970	6.0
全体居民人均可支配收入(元)	The per capita disposable income of all residents(yuan)	9211	10361	12.5
城镇常住居民人均可支配收入(元)	The per capita disposable income of urban permanent residents(yuan)	15201	16928	11.4
农村牧区常住居民人均可支配收入(元)	The per capita disposable income of permanent residents of rural and pastoral areas(yuan)	6162	6972	13.1
农村牧区经济	**Economic Development in Rural & Pastoral Area**			
农作物总播种面积(公顷)	Total Sown Area(hectare)	90800	92481	1.9
#粮食作物播种面积(公顷)	Sown Area of Grain Crops(hectare)	82610	82610	0.0
农牧业机械总动力(万千瓦)	Total Power of Agricultural Machinery(10 000 kw)	29.65	31.80	7.2
化肥施用折纯量(吨)	Consumption of Chemical Fertilizer(ton)	28574	28668	0.3
农村用电量(万千瓦小时)	Electricity Consumed in Rural Area(10 000 kwh)	3180	3233	1.7
农林牧渔业总产值(万元)	Gross Output of Farming,Forestry,Animal Husbandry & Fishery(10 000 yuan)	262038	274856	6.2
粮食产量(吨)	Yield of Grain(ton)	500500	515013	2.9
油料产量(吨)	Yield of Oil-bearing Grops(ton)	1863	4983	167.5
甜菜产量(吨)	Yield of Beetroots(ton)			
猪牛羊肉产量(吨)	Output of Pork, Beef & Mutton(ton)	21315	32809	53.9
#猪肉产量(吨)	Output of Pork(ton)	9860	14723	49.3
牛肉产量(吨)	Output of Beef(ton)	6151	13507	119.6
羊肉产量(吨)	Output of Mutton(ton)	5304	4579	-13.7
羊毛产量(吨)	Output of Wool(ton)	360	365	1.4

23-53 Kulun Banner in Tongliao City

指　标	Item	2012	2013	2013年比上年增长% Increase Rate in 2013 Over 2012(%)
年末牲畜存栏头数(万头只)	Total Livestock at the Year-end(10 000 heads)	73.31	80.85	10.3
#大牲畜(万头只)	Large Animals(10 000 heads)	19.80	21.55	8.8
羊(万只)	Sheep & Goats(10 000 heads)	40.25	41.11	2.1
猪(万头)	Hogs(10 000 heads)	13.26	18.19	37.2
规模以上工业	**Industrial Enterprises above Designated size**			
工业企业单位数(个)	Number of Industrial Enterprises(unit)	29	22	-24.1
#内资企业(个)	Civil Funded Enterprises(unit)	29	22	-24.1
工业总产值(万元)	Gross Industrial Output Value(10 000 yuan)	616306	697899	13.2
内资企业(万元)	Civil Funded Enterprises(10 000 yuan)	616306	697899	13.2
国有企业(万元)	State-owned Enterprises(10 000 yuan)	24058	24701	2.7
集体企业(万元)	Collective-owned Enterprises(10 000 yuan)			
股份合作企业(万元)	Share Holding Enterprises(10 000 yuan)			
联营企业(万元)	Joint Owned Enterprises(10 000 yuan)			
有限责任公司(万元)	Limited Company(10 000 yuan)	562695	648552	15.3
股份有限公司(万元)	Share Holding Limited Company(10 000 yuan)			
私营企业(万元)	Privately Owned Enterprises(10 000 yuan)	29554	24645	-16.6
其他企业(万元)	Enterprises of Other Ownership(10 000 yuan)			
港澳台商投资企业(万元)	Funds from HK,Macao & Taiwan(10 000 yuan)			
外商投资企业(万元)	Foreign Funded Enterprises(10 000 yuan)			
工业企业增加值(万元)	Value Added of Industrial Enterprises(10 000 yuan)			12.8
工业企业资产总计(万元)	Total Assets of Industrial Enterprises(10 000 yuan)	265517	268713	1.2
工业企业负债合计(万元)	Total Liabilities of Industrial Enterprises(10 000 yuan)	152115	175055	15.1
工业企业产品销售收入(万元)	Sales of Revenue Industrial Enterprises(10 000 yuan)	625354	688862	10.2
工业企业利润总额(万元)	Total Profits of Industrial Enterprises(10 000 yuan)	35482	38041	7.2
建筑业	**Construction**			
建筑企业单位数(个)	Number of Construction Enterprises(unit)	1	1	0.0
建筑企业从业人员(人)	Number of Employee in Construction Enterprises(person)	270	270	0.0
建筑业总产值(万元)	Gross Construction Output Value(10 000 yuan)	2600	2700	3.8
交通运输邮电通信业	**Transportation,Post & Telecommunications**			
公路里程(公里)	Total Length of Highways(km)	1673	1682	0.5
邮电业务总量(万元)	Business Volume of Post & Telecoms(10 000 yuan)	8750	9949	13.7
本地电话用户(户)	Number of Subscribers of Local Telephone(Household)	145406	148571	2.2
国内贸易	**Domestic Trade**			
社会消费品零售总额(万元)	Total Retail Sales of Consumer Goods(10 000 yuan)	112003	123668	10.4
城镇(万元)	Town(10 000 yuan)	92890	96606	4.0
乡村(万元)	Village(10 000 yuan)	19113	27062	41.6
科技教育卫生	**Science,Education & Public Health**			
各类专业技术人员(人)	Special Technical Personnel(person)	3263	3263	0.0
幼儿园数(所)	Number of Kindergartens(unit)	16	19	18.8
学龄儿童入学率(%)	Percentage of School-Age Children Enrolled(%)	100.0	100.0	0.0
小学学校数(所)	Number of Primary Schools(unit)	10	10	0.0
小学专任教师数(人)	Number of Full-time Teachers of Primary Schools(person)	1263	1200	-5.0
小学在校学生数(人)	Number of Student Enrollment of Primary Schools(person)	11340	10689	-5.7
普通中学学校数(所)	Number of Regular Secondary Schools(unit)	12	12	0.0
普通中学专任教师数(人)	Number of Teachers of Secondary Shools(person)	814	770	-5.4
初中在校学生数(人)	Number of Student in Junior Secondary Schools(person)	4395	4243	-3.5
高中在校学生数(人)	Number of Student in Senior Secondary Schools(person)	2367	2297	-3.0
卫生机构数(所)	Number of Health Institutions(unit)	197	198	0.5
#医院(所)	Hospitals(unit)	3	3	0.0
卫生院(所)	Township Hospitals(unit)	16	16	0.0
床位数(张)	Number of Beds(unit)	600	616	2.7
#医院(张)	Hospitals(unit)	270	297	10.0
卫生院(张)	Township Hospitals(unit)	146	147	0.7
卫生技术人员(人)	Medical Technical Presonnel(person)	749	642	-14.3
#医院(人)	Hospitals(person)	414	342	-17.4
卫生院(人)	Township Hospitals(person)	110	128	16.4

23-54 通辽市奈曼旗

指　标	Item	2012	2013	2013年比上年增长% Increase Rate in 2013 Over 2012(%)
行政区域土地面积(平方公里)	**Area of Administration(Sq.km)**	**8120**	**8120**	**0.0**
人口和就业	**Population & Employment**			
年末总人口(人)	Total Population Year-end(person)	445350	447759	0.5
#男性(人)	Male(person)	227586	228847	0.6
#乡村人口(人)	Rural(person)	386831	383903	-0.8
年末总户数(户)	Total Number of Households at the Year-end(Household)	149484	152393	1.9
#乡村户数(户)	Number of Rural Household(Household)	100721	106807	6.0
出生人口(人)	Births(person)	4796	4964	3.5
死亡人口(人)	Deaths(person)	1600	1405	-12.2
全社会就业人员(人)	Employment(person)	289276	266287	-7.9
第一产业(人)	Primary Industry(person)	187076	167297	-10.6
第二产业(人)	Secondary Industry(person)	41777	32214	-22.9
第三产业(人)	Tertiary Industry(person)	60423	66776	10.5
在岗职工人数(人)	Number of Staff & Workers Employed in(person)	20226	21541	6.5
乡村劳动力(人)	Number of Rural Laborers(person)	233497	228179	-2.3
#农林牧渔业(人)	Farming,Forestry,Animal Husbandry & Fishery(person)	185039	163160	-11.8
国民经济综合指标	**Summary Item on the National Economy**			
生产总值(万元)	Gross Domestic Product(10 000 yuan)	1331686	1442900	9.0
第一产业(万元)	Primary Industry(10 000 yuan)	256111	272400	6.6
第二产业(万元)	Secondary Industry(10 000 yuan)	746822	810800	11.0
#工业(万元)	Industry(10 000 yuan)	706228	738700	11.3
第三产业(万元)	Tertiary Industry(10 000 yuan)	328753	359700	6.6
人均生产总值(元)	Per Capita GDP(yuan)	29989	36585	9.0
全社会固定资产投资(万元)	Total Investment in Fixed Assets(10 000 yuan)	915868	1150087	25.6
按登记注册类型分	Grouped by Registered Type			
#国有(万元)	State-owned Enterprises(10 000 yuan)	278994	363656	30.3
集体(万元)	Collective-owned Enterprises(10 000 yuan)			
有限责任公司(万元)	Limited Liability Corporations(10 000 yuan)	255750	416083	62.7
股份有限公司(万元)	Share Holding Enterprises(10 000 yuan)		16000	
私营企业(万元)	Private Enterprises(10 000 yuan)	380011	354348	-6.8
外商及港澳台投资企业(万元)	Funds from HK,Macao,Taiwan & Foreign(10 000 yuan)	1113		
按城乡渠道分	Grouped by Urban and Rural Area			
城镇(万元)	Urban(10 000 yuan)	831527	853307	2.6
农村(万元)	Rural(10 000 yuan)	84341	296780	251.9
公共财政预算收入(万元)	Public Budgetary Financial Revenue(10 000 yuan)	39593	43132	8.9
公共财政预算支出(万元)	Public Budgetary Financial Expenditures(10 000 yuan)	224000	261300	16.7
个人储蓄存款余额(万元)	The balance of savings deposits of individuals(10 000 yuan)	276432	357621	29.4
在岗职工工资总额(万元)	Total Wages of Staff & Workers Employed in(10 000 yuan)	78322	94886	21.1
在岗职工平均工资(元)	Average Wage of Staff & Workers Employed in(yuan)	41879	43256	3.3
全体居民人均可支配收入(元)	The per capita disposable income of all residents(yuan)	8913	10049	12.8
城镇常住居民人均可支配收入(元)	The per capita disposable income of urban permanent residents(yuan)	15801	17658	11.8
农村牧区常住居民人均可支配收入(元)	The per capita disposable income of permanent residents of rural and pastoral areas(yuan)	6350	7209	13.5
农村牧区经济	**Economic Development in Rural & Pastoral Area**			
农作物总播种面积(公顷)	Total Sown Area(hectare)	123316	127434	3.3
#粮食作物播种面积(公顷)	Sown Area of Grain Crops(hectare)	94600	99286	5.0
农牧业机械总动力(万千瓦)	Total Power of Agricultural Machinery(10 000 kw)	76.67	82.75	7.9
化肥施用折纯量(吨)	Consumption of Chemical Fertilizer(ton)	101838	103813	1.9
农村用电量(万千瓦小时)	Electricity Consumed in Rural Area(10 000 kwh)	10723	19325	80.2
农林牧渔业总产值(万元)	Gross Output of Farming,Forestry,Animal Husbandry & Fishery(10 000 yuan)	398000	426000	3.8
粮食产量(吨)	Yield of Grain(ton)	560000	750513	34.0
油料产量(吨)	Yield of Oil-bearing Grops(ton)	13391	12726	-5.0
甜菜产量(吨)	Yield of Beetroots(ton)	39780	53760	35.1
猪牛羊肉产量(吨)	Output of Pork, Beef & Mutton(ton)	56759	53661	-5.5
#猪肉产量(吨)	Output of Pork(ton)	41500	41500	0.0
牛肉产量(吨)	Output of Beef(ton)	9691	6531	-32.6
羊肉产量(吨)	Output of Mutton(ton)	5568	5630	1.1
羊毛产量(吨)	Output of Wool(ton)	2605	2300	-11.7

23-54 Naiman Banner in Tongliao City

指　标	Item	2012	2013	2013年比上年增长% Increase Rate in 2013 Over 2012(%)
年末牲畜存栏头数(万头只)	Total Livestock at the Year-end(10 000 heads)	141.69	138.84	-2.0
# 大牲畜(万头只)	Large Animals(10 000 heads)	22.15	19.78	-10.7
羊(万只)	Sheep & Goats(10 000 heads)	83.67	84.45	0.9
猪(万头)	Hogs(10 000 heads)	35.86	34.61	-3.5
规模以上工业	**Industrial Enterprises above Designated size**			
工业企业单位数(个)	Number of Industrial Enterprises(unit)	46	47	2.2
# 内资企业(个)	Civil Funded Enterprises(unit)	45	46	2.2
工业总产值(万元)	Gross Industrial Output Value(10 000 yuan)	1618323	2151252	32.9
内资企业(万元)	Civil Funded Enterprises(10 000 yuan)	1564070	2089966	33.6
国有企业(万元)	State-owned Enterprises(10 000 yuan)	44691	51541	15.3
集体企业(万元)	Collective-owned Enterprises(10 000 yuan)	33013	37465	13.5
股份合作企业(万元)	Share Holding Enterprises(10 000 yuan)			
联营企业(万元)	Joint Owned Enterprises(10 000 yuan)			
有限责任公司(万元)	Limited Company(10 000 yuan)	700483	975377	39.2
股份有限公司(万元)	Share Holding Limited Company(10 000 yuan)			
私营企业(万元)	Privately Owned Enterprises(10 000 yuan)	785883	1025582	30.5
其他企业(万元)	Enterprises of Other Ownership(10 000 yuan)			
港澳台商投资企业(万元)	Funds from HK,Macao & Taiwan(10 000 yuan)	54253	61286	13.0
外商投资企业(万元)	Foreign Funded Enterprises(10 000 yuan)			
工业企业增加值(万元)	Value Added of Industrial Enterprises(10 000 yuan)			12.0
工业企业资产总计(万元)	Total Assets of Industrial Enterprises(10 000 yuan)	349511	408400	16.8
工业企业负债合计(万元)	Total Liabilities of Industrial Enterprises(10 000 yuan)	187295	332900	77.7
工业企业产品销售收入(万元)	Sales of Revenue Industrial Enterprises(10 000 yuan)	1761568	1836600	4.3
工业企业利润总额(万元)	Total Profits of Industrial Enterprises(10 000 yuan)	19436	14700	-24.4
建筑业	**Construction**			
建筑企业单位数(个)	Number of Construction Enterprises(unit)	6	8	33.3
建筑企业从业人员(人)	Number of Employee in Construction Enterprises(person)	1965	2231	13.5
建筑业总产值(万元)	Gross Construction Output Value(10 000 yuan)	50420	59130	17.3
交通运输邮电通信业	**Transportation,Post & Telecommunications**			
公路里程(公里)	Total Length of Highways(km)	3098	3218	3.9
邮电业务总量(万元)	Business Volume of Post & Telecoms(10 000 yuan)	10454	11667	11.6
本地电话用户(户)	Number of Subscribers of Local Telephone(Household)	359600	400400	11.3
国内贸易	**Domestic Trade**			
社会消费品零售总额(万元)	Total Retail Sales of Consumer Goods(10 000 yuan)	273775	289600	5.8
城镇(万元)	Town(10 000 yuan)	177954	188240	5.8
乡村(万元)	Village(10 000 yuan)	95821	101360	5.8
科技教育卫生	**Science,Education & Public Health**			
各类专业技术人员(人)	Special Technical Personnel(person)	8409	8470	0.7
幼儿园数(所)	Number of Kindergartens(unit)	36	40	11.1
学龄儿童入学率(%)	Percentage of School-Age Children Enrolled(%)	100.0	100.0	0.0
小学学校数(所)	Number of Primary Schools(unit)	141	141	0.0
小学专任教师数(人)	Number of Full-time Teachers of Primary Schools(person)	2229	2184	-2.0
小学在校学生数(人)	Number of Student Enrollment of Primary Schools(person)	27111	25182	-7.1
普通中学学校数(所)	Number of Regular Secondary Schools(unit)	21	21	0.0
普通中学专任教师数(人)	Number of Teachers of Secondary Shools(person)	1522	1446	-5.0
初中在校学生数(人)	Number of Student in Junior Secondary Schools(person)	13712	12740	-7.1
高中在校学生数(人)	Number of Student in Senior Secondary Schools(person)	8934	8487	-5.0
卫生机构数(所)	Number of Health Institutions(unit)	43	43	0.0
# 医院(所)	Hospitals(unit)	3	3	0.0
卫生院(所)	Township Hospitals(unit)	23	23	0.0
床位数(张)	Number of Beds(unit)	775	775	0.0
# 医院(张)	Hospitals(unit)	193	193	0.0
卫生院(张)	Township Hospitals(unit)	442	442	0.0
卫生技术人员(人)	Medical Technical Presonnel(person)	1267	1293	2.1
# 医院(人)	Hospitals(person)	433	459	6.0
卫生院(人)	Township Hospitals(person)	603	603	0.0

23-55 通辽市扎鲁特旗

指　标	Item	2012	2013	2013年比上年增长% Increase Rate in 2013 Over 2012(%)
行政区域土地面积(平方公里)	**Area of Administration(Sq.km)**	**17193**	**17193**	**0.0**
人口和就业	**Population & Employment**			
年末总人口(人)	Total Population Year-end(person)	305731	307149	0.5
#男性(人)	Male(person)	154734	155463	0.5
#乡村人口(人)	Rural(person)	237168	232616	-1.9
年末总户数(户)	Total Number of Households at the Year-end(Household)	126652	130359	2.9
#乡村户数(户)	Number of Rural Household(Household)	72769	76475	5.1
出生人口(人)	Births(person)	2557	2710	6.0
死亡人口(人)	Deaths(person)	1173	1144	-2.5
全社会就业人员(人)	Employment(person)	195919	199518	1.8
第一产业(人)	Primary Industry(person)	98151	98347	0.2
第二产业(人)	Secondary Industry(person)	41338	42578	3.0
第三产业(人)	Tertiary Industry(person)	56430	58593	3.8
在岗职工人数(人)	Number of Staff & Workers Employed in(person)	23886	23204	-2.9
乡村劳动力(人)	Number of Rural Laborers(person)	120891	119295	-1.3
#农林牧渔业(人)	Farming,Forestry,Animal Husbandry & Fishery(person)	95107	99543	4.7
国民经济综合指标	**Summary Item on the National Economy**			
生产总值(万元)	Gross Domestic Product(10 000 yuan)	1623690	1858940	9.8
第一产业(万元)	Primary Industry(10 000 yuan)	278164	327019	6.9
第二产业(万元)	Secondary Industry(10 000 yuan)	1007538	1164165	11.2
#工业(万元)	Industry(10 000 yuan)	962420	1088065	11.6
第三产业(万元)	Tertiary Industry(10 000 yuan)	337988	367756	7.6
人均生产总值(元)	Per Capita GDP(yuan)	53108	67721	12.4
全社会固定资产投资(万元)	Total Investment in Fixed Assets(10 000 yuan)	1456006	1780347	22.3
按登记注册类型分	Grouped by Registered Type			
#国有(万元)	State-owned Enterprises(10 000 yuan)	1056034	1084394	2.7
集体(万元)	Collective-owned Enterprises(10 000 yuan)	160		
有限责任公司(万元)	Limited Liability Corporations(10 000 yuan)	399812	382100	-4.4
股份有限公司(万元)	Share Holding Enterprises(10 000 yuan)		9000	
私营企业(万元)	Private Enterprises(10 000 yuan)		304853	
外商及港澳台投资企业(万元)	Funds from HK,Macao,Taiwan & Foreign(10 000 yuan)			
按城乡渠道分	Grouped by Urban and Rural Area			
城镇(万元)	Urban(10 000 yuan)	1339526	1590667	18.7
农村(万元)	Rural(10 000 yuan)	116480	189680	62.8
公共财政预算收入(万元)	Public Budgetary Financial Revenue(10 000 yuan)	72850	108037	48.3
公共财政预算支出(万元)	Public Budgetary Financial Expenditures(10 000 yuan)	226456	295443	30.5
个人储蓄存款余额(万元)	The balance of savings deposits of individuals(10 000 yuan)	231396	276685	19.6
在岗职工工资总额(万元)	Total Wages of Staff & Workers Employed in(10 000 yuan)	86676	94803	9.4
在岗职工平均工资(元)	Average Wage of Staff & Workers Employed in(yuan)	36522	40691	11.4
全体居民人均可支配收入(元)	The per capita disposable income of all residents(yuan)	10707	12093	13.0
城镇常住居民人均可支配收入(元)	The per capita disposable income of urban permanent residents(yuan)	16990	18996	11.8
农村牧区常住居民人均可支配收入(元)	The per capita disposable income of permanent residents of rural and pastoral areas(yuan)	8579	9778	14.0
农村牧区经济	**Economic Development in Rural & Pastoral Area**			
农作物总播种面积(公顷)	Total Sown Area(hectare)	166167	176064	6.0
#粮食作物播种面积(公顷)	Sown Area of Grain Crops(hectare)	134413	143413	6.7
农牧业机械总动力(万千瓦)	Total Power of Agricultural Machinery(10 000 kw)	55.03	66.20	20.3
化肥施用折纯量(吨)	Consumption of Chemical Fertilizer(ton)	27834	30938	11.2
农村用电量(万千瓦小时)	Electricity Consumed in Rural Area(10 000 kwh)	4226	4149	-1.8
农林牧渔业总产值(万元)	Gross Output of Farming,Forestry,Animal	476217	537780	6.4
粮食产量(吨)	Yield of Grain(ton)	510000	525000	2.9
油料产量(吨)	Yield of Oil-bearing Grops(ton)	16801	15054	-10.4
甜菜产量(吨)	Yield of Beetroots(ton)			
猪牛羊肉产量(吨)	Output of Pork, Beef & Mutton(ton)	62893	120404	91.4
#猪肉产量(吨)	Output of Pork(ton)	22457	36072	60.6
牛肉产量(吨)	Output of Beef(ton)	15802	33918	114.6
羊肉产量(吨)	Output of Mutton(ton)	24634	50414	104.7
羊毛产量(吨)	Output of Wool(ton)	3683	3108	-15.6

23-55 Zhalute Banner in Tongliao City

指 标	Item	2012	2013	2013年比上年增长% Increase Rate in 2013 Over 2012(%)
年末牲畜存栏头数(万头只)	Total Livestock at the Year-end(10 000 heads)	218.41	247.34	13.2
#大牲畜(万头只)	Large Animals(10 000 heads)	21.01	30.23	43.9
羊(万只)	Sheep & Goats(10 000 heads)	174.11	190.41	9.4
猪(万头)	Hogs(10 000 heads)	23.29	26.70	14.6
规模以上工业	**Industrial Enterprises above Designated size**			
工业企业单位数(个)	Number of Industrial Enterprises(unit)	77	79	2.6
#内资企业(个)	Civil Funded Enterprises(unit)	75	77	2.7
工业总产值(万元)	Gross Industrial Output Value(10 000 yuan)	2308370	2795079	21.1
内资企业(万元)	Civil Funded Enterprises(10 000 yuan)	2297146	2785164	21.2
国有企业(万元)	State-owned Enterprises(10 000 yuan)	17129	18329	7.0
集体企业(万元)	Collective-owned Enterprises(10 000 yuan)			
股份合作企业(万元)	Share Holding Enterprises(10 000 yuan)			
联营企业(万元)	Joint Owned Enterprises(10 000 yuan)			
有限责任公司(万元)	Limited Company(10 000 yuan)	776083	425025	-45.2
股份有限公司(万元)	Share Holding Limited Company(10 000 yuan)			
私营企业(万元)	Privately Owned Enterprises(10 000 yuan)	1503935	2341809	55.7
其他企业(万元)	Enterprises of Other Ownership(10 000 yuan)			
港澳台商投资企业(万元)	Funds from HK,Macao & Taiwan(10 000 yuan)	3189	4988	56.4
外商投资企业(万元)	Foreign Funded Enterprises(10 000 yuan)	8035	4927	-38.7
工业企业增加值(万元)	Value Added of Industrial Enterprises(10 000 yuan)			12.2
工业企业资产总计(万元)	Total Assets of Industrial Enterprises(10 000 yuan)	692768	1074348	55.1
工业企业负债合计(万元)	Total Liabilities of Industrial Enterprises(10 000 yuan)	400256	472083	17.9
工业企业产品销售收入(万元)	Sales of Revenue Industrial Enterprises(10 000 yuan)	2235893	2697829	20.7
工业企业利润总额(万元)	Total Profits of Industrial Enterprises(10 000 yuan)	137494	124371	-9.5
建筑业	**Construction**			
建筑企业单位数(个)	Number of Construction Enterprises(unit)	3	3	0.0
建筑企业从业人员(人)	Number of Employee in Construction Enterprises(person)	2190	980	-55.3
建筑业总产值(万元)	Gross Construction Output Value(10 000 yuan)	52555	38723	-26.3
交通运输邮电通信业	**Transportation,Post & Telecommunications**			
公路里程(公里)	Total Length of Highways(km)	2338	2338	0.0
邮电业务总量(万元)	Business Volume of Post & Telecoms(10 000 yuan)	13611	13972	2.7
本地电话用户(户)	Number of Subscribers of Local Telephone(Household)	255280	276844	8.4
国内贸易	**Domestic Trade**			
社会消费品零售总额(万元)	Total Retail Sales of Consumer Goods(10 000 yuan)	226882	252779	11.4
城镇(万元)	Town(10 000 yuan)	160596	180905	12.6
乡村(万元)	Village(10 000 yuan)	66286	71874	8.4
科技教育卫生	**Science,Education & Public Health**			
各类专业技术人员(人)	Special Technical Personnel(person)	6265	7301	16.5
幼儿园数(所)	Number of Kindergartens(unit)	24	24	0.0
学龄儿童入学率(%)	Percentage of School-Age Children Enrolled(%)	100.0	100.0	0.0
小学学校数(所)	Number of Primary Schools(unit)	58	58	0.0
小学专任教师数(人)	Number of Full-time Teachers of Primary Schools(person)	2399	2692	12.2
小学在校学生数(人)	Number of Student Enrollment of Primary Schools(person)	18265	16858	-7.7
普通中学学校数(所)	Number of Regular Secondary Schools(unit)	12	12	0.0
普通中学专任教师数(人)	Number of Teachers of Secondary Shools(person)	919	764	-16.9
初中在校学生数(人)	Number of Student in Junior Secondary Schools(person)	8947	8875	-0.8
高中在校学生数(人)	Number of Student in Senior Secondary Schools(person)	4301	5549	29.0
卫生机构数(所)	Number of Health Institutions(unit)	448	444	-0.9
#医院(所)	Hospitals(unit)	3	4	33.3
卫生院(所)	Township Hospitals(unit)	26	26	0.0
床位数(张)	Number of Beds(unit)	833	854	2.5
#医院(张)	Hospitals(unit)	540	545	0.9
卫生院(张)	Township Hospitals(unit)	274	221	-19.3
卫生技术人员(人)	Medical Technical Presonnel(person)	993	1069	7.7
#医院(人)	Hospitals(person)	407	472	16.0
卫生院(人)	Township Hospitals(person)	454	341	-24.9

23–56 赤峰市红山区

指　标	Item	2012	2013	2013年比上年增长% Increase Rate in 2013 Over 2012(%)
行政区域土地面积(平方公里)	**Area of Administration(Sq.km)**	**506**	**506**	**0.0**
人口和就业	**Population & Employment**			
年末总人口(人)	Total Population Year-end(person)	356872	359003	0.6
#男性(人)	Male(person)	177077	178068	0.6
#乡村人口(人)	Rural(person)	87909	89608	1.9
年末总户数(户)	Total Number of Households at the Year-end(Household)	140617	143054	1.7
#乡村户数(户)	Number of Rural Household(Household)	27976	28583	2.2
出生人口(人)	Births(person)	3252	2689	-17.3
死亡人口(人)	Deaths(person)	1403	862	-38.6
全社会就业人员(人)	Employment(person)	247276	222429	-10.0
第一产业(人)	Primary Industry(person)	16279	19431	19.4
第二产业(人)	Secondary Industry(person)	60192	43155	-28.3
第三产业(人)	Tertiary Industry(person)	170805	159843	-6.4
在岗职工人数(人)	Number of Staff & Workers Employed in(person)	49901	66576	33.4
乡村劳动力(人)	Number of Rural Laborers(person)	38603	40044	3.7
#农林牧渔业(人)	Farming,Forestry,Animal Husbandry & Fishery(person)	17410	19431	11.6
国民经济综合指标	**Summary Item on the National Economy**			
生产总值(万元)	Gross Domestic Product(10 000 yuan)	2521983	2701062	9.3
第一产业(万元)	Primary Industry(10 000 yuan)	65817	72531	4.4
第二产业(万元)	Secondary Industry(10 000 yuan)	1326898	1276881	10.3
#工业(万元)	Industry(10 000 yuan)	1195521	1129577	9.8
第三产业(万元)	Tertiary Industry(10 000 yuan)	1129268	1351650	8.2
人均生产总值(元)	Per Capita GDP(yuan)	55969	59462	8.4
全社会固定资产投资(万元)	Total Investment in Fixed Assets(10 000 yuan)	1571405	1926543	22.6
按登记注册类型分	Grouped by Registered Type			
#国有(万元)	State-owned Enterprises(10 000 yuan)	506082	321216	-36.5
集体(万元)	Collective-owned Enterprises(10 000 yuan)			
有限责任公司(万元)	Limited Liability Corporations(10 000 yuan)	542921	1053810	94.1
股份有限公司(万元)	Share Holding Enterprises(10 000 yuan)	187100	250605	33.9
私营企业(万元)	Private Enterprises(10 000 yuan)	14500	450	-96.9
外商及港澳台投资企业(万元)	Funds from HK,Macao,Taiwan & Foreign(10 000 yuan)	9800	29700	203.1
按城乡渠道分	Grouped by Urban and Rural Area			
城镇(万元)	Urban(10 000 yuan)	1547725	1920264	24.1
农村(万元)	Rural(10 000 yuan)	1452	6279	332.4
公共财政预算收入(万元)	Public Budgetary Financial Revenue(10 000 yuan)	136229	181646	33.3
公共财政预算支出(万元)	Public Budgetary Financial Expenditures(10 000 yuan)	181153	231800	28.0
个人储蓄存款余额(万元)	The balance of savings deposits of individuals(10 000 yuan)			
在岗职工工资总额(万元)	Total Wages of Staff & Workers Employed in(10 000 yuan)	235890	322583	36.8
在岗职工平均工资(元)	Average Wage of Staff & Workers Employed in(yuan)	47048	48413	2.9
全体居民人均可支配收入(元)	The per capita disposable income of all residents(yuan)	20785	23078	11.0
城镇常住居民人均可支配收入(元)	The per capita disposable income of urban permanent residents(yuan)	21194	23525	11.0
农村牧区常住居民人均可支配收入(元)	The per capita disposable income of permanent residents of rural and pastoral areas(yuan)	10997	12372	12.5
农村牧区经济	**Economic Development in Rural & Pastoral Area**			
农作物总播种面积(公顷)	Total Sown Area(hectare)	13711	13062	-4.7
#粮食作物播种面积(公顷)	Sown Area of Grain Crops(hectare)	11517	11388	-1.1
农牧业机械总动力(万千瓦)	Total Power of Agricultural Machinery(10 000 kw)	7.50	8.97	19.6
化肥施用折纯量(吨)	Consumption of Chemical Fertilizer(ton)	4766	5615	17.8
农村用电量(万千瓦小时)	Electricity Consumed in Rural Area(10 000 kwh)	3186	3330	4.5
农林牧渔业总产值(万元)	Gross Output of Farming,Forestry,Animal Husbandry & Fishery(10 000 yuan)	98583	119732	3.6
粮食产量(吨)	Yield of Grain(ton)	65000	53464	-17.7
油料产量(吨)	Yield of Oil-bearing Grops(ton)	543	549	1.1
甜菜产量(吨)	Yield of Beetroots(ton)			
猪牛羊肉产量(吨)	Output of Pork, Beef & Mutton(ton)	4180	4175	-0.1
#猪肉产量(吨)	Output of Pork(ton)	1409	1400	-0.6
牛肉产量(吨)	Output of Beef(ton)	2476	2475	0.0
羊肉产量(吨)	Output of Mutton(ton)	295	300	1.7
羊毛产量(吨)	Output of Wool(ton)	40	62	55.0

23-56 Hongshan District in Chifeng City

指 标	Item	2012	2013	2013年比上年增长% Increase Rate in 2013 Over 2012(%)
年末牲畜存栏头数(万头只)	Total Livestock at the Year-end(10 000 heads)	5.71	5.58	-2.3
#大牲畜(万头只)	Large Animals(10 000 heads)	1.76	1.68	-4.6
羊(万只)	Sheep & Goats(10 000 heads)	2.57	2.57	-0.2
猪(万头)	Hogs(10 000 heads)	1.38	1.34	-3.3
规模以上工业	**Industrial Enterprises above Designated size**			
工业企业单位数(个)	Number of Industrial Enterprises(unit)	55	67	21.8
#内资企业(个)	Civil Funded Enterprises(unit)	54	62	14.8
工业总产值(万元)	Gross Industrial Output Value(10 000 yuan)	4092997	4409395	7.7
内资企业(万元)	Civil Funded Enterprises(10 000 yuan)	3773329	4044374	7.2
国有企业(万元)	State-owned Enterprises(10 000 yuan)	1970242	471779	-76.1
集体企业(万元)	Collective-owned Enterprises(10 000 yuan)			
股份合作企业(万元)	Share Holding Enterprises(10 000 yuan)			
联营企业(万元)	Joint Owned Enterprises(10 000 yuan)			
有限责任公司(万元)	Limited Company(10 000 yuan)	1554964	3273122	110.5
股份有限公司(万元)	Share Holding Limited Company(10 000 yuan)	61462	72879	18.6
私营企业(万元)	Privately Owned Enterprises(10 000 yuan)	164474	208724	26.9
其他企业(万元)	Enterprises of Other Ownership(10 000 yuan)	22187	17870	-19.5
港澳台商投资企业(万元)	Funds from HK,Macao & Taiwan(10 000 yuan)	51994	53363	2.6
外商投资企业(万元)	Foreign Funded Enterprises(10 000 yuan)	267674	311658	16.4
工业企业增加值(万元)	Value Added of Industrial Enterprises(10 000 yuan)			8.4
工业企业资产总计(万元)	Total Assets of Industrial Enterprises(10 000 yuan)	2160517	2377337	10.0
工业企业负债合计(万元)	Total Liabilities of Industrial Enterprises(10 000 yuan)	1300482	1528188	17.5
工业企业产品销售收入(万元)	Sales of Revenue Industrial Enterprises(10 000 yuan)	4212657	4434640	5.3
工业企业利润总额(万元)	Total Profits of Industrial Enterprises(10 000 yuan)	331271	432213	30.5
建筑业	**Construction**			
建筑企业单位数(个)	Number of Construction Enterprises(unit)	34	22	-35.3
建筑企业从业人员(人)	Number of Employee in Construction Enterprises(person)	17419	21273	22.1
建筑业总产值(万元)	Gross Construction Output Value(10 000 yuan)	401735	421063	4.8
交通运输邮电信业	**Transportation,Post & Telecommunications**			
公路里程(公里)	Total Length of Highways(km)	186	430	131.3
邮电业务总量(万元)	Business Volume of Post & Telecoms(10 000 yuan)			
本地电话用户(户)	Number of Subscribers of Local Telephone(Household)	55898	52608	-5.9
国内贸易	**Domestic Trade**			
社会消费品零售总额(万元)	Total Retail Sales of Consumer Goods(10 000 yuan)	925752	1050729	13.5
城镇(万元)	Town(10 000 yuan)	925752	1050729	13.5
乡村(万元)	Village(10 000 yuan)			
科技教育卫生	**Science,Education & Public Health**			
各类专业技术人员(人)	Special Technical Personnel(person)	5563	5604	0.7
幼儿园数(所)	Number of Kindergartens(unit)	60	72	20.0
学龄儿童入学率(%)	Percentage of School-Age Children Enrolled(%)	100.0	100.0	0.0
小学学校数(所)	Number of Primary Schools(unit)	38	38	0.0
小学专任教师数(人)	Number of Full-time Teachers of Primary Schools(person)	1787	1740	-2.6
小学在校学生数(人)	Number of Student Enrollment of Primary Schools(person)	24822	25154	1.3
普通中学学校数(所)	Number of Regular Secondary Schools(unit)	15	16	6.7
普通中学专任教师数(人)	Number of Teachers of Secondary Shools(person)	1747	1773	1.5
初中在校学生数(人)	Number of Student in Junior Secondary Schools(person)	13410	12510	-6.7
高中在校学生数(人)	Number of Student in Senior Secondary Schools(person)	7857	7731	-1.6
卫生机构数(所)	Number of Health Institutions(unit)	332	430	29.5
#医院(所)	Hospitals(unit)	21	26	23.8
卫生院(所)	Township Hospitals(unit)	3	3	0.0
床位数(张)	Number of Beds(unit)	6614	7262	9.8
#医院(张)	Hospitals(unit)	6209	6884	10.9
卫生院(张)	Township Hospitals(unit)	54	54	0.0
卫生技术人员(人)	Medical Technical Presonnel(person)	6875	8002	16.4
#医院(人)	Hospitals(person)	5378	6363	18.3
卫生院(人)	Township Hospitals(person)	61	72	18.0

23-57 赤峰市元宝山区

指　标	Item	2012	2013	2013年比上年增长% Increase Rate in 2013 Over 2012(%)
行政区域土地面积(平方公里)	**Area of Administration(Sq.km)**	**952**	**952**	**0.0**
人口和就业	**Population & Employment**			
年末总人口(人)	Total Population Year-end(person)	325947	326595	0.2
#男性(人)	Male(person)	165390	165510	0.1
#乡村人口(人)	Rural(person)	163081	165208	1.3
年末总户数(户)	Total Number of Households at the Year-end(Household)	112142	112668	0.5
#乡村户数(户)	Number of Rural Household(Household)	44465	44911	1.0
出生人口(人)	Births(person)	2520	1929	-23.5
死亡人口(人)	Deaths(person)	1700	1185	-30.3
全社会就业人员(人)	Employment(person)	166366	170591	2.5
第一产业(人)	Primary Industry(person)	39593	40949	3.4
第二产业(人)	Secondary Industry(person)	72157	63734	-11.7
第三产业(人)	Tertiary Industry(person)	54616	65908	20.7
在岗职工人数(人)	Number of Staff & Workers Employed in(person)	48150	50849	5.6
乡村劳动力(人)	Number of Rural Laborers(person)	84729	96967	14.4
#农林牧渔业(人)	Farming,Forestry,Animal Husbandry & Fishery(person)	39440	40839	3.5
国民经济综合指标	**Summary Item on the National Economy**			
生产总值(万元)	Gross Domestic Product(10 000 yuan)	2141264	2303593	9.3
第一产业(万元)	Primary Industry(10 000 yuan)	153735	170045	5.1
第二产业(万元)	Secondary Industry(10 000 yuan)	1316142	1274644	10.1
#工业(万元)	Industry(10 000 yuan)	1188819	1130639	9.9
第三产业(万元)	Tertiary Industry(10 000 yuan)	671387	858904	8.4
人均生产总值(元)	Per Capita GDP(yuan)	64632	69291	8.9
全社会固定资产投资(万元)	Total Investment in Fixed Assets(10 000 yuan)	1513389	1866882	23.4
按登记注册类型分	Grouped by Registered Type			
#国有(万元)	State-owned Enterprises(10 000 yuan)	145955	140113	-4.0
集体(万元)	Collective-owned Enterprises(10 000 yuan)	213958	201069	-6.0
有限责任公司(万元)	Limited Liability Corporations(10 000 yuan)	329773	401666	21.8
股份有限公司(万元)	Share Holding Enterprises(10 000 yuan)	51700	51108	-1.1
私营企业(万元)	Private Enterprises(10 000 yuan)	161659	88911	-45.0
外商及港澳台投资企业(万元)	Funds from HK,Macao,Taiwan & Foreign(10 000 yuan)			
按城乡渠道分	Grouped by Urban and Rural Area			
城镇(万元)	Urban(10 000 yuan)	1295979	1449167	11.8
农村(万元)	Rural(10 000 yuan)	217410	417715	92.1
公共财政预算收入(万元)	Public Budgetary Financial Revenue(10 000 yuan)	114360	129138	12.9
公共财政预算支出(万元)	Public Budgetary Financial Expenditures(10 000 yuan)	200666	210166	4.7
个人储蓄存款余额(万元)	The balance of savings deposits of individuals(10 000 yuan)	924347	1027406	11.1
在岗职工工资总额(万元)	Total Wages of Staff & Workers Employed in(10 000 yuan)	258650	277589	7.3
在岗职工平均工资(元)	Average Wage of Staff & Workers Employed in(yuan)	51154	54732	7.0
全体居民人均可支配收入(元)	The per capita disposable income of all residents(yuan)	17916	20058	12.0
城镇常住居民人均可支配收入(元)	The per capita disposable income of urban permanent residents(yuan)	20843	23254	11.6
农村牧区常住居民人均可支配收入(元)	The per capita disposable income of permanent residents of rural and pastoral areas(yuan)	10757	12240	13.8
农村牧区经济	**Economic Development in Rural & Pastoral Area**			
农作物总播种面积(公顷)	Total Sown Area(hectare)	28935	28986	0.2
#粮食作物播种面积(公顷)	Sown Area of Grain Crops(hectare)	19854	19987	0.7
农牧业机械总动力(万千瓦)	Total Power of Agricultural Machinery(10 000 kw)	12.20	13.20	8.2
化肥施用折纯量(吨)	Consumption of Chemical Fertilizer(ton)	12114	12775	5.5
农村用电量(万千瓦小时)	Electricity Consumed in Rural Area(10 000 kwh)	23185	24463	5.5
农林牧渔业总产值(万元)	Gross Output of Farming,Forestry,Animal Husbandry & Fishery(10 000 yuan)	249963	280706	4.4
粮食产量(吨)	Yield of Grain(ton)	155000	159743	3.1
油料产量(吨)	Yield of Oil-bearing Grops(ton)	533	746	40.0
甜菜产量(吨)	Yield of Beetroots(ton)	13722	6812	-50.4
猪牛羊肉产量(吨)	Output of Pork, Beef & Mutton(ton)	11124	9955	-10.5
#猪肉产量(吨)	Output of Pork(ton)	3301	3300	0.0
牛肉产量(吨)	Output of Beef(ton)	6569	5400	-17.8
羊肉产量(吨)	Output of Mutton(ton)	1254	1255	0.1
羊毛产量(吨)	Output of Wool(ton)	173	214	23.7

23-57 Yuanbaoshan District in Chifeng City

指　标	Item	2012	2013	2013年比上年增长% Increase Rate in 2013 Over 2012(%)
年末牲畜存栏头数(万头只)	Total Livestock at the Year-end(10 000 heads)	15.71	15.45	-1.7
#大牲畜(万头只)	Large Animals(10 000 heads)	8.16	7.90	-3.2
羊(万只)	Sheep & Goats(10 000 heads)	3.89	3.89	0.0
猪(万头)	Hogs(10 000 heads)	3.66	3.66	0.0
规模以上工业	**Industrial Enterprises above Designated size**			
工业企业单位数(个)	Number of Industrial Enterprises(unit)	55	65	18.2
#内资企业(个)	Civil Funded Enterprises(unit)	54	65	20.4
工业总产值(万元)	Gross Industrial Output Value(10 000 yuan)	2062859	2284716	10.8
内资企业(万元)	Civil Funded Enterprises(10 000 yuan)	2000296	2284716	14.2
国有企业(万元)	State-owned Enterprises(10 000 yuan)	20129	14025	-30.3
集体企业(万元)	Collective-owned Enterprises(10 000 yuan)	148326	155924	5.1
股份合作企业(万元)	Share Holding Enterprises(10 000 yuan)			
联营企业(万元)	Joint Owned Enterprises(10 000 yuan)			
有限责任公司(万元)	Limited Company(10 000 yuan)	1570840	1984390	26.3
股份有限公司(万元)	Share Holding Limited Company(10 000 yuan)			
私营企业(万元)	Privately Owned Enterprises(10 000 yuan)	105608	130380	23.5
其他企业(万元)	Enterprises of Other Ownership(10 000 yuan)	155393		
港澳台商投资企业(万元)	Funds from HK,Macao & Taiwan(10 000 yuan)	62563		
外商投资企业(万元)	Foreign Funded Enterprises(10 000 yuan)			
工业企业增加值(万元)	Value Added of Industrial Enterprises(10 000 yuan)			10.2
工业企业资产总计(万元)	Total Assets of Industrial Enterprises(10 000 yuan)	2533922	3057674	20.7
工业企业负债合计(万元)	Total Liabilities of Industrial Enterprises(10 000 yuan)	1474783	1970888	33.6
工业企业产品销售收入(万元)	Sales of Revenue Industrial Enterprises(10 000 yuan)	1949438	2142151	9.9
工业企业利润总额(万元)	Total Profits of Industrial Enterprises(10 000 yuan)	131842	-26440	
建筑业	**Construction**			
建筑企业单位数(个)	Number of Construction Enterprises(unit)	11	11	0.0
建筑企业从业人员(人)	Number of Employee in Construction Enterprises(person)	9569	11128	16.3
建筑业总产值(万元)	Gross Construction Output Value(10 000 yuan)	145136	166702	14.9
交通运输邮电通信业	**Transportation,Post & Telecommunications**			
公路里程(公里)	Total Length of Highways(km)	783	788	0.6
邮电业务总量(万元)	Business Volume of Post & Telecoms(10 000 yuan)	16660	22333	34.1
本地电话用户(户)	Number of Subscribers of Local Telephone(Household)	38113	35305	-7.4
国内贸易	**Domestic Trade**			
社会消费品零售总额(万元)	Total Retail Sales of Consumer Goods(10 000 yuan)	589951	667824	13.2
城镇(万元)	Town(10 000 yuan)	589951	667824	13.2
乡村(万元)	Village(10 000 yuan)			
科技教育卫生	**Science,Education & Public Health**			
各类专业技术人员(人)	Special Technical Personnel(person)	5755	5755	0.0
幼儿园数(所)	Number of Kindergartens(unit)	70	78	11.4
学龄儿童入学率(%)	Percentage of School-Age Children Enrolled(%)	100.0	100.0	0.0
小学学校数(所)	Number of Primary Schools(unit)	17	17	0.0
小学专任教师数(人)	Number of Full-time Teachers of Primary Schools(person)	1668	1527	-8.5
小学在校学生数(人)	Number of Student Enrollment of Primary Schools(person)	19481	17872	-8.3
普通中学学校数(所)	Number of Regular Secondary Schools(unit)	11	11	0.0
普通中学专任教师数(人)	Number of Teachers of Secondary Shools(person)	1600	1519	-5.1
初中在校学生数(人)	Number of Student in Junior Secondary Schools(person)	11303	9878	-12.6
高中在校学生数(人)	Number of Student in Senior Secondary Schools(person)	13108	11644	-11.2
卫生机构数(所)	Number of Health Institutions(unit)	184	182	-1.1
#医院(所)	Hospitals(unit)	13	13	0.0
卫生院(所)	Township Hospitals(unit)	11	11	0.0
床位数(张)	Number of Beds(unit)	1825	1993	9.2
#医院(张)	Hospitals(unit)	1508	1676	11.1
卫生院(张)	Township Hospitals(unit)	255	255	0.0
卫生技术人员(人)	Medical Technical Presonnel(person)	2110	2085	-1.2
#医院(人)	Hospitals(person)	1492	1510	1.2
卫生院(人)	Township Hospitals(person)	212	183	-13.7

23-58 赤峰市松山区

指　标	Item	2012	2013	2013年比上年增长% Increase Rate in 2013 Over 2012(%)
行政区域土地面积(平方公里)	**Area of Administration(Sq.km)**	**5618**	**5618**	**0.0**
人口和就业	**Population & Employment**			
年末总人口(人)	Total Population Year-end(person)	549880	561090	2.0
#男性(人)	Male(person)	285653	291412	2.0
#乡村人口(人)	Rural(person)	442459	442534	0.0
年末总户数(户)	Total Number of Households at the Year-end(Household)	193024	199504	3.4
#乡村户数(户)	Number of Rural Household(Household)	125264	127942	2.1
出生人口(人)	Births(person)	5870	5627	-4.1
死亡人口(人)	Deaths(person)	2148	1062	-50.6
全社会就业人员(人)	Employment(person)	330192	332553	0.7
第一产业(人)	Primary Industry(person)	151819	160053	5.4
第二产业(人)	Secondary Industry(person)	92659	86083	-7.1
第三产业(人)	Tertiary Industry(person)	85714	86417	0.8
在岗职工人数(人)	Number of Staff & Workers Employed in(person)	37017	42176	13.9
乡村劳动力(人)	Number of Rural Laborers(person)	292349	275213	-5.9
#农林牧渔业(人)	Farming,Forestry,Animal Husbandry & Fishery(person)	149968	158170	5.5
国民经济综合指标	**Summary Item on the National Economy**			
生产总值(万元)	Gross Domestic Product(10 000 yuan)	2124663	2266945	9.9
第一产业(万元)	Primary Industry(10 000 yuan)	352979	396420	6.0
第二产业(万元)	Secondary Industry(10 000 yuan)	1269764	1193824	12.2
#工业(万元)	Industry(10 000 yuan)	1118346	1025645	12.4
第三产业(万元)	Tertiary Industry(10 000 yuan)	501920	676701	6.5
人均生产总值(元)	Per Capita GDP(yuan)	36347	38557	9.2
全社会固定资产投资(万元)	Total Investment in Fixed Assets(10 000 yuan)	1832771	2264607	23.6
按登记注册类型分	Grouped by Registered Type			
#国有(万元)	State-owned Enterprises(10 000 yuan)	470532	541112	15.0
集体(万元)	Collective-owned Enterprises(10 000 yuan)	261259	295226	13.0
有限责任公司(万元)	Limited Liability Corporations(10 000 yuan)			
股份有限公司(万元)	Share Holding Enterprises(10 000 yuan)			
私营企业(万元)	Private Enterprises(10 000 yuan)	1091080	1428269	30.9
外商及港澳台投资企业(万元)	Funds from HK,Macao,Taiwan & Foreign(10 000 yuan)	9900		
按城乡渠道分	Grouped by Urban and Rural Area			
城镇(万元)	Urban(10 000 yuan)	1615969	2015500	24.7
农村(万元)	Rural(10 000 yuan)	216802	249107	14.9
公共财政预算收入(万元)	Public Budgetary Financial Revenue(10 000 yuan)	65505	84131	28.4
公共财政预算支出(万元)	Public Budgetary Financial Expenditures(10 000 yuan)	283985	287592	1.3
个人储蓄存款余额(万元)	The balance of savings deposits of individuals(10 000 yuan)	877741	966975	10.2
在岗职工工资总额(万元)	Total Wages of Staff & Workers Employed in(10 000 yuan)	173871	269805	55.2
在岗职工平均工资(元)	Average Wage of Staff & Workers Employed in(yuan)	45048	47102	4.6
全体居民人均可支配收入(元)	The per capita disposable income of all residents(yuan)	13911	15601	12.1
城镇常住居民人均可支配收入(元)	The per capita disposable income of urban permanent residents(yuan)	19848	22126	11.5
农村牧区常住居民人均可支配收入(元)	The per capita disposable income of permanent residents of rural and pastoral areas(yuan)	8320	9457	13.7
农村牧区经济	**Economic Development in Rural & Pastoral Area**			
农作物总播种面积(公顷)	Total Sown Area(hectare)	149898	155215	3.5
#粮食作物播种面积(公顷)	Sown Area of Grain Crops(hectare)	107651	107984	0.3
农牧业机械总动力(万千瓦)	Total Power of Agricultural Machinery(10 000 kw)	67.34	76.20	13.2
化肥施用折纯量(吨)	Consumption of Chemical Fertilizer(ton)	37364	39818	6.6
农村用电量(万千瓦小时)	Electricity Consumed in Rural Area(10 000 kwh)	24476	22602	-7.7
农林牧渔业总产值(万元)	Gross Output of Farming,Forestry,Animal Husbandry & Fishery(10 000 yuan)	613696	651411	5.0
粮食产量(吨)	Yield of Grain(ton)	790500	810500	2.5
油料产量(吨)	Yield of Oil-bearing Grops(ton)	19998	25144	25.7
甜菜产量(吨)	Yield of Beetroots(ton)	153698	185602	20.8
猪牛羊肉产量(吨)	Output of Pork, Beef & Mutton(ton)	43555	59004	35.5
#猪肉产量(吨)	Output of Pork(ton)	21048	32609	54.9
牛肉产量(吨)	Output of Beef(ton)	16680	21121	26.6
羊肉产量(吨)	Output of Mutton(ton)	5827	5274	-9.5
羊毛产量(吨)	Output of Wool(ton)	719	721	0.3

23-58 Songshan District in Chifeng City

指　标	Item	2012	2013	2013年比上年增长% Increase Rate in 2013 Over 2012(%)
年末牲畜存栏头数(万头只)	Total Livestock at the Year-end(10 000 heads)	60.64	71.36	17.7
#大牲畜(万头只)	Large Animals(10 000 heads)	20.96	20.19	-3.7
羊(万只)	Sheep & Goats(10 000 heads)	22.70	22.77	0.3
猪(万头)	Hogs(10 000 heads)	16.97	28.40	67.4
规模以上工业	**Industrial Enterprises above Designated size**			
工业企业单位数(个)	Number of Industrial Enterprises(unit)	49	54	10.2
#内资企业(个)	Civil Funded Enterprises(unit)	45	50	11.1
工业总产值(万元)	Gross Industrial Output Value(10 000 yuan)	2210823	2506046	13.4
内资企业(万元)	Civil Funded Enterprises(10 000 yuan)	2064349	2383547	15.5
国有企业(万元)	State-owned Enterprises(10 000 yuan)	155070	152715	-1.5
集体企业(万元)	Collective-owned Enterprises(10 000 yuan)	11640	13444	15.5
股份合作企业(万元)	Share Holding Enterprises(10 000 yuan)			
联营企业(万元)	Joint Owned Enterprises(10 000 yuan)			
有限责任公司(万元)	Limited Company(10 000 yuan)	884916	967044	9.3
股份有限公司(万元)	Share Holding Limited Company(10 000 yuan)			
私营企业(万元)	Privately Owned Enterprises(10 000 yuan)	963273	1250344	29.8
其他企业(万元)	Enterprises of Other Ownership(10 000 yuan)	49450		
港澳台商投资企业(万元)	Funds from HK,Macao & Taiwan(10 000 yuan)	78479	74039	-5.7
外商投资企业(万元)	Foreign Funded Enterprises(10 000 yuan)	67995	48460	-28.7
工业企业增加值(万元)	Value Added of Industrial Enterprises(10 000 yuan)			13.4
工业企业资产总计(万元)	Total Assets of Industrial Enterprises(10 000 yuan)	1765459	1822201	3.2
工业企业负债合计(万元)	Total Liabilities of Industrial Enterprises(10 000 yuan)	1186780	1122247	-5.4
工业企业产品销售收入(万元)	Sales of Revenue Industrial Enterprises(10 000 yuan)	2195265	2496930	13.7
工业企业利润总额(万元)	Total Profits of Industrial Enterprises(10 000 yuan)	72168	92839	28.6
建筑业	**Construction**			
建筑企业单位数(个)	Number of Construction Enterprises(unit)	25	28	12.0
建筑企业从业人员(人)	Number of Employee in Construction Enterprises(person)	8610	7412	-13.9
建筑业总产值(万元)	Gross Construction Output Value(10 000 yuan)	391290	439997	12.4
交通运输邮电通信业	**Transportation,Post & Telecommunications**			
公路里程(公里)	Total Length of Highways(km)	1524	1900	24.7
邮电业务总量(万元)	Business Volume of Post & Telecoms(10 000 yuan)			
本地电话用户(户)	Number of Subscribers of Local Telephone(Household)	74926	79522	6.1
国内贸易	**Domestic Trade**			
社会消费品零售总额(万元)	Total Retail Sales of Consumer Goods(10 000 yuan)	793871	900170	13.4
城镇(万元)	Town(10 000 yuan)	793871	900170	13.4
乡村(万元)	Village(10 000 yuan)			
科技教育卫生	**Science,Education & Public Health**			
各类专业技术人员(人)	Special Technical Personnel(person)	11234	11634	3.6
幼儿园数(所)	Number of Kindergartens(unit)	16	12	-25.0
学龄儿童入学率(%)	Percentage of School-Age Children Enrolled(%)	100.0	100.0	0.0
小学学校数(所)	Number of Primary Schools(unit)	63	65	3.2
小学专任教师数(人)	Number of Full-time Teachers of Primary Schools(person)	2485	2459	-1.0
小学在校学生数(人)	Number of Student Enrollment of Primary Schools(person)	35145	35242	0.3
普通中学学校数(所)	Number of Regular Secondary Schools(unit)	26	26	0.0
普通中学专任教师数(人)	Number of Teachers of Secondary Shools(person)	2107	2205	4.7
初中在校学生数(人)	Number of Student in Junior Secondary Schools(person)	19790	18579	-6.1
高中在校学生数(人)	Number of Student in Senior Secondary Schools(person)	20267	19563	-3.5
卫生机构数(所)	Number of Health Institutions(unit)	498	590	18.5
#医院(所)	Hospitals(unit)	4	7	75.0
卫生院(所)	Township Hospitals(unit)	29	29	0.0
床位数(张)	Number of Beds(unit)	1165	1598	37.2
#医院(张)	Hospitals(unit)	290	742	155.9
卫生院(张)	Township Hospitals(unit)	703	698	-0.7
卫生技术人员(人)	Medical Technical Presonnel(person)	1615	2011	24.5
#医院(人)	Hospitals(person)	443	817	84.4
卫生院(人)	Township Hospitals(person)	631	602	-4.6

23–59 赤峰市阿鲁科尔沁旗

指　标	Item	2012	2013	2013年比上年增长% Increase Rate in 2013 Over 2012(%)
行政区域土地面积(平方公里)	**Area of Administration(Sq.km)**	**14555**	**14555**	**0.0**
人口和就业	**Population & Employment**			
年末总人口(人)	Total Population Year-end(person)	299559	300161	0.2
# 男性(人)	Male(person)	152318	152519	0.1
# 乡村人口(人)	Rural(person)	256821	260002	1.2
年末总户数(户)	Total Number of Households at the Year-end(Household)	129160	132721	2.8
# 乡村户数(户)	Number of Rural Household(Household)	82918	91515	10.4
出生人口(人)	Births(person)	2581	1830	-29.1
死亡人口(人)	Deaths(person)	2613	1071	-59.0
全社会就业人员(人)	Employment(person)	162215	191161	17.8
第一产业(人)	Primary Industry(person)	97290	117756	21.0
第二产业(人)	Secondary Industry(person)	17432	22285	27.8
第三产业(人)	Tertiary Industry(person)	47493	51120	7.6
在岗职工人数(人)	Number of Staff & Workers Employed in(person)	19332	20412	5.6
乡村劳动力(人)	Number of Rural Laborers(person)	154583	158980	2.8
# 农林牧渔业(人)	Farming,Forestry,Animal Husbandry & Fishery(person)	117201	117756	0.5
国民经济综合指标	**Summary Item on the National Economy**			
生产总值(万元)	Gross Domestic Product(10 000 yuan)	917644	1000903	8.5
第一产业(万元)	Primary Industry(10 000 yuan)	156708	174683	5.4
第二产业(万元)	Secondary Industry(10 000 yuan)	458298	487953	8.7
# 工业(万元)	Industry(10 000 yuan)	404580	427697	8.3
第三产业(万元)	Tertiary Industry(10 000 yuan)	302638	338267	8.6
人均生产总值(元)	Per Capita GDP(yuan)	34063	37305	8.6
全社会固定资产投资(万元)	Total Investment in Fixed Assets(10 000 yuan)	657304	790382	20.2
按登记注册类型分	Grouped by Registered Type			
# 国有(万元)	State-owned Enterprises(10 000 yuan)	203491	544491	167.6
集体(万元)	Collective-owned Enterprises(10 000 yuan)			
有限责任公司(万元)	Limited Liability Corporations(10 000 yuan)	330081	108682	-67.1
股份有限公司(万元)	Share Holding Enterprises(10 000 yuan)			
私营企业(万元)	Private Enterprises(10 000 yuan)			
外商及港澳台投资企业(万元)	Funds from HK,Macao,Taiwan & Foreign(10 000 yuan)			
按城乡渠道分	Grouped by Urban and Rural Area			
城镇(万元)	Urban(10 000 yuan)	543788	523911	-3.7
农村(万元)	Rural(10 000 yuan)	113516	266471	134.7
公共财政预算收入(万元)	Public Budgetary Financial Revenue(10 000 yuan)	24603	30276	23.1
公共财政预算支出(万元)	Public Budgetary Financial Expenditures(10 000 yuan)	232078	254981	9.9
个人储蓄存款余额(万元)	The balance of savings deposits of individuals(10 000 yuan)	224782	272999	21.5
在岗职工工资总额(万元)	Total Wages of Staff & Workers Employed in(10 000 yuan)	87882	105428	20.0
在岗职工平均工资(元)	Average Wage of Staff & Workers Employed in(yuan)	45760	51703	13.0
全体居民人均可支配收入(元)	The per capita disposable income of all residents(yuan)	8934	9940	11.3
城镇常住居民人均可支配收入(元)	The per capita disposable income of urban permanent residents(yuan)	15626	17301	10.7
农村牧区常住居民人均可支配收入(元)	The per capita disposable income of permanent residents of rural and pastoral areas(yuan)	5498	6160	12.0
农村牧区经济	**Economic Development in Rural & Pastoral Area**			
农作物总播种面积(公顷)	Total Sown Area(hectare)	123233	139563	13.3
# 粮食作物播种面积(公顷)	Sown Area of Grain Crops(hectare)	113130	113463	0.3
农牧业机械总动力(万千瓦)	Total Power of Agricultural Machinery(10 000 kw)	52.00	54.00	3.8
化肥施用折纯量(吨)	Consumption of Chemical Fertilizer(ton)	20017	20070	0.3
农村用电量(万千瓦小时)	Electricity Consumed in Rural Area(10 000 kwh)	8408	9510	13.1
农林牧渔业总产值(万元)	Gross Output of Farming,Forestry,Animal Husbandry & Fishery(10 000 yuan)	252914	288354	4.5
粮食产量(吨)	Yield of Grain(ton)	501000	510258	1.8
油料产量(吨)	Yield of Oil-bearing Grops(ton)	2322	4648	100.2
甜菜产量(吨)	Yield of Beetroots(ton)	48035	21578	-55.1
猪牛羊肉产量(吨)	Output of Pork, Beef & Mutton(ton)	21959	20568	-6.3
# 猪肉产量(吨)	Output of Pork(ton)	6399	5068	-20.8
牛肉产量(吨)	Output of Beef(ton)	9891	9800	-0.9
羊肉产量(吨)	Output of Mutton(ton)	5669	5700	0.5
羊毛产量(吨)	Output of Wool(ton)	1036	1244	20.1

23-59 Alukeerqin Banner in Chifeng City

指 标	Item	2012	2013	2013年比上年增长% Increase Rate in 2013 Over 2012(%)
年末牲畜存栏头数(万头只)	Total Livestock at the Year-end(10 000 heads)	129.97	129.11	-0.7
#大牲畜(万头只)	Large Animals(10 000 heads)	27.19	26.36	-3.1
羊(万只)	Sheep & Goats(10 000 heads)	96.05	96.05	0.0
猪(万头)	Hogs(10 000 heads)	6.73	6.70	-0.4
规模以上工业	**Industrial Enterprises above Designated size**			
工业企业单位数(个)	Number of Industrial Enterprises(unit)	32	33	3.1
#内资企业(个)	Civil Funded Enterprises(unit)	32	33	3.1
工业总产值(万元)	Gross Industrial Output Value(10 000 yuan)	1189303	976901	-17.9
内资企业(万元)	Civil Funded Enterprises(10 000 yuan)	1189303	976901	-17.9
国有企业(万元)	State-owned Enterprises(10 000 yuan)	454944	127405	-72.0
集体企业(万元)	Collective-owned Enterprises(10 000 yuan)			
股份合作企业(万元)	Share Holding Enterprises(10 000 yuan)			
联营企业(万元)	Joint Owned Enterprises(10 000 yuan)			
有限责任公司(万元)	Limited Company(10 000 yuan)	147963	188583	27.5
股份有限公司(万元)	Share Holding Limited Company(10 000 yuan)			
私营企业(万元)	Privately Owned Enterprises(10 000 yuan)	586396	660913	12.7
其他企业(万元)	Enterprises of Other Ownership(10 000 yuan)			
港澳台商投资企业(万元)	Funds from HK,Macao & Taiwan(10 000 yuan)			
外商投资企业(万元)	Foreign Funded Enterprises(10 000 yuan)			
工业企业增加值(万元)	Value Added of Industrial Enterprises(10 000 yuan)			8.6
工业企业资产总计(万元)	Total Assets of Industrial Enterprises(10 000 yuan)	461526	497268	7.7
工业企业负债合计(万元)	Total Liabilities of Industrial Enterprises(10 000 yuan)	271985	296956	9.2
工业企业产品销售收入(万元)	Sales of Revenue Industrial Enterprises(10 000 yuan)	1077334	866625	-19.6
工业企业利润总额(万元)	Total Profits of Industrial Enterprises(10 000 yuan)	17527	8781	-49.9
建筑业	**Construction**			
建筑企业单位数(个)	Number of Construction Enterprises(unit)	3	3	0.0
建筑企业从业人员(人)	Number of Employee in Construction Enterprises(person)	934	1214	30.0
建筑业总产值(万元)	Gross Construction Output Value(10 000 yuan)	11269	20932	85.7
交通运输邮电通信业	**Transportation,Post & Telecommunications**			
公路里程(公里)	Total Length of Highways(km)	3114	3280	5.3
邮电业务总量(万元)	Business Volume of Post & Telecoms(10 000 yuan)	14671	15075	2.8
本地电话用户(户)	Number of Subscribers of Local Telephone(Household)	29780	27595	-7.3
国内贸易	**Domestic Trade**			
社会消费品零售总额(万元)	Total Retail Sales of Consumer Goods(10 000 yuan)	219695	248914	13.3
城镇(万元)	Town(10 000 yuan)	167342	190017	13.6
乡村(万元)	Village(10 000 yuan)	52353	58897	12.5
科技教育卫生	**Science,Education & Public Health**			
各类专业技术人员(人)	Special Technical Personnel(person)	8197	8245	0.6
幼儿园数(所)	Number of Kindergartens(unit)	16	20	25.0
学龄儿童入学率(%)	Percentage of School-Age Children Enrolled(%)	100.0	100.0	0.0
小学学校数(所)	Number of Primary Schools(unit)	31	31	0.0
小学专任教师数(人)	Number of Full-time Teachers of Primary Schools(person)	1806	1748	-3.2
小学在校学生数(人)	Number of Student Enrollment of Primary Schools(person)	17980	16685	-7.2
普通中学学校数(所)	Number of Regular Secondary Schools(unit)	7	7	0.0
普通中学专任教师数(人)	Number of Teachers of Secondary Shools(person)	1050	1059	0.9
初中在校学生数(人)	Number of Student in Junior Secondary Schools(person)	9205	8642	-6.1
高中在校学生数(人)	Number of Student in Senior Secondary Schools(person)	6285	5687	-9.5
卫生机构数(所)	Number of Health Institutions(unit)	498	482	-3.2
#医院(所)	Hospitals(unit)	4	4	0.0
卫生院(所)	Township Hospitals(unit)	22	22	0.0
床位数(张)	Number of Beds(unit)	1222	1485	21.5
#医院(张)	Hospitals(unit)	926	1080	16.6
卫生院(张)	Township Hospitals(unit)	274	274	0.0
卫生技术人员(人)	Medical Technical Presonnel(person)	1131	1241	9.7
#医院(人)	Hospitals(person)	738	801	8.5
卫生院(人)	Township Hospitals(person)	207	212	2.4

23-60 赤峰市巴林左旗

指 标	Item	2012	2013	2013年比上年增长% Increase Rate in 2013 Over 2012(%)
行政区域土地面积(平方公里)	**Area of Administration(Sq.km)**	**6459**	**6459**	**0.0**
人口和就业	**Population & Employment**			
年末总人口(人)	Total Population Year-end(person)	355589	357185	0.4
#男性(人)	Male(person)	180940	181595	0.4
#乡村人口(人)	Rural(person)	303408	300292	-1.0
年末总户数(户)	Total Number of Households at the Year-end(Household)	139852	144549	3.4
#乡村户数(户)	Number of Rural Household(Household)	88219	87759	-0.5
出生人口(人)	Births(person)	3293	2736	-16.9
死亡人口(人)	Deaths(person)	3632	606	-83.3
全社会就业人员(人)	Employment(person)	209301	214499	2.5
第一产业(人)	Primary Industry(person)	116731	117699	0.8
第二产业(人)	Secondary Industry(person)	44302	47522	7.3
第三产业(人)	Tertiary Industry(person)	48268	49278	2.1
在岗职工人数(人)	Number of Staff & Workers Employed in(person)	22718	25592	12.7
乡村劳动力(人)	Number of Rural Laborers(person)	169589	171348	1.0
#农林牧渔业(人)	Farming,Forestry,Animal Husbandry & Fishery(person)	91549	99632	8.8
国民经济综合指标	**Summary Item on the National Economy**			
生产总值(万元)	Gross Domestic Product(10 000 yuan)	1002124	1106930	10.9
第一产业(万元)	Primary Industry(10 000 yuan)	187696	208029	5.0
第二产业(万元)	Secondary Industry(10 000 yuan)	521904	579629	15.7
#工业(万元)	Industry(10 000 yuan)	426848	473292	16.7
第三产业(万元)	Tertiary Industry(10 000 yuan)	292524	319272	6.2
人均生产总值(元)	Per Capita GDP(yuan)	30992	34425	11.6
全社会固定资产投资(万元)	Total Investment in Fixed Assets(10 000 yuan)	1116148	1368755	22.6
按登记注册类型分	Grouped by Registered Type			
#国有(万元)	State-owned Enterprises(10 000 yuan)	277581	284412	2.5
集体(万元)	Collective-owned Enterprises(10 000 yuan)	5008	912	-81.8
有限责任公司(万元)	Limited Liability Corporations(10 000 yuan)	374934	583348	55.6
股份有限公司(万元)	Share Holding Enterprises(10 000 yuan)	37328	300	-99.2
私营企业(万元)	Private Enterprises(10 000 yuan)	164999	473573	187.0
外商及港澳台投资企业(万元)	Funds from HK,Macao,Taiwan & Foreign(10 000 yuan)	2300		
按城乡渠道分	Grouped by Urban and Rural Area			
城镇(万元)	Urban(10 000 yuan)	1100930	1346480	22.3
农村(万元)	Rural(10 000 yuan)	15218	22275	46.4
公共财政预算收入(万元)	Public Budgetary Financial Revenue(10 000 yuan)	35911	42743	19.0
公共财政预算支出(万元)	Public Budgetary Financial Expenditures(10 000 yuan)	223366	232656	4.2
个人储蓄存款余额(万元)	The balance of savings deposits of individuals(10 000 yuan)	344203	371588	8.0
在岗职工工资总额(万元)	Total Wages of Staff & Workers Employed in(10 000 yuan)	97591	115014	17.9
在岗职工平均工资(元)	Average Wage of Staff & Workers Employed in(yuan)	39108	42077	7.6
全体居民人均可支配收入(元)	The per capita disposable income of all residents(yuan)	9219	10340	12.2
城镇常住居民人均可支配收入(元)	The per capita disposable income of urban permanent residents(yuan)	16910	18829	11.4
农村牧区常住居民人均可支配收入(元)	The per capita disposable income of permanent residents of rural and pastoral areas(yuan)	5754	6515	13.2
农村牧区经济	**Economic Development in Rural & Pastoral Area**			
农作物总播种面积(公顷)	Total Sown Area(hectare)	120592	120592	0.0
#粮食作物播种面积(公顷)	Sown Area of Grain Crops(hectare)	98354	98533	0.2
农牧业机械总动力(万千瓦)	Total Power of Agricultural Machinery(10 000 kw)	40.00	42.64	6.6
化肥施用折纯量(吨)	Consumption of Chemical Fertilizer(ton)	15444	20456	32.5
农村用电量(万千瓦小时)	Electricity Consumed in Rural Area(10 000 kwh)	9082	9983	9.9
农林牧渔业总产值(万元)	Gross Output of Farming,Forestry,Animal Husbandry & Fishery(10 000 yuan)	303507	343409	3.7
粮食产量(吨)	Yield of Grain(ton)	400000	465000	16.3
油料产量(吨)	Yield of Oil-bearing Grops(ton)	2614		
甜菜产量(吨)	Yield of Beetroots(ton)	50527		
猪牛羊肉产量(吨)	Output of Pork, Beef & Mutton(ton)	22663	19763	-12.8
#猪肉产量(吨)	Output of Pork(ton)	11718	9533	-18.6
牛肉产量(吨)	Output of Beef(ton)	2578	2560	-0.7
羊肉产量(吨)	Output of Mutton(ton)	8367	7670	-8.3
羊毛产量(吨)	Output of Wool(ton)	1055	1061	0.6

23-60 Balinzuo Banner in Chifeng City

指　标	Item	2012	2013	2013年比上年增长% Increase Rate in 2013 Over 2012(%)
年末牲畜存栏头数(万头只)	Total Livestock at the Year-end(10 000 heads)	112.37	108.17	-3.7
#大牲畜(万头只)	Large Animals(10 000 heads)	17.12	17.18	0.4
羊(万只)	Sheep & Goats(10 000 heads)	81.51	81.51	0.0
猪(万头)	Hogs(10 000 heads)	13.74	9.48	-31.0
规模以上工业	**Industrial Enterprises above Designated size**			
工业企业单位数(个)	Number of Industrial Enterprises(unit)	54	54	0.0
#内资企业(个)	Civil Funded Enterprises(unit)	53	53	0.0
工业总产值(万元)	Gross Industrial Output Value(10 000 yuan)	1459976	1707878	17.0
内资企业(万元)	Civil Funded Enterprises(10 000 yuan)	1433500	1656086	15.5
国有企业(万元)	State-owned Enterprises(10 000 yuan)	163448	115709	-29.2
集体企业(万元)	Collective-owned Enterprises(10 000 yuan)			
股份合作企业(万元)	Share Holding Enterprises(10 000 yuan)			
联营企业(万元)	Joint Owned Enterprises(10 000 yuan)			
有限责任公司(万元)	Limited Company(10 000 yuan)	521506	715080	37.1
股份有限公司(万元)	Share Holding Limited Company(10 000 yuan)	688184	763848	11.0
私营企业(万元)	Privately Owned Enterprises(10 000 yuan)	26316	45773	73.9
其他企业(万元)	Enterprises of Other Ownership(10 000 yuan)	18829	15676	-16.7
港澳台商投资企业(万元)	Funds from HK,Macao & Taiwan(10 000 yuan)	26476	51792	95.6
外商投资企业(万元)	Foreign Funded Enterprises(10 000 yuan)			
工业企业增加值(万元)	Value Added of Industrial Enterprises(10 000 yuan)			17.6
工业企业资产总计(万元)	Total Assets of Industrial Enterprises(10 000 yuan)	927235	1101390	18.8
工业企业负债合计(万元)	Total Liabilities of Industrial Enterprises(10 000 yuan)	311968	333595	6.9
工业企业产品销售收入(万元)	Sales of Revenue Industrial Enterprises(10 000 yuan)	1144040	1497969	30.9
工业企业利润总额(万元)	Total Profits of Industrial Enterprises(10 000 yuan)	231331	235380	1.8
建筑业	**Construction**			
建筑企业单位数(个)	Number of Construction Enterprises(unit)	5	6	20.0
建筑企业从业人员(人)	Number of Employee in Construction Enterprises(person)	3466	4174	20.4
建筑业总产值(万元)	Gross Construction Output Value(10 000 yuan)	58341	68602	17.6
交通运输邮电通信业	**Transportation,Post & Telecommunications**			
公路里程(公里)	Total Length of Highways(km)	1712	1795	4.8
邮电业务总量(万元)	Business Volume of Post & Telecoms(10 000 yuan)	13800	14850	7.6
本地电话用户(户)	Number of Subscribers of Local Telephone(Household)	25419	31960	25.7
国内贸易	**Domestic Trade**			
社会消费品零售总额(万元)	Total Retail Sales of Consumer Goods(10 000 yuan)	284294	320115	12.6
城镇(万元)	Town(10 000 yuan)	201470	227126	12.7
乡村(万元)	Village(10 000 yuan)	82824	92988	12.3
科技教育卫生	**Science,Education & Public Health**			
各类专业技术人员(人)	Special Technical Personnel(person)	8430	8381	-0.6
幼儿园数(所)	Number of Kindergartens(unit)	35	44	25.7
学龄儿童入学率(%)	Percentage of School-Age Children Enrolled(%)	100.0	100.0	0.0
小学学校数(所)	Number of Primary Schools(unit)	56	26	-53.6
小学专任教师数(人)	Number of Full-time Teachers of Primary Schools(person)	2001	1707	-14.7
小学在校学生数(人)	Number of Student Enrollment of Primary	21072	19562	-7.2
普通中学学校数(所)	Number of Regular Secondary Schools(unit)	15	17	13.3
普通中学专任教师数(人)	Number of Teachers of Secondary Shools(person)	1438	1275	-11.3
初中在校学生数(人)	Number of Student in Junior Secondary Schools(person)	11884	9128	-23.2
高中在校学生数(人)	Number of Student in Senior Secondary Schools(person)	8058	7415	-8.0
卫生机构数(所)	Number of Health Institutions(unit)	286	287	0.3
#医院(所)	Hospitals(unit)	2	2	0.0
卫生院(所)	Township Hospitals(unit)	22	22	0.0
床位数(张)	Number of Beds(unit)	1018	1254	23.2
#医院(张)	Hospitals(unit)	560	773	38.0
卫生院(张)	Township Hospitals(unit)	438	461	5.3
卫生技术人员(人)	Medical Technical Presonnel(person)	1239	1290	4.1
#医院(人)	Hospitals(person)	607	638	5.1
卫生院(人)	Township Hospitals(person)	512	524	2.3

23-61 赤峰市巴林右旗

指　标	Item	2012	2013	2013年比上年增长% Increase Rate in 2013 Over 2012(%)
行政区域土地面积(平方公里)	**Area of Administration(Sq.km)**	**9837**	**9837**	**0.0**
人口和就业	**Population & Employment**			
年末总人口(人)	Total Population Year-end(person)	184957	185683	0.4
#男性(人)	Male(person)	93847	94261	0.4
#乡村人口(人)	Rural(person)	129205	127203	-1.5
年末总户数(户)	Total Number of Households at the Year-end(Household)	80559	83493	3.6
#乡村户数(户)	Number of Rural Household(Household)	38249	39538	3.4
出生人口(人)	Births(person)	3345	1249	-62.7
死亡人口(人)	Deaths(person)	1958	477	-75.6
全社会就业人员(人)	Employment(person)	83446	92992	11.4
第一产业(人)	Primary Industry(person)	42509	45985	8.2
第二产业(人)	Secondary Industry(person)	8622	14434	67.4
第三产业(人)	Tertiary Industry(person)	32315	32573	0.8
在岗职工人数(人)	Number of Staff & Workers Employed in(person)	18893	18261	-3.3
乡村劳动力(人)	Number of Rural Laborers(person)	51113	54672	7.0
#农林牧渔业(人)	Farming,Forestry,Animal Husbandry & Fishery(person)	42509	45985	8.2
国民经济综合指标	**Summary Item on the National Economy**			
生产总值(万元)	Gross Domestic Product(10 000 yuan)	610819	672000	9.5
第一产业(万元)	Primary Industry(10 000 yuan)	96775	107321	4.9
第二产业(万元)	Secondary Industry(10 000 yuan)	346453	380561	11.6
#工业(万元)	Industry(10 000 yuan)	279998	308057	12.3
第三产业(万元)	Tertiary Industry(10 000 yuan)	167591	184118	7.0
人均生产总值(元)	Per Capita GDP(yuan)	35105	38699	9.6
全社会固定资产投资(万元)	Total Investment in Fixed Assets(10 000 yuan)	707083	726608	2.8
按登记注册类型分	Grouped by Registered Type			
#国有(万元)	State-owned Enterprises(10 000 yuan)	528591	585324	10.7
集体(万元)	Collective-owned Enterprises(10 000 yuan)			
有限责任公司(万元)	Limited Liability Corporations(10 000 yuan)	171490	141284	-17.6
股份有限公司(万元)	Share Holding Enterprises(10 000 yuan)	2		
私营企业(万元)	Private Enterprises(10 000 yuan)	7000		
外商及港澳台投资企业(万元)	Funds from HK,Macao,Taiwan & Foreign(10 000 yuan)			
按城乡渠道分	Grouped by Urban and Rural Area			
城镇(万元)	Urban(10 000 yuan)	702498	722308	2.8
农村(万元)	Rural(10 000 yuan)	4135	4300	4.0
公共财政预算收入(万元)	Public Budgetary Financial Revenue(10 000 yuan)	27273	36011	32.0
公共财政预算支出(万元)	Public Budgetary Financial Expenditures(10 000 yuan)	190823	195400	2.4
个人储蓄存款余额(万元)	The balance of savings deposits of individuals(10 000 yuan)	198183	244859	23.6
在岗职工工资总额(万元)	Total Wages of Staff & Workers Employed in(10 000 yuan)	71198	100465	41.1
在岗职工平均工资(元)	Average Wage of Staff & Workers Employed in(yuan)	37408	41484	10.9
全体居民人均可支配收入(元)	The per capita disposable income of all residents(yuan)	11000	12398	12.7
城镇常住居民人均可支配收入(元)	The per capita disposable income of urban permanent residents(yuan)	15380	17288	12.4
农村牧区常住居民人均可支配收入(元)	The per capita disposable income of permanent residents of rural and pastoral areas(yuan)	5871	6671	13.6
农村牧区经济	**Economic Development in Rural & Pastoral Area**			
农作物总播种面积(公顷)	Total Sown Area(hectare)	59134	89081	0.2
#粮食作物播种面积(公顷)	Sown Area of Grain Crops(hectare)	48233	48366	0.3
农牧业机械总动力(万千瓦)	Total Power of Agricultural Machinery(10 000 kw)	31.20	34.20	9.6
化肥施用折纯量(吨)	Consumption of Chemical Fertilizer(ton)	5732	5749	0.3
农村用电量(万千瓦小时)	Electricity Consumed in Rural Area(10 000 kwh)	2406	2722	13.1
农林牧渔业总产值(万元)	Gross Output of Farming,Forestry,Animal Husbandry & Fishery(10 000 yuan)	157127	177163	3.3
粮食产量(吨)	Yield of Grain(ton)	152000	175000	15.1
油料产量(吨)	Yield of Oil-bearing Grops(ton)	6284	13676	117.6
甜菜产量(吨)	Yield of Beetroots(ton)	3991	4383	9.8
猪牛羊肉产量(吨)	Output of Pork, Beef & Mutton(ton)	34283	25362	-26.0
#猪肉产量(吨)	Output of Pork(ton)	3000	2827	-5.8
牛肉产量(吨)	Output of Beef(ton)	13595	9035	-33.5
羊肉产量(吨)	Output of Mutton(ton)	17688	13500	-23.7
羊毛产量(吨)	Output of Wool(ton)	3010	3310	10.0

23-61 Balinyou Banner in Chifeng City

指　标	Item	2012	2013	2013年比上年增长% Increase Rate in 2013 Over 2012(%)
年末牲畜存栏头数(万头只)	Total Livestock at the Year-end(10 000 heads)	87.49	88.67	1.3
#大牲畜(万头只)	Large Animals(10 000 heads)	12.05	11.51	-4.5
羊(万只)	Sheep & Goats(10 000 heads)	72.49	74.49	2.8
猪(万头)	Hogs(10 000 heads)	2.95	2.67	-9.5
规模以上工业	**Industrial Enterprises above Designated size**			
工业企业单位数(个)	Number of Industrial Enterprises(unit)	23	23	0.0
#内资企业(个)	Civil Funded Enterprises(unit)	23	23	0.0
工业总产值(万元)	Gross Industrial Output Value(10 000 yuan)	880355	1003382	14.0
内资企业(万元)	Civil Funded Enterprises(10 000 yuan)	880355	1003382	14.0
国有企业(万元)	State-owned Enterprises(10 000 yuan)	11945	11618	-2.7
集体企业(万元)	Collective-owned Enterprises(10 000 yuan)			
股份合作企业(万元)	Share Holding Enterprises(10 000 yuan)			
联营企业(万元)	Joint Owned Enterprises(10 000 yuan)			
有限责任公司(万元)	Limited Company(10 000 yuan)	593838	687525	15.8
股份有限公司(万元)	Share Holding Limited Company(10 000 yuan)	249194	273083	9.6
私营企业(万元)	Privately Owned Enterprises(10 000 yuan)	25378	31156	22.8
其他企业(万元)	Enterprises of Other Ownership(10 000 yuan)			
港澳台商投资企业(万元)	Funds from HK,Macao & Taiwan(10 000 yuan)			
外商投资企业(万元)	Foreign Funded Enterprises(10 000 yuan)			
工业企业增加值(万元)	Value Added of Industrial Enterprises(10 000 yuan)			13.4
工业企业资产总计(万元)	Total Assets of Industrial Enterprises(10 000 yuan)	199686	685663	243.4
工业企业负债合计(万元)	Total Liabilities of Industrial Enterprises(10 000 yuan)	145522	561482	285.8
工业企业产品销售收入(万元)	Sales of Revenue Industrial Enterprises(10 000 yuan)	860064	1002167	16.5
工业企业利润总额(万元)	Total Profits of Industrial Enterprises(10 000 yuan)	180492	198277	9.9
建筑业	**Construction**			
建筑企业单位数(个)	Number of Construction Enterprises(unit)	6	8	33.3
建筑企业从业人员(人)	Number of Employee in Construction Enterprises(person)	1962	2950	50.4
建筑业总产值(万元)	Gross Construction Output Value(10 000 yuan)	49526	128882	160.2
交通运输邮电通信业	**Transportation,Post & Telecommunications**			
公路里程(公里)	Total Length of Highways(km)	2266	2266	0.0
邮电业务总量(万元)	Business Volume of Post & Telecoms(10 000 yuan)	11074	11374	2.7
本地电话用户(户)	Number of Subscribers of Local Telephone(Household)	18000	13000	-27.8
国内贸易	**Domestic Trade**			
社会消费品零售总额(万元)	Total Retail Sales of Consumer Goods(10 000 yuan)	165014	185971	12.7
城镇(万元)	Town(10 000 yuan)	102969	117384	14.0
乡村(万元)	Village(10 000 yuan)	62045	68587	10.5
各类专业技术人员(人)	Special Technical Personnel(person)	5156	5156	0.0
幼儿园数(所)	Number of Kindergartens(unit)	23	23	0.0
学龄儿童入学率(%)	Percentage of School-Age Children Enrolled(%)	100.0	100.0	0.0
小学学校数(所)	Number of Primary Schools(unit)	22	22	0.0
小学专任教师数(人)	Number of Full-time Teachers of Primary Schools(person)	1401	1363	-2.7
小学在校学生数(人)	Number of Student Enrollment of Primary Schools(person)	11003	10119	-8.0
普通中学学校数(所)	Number of Regular Secondary Schools(unit)	5	5	0.0
普通中学专任教师数(人)	Number of Teachers of Secondary Shools(person)	814	811	-0.4
初中在校学生数(人)	Number of Student in Junior Secondary Schools(person)	5950	5384	-9.5
高中在校学生数(人)	Number of Student in Senior Secondary Schools(person)	3852	3760	-2.4
卫生机构数(所)	Number of Health Institutions(unit)	186	180	-3.2
#医院(所)	Hospitals(unit)	2	2	0.0
卫生院(所)	Township Hospitals(unit)	15	15	0.0
床位数(张)	Number of Beds(unit)	539	594	10.2
#医院(张)	Hospitals(unit)	330	365	10.6
卫生院(张)	Township Hospitals(unit)	139	139	0.0
卫生技术人员(人)	Medical Technical Presonnel(person)	876	1122	28.1
#医院(人)	Hospitals(person)	377	390	3.4
卫生院(人)	Township Hospitals(person)	152	170	11.8

23-62 赤峰市林西县

指 标	Item	2012	2013	2013年比上年增长% Increase Rate in 2013 Over 2012(%)
行政区域土地面积(平方公里)	**Area of Administration(Sq.km)**	**3933**	**3933**	**0.0**
人口和就业	**Population & Employment**			
年末总人口(人)	Total Population Year-end(person)	240136	240906	0.3
#男性(人)	Male(person)	121263	121660	0.3
#乡村人口(人)	Rural(person)	156860	191778	22.3
年末总户数(户)	Total Number of Households at the Year-end(Household)	101009	104013	3.0
#乡村户数(户)	Number of Rural Household(Household)	57207	63165	10.4
出生人口(人)	Births(person)	1797	1492	-17.0
死亡人口(人)	Deaths(person)	594	486	-18.2
全社会就业人员(人)	Employment(person)	117126	121327	3.6
第一产业(人)	Primary Industry(person)	75054	78511	4.6
第二产业(人)	Secondary Industry(person)	16360	17851	9.1
第三产业(人)	Tertiary Industry(person)	25712	24965	-2.9
在岗职工人数(人)	Number of Staff & Workers Employed in(person)	20805	21936	5.4
乡村劳动力(人)	Number of Rural Laborers(person)	105673	108431	2.6
#农林牧渔业(人)	Farming,Forestry,Animal Husbandry & Fishery(person)	72512	75969	4.8
国民经济综合指标	**Summary Item on the National Economy**			
生产总值(万元)	Gross Domestic Product(10 000 yuan)	581655	661062	12.0
第一产业(万元)	Primary Industry(10 000 yuan)	106507	118727	5.4
第二产业(万元)	Secondary Industry(10 000 yuan)	271675	313096	16.3
#工业(万元)	Industry(10 000 yuan)	219439	254442	17.4
第三产业(万元)	Tertiary Industry(10 000 yuan)	203473	229239	9.6
人均生产总值(元)	Per Capita GDP(yuan)	29068	33070	12.1
全社会固定资产投资(万元)	Total Investment in Fixed Assets(10 000 yuan)	653036	810512	24.1
按登记注册类型分	Grouped by Registered Type			
#国有(万元)	State-owned Enterprises(10 000 yuan)	316777	324623	2.5
集体(万元)	Collective-owned Enterprises(10 000 yuan)			
有限责任公司(万元)	Limited Liability Corporations(10 000 yuan)	176142	206380	17.2
股份有限公司(万元)	Share Holding Enterprises(10 000 yuan)		21500	
私营企业(万元)	Private Enterprises(10 000 yuan)	160117	162600	1.6
外商及港澳台投资企业(万元)	Funds from HK,Macao,Taiwan & Foreign(10 000 yuan)		9800	
按城乡渠道分	Grouped by Urban and Rural Area			
城镇(万元)	Urban(10 000 yuan)	568814	718323	26.3
农村(万元)	Rural(10 000 yuan)	84222	92189	9.5
公共财政预算收入(万元)	Public Budgetary Financial Revenue(10 000 yuan)	24224	31283	29.1
公共财政预算支出(万元)	Public Budgetary Financial Expenditures(10 000 yuan)	188699	206666	9.5
个人储蓄存款余额(万元)	The balance of savings deposits of individuals(10 000 yuan)	286611	320392	11.8
在岗职工工资总额(万元)	Total Wages of Staff & Workers Employed in(10 000 yuan)	89786	98543	9.8
在岗职工平均工资(元)	Average Wage of Staff & Workers Employed in(yuan)	43098	44606	3.5
全体居民人均可支配收入(元)	The per capita disposable income of all residents(yuan)	11105	12435	12.0
城镇常住居民人均可支配收入(元)	The per capita disposable income of urban permanent residents(yuan)	16609	18512	11.5
农村牧区常住居民人均可支配收入(元)	The per capita disposable income of permanent residents of rural and pastoral areas(yuan)	5410	6148	13.6
农村牧区经济	**Economic Development in Rural & Pastoral Area**			
农作物总播种面积(公顷)	Total Sown Area(hectare)	64262	72418	12.7
#粮食作物播种面积(公顷)	Sown Area of Grain Crops(hectare)	46885	47085	0.4
农牧业机械总动力(万千瓦)	Total Power of Agricultural Machinery(10 000 kw)	27.30	28.80	5.5
化肥施用折纯量(吨)	Consumption of Chemical Fertilizer(ton)	10473	10609	1.3
农村用电量(万千瓦小时)	Electricity Consumed in Rural Area(10 000 kwh)	9610	10292	7.1
农林牧渔业总产值(万元)	Gross Output of Farming,Forestry,Animal Husbandry & Fishery(10 000 yuan)	168331	195882	4.5
粮食产量(吨)	Yield of Grain(ton)	230035	255035	10.9
油料产量(吨)	Yield of Oil-bearing Grops(ton)	12432	17996	44.8
甜菜产量(吨)	Yield of Beetroots(ton)	219125	279163	27.4
猪牛羊肉产量(吨)	Output of Pork, Beef & Mutton(ton)	19337	20265	4.8
#猪肉产量(吨)	Output of Pork(ton)	8927	7366	-17.5
牛肉产量(吨)	Output of Beef(ton)	5978	5069	-15.2
羊肉产量(吨)	Output of Mutton(ton)	4432	7830	76.7
羊毛产量(吨)	Output of Wool(ton)	981	1218	24.2

23-62 Linxi County in Chifeng City

指 标	Item	2012	2013	2013年比上年增长% Increase Rate in 2013 Over 2012(%)
年末牲畜存栏头数(万头只)	Total Livestock at the Year-end(10 000 heads)	55.38	61.19	10.5
#大牲畜(万头只)	Large Animals(10 000 heads)	12.12	13.04	7.6
羊(万只)	Sheep & Goats(10 000 heads)	35.76	37.76	5.6
猪(万头)	Hogs(10 000 heads)	7.50	10.39	38.5
规模以上工业	**Industrial Enterprises above Designated size**			
工业企业单位数(个)	Number of Industrial Enterprises(unit)	28	32	14.3
#内资企业(个)	Civil Funded Enterprises(unit)	27	31	14.8
工业总产值(万元)	Gross Industrial Output Value(10 000 yuan)	733361	974861	32.9
内资企业(万元)	Civil Funded Enterprises(10 000 yuan)	724010	961135	32.8
国有企业(万元)	State-owned Enterprises(10 000 yuan)	103400	128943	24.7
集体企业(万元)	Collective-owned Enterprises(10 000 yuan)			
股份合作企业(万元)	Share Holding Enterprises(10 000 yuan)			
联营企业(万元)	Joint Owned Enterprises(10 000 yuan)			
有限责任公司(万元)	Limited Company(10 000 yuan)	517701	715871	38.3
股份有限公司(万元)	Share Holding Limited Company(10 000 yuan)			
私营企业(万元)	Privately Owned Enterprises(10 000 yuan)	102909	116321	13.0
其他企业(万元)	Enterprises of Other Ownership(10 000 yuan)			
港澳台商投资企业(万元)	Funds from HK,Macao & Taiwan(10 000 yuan)			
外商投资企业(万元)	Foreign Funded Enterprises(10 000 yuan)	9351	13726	46.8
工业企业增加值(万元)	Value Added of Industrial Enterprises(10 000 yuan)			18.4
工业企业资产总计(万元)	Total Assets of Industrial Enterprises(10 000 yuan)	351134	417191	18.8
工业企业负债合计(万元)	Total Liabilities of Industrial Enterprises(10 000 yuan)	149491	256816	71.8
工业企业产品销售收入(万元)	Sales of Revenue Industrial Enterprises(10 000 yuan)	733274	931947	27.1
工业企业利润总额(万元)	Total Profits of Industrial Enterprises(10 000 yuan)	68822	69993	1.7
建筑业	**Construction**			
建筑企业单位数(个)	Number of Construction Enterprises(unit)	4	4	0.0
建筑企业从业人员(人)	Number of Employee in Construction Enterprises(person)	601	852	41.8
建筑业总产值(万元)	Gross Construction Output Value(10 000 yuan)	189135	201850	6.7
交通运输邮电通信业	**Transportation,Post & Telecommunications**			
公路里程(公里)	Total Length of Highways(km)	1570	1392	0.7
邮电业务总量(万元)	Business Volume of Post & Telecoms(10 000 yuan)	11096	11817	6.5
本地电话用户(户)	Number of Subscribers of Local Telephone(Household)	14000	17398	24.3
国内贸易	**Domestic Trade**			
社会消费品零售总额(万元)	Total Retail Sales of Consumer Goods(10 000 yuan)	217188	246074	13.3
城镇(万元)	Town(10 000 yuan)	138904	159356	14.7
乡村(万元)	Village(10 000 yuan)	78279	86718	10.8
科技教育卫生	**Science,Education & Public Health**			
各类专业技术人员(人)	Special Technical Personnel(person)	4847	5059	4.4
幼儿园数(所)	Number of Kindergartens(unit)	30	27	-10.0
学龄儿童入学率(%)	Percentage of School-Age Children Enrolled(%)	100.0	100.0	0.0
小学学校数(所)	Number of Primary Schools(unit)	16	16	0.0
小学专任教师数(人)	Number of Full-time Teachers of Primary Schools(person)	1243	1174	-5.6
小学在校学生数(人)	Number of Student Enrollment of Primary Schools(person)	15564	13592	-12.7
普通中学学校数(所)	Number of Regular Secondary Schools(unit)	4	4	0.0
普通中学专任教师数(人)	Number of Teachers of Secondary Shools(person)	1063	1043	-1.9
初中在校学生数(人)	Number of Student in Junior Secondary Schools(person)	8127	6577	-19.1
高中在校学生数(人)	Number of Student in Senior Secondary Schools(person)	5326	4600	-13.6
卫生机构数(所)	Number of Health Institutions(unit)	260	255	-1.9
#医院(所)	Hospitals(unit)	3	3	0.0
卫生院(所)	Township Hospitals(unit)	18	18	0.0
床位数(张)	Number of Beds(unit)	1054	1093	3.7
#医院(张)	Hospitals(unit)	790	748	-5.3
卫生院(张)	Township Hospitals(unit)	249	258	3.6
卫生技术人员(人)	Medical Technical Presonnel(person)	1340	1129	-15.7
#医院(人)	Hospitals(person)	935	743	-20.5
卫生院(人)	Township Hospitals(person)	195	232	19.0

23-63 赤峰市克什克腾旗

指　标	Item	2012	2013	2013年比上年增长% Increase Rate in 2013 Over 2012(%)
行政区域土地面积(平方公里)	**Area of Administration(Sq.km)**	**20673**	**20673**	**0.0**
人口和就业	**Population & Employment**			
年末总人口(人)	Total Population Year-end(person)	252134	253143	0.4
#男性(人)	Male(person)	128704	129246	0.4
#乡村人口(人)	Rural(person)	198014	198431	0.2
年末总户数(户)	Total Number of Households at the Year-end(Household)	101511	104260	2.7
#乡村户数(户)	Number of Rural Household(Household)	73206	75955	3.8
出生人口(人)	Births(person)	1911	1860	-2.7
死亡人口(人)	Deaths(person)	796	557	-30.0
全社会就业人员(人)	Employment(person)	150320	152102	1.2
第一产业(人)	Primary Industry(person)	88846	87695	-1.3
第二产业(人)	Secondary Industry(person)	15648	18306	17.0
第三产业(人)	Tertiary Industry(person)	45826	46101	0.6
在岗职工人数(人)	Number of Staff & Workers Employed in(person)	13341	15237	14.2
乡村劳动力(人)	Number of Rural Laborers(person)	112196	131192	16.9
#农林牧渔业(人)	Farming,Forestry,Animal Husbandry & Fishery(person)	88790	88822	0.0
国民经济综合指标	**Summary Item on the National Economy**			
生产总值(万元)	Gross Domestic Product(10 000 yuan)	1240588	1337727	9.6
第一产业(万元)	Primary Industry(10 000 yuan)	153037	169500	4.8
第二产业(万元)	Secondary Industry(10 000 yuan)	845950	889235	11.8
#工业(万元)	Industry(10 000 yuan)	734569	777620	13.6
第三产业(万元)	Tertiary Industry(10 000 yuan)	241601	278992	5.6
人均生产总值(元)	Per Capita GDP(yuan)	61023	66438	10.7
全社会固定资产投资(万元)	Total Investment in Fixed Assets(10 000 yuan)	1282544	1293145	0.8
按登记注册类型分	Grouped by Registered Type			
#国有(万元)	State-owned Enterprises(10 000 yuan)	110727	279954	152.8
集体(万元)	Collective-owned Enterprises(10 000 yuan)			
有限责任公司(万元)	Limited Liability Corporations(10 000 yuan)	1095445	754586	-31.1
股份有限公司(万元)	Share Holding Enterprises(10 000 yuan)	64820	15540	-76.0
私营企业(万元)	Private Enterprises(10 000 yuan)	11552	456	-96.1
外商及港澳台投资企业(万元)	Funds from HK,Macao,Taiwan & Foreign(10 000 yuan)			
按城乡渠道分	Grouped by Urban and Rural Area			
城镇(万元)	Urban(10 000 yuan)	1220745	1228009	0.6
农村(万元)	Rural(10 000 yuan)	61799	65136	5.4
公共财政预算收入(万元)	Public Budgetary Financial Revenue(10 000 yuan)	78612	70972	-9.7
公共财政预算支出(万元)	Public Budgetary Financial Expenditures(10 000 yuan)	212243	231000	8.8
个人储蓄存款余额(万元)	The balance of savings deposits of individuals(10 000 yuan)	411293	463308	12.6
在岗职工工资总额(万元)	Total Wages of Staff & Workers Employed in(10 000 yuan)	67742	74310	9.7
在岗职工平均工资(元)	Average Wage of Staff & Workers Employed in(yuan)	50808	49922	-1.7
全体居民人均可支配收入(元)	The per capita disposable income of all residents(yuan)	11430	12774	11.8
城镇常住居民人均可支配收入(元)	The per capita disposable income of urban permanent residents(yuan)	17364	19311	11.2
农村牧区常住居民人均可支配收入(元)	The per capita disposable income of permanent residents of rural and pastoral areas(yuan)	6403	7236	13.0
农村牧区经济	**Economic Development in Rural & Pastoral Area**			
农作物总播种面积(公顷)	Total Sown Area(hectare)	71755	75209	4.8
#粮食作物播种面积(公顷)	Sown Area of Grain Crops(hectare)	57840	57973	0.2
农牧业机械总动力(万千瓦)	Total Power of Agricultural Machinery(10 000 kw)	34.50	39.60	14.8
化肥施用折纯量(吨)	Consumption of Chemical Fertilizer(ton)	7325	7295	-0.4
农村用电量(万千瓦小时)	Electricity Consumed in Rural Area(10 000 kwh)	4476	5665	26.6
农林牧渔业总产值(万元)	Gross Output of Farming,Forestry,Animal Husbandry & Fishery(10 000 yuan)	250800	279807	3.7
粮食产量(吨)	Yield of Grain(ton)	170500	180500	5.9
油料产量(吨)	Yield of Oil-bearing Grops(ton)	12571	12500	-0.6
甜菜产量(吨)	Yield of Beetroots(ton)	4915	12700	158.4
猪牛羊肉产量(吨)	Output of Pork, Beef & Mutton(ton)	16047	18800	17.2
#猪肉产量(吨)	Output of Pork(ton)	3532	3500	-0.9
牛肉产量(吨)	Output of Beef(ton)	6687	6900	3.2
羊肉产量(吨)	Output of Mutton(ton)	5828	8400	44.1
羊毛产量(吨)	Output of Wool(ton)	3365	4303	27.9

23-63 Keshiketeng Banner in Chifeng City

指　标	Item	2012	2013	2013年比上年增长% Increase Rate in 2013 Over 2012(%)
年末牲畜存栏头数(万头只)	Total Livestock at the Year-end(10 000 heads)	101.70	102.30	0.6
#大牲畜(万头只)	Large Animals(10 000 heads)	18.71	18.90	1.0
羊(万只)	Sheep & Goats(10 000 heads)	78.86	78.90	0.1
猪(万头)	Hogs(10 000 heads)	4.12	4.50	9.2
规模以上工业	**Industrial Enterprises above Designated size**			
工业企业单位数(个)	Number of Industrial Enterprises(unit)	33	33	0.0
#内资企业(个)	Civil Funded Enterprises(unit)	33	33	0.0
工业总产值(万元)	Gross Industrial Output Value(10 000 yuan)	1640408	1875976	14.4
内资企业(万元)	Civil Funded Enterprises(10 000 yuan)	1640408	1875976	14.4
国有企业(万元)	State-owned Enterprises(10 000 yuan)	28009	34176	22.0
集体企业(万元)	Collective-owned Enterprises(10 000 yuan)			
股份合作企业(万元)	Share Holding Enterprises(10 000 yuan)			
联营企业(万元)	Joint Owned Enterprises(10 000 yuan)			
有限责任公司(万元)	Limited Company(10 000 yuan)	1418702	1624789	14.5
股份有限公司(万元)	Share Holding Limited Company(10 000 yuan)	110476	115451	4.5
私营企业(万元)	Privately Owned Enterprises(10 000 yuan)	83223	101560	22.0
其他企业(万元)	Enterprises of Other Ownership(10 000 yuan)			
港澳台商投资企业(万元)	Funds from HK,Macao & Taiwan(10 000 yuan)			
外商投资企业(万元)	Foreign Funded Enterprises(10 000 yuan)			
工业企业增加值(万元)	Value Added of Industrial Enterprises(10 000 yuan)			14.6
工业企业资产总计(万元)	Total Assets of Industrial Enterprises(10 000 yuan)	1344372	1257850	-6.4
工业企业负债合计(万元)	Total Liabilities of Industrial Enterprises(10 000 yuan)	571632	597454	4.5
工业企业产品销售收入(万元)	Sales of Revenue Industrial Enterprises(10 000 yuan)	1603913	1848826	15.3
工业企业利润总额(万元)	Total Profits of Industrial Enterprises(10 000 yuan)	263164	219971	-16.4
建筑业	**Construction**			
建筑企业单位数(个)	Number of Construction Enterprises(unit)	5	4	-20.0
建筑企业从业人员(人)	Number of Employee in Construction Enterprises(person)	2228	2371	6.4
建筑业总产值(万元)	Gross Construction Output Value(10 000 yuan)	77651	73238	-5.7
交通运输邮电通信业	**Transportation,Post & Telecommunications**			
公路里程(公里)	Total Length of Highways(km)	1461	1279	-12.5
邮电业务总量(万元)	Business Volume of Post & Telecoms(10 000 yuan)	3980	4398	10.5
本地电话用户(户)	Number of Subscribers of Local Telephone(Household)	15000	12000	-20.0
国内贸易	**Domestic Trade**			
社会消费品零售总额(万元)	Total Retail Sales of Consumer Goods(10 000 yuan)	221899	249636	12.5
城镇(万元)	Town(10 000 yuan)	165369	186041	12.5
乡村(万元)	Village(10 000 yuan)	56530	63595	12.5
科技教育卫生	**Science,Education & Public Health**			
各类专业技术人员(人)	Special Technical Personnel(person)	8878	8931	0.6
幼儿园数(所)	Number of Kindergartens(unit)	1	1	0.0
学龄儿童入学率(%)	Percentage of School-Age Children Enrolled(%)	100.0	100.0	0.0
小学学校数(所)	Number of Primary Schools(unit)	30	29	-3.3
小学专任教师数(人)	Number of Full-time Teachers of Primary Schools(person)	1160	1066	-8.1
小学在校学生数(人)	Number of Student Enrollment of Primary Schools(person)	11921	10645	-10.7
普通中学学校数(所)	Number of Regular Secondary Schools(unit)	12	12	0.0
普通中学专任教师数(人)	Number of Teachers of Secondary Shools(person)	868	832	-4.1
初中在校学生数(人)	Number of Student in Junior Secondary Schools(person)	7050	6235	-11.6
高中在校学生数(人)	Number of Student in Senior Secondary Schools(person)	4418	4269	-3.4
卫生机构数(所)	Number of Health Institutions(unit)	226	232	2.7
#医院(所)	Hospitals(unit)	2	2	0.0
卫生院(所)	Township Hospitals(unit)	21	21	0.0
床位数(张)	Number of Beds(unit)	1275	1335	4.7
#医院(张)	Hospitals(unit)	550	620	12.7
卫生院(张)	Township Hospitals(unit)	431	406	-5.8
卫生技术人员(人)	Medical Technical Presonnel(person)	1259	1314	4.4
#医院(人)	Hospitals(person)	465	644	38.5
卫生院(人)	Township Hospitals(person)	358	331	-7.5

23-64 赤峰市翁牛特旗

指　标	Item	2012	2013	2013年比上年增长% Increase Rate in 2013 Over 2012(%)
行政区域土地面积(平方公里)	**Area of Administration(Sq.km)**	**11882**	**11882**	**0.0**
人口和就业	**Population & Employment**			
年末总人口(人)	Total Population Year-end(person)	486318	486983	0.1
#男性(人)	Male(person)	251350	251980	0.3
#乡村人口(人)	Rural(person)	431016	416365	-3.4
年末总户数(户)	Total Number of Households at the Year-end(Household)	179647	184268	2.6
#乡村户数(户)	Number of Rural Household(Household)	127430	126752	-0.5
出生人口(人)	Births(person)	4677	4048	-13.4
死亡人口(人)	Deaths(person)	1142	2605	128.1
全社会就业人员(人)	Employment(person)	240327	248097	3.2
第一产业(人)	Primary Industry(person)	132382	139444	5.3
第二产业(人)	Secondary Industry(person)	54510	54630	0.2
第三产业(人)	Tertiary Industry(person)	53435	54023	1.1
在岗职工人数(人)	Number of Staff & Workers Employed in(person)	24154	29837	23.5
乡村劳动力(人)	Number of Rural Laborers(person)	239360	242168	1.2
#农林牧渔业(人)	Farming,Forestry,Animal Husbandry & Fishery(person)	149868	139444	-7.0
国民经济综合指标	**Summary Item on the National Economy**			
生产总值(万元)	Gross Domestic Product(10 000 yuan)	1180926	1302586	9.9
第一产业(万元)	Primary Industry(10 000 yuan)	348802	387794	5.5
第二产业(万元)	Secondary Industry(10 000 yuan)	540866	595103	14.3
#工业(万元)	Industry(10 000 yuan)	455987	499965	14.8
第三产业(万元)	Tertiary Industry(10 000 yuan)	291258	319689	6.8
人均生产总值(元)	Per Capita GDP(yuan)	27905	30959	10.5
全社会固定资产投资(万元)	Total Investment in Fixed Assets(10 000 yuan)	995831	1220231	22.5
按登记注册类型分	Grouped by Registered Type			
#国有(万元)	State-owned Enterprises(10 000 yuan)	219623	245318	11.7
集体(万元)	Collective-owned Enterprises(10 000 yuan)	5734		
有限责任公司(万元)	Limited Liability Corporations(10 000 yuan)	339192	251357	-25.9
股份有限公司(万元)	Share Holding Enterprises(10 000 yuan)	177893	176761	-0.6
私营企业(万元)	Private Enterprises(10 000 yuan)	13567	497589	3567.6
外商及港澳台投资企业(万元)	Funds from HK,Macao,Taiwan & Foreign(10 000 yuan)			
按城乡渠道分	Grouped by Urban and Rural Area			
城镇(万元)	Urban(10 000 yuan)	899139	1115963	24.1
农村(万元)	Rural(10 000 yuan)	55997	104268	86.2
公共财政预算收入(万元)	Public Budgetary Financial Revenue(10 000 yuan)	29228	36808	25.9
公共财政预算支出(万元)	Public Budgetary Financial Expenditures(10 000 yuan)	294813	291651	-1.1
个人储蓄存款余额(万元)	The balance of savings deposits of individuals(10 000 yuan)	393895	453297	15.1
在岗职工工资总额(万元)	Total Wages of Staff & Workers Employed in(10 000 yuan)	104541	149936	43.4
在岗职工平均工资(元)	Average Wage of Staff & Workers Employed in(yuan)	43335	48578	12.1
全体居民人均可支配收入(元)	The per capita disposable income of all residents(yuan)	9409	10574	12.4
城镇常住居民人均可支配收入(元)	The per capita disposable income of urban permanent residents(yuan)	16625	18536	11.5
农村牧区常住居民人均可支配收入(元)	The per capita disposable income of permanent residents of rural and pastoral areas(yuan)	5814	6608	13.7
农村牧区经济	**Economic Development in Rural & Pastoral Area**			
农作物总播种面积(公顷)	Total Sown Area(hectare)	137705	145443	5.6
#粮食作物播种面积(公顷)	Sown Area of Grain Crops(hectare)	99863	101196	1.3
农牧业机械总动力(万千瓦)	Total Power of Agricultural Machinery(10 000 kw)	67.22	69.50	3.4
化肥施用折纯量(吨)	Consumption of Chemical Fertilizer(ton)	36212	38069	5.1
农村用电量(万千瓦小时)	Electricity Consumed in Rural Area(10 000 kwh)	15401	19366	25.7
农林牧渔业总产值(万元)	Gross Output of Farming,Forestry,Animal Husbandry & Fishery(10 000 yuan)	592742	640161	4.1
粮食产量(吨)	Yield of Grain(ton)	715000	750000	4.9
油料产量(吨)	Yield of Oil-bearing Grops(ton)	36450	44689	22.6
甜菜产量(吨)	Yield of Beetroots(ton)	116977	335555	186.9
猪牛羊肉产量(吨)	Output of Pork, Beef & Mutton(ton)	49761	34156	-31.4
#猪肉产量(吨)	Output of Pork(ton)	17259	15124	-12.4
牛肉产量(吨)	Output of Beef(ton)	11727	11175	-4.7
羊肉产量(吨)	Output of Mutton(ton)	7518	7857	4.5
羊毛产量(吨)	Output of Wool(ton)	2537	2541	0.2

23-64 Wengniute Banner in Chifeng City

指　标	Item	2012	2013	2013年比上年增长% Increase Rate in 2013 Over 2012(%)
年末牲畜存栏头数(万头只)	Total Livestock at the Year-end(10 000 heads)	140.93	129.90	-7.8
#大牲畜(万头只)	Large Animals(10 000 heads)	27.98	25.20	-9.9
羊(万只)	Sheep & Goats(10 000 heads)	98.66	94.40	-4.3
猪(万头)	Hogs(10 000 heads)	14.29	10.30	-27.9
规模以上工业	**Industrial Enterprises above Designated size**			
工业企业单位数(个)	Number of Industrial Enterprises(unit)	54	57	5.6
#内资企业(个)	Civil Funded Enterprises(unit)	53	57	7.5
工业总产值(万元)	Gross Industrial Output Value(10 000 yuan)	1547191	1826470	18.1
内资企业(万元)	Civil Funded Enterprises(10 000 yuan)	1510821	1826470	20.9
国有企业(万元)	State-owned Enterprises(10 000 yuan)	20247	25744	27.1
集体企业(万元)	Collective-owned Enterprises(10 000 yuan)			
股份合作企业(万元)	Share Holding Enterprises(10 000 yuan)	51912		
联营企业(万元)	Joint Owned Enterprises(10 000 yuan)			
有限责任公司(万元)	Limited Company(10 000 yuan)	806963	1095726	35.8
股份有限公司(万元)	Share Holding Limited Company(10 000 yuan)	73638	40358	-45.2
私营企业(万元)	Privately Owned Enterprises(10 000 yuan)	540262	664641	23.0
其他企业(万元)	Enterprises of Other Ownership(10 000 yuan)	17799		
港澳台商投资企业(万元)	Funds from HK,Macao & Taiwan(10 000 yuan)	36370		
外商投资企业(万元)	Foreign Funded Enterprises(10 000 yuan)			
工业企业增加值(万元)	Value Added of Industrial Enterprises(10 000 yuan)			15.9
工业企业资产总计(万元)	Total Assets of Industrial Enterprises(10 000 yuan)	875909	962255	9.9
工业企业负债合计(万元)	Total Liabilities of Industrial Enterprises(10 000 yuan)	267465	358842	34.2
工业企业产品销售收入(万元)	Sales of Revenue Industrial Enterprises(10 000 yuan)	1548149	1827523	18.0
工业企业利润总额(万元)	Total Profits of Industrial Enterprises(10 000 yuan)	101451	109999	8.4
建筑业	**Construction**			
建筑企业单位数(个)	Number of Construction Enterprises(unit)	6	6	0.0
建筑企业从业人员(人)	Number of Employee in Construction Enterprises(person)	4527	5332	17.8
建筑业总产值(万元)	Gross Construction Output Value(10 000 yuan)	121098	145305	20.0
交通运输邮电通信业	**Transportation,Post & Telecommunications**			
公路里程(公里)	Total Length of Highways(km)	3584	3584	0.0
邮电业务总量(万元)	Business Volume of Post & Telecoms(10 000 yuan)	17634	18657	5.8
本地电话用户(户)	Number of Subscribers of Local Telephone(Household)	24879	21289	-14.4
国内贸易	**Domestic Trade**			
社会消费品零售总额(万元)	Total Retail Sales of Consumer Goods(10 000 yuan)	297224	334971	12.7
城镇(万元)	Town(10 000 yuan)	174873	199478	14.1
乡村(万元)	Village(10 000 yuan)	122351	135493	10.7
科技教育卫生	**Science,Education & Public Health**			
各类专业技术人员(人)	Special Technical Personnel(person)	9798	9825	0.3
幼儿园数(所)	Number of Kindergartens(unit)	50	59	18.0
学龄儿童入学率(%)	Percentage of School-Age Children Enrolled(%)	100.0	100.0	0.0
小学学校数(所)	Number of Primary Schools(unit)	62	62	0.0
小学专任教师数(人)	Number of Full-time Teachers of Primary Schools(person)	2259	2340	3.6
小学在校学生数(人)	Number of Student Enrollment of Primary	25295	21398	-15.4
普通中学学校数(所)	Number of Regular Secondary Schools(unit)	12	12	0.0
普通中学专任教师数(人)	Number of Teachers of Secondary Shools(person)	1604	1618	0.9
初中在校学生数(人)	Number of Student in Junior Secondary Schools(person)	13191	10480	-20.6
高中在校学生数(人)	Number of Student in Senior Secondary Schools(person)	8592	7986	-7.1
卫生机构数(所)	Number of Health Institutions(unit)	432	326	-24.5
#医院(所)	Hospitals(unit)	3	3	0.0
卫生院(所)	Township Hospitals(unit)	28	28	0.0
床位数(张)	Number of Beds(unit)	930	1162	24.9
#医院(张)	Hospitals(unit)	499	745	49.3
卫生院(张)	Township Hospitals(unit)	448	417	-6.9
卫生技术人员(人)	Medical Technical Presonnel(person)	1615	1732	7.2
#医院(人)	Hospitals(person)	536	732	36.6
卫生院(人)	Township Hospitals(person)	474	518	9.3

23-65 赤峰市喀喇沁旗

指 标	Item	2012	2013	2013年比上年增长% Increase Rate in 2013 Over 2012(%)
行政区域土地面积(平方公里)	**Area of Administration(Sq.km)**	**3050**	**3050**	**0.0**
人口和就业	**Population & Employment**			
年末总人口(人)	Total Population Year-end(person)	350390	352642	0.6
#男性(人)	Male(person)	182353	183524	0.6
#乡村人口(人)	Rural(person)	306914	306918	0.0
年末总户数(户)	Total Number of Households at the Year-end(Household)	133213	135518	1.7
#乡村户数(户)	Number of Rural Household(Household)	86492	94647	9.4
出生人口(人)	Births(person)	3927	2915	-25.8
死亡人口(人)	Deaths(person)	5078	743	-85.4
全社会就业人员(人)	Employment(person)	177883	179171	0.7
第一产业(人)	Primary Industry(person)	102151	100182	-1.9
第二产业(人)	Secondary Industry(person)	36296	36415	0.3
第三产业(人)	Tertiary Industry(person)	39436	42574	8.0
在岗职工人数(人)	Number of Staff & Workers Employed in(person)	16867	18163	7.7
乡村劳动力(人)	Number of Rural Laborers(person)	169607	149479	-11.9
#农林牧渔业(人)	Farming,Forestry,Animal Husbandry & Fishery(person)	102151	98964	-3.1
国民经济综合指标	**Summary Item on the National Economy**			
生产总值(万元)	Gross Domestic Product(10 000 yuan)	583969	640461	9.5
第一产业(万元)	Primary Industry(10 000 yuan)	109936	123648	5.5
第二产业(万元)	Secondary Industry(10 000 yuan)	259410	281162	12.0
#工业(万元)	Industry(10 000 yuan)	178018	188721	11.7
第三产业(万元)	Tertiary Industry(10 000 yuan)	214623	235651	6.9
人均生产总值(元)	Per Capita GDP(yuan)	20562	22715	10.3
全社会固定资产投资(万元)	Total Investment in Fixed Assets(10 000 yuan)	977721	979676	0.2
按登记注册类型分	Grouped by Registered Type			
#国有(万元)	State-owned Enterprises(10 000 yuan)	301745	71173	-76.4
集体(万元)	Collective-owned Enterprises(10 000 yuan)	47000	37240	-20.8
有限责任公司(万元)	Limited Liability Corporations(10 000 yuan)	194730	292445	50.2
股份有限公司(万元)	Share Holding Enterprises(10 000 yuan)	5950	354	-94.1
私营企业(万元)	Private Enterprises(10 000 yuan)	332062	401616	20.9
外商及港澳台投资企业(万元)	Funds from HK,Macao,Taiwan & Foreign(10 000 yuan)			
按城乡渠道分	Grouped by Urban and Rural Area			
城镇(万元)	Urban(10 000 yuan)	873574	613200	-29.8
农村(万元)	Rural(10 000 yuan)	104147	366476	251.9
公共财政预算收入(万元)	Public Budgetary Financial Revenue(10 000 yuan)	35556	46915	31.9
公共财政预算支出(万元)	Public Budgetary Financial Expenditures(10 000 yuan)	188666	207177	9.8
个人储蓄存款余额(万元)	The balance of savings deposits of individuals(10 000 yuan)	415178	470614	13.4
在岗职工工资总额(万元)	Total Wages of Staff & Workers Employed in(10 000 yuan)	73774	92797	25.8
在岗职工平均工资(元)	Average Wage of Staff & Workers Employed in(yuan)	43851	48923	11.6
全体居民人均可支配收入(元)	The per capita disposable income of all residents(yuan)	10302	11573	12.3
城镇常住居民人均可支配收入(元)	The per capita disposable income of urban permanent residents(yuan)	16918	18851	11.4
农村牧区常住居民人均可支配收入(元)	The per capita disposable income of permanent residents of rural and pastoral areas(yuan)	6332	7206	13.8
农村牧区经济	**Economic Development in Rural & Pastoral Area**			
农作物总播种面积(公顷)	Total Sown Area(hectare)	51788	51615	-0.3
#粮食作物播种面积(公顷)	Sown Area of Grain Crops(hectare)	39384	39717	0.8
农牧业机械总动力(万千瓦)	Total Power of Agricultural Machinery(10 000 kw)	31.30	32.90	5.1
化肥施用折纯量(吨)	Consumption of Chemical Fertilizer(ton)	10473	27661	164.1
农村用电量(万千瓦小时)	Electricity Consumed in Rural Area(10 000 kwh)	6399	7452	16.5
农林牧渔业总产值(万元)	Gross Output of Farming,Forestry,Animal Husbandry & Fishery(10 000 yuan)	184040	205115	4.7
粮食产量(吨)	Yield of Grain(ton)	300500	315000	4.8
油料产量(吨)	Yield of Oil-bearing Grops(ton)	1177	1407	19.5
甜菜产量(吨)	Yield of Beetroots(ton)	8056	4760	-40.9
猪牛羊肉产量(吨)	Output of Pork, Beef & Mutton(ton)	16463	17997	9.3
#猪肉产量(吨)	Output of Pork(ton)	7863	7896	0.4
牛肉产量(吨)	Output of Beef(ton)	4420	5882	33.1
羊肉产量(吨)	Output of Mutton(ton)	4180	4219	0.9
羊毛产量(吨)	Output of Wool(ton)	916	987	7.8

23-65 Kalaqin Banner in Chifeng City

指 标	Item	2012	2013	2013年比上年增长% Increase Rate in 2013 Over 2012(%)
年末牲畜存栏头数(万头只)	Total Livestock at the Year-end(10 000 heads)	37.44	37.14	-0.8
#大牲畜(万头只)	Large Animals(10 000 heads)	8.47	8.40	-0.8
羊(万只)	Sheep & Goats(10 000 heads)	22.44	22.17	-1.2
猪(万头)	Hogs(10 000 heads)	6.53	6.57	0.6
规模以上工业	**Industrial Enterprises above Designated size**			
工业企业单位数(个)	Number of Industrial Enterprises(unit)	19	15	-21.1
#内资企业(个)	Civil Funded Enterprises(unit)	19	15	-21.1
工业总产值(万元)	Gross Industrial Output Value(10 000 yuan)	692073	792120	14.5
内资企业(万元)	Civil Funded Enterprises(10 000 yuan)	692073	792120	14.5
国有企业(万元)	State-owned Enterprises(10 000 yuan)	17206	18895	9.8
集体企业(万元)	Collective-owned Enterprises(10 000 yuan)			
股份合作企业(万元)	Share Holding Enterprises(10 000 yuan)			
联营企业(万元)	Joint Owned Enterprises(10 000 yuan)			
有限责任公司(万元)	Limited Company(10 000 yuan)	656469	761702	16.0
股份有限公司(万元)	Share Holding Limited Company(10 000 yuan)			
私营企业(万元)	Privately Owned Enterprises(10 000 yuan)	18399	11523	-37.4
其他企业(万元)	Enterprises of Other Ownership(10 000 yuan)			
港澳台商投资企业(万元)	Funds from HK,Macao & Taiwan(10 000 yuan)			
外商投资企业(万元)	Foreign Funded Enterprises(10 000 yuan)			
工业企业增加值(万元)	Value Added of Industrial Enterprises(10 000 yuan)			13.5
工业企业资产总计(万元)	Total Assets of Industrial Enterprises(10 000 yuan)	405883	434737	7.1
工业企业负债合计(万元)	Total Liabilities of Industrial Enterprises(10 000 yuan)	213486	238381	11.7
工业企业产品销售收入(万元)	Sales of Revenue Industrial Enterprises(10 000 yuan)	645780	744480	15.3
工业企业利润总额(万元)	Total Profits of Industrial Enterprises(10 000 yuan)	24340	16020	-34.2
建筑业	**Construction**			
建筑企业单位数(个)	Number of Construction Enterprises(unit)	14	14	0.0
建筑企业从业人员(人)	Number of Employee in Construction Enterprises(person)	2850	3675	28.9
建筑业总产值(万元)	Gross Construction Output Value(10 000 yuan)	67959	100834	48.4
交通运输邮电通信业	**Transportation,Post & Telecommunications**			
公路里程(公里)	Total Length of Highways(km)	1251	1333	6.6
邮电业务总量(万元)	Business Volume of Post & Telecoms(10 000 yuan)	14586	15899	9.0
本地电话用户(户)	Number of Subscribers of Local Telephone(Household)	27000	22000	-18.5
国内贸易	**Domestic Trade**			
社会消费品零售总额(万元)	Total Retail Sales of Consumer Goods(10 000 yuan)	210714	238528	13.2
城镇(万元)	Town(10 000 yuan)	150377	166844	11.0
乡村(万元)	Village(10 000 yuan)	60337	71684	18.8
科技教育卫生	**Science,Education & Public Health**			
各类专业技术人员(人)	Special Technical Personnel(person)	6015	6500	8.1
幼儿园数(所)	Number of Kindergartens(unit)	18	26	44.4
学龄儿童入学率(%)	Percentage of School-Age Children Enrolled(%)	100.0	100.0	0.0
小学学校数(所)	Number of Primary Schools(unit)	120	109	-9.2
小学专任教师数(人)	Number of Full-time Teachers of Primary Schools(person)	2074	2049	-1.2
小学在校学生数(人)	Number of Student Enrollment of Primary Schools(person)	18587	17996	-3.2
普通中学学校数(所)	Number of Regular Secondary Schools(unit)	10	10	0.0
普通中学专任教师数(人)	Number of Teachers of Secondary Shools(person)	1365	1445	5.9
初中在校学生数(人)	Number of Student in Junior Secondary Schools(person)	9847	8826	-10.4
高中在校学生数(人)	Number of Student in Senior Secondary Schools(person)	7227	7151	-1.1
卫生机构数(所)	Number of Health Institutions(unit)	313	340	8.6
#医院(所)	Hospitals(unit)	3	4	33.3
卫生院(所)	Township Hospitals(unit)	16	16	0.0
床位数(张)	Number of Beds(unit)	805	866	7.6
#医院(张)	Hospitals(unit)	430	430	0.0
卫生院(张)	Township Hospitals(unit)	310	308	-0.6
卫生技术人员(人)	Medical Technical Presonnel(person)	1082	1152	6.5
#医院(人)	Hospitals(person)	358	358	0.0
卫生院(人)	Township Hospitals(person)	327	384	17.4

23-66 赤峰市宁城县

指 标	Item	2012	2013	2013年比上年增长% Increase Rate in 2013 Over 2012(%)
行政区域土地面积(平方公里)	**Area of Administration(Sq.km)**	**4305**	**4305**	**0.0**
人口和就业	**Population & Employment**			
年末总人口(人)	Total Population Year-end(person)	608166	612140	0.7
# 男性(人)	Male(person)	317726	320071	0.7
# 乡村人口(人)	Rural(person)	526934	536509	1.8
年末总户数(户)	Total Number of Households at the Year-end(Household)	214686	217664	1.4
# 乡村户数(户)	Number of Rural Household(Household)	144355	152317	5.5
出生人口(人)	Births(person)	7332	5595	-23.7
死亡人口(人)	Deaths(person)	3041	979	-67.8
全社会就业人员(人)	Employment(person)	298046	302448	1.5
第一产业(人)	Primary Industry(person)	171867	146708	-14.6
第二产业(人)	Secondary Industry(person)	67849	76752	13.1
第三产业(人)	Tertiary Industry(person)	58330	78988	35.4
在岗职工人数(人)	Number of Staff & Workers Employed in(person)	25924	28762	10.9
乡村劳动力(人)	Number of Rural Laborers(person)	323723	322815	-0.3
# 农林牧渔业(人)	Farming,Forestry,Animal Husbandry & Fishery(person)	171595	175869	2.5
国民经济综合指标	**Summary Item on the National Economy**			
生产总值(万元)	Gross Domestic Product(10 000 yuan)	1359955	1493069	10.0
第一产业(万元)	Primary Industry(10 000 yuan)	295473	331292	5.8
第二产业(万元)	Secondary Industry(10 000 yuan)	647180	650727	13.2
# 工业(万元)	Industry(10 000 yuan)	555713	547380	13.3
第三产业(万元)	Tertiary Industry(10 000 yuan)	417302	511050	7.6
人均生产总值(元)	Per Capita GDP(yuan)	25351	27955	10.4
全社会固定资产投资(万元)	Total Investment in Fixed Assets(10 000 yuan)	1163457	1426398	22.6
按登记注册类型分	Grouped by Registered Type			
# 国有(万元)	State-owned Enterprises(10 000 yuan)	203347	111148	-45.3
集体(万元)	Collective-owned Enterprises(10 000 yuan)	14652	120045	719.3
有限责任公司(万元)	Limited Liability Corporations(10 000 yuan)	901643	372526	-58.7
股份有限公司(万元)	Share Holding Enterprises(10 000 yuan)	29550	29788	0.8
私营企业(万元)	Private Enterprises(10 000 yuan)	14265	1040	-92.7
外商及港澳台投资企业（万元)	Funds from HK,Macao,Taiwan & Foreign(10 000 yuan)			
按城乡渠道分	Grouped by Urban and Rural Area			
城镇(万元)	Urban(10 000 yuan)	814125	1183830	45.4
农村(万元)	Rural(10 000 yuan)	349332	242568	-30.6
公共财政预算收入(万元)	Public Budgetary Financial Revenue(10 000 yuan)	45404	54788	20.7
公共财政预算支出(万元)	Public Budgetary Financial Expenditures(10 000 yuan)	280800	292000	4.0
个人储蓄存款余额(万元)	The balance of savings deposits of individuals(10 000 yuan)	859720	962822	12.0
在岗职工工资总额(万元)	Total Wages of Staff & Workers Employed in(10 000 yuan)	108517	135854	25.2
在岗职工平均工资(元)	Average Wage of Staff & Workers Employed in(yuan)	39814	44069	10.7
全体居民人均可支配收入(元)	The per capita disposable income of all residents(yuan)	8960	10118	12.9
城镇常住居民人均可支配收入(元)	The per capita disposable income of urban permanent residents(yuan)	18275	20374	11.5
农村牧区常住居民人均可支配收入(元)	The per capita disposable income of permanent residents of rural and pastoral areas(yuan)	6079	6947	14.3
农村牧区经济	**Economic Development in Rural & Pastoral Area**			
农作物总播种面积(公顷)	Total Sown Area(hectare)	101815	106026	4.1
#粮食作物播种面积(公顷)	Sown Area of Grain Crops(hectare)	83558	84558	1.2
农牧业机械总动力(万千瓦)	Total Power of Agricultural Machinery(10 000 kw)	47.30	49.30	4.2
化肥施用折纯量(吨)	Consumption of Chemical Fertilizer(ton)	28754	31297	8.8
农村用电量(万千瓦小时)	Electricity Consumed in Rural Area(10 000 kwh)	46428	46527	0.2
农林牧渔业总产值(万元)	Gross Output of Farming,Forestry,Animal Husbandry & Fishery(10 000 yuan)	491951	548890	4.9
粮食产量(吨)	Yield of Grain(ton)	737500	770000	4.4
油料产量(吨)	Yield of Oil-bearing Grops(ton)	1181	1750	48.2
甜菜产量(吨)	Yield of Beetroots(ton)	11350	11785	3.8
猪牛羊肉产量(吨)	Output of Pork, Beef & Mutton(ton)	26153	24297	-7.1
# 猪肉产量(吨)	Output of Pork(ton)	12709	10344	-18.6
牛肉产量(吨)	Output of Beef(ton)	8744	8848	1.2
羊肉产量(吨)	Output of Mutton(ton)	4700	5105	8.6
羊毛产量(吨)	Output of Wool(ton)	1175	1183	0.7

23-66 Ningcheng County in Chifeng City

指　　标	Item	2012	2013	2013年比上年增长% Increase Rate in 2013 Over 2012(%)
年末牲畜存栏头数(万头只)	Total Livestock at the Year-end(10 000 heads)	47.85	44.52	-7.0
#大牲畜(万头只)	Large Animals(10 000 heads)	17.70	16.57	-6.4
羊(万只)	Sheep & Goats(10 000 heads)	18.54	18.18	-1.9
猪(万头)	Hogs(10 000 heads)	11.61	9.77	-15.8
规模以上工业	**Industrial Enterprises above Designated size**			
工业企业单位数(个)	Number of Industrial Enterprises(unit)	68	68	0.0
#内资企业(个)	Civil Funded Enterprises(unit)	68	68	0.0
工业总产值(万元)	Gross Industrial Output Value(10 000 yuan)	1470831	1662979	13.1
内资企业(万元)	Civil Funded Enterprises(10 000 yuan)	1470831	1662979	13.1
国有企业(万元)	State-owned Enterprises(10 000 yuan)	46992	52900	12.6
集体企业(万元)	Collective-owned Enterprises(10 000 yuan)	50882	41451	-18.5
股份合作企业(万元)	Share Holding Enterprises(10 000 yuan)	2447		
联营企业(万元)	Joint Owned Enterprises(10 000 yuan)			
有限责任公司(万元)	Limited Company(10 000 yuan)	839550	798170	-4.9
股份有限公司(万元)	Share Holding Limited Company(10 000 yuan)	98070	89633	-8.6
私营企业(万元)	Privately Owned Enterprises(10 000 yuan)	420125	680825	62.1
其他企业(万元)	Enterprises of Other Ownership(10 000 yuan)	12765		
港澳台商投资企业(万元)	Funds from HK,Macao & Taiwan(10 000 yuan)			
外商投资企业(万元)	Foreign Funded Enterprises(10 000 yuan)			
工业企业增加值(万元)	Value Added of Industrial Enterprises(10 000 yuan)			14.3
工业企业资产总计(万元)	Total Assets of Industrial Enterprises(10 000 yuan)	719412	896100	24.6
工业企业负债合计(万元)	Total Liabilities of Industrial Enterprises(10 000 yuan)	533357	708545	32.8
工业企业产品销售收入(万元)	Sales of Revenue Industrial Enterprises(10 000 yuan)	1309226	1460716	11.6
工业企业利润总额(万元)	Total Profits of Industrial Enterprises(10 000 yuan)	-10287	24531	
建筑业	**Construction**			
建筑企业单位数(个)	Number of Construction Enterprises(unit)	17	17	0.0
建筑企业从业人员(人)	Number of Employee in Construction Enterprises(person)	10317	8193	-20.6
建筑业总产值(万元)	Gross Construction Output Value(10 000 yuan)	181555	215848	18.9
交通运输邮电通信业	**Transportation,Post & Telecommunications**			
公路里程(公里)	Total Length of Highways(km)	2064	2094	1.5
邮电业务总量(万元)	Business Volume of Post & Telecoms(10 000 yuan)	22891	27000	18.0
本地电话用户(户)	Number of Subscribers of Local Telephone(Household)	55122	54459	-1.2
国内贸易	**Domestic Trade**			
社会消费品零售总额(万元)	Total Retail Sales of Consumer Goods(10 000 yuan)	420828	477219	13.4
城镇(万元)	Town(10 000 yuan)	332821	377332	13.4
乡村(万元)	Village(10 000 yuan)	88007	99887	13.5
科技教育卫生	**Science,Education & Public Health**			
各类专业技术人员(人)	Special Technical Personnel(person)	20370	20454	0.4
幼儿园数(所)	Number of Kindergartens(unit)	62	71	14.5
学龄儿童入学率(%)	Percentage of School-Age Children Enrolled(%)	100.0	100.0	0.0
小学学校数(所)	Number of Primary Schools(unit)	79	66	-16.5
小学专任教师数(人)	Number of Full-time Teachers of Primary Schools(person)	3160	2272	-28.1
小学在校学生数(人)	Number of Student Enrollment of Primary Schools(person)	31651	32063	1.3
普通中学学校数(所)	Number of Regular Secondary Schools(unit)	15	13	-13.3
普通中学专任教师数(人)	Number of Teachers of Secondary Shools(person)	2312	1787	-22.7
初中在校学生数(人)	Number of Student in Junior Secondary Schools(person)	16442	15422	-6.2
高中在校学生数(人)	Number of Student in Senior Secondary Schools(person)	11189	10975	-1.9
卫生机构数(所)	Number of Health Institutions(unit)	552	590	6.9
#医院(所)	Hospitals(unit)	5	4	-20.0
卫生院(所)	Township Hospitals(unit)	27	27	0.0
床位数(张)	Number of Beds(unit)	2623	2559	-2.4
#医院(张)	Hospitals(unit)	2297	2300	0.1
卫生院(张)	Township Hospitals(unit)	145	120	-17.2
卫生技术人员(人)	Medical Technical Presonnel(person)	2678	2738	2.2
#医院(人)	Hospitals(person)	2086	2077	-0.4
卫生院(人)	Township Hospitals(person)	610	580	-4.9

23-67 赤峰市敖汉旗

指　标	Item	2012	2013	2013年比上年增长% Increase Rate in 2013 Over 2012(%)
行政区域土地面积(平方公里)	**Area of Administration(Sq.km)**	**8294**	**8294**	**0.0**
人口和就业	**Population & Employment**			
年末总人口(人)	Total Population Year-end(person)	601923	607422	0.9
#男性(人)	Male(person)	313020	316101	1.0
#乡村人口(人)	Rural(person)	531167	535260	0.8
年末总户数(户)	Total Number of Households at the Year-end(Household)	216268	224705	3.9
#乡村户数(户)	Number of Rural Household(Household)	192404	166638	-13.4
出生人口(人)	Births(person)	6712	6614	-1.5
死亡人口(人)	Deaths(person)	6038	1260	-79.1
全社会就业人员(人)	Employment(person)	329410	335598	1.9
第一产业(人)	Primary Industry(person)	223930	220806	-1.4
第二产业(人)	Secondary Industry(person)	24844	45358	82.6
第三产业(人)	Tertiary Industry(person)	80636	69434	-13.9
在岗职工人数(人)	Number of Staff & Workers Employed in(person)	21546	19272	-10.6
乡村劳动力(人)	Number of Rural Laborers(person)	307533	335598	9.1
#农林牧渔业(人)	Farming,Forestry,Animal Husbandry & Fishery(person)	222211	220806	-0.6
国民经济综合指标	**Summary Item on the National Economy**			
生产总值(万元)	Gross Domestic Product(10 000 yuan)	1366966	1500881	10.2
第一产业(万元)	Primary Industry(10 000 yuan)	347945	387091	5.5
第二产业(万元)	Secondary Industry(10 000 yuan)	666638	679371	14.5
#工业(万元)	Industry(10 000 yuan)	589425	591517	14.6
第三产业(万元)	Tertiary Industry(10 000 yuan)	352383	434419	6.2
人均生产总值(元)	Per Capita GDP(yuan)	25508	28135	10.6
全社会固定资产投资(万元)	Total Investment in Fixed Assets(10 000 yuan)	902498	1114508	23.5
按登记注册类型分	Grouped by Registered Type			
#国有(万元)	State-owned Enterprises(10 000 yuan)	117080	185394	58.3
集体(万元)	Collective-owned Enterprises(10 000 yuan)	5500	400	-92.7
有限责任公司(万元)	Limited Liability Corporations(10 000 yuan)	409300	491553	20.1
股份有限公司(万元)	Share Holding Enterprises(10 000 yuan)	128856	150687	16.9
私营企业(万元)	Private Enterprises(10 000 yuan)	125350	113134	-9.7
外商及港澳台投资企业(万元)	Funds from HK,Macao,Taiwan & Foreign(10 000 yuan)			
按城乡渠道分	Grouped by Urban and Rural Area			
城镇(万元)	Urban(10 000 yuan)	726922	1020288	40.4
农村(万元)	Rural(10 000 yuan)	55048	94220	71.2
公共财政预算收入(万元)	Public Budgetary Financial Revenue(10 000 yuan)	36826	45801	24.4
公共财政预算支出(万元)	Public Budgetary Financial Expenditures(10 000 yuan)	314643	283509	-9.9
个人储蓄存款余额(万元)	The balance of savings deposits of individuals(10 000 yuan)	561113	626401	11.6
在岗职工工资总额(万元)	Total Wages of Staff & Workers Employed in(10 000 yuan)	83195	88693	6.6
在岗职工平均工资(元)	Average Wage of Staff & Workers Employed in(yuan)	38964	46106	18.3
全体居民人均可支配收入(元)	The per capita disposable income of all residents(yuan)	8831	9942	12.6
城镇常住居民人均可支配收入(元)	The per capita disposable income of urban permanent residents(yuan)	16881	18814	11.5
农村牧区常住居民人均可支配收入(元)	The per capita disposable income of permanent residents of rural and pastoral areas(yuan)	6331	7186	13.5
农村牧区经济	**Economic Development in Rural & Pastoral Area**			
农作物总播种面积(公顷)	Total Sown Area(hectare)	188177	189937	0.9
#粮食作物播种面积(公顷)	Sown Area of Grain Crops(hectare)	171528	172016	0.3
农牧业机械总动力(万千瓦)	Total Power of Agricultural Machinery(10 000 kw)	69.40	70.10	1.0
化肥施用折纯量(吨)	Consumption of Chemical Fertilizer(ton)	75382	115418	53.1
农村用电量(万千瓦小时)	Electricity Consumed in Rural Area(10 000 kwh)	40929	52626	28.6
农林牧渔业总产值(万元)	Gross Output of Farming,Forestry,Animal Husbandry & Fishery(10 000 yuan)	591314	639113	4.6
粮食产量(吨)	Yield of Grain(ton)	784000	806500	2.9
油料产量(吨)	Yield of Oil-bearing Grops(ton)	11891	12735	7.1
甜菜产量(吨)	Yield of Beetroots(ton)	119386	138004	15.6
猪牛羊肉产量(吨)	Output of Pork, Beef & Mutton(ton)	61794	57006	-7.7
#猪肉产量(吨)	Output of Pork(ton)	35295	31034	-12.1
牛肉产量(吨)	Output of Beef(ton)	7965	7076	-11.2
羊肉产量(吨)	Output of Mutton(ton)	18534	18896	2.0
羊毛产量(吨)	Output of Wool(ton)	5318	5337	0.4

23-67 Aohan Banner in Chifeng City

指　标	Item	2012	2013	2013年比上年增长% Increase Rate in 2013 Over 2012(%)
年末牲畜存栏头数(万头只)	Total Livestock at the Year-end(10 000 heads)	155.15	149.62	-3.6
#大牲畜(万头只)	Large Animals(10 000 heads)	30.25	31.35	3.6
羊(万只)	Sheep & Goats(10 000 heads)	86.56	86.28	-0.3
猪(万头)	Hogs(10 000 heads)	38.34	31.99	-16.6
规模以上工业	**Industrial Enterprises above Designated size**			
工业企业单位数(个)	Number of Industrial Enterprises(unit)	64	62	-3.1
#内资企业(个)	Civil Funded Enterprises(unit)	64	62	-3.1
工业总产值(万元)	Gross Industrial Output Value(10 000 yuan)	703670	722462	2.7
内资企业(万元)	Civil Funded Enterprises(10 000 yuan)	703670	722462	2.7
国有企业(万元)	State-owned Enterprises(10 000 yuan)	29061	29108	0.2
集体企业(万元)	Collective-owned Enterprises(10 000 yuan)			
股份合作企业(万元)	Share Holding Enterprises(10 000 yuan)			
联营企业(万元)	Joint Owned Enterprises(10 000 yuan)			
有限责任公司(万元)	Limited Company(10 000 yuan)	121678	135542	11.4
股份有限公司(万元)	Share Holding Limited Company(10 000 yuan)	57287	64761	13.0
私营企业(万元)	Privately Owned Enterprises(10 000 yuan)	473979	482024	1.7
其他企业(万元)	Enterprises of Other Ownership(10 000 yuan)	31165	11027	-64.6
港澳台商投资企业(万元)	Funds from HK,Macao & Taiwan(10 000 yuan)			
外商投资企业(万元)	Foreign Funded Enterprises(10 000 yuan)			
工业企业增加值(万元)	Value Added of Industrial Enterprises(10 000 yuan)			16.5
工业企业资产总计(万元)	Total Assets of Industrial Enterprises(10 000 yuan)	484856	509421	5.1
工业企业负债合计(万元)	Total Liabilities of Industrial Enterprises(10 000 yuan)	358910	361429	0.7
工业企业产品销售收入(万元)	Sales of Revenue Industrial Enterprises(10 000 yuan)	704059	687832	-2.3
工业企业利润总额(万元)	Total Profits of Industrial Enterprises(10 000 yuan)	23693	1535	-93.5
建筑业	**Construction**			
建筑企业单位数(个)	Number of Construction Enterprises(unit)	6	6	0.0
建筑企业从业人员(人)	Number of Employee in Construction Enterprises(person)	4181	5053	20.9
建筑业总产值(万元)	Gross Construction Output Value(10 000 yuan)	68174	94789	39.0
交通运输邮电通信业	**Transportation,Post & Telecommunications**			
公路里程(公里)	Total Length of Highways(km)	2616	2616	0.0
邮电业务总量(万元)	Business Volume of Post & Telecoms(10 000 yuan)	21008	23883	13.7
本地电话用户(户)	Number of Subscribers of Local Telephone(Household)	142300	138947	-2.4
国内贸易	**Domestic Trade**			
社会消费品零售总额(万元)	Total Retail Sales of Consumer Goods(10 000 yuan)	306491	345415	12.7
城镇(万元)	Town(10 000 yuan)	285485	320203	12.2
乡村(万元)	Village(10 000 yuan)	21006	25212	20.0
科技教育卫生	**Science,Education & Public Health**			
各类专业技术人员(人)	Special Technical Personnel(person)	9258	8900	-3.9
幼儿园数(所)	Number of Kindergartens(unit)	101	101	0.0
学龄儿童入学率(%)	Percentage of School-Age Children Enrolled(%)	100.0	100.0	0.0
小学学校数(所)	Number of Primary Schools(unit)	64	61	-4.7
小学专任教师数(人)	Number of Full-time Teachers of Primary Schools(person)	2310	2262	-2.1
小学在校学生数(人)	Number of Student Enrollment of Primary Schools(person)	34168	32114	-6.0
普通中学学校数(所)	Number of Regular Secondary Schools(unit)	29	29	0.0
普通中学专任教师数(人)	Number of Teachers of Secondary Shools(person)	2221	2574	15.9
初中在校学生数(人)	Number of Student in Junior Secondary Schools(person)	17969	15624	-13.1
高中在校学生数(人)	Number of Student in Senior Secondary Schools(person)	15042	13063	-13.2
卫生机构数(所)	Number of Health Institutions(unit)	653	638	-2.3
#医院(所)	Hospitals(unit)	2	2	0.0
卫生院(所)	Township Hospitals(unit)	28	28	0.0
床位数(张)	Number of Beds(unit)	1750	1790	2.3
#医院(张)	Hospitals(unit)	704	800	13.6
卫生院(张)	Township Hospitals(unit)	717	607	-15.3
卫生技术人员(人)	Medical Technical Presonnel(person)	1926	1934	0.4
#医院(人)	Hospitals(person)	422	702	66.4
卫生院(人)	Township Hospitals(person)	530	608	14.7

23-68 锡林郭勒盟二连浩特市

指　标	Item	2012	2013	2013年比上年增长% Increase Rate in 2013 Over 2012(%)
行政区域土地面积(平方公里)	**Area of Administration(Sq.km)**	**4013**	**4013**	**0.0**
人口和就业	**Population & Employment**			
年末总人口(人)	Total Population Year-end(person)	26728	27052	1.2
#男性(人)	Male(person)	13638	13784	1.1
#乡村人口(人)	Rural(person)	1360	2206	62.2
年末总户数(户)	Total Number of Households at the Year-end(Household)	9564	9830	2.8
#乡村户数(户)	Number of Rural Household(Household)	494	790	59.9
出生人口(人)	Births(person)	305	391	28.2
死亡人口(人)	Deaths(person)	70	46	-34.3
全社会就业人员(人)	Employment(person)	29389	33984	15.6
第一产业(人)	Primary Industry(person)	992	1091	10.0
第二产业(人)	Secondary Industry(person)	2258	4246	88.0
第三产业(人)	Tertiary Industry(person)	26139	28647	9.6
在岗职工人数(人)	Number of Staff & Workers Employed in(person)	6755	6915	2.4
乡村劳动力(人)	Number of Rural Laborers(person)	1042	1300	24.8
#农林牧渔业(人)	Farming,Forestry,Animal Husbandry & Fishery(person)	733	1091	48.8
国民经济综合指标	**Summary Item on the National Economy**			
生产总值(万元)	Gross Domestic Product(10 000 yuan)	679245	790402	12.5
第一产业(万元)	Primary Industry(10 000 yuan)	4598	5006	5.0
第二产业(万元)	Secondary Industry(10 000 yuan)	251219	310619	19.0
#工业(万元)	Industry(10 000 yuan)	215119	266919	18.7
第三产业(万元)	Tertiary Industry(10 000 yuan)	423428	474777	8.9
人均生产总值(元)	Per Capita GDP(yuan)	90205	104967	13.4
全社会固定资产投资(万元)	Total Investment in Fixed Assets(10 000 yuan)	390398	430781	10.3
按登记注册类型分	Grouped by Registered Type			
#国有(万元)	State-owned Enterprises(10 000 yuan)	160388	108366	-32.4
集体(万元)	Collective-owned Enterprises(10 000 yuan)			
有限责任公司(万元)	Limited Liability Corporations(10 000 yuan)			
股份有限公司(万元)	Share Holding Enterprises(10 000 yuan)	2500		
私营企业(万元)	Private Enterprises(10 000 yuan)	227510	269921	18.6
外商及港澳台投资企业(万元)	Funds from HK,Macao,Taiwan & Foreign(10 000 yuan)			
按城乡渠道分	Grouped by Urban and Rural Area			
城镇(万元)	Urban(10 000 yuan)	390398	430781	10.3
农村(万元)	Rural(10 000 yuan)			
公共财政预算收入(万元)	Public Budgetary Financial Revenue(10 000 yuan)	36209	40241	11.1
公共财政预算支出(万元)	Public Budgetary Financial Expenditure(10 000 yuan)	119714	123702	3.3
个人储蓄存款余额(万元)	The balance of savings deposits of individuals(10 000 yuan)	306967	338441	10.3
在岗职工工资总额(万元)	Total Wages of Staff & Workers Employed in(10 000 yuan)	38327	43231	12.8
在岗职工平均工资(元)	Average Wage of Staff & Workers Employed in(yuan)	56697	63166	11.4
全体居民人均可支配收入(元)	The per capita disposable income of all residents(yuan)	32252	35600	10.4
城镇常住居民人均可支配收入(元)	The per capita disposable income of urban permanent residents(yuan)	33099	36574	10.5
农村牧区常住居民人均可支配收入(元)	The per capita disposable income of permanent residents of rural and pastoral areas(yuan)			
农村牧区经济	**Economic Development in Rural & Pastoral Area**			
农作物总播种面积(公顷)	Total Sown Area(hectare)	360	226	-37.2
#粮食作物播种面积(公顷)	Sown Area of Grain Crops(hectare)	160	53	-66.9
农牧业机械总动力(万千瓦)	Total Power of Agricultural Machinery(10 000 kw)	0.25	0.25	0.0
化肥施用折纯量(吨)	Consumption of Chemical Fertilizer(ton)	100	100	0.0
农村用电量(万千瓦小时)	Electricity Consumed in Rural Area(10 000 kwh)	325	315	-3.1
农林牧渔业总产值(万元)	Gross Output of Farming,Forestry,Animal Husbandry & Fishery(10 000 yuan)	8247	9054	1.7
粮食产量(吨)	Yield of Grain(ton)	970	360	-62.9
油料产量(吨)	Yield of Oil-bearing Grops(ton)			
甜菜产量(吨)	Yield of Beetroots(ton)			
猪牛羊肉产量(吨)	Output of Pork, Beef & Mutton(ton)	928	1296	39.7
#猪肉产量(吨)	Output of Pork(ton)	99	76	-23.2
牛肉产量(吨)	Output of Beef(ton)	182	554	204.4
羊肉产量(吨)	Output of Mutton(ton)	647	666	2.9
羊毛产量(吨)	Output of Wool(ton)	35	138	294.3

23-68 Erlianhaote City in Xilinguole League

指　标	Item	2012	2013	2013年比上年增长% Increase Rate in 2013 Over 2012(%)
年末牲畜存栏头数(万头只)	Total Livestock at the Year-end(10 000 heads)	4.49	4.75	5.8
# 大牲畜(万头只)	Large Animals(10 000 heads)	0.47	0.56	19.1
羊(万只)	Sheep & Goats(10 000 heads)	4.02	4.15	3.2
猪(万头)	Hogs(10 000 heads)	0.01	0.05	400.0
规模以上工业	**Industrial Enterprises above Designated size**			
工业企业单位数(个)	Number of Industrial Enterprises(unit)	29	31	6.9
# 内资企业(个)	Civil Funded Enterprises(unit)	28	30	7.1
工业总产值(万元)	Gross Industrial Output Value(10 000 yuan)	436179	509526	16.8
内资企业(万元)	Civil Funded Enterprises(10 000 yuan)	434056	507846	17.0
国有企业(万元)	State-owned Enterprises(10 000 yuan)	29960	35286	17.8
集体企业(万元)	Collective-owned Enterprises(10 000 yuan)			
股份合作企业(万元)	Share Holding Enterprises(10 000 yuan)			
联营企业(万元)	Joint Owned Enterprises(10 000 yuan)			
有限责任公司(万元)	Limited Company(10 000 yuan)	41596	77420	86.1
股份有限公司(万元)	Share Holding Limited Company(10 000 yuan)			
私营企业(万元)	Privately Owned Enterprises(10 000 yuan)	362500	395140	9.0
其他企业(万元)	Enterprises of Other Ownership(10 000 yuan)			
港澳台商投资企业(万元)	Funds from HK,Macao & Taiwan(10 000 yuan)	2123	1679	-20.9
外商投资企业(万元)	Foreign Funded Enterprises(10 000 yuan)			
工业企业增加值(万元)	Value Added of Industrial Enterprises(10 000 yuan)			22.9
工业企业资产总计(万元)	Total Assets of Industrial Enterprises(10 000 yuan)	380530	450498	18.4
工业企业负债合计(万元)	Total Liabilities of Industrial Enterprises(10 000 yuan)	300964	348133	15.7
工业企业产品销售收入(万元)	Sales of Revenue Industrial Enterprises(10 000 yuan)	411739	449335	9.1
工业企业利润总额(万元)	Total Profits of Industrial Enterprises(10 000 yuan)	34165	35567	4.1
建筑业	**Construction**			
建筑企业单位数(个)	Number of Construction Enterprises(unit)	2	2	0.0
建筑企业从业人员(人)	Number of Employee in Construction Enterprises(person)	4	4	0.0
建筑业总产值(万元)	Gross Construction Output Value(10 000 yuan)			
交通运输邮电通信业	**Transportation,Post & Telecommunications**			
公路里程(公里)	Total Length of Highways(km)	320	320	0.0
邮电业务总量(万元)	Business Volume of Post & Telecoms(10 000 yuan)	10386	11001	5.9
本地电话用户(户)	Number of Subscribers of Local Telephone(Household)	13510	13577	0.5
国内贸易	**Domestic Trade**			
社会消费品零售总额(万元)	Total Retail Sales of Consumer Goods(10 000 yuan)	226605	257097	13.5
城镇(万元)	Town(10 000 yuan)	226605	257097	13.5
乡村(万元)	Village(10 000 yuan)			
科技教育卫生	**Science,Education & Public Health**			
各类专业技术人员(人)	Special Technical Personnel(person)	1445	1442	-0.2
幼儿园数(所)	Number of Kindergartens(unit)	8	8	0.0
学龄儿童入学率(%)	Percentage of School-Age Children Enrolled(%)	100.0	100.0	0.0
小学学校数(所)	Number of Primary Schools(unit)	4	5	25.0
小学专任教师数(人)	Number of Full-time Teachers of Primary Schools(person)	291	326	12.0
小学在校学生数(人)	Number of Student Enrollment of Primary Schools(person)	5577	5403	-3.1
普通中学学校数(所)	Number of Regular Secondary Schools(unit)	3	3	0.0
普通中学专任教师数(人)	Number of Teachers of Secondary Shools(person)	326	425	30.4
初中在校学生数(人)	Number of Student in Junior Secondary Schools(person)	2384	2119	-11.1
高中在校学生数(人)	Number of Student in Senior Secondary Schools(person)	1108	1247	12.5
卫生机构数(所)	Number of Health Institutions(unit)	44	46	4.5
# 医院(所)	Hospitals(unit)	2	3	50.0
卫生院(所)	Township Hospitals(unit)	1	1	0.0
床位数(张)	Number of Beds(unit)	177	178	0.6
# 医院(张)	Hospitals(unit)	138	138	0.0
卫生院(张)	Township Hospitals(unit)	2	2	0.0
卫生技术人员(人)	Medical Technical Presonnel(person)	377	394	4.5
# 医院(人)	Hospitals(person)	209	235	12.4
卫生院(人)	Township Hospitals(person)	6	6	0.0

23-69 锡林郭勒盟锡林浩特市

指　标	Item	2012	2013	2013年比上年增长% Increase Rate in 2013 Over 2012(%)
行政区域土地面积(平方公里)	**Area of Administration(Sq.km)**	**14780**	**14780**	**0.0**
人口和就业	**Population & Employment**			
年末总人口(人)	Total Population Year-end(person)	178020	179353	0.7
#男性(人)	Male(person)	88427	89685	1.4
#乡村人口(人)	Rural(person)	7694	7828	1.7
年末总户数(户)	Total Number of Households at the Year-end(Household)	66344	71390	7.6
#乡村户数(户)	Number of Rural Household(Household)	2274	2315	1.8
出生人口(人)	Births(person)	633	995	57.2
死亡人口(人)	Deaths(person)	610	466	-23.6
全社会就业人员(人)	Employment(person)	89588	101406	13.2
第一产业(人)	Primary Industry(person)	11246	6775	-39.8
第二产业(人)	Secondary Industry(person)	19237	24186	25.7
第三产业(人)	Tertiary Industry(person)	59105	70445	19.2
在岗职工人数(人)	Number of Staff & Workers Employed in(person)	57202	50356	-12.0
乡村劳动力(人)	Number of Rural Laborers(person)	6300	6402	1.6
#农林牧渔业(人)	Farming,Forestry,Animal Husbandry & Fishery(person)	5045	5095	1.0
国民经济综合指标	**Summary Item on the National Economy**			
生产总值(万元)	Gross Domestic Product(10 000 yuan)	1945374	2064748	7.4
第一产业(万元)	Primary Industry(10 000 yuan)	102019	115835	5.8
第二产业(万元)	Secondary Industry(10 000 yuan)	1263113	1296522	7.1
#工业(万元)	Industry(10 000 yuan)	1126613	1152522	7.3
第三产业(万元)	Tertiary Industry(10 000 yuan)	580242	652391	8.5
人均生产总值(元)	Per Capita GDP(yuan)	77505	82032	7.7
全社会固定资产投资(万元)	Total Investment in Fixed Assets(10 000 yuan)	1448416	1521789	5.1
按登记注册类型分	Grouped by Registered Type			
#国有(万元)	State-owned Enterprises(10 000 yuan)	571018	602129	5.4
集体(万元)	Collective-owned Enterprises(10 000 yuan)	500		
有限责任公司(万元)	Limited Liability Corporations(10 000 yuan)	703826	459074	-34.8
股份有限公司(万元)	Share Holding Enterprises(10 000 yuan)	51476	55852	8.5
私营企业(万元)	Private Enterprises(10 000 yuan)	121596	78461	-35.5
外商及港澳台投资企业(万元)	Funds from HK,Macao,Taiwan & Foreign(10 000 yuan)			
按城乡渠道分	Grouped by Urban and Rural Area			
城镇(万元)	Urban(10 000 yuan)	1448416	1521789	5.1
农村(万元)	Rural(10 000 yuan)			
公共财政预算收入(万元)	Public Budgetary Financial Revenue(10 000 yuan)	160114	224869	40.4
公共财政预算支出(万元)	Public Budgetary Financial Expenditure(10 000 yuan)	238173	278294	16.8
个人储蓄存款余额(万元)	The balance of savings deposits of individuals(10 000 yuan)	958380	1049979	9.6
在岗职工工资总额(万元)	Total Wages of Staff & Workers Employed in(10 000 yuan)	272806	277465	1.7
在岗职工平均工资(元)	Average Wage of Staff & Workers Employed in(yuan)	46285	54460	17.7
全体居民人均可支配收入(元)	The per capita disposable income of all residents(yuan)	25930	29111	12.3
城镇常住居民人均可支配收入(元)	The per capita disposable income of urban permanent residents(yuan)	27581	30670	11.2
农村牧区常住居民人均可支配收入(元)	The per capita disposable income of permanent residents of rural and pastoral areas(yuan)	14700	16787	14.2
农村牧区经济	**Economic Development in Rural & Pastoral Area**			
农作物总播种面积(公顷)	Total Sown Area(hectare)	24550	22828	-7.0
#粮食作物播种面积(公顷)	Sown Area of Grain Crops(hectare)	16530	14647	-11.4
农牧业机械总动力(万千瓦)	Total Power of Agricultural Machinery(10 000 kw)	11.99	13.34	11.3
化肥施用折纯量(吨)	Consumption of Chemical Fertilizer(ton)	4319	3334	-22.8
农村用电量(万千瓦小时)	Electricity Consumed in Rural Area(10 000 kwh)	1699	1814	6.8
农林牧渔业总产值(万元)	Gross Output of Farming,Forestry,Animal Husbandry & Fishery(10 000 yuan)	183338	217059	9.5
粮食产量(吨)	Yield of Grain(ton)	44918	34744	-22.7
油料产量(吨)	Yield of Oil-bearing Grops(ton)	886	2625	196.3
甜菜产量(吨)	Yield of Beetroots(ton)			
猪牛羊肉产量(吨)	Output of Pork, Beef & Mutton(ton)	18587	18857	1.5
#猪肉产量(吨)	Output of Pork(ton)	475	511	7.6
牛肉产量(吨)	Output of Beef(ton)	7344	6427	-12.5
羊肉产量(吨)	Output of Mutton(ton)	10768	11919	10.7
羊毛产量(吨)	Output of Wool(ton)	839	938	11.8

23-69 Xilinhaote City in Xilinguole League

指　标	Item	2012	2013	2013年比上年增长% Increase Rate in 2013 Over 2012(%)
年末牲畜存栏头数(万头只)	Total Livestock at the Year-end(10 000 heads)	57.40	62.87	9.5
# 大牲畜(万头只)	Large Animals(10 000 heads)	6.17	6.43	4.2
羊(万只)	Sheep & Goats(10 000 heads)	50.90	55.65	9.3
猪(万头)	Hogs(10 000 heads)	0.33	0.79	139.4
规模以上工业	**Industrial Enterprises above Designated size**			
工业企业单位数(个)	Number of Industrial Enterprises(unit)	77	81	5.2
# 内资企业(个)	Civil Funded Enterprises(unit)	74	78	5.4
工业总产值(万元)	Gross Industrial Output Value(10 000 yuan)	1886280	2019200	7.0
内资企业(万元)	Civil Funded Enterprises(10 000 yuan)	1853474	1984123	7.0
国有企业(万元)	State-owned Enterprises(10 000 yuan)	116420	62503	-46.3
集体企业(万元)	Collective-owned Enterprises(10 000 yuan)			
股份合作企业(万元)	Share Holding Enterprises(10 000 yuan)			
联营企业(万元)	Joint Owned Enterprises(10 000 yuan)	117597	117412	-0.2
有限责任公司(万元)	Limited Company(10 000 yuan)	803906	791279	-1.6
股份有限公司(万元)	Share Holding Limited Company(10 000 yuan)	441913	481686	9.0
私营企业(万元)	Privately Owned Enterprises(10 000 yuan)	330256	524844	58.9
其他企业(万元)	Enterprises of Other Ownership(10 000 yuan)	43382	6399	-85.2
港澳台商投资企业(万元)	Funds from HK,Macao & Taiwan(10 000 yuan)	23197	23590	1.7
外商投资企业(万元)	Foreign Funded Enterprises(10 000 yuan)	9609	11487	19.5
工业企业增加值(万元)	Value Added of Industrial Enterprises(10 000 yuan)			7.6
工业企业资产总计(万元)	Total Assets of Industrial Enterprises(10 000 yuan)	3465183	3872189	11.7
工业企业负债合计(万元)	Total Liabilities of Industrial Enterprises(10 000 yuan)	2246721	2636166	17.3
工业企业产品销售收入(万元)	Sales of Revenue Industrial Enterprises(10 000 yuan)	1835077	1884713	2.7
工业企业利润总额(万元)	Total Profits of Industrial Enterprises(10 000 yuan)	392908	348798	-11.2
建筑业	**Construction**			
建筑企业单位数(个)	Number of Construction Enterprises(unit)	20	21	5.0
建筑企业从业人员(人)	Number of Employee in Construction Enterprises(person)	3605	3474	-3.6
建筑业总产值(万元)	Gross Construction Output Value(10 000 yuan)	181373	136158	-24.9
交通运输邮电通信业	**Transportation,Post & Telecommunications**			
公路里程(公里)	Total Length of Highways(km)	1258	1339	6.4
邮电业务总量(万元)	Business Volume of Post & Telecoms(10 000 yuan)	72893	72450	-0.6
本地电话用户(户)	Number of Subscribers of Local Telephone(Household)	51353	53684	4.5
国内贸易	**Domestic Trade**			
社会消费品零售总额(万元)	Total Retail Sales of Consumer Goods(10 000 yuan)	415811	474614	14.1
城镇(万元)	Town(10 000 yuan)	319704	363177	13.6
乡村(万元)	Village(10 000 yuan)	96107	111437	16.0
科技教育卫生	**Science,Education & Public Health**			
各类专业技术人员(人)	Special Technical Personnel(person)	3071	3135	2.1
幼儿园数(所)	Number of Kindergartens(unit)	11	17	54.5
学龄儿童入学率(%)	Percentage of School-Age Children Enrolled(%)	100.0	100.0	0.0
小学学校数(所)	Number of Primary Schools(unit)	12	12	0.0
小学专任教师数(人)	Number of Full-time Teachers of Primary Schools(person)	1083	1044	-3.6
小学在校学生数(人)	Number of Student Enrollment of Primary Schools(person)	16947	16498	-2.6
普通中学学校数(所)	Number of Regular Secondary Schools(unit)	9	9	0.0
普通中学专任教师数(人)	Number of Teachers of Secondary Shools(person)	1493	1556	4.2
初中在校学生数(人)	Number of Student in Junior Secondary Schools(person)	10616	11001	3.6
高中在校学生数(人)	Number of Student in Senior Secondary Schools(person)	9751	10870	11.5
卫生机构数(所)	Number of Health Institutions(unit)	212	239	12.7
# 医院(所)	Hospitals(unit)	3	3	0.0
卫生院(所)	Township Hospitals(unit)	11	11	0.0
床位数(张)	Number of Beds(unit)	1027	953	-7.2
# 医院(张)	Hospitals(unit)	682	710	4.1
卫生院(张)	Township Hospitals(unit)	66	64	-3.0
卫生技术人员(人)	Medical Technical Presonnel(person)	2093	2080	-0.6
# 医院(人)	Hospitals(person)	860	1057	22.9
卫生院(人)	Township Hospitals(person)	60	71	18.3

23-70 锡林郭勒盟阿巴嘎旗

指 标	Item	2012	2013	2013年比上年增长% Increase Rate in 2013 Over 2012(%)
行政区域土地面积(平方公里)	**Area of Administration(Sq.km)**	**27474**	**27474**	**0.0**
人口和就业	**Population & Employment**			
年末总人口(人)	Total Population Year-end(person)	45179	45323	0.3
#男性(人)	Male(person)	22839	22907	0.3
#乡村人口(人)	Rural(person)	17194	17693	2.9
年末总户数(户)	Total Number of Households at the Year-end(Household)	16758	17051	1.7
#乡村户数(户)	Number of Rural Household(Household)	5023	5302	5.6
出生人口(人)	Births(person)	359	460	28.1
死亡人口(人)	Deaths(person)	340	196	-42.4
全社会就业人员(人)	Employment(person)	20405	22645	11.0
第一产业(人)	Primary Industry(person)	11167	11395	2.0
第二产业(人)	Secondary Industry(person)	2410	3712	54.0
第三产业(人)	Tertiary Industry(person)	6828	7538	10.4
在岗职工人数(人)	Number of Staff & Workers Employed in(person)	3729	4570	22.6
乡村劳动力(人)	Number of Rural Laborers(person)	12393	12431	0.3
#农林牧渔业(人)	Farming,Forestry,Animal Husbandry & Fishery(person)	11068	11395	3.0
国民经济综合指标	**Summary Item on the National Economy**			
生产总值(万元)	Gross Domestic Product(10 000 yuan)	490283	538121	10.2
第一产业(万元)	Primary Industry(10 000 yuan)	60018	66461	6.1
第二产业(万元)	Secondary Industry(10 000 yuan)	360587	394045	11.4
#工业(万元)	Industry(10 000 yuan)	315387	346045	12.2
第三产业(万元)	Tertiary Industry(10 000 yuan)	69678	77615	7.3
人均生产总值(元)	Per Capita GDP(yuan)	112579	123706	10.7
全社会固定资产投资(万元)	Total Investment in Fixed Assets(10 000 yuan)	404635	433864	7.2
按登记注册类型分	Grouped by Registered Type			
#国有(万元)	State-owned Enterprises(10 000 yuan)	322368	159522	-50.5
集体(万元)	Collective-owned Enterprises(10 000 yuan)		23169	
有限责任公司(万元)	Limited Liability Corporations(10 000 yuan)	1510	164129	10769.5
股份有限公司(万元)	Share Holding Enterprises(10 000 yuan)			
私营企业(万元)	Private Enterprises(10 000 yuan)	80757	80744	0.0
外商及港澳台投资企业(万元)	Funds from HK,Macao,Taiwan & Foreign(10 000 yuan)			
按城乡渠道分	Grouped by Urban and Rural Area			
城镇(万元)	Urban(10 000 yuan)	404635	433864	7.2
农村(万元)	Rural(10 000 yuan)			
公共财政预算收入(万元)	Public Budgetary Financial Revenue(10 000 yuan)	22053	16786	-23.9
公共财政预算支出(万元)	Public Budgetary Financial Expenditure(10 000 yuan)	68709	73439	6.9
个人储蓄存款余额(万元)	The balance of savings deposits of individuals(10 000 yuan)	89259	93575	4.8
在岗职工工资总额(万元)	Total Wages of Staff & Workers Employed in(10 000 yuan)	17132	25405	48.3
在岗职工平均工资(元)	Average Wage of Staff & Workers Employed in(yuan)	44499	55096	23.8
全体居民人均可支配收入(元)	The per capita disposable income of all residents(yuan)	18212	20905	14.8
城镇常住居民人均可支配收入(元)	The per capita disposable income of urban permanent residents(yuan)	22832	25253	10.6
农村牧区常住居民人均可支配收入(元)	The per capita disposable income of permanent residents of rural and pastoral areas(yuan)	14379	16406	14.1
农村牧区经济	**Economic Development in Rural & Pastoral Area**			
农作物总播种面积(公顷)	Total Sown Area(hectare)	2660	1569	-41.0
#粮食作物播种面积(公顷)	Sown Area of Grain Crops(hectare)			
农牧业机械总动力(万千瓦)	Total Power of Agricultural Machinery(10 000 kw)	5.44	6.00	10.3
化肥施用折纯量(吨)	Consumption of Chemical Fertilizer(ton)			
农村用电量(万千瓦小时)	Electricity Consumed in Rural Area(10 000 kwh)	544	544	0.0
农林牧渔业总产值(万元)	Gross Output of Farming,Forestry,Animal Husbandry & Fishery(10 000 yuan)	107760	121199	4.0
粮食产量(吨)	Yield of Grain(ton)			
油料产量(吨)	Yield of Oil-bearing Grops(ton)			
甜菜产量(吨)	Yield of Beetroots(ton)			
猪牛羊肉产量(吨)	Output of Pork, Beef & Mutton(ton)	33028	31711	-4.0
#猪肉产量(吨)	Output of Pork(ton)	29	10	-65.5
牛肉产量(吨)	Output of Beef(ton)	17269	17036	-1.3
羊肉产量(吨)	Output of Mutton(ton)	15730	14665	-6.8
羊毛产量(吨)	Output of Wool(ton)	900	958	6.4

23-70 Abaga Banner in Xilinguole League

指　标	Item	2012	2013	2013年比上年增长% Increase Rate in 2013 Over 2012(%)
年末牲畜存栏头数(万头只)	Total Livestock at the Year-end(10 000 heads)	70.91	75.77	6.9
#大牲畜(万头只)	Large Animals(10 000 heads)	16.12	16.45	2.0
羊(万只)	Sheep & Goats(10 000 heads)	54.79	59.25	8.1
猪(万头)	Hogs(10 000 heads)	0.01	0.08	700.0
规模以上工业	**Industrial Enterprises above Designated size**			
工业企业单位数(个)	Number of Industrial Enterprises(unit)	27	31	14.8
#内资企业(个)	Civil Funded Enterprises(unit)	27	30	11.1
工业总产值(万元)	Gross Industrial Output Value(10 000 yuan)	546040	649124	18.9
内资企业(万元)	Civil Funded Enterprises(10 000 yuan)	546040	635576	16.4
国有企业(万元)	State-owned Enterprises(10 000 yuan)	286838	157376	-45.1
集体企业(万元)	Collective-owned Enterprises(10 000 yuan)	34042	38720	13.7
股份合作企业(万元)	Share Holding Enterprises(10 000 yuan)			
联营企业(万元)	Joint Owned Enterprises(10 000 yuan)			
有限责任公司(万元)	Limited Company(10 000 yuan)	93643	241916	158.3
股份有限公司(万元)	Share Holding Limited Company(10 000 yuan)			
私营企业(万元)	Privately Owned Enterprises(10 000 yuan)	131517	197565	50.2
其他企业(万元)	Enterprises of Other Ownership(10 000 yuan)			
港澳台商投资企业(万元)	Funds from HK,Macao & Taiwan(10 000 yuan)		13548	
外商投资企业(万元)	Foreign Funded Enterprises(10 000 yuan)			
工业企业增加值(万元)	Value Added of Industrial Enterprises(10 000 yuan)			13.5
工业企业资产总计(万元)	Total Assets of Industrial Enterprises(10 000 yuan)	898950	969438	7.8
工业企业负债合计(万元)	Total Liabilities of Industrial Enterprises(10 000 yuan)	626858	688865	9.9
工业企业产品销售收入(万元)	Sales of Revenue Industrial Enterprises(10 000 yuan)	535866	625841	16.8
工业企业利润总额(万元)	Total Profits of Industrial Enterprises(10 000 yuan)	25060	39846	59.0
建筑业	**Construction**			
建筑企业单位数(个)	Number of Construction Enterprises(unit)	1	1	0.0
建筑企业从业人员(人)	Number of Employee in Construction Enterprises(person)	27	23	-14.8
建筑业总产值(万元)	Gross Construction Output Value(10 000 yuan)	414	510	23.2
交通运输邮电通信业	**Transportation,Post & Telecommunications**			
公路里程(公里)	Total Length of Highways(km)	1884	1595	-15.3
邮电业务总量(万元)	Business Volume of Post & Telecoms(10 000 yuan)	3831	4342	13.3
本地电话用户(户)	Number of Subscribers of Local Telephone(Household)	4531	3100	-31.6
国内贸易	**Domestic Trade**			
社会消费品零售总额(万元)	Total Retail Sales of Consumer Goods(10 000 yuan)	74916	84921	13.4
城镇(万元)	Town(10 000 yuan)	59109	67167	13.6
乡村(万元)	Village(10 000 yuan)	15807	17754	12.3
科技教育卫生	**Science,Education & Public Health**			
各类专业技术人员(人)	Special Technical Personnel(person)	706	1035	46.6
幼儿园数(所)	Number of Kindergartens(unit)	1	4	300.0
学龄儿童入学率(%)	Percentage of School-Age Children Enrolled(%)	100.0	100.0	0.0
小学学校数(所)	Number of Primary Schools(unit)	3	3	0.0
小学专任教师数(人)	Number of Full-time Teachers of Primary Schools(person)	206	200	-2.9
小学在校学生数(人)	Number of Student Enrollment of Primary Schools(person)	2072	1949	-5.9
普通中学学校数(所)	Number of Regular Secondary Schools(unit)	2	2	0.0
普通中学专任教师数(人)	Number of Teachers of Secondary Shools(person)	109	173	58.7
初中在校学生数(人)	Number of Student in Junior Secondary Schools(person)	922	890	-3.5
高中在校学生数(人)	Number of Student in Senior Secondary Schools(person)	55	73	32.7
卫生机构数(所)	Number of Health Institutions(unit)	67	67	0.0
#医院(所)	Hospitals(unit)	2	2	0.0
卫生院(所)	Township Hospitals(unit)	11	11	0.0
床位数(张)	Number of Beds(unit)	203	203	0.0
#医院(张)	Hospitals(unit)	100	100	0.0
卫生院(张)	Township Hospitals(unit)	86	86	0.0
卫生技术人员(人)	Medical Technical Presonnel(person)	290	282	-2.8
#医院(人)	Hospitals(person)	121	126	4.1
卫生院(人)	Township Hospitals(person)	78	69	-11.5

23-71 锡林郭勒盟苏尼特左旗

指　标	Item	2012	2013	2013年比上年增长% Increase Rate in 2013 Over 2012(%)
行政区域土地面积(平方公里)	**Area of Administration(Sq.km)**	**34240**	**34240**	**0.0**
人口和就业	**Population & Employment**			
年末总人口(人)	Total Population Year-end(person)	34153	34503	1.0
#男性(人)	Male(person)	17082	17224	0.8
#乡村人口(人)	Rural(person)	18831	19596	4.1
年末总户数(户)	Total Number of Households at the Year-end(Household)	11202	11487	2.5
#乡村户数(户)	Number of Rural Household(Household)	5408	5698	5.4
出生人口(人)	Births(person)	383	439	14.6
死亡人口(人)	Deaths(person)	189	161	-14.8
全社会就业人员(人)	Employment(person)	21004	23759	13.1
第一产业(人)	Primary Industry(person)	11137	11626	4.4
第二产业(人)	Secondary Industry(person)	1895	3072	62.1
第三产业(人)	Tertiary Industry(person)	7972	9061	13.7
在岗职工人数(人)	Number of Staff & Workers Employed in(person)	3208	3015	-6.0
乡村劳动力(人)	Number of Rural Laborers(person)	15100	14795	-2.0
#农林牧渔业(人)	Farming,Forestry,Animal Husbandry & Fishery(person)	11025	11626	5.5
国民经济综合指标	**Summary Item on the National Economy**			
生产总值(万元)	Gross Domestic Product(10 000 yuan)	357907	403077	11.2
第一产业(万元)	Primary Industry(10 000 yuan)	44022	49031	6.7
第二产业(万元)	Secondary Industry(10 000 yuan)	242602	274441	13.5
#工业(万元)	Industry(10 000 yuan)	208402	233341	9.9
第三产业(万元)	Tertiary Industry(10 000 yuan)	71283	79605	6.7
人均生产总值(元)	Per Capita GDP(yuan)	106362	119963	11.9
全社会固定资产投资(万元)	Total Investment in Fixed Assets(10 000 yuan)	272544	332507	22.0
按登记注册类型分	Grouped by Registered Type			
#国有(万元)	State-owned Enterprises(10 000 yuan)	104267	88580	-15.0
集体(万元)	Collective-owned Enterprises(10 000 yuan)			
有限责任公司(万元)	Limited Liability Corporations(10 000 yuan)	10900		
股份有限公司(万元)	Share Holding Enterprises(10 000 yuan)	2100		
私营企业(万元)	Private Enterprises(10 000 yuan)	79570	135110	69.8
外商及港澳台投资企业(万元)	Funds from HK,Macao,Taiwan & Foreign(10 000 yuan)	75707	68000	-10.2
按城乡渠道分	Grouped by Urban and Rural Area			
城镇(万元)	Urban(10 000 yuan)	272544	332507	22.0
农村(万元)	Rural(10 000 yuan)			
公共财政预算收入(万元)	Public Budgetary Financial Revenue(10 000 yuan)	18039	18464	2.4
公共财政预算支出(万元)	Public Budgetary Financial Expenditure(10 000 yuan)	72553	79085	9.0
个人储蓄存款余额(万元)	The balance of savings deposits of individuals(10 000 yuan)	67214	73049	8.7
在岗职工工资总额(万元)	Total Wages of Staff & Workers Employed in(10 000 yuan)	16820	17798	5.8
在岗职工平均工资(元)	Average Wage of Staff & Workers Employed in(yuan)	52433	59032	12.6
全体居民人均可支配收入(元)	The per capita disposable income of all residents(yuan)	15548	17375	11.8
城镇常住居民人均可支配收入(元)	The per capita disposable income of urban permanent residents(yuan)	22777	25214	10.7
农村牧区常住居民人均可支配收入(元)	The per capita disposable income of permanent residents of rural and pastoral areas(yuan)	8605	9680	12.5
农村牧区经济	**Economic Development in Rural & Pastoral Area**			
农作物总播种面积(公顷)	Total Sown Area(hectare)	1060	1173	10.7
#粮食作物播种面积(公顷)	Sown Area of Grain Crops(hectare)			
农牧业机械总动力(万千瓦)	Total Power of Agricultural Machinery(10 000 kw)	4.63	10.00	116.0
化肥施用折纯量(吨)	Consumption of Chemical Fertilizer(ton)	30	30	0.0
农村用电量(万千瓦小时)	Electricity Consumed in Rural Area(10 000 kwh)	168	159	-5.4
农林牧渔业总产值(万元)	Gross Output of Farming,Forestry,Animal Husbandry & Fishery(10 000 yuan)	78954	90618	6.2
粮食产量(吨)	Yield of Grain(ton)			
油料产量(吨)	Yield of Oil-bearing Grops(ton)			
甜菜产量(吨)	Yield of Beetroots(ton)			
猪牛羊肉产量(吨)	Output of Pork, Beef & Mutton(ton)	18621	18140	-2.6
#猪肉产量(吨)	Output of Pork(ton)	81	22	-72.8
牛肉产量(吨)	Output of Beef(ton)	7560	5433	-28.1
羊肉产量(吨)	Output of Mutton(ton)	10980	12685	15.5
羊毛产量(吨)	Output of Wool(ton)	602	814	35.2

23-71 Sunitezuo Banner in Xilinguole League

指　标	Item	2012	2013	2013年比上年增长% Increase Rate in 2013 Over 2012(%)
年末牲畜存栏头数(万头只)	Total Livestock at the Year-end(10 000 heads)	63.69	68.97	8.3
#大牲畜(万头只)	Large Animals(10 000 heads)	6.25	7.18	14.9
羊(万只)	Sheep & Goats(10 000 heads)	57.44	61.71	7.4
猪(万头)	Hogs(10 000 heads)	0.07	0.08	14.3
规模以上工业	**Industrial Enterprises above Designated size**			
工业企业单位数(个)	Number of Industrial Enterprises(unit)	14	14	0.0
#内资企业(个)	Civil Funded Enterprises(unit)	13	13	0.0
工业总产值(万元)	Gross Industrial Output Value(10 000 yuan)	325012	353341	8.7
内资企业(万元)	Civil Funded Enterprises(10 000 yuan)	306056	319207	4.3
国有企业(万元)	State-owned Enterprises(10 000 yuan)	4699		
集体企业(万元)	Collective-owned Enterprises(10 000 yuan)			
股份合作企业(万元)	Share Holding Enterprises(10 000 yuan)			
联营企业(万元)	Joint Owned Enterprises(10 000 yuan)			
有限责任公司(万元)	Limited Company(10 000 yuan)	219623	201166	-8.4
股份有限公司(万元)	Share Holding Limited Company(10 000 yuan)			
私营企业(万元)	Privately Owned Enterprises(10 000 yuan)	81734	118041	44.4
其他企业(万元)	Enterprises of Other Ownership(10 000 yuan)			
港澳台商投资企业(万元)	Funds from HK,Macao & Taiwan(10 000 yuan)			
外商投资企业(万元)	Foreign Funded Enterprises(10 000 yuan)	18956	34134	80.1
工业企业增加值(万元)	Value Added of Industrial Enterprises(10 000 yuan)			10.7
工业企业资产总计(万元)	Total Assets of Industrial Enterprises(10 000 yuan)	308600	321974	4.3
工业企业负债合计(万元)	Total Liabilities of Industrial Enterprises(10 000 yuan)	203314	226453	11.4
工业企业产品销售收入(万元)	Sales of Revenue Industrial Enterprises(10 000 yuan)	320421	353744	10.4
工业企业利润总额(万元)	Total Profits of Industrial Enterprises(10 000 yuan)	21187	17569	-17.1
建筑业	**Construction**			
建筑企业单位数(个)	Number of Construction Enterprises(unit)	2	2	0.0
建筑企业从业人员(人)	Number of Employee in Construction Enterprises(person)	57	57	0.0
建筑业总产值(万元)	Gross Construction Output Value(10 000 yuan)	3567	3050	-14.5
交通运输邮电通信业	**Transportation,Post & Telecommunications**			
公路里程(公里)	Total Length of Highways(km)	2233	2364	5.9
邮电业务总量(万元)	Business Volume of Post & Telecoms(10 000 yuan)	3436	3898	13.4
本地电话用户(户)	Number of Subscribers of Local Telephone(Household)	2935	2469	-15.9
国内贸易	**Domestic Trade**			
社会消费品零售总额(万元)	Total Retail Sales of Consumer Goods(10 000 yuan)	48409	55070	13.8
城镇(万元)	Town(10 000 yuan)	38621	43895	13.7
乡村(万元)	Village(10 000 yuan)	9788	11175	14.2
科技教育卫生	**Science,Education & Public Health**			
各类专业技术人员(人)	Special Technical Personnel(person)	852	851	-0.1
幼儿园数(所)	Number of Kindergartens(unit)	2	2	0.0
学龄儿童入学率(%)	Percentage of School-Age Children Enrolled(%)	100.0	100.0	0.0
小学学校数(所)	Number of Primary Schools(unit)	3	3	0.0
小学专任教师数(人)	Number of Full-time Teachers of Primary Schools(person)	190	196	3.2
小学在校学生数(人)	Number of Student Enrollment of Primary Schools(person)	1904	1685	-11.5
普通中学学校数(所)	Number of Regular Secondary Schools(unit)	2	3	50.0
普通中学专任教师数(人)	Number of Teachers of Secondary Shools(person)	105	165	57.1
初中在校学生数(人)	Number of Student in Junior Secondary Schools(person)	858	977	13.9
高中在校学生数(人)	Number of Student in Senior Secondary Schools(person)	69	125	81.2
卫生机构数(所)	Number of Health Institutions(unit)	79	80	1.3
#医院(所)	Hospitals(unit)	2	2	0.0
卫生院(所)	Township Hospitals(unit)	11	11	0.0
床位数(张)	Number of Beds(unit)	119	119	0.0
#医院(张)	Hospitals(unit)	86	86	0.0
卫生院(张)	Township Hospitals(unit)	29	29	0.0
卫生技术人员(人)	Medical Technical Presonnel(person)	239	215	-10.0
#医院(人)	Hospitals(person)	89	89	0.0
卫生院(人)	Township Hospitals(person)	73	65	-11.0

23-72 锡林郭勒盟苏尼特右旗

指　　标	Item	2012	2013	2013年比上年增长% Increase Rate in 2013 Over 2012(%)
行政区域土地面积(平方公里)	**Area of Administration(Sq.km)**	**22455**	**22455**	**0.0**
人口和就业	**Population & Employment**			
年末总人口(人)	Total Population Year-end(person)	69233	69435	0.3
#男性(人)	Male(person)	34764	34831	0.2
#乡村人口(人)	Rural(person)	34469	26634	-22.7
年末总户数(户)	Total Number of Households at the Year-end(Household)	27425	27927	1.8
#乡村户数(户)	Number of Rural Household(Household)	9366	9412	0.5
出生人口(人)	Births(person)	383	570	48.8
死亡人口(人)	Deaths(person)	189	277	46.6
全社会就业人员(人)	Employment(person)	33655	37049	10.1
第一产业(人)	Primary Industry(person)	16058	16414	2.2
第二产业(人)	Secondary Industry(person)	5527	7879	42.6
第三产业(人)	Tertiary Industry(person)	12070	12756	5.7
在岗职工人数(人)	Number of Staff & Workers Employed in(person)	8263	8321	0.7
乡村劳动力(人)	Number of Rural Laborers(person)	21945	22093	0.7
#农林牧渔业(人)	Farming,Forestry,Animal Husbandry & Fishery(person)	15898	16414	3.2
国民经济综合指标	**Summary Item on the National Economy**			
生产总值(万元)	Gross Domestic Product(10 000 yuan)	450049	492945	6.0
第一产业(万元)	Primary Industry(10 000 yuan)	40872	45094	6.5
第二产业(万元)	Secondary Industry(10 000 yuan)	303824	331497	5.7
#工业(万元)	Industry(10 000 yuan)	270424	296597	5.8
第三产业(万元)	Tertiary Industry(10 000 yuan)	105353	116354	7.1
人均生产总值(元)	Per Capita GDP(yuan)	63254	69185	6.1
全社会固定资产投资(万元)	Total Investment in Fixed Assets(10 000 yuan)	392130	415964	6.1
按登记注册类型分	Grouped by Registered Type			
#国有(万元)	State-owned Enterprises(10 000 yuan)	136100	158404	16.4
集体(万元)	Collective-owned Enterprises(10 000 yuan)	3400		
有限责任公司(万元)	Limited Liability Corporations(10 000 yuan)	58170	88978	53.0
股份有限公司(万元)	Share Holding Enterprises(10 000 yuan)	74020	46717	-36.9
私营企业(万元)	Private Enterprises(10 000 yuan)	46300	115048	148.5
外商及港澳台投资企业(万元)	Funds from HK,Macao,Taiwan & Foreign(10 000 yuan)			
按城乡渠道分	Grouped by Urban and Rural Area			
城镇(万元)	Urban(10 000 yuan)	392130	415964	6.1
农村(万元)	Rural(10 000 yuan)			
公共财政预算收入(万元)	Public Budgetary Financial Revenue(10 000 yuan)	17937	25362	41.4
公共财政预算支出(万元)	Public Budgetary Financial Expenditure(10 000 yuan)	126853	110534	-12.9
个人储蓄存款余额(万元)	The balance of savings deposits of individuals(10 000 yuan)	162447	177349	9.2
在岗职工工资总额(万元)	Total Wages of Staff & Workers Employed in(10 000 yuan)	36858	43207	17.2
在岗职工平均工资(元)	Average Wage of Staff & Workers Employed in(yuan)	44606	49692	11.4
全体居民人均可支配收入(元)	The per capita disposable income of all residents(yuan)	17846	19324	8.3
城镇常住居民人均可支配收入(元)	The per capita disposable income of urban permanent residents(yuan)	22466	24713	10.0
农村牧区常住居民人均可支配收入(元)	The per capita disposable income of permanent residents of rural and pastoral areas(yuan)	6271	6910	10.2
农村牧区经济	**Economic Development in Rural & Pastoral Area**			
农作物总播种面积(公顷)	Total Sown Area(hectare)	2920	3070	5.1
#粮食作物播种面积(公顷)	Sown Area of Grain Crops(hectare)	366	355	-3.0
农牧业机械总动力(万千瓦)	Total Power of Agricultural Machinery(10 000 kw)	5.80	6.00	3.4
化肥施用折纯量(吨)	Consumption of Chemical Fertilizer(ton)	338	348	3.0
农村用电量(万千瓦小时)	Electricity Consumed in Rural Area(10 000 kwh)	367	374	1.9
农林牧渔业总产值(万元)	Gross Output of Farming,Forestry,Animal Husbandry & Fishery(10 000 yuan)	73314	81559	2.9
粮食产量(吨)	Yield of Grain(ton)	396	443	11.9
油料产量(吨)	Yield of Oil-bearing Grops(ton)		397	
甜菜产量(吨)	Yield of Beetroots(ton)	199		
猪牛羊肉产量(吨)	Output of Pork, Beef & Mutton(ton)	18986	16417	-13.5
#猪肉产量(吨)	Output of Pork(ton)	343	249	-27.4
牛肉产量(吨)	Output of Beef(ton)	1406	1455	3.5
羊肉产量(吨)	Output of Mutton(ton)	17237	14713	-14.6
羊毛产量(吨)	Output of Wool(ton)	806	978	21.3

23-72 Suniteyou Banner in Xilinguole League

指　标	Item	2012	2013	2013年比上年增长% Increase Rate in 2013 Over 2012(%)
年末牲畜存栏头数(万头只)	Total Livestock at the Year-end(10 000 heads)	80.69	85.47	5.9
# 大牲畜(万头只)	Large Animals(10 000 heads)	2.72	3.52	29.4
羊(万只)	Sheep & Goats(10 000 heads)	77.84	81.89	5.2
猪(万头)	Hogs(10 000 heads)	0.13	0.06	-53.8
规模以上工业	**Industrial Enterprises above Designated size**			
工业企业单位数(个)	Number of Industrial Enterprises(unit)	33	38	15.2
# 内资企业(个)	Civil Funded Enterprises(unit)	32	37	15.6
工业总产值(万元)	Gross Industrial Output Value(10 000 yuan)	536672	564100	5.1
内资企业(万元)	Civil Funded Enterprises(10 000 yuan)	524814	551100	5.0
国有企业(万元)	State-owned Enterprises(10 000 yuan)	31753	22600	-28.8
集体企业(万元)	Collective-owned Enterprises(10 000 yuan)			
股份合作企业(万元)	Share Holding Enterprises(10 000 yuan)			
联营企业(万元)	Joint Owned Enterprises(10 000 yuan)			
有限责任公司(万元)	Limited Company(10 000 yuan)	187409	188200	0.4
股份有限公司(万元)	Share Holding Limited Company(10 000 yuan)	28456		
私营企业(万元)	Privately Owned Enterprises(10 000 yuan)	216758	319100	47.2
其他企业(万元)	Enterprises of Other Ownership(10 000 yuan)	60439	21200	-64.9
港澳台商投资企业(万元)	Funds from HK,Macao & Taiwan(10 000 yuan)	11858	13000	9.6
外商投资企业(万元)	Foreign Funded Enterprises(10 000 yuan)			
工业企业增加值(万元)	Value Added of Industrial Enterprises(10 000 yuan)			3.8
工业企业资产总计(万元)	Total Assets of Industrial Enterprises(10 000 yuan)	758017	783633	3.4
工业企业负债合计(万元)	Total Liabilities of Industrial Enterprises(10 000 yuan)	499694	462203	-7.5
工业企业产品销售收入(万元)	Sales of Revenue Industrial Enterprises(10 000 yuan)	519421	541449	4.2
工业企业利润总额(万元)	Total Profits of Industrial Enterprises(10 000 yuan)	101142	94024	-7.0
建筑业	**Construction**			
建筑企业单位数(个)	Number of Construction Enterprises(unit)	2	2	0.0
建筑企业从业人员(人)	Number of Employee in Construction Enterprises(person)	78	76	-2.6
建筑业总产值(万元)	Gross Construction Output Value(10 000 yuan)	3225	3240	0.5
交通运输邮电通信业	**Transportation,Post & Telecommunications**			
公路里程(公里)	Total Length of Highways(km)	1906	1908	0.1
邮电业务总量(万元)	Business Volume of Post & Telecoms(10 000 yuan)	6815	7900	15.9
本地电话用户(户)	Number of Subscribers of Local Telephone(Household)	2000	1920	-4.0
国内贸易	**Domestic Trade**			
社会消费品零售总额(万元)	Total Retail Sales of Consumer Goods(10 000 yuan)	117103	132386	13.1
城镇(万元)	Town(10 000 yuan)	86410	98178	13.6
乡村(万元)	Village(10 000 yuan)	30693	34208	11.5
科技教育卫生	**Science,Education & Public Health**			
各类专业技术人员(人)	Special Technical Personnel(person)	1388	1588	14.4
幼儿园数(所)	Number of Kindergartens(unit)	3	5	66.7
学龄儿童入学率(%)	Percentage of School-Age Children Enrolled(%)	100.0	100.0	0.0
小学学校数(所)	Number of Primary Schools(unit)	7	7	0.0
小学专任教师数(人)	Number of Full-time Teachers of Primary Schools(person)	430	418	-2.8
小学在校学生数(人)	Number of Student Enrollment of Primary Schools(person)	4173	3624	-13.2
普通中学学校数(所)	Number of Regular Secondary Schools(unit)	3	3	0.0
普通中学专任教师数(人)	Number of Teachers of Secondary Shools(person)	280	226	-19.3
初中在校学生数(人)	Number of Student in Junior Secondary Schools(person)	2281	2040	-10.6
高中在校学生数(人)	Number of Student in Senior Secondary Schools(person)	1161	1144	-1.5
卫生机构数(所)	Number of Health Institutions(unit)	95	95	0.0
# 医院(所)	Hospitals(unit)	2	2	0.0
卫生院(所)	Township Hospitals(unit)	12	12	0.0
床位数(张)	Number of Beds(unit)	161	156	-3.1
# 医院(张)	Hospitals(unit)	111	111	0.0
卫生院(张)	Township Hospitals(unit)	39	39	0.0
卫生技术人员(人)	Medical Technical Presonnel(person)	371	359	-3.2
# 医院(人)	Hospitals(person)	176	175	-0.6
卫生院(人)	Township Hospitals(person)	71	71	0.0

23-73 锡林郭勒盟东乌珠穆沁旗

指　标	Item	2012	2013	2013年比上年增长% Increase Rate in 2013 Over 2012(%)
行政区域土地面积(平方公里)	**Area of Administration(Sq.km)**	**45575**	**45575**	**0.0**
人口和就业	**Population & Employment**			
年末总人口(人)	Total Population Year-end(person)	78986	80380	1.8
#男性(人)	Male(person)	39814	40382	1.4
#乡村人口(人)	Rural(person)	39172	33448	-14.6
年末总户数(户)	Total Number of Households at the Year-end(Household)	26099	26674	2.2
#乡村户数(户)	Number of Rural Household(Household)	7926	8305	4.8
出生人口(人)	Births(person)	1048	1067	1.8
死亡人口(人)	Deaths(person)	942	332	-64.8
全社会就业人员(人)	Employment(person)	46276	52087	12.6
第一产业(人)	Primary Industry(person)	23273	23207	-0.3
第二产业(人)	Secondary Industry(person)	7911	10294	30.1
第三产业(人)	Tertiary Industry(person)	15092	18586	23.2
在岗职工人数(人)	Number of Staff & Workers Employed in(person)	9998	11877	18.8
乡村劳动力(人)	Number of Rural Laborers(person)	22910	23823	4.0
#农林牧渔业(人)	Farming,Forestry,Animal Husbandry & Fishery(person)	21506	21832	1.5
国民经济综合指标	**Summary Item on the National Economy**			
生产总值(万元)	Gross Domestic Product(10 000 yuan)	1247276	1476836	16.5
第一产业(万元)	Primary Industry(10 000 yuan)	157735	183267	6.1
第二产业(万元)	Secondary Industry(10 000 yuan)	925644	1112786	9.8
#工业(万元)	Industry(10 000 yuan)	825344	995686	20.3
第三产业(万元)	Tertiary Industry(10 000 yuan)	163897	180783	6.9
人均生产总值(元)	Per Capita GDP(yuan)	129789	121351	16.5
全社会固定资产投资(万元)	Total Investment in Fixed Assets(10 000 yuan)	894799	1351967	51.1
按登记注册类型分	Grouped by Registered Type			
#国有(万元)	State-owned Enterprises(10 000 yuan)	610009	987482	61.9
集体(万元)	Collective-owned Enterprises(10 000 yuan)			
有限责任公司(万元)	Limited Liability Corporations(10 000 yuan)	94977	32511	-65.8
股份有限公司(万元)	Share Holding Enterprises(10 000 yuan)	46050	176634	283.6
私营企业(万元)	Private Enterprises(10 000 yuan)	103626	108994	5.2
外商及港澳台投资企业(万元)	Funds from HK,Macao,Taiwan & Foreign(10 000 yuan)			
按城乡渠道分	Grouped by Urban and Rural Area			
城镇（万元）	Urban(10 000 yuan)	894799	1351967	51.1
农村（万元）	Rural(10 000 yuan)			
公共财政预算收入(万元)	Public Budgetary Financial Revenue(10 000 yuan)	100163	116871	16.7
公共财政预算支出(万元)	Public Budgetary Financial Expenditure(10 000 yuan)	180558	193085	6.9
个人储蓄存款余额(万元)	The balance of savings deposits of individuals(10 000 yuan)	220855	247696	12.2
在岗职工工资总额(万元)	Total Wages of Staff & Workers Employed in(10 000 yuan)	44585	63800	43.1
在岗职工平均工资(元)	Average Wage of Staff & Workers Employed in(yuan)	52494	54598	4.0
全体居民人均可支配收入(元)	The per capita disposable income of all residents(yuan)	20433	22928	12.2
城镇常住居民人均可支配收入(元)	The per capita disposable income of urban permanent residents(yuan)	23026	25697	11.6
农村牧区常住居民人均可支配收入(元)	The per capita disposable income of permanent residents of rural and pastoral areas(yuan)	16702	19241	15.2
农村牧区经济	**Economic Development in Rural & Pastoral Area**			
农作物总播种面积(公顷)	Total Sown Area(hectare)	23510	27950	18.9
#粮食作物播种面积(公顷)	Sown Area of Grain Crops(hectare)	17070	21412	25.4
农牧业机械总动力(万千瓦)	Total Power of Agricultural Machinery(10 000 kw)	19.55	18.00	-7.9
化肥施用折纯量(吨)	Consumption of Chemical Fertilizer(ton)	5326	5845	9.7
农村用电量(万千瓦小时)	Electricity Consumed in Rural Area(10 000 kwh)	1130	913	-19.2
农林牧渔业总产值(万元)	Gross Output of Farming,Forestry,Animal Husbandry & Fishery(10 000 yuan)	283537	331465	8.1
粮食产量(吨)	Yield of Grain(ton)	70020	75634	8.0
油料产量(吨)	Yield of Oil-bearing Grops(ton)	7530	8417	11.8
甜菜产量(吨)	Yield of Beetroots(ton)			
猪牛羊肉产量(吨)	Output of Pork, Beef & Mutton(ton)	34227	59555	74.0
#猪肉产量(吨)	Output of Pork(ton)	355	241	-32.1
牛肉产量(吨)	Output of Beef(ton)	5502	19515	254.7
羊肉产量(吨)	Output of Mutton(ton)	28370	39799	40.3
羊毛产量(吨)	Output of Wool(ton)	1933	2220	14.8

23-73 Dongwuzhumuqin Banner in Xilinguole League

指　标	Item	2012	2013	2013年比上年增长% Increase Rate in 2013 Over 2012(%)
年末牲畜存栏头数(万头只)	Total Livestock at the Year-end(10 000 heads)	174.13	190.26	9.3
#大牲畜(万头只)	Large Animals(10 000 heads)	11.64	12.49	7.3
羊(万只)	Sheep & Goats(10 000 heads)	162.18	177.44	9.4
猪(万头)	Hogs(10 000 heads)	0.31	0.33	6.5
规模以上工业	**Industrial Enterprises above Designated size**			
工业企业单位数(个)	Number of Industrial Enterprises(unit)	46	50	8.7
#内资企业(个)	Civil Funded Enterprises(unit)	45	49	8.9
工业总产值(万元)	Gross Industrial Output Value(10 000 yuan)	1398359	1695200	21.2
内资企业(万元)	Civil Funded Enterprises(10 000 yuan)	1320379	1602200	21.3
国有企业(万元)	State-owned Enterprises(10 000 yuan)	147684	54100	-63.4
集体企业(万元)	Collective-owned Enterprises(10 000 yuan)			
股份合作企业(万元)	Share Holding Enterprises(10 000 yuan)			
联营企业(万元)	Joint Owned Enterprises(10 000 yuan)			
有限责任公司(万元)	Limited Company(10 000 yuan)	649172	800500	23.3
股份有限公司(万元)	Share Holding Limited Company(10 000 yuan)			
私营企业(万元)	Privately Owned Enterprises(10 000 yuan)	521423	747600	43.4
其他企业(万元)	Enterprises of Other Ownership(10 000 yuan)	2100		
港澳台商投资企业(万元)	Funds from HK,Macao & Taiwan(10 000 yuan)			
外商投资企业(万元)	Foreign Funded Enterprises(10 000 yuan)	77980	93000	19.3
工业企业增加值(万元)	Value Added of Industrial Enterprises(10 000 yuan)			24.2
工业企业资产总计(万元)	Total Assets of Industrial Enterprises(10 000 yuan)	900851	1004834	11.5
工业企业负债合计(万元)	Total Liabilities of Industrial Enterprises(10 000 yuan)	469605	606504	29.2
工业企业产品销售收入(万元)	Sales of Revenue Industrial Enterprises(10 000 yuan)	1341370	1630792	21.6
工业企业利润总额(万元)	Total Profits of Industrial Enterprises(10 000 yuan)	162061	95535	-41.0
建筑业	**Construction**			
建筑企业单位数(个)	Number of Construction Enterprises(unit)	1	1	0.0
建筑企业从业人员(人)	Number of Employee in Construction Enterprises(person)	45	48	6.7
建筑业总产值(万元)	Gross Construction Output Value(10 000 yuan)	1019	5000	390.7
交通运输邮电通信业	**Transportation,Post & Telecommunications**			
公路里程(公里)	Total Length of Highways(km)	3006	3006	0.0
邮电业务总量(万元)	Business Volume of Post & Telecoms(10 000 yuan)	8152	8549	4.9
本地电话用户(户)	Number of Subscribers of Local Telephone(Household)	7200	7075	-1.7
国内贸易	**Domestic Trade**			
社会消费品零售总额(万元)	Total Retail Sales of Consumer Goods(10 000 yuan)	191821	218308	13.8
城镇(万元)	Town(10 000 yuan)	153592	174517	13.6
乡村(万元)	Village(10 000 yuan)	38229	43791	14.5
科技教育卫生	**Science,Education & Public Health**			
各类专业技术人员(人)	Special Technical Personnel(person)	1807	1736	-3.9
幼儿园数(所)	Number of Kindergartens(unit)	11	12	9.1
学龄儿童入学率(%)	Percentage of School-Age Children Enrolled(%)	100.0	100.0	0.0
小学学校数(所)	Number of Primary Schools(unit)	7	7	0.0
小学专任教师数(人)	Number of Full-time Teachers of Primary Schools(person)	416	415	-0.2
小学在校学生数(人)	Number of Student Enrollment of Primary	6320	6149	-2.7
普通中学学校数(所)	Number of Regular Secondary Schools(unit)	4	4	0.0
普通中学专任教师数(人)	Number of Teachers of Secondary Shools(person)	276	289	4.7
初中在校学生数(人)	Number of Student in Junior Secondary Schools(person)	2714	2729	0.6
高中在校学生数(人)	Number of Student in Senior Secondary Schools(person)	675	912	35.1
卫生机构数(所)	Number of Health Institutions(unit)	101	93	-7.9
#医院(所)	Hospitals(unit)	3	3	0.0
卫生院(所)	Township Hospitals(unit)	17	17	0.0
床位数(张)	Number of Beds(unit)	326	319	-2.1
#医院(张)	Hospitals(unit)	220	220	0.0
卫生院(张)	Township Hospitals(unit)	69	69	0.0
卫生技术人员(人)	Medical Technical Presonnel(person)	514	501	-2.5
#医院(人)	Hospitals(person)	258	253	-1.9
卫生院(人)	Township Hospitals(person)	126	124	-1.6

23-74 锡林郭勒盟西乌珠穆沁旗

指　标	Item	2012	2013	2013年比上年增长% Increase Rate in 2013 Over 2012(%)
行政区域土地面积(平方公里)	**Area of Administration(Sq.km)**	**22459**	**22459**	**0.0**
人口和就业	**Population & Employment**			
年末总人口(人)	Total Population Year-end(person)	79149	79720	0.7
#男性(人)	Male(person)	39673	39899	0.6
#乡村人口(人)	Rural(person)	37205	38521	3.5
年末总户数(户)	Total Number of Households at the Year-end(Household)	29315	30073	2.6
#乡村户数(户)	Number of Rural Household(Household)	11146	12643	13.4
出生人口(人)	Births(person)	670	844	26.0
死亡人口(人)	Deaths(person)	504	444	-11.9
全社会就业人员(人)	Employment(person)	44755	48390	8.1
第一产业(人)	Primary Industry(person)	19997	21842	9.2
第二产业(人)	Secondary Industry(person)	7085	11095	56.6
第三产业(人)	Tertiary Industry(person)	17673	15453	-12.6
在岗职工人数(人)	Number of Staff & Workers Employed in(person)	6520	11056	69.6
乡村劳动力(人)	Number of Rural Laborers(person)	26418	25500	-3.5
#农林牧渔业(人)	Farming,Forestry,Animal Husbandry & Fishery(person)	19614	21842	11.4
国民经济综合指标	**Summary Item on the National Economy**			
生产总值(万元)	Gross Domestic Product(10 000 yuan)	1021117	1120048	14.7
第一产业(万元)	Primary Industry(10 000 yuan)	110169	129438	5.8
第二产业(万元)	Secondary Industry(10 000 yuan)	798934	864512	16.6
#工业(万元)	Industry(10 000 yuan)	717734	760512	15.5
第三产业(万元)	Tertiary Industry(10 000 yuan)	112014	126098	7.3
人均生产总值(元)	Per Capita GDP(yuan)	114219	124588	14.4
全社会固定资产投资(万元)	Total Investment in Fixed Assets(10 000 yuan)	914632	1150389	25.8
按登记注册类型分	Grouped by Registered Type			
#国有(万元)	State-owned Enterprises(10 000 yuan)	206150	461074	123.7
集体(万元)	Collective-owned Enterprises(10 000 yuan)			
有限责任公司(万元)	Limited Liability Corporations(10 000 yuan)	293253	396177	35.1
股份有限公司(万元)	Share Holding Enterprises(10 000 yuan)	47912	6478	-86.5
私营企业(万元)	Private Enterprises(10 000 yuan)	33074	40069	21.1
外商及港澳台投资企业(万元)	Funds from HK,Macao,Taiwan & Foreign(10 000 yuan)	334243	100000	-70.1
按城乡渠道分	Grouped by Urban and Rural Area			
城镇(万元)	Urban(10 000 yuan)	914632	1150389	25.8
农村(万元)	Rural(10 000 yuan)			
公共财政预算收入(万元)	Public Budgetary Financial Revenue(10 000 yuan)	130249	161972	24.4
公共财政预算支出(万元)	Public Budgetary Financial Expenditure(10 000 yuan)	140583	190335	35.4
个人储蓄存款余额(万元)	The balance of savings deposits of individuals(10 000 yuan)	164990	193802	17.5
在岗职工工资总额(万元)	Total Wages of Staff & Workers Employed in(10 000 yuan)	33044	67033	102.9
在岗职工平均工资(元)	Average Wage of Staff & Workers Employed in(yuan)	50303	61106	21.5
全体居民人均可支配收入(元)	The per capita disposable income of all residents(yuan)	18885	21125	11.9
城镇常住居民人均可支配收入(元)	The per capita disposable income of urban permanent residents(yuan)	23374	25945	11.0
农村牧区常住居民人均可支配收入(元)	The per capita disposable income of permanent residents of rural and pastoral areas(yuan)	14314	16475	6.5
农村牧区经济	**Economic Development in Rural & Pastoral Area**			
农作物总播种面积(公顷)	Total Sown Area(hectare)	4470	4445	-0.6
#粮食作物播种面积(公顷)	Sown Area of Grain Crops(hectare)	20	27	33.0
农牧业机械总动力(万千瓦)	Total Power of Agricultural Machinery(10 000 kw)	9.49	10.14	6.8
化肥施用折纯量(吨)	Consumption of Chemical Fertilizer(ton)	151	156	3.3
农村用电量(万千瓦小时)	Electricity Consumed in Rural Area(10 000 kwh)	731	759	3.8
农林牧渔业总产值(万元)	Gross Output of Farming,Forestry,Animal Husbandry & Fishery(10 000 yuan)	197664	238019	11.4
粮食产量(吨)	Yield of Grain(ton)	83	85	2.4
油料产量(吨)	Yield of Oil-bearing Grops(ton)			
甜菜产量(吨)	Yield of Beetroots(ton)			
猪牛羊肉产量(吨)	Output of Pork, Beef & Mutton(ton)	51923	32471	-37.5
#猪肉产量(吨)	Output of Pork(ton)	67	99	47.8
牛肉产量(吨)	Output of Beef(ton)	30483	15768	-48.3
羊肉产量(吨)	Output of Mutton(ton)	21373	16604	-22.3
羊毛产量(吨)	Output of Wool(ton)	1148	1374	19.7

23-74 xiwuzhumuqin Banner in Xilinguole League

指　标	Item	2012	2013	2013年比上年增长% Increase Rate in 2013 Over 2012(%)
年末牲畜存栏头数(万头只)	Total Livestock at the Year-end(10 000 heads)	91.54	100.17	9.4
#大牲畜(万头只)	Large Animals(10 000 heads)	11.83	13.17	11.3
羊(万只)	Sheep & Goats(10 000 heads)	79.66	87.00	9.2
猪(万头)	Hogs(10 000 heads)	0.05		
规模以上工业	**Industrial Enterprises above Designated size**			
工业企业单位数(个)	Number of Industrial Enterprises(unit)	27	29	7.4
#内资企业(个)	Civil Funded Enterprises(unit)	25	27	8.0
工业总产值(万元)	Gross Industrial Output Value(10 000 yuan)	1229970	1321394	7.4
内资企业(万元)	Civil Funded Enterprises(10 000 yuan)	1222862	1312465	7.3
国有企业(万元)	State-owned Enterprises(10 000 yuan)	620879	460056	-25.9
集体企业(万元)	Collective-owned Enterprises(10 000 yuan)			
股份合作企业(万元)	Share Holding Enterprises(10 000 yuan)			
联营企业(万元)	Joint Owned Enterprises(10 000 yuan)			
有限责任公司(万元)	Limited Company(10 000 yuan)	253149	426802	68.6
股份有限公司(万元)	Share Holding Limited Company(10 000 yuan)	278051	319319	14.8
私营企业(万元)	Privately Owned Enterprises(10 000 yuan)	70783	106288	50.2
其他企业(万元)	Enterprises of Other Ownership(10 000 yuan)			
港澳台商投资企业(万元)	Funds from HK,Macao & Taiwan(10 000 yuan)	7109	8930	25.6
外商投资企业(万元)	Foreign Funded Enterprises(10 000 yuan)			
工业企业增加值(万元)	Value Added of Industrial Enterprises(10 000 yuan)			16.9
工业企业资产总计(万元)	Total Assets of Industrial Enterprises(10 000 yuan)	2624995	3341208	27.3
工业企业负债合计(万元)	Total Liabilities of Industrial Enterprises(10 000 yuan)	1919568	2545614	32.6
工业企业产品销售收入(万元)	Sales of Revenue Industrial Enterprises(10 000 yuan)	1181575	1277104	8.1
工业企业利润总额(万元)	Total Profits of Industrial Enterprises(10 000 yuan)	132469	26664	-79.9
建筑业	**Construction**			
建筑企业单位数(个)	Number of Construction Enterprises(unit)	2	2	0.0
建筑企业从业人员(人)	Number of Employee in Construction Enterprises(person)	572	492	-14.0
建筑业总产值(万元)	Gross Construction Output Value(10 000 yuan)	9850	5564	-43.5
交通运输邮电通信业	**Transportation,Post & Telecommunications**			
公路里程(公里)	Total Length of Highways(km)	1761	1779	1.0
邮电业务总量(万元)	Business Volume of Post & Telecoms(10 000 yuan)	7185	8984	25.0
本地电话用户(户)	Number of Subscribers of Local Telephone(Household)	1985	4610	132.2
国内贸易	**Domestic Trade**			
社会消费品零售总额(万元)	Total Retail Sales of Consumer Goods(10 000 yuan)	135607	154770	14.1
城镇(万元)	Town(10 000 yuan)	109638	124563	13.6
乡村(万元)	Village(10 000 yuan)	25969	30207	16.3
科技教育卫生	**Science,Education & Public Health**			
各类专业技术人员(人)	Special Technical Personnel(person)	1689	1525	-9.7
幼儿园数(所)	Number of Kindergartens(unit)	9	9	0.0
学龄儿童入学率(%)	Percentage of School-Age Children Enrolled(%)	100.0	100.0	0.0
小学学校数(所)	Number of Primary Schools(unit)	4	5	25.0
小学专任教师数(人)	Number of Full-time Teachers of Primary Schools(person)	298	295	-1.0
小学在校学生数(人)	Number of Student Enrollment of Primary	4539	4716	3.9
普通中学学校数(所)	Number of Regular Secondary Schools(unit)	3	3	0.0
普通中学专任教师数(人)	Number of Teachers of Secondary Shools(person)	188	285	51.6
初中在校学生数(人)	Number of Student in Junior Secondary Schools(person)	2045	2024	-1.0
高中在校学生数(人)	Number of Student in Senior Secondary Schools(person)	805	858	6.6
卫生机构数(所)	Number of Health Institutions(unit)	84	81	-3.6
#医院(所)	Hospitals(unit)	2	2	0.0
卫生院(所)	Township Hospitals(unit)	14	14	0.0
床位数(张)	Number of Beds(unit)	240	390	62.5
#医院(张)	Hospitals(unit)	160	310	93.8
卫生院(张)	Township Hospitals(unit)	70	70	0.0
卫生技术人员(人)	Medical Technical Presonnel(person)	358	377	5.3
#医院(人)	Hospitals(person)	168	167	-0.6
卫生院(人)	Township Hospitals(person)	98	119	21.4

23-75 锡林郭勒盟太仆寺旗

指　标	Item	2012	2013	2013年比上年增长% Increase Rate in 2013 Over 2012(%)
行政区域土地面积(平方公里)	**Area of Administration(Sq.km)**	**3426**	**3426**	**0.0**
人口和就业	**Population & Employment**			
年末总人口(人)	Total Population Year-end(person)	211401	212064	0.3
#男性(人)	Male(person)	108453	108772	0.3
#乡村人口(人)	Rural(person)	171755	110369	-35.7
年末总户数(户)	Total Number of Households at the Year-end(Household)	87350	90828	4.0
#乡村户数(户)	Number of Rural Household(Household)	32958	32813	-0.4
出生人口(人)	Births(person)	1789	1897	6.0
死亡人口(人)	Deaths(person)	1916	855	-55.4
全社会就业人员(人)	Employment(person)	86803	85178	-1.9
第一产业(人)	Primary Industry(person)	57789	57416	-0.6
第二产业(人)	Secondary Industry(person)	9302	7325	-21.3
第三产业(人)	Tertiary Industry(person)	19712	20437	3.7
在岗职工人数(人)	Number of Staff & Workers Employed in(person)	6714	7434	10.7
乡村劳动力(人)	Number of Rural Laborers(person)	79518	79394	-0.2
#农林牧渔业(人)	Farming,Forestry,Animal Husbandry & Fishery(person)	57627	57416	-0.4
国民经济综合指标	**Summary Item on the National Economy**			
生产总值(万元)	Gross Domestic Product(10 000 yuan)	370065	413372	10.2
第一产业(万元)	Primary Industry(10 000 yuan)	99135	110939	5.2
第二产业(万元)	Secondary Industry(10 000 yuan)	152725	166133	14.9
#工业(万元)	Industry(10 000 yuan)	123425	136333	18.4
第三产业(万元)	Tertiary Industry(10 000 yuan)	118205	136300	8.9
人均生产总值(元)	Per Capita GDP(yuan)	33490	37157	9.7
全社会固定资产投资(万元)	Total Investment in Fixed Assets(10 000 yuan)	230144	310895	35.1
按登记注册类型分	Grouped by Registered Type			
#国有(万元)	State-owned Enterprises(10 000 yuan)	127649	133673	4.7
集体(万元)	Collective-owned Enterprises(10 000 yuan)	2800	3740	33.6
有限责任公司(万元)	Limited Liability Corporations(10 000 yuan)	59980	44615	-25.6
股份有限公司(万元)	Share Holding Enterprises(10 000 yuan)	8527	4500	-47.2
私营企业(万元)	Private Enterprises(10 000 yuan)	31188	72325	131.9
外商及港澳台投资企业(万元)	Funds from HK,Macao,Taiwan & Foreign(10 000 yuan)			
按城乡渠道分	Grouped by Urban and Rural Area			
城镇(万元)	Urban(10 000 yuan)	230144	310895	35.1
农村(万元)	Rural(10 000 yuan)			
公共财政预算收入(万元)	Public Budgetary Financial Revenue(10 000 yuan)	7789	9316	19.6
公共财政预算支出(万元)	Public Budgetary Financial Expenditure(10 000 yuan)	118572	124387	4.9
个人储蓄存款余额(万元)	The balance of savings deposits of individuals(10 000 yuan)	220000	249706	13.5
在岗职工工资总额(万元)	Total Wages of Staff & Workers Employed in(10 000 yuan)	30213	47372	56.8
在岗职工平均工资(元)	Average Wage of Staff & Workers Employed in(yuan)	44464	63595	43.0
全体居民人均可支配收入(元)	The per capita disposable income of all residents(yuan)	11719	12917	10.2
城镇常住居民人均可支配收入(元)	The per capita disposable income of urban permanent residents(yuan)	21394	23619	10.4
农村牧区常住居民人均可支配收入(元)	The per capita disposable income of permanent residents of rural and pastoral areas(yuan)	6691	7494	12.0
农村牧区经济	**Economic Development in Rural & Pastoral Area**			
农作物总播种面积(公顷)	Total Sown Area(hectare)	94467	94467	0.0
#粮食作物播种面积(公顷)	Sown Area of Grain Crops(hectare)	68800	68058	-1.1
农牧业机械总动力(万千瓦)	Total Power of Agricultural Machinery(10 000 kw)	21.00	22.61	7.7
化肥施用折纯量(吨)	Consumption of Chemical Fertilizer(ton)	2863	2895	1.1
农村用电量(万千瓦小时)	Electricity Consumed in Rural Area(10 000 kwh)	703	691	-1.7
农林牧渔业总产值(万元)	Gross Output of Farming,Forestry,Animal Husbandry & Fishery(10 000 yuan)	177790	207115	7.8
粮食产量(吨)	Yield of Grain(ton)	137690	320490	132.8
油料产量(吨)	Yield of Oil-bearing Grops(ton)	5330	9407	76.5
甜菜产量(吨)	Yield of Beetroots(ton)	9188	12158	32.3
猪牛羊肉产量(吨)	Output of Pork, Beef & Mutton(ton)	10600	13561	27.9
#猪肉产量(吨)	Output of Pork(ton)	4100	4922	20.0
牛肉产量(吨)	Output of Beef(ton)	5600	7295	30.3
羊肉产量(吨)	Output of Mutton(ton)	900	1344	49.3
羊毛产量(吨)	Output of Wool(ton)	110	230	109.1

23-75 Taipusi Banner in Xilinguole League

指　标	Item	2012	2013	2013年比上年增长% Increase Rate in 2013 Over 2012(%)
年末牲畜存栏头数(万头只)	Total Livestock at the Year-end(10 000 heads)	15.22	20.90	37.3
#大牲畜(万头只)	Large Animals(10 000 heads)	6.60	7.03	6.5
羊(万只)	Sheep & Goats(10 000 heads)	7.24	12.44	71.8
猪(万头)	Hogs(10 000 heads)	1.38	1.43	3.6
规模以上工业	**Industrial Enterprises above Designated size**			
工业企业单位数(个)	Number of Industrial Enterprises(unit)	24	25	4.2
#内资企业(个)	Civil Funded Enterprises(unit)	23	24	4.3
工业总产值(万元)	Gross Industrial Output Value(10 000 yuan)	165103	211034	27.8
内资企业(万元)	Civil Funded Enterprises(10 000 yuan)	160817	206458	28.4
国有企业(万元)	State-owned Enterprises(10 000 yuan)	21382	10068	-52.9
集体企业(万元)	Collective-owned Enterprises(10 000 yuan)			
股份合作企业(万元)	Share Holding Enterprises(10 000 yuan)			
联营企业(万元)	Joint Owned Enterprises(10 000 yuan)			
有限责任公司(万元)	Limited Company(10 000 yuan)	59634	87550	46.8
股份有限公司(万元)	Share Holding Limited Company(10 000 yuan)			
私营企业(万元)	Privately Owned Enterprises(10 000 yuan)	71652	98060	36.9
其他企业(万元)	Enterprises of Other Ownership(10 000 yuan)	8149	10780	32.3
港澳台商投资企业(万元)	Funds from HK,Macao & Taiwan(10 000 yuan)			
外商投资企业(万元)	Foreign Funded Enterprises(10 000 yuan)	4286	4576	6.8
工业企业增加值(万元)	Value Added of Industrial Enterprises(10 000 yuan)			24.6
工业企业资产总计(万元)	Total Assets of Industrial Enterprises(10 000 yuan)	289585	312316	7.8
工业企业负债合计(万元)	Total Liabilities of Industrial Enterprises(10 000 yuan)	191558	208624	8.9
工业企业产品销售收入(万元)	Sales of Revenue Industrial Enterprises(10 000 yuan)	162522	206383	27.0
工业企业利润总额(万元)	Total Profits of Industrial Enterprises(10 000 yuan)	10819	9451	-12.6
建筑业	**Construction**			
建筑企业单位数(个)	Number of Construction Enterprises(unit)	3	3	0.0
建筑企业从业人员(人)	Number of Employee in Construction Enterprises(person)	995	321	-67.7
建筑业总产值(万元)	Gross Construction Output Value(10 000 yuan)	12254	7870	-35.8
交通运输邮电通信业	**Transportation,Post & Telecommunications**			
公路里程(公里)	Total Length of Highways(km)	1364	1386	1.6
邮电业务总量(万元)	Business Volume of Post & Telecoms(10 000 yuan)	5273	6588	24.9
本地电话用户(户)	Number of Subscribers of Local Telephone(Household)	15024	14433	-3.9
国内贸易	**Domestic Trade**			
社会消费品零售总额(万元)	Total Retail Sales of Consumer Goods(10 000 yuan)	131510	149472	13.7
城镇(万元)	Town(10 000 yuan)	94674	107565	13.6
乡村(万元)	Village(10 000 yuan)	36836	41907	13.8
科技教育卫生	**Science,Education & Public Health**			
各类专业技术人员(人)	Special Technical Personnel(person)	2596	2709	4.4
幼儿园数(所)	Number of Kindergartens(unit)	1	1	0.0
学龄儿童入学率(%)	Percentage of School-Age Children Enrolled(%)	100.0	100.0	0.0
小学学校数(所)	Number of Primary Schools(unit)	19	5	-73.7
小学专任教师数(人)	Number of Full-time Teachers of Primary Schools(person)	756	676	-10.6
小学在校学生数(人)	Number of Student Enrollment of Primary Schools(person)	5796	4888	-15.7
普通中学学校数(所)	Number of Regular Secondary Schools(unit)	6	5	-16.7
普通中学专任教师数(人)	Number of Teachers of Secondary Shools(person)	460	535	16.3
初中在校学生数(人)	Number of Student in Junior Secondary Schools(person)	3335	3186	-4.5
高中在校学生数(人)	Number of Student in Senior Secondary Schools(person)	2512	2600	3.5
卫生机构数(所)	Number of Health Institutions(unit)	211	209	-0.9
#医院(所)	Hospitals(unit)	2	2	0.0
卫生院(所)	Township Hospitals(unit)	11	11	0.0
床位数(张)	Number of Beds(unit)	254	352	38.6
#医院(张)	Hospitals(unit)	140	223	59.3
卫生院(张)	Township Hospitals(unit)	92	107	16.3
卫生技术人员(人)	Medical Technical Presonnel(person)	453	424	-6.4
#医院(人)	Hospitals(person)	206	201	-2.4
卫生院(人)	Township Hospitals(person)	80	76	-5.0

23–76 锡林郭勒盟镶黄旗

指　标	Item	2012	2013	2013年比上年增长% Increase Rate in 2013 Over 2012(%)
行政区域土地面积(平方公里)	**Area of Administration(Sq.km)**	**5137**	**5137**	**0.0**
人口和就业	**Population & Employment**			
年末总人口(人)	Total Population Year-end(person)	31197	31378	0.6
#男性(人)	Male(person)	15433	15505	0.5
#乡村人口(人)	Rural(person)	17413	17779	2.1
年末总户数(户)	Total Number of Households at the Year-end(Household)	12236	12648	3.4
#乡村户数(户)	Number of Rural Household(Household)	5545	5772	4.1
出生人口(人)	Births(person)	154	282	83.1
死亡人口(人)	Deaths(person)	209	142	-32.1
全社会就业人员(人)	Employment(person)	24080	24405	1.3
第一产业(人)	Primary Industry(person)	12392	12710	2.6
第二产业(人)	Secondary Industry(person)	2608	3862	48.1
第三产业(人)	Tertiary Industry(person)	9080	7833	-13.7
在岗职工人数(人)	Number of Staff & Workers Employed in(person)	3278	3934	20.0
乡村劳动力(人)	Number of Rural Laborers(person)	14106	14403	2.1
#农林牧渔业(人)	Farming,Forestry,Animal Husbandry & Fishery(person)	12161	12170	0.1
国民经济综合指标	**Summary Item on the National Economy**			
生产总值(万元)	Gross Domestic Product(10 000 yuan)	398033	444589	10.8
第一产业(万元)	Primary Industry(10 000 yuan)	28534	29314	5.3
第二产业(万元)	Secondary Industry(10 000 yuan)	303749	341650	11.9
#工业(万元)	Industry(10 000 yuan)	295249	324750	10.8
第三产业(万元)	Tertiary Industry(10 000 yuan)	65750	73625	7.6
人均生产总值(元)	Per Capita GDP(yuan)	137966	152436	10.0
全社会固定资产投资(万元)	Total Investment in Fixed Assets(10 000 yuan)	128276	143506	11.9
按登记注册类型分	Grouped by Registered Type			
#国有(万元)	State-owned Enterprises(10 000 yuan)	31940	21237	-33.5
集体(万元)	Collective-owned Enterprises(10 000 yuan)			
有限责任公司(万元)	Limited Liability Corporations(10 000 yuan)	20883	65754	214.9
股份有限公司(万元)	Share Holding Enterprises(10 000 yuan)	19480	10847	-44.3
私营企业(万元)	Private Enterprises(10 000 yuan)	55973	38391	-31.4
外商及港澳台投资企业(万元)	Funds from HK,Macao,Taiwan & Foreign(10 000 yuan)			
按城乡渠道分	Grouped by Urban and Rural Area			
城镇(万元)	Urban(10 000 yuan)	128276	143506	11.9
农村(万元)	Rural(10 000 yuan)			
公共财政预算收入(万元)	Public Budgetary Financial Revenue(10 000 yuan)	23156	20140	-13.0
公共财政预算支出(万元)	Public Budgetary Financial Expenditure(10 000 yuan)	64931	69410	6.9
个人储蓄存款余额(万元)	The balance of savings deposits of individuals(10 000 yuan)	54400	57522	5.7
在岗职工工资总额(万元)	Total Wages of Staff & Workers Employed in(10 000 yuan)	15464	20089	29.9
在岗职工平均工资(元)	Average Wage of Staff & Workers Employed in(yuan)	47160	54889	16.4
全体居民人均可支配收入(元)	The per capita disposable income of all residents(yuan)	17782	19713	10.9
城镇常住居民人均可支配收入(元)	The per capita disposable income of urban permanent residents(yuan)	23155	25817	11.5
农村牧区常住居民人均可支配收入(元)	The per capita disposable income of permanent residents of rural and pastoral areas(yuan)	8152	9228	13.2
农村牧区经济	**Economic Development in Rural & Pastoral Area**			
农作物总播种面积(公顷)	Total Sown Area(hectare)	2970	3318	11.7
#粮食作物播种面积(公顷)	Sown Area of Grain Crops(hectare)	1810	1588	-12.3
农牧业机械总动力(万千瓦)	Total Power of Agricultural Machinery(10 000 kw)	3.71	4.20	13.2
化肥施用折纯量(吨)	Consumption of Chemical Fertilizer(ton)	10	10	0.0
农村用电量(万千瓦小时)	Electricity Consumed in Rural Area(10 000 kwh)	16	17	6.3
农林牧渔业总产值(万元)	Gross Output of Farming,Forestry,Animal Husbandry & Fishery(10 000 yuan)	51173	54311	1.6
粮食产量(吨)	Yield of Grain(ton)	2005	2197	9.6
油料产量(吨)	Yield of Oil-bearing Grops(ton)	8	8	0.0
甜菜产量(吨)	Yield of Beetroots(ton)			
猪牛羊肉产量(吨)	Output of Pork, Beef & Mutton(ton)	6068	6655	9.7
#猪肉产量(吨)	Output of Pork(ton)	18	14	-22.2
牛肉产量(吨)	Output of Beef(ton)	1568	1655	5.5
羊肉产量(吨)	Output of Mutton(ton)	4482	4986	11.2
羊毛产量(吨)	Output of Wool(ton)	707	835	18.1

23-76 Xianghuang Banner in Xilinguole League

指　标	Item	2012	2013	2013年比上年增长% Increase Rate in 2013 Over 2012(%)
年末牲畜存栏头数(万头只)	Total Livestock at the Year-end(10 000 heads)	21.81	23.46	7.6
#大牲畜(万头只)	Large Animals(10 000 heads)	1.68	1.71	1.8
羊(万只)	Sheep & Goats(10 000 heads)	20.11	21.72	8.0
猪(万头)	Hogs(10 000 heads)	0.02	0.03	50.0
规模以上工业	**Industrial Enterprises above Designated size**			
工业企业单位数(个)	Number of Industrial Enterprises(unit)	24	26	8.3
#内资企业(个)	Civil Funded Enterprises(unit)	24	26	8.3
工业总产值(万元)	Gross Industrial Output Value(10 000 yuan)	532587	603500	13.3
内资企业(万元)	Civil Funded Enterprises(10 000 yuan)	532587	603500	13.3
国有企业(万元)	State-owned Enterprises(10 000 yuan)	17318		
集体企业(万元)	Collective-owned Enterprises(10 000 yuan)			
股份合作企业(万元)	Share Holding Enterprises(10 000 yuan)			
联营企业(万元)	Joint Owned Enterprises(10 000 yuan)			
有限责任公司(万元)	Limited Company(10 000 yuan)	30994	23200	-25.1
股份有限公司(万元)	Share Holding Limited Company(10 000 yuan)			
私营企业(万元)	Privately Owned Enterprises(10 000 yuan)	477125	580300	21.6
其他企业(万元)	Enterprises of Other Ownership(10 000 yuan)	7150		
港澳台商投资企业(万元)	Funds from HK,Macao & Taiwan(10 000 yuan)			
外商投资企业(万元)	Foreign Funded Enterprises(10 000 yuan)			
工业企业增加值(万元)	Value Added of Industrial Enterprises(10 000 yuan)			11.8
工业企业资产总计(万元)	Total Assets of Industrial Enterprises(10 000 yuan)	282679	370123	30.9
工业企业负债合计(万元)	Total Liabilities of Industrial Enterprises(10 000 yuan)	97635	160951	64.8
工业企业产品销售收入(万元)	Sales of Revenue Industrial Enterprises(10 000 yuan)	520940	583369	12.0
工业企业利润总额(万元)	Total Profits of Industrial Enterprises(10 000 yuan)	89781	95845	6.8
建筑业	**Construction**			
建筑企业单位数(个)	Number of Construction Enterprises(unit)	1	1	0.0
建筑企业从业人员(人)	Number of Employee in Construction Enterprises(person)			
建筑业总产值(万元)	Gross Construction Output Value(10 000 yuan)			
交通运输邮电通信业	**Transportation,Post & Telecommunications**			
公路里程(公里)	Total Length of Highways(km)	860	860	0.0
邮电业务总量(万元)	Business Volume of Post & Telecoms(10 000 yuan)	2969	3604	21.4
本地电话用户(户)	Number of Subscribers of Local Telephone(Household)	1914	1670	-12.7
国内贸易	**Domestic Trade**			
社会消费品零售总额(万元)	Total Retail Sales of Consumer Goods(10 000 yuan)	42004	46848	11.5
城镇(万元)	Town(10 000 yuan)	33817	38438	13.7
乡村(万元)	Village(10 000 yuan)	8187	8410	2.7
科技教育卫生	**Science,Education & Public Health**			
各类专业技术人员(人)	Special Technical Personnel(person)	1662	1355	-18.5
幼儿园数(所)	Number of Kindergartens(unit)	1	1	0.0
学龄儿童入学率(%)	Percentage of School-Age Children Enrolled(%)	100.0	100.0	0.0
小学学校数(所)	Number of Primary Schools(unit)	2	2	0.0
小学专任教师数(人)	Number of Full-time Teachers of Primary Schools(person)	129	131	1.6
小学在校学生数(人)	Number of Student Enrollment of Primary	1559	1507	-3.3
普通中学学校数(所)	Number of Regular Secondary Schools(unit)	2	2	0.0
普通中学专任教师数(人)	Number of Teachers of Secondary Shools(person)	124	152	22.6
初中在校学生数(人)	Number of Student in Junior Secondary Schools(person)	822	830	1.0
高中在校学生数(人)	Number of Student in Senior Secondary Schools(person)	252	293	16.3
卫生机构数(所)	Number of Health Institutions(unit)	55	61	10.9
#医院(所)	Hospitals(unit)	2	2	0.0
卫生院(所)	Township Hospitals(unit)	3	3	0.0
床位数(张)	Number of Beds(unit)	146	146	0.0
#医院(张)	Hospitals(unit)	110	110	0.0
卫生院(张)	Township Hospitals(unit)	20	20	0.0
卫生技术人员(人)	Medical Technical Presonnel(person)	256	244	-4.7
#医院(人)	Hospitals(person)	116	113	-2.6
卫生院(人)	Township Hospitals(person)	57	47	-17.5

23-77 锡林郭勒盟正镶白旗

指　标	Item	2012	2013	2013年比上年增长% Increase Rate in 2013 Over 2012(%)
行政区域土地面积(平方公里)	**Area of Administration(Sq.km)**	**6215**	**6215**	**0.0**
人口和就业	**Population & Employment**			
年末总人口(人)	Total Population Year-end(person)	74099	74659	0.8
#男性(人)	Male(person)	37743	38046	0.8
#乡村人口(人)	Rural(person)	53039	54872	3.5
年末总户数(户)	Total Number of Households at the Year-end(Household)	29914	30977	3.6
#乡村户数(户)	Number of Rural Household(Household)	16252	22206	36.6
出生人口(人)	Births(person)	406	578	42.4
死亡人口(人)	Deaths(person)	329	293	-10.9
全社会就业人员(人)	Employment(person)	36909	37666	2.1
第一产业(人)	Primary Industry(person)	26698	26533	-0.6
第二产业(人)	Secondary Industry(person)	1651	2728	65.2
第三产业(人)	Tertiary Industry(person)	8560	8405	-1.8
在岗职工人数(人)	Number of Staff & Workers Employed in(person)	4129	3821	-7.5
乡村劳动力(人)	Number of Rural Laborers(person)	28394	28449	0.2
#农林牧渔业(人)	Farming,Forestry,Animal Husbandry & Fishery(person)	26478	26533	0.2
国民经济综合指标	**Summary Item on the National Economy**			
生产总值(万元)	Gross Domestic Product(10 000 yuan)	221784	251801	13.5
第一产业(万元)	Primary Industry(10 000 yuan)	40024	43276	8.1
第二产业(万元)	Secondary Industry(10 000 yuan)	112344	130391	16.1
#工业(万元)	Industry(10 000 yuan)	94144	109191	16.0
第三产业(万元)	Tertiary Industry(10 000 yuan)	69416	78134	12.6
人均生产总值(元)	Per Capita GDP(yuan)	41301	46847	13.4
全社会固定资产投资(万元)	Total Investment in Fixed Assets(10 000 yuan)	141465	190757	34.8
按登记注册类型分	Grouped by Registered Type			
#国有(万元)	State-owned Enterprises(10 000 yuan)	64206	92170	43.6
集体(万元)	Collective-owned Enterprises(10 000 yuan)			
有限责任公司(万元)	Limited Liability Corporations(10 000 yuan)	33714	20250	-39.9
股份有限公司(万元)	Share Holding Enterprises(10 000 yuan)	20100	38600	92.0
私营企业(万元)	Private Enterprises(10 000 yuan)	23445	38910	66.0
外商及港澳台投资企业(万元)	Funds from HK,Macao,Taiwan & Foreign(10 000 yuan)			
按城乡渠道分	Grouped by Urban and Rural Area			
城镇(万元)	Urban(10 000 yuan)	141465	190757	34.8
农村(万元)	Rural(10 000 yuan)			
公共财政预算收入(万元)	Public Budgetary Financial Revenue(10 000 yuan)	5849	9841	68.3
公共财政预算支出(万元)	Public Budgetary Financial Expenditure(10 000 yuan)	78077	86048	10.2
个人储蓄存款余额(万元)	The balance of savings deposits of individuals(10 000 yuan)	72863	84721	16.3
在岗职工工资总额(万元)	Total Wages of Staff & Workers Employed in(10 000 yuan)	20621	20482	-0.7
在岗职工平均工资(元)	Average Wage of Staff & Workers Employed in(yuan)	43632	53409	22.4
全体居民人均可支配收入(元)	The per capita disposable income of all residents(yuan)	11464	13055	13.9
城镇常住居民人均可支配收入(元)	The per capita disposable income of urban permanent residents(yuan)	20192	22474	11.3
农村牧区常住居民人均可支配收入(元)	The per capita disposable income of permanent residents of rural and pastoral areas(yuan)	5984	6760	13.0
农村牧区经济	**Economic Development in Rural & Pastoral Area**			
农作物总播种面积(公顷)	Total Sown Area(hectare)	15530	15502	-0.2
#粮食作物播种面积(公顷)	Sown Area of Grain Crops(hectare)	10940	7867	-28.1
农牧业机械总动力(万千瓦)	Total Power of Agricultural Machinery(10 000 kw)	10.05	11.00	9.5
化肥施用折纯量(吨)	Consumption of Chemical Fertilizer(ton)	379	382	0.8
农村用电量(万千瓦小时)	Electricity Consumed in Rural Area(10 000 kwh)	395	407	3.0
农林牧渔业总产值(万元)	Gross Output of Farming,Forestry,Animal Husbandry & Fishery(10 000 yuan)	71780	79580	2.7
粮食产量(吨)	Yield of Grain(ton)	7664	7765	1.3
油料产量(吨)	Yield of Oil-bearing Grops(ton)	704	2769	293.3
甜菜产量(吨)	Yield of Beetroots(ton)			
猪牛羊肉产量(吨)	Output of Pork, Beef & Mutton(ton)	8306	13402	61.4
#猪肉产量(吨)	Output of Pork(ton)	15	192	1180.0
牛肉产量(吨)	Output of Beef(ton)	4206	9099	116.3
羊肉产量(吨)	Output of Mutton(ton)	4085	4111	0.6
羊毛产量(吨)	Output of Wool(ton)	718	703	-2.1

23-77 Zhengxiangbai Banner in Xilinguole League

指　标	Item	2012	2013	2013年比上年增长% Increase Rate in 2013 Over 2012(%)
年末牲畜存栏头数(万头只)	Total Livestock at the Year-end(10 000 heads)	24.79	23.94	-3.4
#大牲畜(万头只)	Large Animals(10 000 heads)	6.04	5.24	-13.2
羊(万只)	Sheep & Goats(10 000 heads)	18.61	18.70	0.5
猪(万头)	Hogs(10 000 heads)	0.14	0.01	-92.9
规模以上工业	**Industrial Enterprises above Designated size**			
工业企业单位数(个)	Number of Industrial Enterprises(unit)	14	15	7.1
#内资企业(个)	Civil Funded Enterprises(unit)	14	15	7.1
工业总产值(万元)	Gross Industrial Output Value(10 000 yuan)	106379	142400	33.9
内资企业(万元)	Civil Funded Enterprises(10 000 yuan)	106379	142400	33.9
国有企业(万元)	State-owned Enterprises(10 000 yuan)	17646	6900	-60.9
集体企业(万元)	Collective-owned Enterprises(10 000 yuan)			
股份合作企业(万元)	Share Holding Enterprises(10 000 yuan)			
联营企业(万元)	Joint Owned Enterprises(10 000 yuan)			
有限责任公司(万元)	Limited Company(10 000 yuan)	33414	61300	83.5
股份有限公司(万元)	Share Holding Limited Company(10 000 yuan)			
私营企业(万元)	Privately Owned Enterprises(10 000 yuan)	55319	74200	34.1
其他企业(万元)	Enterprises of Other Ownership(10 000 yuan)			
港澳台商投资企业(万元)	Funds from HK,Macao & Taiwan(10 000 yuan)			
外商投资企业(万元)	Foreign Funded Enterprises(10 000 yuan)			
工业企业增加值(万元)	Value Added of Industrial Enterprises(10 000 yuan)			39.7
工业企业资产总计(万元)	Total Assets of Industrial Enterprises(10 000 yuan)	233194	270529	16.0
工业企业负债合计(万元)	Total Liabilities of Industrial Enterprises(10 000 yuan)	187565	192207	2.5
工业企业产品销售收入(万元)	Sales of Revenue Industrial Enterprises(10 000 yuan)	96141	122616	27.5
工业企业利润总额(万元)	Total Profits of Industrial Enterprises(10 000 yuan)	2955	-605	
建筑业	**Construction**			
建筑企业单位数(个)	Number of Construction Enterprises(unit)	1	1	0.0
建筑企业从业人员(人)	Number of Employee in Construction Enterprises(person)	80	30	-62.5
建筑业总产值(万元)	Gross Construction Output Value(10 000 yuan)	795	66	-91.7
交通运输邮电通信业	**Transportation,Post & Telecommunications**			
公路里程(公里)	Total Length of Highways(km)	912	917	0.5
邮电业务总量(万元)	Business Volume of Post & Telecoms(10 000 yuan)	4162	4652	11.8
本地电话用户(户)	Number of Subscribers of Local Telephone(Household)	3300	3200	-3.0
国内贸易	**Domestic Trade**			
社会消费品零售总额(万元)	Total Retail Sales of Consumer Goods(10 000 yuan)	57369	64254	12.0
城镇(万元)	Town(10 000 yuan)	47271	51986	10.0
乡村(万元)	Village(10 000 yuan)	10098	12268	21.5
科技教育卫生	**Science,Education & Public Health**			
各类专业技术人员(人)	Special Technical Personnel(person)	1237	1358	9.8
幼儿园数(所)	Number of Kindergartens(unit)	2	2	0.0
学龄儿童入学率(%)	Percentage of School-Age Children Enrolled(%)	100.0	100.0	0.0
小学学校数(所)	Number of Primary Schools(unit)	3	3	0.0
小学专任教师数(人)	Number of Full-time Teachers of Primary Schools(person)	265	271	2.3
小学在校学生数(人)	Number of Student Enrollment of Primary Schools(person)	2501	2361	-5.6
普通中学学校数(所)	Number of Regular Secondary Schools(unit)	1	2	100.0
普通中学专任教师数(人)	Number of Teachers of Secondary Shools(person)	219	215	-1.8
初中在校学生数(人)	Number of Student in Junior Secondary Schools(person)	866	747	-13.7
高中在校学生数(人)	Number of Student in Senior Secondary Schools(person)	214	331	54.7
卫生机构数(所)	Number of Health Institutions(unit)	88	84	-4.5
#医院(所)	Hospitals(unit)	2	2	0.0
卫生院(所)	Township Hospitals(unit)	7	7	0.0
床位数(张)	Number of Beds(unit)	161	185	14.9
#医院(张)	Hospitals(unit)	116	140	20.7
卫生院(张)	Township Hospitals(unit)	27	34	25.9
卫生技术人员(人)	Medical Technical Presonnel(person)	255	255	0.0
#医院(人)	Hospitals(person)	143	146	2.1
卫生院(人)	Township Hospitals(person)	34	34	0.0

23-78 锡林郭勒盟正蓝旗

指　标	Item	2012	2013	2013年比上年增长% Increase Rate in 2013 Over 2012(%)
行政区域土地面积(平方公里)	**Area of Administration(Sq.km)**	**10206**	**10206**	**0.0**
人口和就业	**Population & Employment**			
年末总人口(人)	Total Population Year-end(person)	82489	83192	0.9
#男性(人)	Male(person)	41552	41814	0.6
#乡村人口(人)	Rural(person)	52947	52703	-0.5
年末总户数(户)	Total Number of Households at the Year-end(Household)	33802	35684	5.6
#乡村户数(户)	Number of Rural Household(Household)	18116	18128	0.1
出生人口(人)	Births(person)	585	817	39.7
死亡人口(人)	Deaths(person)	723	317	-56.2
全社会就业人员(人)	Employment(person)	46990	43421	-7.6
第一产业(人)	Primary Industry(person)	23043	22110	-4.0
第二产业(人)	Secondary Industry(person)	8698	6521	-25.0
第三产业(人)	Tertiary Industry(person)	15249	14790	-3.0
在岗职工人数(人)	Number of Staff & Workers Employed in(person)	8321	8999	8.1
乡村劳动力(人)	Number of Rural Laborers(person)	37379	38530	3.1
#农林牧渔业(人)	Farming,Forestry,Animal Husbandry & Fishery(person)	21269	20762	-2.4
国民经济综合指标	**Summary Item on the National Economy**			
生产总值(万元)	Gross Domestic Product(10 000 yuan)	520184	600638	7.4
第一产业(万元)	Primary Industry(10 000 yuan)	55578	59350	5.4
第二产业(万元)	Secondary Industry(10 000 yuan)	358473	423226	7.7
#工业(万元)	Industry(10 000 yuan)	324973	388526	8.2
第三产业(万元)	Tertiary Industry(10 000 yuan)	106133	118062	7.4
人均生产总值(元)	Per Capita GDP(yuan)	62485	71976	7.5
全社会固定资产投资(万元)	Total Investment in Fixed Assets(10 000 yuan)	429775	451364	5.0
按登记注册类型分	Grouped by Registered Type			
#国有(万元)	State-owned Enterprises(10 000 yuan)	212186	286507	35.0
集体(万元)	Collective-owned Enterprises(10 000 yuan)			
有限责任公司(万元)	Limited Liability Corporations(10 000 yuan)	98035	46591	-52.5
股份有限公司(万元)	Share Holding Enterprises(10 000 yuan)	500	34801	6860.2
私营企业(万元)	Private Enterprises(10 000 yuan)	119054	67036	-43.7
外商及港澳台投资企业(万元)	Funds from HK,Macao,Taiwan & Foreign(10 000 yuan)			
按城乡渠道分	Grouped by Urban and Rural Area			
城镇（万元）	Urban(10 000 yuan)	429775	451364	5.0
农村（万元）	Rural(10 000 yuan)			
公共财政预算收入(万元)	Public Budgetary Financial Revenue(10 000 yuan)	37673	41804	11.0
公共财政预算支出(万元)	Public Budgetary Financial Expenditure(10 000 yuan)	100543	105846	5.3
个人储蓄存款余额(万元)	The balance of savings deposits of individuals(10 000 yuan)	146347	167524	14.5
在岗职工工资总额(万元)	Total Wages of Staff & Workers Employed in(10 000 yuan)	44808	51835	15.7
在岗职工平均工资(元)	Average Wage of Staff & Workers Employed in(yuan)	54550	58320	6.9
全体居民人均可支配收入(元)	The per capita disposable income of all residents(yuan)	16290	17808	9.3
城镇常住居民人均可支配收入(元)	The per capita disposable income of urban permanent residents(yuan)	22844	25311	10.8
农村牧区常住居民人均可支配收入(元)	The per capita disposable income of permanent residents of rural and pastoral areas(yuan)	9821	11197	14.0
农村牧区经济	**Economic Development in Rural & Pastoral Area**			
农作物总播种面积(公顷)	Total Sown Area(hectare)	17480	18011	3.0
#粮食作物播种面积(公顷)	Sown Area of Grain Crops(hectare)	14930	11667	-21.9
农牧业机械总动力(万千瓦)	Total Power of Agricultural Machinery(10 000 kw)	14.28	15.00	5.0
化肥施用折纯量(吨)	Consumption of Chemical Fertilizer(ton)	520	540	3.8
农村用电量(万千瓦小时)	Electricity Consumed in Rural Area(10 000 kwh)	1440	1096	-23.9
农林牧渔业总产值(万元)	Gross Output of Farming,Forestry,Animal Husbandry & Fishery(10 000 yuan)	99675	108621	1.8
粮食产量(吨)	Yield of Grain(ton)	37700	39700	5.3
油料产量(吨)	Yield of Oil-bearing Grops(ton)	972	597	-38.6
甜菜产量(吨)	Yield of Beetroots(ton)			
猪牛羊肉产量(吨)	Output of Pork, Beef & Mutton(ton)	19093	22649	18.6
#猪肉产量(吨)	Output of Pork(ton)	359	427	18.9
牛肉产量(吨)	Output of Beef(ton)	16027	18170	13.4
羊肉产量(吨)	Output of Mutton(ton)	2707	4052	49.7
羊毛产量(吨)	Output of Wool(ton)	609	847	39.1

23-78 Zhenglan Banner in Xilinguole League

指　标	Item	2012	2013	2013年比上年增长% Increase Rate in 2013 Over 2012(%)
年末牲畜存栏头数(万头只)	Total Livestock at the Year-end(10 000 heads)	35.83	29.78	-16.9
#大牲畜(万头只)	Large Animals(10 000 heads)	14.97	12.59	-15.9
羊(万只)	Sheep & Goats(10 000 heads)	20.67	17.05	-17.5
猪(万头)	Hogs(10 000 heads)	0.19	0.14	-26.3
规模以上工业	**Industrial Enterprises above Designated size**			
工业企业单位数(个)	Number of Industrial Enterprises(unit)	9	9	0.0
#内资企业(个)	Civil Funded Enterprises(unit)	9	9	0.0
工业总产值(万元)	Gross Industrial Output Value(10 000 yuan)	681221	744400	9.3
内资企业(万元)	Civil Funded Enterprises(10 000 yuan)	681221	744400	9.3
国有企业(万元)	State-owned Enterprises(10 000 yuan)			
集体企业(万元)	Collective-owned Enterprises(10 000 yuan)			
股份合作企业(万元)	Share Holding Enterprises(10 000 yuan)			
联营企业(万元)	Joint Owned Enterprises(10 000 yuan)			
有限责任公司(万元)	Limited Company(10 000 yuan)	650701	704200	8.2
股份有限公司(万元)	Share Holding Limited Company(10 000 yuan)	27125	36700	35.3
私营企业(万元)	Privately Owned Enterprises(10 000 yuan)	3395	3500	3.1
其他企业(万元)	Enterprises of Other Ownership(10 000 yuan)			
港澳台商投资企业(万元)	Funds from HK,Macao & Taiwan(10 000 yuan)			
外商投资企业(万元)	Foreign Funded Enterprises(10 000 yuan)			
工业企业增加值(万元)	Value Added of Industrial Enterprises(10 000 yuan)			8.5
工业企业资产总计(万元)	Total Assets of Industrial Enterprises(10 000 yuan)	1535586	1484579	3.3
工业企业负债合计(万元)	Total Liabilities of Industrial Enterprises(10 000 yuan)	1064019	958172	-9.9
工业企业产品销售收入(万元)	Sales of Revenue Industrial Enterprises(10 000 yuan)	621348	647779	4.3
工业企业利润总额(万元)	Total Profits of Industrial Enterprises(10 000 yuan)	152702	155877	2.1
建筑业	**Construction**			
建筑企业单位数(个)	Number of Construction Enterprises(unit)	1	1	0.0
建筑企业从业人员(人)	Number of Employee in Construction Enterprises(person)	12	5	-58.3
建筑业总产值(万元)	Gross Construction Output Value(10 000 yuan)			
交通运输邮电通信业	**Transportation,Post & Telecommunications**			
公路里程(公里)	Total Length of Highways(km)	1508	1565	3.8
邮电业务总量(万元)	Business Volume of Post & Telecoms(10 000 yuan)	6525	7572	16.0
本地电话用户(户)	Number of Subscribers of Local Telephone(Household)	7394	6300	-14.8
国内贸易	**Domestic Trade**			
社会消费品零售总额(万元)	Total Retail Sales of Consumer Goods(10 000 yuan)	91201	103658	13.7
城镇(万元)	Town(10 000 yuan)	63011	71599	13.6
乡村(万元)	Village(10 000 yuan)	28190	32059	13.7
科技教育卫生	**Science,Education & Public Health**			
各类专业技术人员(人)	Special Technical Personnel(person)	1451	1423	-1.9
幼儿园数(所)	Number of Kindergartens(unit)	2	2	0.0
学龄儿童入学率(%)	Percentage of School-Age Children Enrolled(%)	100.0	100.0	0.0
小学学校数(所)	Number of Primary Schools(unit)	6	6	0.0
小学专任教师数(人)	Number of Full-time Teachers of Primary Schools(person)	337	322	-4.5
小学在校学生数(人)	Number of Student Enrollment of Primary Schools(person)	3143	3082	-1.9
普通中学学校数(所)	Number of Regular Secondary Schools(unit)	2	2	0.0
普通中学专任教师数(人)	Number of Teachers of Secondary Shools(person)	186	218	17.2
初中在校学生数(人)	Number of Student in Junior Secondary Schools(person)	1033	928	-10.2
高中在校学生数(人)	Number of Student in Senior Secondary Schools(person)	217	364	67.7
卫生机构数(所)	Number of Health Institutions(unit)	107	107	0.0
#医院(所)	Hospitals(unit)	2	2	0.0
卫生院(所)	Township Hospitals(unit)	13	13	0.0
床位数(张)	Number of Beds(unit)	221	281	27.1
#医院(张)	Hospitals(unit)	110	170	54.5
卫生院(张)	Township Hospitals(unit)	95	95	0.0
卫生技术人员(人)	Medical Technical Presonnel(person)	302	294	-2.6
#医院(人)	Hospitals(person)	140	145	3.6
卫生院(人)	Township Hospitals(person)	65	58	-10.8

23-79 锡林郭勒盟多伦县

指 标	Item	2012	2013	2013年比上年增长% Increase Rate in 2013 Over 2012(%)
行政区域土地面积(平方公里)	**Area of Administration(Sq.km)**	**3864**	**3864**	**0.0**
人口和就业	**Population & Employment**			
年末总人口(人)	Total Population Year-end(person)	109011	110308	1.2
#男性(人)	Male(person)	55947	56479	1.0
#乡村人口(人)	Rural(person)	69042	69454	0.6
年末总户数(户)	Total Number of Households at the Year-end(Household)	44706	47326	5.9
#乡村户数(户)	Number of Rural Household(Household)	19425	19918	2.5
出生人口(人)	Births(person)	1244	1504	20.9
死亡人口(人)	Deaths(person)	339	446	31.6
全社会就业人员(人)	Employment(person)	54952	59558	8.4
第一产业(人)	Primary Industry(person)	31925	32313	1.2
第二产业(人)	Secondary Industry(person)	7325	10063	37.4
第三产业(人)	Tertiary Industry(person)	15702	17182	9.4
在岗职工人数(人)	Number of Staff & Workers Employed in(person)	6107	7117	16.5
乡村劳动力(人)	Number of Rural Laborers(person)	43228	42124	-2.6
#农林牧渔业(人)	Farming,Forestry,Animal Husbandry & Fishery(person)	31853	32313	1.4
国民经济综合指标	**Summary Item on the National Economy**			
生产总值(万元)	Gross Domestic Product(10 000 yuan)	673958	731067	6.0
第一产业(万元)	Primary Industry(10 000 yuan)	73063	82350	6.8
第二产业(万元)	Secondary Industry(10 000 yuan)	492370	527546	5.7
#工业(万元)	Industry(10 000 yuan)	449270	480046	5.4
第三产业(万元)	Tertiary Industry(10 000 yuan)	108525	121171	7.5
人均生产总值(元)	Per Capita GDP(yuan)	66795	72455	6.2
全社会固定资产投资(万元)	Total Investment in Fixed Assets(10 000 yuan)	478585	551197	15.2
按登记注册类型分	Grouped by Registered Type			
#国有(万元)	State-owned Enterprises(10 000 yuan)	349687	425330	21.6
集体(万元)	Collective-owned Enterprises(10 000 yuan)			
有限责任公司(万元)	Limited Liability Corporations(10 000 yuan)	35131	5370	-84.7
股份有限公司(万元)	Share Holding Enterprises(10 000 yuan)	15169	5400	-64.4
私营企业(万元)	Private Enterprises(10 000 yuan)	78598	70005	-10.9
外商及港澳台投资企业(万元)	Funds from HK,Macao,Taiwan & Foreign(10 000 yuan)			
按城乡渠道分	Grouped by Urban and Rural Area			
城镇(万元)	Urban(10 000 yuan)	478585	551197	15.2
农村(万元)	Rural(10 000 yuan)			
公共财政预算收入(万元)	Public Budgetary Financial Revenue(10 000 yuan)	32302	30051	-7.0
公共财政预算支出(万元)	Public Budgetary Financial Expenditure(10 000 yuan)	96614	94597	-2.1
个人储蓄存款余额(万元)	The balance of savings deposits of individuals(10 000 yuan)	163518	186360	14.0
在岗职工工资总额(万元)	Total Wages of Staff & Workers Employed in(10 000 yuan)	32217	50016	55.2
在岗职工平均工资(元)	Average Wage of Staff & Workers Employed in(yuan)	53623	70405	31.3
全体居民人均可支配收入(元)	The per capita disposable income of all residents(yuan)	13903	16098	15.8
城镇常住居民人均可支配收入(元)	The per capita disposable income of urban permanent residents(yuan)	23262	25797	10.9
农村牧区常住居民人均可支配收入(元)	The per capita disposable income of permanent residents of rural and pastoral areas(yuan)	8005	9046	13.0
农村牧区经济	**Economic Development in Rural & Pastoral Area**			
农作物总播种面积(公顷)	Total Sown Area(hectare)	50720	50720	0.0
#粮食作物播种面积(公顷)	Sown Area of Grain Crops(hectare)	44320	44367	0.1
农牧业机械总动力(万千瓦)	Total Power of Agricultural Machinery(10 000 kw)	19.20	20.30	5.7
化肥施用折纯量(吨)	Consumption of Chemical Fertilizer(ton)	2458	2679	9.0
农村用电量(万千瓦小时)	Electricity Consumed in Rural Area(10 000 kwh)	1010	1043	3.3
农林牧渔业总产值(万元)	Gross Output of Farming,Forestry,Animal Husbandry & Fishery(10 000 yuan)	131444	150645	6.0
粮食产量(吨)	Yield of Grain(ton)	51207	47553	-7.1
油料产量(吨)	Yield of Oil-bearing Grops(ton)	363	774	113.2
甜菜产量(吨)	Yield of Beetroots(ton)			
猪牛羊肉产量(吨)	Output of Pork, Beef & Mutton(ton)	17441	19576	12.2
#猪肉产量(吨)	Output of Pork(ton)	3302	3443	4.3
牛肉产量(吨)	Output of Beef(ton)	13886	15715	13.2
羊肉产量(吨)	Output of Mutton(ton)	253	418	65.2
羊毛产量(吨)	Output of Wool(ton)	31	112	261.3

23-79 Duolun County in Xilinguole League

指　标	Item	2012	2013	2013年比上年增长% Increase Rate in 2013 Over 2012(%)
年末牲畜存栏头数(万头只)	Total Livestock at the Year-end(10 000 heads)	16.90	21.99	30.1
#大牲畜(万头只)	Large Animals(10 000 heads)	12.15	12.17	0.2
羊(万只)	Sheep & Goats(10 000 heads)	2.39	7.49	213.4
猪(万头)	Hogs(10 000 heads)	2.36	2.33	-1.3
规模以上工业	**Industrial Enterprises above Designated size**			
工业企业单位数(个)	Number of Industrial Enterprises(unit)	24	24	0.0
#内资企业(个)	Civil Funded Enterprises(unit)	23	23	0.0
工业总产值(万元)	Gross Industrial Output Value(10 000 yuan)	894980	925300	3.4
内资企业(万元)	Civil Funded Enterprises(10 000 yuan)	858011	893000	4.1
国有企业(万元)	State-owned Enterprises(10 000 yuan)	234499		
集体企业(万元)	Collective-owned Enterprises(10 000 yuan)			
股份合作企业(万元)	Share Holding Enterprises(10 000 yuan)			
联营企业(万元)	Joint Owned Enterprises(10 000 yuan)			
有限责任公司(万元)	Limited Company(10 000 yuan)	61339	399000	550.5
股份有限公司(万元)	Share Holding Limited Company(10 000 yuan)			
私营企业(万元)	Privately Owned Enterprises(10 000 yuan)	562173	494000	-12.1
其他企业(万元)	Enterprises of Other Ownership(10 000 yuan)			
港澳台商投资企业(万元)	Funds from HK,Macao & Taiwan(10 000 yuan)	36969	32300	-12.6
外商投资企业(万元)	Foreign Funded Enterprises(10 000 yuan)			
工业企业增加值(万元)	Value Added of Industrial Enterprises(10 000 yuan)			6.6
工业企业资产总计(万元)	Total Assets of Industrial Enterprises(10 000 yuan)	2924347	2989980	2.2
工业企业负债合计(万元)	Total Liabilities of Industrial Enterprises(10 000 yuan)	2392375	2612733	9.2
工业企业产品销售收入(万元)	Sales of Revenue Industrial Enterprises(10 000 yuan)	693660	846885	22.1
工业企业利润总额(万元)	Total Profits of Industrial Enterprises(10 000 yuan)	16175	-159228	
建筑业	**Construction**			
建筑企业单位数(个)	Number of Construction Enterprises(unit)			
建筑企业从业人员(人)	Number of Employee in Construction Enterprises(person)			
建筑业总产值(万元)	Gross Construction Output Value(10 000 yuan)			
交通运输邮电通信业	**Transportation,Post & Telecommunications**			
公路里程(公里)	Total Length of Highways(km)	938	893	-4.8
邮电业务总量(万元)	Business Volume of Post & Telecoms(10 000 yuan)	5927	6860	15.7
本地电话用户(户)	Number of Subscribers of Local Telephone(Household)	5415	5206	-3.9
国内贸易	**Domestic Trade**			
社会消费品零售总额(万元)	Total Retail Sales of Consumer Goods(10 000 yuan)	106608	120668	13.2
城镇(万元)	Town(10 000 yuan)	79807	90678	13.6
乡村(万元)	Village(10 000 yuan)	26801	29990	11.9
科技教育卫生	**Science,Education & Public Health**			
各类专业技术人员(人)	Special Technical Personnel(person)	1605	1661	3.5
幼儿园数(所)	Number of Kindergartens(unit)	5	5	0.0
学龄儿童入学率(%)	Percentage of School-Age Children Enrolled(%)	100.0	100.0	0.0
小学学校数(所)	Number of Primary Schools(unit)	14	14	0.0
小学专任教师数(人)	Number of Full-time Teachers of Primary Schools(person)	464	446	-3.9
小学在校学生数(人)	Number of Student Enrollment of Primary Schools(person)	5708	5711	0.1
普通中学学校数(所)	Number of Regular Secondary Schools(unit)	3	3	0.0
普通中学专任教师数(人)	Number of Teachers of Secondary Shools(person)	320	313	-2.2
初中在校学生数(人)	Number of Student in Junior Secondary Schools(person)	3074	3116	1.4
高中在校学生数(人)	Number of Student in Senior Secondary Schools(person)	1735	1853	6.8
卫生机构数(所)	Number of Health Institutions(unit)	100	93	-7.0
#医院(所)	Hospitals(unit)	2	2	0.0
卫生院(所)	Township Hospitals(unit)	9	9	0.0
床位数(张)	Number of Beds(unit)	264	345	30.7
#医院(张)	Hospitals(unit)	178	260	46.1
卫生院(张)	Township Hospitals(unit)	69	70	1.4
卫生技术人员(人)	Medical Technical Presonnel(person)	369	408	10.6
#医院(人)	Hospitals(person)	191	216	13.1
卫生院(人)	Township Hospitals(person)	56	63	12.5

23-80 乌兰察布市集宁区

指　标	Item	2012	2013	2013年比上年增长% Increase Rate in 2013 Over 2012(%)
行政区域土地面积(平方公里)	**Area of Administration(Sq.km)**	**418**	**418**	**0.0**
人口和就业	**Population & Employment**			
年末总人口(人)	Total Population Year-end(person)	321517	314297	-2.2
#男性(人)	Male(person)	161965	157724	-2.6
#乡村人口(人)	Rural(person)	36716	42828	16.6
年末总户数(户)	Total Number of Households at the Year-end(Household)	115256	113188	-1.8
#乡村户数(户)	Number of Rural Household(Household)	13558	14276	5.3
出生人口(人)	Births(person)	2477	2622	5.9
死亡人口(人)	Deaths(person)	6633	763	-88.5
全社会就业人员(人)	Employment(person)	130383	130420	0.0
第一产业(人)	Primary Industry(person)	12768	12638	-1.0
第二产业(人)	Secondary Industry(person)	35264	35291	0.1
第三产业(人)	Tertiary Industry(person)	82351	82491	0.2
在岗职工人数(人)	Number of Staff & Workers Employed in(person)	60853	59200	-2.7
乡村劳动力(人)	Number of Rural Laborers(person)	33352	36988	10.9
#农林牧渔业(人)	Farming,Forestry,Animal Husbandry & Fishery(person)	20343	20945	3.0
国民经济综合指标	**Summary Item on the National Economy**			
生产总值(万元)	Gross Domestic Product(10 000 yuan)	1474841	1543449	8.5
第一产业(万元)	Primary Industry(10 000 yuan)	43000	46463	3.4
第二产业(万元)	Secondary Industry(10 000 yuan)	795092	757728	10.9
#工业(万元)	Industry(10 000 yuan)	677226	633018	11.9
第三产业(万元)	Tertiary Industry(10 000 yuan)	636749	739257	6.3
人均生产总值(元)	Per Capita GDP(yuan)	47218	48550	8.7
全社会固定资产投资(万元)	Total Investment in Fixed Assets(10 000 yuan)	1936346	1816751	-6.2
按登记注册类型分	Grouped by Registered Type			
#国有(万元)	State-owned Enterprises(10 000 yuan)	1026263	835705	-18.6
集体(万元)	Collective-owned Enterprises(10 000 yuan)	45593	3633	-92.0
有限责任公司(万元)	Limited Liability Corporations(10 000 yuan)		316115	
股份有限公司(万元)	Share Holding Enterprises(10 000 yuan)		123539	
私营企业(万元)	Private Enterprises(10 000 yuan)	813256	519591	-36.1
外商及港澳台投资企业(万元)	Funds from HK,Macao,Taiwan & Foreign(10 000 yuan)	51234	18168	-64.5
按城乡渠道分	Grouped by Urban and Rural Area			
城镇(万元)	Urban(10 000 yuan)	1936346	1660510	-14.2
农村(万元)	Rural(10 000 yuan)		156241	
公共财政预算收入(万元)	Public Budgetary Financial Revenue(10 000 yuan)	108486	148483	36.9
公共财政预算支出(万元)	Public Budgetary Financial Expenditure(10 000 yuan)	332856	274893	-17.4
个人储蓄存款余额(万元)	The balance of savings deposits of individuals(10 000 yuan)	1755647	1913655	9.0
在岗职工工资总额(万元)	Total Wages of Staff & Workers Employed in(10 000 yuan)	235503	243255	3.3
在岗职工平均工资(元)	Average Wage of Staff & Workers Employed in(yuan)	37994	41655	9.6
全体居民人均可支配收入(元)	The per capita disposable income of all residents(yuan)	19734	21549	9.2
城镇常住居民人均可支配收入(元)	The per capita disposable income of urban permanent residents(yuan)	20696	22569	9.1
农村牧区常住居民人均可支配收入(元)	The per capita disposable income of permanent residents of rural and pastoral areas(yuan)	9478	10664	12.5
农村牧区经济	**Economic Development in Rural & Pastoral Area**			
农作物总播种面积(公顷)	Total Sown Area(hectare)	5961	5882	-1.3
#粮食作物播种面积(公顷)	Sown Area of Grain Crops(hectare)	3629	3694	1.8
农牧业机械总动力(万千瓦)	Total Power of Agricultural Machinery(10 000 kw)	1.76	2.10	19.3
化肥施用折纯量(吨)	Consumption of Chemical Fertilizer(ton)	2290	2401	4.8
农村用电量(万千瓦小时)	Electricity Consumed in Rural Area(10 000 kwh)	2191	2237	2.1
农林牧渔业总产值(万元)	Gross Output of Farming,Forestry,Animal Husbandry & Fishery(10 000 yuan)	63679	65642	2.7
粮食产量(吨)	Yield of Grain(ton)	10087	12061	19.6
油料产量(吨)	Yield of Oil-bearing Grops(ton)	949	1052	10.9
甜菜产量(吨)	Yield of Beetroots(ton)	5000	7500	50.0
猪牛羊肉产量(吨)	Output of Pork, Beef & Mutton(ton)	2847	3321	16.6
#猪肉产量(吨)	Output of Pork(ton)	1332	1489	11.8
牛肉产量(吨)	Output of Beef(ton)	772	1255	62.6
羊肉产量(吨)	Output of Mutton(ton)	743	577	-22.3
羊毛产量(吨)	Output of Wool(ton)	46	58	26.1

23-80 Jining District in Wulanchabu City

指　标	Item	2012	2013	2013年比上年增长% Increase Rate in 2013 Over 2012(%)
年末牲畜存栏头数(万头只)	Total Livestock at the Year-end(10 000 heads)	5.20	4.44	-14.6
#大牲畜(万头只)	Large Animals(10 000 heads)	1.16	1.23	6.0
羊(万只)	Sheep & Goats(10 000 heads)	2.63	1.89	-28.1
猪(万头)	Hogs(10 000 heads)	1.40	1.32	-5.7
规模以上工业	**Industrial Enterprises above Designated size**			
工业企业单位数(个)	Number of Industrial Enterprises(unit)	39	43	10.3
#内资企业(个)	Civil Funded Enterprises(unit)	36	39	8.3
工业总产值(万元)	Gross Industrial Output Value(10 000 yuan)	1055378	1244256	17.9
内资企业(万元)	Civil Funded Enterprises(10 000 yuan)	1027757	1213819	18.1
国有企业(万元)	State-owned Enterprises(10 000 yuan)	672075	748415	11.4
集体企业(万元)	Collective-owned Enterprises(10 000 yuan)			
股份合作企业(万元)	Share Holding Enterprises(10 000 yuan)			
联营企业(万元)	Joint Owned Enterprises(10 000 yuan)			
有限责任公司(万元)	Limited Company(10 000 yuan)	258474	429438	66.1
股份有限公司(万元)	Share Holding Limited Company(10 000 yuan)	22546		
私营企业(万元)	Privately Owned Enterprises(10 000 yuan)	64127		
其他企业(万元)	Enterprises of Other Ownership(10 000 yuan)	10535	35966	241.4
港澳台商投资企业(万元)	Funds from HK,Macao & Taiwan(10 000 yuan)	27621	30437	10.2
外商投资企业(万元)	Foreign Funded Enterprises(10 000 yuan)			
工业企业增加值(万元)	Value Added of Industrial Enterprises(10 000 yuan)			14.8
工业企业资产总计(万元)	Total Assets of Industrial Enterprises(10 000 yuan)	928208	1088795	17.3
工业企业负债合计(万元)	Total Liabilities of Industrial Enterprises(10 000 yuan)	780853	922282	18.1
工业企业产品销售收入(万元)	Sales of Revenue Industrial Enterprises(10 000 yuan)	516781	478928	-7.3
工业企业利润总额(万元)	Total Profits of Industrial Enterprises(10 000 yuan)	-9286	715	
建筑业	**Construction**			
建筑企业单位数(个)	Number of Construction Enterprises(unit)	24	24	0.0
建筑企业从业人员(人)	Number of Employee in Construction Enterprises(person)	10493	6184	-41.1
建筑业总产值(万元)	Gross Construction Output Value(10 000 yuan)	296000	287863	-2.7
交通运输邮电通信业	**Transportation,Post & Telecommunications**			
公路里程(公里)	Total Length of Highways(km)	398	483	21.4
邮电业务总量(万元)	Business Volume of Post & Telecoms(10 000 yuan)	20039	21028	4.9
本地电话用户(户)	Number of Subscribers of Local Telephone(Household)	10678	10984	2.9
国内贸易	**Domestic Trade**			
社会消费品零售总额(万元)	Total Retail Sales of Consumer Goods(10 000 yuan)	587440	655869	11.6
城镇(万元)	Town(10 000 yuan)	587440	655869	11.6
乡村(万元)	Village(10 000 yuan)			
科技教育卫生	**Science,Education & Public Health**			
各类专业技术人员(人)	Special Technical Personnel(person)	1894	2104	11.1
幼儿园数(所)	Number of Kindergartens(unit)	12	10	-16.7
学龄儿童入学率(%)	Percentage of School-Age Children Enrolled(%)	100.0	100.0	0.0
小学学校数(所)	Number of Primary Schools(unit)	28	26	-7.1
小学专任教师数(人)	Number of Full-time Teachers of Primary Schools(person)	1447	1322	-8.6
小学在校学生数(人)	Number of Student Enrollment of Primary Schools(person)	22728	21694	-4.5
普通中学学校数(所)	Number of Regular Secondary Schools(unit)	18	18	0.0
普通中学专任教师数(人)	Number of Teachers of Secondary Shools(person)	2136	2130	-0.3
初中在校学生数(人)	Number of Student in Junior Secondary Schools(person)	14528	14546	0.1
高中在校学生数(人)	Number of Student in Senior Secondary Schools(person)	20004	19992	-0.1
卫生机构数(所)	Number of Health Institutions(unit)	333	334	0.3
#医院(所)	Hospitals(unit)	11	12	9.1
卫生院(所)	Township Hospitals(unit)	6	6	0.0
床位数(张)	Number of Beds(unit)	2381	2389	0.3
#医院(张)	Hospitals(unit)	1910	1912	0.1
卫生院(张)	Township Hospitals(unit)	56	57	1.8
卫生技术人员(人)	Medical Technical Presonnel(person)	3394	3396	0.1
#医院(人)	Hospitals(person)	2100	2104	0.2
卫生院(人)	Township Hospitals(person)	65	65	0.0

23-81 乌兰察布市丰镇市

指　标	Item	2012	2013	2013年比上年增长% Increase Rate in 2013 Over 2012(%)
行政区域土地面积(平方公里)	**Area of Administration(Sq.km)**	**2704**	**2704**	**0.0**
人口和就业	**Population & Employment**			
年末总人口(人)	Total Population Year-end(person)	339463	338260	-0.4
#男性(人)	Male(person)	175486	175018	-0.3
#乡村人口(人)	Rural(person)	232427	174592	-24.9
年末总户数(户)	Total Number of Households at the Year-end(Household)	144812	147207	1.7
#乡村户数(户)	Number of Rural Household(Household)	54870	55852	1.8
出生人口(人)	Births(person)	3563	3463	-2.8
死亡人口(人)	Deaths(person)	6083	934	-84.6
全社会就业人员(人)	Employment(person)	170095	170580	0.3
第一产业(人)	Primary Industry(person)	65423	65385	-0.1
第二产业(人)	Secondary Industry(person)	34125	34241	0.3
第三产业(人)	Tertiary Industry(person)	70547	70954	0.6
在岗职工人数(人)	Number of Staff & Workers Employed in(person)	13873	15781	13.8
乡村劳动力(人)	Number of Rural Laborers(person)	81466	82356	1.1
#农林牧渔业(人)	Farming,Forestry,Animal Husbandry & Fishery(person)	40810	40175	-1.6
国民经济综合指标	**Summary Item on the National Economy**			
生产总值(万元)	Gross Domestic Product(10 000 yuan)	1269004	1325693	9.3
第一产业(万元)	Primary Industry(10 000 yuan)	152000	163637	3.0
第二产业(万元)	Secondary Industry(10 000 yuan)	792084	798884	11.0
#工业(万元)	Industry(10 000 yuan)	754614	758406	11.2
第三产业(万元)	Tertiary Industry(10 000 yuan)	324920	363173	7.9
人均生产总值(元)	Per Capita GDP(yuan)	37321	39122	9.5
全社会固定资产投资(万元)	Total Investment in Fixed Assets(10 000 yuan)	465987	650529	39.6
按登记注册类型分	Grouped by Registered Type			
#国有(万元)	State-owned Enterprises(10 000 yuan)	246973	299243	21.2
集体(万元)	Collective-owned Enterprises(10 000 yuan)	23300	1301	-94.4
有限责任公司(万元)	Limited Liability Corporations(10 000 yuan)		113192	
股份有限公司(万元)	Share Holding Enterprises(10 000 yuan)		44235	
私营企业(万元)	Private Enterprises(10 000 yuan)	195714	186051	-4.9
外商及港澳台投资企业(万元)	Funds from HK,Macao,Taiwan & Foreign(10 000 yuan)		6507	
按城乡渠道分	Grouped by Urban and Rural Area			
城镇(万元)	Urban(10 000 yuan)	411087	594583	44.6
农村(万元)	Rural(10 000 yuan)	54900	55946	1.9
公共财政预算收入(万元)	Public Budgetary Financial Revenue(10 000 yuan)	34664	45380	30.9
公共财政预算支出(万元)	Public Budgetary Financial Expenditure(10 000 yuan)	181267	227433	25.5
个人储蓄存款余额(万元)	The balance of savings deposits of individuals(10 000 yuan)	451608	492252	9.0
在岗职工工资总额(万元)	Total Wages of Staff & Workers Employed in(10 000 yuan)	70571	82552	17.0
在岗职工平均工资(元)	Average Wage of Staff & Workers Employed in(yuan)	50870	50233	-1.3
全体居民人均可支配收入(元)	The per capita disposable income of all residents(yuan)	14357	15848	10.4
城镇常住居民人均可支配收入(元)	The per capita disposable income of urban permanent residents(yuan)	19222	21125	9.9
农村牧区常住居民人均可支配收入(元)	The per capita disposable income of permanent residents of rural and pastoral areas(yuan)	7396	8298	12.2
农村牧区经济	**Economic Development in Rural & Pastoral Area**			
农作物总播种面积(公顷)	Total Sown Area(hectare)	51333	51157	-0.3
#粮食作物播种面积(公顷)	Sown Area of Grain Crops(hectare)	43651	43910	0.6
农牧业机械总动力(万千瓦)	Total Power of Agricultural Machinery(10 000 kw)	20.09	19.66	-2.1
化肥施用折纯量(吨)	Consumption of Chemical Fertilizer(ton)	13042	20527	57.4
农村用电量(万千瓦小时)	Electricity Consumed in Rural Area(10 000 kwh)	1548	1278	-17.4
农林牧渔业总产值(万元)	Gross Output of Farming,Forestry,Animal Husbandry & Fishery(10 000 yuan)	246052	257063	3.8
粮食产量(吨)	Yield of Grain(ton)	66299	88003	32.7
油料产量(吨)	Yield of Oil-bearing Grops(ton)	1350	1700	25.9
甜菜产量(吨)	Yield of Beetroots(ton)			
猪牛羊肉产量(吨)	Output of Pork, Beef & Mutton(ton)	20141	20823	3.4
#猪肉产量(吨)	Output of Pork(ton)	4118	4299	4.4
牛肉产量(吨)	Output of Beef(ton)	2640	2735	3.6
羊肉产量(吨)	Output of Mutton(ton)	13383	13789	3.0
羊毛产量(吨)	Output of Wool(ton)	1017	1100	8.2

23-81 Fengzhen City in Wulanchabu City

指　标	Item	2012	2013	2013年比上年增长% Increase Rate in 2013 Over 2012(%)
年末牲畜存栏头数(万头只)	Total Livestock at the Year-end(10 000 heads)	59.20	51.28	-13.4
#大牲畜(万头只)	Large Animals(10 000 heads)	5.20	4.01	-22.9
羊(万只)	Sheep & Goats(10 000 heads)	50.21	43.53	-13.3
猪(万头)	Hogs(10 000 heads)	3.78	3.74	-1.1
规模以上工业	**Industrial Enterprises above Designated size**			
工业企业单位数(个)	Number of Industrial Enterprises(unit)	43	46	7.0
#内资企业(个)	Civil Funded Enterprises(unit)	42	45	7.1
工业总产值(万元)	Gross Industrial Output Value(10 000 yuan)	1949343	2280223	17.0
内资企业(万元)	Civil Funded Enterprises(10 000 yuan)	1747223	2055213	17.6
国有企业(万元)	State-owned Enterprises(10 000 yuan)			
集体企业(万元)	Collective-owned Enterprises(10 000 yuan)	20658	25312	22.5
股份合作企业(万元)	Share Holding Enterprises(10 000 yuan)	5616	6575	17.1
联营企业(万元)	Joint Owned Enterprises(10 000 yuan)			
有限责任公司(万元)	Limited Company(10 000 yuan)			
股份有限公司(万元)	Share Holding Limited Company(10 000 yuan)	1571102	1898634	20.8
私营企业(万元)	Privately Owned Enterprises(10 000 yuan)			
其他企业(万元)	Enterprises of Other Ownership(10 000 yuan)	149848	124692	-16.8
港澳台商投资企业(万元)	Funds from HK,Macao & Taiwan(10 000 yuan)			
外商投资企业(万元)	Foreign Funded Enterprises(10 000 yuan)	202120	225010	11.3
工业企业增加值(万元)	Value Added of Industrial Enterprises(10 000 yuan)			13.9
工业企业资产总计(万元)	Total Assets of Industrial Enterprises(10 000 yuan)	1398422	1542348	10.3
工业企业负债合计(万元)	Total Liabilities of Industrial Enterprises(10 000 yuan)	1300324	1485028	14.2
工业企业产品销售收入(万元)	Sales of Revenue Industrial Enterprises(10 000 yuan)	1943538	2196189	13.0
工业企业利润总额(万元)	Total Profits of Industrial Enterprises(10 000 yuan)	-48810	-8534	
建筑业	**Construction**			
建筑企业单位数(个)	Number of Construction Enterprises(unit)	3	3	0.0
建筑企业从业人员(人)	Number of Employee in Construction Enterprises(person)	138	128	-7.2
建筑业总产值(万元)	Gross Construction Output Value(10 000 yuan)	17000	11323	-33.4
交通运输邮电通信业	**Transportation,Post & Telecommunications**			
公路里程(公里)	Total Length of Highways(km)	587	658	12.1
邮电业务总量(万元)	Business Volume of Post & Telecoms(10 000 yuan)	7638	7721	1.1
本地电话用户(户)	Number of Subscribers of Local Telephone(Household)	44136	44928	1.8
国内贸易	**Domestic Trade**			
社会消费品零售总额(万元)	Total Retail Sales of Consumer Goods(10 000 yuan)	261607	291561	11.4
城镇(万元)	Town(10 000 yuan)	203514	220614	8.4
乡村(万元)	Village(10 000 yuan)	58092	70948	22.1
科技教育卫生	**Science,Education & Public Health**			
各类专业技术人员(人)	Special Technical Personnel(person)	1125	1245	10.7
幼儿园数(所)	Number of Kindergartens(unit)	2	3	50.0
学龄儿童入学率(%)	Percentage of School-Age Children Enrolled(%)	100.0	100.0	0.0
小学学校数(所)	Number of Primary Schools(unit)	19	15	-21.1
小学专任教师数(人)	Number of Full-time Teachers of Primary Schools(person)	1580	1464	-7.3
小学在校学生数(人)	Number of Student Enrollment of Primary Schools(person)	11358	10513	-7.4
普通中学学校数(所)	Number of Regular Secondary Schools(unit)	12	11	-8.3
普通中学专任教师数(人)	Number of Teachers of Secondary Shools(person)	741	741	0.0
初中在校学生数(人)	Number of Student in Junior Secondary Schools(person)	5423	4844	-10.7
高中在校学生数(人)	Number of Student in Senior Secondary Schools(person)	3257	2737	-16.0
卫生机构数(所)	Number of Health Institutions(unit)	124	124	0.0
#医院(所)	Hospitals(unit)	3	3	0.0
卫生院(所)	Township Hospitals(unit)	16	16	0.0
床位数(张)	Number of Beds(unit)	478	482	0.8
#医院(张)	Hospitals(unit)	345	346	0.3
卫生院(张)	Township Hospitals(unit)	104	104	0.0
卫生技术人员(人)	Medical Technical Presonnel(person)	729	724	-0.7
#医院(人)	Hospitals(person)	371	369	-0.5
卫生院(人)	Township Hospitals(person)	108	107	-0.9

23-82 乌兰察布市卓资县

指　标	Item	2012	2013	2013年比上年增长% Increase Rate in 2013 Over 2012(%)
行政区域土地面积(平方公里)	**Area of Administration(Sq.km)**	**3119**	**3119**	**0.0**
人口和就业	**Population & Employment**			
年末总人口(人)	Total Population Year-end(person)	215049	214158	-0.4
#男性(人)	Male(person)	114449	114133	-0.3
#乡村人口(人)	Rural(person)	91250	88457	-3.1
年末总户数(户)	Total Number of Households at the Year-end(Household)	94737	96669	2.0
#乡村户数(户)	Number of Rural Household(Household)	29845	29879	0.1
出生人口(人)	Births(person)	1901	1905	0.2
死亡人口(人)	Deaths(person)	3709	770	-79.2
全社会就业人员(人)	Employment(person)	147403	147920	0.4
第一产业(人)	Primary Industry(person)	66258	66912	1.0
第二产业(人)	Secondary Industry(person)	25521	25687	0.7
第三产业(人)	Tertiary Industry(person)	55624	55321	-0.5
在岗职工人数(人)	Number of Staff & Workers Employed in(person)	7563	7359	-2.7
乡村劳动力(人)	Number of Rural Laborers(person)	60189	65760	9.3
#农林牧渔业(人)	Farming,Forestry,Animal Husbandry & Fishery(person)	37767	36874	-2.4
国民经济综合指标	**Summary Item on the National Economy**			
生产总值(万元)	Gross Domestic Product(10 000 yuan)	544478	568841	9.7
第一产业(万元)	Primary Industry(10 000 yuan)	82200	89221	3.8
第二产业(万元)	Secondary Industry(10 000 yuan)	296935	284187	12.4
#工业(万元)	Industry(10 000 yuan)	264811	251193	13.8
第三产业(万元)	Tertiary Industry(10 000 yuan)	165343	195433	8.0
人均生产总值(元)	Per Capita GDP(yuan)	25028	26507	9.9
全社会固定资产投资(万元)	Total Investment in Fixed Assets(10 000 yuan)	370196	455151	22.9
按登记注册类型分	Grouped by Registered Type			
#国有(万元)	State-owned Enterprises(10 000 yuan)	196203	209369	6.7
集体(万元)	Collective-owned Enterprises(10 000 yuan)	18511	910	-95.1
有限责任公司(万元)	Limited Liability Corporations(10 000 yuan)		79196	
股份有限公司(万元)	Share Holding Enterprises(10 000 yuan)		30950	
私营企业(万元)	Private Enterprises(10 000 yuan)	155482	130173	-16.3
外商及港澳台投资企业(万元)	Funds from HK,Macao,Taiwan & Foreign(10 000 yuan)		4553	
按城乡渠道分	Grouped by Urban and Rural Area			
城镇(万元)	Urban(10 000 yuan)	370196	416008	12.4
农村(万元)	Rural(10 000 yuan)		39143	
公共财政预算收入(万元)	Public Budgetary Financial Revenue(10 000 yuan)	20349	27162	33.5
公共财政预算支出(万元)	Public Budgetary Financial Expenditure(10 000 yuan)	142584	167481	17.5
个人储蓄存款余额(万元)	The balance of savings deposits of individuals(10 000 yuan)	201049	219143	9.0
在岗职工工资总额(万元)	Total Wages of Staff & Workers Employed in(10 000 yuan)	32550	36900	13.4
在岗职工平均工资(元)	Average Wage of Staff & Workers Employed in(yuan)	43170	49484	14.6
全体居民人均可支配收入(元)	The per capita disposable income of all residents(yuan)	11673	12993	11.3
城镇常住居民人均可支配收入(元)	The per capita disposable income of urban permanent residents(yuan)	19483	21527	10.5
农村牧区常住居民人均可支配收入(元)	The per capita disposable income of permanent residents of rural and pastoral areas(yuan)	6208	7021	13.1
农村牧区经济	**Economic Development in Rural & Pastoral Area**			
农作物总播种面积(公顷)	Total Sown Area(hectare)	41388	41677	0.7
#粮食作物播种面积(公顷)	Sown Area of Grain Crops(hectare)	33104	33199	0.3
农牧业机械总动力(万千瓦)	Total Power of Agricultural Machinery(10 000 kw)	10.09	10.22	1.3
化肥施用折纯量(吨)	Consumption of Chemical Fertilizer(ton)	2968	2975	0.2
农村用电量(万千瓦小时)	Electricity Consumed in Rural Area(10 000 kwh)	806	815	1.1
农林牧渔业总产值(万元)	Gross Output of Farming,Forestry,Animal Husbandry & Fishery(10 000 yuan)	135860	154315	10.6
粮食产量(吨)	Yield of Grain(ton)	58170	75870	30.4
油料产量(吨)	Yield of Oil-bearing Grops(ton)	2486	3226	29.8
甜菜产量(吨)	Yield of Beetroots(ton)	6837	18130	165.2
猪牛羊肉产量(吨)	Output of Pork, Beef & Mutton(ton)	15222	14959	-1.7
#猪肉产量(吨)	Output of Pork(ton)	3703	3589	-3.1
牛肉产量(吨)	Output of Beef(ton)	3388	3479	2.7
羊肉产量(吨)	Output of Mutton(ton)	8131	7891	-3.0
羊毛产量(吨)	Output of Wool(ton)	782	552	-29.4

23-82 Zhuozi County in Wulanchabu City

指　标	Item	2012	2013	2013年比上年增长% Increase Rate in 2013 Over 2012(%)
年末牲畜存栏头数(万头只)	Total Livestock at the Year-end(10 000 heads)	37.14	35.99	-3.1
#大牲畜(万头只)	Large Animals(10 000 heads)	3.63	3.43	-5.5
羊(万只)	Sheep & Goats(10 000 heads)	29.64	28.79	-2.9
猪(万头)	Hogs(10 000 heads)	3.87	3.78	-2.3
规模以上工业	**Industrial Enterprises above Designated size**			
工业企业单位数(个)	Number of Industrial Enterprises(unit)	31	30	-3.2
#内资企业(个)	Civil Funded Enterprises(unit)	31	30	-3.2
工业总产值(万元)	Gross Industrial Output Value(10 000 yuan)	592958	721845	21.7
内资企业(万元)	Civil Funded Enterprises(10 000 yuan)	592958	721845	21.7
国有企业(万元)	State-owned Enterprises(10 000 yuan)	13070	27127	107.6
集体企业(万元)	Collective-owned Enterprises(10 000 yuan)			
股份合作企业(万元)	Share Holding Enterprises(10 000 yuan)	75960	60240	-20.7
联营企业(万元)	Joint Owned Enterprises(10 000 yuan)			
有限责任公司(万元)	Limited Company(10 000 yuan)	442271	594096	34.3
股份有限公司(万元)	Share Holding Limited Company(10 000 yuan)			
私营企业(万元)	Privately Owned Enterprises(10 000 yuan)			
其他企业(万元)	Enterprises of Other Ownership(10 000 yuan)	61657	40383	-34.5
港澳台商投资企业(万元)	Funds from HK,Macao & Taiwan(10 000 yuan)			
外商投资企业(万元)	Foreign Funded Enterprises(10 000 yuan)			
工业企业增加值(万元)	Value Added of Industrial Enterprises(10 000 yuan)			16.3
工业企业资产总计(万元)	Total Assets of Industrial Enterprises(10 000 yuan)	1043639	1223857	17.3
工业企业负债合计(万元)	Total Liabilities of Industrial Enterprises(10 000 yuan)	765615	843126	10.1
工业企业产品销售收入(万元)	Sales of Revenue Industrial Enterprises(10 000 yuan)	462215	667881	44.5
工业企业利润总额(万元)	Total Profits of Industrial Enterprises(10 000 yuan)	-6561	25976	
建筑业	**Construction**			
建筑企业单位数(个)	Number of Construction Enterprises(unit)	2	2	0.0
建筑企业从业人员(人)	Number of Employee in Construction Enterprises(person)	751	624	-16.9
建筑业总产值(万元)	Gross Construction Output Value(10 000 yuan)	8000	9953	24.4
交通运输邮电通信业	**Transportation,Post & Telecommunications**			
公路里程(公里)	Total Length of Highways(km)	948	973	2.6
邮电业务总量(万元)	Business Volume of Post & Telecoms(10 000 yuan)	2675	2743	2.5
本地电话用户(户)	Number of Subscribers of Local Telephone(Household)	12541	12687	1.2
国内贸易	**Domestic Trade**			
社会消费品零售总额(万元)	Total Retail Sales of Consumer Goods(10 000 yuan)	123583	137466	11.2
城镇(万元)	Town(10 000 yuan)	83236	92335	10.9
乡村(万元)	Village(10 000 yuan)	40346	45130	11.9
科技教育卫生	**Science,Education & Public Health**			
各类专业技术人员(人)	Special Technical Personnel(person)	668	704	5.4
幼儿园数(所)	Number of Kindergartens(unit)	14	14	0.0
学龄儿童入学率(%)	Percentage of School-Age Children Enrolled(%)	100.0	100.0	0.0
小学学校数(所)	Number of Primary Schools(unit)	17	17	0.0
小学专任教师数(人)	Number of Full-time Teachers of Primary Schools(person)	621	541	-12.9
小学在校学生数(人)	Number of Student Enrollment of Primary Schools(person)	6145	5781	-5.9
普通中学学校数(所)	Number of Regular Secondary Schools(unit)	6	6	0.0
普通中学专任教师数(人)	Number of Teachers of Secondary Shools(person)	531	528	-0.6
初中在校学生数(人)	Number of Student in Junior Secondary Schools(person)	5512	4896	-11.2
高中在校学生数(人)	Number of Student in Senior Secondary Schools(person)	1765	1668	-5.5
卫生机构数(所)	Number of Health Institutions(unit)	157	161	2.5
#医院(所)	Hospitals(unit)	2	2	0.0
卫生院(所)	Township Hospitals(unit)	17	18	5.9
床位数(张)	Number of Beds(unit)	257	259	0.8
#医院(张)	Hospitals(unit)	117	118	0.9
卫生院(张)	Township Hospitals(unit)	127	128	0.8
卫生技术人员(人)	Medical Technical Presonnel(person)	333	337	1.2
#医院(人)	Hospitals(person)	86	89	3.5
卫生院(人)	Township Hospitals(person)	119	124	4.2

23-83 乌兰察布市化德县

指　标	Item	2012	2013	2013年比上年增长% Increase Rate in 2013 Over 2012(%)
行政区域土地面积(平方公里)	**Area of Administration(Sq.km)**	**2527**	**2534**	**0.3**
人口和就业	**Population & Employment**			
年末总人口(人)	Total Population Year-end(person)	176883	173362	-2.0
#男性(人)	Male(person)	89498	87823	-1.9
#乡村人口(人)	Rural(person)	145071	141015	-2.8
年末总户数(户)	Total Number of Households at the Year-end(Household)	75365	76005	0.8
#乡村户数(户)	Number of Rural Household(Household)	26325	27661	5.1
出生人口(人)	Births(person)	1366	1396	2.2
死亡人口(人)	Deaths(person)	1906	562	-70.5
全社会就业人员(人)	Employment(person)	78276	78831	0.7
第一产业(人)	Primary Industry(person)	46981	46832	-0.3
第二产业(人)	Secondary Industry(person)	7136	7214	1.1
第三产业(人)	Tertiary Industry(person)	24159	24785	2.6
在岗职工人数(人)	Number of Staff & Workers Employed in(person)	6717	7743	15.3
乡村劳动力(人)	Number of Rural Laborers(person)	38334	42117	9.9
#农林牧渔业(人)	Farming,Forestry,Animal Husbandry & Fishery(person)	34654	35976	3.8
国民经济综合指标	**Summary Item on the National Economy**			
生产总值(万元)	Gross Domestic Product(10 000 yuan)	404390	425601	9.2
第一产业(万元)	Primary Industry(10 000 yuan)	69100	78549	5.7
第二产业(万元)	Secondary Industry(10 000 yuan)	236191	240082	10.7
#工业(万元)	Industry(10 000 yuan)	218958	220610	10.5
第三产业(万元)	Tertiary Industry(10 000 yuan)	99099	106970	8.0
人均生产总值(元)	Per Capita GDP(yuan)	22799	24303	9.5
全社会固定资产投资(万元)	Total Investment in Fixed Assets(10 000 yuan)	381618	470821	23.4
按登记注册类型分	Grouped by Registered Type			
#国有(万元)	State-owned Enterprises(10 000 yuan)	202257	216578	7.1
集体(万元)	Collective-owned Enterprises(10 000 yuan)	19082	941	-95.1
有限责任公司(万元)	Limited Liability Corporations(10 000 yuan)		81922	
股份有限公司(万元)	Share Holding Enterprises(10 000 yuan)		32015	
私营企业(万元)	Private Enterprises(10 000 yuan)	160279	134654	-16.0
外商及港澳台投资企业(万元)	Funds from HK,Macao,Taiwan & Foreign(10 000 yuan)		4711	
按城乡渠道分	Grouped by Urban and Rural Area			
城镇(万元)	Urban(10 000 yuan)	377398	430331	14.0
农村(万元)	Rural(10 000 yuan)	4220	40490	859.5
公共财政预算收入(万元)	Public Budgetary Financial Revenue(10 000 yuan)	13266	17019	28.3
公共财政预算支出(万元)	Public Budgetary Financial Expenditure(10 000 yuan)	128578	148479	15.5
个人储蓄存款余额(万元)	The balance of savings deposits of individuals(10 000 yuan)	145745	160319	10.0
在岗职工工资总额(万元)	Total Wages of Staff & Workers Employed in(10 000 yuan)	28016	37476	33.8
在岗职工平均工资(元)	Average Wage of Staff & Workers Employed in(yuan)	41722	47498	13.8
全体居民人均可支配收入(元)	The per capita disposable income of all residents(yuan)	12149	13558	11.6
城镇常住居民人均可支配收入(元)	The per capita disposable income of urban permanent residents(yuan)	18844	20802	10.4
农村牧区常住居民人均可支配收入(元)	The per capita disposable income of permanent residents of rural and pastoral areas(yuan)	4967	5786	16.5
农村牧区经济	**Economic Development in Rural & Pastoral Area**			
农作物总播种面积(公顷)	Total Sown Area(hectare)	45400	46383	2.2
#粮食作物播种面积(公顷)	Sown Area of Grain Crops(hectare)	37337	37534	0.5
农牧业机械总动力(万千瓦)	Total Power of Agricultural Machinery(10 000 kw)	12.61	13.03	3.3
化肥施用折纯量(吨)	Consumption of Chemical Fertilizer(ton)	4081	4170	2.2
农村用电量(万千瓦小时)	Electricity Consumed in Rural Area(10 000 kwh)	1836	2008	9.4
农林牧渔业总产值(万元)	Gross Output of Farming,Forestry,Animal Husbandry & Fishery(10 000 yuan)	129949	140074	5.9
粮食产量(吨)	Yield of Grain(ton)	49257	65453	32.9
油料产量(吨)	Yield of Oil-bearing Grops(ton)	1106	1484	34.2
甜菜产量(吨)	Yield of Beetroots(ton)	38199	63472	66.2
猪牛羊肉产量(吨)	Output of Pork, Beef & Mutton(ton)	18074	13923	-23.0
#猪肉产量(吨)	Output of Pork(ton)	2888	2894	0.2
牛肉产量(吨)	Output of Beef(ton)	2054	2559	24.6
羊肉产量(吨)	Output of Mutton(ton)	13132	8470	-35.5
羊毛产量(吨)	Output of Wool(ton)	692	622	-10.1

23-83 Huade County in Wulanchabu City

指　标	Item	2012	2013	2013年比上年增长% Increase Rate in 2013 Over 2012(%)
年末牲畜存栏头数(万头只)	Total Livestock at the Year-end(10 000 heads)	29.77	24.43	-17.9
#大牲畜(万头只)	Large Animals(10 000 heads)	2.83	2.36	-16.6
羊(万只)	Sheep & Goats(10 000 heads)	22.39	18.41	-17.8
猪(万头)	Hogs(10 000 heads)	4.55	3.65	-19.8
规模以上工业	**Industrial Enterprises above Designated size**			
工业企业单位数(个)	Number of Industrial Enterprises(unit)	31	34	9.7
#内资企业(个)	Civil Funded Enterprises(unit)	30	33	10.0
工业总产值(万元)	Gross Industrial Output Value(10 000 yuan)	540178	559236	3.5
内资企业(万元)	Civil Funded Enterprises(10 000 yuan)	531175	548781	3.3
国有企业(万元)	State-owned Enterprises(10 000 yuan)	62106	65974	6.2
集体企业(万元)	Collective-owned Enterprises(10 000 yuan)			
股份合作企业(万元)	Share Holding Enterprises(10 000 yuan)			
联营企业(万元)	Joint Owned Enterprises(10 000 yuan)			
有限责任公司(万元)	Limited Company(10 000 yuan)			
股份有限公司(万元)	Share Holding Limited Company(10 000 yuan)	469070	340247	-27.5
私营企业(万元)	Privately Owned Enterprises(10 000 yuan)			
其他企业(万元)	Enterprises of Other Ownership(10 000 yuan)		142560	
港澳台商投资企业(万元)	Funds from HK,Macao & Taiwan(10 000 yuan)	9003	10455	16.1
外商投资企业(万元)	Foreign Funded Enterprises(10 000 yuan)			
工业企业增加值(万元)	Value Added of Industrial Enterprises(10 000 yuan)			12.8
工业企业资产总计(万元)	Total Assets of Industrial Enterprises(10 000 yuan)	675338	648083	-4.0
工业企业负债合计(万元)	Total Liabilities of Industrial Enterprises(10 000 yuan)	427915	393076	-8.1
工业企业产品销售收入(万元)	Sales of Revenue Industrial Enterprises(10 000 yuan)	571399	527294	-7.7
工业企业利润总额(万元)	Total Profits of Industrial Enterprises(10 000 yuan)	11370	23756	108.9
建筑业	**Construction**			
建筑企业单位数(个)	Number of Construction Enterprises(unit)	2	2	0.0
建筑企业从业人员(人)	Number of Employee in Construction Enterprises(person)	971	642	-33.9
建筑业总产值(万元)	Gross Construction Output Value(10 000 yuan)	11000	12085	9.9
交通运输邮电通信业	**Transportation,Post & Telecommunications**			
公路里程(公里)	Total Length of Highways(km)	1287	1346	4.6
邮电业务总量(万元)	Business Volume of Post & Telecoms(10 000 yuan)	3145	3214	2.2
本地电话用户(户)	Number of Subscribers of Local Telephone(Household)	16758	16854	0.6
国内贸易	**Domestic Trade**			
社会消费品零售总额(万元)	Total Retail Sales of Consumer Goods(10 000 yuan)	103728	117305	13.1
城镇(万元)	Town(10 000 yuan)	70507	79317	12.5
乡村(万元)	Village(10 000 yuan)	33220	37988	14.4
科技教育卫生	**Science,Education & Public Health**			
各类专业技术人员(人)	Special Technical Personnel(person)	648	674	4.0
幼儿园数(所)	Number of Kindergartens(unit)	10	11	10.0
学龄儿童入学率(%)	Percentage of School-Age Children Enrolled(%)	100.0	100.0	0.0
小学学校数(所)	Number of Primary Schools(unit)	13	13	0.0
小学专任教师数(人)	Number of Full-time Teachers of Primary Schools(person)	550	532	-3.3
小学在校学生数(人)	Number of Student Enrollment of Primary Schools(person)	5856	5060	-13.6
普通中学学校数(所)	Number of Regular Secondary Schools(unit)	3	3	0.0
普通中学专任教师数(人)	Number of Teachers of Secondary Shools(person)	303	294	-3.0
初中在校学生数(人)	Number of Student in Junior Secondary Schools(person)	3325	3278	-1.4
高中在校学生数(人)	Number of Student in Senior Secondary Schools(person)	2395	2296	-4.1
卫生机构数(所)	Number of Health Institutions(unit)	126	129	2.4
#医院(所)	Hospitals(unit)	2	2	0.0
卫生院(所)	Township Hospitals(unit)	11	12	9.1
床位数(张)	Number of Beds(unit)	331	334	0.9
#医院(张)	Hospitals(unit)	171	184	7.6
卫生院(张)	Township Hospitals(unit)	86	87	1.2
卫生技术人员(人)	Medical Technical Presonnel(person)	386	392	1.6
#医院(人)	Hospitals(person)	129	131	1.6
卫生院(人)	Township Hospitals(person)	77	79	2.6

23-84 乌兰察布市商都县

指　标	Item	2012	2013	2013年比上年增长% Increase Rate in 2013 Over 2012(%)
行政区域土地面积(平方公里)	**Area of Administration(Sq.km)**	**4304**	**4304**	**0.0**
人口和就业	**Population & Employment**			
年末总人口(人)	Total Population Year-end(person)	342918	342850	0.0
#男性(人)	Male(person)	175603	175494	-0.1
#乡村人口(人)	Rural(person)	285481	284127	-0.5
年末总户数(户)	Total Number of Households at the Year-end(Household)	142249	145317	2.2
#乡村户数(户)	Number of Rural Household(Household)	44311	44826	1.2
出生人口(人)	Births(person)	3009	2979	-1.0
死亡人口(人)	Deaths(person)	6356	1583	-75.1
全社会就业人员(人)	Employment(person)	185903	186851	0.5
第一产业(人)	Primary Industry(person)	107621	108452	0.8
第二产业(人)	Secondary Industry(person)	17158	17041	-0.7
第三产业(人)	Tertiary Industry(person)	61124	61358	0.4
在岗职工人数(人)	Number of Staff & Workers Employed in(person)	8879	9914	11.7
乡村劳动力(人)	Number of Rural Laborers(person)	81214	93690	15.4
#农林牧渔业(人)	Farming,Forestry,Animal Husbandry & Fishery(person)	72358	73561	1.7
国民经济综合指标	**Summary Item on the National Economy**			
生产总值(万元)	Gross Domestic Product(10 000 yuan)	512801	580235	9.5
第一产业(万元)	Primary Industry(10 000 yuan)	126000	141962	7.8
第二产业(万元)	Secondary Industry(10 000 yuan)	240401	266088	11.7
#工业(万元)	Industry(10 000 yuan)	215114	239443	12.4
第三产业(万元)	Tertiary Industry(10 000 yuan)	146400	172184	7.4
人均生产总值(元)	Per Capita GDP(yuan)	14862	16922	9.7
全社会固定资产投资(万元)	Total Investment in Fixed Assets(10 000 yuan)	301621	381332	26.4
按登记注册类型分	Grouped by Registered Type			
#国有(万元)	State-owned Enterprises(10 000 yuan)	159859	175412	9.7
集体(万元)	Collective-owned Enterprises(10 000 yuan)	15081	762	-94.9
有限责任公司(万元)	Limited Liability Corporations(10 000 yuan)		66351	
股份有限公司(万元)	Share Holding Enterprises(10 000 yuan)		25930	
私营企业(万元)	Private Enterprises(10 000 yuan)	126681	109060	-13.9
外商及港澳台投资企业(万元)	Funds from HK,Macao,Taiwan & Foreign(10 000 yuan)		3817	
按城乡渠道分	Grouped by Urban and Rural Area			
城镇(万元)	Urban(10 000 yuan)	293919	348538	18.6
农村(万元)	Rural(10 000 yuan)	7702	32794	325.8
公共财政预算收入(万元)	Public Budgetary Financial Revenue(10 000 yuan)	10797	15543	44.0
公共财政预算支出(万元)	Public Budgetary Financial Expenditure(10 000 yuan)	174849	192037	9.8
个人储蓄存款余额(万元)	The balance of savings deposits of individuals(10 000 yuan)	214873	234211	9.0
在岗职工工资总额(万元)	Total Wages of Staff & Workers Employed in(10 000 yuan)	35839	46155	28.8
在岗职工平均工资(元)	Average Wage of Staff & Workers Employed in(yuan)	40497	46141	13.9
全体居民人均可支配收入(元)	The per capita disposable income of all residents(yuan)	9494	10586	11.5
城镇常住居民人均可支配收入(元)	The per capita disposable income of urban permanent residents(yuan)	16946	18811	11.0
农村牧区常住居民人均可支配收入(元)	The per capita disposable income of permanent residents of rural and pastoral areas(yuan)	5832	6544	12.2
农村牧区经济	**Economic Development in Rural & Pastoral Area**			
农作物总播种面积(公顷)	Total Sown Area(hectare)	77941	79212	1.6
#粮食作物播种面积(公顷)	Sown Area of Grain Crops(hectare)	53224	55512	4.3
农牧业机械总动力(万千瓦)	Total Power of Agricultural Machinery(10 000 kw)	24.06	24.26	0.8
化肥施用折纯量(吨)	Consumption of Chemical Fertilizer(ton)	9287	10222	10.1
农村用电量(万千瓦小时)	Electricity Consumed in Rural Area(10 000 kwh)	4326	4106	-5.1
农林牧渔业总产值(万元)	Gross Output of Farming,Forestry,Animal Husbandry & Fishery(10 000 yuan)	236645	254254	6.2
粮食产量(吨)	Yield of Grain(ton)	78271	117857	50.6
油料产量(吨)	Yield of Oil-bearing Grops(ton)	6207	7597	22.4
甜菜产量(吨)	Yield of Beetroots(ton)	73900	103647	40.3
猪牛羊肉产量(吨)	Output of Pork, Beef & Mutton(ton)	20077	20800	3.6
#猪肉产量(吨)	Output of Pork(ton)	4397	4502	2.4
牛肉产量(吨)	Output of Beef(ton)	1769	1976	11.7
羊肉产量(吨)	Output of Mutton(ton)	13911	14322	3.0
羊毛产量(吨)	Output of Wool(ton)	1266	1062	-16.1

23-84 Shangdu County in Wulanchabu City

指　标	Item	2012	2013	2013年比上年增长% Increase Rate in 2013 Over 2012(%)
年末牲畜存栏头数(万头只)	Total Livestock at the Year-end(10 000 heads)	44.38	45.52	2.6
#大牲畜(万头只)	Large Animals(10 000 heads)	2.94	2.86	-2.7
羊(万只)	Sheep & Goats(10 000 heads)	36.72	37.86	3.1
猪(万头)	Hogs(10 000 heads)	4.72	4.80	1.7
规模以上工业	**Industrial Enterprises above Designated size**			
工业企业单位数(个)	Number of Industrial Enterprises(unit)	31	31	0.0
#内资企业(个)	Civil Funded Enterprises(unit)	30	30	0.0
工业总产值(万元)	Gross Industrial Output Value(10 000 yuan)	668994	762965	14.0
内资企业(万元)	Civil Funded Enterprises(10 000 yuan)	656892	751983	14.5
国有企业(万元)	State-owned Enterprises(10 000 yuan)	16073	45985	186.1
集体企业(万元)	Collective-owned Enterprises(10 000 yuan)			
股份合作企业(万元)	Share Holding Enterprises(10 000 yuan)			
联营企业(万元)	Joint Owned Enterprises(10 000 yuan)			
有限责任公司(万元)	Limited Company(10 000 yuan)	192647		
股份有限公司(万元)	Share Holding Limited Company(10 000 yuan)	13859	705999	4994.2
私营企业(万元)	Privately Owned Enterprises(10 000 yuan)	434313		
其他企业(万元)	Enterprises of Other Ownership(10 000 yuan)			
港澳台商投资企业(万元)	Funds from HK,Macao & Taiwan(10 000 yuan)			
外商投资企业(万元)	Foreign Funded Enterprises(10 000 yuan)	12102	10982	-9.3
工业企业增加值(万元)	Value Added of Industrial Enterprises(10 000 yuan)			14.0
工业企业资产总计(万元)	Total Assets of Industrial Enterprises(10 000 yuan)	489673	496702	1.4
工业企业负债合计(万元)	Total Liabilities of Industrial Enterprises(10 000 yuan)	225000	239966	6.7
工业企业产品销售收入(万元)	Sales of Revenue Industrial Enterprises(10 000 yuan)	663025	736110	11.0
工业企业利润总额(万元)	Total Profits of Industrial Enterprises(10 000 yuan)	12646	14764	16.7
建筑业	**Construction**			
建筑企业单位数(个)	Number of Construction Enterprises(unit)	1	2	100.0
建筑企业从业人员(人)	Number of Employee in Construction Enterprises(person)	980	195	-80.1
建筑业总产值(万元)	Gross Construction Output Value(10 000 yuan)	13000	13132	1.0
交通运输邮电通信业	**Transportation,Post & Telecommunications**			
公路里程(公里)	Total Length of Highways(km)	1518	1623	6.9
邮电业务总量(万元)	Business Volume of Post & Telecoms(10 000 yuan)	2861	2932	2.5
本地电话用户(户)	Number of Subscribers of Local Telephone(Household)	32145	32785	2.0
国内贸易	**Domestic Trade**			
社会消费品零售总额(万元)	Total Retail Sales of Consumer Goods(10 000 yuan)	220300	248588	12.8
城镇(万元)	Town(10 000 yuan)	149100	166187	11.5
乡村(万元)	Village(10 000 yuan)	71200	82401	15.7
科技教育卫生	**Science,Education & Public Health**			
各类专业技术人员(人)	Special Technical Personnel(person)	936	997	6.5
幼儿园数(所)	Number of Kindergartens(unit)	4	4	0.0
学龄儿童入学率(%)	Percentage of School-Age Children Enrolled(%)	100.0	100.0	0.0
小学学校数(所)	Number of Primary Schools(unit)	19	16	-15.8
小学专任教师数(人)	Number of Full-time Teachers of Primary Schools(person)	701	653	-6.8
小学在校学生数(人)	Number of Student Enrollment of Primary	10130	9583	-5.4
普通中学学校数(所)	Number of Regular Secondary Schools(unit)	11	10	-9.1
普通中学专任教师数(人)	Number of Teachers of Secondary Shools(person)	547	570	4.2
初中在校学生数(人)	Number of Student in Junior Secondary Schools(person)	6358	5529	-13.0
高中在校学生数(人)	Number of Student in Senior Secondary Schools(person)	2587	2123	-17.9
卫生机构数(所)	Number of Health Institutions(unit)	258	259	0.4
#医院(所)	Hospitals(unit)	3	3	0.0
卫生院(所)	Township Hospitals(unit)	17	17	0.0
床位数(张)	Number of Beds(unit)	482	484	0.4
#医院(张)	Hospitals(unit)	309	310	0.3
卫生院(张)	Township Hospitals(unit)	94	96	2.1
卫生技术人员(人)	Medical Technical Presonnel(person)	474	476	0.4
#医院(人)	Hospitals(person)	240	241	0.4
卫生院(人)	Township Hospitals(person)	118	119	0.8

23-85 乌兰察布市兴和县

指　标	Item	2012	2013	2013年比上年增长% Increase Rate in 2013 Over 2012(%)
行政区域土地面积(平方公里)	**Area of Administration(Sq.km)**	**3519**	**3519**	**0.0**
人口和就业	**Population & Employment**			
年末总人口(人)	Total Population Year-end(person)	330666	330798	0.0
#男性(人)	Male(person)	169810	169898	0.1
#乡村人口(人)	Rural(person)	278980	261218	-6.4
年末总户数(户)	Total Number of Households at the Year-end(Household)	129356	133802	3.4
#乡村户数(户)	Number of Rural Household(Household)	55883	55923	0.1
出生人口(人)	Births(person)	3790	4076	7.5
死亡人口(人)	Deaths(person)	5336	1295	-75.7
全社会就业人员(人)	Employment(person)	190434	190761	0.2
第一产业(人)	Primary Industry(person)	92358	92245	-0.1
第二产业(人)	Secondary Industry(person)	24952	25147	0.8
第三产业(人)	Tertiary Industry(person)	73124	73369	0.3
在岗职工人数(人)	Number of Staff & Workers Employed in(person)	10022	11784	17.6
乡村劳动力(人)	Number of Rural Laborers(person)	122561	130365	6.4
#农林牧渔业(人)	Farming,Forestry,Animal Husbandry & Fishery(person)	92601	92681	0.1
国民经济综合指标	**Summary Item on the National Economy**			
生产总值(万元)	Gross Domestic Product(10 000 yuan)	549779	591131	8.5
第一产业(万元)	Primary Industry(10 000 yuan)	98700	113471	3.2
第二产业(万元)	Secondary Industry(10 000 yuan)	269886	276864	12.2
#工业(万元)	Industry(10 000 yuan)	240411	244091	12.4
第三产业(万元)	Tertiary Industry(10 000 yuan)	181194	200796	6.2
人均生产总值(元)	Per Capita GDP(yuan)	16540	17873	8.7
全社会固定资产投资(万元)	Total Investment in Fixed Assets(10 000 yuan)	532925	560808	5.2
按登记注册类型分	Grouped by Registered Type			
#国有(万元)	State-owned Enterprises(10 000 yuan)	282450	257971	-8.7
集体(万元)	Collective-owned Enterprises(10 000 yuan)	26688	1121	-95.8
有限责任公司(万元)	Limited Liability Corporations(10 000 yuan)		97580	
股份有限公司(万元)	Share Holding Enterprises(10 000 yuan)		38134	
私营企业(万元)	Private Enterprises(10 000 yuan)	223787	160391	-28.3
外商及港澳台投资企业(万元)	Funds from HK,Macao,Taiwan & Foreign(10 000 yuan)		5611	
按城乡渠道分	Grouped by Urban and Rural Area			
城镇(万元)	Urban(10 000 yuan)	478216	512579	7.2
农村(万元)	Rural(10 000 yuan)	54709	48229	-11.8
公共财政预算收入(万元)	Public Budgetary Financial Revenue(10 000 yuan)	23019	28503	23.8
公共财政预算支出(万元)	Public Budgetary Financial Expenditure(10 000 yuan)	215710	197581	-8.4
个人储蓄存款余额(万元)	The balance of savings deposits of individuals(10 000 yuan)	205177	225694	10.0
在岗职工工资总额(万元)	Total Wages of Staff & Workers Employed in(10 000 yuan)	33365	45929	37.7
在岗职工平均工资(元)	Average Wage of Staff & Workers Employed in(yuan)	33292	39086	17.4
全体居民人均可支配收入(元)	The per capita disposable income of all residents(yuan)	8380	9381	11.9
城镇常住居民人均可支配收入(元)	The per capita disposable income of urban permanent residents(yuan)	16419	18143	10.5
农村牧区常住居民人均可支配收入(元)	The per capita disposable income of permanent residents of rural and pastoral areas(yuan)	5522	6267	13.5
农村牧区经济	**Economic Development in Rural & Pastoral Area**			
农作物总播种面积(公顷)	Total Sown Area(hectare)	69748	75584	8.4
#粮食作物播种面积(公顷)	Sown Area of Grain Crops(hectare)	54962	55105	0.3
农牧业机械总动力(万千瓦)	Total Power of Agricultural Machinery(10 000 kw)	16.94	17.97	6.1
化肥施用折纯量(吨)	Consumption of Chemical Fertilizer(ton)	12855	12040	-6.3
农村用电量(万千瓦小时)	Electricity Consumed in Rural Area(10 000 kwh)	2172	2972	36.8
农林牧渔业总产值(万元)	Gross Output of Farming,Forestry,Animal Husbandry & Fishery(10 000 yuan)	189846	204600	6.5
粮食产量(吨)	Yield of Grain(ton)	85749	109775	28.0
油料产量(吨)	Yield of Oil-bearing Grops(ton)	3567	6360	78.3
甜菜产量(吨)	Yield of Beetroots(ton)	81670	60000	-26.5
猪牛羊肉产量(吨)	Output of Pork, Beef & Mutton(ton)	20770	22144	6.6
#猪肉产量(吨)	Output of Pork(ton)	5259	5274	0.3
牛肉产量(吨)	Output of Beef(ton)	2079	3183	53.1
羊肉产量(吨)	Output of Mutton(ton)	13432	13687	1.9
羊毛产量(吨)	Output of Wool(ton)	880	612	-30.5

23-85 Xinghe County in Wulanchabu City

指　标	Item	2012	2013	2013年比上年增长% Increase Rate in 2013 Over 2012(%)
年末牲畜存栏头数(万头只)	Total Livestock at the Year-end(10 000 heads)	56.36	56.78	0.7
#大牲畜(万头只)	Large Animals(10 000 heads)	5.04	5.05	0.2
羊(万只)	Sheep & Goats(10 000 heads)	44.56	44.91	0.8
猪(万头)	Hogs(10 000 heads)	6.75	6.82	1.0
规模以上工业	**Industrial Enterprises above Designated size**			
工业企业单位数(个)	Number of Industrial Enterprises(unit)	19	21	10.5
#内资企业(个)	Civil Funded Enterprises(unit)	19	19	0.0
工业总产值(万元)	Gross Industrial Output Value(10 000 yuan)	685665	719682	5.0
内资企业(万元)	Civil Funded Enterprises(10 000 yuan)	685665	625448	-8.8
国有企业(万元)	State-owned Enterprises(10 000 yuan)	22301	21251	-4.7
集体企业(万元)	Collective-owned Enterprises(10 000 yuan)			
股份合作企业(万元)	Share Holding Enterprises(10 000 yuan)			
联营企业(万元)	Joint Owned Enterprises(10 000 yuan)			
有限责任公司(万元)	Limited Company(10 000 yuan)			
股份有限公司(万元)	Share Holding Limited Company(10 000 yuan)	386164	360346	-6.7
私营企业(万元)	Privately Owned Enterprises(10 000 yuan)			
其他企业(万元)	Enterprises of Other Ownership(10 000 yuan)	277199	243852	-12.0
港澳台商投资企业(万元)	Funds from HK,Macao & Taiwan(10 000 yuan)			
外商投资企业(万元)	Foreign Funded Enterprises(10 000 yuan)		94234	
工业企业增加值(万元)	Value Added of Industrial Enterprises(10 000 yuan)			11.2
工业企业资产总计(万元)	Total Assets of Industrial Enterprises(10 000 yuan)	405810	895224	120.6
工业企业负债合计(万元)	Total Liabilities of Industrial Enterprises(10 000 yuan)	221559	214197	-3.3
工业企业产品销售收入(万元)	Sales of Revenue Industrial Enterprises(10 000 yuan)	523216	567211	8.4
工业企业利润总额(万元)	Total Profits of Industrial Enterprises(10 000 yuan)	7807	-4092	
建筑业	**Construction**			
建筑企业单位数(个)	Number of Construction Enterprises(unit)	1	1	0.0
建筑企业从业人员(人)	Number of Employee in Construction Enterprises(person)	386	415	7.5
建筑业总产值(万元)	Gross Construction Output Value(10 000 yuan)	32000	37018	15.7
交通运输邮电通信业	**Transportation,Post & Telecommunications**			
公路里程(公里)	Total Length of Highways(km)	1386	1478	6.6
邮电业务总量(万元)	Business Volume of Post & Telecoms(10 000 yuan)	1458	1502	3.0
本地电话用户(户)	Number of Subscribers of Local Telephone(Household)	15924	16235	2.0
国内贸易	**Domestic Trade**			
社会消费品零售总额(万元)	Total Retail Sales of Consumer Goods(10 000 yuan)	203804	230196	12.9
城镇(万元)	Town(10 000 yuan)	157572	180055	14.3
乡村(万元)	Village(10 000 yuan)	46231	50141	8.5
科技教育卫生	**Science,Education & Public Health**			
各类专业技术人员(人)	Special Technical Personnel(person)	964	1048	8.7
幼儿园数(所)	Number of Kindergartens(unit)	1	2	100.0
学龄儿童入学率(%)	Percentage of School-Age Children Enrolled(%)	100.0	100.0	0.0
小学学校数(所)	Number of Primary Schools(unit)	27	26	-3.7
小学专任教师数(人)	Number of Full-time Teachers of Primary Schools(person)	915	942	3.0
小学在校学生数(人)	Number of Student Enrollment of Primary Schools(person)	9180	9883	7.7
普通中学学校数(所)	Number of Regular Secondary Schools(unit)	7	6	-14.3
普通中学专任教师数(人)	Number of Teachers of Secondary Shools(person)	443	448	1.1
初中在校学生数(人)	Number of Student in Junior Secondary Schools(person)	4428	4255	-3.9
高中在校学生数(人)	Number of Student in Senior Secondary Schools(person)	1287	1465	13.8
卫生机构数(所)	Number of Health Institutions(unit)	167	169	1.2
#医院(所)	Hospitals(unit)	2	2	0.0
卫生院(所)	Township Hospitals(unit)	14	14	0.0
床位数(张)	Number of Beds(unit)	424	431	1.7
#医院(张)	Hospitals(unit)	230	231	0.4
卫生院(张)	Township Hospitals(unit)	115	116	0.9
卫生技术人员(人)	Medical Technical Presonnel(person)	498	501	0.6
#医院(人)	Hospitals(person)	193	194	0.5
卫生院(人)	Township Hospitals(person)	130	130	0.0

23-86 乌兰察布市凉城县

指 标	Item	2012	2013	2013年比上年增长% Increase Rate in 2013 Over 2012(%)
行政区域土地面积(平方公里)	**Area of Administration(Sq.km)**	**3451**	**3451**	**0.0**
人口和就业	**Population & Employment**			
年末总人口(人)	Total Population Year-end(person)	245501	244364	-0.5
#男性(人)	Male(person)	129358	128862	-0.4
#乡村人口(人)	Rural(person)	200815	195193	-2.8
年末总户数(户)	Total Number of Households at the Year-end(Household)	102965	104884	1.9
#乡村户数(户)	Number of Rural Household(Household)	52411	52478	0.1
出生人口(人)	Births(person)	2619	2392	-8.7
死亡人口(人)	Deaths(person)	3469	828	-76.1
全社会就业人员(人)	Employment(person)	194104	194344	0.1
第一产业(人)	Primary Industry(person)	80025	80145	0.1
第二产业(人)	Secondary Industry(person)	29954	29874	-0.3
第三产业(人)	Tertiary Industry(person)	84125	84325	0.2
在岗职工人数(人)	Number of Staff & Workers Employed in(person)	11305	9551	-15.5
乡村劳动力(人)	Number of Rural Laborers(person)	110409	132181	19.7
#农林牧渔业(人)	Farming,Forestry,Animal Husbandry & Fishery(person)	82601	83207	0.7
国民经济综合指标	**Summary Item on the National Economy**			
生产总值(万元)	Gross Domestic Product(10 000 yuan)	744931	761612	8.3
第一产业(万元)	Primary Industry(10 000 yuan)	158941	173124	4.2
第二产业(万元)	Secondary Industry(10 000 yuan)	404534	392320	11.3
#工业(万元)	Industry(10 000 yuan)	344545	331948	13.4
第三产业(万元)	Tertiary Industry(10 000 yuan)	181456	196168	5.5
人均生产总值(元)	Per Capita GDP(yuan)	30149	31095	8.5
全社会固定资产投资(万元)	Total Investment in Fixed Assets(10 000 yuan)	160345	200438	25.0
按登记注册类型分	Grouped by Registered Type			
#国有(万元)	State-owned Enterprises(10 000 yuan)	84983	92201	8.5
集体(万元)	Collective-owned Enterprises(10 000 yuan)	8017	401	-95.0
有限责任公司(万元)	Limited Liability Corporations(10 000 yuan)		34876	
股份有限公司(万元)	Share Holding Enterprises(10 000 yuan)		13629	
私营企业(万元)	Private Enterprises(10 000 yuan)	67345	57325	-14.9
外商及港澳台投资企业(万元)	Funds from HK,Macao,Taiwan & Foreign(10 000 yuan)		2006	
按城乡渠道分	Grouped by Urban and Rural Area			
城镇(万元)	Urban(10 000 yuan)	160345	183200	14.3
农村(万元)	Rural(10 000 yuan)		17238	
公共财政预算收入(万元)	Public Budgetary Financial Revenue(10 000 yuan)	28496	35188	23.5
公共财政预算支出(万元)	Public Budgetary Financial Expenditure(10 000 yuan)	143383	160725	12.1
个人储蓄存款余额(万元)	The balance of savings deposits of individuals(10 000 yuan)	262667	286307	9.0
在岗职工工资总额(万元)	Total Wages of Staff & Workers Employed in(10 000 yuan)	52080	52192	0.2
在岗职工平均工资(元)	Average Wage of Staff & Workers Employed in(yuan)	46081	54378	18.0
全体居民人均可支配收入(元)	The per capita disposable income of all residents(yuan)	10636	11875	11.6
城镇常住居民人均可支配收入(元)	The per capita disposable income of urban permanent residents(yuan)	18158	20151	11.0
农村牧区常住居民人均可支配收入(元)	The per capita disposable income of permanent residents of rural and pastoral areas(yuan)	6954	7824	12.5
农村牧区经济	**Economic Development in Rural & Pastoral Area**			
农作物总播种面积(公顷)	Total Sown Area(hectare)	62400	63717	2.1
#粮食作物播种面积(公顷)	Sown Area of Grain Crops(hectare)	53780	54320	1.0
农牧业机械总动力(万千瓦)	Total Power of Agricultural Machinery(10 000 kw)	23.95	24.43	2.0
化肥施用折纯量(吨)	Consumption of Chemical Fertilizer(ton)	17829	11300	-36.6
农村用电量(万千瓦小时)	Electricity Consumed in Rural Area(10 000 kwh)	2267	2989	31.8
农林牧渔业总产值(万元)	Gross Output of Farming,Forestry,Animal Husbandry & Fishery(10 000 yuan)	263626	287029	7.2
粮食产量(吨)	Yield of Grain(ton)	225005	255000	13.3
油料产量(吨)	Yield of Oil-bearing Grops(ton)	2355	3073	30.5
甜菜产量(吨)	Yield of Beetroots(ton)	158940	162792	2.4
猪牛羊肉产量(吨)	Output of Pork, Beef & Mutton(ton)	22852	22924	0.3
#猪肉产量(吨)	Output of Pork(ton)	5087	4558	-10.4
牛肉产量(吨)	Output of Beef(ton)	3934	4348	10.5
羊肉产量(吨)	Output of Mutton(ton)	13831	14018	1.4
羊毛产量(吨)	Output of Wool(ton)	724	683	-5.7

23-86 Liangcheng County in Wulanchabu City

指　标	Item	2012	2013	2013年比上年增长% Increase Rate in 2013 Over 2012(%)
年末牲畜存栏头数(万头只)	Total Livestock at the Year-end(10 000 heads)	55.40	38.18	-31.1
#大牲畜(万头只)	Large Animals(10 000 heads)	8.61	8.55	-0.7
羊(万只)	Sheep & Goats(10 000 heads)	43.55	26.01	-40.3
猪(万头)	Hogs(10 000 heads)	3.25	3.63	11.7
规模以上工业	**Industrial Enterprises above Designated size**			
工业企业单位数(个)	Number of Industrial Enterprises(unit)	12	12	0.0
#内资企业(个)	Civil Funded Enterprises(unit)	12	12	0.0
工业总产值(万元)	Gross Industrial Output Value(10 000 yuan)	545762	558034	2.2
内资企业(万元)	Civil Funded Enterprises(10 000 yuan)	545762	558034	2.2
国有企业(万元)	State-owned Enterprises(10 000 yuan)	3740	7423	98.5
集体企业(万元)	Collective-owned Enterprises(10 000 yuan)			
股份合作企业(万元)	Share Holding Enterprises(10 000 yuan)	17702	17657	-0.3
联营企业(万元)	Joint Owned Enterprises(10 000 yuan)			
有限责任公司(万元)	Limited Company(10 000 yuan)	524321	473323	-9.7
股份有限公司(万元)	Share Holding Limited Company(10 000 yuan)			
私营企业(万元)	Privately Owned Enterprises(10 000 yuan)			
其他企业(万元)	Enterprises of Other Ownership(10 000 yuan)		59631	
港澳台商投资企业(万元)	Funds from HK,Macao & Taiwan(10 000 yuan)			
外商投资企业(万元)	Foreign Funded Enterprises(10 000 yuan)			
工业企业增加值(万元)	Value Added of Industrial Enterprises(10 000 yuan)			11.4
工业企业资产总计(万元)	Total Assets of Industrial Enterprises(10 000 yuan)	937050	954064	1.8
工业企业负债合计(万元)	Total Liabilities of Industrial Enterprises(10 000 yuan)	581910	570491	-2.0
工业企业产品销售收入(万元)	Sales of Revenue Industrial Enterprises(10 000 yuan)	554418	553359	-0.2
工业企业利润总额(万元)	Total Profits of Industrial Enterprises(10 000 yuan)	105710	120819	14.3
建筑业	**Construction**			
建筑企业单位数(个)	Number of Construction Enterprises(unit)	2	2	0.0
建筑企业从业人员(人)	Number of Employee in Construction Enterprises(person)	599	466	-22.2
建筑业总产值(万元)	Gross Construction Output Value(10 000 yuan)	4800	4240	-11.7
交通运输邮电通信业	**Transportation,Post & Telecommunications**			
公路里程(公里)	Total Length of Highways(km)	1563	1678	7.4
邮电业务总量(万元)	Business Volume of Post & Telecoms(10 000 yuan)	221	239	8.1
本地电话用户(户)	Number of Subscribers of Local Telephone(Household)	18124	18475	1.9
国内贸易	**Domestic Trade**			
社会消费品零售总额(万元)	Total Retail Sales of Consumer Goods(10 000 yuan)	138630	156281	12.7
城镇(万元)	Town(10 000 yuan)	97400	111215	14.2
乡村(万元)	Village(10 000 yuan)	41229	45066	9.3
科技教育卫生	**Science,Education & Public Health**			
各类专业技术人员(人)	Special Technical Personnel(person)	178	201	12.9
幼儿园数(所)	Number of Kindergartens(unit)	6	7	16.7
学龄儿童入学率(%)	Percentage of School-Age Children Enrolled(%)	100.0	100.0	0.0
小学学校数(所)	Number of Primary Schools(unit)	18	18	0.0
小学专任教师数(人)	Number of Full-time Teachers of Primary Schools(person)	756	716	-5.3
小学在校学生数(人)	Number of Student Enrollment of Primary	7404	6872	-7.2
普通中学学校数(所)	Number of Regular Secondary Schools(unit)	6	6	0.0
普通中学专任教师数(人)	Number of Teachers of Secondary Shools(person)	524	517	-1.3
初中在校学生数(人)	Number of Student in Junior Secondary Schools(person)	5412	4498	-16.9
高中在校学生数(人)	Number of Student in Senior Secondary Schools(person)	3484	2942	-15.6
卫生机构数(所)	Number of Health Institutions(unit)	169	170	0.6
#医院(所)	Hospitals(unit)	2	2	0.0
卫生院(所)	Township Hospitals(unit)	19	20	5.3
床位数(张)	Number of Beds(unit)	394	391	-0.8
#医院(张)	Hospitals(unit)	272	271	-0.4
卫生院(张)	Township Hospitals(unit)	115	116	0.9
卫生技术人员(人)	Medical Technical Presonnel(person)	388	392	1.0
#医院(人)	Hospitals(person)	184	185	0.5
卫生院(人)	Township Hospitals(person)	109	110	0.9

23-87 乌兰察布市察哈尔右翼前旗

指　标	Item	2012	2013	2013年比上年增长% Increase Rate in 2013 Over 2012(%)
行政区域土地面积(平方公里)	**Area of Administration(Sq.km)**	**2734**	**2734**	**0.0**
人口和就业	**Population & Employment**			
年末总人口(人)	Total Population Year-end(person)	233100	221177	-5.1
#男性(人)	Male(person)	119771	113874	-4.9
#乡村人口(人)	Rural(person)	183113	182954	-0.1
年末总户数(户)	Total Number of Households at the Year-end(Household)	105717	102299	-3.2
#乡村户数(户)	Number of Rural Household(Household)	41892	42686	1.9
出生人口(人)	Births(person)	2487	2089	-16.0
死亡人口(人)	Deaths(person)	2741	521	-81.0
全社会就业人员(人)	Employment(person)	122526	122971	0.4
第一产业(人)	Primary Industry(person)	68324	68201	-0.2
第二产业(人)	Secondary Industry(person)	19987	20458	2.4
第三产业(人)	Tertiary Industry(person)	34215	34312	0.3
在岗职工人数(人)	Number of Staff & Workers Employed in(person)	10874	11629	6.9
乡村劳动力(人)	Number of Rural Laborers(person)	86058	87431	1.6
#农林牧渔业(人)	Farming,Forestry,Animal Husbandry & Fishery(person)	66195	66405	0.3
国民经济综合指标	**Summary Item on the National Economy**			
生产总值(万元)	Gross Domestic Product(10 000 yuan)	776256	900872	9.5
第一产业(万元)	Primary Industry(10 000 yuan)	127800	141678	6.0
第二产业(万元)	Secondary Industry(10 000 yuan)	467306	559164	11.5
#工业(万元)	Industry(10 000 yuan)	413228	504346	12.6
第三产业(万元)	Tertiary Industry(10 000 yuan)	181151	200029	6.2
人均生产总值(元)	Per Capita GDP(yuan)	31809	39662	9.8
全社会固定资产投资(万元)	Total Investment in Fixed Assets(10 000 yuan)	600335	680581	13.4
按登记注册类型分	Grouped by Registered Type			
#国有(万元)	State-owned Enterprises(10 000 yuan)	318172	313067	-1.6
集体(万元)	Collective-owned Enterprises(10 000 yuan)	30017	1361	-95.5
有限责任公司(万元)	Limited Liability Corporations(10 000 yuan)		118421	
股份有限公司(万元)	Share Holding Enterprises(10 000 yuan)		46279	
私营企业(万元)	Private Enterprises(10 000 yuan)	252136	194646	-22.8
外商及港澳台投资企业(万元)	Funds from HK,Macao,Taiwan & Foreign(10 000 yuan)		6807	
按城乡渠道分	Grouped by Urban and Rural Area			
城镇(万元)	Urban(10 000 yuan)	599335	622052	3.8
农村(万元)	Rural(10 000 yuan)	1000	58529	5752.9
公共财政预算收入(万元)	Public Budgetary Financial Revenue(10 000 yuan)	23052	29937	29.9
公共财政预算支出(万元)	Public Budgetary Financial Expenditure(10 000 yuan)	173806	191163	10.0
个人储蓄存款余额(万元)	The balance of savings deposits of individuals(10 000 yuan)	203553	223908	10.0
在岗职工工资总额(万元)	Total Wages of Staff & Workers Employed in(10 000 yuan)	31204	52838	69.3
在岗职工平均工资(元)	Average Wage of Staff & Workers Employed in(yuan)	43557	44526	2.2
全体居民人均可支配收入(元)	The per capita disposable income of all residents(yuan)	8904	9963	11.9
城镇常住居民人均可支配收入(元)	The per capita disposable income of urban permanent residents(yuan)	18394	20307	10.4
农村牧区常住居民人均可支配收入(元)	The per capita disposable income of permanent residents of rural and pastoral areas(yuan)	6335	7160	13.0
农村牧区经济	**Economic Development in Rural & Pastoral Area**			
农作物总播种面积(公顷)	Total Sown Area(hectare)	45533	46313	1.7
#粮食作物播种面积(公顷)	Sown Area of Grain Crops(hectare)	28133	28853	2.6
农牧业机械总动力(万千瓦)	Total Power of Agricultural Machinery(10 000 kw)	20.50	20.79	1.4
化肥施用折纯量(吨)	Consumption of Chemical Fertilizer(ton)	7272	6686	-8.1
农村用电量(万千瓦小时)	Electricity Consumed in Rural Area(10 000 kwh)	1883	1921	2.0
农林牧渔业总产值(万元)	Gross Output of Farming,Forestry,Animal Husbandry & Fishery(10 000 yuan)	250241	253884	0.8
粮食产量(吨)	Yield of Grain(ton)	70629	105240	49.0
油料产量(吨)	Yield of Oil-bearing Grops(ton)	1201	1812	50.9
甜菜产量(吨)	Yield of Beetroots(ton)	158100	167400	5.9
猪牛羊肉产量(吨)	Output of Pork, Beef & Mutton(ton)	19517	18005	-7.7
#猪肉产量(吨)	Output of Pork(ton)	4659	4664	0.1
牛肉产量(吨)	Output of Beef(ton)	4473	2329	-47.9
羊肉产量(吨)	Output of Mutton(ton)	10385	11012	6.0
羊毛产量(吨)	Output of Wool(ton)	470	382	-18.7

23–87 Chahaeryouyiqian Banner in Wulanchabu City

指　标	Item	2012	2013	2013年比上年增长% Increase Rate in 2013 Over 2012(%)
年末牲畜存栏头数(万头只)	Total Livestock at the Year-end(10 000 heads)	53.59	48.27	-9.9
#大牲畜(万头只)	Large Animals(10 000 heads)	6.74	6.14	-8.9
羊(万只)	Sheep & Goats(10 000 heads)	39.93	35.32	-11.5
猪(万头)	Hogs(10 000 heads)	6.93	6.81	-1.7
规模以上工业	**Industrial Enterprises above Designated size**			
工业企业单位数(个)	Number of Industrial Enterprises(unit)	68	72	5.9
#内资企业(个)	Civil Funded Enterprises(unit)	67	72	7.5
工业总产值(万元)	Gross Industrial Output Value(10 000 yuan)	1574785	1756201	11.5
内资企业(万元)	Civil Funded Enterprises(10 000 yuan)	1497132	1722419	15.0
国有企业(万元)	State-owned Enterprises(10 000 yuan)	31905	28564	-10.5
集体企业(万元)	Collective-owned Enterprises(10 000 yuan)	13376	24632	84.2
股份合作企业(万元)	Share Holding Enterprises(10 000 yuan)	11573	142796	1133.9
联营企业(万元)	Joint Owned Enterprises(10 000 yuan)			
有限责任公司(万元)	Limited Company(10 000 yuan)	298341		
股份有限公司(万元)	Share Holding Limited Company(10 000 yuan)	147251	1332908	805.2
私营企业(万元)	Privately Owned Enterprises(10 000 yuan)	716977		
其他企业(万元)	Enterprises of Other Ownership(10 000 yuan)	277709	193519	-30.3
港澳台商投资企业(万元)	Funds from HK,Macao & Taiwan(10 000 yuan)	77653	33782	-56.5
外商投资企业(万元)	Foreign Funded Enterprises(10 000 yuan)			
工业企业增加值(万元)	Value Added of Industrial Enterprises(10 000 yuan)			12.2
工业企业资产总计(万元)	Total Assets of Industrial Enterprises(10 000 yuan)	722618	930448	28.8
工业企业负债合计(万元)	Total Liabilities of Industrial Enterprises(10 000 yuan)	563863	721663	28.0
工业企业产品销售收入(万元)	Sales of Revenue Industrial Enterprises(10 000 yuan)	1615059	1706810	5.7
工业企业利润总额(万元)	Total Profits of Industrial Enterprises(10 000 yuan)	24447	15261	-37.6
建筑业	**Construction**			
建筑企业单位数(个)	Number of Construction Enterprises(unit)	1	1	0.0
建筑企业从业人员(人)	Number of Employee in Construction Enterprises(person)	330	285	-13.6
建筑业总产值(万元)	Gross Construction Output Value(10 000 yuan)	3000	4150	38.3
交通运输邮电通信业	**Transportation,Post & Telecommunications**			
公路里程(公里)	Total Length of Highways(km)	912	1021	12.0
邮电业务总量(万元)	Business Volume of Post & Telecoms(10 000 yuan)	2354	2413	2.5
本地电话用户(户)	Number of Subscribers of Local Telephone(Household)	10958	11028	0.6
国内贸易	**Domestic Trade**			
社会消费品零售总额(万元)	Total Retail Sales of Consumer Goods(10 000 yuan)	111263	124474	11.9
城镇(万元)	Town(10 000 yuan)	68410	77734	13.6
乡村(万元)	Village(10 000 yuan)	42852	46739	9.1
科技教育卫生	**Science,Education & Public Health**			
各类专业技术人员(人)	Special Technical Personnel(person)	1098	1121	2.1
幼儿园数(所)	Number of Kindergartens(unit)	10	12	20.0
学龄儿童入学率(%)	Percentage of School-Age Children Enrolled(%)	100.0	100.0	0.0
小学学校数(所)	Number of Primary Schools(unit)	21	19	-9.5
小学专任教师数(人)	Number of Full-time Teachers of Primary Schools(person)	771	670	-13.1
小学在校学生数(人)	Number of Student Enrollment of Primary Schools(person)	6581	4247	-35.5
普通中学学校数(所)	Number of Regular Secondary Schools(unit)	7	5	-28.6
普通中学专任教师数(人)	Number of Teachers of Secondary Shools(person)	583	524	-10.1
初中在校学生数(人)	Number of Student in Junior Secondary Schools(person)	4487	4102	-8.6
高中在校学生数(人)	Number of Student in Senior Secondary Schools(person)	2501	2481	-0.8
卫生机构数(所)	Number of Health Institutions(unit)	155	157	1.3
#医院(所)	Hospitals(unit)	1	1	0.0
卫生院(所)	Township Hospitals(unit)	18	19	5.6
床位数(张)	Number of Beds(unit)	307	312	1.6
#医院(张)	Hospitals(unit)	80	81	1.3
卫生院(张)	Township Hospitals(unit)	164	167	1.8
卫生技术人员(人)	Medical Technical Presonnel(person)	415	419	1.0
#医院(人)	Hospitals(person)	111	112	0.9
卫生院(人)	Township Hospitals(person)	148	151	2.0

23-88 乌兰察布市察哈尔右翼中旗

指　标	Item	2012	2013	2013年比上年增长% Increase Rate in 2013 Over 2012(%)
行政区域土地面积(平方公里)	**Area of Administration(Sq.km)**	**4200**	**4200**	**0.0**
人口和就业	**Population & Employment**			
年末总人口(人)	Total Population Year-end(person)	232643	223643	-3.9
#男性(人)	Male(person)	121752	117752	-3.3
#乡村人口(人)	Rural(person)	199895	198764	-0.6
年末总户数(户)	Total Number of Households at the Year-end(Household)	94658	97235	2.7
#乡村户数(户)	Number of Rural Household(Household)	40693	40598	-0.2
出生人口(人)	Births(person)	5861	1561	-73.4
死亡人口(人)	Deaths(person)	1095	2395	118.7
全社会就业人员(人)	Employment(person)	126564	126706	0.1
第一产业(人)	Primary Industry(person)	78526	78632	0.1
第二产业(人)	Secondary Industry(person)	11163	11053	-1.0
第三产业(人)	Tertiary Industry(person)	36875	37021	0.4
在岗职工人数(人)	Number of Staff & Workers Employed in(person)	6457	6994	8.3
乡村劳动力(人)	Number of Rural Laborers(person)	90837	91298	0.5
#农林牧渔业(人)	Farming,Forestry,Animal Husbandry & Fishery(person)	76902	75189	-2.2
国民经济综合指标	**Summary Item on the National Economy**			
生产总值(万元)	Gross Domestic Product(10 000 yuan)	400601	436741	9.6
第一产业(万元)	Primary Industry(10 000 yuan)	115000	129853	8.0
第二产业(万元)	Secondary Industry(10 000 yuan)	159498	165911	13.6
#工业(万元)	Industry(10 000 yuan)	139491	144059	14.3
第三产业(万元)	Tertiary Industry(10 000 yuan)	126104	140978	6.1
人均生产总值(元)	Per Capita GDP(yuan)	17552	19143	9.9
全社会固定资产投资(万元)	Total Investment in Fixed Assets(10 000 yuan)	288609	375282	30.0
按登记注册类型分	Grouped by Registered Type			
#国有(万元)	State-owned Enterprises(10 000 yuan)	152963	172629	12.9
集体(万元)	Collective-owned Enterprises(10 000 yuan)	14431	750	-94.8
有限责任公司(万元)	Limited Liability Corporations(10 000 yuan)		65299	
股份有限公司(万元)	Share Holding Enterprises(10 000 yuan)		25519	
私营企业(万元)	Private Enterprises(10 000 yuan)	121215	107330	-11.5
外商及港澳台投资企业(万元)	Funds from HK,Macao,Taiwan & Foreign(10 000 yuan)		3755	
按城乡渠道分	Grouped by Urban and Rural Area			
城镇(万元)	Urban(10 000 yuan)	194365	343008	76.5
农村（万元）	Rural(10 000 yuan)	94244	32274	-65.8
公共财政预算收入(万元)	Public Budgetary Financial Revenue(10 000 yuan)	8228	12888	56.6
公共财政预算支出(万元)	Public Budgetary Financial Expenditure(10 000 yuan)	136947	151410	10.6
个人储蓄存款余额(万元)	The balance of savings deposits of individuals(10 000 yuan)	127728	139223	9.0
在岗职工工资总额(万元)	Total Wages of Staff & Workers Employed in(10 000 yuan)	25178	35694	41.8
在岗职工平均工资(元)	Average Wage of Staff & Workers Employed in(yuan)	39103	51226	31.0
全体居民人均可支配收入(元)	The per capita disposable income of all residents(yuan)	7910	9011	13.9
城镇常住居民人均可支配收入(元)	The per capita disposable income of urban permanent residents(yuan)	17110	19095	11.6
农村牧区常住居民人均可支配收入(元)	The per capita disposable income of permanent residents of rural and pastoral areas(yuan)	4868	5676	16.6
农村牧区经济	**Economic Development in Rural & Pastoral Area**			
农作物总播种面积(公顷)	Total Sown Area(hectare)	71740	71853	0.2
#粮食作物播种面积(公顷)	Sown Area of Grain Crops(hectare)	60765	61952	2.0
农牧业机械总动力(万千瓦)	Total Power of Agricultural Machinery(10 000 kw)	23.03	23.45	1.8
化肥施用折纯量(吨)	Consumption of Chemical Fertilizer(ton)	7517	7634	1.6
农村用电量(万千瓦小时)	Electricity Consumed in Rural Area(10 000 kwh)	2980	3051	2.4
农林牧渔业总产值(万元)	Gross Output of Farming,Forestry,Animal Husbandry & Fishery(10 000 yuan)	227287	256725	11.8
粮食产量(吨)	Yield of Grain(ton)	64302	104551	62.6
油料产量(吨)	Yield of Oil-bearing Grops(ton)	6209	6103	-1.7
甜菜产量(吨)	Yield of Beetroots(ton)	14000	25758	84.0
猪牛羊肉产量(吨)	Output of Pork, Beef & Mutton(ton)	18012	16178	-10.2
#猪肉产量(吨)	Output of Pork(ton)	2579	2799	8.5
牛肉产量(吨)	Output of Beef(ton)	2927	2894	-1.1
羊肉产量(吨)	Output of Mutton(ton)	12506	10485	-16.2
羊毛产量(吨)	Output of Wool(ton)	1034	908	-12.2

23–88 Chahaeryouyizhong Banner in Wulanchabu City

指 标	Item	2012	2013	2013年比上年增长% Increase Rate in 2013 Over 2012(%)
年末牲畜存栏头数(万头只)	Total Livestock at the Year-end(10 000 heads)	42.83	40.94	-4.4
#大牲畜(万头只)	Large Animals(10 000 heads)	3.46	3.47	0.3
羊(万只)	Sheep & Goats(10 000 heads)	36.32	34.15	-6.0
猪(万头)	Hogs(10 000 heads)	3.06	3.33	8.8
规模以上工业	**Industrial Enterprises above Designated size**			
工业企业单位数(个)	Number of Industrial Enterprises(unit)	25	20	-20.0
#内资企业(个)	Civil Funded Enterprises(unit)	25	20	-20.0
工业总产值(万元)	Gross Industrial Output Value(10 000 yuan)	330876	365869	10.6
内资企业(万元)	Civil Funded Enterprises(10 000 yuan)	330876	365869	10.6
国有企业(万元)	State-owned Enterprises(10 000 yuan)	33408	14202	-57.5
集体企业(万元)	Collective-owned Enterprises(10 000 yuan)			
股份合作企业(万元)	Share Holding Enterprises(10 000 yuan)		1176	
联营企业(万元)	Joint Owned Enterprises(10 000 yuan)			
有限责任公司(万元)	Limited Company(10 000 yuan)	79364		
股份有限公司(万元)	Share Holding Limited Company(10 000 yuan)	23158	291180	1157.4
私营企业(万元)	Privately Owned Enterprises(10 000 yuan)	129186		
其他企业(万元)	Enterprises of Other Ownership(10 000 yuan)	65760	59310	-9.8
港澳台商投资企业(万元)	Funds from HK,Macao & Taiwan(10 000 yuan)			
外商投资企业(万元)	Foreign Funded Enterprises(10 000 yuan)			
工业企业增加值(万元)	Value Added of Industrial Enterprises(10 000 yuan)			14.6
工业企业资产总计(万元)	Total Assets of Industrial Enterprises(10 000 yuan)	169938	154553	-9.1
工业企业负债合计(万元)	Total Liabilities of Industrial Enterprises(10 000 yuan)	1303124	1143737	-12.2
工业企业产品销售收入(万元)	Sales of Revenue Industrial Enterprises(10 000 yuan)	317038	353693	11.6
工业企业利润总额(万元)	Total Profits of Industrial Enterprises(10 000 yuan)	6832	6482	-5.1
建筑业	**Construction**			
建筑企业单位数(个)	Number of Construction Enterprises(unit)	1	1	0.0
建筑企业从业人员(人)	Number of Employee in Construction Enterprises(person)	185	58	-68.6
建筑业总产值(万元)	Gross Construction Output Value(10 000 yuan)	6000	5410	-9.8
交通运输邮电通信业	**Transportation,Post & Telecommunications**			
公路里程(公里)	Total Length of Highways(km)	1436	1523	6.1
邮电业务总量(万元)	Business Volume of Post & Telecoms(10 000 yuan)	3542	3597	1.6
本地电话用户(户)	Number of Subscribers of Local Telephone(Household)	22146	22876	3.3
国内贸易	**Domestic Trade**			
社会消费品零售总额(万元)	Total Retail Sales of Consumer Goods(10 000 yuan)	85301	96664	13.3
城镇(万元)	Town(10 000 yuan)	60092	67398	12.2
乡村(万元)	Village(10 000 yuan)	25209	29266	16.1
科技教育卫生	**Science,Education & Public Health**			
各类专业技术人员(人)	Special Technical Personnel(person)	1012	1132	11.9
幼儿园数(所)	Number of Kindergartens(unit)	2	2	0.0
学龄儿童入学率(%)	Percentage of School-Age Children Enrolled(%)	100.0	100.0	0.0
小学学校数(所)	Number of Primary Schools(unit)	18	18	0.0
小学专任教师数(人)	Number of Full-time Teachers of Primary Schools(person)	646	602	-6.8
小学在校学生数(人)	Number of Student Enrollment of Primary Schools(person)	4858	4484	-7.7
普通中学学校数(所)	Number of Regular Secondary Schools(unit)	3	3	0.0
普通中学专任教师数(人)	Number of Teachers of Secondary Shools(person)	441	401	-9.1
初中在校学生数(人)	Number of Student in Junior Secondary Schools(person)	4512	4482	-0.7
高中在校学生数(人)	Number of Student in Senior Secondary Schools(person)	1954	2010	2.9
卫生机构数(所)	Number of Health Institutions(unit)	215	217	0.9
#医院(所)	Hospitals(unit)	2	2	0.0
卫生院(所)	Township Hospitals(unit)	25	25	0.0
床位数(张)	Number of Beds(unit)	318	321	0.9
#医院(张)	Hospitals(unit)	129	131	1.6
卫生院(张)	Township Hospitals(unit)	101	104	3.0
卫生技术人员(人)	Medical Technical Presonnel(person)	258	261	1.2
#医院(人)	Hospitals(person)	104	100	-3.8
卫生院(人)	Township Hospitals(person)	70	68	-2.9

23-89 乌兰察布市察哈尔右翼后旗

指　标	Item	2012	2013	2013年比上年增长% Increase Rate in 2013 Over 2012(%)
行政区域土地面积(平方公里)	**Area of Administration(Sq.km)**	**3803**	**3803**	**0.0**
人口和就业	**Population & Employment**			
年末总人口(人)	Total Population Year-end(person)	217919	214698	-1.5
#男性(人)	Male(person)	110930	109505	-1.3
#乡村人口(人)	Rural(person)	180125	179821	-0.2
年末总户数(户)	Total Number of Households at the Year-end(Household)	86010	86418	0.5
#乡村户数(户)	Number of Rural Household(Household)	33738	33827	0.3
出生人口(人)	Births(person)	1971	2083	5.7
死亡人口(人)	Deaths(person)	3046	649	-78.7
全社会就业人员(人)	Employment(person)	92529	92563	0.0
第一产业(人)	Primary Industry(person)	50024	49832	-0.4
第二产业(人)	Secondary Industry(person)	13564	13485	-0.6
第三产业(人)	Tertiary Industry(person)	28941	29246	1.1
在岗职工人数(人)	Number of Staff & Workers Employed in(person)	10228	11822	15.6
乡村劳动力(人)	Number of Rural Laborers(person)	54125	63055	16.5
#农林牧渔业(人)	Farming,Forestry,Animal Husbandry & Fishery(person)	40855	41013	0.4
国民经济综合指标	**Summary Item on the National Economy**			
生产总值(万元)	Gross Domestic Product(10 000 yuan)	677441	706333	9.5
第一产业(万元)	Primary Industry(10 000 yuan)	99000	106722	3.1
第二产业(万元)	Secondary Industry(10 000 yuan)	445553	453756	11.8
#工业(万元)	Industry(10 000 yuan)	412102	417853	12.2
第三产业(万元)	Tertiary Industry(10 000 yuan)	132889	145855	6.4
人均生产总值(元)	Per Capita GDP(yuan)	30888	32654	9.8
全社会固定资产投资(万元)	Total Investment in Fixed Assets(10 000 yuan)	500796	550073	9.8
按登记注册类型分	Grouped by Registered Type			
#国有(万元)	State-owned Enterprises(10 000 yuan)	265422	253033	-4.7
集体(万元)	Collective-owned Enterprises(10 000 yuan)	25040	1100	-95.6
有限责任公司(万元)	Limited Liability Corporations(10 000 yuan)		95712	
股份有限公司(万元)	Share Holding Enterprises(10 000 yuan)		37405	
私营企业(万元)	Private Enterprises(10 000 yuan)	210334	157320	-25.2
外商及港澳台投资企业(万元)	Funds from HK,Macao,Taiwan & Foreign(10 000 yuan)		5503	
按城乡渠道分	Grouped by Urban and Rural Area			
城镇(万元)	Urban(10 000 yuan)	434001	502767	15.8
农村(万元)	Rural(10 000 yuan)	66795	47306	-29.2
公共财政预算收入(万元)	Public Budgetary Financial Revenue(10 000 yuan)	21472	24117	12.3
公共财政预算支出(万元)	Public Budgetary Financial Expenditure(10 000 yuan)	150387	157840	5.0
个人储蓄存款余额(万元)	The balance of savings deposits of individuals(10 000 yuan)	195260	214786	10.0
在岗职工工资总额(万元)	Total Wages of Staff & Workers Employed in(10 000 yuan)	42815	56964	33.0
在岗职工平均工资(元)	Average Wage of Staff & Workers Employed in(yuan)	44005	44403	0.9
全体居民人均可支配收入(元)	The per capita disposable income of all residents(yuan)	10915	12153	11.3
城镇常住居民人均可支配收入(元)	The per capita disposable income of urban permanent residents(yuan)	17491	19275	10.2
农村牧区常住居民人均可支配收入(元)	The per capita disposable income of permanent residents of rural and pastoral areas(yuan)	6417	7282	13.5
农村牧区经济	**Economic Development in Rural & Pastoral Area**			
农作物总播种面积(公顷)	Total Sown Area(hectare)	46766	45568	-2.6
#粮食作物播种面积(公顷)	Sown Area of Grain Crops(hectare)	35276	35727	1.3
农牧业机械总动力(万千瓦)	Total Power of Agricultural Machinery(10 000 kw)	15.83	16.42	3.7
化肥施用折纯量(吨)	Consumption of Chemical Fertilizer(ton)	4932	4975	0.9
农村用电量(万千瓦小时)	Electricity Consumed in Rural Area(10 000 kwh)	2870	2930	2.1
农林牧渔业总产值(万元)	Gross Output of Farming,Forestry,Animal Husbandry & Fishery(10 000 yuan)	143611	160068	10.4
粮食产量(吨)	Yield of Grain(ton)	78762	100233	27.3
油料产量(吨)	Yield of Oil-bearing Grops(ton)	1351	821	-39.2
甜菜产量(吨)	Yield of Beetroots(ton)	11760	11000	-6.5
猪牛羊肉产量(吨)	Output of Pork, Beef & Mutton(ton)	11679	12460	6.7
#猪肉产量(吨)	Output of Pork(ton)	3341	3299	-1.3
牛肉产量(吨)	Output of Beef(ton)	1763	2080	18.0
羊肉产量(吨)	Output of Mutton(ton)	6575	7081	7.7
羊毛产量(吨)	Output of Wool(ton)	924	962	4.1

23-89 Chahaeryouyihou Banner in Wulanchabu City

指　标	Item	2012	2013	2013年比上年增长% Increase Rate in 2013 Over 2012(%)
年末牲畜存栏头数(万头只)	Total Livestock at the Year-end(10 000 heads)	36.57	61.78	68.9
#大牲畜(万头只)	Large Animals(10 000 heads)	1.70	3.12	83.5
羊(万只)	Sheep & Goats(10 000 heads)	33.22	56.96	71.5
猪(万头)	Hogs(10 000 heads)	1.68	1.70	1.2
规模以上工业	**Industrial Enterprises above Designated size**			
工业企业单位数(个)	Number of Industrial Enterprises(unit)	52	53	1.9
#内资企业(个)	Civil Funded Enterprises(unit)	52	52	0.0
工业总产值(万元)	Gross Industrial Output Value(10 000 yuan)	1195198	1480116	23.8
内资企业(万元)	Civil Funded Enterprises(10 000 yuan)	1195198	1467504	22.8
国有企业(万元)	State-owned Enterprises(10 000 yuan)	104113	220428	111.7
集体企业(万元)	Collective-owned Enterprises(10 000 yuan)			
股份合作企业(万元)	Share Holding Enterprises(10 000 yuan)			
联营企业(万元)	Joint Owned Enterprises(10 000 yuan)			
有限责任公司(万元)	Limited Company(10 000 yuan)			
股份有限公司(万元)	Share Holding Limited Company(10 000 yuan)	985218	952243	-3.3
私营企业(万元)	Privately Owned Enterprises(10 000 yuan)			
其他企业(万元)	Enterprises of Other Ownership(10 000 yuan)	105867	294832	178.5
港澳台商投资企业(万元)	Funds from HK,Macao & Taiwan(10 000 yuan)		12612	
外商投资企业(万元)	Foreign Funded Enterprises(10 000 yuan)			
工业企业增加值(万元)	Value Added of Industrial Enterprises(10 000 yuan)			11.7
工业企业资产总计(万元)	Total Assets of Industrial Enterprises(10 000 yuan)	826205	849882	2.9
工业企业负债合计(万元)	Total Liabilities of Industrial Enterprises(10 000 yuan)	541514	554805	2.5
工业企业产品销售收入(万元)	Sales of Revenue Industrial Enterprises(10 000 yuan)	1114394	1375264	23.4
工业企业利润总额(万元)	Total Profits of Industrial Enterprises(10 000 yuan)	13472	18367	36.3
建筑业	**Construction**			
建筑企业单位数(个)	Number of Construction Enterprises(unit)	3	4	33.3
建筑企业从业人员(人)	Number of Employee in Construction Enterprises(person)	738	2034	175.6
建筑业总产值(万元)	Gross Construction Output Value(10 000 yuan)	27000	37357	38.4
交通运输邮电通信业	**Transportation,Post & Telecommunications**			
公路里程(公里)	Total Length of Highways(km)	1428	1497	4.8
邮电业务总量(万元)	Business Volume of Post & Telecoms(10 000 yuan)	2514	2596	3.3
本地电话用户(户)	Number of Subscribers of Local Telephone(Household)	7426	7531	1.4
国内贸易	**Domestic Trade**			
社会消费品零售总额(万元)	Total Retail Sales of Consumer Goods(10 000 yuan)	175035	196988	12.5
城镇(万元)	Town(10 000 yuan)	97808	111287	13.8
乡村(万元)	Village(10 000 yuan)	77226	85702	11.0
科技教育卫生	**Science,Education & Public Health**			
各类专业技术人员(人)	Special Technical Personnel(person)	778	814	4.6
幼儿园数(所)	Number of Kindergartens(unit)	2	3	50.0
学龄儿童入学率(%)	Percentage of School-Age Children Enrolled(%)	100.0	100.0	0.0
小学学校数(所)	Number of Primary Schools(unit)	13	12	-7.7
小学专任教师数(人)	Number of Full-time Teachers of Primary Schools(person)	602	541	-10.1
小学在校学生数(人)	Number of Student Enrollment of Primary Schools(person)	7208	7021	-2.6
普通中学学校数(所)	Number of Regular Secondary Schools(unit)	3	4	33.3
普通中学专任教师数(人)	Number of Teachers of Secondary Shools(person)	333	324	-2.7
初中在校学生数(人)	Number of Student in Junior Secondary Schools(person)	3528	3248	-7.9
高中在校学生数(人)	Number of Student in Senior Secondary Schools(person)	1467	1502	2.4
卫生机构数(所)	Number of Health Institutions(unit)	157	159	1.3
#医院(所)	Hospitals(unit)	2	2	0.0
卫生院(所)	Township Hospitals(unit)	17	19	11.8
床位数(张)	Number of Beds(unit)	343	346	0.9
#医院(张)	Hospitals(unit)	210	211	0.5
卫生院(张)	Township Hospitals(unit)	92	93	1.1
卫生技术人员(人)	Medical Technical Presonnel(person)	472	474	0.4
#医院(人)	Hospitals(person)	177	178	0.6
卫生院(人)	Township Hospitals(person)	129	131	1.6

23-90 乌兰察布市四子王旗

指　标	Item	2012	2013	2013年比上年增长% Increase Rate in 2013 Over 2012(%)
行政区域土地面积(平方公里)	**Area of Administration(Sq.km)**	**24016**	**24016**	**0.0**
人口和就业	**Population & Employment**			
年末总人口(人)	Total Population Year-end(person)	214034	215092	0.5
#男性(人)	Male(person)	110432	110838	0.4
#乡村人口(人)	Rural(person)	169707	158519	-6.6
年末总户数(户)	Total Number of Households at the Year-end(Household)	83672	87446	4.5
#乡村户数(户)	Number of Rural Household(Household)	38975	41025	5.3
出生人口(人)	Births(person)	1850	2193	18.5
死亡人口(人)	Deaths(person)	3367	591	-82.4
全社会就业人员(人)	Employment(person)	111931	109409	-2.3
第一产业(人)	Primary Industry(person)	80954	78321	-3.3
第二产业(人)	Secondary Industry(person)	7851	7736	-1.5
第三产业(人)	Tertiary Industry(person)	23126	23352	1.0
在岗职工人数(人)	Number of Staff & Workers Employed in(person)	6542	6430	-1.7
乡村劳动力(人)	Number of Rural Laborers(person)	91107	102771	12.8
#农林牧渔业(人)	Farming,Forestry,Animal Husbandry & Fishery(person)	87522	84110	-3.9
国民经济综合指标	**Summary Item on the National Economy**			
生产总值(万元)	Gross Domestic Product(10 000 yuan)	470804	497437	8.5
第一产业(万元)	Primary Industry(10 000 yuan)	135000	151902	7.6
第二产业(万元)	Secondary Industry(10 000 yuan)	185808	176160	9.6
#工业(万元)	Industry(10 000 yuan)	163638	153161	10.5
第三产业(万元)	Tertiary Industry(10 000 yuan)	149996	169375	8.0
人均生产总值(元)	Per Capita GDP(yuan)	21869	23183	8.8
全社会固定资产投资(万元)	Total Investment in Fixed Assets(10 000 yuan)	204776	320268	56.4
按登记注册类型分	Grouped by Registered Type			
#国有(万元)	State-owned Enterprises(10 000 yuan)	108531	147323	35.7
集体(万元)	Collective-owned Enterprises(10 000 yuan)	10240	640	-93.8
有限责任公司(万元)	Limited Liability Corporations(10 000 yuan)		55726	
股份有限公司(万元)	Share Holding Enterprises(10 000 yuan)		21778	
私营企业(万元)	Private Enterprises(10 000 yuan)	86005	91596	6.5
外商及港澳台投资企业(万元)	Funds from HK,Macao,Taiwan & Foreign(10 000 yuan)		3205	
按城乡渠道分	Grouped by Urban and Rural Area			
城镇(万元)	Urban(10 000 yuan)	179430	292724	63.1
农村(万元)	Rural(10 000 yuan)	25346	27544	8.7
公共财政预算收入(万元)	Public Budgetary Financial Revenue(10 000 yuan)	11709	18132	54.9
公共财政预算支出(万元)	Public Budgetary Financial Expenditure(10 000 yuan)	191788	214888	12.0
个人储蓄存款余额(万元)	The balance of savings deposits of individuals(10 000 yuan)	192303	211533	10.0
在岗职工工资总额(万元)	Total Wages of Staff & Workers Employed in(10 000 yuan)	33639	37676	12.0
在岗职工平均工资(元)	Average Wage of Staff & Workers Employed in(yuan)	51460	58795	14.3
全体居民人均可支配收入(元)	The per capita disposable income of all residents(yuan)	9964	11160	12.0
城镇常住居民人均可支配收入(元)	The per capita disposable income of urban permanent residents(yuan)	17554	19401	10.5
农村牧区常住居民人均可支配收入(元)	The per capita disposable income of permanent residents of rural and pastoral areas(yuan)	6063	6924	14.2
农村牧区经济	**Economic Development in Rural & Pastoral Area**			
农作物总播种面积(公顷)	Total Sown Area(hectare)	101449	98944	-2.5
#粮食作物播种面积(公顷)	Sown Area of Grain Crops(hectare)	73343	69734	-4.9
农牧业机械总动力(万千瓦)	Total Power of Agricultural Machinery(10 000 kw)	34.38	35.35	2.8
化肥施用折纯量(吨)	Consumption of Chemical Fertilizer(ton)	8315	7814	-6.0
农村用电量(万千瓦小时)	Electricity Consumed in Rural Area(10 000 kwh)	1510	1605	6.3
农林牧渔业总产值(万元)	Gross Output of Farming,Forestry,Animal Husbandry & Fishery(10 000 yuan)	214368	267276	19.7
粮食产量(吨)	Yield of Grain(ton)	98474	150957	53.3
油料产量(吨)	Yield of Oil-bearing Grops(ton)	17069	15746	-7.8
甜菜产量(吨)	Yield of Beetroots(ton)			
猪牛羊肉产量(吨)	Output of Pork, Beef & Mutton(ton)	21768	26857	23.4
#猪肉产量(吨)	Output of Pork(ton)	3331	3327	-0.1
牛肉产量(吨)	Output of Beef(ton)	3291	1494	-54.6
羊肉产量(吨)	Output of Mutton(ton)	15146	22036	45.5
羊毛产量(吨)	Output of Wool(ton)	1975	1880	-4.8

23-90 Siziwang Banner in Wulanchabu City

指　标	Item	2012	2013	2013年比上年增长% Increase Rate in 2013 Over 2012(%)
年末牲畜存栏头数(万头只)	Total Livestock at the Year-end(10 000 heads)	78.63	96.36	22.5
#大牲畜(万头只)	Large Animals(10 000 heads)	2.60	3.11	19.6
羊(万只)	Sheep & Goats(10 000 heads)	74.53	91.70	23.0
猪(万头)	Hogs(10 000 heads)	1.51	1.55	2.6
规模以上工业	**Industrial Enterprises above Designated size**			
工业企业单位数(个)	Number of Industrial Enterprises(unit)	37	37	0.0
#内资企业(个)	Civil Funded Enterprises(unit)	34	34	0.0
工业总产值(万元)	Gross Industrial Output Value(10 000 yuan)	444767	503118	13.1
内资企业(万元)	Civil Funded Enterprises(10 000 yuan)	425012	486474	14.5
国有企业(万元)	State-owned Enterprises(10 000 yuan)	16473	25836	56.8
集体企业(万元)	Collective-owned Enterprises(10 000 yuan)			
股份合作企业(万元)	Share Holding Enterprises(10 000 yuan)			
联营企业(万元)	Joint Owned Enterprises(10 000 yuan)			
有限责任公司(万元)	Limited Company(10 000 yuan)	10016		
股份有限公司(万元)	Share Holding Limited Company(10 000 yuan)		451055	
私营企业(万元)	Privately Owned Enterprises(10 000 yuan)	398523		
其他企业(万元)	Enterprises of Other Ownership(10 000 yuan)		9584	
港澳台商投资企业(万元)	Funds from HK,Macao & Taiwan(10 000 yuan)	19755	16644	-15.7
外商投资企业(万元)	Foreign Funded Enterprises(10 000 yuan)			
工业企业增加值(万元)	Value Added of Industrial Enterprises(10 000 yuan)			11.5
工业企业资产总计(万元)	Total Assets of Industrial Enterprises(10 000 yuan)	585657	635823	8.6
工业企业负债合计(万元)	Total Liabilities of Industrial Enterprises(10 000 yuan)	414417	396396	-4.3
工业企业产品销售收入(万元)	Sales of Revenue Industrial Enterprises(10 000 yuan)	366787	430216	17.3
工业企业利润总额(万元)	Total Profits of Industrial Enterprises(10 000 yuan)	12043	12774	6.1
建筑业	**Construction**			
建筑企业单位数(个)	Number of Construction Enterprises(unit)	1	1	0.0
建筑企业从业人员(人)	Number of Employee in Construction Enterprises(person)	106	65	-38.7
建筑业总产值(万元)	Gross Construction Output Value(10 000 yuan)	3000	2856	-4.8
交通运输邮电通信业	**Transportation,Post & Telecommunications**			
公路里程(公里)	Total Length of Highways(km)	2351	2432	3.4
邮电业务总量(万元)	Business Volume of Post & Telecoms(10 000 yuan)	2267	2314	2.1
本地电话用户(户)	Number of Subscribers of Local Telephone(Household)	11985	12307	2.7
国内贸易	**Domestic Trade**			
社会消费品零售总额(万元)	Total Retail Sales of Consumer Goods(10 000 yuan)	153611	173254	12.8
城镇(万元)	Town(10 000 yuan)	90652	99383	9.6
乡村(万元)	Village(10 000 yuan)	62959	73872	17.3
科技教育卫生	**Science,Education & Public Health**			
各类专业技术人员(人)	Special Technical Personnel(person)	754	807	7.0
幼儿园数(所)	Number of Kindergartens(unit)	7	8	14.3
学龄儿童入学率(%)	Percentage of School-Age Children Enrolled(%)	100.0	100.0	0.0
小学学校数(所)	Number of Primary Schools(unit)	14	13	-7.1
小学专任教师数(人)	Number of Full-time Teachers of Primary Schools(person)	744	759	2.0
小学在校学生数(人)	Number of Student Enrollment of Primary Schools(person)	7634	6877	-9.9
普通中学学校数(所)	Number of Regular Secondary Schools(unit)	4	3	-25.0
普通中学专任教师数(人)	Number of Teachers of Secondary Shools(person)	544	528	-2.9
初中在校学生数(人)	Number of Student in Junior Secondary Schools(person)	5702	3991	-30.0
高中在校学生数(人)	Number of Student in Senior Secondary Schools(person)	4521	4423	-2.2
卫生机构数(所)	Number of Health Institutions(unit)	182	183	0.5
#医院(所)	Hospitals(unit)	2	2	0.0
卫生院(所)	Township Hospitals(unit)	25	25	0.0
床位数(张)	Number of Beds(unit)	549	551	0.4
#医院(张)	Hospitals(unit)	258	258	0.0
卫生院(张)	Township Hospitals(unit)	256	257	0.4
卫生技术人员(人)	Medical Technical Presonnel(person)	508	512	0.8
#医院(人)	Hospitals(person)	230	231	0.4
卫生院(人)	Township Hospitals(person)	89	91	2.2

23-91 鄂尔多斯市东胜区

指 标	Item	2012	2013	2013年比上年增长% Increase Rate in 2013 Over 2012(%)
行政区域土地面积(平方公里)	**Area of Administration(Sq.km)**	**2526**	**2526**	**0.0**
人口和就业	**Population & Employment**			
年末总人口(人)	Total Population Year-end(person)	263046	268908	2.2
#男性(人)	Male(person)	132036	134972	2.2
#乡村人口(人)	Rural(person)	39658	42126	6.2
年末总户数(户)	Total Number of Households at the Year-end(Household)	89707	93330	4.0
#乡村户数(户)	Number of Rural Household(Household)	14719	14921	1.4
出生人口(人)	Births(person)	3556	3402	-4.3
死亡人口(人)	Deaths(person)	1527	654	-57.2
全社会就业人员(人)	Employment(person)	277983	281544	1.3
第一产业(人)	Primary Industry(person)	6692	5744	-14.2
第二产业(人)	Secondary Industry(person)	106191	108644	2.3
第三产业(人)	Tertiary Industry(person)	165100	167156	1.2
在岗职工人数(人)	Number of Staff & Workers Employed in(person)	65961	84296	27.8
乡村劳动力(人)	Number of Rural Laborers(person)	24064	22256	-7.5
#农林牧渔业(人)	Farming,Forestry,Animal Husbandry & Fishery(person)	6692	6656	-0.5
国民经济综合指标	**Summary Item on the National Economy**			
生产总值(万元)	Gross Domestic Product(10 000 yuan)	8503350	8802777	5.3
第一产业(万元)	Primary Industry(10 000 yuan)	14700	14800	0.5
第二产业(万元)	Secondary Industry(10 000 yuan)	3366826	3282877	4.5
#工业(万元)	Industry(10 000 yuan)	2807865	2701600	4.7
第三产业(万元)	Tertiary Industry(10 000 yuan)	5121824	5505100	5.8
人均生产总值(元)	Per Capita GDP(yuan)	141310	145742	4.9
全社会固定资产投资(万元)	Total Investment in Fixed Assets(10 000 yuan)	6026112	6501079	7.9
按登记注册类型分	Grouped by Registered Type			
#国有(万元)	State-owned Enterprises(10 000 yuan)	1376076	1193499	-13.3
集体(万元)	Collective-owned Enterprises(10 000 yuan)			
有限责任公司(万元)	Limited Liability Corporations(10 000 yuan)	3569254	3640188	2.0
股份有限公司(万元)	Share Holding Enterprises(10 000 yuan)	36158	272112	652.6
私营企业(万元)	Private Enterprises(10 000 yuan)	15765	46240	1684.9
外商及港澳台投资企业(万元)	Funds from HK,Macao,Taiwan & Foreign(10 000 yuan)			
按城乡渠道分	Grouped by Urban and Rural Area			
城镇(万元)	Urban(10 000 yuan)	6026112	6501079	7.9
农村(万元)	Rural(10 000 yuan)			
公共财政预算收入(万元)	Public Budgetary Financial Revenue(10 000 yuan)	778736	966700	24.1
公共财政预算支出(万元)	Public Budgetary Financial Expenditure(10 000 yuan)	810425	930501	14.8
个人储蓄存款余额(万元)	The balance of savings deposits of individuals(10 000 yuan)	4932576	5554400	12.6
在岗职工工资总额(万元)	Total Wages of Staff & Workers Employed in(10 000 yuan)	466091	614388	31.8
在岗职工平均工资(元)	Average Wage of Staff & Workers Employed in(yuan)	69303	71123	2.6
全体居民人均可支配收入(元)	The per capita disposable income of all residents(yuan)	26288	28601	8.8
城镇常住居民人均可支配收入(元)	The per capita disposable income of urban permanent residents(yuan)	31038	33707	8.6
农村牧区常住居民人均可支配收入(元)	The per capita disposable income of permanent residents of rural and pastoral areas(yuan)			
农村牧区经济	**Economic Development in Rural & Pastoral Area**			
农作物总播种面积(公顷)	Total Sown Area(hectare)	1870	2019	8.0
#粮食作物播种面积(公顷)	Sown Area of Grain Crops(hectare)	1850	2022	9.3
农牧业机械总动力(万千瓦)	Total Power of Agricultural Machinery(10 000 kw)	10.85	11.00	1.4
化肥施用折纯量(吨)	Consumption of Chemical Fertilizer(ton)	122	716	486.9
农村用电量(万千瓦小时)	Electricity Consumed in Rural Area(10 000 kwh)	656	752	14.6
农林牧渔业总产值(万元)	Gross Output of Farming,Forestry,Animal Husbandry & Fishery(10 000 yuan)	25916	25703	-5.6
粮食产量(吨)	Yield of Grain(ton)	3800	11687	207.6
油料产量(吨)	Yield of Oil-bearing Grops(ton)	6	30	400.0
甜菜产量(吨)	Yield of Beetroots(ton)			
猪牛羊肉产量(吨)	Output of Pork, Beef & Mutton(ton)	2250	1930	-14.2
#猪肉产量(吨)	Output of Pork(ton)	1472	820	-44.3
牛肉产量(吨)	Output of Beef(ton)	282	181	-35.8
羊肉产量(吨)	Output of Mutton(ton)	496	929	87.3
羊毛产量(吨)	Output of Wool(ton)	41	121	195.1

23-91 Dongsheng District in Erdos City

指　标	Item	2012	2013	2013年比上年增长% Increase Rate in 2013 Over 2012(%)
年末牲畜存栏头数(万头只)	Total Livestock at the Year-end(10 000 heads)	7.08	8.00	13.0
#大牲畜(万头只)	Large Animals(10 000 heads)	0.24	0.41	70.8
羊(万只)	Sheep & Goats(10 000 heads)	5.97	6.68	11.9
猪(万头)	Hogs(10 000 heads)	0.87	0.92	5.7
规模以上工业	**Industrial Enterprises above Designated size**			
工业企业单位数(个)	Number of Industrial Enterprises(unit)	63	62	-1.6
#内资企业(个)	Civil Funded Enterprises(unit)	57	59	3.5
工业总产值(万元)	Gross Industrial Output Value(10 000 yuan)	4497065	4711281	4.8
内资企业(万元)	Civil Funded Enterprises(10 000 yuan)	3459940	3783294	9.3
国有企业(万元)	State-owned Enterprises(10 000 yuan)	987198	495834	-49.8
集体企业(万元)	Collective-owned Enterprises(10 000 yuan)			
股份合作企业(万元)	Share Holding Enterprises(10 000 yuan)			
联营企业(万元)	Joint Owned Enterprises(10 000 yuan)			
有限责任公司(万元)	Limited Company(10 000 yuan)	1732883	2610167	50.6
股份有限公司(万元)	Share Holding Limited Company(10 000 yuan)	384456	477735	24.3
私营企业(万元)	Privately Owned Enterprises(10 000 yuan)	149650	43638	-70.8
其他企业(万元)	Enterprises of Other Ownership(10 000 yuan)	205753	155922	-24.2
港澳台商投资企业(万元)	Funds from HK,Macao & Taiwan(10 000 yuan)	9578	5987	-37.5
外商投资企业(万元)	Foreign Funded Enterprises(10 000 yuan)	1027546	922000	-10.3
工业企业增加值(万元)	Value Added of Industrial Enterprises(10 000 yuan)			6.1
工业企业资产总计(万元)	Total Assets of Industrial Enterprises(10 000 yuan)	13154600	12353200	6.1
工业企业负债合计(万元)	Total Liabilities of Industrial Enterprises(10 000 yuan)	7481100	7574100	1.2
工业企业产品销售收入(万元)	Sales of Revenue Industrial Enterprises(10 000 yuan)	7611600	6464700	-15.1
工业企业利润总额(万元)	Total Profits of Industrial Enterprises(10 000 yuan)	2046500	1267100	-38.1
建筑业	**Construction**			
建筑企业单位数(个)	Number of Construction Enterprises(unit)	138	166	20.3
建筑企业从业人员(人)	Number of Employee in Construction Enterprises(person)	58291	68727	17.9
建筑业总产值(万元)	Gross Construction Output Value(10 000 yuan)	3472596	3665478	5.6
交通运输邮电通信业	**Transportation,Post & Telecommunications**			
公路里程(公里)	Total Length of Highways(km)	1204	1135	-5.7
邮电业务总量(万元)	Business Volume of Post & Telecoms(10 000 yuan)	136620	139352	2.0
本地电话用户(户)	Number of Subscribers of Local Telephone(Household)	85915	85045	-1.0
国内贸易	**Domestic Trade**			
社会消费品零售总额(万元)	Total Retail Sales of Consumer Goods(10 000 yuan)	2508565	2709798	8.0
城镇(万元)	Town(10 000 yuan)	2471012	2709798	9.7
乡村(万元)	Village(10 000 yuan)	37553		
科技教育卫生	**Science,Education & Public Health**			
各类专业技术人员(人)	Special Technical Personnel(person)	9210	9257	0.5
幼儿园数(所)	Number of Kindergartens(unit)	59	62	5.1
学龄儿童入学率(%)	Percentage of School-Age Children Enrolled(%)	100.0	100.0	0.0
小学学校数(所)	Number of Primary Schools(unit)	36	34	-5.6
小学专任教师数(人)	Number of Full-time Teachers of Primary Schools(person)	1875	1914	2.1
小学在校学生数(人)	Number of Student Enrollment of Primary	31867	33230	4.3
普通中学学校数(所)	Number of Regular Secondary Schools(unit)	19	16	-15.8
普通中学专任教师数(人)	Number of Teachers of Secondary Shools(person)	2361	2427	2.8
初中在校学生数(人)	Number of Student in Junior Secondary Schools(person)	15966	15526	-2.8
高中在校学生数(人)	Number of Student in Senior Secondary Schools(person)	13951	13942	-0.1
卫生机构数(所)	Number of Health Institutions(unit)	390	431	10.5
#医院(所)	Hospitals(unit)	24	36	50.0
卫生院(所)	Township Hospitals(unit)	7	6	-14.3
床位数(张)	Number of Beds(unit)	3072	4101	33.5
#医院(张)	Hospitals(unit)	2963	4000	35.0
卫生院(张)	Township Hospitals(unit)	81	73	-9.9
卫生技术人员(人)	Medical Technical Presonnel(person)	5405	6192	14.6
#医院(人)	Hospitals(person)	2320	4061	75.0
卫生院(人)	Township Hospitals(person)	70	81	15.7

23-92 鄂尔多斯市达拉特旗

指　标	Item	2012	2013	2013年比上年增长% Increase Rate in 2013 Over 2012(%)
行政区域土地面积(平方公里)	**Area of Administration(Sq.km)**	**8241**	**8241**	**0.0**
人口和就业	**Population & Employment**			
年末总人口(人)	Total Population Year-end(person)	357563	362444	1.4
#男性(人)	Male(person)	182790	184933	1.2
#乡村人口(人)	Rural(person)	143000	144784	1.2
年末总户数(户)	Total Number of Households at the Year-end(Household)	152190	156936	3.1
#乡村户数(户)	Number of Rural Household(Household)	50624	51035	0.8
出生人口(人)	Births(person)	5774	5644	-2.3
死亡人口(人)	Deaths(person)	6794	1884	-72.3
全社会就业人员(人)	Employment(person)	233481	237639	1.8
第一产业(人)	Primary Industry(person)	66351	66702	0.5
第二产业(人)	Secondary Industry(person)	51187	51830	1.3
第三产业(人)	Tertiary Industry(person)	115943	119107	2.7
在岗职工人数(人)	Number of Staff & Workers Employed in(person)	22227	31188	40.3
乡村劳动力(人)	Number of Rural Laborers(person)	99543	99442	-0.1
#农林牧渔业(人)	Farming,Forestry,Animal Husbandry & Fishery(person)	74070	74131	0.1
国民经济综合指标	**Summary Item on the National Economy**			
生产总值(万元)	Gross Domestic Product(10 000 yuan)	4514593	4802980	10.4
第一产业(万元)	Primary Industry(10 000 yuan)	287352	313000	3.7
第二产业(万元)	Secondary Industry(10 000 yuan)	2873902	2978099	12.0
#工业(万元)	Industry(10 000 yuan)	2663122	2745188	12.2
第三产业(万元)	Tertiary Industry(10 000 yuan)	1353339	1511881	8.2
人均生产总值(元)	Per Capita GDP(yuan)	137535	145943	10.1
全社会固定资产投资(万元)	Total Investment in Fixed Assets(10 000 yuan)	1902895	2305451	21.2
按登记注册类型分	Grouped by Registered Type			
#国有(万元)	State-owned Enterprises(10 000 yuan)	151827	877801	478.2
集体(万元)	Collective-owned Enterprises(10 000 yuan)			
有限责任公司(万元)	Limited Liability Corporations(10 000 yuan)	1643633	1229999	-25.2
股份有限公司(万元)	Share Holding Enterprises(10 000 yuan)	10500	153643	1363.3
私营企业(万元)	Private Enterprises(10 000 yuan)	5000	21323	326.5
外商及港澳台投资企业(万元)	Funds from HK,Macao,Taiwan & Foreign(10 000 yuan)			
按城乡渠道分	Grouped by Urban and Rural Area			
城镇(万元)	Urban(10 000 yuan)	1900795	2288014	20.4
农村(万元)	Rural(10 000 yuan)	2100	17437	730.3
公共财政预算收入(万元)	Public Budgetary Financial Revenue(10 000 yuan)	165421	190800	15.3
公共财政预算支出(万元)	Public Budgetary Financial Expenditure(10 000 yuan)	420975	374465	-11.0
个人储蓄存款余额(万元)	The balance of savings deposits of individuals(10 000 yuan)	782707	895841	14.5
在岗职工工资总额(万元)	Total Wages of Staff & Workers Employed in(10 000 yuan)	131985	174054	31.9
在岗职工平均工资(元)	Average Wage of Staff & Workers Employed in(yuan)	59684	55628	-6.8
全体居民人均可支配收入(元)	The per capita disposable income of all residents(yuan)	18714	20642	10.3
城镇常住居民人均可支配收入(元)	The per capita disposable income of urban permanent residents(yuan)	26394	28928	9.6
农村牧区常住居民人均可支配收入(元)	The per capita disposable income of permanent residents of rural and pastoral areas(yuan)	10761	12020	11.7
农村牧区经济	**Economic Development in Rural & Pastoral Area**			
农作物总播种面积(公顷)	Total Sown Area(hectare)	124782	124507	-0.2
#粮食作物播种面积(公顷)	Sown Area of Grain Crops(hectare)	81460	81620	0.2
农牧业机械总动力(万千瓦)	Total Power of Agricultural Machinery(10 000 kw)	80.00	86.00	7.5
化肥施用折纯量(吨)	Consumption of Chemical Fertilizer(ton)	45759	39788	-13.0
农村用电量(万千瓦小时)	Electricity Consumed in Rural Area(10 000 kwh)	25521	23852	-6.5
农林牧渔业总产值(万元)	Gross Output of Farming,Forestry,Animal Husbandry & Fishery(10 000 yuan)	483138	527425	3.9
粮食产量(吨)	Yield of Grain(ton)	565000	609500	7.9
油料产量(吨)	Yield of Oil-bearing Grops(ton)	18904	18734	-0.9
甜菜产量(吨)	Yield of Beetroots(ton)	107157	94068	-12.2
猪牛羊肉产量(吨)	Output of Pork, Beef & Mutton(ton)	35335	38430	8.8
#猪肉产量(吨)	Output of Pork(ton)	9003	12076	34.1
牛肉产量(吨)	Output of Beef(ton)	2996	3296	10.0
羊肉产量(吨)	Output of Mutton(ton)	23336	23058	-1.2
羊毛产量(吨)	Output of Wool(ton)	4123	4867	18.0

23-92 Dalate Banner in Erdos City

指　标	Item	2012	2013	2013年比上年增长% Increase Rate in 2013 Over 2012(%)
年末牲畜存栏头数(万头只)	Total Livestock at the Year-end(10 000 heads)	200.20	201.07	0.4
#大牲畜(万头只)	Large Animals(10 000 heads)	5.80	5.87	1.2
羊(万只)	Sheep & Goats(10 000 heads)	188.30	189.05	0.4
猪(万头)	Hogs(10 000 heads)	6.10	6.15	0.8
规模以上工业	**Industrial Enterprises above Designated size**			
工业企业单位数(个)	Number of Industrial Enterprises(unit)	46	56	21.7
#内资企业(个)	Civil Funded Enterprises(unit)	43	53	23.3
工业总产值(万元)	Gross Industrial Output Value(10 000 yuan)	5515885	6092084	10.4
内资企业(万元)	Civil Funded Enterprises(10 000 yuan)	5323256	5866450	10.2
国有企业(万元)	State-owned Enterprises(10 000 yuan)	330356	29173	-91.2
集体企业(万元)	Collective-owned Enterprises(10 000 yuan)			
股份合作企业(万元)	Share Holding Enterprises(10 000 yuan)	250159		
联营企业(万元)	Joint Owned Enterprises(10 000 yuan)			
有限责任公司(万元)	Limited Company(10 000 yuan)	3005932	3975044	32.2
股份有限公司(万元)	Share Holding Limited Company(10 000 yuan)	312725	603105	92.9
私营企业(万元)	Privately Owned Enterprises(10 000 yuan)	1169022	1081528	-7.5
其他企业(万元)	Enterprises of Other Ownership(10 000 yuan)	255063	177599	-30.4
港澳台商投资企业(万元)	Funds from HK,Macao & Taiwan(10 000 yuan)	14448	18686	29.3
外商投资企业(万元)	Foreign Funded Enterprises(10 000 yuan)	178181	206948	16.1
工业企业增加值(万元)	Value Added of Industrial Enterprises(10 000 yuan)			16.1
工业企业资产总计(万元)	Total Assets of Industrial Enterprises(10 000 yuan)	3707740	4627900	24.8
工业企业负债合计(万元)	Total Liabilities of Industrial Enterprises(10 000 yuan)	1979256	2721100	37.5
工业企业产品销售收入(万元)	Sales of Revenue Industrial Enterprises(10 000 yuan)	5519240	6141100	11.3
工业企业利润总额(万元)	Total Profits of Industrial Enterprises(10 000 yuan)	1091918	1609700	47.4
建筑业	**Construction**			
建筑企业单位数(个)	Number of Construction Enterprises(unit)	14	13	-7.1
建筑企业从业人员(人)	Number of Employee in Construction Enterprises(person)	3021	2703	-10.5
建筑业总产值(万元)	Gross Construction Output Value(10 000 yuan)	464812	508961	9.5
交通运输邮电通信业	**Transportation,Post & Telecommunications**			
公路里程(公里)	Total Length of Highways(km)	2376	2376	0.0
邮电业务总量(万元)	Business Volume of Post & Telecoms(10 000 yuan)	34214	33408	-2.4
本地电话用户(户)	Number of Subscribers of Local Telephone(Household)	26000	24000	-7.7
国内贸易	**Domestic Trade**			
社会消费品零售总额(万元)	Total Retail Sales of Consumer Goods(10 000 yuan)	460007	500002	8.7
城镇(万元)	Town(10 000 yuan)	285220	314949	10.4
乡村(万元)	Village(10 000 yuan)	174787	185052	5.9
科技教育卫生	**Science,Education & Public Health**			
各类专业技术人员(人)	Special Technical Personnel(person)	6009	6095	1.4
幼儿园数(所)	Number of Kindergartens(unit)	66	70	6.1
学龄儿童入学率(%)	Percentage of School-Age Children Enrolled(%)	100.0	100.0	0.0
小学学校数(所)	Number of Primary Schools(unit)	22	22	0.0
小学专任教师数(人)	Number of Full-time Teachers of Primary Schools(person)	1032	1094	6.0
小学在校学生数(人)	Number of Student Enrollment of Primary	18984	19344	1.9
普通中学学校数(所)	Number of Regular Secondary Schools(unit)	9	9	0.0
普通中学专任教师数(人)	Number of Teachers of Secondary Shools(person)	1072	1104	3.0
初中在校学生数(人)	Number of Student in Junior Secondary Schools(person)	9637	9369	-2.8
高中在校学生数(人)	Number of Student in Senior Secondary Schools(person)	5983	5866	-2.0
卫生机构数(所)	Number of Health Institutions(unit)	300	298	-0.7
#医院(所)	Hospitals(unit)	8	8	0.0
卫生院(所)	Township Hospitals(unit)	22	22	0.0
床位数(张)	Number of Beds(unit)	1270	1260	-0.8
#医院(张)	Hospitals(unit)	911	901	-1.1
卫生院(张)	Township Hospitals(unit)	308	308	0.0
卫生技术人员(人)	Medical Technical Presonnel(person)	1895	1933	2.0
#医院(人)	Hospitals(person)	898	882	-1.8
卫生院(人)	Township Hospitals(person)	252	231	-8.3

23-93 鄂尔多斯市准格尔旗

指 标	Item	2012	2013	2013年比上年增长% Increase Rate in 2013 Over 2012(%)
行政区域土地面积(平方公里)	**Area of Administration(Sq.km)**	**7551**	**7551**	**0.0**
人口和就业	**Population & Employment**			
年末总人口(人)	Total Population Year-end(person)	308737	314673	1.9
#男性(人)	Male(person)	157420	159925	1.6
#乡村人口(人)	Rural(person)	102618	98216	-4.3
年末总户数(户)	Total Number of Households at the Year-end(Household)	133631	137741	3.1
#乡村户数(户)	Number of Rural Household(Household)	36469	35113	-3.7
出生人口(人)	Births(person)	4753	4966	4.5
死亡人口(人)	Deaths(person)	1836	1163	-36.7
全社会就业人员(人)	Employment(person)	185316	192134	3.7
第一产业(人)	Primary Industry(person)	36104	35104	-2.8
第二产业(人)	Secondary Industry(person)	64720	67329	4.0
第三产业(人)	Tertiary Industry(person)	84492	89701	6.2
在岗职工人数(人)	Number of Staff & Workers Employed in(person)	40606	62020	52.7
乡村劳动力(人)	Number of Rural Laborers(person)	79624	79599	0.0
#农林牧渔业(人)	Farming,Forestry,Animal Husbandry & Fishery(person)	41131	45184	9.9
国民经济综合指标	**Summary Item on the National Economy**			
生产总值(万元)	Gross Domestic Product(10 000 yuan)	10003994	10505364	8.2
第一产业(万元)	Primary Industry(10 000 yuan)	88105	92600	1.8
第二产业(万元)	Secondary Industry(10 000 yuan)	6401510	6573939	9.7
#工业(万元)	Industry(10 000 yuan)	5895641	6042271	10.1
第三产业(万元)	Tertiary Industry(10 000 yuan)	3514379	3838825	5.8
人均生产总值(元)	Per Capita GDP(yuan)	271111	285511	7.8
全社会固定资产投资(万元)	Total Investment in Fixed Assets(10 000 yuan)	5501237	6204832	12.8
按登记注册类型分	Grouped by Registered Type			
#国有(万元)	State-owned Enterprises(10 000 yuan)	1123239	1657580	47.6
集体(万元)	Collective-owned Enterprises(10 000 yuan)			
有限责任公司(万元)	Limited Liability Corporations(10 000 yuan)	3993388	3769204	-5.6
股份有限公司(万元)	Share Holding Enterprises(10 000 yuan)			
私营企业(万元)	Private Enterprises(10 000 yuan)			
外商及港澳台投资企业(万元)	Funds from HK,Macao,Taiwan & Foreign(10 000 yuan)			
按城乡渠道分	Grouped by Urban and Rural Area			
城镇(万元)	Urban(10 000 yuan)	5500547	6179451	12.3
农村(万元)	Rural(10 000 yuan)	690	25381	3578.4
公共财政预算收入(万元)	Public Budgetary Financial Revenue(10 000 yuan)	673807	738600	9.6
公共财政预算支出(万元)	Public Budgetary Financial Expenditure(10 000 yuan)	694534	726677	4.6
个人储蓄存款余额(万元)	The balance of savings deposits of individuals(10 000 yuan)	1927530	2222063	15.3
在岗职工工资总额(万元)	Total Wages of Staff & Workers Employed in(10 000 yuan)	262958	469733	78.6
在岗职工平均工资(元)	Average Wage of Staff & Workers Employed in(yuan)	66068	74589	12.9
全体居民人均可支配收入(元)	The per capita disposable income of all residents(yuan)	23706	25768	8.7
城镇常住居民人均可支配收入(元)	The per capita disposable income of urban permanent residents(yuan)	30950	33612	8.6
农村牧区常住居民人均可支配收入(元)	The per capita disposable income of permanent residents of rural and pastoral areas(yuan)	10829	12128	12.0
农村牧区经济	**Economic Development in Rural & Pastoral Area**			
农作物总播种面积(公顷)	Total Sown Area(hectare)	67966	65123	-4.2
#粮食作物播种面积(公顷)	Sown Area of Grain Crops(hectare)	38930	37510	-3.6
农牧业机械总动力(万千瓦)	Total Power of Agricultural Machinery(10 000 kw)	27.85	28.00	0.5
化肥施用折纯量(吨)	Consumption of Chemical Fertilizer(ton)	9511	9785	2.9
农村用电量(万千瓦小时)	Electricity Consumed in Rural Area(10 000 kwh)	3546	3689	4.0
农林牧渔业总产值(万元)	Gross Output of Farming,Forestry,Animal Husbandry & Fishery(10 000 yuan)	148529	156273	0.2
粮食产量(吨)	Yield of Grain(ton)	85000	87669	3.1
油料产量(吨)	Yield of Oil-bearing Grops(ton)	3032	3012	-0.7
甜菜产量(吨)	Yield of Beetroots(ton)	550	517	-6.0
猪牛羊肉产量(吨)	Output of Pork, Beef & Mutton(ton)	12108	11620	-4.0
#猪肉产量(吨)	Output of Pork(ton)	7015	6681	-4.8
牛肉产量(吨)	Output of Beef(ton)	274	305	11.3
羊肉产量(吨)	Output of Mutton(ton)	4819	4634	-3.8
羊毛产量(吨)	Output of Wool(ton)	538	543	0.9

23–93 Zhungeer Banner in Erdos City

指　标	Item	2012	2013	2013年比上年增长% Increase Rate in 2013 Over 2012(%)
年末牲畜存栏头数(万头只)	Total Livestock at the Year-end(10 000 heads)	56.32	54.15	-3.9
#大牲畜(万头只)	Large Animals(10 000 heads)	1.31	1.30	-0.8
羊(万只)	Sheep & Goats(10 000 heads)	49.45	47.63	-3.7
猪(万头)	Hogs(10 000 heads)	5.56	5.22	-6.1
规模以上工业	**Industrial Enterprises above Designated size**			
工业企业单位数(个)	Number of Industrial Enterprises(unit)	114	114	0.0
#内资企业(个)	Civil Funded Enterprises(unit)	110	108	-1.8
工业总产值(万元)	Gross Industrial Output Value(10 000 yuan)	11510712	11336948	-1.5
内资企业(万元)	Civil Funded Enterprises(10 000 yuan)	11450845	11203769	-2.2
国有企业(万元)	State-owned Enterprises(10 000 yuan)	787483	2488316	216.0
集体企业(万元)	Collective-owned Enterprises(10 000 yuan)	14417	9918	-31.2
股份合作企业(万元)	Share Holding Enterprises(10 000 yuan)	1945156		
联营企业(万元)	Joint Owned Enterprises(10 000 yuan)			
有限责任公司(万元)	Limited Company(10 000 yuan)	5815360	4841480	-16.7
股份有限公司(万元)	Share Holding Limited Company(10 000 yuan)	1133005	3414203	201.3
私营企业(万元)	Privately Owned Enterprises(10 000 yuan)	877051	449853	-48.7
其他企业(万元)	Enterprises of Other Ownership(10 000 yuan)	878374		
港澳台商投资企业(万元)	Funds from HK,Macao & Taiwan(10 000 yuan)	7327	83199	1035.5
外商投资企业(万元)	Foreign Funded Enterprises(10 000 yuan)	52540	49980	-4.9
工业企业增加值(万元)	Value Added of Industrial Enterprises(10 000 yuan)			11.0
工业企业资产总计(万元)	Total Assets of Industrial Enterprises(10 000 yuan)	22186578	23140700	4.3
工业企业负债合计(万元)	Total Liabilities of Industrial Enterprises(10 000 yuan)	12553034	12563000	0.1
工业企业产品销售收入(万元)	Sales of Revenue Industrial Enterprises(10 000 yuan)	12248277	11860900	-3.2
工业企业利润总额(万元)	Total Profits of Industrial Enterprises(10 000 yuan)	2450148	2926600	19.4
建筑业	**Construction**			
建筑企业单位数(个)	Number of Construction Enterprises(unit)	12	12	0.0
建筑企业从业人员(人)	Number of Employee in Construction Enterprises(person)	3491	3091	-11.5
建筑业总产值(万元)	Gross Construction Output Value(10 000 yuan)	86161	72356	-16.0
交通运输邮电通信业	**Transportation,Post & Telecommunications**			
公路里程(公里)	Total Length of Highways(km)	2852	2675	-6.2
邮电业务总量(万元)	Business Volume of Post & Telecoms(10 000 yuan)	80000	107800	34.8
本地电话用户(户)	Number of Subscribers of Local Telephone(Household)	60269	60265	0.0
国内贸易	**Domestic Trade**			
社会消费品零售总额(亿元)	Total Retail Sales of Consumer Goods(10 000 yuan)	780027	840374	7.7
城镇(万元)	Town(10 000 yuan)	513569	562463	9.5
乡村(万元)	Village(10 000 yuan)	266458	277912	4.3
科技教育卫生	**Science,Education & Public Health**			
各类专业技术人员(人)	Special Technical Personnel(person)	9320	7188	-22.9
幼儿园数(所)	Number of Kindergartens(unit)	52	53	1.9
学龄儿童入学率(%)	Percentage of School-Age Children Enrolled(%)	100.0	100.0	0.0
小学学校数(所)	Number of Primary Schools(unit)	25	25	0.0
小学专任教师数(人)	Number of Full-time Teachers of Primary Schools(person)	1287	1390	8.0
小学在校学生数(人)	Number of Student Enrollment of Primary Schools(person)	21962	22755	3.6
普通中学学校数(所)	Number of Regular Secondary Schools(unit)	12	12	0.0
普通中学专任教师数(人)	Number of Teachers of Secondary Shools(person)	1396	1431	2.5
初中在校学生数(人)	Number of Student in Junior Secondary Schools(person)	10826	10676	-1.4
高中在校学生数(人)	Number of Student in Senior Secondary Schools(person)	5768	5557	-3.7
卫生机构数(所)	Number of Health Institutions(unit)	281	257	-8.5
#医院(所)	Hospitals(unit)	9	9	0.0
卫生院(所)	Township Hospitals(unit)	18	14	-22.2
床位数(张)	Number of Beds(unit)	1590	1716	7.9
#医院(张)	Hospitals(unit)	1329	1455	9.5
卫生院(张)	Township Hospitals(unit)	255	255	0.0
卫生技术人员(人)	Medical Technical Presonnel(person)	2332	2459	5.4
#医院(人)	Hospitals(person)	1162	836	-28.1
卫生院(人)	Township Hospitals(person)	421	274	-34.9

23-94 鄂尔多斯市鄂托克前旗

指　标	Item	2012	2013	2013年比上年增长% Increase Rate in 2013 Over 2012(%)
行政区域土地面积(平方公里)	**Area of Administration(Sq.km)**	**12221**	**12221**	**0.0**
人口和就业	**Population & Employment**			
年末总人口(人)	Total Population Year-end(person)	76279	77147	1.1
#男性(人)	Male(person)	38688	39059	1.0
#乡村人口(人)	Rural(person)	35379	35587	0.6
年末总户数(户)	Total Number of Households at the Year-end(Household)	27708	27799	0.3
#乡村户数(户)	Number of Rural Household(Household)	12216	12407	1.6
出生人口(人)	Births(person)	1121	1214	8.3
死亡人口(人)	Deaths(person)	507	381	-24.9
全社会就业人员(人)	Employment(person)	49581	50785	2.4
第一产业(人)	Primary Industry(person)	22588	19847	-12.1
第二产业(人)	Secondary Industry(person)	11494	13114	14.1
第三产业(人)	Tertiary Industry(person)	15499	17824	15.0
在岗职工人数(人)	Number of Staff & Workers Employed in(person)	4675	10707	129.0
乡村劳动力(人)	Number of Rural Laborers(person)	23683	23792	0.5
#农林牧渔业(人)	Farming,Forestry,Animal Husbandry & Fishery(person)	19429	19675	1.3
国民经济综合指标	**Summary Item on the National Economy**			
生产总值(万元)	Gross Domestic Product(10 000 yuan)	928438	1182505	19.6
第一产业(万元)	Primary Industry(10 000 yuan)	102700	111100	3.3
第二产业(万元)	Secondary Industry(10 000 yuan)	527164	740809	29.2
#工业(万元)	Industry(10 000 yuan)	393739	597510	36.1
第三产业(万元)	Tertiary Industry(10 000 yuan)	298574	330597	7.5
人均生产总值(元)	Per Capita GDP(yuan)	134800	170390	18.7
全社会固定资产投资(万元)	Total Investment in Fixed Assets(10 000 yuan)	2013646	2309507	14.7
按登记注册类型分	Grouped by Registered Type			
#国有(万元)	State-owned Enterprises(10 000 yuan)	1707541	1939243	13.6
集体(万元)	Collective-owned Enterprises(10 000 yuan)			
有限责任公司(万元)	Limited Liability Corporations(10 000 yuan)	64000	279707	337.0
股份有限公司(万元)	Share Holding Enterprises(10 000 yuan)	8500	9180	8.0
私营企业(万元)	Private Enterprises(10 000 yuan)	206735		
外商及港澳台投资企业(万元)	Funds from HK,Macao,Taiwan & Foreign(10 000 yuan)			
按城乡渠道分	Grouped by Urban and Rural Area			
城镇(万元)	Urban(10 000 yuan)	1985846	2309307	16.3
农村(万元)	Rural(10 000 yuan)	27800	200	-99.3
公共财政预算收入(万元)	Public Budgetary Financial Revenue(10 000 yuan)	97877	116600	19.1
公共财政预算支出(万元)	Public Budgetary Financial Expenditure(10 000 yuan)	216766	264972	22.2
个人储蓄存款余额(万元)	The balance of savings deposits of individuals(10 000 yuan)	159356	193303	21.3
在岗职工工资总额(万元)	Total Wages of Staff & Workers Employed in(10 000 yuan)	32485	59158	82.1
在岗职工平均工资(元)	Average Wage of Staff & Workers Employed in(yuan)	65800	53551	-18.6
全体居民人均可支配收入(元)	The per capita disposable income of all residents(yuan)	19563	21813	11.5
城镇常住居民人均可支配收入(元)	The per capita disposable income of urban permanent residents(yuan)	27083	30225	11.6
农村牧区常住居民人均可支配收入(元)	The per capita disposable income of permanent residents of rural and pastoral areas(yuan)	10840	12163	12.2
农村牧区经济	**Economic Development in Rural & Pastoral Area**			
农作物总播种面积(公顷)	Total Sown Area(hectare)	27380	26327	-3.8
#粮食作物播种面积(公顷)	Sown Area of Grain Crops(hectare)	19020	17321	-8.9
农牧业机械总动力(万千瓦)	Total Power of Agricultural Machinery(10 000 kw)	23.73	25.00	5.4
化肥施用折纯量(吨)	Consumption of Chemical Fertilizer(ton)	18936	19056	0.6
农村用电量(万千瓦小时)	Electricity Consumed in Rural Area(10 000 kwh)	3693	3822	3.5
农林牧渔业总产值(万元)	Gross Output of Farming,Forestry,Animal Husbandry & Fishery(10 000 yuan)	172391	18865	4.2
粮食产量(吨)	Yield of Grain(ton)	113000	104464	-7.6
油料产量(吨)	Yield of Oil-bearing Grops(ton)	2649	2974	12.3
甜菜产量(吨)	Yield of Beetroots(ton)			
猪牛羊肉产量(吨)	Output of Pork, Beef & Mutton(ton)	18035	18384	1.9
#猪肉产量(吨)	Output of Pork(ton)	3961	4012	1.3
牛肉产量(吨)	Output of Beef(ton)	2776	2783	0.3
羊肉产量(吨)	Output of Mutton(ton)	11298	11589	2.6
羊毛产量(吨)	Output of Wool(ton)	1500	1768	17.9

23-94 Etuokeqian Banner in Erdos City

指　标	Item	2012	2013	2013年比上年增长% Increase Rate in 2013 Over 2012(%)
年末牲畜存栏头数(万头只)	Total Livestock at the Year-end(10 000 heads)	88.98	90.06	1.2
#大牲畜(万头只)	Large Animals(10 000 heads)	3.72	3.50	-5.9
羊(万只)	Sheep & Goats(10 000 heads)	79.64	80.68	1.3
猪(万头)	Hogs(10 000 heads)	5.62	5.87	4.4
规模以上工业	**Industrial Enterprises above Designated size**			
工业企业单位数(个)	Number of Industrial Enterprises(unit)	17	15	-11.8
#内资企业(个)	Civil Funded Enterprises(unit)	17	15	-11.8
工业总产值(万元)	Gross Industrial Output Value(10 000 yuan)	892066	1454480	63.0
内资企业(万元)	Civil Funded Enterprises(10 000 yuan)	892066	1454480	63.0
国有企业(万元)	State-owned Enterprises(10 000 yuan)	447363		
集体企业(万元)	Collective-owned Enterprises(10 000 yuan)			
股份合作企业(万元)	Share Holding Enterprises(10 000 yuan)			
联营企业(万元)	Joint Owned Enterprises(10 000 yuan)			
有限责任公司(万元)	Limited Company(10 000 yuan)	306454	848218	176.8
股份有限公司(万元)	Share Holding Limited Company(10 000 yuan)	26240	29126	11.0
私营企业(万元)	Privately Owned Enterprises(10 000 yuan)	112010	577135	415.3
其他企业(万元)	Enterprises of Other Ownership(10 000 yuan)			
港澳台商投资企业(万元)	Funds from HK,Macao & Taiwan(10 000 yuan)			
外商投资企业(万元)	Foreign Funded Enterprises(10 000 yuan)			
工业企业增加值(万元)	Value Added of Industrial Enterprises(10 000 yuan)			44.2
工业企业资产总计(万元)	Total Assets of Industrial Enterprises(10 000 yuan)	1177580	1744100	48.1
工业企业负债合计(万元)	Total Liabilities of Industrial Enterprises(10 000 yuan)	637978	990500	55.3
工业企业产品销售收入(万元)	Sales of Revenue Industrial Enterprises(10 000 yuan)	646107	1310400	102.8
工业企业利润总额(万元)	Total Profits of Industrial Enterprises(10 000 yuan)	54645	27700	-49.3
建筑业	**Construction**			
建筑企业单位数(个)	Number of Construction Enterprises(unit)	6	6	0.0
建筑企业从业人员(人)	Number of Employee in Construction Enterprises(person)	2274	4815	111.7
建筑业总产值(万元)	Gross Construction Output Value(10 000 yuan)	115362	151472	31.3
交通运输邮电通信业	**Transportation,Post & Telecommunications**			
公路里程(公里)	Total Length of Highways(km)	1929	2031	5.3
邮电业务总量(万元)	Business Volume of Post & Telecoms(10 000 yuan)	7222	7743	7.2
本地电话用户(户)	Number of Subscribers of Local Telephone(Household)	8817	6284	-28.7
国内贸易	**Domestic Trade**			
社会消费品零售总额(亿元)	Total Retail Sales of Consumer Goods(10 000 yuan)	140821	160001	13.6
城镇(万元)	Town(10 000 yuan)	85804	103777	20.9
乡村(万元)	Village(10 000 yuan)	55018	56224	2.2
科技教育卫生	**Science,Education & Public Health**			
各类专业技术人员(人)	Special Technical Personnel(person)	2786	2251	-19.2
幼儿园数(所)	Number of Kindergartens(unit)	8	8	0.0
学龄儿童入学率(%)	Percentage of School-Age Children Enrolled(%)	100.0	100.0	0.0
小学学校数(所)	Number of Primary Schools(unit)	5	5	0.0
小学专任教师数(人)	Number of Full-time Teachers of Primary Schools(person)	263	356	35.4
小学在校学生数(人)	Number of Student Enrollment of Primary Schools(person)	4338	4561	5.1
普通中学学校数(所)	Number of Regular Secondary Schools(unit)	3	3	0.0
普通中学专任教师数(人)	Number of Teachers of Secondary Shools(person)	252	319	26.6
初中在校学生数(人)	Number of Student in Junior Secondary Schools(person)	2269	2333	2.8
高中在校学生数(人)	Number of Student in Senior Secondary Schools(person)	994	981	-1.3
卫生机构数(所)	Number of Health Institutions(unit)	110	112	1.8
#医院(所)	Hospitals(unit)	2	3	50.0
卫生院(所)	Township Hospitals(unit)	8	7	-12.5
床位数(张)	Number of Beds(unit)	335	365	9.0
#医院(张)	Hospitals(unit)	210	240	14.3
卫生院(张)	Township Hospitals(unit)	105	105	0.0
卫生技术人员(人)	Medical Technical Presonnel(person)	561	622	10.9
#医院(人)	Hospitals(person)	145	178	22.8
卫生院(人)	Township Hospitals(person)	81	79	-2.5

23-95 鄂尔多斯市鄂托克旗

指　标	Item	2012	2013	2013年比上年增长% Increase Rate in 2013 Over 2012(%)
行政区域土地面积(平方公里)	**Area of Administration(Sq.km)**	**20367**	**20367**	**0.0**
人口和就业	**Population & Employment**			
年末总人口(人)	Total Population Year-end(person)	96588	97023	0.5
#男性(人)	Male(person)	48851	48958	0.2
#乡村人口(人)	Rural(person)	37596	35382	-5.9
年末总户数(户)	Total Number of Households at the Year-end(Household)	39976	40221	0.6
#乡村户数(户)	Number of Rural Household(Household)	11444	11217	-2.0
出生人口(人)	Births(person)	1278	1234	-3.4
死亡人口(人)	Deaths(person)	654	435	-33.5
全社会就业人员(人)	Employment(person)	91645	93291	1.8
第一产业(人)	Primary Industry(person)	25594	25696	0.4
第二产业(人)	Secondary Industry(person)	36017	36318	0.8
第三产业(人)	Tertiary Industry(person)	30034	31277	4.1
在岗职工人数(人)	Number of Staff & Workers Employed in(person)	26069	40090	53.8
乡村劳动力(人)	Number of Rural Laborers(person)	25846	24389	-5.6
#农林牧渔业(人)	Farming,Forestry,Animal Husbandry & Fishery(person)	22434	21304	-5.0
国民经济综合指标	**Summary Item on the National Economy**			
生产总值(万元)	Gross Domestic Product(10 000 yuan)	3820684	4301329	10.4
第一产业(万元)	Primary Industry(10 000 yuan)	67391	75100	5.5
第二产业(万元)	Secondary Industry(10 000 yuan)	3029803	3382307	11.4
#工业(万元)	Industry(10 000 yuan)	2764676	382712	11.5
第三产业(万元)	Tertiary Industry(10 000 yuan)	723490	843923	7.1
人均生产总值(元)	Per Capita GDP(yuan)	243201	272408	9.6
全社会固定资产投资(万元)	Total Investment in Fixed Assets(10 000 yuan)	2601030	3070785	18.1
按登记注册类型分	Grouped by Registered Type			
#国有(万元)	State-owned Enterprises(10 000 yuan)	460308	184685	-59.9
集体(万元)	Collective-owned Enterprises(10 000 yuan)			
有限责任公司(万元)	Limited Liability Corporations(10 000 yuan)	2055828	2676817	30.2
股份有限公司(万元)	Share Holding Enterprises(10 000 yuan)	33288	21853	-34.4
私营企业(万元)	Private Enterprises(10 000 yuan)		187430	
外商及港澳台投资企业(万元)	Funds from HK,Macao,Taiwan & Foreign(10 000 yuan)			
按城乡渠道分	Grouped by Urban and Rural Area			
城镇(亿元)	Urban(10 000 yuan)	2551640	3050722	19.6
农村(亿元)	Rural(10 000 yuan)	49390	20063	-59.4
公共财政预算收入(万元)	Public Budgetary Financial Revenue(10 000 yuan)	171324	271700	58.6
公共财政预算支出(万元)	Public Budgetary Financial Expenditure(10 000 yuan)	269202	366247	36.0
个人储蓄存款余额(万元)	The balance of savings deposits of individuals(10 000 yuan)	489231	618256	26.4
在岗职工工资总额(万元)	Total Wages of Staff & Workers Employed in(10 000 yuan)	165162	240665	45.7
在岗职工平均工资(元)	Average Wage of Staff & Workers Employed in(yuan)	63029	59790	-5.1
全体居民人均可支配收入(元)	The per capita disposable income of all residents(yuan)	21025	23465	11.6
城镇常住居民人均可支配收入(元)	The per capita disposable income of urban permanent residents(yuan)	27936	31205	11.7
农村牧区常住居民人均可支配收入(元)	The per capita disposable income of permanent residents of rural and pastoral areas(yuan)	10770	12084	12.2
农村牧区经济	**Economic Development in Rural & Pastoral Area**			
农作物总播种面积(公顷)	Total Sown Area(hectare)	22224	23159	4.2
#粮食作物播种面积(公顷)	Sown Area of Grain Crops(hectare)	17060	17913	5.0
农牧业机械总动力(万千瓦)	Total Power of Agricultural Machinery(10 000 kw)	16.60	18.00	8.4
化肥施用折纯量(吨)	Consumption of Chemical Fertilizer(ton)	4327	4458	3.0
农村用电量(万千瓦小时)	Electricity Consumed in Rural Area(10 000 kwh)	901	930	3.2
农林牧渔业总产值(万元)	Gross Output of Farming,Forestry,Animal Husbandry & Fishery(10 000 yuan)	118133	132829	7.0
粮食产量(吨)	Yield of Grain(ton)	107200	110465	3.0
油料产量(吨)	Yield of Oil-bearing Grops(ton)	6165	6243	1.3
甜菜产量(吨)	Yield of Beetroots(ton)			
猪牛羊肉产量(吨)	Output of Pork, Beef & Mutton(ton)	14100	20789	47.4
#猪肉产量(吨)	Output of Pork(ton)	2277	4638	103.7
牛肉产量(吨)	Output of Beef(ton)	1711	2102	22.9
羊肉产量(吨)	Output of Mutton(ton)	10112	14049	38.9
羊毛产量(吨)	Output of Wool(ton)	585	601	2.7

23–95 Etuoke Banner in Erdos City

指　标	Item	2012	2013	2013年比上年增长% Increase Rate in 2013 Over 2012(%)
年末牲畜存栏头数(万头只)	Total Livestock at the Year-end(10 000 heads)	110.00	109.92	-0.1
#大牲畜(万头只)	Large Animals(10 000 heads)	2.73	2.80	2.6
羊(万只)	Sheep & Goats(10 000 heads)	103.15	103.06	-0.1
猪(万头)	Hogs(10 000 heads)	3.92	4.06	3.6
规模以上工业	**Industrial Enterprises above Designated size**			
工业企业单位数(个)	Number of Industrial Enterprises(unit)	50	51	2.0
#内资企业(个)	Civil Funded Enterprises(unit)	48	47	-2.1
工业总产值(万元)	Gross Industrial Output Value(10 000 yuan)	5118019	5410084	5.7
内资企业(万元)	Civil Funded Enterprises(10 000 yuan)	4722233	3544256	-24.9
国有企业(万元)	State-owned Enterprises(10 000 yuan)	163000	138381	-15.1
集体企业(万元)	Collective-owned Enterprises(10 000 yuan)	3286	1795	-45.4
股份合作企业(万元)	Share Holding Enterprises(10 000 yuan)			
联营企业(万元)	Joint Owned Enterprises(10 000 yuan)			
有限责任公司(万元)	Limited Company(10 000 yuan)	1606042	2143524	33.5
股份有限公司(万元)	Share Holding Limited Company(10 000 yuan)	2159962	746008	-65.5
私营企业(万元)	Privately Owned Enterprises(10 000 yuan)	744491	476840	-36.0
其他企业(万元)	Enterprises of Other Ownership(10 000 yuan)	45453	37709	-17.0
港澳台商投资企业(万元)	Funds from HK,Macao & Taiwan(10 000 yuan)			
外商投资企业(万元)	Foreign Funded Enterprises(10 000 yuan)	395786	1865828	371.4
工业企业增加值(万元)	Value Added of Industrial Enterprises(10 000 yuan)			12.2
工业企业资产总计(万元)	Total Assets of Industrial Enterprises(10 000 yuan)	8699940	10076500	15.8
工业企业负债合计(万元)	Total Liabilities of Industrial Enterprises(10 000 yuan)	5640764	6686500	18.5
工业企业产品销售收入(万元)	Sales of Revenue Industrial Enterprises(10 000 yuan)	4610696	4952200	7.4
工业企业利润总额(万元)	Total Profits of Industrial Enterprises(10 000 yuan)	257234	215700	-16.1
建筑业	**Construction**			
建筑企业单位数(个)	Number of Construction Enterprises(unit)	5	5	0.0
建筑企业从业人员(人)	Number of Employee in Construction Enterprises(person)	1987	1231	-38.0
建筑业总产值(万元)	Gross Construction Output Value(10 000 yuan)	43377	46270	6.7
交通运输邮电通信业	**Transportation,Post & Telecommunications**			
公路里程(公里)	Total Length of Highways(km)	3600	3642	1.2
邮电业务总量(万元)	Business Volume of Post & Telecoms(10 000 yuan)	20251	20932	3.4
本地电话用户(户)	Number of Subscribers of Local Telephone(Household)	18000	18000	0.0
国内贸易	**Domestic Trade**			
社会消费品零售总额(亿元)	Total Retail Sales of Consumer Goods(10 000 yuan)	273913	320245	16.9
城镇(万元)	Town(10 000 yuan)	167606	205439	22.6
乡村(万元)	Village(10 000 yuan)	106307	114806	8.0
科技教育卫生	**Science,Education & Public Health**			
各类专业技术人员(人)	Special Technical Personnel(person)	3365	3580	6.4
幼儿园数(所)	Number of Kindergartens(unit)	21	21	0.0
学龄儿童入学率(%)	Percentage of School-Age Children Enrolled(%)	100.0	100.0	0.0
小学学校数(所)	Number of Primary Schools(unit)	8	8	0.0
小学专任教师数(人)	Number of Full-time Teachers of Primary Schools(person)	733	735	0.3
小学在校学生数(人)	Number of Student Enrollment of Primary	8604	8926	3.7
普通中学学校数(所)	Number of Regular Secondary Schools(unit)	5	5	0.0
普通中学专任教师数(人)	Number of Teachers of Secondary Shools(person)	647	587	-9.3
初中在校学生数(人)	Number of Student in Junior Secondary Schools(person)	3814	3731	-2.2
高中在校学生数(人)	Number of Student in Senior Secondary Schools(person)	1675	1650	-1.5
卫生机构数(所)	Number of Health Institutions(unit)	165	163	-1.2
#医院(所)	Hospitals(unit)	7	7	0.0
卫生院(所)	Township Hospitals(unit)	12	11	-8.3
床位数(张)	Number of Beds(unit)	922	827	-10.3
#医院(张)	Hospitals(unit)	761	666	-12.5
卫生院(张)	Township Hospitals(unit)	126	126	0.0
卫生技术人员(人)	Medical Technical Presonnel(person)	846	943	11.5
#医院(人)	Hospitals(person)	397	429	8.1
卫生院(人)	Township Hospitals(person)	110	101	-8.2

23-96 鄂尔多斯市杭锦旗

指　标	Item	2012	2013	2013年比上年增长% Increase Rate in 2013 Over 2012(%)
行政区域土地面积(平方公里)	**Area of Administration(Sq.km)**	**18814**	**18814**	**0.0**
人口和就业	**Population & Employment**			
年末总人口(人)	Total Population Year-end(person)	142279	143264	0.7
#男性(人)	Male(person)	72967	73252	0.4
#乡村人口(人)	Rural(person)	69312	75044	8.3
年末总户数(户)	Total Number of Households at the Year-end(Household)	62643	63477	1.3
#乡村户数(户)	Number of Rural Household(Household)	23848	26212	9.9
出生人口(人)	Births(person)	2309	1839	-20.4
死亡人口(人)	Deaths(person)	1615	1221	-24.4
全社会就业人员(人)	Employment(person)	86813	82125	-5.4
第一产业(人)	Primary Industry(person)	52617	49163	-6.6
第二产业(人)	Secondary Industry(person)	16420	14708	-10.4
第三产业(人)	Tertiary Industry(person)	17776	18254	2.7
在岗职工人数(人)	Number of Staff & Workers Employed in(person)	11155	10723	-3.9
乡村劳动力(人)	Number of Rural Laborers(person)	59621	59005	-1.0
#农林牧渔业(人)	Farming,Forestry,Animal Husbandry & Fishery(person)	51122	49163	-3.8
国民经济综合指标	**Summary Item on the National Economy**			
生产总值(万元)	Gross Domestic Product(10 000 yuan)	700301	770320	7.9
第一产业(万元)	Primary Industry(10 000 yuan)	154002	172800	2.8
第二产业(万元)	Secondary Industry(10 000 yuan)	261103	290946	12.3
#工业(万元)	Industry(10 000 yuan)	190194	205145	11.2
第三产业(万元)	Tertiary Industry(10 000 yuan)	285196	306573	6.5
人均生产总值(元)	Per Capita GDP(yuan)	62695	68748	7.5
全社会固定资产投资(万元)	Total Investment in Fixed Assets(10 000 yuan)	1251312	1700703	35.9
按登记注册类型分	Grouped by Registered Type			
#国有(万元)	State-owned Enterprises(10 000 yuan)	225466	61169	-72.9
集体(万元)	Collective-owned Enterprises(10 000 yuan)			
有限责任公司(万元)	Limited Liability Corporations(10 000 yuan)	984948	1639534	66.5
股份有限公司(万元)	Share Holding Enterprises(10 000 yuan)	6049		
私营企业(万元)	Private Enterprises(10 000 yuan)			
外商及港澳台投资企业(万元)	Funds from HK,Macao,Taiwan & Foreign(10 000 yuan)			
按城乡渠道分	Grouped by Urban and Rural Area			
城镇(万元)	Urban(10 000 yuan)	1243841	1677231	34.8
农村(万元)	Rural(10 000 yuan)	7471	23472	214.2
公共财政预算收入(万元)	Public Budgetary Financial Revenue(10 000 yuan)	65382	96400	47.4
公共财政预算支出(万元)	Public Budgetary Financial Expenditure(10 000 yuan)	253702	274239	8.1
个人储蓄存款余额(万元)	The balance of savings deposits of individuals(10 000 yuan)	242345	282371	16.5
在岗职工工资总额(万元)	Total Wages of Staff & Workers Employed in(10 000 yuan)	59143	60923	3.0
在岗职工平均工资(元)	Average Wage of Staff & Workers Employed in(yuan)	53287	55893	4.9
全体居民人均可支配收入(元)	The per capita disposable income of all residents(yuan)	18389	20301	10.4
城镇常住居民人均可支配收入(元)	The per capita disposable income of urban permanent residents(yuan)	26280	28829	9.7
农村牧区常住居民人均可支配收入(元)	The per capita disposable income of permanent residents of rural and pastoral areas(yuan)	10699	11951	11.7
农村牧区经济	**Economic Development in Rural & Pastoral Area**			
农作物总播种面积(公顷)	Total Sown Area(hectare)	66147	68501	3.6
#粮食作物播种面积(公顷)	Sown Area of Grain Crops(hectare)	41770	41980	0.5
农牧业机械总动力(万千瓦)	Total Power of Agricultural Machinery(10 000 kw)	43.20	44.00	1.9
化肥施用折纯量(吨)	Consumption of Chemical Fertilizer(ton)	20436	21918	7.3
农村用电量(万千瓦小时)	Electricity Consumed in Rural Area(10 000 kwh)	4654	4722	1.5
农林牧渔业总产值(万元)	Gross Output of Farming,Forestry,Animal Husbandry & Fishery(10 000 yuan)	255521	287783	7.2
粮食产量(吨)	Yield of Grain(ton)	369000	398800	8.1
油料产量(吨)	Yield of Oil-bearing Grops(ton)	46048	54960	19.4
甜菜产量(吨)	Yield of Beetroots(ton)			
猪牛羊肉产量(吨)	Output of Pork, Beef & Mutton(ton)	17775	19484	9.6
#猪肉产量(吨)	Output of Pork(ton)	2055	2230	8.5
牛肉产量(吨)	Output of Beef(ton)	1155	1459	26.3
羊肉产量(吨)	Output of Mutton(ton)	14565	15795	8.4
羊毛产量(吨)	Output of Wool(ton)	3589	4845	35.0

23-96 Hangjin Banner in Erdos City

指　标	Item	2012	2013	2013年比上年增长% Increase Rate in 2013 Over 2012(%)
年末牲畜存栏头数(万头只)	Total Livestock at the Year-end(10 000 heads)	146.20	147.14	0.6
#大牲畜(万头只)	Large Animals(10 000 heads)	2.30	2.09	-9.1
羊(万只)	Sheep & Goats(10 000 heads)	140.10	141.61	1.1
猪(万头)	Hogs(10 000 heads)	3.70	3.44	-7.0
规模以上工业	**Industrial Enterprises above Designated size**			
工业企业单位数(个)	Number of Industrial Enterprises(unit)	18	20	11.1
#内资企业(个)	Civil Funded Enterprises(unit)	18	20	11.1
工业总产值(万元)	Gross Industrial Output Value(10 000 yuan)	105955	157683	48.8
内资企业(万元)	Civil Funded Enterprises(10 000 yuan)	105955	157683	48.8
国有企业(万元)	State-owned Enterprises(10 000 yuan)	15698	17687	12.7
集体企业(万元)	Collective-owned Enterprises(10 000 yuan)			
股份合作企业(万元)	Share Holding Enterprises(10 000 yuan)			
联营企业(万元)	Joint Owned Enterprises(10 000 yuan)			
有限责任公司(万元)	Limited Company(10 000 yuan)	21351	42209	97.7
股份有限公司(万元)	Share Holding Limited Company(10 000 yuan)	58142	48163	-17.2
私营企业(万元)	Privately Owned Enterprises(10 000 yuan)	10765	37101	244.6
其他企业(万元)	Enterprises of Other Ownership(10 000 yuan)		12523	
港澳台商投资企业(万元)	Funds from HK,Macao & Taiwan(10 000 yuan)			
外商投资企业(万元)	Foreign Funded Enterprises(10 000 yuan)			
工业企业增加值(万元)	Value Added of Industrial Enterprises(10 000 yuan)			15.1
工业企业资产总计(万元)	Total Assets of Industrial Enterprises(10 000 yuan)	455177	465600	2.3
工业企业负债合计(万元)	Total Liabilities of Industrial Enterprises(10 000 yuan)	285163	389400	36.6
工业企业产品销售收入(万元)	Sales of Revenue Industrial Enterprises(10 000 yuan)	125892	173800	38.1
工业企业利润总额(万元)	Total Profits of Industrial Enterprises(10 000 yuan)	-6851	17100	-349.6
建筑业	**Construction**			
建筑企业单位数(个)	Number of Construction Enterprises(unit)	3	4	33.3
建筑企业从业人员(人)	Number of Employee in Construction Enterprises(person)	420	437	4.0
建筑业总产值(万元)	Gross Construction Output Value(10 000 yuan)	8210	10761	31.1
交通运输邮电通信业	**Transportation,Post & Telecommunications**			
公路里程(公里)	Total Length of Highways(km)	2550	2786	9.3
邮电业务总量(万元)	Business Volume of Post & Telecoms(10 000 yuan)	11831	11936	0.9
本地电话用户(户)	Number of Subscribers of Local Telephone(Household)	9267	12430	34.1
国内贸易	**Domestic Trade**			
社会消费品零售总额(亿元)	Total Retail Sales of Consumer Goods(10 000 yuan)	239536	300000	25.2
城镇(万元)	Town(10 000 yuan)	147120	197234	34.1
乡村(万元)	Village(10 000 yuan)	92416	102767	11.2
科技教育卫生	**Science,Education & Public Health**			
各类专业技术人员(人)	Special Technical Personnel(person)	3521	3646	3.6
幼儿园数(所)	Number of Kindergartens(unit)	14	14	0.0
学龄儿童入学率(%)	Percentage of School-Age Children Enrolled(%)	100.0	100.0	0.0
小学学校数(所)	Number of Primary Schools(unit)	4	4	0.0
小学专任教师数(人)	Number of Full-time Teachers of Primary Schools(person)	457	470	2.8
小学在校学生数(人)	Number of Student Enrollment of Primary Schools(person)	5519	5726	3.8
普通中学学校数(所)	Number of Regular Secondary Schools(unit)	5	5	0.0
普通中学专任教师数(人)	Number of Teachers of Secondary Shools(person)	584	585	0.2
初中在校学生数(人)	Number of Student in Junior Secondary Schools(person)	3609	3389	-6.1
高中在校学生数(人)	Number of Student in Senior Secondary Schools(person)	1656	1553	-6.2
卫生机构数(所)	Number of Health Institutions(unit)	175	173	-1.1
#医院(所)	Hospitals(unit)	2	2	0.0
卫生院(所)	Township Hospitals(unit)	12	12	0.0
床位数(张)	Number of Beds(unit)	395	440	11.4
#医院(张)	Hospitals(unit)	185	230	24.3
卫生院(张)	Township Hospitals(unit)	180	180	0.0
卫生技术人员(人)	Medical Technical Presonnel(person)	786	787	0.1
#医院(人)	Hospitals(person)	231	223	-3.5
卫生院(人)	Township Hospitals(person)	188	161	-14.4

23-97 鄂尔多斯市乌审旗

指　标	Item	2012	2013	2013年比上年增长% Increase Rate in 2013 Over 2012(%)
行政区域土地面积(平方公里)	**Area of Administration(Sq.km)**	**11674**	**11674**	**0.0**
人口和就业	**Population & Employment**			
年末总人口(人)	Total Population Year-end(person)	108797	109706	0.8
#男性(人)	Male(person)	55455	55772	0.6
#乡村人口(人)	Rural(person)	50154	50325	0.3
年末总户数(户)	Total Number of Households at the Year-end(Household)	41097	41429	0.8
#乡村户数(户)	Number of Rural Household(Household)	18106	18149	0.2
出生人口(人)	Births(person)	1776	1908	7.4
死亡人口(人)	Deaths(person)	2206	1394	-36.8
全社会就业人员(人)	Employment(person)	82763	85825	3.7
第一产业(人)	Primary Industry(person)	35728	37035	3.7
第二产业(人)	Secondary Industry(person)	13441	13938	3.7
第三产业(人)	Tertiary Industry(person)	33594	34852	3.7
在岗职工人数(人)	Number of Staff & Workers Employed in(person)	9477	13415	41.6
乡村劳动力(人)	Number of Rural Laborers(person)	39565	39869	0.8
#农林牧渔业(人)	Farming,Forestry,Animal Husbandry & Fishery(person)	32355	32584	0.7
国民经济综合指标	**Summary Item on the National Economy**			
生产总值(万元)	Gross Domestic Product(10 000 yuan)	3101559	3780018	13.0
第一产业(万元)	Primary Industry(10 000 yuan)	115715	124600	3.3
第二产业(万元)	Secondary Industry(10 000 yuan)	2409886	3013616	14.8
#工业(万元)	Industry(10 000 yuan)	2158529	2737375	15.4
第三产业(万元)	Tertiary Industry(10 000 yuan)	575958	641802	7.9
人均生产总值(元)	Per Capita GDP(yuan)	235323	285177	12.1
全社会固定资产投资(万元)	Total Investment in Fixed Assets(10 000 yuan)	3003623	3601067	19.9
按登记注册类型分	Grouped by Registered Type			
#国有(万元)	State-owned Enterprises(10 000 yuan)	2167467	2604204	20.1
集体(万元)	Collective-owned Enterprises(10 000 yuan)			
有限责任公司(万元)	Limited Liability Corporations(10 000 yuan)	748743	720888	-3.7
股份有限公司(万元)	Share Holding Enterprises(10 000 yuan)	3882	47978	1135.9
私营企业(万元)	Private Enterprises(10 000 yuan)	49070	227997	364.6
外商及港澳台投资企业(万元)	Funds from HK,Macao,Taiwan & Foreign(10 000 yuan)			
按城乡渠道分	Grouped by Urban and Rural Area			
城镇(万元)	Urban(10 000 yuan)	2915852	3493259	19.8
农村(万元)	Rural(10 000 yuan)	87771	107808	22.8
公共财政预算收入(万元)	Public Budgetary Financial Revenue(10 000 yuan)	124583	185400	48.8
公共财政预算支出(万元)	Public Budgetary Financial Expenditure(10 000 yuan)	231557	285124	23.1
个人储蓄存款余额(万元)	The balance of savings deposits of individuals(10 000 yuan)	227512	341850	50.3
在岗职工工资总额(万元)	Total Wages of Staff & Workers Employed in(10 000 yuan)	53231	76616	43.9
在岗职工平均工资(元)	Average Wage of Staff & Workers Employed in(yuan)	53287	56731	6.5
全体居民人均可支配收入(元)	The per capita disposable income of all residents(yuan)	19450	21726	11.7
城镇常住居民人均可支配收入(元)	The per capita disposable income of urban permanent residents(yuan)	27092	30316	11.9
农村牧区常住居民人均可支配收入(元)	The per capita disposable income of permanent residents of rural and pastoral areas(yuan)	10823	12122	12.0
农村牧区经济	**Economic Development in Rural & Pastoral Area**			
农作物总播种面积(公顷)	Total Sown Area(hectare)	41214	42364	2.8
#粮食作物播种面积(公顷)	Sown Area of Grain Crops(hectare)	20680	21750	5.2
农牧业机械总动力(万千瓦)	Total Power of Agricultural Machinery(10 000 kw)	48.74	50.00	2.6
化肥施用折纯量(吨)	Consumption of Chemical Fertilizer(ton)	6653	6842	2.8
农村用电量(万千瓦小时)	Electricity Consumed in Rural Area(10 000 kwh)	1452	1563	7.6
农林牧渔业总产值(万元)	Gross Output of Farming,Forestry,Animal Husbandry & Fishery(10 000 yuan)	196889	215411	4.1
粮食产量(吨)	Yield of Grain(ton)	120400	133341	10.7
油料产量(吨)	Yield of Oil-bearing Grops(ton)	1415	1501	6.1
甜菜产量(吨)	Yield of Beetroots(ton)			
猪牛羊肉产量(吨)	Output of Pork, Beef & Mutton(ton)	38975	37000	-5.1
#猪肉产量(吨)	Output of Pork(ton)	26478	24607	-7.1
牛肉产量(吨)	Output of Beef(ton)	5272	4912	-6.8
羊肉产量(吨)	Output of Mutton(ton)	7225	7481	3.5
羊毛产量(吨)	Output of Wool(ton)	3115	3201	2.8

23-97 Wushen Banner in Erdos City

指　标	Item	2012	2013	2013年比上年增长% Increase Rate in 2013 Over 2012(%)
年末牲畜存栏头数(万头只)	Total Livestock at the Year-end(10 000 heads)	101.78	108.01	6.1
#大牲畜(万头只)	Large Animals(10 000 heads)	8.53	8.61	0.9
羊(万只)	Sheep & Goats(10 000 heads)	78.88	85.14	7.9
猪(万头)	Hogs(10 000 heads)	14.37	14.27	-0.7
规模以上工业	**Industrial Enterprises above Designated size**			
工业企业单位数(个)	Number of Industrial Enterprises(unit)	12	15	25.0
#内资企业(个)	Civil Funded Enterprises(unit)	11	14	27.3
工业总产值(万元)	Gross Industrial Output Value(10 000 yuan)	4795123	5659708	18.0
内资企业(万元)	Civil Funded Enterprises(10 000 yuan)	4653270	5530873	18.9
国有企业(万元)	State-owned Enterprises(10 000 yuan)	23708	27363	15.4
集体企业(万元)	Collective-owned Enterprises(10 000 yuan)			
股份合作企业(万元)	Share Holding Enterprises(10 000 yuan)			
联营企业(万元)	Joint Owned Enterprises(10 000 yuan)			
有限责任公司(万元)	Limited Company(10 000 yuan)	88011	238383	170.9
股份有限公司(万元)	Share Holding Limited Company(10 000 yuan)	4527920	5242793	15.8
私营企业(万元)	Privately Owned Enterprises(10 000 yuan)	5752	22335	288.3
其他企业(万元)	Enterprises of Other Ownership(10 000 yuan)	7878		
港澳台商投资企业(万元)	Funds from HK,Macao & Taiwan(10 000 yuan)			
外商投资企业(万元)	Foreign Funded Enterprises(10 000 yuan)	141853	128835	-9.2
工业企业增加值(万元)	Value Added of Industrial Enterprises(10 000 yuan)			16.3
工业企业资产总计(万元)	Total Assets of Industrial Enterprises(10 000 yuan)	1105601	1824500	65.0
工业企业负债合计(万元)	Total Liabilities of Industrial Enterprises(10 000 yuan)	545104	1202400	120.6
工业企业产品销售收入(万元)	Sales of Revenue Industrial Enterprises(10 000 yuan)	4785602	5812100	21.4
工业企业利润总额(万元)	Total Profits of Industrial Enterprises(10 000 yuan)	705401	805700	14.2
建筑业	**Construction**			
建筑企业单位数(个)	Number of Construction Enterprises(unit)	5	5	0.0
建筑企业从业人员(人)	Number of Employee in Construction Enterprises(person)		1319	
建筑业总产值(万元)	Gross Construction Output Value(10 000 yuan)	55432	54370	-1.9
交通运输邮电通信业	**Transportation,Post & Telecommunications**			
公路里程(公里)	Total Length of Highways(km)	1874	2018	7.7
邮电业务总量(万元)	Business Volume of Post & Telecoms(10 000 yuan)	15499	15624	0.8
本地电话用户(户)	Number of Subscribers of Local Telephone(Household)	13100	11800	-9.9
国内贸易	**Domestic Trade**			
社会消费品零售总额(万元)	Total Retail Sales of Consumer Goods(10 000 yuan)	241011	301703	25.2
城镇(万元)	Town(10 000 yuan)	195234	252859	29.5
乡村(万元)	Village(10 000 yuan)	45777	48844	6.7
科技教育卫生	**Science,Education & Public Health**			
各类专业技术人员(人)	Special Technical Personnel(person)	3440	2874	-16.5
幼儿园数(所)	Number of Kindergartens(unit)	12	16	33.3
学龄儿童入学率(%)	Percentage of School-Age Children Enrolled(%)	100.0	100.0	0.0
小学学校数(所)	Number of Primary Schools(unit)	6	6	0.0
小学专任教师数(人)	Number of Full-time Teachers of Primary Schools(person)	594	607	2.2
小学在校学生数(人)	Number of Student Enrollment of Primary Schools(person)	6660	7152	7.4
普通中学学校数(所)	Number of Regular Secondary Schools(unit)	5	5	0.0
普通中学专任教师数(人)	Number of Teachers of Secondary Shools(person)	438	449	2.5
初中在校学生数(人)	Number of Student in Junior Secondary Schools(person)	2942	2743	-6.8
高中在校学生数(人)	Number of Student in Senior Secondary Schools(person)	1672	1604	-4.1
卫生机构数(所)	Number of Health Institutions(unit)	127	120	-5.5
#医院(所)	Hospitals(unit)	6	6	0.0
卫生院(所)	Township Hospitals(unit)	12	8	-33.3
床位数(张)	Number of Beds(unit)	445	390	-12.4
#医院(张)	Hospitals(unit)	267	212	-20.6
卫生院(张)	Township Hospitals(unit)	132	132	0.0
卫生技术人员(人)	Medical Technical Presonnel(person)	675	748	10.8
#医院(人)	Hospitals(person)	239	263	10.0
卫生院(人)	Township Hospitals(person)	118	126	6.8

23-98 鄂尔多斯市伊金霍洛旗

指　标	Item	2012	2013	2013年比上年增长% Increase Rate in 2013 Over 2012(%)
行政区域土地面积(平方公里)	**Area of Administration(Sq.km)**	**5487**	**5487**	**0.0**
人口和就业	**Population & Employment**			
年末总人口(人)	Total Population Year-end(person)	167523	170210	1.6
#男性(人)	Male(person)	85184	86330	1.3
#乡村人口(人)	Rural(person)	71988	72575	0.8
年末总户数(户)	Total Number of Households at the Year-end(Household)	72066	73474	2.0
#乡村户数(户)	Number of Rural Household(Household)	28320	30417	7.4
出生人口(人)	Births(person)	2810	2539	-9.6
死亡人口(人)	Deaths(person)	1420	650	-54.2
全社会就业人员(人)	Employment(person)	160280	178204	11.2
第一产业(人)	Primary Industry(person)	39130	38883	-0.6
第二产业(人)	Secondary Industry(person)	63158	72640	15.0
第三产业(人)	Tertiary Industry(person)	57992	66681	15.0
在岗职工人数(人)	Number of Staff & Workers Employed in(person)	39731	52028	31.0
乡村劳动力(人)	Number of Rural Laborers(person)	49686	51921	4.5
#农林牧渔业(人)	Farming,Forestry,Animal Husbandry & Fishery(person)	39130	38883	-0.6
国民经济综合指标	**Summary Item on the National Economy**			
生产总值(万元)	Gross Domestic Product(10 000 yuan)	6356128	6455676	6.6
第一产业(万元)	Primary Industry(10 000 yuan)	71441	71000	2.9
第二产业(万元)	Secondary Industry(10 000 yuan)	3988164	3937476	7.0
#工业(万元)	Industry(10 000 yuan)	3642305	3563900	6.9
第三产业(万元)	Tertiary Industry(10 000 yuan)	2296523	2447200	5.9
人均生产总值(元)	Per Capita GDP(yuan)	268758	271363	6.0
全社会固定资产投资(万元)	Total Investment in Fixed Assets(10 000 yuan)	3405905	3954250	16.1
按登记注册类型分	Grouped by Registered Type			
#国有(万元)	State-owned Enterprises(10 000 yuan)	1370075	1264743	-7.7
集体(万元)	Collective-owned Enterprises(10 000 yuan)	7858	2493	-68.3
有限责任公司(万元)	Limited Liability Corporations(10 000 yuan)	790487	1792074	126.7
股份有限公司(万元)	Share Holding Enterprises(10 000 yuan)	197246	324316	64.4
私营企业(万元)	Private Enterprises(10 000 yuan)	237291	154547	-34.9
外商及港澳台投资企业(万元)	Funds from HK,Macao,Taiwan & Foreign(10 000 yuan)			
按城乡渠道分	Grouped by Urban and Rural Area			
城镇(万元)	Urban(10 000 yuan)	3405905	3954250	16.1
农村(万元)	Rural(10 000 yuan)			
公共财政预算收入(万元)	Public Budgetary Financial Revenue(10 000 yuan)	623637	751100	20.4
公共财政预算支出(万元)	Public Budgetary Financial Expenditure(10 000 yuan)	740234	882568	19.2
个人储蓄存款余额(万元)	The balance of savings deposits of individuals(10 000 yuan)	1486767	1684697	13.3
在岗职工工资总额(万元)	Total Wages of Staff & Workers Employed in(10 000 yuan)	301319	417564	38.6
在岗职工平均工资(元)	Average Wage of Staff & Workers Employed in(yuan)	75600	78278	3.5
全体居民人均可支配收入(元)	The per capita disposable income of all residents(yuan)	24070	26164	8.7
城镇常住居民人均可支配收入(元)	The per capita disposable income of urban permanent residents(yuan)	30915	33605	8.7
农村牧区常住居民人均可支配收入(元)	The per capita disposable income of permanent residents of rural and pastoral areas(yuan)	10829	12128	12.0
农村牧区经济	**Economic Development in Rural & Pastoral Area**			
农作物总播种面积(公顷)	Total Sown Area(hectare)	29918	31187	4.2
#粮食作物播种面积(公顷)	Sown Area of Grain Crops(hectare)	19980	21818	9.2
农牧业机械总动力(万千瓦)	Total Power of Agricultural Machinery(10 000 kw)	27.95	28.00	0.2
化肥施用折纯量(吨)	Consumption of Chemical Fertilizer(ton)	5663	3042	-46.3
农村用电量(万千瓦小时)	Electricity Consumed in Rural Area(10 000 kwh)	5864	5818	-0.8
农林牧渔业总产值(万元)	Gross Output of Farming,Forestry,Animal Husbandry & Fishery(10 000 yuan)	119309	121023	-3.5
粮食产量(吨)	Yield of Grain(ton)	87000	94574	8.7
油料产量(吨)	Yield of Oil-bearing Grops(ton)	78	35	-55.1
甜菜产量(吨)	Yield of Beetroots(ton)			
猪牛羊肉产量(吨)	Output of Pork, Beef & Mutton(ton)	8347	7882	-5.6
#猪肉产量(吨)	Output of Pork(ton)	3299	3079	-6.7
牛肉产量(吨)	Output of Beef(ton)	880	534	-39.3
羊肉产量(吨)	Output of Mutton(ton)	4168	4269	2.4
羊毛产量(吨)	Output of Wool(ton)	195	177	-9.2

23-98 Yijinhuoluo Banner in Erdos City

指　标	Item	2012	2013	2013年比上年增长% Increase Rate in 2013 Over 2012(%)
年末牲畜存栏头数(万头只)	Total Livestock at the Year-end(10 000 heads)	41.63	40.00	-3.9
# 大牲畜(万头只)	Large Animals(10 000 heads)	0.92	0.92	0.0
羊(万只)	Sheep & Goats(10 000 heads)	37.71	36.23	-3.9
猪(万头)	Hogs(10 000 heads)	3.00	2.86	-4.7
规模以上工业	**Industrial Enterprises above Designated size**			
工业企业单位数(个)	Number of Industrial Enterprises(unit)	51	57	11.8
# 内资企业(个)	Civil Funded Enterprises(unit)	50	56	12.0
工业总产值(万元)	Gross Industrial Output Value(10 000 yuan)	7401810	7857086	6.2
内资企业(万元)	Civil Funded Enterprises(10 000 yuan)	7274510	7750547	6.5
国有企业(万元)	State-owned Enterprises(10 000 yuan)	915349	1044428	14.1
集体企业(万元)	Collective-owned Enterprises(10 000 yuan)	12063	28636	137.4
股份合作企业(万元)	Share Holding Enterprises(10 000 yuan)	9845	9619	-2.3
联营企业(万元)	Joint Owned Enterprises(10 000 yuan)			
有限责任公司(万元)	Limited Company(10 000 yuan)	5638296	5786020	2.6
股份有限公司(万元)	Share Holding Limited Company(10 000 yuan)	240458	178112	-25.9
私营企业(万元)	Privately Owned Enterprises(10 000 yuan)	352316	672181	90.8
其他企业(万元)	Enterprises of Other Ownership(10 000 yuan)	106182	31551	-70.3
港澳台商投资企业(万元)	Funds from HK,Macao & Taiwan(10 000 yuan)	127300	106539	-16.3
外商投资企业(万元)	Foreign Funded Enterprises(10 000 yuan)			
工业企业增加值(万元)	Value Added of Industrial Enterprises(10 000 yuan)			8.5
工业企业资产总计(万元)	Total Assets of Industrial Enterprises(10 000 yuan)	12527900	12759900	1.9
工业企业负债合计(万元)	Total Liabilities of Industrial Enterprises(10 000 yuan)	2786300	3756500	34.8
工业企业产品销售收入(万元)	Sales of Revenue Industrial Enterprises(10 000 yuan)	7198300	7358100	2.2
工业企业利润总额(万元)	Total Profits of Industrial Enterprises(10 000 yuan)	2390100	2155100	-9.8
建筑业	**Construction**			
建筑企业单位数(个)	Number of Construction Enterprises(unit)	8	10	25.0
建筑企业从业人员(人)	Number of Employee in Construction Enterprises(person)	198	2269	1046.0
建筑业总产值(万元)	Gross Construction Output Value(10 000 yuan)	100390	208353	107.5
交通运输邮电通信业	**Transportation,Post & Telecommunications**			
公路里程(公里)	Total Length of Highways(km)	2400	1812	-24.5
邮电业务总量(万元)	Business Volume of Post & Telecoms(10 000 yuan)	689	667	-3.2
本地电话用户(户)	Number of Subscribers of Local Telephone(Household)	48122	48755	1.3
国内贸易	**Domestic Trade**			
社会消费品零售总额(亿元)	Total Retail Sales of Consumer Goods(10 000 yuan)	370008	406016	9.7
城镇(万元)	Town(10 000 yuan)	225920	261271	15.6
乡村(万元)	Village(10 000 yuan)	144088	144745	0.5
科技教育卫生	**Science,Education & Public Health**			
各类专业技术人员(人)	Special Technical Personnel(person)	7207	6887	-4.4
幼儿园数(所)	Number of Kindergartens(unit)	22	25	13.6
学龄儿童入学率(%)	Percentage of School-Age Children Enrolled(%)	100.0	100.0	0.0
小学学校数(所)	Number of Primary Schools(unit)	16	16	0.0
小学专任教师数(人)	Number of Full-time Teachers of Primary Schools(person)	790	830	5.1
小学在校学生数(人)	Number of Student Enrollment of Primary Schools(person)	9536	9832	3.1
普通中学学校数(所)	Number of Regular Secondary Schools(unit)	6	7	16.7
普通中学专任教师数(人)	Number of Teachers of Secondary Shools(person)	659	690	4.7
初中在校学生数(人)	Number of Student in Junior Secondary Schools(person)	4009	3949	-1.5
高中在校学生数(人)	Number of Student in Senior Secondary Schools(person)	2216	2106	-5.0
卫生机构数(所)	Number of Health Institutions(unit)	186	206	10.8
#医院(所)	Hospitals(unit)	7	10	42.9
卫生院(所)	Township Hospitals(unit)	14	14	0.0
床位数(张)	Number of Beds(unit)	640	773	20.8
# 医院(张)	Hospitals(unit)	425	558	31.3
卫生院(张)	Township Hospitals(unit)	190	190	0.0
卫生技术人员(人)	Medical Technical Presonnel(person)	1174	1344	14.5
# 医院(人)	Hospitals(person)	380	311	-18.2
卫生院(人)	Township Hospitals(person)	454	276	-39.2

23-99 巴彦淖尔市临河区

指　标	Item	2012	2013	2013年比上年增长% Increase Rate in 2013 Over 2012(%)
行政区域土地面积(平方公里)	**Area of Administration(Sq.km)**	**2354**	**2354**	**0.0**
人口和就业	**Population & Employment**			
年末总人口(人)	Total Population Year-end(person)	561660	555995	-1.0
#男性(人)	Male(person)	279645	276933	-1.0
#乡村人口(人)	Rural(person)	248358	314250	26.5
年末总户数(户)	Total Number of Households at the Year-end(Household)	189055	195761	3.5
#乡村户数(户)	Number of Rural Household(Household)	62502	60869	-2.6
出生人口(人)	Births(person)	5241	5557	6.0
死亡人口(人)	Deaths(person)	1100	1736	57.8
全社会就业人员(人)	Employment(person)	327449	334568	2.2
第一产业(人)	Primary Industry(person)	115032	117247	1.9
第二产业(人)	Secondary Industry(person)	37814	39124	3.5
第三产业(人)	Tertiary Industry(person)	174603	178197	2.1
在岗职工人数(人)	Number of Staff & Workers Employed in(person)	71389	70535	-1.2
乡村劳动力(人)	Number of Rural Laborers(person)	167472	172261	2.9
#农林牧渔业(人)	Farming,Forestry,Animal Husbandry & Fishery(person)	115032	117247	1.9
国民经济综合指标	**Summary Item on the National Economy**			
生产总值(万元)	Gross Domestic Product(10 000 yuan)	2389471	2644317	9.0
第一产业(万元)	Primary Industry(10 000 yuan)	394757	422451	3.0
第二产业(万元)	Secondary Industry(10 000 yuan)	1245184	1394523	10.7
#工业(万元)	Industry(10 000 yuan)	1076080	1221015	12.2
第三产业(万元)	Tertiary Industry(10 000 yuan)	749530	827343	9.6
人均生产总值(元)	Per Capita GDP(yuan)	43647	48166	8.8
全社会固定资产投资(万元)	Total Investment in Fixed Assets(10 000 yuan)	1695101	2003373	18.2
按登记注册类型分	Grouped by Registered Type			
#国有(万元)	State-owned Enterprises(10 000 yuan)	395899	808938	104.3
集体(万元)	Collective-owned Enterprises(10 000 yuan)	120		
有限责任公司(万元)	Limited Liability Corporations(10 000 yuan)	409856	814249	98.7
股份有限公司(万元)	Share Holding Enterprises(10 000 yuan)	104947	31617	-69.9
私营企业(万元)	Private Enterprises(10 000 yuan)	105277	212506	101.9
外商及港澳台投资企业(万元)	Funds from HK,Macao,Taiwan & Foreign(10 000 yuan)	211788	131883	-37.7
按城乡渠道分	Grouped by Urban and Rural Area			
城镇(万元)	Urban(10 000 yuan)	1454639	1977013	35.9
农村(万元)	Rural(10 000 yuan)	240462	26360	-89.0
公共财政预算收入(万元)	Public Budgetary Financial Revenue(10 000 yuan)	132121	171258	29.6
公共财政预算支出(万元)	Public Budgetary Financial Expenditure(10 000 yuan)	319966	353879	10.6
个人储蓄存款余额(万元)	The balance of savings deposits of individuals(10 000 yuan)	1665663	1942086	16.6
在岗职工工资总额(万元)	Total Wages of Staff & Workers Employed in(10 000 yuan)	350786	349786	-0.3
在岗职工平均工资(元)	Average Wage of Staff & Workers Employed in(yuan)	41198	44750	8.6
全体居民人均可支配收入(元)	The per capita disposable income of all residents(yuan)	16272	18079	11.1
城镇常住居民人均可支配收入(元)	The per capita disposable income of urban permanent residents(yuan)	19088	21035	10.2
农村牧区常住居民人均可支配收入(元)	The per capita disposable income of permanent residents of rural and pastoral areas(yuan)	10376	11705	12.8
农村牧区经济	**Economic Development in Rural & Pastoral Area**			
农作物总播种面积(公顷)	Total Sown Area(hectare)	139288	138757	-0.4
#粮食作物播种面积(公顷)	Sown Area of Grain Crops(hectare)	76237	72322	-5.1
农牧业机械总动力(万千瓦)	Total Power of Agricultural Machinery(10 000 kw)	83.30	88.10	5.8
化肥施用折纯量(吨)	Consumption of Chemical Fertilizer(ton)	54617	50600	-7.4
农村用电量(万千瓦小时)	Electricity Consumed in Rural Area(10 000 kwh)	9589	9653	0.7
农林牧渔业总产值(万元)	Gross Output of Farming,Forestry,Animal Husbandry & Fishery(10 000 yuan)	675213	726400	7.6
粮食产量(吨)	Yield of Grain(ton)	650640	658255	1.2
油料产量(吨)	Yield of Oil-bearing Grops(ton)	139090	182633	31.3
甜菜产量(吨)	Yield of Beetroots(ton)			
猪牛羊肉产量(吨)	Output of Pork, Beef & Mutton(ton)	63848	53204	-16.7
#猪肉产量(吨)	Output of Pork(ton)	14910	8626	-42.1
牛肉产量(吨)	Output of Beef(ton)	1771	1358	-23.3
羊肉产量(吨)	Output of Mutton(ton)	47167	43220	-8.4
羊毛产量(吨)	Output of Wool(ton)	1646	1880	14.2

23-99 Linhe District in Bayannaoer City

指　标	Item	2012	2013	2013年比上年增长% Increase Rate in 2013 Over 2012(%)
年末牲畜存栏头数(万头只)	Total Livestock at the Year-end(10 000 heads)	170.24	167.89	-1.4
#大牲畜(万头只)	Large Animals(10 000 heads)	5.85	5.50	-6.0
羊(万只)	Sheep & Goats(10 000 heads)	153.04	151.75	-0.8
猪(万头)	Hogs(10 000 heads)	11.34	10.65	-6.1
规模以上工业	**Industrial Enterprises above Designated size**			
工业企业单位数(个)	Number of Industrial Enterprises(unit)	77	78	1.3
#内资企业(个)	Civil Funded Enterprises(unit)	74	75	1.4
工业总产值(万元)	Gross Industrial Output Value(10 000 yuan)	2444593	2750155	14.2
内资企业(万元)	Civil Funded Enterprises(10 000 yuan)	2071995	2323021	12.1
国有企业(万元)	State-owned Enterprises(10 000 yuan)	373578	489121	30.9
集体企业(万元)	Collective-owned Enterprises(10 000 yuan)			
股份合作企业(万元)	Share Holding Enterprises(10 000 yuan)			
联营企业(万元)	Joint Owned Enterprises(10 000 yuan)			
有限责任公司(万元)	Limited Company(10 000 yuan)			
股份有限公司(万元)	Share Holding Limited Company(10 000 yuan)	1683214	1776603	5.5
私营企业(万元)	Privately Owned Enterprises(10 000 yuan)			
其他企业(万元)	Enterprises of Other Ownership(10 000 yuan)	14403	57298	297.8
港澳台商投资企业(万元)	Funds from HK,Macao & Taiwan(10 000 yuan)	301502	343540	13.9
外商投资企业(万元)	Foreign Funded Enterprises(10 000 yuan)	71896	83594	16.3
工业企业增加值(万元)	Value Added of Industrial Enterprises(10 000 yuan)			12.2
工业企业资产总计(万元)	Total Assets of Industrial Enterprises(10 000 yuan)	2416761	2710897	12.0
工业企业负债合计(万元)	Total Liabilities of Industrial Enterprises(10 000 yuan)	1982900	2162823	9.1
工业企业产品销售收入(万元)	Sales of Revenue Industrial Enterprises(10 000 yuan)	1728256	2004072	16.0
工业企业利润总额(万元)	Total Profits of Industrial Enterprises(10 000 yuan)	26612	50314	89.1
建筑业	**Construction**			
建筑企业单位数(个)	Number of Construction Enterprises(unit)	37	38	2.7
建筑企业从业人员(人)	Number of Employee in Construction Enterprises(person)	13409	24068	79.5
建筑业总产值(万元)	Gross Construction Output Value(10 000 yuan)	441040	464649	5.4
交通运输邮电通信业	**Transportation,Post & Telecommunications**			
公路里程(公里)	Total Length of Highways(km)	3437	3437	0.0
邮电业务总量(万元)	Business Volume of Post & Telecoms(10 000 yuan)	38000	38881	2.3
本地电话用户(户)	Number of Subscribers of Local Telephone(Household)	103000	124100	20.5
国内贸易	**Domestic Trade**			
社会消费品零售总额(万元)	Total Retail Sales of Consumer Goods(10 000 yuan)	831075	893718	7.5
城镇(万元)	Town(10 000 yuan)	774158	832452	7.5
乡村(万元)	Village(10 000 yuan)	56917	61266	7.6
科技教育卫生	**Science,Education & Public Health**			
各类专业技术人员(人)	Special Technical Personnel(person)	8546	8632	1.0
幼儿园数(所)	Number of Kindergartens(unit)	33	38	15.2
学龄儿童入学率(%)	Percentage of School-Age Children Enrolled(%)	100.0	100.0	0.0
小学学校数(所)	Number of Primary Schools(unit)	28	29	3.6
小学专任教师数(人)	Number of Full-time Teachers of Primary Schools(person)	2062	2249	9.1
小学在校学生数(人)	Number of Student Enrollment of Primary Schools(person)	25610	28637	11.8
普通中学学校数(所)	Number of Regular Secondary Schools(unit)	15	19	26.7
普通中学专任教师数(人)	Number of Teachers of Secondary Shools(person)	1625	1601	-1.5
初中在校学生数(人)	Number of Student in Junior Secondary Schools(person)	18860	18894	0.2
高中在校学生数(人)	Number of Student in Senior Secondary Schools(person)	7152	7217	0.9
卫生机构数(所)	Number of Health Institutions(unit)	634	619	-2.4
#医院(所)	Hospitals(unit)	19	23	21.1
卫生院(所)	Township Hospitals(unit)	18	18	0.0
床位数(张)	Number of Beds(unit)	4118	4224	2.6
#医院(张)	Hospitals(unit)	2778	3086	11.1
卫生院(张)	Township Hospitals(unit)	564	486	-13.8
卫生技术人员(人)	Medical Technical Presonnel(person)	5303	6206	17.0
#医院(人)	Hospitals(person)	2851	3136	10.0
卫生院(人)	Township Hospitals(person)	405	377	-6.9

23-100 巴彦淖尔市五原县

指　标	Item	2012	2013	2013年比上年增长% Increase Rate in 2013 Over 2012(%)
行政区域土地面积(平方公里)	**Area of Administration(Sq.km)**	**2493**	**2493**	**0.0**
人口和就业	**Population & Employment**			
年末总人口(人)	Total Population Year-end(person)	294797	291549	-1.1
#男性(人)	Male(person)	149910	148782	-0.8
#乡村人口(人)	Rural(person)	201222	195140	-3.0
年末总户数(户)	Total Number of Households at the Year-end(Household)	109147	97183	-11.0
#乡村户数(户)	Number of Rural Household(Household)	49139	45753	-6.9
出生人口(人)	Births(person)	1930	1987	3.0
死亡人口(人)	Deaths(person)	1274	1178	-7.5
全社会就业人员(人)	Employment(person)	142035	143672	1.2
第一产业(人)	Primary Industry(person)	115897	111398	-3.9
第二产业(人)	Secondary Industry(person)	3634	6673	83.6
第三产业(人)	Tertiary Industry(person)	22504	25601	13.8
在岗职工人数(人)	Number of Staff & Workers Employed in(person)	10016	13188	31.7
乡村劳动力(人)	Number of Rural Laborers(person)	136851	133318	-2.6
#农林牧渔业(人)	Farming,Forestry,Animal Husbandry & Fishery(person)	108820	101439	-6.8
国民经济综合指标	**Summary Item on the National Economy**			
生产总值(万元)	Gross Domestic Product(10 000 yuan)	904014	1020767	7.6
第一产业(万元)	Primary Industry(10 000 yuan)	264088	282017	2.9
第二产业(万元)	Secondary Industry(10 000 yuan)	375786	455036	10.2
#工业(万元)	Industry(10 000 yuan)	291095	369394	12.1
第三产业(万元)	Tertiary Industry(10 000 yuan)	264140	283714	8.0
人均生产总值(元)	Per Capita GDP(yuan)	36344	39796	7.6
全社会固定资产投资(万元)	Total Investment in Fixed Assets(10 000 yuan)	950588	1013258	6.6
按登记注册类型分	Grouped by Registered Type			
#国有(万元)	State-owned Enterprises(10 000 yuan)	429151	553065	28.9
集体(万元)	Collective-owned Enterprises(10 000 yuan)			
有限责任公司(万元)	Limited Liability Corporations(10 000 yuan)	431116	411429	-4.6
股份有限公司(万元)	Share Holding Enterprises(10 000 yuan)	6187	7808	26.2
私营企业(万元)	Private Enterprises(10 000 yuan)	25584	40956	60.1
外商及港澳台投资企业(万元)	Funds from HK,Macao,Taiwan & Foreign(10 000 yuan)			
按城乡渠道分	Grouped by Urban and Rural Area			
城镇(万元)	Urban(10 000 yuan)	816725	1003215	22.8
农村(万元)	Rural(10 000 yuan)	133863	10043	-92.5
公共财政预算收入(万元)	Public Budgetary Financial Revenue(10 000 yuan)	32414	50009	54.3
公共财政预算支出(万元)	Public Budgetary Financial Expenditure(10 000 yuan)	181413	208240	14.8
个人储蓄存款余额(万元)	The balance of savings deposits of individuals(10 000 yuan)	355943	432761	21.6
在岗职工工资总额(万元)	Total Wages of Staff & Workers Employed in(10 000 yuan)	38398	54718	42.5
在岗职工平均工资(元)	Average Wage of Staff & Workers Employed in(yuan)	38332	41869	9.2
全体居民人均可支配收入(元)	The per capita disposable income of all residents(yuan)	15956	17679	10.8
城镇常住居民人均可支配收入(元)	The per capita disposable income of urban permanent residents(yuan)	18776	20635	9.9
农村牧区常住居民人均可支配收入(元)	The per capita disposable income of permanent residents of rural and pastoral areas(yuan)	10312	11632	12.8
农村牧区经济	**Economic Development in Rural & Pastoral Area**			
农作物总播种面积(公顷)	Total Sown Area(hectare)	131454	153333	16.6
#粮食作物播种面积(公顷)	Sown Area of Grain Crops(hectare)	62201	55880	-10.2
农牧业机械总动力(万千瓦)	Total Power of Agricultural Machinery(10 000 kw)	94.00	98.00	4.3
化肥施用折纯量(吨)	Consumption of Chemical Fertilizer(ton)	60634	60216	-0.7
农村用电量(万千瓦小时)	Electricity Consumed in Rural Area(10 000 kwh)	5362	5238	-2.3
农林牧渔业总产值(万元)	Gross Output of Farming,Forestry,Animal Husbandry & Fishery(10 000 yuan)	443665	476940	7.5
粮食产量(吨)	Yield of Grain(ton)	500430	458033	-8.5
油料产量(吨)	Yield of Oil-bearing Grops(ton)	141380	247545	75.1
甜菜产量(吨)	Yield of Beetroots(ton)	12380	15200	22.8
猪牛羊肉产量(吨)	Output of Pork, Beef & Mutton(ton)	41515	41481	-0.1
#猪肉产量(吨)	Output of Pork(ton)	16405	15923	-2.9
牛肉产量(吨)	Output of Beef(ton)	589	581	-1.4
羊肉产量(吨)	Output of Mutton(ton)	24521	24977	1.9
羊毛产量(吨)	Output of Wool(ton)	1070	1152	7.7

23-100 Wuyuan County in Bayannaoer City

指　　标	Item	2012	2013	2013年比上年增长% Increase Rate in 2013 Over 2012(%)
年末牲畜存栏头数(万头只)	Total Livestock at the Year-end(10 000 heads)	128.90	130.14	1.0
#大牲畜(万头只)	Large Animals(10 000 heads)	2.37	2.31	-2.5
羊(万只)	Sheep & Goats(10 000 heads)	109.67	111.27	1.5
猪(万头)	Hogs(10 000 heads)	16.86	16.56	-1.8
规模以上工业	**Industrial Enterprises above Designated size**			
工业企业单位数(个)	Number of Industrial Enterprises(unit)	40	43	7.5
#内资企业(个)	Civil Funded Enterprises(unit)	40	43	7.5
工业总产值(万元)	Gross Industrial Output Value(10 000 yuan)	646887	717943	11.0
内资企业(万元)	Civil Funded Enterprises(10 000 yuan)	646887	717943	11.0
国有企业(万元)	State-owned Enterprises(10 000 yuan)	12663	11511	-9.1
集体企业(万元)	Collective-owned Enterprises(10 000 yuan)			
股份合作企业(万元)	Share Holding Enterprises(10 000 yuan)			
联营企业(万元)	Joint Owned Enterprises(10 000 yuan)			
有限责任公司(万元)	Limited Company(10 000 yuan)			
股份有限公司(万元)	Share Holding Limited Company(10 000 yuan)	631544	703461	11.4
私营企业(万元)	Privately Owned Enterprises(10 000 yuan)			
其他企业(万元)	Enterprises of Other Ownership(10 000 yuan)	2680	2971	10.9
港澳台商投资企业(万元)	Funds from HK,Macao & Taiwan(10 000 yuan)			
外商投资企业(万元)	Foreign Funded Enterprises(10 000 yuan)			
工业企业增加值(万元)	Value Added of Industrial Enterprises(10 000 yuan)			12.1
工业企业资产总计(万元)	Total Assets of Industrial Enterprises(10 000 yuan)	407633	471562	15.7
工业企业负债合计(万元)	Total Liabilities of Industrial Enterprises(10 000 yuan)	272385	305532	12.2
工业企业产品销售收入(万元)	Sales of Revenue Industrial Enterprises(10 000 yuan)	493559	565083	14.5
工业企业利润总额(万元)	Total Profits of Industrial Enterprises(10 000 yuan)	8292	-3754	
建筑业	**Construction**			
建筑企业单位数(个)	Number of Construction Enterprises(unit)	5	5	0.0
建筑企业从业人员(人)	Number of Employee in Construction Enterprises(person)	1688	1466	-13.2
建筑业总产值(万元)	Gross Construction Output Value(10 000 yuan)	52855	45210	-14.5
交通运输邮电通信业	**Transportation,Post & Telecommunications**			
公路里程(公里)	Total Length of Highways(km)	2864	2880	0.6
邮电业务总量(万元)	Business Volume of Post & Telecoms(10 000 yuan)	1115	1234	10.7
本地电话用户(户)	Number of Subscribers of Local Telephone(Household)	40410	30626	-24.2
国内贸易	**Domestic Trade**			
社会消费品零售总额(万元)	Total Retail Sales of Consumer Goods(10 000 yuan)	194431	218553	12.4
城镇(万元)	Town(10 000 yuan)	153925	173288	12.6
乡村(万元)	Village(10 000 yuan)	40506	45265	11.7
科技教育卫生	**Science,Education & Public Health**			
各类专业技术人员(人)	Special Technical Personnel(person)	4099	4156	1.4
幼儿园数(所)	Number of Kindergartens(unit)	14	18	28.6
学龄儿童入学率(%)	Percentage of School-Age Children Enrolled(%)	100.0	100.0	0.0
小学学校数(所)	Number of Primary Schools(unit)	22	20	-9.1
小学专任教师数(人)	Number of Full-time Teachers of Primary Schools(person)	882	886	0.5
小学在校学生数(人)	Number of Student Enrollment of Primary Schools(person)	13043	12314	-5.6
普通中学学校数(所)	Number of Regular Secondary Schools(unit)	7	6	-14.3
普通中学专任教师数(人)	Number of Teachers of Secondary Shools(person)	853	954	11.8
初中在校学生数(人)	Number of Student in Junior Secondary Schools(person)	8862	8426	-4.9
高中在校学生数(人)	Number of Student in Senior Secondary Schools(person)	4233	6259	47.9
卫生机构数(所)	Number of Health Institutions(unit)	195	191	-2.1
#医院(所)	Hospitals(unit)	4	5	25.0
卫生院(所)	Township Hospitals(unit)	19	19	0.0
床位数(张)	Number of Beds(unit)	1038	1071	3.2
#医院(张)	Hospitals(unit)	522	593	13.6
卫生院(张)	Township Hospitals(unit)	383	366	-4.4
卫生技术人员(人)	Medical Technical Presonnel(person)	962	1029	7.0
#医院(人)	Hospitals(person)	361	647	79.2
卫生院(人)	Township Hospitals(person)	247	114	-53.8

23-101 巴彦淖尔市磴口县

指　标	Item	2012	2013	2013年比上年增长% Increase Rate in 2013 Over 2012(%)
行政区域土地面积(平方公里)	**Area of Administration(Sq.km)**	**4167**	**4167**	**0.0**
人口和就业	**Population & Employment**			
年末总人口(人)	Total Population Year-end(person)	122883	122482	-0.3
#男性(人)	Male(person)	62656	62441	-0.3
#乡村人口(人)	Rural(person)	54366	68510	26.0
年末总户数(户)	Total Number of Households at the Year-end(Household)	43915	45043	2.6
#乡村户数(户)	Number of Rural Household(Household)	15793	16273	3.0
出生人口(人)	Births(person)	887	1001	12.9
死亡人口(人)	Deaths(person)	425	451	6.1
全社会就业人员(人)	Employment(person)	68296	66239	-3.0
第一产业(人)	Primary Industry(person)	44076	43822	-0.6
第二产业(人)	Secondary Industry(person)	6730	4792	-28.8
第三产业(人)	Tertiary Industry(person)	17490	17625	0.8
在岗职工人数(人)	Number of Staff & Workers Employed in(person)	11607	10811	-6.9
乡村劳动力(人)	Number of Rural Laborers(person)	39218	52883	34.8
#农林牧渔业(人)	Farming,Forestry,Animal Husbandry & Fishery(person)	32348	34127	5.5
国民经济综合指标	**Summary Item on the National Economy**			
生产总值(万元)	Gross Domestic Product(10 000 yuan)	513057	563071	8.5
第一产业(万元)	Primary Industry(10 000 yuan)	84469	90700	3.4
第二产业(万元)	Secondary Industry(10 000 yuan)	342768	377910	10.8
#工业(万元)	Industry(10 000 yuan)	305820	339911	12.2
第三产业(万元)	Tertiary Industry(10 000 yuan)	85820	94461	6.3
人均生产总值(元)	Per Capita GDP(yuan)	41656	48793	8.3
全社会固定资产投资(万元)	Total Investment in Fixed Assets(10 000 yuan)	280099	339994	21.4
按登记注册类型分	Grouped by Registered Type			
#国有(万元)	State-owned Enterprises(10 000 yuan)	67040	52876	-21.1
集体(万元)	Collective-owned Enterprises(10 000 yuan)	270		
有限责任公司(万元)	Limited Liability Corporations(10 000 yuan)	84419	125229	48.3
股份有限公司(万元)	Share Holding Enterprises(10 000 yuan)	15800	68565	334.0
私营企业(万元)	Private Enterprises(10 000 yuan)	107020	84224	-21.3
外商及港澳台投资企业(万元)	Funds from HK,Macao,Taiwan & Foreign(10 000 yuan)		7900	
按城乡渠道分	Grouped by Urban and Rural Area			
城镇(万元)	Urban(10 000 yuan)	231656	313360	35.3
农村(万元)	Rural(10 000 yuan)	48443	26634	-45.0
公共财政预算收入(万元)	Public Budgetary Financial Revenue(10 000 yuan)	15987	18951	18.5
公共财政预算支出(万元)	Public Budgetary Financial Expenditure(10 000 yuan)	98500	111152	12.8
个人储蓄存款余额(万元)	The balance of savings deposits of individuals(10 000 yuan)	196029	237120	21.0
在岗职工工资总额(万元)	Total Wages of Staff & Workers Employed in(10 000 yuan)	36252	41466	14.4
在岗职工平均工资(元)	Average Wage of Staff & Workers Employed in(yuan)	31158	37146	19.2
全体居民人均可支配收入(元)	The per capita disposable income of all residents(yuan)	14239	15834	11.2
城镇常住居民人均可支配收入(元)	The per capita disposable income of urban permanent residents(yuan)	18405	20301	10.3
农村牧区常住居民人均可支配收入(元)	The per capita disposable income of permanent residents of rural and pastoral areas(yuan)	10016	11268	12.5
农村牧区经济	**Economic Development in Rural & Pastoral Area**			
农作物总播种面积(公顷)	Total Sown Area(hectare)	45348	45422	0.2
#粮食作物播种面积(公顷)	Sown Area of Grain Crops(hectare)	22879	22909	0.1
农牧业机械总动力(万千瓦)	Total Power of Agricultural Machinery(10 000 kw)	30.30	42.42	40.0
化肥施用折纯量(吨)	Consumption of Chemical Fertilizer(ton)	21315	33036	55.0
农村用电量(万千瓦小时)	Electricity Consumed in Rural Area(10 000 kwh)	1238	1392	12.5
农林牧渔业总产值(万元)	Gross Output of Farming,Forestry,Animal Husbandry & Fishery(10 000 yuan)	128292	138838	8.2
粮食产量(吨)	Yield of Grain(ton)	197915	210345	6.3
油料产量(吨)	Yield of Oil-bearing Grops(ton)	45035	51850	15.1
甜菜产量(吨)	Yield of Beetroots(ton)			
猪牛羊肉产量(吨)	Output of Pork, Beef & Mutton(ton)	9176	10460	14.0
#猪肉产量(吨)	Output of Pork(ton)	1709	1737	1.6
牛肉产量(吨)	Output of Beef(ton)	982	2656	170.5
羊肉产量(吨)	Output of Mutton(ton)	6485	6067	-6.4
羊毛产量(吨)	Output of Wool(ton)	342	498	45.6

23-101 Dengkou County in Bayannaoer City

指　标	Item	2012	2013	2013年比上年增长% Increase Rate in 2013 Over 2012(%)
年末牲畜存栏头数(万头只)	Total Livestock at the Year-end(10 000 heads)	40.46	42.20	4.3
#大牲畜(万头只)	Large Animals(10 000 heads)	4.04	4.10	1.5
羊(万只)	Sheep & Goats(10 000 heads)	34.65	36.44	5.2
猪(万头)	Hogs(10 000 heads)	1.77	1.66	-6.2
规模以上工业	**Industrial Enterprises above Designated size**			
工业企业单位数(个)	Number of Industrial Enterprises(unit)	15	15	0.0
#内资企业(个)	Civil Funded Enterprises(unit)	13	13	0.0
工业总产值(万元)	Gross Industrial Output Value(10 000 yuan)	380756	447747	17.6
内资企业(万元)	Civil Funded Enterprises(10 000 yuan)	243353	313507	28.8
国有企业(万元)	State-owned Enterprises(10 000 yuan)	60876	57348	-5.8
集体企业(万元)	Collective-owned Enterprises(10 000 yuan)			
股份合作企业(万元)	Share Holding Enterprises(10 000 yuan)			
联营企业(万元)	Joint Owned Enterprises(10 000 yuan)			
有限责任公司(万元)	Limited Company(10 000 yuan)			
股份有限公司(万元)	Share Holding Limited Company(10 000 yuan)	182477	256159	40.4
私营企业(万元)	Privately Owned Enterprises(10 000 yuan)			
其他企业(万元)	Enterprises of Other Ownership(10 000 yuan)			
港澳台商投资企业(万元)	Funds from HK,Macao & Taiwan(10 000 yuan)			
外商投资企业(万元)	Foreign Funded Enterprises(10 000 yuan)	137403	134240	-2.3
工业企业增加值(万元)	Value Added of Industrial Enterprises(10 000 yuan)			12.2
工业企业资产总计(万元)	Total Assets of Industrial Enterprises(10 000 yuan)	476349	429809	-9.8
工业企业负债合计(万元)	Total Liabilities of Industrial Enterprises(10 000 yuan)	280885	279566	-0.5
工业企业产品销售收入(万元)	Sales of Revenue Industrial Enterprises(10 000 yuan)	344075	450572	31.0
工业企业利润总额(万元)	Total Profits of Industrial Enterprises(10 000 yuan)	3848	19654	410.8
建筑业	**Construction**			
建筑企业单位数(个)	Number of Construction Enterprises(unit)	1	1	0.0
建筑企业从业人员(人)	Number of Employee in Construction Enterprises(person)	60	72	20.0
建筑业总产值(万元)	Gross Construction Output Value(10 000 yuan)	4790	1930	-59.7
交通运输邮电通信业	**Transportation,Post & Telecommunications**			
公路里程(公里)	Total Length of Highways(km)	1810	1831	1.1
邮电业务总量(万元)	Business Volume of Post & Telecoms(10 000 yuan)	7297	7529	3.2
本地电话用户(户)	Number of Subscribers of Local Telephone(Household)	28640	23010	-19.7
国内贸易	**Domestic Trade**			
社会消费品零售总额(万元)	Total Retail Sales of Consumer Goods(10 000 yuan)	102981	115649	12.3
城镇(万元)	Town(10 000 yuan)	90632	101690	12.2
乡村(万元)	Village(10 000 yuan)	12349	13959	13.0
科技教育卫生	**Science,Education & Public Health**			
各类专业技术人员(人)	Special Technical Personnel(person)	4255	3447	-19.0
幼儿园数(所)	Number of Kindergartens(unit)	7	7	0.0
学龄儿童入学率(%)	Percentage of School-Age Children Enrolled(%)	100.0	104.0	4.0
小学学校数(所)	Number of Primary Schools(unit)	7	7	0.0
小学专任教师数(人)	Number of Full-time Teachers of Primary Schools(person)	482	478	-0.8
小学在校学生数(人)	Number of Student Enrollment of Primary Schools(person)	4407	4061	-7.9
普通中学学校数(所)	Number of Regular Secondary Schools(unit)	2	2	0.0
普通中学专任教师数(人)	Number of Teachers of Secondary Shools(person)	281	263	-6.4
初中在校学生数(人)	Number of Student in Junior Secondary Schools(person)	2589	2352	-9.2
高中在校学生数(人)	Number of Student in Senior Secondary Schools(person)	1894	1932	2.0
卫生机构数(所)	Number of Health Institutions(unit)	123	125	1.6
#医院(所)	Hospitals(unit)	2	3	50.0
卫生院(所)	Township Hospitals(unit)	7	7	0.0
床位数(张)	Number of Beds(unit)	447	546	22.1
#医院(张)	Hospitals(unit)	252	360	42.9
卫生院(张)	Township Hospitals(unit)	106	94	-11.3
卫生技术人员(人)	Medical Technical Presonnel(person)	469	548	16.8
#医院(人)	Hospitals(person)	231	306	32.5
卫生院(人)	Township Hospitals(person)	47	49	4.3

23-102 巴彦淖尔市乌拉特前旗

指　标	Item	2012	2013	2013年比上年增长% Increase Rate in 2013 Over 2012(%)
行政区域土地面积(平方公里)	**Area of Administration(Sq.km)**	**7476**	**7476**	**0.0**
人口和就业	**Population & Employment**			
年末总人口(人)	Total Population Year-end(person)	343094	344182	0.3
#男性(人)	Male(person)	175542	176065	0.3
#乡村人口(人)	Rural(person)	209236	249565	19.3
年末总户数(户)	Total Number of Households at the Year-end(Household)	129498	133988	3.5
#乡村户数(户)	Number of Rural Household(Household)	59556	68417	14.9
出生人口(人)	Births(person)	3295	3366	2.2
死亡人口(人)	Deaths(person)	1353	843	-37.7
全社会就业人员(人)	Employment(person)	142219	140274	-1.4
第一产业(人)	Primary Industry(person)	99692	98149	-1.5
第二产业(人)	Secondary Industry(person)	9152	7885	-13.8
第三产业(人)	Tertiary Industry(person)	33375	34240	2.6
在岗职工人数(人)	Number of Staff & Workers Employed in(person)	20298	19451	-4.2
乡村劳动力(人)	Number of Rural Laborers(person)	121289	118775	-2.1
#农林牧渔业(人)	Farming,Forestry,Animal Husbandry & Fishery(person)	90284	89394	-1.0
国民经济综合指标	**Summary Item on the National Economy**			
生产总值(万元)	Gross Domestic Product(10 000 yuan)	1229166	1323431	9.0
第一产业(万元)	Primary Industry(10 000 yuan)	287284	309307	3.7
第二产业(万元)	Secondary Industry(10 000 yuan)	640132	668634	11.2
#工业(万元)	Industry(10 000 yuan)	545984	571561	12.6
第三产业(万元)	Tertiary Industry(10 000 yuan)	301750	345490	8.8
人均生产总值(元)	Per Capita GDP(yuan)	41987	45045	8.9
全社会固定资产投资(万元)	Total Investment in Fixed Assets(10 000 yuan)	1030135	1178691	-12.6
按登记注册类型分	Grouped by Registered Type			
#国有(万元)	State-owned Enterprises(10 000 yuan)	372847	545238	46.2
集体(万元)	Collective-owned Enterprises(10 000 yuan)			
有限责任公司(万元)	Limited Liability Corporations(10 000 yuan)	73960	14565	-80.3
股份有限公司(万元)	Share Holding Enterprises(10 000 yuan)	77067	45937	-40.4
私营企业(万元)	Private Enterprises(10 000 yuan)	474232	562281	18.6
外商及港澳台投资企业(万元)	Funds from HK,Macao,Taiwan & Foreign(10 000 yuan)			
按城乡渠道分	Grouped by Urban and Rural Area			
城镇(万元)	Urban(10 000 yuan)	1029418	1178691	14.5
农村(万元)	Rural(10 000 yuan)	717		
公共财政预算收入(万元)	Public Budgetary Financial Revenue(10 000 yuan)	76671	83528	8.9
公共财政预算支出(万元)	Public Budgetary Financial Expenditure(10 000 yuan)	220312	232134	5.4
个人储蓄存款余额(万元)	The balance of savings deposits of individuals(10 000 yuan)	535254	640544	19.7
在岗职工工资总额(万元)	Total Wages of Staff & Workers Employed in(10 000 yuan)	87089	92214	5.9
在岗职工平均工资(元)	Average Wage of Staff & Workers Employed in(yuan)	42495	46301	9.0
全体居民人均可支配收入(元)	The per capita disposable income of all residents(yuan)	13170	14619	11.0
城镇常住居民人均可支配收入(元)	The per capita disposable income of urban permanent residents(yuan)	18313	20163	10.1
农村牧区常住居民人均可支配收入(元)	The per capita disposable income of permanent residents of rural and pastoral areas(yuan)	9792	11026	12.6
农村牧区经济	**Economic Development in Rural & Pastoral Area**	162665	162636	0.0
农作物总播种面积(公顷)	Total Sown Area(hectare)	142479	142847	0.3
#粮食作物播种面积(公顷)	Sown Area of Grain Crops(hectare)	72037	79560	10.4
农牧业机械总动力(万千瓦)	Total Power of Agricultural Machinery(10 000 kw)	85.00	94.66	11.4
化肥施用折纯量(吨)	Consumption of Chemical Fertilizer(ton)	32843	32934	0.3
农村用电量(万千瓦小时)	Electricity Consumed in Rural Area(10 000 kwh)	13829	13876	0.3
农林牧渔业总产值(万元)	Gross Output of Farming,Forestry,Animal Husbandry & Fishery(10 000 yuan)	473981	514407	8.5
粮食产量(吨)	Yield of Grain(ton)	690330	769823	11.5
油料产量(吨)	Yield of Oil-bearing Grops(ton)	107205	117715	9.8
甜菜产量(吨)	Yield of Beetroots(ton)	15865	44815	182.5
猪牛羊肉产量(吨)	Output of Pork, Beef & Mutton(ton)	34306	29858	-13.0
#猪肉产量(吨)	Output of Pork(ton)	8535	7786	-8.8
牛肉产量(吨)	Output of Beef(ton)	739	768	3.9
羊肉产量(吨)	Output of Mutton(ton)	25032	21304	-14.9
羊毛产量(吨)	Output of Wool(ton)	1356	1355	-0.1

23-102 Wulateqian Banner in Bayannaoer City

指 标	Item	2012	2013	2013年比上年增长% Increase Rate in 2013 Over 2012(%)
年末牲畜存栏头数(万头只)	Total Livestock at the Year-end(10 000 heads)	114.94	117.33	2.1
#大牲畜(万头只)	Large Animals(10 000 heads)	1.27	1.26	-0.8
羊(万只)	Sheep & Goats(10 000 heads)	108.27	111.23	2.7
猪(万头)	Hogs(10 000 heads)	5.40	4.84	-10.4
规模以上工业	**Industrial Enterprises above Designated size**			
工业企业单位数(个)	Number of Industrial Enterprises(unit)	33	39	18.2
#内资企业(个)	Civil Funded Enterprises(unit)	32	38	18.8
工业总产值(万元)	Gross Industrial Output Value(10 000 yuan)	799267	916584	14.7
内资企业(万元)	Civil Funded Enterprises(10 000 yuan)	797167	914297	14.7
国有企业(万元)	State-owned Enterprises(10 000 yuan)			
集体企业(万元)	Collective-owned Enterprises(10 000 yuan)			
股份合作企业(万元)	Share Holding Enterprises(10 000 yuan)			
联营企业(万元)	Joint Owned Enterprises(10 000 yuan)			
有限责任公司(万元)	Limited Company(10 000 yuan)	290073	355268	22.5
股份有限公司(万元)	Share Holding Limited Company(10 000 yuan)			
私营企业(万元)	Privately Owned Enterprises(10 000 yuan)	507094	559029	10.2
其他企业(万元)	Enterprises of Other Ownership(10 000 yuan)			
港澳台商投资企业(万元)	Funds from HK,Macao & Taiwan(10 000 yuan)			
外商投资企业(万元)	Foreign Funded Enterprises(10 000 yuan)	2100	2288	9.0
工业企业增加值(万元)	Value Added of Industrial Enterprises(10 000 yuan)			12.6
工业企业资产总计(万元)	Total Assets of Industrial Enterprises(10 000 yuan)	1171616	1384966	17.9
工业企业负债合计(万元)	Total Liabilities of Industrial Enterprises(10 000 yuan)	766662	985078	28.5
工业企业产品销售收入(万元)	Sales of Revenue Industrial Enterprises(10 000 yuan)	758293	875697	15.5
工业企业利润总额(万元)	Total Profits of Industrial Enterprises(10 000 yuan)	2622	-28754	
建筑业	**Construction**			
建筑企业单位数(个)	Number of Construction Enterprises(unit)	5	5	0.0
建筑企业从业人员(人)	Number of Employee in Construction Enterprises(person)	680	613	-9.9
建筑业总产值(万元)	Gross Construction Output Value(10 000 yuan)	22481	24373	8.4
交通运输邮电通信业	**Transportation,Post & Telecommunications**			
公路里程(公里)	Total Length of Highways(km)	4298	4428	3.0
邮电业务总量(万元)	Business Volume of Post & Telecoms(10 000 yuan)	27676	28921	4.5
本地电话用户(户)	Number of Subscribers of Local Telephone(Household)	23600	22280	-5.6
国内贸易	**Domestic Trade**			
社会消费品零售总额(万元)	Total Retail Sales of Consumer Goods(10 000 yuan)	227612	256271	12.6
城镇(万元)	Town(10 000 yuan)	186664	212459	13.8
乡村(万元)	Village(10 000 yuan)	40948	43812	7.0
科技教育卫生	**Science,Education & Public Health**			
各类专业技术人员(人)	Special Technical Personnel(person)	7566	7680	1.5
幼儿园数(所)	Number of Kindergartens(unit)	20	26	30.0
学龄儿童入学率(%)	Percentage of School-Age Children Enrolled(%)	100.0	99.3	-0.7
小学学校数(所)	Number of Primary Schools(unit)	18	17	-5.6
小学专任教师数(人)	Number of Full-time Teachers of Primary Schools(person)	1481	1284	-13.3
小学在校学生数(人)	Number of Student Enrollment of Primary Schools(person)	13969	13059	-6.5
普通中学学校数(所)	Number of Regular Secondary Schools(unit)	11	11	0.0
普通中学专任教师数(人)	Number of Teachers of Secondary Shools(person)	839	1040	24.0
初中在校学生数(人)	Number of Student in Junior Secondary Schools(person)	9539	9084	-4.8
高中在校学生数(人)	Number of Student in Senior Secondary Schools(person)	5741	5921	3.1
卫生机构数(所)	Number of Health Institutions(unit)	258	256	-0.8
#医院(所)	Hospitals(unit)	5	5	0.0
卫生院(所)	Township Hospitals(unit)	21	20	-4.8
床位数(张)	Number of Beds(unit)	1263	1225	-3.0
#医院(张)	Hospitals(unit)	824	802	-2.7
卫生院(张)	Township Hospitals(unit)	275	294	6.9
卫生技术人员(人)	Medical Technical Presonnel(person)	1359	1411	3.8
#医院(人)	Hospitals(person)	639	695	8.8
卫生院(人)	Township Hospitals(person)	242	267	10.3

23-103 巴彦淖尔市乌拉特中旗

指　标	Item	2012	2013	2013年比上年增长% Increase Rate in 2013 Over 2012(%)
行政区域土地面积(平方公里)	**Area of Administration(Sq.km)**	**23096**	**23096**	**0.0**
人口和就业	**Population & Employment**			
年末总人口(人)	Total Population Year-end(person)	146830	144541	-1.6
#男性(人)	Male(person)	74497	73461	-1.4
#乡村人口(人)	Rural(person)	90924	94542	4.0
年末总户数(户)	Total Number of Households at the Year-end(Household)	60775	62954	3.6
#乡村户数(户)	Number of Rural Household(Household)	24845	27704	11.5
出生人口(人)	Births(person)	1378	1533	11.2
死亡人口(人)	Deaths(person)	444	572	28.8
全社会就业人员(人)	Employment(person)	78849	71613	-9.2
第一产业(人)	Primary Industry(person)	45555	46240	1.5
第二产业(人)	Secondary Industry(person)	14934	7013	-53.0
第三产业(人)	Tertiary Industry(person)	18360	18360	0.0
在岗职工人数(人)	Number of Staff & Workers Employed in(person)	9789	9426	-3.7
乡村劳动力(人)	Number of Rural Laborers(person)	60422	63834	5.6
#农林牧渔业(人)	Farming,Forestry,Animal Husbandry & Fishery(person)	45555	46240	1.5
国民经济综合指标	**Summary Item on the National Economy**			
生产总值(万元)	Gross Domestic Product(10 000 yuan)	829803	912263	9.9
第一产业(万元)	Primary Industry(10 000 yuan)	149855	160045	2.9
第二产业(万元)	Secondary Industry(10 000 yuan)	595380	659300	11.5
#工业(万元)	Industry(10 000 yuan)	487940	548214	13.0
第三产业(万元)	Tertiary Industry(10 000 yuan)	84568	92918	5.8
人均生产总值(元)	Per Capita GDP(yuan)	59272	68283	9.8
全社会固定资产投资(万元)	Total Investment in Fixed Assets(10 000 yuan)	1250876	1411449	12.8
按登记注册类型分	Grouped by Registered Type			
#国有(万元)	State-owned Enterprises(10 000 yuan)	548868	425084	-22.6
集体(万元)	Collective-owned Enterprises(10 000 yuan)	2150		
有限责任公司(万元)	Limited Liability Corporations(10 000 yuan)	547534	852071	55.6
股份有限公司(万元)	Share Holding Enterprises(10 000 yuan)	69384	28158	-59.4
私营企业(万元)	Private Enterprises(10 000 yuan)	2300	370	-83.9
外商及港澳台投资企业(万元)	Funds from HK,Macao,Taiwan & Foreign(10 000 yuan)	73922	93407	26.4
按城乡渠道分	Grouped by Urban and Rural Area			
城镇(万元)	Urban(10 000 yuan)	1241098	1406119	13.3
农村(万元)	Rural(10 000 yuan)	9778	5330	-45.5
公共财政预算收入(万元)	Public Budgetary Financial Revenue(10 000 yuan)	69415	82114	18.3
公共财政预算支出(万元)	Public Budgetary Financial Expenditure(10 000 yuan)	208001	215170	3.4
个人储蓄存款余额(万元)	The balance of savings deposits of individuals(10 000 yuan)	235995	257472	9.1
在岗职工工资总额(万元)	Total Wages of Staff & Workers Employed in(10 000 yuan)	42580	44958	5.6
在岗职工平均工资(元)	Average Wage of Staff & Workers Employed in(yuan)	43308	47394	9.4
全体居民人均可支配收入(元)	The per capita disposable income of all residents(yuan)	13349	14818	11.0
城镇常住居民人均可支配收入(元)	The per capita disposable income of urban permanent residents(yuan)	19246	21190	10.1
农村牧区常住居民人均可支配收入(元)	The per capita disposable income of permanent residents of rural and pastoral areas(yuan)	9448	10686	13.1
农村牧区经济	**Economic Development in Rural & Pastoral Area**			
农作物总播种面积(公顷)	Total Sown Area(hectare)	87022	87736	0.8
#粮食作物播种面积(公顷)	Sown Area of Grain Crops(hectare)	51547	47610	-7.6
农牧业机械总动力(万千瓦)	Total Power of Agricultural Machinery(10 000 kw)	31.30	32.83	4.9
化肥施用折纯量(吨)	Consumption of Chemical Fertilizer(ton)	7812	9435	20.8
农村用电量(万千瓦小时)	Electricity Consumed in Rural Area(10 000 kwh)	6552	7747	18.2
农林牧渔业总产值(万元)	Gross Output of Farming,Forestry,Animal Husbandry & Fishery(10 000 yuan)	236832	254595	7.5
粮食产量(吨)	Yield of Grain(ton)	333540	325865	-2.3
油料产量(吨)	Yield of Oil-bearing Grops(ton)	66420	77809	17.1
甜菜产量(吨)	Yield of Beetroots(ton)	510		
猪牛羊肉产量(吨)	Output of Pork, Beef & Mutton(ton)	16107	14937	-7.3
#猪肉产量(吨)	Output of Pork(ton)	1898	1098	-42.1
牛肉产量(吨)	Output of Beef(ton)	577	652	13.0
羊肉产量(吨)	Output of Mutton(ton)	13632	13187	-3.3
羊毛产量(吨)	Output of Wool(ton)	1108	1147	3.5

23-103 Wulatezhong Banner in Bayannaoer City

指 标	Item	2012	2013	2013年比上年增长% Increase Rate in 2013 Over 2012(%)
年末牲畜存栏头数(万头只)	Total Livestock at the Year-end(10 000 heads)	127.07	128.63	1.2
#大牲畜(万头只)	Large Animals(10 000 heads)	1.46	1.71	17.1
羊(万只)	Sheep & Goats(10 000 heads)	123.81	125.57	1.4
猪(万头)	Hogs(10 000 heads)	1.79	1.35	-24.6
规模以上工业	**Industrial Enterprises above Designated size**			
工业企业单位数(个)	Number of Industrial Enterprises(unit)	40	41	2.5
#内资企业(个)	Civil Funded Enterprises(unit)	38	38	0.0
工业总产值(万元)	Gross Industrial Output Value(10 000 yuan)	1339844	1504911	12.3
内资企业(万元)	Civil Funded Enterprises(10 000 yuan)	1198827	1368254	14.1
国有企业(万元)	State-owned Enterprises(10 000 yuan)			
集体企业(万元)	Collective-owned Enterprises(10 000 yuan)		26728	
股份合作企业(万元)	Share Holding Enterprises(10 000 yuan)			
联营企业(万元)	Joint Owned Enterprises(10 000 yuan)			
有限责任公司(万元)	Limited Company(10 000 yuan)	1153349	1244078	7.9
股份有限公司(万元)	Share Holding Limited Company(10 000 yuan)	45478	43548	-4.2
私营企业(万元)	Privately Owned Enterprises(10 000 yuan)		53900	
其他企业(万元)	Enterprises of Other Ownership(10 000 yuan)			
港澳台商投资企业(万元)	Funds from HK,Macao & Taiwan(10 000 yuan)			
外商投资企业(万元)	Foreign Funded Enterprises(10 000 yuan)	141018	136657	-3.1
工业企业增加值(万元)	Value Added of Industrial Enterprises(10 000 yuan)			-4.5
工业企业资产总计(万元)	Total Assets of Industrial Enterprises(10 000 yuan)	1698405	2429417	43.0
工业企业负债合计(万元)	Total Liabilities of Industrial Enterprises(10 000 yuan)	1094406	1576209	44.0
工业企业产品销售收入(万元)	Sales of Revenue Industrial Enterprises(10 000 yuan)	1246879	1426293	14.4
工业企业利润总额(万元)	Total Profits of Industrial Enterprises(10 000 yuan)	90529	62253	-31.2
建筑业	**Construction**			
建筑企业单位数(个)	Number of Construction Enterprises(unit)	2	2	0.0
建筑企业从业人员(人)	Number of Employee in Construction Enterprises(person)	62	103	66.1
建筑业总产值(万元)	Gross Construction Output Value(10 000 yuan)	5254	5032	-4.2
交通运输邮电通信业	**Transportation,Post & Telecommunications**			
公路里程(公里)	Total Length of Highways(km)	4027	4273	6.1
邮电业务总量(万元)	Business Volume of Post & Telecoms(10 000 yuan)	3065	3218	5.0
本地电话用户(户)	Number of Subscribers of Local Telephone(Household)	14200	10000	-29.6
国内贸易	**Domestic Trade**			
社会消费品零售总额(万元)	Total Retail Sales of Consumer Goods(10 000 yuan)	106008	118955	12.2
城镇(万元)	Town(10 000 yuan)	68606	76024	10.8
乡村(万元)	Village(10 000 yuan)	37402	42930	14.8
科技教育卫生	**Science,Education & Public Health**			
各类专业技术人员(人)	Special Technical Personnel(person)	2270	2249	-0.9
幼儿园数(所)	Number of Kindergartens(unit)	10	10	0.0
学龄儿童入学率(%)	Percentage of School-Age Children Enrolled(%)	100.0	100.0	0.0
小学学校数(所)	Number of Primary Schools(unit)	3	5	66.7
小学专任教师数(人)	Number of Full-time Teachers of Primary Schools(person)	512	369	-27.9
小学在校学生数(人)	Number of Student Enrollment of Primary Schools(person)	4566	4434	-2.9
普通中学学校数(所)	Number of Regular Secondary Schools(unit)	5	5	0.0
普通中学专任教师数(人)	Number of Teachers of Secondary Shools(person)	381	524	37.5
初中在校学生数(人)	Number of Student in Junior Secondary Schools(person)	2731	2448	-10.4
高中在校学生数(人)	Number of Student in Senior Secondary Schools(person)	1089	1242	14.0
卫生机构数(所)	Number of Health Institutions(unit)	107	113	5.6
#医院(所)	Hospitals(unit)	2	2	0.0
卫生院(所)	Township Hospitals(unit)	16	16	0.0
床位数(张)	Number of Beds(unit)	402	453	12.7
#医院(张)	Hospitals(unit)	230	230	0.0
卫生院(张)	Township Hospitals(unit)	112	120	7.1
卫生技术人员(人)	Medical Technical Presonnel(person)	435	491	12.9
#医院(人)	Hospitals(person)	181	186	2.8
卫生院(人)	Township Hospitals(person)	88	109	23.9

23-104 巴彦淖尔市乌拉特后旗

指　标	Item	2012	2013	2013年比上年增长% Increase Rate in 2013 Over 2012(%)
行政区域土地面积(平方公里)	**Area of Administration(Sq.km)**	**24925**	**24925**	**0.0**
人口和就业	**Population & Employment**			
年末总人口(人)	Total Population Year-end(person)	65685	63908	-2.7
#男性(人)	Male(person)	33487	32456	-3.1
#乡村人口(人)	Rural(person)	25493	25762	1.1
年末总户数(户)	Total Number of Households at the Year-end(Household)	25674	25440	-0.9
#乡村户数(户)	Number of Rural Household(Household)	7817	8734	11.7
出生人口(人)	Births(person)	470	616	31.1
死亡人口(人)	Deaths(person)	268	252	-6.0
全社会就业人员(人)	Employment(person)	39764	31392	-21.1
第一产业(人)	Primary Industry(person)	12098	9498	-21.5
第二产业(人)	Secondary Industry(person)	14006	12073	-13.8
第三产业(人)	Tertiary Industry(person)	13660	9821	-28.1
在岗职工人数(人)	Number of Staff & Workers Employed in(person)	14127	9638	-31.8
乡村劳动力(人)	Number of Rural Laborers(person)	17849	17206	-3.6
#农林牧渔业(人)	Farming,Forestry,Animal Husbandry & Fishery(person)	9802	9498	-3.1
国民经济综合指标	**Summary Item on the National Economy**			
生产总值(万元)	Gross Domestic Product(10 000 yuan)	562987	614825	9.8
第一产业(万元)	Primary Industry(10 000 yuan)	32661	35241	3.8
第二产业(万元)	Secondary Industry(10 000 yuan)	451205	492219	11.1
#工业(万元)	Industry(10 000 yuan)	392612	430147	12.0
第三产业(万元)	Tertiary Industry(10 000 yuan)	79121	87365	3.1
人均生产总值(元)	Per Capita GDP(yuan)	90062	94010	9.8
全社会固定资产投资(万元)	Total Investment in Fixed Assets(10 000 yuan)	890000	1050350	18.0
按登记注册类型分	Grouped by Registered Type			
#国有(万元)	State-owned Enterprises(10 000 yuan)	455446	320936	-29.5
集体(万元)	Collective-owned Enterprises(10 000 yuan)			
有限责任公司(万元)	Limited Liability Corporations(10 000 yuan)	361244	728044	101.5
股份有限公司(万元)	Share Holding Enterprises(10 000 yuan)	5345		
私营企业(万元)	Private Enterprises(10 000 yuan)	39180	1370	-96.5
外商及港澳台投资企业(万元)	Funds from HK,Macao,Taiwan & Foreign(10 000 yuan)			
按城乡渠道分	Grouped by Urban and Rural Area			
城镇(万元)	Urban(10 000 yuan)	862489	1046741	21.4
农村(万元)	Rural(10 000 yuan)	27511	3609	-86.9
公共财政预算收入(万元)	Public Budgetary Financial Revenue(10 000 yuan)	55862	63545	13.8
公共财政预算支出(万元)	Public Budgetary Financial Expenditure(10 000 yuan)	125079	145076	16.0
个人储蓄存款余额(万元)	The balance of savings deposits of individuals(10 000 yuan)	103201	121181	17.4
在岗职工工资总额(万元)	Total Wages of Staff & Workers Employed in(10 000 yuan)	62392	44346	-28.9
在岗职工平均工资(元)	Average Wage of Staff & Workers Employed in(yuan)	43741	46768	6.9
全体居民人均可支配收入(元)	The per capita disposable income of all residents(yuan)	13396	14789	10.4
城镇常住居民人均可支配收入(元)	The per capita disposable income of urban permanent residents(yuan)	19224	21051	9.5
农村牧区常住居民人均可支配收入(元)	The per capita disposable income of permanent residents of rural and pastoral areas(yuan)	8481	9617	13.4
农村牧区经济	**Economic Development in Rural & Pastoral Area**			
农作物总播种面积(公顷)	Total Sown Area(hectare)	10802	11765	8.9
#粮食作物播种面积(公顷)	Sown Area of Grain Crops(hectare)	7211	7070	-2.0
农牧业机械总动力(万千瓦)	Total Power of Agricultural Machinery(10 000 kw)	8.00	8.50	6.3
化肥施用折纯量(吨)	Consumption of Chemical Fertilizer(ton)	5671	5998	5.8
农村用电量(万千瓦小时)	Electricity Consumed in Rural Area(10 000 kwh)	1360	1482	9.0
农林牧渔业总产值(万元)	Gross Output of Farming,Forestry,Animal Husbandry & Fishery(10 000 yuan)	45652	49600	8.6
粮食产量(吨)	Yield of Grain(ton)	50495	60960	20.7
油料产量(吨)	Yield of Oil-bearing Grops(ton)	5595	10523	88.1
甜菜产量(吨)	Yield of Beetroots(ton)	25		
猪牛羊肉产量(吨)	Output of Pork, Beef & Mutton(ton)	4934	4769	-3.3
#猪肉产量(吨)	Output of Pork(ton)	184	134	-27.2
牛肉产量(吨)	Output of Beef(ton)	500	487	-2.6
羊肉产量(吨)	Output of Mutton(ton)	4250	4148	-2.4
羊毛产量(吨)	Output of Wool(ton)	118	153	29.7

23-104 Wulatehou Banner in Bayannaoer City

指　标	Item	2012	2013	2013年比上年增长% Increase Rate in 2013 Over 2012(%)
年末牲畜存栏头数(万头只)	Total Livestock at the Year-end(10 000 heads)	34.19	33.54	-1.9
#大牲畜(万头只)	Large Animals(10 000 heads)	2.40	2.59	7.9
羊(万只)	Sheep & Goats(10 000 heads)	31.64	30.81	-2.6
猪(万头)	Hogs(10 000 heads)	0.14	0.13	-7.1
规模以上工业	**Industrial Enterprises above Designated size**			
工业企业单位数(个)	Number of Industrial Enterprises(unit)	31	31	0.0
#内资企业(个)	Civil Funded Enterprises(unit)	28	28	0.0
工业总产值(万元)	Gross Industrial Output Value(10 000 yuan)	1039632	1110888	6.9
内资企业(万元)	Civil Funded Enterprises(10 000 yuan)	872572	938688	7.6
国有企业(万元)	State-owned Enterprises(10 000 yuan)	51827	52726	1.7
集体企业(万元)	Collective-owned Enterprises(10 000 yuan)			
股份合作企业(万元)	Share Holding Enterprises(10 000 yuan)			
联营企业(万元)	Joint Owned Enterprises(10 000 yuan)			
有限责任公司(万元)	Limited Company(10 000 yuan)	813531	885962	8.0
股份有限公司(万元)	Share Holding Limited Company(10 000 yuan)			
私营企业(万元)	Privately Owned Enterprises(10 000 yuan)	7214		
其他企业(万元)	Enterprises of Other Ownership(10 000 yuan)			
港澳台商投资企业(万元)	Funds from HK,Macao & Taiwan(10 000 yuan)	157198	172200	3.1
外商投资企业(万元)	Foreign Funded Enterprises(10 000 yuan)	9862		
工业企业增加值(万元)	Value Added of Industrial Enterprises(10 000 yuan)			2.3
工业企业资产总计(万元)	Total Assets of Industrial Enterprises(10 000 yuan)	2308227	2451284	6.2
工业企业负债合计(万元)	Total Liabilities of Industrial Enterprises(10 000 yuan)	1284494	1318326	2.6
工业企业产品销售收入(万元)	Sales of Revenue Industrial Enterprises(10 000 yuan)	1025867	1105287	7.7
工业企业利润总额(万元)	Total Profits of Industrial Enterprises(10 000 yuan)	109294	75129	-31.3
建筑业	**Construction**			
建筑企业单位数(个)	Number of Construction Enterprises(unit)			
建筑企业从业人员(人)	Number of Employee in Construction Enterprises(person)			
建筑业总产值(万元)	Gross Construction Output Value(10 000 yuan)			
交通运输邮电通信业	**Transportation,Post & Telecommunications**			
公路里程(公里)	Total Length of Highways(km)	1627	1901	16.8
邮电业务总量(万元)	Business Volume of Post & Telecoms(10 000 yuan)	520	498	-4.2
本地电话用户(户)	Number of Subscribers of Local Telephone(Household)	5688	4044	-28.9
国内贸易	**Domestic Trade**			
社会消费品零售总额(万元)	Total Retail Sales of Consumer Goods(10 000 yuan)	56973	63923	12.2
城镇(万元)	Town(10 000 yuan)	42767	47962	12.1
乡村(万元)	Village(10 000 yuan)	14206	15961	12.4
科技教育卫生	**Science,Education & Public Health**			
各类专业技术人员(人)	Special Technical Personnel(person)	2659	2700	1.5
幼儿园数(所)	Number of Kindergartens(unit)	8	8	0.0
学龄儿童入学率(%)	Percentage of School-Age Children Enrolled(%)	100.0	100.0	0.0
小学学校数(所)	Number of Primary Schools(unit)	5	5	0.0
小学专任教师数(人)	Number of Full-time Teachers of Primary Schools(person)	292	329	12.7
小学在校学生数(人)	Number of Student Enrollment of Primary Schools(person)	2831	2718	-4.0
普通中学学校数(所)	Number of Regular Secondary Schools(unit)	3	3	0.0
普通中学专任教师数(人)	Number of Teachers of Secondary Shools(person)	230	214	-7.0
初中在校学生数(人)	Number of Student in Junior Secondary Schools(person)	1405	1366	-2.8
高中在校学生数(人)	Number of Student in Senior Secondary Schools(person)	641	624	-2.7
卫生机构数(所)	Number of Health Institutions(unit)	68	68	0.0
#医院(所)	Hospitals(unit)	2	2	0.0
卫生院(所)	Township Hospitals(unit)	10	10	0.0
床位数(张)	Number of Beds(unit)	264	258	-2.3
#医院(张)	Hospitals(unit)	150	150	0.0
卫生院(张)	Township Hospitals(unit)	76	75	-1.3
卫生技术人员(人)	Medical Technical Presonnel(person)	300	306	2.0
#医院(人)	Hospitals(person)	123	133	8.1
卫生院(人)	Township Hospitals(person)	58	58	0.0

23-105 巴彦淖尔市杭锦后旗

指　标	Item	2012	2013	2013年比上年增长% Increase Rate in 2013 Over 2012(%)
行政区域土地面积(平方公里)	**Area of Administration(Sq.km)**	**1752**	**1752**	**0.0**
人口和就业	**Population & Employment**			
年末总人口(人)	Total Population Year-end(person)	326646	309764	-5.2
#男性(人)	Male(person)	164678	157628	-4.3
#乡村人口(人)	Rural(person)	199705	194422	-2.6
年末总户数(户)	Total Number of Households at the Year-end(Household)	113169	110282	-2.6
#乡村户数(户)	Number of Rural Household(Household)	50321	49874	-0.9
出生人口(人)	Births(person)	2720	2866	5.4
死亡人口(人)	Deaths(person)	1016	709	-30.2
全社会就业人员(人)	Employment(person)	146018	147898	1.3
第一产业(人)	Primary Industry(person)	87871	86502	-1.6
第二产业(人)	Secondary Industry(person)	14481	14494	0.1
第三产业(人)	Tertiary Industry(person)	43666	46902	7.4
在岗职工人数(人)	Number of Staff & Workers Employed in(person)	18005	16662	-7.5
乡村劳动力(人)	Number of Rural Laborers(person)	112163	117106	4.4
#农林牧渔业(人)	Farming,Forestry,Animal Husbandry & Fishery(person)	87661	86502	-1.3
国民经济综合指标	**Summary Item on the National Economy**			
生产总值(万元)	Gross Domestic Product(10 000 yuan)	1154718	1270190	8.6
第一产业(万元)	Primary Industry(10 000 yuan)	298860	322505	3.8
第二产业(万元)	Secondary Industry(10 000 yuan)	576472	647376	10.9
#工业(万元)	Industry(10 000 yuan)	483396	552157	12.5
第三产业(万元)	Tertiary Industry(10 000 yuan)	279386	300309	8.1
人均生产总值(元)	Per Capita GDP(yuan)	45124	49520	9.7
全社会固定资产投资(万元)	Total Investment in Fixed Assets(10 000 yuan)	913276	1034579	13.3
按登记注册类型分	Grouped by Registered Type			
#国有(万元)	State-owned Enterprises(10 000 yuan)	464466	495343	6.6
集体(万元)	Collective-owned Enterprises(10 000 yuan)	4178	600	-85.6
有限责任公司(万元)	Limited Liability Corporations(10 000 yuan)	187641	248826	32.6
股份有限公司(万元)	Share Holding Enterprises(10 000 yuan)	113310	97715	-13.8
私营企业(万元)	Private Enterprises(10 000 yuan)	89212	192095	115.3
外商及港澳台投资企业(万元)	Funds from HK,Macao,Taiwan & Foreign(10 000 yuan)			
按城乡渠道分	Grouped by Urban and Rural Area			
城镇(万元)	Urban(10 000 yuan)	911376	1034579	13.5
农村(万元)	Rural(10 000 yuan)	1900		
公共财政预算收入(万元)	Public Budgetary Financial Revenue(10 000 yuan)	41711	57503	37.9
公共财政预算支出(万元)	Public Budgetary Financial Expenditure(10 000 yuan)	205696	145150	-29.4
个人储蓄存款余额(万元)	The balance of savings deposits of individuals(10 000 yuan)	403501	487433	20.8
在岗职工工资总额(万元)	Total Wages of Staff & Workers Employed in(10 000 yuan)	72152	76322	5.8
在岗职工平均工资(元)	Average Wage of Staff & Workers Employed in(yuan)	38971	44013	12.9
全体居民人均可支配收入(元)	The per capita disposable income of all residents(yuan)	15840	17535	10.7
城镇常住居民人均可支配收入(元)	The per capita disposable income of urban permanent residents(yuan)	18895	20747	9.8
农村牧区常住居民人均可支配收入(元)	The per capita disposable income of permanent residents of rural and pastoral areas(yuan)	10318	11598	12.4
农村牧区经济	**Economic Development in Rural & Pastoral Area**			
农作物总播种面积(公顷)	Total Sown Area(hectare)	88043	88040	0.0
#粮食作物播种面积(公顷)	Sown Area of Grain Crops(hectare)	59002	59016	0.0
农牧业机械总动力(万千瓦)	Total Power of Agricultural Machinery(10 000 kw)	83.90	86.52	3.1
化肥施用折纯量(吨)	Consumption of Chemical Fertilizer(ton)	57902	55728	-3.8
农村用电量(万千瓦小时)	Electricity Consumed in Rural Area(10 000 kwh)	3796	3859	1.7
农林牧渔业总产值(万元)	Gross Output of Farming,Forestry,Animal Husbandry & Fishery(10 000 yuan)	488301	530582	8.7
粮食产量(吨)	Yield of Grain(ton)	506515	531420	4.9
油料产量(吨)	Yield of Oil-bearing Grops(ton)	41435	52120	25.8
甜菜产量(吨)	Yield of Beetroots(ton)			
猪牛羊肉产量(吨)	Output of Pork, Beef & Mutton(ton)	45544	38095	-16.4
#猪肉产量(吨)	Output of Pork(ton)	12943	7472	-42.3
牛肉产量(吨)	Output of Beef(ton)	3735	2644	-29.2
羊肉产量(吨)	Output of Mutton(ton)	28866	27979	-3.1
羊毛产量(吨)	Output of Wool(ton)	1998	2267	13.5

23-105 Hangjinhou Banner in Bayannaoer City

指　标	Item	2012	2013	2013年比上年增长% Increase Rate in 2013 Over 2012(%)
年末牲畜存栏头数(万头只)	Total Livestock at the Year-end(10 000 heads)	116.50	116.09	-0.4
#大牲畜(万头只)	Large Animals(10 000 heads)	6.95	6.45	-7.2
羊(万只)	Sheep & Goats(10 000 heads)	101.38	101.98	0.6
猪(万头)	Hogs(10 000 heads)	8.17	7.66	-6.2
规模以上工业	**Industrial Enterprises above Designated size**			
工业企业单位数(个)	Number of Industrial Enterprises(unit)	37	37	0.0
#内资企业(个)	Civil Funded Enterprises(unit)	37	37	0.0
工业总产值(万元)	Gross Industrial Output Value(10 000 yuan)	1348967	1214303	-10.0
内资企业(万元)	Civil Funded Enterprises(10 000 yuan)	1348967	1214303	-10.0
国有企业(万元)	State-owned Enterprises(10 000 yuan)	10466	11187	6.9
集体企业(万元)	Collective-owned Enterprises(10 000 yuan)			
股份合作企业(万元)	Share Holding Enterprises(10 000 yuan)			
联营企业(万元)	Joint Owned Enterprises(10 000 yuan)			
有限责任公司(万元)	Limited Company(10 000 yuan)	636594	717258	12.7
股份有限公司(万元)	Share Holding Limited Company(10 000 yuan)	217778	169610	-22.1
私营企业(万元)	Privately Owned Enterprises(10 000 yuan)	484129	316247	-34.7
其他企业(万元)	Enterprises of Other Ownership(10 000 yuan)			
港澳台商投资企业(万元)	Funds from HK,Macao & Taiwan(10 000 yuan)			
外商投资企业(万元)	Foreign Funded Enterprises(10 000 yuan)			
工业企业增加值(万元)	Value Added of Industrial Enterprises(10 000 yuan)			-21.9
工业企业资产总计(万元)	Total Assets of Industrial Enterprises(10 000 yuan)	658812	694867	5.5
工业企业负债合计(万元)	Total Liabilities of Industrial Enterprises(10 000 yuan)	362107	377037	4.1
工业企业产品销售收入(万元)	Sales of Revenue Industrial Enterprises(10 000 yuan)	1270292	1151888	-9.3
工业企业利润总额(万元)	Total Profits of Industrial Enterprises(10 000 yuan)	29277	12740	-56.5
建筑业	**Construction**			
建筑企业单位数(个)	Number of Construction Enterprises(unit)	3	3	0.0
建筑企业从业人员(人)	Number of Employee in Construction Enterprises(person)	302	193	-36.1
建筑业总产值(万元)	Gross Construction Output Value(10 000 yuan)	18835	17320	-8.0
交通运输邮电通信业	**Transportation,Post & Telecommunications**			
公路里程(公里)	Total Length of Highways(km)	1701	1701	0.0
邮电业务总量(万元)	Business Volume of Post & Telecoms(10 000 yuan)	20503	22520	9.8
本地电话用户(户)	Number of Subscribers of Local Telephone(Household)	34735	33532	-3.5
国内贸易	**Domestic Trade**			
社会消费品零售总额(万元)	Total Retail Sales of Consumer Goods(10 000 yuan)	211220	237620	12.5
城镇(万元)	Town(10 000 yuan)	187210	210946	12.7
乡村(万元)	Village(10 000 yuan)	24010	26674	11.1
科技教育卫生	**Science,Education & Public Health**			
各类专业技术人员(人)	Special Technical Personnel(person)	3608	3666	1.6
幼儿园数(所)	Number of Kindergartens(unit)	17	16	-5.9
学龄儿童入学率(%)	Percentage of School-Age Children Enrolled(%)	100.0	100.0	0.0
小学学校数(所)	Number of Primary Schools(unit)	21	17	-19.0
小学专任教师数(人)	Number of Full-time Teachers of Primary Schools(person)	1228	1157	-5.8
小学在校学生数(人)	Number of Student Enrollment of Primary Schools(person)	10769	10296	-4.4
普通中学学校数(所)	Number of Regular Secondary Schools(unit)	5	5	0.0
普通中学专任教师数(人)	Number of Teachers of Secondary Shools(person)	657	691	5.2
初中在校学生数(人)	Number of Student in Junior Secondary Schools(person)	7668	7044	-8.1
高中在校学生数(人)	Number of Student in Senior Secondary Schools(person)	5217	4787	-8.2
卫生机构数(所)	Number of Health Institutions(unit)	207	208	0.5
#医院(所)	Hospitals(unit)	3	4	33.3
卫生院(所)	Township Hospitals(unit)	19	19	0.0
床位数(张)	Number of Beds(unit)	978	1118	14.3
#医院(张)	Hospitals(unit)	380	530	39.5
卫生院(张)	Township Hospitals(unit)	385	385	0.0
卫生技术人员(人)	Medical Technical Presonnel(person)	1144	1251	9.4
#医院(人)	Hospitals(person)	429	555	29.4
卫生院(人)	Township Hospitals(person)	241	230	-4.6

23-106 乌海市海勃湾区

指　标	Item	2012	2013	2013年比上年增长% Increase Rate in 2013 Over 2012(%)
行政区域土地面积(平方公里)	**Area of Administration(Sq.km)**	**529**	**529**	**0.0**
人口和就业	**Population & Employment**			
年末总人口(人)	Total Population Year-end(person)	308100	310600	0.8
#男性(人)	Male(person)	163000	164600	1.0
#乡村人口(人)	Rural(person)	10900	19600	79.8
年末总户数(户)	Total Number of Households at the Year-end(Household)	109149	110142	0.9
#乡村户数(户)	Number of Rural Household(Household)	3759	6950	84.9
出生人口(人)	Births(person)	2600	2802	7.8
死亡人口(人)	Deaths(person)	1339	1381	3.1
全社会就业人员(人)	Employment(person)	140846	158800	12.7
第一产业(人)	Primary Industry(person)	4334	3400	-21.6
第二产业(人)	Secondary Industry(person)	49351	45700	-7.4
第三产业(人)	Tertiary Industry(person)	87161	109700	25.9
在岗职工人数(人)	Number of Staff & Workers Employed in(person)	75553	76438	1.2
乡村劳动力(人)	Number of Rural Laborers(person)	8150	7600	-6.7
#农林牧渔业(人)	Farming,Forestry,Animal Husbandry & Fishery(person)	3980	3770	-5.3
国民经济综合指标	**Summary Item on the National Economy**			
生产总值(万元)	Gross Domestic Product(10 000 yuan)	2066493	2267215	11.8
第一产业(万元)	Primary Industry(10 000 yuan)	18191	19096	5.0
第二产业(万元)	Secondary Industry(10 000 yuan)	1194027	1257077	13.3
#工业(万元)	Industry(10 000 yuan)	1056668	1102683	13.4
第三产业(万元)	Tertiary Industry(10 000 yuan)	854275	991042	9.8
人均生产总值(元)	Per Capita GDP(yuan)	67612	73290	10.4
全社会固定资产投资(万元)	Total Investment in Fixed Assets(10 000 yuan)	1616775	2009063	24.3
按登记注册类型分	Grouped by Registered Type			
#国有(万元)	State-owned Enterprises(10 000 yuan)	478391	779269	62.9
集体(万元)	Collective-owned Enterprises(10 000 yuan)	680234		
有限责任公司(万元)	Limited Liability Corporations(10 000 yuan)	174065	597226	243.1
股份有限公司(万元)	Share Holding Enterprises(10 000 yuan)	229544	155599	-32.2
私营企业(万元)	Private Enterprises(10 000 yuan)	308995	411674	33.2
外商及港澳台投资企业(万元)	Funds from HK,Macao,Taiwan & Foreign(10 000 yuan)		17922	
按城乡渠道分	Grouped by Urban and Rural Area			
城镇(万元)	Urban(10 000 yuan)	1616775	2009063	24.3
农村(万元)	Rural(10 000 yuan)			
公共财政预算收入(万元)	Public Budgetary Financial Revenue(10 000 yuan)	213018	246195	15.6
公共财政预算支出(万元)	Public Budgetary Financial Expenditure(10 000 yuan)	165366	182325	10.3
个人储蓄存款余额(万元)	The balance of savings deposits of individuals(10 000 yuan)	1835665	2285954	24.5
在岗职工工资总额(万元)	Total Wages of Staff & Workers Employed in(10 000 yuan)	418656	501131	19.7
在岗职工平均工资(元)	Average Wage of Staff & Workers Employed in(yuan)	48034	54161	12.8
全体居民人均可支配收入(元)	The per capita disposable income of all residents(yuan)	26061	28797	10.5
城镇常住居民人均可支配收入(元)	The per capita disposable income of urban permanent residents(yuan)	26634	29401	10.4
农村牧区常住居民人均可支配收入(元)	The per capita disposable income of permanent residents of rural and pastoral areas(yuan)	11369	12887	13.4
农村牧区经济	**Economic Development in Rural & Pastoral Area**			
农作物总播种面积(公顷)	Total Sown Area(hectare)	2285	2195	-3.9
#粮食作物播种面积(公顷)	Sown Area of Grain Crops(hectare)	1285	1300	1.2
农牧业机械总动力(万千瓦)	Total Power of Agricultural Machinery(10 000 kw)	3.44	3.50	1.7
化肥施用折纯量(吨)	Consumption of Chemical Fertilizer(ton)	1308	1289	-1.5
农村用电量(万千瓦小时)	Electricity Consumed in Rural Area(10 000 kwh)	1369	1560	14.0
农林牧渔业总产值(万元)	Gross Output of Farming,Forestry,Animal Husbandry & Fishery(10 000 yuan)	31356	32789	3.0
粮食产量(吨)	Yield of Grain(ton)	9352	10682	14.2
油料产量(吨)	Yield of Oil-bearing Grops(ton)	705	563	-20.1
甜菜产量(吨)	Yield of Beetroots(ton)	32		
猪牛羊肉产量(吨)	Output of Pork, Beef & Mutton(ton)	4221	4254	0.8
#猪肉产量(吨)	Output of Pork(ton)	3125	3121	-0.1
牛肉产量(吨)	Output of Beef(ton)	171	163	-4.7
羊肉产量(吨)	Output of Mutton(ton)	925	970	4.9
羊毛产量(吨)	Output of Wool(ton)	15	5	-66.7

23-106 Haibowan District in Wuhai City

指　标	Item	2012	2013	2013年比上年增长% Increase Rate in 2013 Over 2012(%)
年末牲畜存栏头数(万头只)	Total Livestock at the Year-end(10 000 heads)	2.90	3.13	7.9
#大牲畜(万头只)	Large Animals(10 000 heads)	0.08	0.07	-6.9
羊(万只)	Sheep & Goats(10 000 heads)	1.88	2.06	9.6
猪(万头)	Hogs(10 000 heads)	0.94	1.00	6.2
规模以上工业	**Industrial Enterprises above Designated size**			
工业企业单位数(个)	Number of Industrial Enterprises(unit)	50	51	2.0
#内资企业(个)	Civil Funded Enterprises(unit)	49	50	2.0
工业总产值(万元)	Gross Industrial Output Value(10 000 yuan)	2263889	2465686	8.9
内资企业(万元)	Civil Funded Enterprises(10 000 yuan)	2263889	2443166	7.9
国有企业(万元)	State-owned Enterprises(10 000 yuan)	415782	482047	15.9
集体企业(万元)	Collective-owned Enterprises(10 000 yuan)			
股份合作企业(万元)	Share Holding Enterprises(10 000 yuan)	9869	4055	-58.9
联营企业(万元)	Joint Owned Enterprises(10 000 yuan)			
有限责任公司(万元)	Limited Company(10 000 yuan)	951231		
股份有限公司(万元)	Share Holding Limited Company(10 000 yuan)	19143	1941186	10040.4
私营企业(万元)	Privately Owned Enterprises(10 000 yuan)	646896		
其他企业(万元)	Enterprises of Other Ownership(10 000 yuan)	220968	15878	-92.8
港澳台商投资企业(万元)	Funds from HK,Macao & Taiwan(10 000 yuan)			
外商投资企业(万元)	Foreign Funded Enterprises(10 000 yuan)		22520	
工业企业增加值(万元)	Value Added of Industrial Enterprises(10 000 yuan)			16.5
工业企业资产总计(万元)	Total Assets of Industrial Enterprises(10 000 yuan)	4497892	5266757	17.1
工业企业负债合计(万元)	Total Liabilities of Industrial Enterprises(10 000 yuan)	3659677	4377293	19.6
工业企业产品销售收入(万元)	Sales of Revenue Industrial Enterprises(10 000 yuan)	2286559	2427167	6.1
工业企业利润总额(万元)	Total Profits of Industrial Enterprises(10 000 yuan)	194656	313363	61.0
建筑业	**Construction**			
建筑企业单位数(个)	Number of Construction Enterprises(unit)	37	40	8.1
建筑企业从业人员(人)	Number of Employee in Construction Enterprises(person)	29120	18758	-35.6
建筑业总产值(万元)	Gross Construction Output Value(10 000 yuan)	541654	622179	14.9
交通运输邮电通信业	**Transportation,Post & Telecommunications**			
公路里程(公里)	Total Length of Highways(km)	492	502	2.0
邮电业务总量(万元)	Business Volume of Post & Telecoms(10 000 yuan)	51645	54227	5.0
本地电话用户(户)	Number of Subscribers of Local Telephone(Household)	119277	102154	-14.4
国内贸易	**Domestic Trade**			
社会消费品零售总额(万元)	Total Retail Sales of Consumer Goods(10 000 yuan)	835960	963979	15.3
城镇(万元)	Town(10 000 yuan)	835960	963979	15.3
乡村(万元)	Village(10 000 yuan)			
科技教育卫生	**Science,Education & Public Health**			
各类专业技术人员(人)	Special Technical Personnel(person)	13910	14670	5.5
幼儿园数(所)	Number of Kindergartens(unit)	15	17	13.3
学龄儿童入学率(%)	Percentage of School-Age Children Enrolled(%)	100.0	100.0	0.0
小学学校数(所)	Number of Primary Schools(unit)	14	14	0.0
小学专任教师数(人)	Number of Full-time Teachers of Primary Schools(person)	1153	1118	-3.0
小学在校学生数(人)	Number of Student Enrollment of Primary	17301	17262	-0.2
普通中学学校数(所)	Number of Regular Secondary Schools(unit)	11	11	0.0
普通中学专任教师数(人)	Number of Teachers of Secondary Shools(person)	1556	1407	-9.6
初中在校学生数(人)	Number of Student in Junior Secondary Schools(person)	9190	8811	-4.1
高中在校学生数(人)	Number of Student in Senior Secondary Schools(person)	7727	7738	0.1
卫生机构数(所)	Number of Health Institutions(unit)	196	194	-1.0
#医院(所)	Hospitals(unit)	10	13	30.0
卫生院(所)	Township Hospitals(unit)	1	1	0.0
床位数(张)	Number of Beds(unit)	2394	2197	-8.2
#医院(张)	Hospitals(unit)	1863	1967	5.6
卫生院(张)	Township Hospitals(unit)	50	50	0.0
卫生技术人员(人)	Medical Technical Presonnel(person)	3049	4008	31.5
#医院(人)	Hospitals(person)	1933	2531	30.9
卫生院(人)	Township Hospitals(person)	22	32	45.5

23-107 乌海市海南区

指 标	Item	2012	2013	2013年比上年增长% Increase Rate in 2013 Over 2012(%)
行政区域土地面积(平方公里)	**Area of Administration(Sq.km)**	**1005**	**1005**	**0.0**
人口和就业	**Population & Employment**			
年末总人口(人)	Total Population Year-end(person)	105200	106500	1.2
#男性(人)	Male(person)	57300	58600	2.3
#乡村人口(人)	Rural(person)	19400	10300	-46.9
年末总户数(户)	Total Number of Households at the Year-end(Household)	38629	38823	0.5
#乡村户数(户)	Number of Rural Household(Household)	4788	4002	-16.4
出生人口(人)	Births(person)	1431	1394	-2.6
死亡人口(人)	Deaths(person)	590	617	4.6
全社会就业人员(人)	Employment(person)	59792	62800	5.0
第一产业(人)	Primary Industry(person)	4814	3900	-19.0
第二产业(人)	Secondary Industry(person)	32282	32500	0.7
第三产业(人)	Tertiary Industry(person)	22696	26400	16.3
在岗职工人数(人)	Number of Staff & Workers Employed in(person)	10983	8404	-23.5
乡村劳动力(人)	Number of Rural Laborers(person)	8458	8231	-2.7
#农林牧渔业(人)	Farming,Forestry,Animal Husbandry & Fishery(person)	5902	4836	-18.1
国民经济综合指标	**Summary Item on the National Economy**			
生产总值(万元)	Gross Domestic Product(10 000 yuan)	1623226	1697449	8.9
第一产业(万元)	Primary Industry(10 000 yuan)	19647	21160	5.0
第二产业(万元)	Secondary Industry(10 000 yuan)	1212810	1246065	10.9
#工业(万元)	Industry(10 000 yuan)	1133483	1147345	10.0
第三产业(万元)	Tertiary Industry(10 000 yuan)	390768	430224	2.9
人均生产总值(元)	Per Capita GDP(yuan)	155284	160364	7.6
全社会固定资产投资(万元)	Total Investment in Fixed Assets(10 000 yuan)	1001852	1204497	20.2
按登记注册类型分	Grouped by Registered Type			
#国有(万元)	State-owned Enterprises(10 000 yuan)	130053	189380	45.6
集体(万元)	Collective-owned Enterprises(10 000 yuan)			
有限责任公司(万元)	Limited Liability Corporations(10 000 yuan)	352122	115024	-67.3
股份有限公司(万元)	Share Holding Enterprises(10 000 yuan)	129386	43142	-66.7
私营企业(万元)	Private Enterprises(10 000 yuan)	382291	855163	123.7
外商及港澳台投资企业(万元)	Funds from HK,Macao,Taiwan & Foreign(10 000 yuan)	8000		
按城乡渠道分	Grouped by Urban and Rural Area			
城镇(万元)	Urban(10 000 yuan)	1001852	1204497	20.2
农村(万元)	Rural(10 000 yuan)			
公共财政预算收入(万元)	Public Budgetary Financial Revenue(10 000 yuan)	138784	120081	-13.5
公共财政预算支出(万元)	Public Budgetary Financial Expenditure(10 000 yuan)	120657	113733	-5.7
个人储蓄存款余额(万元)	The balance of savings deposits of individuals(10 000 yuan)	385420	372084	-3.5
在岗职工工资总额(万元)	Total Wages of Staff & Workers Employed in(10 000 yuan)	49071	48166	-1.8
在岗职工平均工资(元)	Average Wage of Staff & Workers Employed in(yuan)	45104	54695	21.3
全体居民人均可支配收入(元)	The per capita disposable income of all residents(yuan)	22711	24998	10.1
城镇常住居民人均可支配收入(元)	The per capita disposable income of urban permanent residents(yuan)	25507	28068	10.0
农村牧区常住居民人均可支配收入(元)	The per capita disposable income of permanent residents of rural and pastoral areas(yuan)	9999	11289	12.9
农村牧区经济	**Economic Development in Rural & Pastoral Area**			
农作物总播种面积(公顷)	Total Sown Area(hectare)	3608	3688	2.2
#粮食作物播种面积(公顷)	Sown Area of Grain Crops(hectare)	2966	3075	3.7
农牧业机械总动力(万千瓦)	Total Power of Agricultural Machinery(10 000 kw)	3.24	3.43	5.9
化肥施用折纯量(吨)	Consumption of Chemical Fertilizer(ton)	1643	1682	2.4
农村用电量(万千瓦小时)	Electricity Consumed in Rural Area(10 000 kwh)	1214	1197	-1.4
农林牧渔业总产值(万元)	Gross Output of Farming,Forestry,Animal Husbandry & Fishery(10 000 yuan)	34502	36333	3.7
粮食产量(吨)	Yield of Grain(ton)	27084	28215	4.2
油料产量(吨)	Yield of Oil-bearing Grops(ton)	237	285	20.3
甜菜产量(吨)	Yield of Beetroots(ton)	14		
猪牛羊肉产量(吨)	Output of Pork, Beef & Mutton(ton)	6716	6780	0.9
#猪肉产量(吨)	Output of Pork(ton)	5040	5144	2.1
牛肉产量(吨)	Output of Beef(ton)	316	302	-4.4
羊肉产量(吨)	Output of Mutton(ton)	1360	1333	-2.0
羊毛产量(吨)	Output of Wool(ton)	62	38	-38.7

23-107 Hainan District in Wuhai City

指　标	Item	2012	2013	2013年比上年增长% Increase Rate in 2013 Over 2012(%)
年末牲畜存栏头数(万头只)	Total Livestock at the Year-end(10 000 heads)	7.60	7.51	-1.2
#大牲畜(万头只)	Large Animals(10 000 heads)	0.35	0.25	-28.6
羊(万只)	Sheep & Goats(10 000 heads)	5.80	5.87	1.2
猪(万头)	Hogs(10 000 heads)	1.45	1.39	-4.1
规模以上工业	**Industrial Enterprises above Designated size**			
工业企业单位数(个)	Number of Industrial Enterprises(unit)	58	58	0.0
#内资企业(个)	Civil Funded Enterprises(unit)	57	57	0.0
工业总产值(万元)	Gross Industrial Output Value(10 000 yuan)	2601634	2649564	1.8
内资企业(万元)	Civil Funded Enterprises(10 000 yuan)	2601603	2649564	1.8
国有企业(万元)	State-owned Enterprises(10 000 yuan)	905119	969815	7.1
集体企业(万元)	Collective-owned Enterprises(10 000 yuan)			
股份合作企业(万元)	Share Holding Enterprises(10 000 yuan)			
联营企业(万元)	Joint Owned Enterprises(10 000 yuan)			
有限责任公司(万元)	Limited Company(10 000 yuan)	256036		
股份有限公司(万元)	Share Holding Limited Company(10 000 yuan)	142269	1650175	1059.9
私营企业(万元)	Privately Owned Enterprises(10 000 yuan)	1266287		
其他企业(万元)	Enterprises of Other Ownership(10 000 yuan)	31891	29574	-7.3
港澳台商投资企业(万元)	Funds from HK,Macao & Taiwan(10 000 yuan)			
外商投资企业(万元)	Foreign Funded Enterprises(10 000 yuan)	31		
工业企业增加值(万元)	Value Added of Industrial Enterprises(10 000 yuan)			16.5
工业企业资产总计(万元)	Total Assets of Industrial Enterprises(10 000 yuan)	3789760	4241469	11.9
工业企业负债合计(万元)	Total Liabilities of Industrial Enterprises(10 000 yuan)	2733913	3125285	14.3
工业企业产品销售收入(万元)	Sales of Revenue Industrial Enterprises(10 000 yuan)	2552367	2466290	-3.4
工业企业利润总额(万元)	Total Profits of Industrial Enterprises(10 000 yuan)	116736	128856	10.4
建筑业	**Construction**			
建筑企业单位数(个)	Number of Construction Enterprises(unit)	5	6	20.0
建筑企业从业人员(人)	Number of Employee in Construction Enterprises(person)	481	705	46.6
建筑业总产值(万元)	Gross Construction Output Value(10 000 yuan)	85200	21530	-74.7
交通运输邮电通信业	**Transportation,Post & Telecommunications**			
公路里程(公里)	Total Length of Highways(km)	274	295	7.7
邮电业务总量(万元)	Business Volume of Post & Telecoms(10 000 yuan)	12433	12082	-2.8
本地电话用户(户)	Number of Subscribers of Local Telephone(Household)	18168	12732	-29.9
国内贸易	**Domestic Trade**			
社会消费品零售总额(万元)	Total Retail Sales of Consumer Goods(10 000 yuan)	73565	64935	-11.7
城镇(万元)	Town(10 000 yuan)	73565	64935	-11.7
乡村(万元)	Village(10 000 yuan)			
科技教育卫生	**Science,Education & Public Health**			
各类专业技术人员(人)	Special Technical Personnel(person)	2973	3135	5.4
幼儿园数(所)	Number of Kindergartens(unit)	10	12	20.0
学龄儿童入学率(%)	Percentage of School-Age Children Enrolled(%)	100.0	100.0	0.0
小学学校数(所)	Number of Primary Schools(unit)	7	6	-14.3
小学专任教师数(人)	Number of Full-time Teachers of Primary Schools(person)	514	470	-8.6
小学在校学生数(人)	Number of Student Enrollment of Primary Schools(person)	6356	6242	-1.8
普通中学学校数(所)	Number of Regular Secondary Schools(unit)	4	4	0.0
普通中学专任教师数(人)	Number of Teachers of Secondary Shools(person)	249	261	4.8
初中在校学生数(人)	Number of Student in Junior Secondary Schools(person)	3044	2791	-8.3
高中在校学生数(人)	Number of Student in Senior Secondary Schools(person)			
卫生机构数(所)	Number of Health Institutions(unit)	85	63	-25.9
#医院(所)	Hospitals(unit)	3	2	-33.3
卫生院(所)	Township Hospitals(unit)	2	1	-50.0
床位数(张)	Number of Beds(unit)	598	480	-19.7
#医院(张)	Hospitals(unit)	216	156	-27.8
卫生院(张)	Township Hospitals(unit)	26	20	-23.1
卫生技术人员(人)	Medical Technical Presonnel(person)	406	380	-6.4
#医院(人)	Hospitals(person)	179	171	-4.5
卫生院(人)	Township Hospitals(person)	19	18	-5.3

23-108 乌海市乌达区

指　标	Item	2012	2013	2013年比上年增长% Increase Rate in 2013 Over 2012(%)
行政区域土地面积(平方公里)	**Area of Administration(Sq.km)**	**220**	**220**	**0.0**
人口和就业	**Population & Employment**			
年末总人口(人)	Total Population Year-end(person)	135100	136000	0.7
#男性(人)	Male(person)	70300	71100	1.1
#乡村人口(人)	Rural(person)			
年末总户数(户)	Total Number of Households at the Year-end(Household)	48250	48571	0.7
#乡村户数(户)	Number of Rural Household(Household)			
出生人口(人)	Births(person)	1169	1104	-5.6
死亡人口(人)	Deaths(person)	571	602	5.4
全社会就业人员(人)	Employment(person)	72959	74100	1.6
第一产业(人)	Primary Industry(person)	2048	900	-56.1
第二产业(人)	Secondary Industry(person)	28164	24300	-13.7
第三产业(人)	Tertiary Industry(person)	42747	48900	14.4
在岗职工人数(人)	Number of Staff & Workers Employed in(person)	9755	9324	-4.4
乡村劳动力(人)	Number of Rural Laborers(person)			
#农林牧渔业(人)	Farming,Forestry,Animal Husbandry & Fishery(person)			
国民经济综合指标	**Summary Item on the National Economy**			
生产总值(万元)	Gross Domestic Product(10 000 yuan)	1629410	1736636	10.6
第一产业(万元)	Primary Industry(10 000 yuan)	9776	11354	5.0
第二产业(万元)	Secondary Industry(10 000 yuan)	1218518	1248930	10.7
#工业(万元)	Industry(10 000 yuan)	1131788	1158156	11.2
第三产业(万元)	Tertiary Industry(10 000 yuan)	401116	476352	10.4
人均生产总值(元)	Per Capita GDP(yuan)	120943	128118	10.0
全社会固定资产投资(万元)	Total Investment in Fixed Assets(10 000 yuan)	848077	956183	12.7
按登记注册类型分	Grouped by Registered Type			
#国有(万元)	State-owned Enterprises(10 000 yuan)	190952	121705	-36.3
集体(万元)	Collective-owned Enterprises(10 000 yuan)			
有限责任公司(万元)	Limited Liability Corporations(10 000 yuan)	590066	738734	25.2
股份有限公司(万元)	Share Holding Enterprises(10 000 yuan)	1170	25200	2053.8
私营企业(万元)	Private Enterprises(10 000 yuan)	59549	44544	-25.2
外商及港澳台投资企业(万元)	Funds from HK,Macao,Taiwan & Foreign(10 000 yuan)	6340	26000	310.1
按城乡渠道分	Grouped by Urban and Rural Area			
城镇(万元)	Urban(10 000 yuan)	848077	956183	12.7
农村(万元)	Rural(10 000 yuan)			
公共财政预算收入(万元)	Public Budgetary Financial Revenue(10 000 yuan)	59627	82138	37.8
公共财政预算支出(万元)	Public Budgetary Financial Expenditure(10 000 yuan)	79835	87761	9.9
个人储蓄存款余额(万元)	The balance of savings deposits of individuals(10 000 yuan)	549771	580558	5.6
在岗职工工资总额(万元)	Total Wages of Staff & Workers Employed in(10 000 yuan)	48016	53593	11.6
在岗职工平均工资(元)	Average Wage of Staff & Workers Employed in(yuan)	45951	44129	-4.0
全体居民人均可支配收入(元)	The per capita disposable income of all residents(yuan)	25405	27963	10.1
城镇常住居民人均可支配收入(元)	The per capita disposable income of urban permanent residents(yuan)	25412	27963	10.0
农村牧区常住居民人均可支配收入(元)	The per capita disposable income of permanent residents of rural and pastoral areas(yuan)	13245		
农村牧区经济	**Economic Development in Rural & Pastoral Area**			
农作物总播种面积(公顷)	Total Sown Area(hectare)	900	707	-21.4
#粮食作物播种面积(公顷)	Sown Area of Grain Crops(hectare)	215	238	10.7
农牧业机械总动力(万千瓦)	Total Power of Agricultural Machinery(10 000 kw)	1.12	1.11	-0.9
化肥施用折纯量(吨)	Consumption of Chemical Fertilizer(ton)	377	325	-13.8
农村用电量(万千瓦小时)	Electricity Consumed in Rural Area(10 000 kwh)	294	300	2.0
农林牧渔业总产值(万元)	Gross Output of Farming,Forestry,Animal Husbandry & Fishery(10 000 yuan)	16878	19496	13.8
粮食产量(吨)	Yield of Grain(ton)	1607	2103	30.9
油料产量(吨)	Yield of Oil-bearing Grops(ton)	1168	675	-42.2
甜菜产量(吨)	Yield of Beetroots(ton)			
猪牛羊肉产量(吨)	Output of Pork, Beef & Mutton(ton)	1862	1805	-3.1
#猪肉产量(吨)	Output of Pork(ton)	1526	1426	-6.6
牛肉产量(吨)	Output of Beef(ton)	29	35	20.7
羊肉产量(吨)	Output of Mutton(ton)	307	344	12.1
羊毛产量(吨)	Output of Wool(ton)	10	11	10.0

23-108 Wuda District in Wuhai City

指　标	Item	2012	2013	2013年比上年增长% Increase Rate in 2013 Over 2012(%)
年末牲畜存栏头数(万头只)	Total Livestock at the Year-end(10 000 heads)	1.28	1.03	-19.5
#大牲畜(万头只)	Large Animals(10 000 heads)	0.03	0.03	0.0
羊(万只)	Sheep & Goats(10 000 heads)	0.70	0.40	-42.9
猪(万头)	Hogs(10 000 heads)	0.55	0.60	9.1
规模以上工业	**Industrial Enterprises above Designated size**			
工业企业单位数(个)	Number of Industrial Enterprises(unit)	49	47	-4.1
#内资企业(个)	Civil Funded Enterprises(unit)	48	46	-4.2
工业总产值(万元)	Gross Industrial Output Value(10 000 yuan)	1841531	1936366	5.1
内资企业(万元)	Civil Funded Enterprises(10 000 yuan)	1839465	1934303	5.2
国有企业(万元)	State-owned Enterprises(10 000 yuan)	492758	515251	4.6
集体企业(万元)	Collective-owned Enterprises(10 000 yuan)			
股份合作企业(万元)	Share Holding Enterprises(10 000 yuan)			
联营企业(万元)	Joint Owned Enterprises(10 000 yuan)			
有限责任公司(万元)	Limited Company(10 000 yuan)	451175		
股份有限公司(万元)	Share Holding Limited Company(10 000 yuan)	12065	1331685	10937.6
私营企业(万元)	Privately Owned Enterprises(10 000 yuan)	772658		
其他企业(万元)	Enterprises of Other Ownership(10 000 yuan)	110808	87367	-21.2
港澳台商投资企业(万元)	Funds from HK,Macao & Taiwan(10 000 yuan)	2066	2063	-0.1
外商投资企业(万元)	Foreign Funded Enterprises(10 000 yuan)			
工业企业增加值(万元)	Value Added of Industrial Enterprises(10 000 yuan)			16.5
工业企业资产总计(万元)	Total Assets of Industrial Enterprises(10 000 yuan)	2979500	3288095	10.4
工业企业负债合计(万元)	Total Liabilities of Industrial Enterprises(10 000 yuan)	1818344	2165224	19.1
工业企业产品销售收入(万元)	Sales of Revenue Industrial Enterprises(10 000 yuan)	1809250	2038520	12.7
工业企业利润总额(万元)	Total Profits of Industrial Enterprises(10 000 yuan)	211450	273816	29.5
建筑业	**Construction**			
建筑企业单位数(个)	Number of Construction Enterprises(unit)	4	4	0.0
建筑企业从业人员(人)	Number of Employee in Construction Enterprises(person)	1329	1315	-1.1
建筑业总产值(万元)	Gross Construction Output Value(10 000 yuan)	50968	55879	9.6
交通运输邮电通信业	**Transportation,Post & Telecommunications**			
公路里程(公里)	Total Length of Highways(km)	124	124	0.0
邮电业务总量(万元)	Business Volume of Post & Telecoms(10 000 yuan)	15781	16570	5.0
本地电话用户(户)	Number of Subscribers of Local Telephone(Household)	17955	16814	-6.4
国内贸易	**Domestic Trade**			
社会消费品零售总额(万元)	Total Retail Sales of Consumer Goods(10 000 yuan)	96087	108352.9	12.8
城镇(万元)	Town(10 000 yuan)	96087	108352.9	12.8
乡村(万元)	Village(10 000 yuan)			
科技教育卫生	**Science,Education & Public Health**			
各类专业技术人员(人)	Special Technical Personnel(person)	4157	4384	5.5
幼儿园数(所)	Number of Kindergartens(unit)	14	12	-14.3
学龄儿童入学率(%)	Percentage of School-Age Children Enrolled(%)	100.0	100.0	0.0
小学学校数(所)	Number of Primary Schools(unit)	8	7	-12.5
小学专任教师数(人)	Number of Full-time Teachers of Primary Schools(person)	677	677	0.0
小学在校学生数(人)	Number of Student Enrollment of Primary Schools(person)	6936	6784	-2.2
普通中学学校数(所)	Number of Regular Secondary Schools(unit)	7	8	14.3
普通中学专任教师数(人)	Number of Teachers of Secondary Shools(person)	463	698	50.8
初中在校学生数(人)	Number of Student in Junior Secondary Schools(person)	3615	3550	-1.8
高中在校学生数(人)	Number of Student in Senior Secondary Schools(person)	3558	3483	-2.1
卫生机构数(所)	Number of Health Institutions(unit)	60	60	0.0
#医院(所)	Hospitals(unit)	4	6	50.0
卫生院(所)	Township Hospitals(unit)	1	1	0.0
床位数(张)	Number of Beds(unit)	564	642	13.8
#医院(张)	Hospitals(unit)	551	599	8.7
卫生院(张)	Township Hospitals(unit)	10	10	0.0
卫生技术人员(人)	Medical Technical Presonnel(person)	606	788	30.0
#医院(人)	Hospitals(person)	340	560	64.7
卫生院(人)	Township Hospitals(person)	3	5	66.7

23-109 阿拉善盟阿拉善左旗

指 标	Item	2012	2013	2013年比上年增长% Increase Rate in 2013 Over 2012(%)
行政区域土地面积(平方公里)	**Area of Administration(Sq.km)**	**80412**	**80412**	**0.0**
人口和就业	**Population & Employment**			
年末总人口(人)	Total Population Year-end(person)	142668	142898	0.2
#男性(人)	Male(person)	72278	72312	0.0
#乡村人口(人)	Rural(person)	54367	55073	1.3
年末总户数(户)	Total Number of Households at the Year-end(Household)	59117	60022	1.5
#乡村户数(户)	Number of Rural Household(Household)	17981	18594	3.4
出生人口(人)	Births(person)	1162	1184	1.9
死亡人口(人)	Deaths(person)	744	622	-16.4
全社会就业人员(人)	Employment(person)	141773	151133	6.6
第一产业(人)	Primary Industry(person)	34247	33486	-2.2
第二产业(人)	Secondary Industry(person)	40787	47344	16.1
第三产业(人)	Tertiary Industry(person)	66739	70303	5.3
在岗职工人数(人)	Number of Staff & Workers Employed in(person)	37016	44871	21.2
乡村劳动力(人)	Number of Rural Laborers(person)	38135	38365	0.6
#农林牧渔业(人)	Farming,Forestry,Animal Husbandry & Fishery(person)	30861	30372	-1.6
国民经济综合指标	**Summary Item on the National Economy**			
生产总值(万元)	Gross Domestic Product(10 000 yuan)	3476108	3613470	10.2
第一产业(万元)	Primary Industry(10 000 yuan)	71900	77008	3.6
第二产业(万元)	Secondary Industry(10 000 yuan)	2960239	3051334	11.0
#工业(万元)	Industry(10 000 yuan)	2811139	2891244	11.2
第三产业(万元)	Tertiary Industry(10 000 yuan)	443969	485128	6.2
人均生产总值(元)	Per Capita GDP(yuan)	189323	192588	5.6
全社会固定资产投资(万元)	Total Investment in Fixed Assets(10 000 yuan)	1956130	2438449	24.7
按登记注册类型分	Grouped by Registered Type			
#国有(万元)	State-owned Enterprises(10 000 yuan)	351500	405443	15.3
集体(万元)	Collective-owned Enterprises(10 000 yuan)		5030	
有限责任公司(万元)	Limited Liability Corporations(10 000 yuan)	673802	1308555	94.2
股份有限公司(万元)	Share Holding Enterprises(10 000 yuan)	425892	301987	-29.1
私营企业(万元)	Private Enterprises(10 000 yuan)	287643	349604	21.5
外商及港澳台投资企业(万元)	Funds from HK,Macao,Taiwan & Foreign(10 000 yuan)	22160	6800	-69.3
按城乡渠道分	Grouped by Urban and Rural Area			
城镇(万元)	Urban(10 000 yuan)	1936206	2415219	24.7
农村(万元)	Rural(10 000 yuan)	19924	23230	16.6
公共财政预算收入(万元)	Public Budgetary Financial Revenue(10 000 yuan)	168662	238994	41.7
公共财政预算支出(万元)	Public Budgetary Financial Expenditure(10 000 yuan)	359671	457386	27.2
个人储蓄存款余额(万元)	The balance of savings deposits of individuals(10 000 yuan)	819829	990303	20.8
在岗职工工资总额(万元)	Total Wages of Staff & Workers Employed in(10 000 yuan)	197092	248229	26.0
在岗职工平均工资(元)	Average Wage of Staff & Workers Employed in(yuan)	53959	55618	3.1
全体居民人均可支配收入(元)	The per capita disposable income of all residents(yuan)	19942	21948	10.1
城镇常住居民人均可支配收入(元)	The per capita disposable income of urban permanent residents(yuan)	24838	27217	9.6
农村牧区常住居民人均可支配收入(元)	The per capita disposable income of permanent residents of rural and pastoral areas(yuan)	10771	12179	13.1
农村牧区经济	**Economic Development in Rural & Pastoral Area**			
农作物总播种面积(公顷)	Total Sown Area(hectare)	24678	24964	1.2
#粮食作物播种面积(公顷)	Sown Area of Grain Crops(hectare)	17077	17429	2.1
农牧业机械总动力(万千瓦)	Total Power of Agricultural Machinery(10 000 kw)	21.84	22.35	2.3
化肥施用折纯量(吨)	Consumption of Chemical Fertilizer(ton)	10843	11780	8.6
农村用电量(万千瓦小时)	Electricity Consumed in Rural Area(10 000 kwh)	14687	16402	11.7
农林牧渔业总产值(万元)	Gross Output of Farming,Forestry,Animal Husbandry & Fishery(10 000 yuan)	121136	129089	3.9
粮食产量(吨)	Yield of Grain(ton)	161729	168506	4.2
油料产量(吨)	Yield of Oil-bearing Grops(ton)	21106	17331	-17.9
甜菜产量(吨)	Yield of Beetroots(ton)			
猪牛羊肉产量(吨)	Output of Pork, Beef & Mutton(ton)	10461	10655	1.9
#猪肉产量(吨)	Output of Pork(ton)	857	919	7.3
牛肉产量(吨)	Output of Beef(ton)	471	436	-7.5
羊肉产量(吨)	Output of Mutton(ton)	9133	9300	1.8
羊毛产量(吨)	Output of Wool(ton)	575	597	3.8

23-109 Alashanzuo Banner in Alashan League

指　标	Item	2012	2013	2013年比上年增长% Increase Rate in 2013 Over 2012(%)
年末牲畜存栏头数(万头只)	Total Livestock at the Year-end(10 000 heads)	115.32	104.56	-9.3
#大牲畜(万头只)	Large Animals(10 000 heads)	6.03	6.38	5.8
羊(万只)	Sheep & Goats(10 000 heads)	107.18	96.13	-10.3
猪(万头)	Hogs(10 000 heads)	2.11	2.05	-2.7
规模以上工业	**Industrial Enterprises above Designated size**			
工业企业单位数(个)	Number of Industrial Enterprises(unit)	83	102	22.9
#内资企业(个)	Civil Funded Enterprises(unit)	79	99	25.3
工业总产值(万元)	Gross Industrial Output Value(10 000 yuan)	4035765	4592200	13.8
内资企业(万元)	Civil Funded Enterprises(10 000 yuan)	3963561	4552700	14.9
国有企业(万元)	State-owned Enterprises(10 000 yuan)	486833	246600	-49.3
集体企业(万元)	Collective-owned Enterprises(10 000 yuan)			
股份合作企业(万元)	Share Holding Enterprises(10 000 yuan)			
联营企业(万元)	Joint Owned Enterprises(10 000 yuan)			
有限责任公司(万元)	Limited Company(10 000 yuan)	1783158	2727500	53.0
股份有限公司(万元)	Share Holding Limited Company(10 000 yuan)	202193	261300	29.2
私营企业(万元)	Privately Owned Enterprises(10 000 yuan)	1291223	1310000	1.5
其他企业(万元)	Enterprises of Other Ownership(10 000 yuan)	200154	7300	-96.4
港澳台商投资企业(万元)	Funds from HK,Macao & Taiwan(10 000 yuan)		27400	
外商投资企业(万元)	Foreign Funded Enterprises(10 000 yuan)	72204	12200	-83.1
工业企业增加值(万元)	Value Added of Industrial Enterprises(10 000 yuan)			11.2
工业企业资产总计(万元)	Total Assets of Industrial Enterprises(10 000 yuan)	5285106	5930200	12.2
工业企业负债合计(万元)	Total Liabilities of Industrial Enterprises(10 000 yuan)	3962803	4884200	23.3
工业企业产品销售收入(万元)	Sales of Revenue Industrial Enterprises(10 000 yuan)	3458132	3737600	8.1
工业企业利润总额(万元)	Total Profits of Industrial Enterprises(10 000 yuan)	161118	77800	-51.7
建筑业	**Construction**			
建筑企业单位数(个)	Number of Construction Enterprises(unit)	23	20	-13.0
建筑企业从业人员(人)	Number of Employee in Construction Enterprises(person)	3480	2102	-39.6
建筑业总产值(万元)	Gross Construction Output Value(10 000 yuan)	99029	117785	18.9
交通运输邮电通信业	**Transportation,Post & Telecommunications**			
公路里程(公里)	Total Length of Highways(km)	3899	3891	-0.2
邮电业务总量(万元)	Business Volume of Post & Telecoms(10 000 yuan)	20416	33967	66.4
本地电话用户(户)	Number of Subscribers of Local Telephone(Household)	451112	345824	-23.3
国内贸易	**Domestic Trade**			
社会消费品零售总额(万元)	Total Retail Sales of Consumer Goods(10 000 yuan)	364606	400955	10.0
城镇(万元)	Town(10 000 yuan)	344057	381898	11.0
乡村(万元)	Village(10 000 yuan)	20549	19057	-7.3
科技教育卫生	**Science,Education & Public Health**			
各类专业技术人员(人)	Special Technical Personnel(person)	11368	11330	-0.3
幼儿园数(所)	Number of Kindergartens(unit)	14	16	14.3
学龄儿童入学率(%)	Percentage of School-Age Children Enrolled(%)	100.0	100.0	0.0
小学学校数(所)	Number of Primary Schools(unit)	11	11	0.0
小学专任教师数(人)	Number of Full-time Teachers of Primary Schools(person)	578	564	-2.4
小学在校学生数(人)	Number of Student Enrollment of Primary	10465	10137	-3.1
普通中学学校数(所)	Number of Regular Secondary Schools(unit)	13	13	0.0
普通中学专任教师数(人)	Number of Teachers of Secondary Shools(person)	1239	1238	-0.1
初中在校学生数(人)	Number of Student in Junior Secondary Schools(person)	5859	5813	-0.8
高中在校学生数(人)	Number of Student in Senior Secondary Schools(person)	3715	3759	1.2
卫生机构数(所)	Number of Health Institutions(unit)	226	232	2.7
#医院(所)	Hospitals(unit)	11	12	9.1
卫生院(所)	Township Hospitals(unit)	23	23	0.0
床位数(张)	Number of Beds(unit)	833	764	-8.3
#医院(张)	Hospitals(unit)	626	567	-9.4
卫生院(张)	Township Hospitals(unit)	119	116	-2.5
卫生技术人员(人)	Medical Technical Presonnel(person)	1309	1526	16.6
#医院(人)	Hospitals(person)	760	915	20.4
卫生院(人)	Township Hospitals(person)	156	168	7.7

23-110 阿拉善盟阿拉善右旗

指　标	Item	2012	2013	2013年比上年增长% Increase Rate in 2013 Over 2012(%)
行政区域土地面积(平方公里)	**Area of Administration(Sq.km)**	**75226**	**75226**	**0.0**
人口和就业	**Population & Employment**			
年末总人口(人)	Total Population Year-end(person)	25383	25492	0.4
#男性(人)	Male(person)	12615	12646	0.2
#乡村人口(人)	Rural(person)	9285	9864	6.2
年末总户数(户)	Total Number of Households at the Year-end(Household)	10131	10193	0.6
#乡村户数(户)	Number of Rural Household(Household)	3347	3333	-0.4
出生人口(人)	Births(person)	192	201	4.7
死亡人口(人)	Deaths(person)	104	111	6.7
全社会就业人员(人)	Employment(person)	12899	16476	27.7
第一产业(人)	Primary Industry(person)	4159	5053	21.5
第二产业(人)	Secondary Industry(person)	3036	5264	73.4
第三产业(人)	Tertiary Industry(person)	5704	6159	8.0
在岗职工人数(人)	Number of Staff & Workers Employed in(person)	4228	6858	62.2
乡村劳动力(人)	Number of Rural Laborers(person)	6911	6598	-4.5
#农林牧渔业(人)	Farming,Forestry,Animal Husbandry & Fishery(person)	3893	4747	21.9
国民经济综合指标	**Summary Item on the National Economy**			
生产总值(万元)	Gross Domestic Product(10 000 yuan)	342417	359615	10.0
第一产业(万元)	Primary Industry(10 000 yuan)	21000	23146	3.6
第二产业(万元)	Secondary Industry(10 000 yuan)	256890	264789	11.1
#工业(万元)	Industry(10 000 yuan)	246090	253489	11.4
第三产业(万元)	Tertiary Industry(10 000 yuan)	64527	71680	7.8
人均生产总值(元)	Per Capita GDP(yuan)	137394	136934	8.4
全社会固定资产投资(万元)	Total Investment in Fixed Assets(10 000 yuan)	143154	201085	40.5
按登记注册类型分	Grouped by Registered Type			
#国有(万元)	State-owned Enterprises(10 000 yuan)	81942	60758	-25.9
集体(万元)	Collective-owned Enterprises(10 000 yuan)			
有限责任公司(万元)	Limited Liability Corporations(10 000 yuan)	11344	111910	886.5
股份有限公司(万元)	Share Holding Enterprises(10 000 yuan)	20000	10000	-50.0
私营企业(万元)	Private Enterprises(10 000 yuan)	23368	18417	-21.2
外商及港澳台投资企业(万元)	Funds from HK,Macao,Taiwan & Foreign(10 000 yuan)			
按城乡渠道分	Grouped by Urban and Rural Area			
城镇(万元)	Urban(10 000 yuan)	143154	201085	40.5
农村(万元)	Rural(10 000 yuan)			
公共财政预算收入(万元)	Public Budgetary Financial Revenue(10 000 yuan)	10913	10366	-5.0
公共财政预算支出(万元)	Public Budgetary Financial Expenditure(10 000 yuan)	78923	89953	14.0
个人储蓄存款余额(万元)	The balance of savings deposits of individuals(10 000 yuan)	93824	106136	13.1
在岗职工工资总额(万元)	Total Wages of Staff & Workers Employed in(10 000 yuan)	22535	37943	68.4
在岗职工平均工资(元)	Average Wage of Staff & Workers Employed in(yuan)	51805	55692	7.5
全体居民人均可支配收入(元)	The per capita disposable income of all residents(yuan)	20516	22787	11.1
城镇常住居民人均可支配收入(元)	The per capita disposable income of urban permanent residents(yuan)	25306	27997	10.6
农村牧区常住居民人均可支配收入(元)	The per capita disposable income of permanent residents of rural and pastoral areas(yuan)	12503	14131	13.0
农村牧区经济	**Economic Development in Rural & Pastoral Area**			
农作物总播种面积(公顷)	Total Sown Area(hectare)	2933	2933	0.0
#粮食作物播种面积(公顷)	Sown Area of Grain Crops(hectare)	1473	1473	0.0
农牧业机械总动力(万千瓦)	Total Power of Agricultural Machinery(10 000 kw)	1.68	2.70	60.7
化肥施用折纯量(吨)	Consumption of Chemical Fertilizer(ton)	842	850	1.0
农村用电量(万千瓦小时)	Electricity Consumed in Rural Area(10 000 kwh)	717	736	2.6
农林牧渔业总产值(万元)	Gross Output of Farming,Forestry,Animal Husbandry & Fishery(10 000 yuan)	32668	38793	3.8
粮食产量(吨)	Yield of Grain(ton)	14708	15500	5.4
油料产量(吨)	Yield of Oil-bearing Grops(ton)	1843	2097	13.8
甜菜产量(吨)	Yield of Beetroots(ton)			
猪牛羊肉产量(吨)	Output of Pork, Beef & Mutton(ton)	2607	2147	-17.6
#猪肉产量(吨)	Output of Pork(ton)	625	395	-36.8
牛肉产量(吨)	Output of Beef(ton)	93	80	-14.0
羊肉产量(吨)	Output of Mutton(ton)	1889	1672	-11.5
羊毛产量(吨)	Output of Wool(ton)	112	90	-19.6

23-110 Alashahyou Banner in Alashan League

指　标	Item	2012	2013	2013年比上年增长% Increase Rate in 2013 Over 2012(%)
年末牲畜存栏头数(万头只)	Total Livestock at the Year-end(10 000 heads)	22.92	22.51	-1.8
#大牲畜(万头只)	Large Animals(10 000 heads)	2.92	3.30	12.8
羊(万只)	Sheep & Goats(10 000 heads)	19.27	19.07	-1.0
猪(万头)	Hogs(10 000 heads)	0.73	0.14	-80.6
规模以上工业	**Industrial Enterprises above Designated size**			
工业企业单位数(个)	Number of Industrial Enterprises(unit)	18	17	-5.6
#内资企业(个)	Civil Funded Enterprises(unit)	18	17	-5.6
工业总产值(万元)	Gross Industrial Output Value(10 000 yuan)	446039	401300	-10.0
内资企业(万元)	Civil Funded Enterprises(10 000 yuan)	446039	401300	-10.0
国有企业(万元)	State-owned Enterprises(10 000 yuan)			
集体企业(万元)	Collective-owned Enterprises(10 000 yuan)			
股份合作企业(万元)	Share Holding Enterprises(10 000 yuan)	10603	12100	14.1
联营企业(万元)	Joint Owned Enterprises(10 000 yuan)			
有限责任公司(万元)	Limited Company(10 000 yuan)	291917	277200	-5.0
股份有限公司(万元)	Share Holding Limited Company(10 000 yuan)			
私营企业(万元)	Privately Owned Enterprises(10 000 yuan)	115335	111900	-3.0
其他企业(万元)	Enterprises of Other Ownership(10 000 yuan)	28185		
港澳台商投资企业(万元)	Funds from HK,Macao & Taiwan(10 000 yuan)			
外商投资企业(万元)	Foreign Funded Enterprises(10 000 yuan)			
工业企业增加值(万元)	Value Added of Industrial Enterprises(10 000 yuan)			11.4
工业企业资产总计(万元)	Total Assets of Industrial Enterprises(10 000 yuan)	395938	431500	9.0
工业企业负债合计(万元)	Total Liabilities of Industrial Enterprises(10 000 yuan)	284649	325300	14.3
工业企业产品销售收入(万元)	Sales of Revenue Industrial Enterprises(10 000 yuan)	420245	384300	-8.6
工业企业利润总额(万元)	Total Profits of Industrial Enterprises(10 000 yuan)	11621	11700	0.7
建筑业	**Construction**			
建筑企业单位数(个)	Number of Construction Enterprises(unit)	1	1	0.0
建筑企业从业人员(人)	Number of Employee in Construction Enterprises(person)	20	20	0.0
建筑业总产值(万元)	Gross Construction Output Value(10 000 yuan)	161	150	-7.0
交通运输邮电通信业	**Transportation,Post & Telecommunications**			
公路里程(公里)	Total Length of Highways(km)	2463	2472	0.4
邮电业务总量(万元)	Business Volume of Post & Telecoms(10 000 yuan)	3258	3559	9.2
本地电话用户(户)	Number of Subscribers of Local Telephone(Household)	34277	44650	30.3
国内贸易	**Domestic Trade**			
社会消费品零售总额(万元)	Total Retail Sales of Consumer Goods(10 000 yuan)	51030	55984	9.7
城镇(万元)	Town(10 000 yuan)	40915	44064	7.7
乡村(万元)	Village(10 000 yuan)	10115	11919	17.8
科技教育卫生	**Science,Education & Public Health**			
各类专业技术人员(人)	Special Technical Personnel(person)	1026	1101	7.3
幼儿园数(所)	Number of Kindergartens(unit)	2	2	0.0
学龄儿童入学率(%)	Percentage of School-Age Children Enrolled(%)	100.0	100.0	0.0
小学学校数(所)	Number of Primary Schools(unit)	4	4	0.0
小学专任教师数(人)	Number of Full-time Teachers of Primary Schools(person)	160	160	0.0
小学在校学生数(人)	Number of Student Enrollment of Primary Schools(person)	1101	1058	-3.9
普通中学学校数(所)	Number of Regular Secondary Schools(unit)	2	2	0.0
普通中学专任教师数(人)	Number of Teachers of Secondary Shools(person)	125	127	1.6
初中在校学生数(人)	Number of Student in Junior Secondary Schools(person)	688	636	-7.6
高中在校学生数(人)	Number of Student in Senior Secondary Schools(person)	513	543	5.8
卫生机构数(所)	Number of Health Institutions(unit)	56	56	0.0
#医院(所)	Hospitals(unit)	2	2	0.0
卫生院(所)	Township Hospitals(unit)	8	8	0.0
床位数(张)	Number of Beds(unit)	101	102	1.0
#医院(张)	Hospitals(unit)	57	57	0.0
卫生院(张)	Township Hospitals(unit)	39	40	2.6
卫生技术人员(人)	Medical Technical Presonnel(person)	211	206	-2.4
#医院(人)	Hospitals(person)	93	102	9.7
卫生院(人)	Township Hospitals(person)	72	73	1.4

23-111 阿拉善盟额济纳旗

指 标	Item	2012	2013	2013年比上年增长% Increase Rate in 2013 Over 2012(%)
行政区域土地面积(平方公里)	**Area of Administration(Sq.km)**	**114606**	**114606**	**0.0**
人口和就业	**Population & Employment**			
年末总人口(人)	Total Population Year-end(person)	17883	18013	0.8
#男性(人)	Male(person)	8878	8928	1.1
#乡村人口(人)	Rural(person)	5984	6089	-13.4
年末总户数(户)	Total Number of Households at the Year-end(Household)	7762	7825	0.7
#乡村户数(户)	Number of Rural Household(Household)	2287	2307	20.2
出生人口(人)	Births(person)	253	154	-39.1
死亡人口(人)	Deaths(person)	81	90	11.1
全社会就业人员(人)	Employment(person)	16588	16302	-1.7
第一产业(人)	Primary Industry(person)	4288	4624	7.8
第二产业(人)	Secondary Industry(person)	3386	2807	-17.1
第三产业(人)	Tertiary Industry(person)	8914	8871	-0.5
在岗职工人数(人)	Number of Staff & Workers Employed in(person)	4375	3881	-11.3
乡村劳动力(人)	Number of Rural Laborers(person)	4240	5058	19.3
#农林牧渔业(人)	Farming,Forestry,Animal Husbandry & Fishery(person)	3999	4459	11.5
国民经济综合指标	**Summary Item on the National Economy**			
生产总值(万元)	Gross Domestic Product(10 000 yuan)	439075	471314	10.6
第一产业(万元)	Primary Industry(10 000 yuan)	14800	16358	3.6
第二产业(万元)	Secondary Industry(10 000 yuan)	269371	276135	10.0
#工业(万元)	Industry(10 000 yuan)	245471	250325	10.2
第三产业(万元)	Tertiary Industry(10 000 yuan)	154904	178820	12.1
人均生产总值(元)	Per Capita GDP(yuan)	250901	261405	4.2
全社会固定资产投资(万元)	Total Investment in Fixed Assets(10 000 yuan)	305955	392162	28.2
按登记注册类型分	Grouped by Registered Type			
#国有(万元)	State-owned Enterprises(10 000 yuan)	149481	216951	45.1
集体(万元)	Collective-owned Enterprises(10 000 yuan)			
有限责任公司(万元)	Limited Liability Corporations(10 000 yuan)	94631	128635	35.9
股份有限公司(万元)	Share Holding Enterprises(10 000 yuan)	21326	9600	-55.0
私营企业(万元)	Private Enterprises(10 000 yuan)	16000	30400	90.0
外商及港澳台投资企业(万元)	Funds from HK,Macao,Taiwan & Foreign(10 000 yuan)			
按城乡渠道分	Grouped by Urban and Rural Area			
城镇(万元)	Urban(10 000 yuan)	255676	343234	34.3
农村(万元)	Rural(10 000 yuan)	50279	48928	-2.7
公共财政预算收入(万元)	Public Budgetary Financial Revenue(10 000 yuan)	32988	58302	76.7
公共财政预算支出(万元)	Public Budgetary Financial Expenditure(10 000 yuan)	86156	135743	57.6
个人储蓄存款余额(万元)	The balance of savings deposits of individuals(10 000 yuan)	102647	114548	11.6
在岗职工工资总额(万元)	Total Wages of Staff & Workers Employed in(10 000 yuan)	23213	23035	-0.8
在岗职工平均工资(元)	Average Wage of Staff & Workers Employed in(yuan)	58634	59831	2.0
全体居民人均可支配收入(元)	The per capita disposable income of all residents(yuan)	23016	25393	10.3
城镇常住居民人均可支配收入(元)	The per capita disposable income of urban permanent residents(yuan)	25440	27992	10.0
农村牧区常住居民人均可支配收入(元)	The per capita disposable income of permanent residents of rural and pastoral areas(yuan)	13314	15011	12.8
农村牧区经济	**Economic Development in Rural & Pastoral Area**			
农作物总播种面积(公顷)	Total Sown Area(hectare)	4512	4440	-1.6
#粮食作物播种面积(公顷)	Sown Area of Grain Crops(hectare)	338	311	-8.0
农牧业机械总动力(万千瓦)	Total Power of Agricultural Machinery(10 000 kw)	3.49	3.30	-5.4
化肥施用折纯量(吨)	Consumption of Chemical Fertilizer(ton)	7370	4287	-41.8
农村用电量(万千瓦小时)	Electricity Consumed in Rural Area(10 000 kwh)	484	324	-33.1
农林牧渔业总产值(万元)	Gross Output of Farming,Forestry,Animal Husbandry & Fishery(10 000 yuan)	25399	27418	3.8
粮食产量(吨)	Yield of Grain(ton)	1983	1994	0.6
油料产量(吨)	Yield of Oil-bearing Grops(ton)		21	
甜菜产量(吨)	Yield of Beetroots(ton)			
猪牛羊肉产量(吨)	Output of Pork, Beef & Mutton(ton)	1290	1294	0.3
#猪肉产量(吨)	Output of Pork(ton)	663	786	18.5
牛肉产量(吨)	Output of Beef(ton)	20	14	-28.9
羊肉产量(吨)	Output of Mutton(ton)	607	494	-18.6
羊毛产量(吨)	Output of Wool(ton)	36	44	20.9

23-111 Ejina Banner in Alashan League

指　　标	Item	2012	2013	2013年比上年增长% Increase Rate in 2013 Over 2012(%)
年末牲畜存栏头数(万头只)	Total Livestock at the Year-end(10 000 heads)	8.06	8.15	1.1
#大牲畜(万头只)	Large Animals(10 000 heads)	1.65	1.76	7.1
羊(万只)	Sheep & Goats(10 000 heads)	6.26	6.22	-0.8
猪(万头)	Hogs(10 000 heads)	0.16	0.17	11.3
规模以上工业	**Industrial Enterprises above Designated size**			
工业企业单位数(个)	Number of Industrial Enterprises(unit)	9	8	-11.1
#内资企业(个)	Civil Funded Enterprises(unit)	9	8	-11.1
工业总产值(万元)	Gross Industrial Output Value(10 000 yuan)	419550	421100	0.4
内资企业(万元)	Civil Funded Enterprises(10 000 yuan)	419550	421100	0.4
国有企业(万元)	State-owned Enterprises(10 000 yuan)	9766		
集体企业(万元)	Collective-owned Enterprises(10 000 yuan)			
股份合作企业(万元)	Share Holding Enterprises(10 000 yuan)			
联营企业(万元)	Joint Owned Enterprises(10 000 yuan)			
有限责任公司(万元)	Limited Company(10 000 yuan)	172171	98600	-42.7
股份有限公司(万元)	Share Holding Limited Company(10 000 yuan)	149604	226800	51.6
私营企业(万元)	Privately Owned Enterprises(10 000 yuan)	88010	95700	8.7
其他企业(万元)	Enterprises of Other Ownership(10 000 yuan)			
港澳台商投资企业(万元)	Funds from HK,Macao & Taiwan(10 000 yuan)			
外商投资企业(万元)	Foreign Funded Enterprises(10 000 yuan)			
工业企业增加值(万元)	Value Added of Industrial Enterprises(10 000 yuan)			10.2
工业企业资产总计(万元)	Total Assets of Industrial Enterprises(10 000 yuan)	155011	178700	15.3
工业企业负债合计(万元)	Total Liabilities of Industrial Enterprises(10 000 yuan)	122926	135400	10.1
工业企业产品销售收入(万元)	Sales of Revenue Industrial Enterprises(10 000 yuan)	372072	419200	12.7
工业企业利润总额(万元)	Total Profits of Industrial Enterprises(10 000 yuan)	43609	66200	51.8
建筑业	**Construction**			
建筑企业单位数(个)	Number of Construction Enterprises(unit)	1	2	100.0
建筑企业从业人员(人)	Number of Employee in Construction Enterprises(person)	300	300	0.0
建筑业总产值(万元)	Gross Construction Output Value(10 000 yuan)	1810	2200	21.6
交通运输邮电通信业	**Transportation,Post & Telecommunications**			
公路里程(公里)	Total Length of Highways(km)	2115	1872	-11.5
邮电业务总量(万元)	Business Volume of Post & Telecoms(10 000 yuan)	3430	3740	9.0
本地电话用户(户)	Number of Subscribers of Local Telephone(Household)	54423	64075	17.7
国内贸易	**Domestic Trade**			
社会消费品零售总额(万元)	Total Retail Sales of Consumer Goods(10 000 yuan)	95725	104937	9.6
城镇(万元)	Town(10 000 yuan)	69161	81859	18.4
乡村(万元)	Village(10 000 yuan)	26565	23078	-13.1
科技教育卫生	**Science,Education & Public Health**			
各类专业技术人员(人)	Special Technical Personnel(person)	866	1059	22.3
幼儿园数(所)	Number of Kindergartens(unit)	3	3	0.0
学龄儿童入学率(%)	Percentage of School-Age Children Enrolled(%)	100.0	100.0	0.0
小学学校数(所)	Number of Primary Schools(unit)	1	1	0.0
小学专任教师数(人)	Number of Full-time Teachers of Primary Schools(person)	74	74	0.0
小学在校学生数(人)	Number of Student Enrollment of Primary Schools(person)	1168	1149	-1.6
普通中学学校数(所)	Number of Regular Secondary Schools(unit)	2	2	0.0
普通中学专任教师数(人)	Number of Teachers of Secondary Shools(person)	134	132	-1.5
初中在校学生数(人)	Number of Student in Junior Secondary Schools(person)	491	499	1.6
高中在校学生数(人)	Number of Student in Senior Secondary Schools(person)	364	359	-1.4
卫生机构数(所)	Number of Health Institutions(unit)	32	31	-3.1
#医院(所)	Hospitals(unit)	2	2	0.0
卫生院(所)	Township Hospitals(unit)	6	6	0.0
床位数(张)	Number of Beds(unit)	173	184	6.4
#医院(张)	Hospitals(unit)	108	119	10.2
卫生院(张)	Township Hospitals(unit)	55	55	0.0
卫生技术人员(人)	Medical Technical Presonnel(person)	177	184	4.0
#医院(人)	Hospitals(person)	92	91	-1.1
卫生院(人)	Township Hospitals(person)	35	30	-14.3

2014

NEIMENGGU

二十四、附录

Appendix

资料整理：蔡雨成　郭　翔

Arranged By Cai Yucheng , Guo Xiang

24-1 内蒙古自治区国民经济主要指标占全国的比重(2013年)

Inner Mongolia Main Indicators of National Economy as Percentage of Whole Nation(2013)

指 标	Item	全国 Whole Nation	内蒙古 Inner Mongolia	内蒙古所占比重(%) Percentage (%)
土地面积(万平方公里)	Land Area(10 000 sq.km)	960.0	118.3	12.3
年末总人口数(万人)	Population at the Year-end(10 000 persons)	136072.0	2497.6	1.8
社会就业人员(万人)	Employment(10 000 persons)	76977.0	1408.2	1.8
生产总值(当年价)(亿元)	Gross Domestic Product(current pirces) (100 million yuan)	568845.2	16832.4	3.0
第一产业	Primary Industry	56957.0	1599.4	2.8
第二产业	Secondray industry	249684.4	9084.2	3.6
#工业	Industry	210689.0	7944.4	3.8
第三产业	Tertiary Industry	262203.8	6148.8	2.3
规模以上工业企业单位数(万个)	Number of Industry above Designated Size (unit)	35.3	0.4	1.2
规模以上工业利润总额(亿元)	Total Profits of Industry(100 million yuan)	62831.0	1841.7	2.9
能源生产总量(万吨标准煤)	Total Production of Energy(10000 tons of SCE)	340000.0	62261.6	18.3
能源消费总量(万吨标准煤)	Total Consumption of Energy(10000 tons of SCE)	375000.0	22657.5	6.0
农林牧渔业总产值(当年价)(亿元)	Gross Output Value of Farming, Forestry, Animal Husbandry & Fishery (current prices)(100 million yuan)	96995.3	2699.5	2.8
农业	Farming	51497.4	1328.1	2.6
林业	Forestry	3902.4	96.1	2.5
牧业	Animal Husbandry	28435.5	1208.5	4.2
渔业	Fishery	9634.6	29.0	0.3
工农业主要产品产量	Output of Major Farm & Industrial Products			
粗钢(万吨)	Steel(10 000 tons)	77904.1	1978.6	2.5
原煤(亿吨)	Coal(100 million tons)	36.8	10.3	28.0
发电量(亿千瓦小时)	Electricity(10 000 million Kwh)	53975.9	3520.8	6.5
汽车(万辆)	Motor Vehicles(10 000 vehicles)	2211.7	7.0	0.3
粮食(万吨)	Grain(10 000 ton)	60194.0	2773.0	4.6
油料(万吨)	Oil-bearing Crops(10 000 tons)	3517.0	158.1	4.5
货物运输总量(亿吨)	Total Freight Traffic(100 milion tons)	410.3	17.4	4.2
客运总量(亿人次)	Total Passenger Traffic(100 million Person-times)	212.3	2.2	1.0
邮电业务总量(亿元)	Total Business Revenue of Postal & Telecommunication Services(100 million yuan)	16679.1	311.2	1.9
社会消费品零售总额(亿元)	Retail Sales of Consumer Goods (100 million yuan)	237809.9	5114.2	2.2
海关进出口总额(亿美元)	Total Imports and Exports(USD 100 million)	41596.9	119.9	0.3
全社会固定资产投资(亿元)	Total Investment in Fixed Assets (100 million yuan)	447074.4	15520.7	3.5
#城镇	Urban	436528.0	13456.1	3.1
农村牧区	Rural	10547.0	585.6	5.6
房地产开发	Real Estate Development	86013.4	1479.0	1.7
地方财政收入(亿元)	Local Financial Revenue(100 million yuan)	129142.9	1721.0	1.3
年末个人存款余额(亿元)	Year-end Saving Deposits of Urban & Rural Residents(100 million yuan)	466502.0	7661.2	1.6

24-2 西部地区国民经济和社会发展主要指标(2013 年)

指标	Item	内蒙古 Inner Mongolia	广西 Guangxi	重庆 Chongqing
土地面积(万平方公里)	Land Area(10 000 sq.km)	118.3	23.7	8.2
年末总人口(万人)	Population at the Year-end(10 000 persons)	2498	4719	2970
人口自然增长率(‰)	Natural Growth Rate of Population(‰)	3.40	7.93	3.60
人口密度(人/平方公里)	Population Density (persons/sq.km)	21.1	199.1	362.2
在岗职工人数(万人)	Number of Staff & Workers Employed in (10 000 persons)	294.4	375.5	375.36
生产总值(亿元)	Gross Domestic Product(100 million yuan)	16832.4	14378.0	12656.7
第一产业	Primary Industry	1599.4	2343.6	1016.7
第二产业	Secondray industry	9084.2	6863.0	6397.9
#工业	Industry	7944.4	5749.7	5249.7
第三产业	Tertiary Industry	6148.8	5171.4	5242.0
人均生产总值(元)	Per Capita GDP(yuan)	67498	30588	42795
生产总值指数(上年=100)	Indices of Gross Domestic Product (preceding year=100)	109.0	110.2	112.3
第一产业	Primary Industry	105.2	104.3	104.7
第二产业	Secondray industry	110.7	111.9	113.4
#工业	Industry	111.3	111.4	113.1
第三产业	Tertiary Industry	107.1	110.2	112.0
全社会固定资产投资(亿元)	Total Investment in Fixed Assets (100 million yuan)	15520.7	11907.7	11205.0
#城镇	Urban	14935.1	11383.9	9789.0
农村牧区	Rural	585.6	523.7	1416.0
房地产开发	Real Estate Development	1479.0	1614.6	3012.8
全社会固定资产投资指数(上年=100)	Indices of Gross Total Investment in Fixed Assets(preceding year=100)	118.4	121.4	119.5
#城镇	Urban	117.3	121.8	115.7
农村牧区	Rural	152.9	113.0	154.3
房地产开发	Real Estate Development	114.5	103.8	120.1
公共财政预算收入(亿元)	Public Budgetary Financial Revenue (100 million yuan)	1720.98	1316.84	1692.92
公共财政预算支出(亿元)	Public Budgetary Financial Expenditures (100 million yuan)	3686.52	3192.26	3059.86
金融机构人民币存款余额(亿元)	RMB Deposit Balance(100 million yuan)	15205.69	18267.25	22202.10
#储蓄存款余额	Saving Deposits of Urban and Rural Residents	7455.17	8532.48	9622.31
金融机构人民币贷款余额(亿元)	RMB Loan Balance(100 million yuan)	12944.17	13653.38	17381.55
粮食产量(万吨)	Grain(10 000 tons)	2773.00	1521.80	1148.10
油料产量(万吨)	Oil-bearing Crops(10 000 tons)	158.10	57.20	53.10
糖料产量(万吨)	Sugar(10 000 tons)	181.40	8104.30	10.90
肉类总产量(万吨)	Output of Meat(10 000 tons)	244.90	420.00	207.80
#猪肉	Pork	73.35	261.30	155.00
牛肉	Beef	51.79	14.30	7.60
羊肉	Mutton	88.80	3.20	3.00
奶类产量(万吨)	Milk(10 000 tons)	77.86	9.60	6.80
规模以上工业企业主营业务收入(亿元)	Revenue of Industry above Designated Size(100 million yuan)	19905.17	16726.00	15417.10
规模以上工业产品税金总额(亿元)	Total Tax of Industry above Designated Size(100 million yuan)	1454.84	846.80	805.00
规模以上工业产品利润总额(亿元)	Total profit of Industry above Designated Size(100 million yuan)	1841.73	874.00	878.40

注:本表数据来源于各地区 2013 年统计公报初步统计数。

Main Indicators of National Economic and Social Development of Western Region(2013)

四川 Sichuan	贵州 Guizhou	云南 Yunnan	西藏 Tibet	陕西 Shanxi	甘肃 Gansu	青海 Qinghai	宁夏 Ningxia	新疆 Xinjiang
48.5	17.6	39.4	122.8	20.6	45.4	72.1	5.2	166.0
8107	3502	4687	312	3764	2582	578	654	2264
3.00	5.90	6.17	10.38	3.86	6.08	8.03	8.62	10.92
167.2	199.0	119.0	2.5	182.7	56.9	8.0	125.8	13.6
794.5	273.3	390.1	26.5	470.6	237.6	62.6	67.3	298.9
26260.8	8006.8	11720.9	807.7	16045.2	6268.0	2101.1	2565.1	8360.2
3425.6	1029.1	1895.3	86.8	1526.1	879.4	207.6	223.0	1468.3
13579.0	3243.7	4927.8	292.9	8911.6	2821.0	1204.3	1265.0	3766.0
11578.6	2686.5	3767.6	61.2	7507.3	2225.2	970.5	944.5	3024.3
9256.1	3734.0	4897.8	427.9	5607.5	2567.6	689.2	1077.1	3126.0
32454	22922	25083	26068	42692.0	24296	36510	39420	37181
110.0	112.5	112.1	112.1	111.0	110.8	110.8	109.8	111.0
103.6	105.8	106.8	103.8	104.7	105.6	105.3	104.5	105.7
111.5	114.1	113.3	120.0	112.6	111.5	112.3	112.5	113.1
111.0	113.1	112.0	112.2	112.7	111.6	112.4	112.0	113.0
109.9	112.6	112.4	108.7	109.9	111.5	109.8	107.5	110.3
21049.2	7373.6	9968.3	918.5	15934.2	6527.9	2403.9	2681.1	8148.4
		9621.8	755.5	15583.6			2607.8	7370.5
		346.5	162.9	350.6			73.4	777.9
3853.0	1942.5	2488.3	9.7	2240.2	724.6	247.6	559.0	825.7
			129.4	124.1		125.2	127.1	130.2
		127.4	124.5	124.7				131.8
			158.1	103.5			114.9	117.1
118.0	132.4	139.6	140.8	122.0	129.2	130.5	130.2	136.2
2784.10	1205.72	1610.69	95.00	1747.20	606.45	224.41	308.14	1128.50
6194.30	3098.25	4096.56	1047.13	3666.20	2308.22	1250.98	931.48	3067.10
47667.30	13265.01	20691.55	2499.08	25577.19	12029.66	4102.54	3868.47	14088.83
22597.30	5919.05	8968.32	496.03	12654.39	5878.47		1887.23	5884.50
29542.70	10104.30	15782.46	1076.69	16219.84	8430.08	3398.17	3910.15	9840.45
3387.10	1030.00	1824.00	96.20	1215.8	1138.90	102.40	373.40	1377.00
290.40	91.50	60.70	6.40	59.5	69.70	32.60	16.80	60.60
57.10	159.30	2146.30		0.20	24.70	0.02		476.50
690.40	199.70	359.40	26.80	112.60	91.00	31.80	27.40	139.40
510.80	163.70	276.00	1.50	88.30	50.80	9.90	7.10	31.30
31.10	14.10	31.80	15.90	7.50	17.20	10.30	8.70	37.80
24.50	3.50	14.00	8.60	7.00	16.60	10.50	9.00	49.70
71.10	5.50	59.30	33.00	188.50	39.10	28.70	104.20	139.20
335251.80	6878.40	9773.10	93.40	17763.00	8443.70	2045.40	3374.50	8608.00
1820.30	600.40	1226.80	9.80	1378.80	458.70	138.30	168.10	659.30
2168.40	477.30	549.10	7.20	1973.30	286.70	141.30	139.10	795.40

a)Data in the table are obtained from erery regional statistical bulletin in Western Region, and are the preliminary statistics.

24-2 续表

指标	Item	内蒙古 Inner Mongolia	广西 Guangxi	重庆 Chongqing
原煤产量(万吨)	Coal(10 000 tons)	10.30		
发电量(亿千瓦时)	Electricity(100 million Kwh)	3520.77	1259.50	627.40
粗钢(万吨)	Stee(10 000 tons)	1978.56	1666.60	608.90
生铁(万吨)	Pig Iron(10 000 tons)	1367.2	1567.6	556.2
成品钢材(万吨)	Steel Products(10 000 tons)	1797.7	2790.7	1269.6
水泥(万吨)	Cement(10 000 tons)	6498.0	10707.5	6127.0
化肥(万吨)	Chemical Fertilizer(10 000 tons)	113.7	105.7	215.4
汽车(万辆)	Motor Vehicles(10 000 vehicles)	7.0	186.9	184.0
建筑业增加值(亿元)	Construction(100 million yuan)	1139.8	1113.4	1148.3
建筑业增加值指数(上年=100)	(preceding year=100)	106.6	115.1	114.9
建筑业施工面积(万平方米)	Floor Space under Construction(10 000 sq.m)	28217.7	18198.0	29745.9
建筑业竣工面积(万平方米)	Floor Space Completed(10 000 sq.m)	6903.2	5814.8	12184.4
交通运输货运量(万吨)	Total Freight Troffic(10 000 tons)	173913	151143	87241
#铁路	Railway	76849	6916	2475
公路	Highway	97058	124677	71842
交通运输客运量(万人次)	Passenger Traffic(10 000 persons-times)	21751	49275	65183
#铁路	Railway	4866	3275	3251
公路	Highway	16184	45606	61243
邮电业务总量(亿元)	Business Volume of Postal and Telecommun -ication Services(100 million yuan)	311.23	392.80	315.02
社会消费品零售总额(亿元)	Retail Sales of Goods(100 million yuan)	5114.2	5133.1	4599.8
货物进出口总额(亿美元)	Total Imports and Exports(USD 100 million)	119.9	328.3	687.0
#出口总额	Imports	40.9	186.9	468.0
实际外商直接投资额(亿美元)	Actually Foreign Direct Investment	46.45	7.00	105.90
国际旅游人数(万人次)	International Tourists(10 000 person-times)	155.3	391.5	242.3
国际旅游外汇收入(亿美元)	Foreign Exchange Earning from International Tourism(USD 100 million)	9.60	15.47	12.68
在校学生数(万人)	Student Enrolment(10 000 persons)			
普通高等学校	Colleges and Universities	39.92	66.21	65.94
普通中学	Secondary Schools	142.81	276.97	167.90
小学	Primary Schools	131.06	426.26	198.91
广播人口覆盖率(%)	Listener Rating(%)	98.25	96.20	
电视人口覆盖率(%)	Viewer Rating(%)	97.64	98.00	98.90
卫生机构个数(万个)	Number of Health Care Institutions(unit)	2.33	3.30	1.89
卫生机构床位数(万张)	Beds of Health Care Institutions(10 000 beds)	12.01	18.72	14.89
执业医师和助理医师数(万人)	Doctors(10 000 persons)	6.21	8.20	5.51
在岗职工平均工资(元)	Annual Average Wages of Staff and Wokrers at Post(yuan)	51388	42637	51015
城镇居民人均可支配收入(元)	Urban Households Per Capita Average Disposable Income(yuan)	25497	23305	25216
城镇居民人均消费性支出(元)	Urban Households Per Capita Expen -ditures for Consumptiom(yuan)	19249	15418	17814
农村居民人均纯收入(元)	Rural Huseholds Per Capita Average Net Income(yuan)	8596	6791	8332
农村居民人均生活消费支出(元)	Rural Households Per Capita Living Expen -ditures for Consumption(yuan)	7268	5206	5796

continued

四川 Sichuan	贵州 Guizhou	云南 Yunnan	西藏 Tibet	陕西 Shanxi	甘肃 Gansu	青海 Qinghai	宁夏 Ningxia	新疆 Xinjiang
2597.30	1676.30	2148.40	29.10	1508.70	1195.00	600.30	1096.50	1611.70
1711.50	485.20	1883.90		916.90	953.90	147.60	32.20	1176.90
2011.4	529.9	1936.5		882.5	897.5	135.1	123.0	1370.7
2785.2	562.6	2053.9		1565.2	1021.6	130.8	149.8	1395.3
13897.1	8140.5	9009.2	295.8	8545.5	4412.7	1786.3	1914.3	5040.2
473.7	533.6	341.9		100.7	62.40	425.2	70.3	361.8
80.5	4.5	8.0		10.5	2.1	0.2		1.0
2000.5	557.2	1160.2	231.8	1404.3	595.8			750.0
114.5	121.3	118.4	124.2	111.9	111.3			116.9
49382.8	12174.3	15649.9	211.9	19250.0	10238.2	1136.6	4665.9	13210.8
18294.3	2450.5	6446.2	119.9	6133.2	3751.2	417.4	1927.8	5640.3
167759	72703	104329	1850	141579	51463	13372	40914	66908
8970	6461	5146	72	35767	6381	3784	8412	7288
151689	65100	98675	1778	105566	45072	9588	32502	59620
134775	83436	47626	1455	70133	36163	4790	8418	40926
8240	4322	3189	129	6123	2522	592	594	2286
124145	77359	43392	1326	63650	33556	4140	7568	38640
770.20	300.74	402.61	40.95	417.50	209.60	60.30	71.67	286.88
10561.4	2366.2	4004.6	293.2	4999.5	2173.8	544.1	610.5	2108.2
645.7	82.9	257.9	33.2	201.3	102.3	14.0	32.2	275.6
419.5	68.9	159.4	32.7	102.3	46.8	8.5	25.5	222.7
105.70	15.30	25.10	1.00	36.80	5.21	0.94	1.48	4.81
209.6	77.7	1043.4	22.3	352.1	9.8	4.7	2.5	156.7
7.60	2.01	24.19	1.28	16.76	0.20	1.20	0.12	5.85
127.10	41.90	54.86	3.36	108.30	44.30	6.39	10.85	27.84
423.30	296.01	261.07	17.92	210.14	170.25	31.71	44.99	136.60
526.00	355.53	392.10	29.48	227.30	186.73	47.46	60.39	189.44
97.00	90.00	96.27	94.38		97.69	95.70	96.06	95.70
97.90	94.10	97.28	95.51		98.04	96.90	99.09	96.00
7.67	2.91	1.09	0.14	3.71	2.60	0.17	0.42	1.86
42.50	16.42	21.01	1.10	18.51	11.87	2.95	3.03	
17.20	5.61		0.52	7.44	4.18	1.21	1.43	
49019	49087	44188	64409	48853	44109	52105	52185	49843
22368	20667	23236	20023	22858	18965	19499	21833	19874
16344	13703	15156	12232	16680	14021	13540	15321	15206
7895	5434	6141	6578	6503	5108	6196	6931	7297
6309	4740	4744	3574	5724	4850	6060	6490	6119

24-3 上市公司发展基本情况(2013 年)

上市公司名称	Name of Listed Companies
内蒙古蒙电华能热电股份有限公司(内蒙华电)	Inner Mongolia Meng Dian Hua Neng Co.,Ltd
鄂尔多斯资源股份有限公司(鄂绒B股)	Inner Mongolia Erdos Resources Co.,Ltd
鄂尔多斯资源股份有限公司(鄂尔多斯)	Inner Mongolia Erdos Resources Co.,Ltd
内蒙古伊利实业股份有限公司(伊利股份)	Inner Mongolia YiLi Industrial Group Co.,Ltd
内蒙古兴业矿业股份有限公司(兴业矿业)	Inner Mongolia Xingye Mining Co.,Ltd
内蒙古远兴能源股份有限公司(远兴能源)	Inner Mongolia Yuan Xing Energy Co.,Ltd
内蒙古平庄能源股份有限公司(平庄能源)	Inner Mongolia PingZhuang Energy Co.,Ltd
包头明天科技股份有限公司(ST明科)	Baotou Tomorrow Technology Co.,Ltd
内蒙古伊泰煤炭股份有限公司(伊泰B股)	Inner Mongolia Yi Tai Coal Industry Co.,Ltd
内蒙古包钢稀土(集团)高科技股份有限公司(包钢稀土)	Inner Mongolia Baotou Steel Rare-earthgroup) Hi-tech Co.,Ltd
包头华资实业股份有限公司(华资实业)	Baotou Hua Zi Industry Sale-Holding Co.,Ltd
内蒙古金宇集团股份有限公司(金宇集团)	Inner Mongolia Jin Yu Group Co.,Ltd
北方重型汽车股份有限公司(北方股份)	North Heavy-duty Automobile Co.,Ltd
内蒙古亿利能源股份有限公司(亿利能源)	Inner Mongolia YiLi Energy Co.,Ltd
内蒙古西水创业股份有限公司(西水股份)	Xishui Strong Year Co.,Ltd Inner Mongolia
内蒙古兰太实业股份有限公司(兰太实业)	Inner Mongolia LanTai Industrial Co.,Ltd
内蒙古包钢钢联股份有限公司(包钢股份)	Inner Mongolia Baotou Steel Union Co.,Ltd
内蒙古四海科技股份有限公司(四海股份)	The Inner Mongolia Sihai Technology Co.,Ltd.
包头北方创业股份有限公司(北方创业)	Baotou Beifang Chuangye Co.,Ltd
内蒙古霍林河露天煤业股份有限公司(露天煤业)	Inner Mongolia Huolinhe Opencut Coal Industry Co., Ltd
内蒙古福瑞医疗科技股份有限公司(福瑞股份)	Inner Mongolia Furui Medical Technology Co.,Ltd.
内蒙古君正能源化工股份有限公司(内蒙君正)	Inner Mongolia Junzheng Energy & Chemical Industry Co.,Ltd.
包头东宝生物技术股份有限公司(东宝生物)	Baotou Dongbao Bio-Tech Co.,Ltd.
内蒙古和信园蒙草抗旱绿化股份有限公司(蒙草抗旱)	Inner Mongolia Hotision & Monsod Drought Resistance Greening Co., Ltd.
金河生物科技股份有限公司(金河生物)	Jinhe Biotechnology Co ., Ltd
赤峰吉隆黄金矿业股份有限公司(赤峰黄金)	Chifeng Jilong Gold Mining Co.,Ltd.

Inner Mongolia Autonomous Regional Development of Listed Companies(2013)

股票类别	Classification of Shares	行业划分	Classification of Industries
上证A股	A Shares of Shanghai Stock Exchange	电力、煤气及水的生产和供应业	Production & Supply of Elec. Power Gas & Water
上证B股	B Shares of Shanghai Stock Exchange	纺织、服装、皮毛	Textile Clothes and Furs
上证A股	A Shares of Shanghai Stock Exchange		
上证A股	A Shares of Shanghai Stock Exchange	食品、饮料	Foodstuff, Drinks
深证A股	A Shares of Shenzhen Stock Exchange	采掘业	Mining
深证A股	A Shares of Shenzhen Stock Exchange	石油、化学、塑胶、塑料	Petroleum, Chemical, Synthetic Resin Plastics
深证A股	A Shares of Shenzhen Stock Exchange	食品、饮料	Foodstuff, Drinks
上证A股	A Shares of Shanghai Stock Exchange	石油、化学、塑胶、塑料	Petroleum, Chemical, Synthetic Resin Plastics
上证B股	B Shares of Shanghai Stock Exchange	采掘业	Mining
上证A股	A Shares of Shanghai Stock Exchange	金属、非金属	Metal and Nonmetal
上证A股	A Shares of Shanghai Stock Exchange	食品、饮料	Foodstuff, Drinks
上证A股	A Shares of Shanghai Stock Exchange	医药、生物制品	Biological Pharmacy
上证A股	A Shares of Shanghai Stock Exchange	机械、设备、仪表	Machinery, Equipment and Meter
上证A股	A Shares of Shanghai Stock Exchange	石油、化学、塑胶、塑料	Petroleum, Chemical, Synthetic Resin Plastics
上证A股	A Shares of Shanghai Stock Exchange	金属、非金属	Metal and Nonmetal
上证A股	A Shares of Shanghai Stock Exchange	石油、化学、塑胶、塑料	Petroleum, Chemical, Synthetic Resin Plastics
上证A股	A Shares of Shanghai Stock Exchange	金属、非金属	Metal and Nonmetal
深证A股	A Shares of Shenzhen Stock Exchange	纺织业	Textile Clothes
上证A股	A Shares of Shanghai Stock Exchange	机械、设备、仪表	Machinery, Equipment and Meter
深证A股	A Shares of Shenzhen Stock Exchange	采掘业	Mining
深证A股	A Shares of Shenzhen Stock Exchange	医药、生物制品	Biological Pharmacy
上证A股	A Shares of Shanghai Stock Exchange	石油、化学、塑胶、塑料	Petroleum, Chemical, Synthetic Resin Plastics
深证A股	A Shares of Shenzhen Stock Exchange	医药、生物制品	Biological Pharmacy
深证A股	A Shares of Shenzhen Stock Exchange	建筑建材	Building materials
深证A股	A Shares of Shenzhen Stock Exchange	农林牧渔	Agriculture
上证A股	A Shares of Shanghai Stock Exchange	采矿业	the mining industry

24-3 续表 1

上市公司名称	Name of Listed Companies
总计	**Total**
内蒙古蒙电华能热电股份有限公司(内蒙华电)	Inner Mongolia Meng Dian Hua Neng Co.,Ltd
鄂尔多斯资源股份有限公司(鄂绒B股)	Inner Mongolia Erdos Resources Co.,Ltd
鄂尔多斯资源股份有限公司(鄂尔多斯)	Inner Mongolia Erdos Resources Co.,Ltd
内蒙古伊利实业股份有限公司伊利股份)	Inner Mongolia YiLi Industrial Group Co.,Ltd
内蒙古伊利实业股份有限公司(伊利股份)	Inner Mongolia YiLi Industrial Group Co.,Ltd
内蒙古兴业矿业股份有限公司(兴业矿业)	Inner Mongolia Xingye Mining Co.,Ltd
内蒙古远兴能源股份有限公司(远兴能源)	Inner Mongolia Yuan Xing Energy Co.,Ltd
内蒙古远兴能源股份有限公司(远兴能源)	Inner Mongolia Yuan Xing Energy Co.,Ltd
内蒙古平庄能源股份有限公司(平庄能源)	Inner Mongolia PingZhuang Energy Co.,Ltd
包头明天科技股份有限公司(ST明科)	Baotou Tomorrow Technology Co.,Ltd
包头明天科技股份有限公司(ST明科)	Baotou Tomorrow Technology Co.,Ltd
内蒙古伊泰煤炭股份有限公司(伊泰B股)	Inner Mongolia Yi Tai Coal Industry Co.,Ltd
内蒙古包钢稀土(集团)高科技股份有限公司(包钢稀土)	Inner Mongolia Baotou Steel Rare-earth (group) Hi-tech Co.,Ltd
包头华资实业股份有限公司(华资实业)	Baotou Hua Zi Industry Co.,Ltd
内蒙古金宇集团股份有限公司(金宇集团)	Inner Mongolia JinYu Group Co.,Ltd
北方重型汽车股份有限公司(北方股份)	North Heavy duty Automobile Co.,Ltd
内蒙古亿利能源股份有限公司(亿利能源)	Inner Mongolia YiLi Energy Co.,Ltd
内蒙古亿利能源股份有限公司(亿利能源)	Inner Mongolia YiLi Energy Co.,Ltd
内蒙古西水创业股份有限公司(西水股份)	Xishui Strong Year Co.,Ltd Inner Mongolia
内蒙古兰太实业股份有限公司(兰太实业)	Inner Mongolia LanTai Industrial Co.,Ltd
内蒙古包钢钢联股份有限公司(包钢股份)	Inner Mongolia Baotou Steel Union Co.,Ltd
内蒙古四海科技股份有限公司(四海股份)	The Inner Mongolia Sihai Technology Co.,Ltd.
包头北方创业股份有限公司(北方创业)	Baotou Beifang Chuangye Co.Ltd
包头北方创业股份有限公司(北方创业)	Baotou Beifang Chuangye Co.Ltd
内蒙古霍林河露天煤业股份有限公司(露天煤业)	Inner Mongolia Huolinhe Opencut Coal Industry Co., Ltd
内蒙古福瑞医疗科技股份有限公司(福瑞股份)	Inner Mongolia Furui Medical Technology Co.,Ltd.
内蒙古君正能源化工股份有限公司(内蒙君正)	Inner Mongolia Junzheng Energy & Chemical Industry Co.,Ltd.
包头东宝生物技术股份有限公司(东宝生物)	Baotou Dongbao Bio-Tech Co.,Ltd.
内蒙古和信园蒙草抗旱绿化股份有限公司(蒙草抗旱)	Inner Mongolia Hotision & Monsod Drought Resistance Greening Co., Ltd.
金河生物科技股份有限公司(金河生物)	Jinhe Biotechnology Co., Ltd
赤峰吉隆黄金矿业股份有限公司(赤峰黄金)	Chifeng Jilong Gold Mining Co.,Ltd.

continued

2013年末股本结构(万股) Composition of Capital at the End of 2013 (10 000 shares)		股票发行情况 Issuing Summary for Stocks			
总股本 Total Issued Capital	流通股 Negotiable Shares	发行日期 Issuing Date	发行价格(元/股) Price of Issuing (yuan/share)	发行量(万股) Amount Issued (10 000 shares)	股票发行筹资额(亿元) Raised Capital (100 million yuan)
198122	57294	1994-03-30	3.90	5000	1.95
103200	42000	1995-09-25	3.98	11000	4.38
103200	61200	2001-03-26	16.80	8000	13.44
159865	158734	1996-01-25	5.98	1800	1.02
		2002-08-28	16.85	增发A股4896	8.25
39813	38052	1996-08-01	5.88	1370	0.81
76781	76781	1997-01-13	5.11	6500	3.32
		2008-04-08	15.16	4288	6.33
101431	101431	1997-05-19	5.66	4000	2.16
33653	33653	1997-06-13	5.28	3700	1.95
		2002-06-06	8.82	增发A股11000	9.70
146400	66400	1997-07-18	3.38	16600	5.24
121102	73973	1997-08-28	4.43	8000	3.40
48493	48493	1998-11-02	4.30	5600	3.01
28081	28081	1998-12-02	6.83	3500	2.39
17000	6600	2000-06-09	8.00	5500	4.40
90194	26070	2000-07-04	8.88	5800	5.15
		2008-10-22	11.20	42749	47.88
38400	38400	2000-07-13	6.38	6000	3.83
35912	35912	2000-11-30	7.88	6000	4.52
642364	642364	2001-02-14	5.18	35000	17.57
32182	31906	1996-09-20	6.48	1850	1.20
17323	17323	2004-04-26	7.20	5000	3.49
		2008-06-06	7.24	4323	3.00
132669	132669	2007-04-18	9.80	7800	7.64
12506	5222	2010-1-20	28.98	1900	5.50
64000	12000	2011-02-22	25.00	12000	30.00
7598	1900	2011-07-06	9.00	1900	1.71
13698	3436	2012-07-05	18.00	2723	4.90
10892	2723	2012-09-27	11.80	3436	4.05
28330	14050	2004-04-14	9.08	2500	2.27

24-3 续表 2

上市公司名称	Name of Listed Companies
总 计	**Total**
内蒙古蒙电华能热电股份有限公司(内蒙华电)	Inner Mongolia Meng Dian Hua Neng Co.,Ltd
鄂尔多斯资源股份有限公司 (鄂绒B股)	Inner Mongolia Erdos Resources Co.,Ltd
鄂尔多斯资源股份有限公司 (鄂尔多斯)	Inner Mongolia Erdos Resources Co.,Ltd
内蒙古伊利实业股份有限公司(伊利股份)	Inner Mongolia YiLi Industrial Group Co.,Ltd
内蒙古兴业矿业股份有限公司(兴业矿业)	Inner Mongolia Xingye Mining Co.,Ltd
内蒙古远兴能源股份有限公司(远兴能源)	Inner Mongolia Yuan Xing Energy Co.,Ltd
内蒙古平庄能源股份有限公司(平庄能源)	Inner Mongolia PingZhuang Energy Co.,Ltd
包头明天科技股份有限公司(ST明科)	Baotou Tomorrow Technology Co.,Ltd
内蒙古伊泰煤炭股份有限公司(伊泰B股)	Inner Mongolia Yi Tai Coal Industry Co.,Ltd
内蒙古包钢稀土(集团)高科技股份有限公司(包钢稀土)	Inner Mongolia Baotou Steel Rare-earth (group) Hi-tech Co.,Ltd
包头华资实业股份有限公司(华资实业)	Baotou Hua Zi Industry Co.,Ltd
内蒙古金宇集团股份有限公司(金宇集团)	Inner Mongolia Jin Yu Group Co.,Ltd
北方重型汽车股份有限公司(北方股份)	North Heavy-duty Automobile Co.,Ltd
内蒙古亿利能源股份有限公司(亿利能源)	Inner Mongolia YiLi Energy Co.,Ltd
内蒙古西水创业股份有限公司(西水股份)	Xishui Strong Year Co.,Ltd Inner Mongolia
内蒙古兰太实业股份有限公司(兰太实业)	Inner Mongolia LanTai Industrial Co.,Ltd
内蒙古包钢钢联股份有限公司(包钢股份)	Inner Mongolia Baotou Steel Union Co.,Ltd
内蒙古四海科技股份有限公司(四海股份)	The Inner Mongolia Sihai Technology Co.,Ltd.
包头北方创业股份有限公司(北方创业)	Baotou Beifang Chuangye Co.Ltd
内蒙古霍林河露天煤业股份有限公司(露天煤业)	Inner Mongolia Huolinhe Opencut Coal Industry Co., Ltd
内蒙古福瑞医疗科技股份有限公司 (福瑞股份)	Inner Mongolia Furui Medical Technology Co.,Ltd.
内蒙古君正能源化工股份有限公司 (内蒙君正)	Inner Mongolia Junzheng Energy & Chemical Industry Co.,Ltd.
包头东宝生物技术股份有限公司 (东宝生物)	Baotou Dongbao Bio-Tech Co.,Ltd.
内蒙古和信园蒙草抗旱绿化股份有限公司 (蒙草抗旱)	Inner Mongolia Hotision & Monsod Drought Resistance Greening Co., Ltd.
金河生物科技股份有限公司 (金河生物)	Jinhe Biotechnology Co ., Ltd
赤峰吉隆黄金矿业股份有限公司 (赤峰黄金)	Chifeng Jilong Gold Mining Co.,Ltd.

continued

股票上市情况 Listed Summary for Stocks		股票配售情况 Distribution of Stocks				股票筹资总额(亿元) Total Raised Capital (100 million yuan)
上市日期 Listed Date	上市价格(元/股) Listed Price Per Share (yuan/share)	配股时间 Date of Distribution	配股价格(元/股) Price of Distribution Per Share (yuan/share)	配股比例 Proportion of Distribution	配股筹资额(亿元) Raised Capital Owing to Distribution (100 million yuan)	
1994-05-20	5.18	1996-11-25	4.00	10∶3	0.60	24.53
		1998-12-17	5.00	10∶8	3.74	
1995-10-20	USD0.52		6.88	10000股(share)	6.88	3.47
2001-04-26						13.01
1996-03-12	9.00	1997-04-12	6.80	10∶3	2.04	25.15
		1998-11-08	15.00	10∶3	2.86	
1996-08-29	10.32	1998-05-11	8.00	10∶4	3.51	6.44
		2001-05-03	13.20	10∶3	2.27	
1997-01-31	11.80	1998-08-07	8.60	10∶3	3.35	12.83
1997-06-06	15.49	1999-08-31	8.00	10∶3	2.50	22.37
		2003-10-01	6.43	10∶7	7.84	
1997-07-04	8.18	1999-12-10	14.23	10∶3	3.43	14.72
1997-08-08	USD0.41					4.87
1997-09-24	7.38	2000-03-08	7.60	10∶3	2.98	6.31
1998-12-10	7.80	2000-09-28	15.00	10∶3	3.50	6.26
1999-01-15	13.68	2000-12-29	17.00	10∶3	2.00	4.31
2000-06-30	15.70					4.26
2000-07-25	18.18					52.85
2000-07-31	12.12					3.66
2000-12-22	17.78					4.53
2004-11-10						87.31
1996-10-08	10.68	1998-12-11	4.28	10.∶2.5	0.89	3.56
2004-05-18	10.00					6.45
2007-04-18	9.80					7.30
2010-01-20	28.98					5.50
2011-02-22	25.00					30.00
2011-07-06	9.00					1.71
2012-07-05	18.00					4.90
2012-09-27	11.80					4.05
2004-04-14	9.08					

24-3 续表 3

上市公司名称	Name of Listed Companies
总 计	**Total**
内蒙古蒙电华能热电股份有限公司(内蒙华电)	Inner Mongolia Meng Dian Hua Neng Co.,Ltd
鄂尔多斯资源股份有限公司(鄂绒B、A股)	Inner Mongolia Erdos Cashmere Products Co.,Ltd
内蒙古伊利实业股份有限公司 (伊利股份)	Inner Mongolia YiLi Industrial Group Co.,Ltd
内蒙古兴业矿业股份有限公司(兴业矿业)	Inner Mongolia Xingye Mining Co.,Ltd
内蒙古远兴能源股份有限公司(远兴能源)	Inner Mongolia Yuan Xing Energy Co.,Ltd
内蒙古平庄能源股份有限公司(平庄能源)	Inner Mongolia PingZhuang Energy Co.,Ltd
包头明天科技股份有限公司(ST明科)	Baotou Tomorrow Technology Co.,Ltd
内蒙古伊泰煤炭股份有限公司(伊泰B股)	Inner Mongolia Yi Tai Coal Industry Co.,Ltd
内蒙古包钢稀土(集团)高科技股份有限公司(包钢稀土)	Inner Mongolia Baotou Steel Rare-earth (group) Hi-tech Co.,Ltd
包头华资实业股份有限公司(华资实业)	Baotou Hua Zi Industry Sale-Holding Co.,Ltd
内蒙古金宇集团股份有限公司(金宇集团)	Inner Mongolia Jin Yu Group Co.,Ltd
北方重型汽车股份有限公司(北方股份)	North Heavy-duty Automobile Co.,Ltd
内蒙古亿利能源股份有限公司(亿利能源)	Inner Mongolia YiLi Energy Co.,Ltd
内蒙古西水创业股份有限公司(西水股份)	Xishui Strong Year Co.,Ltd Inner Mongolia
内蒙古兰太实业股份有限公司(兰太实业)	Inner Mongolia LanTai Industrial Co.,Ltd
内蒙古包钢钢联股份有限公司(包钢股份)	Inner Mongolia Baotou Steel Union Co.,Ltd
内蒙古四海科技股份有限公司(四海股份)	The Inner Mongolia Sihai Technology Co.,Ltd.
包头北方创业股份有限公司(北方创业)	Baotou Beifang Chuangye Co.,Ltd
内蒙古霍林河露天煤业股份有限公司(露天煤业)	Inner Mongolia Huolinhe Opencut Coal Industry Co., Ltd
内蒙古福瑞医疗科技股份有限公司 (福瑞股份)	Inner Mongolia Furui Medical Technology Co.,Ltd.
内蒙古君正能源化工股份有限公司 (内蒙君正)	Inner Mongolia Junzheng Energy & Chemical Industry Co.,Ltd.
包头东宝生物技术股份有限公司 (东宝生物)	Baotou Dongbao Bio-Tech Co.,Ltd.
内蒙古和信园蒙草抗旱绿化股份有限公司 (蒙草抗旱)	Inner Mongolia Hotision & Monsod Drought Resistance Greening Co., Ltd.
金河生物科技股份有限公司 (金河生物)	Jinhe Biotechnology Co ., Ltd
赤峰吉隆黄金矿业股份有限公司 (赤峰黄金)	Chifeng Jilong Gold Mining Co.,Ltd.

continued

营业总收入(万元) Total Business Revenue(10 000 yuan)		利润总额(万元) Total Profit(10 000 yuan)		净利润(万元) Net Profit(10 000 yuan)	
2012	2013	2012	2013	2012	2013
19221964	**19761613**	**2162421**	**1710166**	**1789591**	**1459891**
1106113	1215300	234587	247294	186084	197833
1350843	1391020	118507	140114	94407	112890
4199069	4777887	208676	306038	173602	320120
88450	82690	15949	8545	10585	4997
366230	339935	37268	10715	29693	4062
359031	299785	49184	8999	41062	3704
3174	2553	1185	-11034	1185	-11034
3246332	2506355	871832	463386	731888	392440
924175	847193	209598	120848	167273	95008
17627	22275	655	345	524	680
55648	67138	15385	29987	12860	24916
255411	218124	19205	12893	16627	10084
1105159	1439268	26299	37670	24735	28999
705377	872262	40367	29530	37897	34404
162896	201273	-3110	2064	-4754	-819
3693361	3777042	33869	42165	25820	24867
18310	115369	-4459	1352	-4612	1140
306672	320352	19085	30517	16603	26050
687011	622101	182075	106157	157468	91394
40764	52348	4862	1549	3682	183
364914	346157	52156	61806	41788	51448
25557	38211	4184	5122	3538	4264
62800	74706	14276	12038	12677	10391
77041	74107	10788	10816	8956	9063
57398	58162	31989	31250	23790	22807

24-3 续表 4

上市公司名称	Name of Listed Companies
总计	**Total**
内蒙古蒙电华能热电股份有限公司(内蒙华电)	Inner Mongolia Meng Dian Hua Neng Co.,Ltd
鄂尔多斯资源股份有限公司(鄂绒B、A股)	Inner Mongolia Erdos Cashmere Products Co.,Ltd
内蒙古伊利实业股份有限公司(伊利股份)	Inner Mongolia YiLi Industrial Group Co.,Ltd
内蒙古兴业矿业股份有限公司(兴业矿业)	Inner Mongolia Xingye Mining Co.,Ltd
内蒙古远兴能源股份有限公司(远兴能源)	Inner Mongolia Yuan Xing Energy Co.,Ltd
内蒙古平庄能源股份有限公司(平庄能源)	Inner Mongolia PingZhuang Energy Co.,Ltd
包头明天科技股份有限公司(ST明科)	Baotou Tomorrow Technology Co.,Ltd
内蒙古伊泰煤炭股份有限公司(伊泰B股)	Inner Mongolia Yi Tai Coal Industry Co.,Ltd
内蒙古包钢稀土(集团)高科技股份有限公司(包钢稀土)	Inner Mongolia Baotou Steel Rare-earth (group) Hi-tech Co.,Ltd
包头华资实业股份有限公司(华资实业)	Baotou Hua Zi Industry Sale-Holding Co.,Ltd
内蒙古金宇集团股份有限公司(金宇集团)	Inner Mongolia Jin Yu Group Co.,Ltd
北方重型汽车股份有限公司(北方股份)	North Heavy-duty Automobile Co.,Ltd
内蒙古亿利能源股份有限公司(亿利能源)	Inner Mongolia YiLi Energy Co.,Ltd
内蒙古西水创业股份有限公司(西水股份)	Xishui Strong Year Co.,Ltd Inner Mongolia
内蒙古兰太实业股份有限公司(兰太实业)	Inner Mongolia LanTai Industrial Co.,Ltd
内蒙古包钢钢联股份有限公司(包钢股份)	Inner Mongolia Baotou Steel Union Co.,Ltd
内蒙古四海科技股份有限公司(四海股份)	The Inner Mongolia Sihai Technology Co.,Ltd.
包头北方创业股份有限公司(北方创业)	Baotou Beifang Chuangye Co.,Ltd
内蒙古霍林河露天煤业股份有限公司(露天煤业)	Inner Mongolia Huolinhe Opencut Coal Industry Co., Ltd
内蒙古福瑞医疗科技股份有限公司 (福瑞股份)	Inner Mongolia Furui Medical Technology Co.,Ltd.
内蒙古君正能源化工股份有限公司 (内蒙君正)	Inner Mongolia Junzheng Energy & Chemical Industry Co.,Ltd.
包头东宝生物技术股份有限公司 (东宝生物)	Baotou Dongbao Bio-Tech Co.,Ltd.
内蒙古和信园蒙草抗旱绿化股份有限公司 (蒙草抗旱)	Inner Mongolia Hotision & Monsod Drought Resistance Greening Co., Ltd.
金河生物科技股份有限公司 (金河生物)	Jinhe Biotechnology Co ., Ltd
赤峰吉隆黄金矿业股份有限公司 (赤峰黄金)	Chifeng Jilong Gold Mining Co.,Ltd.

continued

总资产(万元) Total Assets(10 000 yuan)		股东权益(万元) Shareholder's Eguity(10 000 yuan)		资产负债率(%) Assets-Liability Ratio(%)	
2012	2013	2012	2013	2012	2013
30659120	**36682457**	**12163842**	**14863816**	**60.3**	
3608231	3560479	1299037	1386163	64.0	61.1
3334805	3902041	1112239	1273479	66.6	67.4
1981540	3287739	752498	1631278	62.0	50.4
332556	425785	170502	273050	48.7	35.9
996606	1175553	419954	418724	57.9	64.4
557191	560024	466264	464689	16.3	17.0
133630	130793	55895	44858	58.2	65.7
4136714	4548451	2193887	2501441	47.0	45.0
1764987	1846293	993388	1029024	43.7	44.3
201206	229229	168211	167191	16.4	27.1
188284	171166	107761	128184	42.8	25.1
349018	337996	103955	109382	70.2	67.6
1896530	2265042	673494	987088	64.5	56.4
1646155	1755029	524463	507519	68.1	71.1
677074	718596	149443	153533	77.9	78.6
6375937	8792414	1314617	1912011	79.4	78.3
71756	73977	58421	59561	18.6	19.5
343992	354599	216366	240413	37.1	32.2
898765	987573	568467	633591	36.8	35.8
92758	114177	73364	74853	20.9	34.4
790300	968792	540885	589330	31.6	39.2
48526	51963	32403	35147	33.2	32.4
132223	177242	81974	93599	38.0	47.2
100337	101687	86355	90007	13.9	11.5
50628	145817	36888	59701	27.1	59.1

24-3 续表 5

上市公司名称	Name of Listed Companies
总 计	**Total**
内蒙古蒙电华能热电股份有限公司(内蒙华电)	Inner Mongolia Meng Dian Hua Neng Co.,Ltd
鄂尔多斯资源股份有限公司(鄂绒B、A股)	Inner Mongolia Erdos Cashmere Products Co.,Ltd
内蒙古伊利实业股份有限公司(伊利股份)	Inner Mongolia YiLi Industrial Group Co.,Ltd
内蒙古兴业矿业股份有限公司(兴业矿业)	Inner Mongolia Xingye Mining Co.,Ltd
内蒙古远兴能源股份有限公司(远兴能源)	Inner Mongolia Yuan Xing Energy Co.,Ltd
内蒙古平庄能源股份有限公司(平庄能源)	Inner Mongolia PingZhuang Energy Co.,Ltd
包头明天科技股份有限公司(ST明科)	Baotou Tomorrow Technology Co.,Ltd
内蒙古伊泰煤炭股份有限公司(伊泰B股)	Inner Mongolia Yi Tai Coal Industry Co.,Ltd
内蒙古包钢稀土(集团)高科技股份有限公司(包钢稀土)	Inner Mongolia Baotou Steel Rare-earth (group) Hi-tech Co.,Ltd
包头华资实业股份有限公司(华资实业)	Baotou Hua Zi Industry Sale-Holding Co.,Ltd
内蒙古金宇集团股份有限公司(金宇集团)	Inner Mongolia Jin Yu Group Co.,Ltd
北方重型汽车股份有限公司(北方股份)	North Heavy-duty Automobile Co.,Ltd
内蒙古亿利能源股份有限公司(亿利能源)	Inner Mongolia YiLi Energy Co.,Ltd
内蒙古西水创业股份有限公司(西水股份)	Xishui Strong Year Co.,Ltd Inner Mongolia
内蒙古兰太实业股份有限公司(兰太实业)	Inner Mongolia LanTai Industrial Co.,Ltd
内蒙古包钢钢联股份有限公司(包钢股份)	Inner Mongolia Baotou Steel Union Co.,Ltd
内蒙古四海科技股份有限公司(四海股份)	The Inner Mongolia Sihai Technology Co.,Ltd.
包头北方创业股份有限公司(北方创业)	Baotou Beifang Chuangye Co.,Ltd
内蒙古霍林河露天煤业股份有限公司(露天煤业)	Inner Mongolia Huolinhe Opencut Coal Industry Co., Ltd
内蒙古福瑞医疗科技股份有限公司 (福瑞股份)	Inner Mongolia Furui Medical Technology Co.,Ltd.
内蒙古君正能源化工股份有限公司 (内蒙君正)	Inner Mongolia Junzheng Energy & Chemical Industry Co.,Ltd.
包头东宝生物技术股份有限公司 (东宝生物)	Baotou Dongbao Bio-Tech Co.,Ltd.
内蒙古和信园蒙草抗旱绿化股份有限公司 (蒙草抗旱)	Inner Mongolia Hotision & Monsod Drought Resistance Greening Co., Ltd.
金河生物科技股份有限公司 (金河生物)	Jinhe Biotechnology Co ., Ltd
赤峰吉隆黄金矿业股份有限公司 (赤峰黄金)	Chifeng Jilong Gold Mining Co.,Ltd.

continued

每股收益(元) Profit Per Share(yuan)		每股净资产(元) Net Assets Per Share(yuan)		净资产收益率(%) Ratio of Net Assets' Per Profit(%)	
2012	2013	2012	2013	2012	2013
0.53	0.36	3.89	2.81	13.33	13.16
0.61	0.71	5.82	6.43	10.85	11.66
1.07	1.65	4.59	7.89	25.97	27.17
0.30	0.14	3.85	4.57	7.98	3.14
0.13	0.04	3.10	3.12	4.34	1.13
0.40	0.04	4.60	4.58	9.00	0.80
0.04	-0.33	1.66	1.33	2.11	-21.90
4.30	1.06	12.11	6.50	31.08	16.87
0.62	0.65	2.77	3.23	23.64	21.65
0.01	0.01	3.45	3.43	0.31	0.41
0.46	0.89	3.83	4.56	12.69	21.28
0.99	0.70	6.07	6.50	17.58	11.07
0.14	0.15	3.69	4.21	3.81	3.49
0.18	0.19	6.11	5.80	3.17	3.14
-0.03	0.10	3.34	3.51	-0.86	2.85
0.04	0.03	2.02	2.36	1.98	1.57
-0.14	0.04	1.82	1.85	-7.60	1.93
0.98	0.57	8.57	4.80	15.44	12.45
1.19	0.69	4.24	4.74	30.03	15.34
0.33	0.04	5.66	5.71	5.81	0.69
0.33	0.40	4.20	4.58	8.10	9.12
0.23	0.22	2.13	1.78	11.46	12.63
1.14	0.51	5.96	4.37	26.96	12.14
0.96	0.83	7.94	8.27	16.08	10.25
1.24	0.81	1.30	2.11	143.86	47.23

中国统计出版社最新图书简目

(仅供参考,以最后出书为准)

统计资料

综合类: 中国统计年鉴　　中国统计摘要　　中国发展报告

国际资料类: 国际统计年鉴　　金砖国家联合统计手册　　世界能源资源年鉴

区域资料类: 中国区域经济统计年鉴　　中国县域统计年鉴　　中国城市统计年鉴

中国农村统计年鉴　　中国地区经济监测报告

经贸与投资类: 中国贸易外经统计年鉴　　中国对外直接投资统计公报　　中国商品交易市场统计年鉴

大中型批发零售和住宿餐饮企业统计年鉴　　中国零售和餐饮连锁企业统计年鉴

住户与物价类: 中国住户调查年鉴　　中国价格统计年鉴　　中国农产品价格调查年鉴

全国农产品成本收益资料汇编

资源与环境类: 中国环境统计年鉴　　中国能源统计年鉴

产业类: 中国工业统计年鉴　　中国建筑业统计年鉴　　中国房地产统计年鉴

中国第三产业统计年鉴　　中国证券期货统计年鉴

科技类: 中国科技统计年鉴　　中国高技术产业统计年鉴　　工业企业科技活动资料

人口与就业类: 中国劳动统计年鉴　　中国人口和就业统计年鉴　　中国人才资源统计报告

社会与文化类: 中国社会统计年鉴　　中国文化及相关产业统计年鉴

公共管理类: 中国民政统计年鉴　　中国民族统计年鉴　　中国乡镇街道行政区域简册

省级综合统计年鉴系列

北京 天津 河北 山西 内蒙古　　辽宁 吉林 黑龙江 上海 江苏　　浙江 安徽 福建 江西 山东

河南 湖北 湖南 广东 广西 海南　　重庆 四川 贵州 云南 西藏 陕西　　甘肃 青海 宁夏 新疆

新疆生产建设兵团

市(县)级综合统计年鉴系列

天津滨海新区 石家庄 唐山 邯郸　　太原 大同 阳泉 长治 晋城 朔州　　晋中 运城 忻州 临汾 呼和浩特

鄂尔多斯 包头 沈阳 大连 长春　　吉林市 四平 哈尔滨 黑龙江垦区　　上海浦东新区 南京 无锡 徐州

常州 苏州 南通 连云港 淮安 盐城　　扬州 镇江 泰州 宿迁 江阴 丹阳　　杭州 宁波 温州 嘉兴 绍兴 金华

衢州 舟山 台州 丽水 合肥 福州　　厦门 宁德 福州经济技术开发区　　南昌 济南 青岛 郑州 洛阳 平顶山

三门峡 南阳 武汉 十堰 荆州 宜昌　　荆门 咸宁 长沙 广州 深圳 惠州　　东莞 南宁 柳州 桂林 来宾 海口

三亚 成都 贵阳 昆明 西安 兰州　　庆阳 银川 乌鲁木齐 兵团一师　　兵团十师

调查年鉴系列

山西 内蒙古 吉林 辽宁 上海　　福建 湖北 广西 重庆 四川 云南　　甘肃 宁夏 新疆 南宁 桂林

“十二五”规划教材

统计学（经济管理类专业本科适用，单薇 等）　　抽样调查理论与方法（冯士雍 等）

贝叶斯统计（茆诗松 等）　　统计学（黄良文 等）　　试验设计（茆诗松 等）

统计学：从数据到结论（吴喜之）　　医学统计学（于浩）　　统计学（经济、管理类专业基础教材，张小斐）

概率论与数理统计三十三讲（魏振军）　　概率论与数理统计三十三：学习指导与习题解答（魏振军）

非参数统计（吴喜之 等）　　统计学：经济与管理中的数据分析（李慧云 等）

卫生管理统计学（新编医学院校基础课教材，尚磊）医院统计学（新编医学院校基础课教材，徐天和 等）

社会统计学（蒋萍 等）　　现代金融投资统计分析（李腊生 等）

国民经济核算初级教程（经济类、统计类、管理类专业适用，蒋萍 等）

重点图书

新中国65年　　新编英汉汉英统计大词典　　中华医学统计百科全书

挑大学选专业2014—考研择校指南　　挑大学选专业2014—高考志愿填报指南